Das griechische Immobilienrecht

Studien zum vergleichenden und internationalen Recht –
Comparative and International Law Studies

Band 202

PETER LANG

Panagiotis Kabolis

Das griechische Immobilienrecht

Eine rechtsvergleichende Darstellung in Bezug auf das deutsche Recht

PETER LANG

Bibliografische Information der Deutschen Nationalbibliothek
Die Deutsche Nationalbibliothek verzeichnet diese Publikation in der Deutschen Nationalbibliografie; detaillierte bibliografische Daten sind online über http://dnb.d-nb.de abrufbar.

ISSN 0930-4746
ISBN 978-3-631-79470-8 (Print)
E-ISBN 978-3-631-79550-7 (E-PDF)
E-ISBN 978-3-631-79551-4 (EPUB)
E-ISBN 978-3-631-79552-1 (MOBI)
DOI 10.3726/b15876

Peter Lang – Berlin · Bern · Bruxelles · New York · Oxford · Warszawa · Wien

Dieses Buch wurde vor Erscheinen peer reviewed.

www.peterlang.com

Vorwort

Eine Suche im heutigen deutschsprachigen juristischen Schrifttum über das griechische Zivilrecht wird zu dem Ergebnis gelangen, dass das Sachenrecht unterrepräsentiert ist. Die vorhandenen Veröffentlichungen befassen sich vor allem mit dem Familien- und Erbrecht. Andere Zivilrechtsgebiete wie das Sachenrecht werden durch Beiträge zu verschiedenen Sammelwerken bedient.[1]

In diesem Werk habe ich entschieden, mich mit dem griechischen Immobilienrecht umfassend auseinanderzusetzen. Es ist in erster Linie an die deutschsprachigen Juristinnen und Juristen gerichtet, die sich eine tiefere Einsicht in das griechische Immobiliensachenrecht verschaffen wollen. Eine solche Einsicht wird auf die produktivste Weise durch die Gegenüberstellung der griechischen Vorschriften mit den entsprechenden deutschen Regelungen an den Stellen ermöglicht, wo ein Vergleich sinnvoll ist.

Als Grundlage der rechtsvergleichenden Untersuchung wurde das Funktionalitätsprinzip angewendet: Jede Rechtsordnung versucht auf verschiedene, ähnliche oder gleiche Weise wie die andere, dieselben Aufgaben zu erfüllen, wie sie sich aus den Bedürfnissen des alltäglichen Lebens ergeben. Verglichen werden also die Vorschriften, die die gleiche Funktion erfüllen. In dieser Hinsicht wird der Verlauf der Analyse dadurch erleichtert, dass die beiden Rechtsordnungen sowohl systematisch als auch inhaltlich deutliche Ähnlichkeiten aufweisen, so dass eine direkte Gegenüberstellung der griechischen und der deutschen Vorschriften grundsätzlich möglich ist.

Was die Systematik der Darstellung betrifft, so wurde grundsätzlich für die gesetzliche Reihenfolge optiert (Sachen – Besitz – Eigentum – Nachbarrecht – Eigentumserwerb – Miteigentum – Eigentumsschutz – Dienstbarkeiten – Nießbrauch – Grundpfandrechte). Rechtsgebiete, die außerhalb (z.B. Grundbuchrecht) oder teilweise außerhalb (z.B. Stockwerkseigentum) der Materie des ZGB liegen, werden je nach Bezug auf das Ganze an der entsprechenden Stelle behandelt. Bei Rechtsinstituten einer Rechtsordnung, die kein direktes

1 Nach meiner Kenntnis erschien die letzte umfassende – jedoch nicht tiefgreifende – Darstellung des griechischen Sachenrechts von Evlalia Eleftheriadou in Sachenrecht in Europa, Christian von Bar (Hrsg.), Band 3, Osnabrück, 1999. Der letzte Beitrag bezüglich des Immobilienrechts von Dimitris Ziouvas in Handbuch Immobilienrecht in Europa, Frank/Wachter (Hrsg.), 2. Auflage, Heidelberg, München u.a., 2015, ist eher skizzenhaft und der juristischen Alltagspraxis dienend.

Gegenstück in der anderen finden, werden – falls vorhanden – ähnliche Institute dargestellt, die die gleiche Funktion erfüllen.

Inhaltlich wird auffallen, dass in jedem Kapitel die entsprechenden Vorschriften des Sachenrechts der tatsächlichen Analyse vorangehen. Diese „kommentarartige" Ordnung der Materie soll nicht täuschen. Die jeweilige Vorlage der zu erörternden Vorschriften dient rein praktischen Zwecken: erstens dem direkten Kontakt des Lesers zu dem Gesetzestext, bevor die Analyse beginnt, und zweitens der Vermeidung des ständigen Nachschlagens in einem Anhang am Ende des Buches. Im Anhang I finden sich sowohl Vorschriften aus anderen Büchern des ZGB, auf die in diesem Werk verwiesen wird, wie auch Auszüge aus anderen Gesetzestexten (etwa Verfassung, gr.ZPO). Die Übersetzung der Vorschriften des griechischen ZGB ins Deutsche stützte sich größtenteils auf die Übersetzung von Demetrius Gogos.[2] Bei den anderen Gesetzestexten stammt die Übersetzung vom Verfasser.

Die Darstellung des modernen griechischen Sachenrechts der Immobilien ist heute mehr denn je angesagt. Besonders die Einführung und allmähliche Durchsetzung des Grundbuchsystems, das das veraltete Transkriptionssystem ersetzt, ist eine Entwicklung rechtshistorischen Ausmaßes. Die Vorteile für den Rechtsverkehr wie auch die Herausforderungen für den Rechtsanwender – besonders während dieser Übergangsphase – sind evident.

In der dialektischen Gegenüberstellung des griechischen und des deutschen Immobilienrechts habe ich versucht, die trockene Darbietung von Vorschriften, Rechtsprechung und Theorie der jeweiligen Rechtsordnung zu vermeiden. Vielmehr nahm ich mir vor, eine kritische Wertung der von beiden Rechtsordnungen angebotenen Lösungen im Hinblick auf den jeweiligen Lebenstatbestand durchzuführen. Bei den griechischen Vorschriften habe ich insbesondere versucht, die Analyse genügend zu vertiefen, damit dem Leser nicht nur ein vager, theoretischer Eindruck des griechischen Immobilienrechts, sondern eine sachliche Einsicht von praktischem Wert vermittelt wird, und zugleich die Abhandlung von sekundären Informationen zu befreien, damit der Überblick nicht verloren geht. Die Beurteilung, ob diese Ziele erreicht wurden, bleibt dem Leser überlassen.

Dieses Buch ist mit Unterstützung des Instituts für ausländisches und internationales Privat- und Wirtschaftsrecht der Universität Heidelberg entstanden. Ganz besonders möchte ich Herrn Prof. Dr. Dr. h.c. mult. Erik Jayme für seine Anregungen und wertvollen Ratschläge im Laufe meiner Arbeit danken. Er wie auch Herr Prof. Dr. Marc-Philippe Weller, Herr Prof. Dr. Heinz-Peter Mansel,

---

2 Gogos, Das Griechische Zivilgesetzbuch, München, 1951.

Frau Prof. Dr. Christine Budzikiewicz, Herr Prof. Dr. Karsten Thorn und Herr Prof. Dr. Michael Stürner haben als Mitherausgeber der Schriftenreihe „Studien zum vergleichenden und internationalen Recht – Comparative and International Law Studies" des renommierten Verlags Peter Lang die Veröffentlichung dieses Bandes ermöglicht. Ihnen bin ich zutiefst dankbar.

An dieser Stelle möchte ich mich bei Frau Diplom-Übersetzerin Karla Rupp-Alene in ihrer Eigenschaft als Mitarbeiterin des Heidelberger Instituts und später als meine Lektorin wie auch bei sämtlichem Personal des Instituts für die Hilfsbereitschaft und die ausgezeichnete Arbeitsatmosphäre während meiner Aufenthalte in Heidelberg herzlichst bedanken.

Meine Dankbarkeit möchte ich auch meinen Kollegen Herrn Notar Hans-Ulrich Tzschaschel, Herrn Notar Jörg-Peter Menk, Herrn Anwalt Manousos Zoulakis und Herrn Notar Jörg Schaefer ausdrücken, die die Geduld hatten, Teile dieser Arbeit zu lesen, woraus konstruktive wissenschaftliche Auseinandersetzungen entstanden sind, und mich in Berührung mit der deutschen juristischen Praxis brachten. Last, but not least, möchte ich Herrn Dr. Dr. med. Eduard Wambsganss und Herrn Prof. Dr. Phys Dimitrios Kallieris für ihre Freundschaft und Ermutigung über die Jahre hin danken.

Marathon, April 2019

Inhaltsverzeichnis

Abkürzungsverzeichnis

ABl.	Amtsblatt
Abs.	Absatz
AchNom	Achaiki Nomologia (Zeitschrift)
AcP.	Archiv für die civilistische Praxis
a.E.	am Ende
a.F.	alte Fassung
AGBG	Allgemeines Bürgerliches Gesetzbuch (Österreich)
AGBGB	Gesetz zur Ausführung des Bürgerlichen Gesetzbuchs
AID	Archio Idiotikou Dikeou (Zeitschrift)
ALR	Allgemeines Landrecht für die Preußischen Staaten
a.M.	andere(r) Meinung
AP	Areopag (griechisches Kassationsgericht in Zivil- und Strafsachen)
ArchN	Archio Nomologias (Zeitschrift)
Arm	Armenopoulos (Zeitschrift)
Art.	Artikel
BauGB	Baugesetzbuch
bayNatSchG	Bayerisches Naturschutzgesetz
bayStrWG	Bayerisches Straßen- und Wegegesetz
BBergG	Bundesberggesetz
BFstrG	Bundesfernstraßengesetz
BGB	Bürgerliches Gesetzbuch
BGH	Bundesgerichtshof
BImSchG	Bundes-Immissionsschutzgesetz
BNatSchG	Bundesnaturschutzgesetz
BWaldG	Bundeswaldgesetz
ChrID	Chronika Idiotikou Dikeou (Zeitschrift)
D	Diki (Zeitschrift)
DEE	Dikeo Epichiriseon kai Eterion (Zeitschrift)
DEN	Deltio Ergatikis Nomothesias (Zeitschrift)
ders.	derselbe
dess.	desselben
Dikogr	Dikografia (Zeitschrift)
DikPol	Dikeo Polikatikias (Zeitschrift)

d.h.	das heißt
DNotZ	Deutsche Notar-Zeitschrift
DSG	griechisches Datenschutzgesetz
d.s.M.	derselben Meinung
EDP	Epitheorisi Dikeou Polikatikias (Zeitschrift)
EEmbD	Epitheorisi Emborikou Dikeou (Zeitschrift)
EEN	Efimeris Ellinon Nomikon (Zeitschrift)
Ef	Efetio (griechisches Berufungsgericht)
EfAD	Efarmoges Astikou Dikeou (Zeitschrift)
EfAth	Efetio Athen (Berufungsgericht Athen)
EfNaupl	Efetio Nauplia (Berufungsgericht Nauplia)
EfThes	Efetio Thessaloniki (Berufungsgericht Thessaloniki)
EGBGB	Einführungsgesetz zum BGB
EGgr.ZPO	Einführungsgesetz zur griechischen Zivilprozessordnung
EGZGB	Einführungsgesetz zum griechischen ZGB
ElDik	Elliniki Dikeosini (Zeitschrift)
EMRK	Europäische Menschenrechtskonvention
EPolD	Epitheorisi Politikis Dikonomias (Zeitschrift)
ETrAxChrD	Epitheorisi Trapesikou Axiographikou kai Chrimatistiriakou Dikeou
EuGH	Europäischer Gerichtshof
f.	folgende
ff.	fortfolgende
FlzRV	griechische Rechtsverordnung über Flugzeuge
FlurbG	Flurbereinigungsgesetz
Fn.	Fußnote
FS	Festschrift
FstrG	Bundesfernstraßengesetz
G.	Gesetz
GBG	griechisches Grundbuchgesetz
GBO	(deutsche) Grundbuchordnung
gem.	gemäß
GG	Grundgesetz
gr.	griechisch
GrdstVG	Grundstückverkehrsgesetz
gr.InsO	griechische Insolvenzordnung
gr.StGB	griechisches Strafgesetzbuch

gr.StPO	griechische Strafprozessordnung
gr.ZPO	griechische Zivilprozessordnung
GV	gesetzliche Verordnung
HafVO	Landesverordnung für die Häfen in Schleswig-Holstein
HGB	Handelsgesetzbuch
h.L.	herrschende Lehre
h.M.	herrschende Meinung
HS	Halbsatz
InsO	Insolvenzordnung
Ir	Irinodikio (griechisches Amtsgericht)
IrAth	Irinodikio Athen (Amtsgericht Athen)
Isokrates	Datenbank der Anwaltskammer Athen
i.S.v.	im Sinne von
i.V.m.	in Verbindung mit
JuS	Juristische Schulung
JZ	Juristenzeitung
KG	griechisches Katastergesetz
KrEp	Kritiki Epitheorisi Nomikis Theorias ke Praxis (Zeitschrift)
KultgSchG	Kulturgüterschutzgesetz
KV	königliche Verordnung
LNatSchG	Gesetz zum Schutz der Natur des Landes Schleswig-Holstein
LuftVG	Luftverkehrsgesetz
LWG	Landeswassergesetz
NBV	(griechische) Neue Bauverordnung
NDik	Neo Dikeo (Zeitschrift)
n.F.	neue Fassung
Nomos	juristische Datenbank
NoV	Nomiko Vima (Zeitschrift)
OKKG	Organisation für das Kataster und die Kartographierung Griechenlands
öst.GBG	österreichisches Grundbuchgesetz
Pr/Prot	Protodikio (griechisches Gericht der ersten Instanz) / Protokoll(e)
ProtAth	Protodikio Athen (griechisches Gericht der ersten Instanz Athen)

ProtPireus	Protodikio Pireus (griechisches Gericht der ersten Instanz Pireus)
ProtThes	Protodikio Thessaloniki (gr. Gericht der ersten Instanz Thessaloniki)
PrSRV	griechische Rechtsverordnung über Privatschiffe
PV	Präsidialverordnung
Rl.	Richtlinie
Rpfleger	Rechtspfleger
S.	Seite
s.	siehe
schw.ZGB	schweizerisches Zivilgesetzbuch
SE	Symboleographiki Epitheorisi (Zeitschrift)
StE	Symboulio tis Epikratias (Oberster Verwaltungsgerichtshof)
ToS	To Syntagma (Zeitschrift)
Themis	Themis (Zeitschrift)
u.	und
u.a.	und andere/unter anderen
V	Verordnung
vgl.	vergleiche
Verf	(griechische) Verfassung
WaStrG	Bundeswasserstraßengesetz
WEG	Wohnungseigentumsgesetz
WHG	Wasserhaushaltsgesetz
ZEGB	(griechisches) Zwangsenteignungsgesetz (G. 2882/2002)
ZG	Zwangsgesetz
ZGB	Zivilgesetzbuch
ZPO	(deutsche) Zivilprozessordnung
ZVG	(deutsches) Zwangsversteigerungsgesetz

Kapitel I – Einleitung

1. Historischer Überblick

a) Die Geschichte des Privatrechts im griechischen Raum

Vor jedem Versuch der Analyse des griechischen Sachenrechts ist eine kurze Darstellung der historischen Entwicklung des Privatrechts im griechischen Raum unvermeidlich. Nur dadurch kann der Leser – besonders der ausländische – das griechische Privatrecht von heute in einen historischen, politischen und sozialen Kontext stellen wie auch die Eigenheiten des griechischen Rechtsdenkens und -lebens verstehen.

Die Analyse einer Zivilisation von solch historischer und räumlicher Breite wie der griechischen vom juristischen Standpunkt aus verlangt im Vorfeld einige Klarstellungen: Unter dem Begriff „griechischer Raum" sind rechtshistorisch der weitere Raum des östlichen Mittelmeers sowie Teile der balkanischen Halbinsel und Asiens wie auch westwärts Sizilien und Süditalien zu verstehen. Es wird das Recht dargestellt, das von den Griechen zu gegebener Zeit am gegebenen Ort angewandt wurde. Die Darstellung wird sich auf das Vertrags- und das Sachenrecht beschränken. Den relativ unbekannten altgriechischen Rechten wird eine ausführlichere Behandlung gewidmet. Aus dem römischen Recht werden nur für dieses Werk relevante Aspekte an der entsprechenden Stelle analysiert.

Die griechische Rechtsgeschichte lässt sich in die folgenden Perioden aufteilen:

a) archaische – klassische Zeiten bis zu den hellenistischen Zeiten (7. Jh.–332 v.Chr.)
b) hellenistische Zeiten bis zur Eroberung Griechenlands durch die Römer (332 v.Chr. –168 v.Chr.)
c) römische Zeiten bis zur justinianischen Kodifizierung (168 v.Chr.–565)
d) byzantinische Zeiten (565–1453)
e) postbyzantinische Zeiten (1453–1821)
f) neohellenische Zeiten (1821 bis heute).

Diese Kategorisierung ist konventionell, da keine deutliche Grenzlinie zwischen den historischen Perioden gezogen werden kann. Sie dient der besseren Darstellung der Materie.

aa) Archaische – klassische Zeiten

Die Existenz eines einheitlichen „altgriechischen Rechts" – im Gegensatz zum römischen Recht – ist umstritten.[1] Das in Stadtstaaten zersplitterte politische System spricht dafür, dass jede Stadt ihre eigenen Gesetze je nach historischer Entwicklung, Tradition und besonderen Bedürfnissen hatte.[2] Trotzdem lässt sich aus Gemeinsamkeiten in den Regelungen auf gemeinschaftliche Grundzüge des griechischen Rechts schließen.[3]

Das Bestehen von ungeschriebenen, gottgegebenen Gesetzen[4] war bei den Griechen eine feste Überzeugung. Das 7. und 6. vorchristliche Jahrhundert war die Zeit der großen Gesetzgeber wie Lykourgos von Sparta, Drakon und Solon von Athen, Zaleukos von Lokroi Epizephyrioi in Süditalien und Charondas von Catania in Sizilien.[5] Zugleich begann die Bestrebung zur Fixierung schriftlicher Gesetze.[6] Diese ersten schriftlichen Formulierungen von Normen waren keine systematischen Kodifizierungen, sondern eher Katalogisierungen von wichtigen *ad hoc* Regelungen. Diese Regelungen galten parallel zum Sittenrecht.[7] Spätere

---

1 Gagarin in Gagarin/Cohen, The Cambridge companion to Ancient Greek Law, S. 29–30.

2 Aristoteles hat die politischen Systeme mehrerer griechischer Stadtstaaten analysiert. Aus diesem Werk ist nur die Analyse des politischen Systems von Athen (Αθηναίων πολιτεία – Athineon Politia) erhalten geblieben.

3 Besonders im Prozessrecht. Gagarin in Gagarin/Cohen, The Cambridge companion to Ancient Greek Law, S. 40.

4 „άγραπτα κασφαλή θεών νόμιμα" (die ungeschriebenen, nie wankenden Gesetze der Götter), Sophokles, Antigone, 454. Übersetzung: Lesky, Die Tragische Dichtung der Hellenen, S. 197.

5 Die Spuren der meisten dieser Figuren verschwinden in der Vergangenheit und ihr Werk und Leben erhalten in historischen Zeiten oft mythische Dimensionen. Das gesetzgeberische Werk Solons aus dem frühen 6. Jh. wird am meisten bezeugt. S. Aristoteles, Athineon Politia, 12.4.

6 Die erste griechische Inschrift mit gesetzlichem Inhalt kommt aus Dreros auf Kreta (ca. 650 v.Chr.). Es gab Ausnahmen: Lykourgos habe die Festhaltung von Gesetzen ausdrücklich verboten: „μη χρήσθαι νόμοις εγγράφοις" (keinen Gebrauch von geschriebenen Gesetzen machen), Plutarch, Lykourgos, 13.

7 Giouni, Nomos Poleos, S. 130. Ausnahmen gab es auch, vgl. Andokides, Peri ton Mistirion, 87: Solon habe die Anwendung von Sittenrecht verboten: „αγράφω δε νόμω τας αρχάς μη χρήσθαι μηδέποτε μηδέ περί ενός" (die Amtsinhaber sollen über keine Sache ein ungeschriebenes Gesetz benutzen).

Kodifizierungen aus klassischen und nachklassischen Zeiten sind literarisch überliefert und durch archäologische Funde bestätigt.[8]

Das Recht wurde in Griechenland nicht, wie im Fall des römischen Rechts, von Juristen entwickelt.[9] Aus der tatsächlichen gesetzgeberischen Produktion der Griechen sind nur Fragmente zu uns gekommen.[10] Die meisten Informationen über das klassische attische Recht haben wir aus den Werken von Philosophen, Rednern, Historikern, Dichtern und aus späteren, nicht immer zuverlässigen Quellen wie die Lexikographen des 2. Jh. n.Chr.[11] Am ausführlichsten waren Ehe-, Familien-, Erb- und Adoptionsrecht geregelt, da sie zusammen mit dem Bürgerrecht das Schicksal des familiären Vermögens bestimmten.

Trotz der Entwicklung des Handels hat sich kein Vertragsrecht im heutigen Sinn herausgebildet. Es gab kein juristisches Pendant zu der römischen *stipulatio*. Aus den literarischen Quellen lässt sich jedoch ein allgemeines Prinzip der Verbindlichkeit mancher Verhältnisse ausmachen. Aristoteles hat diese Verhältnisse (*συναλλάγματα – synallagmata*) in gewollte (*εκούσια – ekousia*) und ungewollte (*ακούσια – akousia*) unterschieden.[12] Das heutige Rechtsdenken hätte darin die Unterscheidung zwischen *ex contractu* und *ex delicto* Obligationen gesehen. In Wirklichkeit wurden Vereinbarungen nicht im Sinn der heutigen gegenseitigen Eingehung von Verpflichtungen abgeschlossen.[13] Es handelte sich eher um Verbindlichkeiten im weiten Sinn, die sich aus „zwischenmenschlichen Beziehungen“ ergaben.[14] Es scheint, dass Vereinbarungen Obligationen insoweit erzeugen konnten, als ein Athener Gericht bereit war, über sie Recht zu sprechen.[15]

Das attische Recht unterschied zwischen beweglichen und unbeweglichen Sachen. Im Gegensatz zu beweglichen Sachen durfte ein Nichtbürger keine

---

8 Bekannt ist der ca. 410 v.Chr. begonnene Kodifizierungsversuch in Athen. Thomas in Gagarin/Cohen, The Cambridge companion to Ancient Greek Law, S. 58. Die ausführlichste schriftlich überlieferte Auflistung von privatrechtlichen Regelungen ist die 1884 entdeckte, aus dem 5. Jh. v.Chr. stammende Inschrift von Gortyn auf Kreta.

9 Triantaphyllopoulos, Altgriechisches Recht, Band I, S. 8; Todd, The shape of Athenian law, S. 36–40.

10 Gagarin in Gagarin/Cohen, The Cambridge companion to Ancient Greek Law, S. 93.

11 Dimakis in Beiträge zu der Forschung des altgriechischen und des hellenistischen Rechts, Band I, S. 165–171.

12 Aristoteles, Ethika Nikomacheia, 1131a.

13 Z.B. Stundung der Leistung. Cohen in Gagarin/Cohen, The Cambridge companion to Ancient Greek Law, S. 293; Millet in Cartledge/Millet/Todd, Nomos: Essays in Athenian law, politics and society, S. 174.

14 Der Begriff gehört zu Despotopoulos, in Biscardi, Altgriechisches Recht, S. 222.

15 Todd, The shape of Athenian law, S. 267; Biscardi, Altgriechisches Recht, S. 248.

Immobilien in Athen erwerben, es sei denn, ihm war das Privileg „des Erwerbs von Land und Haus“ (*έγκτησις γης και οικίας – enktesis gis kai oikias*) zuerkannt worden.[16] Einen juristisch konstruierten Begriff des Eigentums gab es nicht.[17] Zweifelhaft ist die Anerkennung des Besitzes als selbständige Rechtslage.[18] Eine Unterscheidung zwischen Eigentum und Besitz im heutigen Sinn kann im altgriechischen Recht nicht festgestellt werden. Die Griechen verstanden das Herrschaftsrecht an einer Sache als einen von Ansprüchen Dritter freien Besitz.[19] Die Eigenschaft des „Eigenseins“ (*οικείος – oikeios*) war mit der Befugnis verbunden, die Sache zu benutzen und über sie zu verfügen.[20] Der Übergang des Eigentums erfolgte Zug um Zug ohne Einhaltung einer Form.[21] Beim Kauf (*πράσις/ωνή – prasis/one*) erhielt der Erwerber das Eigentum mit der Zahlung des Kaufpreises.[22] Überlassungen des Gebrauchs der Sache wie Miete (*μίσθωσις – misthosis*) oder Verwahrung (*παρακαταθήκη – parakatatheke*) sind überliefert.[23]

Besonderen Wert legten die griechischen Rechtssysteme auf die Publizität von Rechten an Immobilien. Theophrast zählt einige der von manchen Städten angewandten Systeme auf,[24] wie die öffentliche Ankündigung des beabsichtigten Kaufs durch einen Herold und den Abschluss des Kaufvertrags in Anwesenheit des Stadtoberhaupts oder von Zeugen. Diese Vorgänge erübrigten sich im Fall des Vorhandenseins eines Registrierungssystems von Grundstücken und von Verträgen.

Rechtsinstitute zur Kreditsicherung sind bei den Griechen bekannt.[25] Die Kredite konnten persönlich durch Bürgschaft (*εγγύη – engye*) oder real durch Pfand (*ενέχυρον – enechyron*), durch Übertragung des Eigentums an den Gläubiger

16 Maffi in Gagarin/Cohen, The Cambridge companion to Ancient Greek Law, S. 259.

17 Biscardi, Altgriechisches Recht, S. 304.

18 Thiveos, Besitzrecht, Band I, S. 33; Bosdas, ElDik 9 (1968), 97.

19 Biscardi, Altgriechisches Recht, S. 324.

20 Aristoteles, Rhetorik, 1361a (auch Politika 1257a).

21 Todd, The shape of Athenian law, S. 248.

22 Biscardi, Altgriechisches Recht, S. 250. Die Zahlung eines Angelds an den Verkäufer als Sicherung des künftigen Kaufabschlusses (αρραβών – arrabon) war in der Praxis üblich. Sie war kein Teil des Kaufvertrags. Die Anzahlung diente als Zwangsmittel, da sie dem säumigen Käufer verloren ging, während der Verkäufer, der sich nicht an das Vereinbarte hielt, dem Käufer das Doppelte zurückzahlen musste. Gofas in Adam (Hrsg.), Beiträge zu der Forschung des altgriechischen und des hellenistischen Rechts, Band I, S. 95; vgl. Art. 403 S. 1 ZGB mit identischer Regelung.

23 Maffi in Gagarin/Cohen, The Cambridge companion to Ancient Greek Law, S. 260.

24 Theophrast, Nomoi (Stobaious, D ii, 20).

25 Cohen in Gagarin/Cohen, The Cambridge companion to Ancient Greek Law, S. 294.

unter Vorbehalt des Rechts auf Rückübertragung (*πράσις επί λύσει - prasis epi lysei*) oder durch die Bestellung einer Hypothek (*υποθήκη - hypotheke*) gesichert werden.[26] Die Immobilienbelastungen wurden mit der Errichtung einer entsprechenden Hinweistafel auf dem belasteten Grundstück (*όρος - horos*) publik gemacht.[27]

Der Schutz des Eigentums erfolgte durch den gerichtlichen Prozess der *διαδικασία - diadikasia*. Diese hatte mit der römisch-rechtlichen *rei vindicatio* nichts Gemeinsames. Es handelte sich eher um unterschiedliche Formen von Rechtsmitteln, deren Erhebung von der Art des Vermögensgegenstands abhängig war.[28] Bei Immobilien wurde das Eigentum mittelbar im Rahmen eines anderen Verfahrens festgestellt,[29] z. B. über die Erzeugnisse aus einem Feld (*δίκη καρπού - dike karpou*) oder über das Wohnrecht an einem Haus (*δίκη ενοικίου - dike enoikiou*). Der Streitsieger konnte den Verlierer aus dem Grundstück entfernen (*εμβατεία - embateia*). Im Fall des Widerstands konnte er die Herausgabeklage (*δίκη εξούλης - dike exoules*) erheben.[30]

bb) Hellenistische Zeiten

Die Gründung der hellenistischen Königreiche nach den Eroberungen Alexanders des Großen brachte die Verbreitung griechischer Rechtsinstitute außerhalb der Grenzen Griechenlands mit sich. Die meisten Informationen haben wir aus dem ptolemäischen Ägypten (332 v.Chr.–30 v.Chr.). Das Recht der Neuankömmlinge kam mit dem lokalen ägyptischen Recht in Berührung wie auch später nach der römischen Eroberung Ägyptens mit dem römischen Recht. Die

---

26 Maffi in Gagarin/Cohen, The Cambridge companion to Ancient Greek Law, S. 261–262. Das Wort Hypothek wird vom altgriechischen Verb υποτίθιμι - hypotithimi (unterlegen) hergeleitet.

27 Es handelte sich um eine Athener Institution. Sie waren Privatdokumente und dienten der Informierung von Dritten, die an der Immobilie interessiert waren. Todd, The shape of Athenian law, S. 252–253.

28 Maffi in Gagarin/Cohen, The Cambridge companion to Ancient Greek Law, S. 264; Todd, The shape of Athenian law, S. 244; Biscardi, S. 321–322.

29 Jede Partei versuchte vor Gericht einen stärkeren Anspruch an der Sache nachzuweisen. Biscardi, S. 324. Dieser indirekte Eigentumsnachweis wird in postklassischen Quellen bezeugt. Maffi in Gagarin/Cohen, The Cambridge companion to Ancient Greek Law, S. 265.

30 Maffi in Gagarin/Cohen, The Cambridge companion to Ancient Greek Law, S. 265; Todd, The shape of Athenian Law, S. 244; Bosdas, ElDik 9 (1968), 97, 98.

verschiedenen Rechtskreise haben jedoch im Bereich des Privatrechts mit einigen Ausnahmen keine Osmose erfahren.[31]

Das griechische Recht wurde grundsätzlich unverändert in die neuen Königreiche übertragen. Außerdem hat die neue wirtschaftliche und soziale Umgebung neue Arten des Rechtsverkehrs geschaffen. Die alte Zug-um-Zug-Sachübertragung blieb bestehen. Dazu erschienen neue Arten von Transaktionen wie der Kaufvertrag mit gestundetem Kaufpreis oder das Rechtsinstitut der *αντίχρησις – antichresis*.[32]

Charakteristisch für das hellenistische Ägypten war die Dokumentierung von Vereinbarungen. Dies kam üblicherweise in der Form der *syngraphe* (schriftliche Vereinbarung) vor. Vertragliche Vereinbarungen wurden als private Niederschriften (*cheirographon*) oder von Beamten in Form von Urkunden (*agoranomoi*) verfasst.

Diese Niederschriften dienten ausschließlich als Nachweis der vorgenommenen Vereinbarung. Die Einhaltung der schriftlichen Form war für die Wirksamkeit belanglos.[33] Der staatlichen Kontrolle über Vermögensrechte diente ihre Registrierung in der *bibliotheke enkteseon*. Es handelte sich um ein Vermögensregister, in dem die Übertragung, Begründung und Aufhebung von Vermögensrechten eingetragen wurden. Voraussetzung für die Eintragung war die staatliche Beurkundung der Vereinbarung.[34]

cc) Römische Zeiten

Die Unterwerfung Griechenlands unter die römische Herrschaft (168 v.Chr. Anschluss der Provinz Macedonia, 146 v.Chr. Anschluss der Provinz Achaea) hat nicht zugleich die Abschaffung der lokalen Rechte herbeigeführt. Die Weltmacht Rom war eher an einer Kontrolle des politischen Lebens interessiert. Die Unterworfenen durften in ihren privaten Angelegenheiten ihr eigenes Recht

---

31 Rupprecht in Gagarin/Cohen, The Cambridge companion to Ancient Greek Law, S. 332–333.

32 Im ersteren Fall wurde die gleichzeitige Zahlung des Kaufpreises fiktiv zugestanden. Über den in Wirklichkeit gestundeten Kaufpreis wurde ein Darlehensvertrag in Höhe der Kaufpreissumme abgeschlossen. Die antichresis war ein Pfandvertrag, nach dem der Schuldner dem Gläubiger die Benutzung des Pfandobjekts anstatt der Zinszahlung zugestanden hat. Rupprecht in Gagarin/Cohen, The Cambridge companion to Ancient Greek Law, S. 331.

33 Op.cit. Rupprecht, S. 336.

34 Op.cit. Rupprecht, S. 335.

gebrauchen, soweit es von den Römern geduldet wurde.[35] Das *ius civile* fand nur bei römischen Bürgern Anwendung. Die Verleihung des römischen Bürgerrechts an alle freien Rechtsuntertanen (*constitutio Antoniana*, 212 n.Chr.) hat nicht viel daran geändert. In den Ostprovinzen wurde die Anwendung hellenistischen Rechts fortgesetzt.[36]

Den Übergang von griechisch-hellenistischen Rechten zum römischen Recht hat die Verlegung des Verwaltungszentrums des Imperiums von Westen nach Osten nach Konstantinopel (330) herbeigeführt. Schon seit den Zeiten Konstantins (306–337) und Theodosius II (408–450) wird die seltenere Anwendung griechischer Rechte und die zunehmende Anwendung römischen Rechts festgestellt.[37] Die endgültige Geltung des römischen Rechts im griechischen Raum kennzeichnet das von Justinian unternommene Kodifizierungswerk (530–533): *Corpus juris civilis (Institutiones, Codex Iustinianus, Digesta, Novellae Constitutiones).*

Aus dem griechischen Recht haben jedoch Rechtsinstitute und Prinzipien im römischen Recht überlebt, wie z.B. das Institut des *arrabon* (im römischen Recht: *arra, ahra, arrabo*).[38] Der griechischen Philosophie verdankt das römische Rechtsdenken die Herausbildung des Begriffs der *aequitas* (*επιείκεια* – Billigkeit),[39] wie auch die Konzeption eines für alle Lebewesen geltenden Naturrechts.[40]

dd) Byzantinische Zeiten

Als römisch-byzantinisches Recht wird in der Lehre das während der Zeit des byzantinischen Reichs (Ostteil des römischen Imperiums) angewandte römische Recht bezeichnet.[41] Das inzwischen teilweise vulgarisierte[42] römische Recht

35 Parallel zum lokalen Recht galt für Nichtbürger das ius gentium. Kaser/Knütel, Römisches Privatrecht, § 3 Rn. 9; auch Triantaphyllopoulos, Altgriechisches Recht, Band I, S. 7.

36 Pantazopoulos, Römisches Recht in dialektischem Zusammenhang mit dem Griechischen Recht, Band I, S. 196; Kaser/Knütel, Römisches Privatrecht, § 3 Rn. 21.

37 Op.cit. Triantaphyllopoulos, S. 7.

38 Draufgabe bei Kaufverträgen. Op.cit. Kaser/Knütel, § 41 Rn. 7; Biscardi, Altgriechisches Recht, S. 250.

39 Vor allem der stoischen. Siehe auch früher Aristoteles: "έστιν δε επιεικές το παρά τον γεγραμμένον νόμον δίκαιον" (Billigkeit ist das Gerechte außer dem geschriebenen Gesetz) (Rhetorik, 1374a); auch Kaser/Knütel, Römisches Privatrecht, § 3 Rn. 1; Pantazopoulos, Römisches Recht in dialektischem Zusammenhang mit dem Griechischen Recht, Band I, S. 224–225.

40 Op.cit. Kaser/Knütel, § 3 Rn. 17.

41 Op.cit. Pantazopoulos, Band III, S. 4.

42 Op.cit. Kaser/Knütel, § 1 Rn. 13.

rezipiert mehr und mehr Rechtsgut aus dem griechischen Osten, wie z.B. das Recht der *emphyteusis*, das als ein vom Eigentum gesondertes Recht an fest mit dem Boden verbundenen Sachen (z. B. Bäume) herausgebildet wird und eine Abweichung von dem römisch-rechtlichen Prinzip *superficies solo cedit* ist.[43] Diese Zeit wird von der allmählichen Ersetzung des Lateins als Amtssprache durch das Griechische,[44] wie auch von dem zunehmenden Einfluss der Kirche in der Rechtsfindung geprägt. Schon Konstantin hatte für die Christen eine freiwillige bischöfliche Gerichtsbarkeit in ihren Privatangelegenheiten vorgesehen.[45] Die *episcopalis audientia* wurde von Justinian durch Novella 86 von 539 auf Zivil- und Strafsachen erweitert.[46]

Der Einfluss der Kirche nimmt auch bei der Gesetzgebung zu. Das kanonische Recht regelt kirchliche wie auch private Angelegenheiten und wächst mit dem säkularen zusammen. Die staatlich geförderte Kultivierung der Rechtswissenschaft lässt nach. Ab dem 14. Jh. erscheinen private Gesetzessammlungen (*Νομοκανόνες – Nomokanones*), die als Zusammenfassungen des kanonischen und des Privatrechts dienen. Die wichtigsten sind das *Σύνταγμα – Syntagma* (Verfassung) von Matthaios Vlastaris (1335) und das *Πρόχειρον Νόμων – Prochiron nomon* (Gesetzeshandbuch) oder die *Εξάβιβλος – Hexabiblos* (sechs Bücher) von Konstantin Armenopoulos (1345).[47]

Der seit dem 11. Jh. begonnene Zerfall des byzantinischen Kaiserreichs erfährt seinen tiefsten Punkt in der Eroberung Konstantinopels durch die Kreuzritter (1204). Außer einigen Gebieten, die unter byzantinischer Herrschaft blieben, teilten die Anführer des 4. Kreuzzugs die Länder des byzantinischen Reichs unter sich auf (*Partitio Terrarum Imperii Romaniae*). Aus dem Territorium des byzantinischen Reichs entstanden das Lateinische Kaiserreich in Konstantinopel, das Königreich Thessaloniki und weitere Fürsten- und Herzogtümer. Die neuen Herrscher haben aus ihren Ländern mit Abweichungen

---

43 Op.cit. Kaser/Knütel, § 30 Rn. 3-4; op.cit. Pantazopoulos, Band I, S. 224–225.

44 Schon die meisten justinianischen Novellen wurden in Griechisch verfasst. Die Εκλογή – Eklogi (Auswahl von Gesetzen) von 726, eine Revidierung der justinianischen Gesetzbebung, und die Βασιλικά – Basiliken (Königsschriften) von 886–892, eine kommentierte Sammlung derselben, sind ausschließlich in Griechisch verfasst.

45 Pantazopoulos, Römisches Recht in dialektischem Zusammenhang mit dem Griechischen Recht, Band I, S. 290.

46 Die bischöfliche Gerichtsbarkeit war grundsätzlich freiwillig. Allmählich wurde sie bei Ehesachen ausschließlich, op.cit. Pantazopoulos, Band I, S. 291.

47 Armenopoulos war Oberrichter in Thessaloniki. Sein Werk ist eine Gesetzessammlung, die grundsätzlich aus den Novellen Justinians und den Basiliken besteht.

das feudalistische System mitgebracht. Das Land wurde in Herrschaftsbereiche aufgeteilt. Die Untertanen (*villani*) hatten keinerlei Rechte am Grund. Sie waren an den zu bestellenden Boden gebunden und dem Grundherrn zur Abgabe von Erzeugnissen oder von Steuern verpflichtet.

Ein ähnliches System war auch in Byzanz schon seit dem 10. Jh. in Form der *πρόνοια – pronoia* (Rücksichtnahme) bekannt. Der Staat wies Privaten oder Soldaten gegen Dienste oder Geld Land zu. Das Eigentum blieb beim Staat. Die besitzlosen Bauern (*πάροικοι – paroikoi*) bestellten das Land für die Rechtsinhaber (*προνοιούχοι – pronoiouchoi*).[48]

ee) Postbyzantinische Zeiten

Ab dem 15. Jh. fing die osmanische Herrschaft an, sich im griechischen Raum zu verbreiten.[49] Die eroberten Länder unterfielen der Geltung der *sharia*, des heiligen Rechts des Korans, einschließlich des Privatrechts. Den Unterworfenen (*raya*) wurden nicht die gleichen Rechte wie den Moslemen zuerkannt. Der griechische Patriarch von Konstantinopel wurde von den Osmanen als das Oberhaupt der Christen anfänglich in religiösen Angelegenheiten anerkannt. Später haben die kirchlichen Gerichte Bereiche des Privatrechts eingenommen. Sie waren aber bloße Schiedsgerichte.[50] Diese Gerichte haben das römisch-byzantinische Recht angewandt, wie es aus der *Hexabiblos* von Armenopoulos zu entnehmen war.[51]

Parallel dazu erlaubte das Recht der Duldung (*aman*) die Verleihung von Privilegien an die Untertanen, vorausgesetzt, dass die Steuereinnahmen nicht beeinträchtigt waren. Aufgrund solcher Privilegien haben die Gemeinden der unterworfenen Völker eine gewisse Autonomie von der osmanischen Verwaltung erzielt. Gemeindegerichte haben die Fälle der Bewohner in Privatsachen aufgrund lokalen Gewohnheitsrechts entschieden.[52]

Freilich konnte jede Partei zu den osmanischen Gerichten als letzte Instanz rekurrieren. Außerdem war die Vollstreckung von Entscheidungen durch die

---

48 Op.cit. Pantazopoulos, Band II, S. 124.

49 Nur beispielweise: 1453: Eroberung Konstantinopels, 1460: Eroberung von Athen und der Peloponnes (mit Ausnahme einiger venezianischer Stützpunkte), 1470: Eroberung der Insel Euboea, 1522: Eroberung der Insel Rhodos, 1540: Eroberung von Malvasia und Nauplia (vollständige Eroberung der Peloponnes).

50 v. Maurer, Das griechische Volk, Band I, S. 111.

51 Op.cit. Pantazopoulos, Band III, S. 232–235; op.cit. v. Maurer, Band I, S. 106.

52 Op.cit. Pantazopoulos, Band III, S. 247; Georgiades, ElDik 48 (2007) 645, 647, Fn. 15; op.cit. v. Maurer, Band I, S. 107.

Einbeziehung der osmanischen Behörden möglich wie auch die Wirksamkeit mancher Rechtsgeschäfte von der obligatorischen Zustimmung der osmanischen Gerichte abhängig. Die Kirche verhängte jedoch gegen diejenigen, welche die Entscheidungen eines Kirchengerichts nicht respektierten, geistliche Strafen wie die Exkommunikation.[53]

Der Grund gehörte grundsätzlich dem Sultan und war Staatsbesitz (*arazi-i emiriye*). Eine eigene Kategorie bildeten die Grundstücke, die Stiftungen gehörten (*vakf*). Privateigentum konnte nur an Häusern, Gebäuden, gewerblich genutzten Flächen, Gärten und Bäumen möglich sein (*mülk*).[54] Normalerweise handelte es sich um Grundstücke, die sich in Ländern befanden, die dem Eroberer keinen Widerstand geleistet hatten. Die Eigentümer durften ihr Eigentum behalten.[55] In den eroberten Ländern war das Timar-System durchgesetzt, das in manchen Aspekten mit dem feudalistischen System vergleichbar ist. Der Sultan hatte zur Entlohnung von Diensten an Beamte oder Mitglieder des Militärs Grundstücke verteilt. Das Urrecht (*rekabe*), vergleichbar mit dem modernen Eigentum, blieb bei ihm. Die Timarioten erhielten nur Gebrauchs- und Nutzungsrechte (*tessaruf*) an den Timaren. Dies diente sowohl der Versorgung der Timarioten durch Verpachtung der Timare an die Bauern als auch fiskalischen Zwecken, da die Timar-Inhaber auch als Steuereintreiber fungierten. Das Timarrecht war nicht vererblich. Ein Übergang auf die Person des Erben des Inhabers war vom Willen des Sultans abhängig. Ab Mitte des 16. Jh. fing das Timar-System zu zerfallen an. Allmählich sammelte sich das Land in Form von Landgütern (*çiftlik*) in den Händen von wenigen wohlhabenden Großgrundbesitzern.

ff) Neohellenische Zeiten

Der 1821 begonnene Freiheitskampf der Griechen gegen die osmanische Herrschaft mündete 1830 in die offizielle internationale Anerkennung der Unabhängigkeit Griechenlands (Protokoll von London vom 22.1./3.2.1830).

Schon in Revolutionszeiten haben die Griechen in verschiedenen Nationalversammlungen die Gesetze der byzantinischen Kaiser zu geltendem Zivilrecht

53 Pantazopoulos, Von der „gelehrten" Tradition zu dem Zivilgesetzbuch, S. 85–87 u. 93; op.cit. v. Maurer, Band I, S. 94–95.

54 Mehr über das Liegenschaftsregime im Osmanischen Reich in Kapitel II.

55 Pantazopoulos, Römisches Recht in dialektischem Zusammenhang mit dem Griechischen Recht, Band III, S. 211.

in Griechenland gemacht.[56] Der erste Gouverneur Griechenlands, Ioannis Kapodistrias, hat durch die Verordnung von 15.12.1828 (Art. 38) spezifiziert, dass die Gesetze der Kaiser in Zivilsachen anzuwenden seien, wie sie sich in der Fassung der Hexabiblos von Armenopoulos befanden.[57]

Die erste Regierung des Königreichs Griechenland unter Otto von Bayern (1832–1862) unternahm keinen Kodifizierungsversuch des Zivilrechts. Der Münchener Professor von Maurer, der König Otto nach Griechenland begleitet hatte, hatte den Erlass eines griechischen Zivilgesetzbuchs als verfrüht angesehen, da ein solches Werk eine lange Vorbereitungsperiode vorausgesetzt hätte.[58] Die am 7.3./19.3.1835 erlassene Verordnung „das Gesetzbuch des Armenopulos betreffend" (Art. 1 Abs. 1) hat, wie ihre Vorgänger, die Anwendung der Zivilgesetze der byzantinischen Kaiser in der Fassung der Hexabiblos angeordnet. Des Weiteren hatten laut der Verordnung „Gewohnheitsrechte, welche langjähriger und ununterbrochener Gebrauch oder richterliche Beschlüsse geheiligt haben, da, wo sie vorkommen, den Vorzug".[59] Sie hat zugleich den Erlass eines Zivilgesetzbuchs in der Zukunft angekündigt. Erlassen wurden jedoch 1834 (auf Griechisch wie auf Deutsch) das Gesetzbuch über das Zivilverfahren, Gesetzbuch über das Strafverfahren, Strafgesetzbuch und die Gerichts- und Notariatsordnung.

Während dieser Zeit pflegten die griechischen Juristen das römisch-byzantinische Recht, aber nicht nur in der Fassung der Hexabiblos. Sie vertraten die Ansicht, dass unmittelbare und wichtigste Quelle des in Griechenland angewandten Rechts die Gesetzgebung von Justinian war. Diese Meinung hatte sich darauf gestützt, dass die Hexabiblos eigentlich eine Kurzfassung der Basiliken war, die wiederum wesentlich eine Übersetzung der justinianischen Gesetzgebung auf Griechisch waren.

Diese Entwicklung war darauf zurückzuführen, dass diese Periode mit der Blütezeit der Pandektenwissenschaft in Deutschland koinzidierte, die auch die

---

56 U.a. das Provisorische Politische System Griechenlands in Epidaurus 1822, die zweite Nationalversammlung in Astros 1823, die Bürgerliche Verfassung Griechenlands in Troisina 1827.

57 Die Basiliken und die Novellen waren zu dieser Zeit schwer zu erhalten. Op.cit. v. Maurer, Band I, S. 105; Georgiades, ElDik 48 (2007), 645, 651.

58 Op.cit. v. Maurer, Das griechische Volk, Band II, S. 393–395 u. 469. v. Maurer war ein Befürworter des Gewohnheitsrechts, das erstmals gesammelt und festgehalten werden sollte; u.a. v. Maurer, Das griechische Volk, Band I, S. 349 ff. über die Verfassung des Gewohnheitsrechts von Santorin (1799).

59 Originaltext aus dem Deutschen im Amtsblatt der Regierung (Nr. 7.1835).

römisch-justinianische Gesetzgebung pflegte. Die ersten griechischen Professoren des Zivilrechts der Athener Universität hatten in Deutschland studiert. Eine Auslegung der Verordnung von 1835 in diese Richtung hat ihnen die Einführung der ihnen schon vertrauten Pandektenlehre in die Rechtsordnung des neu gegründeten griechischen Staates ermöglicht.[60]

Vereinzelte Gesetze wie G.390/1856 „Über die Transkription" oder G.391/1856 „Bürgerliches Griechisches Gesetz" regelten Teilbereiche des Zivilrechts. Zugleich blieben lokale zivilrechtliche Kodifizierungen in Kraft, wie das Ionische Zivilgesetzbuch von 1841 auf den Ionischen Inseln, das Kretische Zivilgesetzbuch von 1904 auf Kreta und das Zivilgesetz von Samos von 1899, sogar nach der Annexion des jeweiligen Gebiets in den griechischen Staat. Diese Zersplitterung des Zivilrechts in unsystematische Gesetze und in Lokalrechte wie auch die veralteten Vorschriften des römisch-byzantinischen Rechts haben die Notwendigkeit für eine einheitliche, griechenlandweite Kodifizierung des Zivilrechts immer dringender erscheinen lassen.

b) Die Entstehungsgeschichte des ZGB

aa) Die Entwürfe

Seit der Verordnung von 1835 haben die Bemühungen der griechischen Juristen um ein Zivilgesetzbuch viele fehlgeschlagene Versuche[61] erfahren. 1930 hat die griechische Regierung eine fünfköpfige Redaktionskommission mit der Aufgabe zusammengestellt, einen Entwurf des künftigen griechischen Zivilgesetzbuchs zu erarbeiten. Die Entwürfe der fünf Bücher des Zivilgesetzbuchs wurden in dem Zeitraum von 1933 bis 1936 veröffentlicht. Der endgültige Entwurf des ganzen Zivilgesetzbuchs wurde von dem Kommissionsmitglied Georgios Balis weiterbearbeitet und 1939 der Regierung vorgelegt. Dieser Entwurf wurde durch G.2250/1940 als das griechische Zivilgesetzbuch veröffentlicht. Es sollte am 1.7.1941 in Kraft treten. Das Inkrafttreten wurde aber durch den Ausbruch

60 Georgiades in Georgiades, Kurze Auslegung des Zivilgesetzbuchs, Band I, S. 2 Rn. 9. Die einseitige Auslegung der Verordnung von 1835 zugunsten der justinianischen Gesetzgebung ohne Rücksicht auf volkstümliche Rechtsquellen und das Gewohnheitsrecht – obschon die Verordnung vom 23.2.1835 ausdrücklich darauf verwies – ist von einem Teil der Theorie kritisiert worden. Pantazopoulos, Römisches Recht in dialektischem Zusammenhang mit dem Griechischen Recht, Band III, S. 5 u. 401–403.

61 Über die Kodifikationsversuche seit der Revolution und daraufhin: Triantaphyllopoulos, AID D' (1937), 433.

des zweiten Weltkriegs und die darauffolgende Verwicklung des Landes in die Kriegsereignisse auf ungewisse Zeit ausgesetzt.

Nach der Beendigung des Kriegs wurde 1945 eine Revisionskommission zusammengestellt, um den Entwurf des Zivilgesetzbuchs angesichts der in der Zwischenzeit ausgeübten Kritik zu bearbeiten. Der revidierte Entwurf wurde durch G.777/1945 veröffentlicht und trat am 23.2.1946 in Kraft. Dieses Zivilgesetzbuch von 1945 hat sich als extrem kurzlebig erwiesen. 1946 wurde das Zivilgesetzbuch von 1945 abgeschafft und das Zivilgesetzbuch von 1940 (daraufhin ZGB) wurde durch Gesetzesverordnung vom 7./10.5.1946 mit Rückwirkung vom 23.2.1946 wieder ins Leben gerufen.

bb) Bestrebungen der Kodifizierung

Die Einflüsse der großen Kodifikationswerke Europas auf das Rechtsdenken der Griechen waren schon in der Zeit der Revolution evident. Großen Widerhall haben die Ideen der französischen Revolution sowie der volkstümliche Geist und die Sprache des Code Civil gefunden.[62] Entscheidende Einwirkung auf die Gestaltung des ZGB haben jedoch die seit 1888 veröffentlichten Entwürfe und das Inkrafttreten des deutschen BGB am 1.1.1900 ausgeübt. Die tiefgreifende Einwirkung des deutschen BGB kommt nicht überraschend. Unabhängig von seiner innovativen rechtstechnischen Leistung wurden die griechischen Juristen davon am meisten beeinflusst, da das BGB der ihnen vertrauten römisch-byzantinischen Gesetzgebung am nächsten stand.[63] Der griechische juristische Boden war bereit durch die jahrelange Kultivierung der Pandektenlehre.[64] Nicht zu unterschätzen war auch die direkte Berührung des griechischen politischen Wesens mit Deutschland während der Amtszeit von Otto, die in kurzer Zeit gesetzgeberische Früchte trug.

---

62 Die allererste Kommission im neuen griechischen Staat zur Verfassung eines Zivilgesetzbuchs (1836) hatte die Anweisung, einen Text soweit wie möglich dem Code Civil angleichend zu verfassen. Das bis 1874 entstandene gesetzgeberische Werk hatte einen Entwurf nach dem Vorbild des Code Civil enthalten. Feierliche Rede des Professors Georgios Balis zum Erlass des ZGB in Spiridakis, Zivilgesetzbuch, Band I (Allgemeiner Teil), Einführung; Triantaphyllopoulos, AID D΄ (1937) 433, 438.

63 Triantaphyllopoulos, AID D΄ (1937), 433, 440.

64 Es ist charakteristisch, dass die griechischen Gerichte seit der Veröffentlichung des BGB nicht mehr gestützt auf das Corpus Juris Civilis oder die Hexabiblos, sondern auf die Schriften der deutschen Pandektisten Windscheid und Dernburg Recht sprachen. Pantazopoulos, Zivilgesetzbuch und „nationales" Recht, S. 38.

Wie sich aus den Ausführungen der Redaktionskommission (1930) ergibt, war eine vollständige Rezeption einer ausländischen Kodifizierung von vornherein ausgeschlossen.[65] Auf der anderen Seite durften die Errungenschaften ausländischer Gesetzgebungen nicht verkannt werden.[66] Ausgangspunkt der neuen Kodifizierung sollte das bisher geltende Zivilrecht (vor allem römisch-byzantinisch), ergänzt von den Rechtsfindungen der Rechtsprechung und von den Erkenntnissen der griechischen und der ausländischen Wissenschaft und Erfahrung, sein.[67] Die Vorschriften sollten auf einfache und klare Weise ausgedrückt sein. Erwünscht war ein „harmonisches Zusammentreffen des Reformgeistes mit dem konservativen Geist".[68] Das einzuführende Zivilrecht sollte sozialempfindlicher im Vergleich zum früheren Recht – vor allem in den Bereichen des Sachen- und des Schuldrechts – sein. Heikle und „der Änderung anfällige"[69] Bereiche wie das Arbeitsrecht wurden bewusst ausgelassen. Beim Familienrecht wurde ein konservativer Weg eingeschlagen.[70]

cc) Das System des ZGB und seine Entwicklung

Das griechische ZGB erstreckt sich auf 2035 Artikel und ist, wie das BGB,[71] in fünf Bücher aufgeteilt: Allgemeiner Teil, Schuldrecht, Sachenrecht, Familienrecht und Erbrecht.

Allgemeiner Teil

Der allgemeine Teil des ZGB erfüllt rechtstechnisch die gleiche Aufgabe wie sein deutsches Gegenstück. Der griechische Gesetzgeber hat sich im Bereich des Schutzes des sozial Schwächeren progressiv gezeigt, indem er nicht nur allgemeine Vorschriften wie Art. 178, 179, 200 ZGB einbezog (vgl. §§ 138, 157 BGB), sondern auch direkt die soziale und wirtschaftliche Dimension der Rechte mit einem allgemein geltenden Rechtsmissbrauchsverbot adressierte (Art. 281

65 Feierliche Rede des Professors Georgios Balis zum Erlass des ZGB in Spiridakis, Zivilgesetzbuch, Band I (Allgemeiner Teil), Einführung.

66 Memorandum des Professors Georgios Balis zum endgültigen Entwurf des ZGB in Spiridakis, Zivilgesetzbuch, Band I (Allgemeiner Teil).

67 Einführender Bericht zum ZGB, Regierungszeitung 91 A΄, 15.3.1940.

68 Op.cit. Feierliche Rede des Professors Georgios Balis zum Erlass des ZGB.

69 Op.cit. Feierliche Rede des Professors Georgios Balis zum Erlass des ZGB.

70 Op.cit. Memorandum des Professors Georgios Balis zum endgültigen Entwurf des ZGB, III.

71 Umriss des Entwurfs des ZGB, S. 11–12.

ZGB).[72] Vorschriften wie die von Art. 197, 198 ZGB über Schadensersatzpflicht bei schuldhaftem vorvertraglichem Verhalten[73] bezeugen die Anpassungsbereitschaft der Verfasser des ZGB an die modernen Rechtsverkehrsbedürfnisse.[74] Eine weitere Innovation war der ausdrückliche Schutz des Persönlichkeits- und des Namenrechts (Art. 57–59 ZGB) vor Eingriffen. Im Laufe der Zeit fanden sich im allgemeinen Teil nur wenige Änderungen. Das Volljährigkeitsalter wurde viel später als im BGB, im Jahr 1983, vom 21. auf das 18. Lebensjahr herabgesetzt (Art. 127 ZGB, abgeändert durch Art. 3 des Gleichberechtigungsgesetzes G.1329/1983).[75]

Schuldrecht

Das Recht der Schuldverhältnisse wird im zweiten Buch geregelt, das wiederum in einen allgemeinen und einen besonderen Teil eingeteilt ist. Die ursprüngliche Fassung des griechischen Schuldrechts basiert, wie die meisten europäischen Kodifikationen der Neuzeit, auf den Prinzipien des wirtschaftlichen Liberalismus. Vertragsfreiheit (Art. 287 ZGB) und prinzipielle Formfreiheit (Art. 158 ZGB) sind die leitenden Grundsätze. Konzepte wie die einheitliche Regelung der Unmöglichkeit der Leistung (Art. 335 ff. ZGB), die Schaffung von Generalklauseln wie das allgemeine Verschuldensprinzip (Art. 330 ZGB) und die deliktische Generalklausel von Art. 914 wie auch die Vorschrift über die Störung der Geschäftsgrundlage (Art. 388 ZGB)[76] belegen den Zugänglichkeits- und Modernisierungsgeist des Gesetzbuchs.[77]

In den darauffolgenden Jahrzehnten wurde das anfängliche bahnbrechende Potential des ZGB gehemmt. Die erste nennenswerte Gesetzesänderung fand erst im Jahre 2002 im Bereich des Kaufrechts statt[78]. Freilich ist der Gesetzgeber

72 Schon in einer ersten Bewertung wird das ZGB als „Juwel" der neuen Kodifizierung bezeichnet: Litzeropoulos, NoV 4 (1956) 230, 234. Seine Reichweite bezieht deutsche Rechtsinstitute wie das Schikanenverbot (§ 226 BGB) und die Rechtsverwirkung ein. Vgl. Köhler, BGB Allgemeiner Teil, § 17 Rn. 35–43.

73 Das Konzept der *culpa in contrahendo* war seit Rudolf v. Jhering bekannt, fand jedoch keinen Niederschlag im BGB a.F. v. Bar, JuS 1982, 637, 638.

74 Georgiades, AcP 200 (2000) 493, 494.

75 Vgl. in Deutschland schon im Jahr 1974.

76 Über den innovativen Wortlaut des Artikels s. auch Stathopoulos, Schuldrecht, Allgemeiner Teil, S. 23. Eine entsprechende Vorschrift (§ 313 BGB) wurde erst 2002 in das BGB eingeführt.

77 Das Fehlen des Rechtinstituts der Störung der Geschäftsgrundlage im BGB a.F. zählt zu seinen Defiziten. Bork, Allgemeiner Teil des BGB, Rn. 45.

78 Neue Fassung der Art. 534 ff. ZGB kraft G.3043/2002.

der internationalen Entwicklung des Rechts in Richtung des erhöhten Schutzes des Verbrauchers und der schwächeren Vertragspartei im Allgemeinen gefolgt. Dies geschah jedoch in Form von Regelungen außerhalb der Materie des ZGB.[79]

Sachenrecht

Das griechische Sachenrecht geht vom Prinzip der Privatautonomie und des Privateigentums aus. Das Besitzrecht ist vor allem im Bereich des Aufbaus des Besitzbegriffs überwiegend vom römischen Recht geprägt. Der Begriff des Eigentums und seiner Einschränkungen folgt dem deutschen Vorbild.[80] Die Übertragung des Eigentums an beweglichen Sachen entspricht dem deutschen Vorbild (Art. 1034 ZGB /§ 929 Abs. 1 BGB). Der dingliche Vertrag über die Eigentumsübertragung von Immobilien ist vom schuldrechtlichen Vertrag getrennt, jedoch kausal (Art. 1033 S. 1 ZGB).

Es werden grundsätzlich die gleichen beschränkten dinglichen Rechte wie im BGB anerkannt. Die Weiterbegründung der Rechte der Erbpacht (*εμφύτευσις – emphyteusis*) und des Erbbaurechts (*επιφάνεια – epifaneia*) römisch-byzantinischer Herkunft wie auch von anderen Rechten, die gesondertes Eigentum an Pflanzen und Gebäuden verschaffen, wurde abgeschafft (Art. 973 ZGB).[81]

Das Pfandrecht an beweglichen Sachen und das einzige Grundpfandrecht, die Hypothek, sind nach dem römisch-rechtlichen Vorbild streng akzessorisch zu der gesicherten Forderung geblieben. Das griechische Zivilrecht kennt also kein nichtakzessorisches Grundpfandrecht wie die deutsche Grundschuld. Darüber hinaus ist die Eintragung einer Vormerkung ins Register nur im Falle der Hypothek und nur als eine gerichtlich angeordnete Einstweilige Verfügung möglich.

Von großer Tragweite war die Entscheidung des griechischen Gesetzgebers, im Grundstücksrecht als Publizitätssystem das Transkriptionssystem französischer Provenienz beizubehalten. Seine Durchsetzung wurde trotz seiner inhärenten Unzulänglichkeiten von pragmatischen Gründen jener Zeit diktiert.[82] Seit 1995 ist ein legislatives und kartographisches Werk panhellenischen Ausmaßes zur Ersetzung des Transkriptionssystems durch das Grundbuchsystem im Werden. Die entsprechenden Vorschriften finden bisher parallel zu den Vorschriften des ZGB über Transkription je nach Geltungsgebiet Anwendung. Als

79 Z.B. die Umsetzung ins nationale Recht der Richtlinie 93/13/EWG des Rates vom 5.4.1993 über missbräuchliche Klauseln in Verbraucherverträgen durch G.2251/1994, zuletzt abgeändert durch G.3587/2007.

80 Vgl. §§ 903 S. 1, 905, 906 BGB mit Art. 1000, 1001, 1003 ZGB jeweils.

81 Siehe unten 3.b)aa)eee).

82 Umriss des Entwurfs des ZGB, S. 122.

Innovation zur Zeit des Erlasses des ZGB galt die Einbeziehung des Instituts des Stockwerkeigentums (Art. 1002, 1117 ZGB).

Familienrecht

Das Familienrecht war von Anfang an der heikelste – und daher umstrittenste – Bereich des Zivilrechts. Das ZGB, stark von religiösen und patriarchalischen Vorbildern geprägt, erkannte die kirchliche Trauung als einzige gültige Eheschließung an, unterwarf die Kinder der väterlichen Gewalt und hielt das Dotalsystem des römischen Rechts aufrecht. Der Mann war Oberhaupt der Familie und traf alle Entscheidungen, die das Familienleben betrafen. Für eine Scheidung war das Verschulden zumindest eines der Ehegatten nachzuweisen. Eheliche und uneheliche Kinder waren nicht gleichgestellt, da der Erbteil des unehelichen Kindes beim Zusammentreffen mit dem des ehelichen sich auf die Hälfte beschränkte. Im Fall der sogenannten „unvollständigen" gerichtlichen Anerkennung der Vaterschaft, die in der Praxis die übliche war,[83] beschränkten sich die väterlichen Verpflichtungen dem Kind gegenüber nur auf den Unterhalt.

Inmitten heftiger Kritik von der wissenschaftlichen Welt[84] wurde eine allgemeine Reform des Familienrechts nicht früher als 1975 durch die neue Verfassung veranlasst. G.1250/1982 über die Einführung der Zivilehe und das umfassendere G.1329/1983 über „die Anwendung des Verfassungsgrundsatzes der Gleichberechtigung von Männern und Frauen…" brachten die weitestgehenden Änderungen im ZGB zustande: die Einführung der Zivilehe als Alternativform der Eheschließung (Art. 1367 ZGB), die Beseitigung der Alleinherrschaft des Mannes und ihre Ersetzung durch die gemeinsame Regelung des ehelichen Zusammenlebens beider Ehegatten (Art. 1387 Abs. 1 ZGB), die Einführung des Begriffs der „elterlichen Sorge" anstelle der väterlichen Gewalt (Art. 1510 ZGB), die Normierung des verschuldensunabhängigen Zerrüttungsprinzips bei der Ehescheidung (Art. 1439 ZGB) und die Einführung der einverständlichen Scheidung (Art. 1441 ZGB), die Abschaffung des archaischen Dotalsystems[85] und die Gleichstellung von ehelichen und nichtehelichen Kindern. Die Entwicklung des Familienrechts schreitet fort. Die vor einigen Jahren erfolgte gesetzliche Anerkennung und

---

83 Papantoniou in Fenge/Papantoniou, Griechisches Recht im Wandel, S. 15.

84 Deligiannis, Familienrecht, S. 11–23; Koumantos, Familienrechtsvorlesungen, S. 19–26.

85 Nach der früheren Regelung wurde mit der Begründung einer Mitgift der Mann zum Nießbraucher und Verwalter des Mitgiftgegenstands, während die Frau das bloße Eigentum erhielt. G.1329/1983 schaffte die Rechte des Manns ab. Die Frau wurde ex lege volle Eigentümerin der Mitgiftgegenstände.

Regelung von nicht ehelichen Lebensgemeinschaften[86] regelt eine der längst offenen Fragen[87] des Familienrechts in Griechenland. Der Abschluss eines Ehevertrags ist nach griechischem Recht immer noch nicht möglich.

Erbrecht

Grundlagen des griechischen Erbrechts sind die römisch-rechtlichen Prinzipien der Gesamtnachfolge (Art. 1710 Abs. 1 ZGB) und der Testierfreiheit (Art. 1712 ZGB). Veraltete und komplizierte römisch-rechtliche Institutionen wie die Unterscheidung zwischen dem Erbschaftsantritt (*delatio*) und dem tatsächlichen Erbschaftserwerb (*adquisitio*) oder das Kodizill wurden abgeschafft. Komponenten germanischer Herkunft wie die Vererblichkeit des Besitzes (Art. 983 ZGB; vgl. § 857 BGB) fanden ihren Platz im neuen ZGB.[88] Neue Rechtsinstitute wie die Vor- und Nacherbschaft wurden vom ZGB aufgenommen.[89] Andererseits war die Intestaterbfolge und das Pflichtteilrecht mit den Ungleichheiten des konservativen Familienrechts behaftet. Die Testamentserrichtung unterlag strengen formalen Voraussetzungen.

Die meisten Änderungen erfuhr das Erbrecht als Folge der Familienrechtsreform durch G.1329/1983, wie im Erbrecht des nichtehelichen Kindes, das nicht mehr an die Ehelichkeit, sondern an die Abstammung anknüpft, in der gesetzlichen Erbfolge des Ehegatten (Art. 1820, 1822 ZGB) und in der Berechnung des Nachlasses (Art. 1831 ff. ZGB).

Ansonsten ist die Testamentserrichtung bis heute hochformalistisch geblieben. Der Abschluss eines Erbvertrags und ein Pflichtteilverzicht sind bis heute als sittenwidrig ausgeschlossen (Art. 368 ZGB).[90] Ebenso wenig erlaubt ist das gemeinschaftliche Testament (Art. 1717 ZGB).

---

86 G.3719/2008. Das Gesetz galt nur für Lebenspartner unterschiedlichen Geschlechts. G.4356/2015 hat das Rechtsinstitut auf gleichgeschlechtliche Lebenspartner erweitert.

87 Koumantos, Familienrecht, S. 21.

88 Das römische Recht hat grundsätzlich keinen ipso iure Übergang der Erbschaft auf die Erben gekannt. Eine Ausnahme bildete der Erwerb von Hausangehörigen (sui heredes). Kaser, Das römische Privatrecht, S. 395. Auf die Erben ging das Recht auf das Erbe über. Da der Besitz die tatsächliche Gewalt voraussetzte, konnte das Recht dem Erben keinen Besitz zukommen lassen, wenn er die Sachgewalt nie ausgeübt hatte. Nach germanischem Recht dagegen genoss der Grundsatz, dass der Tote den Erben unmittelbar in die Erbschaft einsetzt, allgemeine Geltung. Darin wurde auch der Besitz einbezogen. Lange/Kuchinke, Erbrecht, S. 7; Wieling, Sachenrecht, Band I, S. 178.

89 Vor- und Nacherbschaft gilt als ein Produkt der Aufklärung. Schlüter, Erbrecht, S. 8.

90 Art. 8 S. 2 G.4356/2015 hat neulich bei eingetragenen Lebenspartnerschaften einen Pflichtteilverzicht ermöglicht. Die Vereinbarung ist aber nicht verbindlich, da der Lebenspartnerschaftsvertrag frei widerruflich ist. Art. 7 Abs. 1b G.4356/2015.

dd) Der Geist des ZGB

Das Endprodukt des Kodifizierungsprozesses in Griechenland war ein Gesetzestext, grundsätzlich auf das BGB gestützt mit Anklängen an das schweizerische ZGB, das österreichische ABGB, den französischen Code Civil und den italienischen Codice Civile, der aber als Werk der griechischen Rechtswissenschaft unter vielen Aspekten Originalität und Selbständigkeit aufwies.[91] Kritik wurde von einem Teil der Lehre wegen des fehlenden „nationalen" Charakters und der geringen Volkstümlichkeit des neuen Zivilgesetzbuchs geübt.[92]

Die komplexen Konstrukte des BGB wurden an etlichen Stellen vermieden. Dies ging jedoch manchmal auf Kosten der Genauigkeit und Vollständigkeit der Bestimmungen. Die Sprache ist im Allgemeinen von Klarheit gekennzeichnet. Das Ziel der Vereinheitlichung des Rechts und der reibungslosen Abschaffung von lokalen Kodifikationen wurde jedenfalls erreicht.

Trotzdem vermochte das ZGB von 1946 die Konservativausrichtung der griechischen bürgerlichen Gesellschaft des Endes des 19. und des Anfangs des 20. Jahrhunderts nicht zu überwinden,[93] obwohl ein Bestreben hin zu sozialorientierten Regelungen nachweisbar ist. Besonders im Bereich des Sachenrechts wurde trotz ausführlicher Besprechungen in der Revisionskommission von einer ausdrücklichen Sozialbindung des Eigentums abgesehen.[94]

Von dem anfänglichen Konservatismus wurde nachträglich durch neuere Änderungen abgewichen, die teilweise innerhalb des ZGB (Familienrechts- und damit verbundene Erbrechtsreform, Adoptionsrecht, ärztliche Unterstützung der menschlichen Fortpflanzung) und teilweise außerhalb des ZGB (Verbraucherschutz, baurechtliche Einschränkungen des Eigentums, Tierschutz) stattfanden.

---

91 Litzeropoulos, NoV 4 (1956) 230, 238; Zepos, Die neue griechische Wissenschaft des Zivilrechts, S. 45; Stathopoulos, Schuldrecht, Allgemeiner Teil, S. 24.

92 Pantazopoulos, Von der „gelehrten" Tradition zu dem Zivilgesetzbuch, S. 303–306; Pantazopoulos, Zivilgesetzbuch und „nationales" Recht, S. 82.

93 Das Abstandhalten von zeitgenössischen sozialen und politischen Problemen war teilweise darauf zurückzuführen, dass die Pandektisten die Ansicht vertraten, dass das Werk des Rechtswissenschaftlers mit Politik unvereinbar war und dass die Rechtsnormen von abstrakter bzw. technischer Natur waren. Stathopoulos, Schuldrecht, Allgemeiner Teil, S. 10. Siehe auch op.cit. Memorandum des Professors Georgios Balis zum endgültigen Entwurf des ZGB.

94 Georgiades, Sachenrecht, § 1 Rn. 39.

2. Grundsätze des griechischen Sachenrechts

a) Gesetzestext (Art. 973 ZGB)

Art. 973 Dingliche Rechte
Rechte, welche eine unmittelbare und gegen jedermann wirkende Herrschaft an der Sache gewähren (dingliche Rechte), sind das Eigentum, die Dienstbarkeiten, das Pfandrecht und die Hypothek.

b) Prinzipien des griechischen Sachenrechts

aa) Absolutheit – Unmittelbarkeit

Aus der historischen Entwicklung des Sachenrechts wie aus dem Sinn und Zweck der geltenden Vorschriften machen sich Prinzipien bemerkbar, die das System des ganzen Sachenrechts durchziehen und zusammenhalten. Diese Prinzipien ergeben sich entweder direkt aus dem Gesetzeswortlaut oder aus den Ausführungen der Rechtsprechung und der Lehre.

Die Gemeinsamkeiten mit dem deutschen Recht sind nicht zu verkennen. Als Ausgangspunkt kann also die herrschende deutsche Lehre dienen. Danach werden die dinglichen Rechte,[95] d.h. die Rechte von Rechtssubjekten an Rechtsobjekten,[96] als „Zuordnungsrechte" bezeichnet. Das Sachenrecht befasst sich damit, die rechtliche Beziehung des Menschen zu einer Sache zu regeln,[97] indem die Sache einer bestimmten Person zugeordnet werden kann. Ausflüsse dieser zuordnenden Funktion der dinglichen Rechte sind ihre Absolutheit und Unmittelbarkeit.[98] Der Rechtsinhaber hat die Befugnis, als Einziger unmittelbar und absolut unter Ausschluss jedes Dritten auf die Sache einzuwirken, sie zu

---

95 Den dinglichen Rechten werden traditionell die obligatorischen Rechte gegenübergestellt. Die Unterscheidung entspricht der auf das römische Recht zurückzuführenden Spaltung der actionae in actionae in rem und actionae in personam. Wieling, Sachenrecht, Band I, S. 12.

96 Ausnahmsweise können Rechte an Rechten begründet werden: Nießbrauch an einem Recht: Art. 1178–1182 ZGB (vgl. §§ 1068-1084 BGB), Pfandrecht an einem Recht: Art. 1247–1256 ZGB (vgl. §§ 1273-1296 BGB), Hypothek am Nießbrauch an einem Grundstück: Art. 1259 ZGB (keine entsprechende Vorschrift im BGB. Die Pfändung des Nießbrauchs ist gem. § 857 Abs. 3 ZPO möglich. Mehr dazu in Kapitel X).

97 Wieling, Sachenrecht, Band I, S. 4.

98 Westermann/Gursky/Eickmann, Sachenrecht, § 1 Rn. 5; Wolf/Wellenhofer, Sachenrecht, § 1 Rn. 4.

benutzen und zu veräußern.[99] Diese Eigenschaften der dinglichen Rechte und die daraus hergeleiteten Prinzipien ergeben sich sowohl aus der Rechtstheorie als auch aus den Vorschriften des BGB (§§ 854–1296 BGB) selbst. Sie sind Merkmale, die allen dinglichen Rechten nach ihrer Stellung im Privatrecht und nach ihrer Funktion gemeinsam sind und die zu generellen Grundsätzen des Sachenrechts erhoben sind.

Die herkömmliche griechische Lehre folgt im Wesentlichen der deutschen. Der Rechtsinhaber kann unmittelbar unter Ausschluss jedes anderen auf die Sache einwirken.[100] Der griechische Gesetzgeber hat – im Gegensatz zum deutschen – neben der Regelung des Inhalts der vereinzelten dinglichen Rechte (z.B. Art. 1000, 1118, 1142, 1183 ZGB) die allgemeine Vorschrift von Art. 973 ZGB geschaffen, in der die oben genannten Hauptcharakteristika der dinglichen Rechte (Unmittelbarkeit, Wirkung gegen jedermann) gesetzlichen Niederschlag finden. Die oben genannten Eigenschaften der dinglichen Rechte manifestieren sich auf eine positive und auf eine negative[101] Weise: Nach der ersteren kann der Inhaber – im Rahmen seines Rechts – nach Belieben über die Sache verfügen, diese sogar vernichten. Freilich unterliegt das Recht gesetzlichen (z.B. Nachbarrecht) oder rechtsgeschäftlichen Beschränkungen. Nach der letzteren wird dem Inhaber von der Rechtsordnung Schutz gegen jedermann gewährt (z.B. Vindikationsklage Art. 1094 ZGB; vgl. § 985 BGB, negatorische Klage Art. 1108 ZGB; vgl. § 1004 BGB, Schadensersatz aus unerlaubten Handlungen Art. 914 ZGB; vgl. § 823 BGB). Aus der Natur der dinglichen Rechte ergeben sich weitere Prinzipien, die allgemeine Geltung bei ihnen finden.

---

99 Die Konturen der Ausschließlichkeit sind – besonders durch die Erfindung neuer Technologien – nicht immer klar umrissen. Rechte wie z.B. ein „Recht am Bild der eigenen Sache“ oder andere Rechtspositionen, wie z.B. die Darbietungen ausübender Künstler, die den Voraussetzungen eines urheberrechtlichen Schutzes nicht genügen, gehören zu dieser Grauzone. Die Zuordnung solcher Rechtspositionen erscheint bei der Rechtsfindung als problematisch: Die Sachabbildungen werden als eine grundsätzlich dem Eigentümer zustehende gewerbliche Nutzung des Eigentums angesehen (BGH GRUR 1975, 500, 501). In anderen Fällen (Leistungen von Interpreten) kommt das allgemeine Persönlichkeitsrecht zur Anwendung (BGH 33, 20, 22). Mehr darüber Peukert, Güterzuordnung als Rechtsprinzip, S. 137 ff. u. 219 ff.

100 Balis, Sachenrecht, § 1; Spiridakis, Sachenrecht, Band I, S. 11; Georgiades, Sachenrecht, § 3 Rn. 15–16.

101 Spiridakis, Sachenrecht, Band I, S. 16–17.

bb) Typenzwang – Typenfixierung

Art. 973 ZGB begründet das Prinzip des Typenzwangs. Der Privatwille darf keine neuen dinglichen Rechte eigener Art schaffen. Nur der Gesetzgeber hat dazu die Befugnis.[102] Dies ergibt sich aus der Wichtigkeit der dinglichen Rechte für den Rechtsverkehr als absolute Rechte, die *contra omnes* wirken, und dem daraus resultierenden Erfordernis, dass Sicherheit über die Rechtsverhältnisse an Sachen herrschen muss. Ihr Inhalt muss bestimmt und jedermann bekannt sein. Der Privatwille darf nicht einmal den Inhalt der dinglichen Rechte nach Belieben gestalten. Dies wird auch dem Gesetzgeber überlassen (Typenfixierung). Die Privatautonomie findet hier ihre Grenzen. Die Freiheit der Parteien beschränkt sich auf die Begründung, Änderung oder Aufhebung der im Gesetz vorgesehenen dinglichen Rechte.[103]

cc) Publizität der dinglichen Rechte

Der absolute Charakter der dinglichen Rechte gegen jedermann gebietet zusätzlich, dass Klarheit darüber bestehen muss, welche konkreten dinglichen Rechte wem zustehen. Dieses Erfordernis erfüllt die Publizität der dinglichen Rechte. Publizität bei Immobilien wird im deutschen Recht dadurch erzielt, dass die Begründung, die Übertragung und die Aufhebung solcher Rechte ins Grundbuch eingetragen wird, in das jedermann, der ein berechtigtes Interesse darlegen kann, Einsicht nehmen kann (§ 12 Abs. 1 GBO).

Nach dem ZGB gilt das Transkriptionssystem (Art. 1192 ff. ZGB). Die Begründung, die Übertragung und die Aufhebung von dinglichen Rechten wird in die Bücher des Transkriptionsregisters (*Μεταγραφοφυλακείο*) (im Gesetz auch als Hypothekenregister (*Υποθηκοφυλακείο*) bezeichnet) eingetragen (Art. 1192 ZGB). Während im deutschen Recht der Grundsatz des öffentlichen Glaubens

---

102 Die Aufzählung des Art. 973 ZGB ist in der griechischen Rechtsordnung nicht abschließend. Als ein dingliches Sonderrecht, das das Miteigentum am Grund und das Sondereigentum am Gebäudeteil nach Art. 1002 u. 1117 ZGB begründet, gilt das Stockwerkseigentum. Durch Gesetz können auch andere dingliche Rechte vorgesehen werden wie das Bergbaurecht an den Bodenschätzen nach dem Bergbaugesetzbuch (V. 210/1973), das Recht des Staates an Heilquellen nach dem G.2188/1920 oder staatliche Vorkaufsrechte etwa an Privatwäldern nach Art. 72 Abs. 1 G.998/1979 über den Schutz der Wälder.

103 Griechische und deutsche Theorie sehen die Dienstbarkeiten als eine Ausnahme in dem Sinn, dass die Parteien die Freiheit haben, den Inhalt der Nutzung zu bestimmen: Balis, Sachenrecht, § 1 Nr. 1; Stürner, AcP 194 (1994), 265–267.

des Grundbuchs herrscht (§ 892 BGB), indem man gestützt auf die Eintragungen im Grundbuch das eingetragene Recht erwerben kann (Vermutung der Richtigkeit des Grundbuchs), gewährt das griechische Transkriptionssystem nur die formelle Publizität.[104] Der Eigentümer oder der Inhaber eines beschränkten dinglichen Rechts wird zwar als solcher im Transkriptionsbuch eingetragen, das schließt aber nicht aus, dass das eingetragene Recht mit Mängeln des Erwerbstitels des Rechtsinhabers behaftet sein kann oder – noch problematischer – dass jemand anderer über dasselbe Grundstück sein Recht eintragen lässt.[105] In solchen Fällen kann sogar der gutgläubige Dritte, mit einigen Ausnahmen, nicht wirksam erwerben, wenn er sich auf den Inhalt der Eintragung verlässt.

Der wesentlichste Unterschied liegt darin, dass das deutsche Grundbuch als Katastergrundbuch funktioniert.[106] Auf diese Weise erhält jedes Grundstück eine unverwechselbare „Identität", die jedermann ersichtlich ist.[107] Ganz im Gegenteil dazu gibt es im griechischen Transkriptionssystem kein Liegenschaftskataster. Die Bücher werden nach dem Namen des Berechtigten ohne Zusammenhang mit einem öffentlichen Liegenschaftsverzeichnis geführt.

Es liegt auf der Hand, dass das in Griechenland geltende System den Erfordernissen der Rechtssicherheit nicht genügt. Die Nachteile des Transkriptionssystems soll die Errichtung eines Grundbuchs in Griechenland bekämpfen,[108] dessen Einführung seit Jahrzehnten ein ständiges Verlangen der griechischen juristischen Welt war. Im neuen System gilt der Grundsatz des öffentlichen Glaubens der Eintragungen. In einigen Gebieten Griechenlands ist das alte Transkriptionssystem schon abgeschafft und vom Grundbuchsystem ersetzt worden. Des Weiteren befindet sich der größte Teil des griechischen Territoriums in der Umstellungsphase zum Grundbuch.[109]

---

104 Georgiades, Sachenrecht, § 2 Rn. 19.

105 Der eine kann z.B. sein Recht auf Schenkung, der andere auf Kauf stützen. Beide Urkunden sind eintragungsfähig, wenn die formellen Voraussetzungen für eine Eintragung vorliegen.

106 § 2 Abs. 2 GBO.

107 Das ermöglicht die Verwirklichung der sogenannten „wesentlichen oder sachlichen" Publizität.

108 G.1647/1986 über die Begründung der „Organisation für das Grundbuch und die Kartographierung Griechenlands", G.2308/1995 über die Methode der Errichtung des Grundbuchs und G.2664/1998 über die Funktion des Grundbuchs.

109 Vgl. Anhang II Abbildung 1. Quelle: Griechisches Grundbuch, Programmierungsabteilung, Aktenz. 1247/1835840, 11.10.1018.

Bei beweglichen Sachen besteht im Großen und Ganzen zwischen den deutschen und den griechischen Publizitätsvorschriften ein Gleichlauf. In beiden Rechtsordnungen wird das Publizitätserfordernis durch die Übergabe der Sache an den Erwerbenden erfüllt. Die Ausübung der tatsächlichen Gewalt an der Sache ist also in der Regel eine ausreichende Voraussetzung. Gutgläubige Dritte können grundsätzlich auch vom Nichtberechtigten, der ihnen Besitz an der Sache verschaffen kann, wirksam Eigentum erwerben (Art. 1036 ff. ZGB; vgl. §§ 932 ff. BGB).

dd) Spezialitätsgrundsatz

Die Exaktheit des Inhalts der dinglichen Rechte und das Erfordernis der Publizität werden durch das Prinzip ergänzt, dass das Eigentum und sonstige beschränkte dingliche Rechte nur in Bezug auf eine vereinzelt bestimmte Sache bestehen können. Aus Gründen der Rechtsverkehrssicherheit bezieht sich die Begründung, die Übertragung und die Aufhebung von dinglichen Rechten immer auf eine selbständige, konkrete Sache im Sinn des Gesetzes. Die juristische Selbständigkeit einer Sache wird nach Art. 947–960 ZGB (vgl. §§ 90–98 BGB) beurteilt. Die Übertragung z.B. eines Unternehmens, das aus verschiedenen Sachen und Rechten besteht (Immobilien, Maschinen, Möbel, Forderungen), wird für jedes einzelne Stück gesondert stattfinden. Immobilien werden gem. Art. 1033 ZGB und Mobilien gem. Art. 1034 ZGB nach den Regeln des Sachenrechts übertragen, während Forderungen gem. Art. 455 ZGB nach den Vorschriften des Schuldrechts abgetreten werden.

c) Besondere Grundsätze

Es gelten des Weiteren Grundsätze, die sich zwar aus der Unmittelbarkeit und der Absolutheit der dinglichen Rechte ergeben, die aber von der Rechtsnatur des jeweiligen Rechts abhängig sind.

aa) Absonderungs- und Vorzugsprinzip

Hat der Eigentümer einem Dritten kraft eines schuldrechtlichen Rechtsverhältnisses, etwa kraft Mietvertrags, eine Sache überlassen, kann er die Sache zurückverlangen (Absonderungsrecht), wenn Gläubiger des Dritten im Wege der Zwangsvollstreckung ihre Forderungen aus der Sache befriedigen wollen (Art. 936 Abs. 1 gr.ZPO, vgl. 771 Abs. 1 ZPO).

Der Gläubiger und zugleich Inhaber eines beschränkten dinglichen Verwertungsrechts (Pfandrecht, Hypothek) wird im Fall der Zwangsvollstreckung gegen den Eigentümer aus der Sache bevorzugt befriedigt (Vorzugsprinzip), auch wenn dies heißt, dass schuldrechtliche Gläubiger leer ausgehen müssen (Art. 976 Nr. 2, 1007 Abs. 1 gr.ZPO).

bb) Vorrangsprinzip

Die zuvor erörterten Prinzipien werden durch das Vorrangsprinzip ergänzt. Konkurrieren mehrere beschränkte dingliche Rechte an einer Sache oder an einem Recht, entscheidet sich der Rang der Ausübung, sei es Nutzung, sei es Verwertung, nach der Zeit der Begründung. Das Recht, dessen Begründung der Begründung des konkurrierenden Rechts zeitlich vorgeht, hat nach dem römischen Prinzip *qui prior est tempore, potior est jure* Vorrang. Bestellt der Eigentümer zwei konsekutive Hypotheken auf seinem Grundstück, wird als Erster der Hypothekengläubiger, der an der ersten Rangstelle steht, befriedigt, auch wenn der Erlös für die Befriedigung des Hypothekengläubigers der zweiten Rangstelle nicht ausreicht (Art. 1272 Abs. 1 i.V.m. 1300 ZGB). War das verwertete Grundstück vor der Bestellung der Hypotheken noch mit einem Nießbrauch belastet, erwirbt der Ersteher mit dem Nießbrauch belastetes Eigentum.

cc) Grundsatz der wirtschaftlichen Nutzung

Die griechische Theorie misst der wirtschaftlichen Nutzung der Sache große Bedeutung bei. Grundgedanke dieses Prinzips ist das Erfordernis aus Gründen der sozialen Ökonomie, dass die Sachen nicht unproduktiv und nutzlos bleiben, sondern dass ihre Nutzung der Verbesserung der Lebensbedingungen der Person dient.[110] Das Recht spricht also – unter bestimmten Voraussetzungen – das Eigentum oder andere beschränkte dingliche Nutzungsrechte (Nießbrauch und andere Dienstbarkeiten) demjenigen zu, der mit der Sache wirtschaftlich besser verfährt. Dieser Grundsatz findet seinen Niederschlag in Vorschriften, die dem deutschen und dem griechischen Recht gemeinsam sind. Die wichtigste ist die Ersitzung (Art. 1041 ff. ZGB; vgl. §§ 900, 927, 937 ff. BGB). Andere – nur bei beweglichen Sachen – sind die Aneignung (Art. 1075 ZGB; vgl. §§ 958 ff. BGB), die Verbindung (Art. 1057 ZGB; vgl. §§ 946 ff. BGB), die Vermischung

---

110 Der AP erkennt die Vereinbarkeit der Ersitzung mit Art. 17 Abs. 1 Verf. und mit Art. 1 des Zusatzprotokolls vom 20.3.1952 EMRK als Rechtsinstitut, das zur Rechtsverkehrssicherheit beiträgt und die Nutzung der wirtschaftlichen Güter fördert (AP 83/2006 ElDik 2006, 827 mit Anmerkungen von Beys: Kritik der Stellung der Rechtsprechung bezüglich des bösgläubigen Besitzers, ElDik 2006, 830ff.).

(Art. 1058 ff. ZGB; vgl. §§ 948 ff. BGB), die Verarbeitung (Art. 1061 ff. ZGB; vgl. §§ 950 ff. BGB).

Im deutschen Recht finden solche Vorschriften in der Praxis nur bei beweglichen Sachen oder bei extrem ungewöhnlichen Fällen des Erwerbs des Eigentums an Grundstücken durch Ersitzung Anwendung.

In Griechenland gewinnt der Grundsatz an Bedeutung durch die Möglichkeit des Eigentumserwerbs an Immobilien durch außerordentliche Ersitzung, ohne vorherige Eintragung des Grundstücks im Transkriptionsbuch. Während in Deutschland ein solcher Erwerb im Geltungsbereich des Grundbuchs praktisch unmöglich ist, finden die Vorschriften über die Ersitzung an Immobilien in Griechenland unter der Geltung des Transkriptionssystems eine weite Anwendung.

Obwohl das Institut der Ersitzung sich als ein nützliches Medium zur Füllung von Lücken in den Eigentumstiteln erwiesen hat, gibt es nicht wenige Fälle, in denen Personen mit der Absicht, sich Immobilien anzueignen, deren wahrer Eigentümer unbekannt oder abwesend ist, sich auf Ersitzung berufen und Eigentumstitel in ihrem Namen eintragen lassen, obwohl sie das Grundstück wirtschaftlich nicht verwenden.[111]

3. Die dinglichen Rechte

Um systematischen Zwecken zu dienen, hat die Lehre je nach Gesichtspunkt Einteilungen der dinglichen Rechte herausgebildet. Die zentrale Einteilung, in der die deutsche und griechische Theorie übereinstimmen, ist die Unterscheidung zwischen dem Eigentum als unmittelbarem, absolutem Recht und den übrigen dinglichen Rechten (beschränkte dingliche Rechte), deren Inhalt in weniger Befugnissen besteht als die vom Eigentum gewährten. Dazu gehören Rechte, die

---

111 Aus der griechischen Presse (sämtlich zuletzt aufgerufen am 16.5.2019): Kathimerini, 24.7.2011, „Strafverfolgung gegen zwanzig Personen wegen Betrugs in Höhe von 2 Mrd." (http://www.kathimerini.gr/432830/article/epikairothta/ellada/diw3h-enantion-eikosi-atomwn-gia-apath-2–dis); Kathimerini, 26.2.2006, „Die ‚Gesetzeslücken' und Betrugsfälle" (http://www.kathimerini.gr/243494/article/epikairothta/ellada/ta-para8yra-kai-oi-apates-ay8airesias). To Vima, 1.8.1999, „Usurpatoren mit Genehmigung der Justiz" (http://www.tovima.gr/relatedarticles/article/?aid=113159&wordsinarticle=%cf%87%cf%81%ce%b7%cf%83%ce%b9%ce%ba%cf%84%ce%b7%cf%83%ce%af%ce%b1). To Vima, 16.2.2018, „Privatleute verkaufen öffentliches Grundstück in Troizina" (http://www.tovima.gr/2018/02/16/society/pwloyn-dimosia-ektasi-file-to-stin-troizinia/). I Rodiaki, 11.4.2012, „Ersitzung mit gefälschten Angaben" (http://www.rodiaki.gr/article/174794/xrhsikthsia-me-pseydh-stoixeia).

dem ZGB und BGB gemeinsam sind: die Dienstbarkeiten, das Pfandrecht und die Hypothek, sowie Rechte, die sich nur im BGB finden: die Grundschuld, das Vorkaufsrecht, die Reallast, wie auch andere außerhalb des Regelungsbereichs des ZGB/BGB wie etwa: das bergrechtliche Nutzungsrecht, Vorkaufsrechte zugunsten der öffentlichen Hand, Aneignungsrechte und das Erbbaurecht.

Die beschränkten dinglichen Rechte werden weiter aufgeteilt in:

a) Nutzungsrechte, die dem Berechtigten das Recht gewähren, bestimmte Nutzungen aus der Sache zu ziehen: die Dienstbarkeiten (Grunddienstbarkeiten, Nießbrauch, Wohnungsrecht, beschränkte persönliche Dienstbarkeiten) und die nur in Deutschland bestehenden Rechte: die Reallast und das Erbbaurecht (letzteres neuerdings nur begrenzt in Griechenland anerkannt).
b) Verwertungsrechte, die dem Berechtigten unter bestimmten Voraussetzungen erlauben, die Verwertung der Sache zu bewirken und seinen mit dem Recht gesicherten Anspruch zu tilgen: das Pfandrecht an beweglichen Sachen und die Hypothek, die dem deutschen und griechischen Recht gemeinsam sind, und die Grundschuld und die Rentenschuld, die nur das deutsche Recht kennt.[112]
c) Erwerbsrechte, die dem Berechtigten den Erwerb des Eigentums an einer Sache ermöglichen: das Vorkaufsrecht und Aneignungsrechte.

a) Eigentum

Das absolute dingliche Recht mit Wirkung gegen jedermann ist das Eigentum. Das heißt einerseits, dass der Berechtigte auf die Sache unmittelbar einwirken kann, und andererseits, dass er die Einwirkung anderer auf die Sache ausschließen kann. Das römisch-rechtliche Institut des *meum esse*[113] tritt schon seit der Zeit der jüngeren Republik als ein voll entwickeltes Rechtsinstitut auf, das sich in seinem Wesen und Inhalt nicht von dem modernen Eigentumsbegriff differenziert. Es grenzt sich sowohl vom Begriff des Besitzes (*possessio*) als faktischer

---

112 Andere Einteilungen sind: Rechte an Grundstücken, an beweglichen Sachen, an Rechten. Personenbezogene Rechte, wenn der Berechtigte bestimmt ist, und sachenbezogene Rechte, wenn der jeweilige Eigentümer der Berechtigte ist. Georgiades, Sachenrecht, § 5 Rn. 11.

113 Eine Definition des Eigentums ist im römischen Recht nicht vorhanden. Die Begriffe dominium und proprietas für das Eigentum tauchen in der späten Republik auf. Kaser, Das römische Privatrecht, S. 400–401.

Gewalt an der Sache als auch von anderen begrenzten dinglichen Rechten deutlich ab.[114]

Die Absolutheit (mit der Sache nach Belieben verfahren) und die *contra-omnes*-Auswirkung (andere von jeder Einwirkung ausschließen) des Eigentums finden ihren Niederschlag im griechischen Recht in Art. 973 i.V.m. Art. 1000 ZGB (vgl. § 903 BGB). Der Eigentümer kann die absoluten und allumfassenden Befugnisse, die ihm sein Eigentum gewährt, begrenzen, indem er bestimmte Befugnisse in Form eines beschränkten dinglichen Rechts vom Eigentum abspalten lässt und anderen einräumt.[115] Nach Beendigung dieses Rechtsverhältnisses und Aufhebung des beschränkten dinglichen Rechts dehnt sich das Eigentum zur vollen Herrschaft aus. Die Möglichkeit der inhaltlichen „Aushöhlung" des Rechts des Eigentums und der automatischen Rückkehr der abgespaltenen Befugnisse wird in der Theorie als „Elastizitäts-" oder als „Flexibilitätsprinzip" bezeichnet.[116]

Nach griechischem Recht führt das nachträgliche Zusammenfallen der Position als Eigentümer und als Inhaber eines beschränkten dinglichen Rechts (Konsolidation) in derselben Person nach dem römischen Prinzip *nulli res sua servit*[117] zum *ipso jure* Erlöschen des betroffenen beschränkten dinglichen Rechts.[118] Dies ergibt sich aus zahlreichen Vorschriften: Art. 1137 ZGB (Grunddienstbarkeiten), Art. 1168 ZGB (Nießbrauch), Art. 1243 Abs. 4 ZGB (Pfandrecht), Art. 1321 ZGB (Hypothek). Nach dem gleichen Prinzip ist im griechischem Recht die Begründung eines beschränkten dinglichen Rechts zugunsten des Eigentümers nicht erlaubt. Ausnahme bildet Art. 1114 ZGB (Begründung einer Grunddienstbarkeit zugunsten des Miteigentümers eines Grundstücks).

Im deutschen Recht gilt dieses Prinzip bei beschränkten dinglichen Rechten an beweglichen Sachen: § 1063 BGB (Nießbrauch), § 1256 Abs. 1 BGB (Pfandrecht), wie auch an Rechten (§§ 1072, 1273 Abs. 2 BGB). Bei Grundstücken ist die Konsolidation nicht möglich (§ 889 BGB).[119] Die Begründung eines

114 Op.cit. Kaser, S. 400.

115 Baur/Stürner, Sachenrecht, § 3 Rn. 23.

116 Balis, Sachenrecht, § 1; Georgiades, Sachenrecht, § 27 Rn. 6.

117 Dig. 8, 2, 26.

118 Balis, Sachenrecht, §127.2; Georgiades G. in Georgiades, Kurze Auslegung des ZGB, Art. 1000 Rn. 3.

119 Jedoch mit Ausnahmen: §§ 914 Abs. 3, 1107, 1178 Abs. 1, 1200 Abs. 1 BGB.

beschränkten dinglichen Rechts am eigenen Grundstück ist nur beschränkt vorgesehen, z.B. Eigentümergrundschuld (§ 1196 Abs. 1 BGB).[120]

Eine Dimension des Eigentums, die den modernen Zeiten zu verdanken ist, ist seine soziale Bindung. Die Möglichkeit, Schranken des Eigentums gesetzlich vorzusehen, und die Bindung des Gebrauchs des Eigentums an das Wohl der Allgemeinheit sind in beiden Ländern verfassungsrechtlich verankert (Art. 17 Abs. 1 Verf., vgl. Art. 14 Abs. 1 S. 2, Abs. 2 S. 2 GG). In beiden Rechtsordnungen gilt die Enteignung, die nur dem Wohl der Allgemeinheit dienen darf, als der wichtigste Fall des Eingriffs in das Eigentum. Sowohl die griechische Verfassung (Art. 17 Abs. 2–7 Verf.) als auch das Grundgesetz (Art. 14 Abs. 3 GG) stellen eine Enteignung unter die Garantie des Gesetzes. Sie soll nur erfolgen, wenn der Betroffene eine Entschädigung als Ausgleich erhält. Diesem steht der Rechtsweg offen, wenn die Rechtmäßigkeit der Enteignung bzw. die Höhe der Entschädigung strittig sind. Andere Schranken des Eigentums, die die Rechtsverhältnisse unter Privaten regeln und dadurch dem sozialen Frieden und dem Allgemeinwohl dienen, sind die allgemeinen Bestimmungen von Art. 1000 ZGB (vgl. § 903 BGB) wie auch die nachbarrechtlichen Beschränkungen (Art. 1003 ff. ZGB; vgl. §§ 906 ff. BGB)[121]

Sowohl das deutsche als auch das griechische Recht kennen das **Miteigentum nach Bruchteilen** (Art. 1113–1116 ZGB; vgl. §§ 1008–1011 BGB). Es betrifft das Eigentum von mehreren an einer Sache. Das Eigentum jedes Miteigentümers bezieht sich nicht auf einen „sichtbaren" individuellen Teil der Sache, sondern „verbreitet" sich auf die ganze Sache und besteht in einem „ideellen" Anteil an der Sache. Die Verhältnisse der Miteigentümer zueinander werden von den Vorschriften über die Gemeinschaft gem. Art. 785–805 ZGB/§§ 741–758 BGB geregelt. Hauptcharakteristikum dieser Art des Eigentums ist, dass jeder Miteigentümer über seinen Anteil frei verfügen kann.

Eine weitere Form des gemeinsamen Eigentums ist das **Gesamthandseigentum**. Diesen Typus des Eigentums kennt das griechische Zivilrecht nur im Familienrecht bei der Wahl des Güterstands der Gütergemeinschaft (Art. 1403 ff. ZGB). Im BGB wird eine breitere Anwendung des Rechtsinstituts vorgenommen, etwa bei der Gesellschaft bürgerlichen Rechts mit der Bildung eines Gesellschaftsvermögens (§ 718 Abs. 1 BGB), im Familienrecht, wenn die Ehegatten

120 Begründung vom Eigentümer am eigenen Grundstück wird auch im Fall einer Grunddienstbarkeit, eines Nießbrauchs und einer beschränkten persönlichen Dienstbarkeit angenommen. Jauernig, Kommentar, § 1018 Rn. 8, § 1030 Rn. 3 u. § 1090 Rn. 13.

121 Mehr darüber im zugehörigen Kapitel.

sich für den Güterstand der Gütergemeinschaft entscheiden (§§ 1415 ff. BGB, Bildung eines Gesamtguts), im Erbrecht bei Vorhandensein mehrerer Erben, welches zur Bildung einer Erbengemeinschaft führt (§§ 2032 ff. BGB). Merkmal des Gesamthandseigentums ist das Entstehen eines Gesamthandsvermögens, das mehreren zur gesamten Hand zusteht. Die Gesamthänder können nur gemeinsam über die einzelnen Gegenstände des Gesamthandsvermögens, der einzelne Gesamthänder kann über seine Beteiligung (Geschäftsanteil, Erbteil) verfügen.

Bei der Vereinbarung einer Gütergemeinschaft gem. §§ 1415 ff. BGB ist zu bemerken, dass nach deutschem Recht die in das Gesamtgut fallenden Gegenstände nach zwingendem Recht gemeinsam von den Ehegatten verfügbar sind (§ 1419 Abs. 1 BGB), während nach griechischem Recht den Ehegatten durch den Vertrag ein weiterer gestalterischer Spielraum eingeräumt wird (Art. 1405 Abs. 2 ZGB).[122] Bezüglich des Vermögens der griechischen Gesellschaft bürgerlichen Rechts (Art. 741 ff. ZGB) ist unumstritten, dass kein Gesamthandsvermögen im Sinne von § 718 Abs. 1 BGB entsteht. Die Anteile jedes Gesellschafters an der Gesellschaft gehören zu seinem Privatvermögen. Er verliert nicht seine Verfügungsbefugnis darüber. Er ist jedoch den anderen Gesellschaftern gegenüber schuldrechtlich verpflichtet, über seine Anteile am „Gesellschaftsvermögen" nicht ohne Zustimmung der anderen zu verfügen.[123]

Eine Sonderform bildet das **Eigentum nach Stockwerken oder nach Stockwerk-teilen**,[124] das mit dem deutschen Wohnungseigentum[125] vergleichbar ist. Es verbindet das Sondereigentum an einer Wohnung oder sonstigem Raum eines Gebäudes mit dem Miteigentum nach Bruchteilen am Grundstück und an sonstigen Teilen des Gebäudes, die dem Gemeingebrauch der Miteigentümer dienen. Das Miteigentum ist nicht zwangsläufig mit dem Gemeingebrauch verbunden. Nach Vereinbarung der Miteigentümer können die vom Gesetz zum Gemeingebrauch bestimmten Teile der Sondernutzung eines bestimmten Miteigentümers zugeschrieben werden, ohne dass das Miteigentum dadurch aufgehoben wird.

---

122 Siehe darüber Wathrakokilis, Das neue Familienrecht, S. 380. Anders Koumantos, Familienrechtsvorlesungen, S. 217 u. 226, der immer ein Mitwirken beider Ehegatten bei der Verfügung verlangt.

123 Giovanopoulos in Georgiades, Kurze Auslegung des Zivilgesetzbuchs, Art. 759 Rn. 4.

124 Art. 1002, 1117 ZGB i.V.m. G.3741/1929 und GV 1024/1971.

125 Gesetz über das Wohnungseigentum und das Dauerwohnrecht vom 15.3.1951.

b) Beschränkte dingliche Rechte

aa) Nutzungsrechte

Die Rechtsinstitute der Dienstbarkeiten (*servitutes*) und des Nießbrauchs (*usus-fructus*) wurden in beiden Rechtsordnungen vom römischen Recht inhaltlich fast unverändert rezipiert. Die Dienstbarkeiten gewähren dem Berechtigten Nutzungsrechte an einer fremden Sache (*jus in re aliena*). Diese Rechte werden vom Vollrecht (das Eigentum) nach dem oben Ausgeführten abgespalten. Sie können zugunsten einer bestimmten Person (persönliche Dienstbarkeiten) oder zugunsten des jeweiligen Eigentümers eines Grundstücks (Grunddienstbarkeiten) bestellt werden. Das umfassendste persönliche Nutzungsrecht ist der Nießbrauch. Das griechische Recht ordnet den Nießbrauch in die persönlichen Dienstbarkeiten ein (Art. 1142 ff. ZGB). Dazu gehören noch das Wohnungsrecht (Art. 1183 ff. ZGB) und die anderen beschränkten persönlichen Dienstbarkeiten (Art. 1188 ff. ZGB). Das BGB macht aus dem Nießbrauch eine besondere Einheit (Titel 2. §§ 1030 ff. BGB). Oberbegriff bleiben jedoch auch im BGB die „Dienstbarkeiten" (Abschnitt 4. §§ 1018 ff. BGB). Die Unterscheidung ist rein systematisch, da sowohl ZGB als auch BGB den Nießbrauch gesondert behandeln. Die persönlichen Dienstbarkeiten sind in beiden Rechtsordnungen grundsätzlich unveräußerlich und unvererblich.

aaa) Grunddienstbarkeiten

Die Bestellung einer Grunddienstbarkeit setzt das Bestehen eines Grundstücks (dienendes Grundstück) voraus, das zugunsten des jeweiligen Eigentümers eines anderen Grundstücks (herrschendes Grundstück) belastet wird (Art. 1118 ZGB; vgl. § 1018 BGB). Sie gelten zulasten bzw. zugunsten der jeweiligen Eigentümer des dienenden und des herrschenden Grundstücks. Der Inhalt der Dienstbarkeit wird von den Parteien bestimmt. Der griechische Gesetzgeber gibt eine nicht abschließende Aufzählung der üblichsten Grunddienstbarkeiten (Art. 1120 ZGB). Unter anderen gehören dazu das Wegerecht, das Wasserleitungs-, Wasserabfluss- und Wasserschöpfrecht, das Weiderecht und das Recht, das Regenwasser auf das Nachbargrundstück abtropfen zu lassen.[126]

bbb) Nießbrauch

Der Nießbrauch gewährt dem Nießbraucher das Recht, die Sache zu gebrauchen und Nutzen aus der Sache zu ziehen, ohne sie umzugestalten oder ihr Wesen

---

126 Vgl. Römisches Recht: *iter, aquae ductus, aquae haustus, ius pascendi, servitus stillicidii.*

zu verändern (Art. 1142 ZGB; vgl. § 1030 Abs. 1 i.V.m. § 1037 Abs. 1 BGB). Die Reichweite eines solchen Rechts, das alle erdenklichen Nutzungen der Sache erfassen kann, führt zu einer solchen Aushöhlung des Inhalts des Eigentums, dass das dem Eigentümer verbleibende Recht schon seit römischen Zeiten als *nuda proprietas* bezeichnet wird.[127]

ccc) Beschränkte persönliche Dienstbarkeiten

Die beschränkten persönlichen Dienstbarkeiten (Art. 1188–1191 ZGB/§§ 1090–1092 BGB) können die gleichen Befugnisse wie die Grunddienstbarkeiten zum Inhalt haben. Sie unterscheiden sich von den Grunddienstbarkeiten dadurch, dass sie zugunsten einer bestimmten Person bestellt sind. Sie erlöschen grundsätzlich mit dem Willen des Berechtigten oder spätestens mit seinem Tod (Art. 1190 ZGB; vgl. § 1090 Abs. 2 i.V.m. § 1061 BGB).

ddd) Wohnungsrecht

Das Wohnungsrecht besteht in dem Recht des Berechtigten, ein Gebäude oder einen Teil eines Gebäudes als Wohnung unter Ausschluss des Eigentümers zu benutzen (Art. 1183–1187 ZGB; vgl. § 1093 BGB). Das Wohnungsrecht hat mit dem Wohnungseigentum des deutschen Rechts und dem Stockwerkseigentum des griechischen Rechts nichts gemeinsam.

eee) Erbbaurecht

Aus den beiden Rechtsordnungen lebt das Erbbaurecht heute grundsätzlich im deutschen Recht fort.[128] Das römisch-rechtliche Institut des *superficies* bestand ursprünglich in dem vererblichen Recht des Superfiziars, auf städtischem Boden gegen Bezahlung eines Bodenzinses ein Gebäude zu halten. Später wurde die Begründung eines solchen Rechts auch auf privatem Boden anerkannt.[129] Das in Griechenland bis zur Einführung des ZGB geltende römisch-byzantinische Recht kannte das Rechtsinstitut unter dem Begriff *επιφάνεια* (*epifaneia*), wie auch das Institut der Erbpacht unter dem Begriff *εμφύτευσις* (*emphiteusis*).

---

127 Kaser, Das römische Privatrecht, S. 448. Standardbezeichnung des verbleibenden Eigentums in der griechischen Juristensprache ist „bloßes Eigentum“ oder „nacktes Eigentum“.

128 Erbbaurechtsverordnung vom 15.1.1919, heute in „Gesetz über das Erbbaurecht“ umbenannt.

129 Kaser, Das römische Privatrecht, S. 456.

Diese Rechte waren veräußerlich und vererblich.[130] Außerdem hatten sich in verschiedenen Gegenden Griechenlands emphyteutische und superfiziarische Rechte kraft Gewohnheitsrechts gebildet, die nach der Verordnung vom 7.3./19.3.1835 „das Gesetzbuch des Armenopoulos betreffend" dem zu dieser Zeit geltenden römisch-byzantinischen Recht überlegen waren.[131]

Mit dem Inkrafttreten des ZGB wurde die Neubegründung der dinglichen Rechte der Erbpacht, des Erbbaurechts und von sonstigen Rechten gesonderten Eigentums an Pflanzen, Bäumen oder Gebäuden abgeschafft.[132] Schon begründete derartige Rechte bleiben bestehen und unterliegen dem bis zur Einführung des ZGB geltenden Rechtsregime. Sie können aber auf Antrag einer der Parteien durch Abkauf gelöscht werden.[133] Die Funktion des Erbbaurechts wird in Griechenland durch das Institut des Stockwerkseigentums erfüllt.

G.3986/2011 (Art. 18–26)[134] hat die Möglichkeit der Begründung von Erbbaurechten auf öffentlichen Grundstücken wiederhergestellt. Danach ist Erbbaurecht (Superfizies) „das dingliche Recht einer juristischen oder natürlichen Person, ein Gebäude auf dem Boden eines Grundstücks zu errichten, das zur Zeit der Begründung im Sinne von Absatz 4 dieses Artikels öffentlich ist, und an diesem Gebäude oder an einem schon auf einem solchen Grundstück errichteten Gebäude die Befugnisse auszuüben, die das Eigentum gewährt" (Art. 18 Abs. 1 G.3986/2011). Das Recht in Abweichung von Art. 953 und 954 ZGB (Art. 19 Abs. 1 G.3986/2011) wird als dem Eigentum gleichgestelltes grundstücksähnliches Recht konstruiert, das veräußerlich und vererblich ist (Art. 21 Abs. 1 G.3986/2011). Es kann über einen Zeitraum von fünf bis neunundneunzig Jahren (Art. 19 Abs. 2 G.3986/2011) gegen einen Preis oder Erbbauzins oder beides (Art. 25 Abs. 1 G.3986/2011) begründet werden.

fff) Reallast

Die Bestellung des beschränkten dinglichen Rechts der Reallast (§§ 1105–1112 BGB) hat zur Folge, dass der Eigentümer des belasteten Grundstücks zugunsten

---

130 Stavrakis, ElDik 29 (1988) 881 ff.; Wasiliou, Stockwerkseigentum und vertikales Eigentum, S. 42.

131 AP 1702/2009 ElDik 2010, 724.

132 Art. 58–59 EGZGB, vgl. die Nichteinbeziehung von solchen Rechten in Art. 973 ZGB.

133 Art. 60–62 EGZGB. Mehr über das Verfahren in Stavrakis, ElDik 29 (1988) 881ff. Auch Georgiades, Sachenrecht, § 5 Rn. 20–24.

134 G.3986/2011 „Dringende Maßnahmen des mittelfristigen Rahmens fiskalischer Strategie 2012–2015."

des Begünstigten wiederkehrende Leistungen aus dem Grundstück zu erbringen hat.[135]

Ihrer Funktion nach, nämlich der Erfüllung von Versorgungs- oder Dienstleistungsverpflichtungen des Eigentümers des belasteten Grundstücks gegenüber dem Berechtigten, nähert sich die Reallast in der griechischen Rechtsordnung der Vereinbarung einer Leibrente nach Art. 840–843 ZGB an. Es handelt sich um ein rein schuldrechtliches Rechtsgeschäft. Der Wortlaut von Art. 840 ZGB enthält Elemente sowohl aus § 1105 BGB (wiederkehrende Leistungen) als auch aus § 759 BGB (die Rente ist im Zweifel für die Lebensdauer des Gläubigers zu entrichten). Der griechische Gesetzgeber hat den Abschluss des Vertrags über eine Leibrente der notariellen Form unterworfen (Art. 842 ZGB).

Überträgt der Leibrentenberechtigte dem Schuldner ein Grundstück als Gegenleistung (Kauf auf Rentenbasis), kann der Sicherungszweck, den die Verwertungsmöglichkeit des Grundstücks nach § 1105 Abs. 1 BGB erfüllt, im griechischen Recht dadurch erzielt werden, dass der Leibrentenberechtigte zugleich eine Hypothek an dem Grundstück zur Sicherung der Leibrente bestellen lässt.

bb) Verwertungsrechte

aaa) Pfandrecht an beweglichen Sachen und an Rechten

Das Pfandrecht an beweglichen Sachen bzw. an Rechten gibt dem Inhaber das Recht, vorrangige Befriedigung seines Anspruchs aus der Sache bzw. dem Recht zu suchen (Art. 1209 ff. ZGB/§§ 1204 ff. BGB). Die Bestellung setzt grundsätzlich die Übergabe der Sache an den Gläubiger als Publizitätstitel voraus. Eine anderweitige Vereinbarung ist jedoch möglich.

bbb) Hypothek

Das griechische Recht kennt nur die Hypothek als Grundpfandrecht (Art. 1257–1345 ZGB; vgl. §§ 1113–1190 BGB). Sie erlaubt dem Gläubiger, die Verwertung des Grundstücks zu erwirken und aus dem Erlös seinen Anspruch vorrangig zu tilgen. Hauptcharakteristikum der Hypothek ist die strenge Akzessorietät zum gesicherten Anspruch. Das Erlöschen des Anspruchs führt automatisch zum Erlöschen der sichernden Hypothek (Art. 1317 ZGB). Dagegen verwandelt sich

---

135 Die Einbeziehung der Reallast in die beschränkten dinglichen Nutzungsrechte ist für ihre Natur nicht entscheidend. Der Schwerpunkt liegt zwar bei der Nutzung, aber die Möglichkeit der Verwertung des Grundstücks bei Nichterfüllung durch Zwangsvollstreckung verweist auch auf ein dingliches Verwertungsrecht. Baur/Stürner, Sachenrecht, § 35 Rn. 7.

in diesem Fall nach deutschem Recht die Hypothek in eine Eigentümergrundschuld (§§ 1163 Abs. 1 S. 2 u. 1177 Abs. 1 BGB).

ccc) Grundschuld – Rentenschuld

Der Hauptunterschied der Grundschuld (§§ 1191–1198 BGB) zur deutschen Hypothek liegt im Bereich der Akzessorietät: Ihre Entstehung hängt nicht vom Entstehen und Fortbestehen der Forderung ab. Das griechische Recht kennt kein nicht akzessorisches dingliches Verwertungsrecht. Ein entsprechendes Rechtsinstitut, das diese Aufgabe erfüllt, ist nicht vorhanden.

Analoges gilt für die Rentenschuld (§§ 1199–1203 BGB).

cc) Erwerbsrechte – Vorkaufsrecht

In den zivilrechtlichen Vorschriften ist ein dingliches Vorkaufsrecht, kraft dessen der Private dem Eigentümer gegenüber Vorrang beim Kauf eines Grundstücks hat, nur im deutschen Recht aufzufinden (§ 1094 BGB). Das griechische Recht erkennt einem solchen Recht nur schuldrechtliche Wirkung zu (Art. 177 ZGB). Ein Vorkaufsrecht zwischen Privaten kann jedoch durch die Vereinbarung einer auflösenden Bedingung (Art. 202 ZGB; vgl. § 158 Abs. 2 BGB) bei der Übertragung des Eigentums dingliche Wirkung erlangen.[136]

Außerhalb des ZGB bzw. BGB sehen sowohl das deutsche als auch das griechische Recht Vorkaufsrechte zugunsten öffentlicher Körperschaften grundsätzlich aus Gründen des Wohls der Allgemeinheit vor. Solche Vorkaufsrechte sind das gesetzliche Vorkaufsrecht des Staats an Privatgrundstücken zu städtebaulichen Zwecken nach Art. 29 Abs. 3 G.1337/1983 und Art. 55 G.947/1979 i.V.m. Art. 5 Abs. 4 G.1337/1983 über die Erweiterung der Bebauungsplanung (vgl. §§ 24–28 BauGB) oder an Privatwäldern nach Art. 72 Abs. 1 G.998/1979 über den Waldschutz.

4. Vormerkung

Die Vormerkung ist weder nach griechischem noch nach deutschem Recht ein dingliches Recht. Sie findet hier ihre Stellung als ein verwandtes Rechtsinstitut, das die Einräumung oder Aufhebung von Rechten an Grundstücken zum Gegenstand hat.

---

136 Im Gegensatz zum deutschen Recht (§ 925 Abs. 2 BGB) kann das Eigentum an einem Grundstück nach griechischem Recht unter einer Bedingung oder unter einer Zeitbestimmung übertragen werden. Mehr darüber in Kapitel V 3.a).

Sie ist ein eintragungsfähiges Sicherungsmittel eines schuldrechtlichen Anspruchs auf dingliche Rechtsänderungen, das dem Berechtigten eine bestimmte Rangstelle im Transkriptionsbuch bzw. Grundbuch gewährt. Das deutsche Recht sieht eine weite Anwendung dieser Möglichkeit vor. Es wird jedes dingliche Recht erfasst (§ 883 Abs. 1 BGB) und es kann auch außergerichtlich zustande kommen (§ 885 Abs. 1 S. 1 BGB). Im Gegenteil dazu kennt das griechische Recht nur die Hypothekenvormerkung, die nur als einstweilige Verfügung (Art. 706 i.V.m. 683 ff. gr.ZPO) vom Gericht angeordnet werden kann.

5. Besitz

Das Rechtsinstitut des Besitzes zählt weder nach deutschem noch nach griechischem Recht zu den dinglichen Rechten. Der Besitz ist eine Rechtsposition (ein Faktum), die gesondert und autonom in beiden Rechtsordnungen Schutz verdient. Zwischen deutschem und griechischem Recht bestehen jedoch erhebliche Diskrepanzen, die die inhaltliche Bestimmung des Besitzes betreffen, mit der Folge, dass seine rechtliche Behandlung und die Rechtsfolgen unterschiedlich geregelt werden. Da diese Diskrepanzen historisch bedingt sind, ist ein Rückgriff auf die Entstehungsgeschichte der Rechtsfigur unvermeidlich. Das wird die Analyse im entsprechenden Kapitel erheblich erleichtern.

Der Besitz (*possessio*) ist ein Institut des römischen Rechts. Die Römer haben streng zwischen Eigentum und Besitz unterschieden.[137] Nach klassischer Lehre wird der Besitz durch Erlangen der Sachherrschaft (*corpus*) und den Willen zu besitzen (*animus*) erworben.[138] Historisch beruht das Rechtsinstitut auf zwei selbständigen Grundlagen: die *possessio civilis* und die *possessio ad interdicta*.[139]

Die *possessio civilis* wurde demjenigen zuerkannt, dessen Besitz auf einem Rechtsgrund beruhte, z.B. Kauf, Schenkung, Erbschaft (*iusta causa possessionis*), der zugleich zum Eigentumserwerb durch Ersitzung führen konnte (*possessio ad usucapionem*).

Nach dem Interdiktenbesitz wurde dem Besitzer der Schutz durch die Interdikte[140] zugesprochen. Diesen Schutz genoss u.a. der Eigenbesitzer, der Besitzer also, der die Sachgewalt ausübte mit dem Willen, die Sache für sich zu haben und zu behalten. Eigenbesitzer war nicht nur derjenige, der aufgrund einer *iusta*

---

137 *Nihil commune habet proprietas cum possessione*. Ulpian D 41, 2, 12, 1.

138 *Apiscimur possessionem corpore et animo*. Paulus D 41, 2, 3, 1.

139 Kaser/Knütel, Römisches Privatrecht, § 19 Rn. 8-11.

140 Die *interdicta* wurden vom Praetor erlassen und hatten vermutlich verwaltungsrechtlichen Ursprung. Kaser, Das Römische Privatrecht, S. 396.

causa im Sinne der *possessio civilis* besaß, sondern auch der *bonae fidei possessor*, der Besitzer, der sich irrtümlich für den Eigentümer hielt, und der *malae fidei possessor*, der Besitzer, der die Sache behalten wollte, obwohl er wusste, dass sie einem anderen gehörte, z.B. der Dieb.[141]

Übte jemand die Sachherrschaft aus, ohne die Voraussetzungen der *possessio civilis* oder des Interdiktenbesitzes zu erfüllen, war er nicht als *possessor* angesehen. Diese faktische Gewalt über die Sache wurde als *possessio naturalis* bezeichnet.[142] Das gemeine Recht hat später den Begriff „Detention" (Inhabung) benutzt, um die tatsächliche Gewalt ohne Besitzschutzvorteile zu bezeichnen.[143] Solche Detentoren waren etwa der Mieter oder der Pächter. In all diesen Fällen war *possessor* der Eigenbesitzer, etwa der Vermieter oder der Verpächter. Die Detentoren, die vom Eigenbesitzer ihre Sachherrschaft herleiteten, konnten Dritten gegenüber Rechte aus der Sachherrschaft nicht geltend machen. Dazu war nur der *possessor* berechtigt.[144]

Günstiger wurden der Nießbraucher, der Erbbauberechtigte und einige Servitutsberechtigte behandelt. Sie waren zwar keine *possessores*, aber sie wurden durch besondere Interdikte geschützt. Ihre Rechtslage wurde von der Lehre mit dem Begriff der *possessio juris* (Rechtsbesitz) oder *quasi possessio* (Quasibesitz) bezeichnet.[145]

Im germanischen Recht war Besitz kein Begriff. Das germanische Pendant war „die Gewere," in der der Gewahrsam an der Sache mit dem Recht an der Sache verbunden war. Es wurde keine Unterscheidung zwischen Besitz und Recht wie im römischen Recht gemacht. Wer die Sache hatte, hatte nach germanischem Recht auch die Gewere, egal ob er der Eigentümer, ein Mieter oder ein Dieb war. Ihm standen alle Rechte zum Schutz der Gewere zu. Der vorige Sachinhaber (z.B. der Eigentümer), der ihm die Sache übergeben hatte, hatte gegen ihn nur einen Anspruch auf Herausgabe der Sache, der auf dem zugrundeliegenden Vertragsverhältnis zu ihm beruhte. Unterschlug der Gewereinhaber die Sache und verkaufte sie einem Dritten, konnte der Eigentümer gegen den Dritten keinen

---

141 *In summa possessionis non multum interest, iuste quis an iniuste possideat.* Paulus D 41, 2, 3, 5.

142 Kaser, Das Römische Privatrecht, S. 386.

143 Kaser/Knütel, Römisches Privatrecht, § 19 Rn. 16–17.

144 Dies galt aber nicht ausnahmslos: Zu der Zeit von Javolenus hatte auch der Mieter *possessionem ad interdicta.* Petropoulos, Geschichte und Vorlesungen des römischen Rechts, S. 267; Wieling, Sachenrecht, Band I, S. 659–660.

145 Kaser, Das Römische Privatrecht, S. 390; Wieling, Sachenrecht, Band I, S. 126.

Anspruch erheben. Er konnte nur von seinem Vertragspartner Schadensersatz verlangen. Gut- oder Bösgläubigkeit des Dritten war irrelevant.[146]

Die Symbiose des römischen Rechts, dessen Pflege während des Mittelalters fortgesetzt wurde und ihren Höhepunkt durch die Lehre der historischen Rechtsschule erfuhr, mit dem germanischen Recht, von dem viele lokale Rechte geprägt waren, wurde mit dem Gebot der Vereinheitlichung des Zivilrechts auf die Probe gestellt. Die Kodifikationen vor der Einführung des BGB unterschieden zwischen dem Besitzer, der die Sachgewalt mit *animus domini* ausübte, und dem Inhaber, der über einen solchen Willen nicht verfügte.[147] Eine derartige Unterscheidung ist auch dem ersten Entwurf des BGB zu entnehmen.[148] Als Besitzer war nur der Inhaber mit *animus domini* anerkannt. Dem bloßen Inhaber wurden trotzdem die Besitzklagen zuerkannt.

Diese Regelung stieß auf Kritik, besonders da es inkonsequent erschien, dass der Mieter oder der Pächter kein Besitzer sei, während der Dieb als solcher anerkannt sei.[149] Angesichts der Kritik wurde von der zweiten Kommission einheitlich der Begriff „Besitz" eingeführt, der bei Rechtsverhältnissen zutraf, die früher als „Inhabung" bezeichnet wurden, gem. § 854 Abs. 1 BGB: „Der Besitz einer Sache wird durch die Erlangung der tatsächlichen Gewalt über die Sache erworben." Der Ausübende der Sachgewalt ist also Besitzer ohne Rücksicht darauf, ob ihm ein Recht zusteht. Der Rechtsbesitz wurde aus der entsprechenden Stelle (Abschnitt 1. – Besitz) entfernt. Der Begriff findet sich im BGB bei Grunddienstbarkeiten (§ 1029 BGB) und bei beschränkten persönlichen Dienstbarkeiten (§ 1090 Abs. 2 BGB).

In Griechenland entschied die Redaktionskommission angesichts der Bedürfnisse des modernen Rechtsverkehrs, dem System des BGB mit terminologischen Anpassungen zu folgen.[150] Trotzdem wurde am Ende ein unterschiedlicher Weg eingeschlagen. Nach Auffassung des Referenten des endgültigen Entwurfs: „… (das BGB) lokale germanische Rechtsordnungen (preußisches Recht) befolgend, verlangt nicht für den Begriff des Besitzes das Element des animus dominandi,

146 Wieling, Sachenrecht, Band I, S. 129–130.

147 I 7 §§ 1, 3 ALR; Art. 309 S. 1 ABGB.

148 § 797 BGB „Der Besitz einer Sache wird erworben durch die Erlangung der tatsächlichen Gewalt über die Sache (Inhabung) in Verbindung mit dem Willen des Inhabers, die Sache als die seinige zu haben (Besitzwille)." Entwurf eines bürgerlichen Gesetzbuches für das Deutsche Reich, Erste Lesung, Berlin, 1888.

149 Jedenfalls war das eine theoretische Kritik, da Besitzer und Inhaber gleichermaßen geschützt waren. Wieling, Sachenrecht, Band I, S. 133.

150 Umriss des Entwurfs des Zivilgesetzbuchs, S. 107–108.

daher entstehen bei der Anwendung des BGB komplizierte Konstrukte und Unterscheidungen...".[151] Es gelte die Einführung des Schutzes des Detentors für die Überwindung von solchen Komplikationen als ausreichend.

Das ZGB hat konsequent das römische Besitzsystem in seinen großen Zügen vollständig übernommen.[152] Art. 974 ZGB enthält die Legaldefinitionen der Detention (*κατοχή* – *katochi*) als Ausübung der tatsächlichen Gewalt über die Sache (*corpus*) und des Besitzes (*νομή* – *nomi*) als Detention der Sache mit dem zusätzlichen Element des Willens des Besitzenden, die Sache als eigene zu besitzen (*animus dominandi*). Art. 975 ZGB führt den Begriff des Rechtsbesitzes oder Quasibesitzes ein: Rechtsbesitzer sind der Pfandgläubiger und die Inhaber von Dienstbarkeiten.

Das griechische Recht behält die zwei Hauptelemente – *corpus* und *animus* – des römischen Rechts bei. Zentrale Figur des griechischen Besitzrechts ist der Besitzer im Sinne des Eigenbesitzers des römischen Rechts. Das ist normalerweise der Eigentümer, er kann aber ein fehlerhafter Besitzer sein, wie der Dieb oder der Räuber. Der Detentor leitet sein Recht auf Sachherrschaft vom Besitzer ab. Er übt die Sachgewalt aufgrund eines meistens schuldrechtlichen Verhältnisses zum Besitzer aus wie etwa eines Miet- oder Verwahrungsvertrags. Der Rechtsbesitzer erhält eine Sonderstellung. Sein Besitzwille richtet sich nach dem beschränkten dinglichen Recht, das ihm zusteht.[153]

6. Rechtsvergleichende Anmerkungen

Die historischen Turbulenzen im griechischen Raum vermochten nicht die Kontinuität des römischen Rechts seit seiner Einführung zu unterbrechen. Als die Zeit des unabhängigen Nationallebens kam, waren die Verhältnisse günstig für die Rezeption deutschen Rechtsguts besonders im Bereich des Zivilrechts.

Die deutschen und die griechischen sachenrechtlichen Vorschriften weisen starke Ähnlichkeiten auf. Der Aufbau und der Inhalt des Eigentums und der beschränkten dinglichen Rechte beschreiten sowohl im ZGB als auch im BGB den gleichen Weg. Aus der einleitenden Analyse ergibt sich, dass das griechische

151 Balis, Sachenrecht, § 2.

152 Die wichtigsten Abweichungen vom römischen Recht sind die Vererblichkeit des Besitzes ohne Sachherrschaftsergreifung (Art. 983 ZGB), die Anerkennung des Teilbesitzes (Art. 993 ZGB): Petropoulos, Geschichte und Vorlesungen des römischen Rechts, S. 268, wie auch die Zuerkennung der Besitzklagen zugunsten des Detentors gegen Dritte (Art. 997 ZGB): Balis, Sachenrecht, § 2.

153 Kein *animus dominandi*, sondern *animus jus habendi*.

Sachenrecht den klassischen römisch-rechtlichen Ursprüngen treu geblieben ist: Aufbau des Besitzbegriffs, strenge Akzessorietät der Pfandrechte,[154] konsequente Einhaltung der Prinzipien *superificies solo cedit* und *nulli res sua servit.*

Deutsches und griechisches Recht gehen bei der Regelung des Publizitätssystems von Rechten an Immobilien wesentlich auseinander. Das vom ZGB bevorzugte Transkriptionssystem gewährt keinen öffentlichen Glauben der Eintragungen und seine Unzulänglichkeiten haben eine negative Auswirkung auf die Sicherheit des Rechtsverkehrs. In der folgenden Analyse wird gezeigt, wie das Rechtsinstitut der Ersitzung die Lückenhaftigkeit des Transkriptionssystems zu heilen versucht. Die Initiierung des Katastererrichtungsprozesses zur Errichtung eines Grundbuchs nach dem Vorbild der Grundbücher, zu denen auch das deutsche gehört, ist eine willkommene Botschaft, die die weitere Annäherung der beiden Rechtsordnungen begünstigt.

154 Kaser/Knütel, Römisches Privatrecht, § 31 Rn. 21.

Kapitel II – Die Sachen

Regelungsgegenstand des Sachenrechts sind die Sachen. Dingliche Rechte sind nur an Sachen möglich.[1] Das ZGB positioniert die Definitionen der Sachen, der Bestandteile, des Zubehörs und der Früchte und Nutzungen am Anfang des Sachenrechts. Dies wurde als „natürlicher und leichter beim Gebrauch“ angesehen.[2]

1. Gesetzestext (Art. 947–972 ZGB)

Art. 947 Begriff

Sachen im Sinne des Gesetzes sind nur körperliche Gegenstände.

Als Sachen gelten auch die Naturkräfte oder Energien, insbesondere der elektrische Strom und die Wärme, soweit sie der Beherrschung unterliegen, wenn sie auf einen bestimmten Raum beschränkt sind.

Art. 948 Bewegliche und unbewegliche Sachen

Unbewegliche Sachen sind der Grund und seine Bestandteile. Bewegliche Sachen sind alle die, welche keine unbeweglichen sind.

Art. 949

In den Fällen, in denen im Gesetz oder in einem Rechtsgeschäft zwischen dem unbeweglichen Vermögen einer Person als Ganzem und dem beweglichen ein Unterschied gemacht wird, fallen unter die unbeweglichen Gegenstände auch der Nießbrauch an einem Grundstück sowie Grunddienstbarkeiten und unter die beweglichen auch alle Forderungen.

Art. 950 Vertretbare Sachen

Vertretbare Sachen sind bewegliche Sachen, die im Verkehr nach Zahl, Maß oder Gewicht bestimmt werden.

Art. 951 Verbrauchbare Sachen

Verbrauchbare Sachen sind bewegliche Sachen, deren bestimmungsmäßiger Gebrauch im Verbrauch besteht.

---

1 Ausnahmen bilden sowohl im griechischen als auch im deutschen Recht der Nießbrauch (Art. 1178 ZGB/§ 1068 ff. BGB) und das Pfandrecht (Art. 1247 ZGB/§ 1273 ff. BGB), die auch an Rechten bestellt werden können.

2 Umriss des Entwurfs des Zivilgesetzbuchs, S. 18–19. Vgl. das schweizerische ZGB Art. 641 ff. Vgl. §§ 778-791 des Ersten Entwurfs des BGB.

Art. 952

Verbrauchbare Sachen sind auch die beweglichen Sachen, deren bestimmungsmäßiger Gebrauch in der Veräußerung besteht. Als solche gelten insbesondere die Münzen, die Banknoten, die fälligen Zins- oder Dividendenscheine sowie auch die beweglichen Sachen, welche, obwohl sie in ihrer Natur keine verbrauchbaren Sachen sind, zu einem Geschäft oder zu einem Sachinbegriff gehören und separat zu veräußern bestimmt sind.

Art. 953 Bestandteil

Ein Bestandteil einer Sache, der von der Hauptsache nicht getrennt werden kann, ohne dass jener oder diese beschädigt oder in ihrem Wesen oder in ihrer Bestimmung verändert werden, kann nicht Gegenstand eines Sondereigentums oder eines besonderen dinglichen Rechtes sein.

Art. 954

Bestandteile eines Grundstücks im Sinne des vorangehenden Artikels sind auch: 1. die mit dem Grund und Boden fest verbundenen Sachen, insbesondere Gebäude; 2. die Erzeugnisse des Grundstücks, solange sie mit dem Boden zusammenhängen; 3. das Grundwasser und die Quelle; 4. der Samen mit dem Aussäen und die Pflanzen mit dem Einpflanzen.

Zu den Bestandteilen eines Gebäudes gehören alle zu seiner Herstellung benutzten oder darin eingefügten beweglichen Sachen.

Art. 955

Sachen, die nur zu einem vorübergehenden Zweck mit dem Grund und Boden verbunden sind, gelten nicht als Bestandteile des Grundstücks. Das gleiche gilt auch für die Gebäude oder Bauwerke im Allgemeinen, die in einem fremden Grundstück von demjenigen errichtet worden sind, der ein dingliches Recht darauf hat, zum Zwecke der Ausübung dieses Rechts.

Bewegliche Sachen, die nur zu einem vorübergehenden Zweck in ein Gebäude eingefügt sind, gelten nicht als Bestandteile des Gebäudes.

Art. 956 Zubehör

Zubehör ist eine bewegliche Sache, die, ohne Bestandteil der Hauptsache zu sein, dem wirtschaftlichen Zweck der Hauptsache dauernd zu dienen bestimmt ist und bereits zu ihr in einem dieser Bestimmung entsprechenden räumlichen Verhältnis steht.

Art. 957

Eine Sache ist nicht Zubehör, wenn sie im Verkehr nicht als Zubehör angesehen wird.

Die vorübergehende Trennung eines Zubehörstücks von der Hauptsache hebt die Zubehöreigenschaft nicht auf.

Art. 958
Ein dingliches Rechtsgeschäft über die Hauptsache erstreckt sich im Zweifel auch auf das Zubehör.

Art. 959
Bei einem Gebäude, das eingerichtet wurde, um einem Industrieunternehmen dauernd zu dienen, gelten beim Vorliegen auch der anderen Bedingungen als sein Zubehör die für das Unternehmen bestimmten Maschinen, Geräte und Werkzeuge.

Art. 960
Als Zubehör eines Landgutes gelten beim Vorliegen auch der anderen Bedingungen die für seinen Wirtschaftsbetrieb bestimmten Geräte, Werkzeuge und das Vieh sowie die landwirtschaftlichen Erzeugnisse, soweit sie zur Fortführung der Wirtschaft bis zu der Zeit erforderlich sind, zu welcher gleiche oder ähnliche Erzeugnisse gewonnen werden, und noch dazu der auf dem Landgut vorhandene und auf ihm gewonnene Dünger.

Art. 961 Früchte
Früchte einer Sache sind die Erzeugnisse der Sache sowie alles, was aus ihr ihrer Bestimmung gemäß gewonnen wird.

Früchte eines Rechtes sind die Erträge, die das Recht seiner Bestimmung gemäß gewährt.

Früchte sind auch die Erträge, die eine Sache oder ein Recht vermöge eines Rechtsverhältnisses gewährt (Zivilfrüchte).

Art. 962 Nutzungen
Nutzungen sind nicht nur die Früchte der Sache oder des Rechts, sondern auch jeder Vorteil, welchen der Gebrauch der Sache oder des Rechts gewährt.

Art. 963
Wer berechtigt ist, die natürlichen Früchte einer Sache oder eines Rechts bis zu einer bestimmten Zeit oder von einer bestimmten Zeit an zu beziehen, dem gebühren, sofern nicht ein anderes bestimmt ist, nur die während der Dauer seiner Berechtigung getrennten Früchte. Bei Zivilfrüchten, insbesondere bei Mietzinsen, Zinsen, Dividenden und anderen regelmäßig wiederkehrenden Erträgen aus der Sache oder aus dem Recht, gebührt dem Berechtigten, sofern nicht ein anderes bestimmt wurde, ein der Dauer seiner Berechtigung entsprechender Teil.

Art. 964
Wer kraft Gesetzes zur Herausgabe von Früchten verpflichtet ist, ist berechtigt, Ersatz der auf die Gewinnung der Früchte verwendeten Kosten insoweit zu verlangen, als sie den Wert der Früchte nicht übersteigen.

Art. 965 Lasten der Sache
Wer verpflichtet ist, die Lasten einer Sache bis zu oder von einer bestimmten Zeit an zu tragen, haftet, wenn sie zu den regelmäßig wiederkehrenden Lasten gehören und sofern nicht ein anderes bestimmt ist, nach dem Verhältnis der Dauer seiner Verpflichtung. Bei anderen Lasten haftet er insoweit, als sie während der Dauer seiner Verpflichtung zu entrichten sind.

Art. 966 Dem Verkehr entzogene Sachen
Dem Verkehr entzogene Sachen sind die allen gemeinsamen, die dem Gemeingebrauch gewidmeten und diejenigen, welche öffentlichen, städtischen, gemeindlichen oder religiösen Zwecken zu dienen bestimmt sind.

Art. 967 Sachen zum Gemeingebrauch
Als zum Gemeingebrauch bestimmte Sachen gelten insbesondere die frei und fortwährend fließenden Gewässer, die Straßen, die Plätze, die Küsten, die Häfen und die Buchten, die Ufer von schiffbaren Flüssen, die großen Seen und ihre Ufer.

Art. 968 Eigentum an den zum Gemeingebrauch bestimmten Sachen
Die zum Gemeingebrauch bestimmten Sachen gehören dem Fiskus, sofern sie nicht einer Stadt oder einer Gemeinde gehören oder das Gesetz nicht ein anderes bestimmt.

Art. 969
Beim Wasser, das zum Gemeingebrauch bestimmt ist, wird im Fall der Kollision zwischen mehreren Berechtigten der Vorrang in folgender Weise bestimmt:1. der für das Gemeinwohl wichtigere Gebrauch; 2. der Gebrauch, welcher am meisten die Volkswirtschaft fördert; 3. der ältere Gebrauch; 4. der Gebrauch für ein Unternehmen, welches mit einem bestimmten Ort zusammenhängt; 5. der Gebrauch für den Anlieger.

Art. 970
An Sachen, die für den Gemeingebrauch bestimmt sind, können durch Konzession der Behörde nach den Bedingungen des Gesetzes besondere Privatrechte erworben werden, sofern durch diese dem Gemeingebrauch gedient oder dieser nicht aufgehoben wird.

Art. 971
Die dem Verkehr entzogenen Sachen verlieren diese ihre Eigenschaft, sobald ihre Bestimmung zum Gemeingebrauch oder zum öffentlichen, städtischen, gemeindlichen oder religiösen Zweck aufgehört hat.

Art. 972 Herrenlose Sachen, Nachlass ohne Erben
Herrenlose Grundstücke sowie Vermögen der ohne Erben Verstorbenen gehören dem Fiskus.

2. Begriff

Im Sinne des ZGB ist Sache der körperliche Gegenstand, der rechtlich beherrschbar sein kann (Art. 947 S. 1 ZGB/§ 90 BGB). Die Körperlichkeit der Sache besteht hauptsächlich in ihrer Greifbarkeit.[3] Elemente wie Wasser, Luft oder Gas sind Sachen, soweit sie eine räumliche Abgrenzung erfahren haben und auf diese Weise Gegenstand von sachenrechtlichen Beziehungen sein können.[4] Der griechische Gesetzgeber sah sich in Art. 947 Abs. 2 ZGB berufen, die Fiktion zu schaffen, dass auch beherrschbare und beschränkbare Naturkräfte oder Energien dem Begriff der Sachen zuzuordnen sind.[5] Die deutsche Theorie lehnt die Sacheigenschaft solcher Naturkräfte oder Energien wie Elektrizität, Atomenergie und Wärme wegen der fehlenden Körperlichkeit grundsätzlich ab.[6] Die Anwendung der sachenrechtlichen Vorschriften wird aber nicht bestritten, wenn sie – zwangsläufig in einer beherrschbaren Form – Gegenstand des Rechtsverkehrs sind, wenn auch mit unterschiedlichen Begründungen.[7] Der Mensch kann auf keinen Fall Gegenstand von dinglichen Rechten sein (vgl. Art. 2 Abs. 1 Verf). In diesem Sinn sind auch die Körperteile und Organe (natürliche oder künstliche) des Lebenden keine Sachen. Die Sachqualität des Leichnams ist umstritten. Die deutsche Theorie schwankt zwischen Annahme der Anwendung der Sachvorschriften mit der Beschränkung, dass der tote menschliche Körper, der zur Bestattung bestimmt ist, *res extra commercium* ist („insofern wirkt die Persönlichkeit des Verstorbenen fort“[8]), und Ablehnung der Sacheigenschaft.[9] Die

---

3 Vgl. römisches Recht: *res corporales sunt quae tangi possunt.*

4 Bork, Allgemeiner Teil des BGB, Rn. 234; Georgiades, Sachenrecht, § 8 Rn. 5.

5 Die Aufzählung ist nicht abschließend („besonders“). Darunter fallen auch andere Naturkräfte wie Radiation und Magnetismus.

6 Schmidt, BGB Allgemeiner Teil, Rn. 137; Jauernig in Jauernig, BGB Kommentar, S. 34 Rn. 4; Wieling, Sachenrecht, Band I, S. 55.

7 Bei Wieling, Sachenrecht, Band I, S. 55 und Schmidt, BGB Allgemeiner Teil, Rn. 137 ist das Rechtsobjekt das Speichermedium. Andere rekurrieren auf die Lösung der Fiktion: Unkörperliche Naturkräfte bzw. Energien werden wie Sachen behandelt, wenn sie Gegenstand des Rechtsverkehrs sind. Hirsch, Der Allgemeine Teil des BGB, S. 37. Die Entziehung elektrischer Energie wird in beiden Rechtsordnungen strafrechtlich als Diebstahl behandelt (§ 248c StGB/Art. 372 Abs. 2 gr.StGB, die griechische Vorschrift betrifft auch sonstige Energien).

8 Bork, Allgemeiner Teil des BGB, Rn. 240. Anders bei Mumien, Skeletten, Körpern zu Anatomiezwecken: Hirsch, Der Allgemeine Teil des BGB, S. 44.

9 Die Angehörigen haben kein Eigentum, sondern ein Recht (und eine Pflicht) zur Totensorge. Medicus, Allgemeiner Teil des BGB, Rn. 1177.

herrschende griechische Theorie teilt die letztere Ansicht.[10] Bei abgetrennten menschlichen Körperteilen (Organe, Gewebe, Blut) wird die Sacheigenschaft grundsätzlich bejaht.[11] Aus ethischen Gründen werden ihrer Veräußerung jedoch Schranken gesetzt. Sie können nur gespendet und nicht verkauft werden.[12] Nach einer Meinung haben sie eine doppelte Rechtsnatur: Sie sind Rechtsverkehrsgegenstände unter den obengenannten Beschränkungen, und zugleich kann ihnen zugefügter Schaden oder ihre Vernichtung (besonders bei Samen oder Eizellen) wegen der Verbindung mit der Person des Spenders als Persönlichkeitsverletzung gelten.[13] Handhabung und Verkehr von Körperteilen wird von speziellen Gesetzen geregelt.[14]

Nach herrschender Lehre fallen Daten wie Computerprogramme oder Musik aus dem Begriff der Sache heraus. Sie sind als geistiges Werk urheberrechtlich geschützt. Werden sie jedoch auf Datenträger gespeichert und vervielfältigt, werden diese Vorrichtungen vom Sachenrecht erfasst.[15] Tiere sind nach ausdrücklicher gesetzlicher Bestimmung in Deutschland keine Sachen (§ 90a BGB). Der deutsche Gesetzgeber hat damit dem Status der Tiere als Lebewesen und den ethischen Anschauungen des Tierschutzes Rechnung getragen. Die Tiere sind wie Sachen zu behandeln, soweit keine speziellen Vorschriften Anwendung

---

10 Der Leichnam ist ein Rückstand der Persönlichkeit und keine Sache: Georgiades, Sachenrecht, § 8 Rn. 12. Die Ansicht, dass die Leiche eine dem Rechtsverkehr entzogene Sache ist, wird auch vertreten: EfAth 5316/1990, ElDik 1991, 1043.

11 Dimakou in Georgiades/Stathopoulos, ZGB, Art. 947 Rn. 18; Kourtis, Zivilrecht der Transplantationen, 2002, S. 92. Vgl. Medicus, Allgemeiner Teil des BGB, Rn. 1178.

12 Vgl. Art. 5 Abs. 1 G.3981/2011 über Transplantationen.

13 Laskarides in Georgiades, Kurze Auslegung des ZGB, Art. 947 Rn. 8. Vgl. BGH 124, 52 ff., der zwischen Körperteilen unterscheidet, die mit dem Zweck abgetrennt werden, Körperfunktionen des Spenders zu bewahren oder mit dem Körper des Spenders später wiedervereinigt zu werden (z.B. zur Befruchtung entnommene Eizellen und Sperma oder die Eigenblutspende), und Körperteilen, die endgültig vom Körper abgetrennt werden (z.B. gespendete Organe oder Blutspenden). Für die letzteren gilt die Sachqualität. Die ersteren bleiben in der Sphäre der körperlichen Integrität des Rechtsträgers und ihre Verletzung wird als Körperverletzung angesehen. Nicht unumstritten: Taupitz, NJW 1995, 745, 746 ff.

14 G.2737/1999 Über die Transplantationen von menschlichen Geweben und Organen, G.3305/2005 über Eizellen, G.3402/2005 über Blut, G.3984/2011 über Transplantationen.

15 Laskarides in Georgiades, Kurze Auslegung des ZGB, Art. 947 Rn. 10; vgl. Bork, Allgemeiner Teil des BGB, Rn. 234; Baur/Stürner, Sachenrecht, § 3 Rn. 2. Überzeugend argumentiert Redeker, NJW 1992, 1739 f.; BGH, NJW 2007, 2394 Rn. 17: „Von der … Werkverkörperung ist das urheberrechtlich geschützte Werk zu trennen".

finden und dies mit dem Wesen und dem Schutz der Tiere vereinbar ist (Art. 20a GG, § 903 S. 2 BGB). Das ZGB enthält keine entsprechende allgemeine Vorschrift. Tiere sind im Sinne der ZGB-Regelungen grundsätzlich Sachen, sie werden jedoch durch Vorschriften außerhalb des ZGB geschützt.[16]

3. Kategorien der Sachen

a) Bewegliche – unbewegliche Sachen

Das Gesetz unterscheidet zwischen beweglichen und unbeweglichen Sachen. Nach dem Spezialitätsgrundsatz muss jede Sache Selbständigkeit haben (z.B. ein Buch, eine Flasche Wein). Diese wird von der Verkehrsanschauung bestimmt. Die natürliche Selbständigkeit ist nicht immer maßgebend (z.B. Bienenschwarm, nicht eine Biene, eine Tonne Oliven, nicht eine Olive).

Im Gegensatz zum BGB enthält das ZGB (Art. 948 ZGB) die Definition der unbeweglichen Sachen. Die Definition der beweglichen Sachen ergibt sich *e contrario* aus ihrer Gegenüberstellung mit den unbeweglichen.

Mit der Bestimmung des Grunds als unbeweglicher Sache wird ein Teil der Erdoberfläche gemeint, der mit dem Willen des Eigentümers oder kraft Gesetzes von dem Rest der Erdoberfläche abgegrenzt ist (Grundstück).[17] Ein anderer Rechtsbegriff ist das Flurstück. Die gesetzliche Definition des Flurstücks ergibt sich aus der Neuen Bauverordnung vom 9.12.2012 (G. 4067/2012). Danach ist ein Flurstück, gleichgültig ob es sich außerhalb der Stadtplanung (Art. 2 Nr. 12: *γήπεδο – gipedo*) oder innerhalb der Stadtplanung bzw. einer Siedlung als bebaubarer Fläche (Art. 2 Nr. 50: *οικόπεδο – ikopedo*) befindet, „…

16 Z.B. G.1197/1981 Über Tierschutz (mit Tiermisshandlung und entsprechenden Strafen befasst), PV 160/1991 Über Versuchstiere, G.2017/1992 Zur Ratifizierung des Europäischen Übereinkommens zum Schutz von Heimtieren vom 13.11.1987, G.3170/2003 Über Heimtiere, herrenlose Heimtiere und andere Vorschriften (vorübergehender Entzug des Besitzes wegen Misshandlung), G.4039/2012 Über nicht-herrenlose und herrenlose Heimtiere und Tierschutz vor Ausbeutung oder Nutzung für gewinnbringende Zwecke.

17 Balis, Allgemeiner Teil § 180; auch Anmerkungen von Livanis in AP 231/1998, NoV 47 (1999) 930, 931: Zur rechtlichen Selbständigkeit ist – außer der natürlichen Abgrenzung – die Unterschiedlichkeit des Eigentümers bzw. des Titels im Vergleich zum angrenzenden Grundstück erforderlich; vgl. RG 84, 265, 279: ein „räumlich abgegrenzter Teil der Erdoberfläche, der auf einem besonderen Grundbuchblatte für sich allein oder auf einem gemeinschaftlichen Grundbuchblatte unter einer besonderen Nummer im Verzeichnisse der Grundstücke gebucht ist…“.

die zusammenhängende Erdoberfläche, die ein selbständiges und einheitliches Grundstück ist und einem oder mehreren Eigentümern nach ideellen Bruchteilen gehört …". Das Gesetz stellt also auf die Selbständigkeit des Gegenstands (durch die Abgrenzung), auf den Zusammenhang der Fläche und auf die Einheit der Eigentumsverhältnisse ab.[18] Daraus ergibt sich, dass der Privatwille innerhalb des gesetzlichen Rahmens, etwa einer erlaubten Mindestfläche, aus einem Flurstück, das ein einheitliches Grundstück ist, mehrere Flurstücke – und entsprechende Grundstücke – schaffen kann.

Der Begriff „Grundstück" ist weiter, da er sowohl den Grund im obigen Sinn als auch seine Bestandteile beinhaltet (Art. 948 Abs. 1 ZGB).[19]

Die Unterscheidung zwischen unbeweglichen und beweglichen Sachen hat in beiden Rechtsordnungen die gleiche Funktion. Da die unbeweglichen Sachen normalerweise von höherem Wert sind, unterliegt ihre Übertragung oder Belastung besonderen Vorschriften, z.B. Einhaltung strengerer Formvorschriften bei Immobilienübertragung (Art. 369 i.V.m. 1033 ZGB; vgl. § 311b i.V.m. § 925 BGB), Eintragung von dinglichen Rechten an Immobilien ins Grundbuch bzw. Transkriptionsbuch. Der Rechtsverkehr von Mobilien wird dagegen erleichtert (Art. 1034 ff. ZGB; vgl. §§ 929 ff. BGB). Bei Mobilien von großem Wert (Schiffe, Flugzeuge) gelten besondere Vorschriften, die den Vorschriften über Immobilien ähnlich sind.

Das Vermögen ist keine Sache im Sinn des Gesetzes. Es umfasst im Allgemeinen Sachen, Rechts- und Realpositionen der Person, die einen Wert in Geld haben (enger Sinn), wie auch die Passiva (weiterer Sinn).[20] Es kann u.a. aus Sachen und Forderungen bestehen. Eine schuldrechtliche Vereinbarung über die Veräußerung des ganzen Vermögens ist erlaubt.[21] Die Übertragung aber muss wegen des Spezialitätsprinzips nach den für jedes Recht geltenden Vorschriften erfolgen, z.B. bei Mobilien durch Einigung und Übergabe (Art. 1034 ZGB), bei Forderungen durch Abtretung (Art. 455 ZGB). Gleiches gilt für das Unternehmen. Die wirtschaftliche Einheit des Vermögens ist nur in den vom Gesetz vorgesehenen Fällen von Bedeutung, z.B. im Erbrecht: Universalsukzession (Art. 1710 ZGB), Inventarerbe (Art. 1904 ZGB), im Insolvenzrecht: Insolvenzmasse (Art. 7 Abs. 1 gr.InsO).

---

18 Nr. 8/2012 Gutachten des Staatsanwalts von Areopag, ElDik 2013, 894.

19 Papasteriou, Sachenrecht, Band I, § 11 Rn. 4.

20 Georgiades, Sachenrecht, § 9 Rn. 11–13; Tsitsopoulos, EEN, 53, 907.

21 Beschränkungen ergeben sich aus Art. 366, 367, 368 ZGB.

Die Auslegungsregel von Art. 949 ZGB bestimmt, was unter das unbewegliche und das bewegliche Vermögen der Person einzuordnen ist, falls es als Ganzes im Gesetz oder im Rechtsgeschäft (z.B. Testament) erscheint. Von den dinglichen Rechten müssen das nicht erwähnte Wohnungsrecht und die persönlichen Dienstbarkeiten in das unbewegliche Vermögen fallen. Das Pfandrecht und die Hypothek, als akzessorische Sicherungsrechte in Bezug auf Forderungen, müssen in das bewegliche Vermögen einbezogen werden.[22]

b) Vertretbare Sachen

Vertretbare Sachen (Art. 950 ZGB/§ 91 BGB) sind im Allgemeinen bewegliche Sachen, die gegen andere gleichartige Sachen ausgetauscht werden können, wie z.B. Geld, Lebensmittel, Mineralien, Massenproduktionswaren.[23] Nicht vertretbar sind dagegen Sachen, die Eigenschaften aufweisen, die einmalig sind, wie etwa Kunstwerke oder nach Bestellung hergestellte Produkte. Die Unterscheidung ist im Schuldrecht von Bedeutung. Vertretbare Sachen sind ausdrücklich das Regelungsobjekt im Darlehensvertrag/Sachdarlehensvertrag (Art. 806 ZGB; vgl. § 607 BGB), bei der Anweisung (Art. 876 ZGB; vgl. § 783 BGB), im unregelmäßigen Verwahrungsvertrag (Art. 830 ZGB; vgl. § 700 BGB). Eine Naturalrestitution im Falle von Zerstörung ist nur bei vertretbaren Sachen möglich (Art. 297 S. 2 ZGB; vgl. § 249 Abs. 1 BGB).

c) Verbrauchbare Sachen

Verbrauchbare Sachen (Art. 951 ZGB/§ 92 Abs. 1 BGB) sind bewegliche Sachen, deren Gebrauch nach ihrer Natur zu ihrer Vernichtung führt, z.B. Nahrungsmittel, Treibstoff.[24] Art. 952 ZGB (vgl. § 92 Abs. 2 BGB) erweitert den Begriff der verbrauchbaren Sachen auf Sachen, deren Bestimmung die Veräußerung ist (Münzen, Banknoten, die fälligen Zins- oder Dividendenscheine), und auf Sachen, deren Gebrauch nicht zu ihrer Vernichtung führt, sondern die Waren eines Geschäfts sind oder zu einem Sachinbegriff gehören und separat veräußert werden, z.B. zum Verkauf bestimmte Kleidungsstücke im Geschäft. In der letzten Kategorie ist die Rechtsverkehrsanschauung maßgeblich. Einmal vom Verbraucher erworben, sind die Sachen nicht mehr verbrauchbar.[25] Die praktische

22 Georgiades, Sachenrecht, § 10 Rn. 4.
23 Vgl. römisches Recht: *Res quae pondere, numero, mensura constant.*
24 Vgl. römisches Recht: *Res quae usu consumuntur.*
25 Laskarides in Georgiades, Kurze Auslegung des ZGB, Art. 952 Rn. 2; vgl. Wieling, Sachenrecht, Band I, S. 71.

Bedeutung betrifft die Nutzungsrechte. Der Nießbraucher darf normalerweise die Sache nur nutzen, sie aber weder wesentlich verändern noch veräußern (Art. 1142, 1148 Abs. 2 ZGB; vgl. §§ 1030 Abs. 1, 1037 Abs. 1 BGB). Dies betrifft zwangsläufig nichtverbrauchbare Sachen. Der Nießbrauch von verbrauchbaren Sachen wird gesondert geregelt. Der Nießbraucher wird zum Eigentümer und ist verpflichtet, nach Beendigung des Nießbrauchs nach deutschem Recht den Wert zu ersetzen (§§ 1067 Abs. 1, 1075 Abs. 2 BGB) und nach griechischem Recht nach Wahl des Eigentümers den Wert zu ersetzen oder andere gleichartige Sachen zurückzugeben (Art. 1174, 1182 ZGB).

d) Bestandteile

Zweck der Regelung über die Bestandteile ist die Erhaltung der Einheit der Sache. Da die meisten Sachen, besonders die wertvollen, aus mehreren vereinzelten Sachen bestehen, ist das Recht bestrebt, nicht nur aus wirtschaftlichen Gründen, sondern auch aus Gründen der Rechtssicherheit und der Übersichtlichkeit der Rechtsverhältnisse, die Einheit der Sachen zu erhalten, indem keine gesonderten Eigentumsrechte an bestimmten Teilen oder Komponenten der Sache anerkannt werden können.[26] Insoweit entscheiden sich beide Rechtsordnungen grundsätzlich für die gleiche Lösung, jedoch mit Abweichungen. Eine terminologische Verdeutlichung muss im Vorfeld stattfinden: § 93 BGB spricht von *wesentlichen* Bestandteilen, die nicht Gegenstand besonderer Rechte werden können. *E contrario* ergibt sich, dass auch *unwesentliche* Bestandteile existieren, an denen die Begründung besonderer dinglicher Rechte möglich ist.[27] Für den Berichterstatter des Entwurfs des griechischen Sachenrechts war die deutsche Unterscheidung zwischen wesentlichen und unwesentlichen Bestandteilen ein Auslegungsproblem, da für die letzteren keine Definition im Gesetz vorhanden war. Es sei nicht konsequent, dass die Sache, die nicht durch das Einfügen auf irgendwelche Weise zum wesentlichen Bestandteil oder einfacher zum Bestandteil wurde, als *unwesentlicher* Bestandteil bezeichnet werde.[28] Das ZGB hat sich für die Lösung des schweizerischen ZGB entschieden (vgl. Art. 642 Abs. 2 schw.ZGB). Die eingefügte Sache sei entweder ein Bestandteil oder keiner. Der

26 Dimakou in Georgiades/Stathopoulos, ZGB, Art. 953 Rn. 1; vgl. Medicus, Allgemeiner Teil des BGB, Rn. 1185. Das römische Recht geht dagegen grundsätzlich von der Erhaltung von Rechten verschiedener Eigentümer an den vereinzelten Sachen aus, aus denen eine zusammengesetzte Sache besteht. Kaser, Das Römische Privatrecht, S. 383; Wieling, JZ 1985, 511–514.

27 Wieling, Sachenrecht, Band I, S. 59.

28 Entwurf des Zivilgesetzbuchs, Sachenrecht, S. 92.

„Bestandteil" nach Art. 953 ZGB ist folglich mit dem „wesentlichen Bestandteil" des BGB identisch. Die Wesentlichkeit hat die griechische Theorie trotz der Einheitlichkeit des Wortlauts des Gesetzes wegen des Einflusses der deutschen Lehre beschäftigt. Nach Art. 953 ZGB kann der Bestandteil von der Hauptsache nicht getrennt werden, „ohne dass jener oder diese beschädigt oder in ihrem Wesen oder in ihrer Bestimmung verändert werden." Nach einem Teil der Theorie bestehe die zusammengesetzte Sache aus Bestandteilen, die die obengenannten Voraussetzungen erfüllen (wesentliche Bestandteile), und aus anderen, deren Trennung von der Sache nicht zur Beschädigung bzw. Veränderung des Wesens oder der Bestimmung der Sache führen kann (unwesentliche Bestandteile),[29] z.B. der Rahmen in Bezug auf das Bild, der Ring in Bezug auf den Edelstein. An unwesentlichen Bestandteilen in diesem Sinn können gesonderte dingliche Rechte begründet werden. Nach der divergierenden (herrschenden) Ansicht ergebe sich die Unterscheidung zwischen wesentlichen und unwesentlichen Bestandteilen nicht aus dem Wortlaut des Gesetzes. Außerdem diene sie keinem Zweck, da die rechtliche Behandlung von unwesentlichen Bestandteilen und dem Zubehör nach deutschem Recht grundsätzlich[30] die gleiche sei. Die Teile der Sache, die nicht in die Kategorie der Bestandteile eingeordnet werden können, gehören zum Zubehör.[31] Die Rechtsprechung ist nach anfänglicher Ambivalenz der letzteren Ansicht gefolgt.[32] In diesem Sinne sind Bestandteile der Sache der Motor, die Reifen und die Karosserie in Bezug auf das Auto,[33] die Motoren des Schiffs,[34] die eingebauten Schränke, das Waschbecken. Eine dauerhafte, feste Verbindung mit der Hauptsache spricht für einen Bestandteil.[35] Bei

29 Balis, Allgemeiner Teil, § 191: Da ist die Rede von untrennbaren und von trennbaren Bestandteilen; auch Filios, Sachenrecht, Band I, S. 72–73; Papasteriou, Sachenrecht, Band I, S. 239–240. Die Trennbarkeit ergebe sich *e contrario* aus dem Wortlaut von Art. 953 ZGB.

30 Wieling, Sachenrecht, Band I, S. 106.

31 Sontis, EEN 13 (1946), 81, 85–88 mit Kritik an der deutschen Regelung. Anmerkung von Spiridakis bei PrAth 385/1972 NoV 20 (1973), 947; Dimakou in Georgiades/Stathopoulos, ZGB, Art. 953 Rn. 8.

32 Überblick über die Rechtsprechung in Georgiades, Sachenrecht, § 11 Rn. 4. Im Folgenden wird der deutsche Begriff „wesentlicher Bestandteil" in Bezug auf die griechischen Vorschriften als „Bestandteil" wiedergegeben.

33 PrAth 5375/1960 NoV 9 (1961) 44; PrIraklio 310/1962 NoV 10 (1962) 1066.

34 EfAth 4815/1982 EEmbD 33, 605.

35 Z.B. die Maschinen einer Fabrik, wenn sie mit dem Boden fest verbunden sind und nicht ohne Beeinträchtigung ihrer Zweckbestimmung und Funktionsfähigkeit abgetrennt werden können: AP 35/1961 NoV 9 (1961) 715; StE 1917/2007 Nomos.

einer lösbaren Verbindung ist dazu noch die wirtschaftliche Funktion und die Wichtigkeit des Teils in Bezug auf die Hauptsache zu erforschen.[36] In Zweifelsfällen sind die Verkehrsanschauung und die wirtschaftliche Bestimmung der Sache maßgebend.[37]

In der deutschen Theorie ist die Unterscheidung zwischen wesentlichen und unwesentlichen Bestandteilen nach § 93 BGB gegeben. Die Auseinandersetzung in der Theorie bezieht sich auf die Kriterien der Wesentlichkeit. Die Möglichkeit, dass der Bestandteil nach seiner Ablösung in einem unversehrten Zustand fortbesteht und weiter als solcher verwendbar ist, spricht für die Unwesentlichkeit. Nicht wesentliche Bestandteile sind etwa der Motor und die Reifen, da sie als solche weiterverwendet werden können. Im Gegensatz dazu gehört die Karosserie zu den wesentlichen Bestandteilen des Autos, da daran die anderen Bestandteile befestigt sind.[38] Die Verkehrsanschauung ist jedoch auch in diesem Fall maßgeblich: Ein speziell für einen besonderen Wagen angefertigter Motor gehört zu seinen wesentlichen Bestandteilen.[39]

aa) Bestandteile des Grundstücks

Art. 954 ZGB (vgl. § 94 BGB) befasst sich mit der Aufzählung von Teilen des Grundstücks, die zu seinen Bestandteilen gehören. Die Vorschrift ist zwingendes Recht. Die Aufzählung ist nicht abschließend („sind auch"). Art. 954 Abs. 1 Nr. 1 u. 2 ZGB ist der gesetzliche Niederschlag des römischen Grundprinzips *superficies solo cedit.*[40] Das Gebäude wird sowohl in seinem engen Sinn (Einrichtung zur Unterbringung von Menschen, zur Haltung von Tieren und zur Erfüllung von wirtschaftlichen Zwecken) als auch in seinem weiten Sinn (andere Anlagen wie Brücken, Tunnel, Monumente) gemeint.[41] Es kann sich über oder

36 AP 1013/2004 Nomos.

37 AP 399/1981 EEN 49 (1982) 132.

38 Bork, Allgemeiner Teil des BGB, Rn. 248; Medicus, Allgemeiner Teil des BGB, Rn. 1187; Wieling, Sachenrecht, Band I, S. 82.

39 Medicus, Allgemeiner Teil des BGB, Rn. 1187.

40 Als Ausnahme vom Prinzip gelten heute das Stockwerkseigentum, die Scheinbestandteile (Art. 955 ZGB) und erhalten gebliebene Erbbaurechte und sonstige emphyteutische Rechte nach Art. 58–59 EGZGB.

41 Dimakou in Georgiades/Stathopoulos, ZGB, Art. 945 Rn. 5; vgl. die Legaldefinitionen des Gebäudes nach Art. 2 Nr. 42 der Neuen Bauverordnung vom 9.4.2012 (G.4064/2012): „Gebäude ist die Einrichtung, die aus Räumen und Anlagen besteht und zum vorübergehenden oder permanenten Aufenthalt des Benutzers bestimmt ist."

unter dem Boden befinden.[42] Bestandteile des Gebäudes sind die Sachen, die zu seiner Herstellung benutzt wurden. Eine feste Verbindung ist geboten, aber auch Teile des Gebäudes, die durch Aushebeln oder Abschrauben entfernt werden können, zählen zu den Bestandteilen.[43] Es sind nicht nur die Baumaterialien, sondern auch die Türen, die Fenster oder die Heizkörper. Griechische und deutsche Lehre und Rechtsprechung stimmen überein, dass der Begriff „Herstellung" weit auszulegen ist.[44] In diesem Sinn sind Bestandteile bzw. wesentliche Bestandteile des Gebäudes auch Sachen, die eingebaut wurden, weil das Gebäude einem bestimmten Zweck oder einer bestimmten Funktion dient, wie etwa die Küchenanlage oder das Notstromaggregat eines Hotels, die Maschinen einer Textilfabrik,[45] besonders wenn ihre Entfernung übermäßig schwierig oder kostspielig besonders in Bezug auf den Wert des Gebäudes ist.[46] Art. 954 Abs. 1 Nr. 3 ZGB fügt das Grundwasser und die Quelle als Bestandteile des Grundstücks hinzu. Darunter wird auch der Brunnen eingeordnet.[47] Diese Regelung ist von öffentlich-rechtlichen Vorschriften über die Benutzung der Gewässer überlagert.[48]

bb) Rechtsfolgen

Art. 953 ZGB normiert, dass kein separates Eigentum oder sonstiges dingliches Recht an dem Bestandteil der Sache bestehen kann. Der Bestandteil folgt seit Herstellung der zusammengesetzten Sache oder Verbindung mit der Hauptsache dem rechtlichen Schicksal der ganzen Sache. Bestehende dingliche Rechte an der ganzen Sache erstecken sich auf den Bestandteil. Dingliche Rechte Dritter an dem Bestandteil erlöschen automatisch mit der Verbindung.[49] Der Wäschetrommelhersteller, der sein Produkt unter Eigentumsvorbehalt zur Sicherung

---

42 PrThes 2637/1975 Arm 30 (1976) 45.

43 Filios, Sachenrecht, S. 74; EfPeir 1426/1997 ElDik 1997, 1669; vgl. Medicus, Allgemeiner Teil des BGB, Rn. 1190.

44 Georgiades, Sachenrecht, § 11 Rn. 15; Medicus, op. cit.

45 EfThes 522/1960 Arm 15, 147; vgl. Medicus, op.cit.; Baur/Stürner, Sachenrecht, § 3 Rn. 9.

46 Dimakou in Georgiades/Stathopoulos, ZGB, Art. 954 Rn. 4; EfAth 464/2005 ElDik 2005, 1524; IrKozani 1/1996 Arm 51, 904.

47 Balis, Allgemeiner Teil, § 205; PrSyros 229/1966 NoV 14 (1966) 893.

48 Z.B. G.1739/1987, G.3199/2003; EfAth 3640/2000 ElDik 2001, 1657: Das Wasser ist Bestandteil innerhalb der Grenzen des Grundstücks. Das Recht beinhaltet nicht das Wasser des Grundwasserspiegels; auch AP 48/1999 EEN 67, 373.

49 Balis, Allgemeiner Teil, § 193 Nr. 4. S. auch Art. 1057, 1058, 1060 ZGB. Vgl. §§ 946, 947, 949 BGB.

des Kaufpreises (Art. 532 ZGB; vgl. § 449 BGB) dem Waschmaschinenhersteller verkauft hat, verliert sein Eigentum ab dem Zeitpunkt des Einbaus der Wäschetrommel in die Waschmaschine. Daher ist die Erhebung einer Herausgabeklage nach Art. 1094 ZGB/§ 985 BGB erfolglos. Der Eigentümer der eingebauten Sache kann sie nur kondizieren (Art. 1063 i.V.m. 904 ff. ZGB; vgl. § 951 BGB) und bei Erfüllung der Voraussetzungen für unerlaubte Handlungen nach Art. 914 ZGB Schadensersatz verlangen.[50] Des Weiteren erfassen dingliche Rechte an der ganzen Sache den Bestandteil auch nach seiner Trennung von der Hauptsache.[51] Frühere dingliche Rechte jedoch, die durch die Verbindung erloschen sind (wie etwa im Fall des Eigentumsvorbehalts), entstehen durch die Trennung nicht neu.[52] Beim Grundstück sehen besondere Vorschriften die Einbeziehung der Bestandteile vor: bei seiner Veräußerung (Art. 953 ZGB; vgl. § 93 BGB), bei seiner Belastung (Art. 1282 ZGB; vgl. §§ 1120 u. 1192 Abs. 1 BGB) oder bei seiner Beschlagnahme (Art. 992 Abs. 2 gr.ZPO, vgl. § 20 Abs. 2 ZVG i.V.m. § 1120 BGB). Ein separates Eigentum an dem Bestandteil kommt nur selten kraft Sonderregelung vor, wie in dem Fall des Grenzbaums (Art. 1023 ZGB) oder des Stockwerkseigentums (Art. 1002 ZGB i.V.m. G.3741/1929). Freilich kann der Eigentümer die Sache zerteilen und die Teile separat veräußern. Dies jedoch fällt in die allgemeinen Herrschafts- und Verfügungsrechte des Eigentümers gem. Art. 1000 ZGB (vgl. § 903 BGB). Die unwesentlichen Bestandteile des deutschen Rechts lassen sich ohne Verlust von der zusammengesetzten Sache trennen[53] und werden von der Regelung des § 93 BGB nicht erfasst. Sie können folglich Gegenstand besonderer Rechte werden und die vor der Verbindung bestehenden Rechte bleiben bestehen. Der Besitz an einem bestimmten Teil der Sache ist erlaubt (Art. 993 ZGB), wenn die separate Herrschaft sachlich möglich ist[54], etwa am Zimmer einer Wohnung. Damit genießt der Rechtsinhaber Schutz als Besitzer (nicht als Detentor) nach Art. 985, 987, 989 ZGB (vgl. § 865 BGB). Dieser Besitz kann jedoch nicht zum Eigentumserwerb durch Ersitzung führen.[55]

---

50 AP 1882/1999 Arm 2000, 1374; Anmerkung von Spiridakis in PrAth 385/1972 NoV 20 (1973), 947.

51 Balis, Allgemeiner Teil, § 193.3; s. auch Art. 1064 ZGB. Eine Ausnahme bildet Art. 1283 ZGB: Wenn der Bestandteil vom mit Hypothek oder Grundschuld belasteten Grundstück entfernt und veräußert wird, ist er von der Haftung unter bestimmten Voraussetzungen frei. Vgl. §§ 1120-1122 BGB. Mehr darüber in Kapitel XI 3.

52 Balis, Allgemeiner Teil, § 193.4; EfPireus 1426/1995 ElDik 1997, 1669.

53 Bork, Allgemeiner Teil des BGB, Rn. 254.

54 Balis, Allgemeiner Teil, § 193.2; AP 1748/2005 Nomos.

55 AP 2057/2009 Nomos, AP 1748/2005 Nomos. Georgiades, Sachenrecht, § 11 Rn. 28. Über die Problematik im Bereich des Stockwerkseigentums s. Kapitel VII 6.a).

cc) Scheinbestandteile

Art. 955 ZGB (vgl. § 95 BGB) effektuiert einen Durchbruch der Regel des Art. 954 ZGB. Trotz Erfüllung der Voraussetzungen des Art. 954 ZGB werden manche Sachen vom Gesetz nicht als Bestandteile des Grundstücks oder des Gebäudes betrachtet, wenn sie einem vorübergehenden Zweck oder der Ausübung des Rechts eines Dritten (nicht des Eigentümers) dienen. Die Lehre bezeichnet solche Sachen als „Scheinbestandteile", da die feste Verbindung mit dem Grundstück oder dem Gebäude vorhanden ist. Sie wären unter anderen Umständen normale Bestandteile der Sache, wäre es nicht für den vorübergehenden Zweck oder die Ausübung eines Rechts an einem fremden Grundstück gewesen. Eine lockere Verbindung spräche eher für einen unwesentlichen Bestandteil nach deutschem Recht oder für ein Zubehör nach griechischem Recht. Das Tatbestandsmerkmal des vorübergehenden Zwecks wird nach der Verkehrsanschauung beurteilt.[56] Die Erfüllung des vorübergehenden Zwecks kann jedoch über einen längeren Zeitraum dauern.[57] Scheinbestandteile in diesem Sinn können z.B. die Tribüne zur Durchführung einer Veranstaltung oder die Personalgebäude auf einer Baustelle sein. Eine weitere Kategorie der Scheinbestandteile bilden Gebäude oder andere Werke, die vom Berechtigten zur Ausübung seines Rechts auf einem fremden Grundstück errichtet sind. § 95 Abs. 1 S. 2 BGB spricht von „Ausübung eines Rechts". Das Recht kann dinglich oder schuldrechtlich sein. In Art. 955 Abs. 1 S. 2 ZGB ist nur vom dinglich Berechtigten die Rede. Lehre und Rechtsprechung jedoch lassen eine analoge Anwendung bei schuldrechtlich Berechtigten zu.[58] Die Scheinbestandteile folgen dem rechtlichen Schicksal der Sache nicht. Der Mieter oder der Nießbraucher eines Grundstücks, der ein Lagerhaus oder sonstige Einrichtungen (Leitungen usw.) zur Ausübung seines Rechts (ein) gebaut hat, bleibt Eigentümer dieser Einrichtungen und darf sie mit der Beendigung des Miet- oder des Nießbrauchverhältnisses abtrennen und entfernen, es sei denn, die Parteien hätten vereinbart, dass die Sache nach Beendigung des Rechtsverhältnisses nicht abzutrennen ist. In diesem Fall handelt es sich um einen normalen Bestandteil.[59]

---

56 Spiridakis, Sachenrecht, Band I, S. 158.

57 AP 1376/1978 NoV 26 (1978) 1063, Georgiades, Sachenrecht, § 11 Rn. 30.

58 AP 1376/1978 NoV 26 (1978) 1063; AP 1157/1974 NoV 23 (1975) 646; Ef.Ath. 6795/1993 ElDik 1995, 388; Georgiades, Sachenrecht, § 11 Rn. 31; Papasteriou, Sachenrecht, S. 246–247.

59 EfAth 464/2005 ElDik 2005, 1524; Spiridakis, Sachenrecht, Band I, S. 159.

e) Zubehör

Zubehör (Art. 956 ZGB; vgl. § 97 BGB), sowohl nach griechischem als auch nach deutschem Recht, sind bewegliche Sachen, die keine Bestandteile der Hauptsache sind. Es besteht jedoch ein wirtschaftlicher Zusammenhang zwischen ihnen und der Hauptsache, der für die Erhaltung ihrer rechtlichen Einheit spricht. Voraussetzungen (außer der Beweglichkeit) nach beiden Rechtsordnungen sind: die Erfüllung des wirtschaftlichen Zwecks der Hauptsache und eine räumliche Nähe zwischen der Hauptsache und dem Zubehör. Die Zubehöreigenschaft wird nach objektiven Kriterien beurteilt. Der „wirtschaftliche Zweck" wird weit ausgelegt, nicht nur in Bezug auf gewinnbringende Aktivitäten.[60] In diesem Sinn sind Zubehör das Ruder in Bezug auf das Boot, das Mobiliar einer Wirtschaft wie auch Schiffe und Wagen einer Industrie zum Transport von Rohstoffen.[61] Die griechische Regelung verlangt zusätzlich, dass die Erfüllung des wirtschaftlichen Zwecks der Hauptsache auf Dauer angelegt ist. Die deutsche Regelung begünstigt ebenso eine dauerhafte Benutzung zur Anerkennung der Zubehöreigenschaft (§ 97 Abs. 2 S. 1 BGB). Trotzdem sprechen Theorie und Rechtsprechung den Zubehörstatus Sachen zu, die deutlich in einem wirtschaftlichen Zusammenhang zur Hauptsache stehen, deren Benutzung jedoch in Bezug auf die Hauptsache einmalig ist, z.B. die Patronen des Gewehrs, das auf einem Baugrundstück lagernde Baumaterial zur Errichtung des Gebäudes, das Heizöl im Gebäude.[62] Auf der anderen Seite sind kein Zubehör die Waren eines Geschäfts, die zum Verkauf bestimmt sind, oder die Produkte einer Fabrik.[63] Art. 957 Abs. 1 ZGB/§ 97 Abs. 1 S. 2 BGB heben die Bedeutung der Verkehrsanschauung hervor. Nach diesem Kriterium sieht die Rechtsprechung als Zubehör die Treibstofftanks einer Tankstelle[64] und die Rohre zum Befördern von Kraftstoffen einer Raffinerie.[65] Die Zubehöreigenschaft kann in vielen Fällen nicht unabhängig vom Willen des Eigentümers entschieden werden: Die lösbare Klimaanlage einer Wohnung, die vom Eigentümer eingebaut wurde, kann zu ihrem Zubehör gehören. Gehört sie dem Mieter, ist die Zubehöreigenschaft auszuschließen.

---

60 Dimakou in Georgiades/Stathopoulos, ZGB, Art. 956, 957 Rn. 18; Papasteriou, Sachenrecht, S. 251.

61 PrVolos 242/1967 ElDik 8 (1967), 431–436, EfThes 523/1995 ETrAxChrD 1995, 370.

62 Dimakou in Georgiades/Stathopoulos, ZGB, Art. 956, 957 Rn. 24–25; vgl. Jauernig in Jauernig BGB Kommentar, §§ 97, 98 Rn. 2.

63 Spiridakis, Sachenrecht, Band I, S. 166.

64 PrLamia 45/1966 NoV 14 (1966) 455.

65 AP 764/1985 NoV 34 (1986) 666.

Sind jedoch im letzteren Fall Vermieter und Mieter sich darüber einig, dass die Klimaanalage nach Beendigung des Mietverhältnisses in der Wohnung bleibt und dem Vermieter gehören soll, muss die Anlage als Zubehör angesehen werden.[66] Der private Wille darf jedoch nicht jeder Sache den Status des Zubehörs verleihen. Wenn die Verkehrsanschauung eine Sache nicht als Zubehör betrachtet, auch wenn sie die Voraussetzungen des Art. 956 ZGB/§ 97 Abs. 1 S. 1 BGB erfüllt, kann ein entgegenstehender Wille der Parteien sie nicht zum Zubehör der Hauptsache machen; so wird z.B. die Telefonanlage einer Immobilie zu den Bestandteilen eingeordnet.[67]

aa) Rechtsfolgen

Im Allgemeinen hält das Gesetz das Zubehör für eine selbständige Sache, die separat vom Eigentümer veräußert oder belastet werden kann.[68] Falls bei Veräußerung oder Belastung der Hauptsache keine Vereinbarung über das Zubehör getroffen ist, sind die Auslegungsregeln der Art. 958 u. 370 ZGB (vgl. §§ 926 u. 311c BGB) maßgebend. Die griechischen Vorschriften erfassen einheitlich schuldrechtliche und dingliche Veräußerungs-[69] und Belastungsrechtsgeschäfte über Zubehör sowohl von beweglichen als auch von unbeweglichen Sachen. Der Käufer des Boots kann vom Verkäufer auch die Ruder und den Anker verlangen. Bei der Übergabe des Boots wird im Zweifelsfall vermutet, dass Ruder und Anker mitübergeben werden. Das gleiche gilt bei Grundstücken: Nach Erfüllung aller Voraussetzungen für die Übertragung des Eigentums wird alles im Grundstück befindliche Zubehör, ohne Übergabe jedes einzelnen Zubehörstücks, mitübertragen. Die Auslegungsregel des § 311c BGB über die obligatorischen Veräußerungs- und Belastungsrechtsgeschäfte ist mit der griechischen (Art. 370 ZGB) fast identisch.[70] Beim dinglichen Rechtsgeschäft über Immobilien muss

---

66 Papasteriou, Sachenrecht, S. 252; EfAth 464/2005 ElDik 46 (2005), 1524.

67 EfThes 356/1979 NoV 29 (1981), 571–574. Vgl. die unterschiedliche rechtliche Behandlung der Einbauküche in Deutschland nach der Verkehrsanschauung der betroffenen Region: BGH NJW 2009, 1078 Rn. 28–29.

68 EfPatras 224/1957 EEN 26, 55. Auch Umkehrschluss aus Art. 953 ZGB/§ 93 BGB.

69 Nach einer nicht unumstrittenen Meinung müssen unter schuldrechtlichen Veräußerungsrechtsgeschäften alle obligatorischen Rechtsgeschäfte verstanden werden, z.B. Mietvertrag: Georgiades, Sachenrecht, § 11 Rn. 53.

70 Die griechische Vorschrift ist insoweit genauer als die deutsche, als sie den exakten Zeitpunkt (Vertragsschluss) bestimmt, in dem das Zubehör erfasst wird. Die griechische Vorschrift ist nachgiebiges Recht (Zervogianni in Georgiades, Kurze Auslegung des Zivilgesetzbuchs, Art. 370 Rn. 8). Der gleichen Lösung folgt jedenfalls im Wege der Auslegung auch das deutsche Recht. Palandt, Art. 311c Rn. 1.

man unterscheiden: Ist der übertragende Grundstückseigentümer auch Eigentümer des auf dem Grundstück befindlichen Zubehörs, erlangt der Erwerber Eigentum am Zubehör ohne Besitzübergabe der einzelnen Zubehörstücke nach Art. 1034 ZGB (vgl. § 926 Abs. 1 BGB). Ist der Grundstückseigentümer nicht Eigentümer des Zubehörs, bietet die griechische Lehre zwei Lösungen an. Nach einer Meinung[71] muss die Besitzübergabe der einzelnen Zubehörstücke unter den Voraussetzungen von Art. 1036 ZGB (Eigentumserwerb vom Nichtberechtigten) erfolgen (vgl. Art § 926 Abs. 2 BGB). Nach einer anderen Meinung,[72] die rechtssicherheitsfreundlicher ist, reicht die Erfüllung der Voraussetzungen für die wirksame Übertragung des Grundstücks aus. Der Erwerber muss aber gutgläubig über die Rechtslage des Zubehörs sein. Entsprechendes gilt für Zubehör, das mit Rechten Dritter belastet ist. Das Zubehör begleitet das Grundstück im Fall der Hypothek (Art. 1282 ZGB; vgl. § 1120 BGB). Eine Ausnahme bilden Art. 1283 ZGB (vgl. § 1121 Abs. 1 BGB): Entfernte und an Dritte veräußerte Zubehörstücke werden von der hypothekarischen Haftung unter Voraussetzungen frei.[73] Eine Abweichung von Art. 1283 ZGB sind die Regelungen von G.4112/1929 „über Hypothekenbestellung an mechanischen und anderen Anlagen."[74] In diesem Fall werden die Zubehörstücke ohne Zustimmung des Gläubigers nicht entlastet (Art. 4 G.4112/1929). Die Beschlagnahme des Grundstücks erfasst auch sein Zubehör unter den Voraussetzungen des Art. 992 Abs. 2 gr.ZPO (vgl. § 20 Abs. 2 ZVG i.V.m. § 1120 BGB).

bb) Zubehör kraft Gesetzes

Art. 959, 960 ZGB (vgl. § 98 BGB) billigen den Status des Zubehörs zwingend Sachen zu, wenn die Erhaltung ihrer rechtlichen Einheit mit der Hauptsache wirtschaftlich von großer Bedeutung ist. Die Vorschriften betreffen das landwirtschaftliche Inventar eines Landguts und die Maschinen und sonstigen Geräte und Werkzeuge von Betriebsgebäuden. Dazu gehören nicht die zum Verkauf bestimmten Sachen oder die zur Herstellung von Waren zu verwendenden Rohstoffe. Der enge und veraltete Wortlaut von Art. 959, 960 ZGB ist längst durch die Rechtsprechung erweitert worden. Außer der industriellen wird also jede gewerbliche Aktivität[75] erfasst. Die deutsche Rechtsprechung verlangt als weitere

71 Balis, Allgemeiner Teil, § 196.3.

72 Georgiades, Sachenrecht, § 11 Rn. 50.

73 Mehr darüber in Kapitel XI 3.

74 In Kraft geblieben durch Art. 68 EGZGB.

75 Z.B. Hotels, Restaurants, Geschäfte, Theater, Druckereien. Dimakou in Georgiades/Stathopoulos, ZGB, Art. 959, 960 Rn. 3.

(außer der in § 97 BGB aufgezählten) Voraussetzung, dass der wirtschaftliche Schwerpunkt des Betriebes auf dem Grundstück liegt.[76]

Problematisch ist die Abgrenzung von Maschinen eines gewerblichen Gebäudes, die alternativ als Bestandteile des Gebäudes bezeichnet werden können. Die griechische Rechtsprechung hat kein einheitliches Kriterium entwickelt. Die ältere Rechtsprechung stellt kumulativ auf die allgemeinen Kriterien von Art. 953 und 954 ZGB ab.[77] Ein Teil der Lehre begnügt sich mit der festen Verbindung der Maschinen mit dem Gebäude für die Bejahung der Bestandteilseigenschaft.[78] Ein anderer Teil stellt zusätzlich auf die spezielle Anfertigung der Maschinen für die bestimmte gewerbliche Aktivität ab, ohne die das Gebäude seinen bestimmten gewerblichen Charakter verlieren würde.[79] Nach der Rechtsprechung maßgeblich ist die Erheblichkeit der wirtschaftlichen Konsequenzen für den Betrieb im Fall des Entfernens. Die Bestandteilseigenschaft wird bejaht, wenn der Abbau der Maschine mit unverhältnismäßigen Kosten[80] und mit erheblichen Schäden in der Funktionsfähigkeit des Unternehmens verbunden ist.[81] Die Auffassung der deutschen Rechtsprechung ist strenger. Der Bestandteilsstatus ist zu bejahen, wenn Maschinen und Gebäude „durch die Art ihrer Verbindung oder, im Falle einer bloß losen Verbindung, durch ihre besondere Anpassung an die bauliche Beschaffenheit, oder an die Zweckbestimmung des Fabrikgebäudes einen Teil desselben ausmacht und ihre Selbständigkeit verloren hat, derart daß sie mit dem Fabrikgebäude in wesentlichem Zusammenhange steht und nach der Verkehrsauffassung als ein und dieselbe Sache gilt."[82] Die Tatsache aber, dass die Maschine für den Betrieb eine wesentliche Bedeutung hat[83] oder dass der Abbau und das Wegnehmen mit Schwierigkeiten verbunden sind,[84] ist für die Bestandteilseigenschaft nicht maßgeblich.

---

76 BGH 85, 234, 238.

77 Dimakou in Georgiades/Stathopoulos, ZGB, Art. 954 Rn. 23 mit Rechtsprechung.

78 Spiridakis/Perakis, Zivilgesetzbuch, Art. 954 Rn. 10; Tousis, Sachenrecht, S. 40–41.

79 Georgiades, Sachenrecht, § 11 Rn. 15; Dimakou in Georgiades/Stathopoulos, ZGB, Art. 954 Rn. 23.

80 EfAth 464/2005 ElDik 46, 1524.

81 StE 1917/2007 Nomos; StE 3139/2002 Nomos.

82 RG 69, 117, 121.

83 RG 130, 264, 266.

84 RG 87, 43, 46.

4. Früchte und Nutzungen

a) Früchte

Bis auf kleine Abweichungen sind griechische und deutsche Regelungen identisch. Der Oberbegriff sind die „Nutzungen". Sie beinhalten sowohl die Früchte einer Sache oder eines Rechts als auch die Vorteile, die der Gebrauch der Sache oder des Rechts gewährt. Die deutsche Lehre[85] unterteilt die Früchte:

a) in unmittelbare Sachfrüchte (§ 99 Abs. 1 BGB). Sie sind die Erzeugnisse der Sache (z. B. die Milch, nicht aber das Fleisch des Tiers).[86] Darunter fallen noch Früchte, die zur sonstigen Ausbeute gehören (z.B. das Fleisch des Tiers, anorganische Bodenbestandteile).[87]
b) in mittelbare Sachfrüchte (§ 99 Abs. 3 BGB). Dies sind in erster Linie die Miete und der Pachtzins, also die vom Eigentümer der Sache erhaltenen Erträge.
c) in unmittelbare Rechtsfrüchte (§ 99 Abs. 2 BGB). Es handelt sich um Erträge aus der Sache, die dem Berechtigten (nicht dem Eigentümer) ein (dingliches oder obligatorisches) Recht gewährt. Ihrer Natur gemäß sind dies die gleichen Früchte, die gem. § 99 Abs. 1 BGB erhalten werden, aber aus dem Blickwinkel des Berechtigten. Erhält also der Eigentümer direkt die Erzeugnisse des Grundstücks, handelt es sich um unmittelbare Sachfrüchte. Erhält sie der Pächter, sind sie unmittelbare Rechtsfrüchte. Der Pachtzins, den der Eigentümer als Gegenleistung bekommt, ist mittelbare Sachfrucht gem. § 99 Abs. 3 BGB.[88]
d) in mittelbare Rechtsfrüchte (§ 99 Abs. 3 BGB), die das Pendant der mittelbaren Sachfrüchte konstituieren. Die Miete ist z.B. aus der Sicht des Eigentümers der vermieteten Sache mittelbare Sachfrucht, während sie aus der Sicht des Nießbrauchers mittelbare Rechtsfrucht ist. Nach einhelliger Meinung fallen darunter die Lizenzeinnahmen aus der Verpachtung eines Patents.[89]

---

85 Baur/Stürner, Sachenrecht, § 3 Rn. 22; Wieling, Sachenrecht, Band I, S. 109.

86 Die Muttersache muss nicht vernichtet werden. Wieling, Sachenrecht, Band I, S. 109; Georgiades, Sachenrecht, § 12 Rn. 3.

87 In diesem Fall wird die Muttersache vernichtet oder gemindert. Georgiades, Sachenrecht, § 12 Rn. 4; vgl. Medicus, Allgemeiner Teil des BGB, Rn. 1204; Wieling, Sachenrecht, Band I, S. 110.

88 Wieling, Sachenrecht, Band I, S. 112–113; Georgiades, Sachenrecht, § 12 Rn. 6-9.

89 Schellhammer, Sachenrecht nach Anspruchsgrundlagen, Rn. 1435; vergleichsweise in Griechenland: EfAth 6277/2003 ElDik 45, 1079 über die Einnahmen des Urhebers aus seinem Urheberrecht.

Die griechische Theorie bleibt der Aufteilung des römischen Rechts näher, wie dem Wortlaut des Gesetzes zu entnehmen ist.[90] Ansonsten ist die griechische Kategorisierung der deutschen gleich:

Natürliche Früchte (Art. 961 Abs. 1 ZGB) entsprechen den unmittelbaren Sachfrüchten.
Zivilfrüchte (Art. 961 Abs. 3 ZGB) entsprechen den mittelbaren Sachfrüchten.
Natürliche Rechtsfrüchte (Art. 961 Abs. 2 ZGB) entsprechen den unmittelbaren Rechtsfrüchten.
Zivile Rechtsfrüchte (Art. 961 Abs. 3 ZGB) entsprechen den mittelbaren Rechtsfrüchten.

b) Nutzungen

Der Inhalt der zu den Nutzungen gehörenden Vorteile aus dem Gebrauch der Sache oder des Rechts ist ebenso gleich aufgebaut. Darunter versteht man z.B. das Recht des Eigentümers oder des Mieters, in der Wohnung zu wohnen.[91] Zu den Vorteilen aus dem Gebrauch des Rechts gehört z.B das Recht des Aktionärs auf Teilnahme an der Hauptversammlung.[92] Zu den Nutzungen gehört nicht der Kaufpreis aus der Übertragung des Eigentums, weil dies kein Gebrauch der Sache, sondern bloße Folge des Veräußerungsrechts ist. Das Unternehmen kann nach der deutschen Lehre keine Früchte haben, da es als Ganzes keine Sache ist.[93] Eine analoge Anwendung der Vorschriften über die Früchte wäre jedoch denkbar.[94] Die Vorschriften in Art. 963 ff. ZGB/§§ 101 ff. BGB sind nachgiebiges Recht. Sie regeln die Verteilung der Früchte der Sache im Fall von sukzessiven Berechtigten.[95] Art. 964 ZGB weicht von § 102 BGB insoweit ab, als er die Voraussetzung der ordnungsgemäßen Bewirtschaftung nicht ausdrücklich vorsieht. Dies wird aber in Griechenland richterrechtlich hinzugefügt.[96] Art. 965 ZGB und § 103 BGB unterscheiden auf die gleiche Weise zwischen regelmäßig wiederkehrenden und anderen Lasten.

---

90 Art. 961 Abs. 3 ZGB, Zivilfrüchte. Nach römischem Recht *fructus civiles*. Dazu kamen noch die *fructus naturales*.

91 Wieling, Sachenrecht, Band I, S. 114; Georgiades, Sachenrecht, § 12 Rn. 11.

92 Georgiades, Sachenrecht, § 12 Rn. 12; vgl. Bork, Allgemeiner Teil des BGB, Rn. 268.

93 Medicus, Allgemeiner Teil des BGB, Rn. 1208.

94 Bork, Allgemeiner Teil des BGB, Rn. 267, Fn. 37; Wieling, Sachenrecht, Band I, S. 110.

95 Die Erlangung der Früchte wird an anderer Stelle geregelt: Art. 1064–1068 ZGB/§§ 953-957 BGB.

96 AP 205/1974 NoV 22 (1974) 1156.

5. Dem Verkehr entzogene Sachen

Das ZGB enthält Vorschriften über die Sachen, die dem Verkehr entzogen sind. In Deutschland fallen die sogenannten „öffentlichen Sachen" in den Regelungsbereich des Verwaltungsrechts.[97] Obwohl diese vorwiegend öffentlich-rechtliche Materie in den Art. 966–971 ZGB geregelt wird, bieten die kargen Vorschriften des ZGB nicht mehr als eine allgemeine Skizzierung des Rechtsstatus. Daher ist ein Rückgriff auf verwaltungsrechtliche Sondervorschriften zur genauen Regelung der Rechtslage unvermeidlich.[98] Art. 966 ZGB unterteilt den Oberbegriff „dem Verkehr entzogene Sachen" in: a) Sachen, die allen gemeinsam sind, b) Sachen, die dem Gemeingebrauch gewidmet sind, und c) Sachen, die öffentlichen, städtischen, gemeindlichen oder religiösen Zwecken dienen.[99] Dieser Unterteilung folgt grundsätzlich auch das griechische Verwaltungsrecht.[100] Von zivilrechtlichem Interesse sind jedoch die zwei letzteren Kategorien. Das erklärt auch die Tatsache, dass der griechische Zivilgesetzgeber sich eingehender mit den Sachen, die zum Gemeingebrauch bestimmt sind (Art. 967–970 ZGB), befasst.

a) Sachen, die allen gemeinsam sind

Die Sachen, die allen gemeinsam sind, werden nicht ausdrücklich im Gesetz erwähnt. Im römischen Recht galten als für die Allgemeinheit bestimmte Sachen die freie Luft, das Meer, die Küste und das fließende Regen- und Flusswasser.[101] Nach ausdrücklicher Einordnung der zwei letzteren in die allgemeingebräuchlichen Sachen (Art. 967 ZGB) versteht man im griechischen Recht die freie Luft und das offene Meer als Sachen, die allen gemeinsam sind. Aus deutscher zivilrechtlicher Sicht qualifizieren sich Allgemeingüter wie die freie Luft, das Meer und das fließende Wasser gar nicht als Sachen, da sie der Eigenschaft der

---

97 Manche Vorschriften des BGB implizieren die Existenz von Bereichen, die sich außerhalb der Verfügungsbefugnisse des Eigentümers befinden und daher einem anderen Rechtsregime unterliegen, z.B. § 905 S. 2 BGB.

98 Nur beispielsweise die Neue Bauverordnung (G.4067/2012).

99 Die Aufzählung entspricht ungefähr der Unterscheidung der römisch-rechtlichen *res extra commercium in: res communes omnium, res publicae und res divini iuris.*

100 Tachos, Griechisches Verwaltungsrecht, S. 1051 ff.

101 Kaser, Das römische Privatrecht, S. 380; Wieling, Sachenrecht, Band I, S. 62.

Körperlichkeit entbehren und daher nicht beherrschbar sind.[102] Dieser Position schließt sich die griechische Lehre an.[103]

Nach im deutschen Verwaltungsrecht herrschender Meinung fallen sämtliche Allgemeingüter in den Oberbegriff der „öffentlichen Sachen," da die öffentlich-rechtlichen Sachen nicht dem zivilrechtlichen Begriff nach § 90 BGB entsprechen.[104] Auch nach der griechischen Lehre fällt der zivilrechtliche Sachenbegriff nicht mit dem öffentlich-rechtlichen zusammen.[105] Darüber hinaus kann, in beiden Rechtsordnungen, nicht die Rede von Eigentum an Allgemeingütern wie die Luft und das Meer sein. Hier handelt es sich um gebietliche Hoheitsrechte, die im Rahmen der Staatsgewalt ausgeübt werden. Genauer gesagt, die Küstengewässer und der Luftraum gehören zum Staatsgebiet jedes einzelnen Staates.[106] Die Rechte darauf haben rein öffentlich-rechtlichen Charakter.[107] Der Rechtsstatus des offenen Meeres wird durch internationale Übereinkommen geregelt.[108]

b) Dem Gemeingebrauch gewidmete Sachen[109]

Sachen, die nach Art. 966 ZGB dem Gemeingebrauch gewidmet sind, wie auch Sachen, die öffentlichen, städtischen, gemeindlichen oder religiösen Zwecken dienen, sind grundsätzlich Sachen im Sinne des Zivilrechts (beherrschbare körperliche Sachen). Diese Sachen (öffentliche Sachen), die dem öffentlichen Interesse unmittelbar dienen, konstituieren das Verwaltungsvermögen des Fiskus.[110] Sie lassen sich in zwei Kategorien unterteilen. Zur ersten Kategorie gehören Sachen wie die in Art. 967 ZGB aufgezählten. Diese Sachen sind grundsätzlich

102 Palandt, § 90 Rn. 1; Wieling, Sachenrecht, Band I, S. 55.

103 Es wird von unpräzisem Wortlaut der Vorschrift gesprochen: Georgiades, Sachenrecht, § 13 Rn. 5.

104 Detterbeck, Allgemeines Verwaltungsrecht, Rn. 962; Erbguth, Allgemeines Verwaltungsrecht, § 30 Rn. 1; Wolff/Bachof/Stober/Kluth, Verwaltungsrecht II, § 74 Rn. 4.

105 Dagtoglou, Allgemeines Verwaltungsrecht, Rn. 1174–1178. Siehe auch die Ansicht von Thiveos gegen die Einbeziehung der Regelung über die dem Verkehr entzogenen Sachen in die Materie des ZGB: Entwurf des Zivilgesetzbuchs, Sachenrecht, S. 71.

106 Zippelius/Würtenberger, Deutsches Staatsrecht, S. 26.

107 Pappas in Georgiades/Stathopoulos, Zivilgesetzbuch, Art. 966 Rn. 12. Dennoch können Sachen aus dem Allgemeingut entnommen werden, wie geschöpftes Wasser oder Meerwasser in einem Schwimmbecken, und Gegenstand privatrechtlicher Rechte werden.

108 Op.cit. Zippelius/Würtenberger.

109 Vgl. Öffentliche Sachen im Gemeingebrauch, objets à l´usage public.

110 *Domaine public.*

allen Zivilpersonen zugänglich.[111] Zur zweiten Kategorie gehören Sachen wie Behördengebäude, Museen, öffentliche Bibliotheken, militärische Schiffe und Flugzeuge, Kirchen. Sie gehören dem Gemeingebrauch insoweit, als ihre öffentlich-rechtliche Zweckbindung es erfordert.[112] Obwohl die Allgemeinen Vorschriften über diese Sachen sich im ZGB befinden, wird bei ihnen öffentliches Recht angewendet.[113] Von den öffentlichen Sachen muss man das Privatvermögen[114] des Fiskus unterscheiden. Es handelt sich um Sachen, die der Fiskus oder andere öffentliche Körperschaften im Rahmen des privatrechtlichen Rechtsverkehrs erwerben. Darunter fallen Gebäude, die der Fiskus an Private vermietet hat, staatliche Unternehmen, Aktien, Staatsanleihen wie auch die nach Art. 972 ZGB herrenlosen Grundstücke und das Vermögen der ohne Erben Verstorbenen.[115] Diese Sachen dienen dem öffentlichen Interesse mittelbar, etwa durch Erträge, Dividende u.a. Bei ihnen findet grundsätzlich das Privatrecht Anwendung.[116]

Die Einteilung der öffentlichen Sachen nach der deutschen Theorie stellt deutlicher auf die Natur des Gebrauchs und den Kreis der Berechtigten ab. So werden sie: a) in öffentliche Sachen im Zivilgebrauch, deren Charakteristikum ist, dass der Gebrauch der Allgemeinheit gestattet ist (z.B. Straßen), und b) in öffentliche Sachen im Verwaltungsgebrauch, deren Nutzung sich auf den verwaltungsinternen Gebrauch beschränkt (z.B. das Gebäude einer Behörde), unterteilt.[117] Die erste Kategorie unterteilt sich weiter in öffentliche Sachen im Gemeingebrauch, im Sondergebrauch und im Anstaltsgebrauch. Die öffentlichen Sachen, die dem kirchlichen Gebrauch dienen, lassen sich je nach ihrem Widmungszweck den oben genannten Kategorien zuordnen.[118] Das Gegenstück des Privatvermögens des griechischen Fiskus ist in Deutschland das Finanzvermögen des Fiskus. Hier

111 AP 137/2015 Nomos: Davon kann eine weitere, unbestimmte, nicht aber unbegrenzte Zahl von Personen Gebrauch machen.

112 BGH 33, 230, 231. Ähnlich Dagtoglou, Allgemeines Verwaltungsrecht, Rn. 1203.

113 Dagtoglou, Allgemeines Verwaltungsrecht, Rn. 1167.

114 Domaine privé.

115 Dagtoglou, Allgemeines Verwaltungsrecht, Rn. 1166.

116 Pappas in Georgiades/Stathopoulos, ZGB, Art. 966–971 Rn. 16. Das soll aber nicht heißen, dass der Staat bzw. öffentliche Körperschaften wie die Privaten frei über dieses Vermögen verfügen können. Verfügungen unterliegen öffentlich-rechtlichen Vorschriften. Dagtoglou, Allgemeines Verwaltungsrecht, Rn. 1169.

117 Erbguth, Allgemeines Verwaltungsrecht, § 30 Rn. 16; Wolff/Bachof/Stober/Kluth, Verwaltungsrecht II, § 78 Rn. 10–27.

118 Op.cit. Erbguth, Allgemeines Verwaltungsrecht.

handelt es sich um die gleichen Sachen wie im griechischen Recht. Sie werden vom bürgerlichen Recht geregelt.[119]

Haupteigenschaft des Gemeingebrauchs ist die jedermann zustehende Befugnis, die Sache ohne besondere Zulassung unmittelbar zu benutzen.[120] Gemeingebrauch bedeutet nicht Miteigentum.[121] Es handelt sich vielmehr um eine *sui generis* Befugnis, die „Ausfluss des Persönlichkeitsrechts ist."[122] Der Benutzer darf keine Früchte aus der Sache ziehen (z.B. aus öffentlichen Bäumen). Er ist nach Art. 1092 ZGB verpflichtet, den Fund dem Beaufsichtiger der öffentlichen Sache zu übergeben. Der Gemeingebrauch muss bestimmungsgemäß ausgeübt werden. Dies ergibt sich aus den *in abstracto* und *in concreto* gesellschaftlichen und lokalen Gewohnheiten. Der Inhalt und die Grenzen des Gemeingebrauchs können auch durch Gesetz oder sonstigen Rechtsakt, durch die die Widmung zustande gekommen ist, bestimmt werden.[123] Das Treffen von behördlichen Maßnahmen, die den Gemeingebrauch einschränken, müssen sich aus Gründen des allgemeinen öffentlichen Interesses ergeben und dürfen den Gemeingebrauch nicht aufheben.[124] Der Gemeingebrauch ist grundsätzlich unentgeltlich. Die Erhebung von Gebühren (z.B. Maut) hebt den Charakter des Gemeingebrauchs jedoch nicht auf.[125]

Auch nach deutschem Recht sind die öffentlichen Sachen durch ihre Gemeinwohlausrichtung gekennzeichnet. Sie müssen unmittelbar dem öffentlichen Zweck dienen.[126] Sie können dem Gemeingebrauch, dem Sondergebrauch oder dem Anstaltsgebrauch unterliegen. Die Art des Gebrauchs bestimmt sich nach dem Widmungsinhalt. Die Sondernutzung einer Sache, die sonst dem Gemeingebrauch gewidmet ist, etwa das Aufstellen von Verkaufsständen auf einer Straße, unterliegt der Erlaubnis der Verwaltung. Die Erteilung der Erlaubnis bezweckt den Schutz des Gemeingebrauchs.[127]

---

119 Erbguth, Allgemeines Verwaltungsrecht, § 30 Rn. 3; Wolff/Bachof/Stober/Kluth, Verwaltungsrecht II, § 74 Rn. 8.

120 Papasteriou, Sachenrecht, Band I, § 11 Rn. 71; vgl. Petersen, Deutsches Küstenrecht, S. 145.

121 Dagtoglou, Allgemeines Verwaltungsrecht, Rn. 1234; Pappas in Georgiades/Stathopoulos, Zivilgesetzbuch, Art. 966 Rn. 18.

122 Danilatou, Gemeingebräuchliche Räume und Sachen, Rn. 27.

123 Z.B. Verkehrsrecht., op.cit. Dagtoglou, Rn. 1235a; op.cit. Petersen, S. 145.

124 StE 2657/1969.

125 Dagtoglou, Rn. 1238; Georgiades, Sachenrecht, § 13 Rn. 20; Palandt, § 903 Rn. 28.

126 Erbguth, Allgemeines Verwaltungsrecht, § 30 Rn. 4.

127 Wolff/Bachof/Stober/Kluth, Verwaltungsrecht II, § 78 Rn. 8.

Art. 967 ZGB bietet eine Aufzählung von Sachen, die dem Gemeingebrauch gewidmet sind: die frei und fortwährend fließenden Gewässer, die Straßen, die Plätze, die Küsten, die Häfen, die Buchten, die Ufer von schiffbaren Flüssen, die großen Seen und ihre Ufer. Diese Auflistung ist nicht abschließend („insbesondere"). Dem Gemeingebrauch gewidmete Sachen sind also auch öffentliche Gärten, öffentliche Wälder, offene Hallen von Privatgrundstücken, die an Straßen angrenzen, Passagen, Brücken u.a.[128]

aa) Gewässer

Frei und fortwährend fließendes Gewässer im Gemeingebrauch bezieht sich grundsätzlich auf große oder kleine Flüsse – schiffbar oder nicht schiffbar – samt Flussbett.[129] Das griechische Recht hat das Wasser (sowohl das oberirdische als auch das Grundwasser) im Rahmen des Umweltschutzes als ein verfassungsrechtlich geschütztes Allgemeingut eingestuft (Art. 24 Abs. 1 Verf.). Das Wasserwesen in Griechenland wird von G.1739/1987 („Über die Bewirtschaftung von Wasserressourcen", mit Ausnahme des Meerwassers) und nachträglich einheitlich von G.3199/2003[130] i.V.m. P.D. 51/2007 („Über den Schutz und die Bewirtschaftung von Gewässern") geregelt. Aus den obigen Vorschriften ergibt sich, dass das Recht auf Gebrauch des Wassers jeder natürlichen und juristischen Person mit dem Vorbehalt der behördlichen Genehmigung zusteht (G.1739/1987 Art. 9 Abs. 1, G.3199/2003 Art. 11 Abs. 1). Gemäß Art. 9 Abs. 4 G.1739/1987 erübrigt sich die Genehmigung, wenn es sich um die Befriedigung von persönlichen und familiären Bedürfnissen handelt. Die Vorschrift wird in G.3199/2003 nicht wiederholt. Vielmehr wird jede entgegenstehende Vorschrift abgeschafft (Art. 16 Abs. 1 G.3199/2003). Von einem allgemeinen Gebrauchsrecht, etwa auf das Treiben von Wassersport, muss jedenfalls gem. Art. 5 Abs. 1 Verf. (Freie Entfaltung der Persönlichkeit) ausgegangen werden. Art. 10 G.3199/2003 („Über die Nutzung der Gewässer") hat als *lex posterior* die Regelung von Art. 969 ZGB

---

128 Dagtoglou, Allgemeines Verwaltungsrecht, Rn. 1198a-1199. Der Charakter der öffentlichen Wälder als Sachen, die dem Gemeingebrauch gewidmet sind, wurde durch die neueste Rechtsprechung von StE in Frage gestellt. Danach unterliegen zwar die Wälder, die dem Staat oder juristischen Personen des öffentlichen Rechts gehören, einem rechtlichen Sonderregime, das ihren Schutz gem. Art. 24 Abs. 1 Verf. bezweckt; sie haben aber nicht den Charakter von Sachen, die dem Gemeingebrauch gewidmet sind, sondern gehören zum Privatvermögen des Fiskus: StE 4883/2014 Nomos.

129 StE 3014/1970, StE 19/1971, StE 2963/1978, AP 1068/1972 NoV 21 (1973) 634, AP 768/1980 NoV 29, 44.

130 Umsetzung ins griechische Recht der Richtlinie 2000/60/EG (EE L 327/22.12.2000).

abgeschafft.[131] Im Gegensatz zu Flüssen mit andauerndem Wasserlauf sind kleine Bäche wie auch Betten, durch die kein Wasser „frei und fortwährend" fließt (Wasser fließt etwa saisonal oder infolge eines Niederschlags), nicht von Art. 967 ZGB erfasst.[132] Daran können Privatrechte begründet werden.[133] Der Rechtsstatus von trockengelegten Flussbetten nicht schiffbarer Flüsse wird grundsätzlich in Art. 1072 ZGB geregelt.[134] Eine Abweichung sieht Art. 1 G.116/1975 vor: Ist die Trockenlegung auf die Errichtung von Bauwerken zurückzuführen, gehört das Flussbett dem Fiskus. Gleiches gilt unter den gleichen Voraussetzungen für aufgetauchte Inseln im Fluss[135] (vgl. Art. 1071 ZGB).

Gewässer stehen in Deutschland als Umweltgut unter Sondergebrauch. Das Wasserregime wird grundsätzlich vom Wasserhaushaltsgesetz (WHG)[136] geregelt und im Landesrecht[137] spezifiziert. Es wird von einer nachhaltigen (§ 6 Abs. 1 WHG) und grundsätzlich genehmigungsbedürftigen (§ 8 Abs. 1 WHG) Bewirtschaftung der Gewässer ausgegangen. Dies erfasst oberirdische Gewässer, Küstengewässer und das Grundwasser. Der Gemeingebrauch wird je nach Gewässerkategorie bestimmt: Oberirdisches Gewässer darf jede Person „in einer Weise und in einem Umfang benutzen, wie dies nach Landesrecht als Gemeingebrauch zulässig ist, soweit nicht Rechte anderer dem entgegenstehen und soweit Befugnisse oder der Eigentümer- oder Anliegergebrauch anderer nicht beeinträchtigt werden" (§ 25 WHG). Die Arten des Gemeingebrauchs von Küstengewässern ergibt sich aus Landesrecht. In Ermangelung landesrechtlicher Vorschriften kann Gewohnheitsrecht in Betracht kommen.[138] Eine nicht

131 Filios, Sachenrecht, S. 87.

132 AP 646/1969 NoV 18 (1970) 531; EfAth 121/1972 ElDik 1973, 113.

133 AP 522/1973 NoV 21 (1973) 1423; AP 207/1993 NoV 42 (1994) 393; AP 34/2008 ElDik 2008 1076; EfAth 7403/2013 Nomos; AP 1731/2006 NoV 55 (2007) 353: Privatrechte an Betten ohne ständigen Wasserfluss sind nicht ausgeschlossen. Art. 24 Abs. 1 Verf. hat die Umwelt zu einem selbständig schutzwürdigen Rechtsgut gemacht. In dieser Hinsicht darf die Einwirkung des privaten Eigentümers die Möglichkeit der Ausübung des sozialen Rechts auf Umweltgenuss nicht aufheben; s. auch Tahos, Griechisches Verwaltungsrecht, S. 1051; Georgiadou in Tsoumas, Das Recht der Immobilien, Band VI, S. 336.

134 Es handelt sich um originären Eigentumserwerb, sobald die Voraussetzungen des Gesetzes erfüllt sind: AP 207/1993 NoV 42 (1994) 393; EfIoanninon 209/2009 Nomos.

135 Pappas in Georgiades/Stathopoulos, ZGB, Art. 968 Rn. 33.

136 Gesetz zur Ordnung des Wasserhaushalts vom 31.7.2009.

137 Z.B. Wassergesetz des Landes Schleswig-Holstein (LWG) in der Fassung vom 11.2.2008.

138 Petersen, Deutsches Küstenrecht, S. 239.

genehmigungsbedürftige Benutzung bezieht sich jedenfalls auf geringfügige Einwirkungen wie Baden und Wassersport treiben.[139] Das Entnehmen, Zutagefördern, Zutageleiten oder Ableiten von Grundwasser bedarf keiner Erlaubnis, soweit das dem Haushalt, dem landwirtschaftlichen Hofbetrieb oder in geringen Mengen einem vorübergehenden Zweck dient. Das gleiche gilt für die gewöhnliche Bodenentwässerung landwirtschaftlich, forstwirtschaftlich oder gärtnerisch genutzter Grundstücke, „soweit keine signifikanten nachteiligen Auswirkungen auf den Wasserhaushalt zu besorgen sind" (§ 46 Abs. 1 WHG).

bb) Küsten – Häfen – Buchten – Ufer von schiffbaren Flüssen und von großen Seen

G.2971/2001 gibt in Art. 1 die Definitionen der obigen Begriffe. Küste ist „der Landstreifen, der von den äußersten gewöhnlichen Brandungseinwirkungen der Meereswellen betroffen wird" (Art. 1 Nr. 1 G.2971/2001).[140] Der Begriff beinhaltet auch kantige Küsten sowie Küsten, die durch Bauwerke gestaltet sind.[141] Obwohl Naturereignisse die Küstenzone bestimmen, sieht das Gesetz auch eine behördliche koordinatenmäßige Bestimmung der Küstengrenzen vor (Art. 3, Art. 4 Abs. 1 i.V.m. Art. 9 G.2971/2001). Ein weiterer Landstreifen, der sich der landwärtigen Begrenzung der Küste anschließt, ist eine Zone von bis zu 50 m Breite (*παραλία – paralia*). Sie wird ausschließlich durch Verwaltungsakt bestimmt und dient dem Zugang zur Küste.[142] Die Küste und die daran

---

139 § 17 LWG Schleswig-Holstein: „Jedermann darf die Küstengewässer zum Baden und zum Wasser- und Eissport benutzen." Die Entnahme von Sand, Kies, Steinen o.ä. gehört dagegen nicht zum Gemeingebrauch. Petersen, Deutsches Küstenrecht, S. 241.

140 Auch so die ältere Vorschrift von Art. 1 GV 2344/1940. Vgl. „*Litus est quousque maximus fluctus a mari pervenit*", Kelsus (D 50, 16, 96 u. 112). Die Küstenfläche wird von Naturereignissen bestimmt, nicht von der Verwaltung: AP 598/2016 SE 2017, 1272; AP 164/2006 ElDik 48 (2007), 122; AP 255/2007 ElDik 49 (2008), 126. Die Feststellung der Küsteneigenschaft kann durch jedes geeignete Mittel nach den Erkenntnissen der gemeinen Erfahrung oder der Wissenschaft erfolgen: StE 2057/2014 Nomos. Der Verwaltungsakt, der die Küstenlinie bestimmt, ist eine Feststellung des Realzustandes: StE 2859/2007 Nomos.

141 Pappas in Georgiades/Stathopoulos, ZGB, Art. 967 Rn. 21.

142 AP 776/1977 NoV 27 (1979) 561. Privates Eigentum innerhalb der Zone wird aus Gründen der öffentlichen Nutzung enteignet. Die Notwendigkeit der Schaffung dieser Zone muss von der Verwaltung deutlich und begründet festgestellt werden: StE 1229/2014 Nomos.

anschließende Zone von 50 m landwärts sind gemeingebräuchliche Sachen (Art. 2 Abs. 1 G.2971/2001).[143]

Ein Hafen ist ein Land- und Meeresstreifen mit Anlagen und Ausrüstung. Er ermöglicht grundsätzlich den Empfang von Wasserfahrzeugen jeder Art, die Handhabung von deren Fracht, die Abfertigung von Passagieren und Kraftfahrzeugen und die Entwicklung von unternehmerischen Aktivitäten, die unmittelbar oder mittelbar auf den Seetransport bezogen sind (Art. 1 Nr. 7 G.2971/2001). Der Hafen gehört grundsätzlich dem Gemeingebrauch. Seine Nutzung und Ausbeutung gehört jedoch der zuständigen Hafenbehörde (Art. 22 G. 2971/2001). Daraus können Beschränkungen im Gemeingebrauch resultieren.

Buchten sind Teile der Küste, von zwei Halbinseln umgeben, die voneinander nicht weniger als 20 m und nicht mehr als 20 Meilen entfernt sein dürfen, wo Schiffe geschützt ankern können. Sie sind natürliche Formationen, keine Häfen.[144]

Das Ufer von großen Seen und schiffbaren Flüssen ist „der Landstreifen, der sie umgibt und von den höchsten, jedoch gewöhnlichen, Erhebungen ihres Wassers überspült wird“ (Art. 1 Nr. 4 G.2971/2001). Art. 1 Nr. 5 G.971/2001 sieht eine weitere Uferzone vor, die sich dem Ufer landwärts anschließt und eine Breite von bis zu 50 m umfassen kann. Die Ufer wie auch die anschließende Uferzone gehören dem Gemeingebrauch (Art. 2 Abs. 1 G.2971/2001). Als Großseen werden die Seen bezeichnet, die durch die Mündung von fortwährend fließendem Wasser gebildet werden.[145] Die Beurteilung, ob es sich um einen großen oder kleinen See handelt, liegt beim Gericht.[146]

Die Ufer von schiffbaren Flüssen sind dem Gemeingebrauch gewidmet.[147] An Ufern von nicht schiffbaren Flüssen können jedoch dingliche Rechte von Privaten bestehen.[148] Gleiches gilt für Ufer von kleinen Seen.[149]

Nach deutscher Auffassung ist die Meeresküste „der Landstreifen, der zwischen der Linie des Niedrigwassers bei Ebbe und der Linie des Hochwassers bei

143 AP 24/2000 ElDik 42 (2001) 62–66; AP 931/2000 ElDik 42 (2001) 76–77.

144 Dagtoglou, Allgemeines Verwaltungsrecht, Rn. 1192; Pappas in Georgiades/Stathopoulos, Zivilgesetzbuch, Art. 967 Rn. 52.

145 AP 1870/2007 NoV 56 (2008) 331.

146 Dagtoglou, Allgemeines Verwaltungsrecht, Rn. 1188.

147 StE 19/1971.

148 Pappas in Georgiades/Stathopoulos, Zivilgesetzbuch, Art. 968 Rn. 53.

149 Dagtoglou, Allgemeines Verwaltungsrecht, Rn. 1193.

Flut liegt."[150] Sie umfasst sowohl Naturformationen (z.B. Fels- und Steilküsten, Wattflächen) als auch Anlagen (z.B. Häfen, Deiche).[151] Die Meeresküste ist Regelungsmaterie teils des Bundesrechts[152] teils des Landesrechts.[153] Die Benutzung des Meeresstrandes ist jedermann hauptsächlich zu Erholungszwecken gestattet,[154] sie unterliegt jedoch Beschränkungen, die die Benutzung durch andere und den Naturschutz gewährleisten.[155]

Ein Hafen ist jede Anlage, „die durch besondere Gestaltung des Ufers oder durch wasserbauliche Maßnahmen wie Molen und dergleichen Wasserfahrzeugen die Möglichkeit bietet, vor Wetter, Flut, Eisgang und übriger Schifffahrt geschützt zu ankern, zu liegen, zu wenden und – bei dahingehender Zweckbestimmung – zu löschen und zu laden."[156] Häfen können Gemeinden, dem Land oder dem Bund gehören. Es gibt aber auch private Häfen.[157] Kommunal- und Landesrecht gehen grundsätzlich von dem Gemeingebrauch des Hafens aus.[158] Die Zuordnung von Bundeshäfen zum Gemeingebrauch ergibt sich aus § 1 Abs. 4 i.V.m. § 5 des Bundeswasserstraßengesetzes.[159] Die Ermächtigung an vielen Stellen zur genauen Regelung bzw. Beschränkung des Gemeingebrauchs[160]

---

150 Wieling, Sachenrecht, Band I, S. 68. Eine Definition, die sich nach der Wellenbrandung richtet, eignet sich in Gegenden, in denen die Gezeiten nicht auffällig sind (etwa Ostsee): Kisker, Meer und Meeresküste, Zentralblatt der Bauverwaltung, Berlin, 1918, 357, 358.

151 Petersen, Deutsches Küstenrecht, S. 39 ff.

152 Hauptsächlich im Gesetz über Naturschutz und Landschaftspflege (Bundesnaturschutzgesetz – BNatSchG) in der Fassung vom 21.1.2013 und im Wasserhaushaltsgesetz.

153 Z.B. Gesetz zum Schutz der Natur Schleswig-Holstein (Landesnaturschutzgesetz – LNatSchG) vom 24.2. 2010.

154 „Jeder darf den Meeresstrand auf eigene Gefahr betreten und sich dort aufhalten", § 32 Abs. 1 S. 1 LNatSchG; vgl. § 59 Abs. 1 BNatSchG. In Ermangelung von Vorschriften wären jedenfalls Gewohnheitsrecht und Grundrechte heranzuziehen: op.cit. Petersen, S. 331, 339.

155 Etwa § 32 Abs. 1 S. 2, § 33 LNatSchG; § 87 Abs. 1 des Wassergesetzes des Landes Mecklenburg-Vorpommern vom 30.11.1992.

156 Petersen, Deutsches Küstenrecht, S. 259–260.

157 § 2 Abs. 1 Landesverordnung für die Häfen in Schleswig-Holstein (Hafenverordnung – HafVO) in der Fassung vom 25.11.2014.

158 § 18 Abs. 1 Gemeindeordnung für Schleswig-Holstein (Gemeindeordnung - GO) in der Fassung vom 28.2. 2003; § 1 Abs. 1 HafVO: „öffentliche Häfen", § 2 Abs. 1 HafVO e contrario, § 10 Abs. 1 HafVO.

159 Bundeswasserstraßengesetz (WaStrG) in der Fassung vom 6.10.2011.

160 Z.B. § 6 und § 46 Nr. 1 WaStrG, § 10 Abs. 2 HafVO.

spricht in der Praxis teils für Gemeingebrauch, teils für anstaltliche Nutzung.[161] Private Häfen sind grundsätzlich dem Gemeingebrauch nicht zugänglich.[162]

Der Rechtsstatus von Flüssen, Seen und ihren Ufern wird in Deutschland im WHG, im WaStrG und in den jeweiligen Landeswassergesetzen geregelt. Nach § 5 WaStrG darf jedermann die Bundeswasserstraßen im Rahmen der Vorschriften des Schifffahrtsrechts befahren. Nach § 6 WaStrG kann der Gemeingebrauch durch Rechtsverordnung geregelt, beschränkt oder untersagt werden. Das Landesrecht beinhaltet entsprechende Vorschriften.[163]

Ufer von Gewässern gehören grundsätzlich dem Gemeingebrauch, solange dies gesetzlich gestattet ist.[164] Die Eigentümer können jedoch unter bestimmten Voraussetzungen Beschränkungen auferlegen.[165]

cc) Straßen – Plätze

Straßen sind nach der Neuen Bauverordnung vom 9.4.2012 (G.4067/2012), daraufhin NBV, dem Gemeingebrauch gewidmete Flächen, die den Verkehrsbedürfnissen von Fahrzeugen und Fußgängern dienen (Art. 2 Nr. 17 NBV). Dazu gehört jede Art von Straßen, etwa Straßen innerhalb der Stadt, Fußgängerzonen, landwirtschaftliche Straßen, Autobahnen. Straßen, die zum öffentlichen Sondergebrauch gehören, etwa Militärstraßen, können dem Gemeingebrauch entzogen werden. Waldwege sind gemeingebräuchlich, wenn sie zu öffentlichen Wäldern gehören.[166] Die Plätze werden im Allgemeinen als freie Bereiche dem Gemeingebrauch gewidmet (Art. 2 Nr. 39 i.V.m. Nr. 77 NBV) bezeichnet. Sie sind normalerweise die Fortsetzung von Straßen oder von anderen Flächen im Gemeingebrauch.

Straßenrecht ist in Deutschland der Bereich, in dem der Gemeingebrauch vor allem seinen Niederschlag findet. Nach § 7 Abs. 1 Bundesfernstraßengesetz (FstrG) ist „der Gebrauch der Bundesfernstraßen … jedermann im Rahmen der

161 Petersen, Deutsches Küstenrecht, S. 265 f. u. 279 ff. Die Zweckbestimmung der Anlagen ist entscheidend. Ein Gemeingebrauch wird Schutz- und Sicherheitshäfen zugesprochen. Bau-, Bundesbahn-, Bundeswehrhäfen sind dagegen der allgemeinen Nutzung nicht zugänglich. Petersen, S. 281.

162 Etwa § 2 Abs. 1 HafVO.

163 Z.B. § 14 Abs. 3 LWG Schleswig-Holstein: „Die fließenden Gewässer und die landeseigenen Seen dürfen mit kleinen Fahrzeugen ohne Motorkraft befahren werden."

164 Z.B. Art. 27 Abs. 1 Bayerisches Naturschutzgesetz (bayNatSchG) i.d.F.v. 23.2.2011.

165 Wolff/Bachof/Stober/Kluth, Verwaltungsrecht II, § 74 Rn. 9; etwa Art. 27 Abs. 3 bayNatSchG.

166 Dagtoglou, Allgemeines Verwaltungsrecht, Rn. 1197a.

Widmung und der verkehrsbehördlichen Vorschriften zum Verkehr gestattet (Gemeingebrauch)." Ähnliche Vorschriften sieht das Landesrecht vor.[167] Gleichzeitig steht das Straßenrecht im Mittelpunkt vieler Sondernutzungsrechte.[168]

c) Sachen im Dienst von öffentlichen, städtischen, gemeindlichen, religiösen Zwecken

Diese Sachen sind ausschließlich von Menschenhand geschaffen (im Gegenteil zu den Sachen im Gemeingebrauch, von denen manche natürlich sind). Sie unterscheiden sich von den Sachen im Gemeingebrauch dadurch, dass der Zugang zu ihrem Gebrauch vom Staat bzw. von der zuständigen öffentlichen Stelle geregelt wird.[169] Die Beschränkungen des Allgemeingebrauchs können bis zum Ausschluss des Gebrauchs reichen (z.B. militärische Anlagen). Beispiele von Sachen dieser Kategorie gibt das ZGB nicht. Die Lehre[170] unterscheidet drei Gruppen: a) Sachen der Leistungsverwaltung (z.B. Schulen, Theater, Museen, Krankenhäuser, Verkehrsmittel), b) Sachen der äußeren bzw. inneren Sicherheit und Ordnung (z.B. militärische Fahrzeuge, Schiffe, Flugzeuge, Ausrüstung), c) behördliche Anlagen und Einrichtungen (z.B. Gebäude, Fahrzeuge, Mobiliar). Eine Sonderkategorie bilden die Sachen, die religiösen Zwecken dienen (*res sacrae*), wie Kirchen, Friedhöfe,[171] Klöster.[172] Sie werden im Kirchenrecht geregelt. Die Widmung für Zwecke des Kultus erlaubt grundsätzlich den Gemeingebrauch.[173] Es können jedoch bestimmungsgemäße Einschränkungen bestehen.

---

167 Z.B. Art. 14 Abs. 1 BayStrWG.

168 Erbguth, Allgemeines Verwaltungsrecht, § 31 Rn. 4-9.

169 Dagtoglou, Allgemeines Verwaltungsrecht, Rn. 1201. Im deutschen Rechtssinn sind sie dem Verkehr insoweit entzogen, als ihre Zweckbestimmung es erfordert (BGH 33, 230).

170 Dagtoglou, Allgemeines Verwaltungsrecht, Rn. 1181.

171 Die Friedhöfe gehören wegen ihrer Bestimmung zu den Sachen, die religiösen Zwecken dienen. Sie werden jedoch von den Städten und Gemeinden gegründet und verwaltet (ZG.582/1968 über die kommunalen Friedhöfe).

172 Das Regime des Mönchsstaats auf dem Berg Athos genießt besonderen verfassungsrechtlichen Schutz: Art. 105 Verf.; auch Satzung über den Heiligen Berg (GV von 10/16.9.1926).

173 Dies betrifft Kirchen und andere Stellen, die dem öffentlichen Kultus gewidmet sind: Art. 45 Abs. 1 der Satzung über die Kirche Griechenlands (G.590/1977): „Die heiligen Tempel … sind sakrale, geweihte oder geheiligte Sachen; über sie gelten die Vorschriften der Art. 966 und 971 des Zivilgesetzbuchs"; auch Troianos, Vorlesungen des Kirchenrechts, S. 375–376. An Privatkirchen bleiben die Privatrechte trotz Widmung an den Kultus bestehen, es sei denn, sie sind der Kirche oder einer

Das Verwaltungsvermögen der Kirche, ebenso wie nicht dem Kultus dienende Gebäude, Geschäfte, Wagen, ist in dem Gemeingebrauch nicht beinhaltet.

Diese Sachen werden normalerweise von besonderen öffentlichen Stellen verwaltet, z.B. Universitäten oder Krankenkassen (im Allgemeinen nicht vom Fiskus oder einer Gemeinde). Diese Stellen agieren oft in Formen des Privatrechts, z.B. als AG wie die Elektrizitätsgesellschaft. Der Gebrauch wird nach ihrer Zweckbestimmung geregelt. Die Sachen im Gemeingebrauch dienen allgemeinen Zwecken und sind dem unmittelbaren Gebrauch des Publikums zugänglich. Die Sachen im Dienst von öffentlichen, städtischen, gemeindlichen, religiösen Zwecken dienen speziellen Zwecken. Der Zugang ist von der Genehmigung des Verwalters oder vom Vertragsabschluss (z.B. Eintrittskarte) abhängig.[174] Eine klare Grenze zwischen Sachen im Gemeingebrauch und Sachen, die einem solchen Sondergebrauch gewidmet sind, existiert jedoch nicht. Der Gemeingebrauch kann eingeschränkt (z.B. s. oben bei Häfen) oder von Eintrittszahlung abhängig gemacht werden (z.B. Konzession an Private). Auf der anderen Seite sind viele Sachen im Sondergebrauch grundsätzlich allen zugänglich (z.B. Behördengebäude, Bahnhöfe).

Das deutsche Pendant für die öffentlichen Sachen dieser Art sind die Sachen im Sonder- bzw. Anstaltsgebrauch. Sie sind einem Träger der öffentlichen Verwaltung unterstellt und sind Zivilpersonen nach Zulassung zugänglich.[175]

d) Entstehung und Aufhebung des öffentlichen Charakters

Die Bestimmung einer Sache als öffentlich (Widmung) erfolgt kraft Gesetzes (z.B. Art. 967 ZGB), Verwaltungsakts (z.B. Art. 3 G.2971/2001: Bestimmung durch die Verwaltung der der Küste angrenzenden landwärtigen Zone von 50 m) oder durch Rechtsgeschäft.[176] Gewohnheitsrecht (z.B. die bloße Benutzung einer Fläche als Straße durch das Publikum seit unvordenklicher Zeit) kommt als Widmungsgrundlage nur bei Rechten, die vor Einführung des ZGB begründet

---

anderen kirchlichen juristischen Person überlassen worden. In diesem Fall erlangen sie gemeingebräuchlichen Charakter: AP 52/1971 NoV 19 (1971) 453; EfThes 546/2004 ElDik 2005, 915.

174 Über die Unterschiede zwischen öffentlichen Sachen im Gemeingebrauch und Sachen im Sondergebrauch Pappas in Georgiades/Stathopoulos, ZGB, Art. 966 Rn. 51–57.

175 Wolff/Bachof/Stober/Kluth, Verwaltungsrecht II, § 74 Rn. 14–15.

176 Spiridakis, Sachenrecht, Band I, S. 189. Über die Widmung ähnlich das deutsche Recht: Erbguth, Allgemeines Verwaltungsrecht, § 33 Rn. 2; Detterbeck, Allgemeines Verwaltungsrecht, Rn. 965. Gewohnheitsrecht ist nicht ausgeschlossen: Petersen, Deutsches Küstenrecht, S. 141–142.

sind, in Betracht.[177] Die Tatsache, dass manche Sachen von Natur aus „öffentlich" sind, z.B. ein befahrener Weg durch ein Privatgrundstück, reicht nicht aus.[178] Der Privatwille kann keine öffentlichen Sachen schaffen.[179] Es kann sein, dass der Private durch Rechtsgeschäft (z.B. Testament, Aufgabe des Eigentums zugunsten des Gemeingebrauchs) eine Sache für die Nutzung der Allgemeinheit bestimmt. Die Widmung erfolgt jedoch durch ausdrücklichen oder stillschweigenden Akt der Verwaltung.[180] Der tatsächliche Gebrauch der öffentlichen Sache durch die berechtigten Personen wird durch ihre Indienststellung möglich. Dies ist ein Realakt (z.B. Fertigstellung der Straße, Eröffnung des Museums). Die Sache verliert ihren öffentlichen Charakter aus natürlichen oder aus rechtlichen Gründen. Der erstere Fall ist der tatsächliche Untergang der Sache, z.B. Trockenlegung eines Großsees, Veränderung des Flussbetts durch Erdbeben oder Bauwerke. Rechtlich können die öffentlichen Sachen ihre Eigenschaft als solche verlieren, „sobald ihre Bestimmung zum Gemeingebrauch oder zum öffentlichen, städtischen, gemeindlichen oder religiösen Zweck aufgehört hat" (Art. 971 ZGB). Sie werden dem öffentlichen Dienst durch Entwidmung entzogen. Diese erfolgt, wie die Widmung, durch Gesetz, Verwaltungsakt, oder sie kann sich aus Realakten der Verwaltung konkludent ergeben.[181] Die Entwidmung wird durch die Außerdienststellung äußerlich bekannt gemacht, etwa das Sperren der gefährlichen Brücke oder die Schließung eines öffentlichen Gebäudes. Über den Verlust des öffentlichen Charakters von Sachen ist Folgendes zu bemerken: Das Eigentum an der entwidmeten Sache geht für den Fiskus bzw. die Körperschaft des öffentlichen Rechts nicht verloren. Sie geht vom Verwaltungsvermögen auf das

---

177 AP 137/2015 Nomos; AP 220/2015 ChrID 2015, 423: Die sog. vetustas des römisch-byzantinischen Rechts (G.3 Pan. 47.7): Der Gemeingebrauch muss sich auf einen Zeitraum von zwei aufeinander folgenden Generationen erstrecken, wobei jede Generation eine Dauer von 40 Jahren bemisst. Diese Zeit (80 Jahre) muss vor Einführung des ZGB abgeschlossen sein, da das ZGB diese Institution nicht mehr anerkennt. Vgl. Art. 51 EGZGB.

178 Dagtoglou, Allgemeines Verwaltungsrecht, Rn. 1208.

179 Vgl. Art. 20 Abs. 1 GV. vom 17.7./16.8.1923, der die Schaffung von Flächen im Gemeingebrauch (Straßen und Plätzen) von Privaten ausdrücklich verbietet.

180 Die Rechtsprechung hat jedoch auch nur „den langjährigen Gemeingebrauch," durch den die Zustimmung des Privaten vermutet wird, für die Entstehung der öffentlichen Sache für ausreichend gehalten (StE 1279/1948 Themis, 60, 275).

181 Dagtoglou, Allgemeines Verwaltungsrecht, Rn. 1218. Der Zweck kann auch abgeändert werden (Umwidmung).

Privatvermögen des Berechtigten über.[182] Das lange Nichtbenutzen der Sache führt nicht zum Verlust des öffentlichen Charakters,[183] ebenso wenig wie entgegenstehendes Gewohnheitsrecht.[184] Private, die öffentliche Sachen okkupieren mit der Absicht, sie sich anzueignen, können nicht Eigentum durch Ersitzung erwerben (Art. 1054 ZGB).

Nach deutschem Recht erlangt eine Sache den öffentlich-rechtlichen Status wie auch nach griechischem Recht durch Widmung und Indienststellung. Die Widmung erfolgt kraft Gesetzes, einer Rechtsverordnung, einer Satzung oder eines sonstigen Verwaltungsakts. Gewohnheitsrecht kommt auch in Betracht. Der öffentliche Charakter kann durch Entwidmung aufgehoben werden.[185]

e) Eigentum

Art. 968 ZGB regelt nur das Eigentum an Sachen, die dem Gemeingebrauch gewidmet sind. Die Vorschrift begründet eine Eigentumsvermutung[186] zugunsten des Staates, „sofern sie nicht einer Stadt oder einer Gemeinde gehören oder das Gesetz nicht ein anderes bestimmt." Daraus wird gefolgert, dass auch Private Eigentum an gemeingebräuchlichen Sachen haben können.[187] Das Eigentum an den restlichen öffentlichen Sachen wird im ZGB nicht geregelt. Es gehört normalerweise dem Fiskus oder einer juristischen Person des öffentlichen Rechts. Privatleute können Eigentum an Sachen haben, die im Dienst von öffentlichen, städtischen, gemeindlichen oder religiösen Zwecken stehen, etwa das von der Verwaltung gemietete Gebäude einer Privatperson zur Unterbringung einer

---

182 Spiridakis, Sachenrecht, Band I, S. 198. Ein üblicher Fall ist die Neubestimmung der Küstenlinie wegen Verlandungen aus allmählichem Anlanden oder aus Zurücktreten des Wassers durch Verwaltungsakt. Die Zone der „alten Küste" gehört zum Privatvermögen des Staats: AP 1398/2003 ElDik 46 (2005) 737–738. Das ist der Sinn von Art. 971 ZGB: Die öffentlichen Sachen verlieren nur ihre Eigenschaft als dem Verkehr entzogene Sachen, der Eigentümer bleibt aber derselbe: Balis, Allgemeiner Teil des ZGB, § 211.

183 StE 719/1969.

184 Gewohnheitsrecht hebt das Gesetz nicht auf (Art. 3 Abs. 2 GD. 7/10. 5. 1946 „Über die Wiederherstellung des Zivilgesetzbuches und dessen Einführungsgesetzes.").

185 Erbguth, Allgemeines Verwaltungsrecht, § 30 Rn. 9-15; Wolff/Bachof/Stober/Kluth, Verwal-tungsrecht II, § 75 Rn. 8-42.

186 Die Vermutung ist widerlegbar. Pappas in Georgiades/Stathopoulos, ZGB, Art. 968 Rn. 34.

187 Etwa wenn er mit Zustimmung des Staats sein Eigentum dem Gemeingebrauch widmet. Die Eigentumsrechte bleiben erhalten. Spiridakis, Sachenrecht, Band I, S. 191.

Behörde. Die Rechtsnatur des Eigentums an öffentlichen Sachen unterscheidet sich nicht vom Begriff des Eigentums nach dem ZGB.[188] Die Lehre unterscheidet zwischen Eigentum und öffentlich-rechtlicher Verwaltungsbefugnis. Die Eigentumsverhältnisse werden vom Privatrecht, die öffentlich-rechtliche Befugnis wird vom Verwaltungsrecht geregelt.[189] Das Eigentum kann freiwillig (durch Rechtsgeschäft) oder zwangsmäßig (durch Enteignung) an juristische Personen des öffentlichen Rechts übergehen. Es fragt sich, ob öffentliches Eigentum an Private übertragen werden kann. Art. 966 ZGB scheint die Frage zu verneinen. Nach einer Ansicht[190] bezwecke Art. 966 ZGB die Sicherstellung des Gemeingebrauchs bzw. der Erfüllung der öffentlichen Zwecke. Dem privaten Rechtsverkehr entzogen sei also nur der öffentliche Charakter der Sache. Eine Übertragung des Eigentums an einen Privaten unter Gewährleistung des gemeingebräuchlichen Charakters sei erlaubt. In der Praxis könne dies jedoch zur Nichtübertragbarkeit der Sache selbst führen. Das Übertragungsverbot gilt nicht für Sachen, die zum Privatvermögen des Fiskus gehören.[191] Freilich kann von den Vorschriften des ZGB, das immerhin ein formelles Gesetz ist, durch neuere Gesetze abgewichen werden. Eine Sache im Gemeingebrauch kann durch gesetzliche Entwidmung dem Gemeingebrauch entzogen und als Gegenstand des Privatvermögens des Fiskus an einen Privaten veräußert werden. Dies verstieße eventuell gegen verfassungsrechtliche Vorschriften.[192] Ein anderer Fall ist die Übertragung von öffentlichen Vermögensgegenständen an juristische Personen des Privatrechts

---

188 AP 45/2014 NoV 62 (2014) 1422; AP 566/2012 NoV 60 (2012) 1734; AP 1870/2007 Nomos; AP 1417/2010 Nomos; AP 14/1994 EEN 1995, 17; AP 590/1981 NoV 30 (1982) 221; Dagtoglou, Allgemeines Verwaltungsrecht, Rn. 1221; Georgiades, Sachenrecht, § 13 Rn. 25. Das entspricht der herrschenden Meinung. Die ältere Rechtsprechung hat im Eigentum des Staats bzw. der Personen des öffentlichen Rechts ein öffentliches Eigentum im Sinne der französischen *domaine public* erkannt: StE 41/1929; StE 778/1947. Auch heute vertreten bei: Pappas in Georgiades/Stathopoulos, ZGB, Art. 968 Rn. 20–22.

189 Dagtoglou, Allgemeines Verwaltungsrecht, Rn. 1221. Privatrechte werden auf jeden Fall insoweit eingeschränkt, als der öffentliche Charakter der Sache beeinträchtigt wird: op.cit. Dagtoglou, Rn. 1207.

190 Dagtoglou, Allgemeines Verwaltungsrecht, Rn. 1230–1232.

191 Spiridakis, Sachenrecht, Band I, S. 196.

192 Siehe StE 2587/1992 Arm 1992, 1063: Die Änderung des Bebauungsplans, durch die eine dem Gemeingebrauch gewidmete Fläche zur privaten bebaubaren Fläche gemacht wird, verstößt gegen Art. 24 Abs. 2 Verf.; StE 5233/1996 Nomos: Die Änderung des Bebauungsplans ist rechtswidrig, wenn sie nur in der Abschaffung von dem Gemeingebrauch gewidmeten Flächen besteht.

(normalerweise Aktiengesellschaften), die gemeinnützige Zwecke verfolgen. Dadurch wird die Flexibilität des Rechtsstatus ermöglicht, der öffentliche Charakter bleibt aber unberührt, da der Staat und andere Körperschaften des öffentlichen Rechts die Mehrheit der Aktien besitzen, etwa bei der Elektrizitätsgesellschaft[193], oder der Staat der einzige Aktionär ist, etwa bei dem Fonds über die Aufwertung des Privatvermögens des Fiskus.[194]

Nach deutscher Auffassung ist der öffentlich-rechtliche Status der Sache nicht mit einem öffentlichen Eigentum verbunden, welches das Privateigentum aufhebt. Nach h.M. hat die öffentliche Sachherrschaft den Charakter einer „auf dem Privateigentum lastenden beschränkten Dienstbarkeit des öffentlichen Rechts."[195] Das Privateigentum wird dadurch nicht verdrängt, sondern eingeschränkt, indem der Eigentümer, sei er ein Privater, sei er ein Träger öffentlicher Verwaltung, öffentlich-rechtlichen Sonderregelungen unterliegt, wie z.B. Duldungs-[196] und Unterhaltungspflichten.[197] Ein öffentliches Eigentum im Sinn des griechischen Rechts kommt in Deutschland selten vor.[198] Bei den öffentlichen Sachen findet grundsätzlich das Privatrecht Anwendung, etwa bei ihrer Übertragung. Würde aber durch die Ausübung von Privatrechten die öffentlich-rechtliche Zweckbestimmung wirkungslos, etwa bei einer Zwangsvollstreckung, der zufolge der öffentlich-rechtliche Charakter der Sache beeinträchtigt wäre, wird das Privatrecht von öffentlich-rechtlichen Vorschriften überlagert.[199]

f) Schutz

Das Eigentum (und der Besitz) an öffentlichen Sachen wird vom Eigentümer (Fiskus usw.) durch die im ZGB vorgesehenen Klagen geschützt (Art. 987, 989, 1094, 1108 ZGB).[200] Unter dem Gesichtspunkt des Gemeingebrauchs entspringt

193 51,12 % (Stand 7.9.2018) https://www.dei.gr/el/i-dei/enimerwsi-ependutwn/xrimatistiriaka-stoixeia/metoxiki-sunthesi (zuletzt aufgerufen am 16.5.2019).

194 Art. 2 Abs. 1 G. 3986/2011.

195 Erbguth, Allgemeines Verwaltungsrecht, § 30 Rn. 6; „modifiziertes Privateigentum" Petersen, Deutsches Küstenrecht, S. 139–140.

196 Z.B. § 65 Bundesnaturschutzgesetz (BNatSchG).

197 Normalerweise gehen die Unterhaltungspflichten auf den öffentlichen Sachherrn über, wie etwa beim Straßenbau. Erbguth, Allgemeines Verwaltungsrecht, § 30 Rn. 8.

198 Etwa öffentliches Eigentum an öffentlichen Wegen nach § 4 Abs. 1 des Hamburgischen Wegegesetzes (Stand 16.11.2016).

199 Wolff/Bachof/Stober/Kluth, Verwaltungsrecht II, § 76 Rn. 18–24; Ehlers/Pünder, Allgemeines Verwaltungsrecht, § 41 Rn. 6-7.

200 AP 590/1981 NoV 30 (1982) 221.

das Recht auf seinen Genuss dem Persönlichkeitsrecht (Art. 5 Abs. 1 Verf.). Sein Schutz im Fall der Beeinträchtigung durch eine Privatperson erfolgt gem. Art. 57, 59 ZGB.[201] Sind die Voraussetzungen über die unerlaubten Handlungen erfüllt, greift zusätzlich der Schutz nach Art. 914 ZGB ein (Ersatz des Schadens). Wenn die Beeinträchtigung von der Verwaltung ausgeht, muss man unterscheiden: Besteht der Ausschluss in Realakten, muss Klage nach dem oben Ausgeführten vor den Zivilgerichten erhoben werden. Ist für die Wiederherstellung des Gemeingebrauchs das Ergehen oder die Rücknahme eines Verwaltungsakts erforderlich, ist das Oberste Verwaltungsgericht zuständig.[202] Bei öffentlichen Sachen im Sondergebrauch ist die Genehmigung der Verwaltung oder der Abschluss eines Vertrags für den Gebrauch nötig. Da sie aber in den meisten Fällen mit Dienstleistungen verbunden sind, die wesentlich für die menschliche Existenz sind, etwa der Anschluss ans Elektrizitätsnetz, oder mit Leistungen, die monopolistisch angeboten werden, etwa die Bahn, ist ein willkürlicher mittelbarer oder unmittelbarer Ausschluss aus ihrem Genuss unerlaubt. Der Ausgeschlossene hat einen Anspruch auf Wiederherstellung des Gebrauchs. Ist der Ausschluss infolge eines Verwaltungsakts erfolgt, kann er vor dem Obersten Verwaltungsgericht angefochten werden. Wird der Gebrauch durch Vertrag ermöglicht, hängt der Rechtsweg von der juristischen Natur des Anbieters ab.[203]

Für den Rechtsschutz nach deutschem Recht ist die Natur des Rechtsstreits maßgebend. Ist die Streitigkeit privatrechtlich, etwa über das Eigentum am Grundstück oder über die Haftung im Fall der Verletzung einer Unterhaltungspflicht, ist der Zivilrechtsweg eröffnet.[204] Ist die Streitigkeit mit den öffentlich-rechtlichen Eigenschaften der Sache verbunden, etwa ob die Sache dem Gemeingebrauch gewidmet ist, sind die Verwaltungsgerichte zuständig.[205]

---

201 AP 684/1973 NoV 22 (1974) 175; AP 776/1977 NoV 27 (1979) 561; AP 334/2003ElDik 2004, 479; AP 1630/2007 ElDik 2007, 1436. Der Schutz des Persönlichkeitsrechts erstreckt sich auf jede rechtswidrige Beeinträchtigung der Umwelt im Sinn von Art. 24 Verf.: AP 43/2016 Nomos.

202 Dagtoglou, Allgemeines Verwaltungsrecht, Rn. 1239a.

203 Dagtoglou, Allgemeines Verwaltungsrecht, Rn. 1253.

204 Gegen die Behinderung der Benutzung der Sache durch einen Privaten kann der Benutzer in entsprechender Anwendung die Klage aus § 1004 BGB erheben (BGH NJW 98, 2058, 2059).

205 Wolff/Bachof/Stober/Kluth, Verwaltungsrecht II, § 76 Rn. 71.

g) Konzession

Gem. Art. 970 ZGB ist es erlaubt, dass Privatrechte an dem Gemeingebrauch gewidmeten Sachen durch behördliche Konzession begründet werden. Diese Rechte werden kraft Gesetzes oder durch Verwaltungsakt[206] natürlichen oder juristischen Personen des Privatrechts konzediert. Sie sind Rechte, die prinzipiell vom Verwaltungsrecht geregelt werden.[207] Voraussetzung für eine wirksame Konzession nach Art. 970 ZGB ist, dass dem Gemeingebrauch durch die Konzession gedient, dass er nicht aufgehoben[208] und dass das Verhältnismäßigkeitsprinzip eingehalten wird.[209] Die Vorschrift bezweckt folglich die bessere Nutzung der Sache, die im Bereich der Privatökonomie normalerweise mit einer entgeltlichen unternehmerischen Tätigkeit verbunden ist (wie etwa der Kiosk im Park oder ein Unternehmen, das Sonnenschirme und Liegestühle am Strand vermietet). Diese Tätigkeit führt zwangsläufig zu einer Beeinträchtigung des Gemeingebrauchs, die nicht bis zu seiner Aufhebung reichen muss. Eine unerlaubte Verhinderung des Gemeingebrauchs ist etwa das absolute Sperren der Küstenlinie durch ein Hotel.[210] Der Schutz des Rechts auf Gemeingebrauch im Falle der Aufhebung erfolgt im Wege des Verwaltungsprozesses.

Unter dem Begriff „Konzession“ versteht das deutsche Recht behördliche Bewilligungen oder Verleihungen, durch die ein subjektives öffentliches Recht begründet wird. Konzessionen betreffen vor allem Dienste zugunsten der Allgemeinheit, etwa Energieversorgung, die von Privaten gegen Entgelt geleistet werden. Konzessionen liegen Konzessionsverträge zugrunde, die mit Körperschaften des öffentlichen Rechts (z.B. Gemeinden) gegen Konzessionsabgaben abgeschlossen werden.[211]

---

206 Es ist umstritten, ob Art. 970 ZGB allein als allgemeine gesetzliche Grundlage für den Erlass von Konzessionsakten ausreicht (Dagtoglou, Allgemeines Verwaltungsrecht, Rn. 1245) oder ob es eines besonderen ermächtigenden Gesetzes bedarf (Pappas in Georgiades/Stathopoulos, Zivilgesetzbuch, Art. 970 Rn. 1).

207 Spiridakis, Sachenrecht, Band I, S. 194. Der Schutz des Besitzes, auf die Vorschriften des ZGB (Art. 997 ZGB) gestützt, ist jedoch nicht ausgeschlossen. Georgiades, Sachenrecht, § 13 Rn. 27.

208 Prinzip der Nichtverhinderung des Gemeingebrauchs (StE 394/1963, StE 2799/1972, AP 312/1965 NoV 14, 109, StE 646/2015 Nomos).

209 Dagtoglou, Allgemeines Verwaltungsrecht, Rn. 1249.

210 StE 4807/1984, StE 394/1963.

211 BGHZ 15, 113, 114–115.

6. Herrenlose Sachen – Nachlass ohne Erben

Art. 972 ZGB spricht dem Privatvermögen des Fiskus Grundstücke zu, deren Eigentümer das Eigentum aufgegeben hat. Die Eigentumsaufgabe ist ein einseitiges Verfügungsrechtsgeschäft, das der notariellen Beurkundung und der Eintragung ins Transkriptionsbuch bedarf.[212] Ab dem Zeitpunkt der Eintragung wird das Grundstück herrenlos und das Eigentum daran geht *ipso jure* originär auf den Fiskus über. Die Ausübung des Besitzes oder Eintragung einer Annahme seitens des Fiskus wird nicht verlangt.[213] Bestehende beschränkte dingliche Rechte am Grundstück erlöschen nicht.[214] Den herrenlosen Grundstücken müssen die verlassenen Grundstücke gegenübergestellt werden. Es handelt sich um Grundstücke, deren Eigentümer den Besitz aufgegeben hat. Eigentümer wird der Fiskus nur durch die Ausstellung eines Okkupierungsprotokolls unter der Voraussetzung, dass zehn Jahre seit der Okkupierung vergangen sind.[215] Über die Grundstücke, die bei dem Katastererrichtungsverfahren die Bezeichnung „unbekannter Eigentümer" erhalten, wird in Kapitel VI berichtet. Die Regelung über das Vermögen der ohne Erben Verstorbenen in Art. 972 ZGB ist angesichts des Art. 1824 ZGB, nach dem der Fiskus als Erbe der sechsten (und letzten) Ordnung berufen wird, überflüssig.[216]

7. Rechtsvergleichende Anmerkungen

Die Einführung der Kategorie der unwesentlichen Bestandteile im deutschen Recht schafft eine Abstufung der Sachen, die in der Praxis die Verselbständigung eine Kategorie von Sachen ermöglicht, die nach griechischem Recht untrennbare Bestandteile der Hauptsache sind. In dieser Hinsicht erweist sich das griechische Recht als „erhaltungsfreundlicher" in Bezug auf die zusammengesetzte Sache.[217] Die griechische Auslegung stellt bei lösbaren Teilen nicht nur auf das Funktionieren der Einzelteile nach eine eventuellen Demontage, sondern auch

---

212 Herrschende Meinung. Statt anderen Pappas in Georgiades/Stathopoulos, ZGB, Art. 972 Rn. 5 mit Rechtsprechung; vgl. § 928 Abs. 1 BGB mit ausdrücklicher Eintragungspflicht der Verzichtserklärung.

213 Art. 2 Abs. 1 ZG.1539/1938 „Über den Schutz von öffentlichen Eigentumsgegenständen" i.V.m. Art. 53 EGZGB sieht den fiktiven Besitz des Staates vor.

214 Gleich in Deutschland: Westermann/Gursky/Eickmann, Sachenrecht, § 85 Rn. 4.

215 Art. 34 Abs. 2 ZG.1539/1938.

216 Vgl. § 1936 BGB.

217 Vgl. Medicus, Allgemeiner Teil des BGB, Rn. 1188: § 93 BGB könnte als „allzu trennungsfreundlich" charakterisiert werden.

auf das bestimmungsgemäße Funktionieren der ganzen Sache ab. Das Beispiel des PKW ist charakteristisch. Ob eine allzu wesentlichkeitsfreundliche Stellung des Rechts immer erwünscht ist, ist unter dem Gesichtspunkt des Schutzes des Eigentümers der Teile – etwa bei Verkauf unter Eigentumsvorbehalt – vor ihrer Einfügung in die Hauptsache fraglich[218].

Nach griechischem Recht gehören die öffentlichen Sachen weitgehend zum Eigentum des Fiskus oder der Körperschaften des öffentlichen Rechts. Öffentlichen Charakter erlangen Privatsachen durch privatrechtliche Vereinbarungen mit der öffentlichen Hand, etwa die Vermietung einer Privatimmobilie als Behördeneinrichtung. Auf der anderen Seite ist die Institution der auf der Privatsache lastenden beschränkten Dienstbarkeit des öffentlichen Rechts in Deutschland die Regel. Das soll nicht heißen, dass öffentliche Dienstbarkeiten zugunsten der Allgemeinheit in Griechenland unbekannt sind, etwa die Verlegung von Elektrizitätskabeln oberhalb von Privatgrundstücken oder von unterirdischen Rohrleitungen.[219] Nach Beendigung des öffentlichen Zwecks durch Entwidmung und Außerdienststellung fallen die öffentlichen Sachen in Griechenland in das Privatvermögen des Fiskus bzw. der jeweiligen Körperschaft der öffentlichen Hand, während in Deutschland die vollen Befugnisse des jeweiligen Eigentümers wiederhergestellt werden.[220]

In beiden Rechtsordnungen findet bei den öffentlichen Sachen sowohl Privat- als auch Verwaltungsrecht Anwendung, je nachdem, ob die Sachen privatrechtlichen Beziehungen oder öffentlich-rechtlichen Verwaltungsbefugnissen unterliegen. Die von beiden Rechtsordnungen angebotenen Lösungen zum Schutz des Gemeingebrauchs sind ähnlich. Eine Eigenart des griechischen Rechts bildet die zivilrechtliche Klage einer Zivilperson gegen eine andere bei Beeinträchtigung des Gemeingebrauchs aufgrund von Art. 57 und 59 ZGB, die im Wesentlichen eine Drittwirkung des verfassungsrechtlich verankerten Persönlichkeitsrechts nach Art. 5 Abs. 1 Verf. bewirkt.[221]

---

218 Op.cit. Medicus, Rn. 1188.

219 Es handelt sich um zivilrechtliche beschränkte persönliche Dienstbarkeiten im Sinn von Art. 1188 ZGB zugunsten der öffentlichen Körperschaft, die die Eigentumsbefugnisse einschränken. ProtThes 13260/2007 Arm 2007, 1494; ProtThes 16903/2001 Arm 2001, 1197.

220 Papier, Recht der öffentlichen Sachen, S. 56.

221 Wasiliadis/Divani/Kouskouna/Papapetropoulos, Umwelt, S. 383 mit Verweis auf Rechtsprechung.

8. Exkurs: Die historische Entwicklung und das Wesen des öffentlichen Grundvermögens in Griechenland

Wie oben ausgeführt hat der Grund nach dem osmanischen Recht prinzipiell dem Sultan bzw. dem Reich gehört. Privateigentum war begrenzt anerkannt. Die Verleihung von Eigentum bzw. eigentumsähnlichen Rechten lag beim Sultan. Laut dem osmanischen Bodengesetz (*Kanun name-i arazi*) von 1856, das sich auf früher geltendes islamisches Recht stützte,[222] unterteilte sich der Grund in fünf Kategorien: a) der zu Privateigentum gehörende, frei verfügbare Grund (*mülk*) wie Gebäude, Geschäfte, Weinberge usw., b) der öffentliche Grund (*arazi-i emiriye*) wie Ackerland, Weideplätze, Wälder, worauf Private nur Nutzungsrechte (*tessaruf*) erwerben durften, c) die öffentlichen Stiftungen (*vakf*), die als *res extra commercium* galten, d) der den Gemeinden überlassene Grund (*metruke*) wie öffentliche Straßen, Plätze, die dem Gemeingebrauch gewidmet waren und zum Eigentum des Reichs gehörten, und e) Ödland (*mewat*) wie Berge, Felsen, herrenlose Wälder, die auch dem Reich gehörten.

Das römisch-byzantinische Rechtsinstitut der Ersitzung (*usucapio*) galt unter dem osmanischen Recht nicht.[223]

Der im Jahr 1830 neu gegründete hellenische Staat wurde laut Art. 2 des Protokolls von London vom 22.1./3.2.1830 „über die Unabhängigkeit Griechenlands" und der ihn auslegenden Protokolle i.V.m. dem Vertrag (Vereinbarung) von Konstantinopel vom 9./22.7.1832 „über die endgültige Bestimmung der kontinentalen Grenze Griechenlands" zum Rechtsnachfolger des Osmanischen Reichs an den befreiten Gebieten.[224] Durch die Verordnung von 22.2./6.3.1833 nahm das Königreich Griechenland die vereinbarten Regionen in seinen Besitz. Bestehende Privatrechte am Grund sowohl von Griechen als auch von Untertanen des Osmanischen Reichs wurden anerkannt.[225] Gem. Art. 16 der Verordnung vom 21.6./10.7.1837 „über die Unterscheidung von Eigentumsgegenständen" gehörten dem Staat alle herrenlosen und verlassenen Eigentumsgegenstände.

222 Steinbach/Robert, Der Nahe und Mittlere Osten: Politik, Gesellschaft, Wirtschaft, Geschichte, Kultur, S. 356–357.

223 Art. 1248 des osmanischen ZGB.

224 Siehe Anhang II Abbildung 2. Die nach 1832 annektierten Territorien werden als „neue Länder" bezeichnet.

225 Besonders die Moslems durften ihr Privateigentum behalten, vorausgesetzt, dass sie in Griechenland weiter wohnen würden. Denjenigen, die auswandern wollten, wäre eine Frist zur Veräußerung ihres Eigentums zu setzen: Art. 5 des Protokolls von London vom 22.1./3.2.1830.

„Durch diese Vorschriften wurde der griechische Staat nicht als Gesamtrechtsnachfolger der Osmanen berufen, sondern wurde zum *in globo* Nachfolger des osmanischen Staates durch die stattgefundene Einziehung kraft ‚Kriegsrechts' als Sondertitel am Eigentum von Gegenständen, die sich im Zeitpunkt des Beginns der griechischen Revolution im Besitz nur von Osmanen befanden und die entweder während des Kriegs vom griechischen Staat erobert wurden oder als verlassen galten und nicht mehr im Besitz ihrer früheren Eigentümer standen."[226]

Es versteht sich im Licht der vorstehenden Ausführungen, dass der griechische Staat schon im Zeitpunkt seiner Geburt zum Eigentum an weiten Ländereien kam. Da kein Grundbuch geführt wurde, hatte der Staat keine Übersicht über sein Grundeigentum. Gem. Art. 16 der Verordnung vom 21.6./10.7.1837 gehörten – wie oben ausgeführt – herrenlose oder verlassene private und gemeindliche Grundstücke, auf die keine Ansprüche erhoben wurden, dem Staat.[227] Diese Vorschrift erfasste jedoch die bis zu jenem Zeitpunkt derelinquierten Grundstücke. Die Wiedereinführung des römisch-byzantinischen Rechts durch die Verordnung vom 7.3./19.3.1835 „das Gesetzbuch des Armenopulos betreffend" hat die Geltung der Regel des römisch-byzantinischen Rechts wiederhergestellt. Dies ermöglichte die außerordentliche Ersitzung[228] an derelinquierten und an öffentlichen Grundstücken auch durch Private.[229]

Private mussten ihre Rechte an Grundstücken anhand von Titeln aus den osmanischen Zeiten, etwa durch Dokumente wie *tapi,* oder von Titeln aus vorosmanischen Zeiten, in denen die Privatrechte von den Osmanen unangetastet blieben, nachweisen oder Eigentum kraft Ersitzung nachträglich begründen. Das Bestehen eines umfangreichen öffentlichen Grundeigentums kombiniert mit dem Nichtvorhandensein eines katastermäßigen Grundregisters hat den Staat dazu veranlasst, Regelungen festzulegen, die den Schutz des öffentlichen Eigentums vor Privateingriffen bezweckten.

In dieser Richtung bestimmt Art. 1 der Verordnung vom 12./24.12.1833: „Alle Weidenschaften (Weidenplätze), für deren Nutzniessung kein unter der

---

226 AP 1/2013 (Plenum) NoV 61 (2013) 701; gleich AP 1411/2014 Nomos.

227 Diese Regelung wurde durch den Wunsch nach Erleichterung des Eigentumserwerbs seitens des griechischen Staats an den von den Osmanen derelinquierten Grundstücken infolge der Revolution diktiert: AP 454/2011 NoV 59 (2011) 2177.

228 AP 1870/2007 NoV 56 (2008) 331. Die ordentliche Ersitzung gegen den Staat war nach dem in Griechenland geltenden römisch-byzantinischen Recht ausgeschlossen: AP 1417/2010 Nomos. Die außerordentliche Ersitzung sah guten Glauben beim Besitzerwerb und dreißigjährige Ersitzungszeit vor. Mehr über die Ersitzung in Kapitel V.

229 AP 1417/2010 Nomos.

türkischen Regierung erlassener Tapi Nutznießungs-Schein vorzuweisen ist, sind als Aerarialweidenschaften zu betrachten, und deren Benutzung verbleibt wie bisher dem Aerar“ (Fiskus). Auf die gleiche Weise waren nach Art. 1 der Verordnung vom 17.11./1.12.1836 „über Privatwälder“ Privatrechte an Wäldern nur durch Unterlagen, die in rechtmäßiger Form von den türkischen Behörden vor dem Beginn des Unabhängigkeitskampfs erstellt wurden, nachzuweisen. Im Fall des Untergangs solcher Unterlagen waren alle gesetzlichen Beweismittel zulässig. Nach Art. 3 wurde den Eigentümern eine Jahresfrist zum Nachweis ihrer Rechte gesetzt. Nach Verstreichen dieser Frist waren alle Wälder als öffentlich zu betrachten.

Der Möglichkeit der außerordentlichen Ersitzung am öffentlichen Grund in Form des Eigentumserwerbs durch Verjährung der Vindikation (*longissimi temporis praescriptio*) des römisch-byzantinischen Rechts hat zunächst Art. 21 GV vom 22.4./16.5.1926 mit Rückwirkung[230] auf den 11.9.1915 einen Riegel vorgeschoben. Danach unterliegen die Rechte an Immobilien, die dem Staat gehören, keiner Verjährung für die Zukunft. Das bedeutet, dass Private, die ihr Eigentum auf außerordentliche Ersitzung gegen den Staat stützen, einen redlichen, ununterbrochenen Besitz von einer Dauer von 30 Jahren nachweisen müssen.[231] Die Ersitzungszeit muss also schon 1885 begonnen haben. Nachträglich hat Art. 2 Abs. 1 ZG 1539/1938 „über den Schutz von öffentlichen Eigentumsgegenständen“ stipuliert, dass der Staat als Besitzer von herrenlosen und öffentlichen Eigentumsgegenständen gilt, auch wenn er keinen Besitzrealakt daran vorgenommen hat. Auf diese Weise wurde der fiktive Besitz des Staats geschaffen, der als solcher zu schützen ist. Außerdem wurde in Art. 4 Abs. 1 ZG 1539/1938 die Unverjährbarkeit der Rechte des Staats wiederholt. Weder Art. 21 GV vom 22.4./16.5.1926 noch ZG 1539/1938 wurden mit der Einführung des ZGB abgeschafft (Art. 53 EGZGB). Art. 1054 ZGB fügt hinzu, dass die dem Verkehr entzogenen Sachen ersitzungsunfähig sind.

Das griechische Territorium wurde nachträglich infolge verschiedener historischer Ereignisse erweitert.[232] Bei jeder Annexion galt grundsätzlich die

---

230 Diese ergab sich aus G.4068/1912 und den königlichen Durchführungsverordnungen, die den Abschluss der Ersitzungszeit vom 11.9.1915 bis zum Erlass des GV vom 22.4./16.5.1926 gehemmt haben.

231 AP 564/1969 NoV 18 (1970) 302.

232 Annexionen: 1864 Ionische Inseln, 1881 Thessalien, Teile von Epirus, 1912–1913 Mazedonien, Epirus, Inseln des nordägäischen Meeres, Samos, Kreta, 1920 Thrazien, 1947 Dodekanes.

Nachfolge des griechischen Staats in die Rechte des osmanischen Staats und die Anerkennung der bestehenden Privatrechte.[233]

Aus der Sicht des intertemporalen Rechts ist Art. 51 EGZGB von Bedeutung, der die Nichtrückwirkung der Vorschriften des ZGB über den Erwerb von Eigentum bzw. anderen dinglichen Rechten stipulierte. Bei der Entscheidung der Begründung von dinglichen Rechten finden also die zum betreffenden Zeitpunkt geltenden Vorschriften Anwendung.[234]

Aus dem Geflecht der oben dargestellten internationalen Abkommen und Vorschriften hat sich die Eigentumsvermutung zugunsten der öffentlichen Hand am Grund herausgebildet, der Eigentum des osmanischen Reichs war oder während des Unabhängigkeitskampfs von den griechischen Streitmächten okkupiert wurde oder von den Türken verlassen wurde oder Wald bzw. Weideland war, über das keine Ansprüche von Privaten nach der Verordnung vom 17.11./1.12.1836 „über Privatwälder“ und der Verordnung vom 12./24.12.1833 „über Weideland“ geltend gemacht worden waren.[235] Der Staat muss jedoch im Prozess nachweisen, dass der umstrittene Grund in die oben genannten Kategorien fällt.[236] Darüber hinaus muss bei Wäldern und Weideland der morphologische Charakter des Bodens als solchem im Zeitpunkt des Erlasses der betreffenden Verordnung nachgewiesen werden.[237]

Die Vermutung zugunsten des Staats ist widerlegbar.[238] In vielen Fällen erweist es sich als schwierig, den Gegennachweis zu erbringen. Behauptet der Staat Eigentum an einem Grundstück, das die Voraussetzungen der Vermutung erfüllt, muss der Gegner im Rechtsstreit eine ununterbrochene Kette von

233 Ein Überblick bei Apostolakis in Diamantopoulos (Hrsg.), Wälder, Forstkarten, Forstregister und Grundbuch, S. 11–16.

234 Z.B. konnte in nach 1885 annektierten Gebieten kein Eigentum gestützt auf außerordentliche Ersitzung gegen den Staat begründet werden, da die erforderliche 30jährige Ersitzungszeit – bis 1915 nach dem oben Ausgeführten – nicht abgeschlossen werden konnte. AP 1238/1996 D 1997, 491 mit Anmerkungen von Balogianni. Eine Zeitanrechnung (siehe Art. 1051 ZGB) während der Zeit der früheren osmanischen Herrschaft war nicht möglich, da das osmanische Recht die Ersitzung nicht kannte.

235 AP 148/2016 Nomos.

236 AP 1411/2014 Nomos. Nur die Berufung auf die Mangelhaftigkeit der Erwerbstitel des Streitgegners reiche zum Beweis des eigenen Eigentums seitens des Staats nicht aus, da „durch diesen Mangel das Bestehen des staatlichen Eigentums nicht vermutet werde“: AP 368/2015 Nomos; AP 638/2016 Nomos.

237 AP 1411/2014, AP 1330/2015, AP 148/2016 Nomos

238 Apostolakis in Diamantopoulos (Hrsg.), Wälder, Waldkarten, Waldregister und Grundbuch, S. 7.

Erwerbstiteln nachweisen, die zeitlich bis auf 1885 zurückreicht.[239] Die neueste Rechtsprechung[240] stellt fest, dass keine allgemeine gesetzliche Eigentumsvermutung zugunsten des Fiskus über jede Immobilie im griechischen Territorium besteht, die die Beweislast auf den Privaten verlagert. Der Fiskus muss daher die rechtserzeugenden Tatsachen seines Eigentums nachweisen.[241]

Auf jeden Fall bleibt das Thema bei vielen umstrittenen Grundstücken – besonders aus politischen Gründen – unangetastet. Der Staat hat in manchen Fällen Privateingriffe geduldet; in anderen hat er seine Rechte geltend gemacht.[242] Mit dem Beginn der Katastererrichtung seit 1995 muss das Eigentumsregime in Griechenland zwangsläufig endgültig entschieden werden. Dies wird aber ein mühsamer und langwieriger Prozess sein, da der Staat immer noch keine volle Kenntnis seines Eigentums hat.[243]

---

239 Behauptet z.B. der Private Eigentum am streitgegenständlichen Grund aufgrund rechtmäßiger schriftlicher Titel, die zeitlich etwa auf 1950 zurückreichen, muss er Nachweis über den Eigenbesitz seiner Rechtsvorgänger ab 1885 erbringen, damit er den Abschluss der Ersitzungszeit bis 12.9.1915 und folglich durch Zeitanrechnung sein Eigentum nachweisen kann.

240 AP 646/2015 NoV 63 (2015) 1776.

241 ProtAth 5360/2016 (unveröffentlicht). In diesem Fall wurde das Eigentum des Privaten an einem Grundstück, das im Grundbuch als Grundstück „unbekannten Eigentümers" (darüber Kapitel VI 4.b)) eingetragen war, gegen die Behauptungen des Fiskus, die sich auf die obengenannten allgemeinen Vorschriften bezogen, aufgrund von Besitzrealakten durch den Privaten seit dem Jahre 1978 anerkannt.

242 Es ist belanglos, ob Eingriffe von Privaten, etwa die Errichtung von Gebäuden, auf dem umstrittenen Grundstück von der Verwaltung genehmigt wurden: AP 1417/2010 Nomos.

243 Etwa die Forstgebiete sind fragmentarisch kartographiert. Endgültige Forstkarten sind nur begrenzt vorhanden. Nach Angaben des Forstamts (https://dasarxeio.com/2017/12/22/51955/) sind bisher (Stand 22.12.2017) 31,39 % der Forstkarten über das griechische Territorium (ca. 132.000 Quadratkilometer) teilweise endgültig festgelegt. Siehe auch Anhang II Abbildung 3. Die definitive Klärung des Eigentumsregimes wird jedoch lange dauern. (Es sind ca. 134.000 Widersprüche gegen den Inhalt der Forstkarten erhoben und besiedelte Gebiete innerhalb von Waldflächen sind zur Zeit noch ausgenommen).

Kapitel III – Der Besitz

1. Gesetzestext (Art. 974–998 ZGB)

Art. 974 Begriff des Besitzes und der Detention
Wer die natürliche Herrschaft über die Sache erlangt hat (Detention), ist Besitzer der Sache, wenn er die Herrschaft mit dem Willen, die Sache zu eigen zu haben, ausübt.

Art. 975 Besitz an einem Recht oder quasi Besitz
Bei dem Pfandrecht und bei Dienstbarkeiten besteht der Besitz in der Ausübung dieser Rechte mit dem Willen eines dazu Berechtigten.

Art. 976 Erwerb des Besitzes
Bei einer Sache, die sich im Besitz eines anderen befindet, wird der Besitz durch Übergabe mit dem Willen des Besitzers erworben. Die Einigung des bisherigen Besitzers und des Erwerbers genügt jedoch zum Erwerb, wenn der Erwerber in der Lage ist, die Gewalt über die Sache auszuüben.

Art. 977
Eine Übergabe an den Erwerber liegt auch vor, wenn zwischen ihm und dem bisherigen Besitzer vereinbart wird, dass dieser oder ein Dritter aufgrund eines bestimmten Rechtsverhältnisses in der Detention der Sache bleibt. Dem Dritten gegenüber wird in diesem Fall der Besitz an den Erwerber von dem Zeitpunkt an übertragen, in dem dies dem Dritten vom bisherigen Besitzer bekannt wird.

Art. 978
Bei Waren und im Allgemeinen bei beweglichen Sachen, die in einem Lager gelagert oder von einem Frachtführer unter Ausstellung eines Lagerscheins oder eines Konnossements übernommen wurden, erfolgt die Übertragung ihres Besitzes durch Übertragung des Lagerscheins oder des Konnossements.

Art. 979 Erwerb durch einen anderen
Der Besitz wird durch einen Vertreter erworben, wenn dieser die natürliche Herrschaft über die Sache mit dem Zweck erwirbt, den Vertretenen zu ihrem Besitzer zu machen.

Art. 980 Ausübung durch einen anderen
Der Besitz wird persönlich oder durch einen anderen ausgeübt.

Hat jemand begonnen, die Sache im Namen eines anderen in seiner Detention zu haben, ist anzunehmen, dass er, solange er die Sache in seiner Detention hat, im Namen des anderen die Gewalt über die Sache ausübt.

Art. 981 Verlust des Besitzes

Der Besitz geht dadurch verloren, dass die natürliche Herrschaft über die Sache aufhört oder ein entgegenstehender Wille des Besitzers erklärt wird. Ein seiner Natur nach vorübergehendes Hindernis bei der Ausübung der Herrschaft hat nicht den Verlust des Besitzes zur Folge.

Art. 982

Will der Vertreter des Besitzers eines Grundstücks sich den Besitz verschaffen, so geht dieser dem Besitzer nicht verloren, bevor der Besitzer Kenntnis davon erlangt.

Art. 983

Der Besitz geht auf die Erben des Besitzers über.

Art. 984 Verletzung des Besitzes

Der Besitz wird entweder durch Störung oder Entziehung verletzt, die rechtswidrig und ohne den Willen des Besitzers erfolgt.

Der durch solche Entziehung erworbene Besitz ist fehlerhaft. Diese Fehlerhaftigkeit des Besitzes kann auch gegen die Erben des Besitzers geltend gemacht werden; die Fehlerhaftigkeit des Besitzes des Vorgängers kann gegen den Sondernachfolger nur geltend gemacht werden, wenn er diese beim Erwerb kannte.

Art. 985

Der Besitzer ist berechtigt, jede Störung oder drohende Entziehung des Besitzes mit Gewalt abzuwehren.

Der Besitzer einer beweglichen Sache, die ihm widerrechtlich weggenommen wurde, ist berechtigt, diese dem auf frischer Tat ertappten oder verfolgten Täter mit Gewalt wieder abzunehmen.

Der Besitzer eines Grundstücks, dessen Besitz ihm widerrechtlich entzogen wurde, ist berechtigt, sofort nach der Entziehung sich des Besitzes mit Gewalt zu bemächtigen.

Die gleichen Rechte hat der im Besitz Verletzte auch gegen die Nachfolger, gegen die die Fehlerhaftigkeit des Besitzes geltend gemacht werden kann.

Art. 986

Die Rechte, die im vorigen Artikel vorgesehen sind, stehen statt dem Besitzer auch demjenigen zu, der die tatsächliche Gewalt über die Sache ausübt, sofern er zu dem Besitzer in einem Haushalts- oder Dienstabhängigkeitsverhältnis steht, vermöge dessen er seinen Weisungen bezüglich der Sache folgen soll.

Art. 987 Schutz bei Entziehung

Derjenige, dem der Besitz rechtswidrig entzogen wurde, ist berechtigt, die Wiedereinräumung des Besitzes vom demjenigen zu verlangen, welcher ihm gegenüber fehlerhaft besitzt. Ein Schadensersatzanspruch nach den Vorschriften über unerlaubte Handlungen ist nicht ausgeschlossen.

Art. 988

Die Klage auf Wiedereinräumung ist unzulässig, wenn derjenige, dem der Besitz entzogen wurde, den Besitz innerhalb des letzten Jahres vor der Entziehung dem gegenwärtigen Besitzer oder dessen Rechtsvorgänger gegenüber fehlerhaft erlangt hatte.

Art. 989 Schutz bei Störung

Der Besitzer, der im Besitz rechtswidrig gestört wird, ist berechtigt, die Beseitigung sowie die Unterlassung der Störung für die Zukunft zu verlangen. Ein Schadensersatzanspruch nach den Vorschriften über unerlaubte Handlungen ist nicht ausgeschlossen.

Art. 990

Die Klage auf Beseitigung der Störung ist unzulässig, wenn derjenige, der im Besitz gestört wurde, den Besitz innerhalb des letzten Jahres vor der Störung dem Störer oder dessen Rechtsvorgänger gegenüber fehlerhaft erlangt hatte.

Art. 991

Wer wegen Störung oder Entziehung verklagt wird, kann sich nicht auf ein Recht berufen, welches ihm die Herrschaft über die Sache gewährt, es sei denn, dass dieses Recht in einem Prozess zwischen ihm und dem Kläger rechtskräftig anerkannt wurde.

Art. 992 Verjährung

Die Ansprüche aus der Entziehung und Störung des Besitzes verjähren in einem Jahr vom Zeitpunkt der Entziehung oder der Störung.

Art. 993 Besitzer eines Teils einer Sache

Die Rechte aus der Verletzung des Besitzes hat auch derjenige, welcher nur einen Teil der Sache, insbesondere abgesonderte Wohnräume oder andere Räume, besitzt.

Art. 994 Besitz von mehreren nach ideellen Teilen

Bei mehreren Besitzern derselben Sache nach ideellen Teilen stehen jedem gegen Dritte die Rechte aus der Verletzung des Besitzes zu. Gegeneinander findet ein Besitzschutz nicht statt, sofern es sich um die Grenzen des den einzelnen zustehenden Gebrauchs handelt.

Art. 995 Eine auf fremdes Grundstück gelangte Sache

Ist eine Sache aus der Gewalt des Besitzers auf ein im Besitz eines anderen befindliches Grundstück gelangt, so hat ihm der Besitzer des Grundstücks die Aufsuchung und die Wegschaffung gegen Ersatz des dadurch entstehenden Schadens zu gestatten.

Art. 996 Schutz des quasi Besitzes
Dem Besitzer eines Pfandrechts oder einer Dienstbarkeit stehen wegen rechtswidriger Störung oder Entziehung die Besitzklagen zu.

Art. 997 Schutz des Detentors
Bei rechtswidriger Störung des Besitzes einer Sache oder eines Rechts oder wegen der Entziehung des Besitzes stehen gegen Dritte die Besitzklagen auch demjenigen zu, der die Detention der Sache oder des Rechts vom Besitzer als Mieter oder Verwahrer oder vermöge eines anderen ähnlichen Verhältnisses erlangt hat.

Art. 998 Schutz gegen den Detentor
Gegen denjenigen, der auf Grund eines im vorigen Artikel bezeichneten Verhältnisses die Sache in seiner Detention hat, stehen dem Besitzer beim Vorliegen der gesetzlichen Bedingungen die Besitzklagen zu.

2. Begriff

Natur und Funktion des Besitzes
Wie einleitend erwähnt, ist Kern des Inhalts des Besitzes die Ausübung der tatsächlichen Gewalt über die Sache. Die Rechtsnatur des Besitzes beschäftigt die deutsche Rechtstheorie bis heute. Vor allem geht es darum, ob der Besitz ein Recht oder ein Faktum ist.[1] Auf jeden Fall gilt der Besitz als eine geschützte Rechtsposition. Die Gründe, aus denen sein Schutz gerechtfertigt ist, sind mit seiner Funktion verbunden. Sie sind vor allem die Wahrung des sozialen Friedens,[2] die Erhaltung der wirtschaftlichen Nutzung der Sache (Kontinuitätstheorie),[3] die Rechtsverkehrssicherheit in seiner Funktion als Publizitätsmittel bei beweglichen Sachen.[4]

Die griechische Lehre schließt sich überwiegend der Ansicht an, dass der Besitz ein Recht ist; ein Recht jedoch eigener Art, das sich weder den dinglichen noch den schuldrechtlichen Rechten einordnen lässt.[5] Es entfaltet Wirkung

1 Ein Überblick über die Debatte in Wilhelm, Sachenrecht, Rn. 439 ff.

2 Westermann/Gursky/Eickmann, Sachenrecht, § 7 Rn. 4; Baur/Stürner, Sachenrecht, § 9 Rn. 9.

3 Wolf/Wellenhofer, Sachenrecht, § 4 Rn. 7; Baur/Stürner, Sachenrecht, § 6 Rn. 3.

4 Wolf/Wellenhofer, § 4 Rn. 6; Baur/Stürner, Sachenrecht, § 6 Rn. 10.

5 Thiveos, Besitzrecht, Band I, S. 638–639; Bosdas, ElDik, 20 (1979), 721, 724. Aus der Rechtsprechung: kein dingliches Recht: EfAth, 3294/1990 Arm, 45, 858, sondern ein *sui generis* Recht: AP 655/1952 ArchN 4, 191; EfThes 270/1962 ArchN 13, 383. Der Besitz wird nicht unter den dinglichen Rechten in Art. 973 ZGB aufgeführt, wird jedoch in Art. 1872 ZGB als Recht bezeichnet.

gegen Dritte, entbehrt aber der Absolutheit der dinglichen Rechte, da es auf die vorläufige Regelung einer Realsituation abzielt. Die Schutzwürdigkeit des Besitzes ergibt sich aus den gleichen Gründen wie in der deutschen Theorie.[6] Hervorzuheben ist im griechischen Recht die Funktion des Besitzes als eigentumsbegründende Rechtsposition durch Ersitzung bei Immobilien.[7]

3. Besitzarten

a) Besitz - Detention

Während die deutsche Vorschrift ausschließlich an die Ausübung der tatsächlichen Gewalt über die Sache anknüpft (§ 854 Abs. 1 BGB), enthält die griechische Regelung (Art. 974 ZGB) zwei Definitionen: eine für die Detention (*κατοχή* - *katochi*), nämlich der reinen Ausübung der tatsächlichen Gewalt über die Sache (*corpus* oder physisches Element), und eine für den Besitz (*νομή* - *nomi*) als Ausübung der tatsächlichen Gewalt mit Eigentümerwillen (*animus dominandi* oder psychisches Element). Diese Unterscheidung ist dem deutschen Recht bekannt (§ 872 BGB). Die allgemeine Regelung des Besitzes jedoch konzentriert sich nach deutschem Recht auf die tatsächliche Gewalt über die Sache.[8] Die griechische Regelung kennt dagegen den Besitz nur als Sachgewalt mit Eigentümerwillen. Unter Eigentümerwillen verstehen wir den Willen des Sachherrn, die Sache als eigen innezuhaben, gleichgültig ob die Sache ihm wirklich gehört oder nicht. Der Dieb einer beweglichen Sache oder der Besetzer eines Grundstücks, der den rechtmäßigen Eigentümer ausgestoßen hat, können besitzen, wenn sie Eigentümerwillen haben.[9] Es handelt sich um „die Absicht des Inhabers auf dauerhafte, unbegrenzte und ausschließliche Sachherrschaft, die derjenigen ähnelt oder entspricht, die aus dem Recht auf Volleigentum entspringt…".[10] Die reine Ausübung der tatsächlichen Gewalt über die Sache entbehrt jedoch im deutschen Recht nicht des Willenselements. Auch in diesem Fall ist ein *animus* vorhanden, der sich auf die Erlangung der Sachherrschaft richtet und sich nach außen

---

6 Georgiades, Sachenrecht, § 14 Rn. 20–28.

7 Spiridakis, Sachenrecht, Band I, S. 210. Der Ersitzung wird dagegen im deutschen Recht keine besondere praktische Bedeutung beigemessen. Baur/Stürner, Sachenrecht, § 6 Rn. 9.

8 Eigenbesitz ist für den Besitzschutz nach deutschem Recht so unbedeutend, dass Wieling § 872 BGB als Fremdkörper bezeichnet (Wieling, Sachenrecht, Band I, S. 139).

9 Spiridakis, Sachenrecht, Band I, S. 200.

10 AP 1025/2002 NoV 51 (2003) 250. Es ist nicht erforderlich, dass der Besitzer die Überzeugung hat, dass er Eigentum erwirbt.

erkennbar macht.[11] In beiden Rechtsordnungen hat der Ausübende die Sachgewalt, der die Sache nicht als ihm gehörend besitzt (Fremdbesitzer im deutschen Recht, Detentor oder Rechtsbesitzer im griechischen Recht) und den Willen hat, die Herrschaft über die Sache auszuüben aufgrund eines Rechts, das ihm vom Eigenbesitzer kraft eines sachenrechtlichen (z.B. Nießbrauch) oder schuldrechtlichen (z.B. Miete) Verhältnisses gewährt ist, indem er dem Eigenbesitzer das Recht zuerkennt, ihm (dem Fremdbesitzer/Detentor/Rechtsbesitzer) den Besitz zu gewähren, indem er mit der Sache im Rahmen des zwischen ihm und dem Eigenbesitzer bestehenden Verhältnisses verfährt.[12] Übt der Fremdbesitzer/Detentor die Herrschaft über die Sache auf eine Weise aus, die dem Willen des Eigenbesitzers widerspricht, indem er die Sache einem anderen überträgt oder als eigene benutzt, macht er sich zum (fehlerhaften) Eigenbesitzer.

b) Rechtsbesitz

Art. 975 ZGB schafft eine weitere Abstufung des Besitzes. Der aufgrund eines beschränkten dinglichen Rechts (z.B. Pfänder, Nießbraucher, Berechtigter einer Dienstbarkeit) Besitzende wird vom Gesetz als Rechtsbesitzer oder Quasi-Besitzer (*οιονεί νομέας – ioni nomeas*) bezeichnet. Der Unterschied zwischen dem Besitz und dem Rechtsbesitz besteht im Umfang der Sachherrschaft und des Besitzwillens. Der Besitzwille des Rechtsbesitzers richtet sich nach dem ihm zustehenden beschränkten dinglichen Recht, also nach bestimmten Nutzungsbefugnissen an der Sache.[13] Die Theorie erkennt auch eine „Rechtsdetention" an, etwa wenn der Nießbraucher die Sache vermietet, bei der die Vorschriften über den Besitz bzw. die Detention analoge Anwendung finden.[14]

Das Rechtsinstitut ist auch dem deutschen Recht bei Dienstbarkeiten bekannt (§§ 1029, 1090 BGB). Obwohl in § 1029 BGB die Rede von „Rechtsbesitz" ist, handelt es sich in Wirklichkeit um Besitz an einer Sache, nämlich der Sache, auf der die Dienstbarkeit bestellt ist.[15] Die Gründung von Rechtsbesitz setzt Eintragung in das Grundbuch und mindestens einmalige Ausübung im letzten Jahr vor seiner Geltendmachung voraus.

---

11 Wieling, Sachenrecht, Band I, S. 145; Baur/Stürner, Sachenrecht, § 7 Rn. 16.
12 Georgiades, Sachenrecht, § 14 Rn. 12; Wolf/Wellenhofer, Sachenrecht, § 4 Rn. 20.
13 Bosdas, NoV 14 (1966) 705, 710; Spiridakis, Sachenrecht, Band I, S. 216.
14 Spiridakis, Sachenrecht, Band I, S. 217.
15 Westermann/Gursky/Eickmann, Sachenrecht, § 26 Rn. 4. Gleich Georgiades, Sachenrecht, § 15 Rn. 8 über den Charakter des Rechtsbesitzes im griechischen Recht.

c) Mittelbarer – unmittelbarer Besitz

Die zentrale Unterscheidung im deutschen Besitzrecht ist diejenige zwischen mittelbarem und unmittelbarem Besitz. Ausdrücklich spricht das Gesetz nur vom „mittelbaren Besitzer" (§ 868 BGB). Dies ist derjenige, der dem Nießbraucher, Pfandgläubiger, Pächter, Mieter o.a. kraft eines Besitzmittlungsverhältnisses die Sache zur Sachherrschaft überlassen hat. Mittelbarer Besitzer ist also in solchen Fällen der Eigentümer, aber er kann auch der Mieter sein, falls er die Sache einem Untermieter überlassen hat (mittelbarer Fremdbesitzer). Der unmittelbare Besitzer ist, wie oben ausgeführt, der Ausübende der tatsächlichen Sachgewalt (Nießbraucher, Mieter o.a.). Der mittelbare Besitzer ist dem unmittelbaren Besitzer gleichgestellt („... ist auch der andere Besitzer ..."). Dem unmittelbaren Besitzer kommt jedoch ein umfassender Besitzschutz zu. Nach der deutschen Regelung ist immer der letzte Besitzer, also derjenige, der die tatsächliche Gewalt über die Sache ausübt, unmittelbarer Besitzer, während alle anderen (Eigentümer, Nießbraucher) mittelbare Besitzer sind.

Das griechische Recht baut den Begriff des Besitzes als ein mehrstufiges Konstrukt auf, an dessen Spitze der Besitz mit *animus dominandi* steht. Darunter befindet sich der Besitz desjenigen, der die Sache aufgrund eines dinglichen Rechts besitzt (Rechtsbesitzer); danach kommt der Detentor, der kraft eines schuldrechtlichen Verhältnisses besitzt. Die deutsche Regelung ist einheitlicher. Für sie ist die Tatsache der körperlichen Herrschaft über die Sache maßgebend, ob mit *animus dominandi* oder anderweitig.

In einer mehrstufigen Besitzkonstellation, in der der Eigentümer einem anderen den Nießbrauch übertragen hat, der die Sache einem Dritten vermietet hat, der wiederum die Sache einem anderen untervermietet hat, sieht die Lage terminologisch so aus:

	Deutsches Recht	**Griechisches Recht**
Eigentümer:	Mittelbarer Eigenbesitzer	Besitzer (*νομέας – nomeas*)
Nießbraucher:	Mittelbarer Fremdbesitzer	Quasi-Besitzer/Rechtsbesitzer (*οιονεί νομέας – ioni nomeas*)
Mieter:	Mittelbarer Fremdbesitzer	„mittelbarer"[a] Detentor (*έμμεσος κάτοχος – emesos katochos*)
Untermieter:	Unmittelbarer Fremdbesitzer	„unmittelbarer" Detentor (*άμεσος κάτοχος – amesos katochos*)

[a] Das ZGB enthält keine Vorschrift wie § 871 BGB. Mehrstufige Besitzkonstellationen sind nur begrenzt geregelt, obwohl sie in der Praxis oft vorkommen. Die Lehre rekurriert auf die deutsche Unterscheidung zwischen mittelbarem und unmittelbarem Besitz, um solche Konstellationen zu beschreiben. Siehe unten 6.i) und 7.

Da der Begriff des Besitzes im griechischen Recht wesentliche Unterschiede zum gleichnamigen deutschen Terminus aufweist, soll Folgendes beachtet werden: In Bezug auf griechisches Recht wird in dieser Analyse als „Besitz“ die Ausübung der tatsächlichen Gewalt über die Sache mit Eigentümerwillen bezeichnet, während die reine Ausübung der tatsächlichen Sachherrschaft, als Realsituation ohne *animus dominandi*, „Detention“ genannt wird. Dementsprechend wird bezüglich der griechischen Vorschriften die Ausübung des Rechts des Eigenbesitzers als „besitzen“, die des Detentors als „Ausübung der tatsächlichen Gewalt/Sachherrschaft“ bezeichnet.

d) Teilbesitz

Das griechische Recht erkennt die Möglichkeit an, dass der Besitz sich auf einen (realen) Teil der ganzen Sache begrenzt. Dies ergibt sich mittelbar aus Art. 993 ZGB, nach dem dem Teilbesitzer der Schutz des Ganzbesitzers zugesprochen wird. Die Vorschrift erwähnt „abgesonderte Wohnräume oder andere Räume“, aber die Bestimmung ist nicht abschließend („insbesondere“). Art. 953 ZGB gilt in diesem Fall nicht. Bestandteile können Gegenstand gesonderten Besitzes sein. Voraussetzung ist, dass diese Teile räumlich bestimmt sind, so dass der gesonderte Besitz des Teils möglich ist,[16] z. B ein Zimmer des Hauses, die Früchte, die immer noch am Baum hängen, nicht aber das Rad des Fahrrads oder ein Körperteil des Pferdes. Diese Art von Besitz kann jedoch bei wesentlichen Bestandteilen nie zur Erlangung des Eigentums durch Ersitzung führen.[17] Der Teilbesitz wird nur zum Schutz des Teilbesitzers eingeführt, nicht zur Begründung von dinglichen Rechten. Dies würde dem Prinzip des Art. 953 ZGB zuwiderlaufen.[18] Bei getrennten oder trennbaren Sachteilen wäre im Gegenteil die Neubegründung von Rechten durch Ersitzung möglich.[19] Eine Teildetention ist auch möglich.[20] Der Eigentümer des Hauses kann ein Zimmer davon vermieten, ohne dass eine Teilungserklärung im Sinn des Stockwerkseigentums besteht. Teilbesitz ist

16 Koumanis in Georgiades, Kurze Auslegung des ZGB, Art. 994 Rn. 2.

17 Ebenso wenig möglich ist die Begründung von Stockwerkseigentum nach Art. 1002, 1117 ZGB i.V.m. G.3741/1929 durch Ersitzung eines Teils des Gebäudes, auch wenn jeder Miteigentümer den ihm „gehörenden“ Teil des Gebäudes in seinen Besitz genommen hat: AP 1187/2015 Nomos; AP 1/1984 NoV 33 (1985) 225.

18 Georgiades, Sachenrecht, § 15 Rn. 12.

19 Spiridakis, Die Ersitzung, S. 41, Fn. 10. Besonders zur Teilung von Grundstücken durch Ersitzung an bestimmten Teilen: AP 953/2013 Nomos; AP 1740/2005 ElDik 2006, 464.

20 Spiridakis, Sachenrecht, Band I, S. 222.

im deutschen Recht in § 865 BGB geregelt und dient wie im griechischen dem Schutz des Teilbesitzers.[21]

e) Mitbesitz

Mitbesitz wird als Besitz an ideellen Teilen der Sache bezeichnet (Art. 994 ZGB). Alle Mitbesitzer sind gleichzeitig zum Besitz an der ganzen Sache berechtigt. Die Verhältnisse der Mitbesitzer richten sich nach den Vorschriften über die Gemeinschaft (Art. 785–805 ZGB).[22] Die Mitbesitzer müssen unter sich die Art der Sachherrschaftsausübung bestimmen. Bei Streitigkeiten unter den Mitbesitzern über die Grenzen des gemeinsamen Gebrauchs wird der Besitzschutz nach Art. 985–991 ZGB nicht gewährt. Entzieht einer der Mitbesitzer den anderen den Besitz, dann können diese ihre Besitzschutzrechte gegen ihn geltend machen, da es sich nicht mehr um die Grenzen des Gebrauchs handelt.[23] Übt einer der Mitbesitzer auch ohne vorherige Vereinbarung die Sachgewalt allein aus, wird angenommen, dass er gleichzeitig als Besitzvertreter der anderen Mitbesitzer besitzt (Art. 980 Abs. 1 ZGB). Dies ist besonders wichtig im Fall der Besitzverletzung durch einen Mitbesitzer gegen die anderen (s. unten 6.e)). Eine Mitdetention nach ideellen Teilen ist entsprechend dem oben Ausgeführten möglich (z.B. mehrere Mieter eines Hauses).[24] Der Mitbesitz nach ideellen Teilen wird auch im deutschen Recht anerkannt. Die deutsche Lehre unterscheidet weiterhin zwischen kollektivem (oder gesamthänderischem) und schlichtem (oder einfachem) Mitbesitz.[25] Im ersten Fall ist die Ausübung des Rechts nur gemeinsam möglich, z.B. durch zwei Mitbesitzer eines Banksafes, der mit zwei Schlüsseln zu öffnen ist, bei dem jeder einen Schlüssel besitzt. Im zweiten Fall – was die Regel ist – besitzt jeder Mitbesitzer die ganze Sache mit Rücksicht auf den Besitz der anderen Mitbesitzer, z.B. gemeinsame Küche oder Badezimmer eines Mietshauses. Wie im griechischen Recht befasst sich die gesetzliche Regelung (§ 866 BGB) auf die gleiche Weise mit dem Besitzschutz unter den Mitbesitzern.

---

21 Baur/Stürner, Sachenrecht, § 7 Rn. 8.

22 Georgiades, Sachenrecht, § 15 Rn. 18. Näheres in Kapitel VII über das Miteigentum.

23 Balis, Sachenrecht, § 23, Nr. 2; gleich nach deutschem Recht: Wilhelm, Sachenrecht, Rn. 532; Westermann/ Gursky/Eickmann, Sachenrecht, § 24 Rn. 2.

24 Spiridakis, Sachenrecht, Band I, S. 219–220.

25 Baur/Stürner, Sachenrecht, § 7 Rn. 78–79. Ein Teil der griechischen Lehre führt auch die Unterscheidung zwischen dem „gemeinsamen" und dem „selbständigen" Mitbesitz ein. Filios, Sachenrecht, S. 78–79. Die rechtliche Behandlung ist jedenfalls einheitlich.

4. Erwerb des Besitzes

Es wird in der griechischen Lehre zwischen originärem und derivativem (abgeleitetem) Erwerb des Besitzes unterschieden. Originär erwirbt man den Besitz, indem es zur Herrschaft über die Sache unabhängig vom oder gegen den Willen des bisherigen Besitzers durch körperliches Ergreifen (Aneignung, Diebstahl, Betreten des Grundstücks) kommt. Derivativ erwirbt man grundsätzlich, wenn der bisherige Besitzer dem Erwerbenden die Sache übergibt.

a) Originärer Besitzerwerb

Als Grundlage des originären Besitzerwerbs gilt Art. 974 ZGB: Derjenige, der besitzlose Sachen (herrenlose oder verlorene) oder Sachen ohne bzw. gegen den Willen des bisherigen Besitzers (Diebstahl, Unterschlagung) in seinen Besitz nimmt, erwirbt den Besitz daran originär. Eine körperliche Beziehung ist nicht immer erforderlich. Es reicht aus, wenn der Besitzer die Sachgewalt ausüben kann:[26] Der in Athen Ansässige vermietet einem anderen ein ihm nicht gehörendes Ackergrundstück in einem entfernten Dorf. Maßgebend ist der Ausübungswille des Erwerbers. Dieser Wille muss auf feste und dauerhafte Weise[27] nach außen kundgetan werden: Der Finder des herrenlosen Hundes nimmt ihn mit nach Hause und füttert ihn, der Dieb entreißt dem Eigentümer die Tasche, der Besetzer des fremden Grundstücks zieht ein oder vermietet seine Räume, der Verwahrer unterschlägt die Sache und vermietet sie. Eine vorübergehende Benutzung ohne Aneignungswillen weist nicht auf Besitzergreifung hin, etwa der Kunde, der die im Café aufgefundene Zeitung liest und dann liegen lässt. Der Besitzer muss nicht ständig die Sache bei sich haben oder dauerhaft seinen Besitzwillen auf die Sache gerichtet haben. Es reicht ein allgemeiner Besitzwille oder die Tatsache, dass sich die Sache in der Obhut des Besitzers befindet.[28]

b) Abgeleiteter Besitzerwerb

Die Arten des derivativen Erwerbs werden in Art. 976–978 ZGB ausführlich geregelt. Die körperliche Übergabe der Sache (*traditio*) wird in Art. 976 S. 1

---

26 Es wird von „Unterwerfung der Sache an die Person des Sachherrn“ gesprochen. Spiridakis, Sachenrecht, Band I, S. 228.

27 Georgiades, Sachenrecht, § 17 Rn. 3.

28 AP 1602/1981 NoV 30 (1982) 927; AP 33/1973 NoV 21 (1973) 736; Ef.Ath. 1815/1986 El.Dik. 27, 830; AP 388/2010 Nomos; AP 393/1999 ElDik 40, 1743. Vgl. Wolf/Wellenhofer, Sachenrecht, § 4 Rn. 9: „es genügt ein genereller Besitzwille.“

ZGB als der häufigste Fall zuerst erwähnt. Der Besitz wird an den neuen Besitzer durch Übergabe übertragen, die mit dem Willen des bisherigen Besitzers erfolgt: Der Verkäufer verkauft und übergibt die Sache an den Käufer. Der Besitz kann auch erworben werden, indem der bisherige Besitzer und der Erwerber sich darüber einig sind, dass der Besitz an den Erwerber übergehen soll und der Erwerber in der Lage ist, die Gewalt über die Sache auszuüben. Es fehlt also an dem Merkmal der körperlichen Übergabe der Sache. Eine solche Erleichterung des Besitzerwerbs ohne körperliche Übergabe der Sache normieren Art. 976 S. 2, 977 und 978 ZGB. Art. 976 S. 2 ZGB sieht zwei Fälle vor: a) die Übergabe durch Überlassen des offenen Besitzes (*longa manu traditio*): Es findet keine körperliche Übergabe der Sache statt. Der Übergeber erklärt sich bereit, die Sachgewalt aufzugeben, und der Erwerber ist in der Lage, ungehindert die Sachgewalt auszuüben: Der Verkäufer des Grundstücks übergibt dem Käufer den Schlüssel oder der Holzhändler einigt sich mit dem Käufer in seinem Geschäft über den Kauf des im Wald gestapelten Holzes; b) den Erwerb des Besitzvertreters (*brevi manu traditio*): Der Erwerber befindet sich schon in der Sachherrschaft als Besitzmittler (z.B. als Rechtsbesitzer oder als Detentor).[29] Die Übergabe findet statt, wenn der Besitzer und der Besitzvertreter sich darüber einig sind, dass er (der Besitzvertreter) ab diesem Zeitpunkt den Besitz erwirbt: Der Eigentümer und der Mieter sind sich darüber einig, dass das Eigentum an der gemieteten Sache an den Mieter übergehen soll. Der Mieter wird zu diesem Zeitpunkt vom Detentor zum Besitzer.

Art. 977 ZGB sieht zwei weitere Arten der Besitzübertragung ohne körperliche Übergabe der Sache vor:

a) das Besitzkonstitut (*constitutum possessorium*) gem. Art. 977 S. 1 Fall 1. ZGB: „…dass dieser…". Der Besitzer überträgt einem anderen den Besitz mit der Vereinbarung, dass er (der Übertragende) die Sachherrschaft als Detentor kraft eines Rechtsverhältnisses zum Erwerber weiter ausübt.[30] Die Änderung des inneren Willensinhalts im Besitzverhältnis besteht darin, dass der ehemalige Besitzer zum Detentor und der Erwerber zum Besitzer wird: Der Eigentümer verkauft die Wohnung und bewohnt sie weiterhin als Mieter. Ein üblicher Fall ist die Übereignung einer beweglichen Sache vom Schuldner an den Gläubiger zur Sicherung einer Forderung. Durch dieses Konstrukt wird die Bestellung eines Pfandrechts, die die Übergabe der Sache

29 Auch als Besitzdiener. Georgiades, Sachenrecht, § 18 Rn. 8.

30 Es ist für die Besitzübertragung belanglos, ob das Besitzmittlungsverhältnis unwirksam ist. Spiridakis, Sachenrecht, Band I, S. 239.

an den Gläubiger voraussetzt (Art. 1211 i.V.m. 1213 ZGB; vgl. § 1205 BGB), vermieden. Der Schuldner darf die Sache weiterhin benutzen.[31]

b) die Anweisung des Besitzes gem. Art. 977 S. 1 Fall 2. ZGB: „…oder ein Dritter…". Ein Dritter ist schon in der Detention der Sache (z.B. Mieter). Der Besitz geht an den Erwerber mit der Vereinbarung über, dass der Dritte in der Detention der Sache bleibt. Neuer Besitzer ist der Erwerber. Nach Art. 977 S. 2 ZGB muss der Dritte von der Übertragung in Kenntnis gesetzt werden. Die Bekanntmachung ist keine Voraussetzung für die Besitzübertragung, sie ist aber für die Wirksamkeit der Übertragung gegenüber dem Dritten erforderlich.[32] Vor Kenntnisnahme übt der Dritte die Sachherrschaft im Namen des früheren Besitzers gem. Art. 980 Abs. 1 ZGB aus. Wenn er die Sache dem früheren Besitzer herausgibt, hat der Erwerber keine Ansprüche gegen ihn.

Art. 978 ZGB regelt den Fall, in dem Wertpapiere über das Lagern oder den Transport von Waren und im Allgemeinen von beweglichen Sachen, normalerweise im Rahmen von kaufmännischen Geschäften, ausgestellt sind, wie Lagerscheine, Ladescheine oder Konnossemente. Es handelt sich hier um einen Sonderfall des Art. 977 S. 1 Fall 2. ZGB.[33] Die Übertragung des Besitzes wird durch das Ausstellen eines Wertpapiers erleichtert. Die Vorschrift ist nur bei Rechtsgeschäften anwendbar, die auf die Eigentumsübertragung der Waren abzielen. Die Übertragung des Wertpapiers nach Art. 978 ZGB erfolgt nach den Regeln der Wertpapierübertragung: durch Abtretung nach Art. 455 ZGB und Übergabe bei Namenspapieren, durch Indossament und Übergabe bei Orderpapieren. Eine schlichte Übergabe reicht nicht aus. Der Lagerhalter oder der Frachtführer bleibt in der Detention der Sache. Bei Übertragung des Wertpapiers gehen Besitz und zwangsläufig Eigentum an den Erwerber über.

Die Rechtsnatur des originären Besitzerwerbs ist in Griechenland umstritten. Nach einer Meinung sei der originäre Besitzerwerb ein einseitiges nichtempfangsbedürftiges Rechtsgeschäft.[34] Daher finden dabei die Regeln über die Rechtsgeschäfte Anwendung; der Erwerb ist bei Geschäftsunfähigkeit

---

31 Die von der Praxis herausgebildete Sicherungsübereignung von Mobilien durch Besitzkonstitut zu Sicherungszwecken ist wirksam, obwohl die Sicherung einer Schuld kein rechtmäßiger Grund für die Eigentumsübertragung ist, da die Eigentumsübertragung von Mobilien abstrakt ist: AP 1307/1994 ElDik 37 (1996), 609. Anders ist die Rechtslage bei Immobilien: AP 365/2015 Nomos. Siehe unten Kapitel V 3.b).

32 Spiridakis, Sachenrecht, Band I, S. 240–241.

33 Balis, Sachenrecht, § 8, Nr. 2. S. auch Art. 925 des schweizerischen Zivilgesetzbuchs.

34 Balis, Sachenrecht, § 3; Zepos in Auslegung des ZGB, Art. 128 Rn. 5; Thiveos, Besitzrecht, Band II, S. 27; Wathrakokilis, Besitz, Rn. 246.

des Erwerbers nichtig (Art. 130 ZGB), bei Irrtum, Täuschung oder Drohung anfechtbar (Art. 140–157 ZGB). Die Vorschriften über Stellvertretung finden auch bei Besitzerwerb Anwendung, etwa Willensmängel in der Person des Stellvertreters (Art. 214 ZGB).[35]

Laut abweichender Meinung reicht der „natürliche Wille" aus. Maßgebend sei die psychische Veranlagung zum Besitzerwerb, kein rechtsgeschäftlicher Wille im strengen Sinn.[36] Die neueste Rechtsprechung folgt der letzteren Ansicht.[37]

Bei dem derivativen Besitzerwerb muss man unterscheiden: Die Rechtsnatur des Erwerbs durch körperliche Übergabe nach Art. 976 S. 1 ZGB ist strittig. Nach der h.M. in Lehre und Rechtsprechung[38] setzt der Besitzerwerb in diesem Fall Geschäftsfähigkeit voraus. Es handelt sich um ein formloses abstraktes Rechtsgeschäft. Nach der Minderheitsmeinung konstituieren die Übergabe „mit dem Willen des Besitzers" und die Entgegennahme durch den Erwerber „mit dem Willen, die Sache zu eigen zu haben," gem. Art. 974 ZGB keine Willenserklärungen im technischen Sinn. Es reiche der natürliche Wille des Erwerbers, die Sachherrschaft auszuüben, und der Wille des Übergebers, die Sache zu überlassen, aus.[39] Diese Ansicht stellt auf das Faktum der tatsächlichen Übergabe, nicht auf die zugrundeliegenden schuld- oder sachenrechtlichen Rechtsverhältnisse ab. Unstrittig ist, dass die Besitzübertragung ohne körperliche Übergabe der Sache i.S.v. Art. 976 S. 2, 977 und 978 ZGB ein Rechtsgeschäft konstituiert.[40] Dem Wortlaut der Vorschriften nach setzt diese Art der Übertragung Einigung (Art. 976 S. 2 ZGB) bzw. Vereinbarung (Art. 977 S. 1 ZGB) voraus.

---

35 Man kann die unbilligen Ergebnisse nicht verkennen, die sich nach dieser Meinung ergeben: So erlangt keinen Besitz der Minderjährige, der die tatsächliche Gewalt über ein auf der Straße verlassenes Spielzeug erlangt, oder der geisteskranke Fischer über seinen Fang.

36 Georgiades, Sachenrecht, § 17 Rn. 8-9; Wawouskos, Sachenrecht, S. 77; Spiridakis, Sachenrecht, Band I, S. 230.

37 AP 1607/2010 Nomos: kein Rechtsgeschäft bei dem originären Besitzerwerb; AP 1025/2002 NoV 51 (2003) 250: der *animus domini* muss sich nicht unbedingt nach rechtmäßigem Eigentumserwerb richten.

38 Balis, Sachenrecht, § 4; Papasteriou, Sachenrecht, Band I, § 18, Nr. 17; Tousis, Sachenrecht, S. 133; Spiridakis, Sachenrecht, Band I, S. 234; AP 1417/2002 Nomos; AP 809/1989 NoV 38 (1990) 1434; AP 275/2010 Nomos; AP 703/2015 Nomos; EfAth 641/1992 ElDik 1996, 1164.

39 Georgiades, Sachenrecht, § 18, Nr. 40; Wawouskos, Sachenrecht, S. 78–79.

40 Koumanis in Georgiades, Kurze Auslegung des ZGB, Art. 976–978 Rn. 20.

c) Detentionserwerb

Beim Detentionserwerb gilt mutatis mutandis das oben über den Besitzerwerb Ausgeführte.[41] Originär erwirbt der Detentor die Sachherrschaft, wenn er trotz seines Willens keinen Besitz erwerben kann, etwa bei der Okkupation von Immobilien, die dem Fiskus gehören[42] oder wenn er die Absicht hat, den Besitz dem Besitzer zu vermitteln oder herauszugeben: Der Passant entreißt dem Dieb die gestohlene Sache mit der Absicht, sie dem Eigentümer zu übergeben. Derivativ erwirbt der Detentor mit dem Willen des Besitzers auf ein Besitzmittlungsverhältnis.

d) Rechtsvergleichende Anmerkungen

In Deutschland werden alle Besitzerwerbsformen – die originäre wie auch die derivative – von § 854 BGB abgeleitet. § 854 Abs. 1 BGB setzt die Erlangung der tatsächlichen Gewalt über die Sache voraus. Auf welche Art und Weise die tatsächliche Gewalt über die Sache erlangt wird, erklären Theorie und Rechtsprechung. Der Wille zur Erlangung und Aufrechterhaltung der Sachherrschaft wird in § 854 BGB nicht als Tatbestandsmerkmal erwähnt. Es ist jedoch unbestritten, dass ohne Besitzwille keine Sachherrschaft erworben und fortgesetzt werden kann.[43] Sowohl bei dem originären als auch bei dem derivativen Besitzerwerb durch körperliche Übergabe der Sache trägt der Besitzerwerbswille nicht die Merkmale eines rechtsgeschäftlichen Willens. Es genügt der tatsächliche Wille,[44] indem der Erwerber die Fähigkeit hat, „eine auf Dauer angelegte Beziehung zur Sache begründen zu können."[45] Daher kann ein Geisteskranker oder Minderjähriger wirksam Besitz erwerben, solange er über den tatsächlichen Willen verfügt, die Herrschaft über die Sache auszuüben und ihn nach außen erkennbar zu machen. Nach dem Erwerb des Besitzes erfordert die Aufrechterhaltung keinen ständigen aktiven Willen. Dem Schlafenden oder demjenigen, der die Sache lange Zeit nicht mehr benutzt, geht der Besitz nicht verloren.

---

41 Spiridakis, Sachenrecht, Band I, S. 252–253.

42 Unverjährlichkeit der Rechte des Fiskus an seinen Immobilien nach Art. 4 ZG 1539/1938 und Unersitzbarkeit an den dem Rechtsverkehr entzogenen Sachen nach Art. 1054 ZGB. Siehe auch Kapitel V 5.cc).

43 Wieling, Sachenrecht, Band I, S. 145–147.

44 Ein natürlicher Wille (Wolf/Wellenhofer, Sachenrecht, § 4 Rn. 9), eine natürliche Willensfähigkeit (Wieling, Sachenrecht, Band I, S. 148), ein genereller Besitzbegründungswille (Baur/Stürner, Sachenrecht, § 7 Rn. 17).

45 Jauernig in Jauernig, BGB Kommentar, § 854 Rn. 11.

§ 854 Abs. 2 BGB sieht eine Erleichterung der Besitzübertragung durch bloße Einigung des bisherigen Besitzers mit dem Erwerber – ohne körperliche Übergabe – vor. Die Ähnlichkeit des Wortlauts mit dem von Art. 976 S. 2 ZGB ist evident. Darunter fallen die Übergabe langer und kurzer Hand. Die Einigung über den Besitzübergang hat rechtsgeschäftlichen Charakter.[46] Hier ist Vorsicht geboten: Die deutsche Vorschrift deckt: a) Fälle der Besitzübertragung kraft eines schuldrechtlichen Verhältnisses, durch die der bisherige Nichtbesitzer den unmittelbaren Besitz erlangt, etwa Übertragung des offenen Besitzes an einen Dritten, z.B. an einen Mieter durch Übergabe des Schlüssels der gemieteten Wohnung (*longa manu traditio*), oder wenn der Erwerber noch kein Besitzer ist, wie der Besitzdiener oder ein Dritter, bei dem die Sache bloß liegt, z.B. der Eigentümer hat bei ihm die Sache liegen lassen und nachträglich vereinbaren sie, dass dem Dritten die Sache geliehen wird[47] (*brevi manu traditio*). b) Fälle der Besitzübertragung als Tatbestandsmerkmal der Eigentumsübertragung nach § 929 BGB: Dem Besitzdiener oder dem Dritten wird die Sache verkauft und übereignet. Im letzteren Fall ist das Rechtsgeschäft über die bloße Besitzübertragung nicht mit der Einigung über die Übertragung des Eigentums nach § 929 BGB zu verwechseln.[48] Vielmehr sieht Art. 976 S. 2 ZGB nur den Fall der Besitzübertragung zum Zweck der Eigentumsübereignung vor, da der Besitz nur als Eigenbesitz verstanden wird. Bei beweglichen Sachen erfolgt dies nach Art. 1034 ZGB. Bei Immobilien wäre eine Eigentumsübertragung nur durch bloße Übertragung des Besitzes wegen Verstoßes gegen Art. 1033 ZGB nichtig.[49] Bei den oben genannten Fällen in der deutschen Rechtsordnung (unter a) handelt es sich nach griechischem Recht um Detentionsbegründung.

Weitere Besitzübertragungsarten im deutschen Besitzrecht finden sich in § 868 und § 870 BGB. § 868 BGB betrifft die Neuentstehung des mittelbaren Besitzes: a) in Fällen, in denen der unmittelbare Eigenbesitzer (Vermieter) die Sache kraft des Besitzmittlungsverhältnisses (Mietvertrag) dem unmittelbaren

---

46 Baur/Stürner, Sachenrecht, § 7 Rn. 22.

47 Beispiel aus Wolf/Wellenhofer, Sachenrecht, § 4 Rn. 10.

48 Baur/Stürner, Sachenrecht, § 7 Rn. 22.

49 Überträgt jedoch ein Nichteigentümer das Eigentum an einer Immobilie nach Art. 1033 ZGB oder ist der Erwerbstitel mangelhaft, kann der Erwerber, wenn er den Besitz mit Eigentümerwillen ergriffen hat, Eigentum kraft Ersitzung erwerben (Art. 1041 ff. ZGB). Die bloße Eintragung des Titels ins Transkriptionsbuch führt keinen Besitzerwerb herbei (IrFyllidos 57/1964 ArchN, 16 (1965) 173), auch wenn dies in der Urkunde erwähnt ist, aber nicht stattgefunden hat (Ef Thes 19/1959 Arm 13, 41; Ef Naupl 81/1957 NoV 5 (1957) 888).

Fremdbesitzer (Mieter) übergibt, indem er sich zum mittelbaren Eigenbesitzer macht, und b) in Fällen, in denen der bisherige unmittelbare Eigenbesitzer im Besitz der Sache bleibt, etwa als Mieter, und sich zum unmittelbaren Fremdbesitzer macht, indem er an einen anderen (mittelbaren Eigenbesitzer), etwa den Kreditgeber, sein Eigentum sicherungshalber überträgt (Sicherungsübereignung durch Besitzkonstitut nach § 930 BGB).[50] § 870 BGB bezieht sich auf die Übertragung des mittelbaren Besitzes durch Abtretung des Herausgabeanspruchs: Der Mieter, der die Sache untervermietet hat (mittelbare Fremdbesitzer), überträgt einem neuen Mieter seinen mittelbaren Besitz, indem er ihm seinen Herausgabeanspruch gegen den Untermieter abtritt. Darüber hinaus verbietet § 870 BGB eine Übertragung des mittelbaren Besitzes durch Anweisung nicht.[51] Im vorigen Beispiel weist der Mieter seinen Untermieter an, den Besitz nunmehr dem neuen Mieter zu vermitteln.

Es zeigt sich, dass die vorgezeichneten Konstellationen im deutschem Recht Fälle der Neubegründung bzw. Übertragung des mittelbaren Besitzes im Rahmen eines Nur-Schuldverhältnisses betreffen können.[52] Im Gegenteil dazu ist Art. 977 ZGB zwangsläufig mit dem Übergang des Besitzes im Rahmen der Übertragung des Eigentums verbunden. Eventuelle schuldrechtliche Abmachungen, die die Besitzübertragung begleiten, beziehen sich auf die Begründung bzw. Übertragung der Detention. In dieser Hinsicht findet bei Mobilien Art. 977 ZGB nur in Bezug auf Art. 1034 ZGB Anwendung. Bei Grundstücken ist die Besitzübertragung keine Voraussetzung für den Eigentumserwerb nach Art. 1033 ZGB. Findet aber eine Besitzübertragung nach Art. 977 ZGB nicht statt, läuft der Erwerber bei mangelhafter Eigentumsübertragung Gefahr, dass er kein Eigentum kraft Ersitzung (Art. 1041 ff. ZGB) begründen kann.[53]

---

50 Baur/Stürner, Sachenrecht, § 7 Rn. 51.

51 Wieling, Sachenrecht, Band I, S. 320.

52 Die Sicherungsübereignung (dinglicher Vertrag) scheint die Ausnahme zu sein, aber sie betrifft nur den üblichen Fall. Theoretisch wäre auch eine Vereinbarung denkbar, nach der der bisherige unmittelbare Fremdbesitzer (Mieter) an einen anderen (Untermieter) den Besitz mit der Vereinbarung überträgt, dass der Mieter vorübergehend die Sache benutzen kann. Während dieser Zeit ist der Mieter unmittelbarer Fremdbesitzer und der Untermieter mittelbarer Fremdbesitzer. Der Sinn ist, dass das deutsche Recht in allen Fällen eine Begründung bzw. Übertragung des mittelbaren Besitzes ohne gleichzeitige Eigentumsübertragung erlaubt.

53 Das trifft besonders zu, wenn der Sachgewaltausübende sich Eigentümerwillen anmaßt und der Erwerber, dessen mangelhafter Titel ihm kein Eigentum verschaffen kann, keine Vereinbarung nach Art. 977 S. 1 ZGB nachweisen kann, damit Art. 980 Abs. 1 2. Fall ZGB eingreifen kann.

Bezüglich der Wertpapiere von Art. 978 ZGB findet sich die entsprechende Rechtsmaterie in Deutschland im Handelsrecht. Die Übergabe von Traditionspapieren (Ladescheine, Lagerscheine, Konnossemente) hat für den Erwerb von Rechten an der Sache dieselben Wirkungen wie die Übergabe der Sache (§§ 448, 475g, 524 HGB).

e) Andere Erwerbsarten

aa) Erwerb durch einen anderen

Nach Art. 979 ZGB kann der Besitzerwerb durch einen Vertreter erfolgen, wenn er die Sachherrschaft mit dem Zweck erlangt, den Vertretenen zum Besitzer zu machen. Stellvertretung ist im griechischen Recht (Art. 211 ZGB; vgl. § 164 BGB) nur bei Rechtsgeschäften möglich. Angesichts der herrschenden Lehre über den Charakter des Besitzerwerbs als Rechtsgeschäft hätte die Vorschrift des Art. 979 ZGB als überflüssig angesehen werden sollen. Die Präsenz der Vorschrift sei nach einer Meinung auf den Streit um die Rechtsnatur des Besitzerwerbs in der Wissenschaft zurückzuführen: Es solle außer Zweifel stehen, dass beim Besitzerwerb, wie bei einem normalen Rechtsgeschäft, die Stellvertretung möglich sei.[54] Dies könnte freilich ein Argument zugunsten der Gegenansicht sein: Da der Besitzerwerb keine Geschäftsfähigkeit voraussetze, benötige die Stellvertretung eine besondere gesetzliche Grundlage.[55] Auf jeden Fall ist die Stellvertretung sowohl bei dem originären als auch bei dem derivativen Erwerb möglich. Kenntnis des Vertretenen im Zeitpunkt des Erwerbs ist nicht erforderlich. Art. 979 ZGB sieht nur den *Erwerb* des Besitzes durch einen Stellvertreter vor. Der Stellvertreter bringt nur eine Änderung der Rechtslage hervor. Er kann jedoch die tatsächliche Sachherrschaft nicht selbständig ausüben. Wenn er dennoch so handelt, tut er das aufgrund eines Rechtsverhältnisses zum Besitzer, etwa als Detentor oder als Besitzdiener.[56]

Eine entsprechende Vorschrift im deutschen Recht wurde vom zweiten Entwurf gestrichen.[57] In Deutschland wird Stellvertretung beim Besitzerwerb begrenzt anerkannt, etwa wenn er als Rechtsgeschäft qualifiziert ist, also in den Fällen von §§ 854 Abs. 2, 868 und 870 BGB.[58] Wenn der Besitzerwerb in der bloßen Erlangung der Sachherrschaft besteht, ist Stellvertretung nicht möglich.[59]

---

54 Balis, Sachenrecht, § 8.
55 Georgiades, Sachenrecht, § 19 Rn. 2.
56 Georgiades, Sachenrecht, § 19 Rn. 10.
57 Wieling, Sachenrecht, Band I, S. 174–175.
58 Baur/Stürner, Sachenrecht, § 8 Rn. 5.
59 Westermann/Gursky/Eickmann, Sachenrecht, § 13 Rn. 2.

Der Besitzerwerb durch einen Besitzdiener wird von der Theorie in beiden Rechtsordnungen von der Stellvertretung unterschieden, obwohl gewisse Ähnlichkeiten zur Stellvertretung festgestellt werden.[60] Der Stellvertreter gem. Art. 979 ZGB unterliege nicht der Weisungsbefugnis des Besitzers wie im Fall des Besitzdieners. Er habe vielmehr „eigenen und selbständigen Willen."[61] Erlangt im Gegenteil der Besitzdiener die Sachgewalt, wird diese direkt dem Besitzherrn zugerechnet.

bb) Ausübung durch einen anderen

Die Ausübung des Besitzes besonders an Immobilien besteht in „offensichtlichen Realakten darauf, die ihrer Natur und Zweckbestimmung entsprechen und durch die der Wille des Besitzers, sie zu beherrschen, sich offenbart."[62] Als solche Realakte sieht die Rechtsprechung die Folgenden an: das Umzäunen und das Bepflanzen, den regelmäßigen Besuch des Grundstücks, das Anbringen eines Schilds mit dem Namen des Besitzers als Eigentümer, die Beauftragung zur Erstellung eines Lageplans, das Anbauen, das Ernten von Früchten, die Errichtung eines Baus, die Vermietung an Dritte.[63] Der Besitzer übt den Besitz selbst oder durch einen anderen aus. Die Positionierung von Art. 980 Abs. 1 Fall 2. ZGB („…oder durch einen anderen…") nach Art. 979 ZGB soll nicht zu dem Missverständnis führen, dass der „Andere" die gleiche Rechtsposition in beiden Artikeln hat. In Art. 979 ZGB ist der Andere nur der Stellvertreter, der bei dem Erwerb des Besitzes mitwirkt. Übt der Andere im Gegensatz dazu nach Art. 980 Abs. 1 Fall 2. ZGB die Sachherrschaft aus, tut er das entweder als Detentor oder als Rechtsbesitzer.[64] Aus dem Geltungsbereich des Abs. 2 wird der Besitzdiener ausgenommen, da er keine Sachgewalt ausübt.[65] Obwohl nicht ausdrücklich erwähnt, agiert der Vertreter im Besitz aufgrund eines Rechtsverhältnisses zum Besitzer.[66] Es kann jedes vertraglich abgeschlossene Rechtsverhältnis sein,

60 Wieling, Sachenrecht, Band I, S. 175; Baur/Stürner, Sachenrecht, § 7 Rn. 72.

61 Balis, Sachenrecht, § 8; Thiveos, Besitzrecht, Band II, S. 315–316.

62 AP 703/2015 Nomos.

63 AP 713/1963 NoV 12 (1964) 459; AP 667/1976 NoV 25 (1977) 35; AP 36/1998 ElDik 1998, 1333; AP 275/2010 Nomos; AP 1346/2010 Nomos; AP 1529/2010 Nomos; AP 1431/2010 Nomos.

64 Koumanis in Georgiades, Kurze Auslegung des ZGB, Art. 979 Rn. 2; vgl. Klinck, AcP 205 (2005), 487, 512: „Das Besitzmittlungsverhältnis besteht in demjenigen Rechtsverhältnis, welches das Innenverhältnis zwischen Vertreter und Vertretenem beherrscht."

65 Balis, Sachenrecht, § 26.

66 Der deutsche Begriff „Besitzmittler" ist also treffender.

sowohl schuld- als auch sachenrechtlich, wie Nießbrauchsbestellung, Darlehen, jeder Gebrauchsüberlassungsvertrag, wenn auch im Gesetz nicht typisiert, oder ein durch einseitige Willenserklärung geschaffenes Rechtsverhältnis (Testamentsvollstreckung). Besitzmittlungsverhältnisse können auch aus dem Gesetz (Ehe, elterliche Sorge) oder aus gerichtlichem Urteil (Insolvenz) entstehen. Art. 980 Abs. 2 ZGB stellt eine widerlegbare gesetzliche Vermutung zugunsten des Besitzers auf, nach der der Besitzer gegenüber dem Detentor seinen Besitz nicht stets nachweisen muss. Es wird vermutet, dass der Detentor im Namen des Besitzers die Sachgewalt ausübt. Stellt der Detentor den Besitz des Besitzers in Frage, indem er die Sachherrschaft im eigenen Namen oder im Namen eines anderen ausübt,[67] muss er diese Willensänderung nachweisen.[68]

cc) Erbfolge

Der griechische Gesetzgeber ist in Art. 983 ZGB dem deutschen Vorbild getreu gefolgt (vgl. § 857 BGB). Der Erbe wird mit dem Tod des Erblassers als Besitzer der Erbschaft anerkannt, und zwar ohne dass er je die tatsächliche Herrschaft über die Sache erlangt hat oder dass er in Kenntnis vom Tod des Erblassers gesetzt worden ist.[69] Dies dient dem besseren Schutz des Erben.[70] Die Fiktion des Art. 983 ZGB bedeutet nicht, dass der Erbe automatisch die Sachgewalt erlangt. Dies kann nur durch das Ergreifen der Nachlasssache stattfinden. Die Regelung erkennt dem wahren Erben die Rechtsstellung des Besitzers mit der Folge zu, dass er von dem Besitzer zustehenden Schutzmitteln Gebrauch machen kann.[71] Wird also ein beweglicher Nachlassgegenstand durch einen Scheinerben, der zu dieser Zeit die Sachherrschaft ausübt, einem gutgläubigen Dritten veräußert, erwirbt der Dritte kein Eigentum nach Art. 1036 ZGB (vgl. § 932 BGB), da die Sache nach Art. 1038 ZGB (vgl. § 935 BGB) dem wahren Besitzer (dem Erben)

---

67 Die Vermutung gilt sowohl bei Mobilien als auch bei Immobilien. Bei Immobilien gilt auch Art. 982 ZGB.

68 Koumanis in Georgiades, Kurze Auslegung des ZGB, Art. 980 Rn. 10.

69 AP 1526/2006 ElDik 2006, 1434. Für den Besitzübergang an Immobilien ist es nicht erforderlich, dass die Erbschaftsannahme nach Art. 1193 ZGB beim Transkriptionsregister bzw. beim Grundbuchamt eingetragen worden ist: AP 983/2002 ElDik 44, 1345.

70 Georgiades, Sachenrecht, § 19 Rn. 13; Spiridakis, Sachenrecht, Band I, S. 248; vgl. Wolf/Wellenhofer, Sachenrecht, § 4 Rn. 11; Baur/Stürner, Sachenrecht, § 8 Rn. 2; Wieling, Sachenrecht, Band I, S. 179.

71 Georgiades spricht vom geerbten „Recht zum Besitz“ (Georgiades, Sachenrecht, § 19 Rn. 15).

abhandengekommen ist.[72] Der Erbe kann gem. Art. 987 ZGB Herausgabe der Sache von dem Dritten verlangen. Der Erbe hat jedoch nicht die Gewaltrechte zum eigenmächtigen Schutz des Besitzes, es sei denn, dass die Voraussetzungen des Art. 985 ZGB erfüllt sind. [73] Das Verhältnis zwischen dem wahren Erben und dem Scheinerben wird nicht dadurch geändert, dass der Scheinerbe einen Erbschein gem. Art. 1956 ff. ZGB (vgl. §§ 2353 ff. BGB) erteilt bekommen hat. Hat jedoch der Scheinerbe aufgrund des Erbscheins einem gutgläubigen Dritten einen Nachlassgegenstand veräußert, ist die Verfügung gegenüber dem Dritten gem. Art. 1963 ZGB (vgl. § 2366 BGB) wirksam.[74] Die Vererblichkeit des Besitzes bedeutet, dass der Erbe in die gleiche Rechtsposition wie der Erblasser gestellt wird. Wird der Besitz nach dem Erbfall verletzt, so hat der Erbe einen Herausgabeanspruch nach Art. 987 ZGB (vgl. § 861 BGB). Wurde gegen den Erblasser zu seinen Lebzeiten Besitzverletzung verübt, erbt der Erbe die Ansprüche des Erblassers gegen den fehlerhaften Besitzer.[75] Der Erblasser muss jedenfalls im Todeszeitpunkt Besitzer gewesen sein, sonst erbt der Erbe keinen Besitz.[76] Ist der geerbte Besitz fehlerhaft, so bleibt er auch fehlerhaft im Namen des Erben (Art. 984 Abs. 2 S. 2 ZGB; vgl. § 858 Abs. 2 S. 2 BGB).[77] Der fiktive Übergang des Besitzes erfolgt nicht nur zu Gunsten des Erben (Besitzschutz). Er hat zugleich alle vom Besitz stammenden Verpflichtungen zu vertreten (z.B. Art. 925 ZGB; vgl. § 836 BGB).

Es ist in der griechischen Lehre unstrittig, dass Analoges für die Detention gilt. Der Erbe des Mieters erhält die Rechtsposition des Erblassers. Hat er noch nicht die Sachgewalt ergriffen, erwirbt er das „Recht zur Detention."[78] Er hat daher gegenüber Dritten die Schutzrechte des Detentors (Art. 997 ZGB).[79] Entsprechendes gilt für den Rechtsbesitz. Obwohl das Recht, worauf der Rechtsbesitz sich stützt, mit dem Tod des Rechtsinhabers in vielen Fällen erlischt

---

72 Es wird angenommen, dass in diesem Fall der Scheinerbe gegen den wahren Erben verbotene Eigenmacht ausgeübt hat: AP 104/1965 NoV 13 (1965) 936.

73 Koumanis in Georgiades, Kurze Auslegung des ZGB, Art. 983 Rn. 9.

74 Georgiades, Sachenrecht, § 43 Rn. 5; vgl. Baur/Stürner, Sachenrecht, § 8 Rn. 3.

75 Wathrakokilis, Der Besitz, Rn. 282.

76 Koumanis in Georgiades, Kurze Auslegung des ZGB, Art. 983 Rn. 5; AP 297/1979 NoV 27 (1979) 1292; EfThes 1242/1988 Arm 43, 1205.

77 Georgiades, Sachenrecht, § 19 Rn. 20; Bosdas, EEN 1962, 657, 660; vgl. Wilhelm, Sachenrecht, Rn. 483.

78 Fiktive Detention: Spiridakis, Sachenrecht, Band I, S. 254; vgl. Art. 1872 S. 1 Nr. 1 ZGB.

79 Balis, Erbrecht, § 4; Kitsikopoulos, Besitz, S. 88; Koumanis in Georgiades, Kurze Auslegung des ZGB, Art. 983 Rn. 6; Wathrakokilis, Der Besitz, Rn. 278.

(Nießbrauch, beschränkte persönliche Dienstbarkeiten), wird der Rechtsbesitz von der allgemeinen Regel des Art. 983 ZGB erfasst. Der Rechtsbesitz geht auf den Erben des Nießbrauchers o.ä. über, er ist aber dazu verpflichtet, die Sache dem Berechtigten (z.B. Eigentümer) herauszugeben.[80]

Fragen werfen die Fälle auf, in denen die Erbeinsetzung nicht endgültig ist (Erbschaftsausschlagung, Erbunwürdigkeit, Anfechtung der Erbeinsetzung). Nach h.M. in Deutschland verübt der vorläufige, jedoch legitimierte Erbe bis zum Entfallen der Erbenstellung keine verbotene Eigenmacht gegenüber dem endgültigen Erben, wenn er die Sachherrschaft ergriffen hat. Entfällt die Erbenstellung, geht der Besitz gem. § 857 BGB mit Rückwirkung ab Todeszeitpunkt auf den endgültigen Erben über, daher ist der vorläufige Erbe ihm gegenüber zur Herausgabe der Nachlasssachen verpflichtet.[81] Veräußert der vorläufige Erbe die Sache an einen Dritten bis zum Entfallen der Erbenstellung, stellt dies kein „Abhandenkommen" der Sache dar.[82]

Die griechische Lehre gelangt zum gleichen Ergebnis: Nach dem Entfallen der vorläufigen Erbenstellung geht der Besitz nach Art. 983 ZGB rückwirkend auf den endgültigen Erben über. Es wird daher angenommen, dass der vorläufige Erbe gegen den endgültigen verbotene Eigenmacht übt, wenn er sich weigert, die Erbschaft herauszugeben.[83] War der vorläufige Erbe während der Zeit seines Besitzes hinsichtlich seiner Rechte gutgläubig i.S.v. Art. 1100 ZGB (vgl. § 993 BGB) gewesen, haftet er nicht für die Herausgabe von Nutzungen, für die Verschlechterung, für den Untergang oder für die Unmöglichkeit der Herausgabe der Sache.[84] Art. 983 ZGB findet bei Gesellschaften, etwa im Rahmen von Umwandlungen oder Verschmelzungen, analoge Anwendung.[85]

f) Besitzdiener

Die Rechtsfigur des Besitzdieners ist in beiden Rechtsordnungen gleich konstruiert. Das BGB enthält die Legaldefinition des Besitzdieners (§ 855 BGB). Die Vorschrift stellt klar, dass der Besitzdiener keinerlei Besitz hat („...so ist nur der andere Besitzer..."). Die griechische Vorschrift (Art. 986 ZGB) behandelt den Besitzdiener nur in Bezug auf die Abwehrrechte zum Schutz des Besitzes. Sie

80 Kitsikopoulos, Besitz, S. 329.
81 Palandt § 857 Rn. 5.
82 Wilhelm, Sachenrecht, Rn. 484.
83 Balis, Erbrecht, § 171, Nr. 2; Thiveos, Besitzrecht, Band II, S. 100–102.
84 Thiveos, Besitzrecht, Band II, S. 101; Wathrakokilis, Der Besitz, Rn. 305.
85 Koumanis in Georgiades, Kurze Auslegung des ZGB, Art. 983 Rn. 10.

beschreibt seine Eigenschaften, aber sie gibt keine Auskunft über seine Stellung dem Besitzer gegenüber. Die Hauptcharakteristika der Rechtsstellung des Besitzdieners sind: a) die Ausübung der Sachherrschaft für einen anderen (den Besitzer) und b) die Weisungsunterworfenheit gegenüber dem Besitzer. Der Inhalt der Weisungsunterworfenheit wird auf ähnliche Weise ausgebildet: Art. 986 ZGB: „...in einem Haushalts- oder Dienstabhängigkeitsverhältnis..." (vgl. § 855 BGB: „...in dessen Haushalt oder Erwerbsgeschäft oder in einem ähnlichen Verhältnis..."). Arbeitnehmer, egal ob in privat- (Arbeiter, Angestellte) oder in öffentlich-rechtlichem Arbeitsverhältnis (Beamte) zum Besitzherrn, kommen als erste in Betracht.[86] Ferner zum Besitzdiener werden Personen, die sich im Haus bzw. den Geschäftsräumen des Besitzers aufhalten, egal ob sie Familienmitglieder[87] sind oder nicht.[88] Die Organe der juristischen Person haben nicht den Status des Besitzdieners. Die von ihnen ausgeübte Sachgewalt wird zwar direkt der juristischen Person zugerechnet, die Organe werden jedoch der Weisungsgewalt der juristischen Person nicht unterstellt, da durch sie der Wille der juristischen Person zum Ausdruck kommt.[89] Der Besitzdiener hat nach griechischem Recht weder Besitz noch Detention. Dies ergibt sich aus dem Sinn und Zweck des Gesetzes und aus dem Aufbau des Rechtsinstituts nach dem Vorbild des deutschen Rechts. Die Auffassungen in der Lehre und Rechtsprechung dazu sind einhellig.[90] Da der Besitzdiener keine Detention bzw. keinen Besitz hat, genießt er selbstständig bis auf die Gewaltrechte des Art. 985 ZGB gegenüber Dritten keinen Schutz seiner Rechtsposition. Die Kehrseite des geminderten Schutzes des Besitzdieners ist, dass die mit dem Besitz verbundenen Pflichten nur den Besitzer belasten (z.B. Haftung nach Art. 925 ZGB, vgl. § 836 BGB). Wegen der Spaltung zwischen Besitz und Detention im ZGB hat sich in der griechischen Lehre die Rechtsposition des „Detentionsdieners" herausgebildet.[91] Sie betrifft lediglich die Fälle, in denen das Unterordnungsverhältnis zwischen

86 Georgiades, Sachenrecht, § 16 Rn. 10; vgl. Baur/Stürner, Sachenrecht, § 7 Rn. 61.

87 Kinder, Geschwister, Ehegatte. Georgiades, Sachenrecht, § 16 Rn. 11; vgl. Baur-Stürner, § 7 Rn. 68.

88 Etwa der Gast, der für den Gastgeber Post entgegennimmt.

89 Koumanis in Georgiades, Kurze Auslegung des ZGB, Art. 980 Rn. 6; Spiridakis, Sachenrecht, Band I, S. 211; vgl. Baur/Stürner, Sachenrecht, § 7 Rn. 70; Wilhelm, Sachenrecht, Rn. 482a.

90 „Bei dem Besitzdiener wurde die Detention nicht vom Besitz getrennt; sie wird vom Besitzer selbst ausgeübt, dessen Organ – quasi die Hände – der Besitzdiener ist." Balis, Sachenrecht, § 16.

91 Georgiades, Sachenrecht, § 16 Rn. 12.

dem Weisungsunterworfenen und dem Detentor (nicht dem Besitzer) besteht (z.B. der Angestellte bedient die vom Arbeitgeber gemieteten Maschinen).

Sowohl die deutsche als auch die griechische Theorie wollen die Rechtspositionen des Besitzdieners einerseits und des unmittelbaren Besitzers bzw. Detentors andererseits voneinander trennen. Das Differenzierungskriterium ist hauptsächlich die Weisungsunterworfenheit des Besitzdieners. Der unmittelbare Besitzer bzw. Detentor steht auch in einem Abhängigkeitsverhältnis zum Besitzer. Dieses Verhältnis setzt aber einen Rahmen fest, der vom jeweiligen abgeschlossenen Vertragstypus (z.B. Mietvertrag, Übertragung des Nießbrauchs) und den Abmachungen der Parteien bestimmt wird. Innerhalb dieses Rahmens hat der unmittelbare Besitzer bzw. Detentor Entscheidungsfreiheit. Dieser Spielraum ist dem Besitzdiener verwehrt. Er ist der direkten Befehlswalt des Besitzherrn unterstellt und muss seine Anordnungen befolgen.[92]

5. Verlust des Besitzes

Gem. Art. 981 S. 1 ZGB geht der Besitz verloren, wenn die natürliche Herrschaft über die Sache aufhört oder wenn der Besitzer seinen Willen kundtut, die Sache nicht mehr besitzen zu wollen. Nach der Theorie befasst sich Art. 981 ZGB nicht mit den Fällen der freiwilligen Übertragung der Sache nach Art. 976–978 ZGB,[93] sondern mit anderen Fällen, bei denen zumindest eines der Begriffselemente des Besitzes (*corpus*, *animus*) wegfällt.[94]

Der Verlust dadurch, dass „... die tatsächliche Gewalt über die Sache aufhört...“ (Verlust des *corpus*), betrifft den Fall, dass die Sachgewalt dem Besitzer unfreiwillig verlorengeht (z.B. Verarbeitung, Diebstahl, Untergang der Sache). Der Verlust muss endgültig sein (vgl. Art. 981 S. 2 ZGB). Der Verlust dadurch, dass „...ein entgegenstehender Willen des Besitzers erklärt wird...“ (Verlust des *animus*), trifft bei Fällen zu, in denen der Besitzer „ernsthaft und wahrhaftig“[95] seinen Willen erklärt, den Besitz nicht mehr ausüben zu wollen. Die Aufgabe des Besitzes muss nach außen kundgemacht werden, entweder ausdrücklich (der Vermieter sagt dem Mieter, er wolle nicht mehr Besitzer sein) oder

---

92 Koumanis in Georgiades, Kurze Auslegung des ZGB, Art. 980 Rn. 9; vgl. Baur/Stürner, Sachenrecht, § 7 Rn. 64–70.

93 Es versteht sich, dass der Erwerb durch einen anderen zwangsläufig zum Verlust für den bisherigen Besitzer führt.

94 Georgiades, Sachenrecht, § 20 Rn. 1; Koumanis in Georgiades, Kurze Auslegung des ZGB, Art. 981 Rn. 1.

95 Balis, Sachenrecht, § 12 Nr. 2.

stillschweigend (der Besitzer hinterlässt die Zeitung auf der Bank).[96] Die Besitzaufgabe setzt nach einer Meinung Geschäftsfähigkeit voraus,[97] nach anderer Meinung reiche aus, dass der Erklärende „über die erforderliche geistige Reife verfügt, damit er die Bedeutung seines Handelns verstehen kann."[98]

Anders sieht die Rechtslage aus, wenn der Detentor sich die Sache aneignen will. Diese Willensänderung muss ernsthaft, dauerhaft und nach außen erkennbar sein.[99] Ein solcher Entschluss ist daraus zu entnehmen, dass er die Sache weiterhin als Eigenbesitzer behält oder dass er die Sache einem Dritten veräußert oder kraft eines anderen Rechtsverhältnisses (z.B. Mietvertrag) übergibt. In diesen Fällen der Besitzverletzung wird im griechischen Recht unterschieden:

a) Bei beweglichen Sachen spielt es eine Rolle, ob der Detentor die Sachherrschaft einem Dritten übergeben hat oder nicht. Im ersteren Fall (der Mieter verkauft und übergibt die gemietete Sache an einen Dritten), geht der Besitz dem Besitzer verloren, ohne dass er Kenntnis von der Veräußerung genommen hat.[100] Ist sogar der Dritte gutgläubig zur Zeit der Übertragung, kann er Eigentum vom Nichtberechtigten nach Art. 1036 ZGB erwerben. Im letzteren Fall (der Entleiher unterschlägt die Sache und behält sie für sich), geht der Besitz dem Besitzer nur dann verloren, wenn der Sachherr die Aneignung und daher die Besitzergreifung nachweisen kann. Nach der in Art. 980 Abs. 2 ZGB aufgestellten Vermutung wird angenommen, dass der Detentor im Namen des Besitzers die Gewalt über die Sache ausübt, „solange er die Sache in seiner Detention hat." Im Rechtsstreit über den Besitz muss also der Besitzer, dessen Besitz vom Detentor verletzt wurde, nur das Zustandekommen des Besitzmittlungsverhältnisses nachweisen.[101] Den Besitzentzug muss der Detentor nachweisen.[102]
b) Bei Grundstücken finden die verschärften Voraussetzungen des Art. 982 ZGB Anwendung. Besitzverlust tritt nur ab dem Zeitpunkt ein, in dem der Besitzer auf irgendeine Weise die vom Besitzvertreter geübte Besitzverletzung

---

96 Es ist nicht immer leicht, einen Aufgabewillen festzustellen, wenn der Besitzer die Aufgabe nicht ausdrücklich erklärt. Das Unterlassen von Besitzakten für längere Zeit kann, wenn auch andere Umstände vorhanden sind, einen Besitzverlust begründen. Georgiades, Sachenrecht, § 20 Rn. 10.

97 Balis, Sachenrecht, § 11 Nr. 2; Thiveos, Besitzrecht, Band II, S. 264.

98 Georgiades, Sachenrecht, § 20 Rn. 8.

99 Bosdas, NoV 9 (1961) 817, 823.

100 Koumanis in Georgiades, Kurze Auslegung des ZGB, Art. 982 Rn. 10.

101 EfAth 7609/1977 NoV 26 (1978) 1074.

102 Bosdas, ArchN 14 (1963), 241, 243.

erfahren hat (z.B. der Mieter verweigert die Rückgabe der gemieteten Wohnung nach Beendigung des Mietverhältnisses oder der Nießbraucher erklärt dem Eigentümer, dass er das Grundstück weiterhin im eigenen Namen anbauen wird).[103] Problematisch ist, ob man Art. 982 ZGB in Fällen gelten lassen darf, in denen ein Dritter rechtswidrig das Grundstück in seinen Besitz nimmt. Obwohl der Wortlaut des Art. 982 ZGB nur den Fall der verbotenen Eigenmacht durch den Besitzvertreter vorsieht, geht nach der herrschenden Lehre und der neuesten Rechtsprechung der Besitz nicht verloren, bevor der Besitzer Kenntnis des rechtswidrigen Besitzentzugs durch den Dritten erlangt hat.[104] Entsprechendes gilt im Fall des Mitbesitzes. Übt einer der Mitbesitzer die Sachherrschaft aus, wird angenommen, dass er zugleich im Namen der anderen besitzt (Art. 980 Abs. 1 ZGB). Fasst er den Entschluss, die Sache in Alleinbesitz zu nehmen oder über seinen Anteil hinaus die Sache im eigenen Namen zu besitzen, geht der Besitz den anderen Mitbesitzern nicht verloren, bevor sie diese Willensänderung erfahren. Gleiches gilt für Miterben.[105]

Rechtsvergleichende Anmerkungen

Nach deutscher Theorie erfasst § 856 Abs. 1 BGB alle Fälle des Besitzverlustes: a) des freiwilligen („...aufgibt...“), wenn er „nach außen erkennbar seinen Willen kundtut, die tatsächliche Sachherrschaft nicht mehr ausüben zu wollen“,[106] der sowohl die Übergabe an einen Dritten als auch das bloße Aufgeben (z.B. Wegwerfen) erfasst, und b) des unfreiwilligen („...in anderer Weise verliert...“), wenn er gegen seinen Willen (z.B. durch Diebstahl) die Sachherrschaft nicht mehr ausüben kann. Das oben Ausgeführte bezieht sich ausdrücklich auf den Verlust des unmittelbaren Besitzes, da eine Aufgabe oder ein Verlust der tatsächlichen Gewalt über die Sache erforderlich ist. In den Fällen von § 854 Abs. 2 BGB ist Geschäftsfähigkeit seitens des Besitzübergebers erforderlich.[107]

Der mittelbare Besitz geht dem mittelbaren Besitzer verloren: a) wenn der unmittelbare Besitzer den unmittelbaren Besitz – willentlich oder

103 Im Fall des Besitzdieners findet Art. 982 ZGB analoge Anwendung. AP 1275/2007 Nomos; Koumanis in Georgiades, Kurze Auslegung des ZGB, Art. 981 Rn. 3.

104 Balis, Sachenrecht, § 11, Nr. 1; Wawouskos, Sachenrecht, S. 87; Georgiades, Sachenrecht, § 20 Rn. 5-6; Papasteriou, Sachenrecht I, § 22, Nr. 10; AP 1275/2007 NoV 56 (2008) 173; AP 388/2010 NoV 58 (2010) 1757. Dagegen: op.cit. Koumanis, Art. 981 Rn. 3; EfAth 9238/1990 ElDik 1991, 1664; EfThes 1499/1997 ElDik 1998, 446; AP 1897/1999 ElDik 2000, 1646.

105 AP 780/1994 ElDik 1995, 868; AP 1146/2010 Nomos; AP 810/2010 ChrID 2011, 437.

106 Wolf/Wellenhofer, Sachenrecht, § 4 Rn. 14.

107 Baur/Stürner, Sachenrecht, § 7 Rn. 26.

unfreiwillig – verliert, z.B. der Mieter verkauft und übergibt die Sache an einen Dritten oder dem Mieter wird die Sache gestohlen; b) wenn der unmittelbare Besitzer gegen das Besitzmittlungverhältnis verstößt, indem er dem mittelbaren Besitzer den Besitz nicht mehr vermittelt, z.B. der Verwahrer unterschlägt die Sache. In diesem Fall muss dieser Wandel des Besitzwillens des unmittelbaren Besitzers nach außen sichtbar sein. Es ist aber nicht erforderlich, dass dies dem mittelbaren Besitzer erklärt wird oder dass er Kenntnis davon erhält;[108] c) wenn der Herausgabeanspruch erlischt, z.B. durch Bedingungseintritt beim Eigentumsvorbehalt. Was den Besitzaufgabewillen betrifft, reicht laut der h.M. in Deutschland der natürliche Wille des Aufgebenden aus.[109]

Jede der beiden Rechtsordnungen befolgt beim Besitzverlust das gleiche Schema, jeweils an ihre Besonderheiten angepasst. Deutsches und griechisches Recht gehen wesentlich auseinander in dem Fall des Verlustes der Sachherrschaft durch den unmittelbaren Besitzer bzw. Detentor ohne Zustimmung oder Kenntnis des mittelbaren Besitzers bzw. Besitzers ohne Sachherrschaftsausübung. Trifft der unmittelbare Besitzer die Entscheidung, die Sachherrschaft als Eigenbesitzer auszuüben oder die Sache einem anderen unbefugt zu übergeben, geht der mittelbare Besitz genauso ohne Weiteres verloren.[110] Das deutsche Recht enthält keine Vorschrift wie die Vermutung von Art. 980 Abs. 2 ZGB oder Art. 982 ZGB. Offensichtlich ist die Rechtsstellung des Besitzers, der keine Sachherrschaft ausübt, im griechischen Recht günstiger als im deutschen.

6. Besitzschutz

Der Aufbau des Besitzschutzes in beiden Rechtsordnungen weist bezüglich der Schutzmittel große Ähnlichkeiten auf. Die Intensität des Schutzes der verschiedenen Rechtsträger ist jedoch sehr unterschiedlich.

a) Verletzung des Besitzes

Der Besitz wird im Falle der Verletzung geschützt. Gem. Art. 984 Abs. 1 ZGB besteht die Besitzverletzung in einer rechtswidrigen Störung oder Entziehung des Besitzes, die ohne den Willen des Besitzers geschieht.

---

108 Baur/Stürner, Sachenrecht, § 7 Rn. 58; Wilhelm, Sachenrecht, Rn. 506; Westermann/Gursky/Eickmann, Sachenrecht, § 18 Rn. 6.

109 Jauernig in Jauernig, BGB Kommentar, § 856 Rn. 3.

110 Wieling, Sachenrecht, Band I, S. 244.

aa) Entziehung - Störung

Entziehung des Besitzes führt zum Verlust des Besitzes; Beispiele: etwa der Dieb, der den fremden Geldbeutel wegnimmt, oder der Besetzer, der sich eigenmächtig auf das fremde Grundstück niederlässt, wie auch die Verweigerung des Detentors, die Sache nach Beendigung des Besitzmittlungsverhältnisses an den Besitzer herauszugeben.[111] Störung des Besitzes ist jede Verhinderung der Ausübung der Herrschaft über die Sache, die nicht bis zur Entziehung reicht.[112] Sie kann durch eine Handlung (z.B. das Spielen von lauter Musik) oder durch die Unterlassung einer Pflicht (z.B. Unterlassung von Reparaturen im eigenen Grundstück mit der Folge, dass Schäden im Nachbargrundstück verursacht werden) erfolgen.[113] Es handelt sich um „jeden nach der Verkehrsanschauung erheblichen positiven oder negativen Eingriff durch Unterlassung in die Besitzausübung, durch den deren ruhiger und friedlicher Genuss beeinträchtigt wird."[114] Darunter wird auch die seelische Beeinflussung, etwa Drohung,[115] verstanden, die die Besitzausübung verhindert.[116] Für die Entziehung bzw. Störung ist ein schuldhaftes Verhalten oder ein Schaden unerheblich, z.B. der Passant, der unwissend durch das fremde Grundstück läuft, begeht Besitzstörung.[117]

bb) Ohne den Willen des Besitzers

Der Entzieher bzw. Störer muss ohne den Willen des Besitzers handeln. Es ist nicht erforderlich, dass der Besitzer einen „aktuellen" Besitzwillen im Zeitpunkt der Entziehung bzw. Störung hat (dem Schlafenden wird sein Portemonnaie

---

111 Spiridakis, Sachenrecht, Band I, S. 263; AP 1514/2009 ChrID 2010, 446; AP 861/2007 Nomos; EfAth 654/2008 ElDik 2009, 616.

112 AP 1529/2010 Nomos; AP 275/2010 Nomos.

113 AP 1529/2010 Nomos; AP 1534/2009 ChrID 2010, 531.

114 AP 197/1992 ElDik 33, 839.

115 AP 314/1966 NoV 15 (1967) 25; vgl. BGHZ 20, 171 zur Störung: „...durch seelische Eingriffe, durch wörtliches Bestreiten des Besitzes und durch Verbote und Drohungen..."; Handlungen die „eine friedliche Besitzlage physisch oder psychisch unsicher" machen: Jauernig in Jauernig, BGB Kommentar, § 858 Rn. 3.

116 Brakatsoulas, Der Besitz und sein Schutz, S. 196.

117 Balis, Sachenrecht, § 13, Nr. 1. Vgl. Wieling, Sachenrecht, Band I, S. 186. Ein schuldhaftes Verhalten oder eine Schädigung der Sache können unter Umständen Schadensersatzansprüche auslösen (Art. 914 ZGB).

gestohlen).[118] *E contrario* ergibt sich, dass eine Entziehung bzw. Störung mit Einwilligung des Besitzers keine Verletzung des Besitzes darstellt. Streitig ist, ob diese Einwilligung die Merkmale eines Rechtsgeschäfts trägt. Die Meinungen sind gespalten.[119] Eine Einwilligung kann auch konkludent erfolgen, etwa durch passives Verhalten des Besitzers nach den Umständen.[120]

cc) Rechtswidrigkeit

Die Störung bzw. Entziehung muss rechtswidrig sein. Es wird keine Besitzverletzung begangen, wenn der Beeinträchtigende kraft eines Rechts handelt. Dieses Recht kann auf privatrechtlichen (z. B Art. 282 ff. ZGB; vgl. §§ 229 ff. BGB) oder öffentlich-rechtlichen Vorschriften (Enteignung) oder Handlungen der Zwangsvollstreckung beruhen.

dd) Fehlerhafter Besitz

Nach Art. 984 Abs. 2 S. 1 ZGB ist der durch besitzverletzende Entziehung erlangte Besitz fehlerhaft. Es ist dabei gleichgültig, ob der fehlerhafte Besitzer gut- oder bösgläubig ist. Es ist weiterhin belanglos, ob der Besitzer, dessen Besitz verletzt wurde, fehlerhaft besessen hatte (etwa der Dieb des Diebs).[121] Der klare Wortlaut des Art. 984 Abs. 2 S. 1 ZGB hat die griechische Lehre[122] dazu geführt, die Fehlerhaftigkeit nur auf Fälle der Besitzentziehung zu beschränken. Fehlerhafter Besitzer ist also nicht der Störer, sondern nur derjenige, der den Besitz entzogen hat.[123] Da der Besitzschutz gesondert gegen den Störer (Art. 989–990 ZGB) und gegen den Entzieher (Art. 987–988 ZGB) vorgesehen ist, scheint diese

---

118 Daher die Formulierung in Art. 984 Abs. 1 ZGB „ohne den Willen“ nach dem Vorbild des § 858 Abs. 1 BGB. Die Formulierung „gegen den Willen“ hätte nur den „aktiven“ Willen des Besitzers einbezogen; treffend Wieling, Sachenrecht, Band I, S. 186.

119 Balis, Sachenrecht, § 13, Nr. 3 für die Geschäftsfähigkeit; Georgiades, Sachenrecht, § 21 Rn. 21 nur für einen „psychisch reifen Willen“; ebenso Spiridakis, Sachenrecht, Band I, S. 273. In Deutschland ist grundsätzlich eine natürliche Willensfähigkeit ausreichend. Westermann/Gursky/Eickmann, Sachenrecht, § 21 Rn. 4 mit weiteren Verweisungen. Dagegen Baur/Stürner, Sachenrecht, § 9 Rn. 5. Siehe auch Wieling, Sachenrecht, Band I, S. 187: Die Vorschriften über Rechtsgeschäfte seien jedoch insoweit anzuwenden, „als es der Interessenlage angemessen ist.“

120 Georgiades, Sachenecht, § 21 Rn. 20; vgl. Wieling, Sachenrecht, Band I, S. 187.

121 Bosdas, ElDik 11 (1970), 257, 258.

122 Balis, Sachenrecht, § 14; Georgiades, Sachenrecht, § 21 Rn. 26–29.

123 Im Gegensatz dazu ist im deutschen Recht fehlerhafter Besitzer derjenige, der verbotene Eigenmacht begangen hat, also sowohl der Entzieher als auch der Störer.

Unterscheidung grundsätzlich belanglos zu sein.[124] Art. 984 Abs. 2 S. 2 ZGB regelt die Gesamt- und Sondernachfolgerschaft beim fehlerhaften Besitz. Nach Art. 983 ZGB setzt der Erbe die gleiche Rechtslage wie der Erblasser fort. Wenn der Erblasser den Besitz fehlerhaft erlangt hatte, kann die Sache vom Erben zurückverlangt werden, auch wenn er die Fehlerhaftigkeit des Besitzes seines Rechtsvorgängers nicht kannte. Der Sondernachfolger des fehlerhaften Besitzers kann sich dagegen auf Gutgläubigkeit berufen. Der Sondernachfolger[125] wird als fehlerhafter Besitzer behandelt, wenn er die Fehlerhaftigkeit des Besitzes gekannt hat. Unkenntnis aus Fahrlässigkeit (auch grober) reicht nicht aus.[126] Das Element der Kenntnis muss „bei dem Erwerb" bestehen. Es ist also belanglos, wenn der Nachfolger von der Fehlerhaftigkeit nach dem Erwerb erfahren hat.[127] Der Makel der Fehlerhaftigkeit kann durch einen gutgläubigen Erwerb aufgehoben werden. Dies ist besonders in dem Fall der konsekutiven Besitznachfolgerschaft deutlich: Dem Besitzer B wird die Sache von D gestohlen und an E veräußert, der von dem Diebstahl nichts weiß. Der gutgläubige E besitzt fehlerfrei gegenüber B.[128] Im vorigen Beispiel: Stiehlt E die Sache von D, ist er fehlerhafter Besitzer gegenüber D, nicht aber gegenüber B, da er von dem ersten Diebstahl nichts wusste. Hat E Kenntnis vom ersten Diebstahl im Moment der Besitzentziehung, besitzt er auch gegenüber B fehlerhaft.

Aus der Sicht des Art. 984 Abs. 2 S. 2 ZGB kann die angeführte Ausnahme des Störers aus dem Geltungsbereich der Vorschrift als problematisch angesehen werden. Hatte etwa der Erblasser eine störende Handlung vorgenommen (z.B. die eigenmächtige Durchquerung des Nachbargrundstücks kraft eines vermeintlichen Wegerechts), können gegen den Erben nur wegen seiner Eigenschaft als solcher keine Ansprüche gem. Art. 984 Abs. 2 S. 2 ZGB erhoben werden. Anhängige Rechtsstreitigkeiten gegen den Erblasser werden wegen der Verfahrenskosten fortgesetzt, wenn der Erbe keine störenden Handlungen vorgenommen hat.[129] Darüber hinaus bleiben Ansprüche des rechtmäßigen Besitzers gegen den Erben des Störers als Gesamtrechtsnachfolger, etwa aus unerlaubten

---

124 Vgl. Baur/Stürner, Sachenrecht, § 9 Rn. 4.

125 (Sonder)nachfolger im Sinne der Vorschriften ist jeder, der den Besitz fortsetzt (etwa der Dieb, der den Dieb bestiehlt).

126 Georgiades, Sachenrecht, § 21 Rn. 31. Gleich in Deutschland: Westermann/Gursky/Eickmann, Sachenrecht, § 21 Rn. 8.

127 Spiridakis, Sachenrecht, Band I, S. 276; vgl. Mala fides superveniens non nocet.

128 Es ist ein anderes Thema, dass er kein Eigentum gem. Art. 1038 ZGB (vgl. § 935 BGB) erwerben kann.

129 Wathrakokilis, Besitz, Rn. 1661.

Handlungen (Art. 914 i.V.m. 989 S. 2 ZGB), bestehen.[130] Setzt der Erbe die störende Handlung fort, wird er selbst als Störer angesehen. Im vorigen Beispiel (Wegerecht) kann die Besitzstörung auch als Besitzentziehung eines Teils des Nachbargrundstücks und folglich als fehlerhafter Teilbesitz angesehen werden.[131] Entsprechendes gilt über den Sonderrechtsnachfolger.[132] Bei störenden Anlagen wird der jeweilige Besitzer nach einer Meinung[133] als Gesamt- oder als Sonderrechtsnachfolger, wenn er den Besitz seines Vorgängers fortsetzt, und nach anderer Meinung[134] selbstständig als Störer verklagt. Die griechische Theorie akzeptiert eine analoge Anwendung des Art. 984 Abs. 2 S. 2 ZGB in dem Fall einer „fehlerhaften Detention": Der Mieter übt die Sachherrschaft fehlerhaft gegenüber dem wahren Besitzer aus, wenn er im Moment der Übergabe der Sache die Fehlerhaftigkeit des Besitzes des Vermieters kannte.[135]

ee) Rechtsvergleichende Anmerkungen

Der Inhalt der Begriffe von Störung, Entziehung, Rechtswidrigkeit und verbotener Eigenmacht (statt Besitzverletzung) gem. § 858 Abs. 1 BGB ist denen des griechischen Rechts ähnlich. Der grundlegendste Unterschied liegt in der Person des von der Besitzverletzung Betroffenen. Nach deutschem Recht richtet sich die verbotene Eigenmacht gegen den unmittelbaren Besitzer.[136] Die Handlung kann sowohl von Dritten als auch vom Besitzdiener oder von dem mittelbaren Besitzer stammen. Verhält sich umgekehrt der unmittelbare Besitzer dem mittelbaren Besitzer gegenüber rechts- oder vertragswidrig, z.B. der Mieter veräußert die gemietete Sache, begeht er gegen ihn keine verbotene Eigenmacht.[137] Nach griechischem Recht kann Besitzverletzung nur gegen den Eigenbesitzer begangen

130 Tousis, Sachenrecht, S. 189.

131 Balis, Sachenrecht, § 19, Nr. 6; Georgiades, Sachenrecht, § 21 Rn. 23.

132 Wathrakokilis, Besitz, Rn. 1661.

133 Georgiades, Sachenrecht, § 23 Rn. 25.

134 Spiridakis, Rechtsschutz des Besitzes, S. 207–208.

135 Georgiades, Sachenrecht, § 21, Fn. 66. Dies ergibt sich auch aus Art. 980 Abs. 1 ZGB. In diesem Fall wird der fehlerhafte Besitz durch einen anderen (den Mieter) ausgeübt.

136 Jauernig in Jauernig, BGB Kommentar, § 858 Rn. 1; Wieling, Sachenrecht, Band I, S. 186; Baur/Stürner, Sachenrecht, § 9 Rn. 3; Wolf/Wellenhofer, Sachenrecht, § 5 Rn. 9. Der mittelbare Besitz wird zwangsläufig nur durch verbotene Eigenmacht gegen den unmittelbaren Besitz betroffen und wird unter den Voraussetzungen von § 869 BGB geschützt. Wilhelm, Sachenrecht, Rn. 489.

137 Der mittelbare Besitzer kann sich gem. §§ 227 ff. BGB (Notwehr, Selbsthilfe) wehren. Ein Schutz aus dem zugrundeliegenden Rechtsverhältnis kommt auch in Betracht.

werden, übe er die Sachgewalt aus oder nicht. Die Verletzung kann von einem Dritten, etwa einem Dieb, von dem Besitzdiener[138] oder vom Detentor bzw. vom Rechtsbesitzer begangen werden, z.B. der Mieter veräußert die gemietete Sache. Gegen sie genießt der Besitzer gleichsam Besitzschutz. Stört oder entzieht der Besitzer die Sachherrschaft des Detentors bzw. Rechtsbesitzers, begeht er gegen ihn keine Verletzung des Besitzes, da der Detentor bzw. Rechtsbesitzer keinen Besitz mit Eigentümerwillen hat.[139]

b) Schutzmittel

Die nach Besitzrecht vorhandenen Schutzmittel gegen Besitzverletzung bzw. verbotene Eigenmacht, die beide Rechtsordnungen kennen, sind außergerichtlich: eigenmächtiger Schutz, und gerichtlich: Herausgabeanspruch, Anspruch auf Beseitigung und Verfolgungsrecht. Der deliktische und bereicherungsrechtliche Schutz des Besitzes ist ebenfalls möglich.

aa) Eigenmächtiger Schutz

Das in Art. 985 ZGB (vgl. § 859 BGB) geregelte Abwehrrecht des Besitzers im Fall der verbotenen Eigenmacht bzw. Verletzung des Besitzes ist in beiden Rechtssystemen gleich konstruiert. Die Theorie erkennt in der Regelung eine besondere Form der Notwehr (Art. 284 ZGB; vgl. § 227 BGB) und der Selbsthilfe (Art. 282 ZGB; vgl. § 229 BGB).[140] Die Anwendung von Gewalt bei der Ausübung der Abwehrrechte – innerhalb der vom Gesetz vorgesehenen Voraussetzungen – entbehrt des Merkmals der Rechtswidrigkeit. Die Vorschriften über Selbsthilfe/Notwehr kommen besonders bei dem Begriff der Gewalt zu Hilfe. Da Art. 985 ZGB nichts zum Ausmaß der anzuwendenden Gewalt besagt, finden nach der Lehre die Kriterien der Erforderlichkeit nach Art. 284 ZGB und der Angemessenheit nach Art. 283 ZGB Anwendung: Die Gewalt muss im Verhältnis zum verteidigten Rechtsgut angemessen sein. Der Angegriffene muss zu den

---

138 Die Behandlung des Besitzdieners im deutschen und im griechischen Recht ist die gleiche, da er keine Sachgewalt hat. Es kann gegen ihn auch keine Besitzverletzung bzw. verbotene Eigenmacht begangen werden. Sie betrifft direkt den (unmittelbaren) Besitzer.

139 Der Detentor bzw. Rechtsbesitzer wird gegen solche Eingriffe durch seine Rechte aus dem zugrundeliegenden Rechtsverhältnis zum Besitzer geschützt.

140 Koumanis in Georgiades, Kurze Auslegung des ZGB, Art. 985 Rn. 1; vgl. Wolf/Wellenhofer, Sachenrecht, § 5 Rn. 3; Wieling, Sachenrecht, Band I, S. 192; Baur/Stürner, Sachenrecht, § 9 Rn. 11.

Mitteln greifen, die zur Abwehr erforderlich sind und den Angreifer am wenigsten schädigen.[141] Die Theorie unterscheidet zwischen Besitzwehr (Art. 985 Abs. 1 ZGB) und Besitzkehr (Art. 985 Abs. 2, 3 ZGB). Die erstere betrifft Fälle der Besitzstörung oder der drohenden Besitzentziehung, die letztere Fälle der vollendeten Besitzentziehung.[142] Das Gesetz legt enge zeitliche Rahmen bei der Ausübung der Abwehrrechte fest (Rücknahme der beweglichen Sache nur vom auf frischer Tat[143] ertappten oder verfolgten Täter und sofortige Entfernung des Täters bei Grundstücken). Diese zeitlichen Grenzen treffen nur bei Entziehung des Besitzes zu. Nach Ablauf der Besitzkehrfrist hat der Besitzer den Herausgabeanspruch nach Art. 987 ZGB. Besonders bei Immobilien wird angenommen, dass Ausgangspunkt der Besitzkehrfrist die Kenntnis des Besitzentzugs ist.[144] Gegen Störungen, die nicht zur Entziehung des Besitzes führen, kann jederzeit abgewehrt werden.[145]

Nach griechischem Recht ist der Besitzer (auch der fehlerhafte) zum eigenmächtigen Schutz berechtigt, egal ob er die Sachherrschaft ausübt oder nicht. In den Fällen der Ausübung der Sachherrschaft durch einen anderen erkennt die h.M. dem Detentor keine Gewaltrechte zu.[146] Diese enge Auslegung wurde mit Recht als teleologisch inkorrekt kritisiert.[147] Dem Detentor werden zwar die Abwehrrechte von Art. 282, 284 ZGB gewährt, es ist aber sinnlos, ihm diese von Art. 985 ZGB zu verwehren, da er sich in einer engeren Beziehung zur Sache befindet und in der Lage ist, den Besitz besser zu verteidigen.[148] Die Abwehrrechte erhält laut Art. 986 ZGB auch der Besitzdiener. Die Vorschrift unterstützt die Argumentation zugunsten des Detentors. Es scheint inkonsistent, dem

141 Georgiades, Sachenrecht, § 22 Rn. 5; Spiridakis, Sachenrecht, Band I, S. 280; Filios, Sachenrecht, S. 88; vgl. Wolf/Wellenhofer, Sachenrecht, § 5 Rn. 7; Wieling, Sachenrecht, Band I, S. 192.

142 Georgiades, Sachenrecht, § 22 Rn. 1; vgl. Baur/Stürner, Sachenrecht, § 9 Rn. 10.

143 Der Begriff richtet sich nach Art. 242 gr.StPO.

144 EfAth 1815/1986 ElDik 1986, 830.

145 Koumanis in Georgiades, Kurze Auslegung des ZGB, Art. 985, 986 Rn. 8.

146 Balis, Sachenrecht, § 15; Wawouskos, Sachenrecht, S. 112.

147 Georgiades, Sachenrecht, § 22 Rn. 12; Papasteriou, Sachenrecht, Band I, § 24, Nr. 22; Koumanis in Georgiades, Kurze Auslegung des ZGB, Art. 985, 986 Rn. 15; Spiridakis, Sachenrecht Band I, S. 283.

148 Vgl. Art. 30 Abs. 1 G.3028/2002 (Über den Schutz der antiken Denkmäler und des Kulturerbes im Allgemeinen): „Der Detentor eines beweglichen antiken Denkmals wird gegen Dritte wie der Besitzer geschützt und genießt die Abwehrrechte zum Schutz des Besitzes".

Besitzdiener die Abwehrrechte zu gewähren und sie sie dem Detentor zu verweigern.

Nach deutscher Lehre ist in § 859 Abs. 1 BGB der unmittelbare Besitzer gemeint.[149] Die Theorie erkennt jedoch die Gewaltrechte über den Gesetzeswortlaut hinaus auch dem mittelbaren Besitzer zu.[150] Das Abwehrrecht des Besitzdieners ist in § 860 BGB vorgesehen.

Der Inhalt des Abwehrrechts ist nach griechischer Auffassung weiter als bei der Notwehr zu fassen. Art. 284 ZGB setzt einen gegenwärtigen Angriff voraus, während Art. 985 ZGB Verletzung des Besitzes erfordert. Letztere kann auch vorkommen, wenn die Besitzverletzung bloß droht. Die Gefahr muss aber real und nach dem gewöhnlichen Verlauf der Sachen in der Lage sein, zum Besitzentzug bzw. zur Störung zu führen.[151] Der Eingriff muss nicht unbedingt von einem Menschen stammen[152] (z.B. der Besitzer des Grundstücks darf das Vieh seines Nachbarn, das sein Grundstück betreten hat, vertreiben).

bb) Herausgabeanspruch und Anspruch auf Beseitigung

Beide Rechtsordnungen sprechen dem Besitzer, dem sein Besitz rechtswidrig entzogen wurde, einen Herausgabeanspruch zu (Art. 987 ZGB/§ 861 BGB). Darüber hinaus wird der Besitzer, dessen Besitz gestört wurde, durch einen Anspruch auf Beseitigung bzw. Unterlassung der Störung geschützt (Art. 989 ZGB/§ 862 BGB). Der Anspruch ist vererblich und abtretbar.[153]

Anspruchsteller

Nach griechischem Recht ist Kläger der Besitzer und es ist irrelevant, ob er die Sachgewalt selbst oder durch einen anderen ausübt. Parallel können der Rechtsbesitzer und der Detentor (nur gegen Dritte) gem. Art. 996 und 997 ZGB jeweils die Klage erheben. Die Klage gem. §§ 861, 862 BGB erhebt der unmittelbare Besitzer, dessen Besitz entzogen oder gestört wurde. Der mittelbare Besitzer ist unter den Voraussetzungen des § 869 BGB aber nur gegen Dritte zur

---

149 Baur/Stürner, Sachenrecht, § 9 Rn. 10; Jauernig in Jauernig, BGB Kommentar, § 859 Rn. 1.

150 Baur/Stürner, Sachenrecht, § 9 Rn. 23; Jauernig in Jauernig, BGB Kommentar, § 869 Rn. 2; Wilhelm, Sachenrecht, Rn. 535. Wieling leitet von § 227 Abs. 1 BGB ein Abwehrrecht jedes beliebigen Dritten (auch des mittelbaren Besitzers) ab.

151 Koumanis in Georgiades, Kurze Auslegung des ZGB, Art. 985, 986 Rn. 7.

152 Ähnlich: Staudinger/Gutzeit (2012), § 859 Rn. 7.

153 Georgiades, Sachenrecht, § 23 Rn. 6; Wieling, Sachenrecht, Band I, S. 199, 204.

Klageerhebung berechtigt.[154] Der Besitzdiener ist in beiden Rechtsordnungen von der Klageerhebung ausgeschlossen[155].

Anspruchsgegner

Anspruchsgegner ist, wer dem rechtmäßigen Besitzer gegenüber fehlerhaft besitzt oder stört, also der nach Art. 984 Abs. 1 ZGB/§ 858 Abs. 1 BGB Entziehende bzw. Störende oder seine Nachfolger im Besitz i.S.v. Art. 984 Abs. 2 ZGB /§ 858 Abs. 2 BGB. Der Anspruch kann auch gegen den Besitzdiener gerichtet werden, wenn er die Sachgewalt im eigenen Namen als Eigenbesitzer ausübt.[156] Das deutsche Recht schließt den Anspruch des mittelbaren Besitzers gegen den unmittelbaren aus, wenn der letztere den mittelbaren Besitz verletzt,[157] z.B. der Mieter macht mit seinen Handlungen nach außen erkennbar, dass er den Vermieter nicht mehr als mittelbaren Besitzer anerkennt. Der mittelbare Besitzer hat gegen den unmittelbaren Besitzer in solchen Fällen nur die Ansprüche aus dem Besitzmittlungsverhältnis.[158] Das griechische Recht behandelt die entsprechende Konstellation genau umgekehrt: Der Besitzer kann die Klage auch gegen den Detentor richten, falls dieser seinen Besitz verletzt (Art. 998 ZGB), etwa wenn der Mieter nach Beendigung des Mietverhältnisses die Sache nicht herausgibt. Freilich kann der Mieter die Herausgabe mit der Begründung verweigern, das Mietverhältnis sei nicht beendigt. Die Verweigerung konstituiert in diesem Fall keine Verletzung des Besitzes. Die Behauptungen des Mieters dürfen jedoch nicht irreführend und missbräuchlich sein.[159] Dagegen darf der Detentor, dessen Sachherrschaft vom Besitzer verletzt wurde, gegen den Besitzer die Klagen aus Art. 987, 989 ZGB nicht erheben.[160] Art. 997 ZGB spricht ausdrücklich vom Schutz gegen Dritte. Gegen Eingriffe des Besitzers ist der Detentor nur mit den Ansprüchen aus dem Besitzmittlungsverhältnis geschützt.

In beiden Rechtsordnungen muss der Anspruchsgegner bei Besitzentziehung im Zeitpunkt der Klageerhebung in der Sachherrschaft sein. Da die Klage sich auf die Herausgabe der Sache bezieht, ist sie gegenstandlos, wenn der fehlerhafte

154 Baur/Stürner, Sachenrecht, § 9 Rn. 23; Westermann/Gursky/Eickmann, Sachenrecht, § 25 Rn. 5.

155 Georgiades, Sachenrecht, § 23 Rn. 6; Westermann/Gursky/Eickmann, Sachenrecht, § 23 Rn. 3.

156 Georgiades, Sachenrecht, § 23 Rn. 8; Wieling, Sachenrecht, Band I, S. 199–200.

157 Westermann/Gursky/Eickmann, Sachenrecht, § 25 Rn. 3.

158 Baur/Stürner, Sachenrecht, § 9 Rn. 24.

159 Darüber unten 6.h).

160 Wathrakokilis, Auslegung-Rechtsprechung des ZGB, Art. 997.

Besitzer vor der Klageerhebung die Sache nicht mehr besitzt.[161] Anders sieht die Rechtslage aus, wenn der Anspruchsgegner nach der Klageerhebung die Sache einem anderen übergeben hat. Gem. Art. 325 Nr. 3 S. 1 i.V.m. 919 Nr. 1 gr.ZPO (vgl. § 325 Abs. 1 i.V.m. § 727 Abs. 1 ZPO) wirkt das rechtskräftige Urteil auch gegen den Besitznachfolger des Beklagten, es sei denn, der Nachfolger hat den Besitz gutgläubig erlangt (Art. 325 Nr. 3 S. 2 gr.ZPO, vgl. § 325 Abs. 2 ZPO).

Antrag

In beiden Rechtsordnungen zielt der Anspruch bei Besitzentziehung auf die Wiedereinräumung des entzogenen Besitzes. Bei Besitzstörung kann die Beseitigung der Störung und, wenn weitere Störungen zu besorgen sind, die Unterlassung der Störung verlangt werden. Die Fortsetzung einer störenden Handlung kann durch Beseitigung verhindert werden, etwa die Beseitigung einer störenden Anlage. Auch ein zusätzlicher Antrag auf Unterlassung weiterer Störungen ist möglich. Der Störer muss den Besitzstand herstellen, wie er vor der Störung bestand,[162] etwa die störende Anlage abreißen lassen. Ein Antrag nur auf Unterlassung setzt wiederholte störende Handlungen voraus,[163] etwa im Fall desjenigen, der systematisch ohne Erlaubnis durch das Nachbargrundstück läuft. Bei einmaligen, vorübergehenden Störungen, etwa bei Wanderern, die durch ein fremdes Grundstück laufen, wäre eine Klageerhebung nach Art. 989 ZGB/§ 862 BGB gegenstandslos,[164] es sei denn, dass weitere Störungen zu besorgen sind. Eine vorbeugende Klageerhebung aus in der Zukunft drohenden Störungen wird durch weite Auslegung von Art. 984, 989 ZGB akzeptiert.[165]

Ein Antrag auf die Herausgabe von Nutzungen aus der Sache im Fall der Besitzentziehung ist nicht erlaubt, da sich für den Herausgabeanspruch nach Art. 987 ZGB keine entsprechende Regelung wie Art. 1096 und 1098 ZGB findet.[166]

---

161 Der vorige Besitzer (bzw. Detentor) kann sich schadensersatzpflichtig machen, wenn die Voraussetzungen des Art. 914 ZGB/§ 823 BGB vorliegen. Georgiades, Sachenrecht, § 23 Rn. 8; Palandt, § 861 Rn. 7.

162 Georgiades, Sachenrecht, § 23 Rn. 29; vgl. Wieling, Sachenrecht, Band I, S. 206.

163 Spiridakis, Rechtschutz des Besitzes, S. 226.

164 Georgiades, Sachenrecht, § 23 Rn. 17; vgl. Wieling, Sachenrecht, Band I, S. 206. Dagegen ist eine Selbsthilfe des Besitzers nach Art. 985 ZGB/§ 859 BGB möglich.

165 Spiridakis, Rechtschutz des Besitzes, S. 231–232.

166 Georgiades, Sachenrecht, § 23 Rn. 14; Spiridakis, Rechtschutz des Besitzes, S. 98; vgl. Palandt, § 861 Rn. 8.

cc) *Deliktischer Schutz*

Art. 987 S. 2 und 989 S. 2 ZGB fügen hinzu, dass auch ein deliktischer Schutz des Besitzes nach Art. 914 ZGB möglich ist. Der Besitzer kann also Schadensersatz vom Besitzentzieher bzw. Besitzstörer verlangen, sei er der Besitzmittler oder ein Dritter, wenn er schuldhaft gehandelt hat. Den gleichen Schutz genießt der Detentor Dritten gegenüber. In Deutschland ist anerkannt, dass der berechtigte Besitz auch als sonstiges Recht – einem absoluten Recht gleichgestellt – im Sinne von § 823 Abs. 1 BGB geschützt wird, „wenn er durch ein Recht zum Besitz eine Verstärkung erfahren hat."[167]

dd) *Bereicherungsrechtlicher Schutz*

Da der Besitz als Rechtsgut einen Vermögenswert hat, kann derjenige, dessen Besitz verletzt wurde, Herausgabe der erlangten Bereicherung verlangen (Art. 904 ZGB – *condictio possessionis*). Durch die Klage kann der Besitz oder die Gegenleistung für den Besitz (bei Veräußerung) wie auch entzogene Früchte verlangt werden.[168] Der Besitzer braucht den Besitz des Klägers nicht verletzt haben. Es reicht aus, dass der Besitzer den Besitz ohne rechtlichen Grund erlangt hat,[169] z.B. der Hund des A kommt in den Hof des B und B behält ihn. Die Klage unterliegt der zwanzigjährigen Verjährung.[170]

Nach deutschem Recht kann der Besitz auch im Rahmen der Leistungs- bzw. Eingriffskondiktion geschützt werden (§ 812 Abs. 1 S. 1 BGB).[171]

ee) *Einstweilige Verfügung*

Üblich ist in der griechischen Rechtspraxis der vorläufige Schutz des Besitzes durch den Antrag auf Anordnung einer einstweiligen Verfügung durch das Amtsgericht (Art. 733 gr.ZPO). Das Amtsgericht kann in eilbedürftigen Fällen oder zur Abwendung einer bevorstehenden Gefahr zur Sicherung oder zur Aufrechterhaltung eines Rechts oder zur Regelung eines Zustandes (Art. 682 Abs. 1 gr. ZPO, vgl. §§ 935 ff. ZPO) „jede einstweilige Maßnahme anordnen, die es für geeignet hält; besonders Besitz- bzw. Detetentionsakte erlauben oder

167 Baur/Stürner, Sachenrecht, § 9 Rn. 31; BGHZ 137, 89, 98.

168 Wathrakokilis, Besitz, Rn. 1340.

169 AP 1351/1994 EEN 62 (1995) 776; AP 255/1983 EEN 50 (1983) 789; EfAth 1101/1996 ElDik 37, 1667; EfThes 2029/2013 ElDik 2014, 147.

170 Von Bedeutung, wenn die Herausgabeklage nach Art. 987 ZGB verjährt ist.

171 Baur/Stürner, Sachenrecht, § 9 Rn. 38–39.

verbieten oder den Besitz bzw. die Detention einer der Streitparteien zusprechen…" (Art. 734 Abs. 2 gr.ZPO). Besonders zur vorläufigen Regelung von Besitzstreitigkeiten über Immobilien zwischen Privaten und Personen der öffentlichen Hand ist parallel zu den anderen Schutzmitteln[172] der Staatsanwalt zuständig, in dessen Bezirk die Immobilie sich befindet (Art. 22 ZG 1539/1938).

ff) Drittwiderspruchsklage gegen die Zwangsvollstreckung

„Ein Dritter hat das Recht, eine Widerspruchsklage gegen die Zwangsvollstreckung geltend zu machen, wenn sein Recht an dem Gegenstand der Zwangsvollstreckung beeinträchtigt wird…" (Art. 936 Abs. 1 gr.ZPO, vgl. § 771 ZPO). Dieses hat auch der Besitzer, „es sei denn, dass der Gläubiger nachweisen kann, dass der Schuldner ein dingliches Recht an dem beschlagnahmten Gegenstand hat, das dem Besitz überlegen ist" (Art. 936 Abs. 1b gr.ZPO).

gg) Verfolgungsrecht

Beide Rechtsordnungen sprechen dem Besitzer[173] einer beweglichen Sache, die auf ein fremdes Grundstück gelangt, ein Duldungsrecht gegenüber dem Besitzer des Grundstücks zu, laut dem er die Sache im fremden Grundstück aufsuchen und wegschaffen kann. Art. 995 ZGB/§ 867 BGB sprechen kein Selbsthilferecht zu.[174] Der Besitzer der beweglichen Sache hat einen Anspruch auf Gestattung der Aufsuchung und der Wegschaffung. Betritt er eigenmächtig das fremde Grundstück, begeht er verbotene Eigenmacht bzw. Besitzverletzung. Den Anspruch hat im deutschen Recht der unmittelbare Besitzer der beweglichen Sache gegen den unmittelbaren Besitzer des Grundstücks.[175] Im griechischen Recht ist Anspruchssteller der Besitzer der beweglichen Sache und Anspruchsgegner der Besitzer des Grundstücks, egal ob sie die Sachherrschaft selbst oder durch einen anderen ausüben. Die Theorie nach teleologischer Auslegung spricht die Aktiv- und die Passivlegitimation jeweils auch dem Detentor zu.[176] Es ist belanglos, wie die Sache auf das Grundstück gelangt ist oder ob ihr Besitzer sich schuldhaft

---

172 Georgiades, Sachenrecht, § 24 Rn. 25.

173 Auch dem fehlerhaften; vgl. Art. 1109 ZGB/§ 1005 BGB.

174 Tousis, Sachenrecht, S. 216. Anders, wenn die Voraussetzungen des Art. 282 ZGB vorliegen; vgl. Wieling, Sachenrecht, Band I, S. 217.

175 Die Ermittlung des mittelbaren Besitzers (z.B. des Eigentümers) wäre unpraktikabel, es sei denn, die Aufsuchung und Wegschaffung seien mit erheblichen Schäden auf dem Grundstück verbunden. Wieling, Sachenrecht, Band I, S. 219.

176 Georgiades, Sachenrecht, § 24 Rn. 6.

verhalten hat,[177] z.B. Hühner laufen in das Nachbargrundstück, der Gast vergisst seinen Schirm im Hause des Gastgebers, spielende Kinder werfen den Ball auf das Nachbargrundstück. Eine weitere Voraussetzung ist, dass der Grundstücksbesitzer den Besitz der Sache nicht mit der Absicht ergreift, sich zum neuen Besitzer zu machen.[178] In diesem Fall läge Besitzentziehung vor, die gem. Art. 987 ZGB/§ 861 BGB abzuwehren ist. Der Anspruch auf Ersatz eines eventuellen Schadens infolge der Aufsuchung und der Wegschaffung ist verschuldensunabhängig. Es handelt sich um einen Ausgleichsanspruch.[179] Die deutsche Vorschrift ist insoweit ausführlicher, als sie noch dem Grundstücksbesitzer die Einrede der Nichtgestattung zuerkennt, es sei denn, es wird ihm Sicherheit geleistet, wenn durch die Aufsuchung und die Wegschaffung die Entstehung eines Schadens zu besorgen ist. Eine analoge Anwendung der Vorschrift für bewegliche Sachen, die in eine fremde bewegliche Sache gelangen, z.B. Zug, Fahr- oder Flugzeug, ist nicht auszuschließen.[180]

c) Verteidigung des Beklagten

Der Beklagte kann sich im Wege der Klageerwiderung zur Wehr setzen. Er kann sich etwa auf sein Recht auf Besitz, z.B. als Eigentümer oder als Nießbraucher, bzw. auf Detention, z.B. als Mieter aufgrund eines Rechtsverhältnisses zum wahren Besitzer, berufen, oder er kann Einreden erheben, etwa die Verjährungseinrede, oder sich auf ein Zurückbehaltungsrecht aus Verwendungen an der Sache (Art. 325 i.V.m. 1106 ZGB; vgl. § 273 i.V.m. § 1000 BGB) berufen.[181] Der Beklagte kann auch Widerklage erheben.

Wegen seiner Eigenart schafft das Besitzrecht besondere Einwendungen oder lässt die Geltendmachung von materiell-rechtlichen Rechten unter bestimmten Voraussetzungen zu. In beiden Rechtsordnungen gilt der Besitzschutz als ein „geschlossenes" System, das die Vermeidung des Faustrechts und die schnelle, auch wenn vorläufige, Erledigung des Rechtsstreits bezweckt. Dies bedeutet vor allem, dass der Rechtsstreit sich im Rahmen der verbotenen Eigenmacht bzw. rechtswidrigen Besitzverletzung bewegen muss. Leitlinie des Besitzschutzes ist

---

177 Georgiades, Sachenrecht, § 24 Rn. 4; vgl. Wieling, Sachenrecht, Band I, S. 218.

178 Das ist der Sinn von „in Besitz nehmen" des § 867 S. 1 BGB.

179 Wieling, Sachenrecht, Band I, S. 220.

180 Koumanis in Georgiades, Kurze Auslegung des ZGB, Art. 995 Rn. 2.

181 Das Zurückbehaltungsrecht wird entweder als eine begründete Klageerwiderung oder als eine rechtshemmende Einrede angesehen. In beiden Fällen läuft es der Regelung von Art. 991 ZGB nicht zuwider. Georgiades, Sachenrecht, § 23 Rn. 54.

in dieser Hinsicht einerseits der relative Charakter der verbotenen Eigenmacht bzw. Besitzverletzung und andererseits der Ausschluss petitorischer (also nichtbesitzrechtlicher) Einwendungen. Der erstere findet seinen Niederschlag in Art. 988, 990 ZGB (vgl. §§ 861 Abs. 2, 862 Abs. 2 BGB), der letztere in Art. 991 ZGB (vgl. § 863 BGB).

Der Besitzer genießt grundsätzlich allgemeinen Schutz gegen Eingriffe in seinen Besitz. Sogar der fehlerhafte Besitzer genießt gegen Dritte den Besitzschutz. Das Gesetz lässt dies aber nicht gegen den früheren Besitzer gelten, gegen den der jetzige Besitzer verbotene Eigenmacht bzw. rechtswidrige Besitzverletzung verübt hat. Der Dieb also, dessen Besitz von einem Dritten entzogen oder gestört wurde, hat gegen ihn die Ansprüche aus Art. 987, 989 ZGB/§§ 861 Abs. 1, 862 Abs. 1 BGB. Ist jedoch der Entzieher bzw. Störer der frühere Besitzer (etwa der Eigentümer), dessen Besitz vom Kläger entzogen wurde, kann der Beklagte sich auf die Einwendungen aus Art. 988, 990 ZGB/§§ 861 Abs. 2, 862 Abs. 2 BGB berufen (sog. *exceptio vitiosae possessionis*). Grundgedanke dieser Regelung, die im Wesentlichen eine Selbsthilfe des früheren Besitzers sanktioniert, ist, dass zwischen dem Kläger und dem Beklagten, die gegeneinander verbotene Eigenmacht bzw. rechtswidrige Besitzverletzung verübt haben, derjenige am wenigsten schutzwürdig ist, der mit dem rechtswidrigen Eingriff angefangen hat.[182] Die Vermeidung der Verewigung der Eigenmächtigkeiten diktiert, dass die Verübung der verbotenen Eigenmacht bzw. Besitzverletzung gegen den Entzieher/Störer zeitlich begrenzt sein muss. Diesem Zweck dient die Jahresausschlussfrist, die mit der Verjährungsfrist des Art. 992 ZGB/§ 864 Abs. 1 BGB in Einklang ist. Der Sinn des Gesetzes ist, dass kein Jahr zwischen der vom Kläger verübten rechtswidrigen Entziehung und der vom Beklagten begangenen Besitzentziehung bzw. -störung vergangen sein darf, damit der Einwendung stattgegeben wird.

Die Regelung des Art. 991 ZGB/§ 863 BGB bezeugt deutlich den Willen der Gesetzgeber beider Länder, die Streitigkeiten um den Besitz innerhalb der Grenzen des Besitzrechts zu halten. Dem Beklagten kommen keine Einwendungen aus einem dinglichen oder obligatorischen Recht,[183] die Sache zu besitzen oder die störende Handlung vorzunehmen, zugute. Veräußert etwa der Dieb die gestohlenen Sachen an einen gutgläubigen Dritten und entreißt gleich danach der rechtmäßige Eigentümer dem Dritten die Sache, kann er der Klage des Dritten auf Herausgabe gem. Art. 987 ZGB/§ 861 BGB nicht entgegenhalten, er sei

182 Balis, Sachenrecht, § 18; Georgiades, Sachenrecht, § 23 Rn. 41.

183 Spiridakis, Rechtschutz des Besitzes, S. 110.

der Eigentümer der Sache.[184] Ebenso wenig kann sich der Mieter, der die gemietete Sache vom verweigernden Vermieter eigenmächtig in seinen Besitz nimmt, auf sein Recht aus dem Mietvertrag stützen. Solche petitorischen Ansprüche können in einem Prozess über das Eigentum oder über die Rechte des Mieters aus dem Mietvertrag geltend gemacht werden.

Im Gegensatz dazu ist es durchaus möglich, dass der Beklagte einwendet, seine Handlung stelle keine verbotene Eigenmacht bzw. rechtswidrige Besitzverletzung dar.[185] In diesem Fall bestreitet der Beklagte, dass die Voraussetzungen der Art. 987, 989 ZGB/§§ 861 Abs. 1, 862 Abs. 1 BGB gegeben sind. Etwa der Mieter, gegen den der Vermieter die Klage aus Art. 987 i.V.m. 998 ZGB/§ 861 Abs. 1 BGB erhoben hat, wendet ein, dass ihm die Detention bzw. der unmittelbare Besitz aufgrund des Mietvertrags mit dem Willen des Vermieters übergeben wurde, oder wenn der Beklagte zwar gegen den Willen des früheren Besitzers vorgegangen ist, bestreitet er dennoch die Rechtswidrigkeit seiner Handlungen, da die Voraussetzungen der Notwehr oder der Selbsthilfe erfüllt seien. Dies konstituiert eine begründete Klageerwiderung, die erlaubt ist.[186]

Art. 991 ZGB macht eine Ausnahme vom Ausschluss von Einwendungen, die sich auf petitorische Rechte stützen. Der Beklagte darf sich im Prozess um den Besitz auf ein solches Recht berufen, wenn ein rechtskräftiges Urteil ergangen ist, das dieses Recht anerkannt hat. So darf der Mieter, der während des Rechtsstreits aus dem Mietverhältnis zur Überlassung der Sache die Sache eigenmächtig in seinen Besitz nimmt, sich gegen einen Anspruch des Vermieters aus Art. 987 ZGB auf sein Recht aus dem Mietverhältnis berufen, falls inzwischen ein rechtskräftiges Urteil zu seinen Gunsten ergangen ist.

Das gleiche Ziel verfolgt § 864 Abs. 2 BGB, mit dem Unterschied, dass der Anspruch aus §§ 861, 862 BGB nur dann erlischt, wenn die Rechtskräftigkeit nach der Verübung der verbotenen Eigenmacht eintritt. Da Art. 991 ZGB keine Unterscheidung macht, kann der Beklagte sich nach der h.M. auch auf ein rechtskräftiges Urteil berufen, das vor der Besitzverletzung ergangen ist,[187] etwa wenn

---

184 Der Dritte kann an der abhandengekommenen Sache gem. Art. 1038 ZGB/§ 935 BGB kein Eigentum erwerben.

185 Der Wortlaut des § 863 BGB ist affirmativ: „kann", während der des Art. 991 ZGB negativ ist: „kann nicht". Das Gegenteil, d.h. der Ausschluss petitorischer Einwendungen im deutschen Recht und die Gestattung possessorischer Einwendungen im griechischen Recht, ergibt sich jeweils *e contrario*. Die Regelungen bewirken das gleiche Ergebnis.

186 Spriridakis, Der Rechtschutz des Besitzes, S. 113; AP 1408/2001 ElDik 43, 1683.

187 Georgiades, Sachenrecht, § 23 Rn. 48; Spiridakis, Der Rechtschutz des Besitzes, S. 112.

der Eigentümer, der im Rechtsstreit über das Eigentum rechtskräftig gesiegt hat, den Besitz vom Besitzer entzieht. In Deutschland wurde die Ansicht vertreten, die Berufung auf ein vor der verbotenen Eigenmacht ergangenes rechtskräftiges Urteil sei gelten zu lassen. Dies wird aber nicht angenommen. Unabhängig vom klaren Wortlaut des § 864 Abs. 2 BGB würde die Annahme dieser Ansicht die eigenmächtige Vollstreckung solcher Urteile rechtfertigen.[188]

d) Verjährung

Art. 992 ZGB/§ 864 Abs. 1 BGB bestimmen die Verjährungsfrist für die Erhebung der Klagen aus Art. 987, 989 ZGB/§§ 861, 862 BGB. Dem Sondercharakter des raschen vorläufigen Schutzes der bestehenden Besitzlage entsprechend hält das Gesetz den früheren Besitzer, der nicht innerhalb eines Jahres die Klagen aus Art. 987, 989 ZGB /§§ 861, 862 BGB erhebt, nicht mehr für schutzwürdig. Mit dem Ablauf eines Jahres nach dem Entzug oder der Störung hat sich eine neue Besitzlage – wenn auch fehlerhaft – begründet. Der Beginn und der Abschluss der Verjährungsfrist wird nach Art. 241 Abs. 1, 242, 243 Abs. 3 ZGB berechnet. Der Lauf der Frist beginnt bei Besitzentziehung mit der Entziehung. Bei Besitzstörung, wenn die Störung eine andauernde Handlung oder ein andauernder Zustand ist, etwa die Errichtung einer Anlage, wird die Frist ab Vollendung der störenden Anlage berechnet; wenn die Störung in wiederkehrenden, vorläufigen Handlungen besteht, dann wird die Frist mit jeder störenden Handlung neu berechnet.[189] Die Kenntnis des Besitzers von der Entziehung bzw. Störung ist grundsätzlich belanglos.[190] Die Verjährung wird aus den in Art. 255–270 ZGB genannten Gründen gehemmt bzw. unterbrochen. Streitig ist in der griechischen Lehre, ob die Einreichung eines Antrags auf Erlass einer einstweiligen Verfügung (Art. 733–734 gr.ZPO) die Verjährung nach Art. 261 ZGB unterbricht. Die h.M. verneint dies.[191]

---

188 Wieling, Sachenrecht, Band I, S. 213.

189 Georgiades, Sachenrecht, § 23 Rn. 50; Spiridakis, Der Rechtschutz des Besitzes, S. 255; IrElatia 12/2001 Arm 2002, 1604; vgl. Baur/Stürner, Sachenrecht, § 9 Rn. 19; Wilhelm, Sachenrecht, Rn. 526.

190 Ausnahme aus Art. 982 ZGB.

191 Balis, Sachenrecht, § 22; Tousis, Sachenrecht, S. 200; Spiropoulou, Immobilienrecht, Band I, S. 236; AP 580/1962 ArchN 14, 160; AP 575/1989 ElDik 1991, 97; AP 1312/2003 ChrID 2004, 245; AP 1776/2007 ChrID 2008, 590; EirAth 4888/2011 Nomos. Nach der Minderheitsmeinung bewirkt ein Antrag auf Erlass einer einstweiligen Verfügung die Unterbrechung der Verjährung. Dies sei in Einklang mit der ratio der Vorschriften über die Verjährung. Georgiades, Sachenrecht, § 23 Rn. 52;

e) Schutz des Teil- und des Mitbesitzers

Nach Art. 993 ZGB genießt den Schutz vor Besitzverletzungen auch der Besitzer eines Teils der Sache. Das oben Ausgeführte über den Schutz des Besitzes gilt entsprechend. Interessante Fragen wirft der Mitbesitz nach ideellen Teilen auf. Nach Art. 994 S. 1 ZGB hat jeder Mitbesitzer gegen Dritte die Besitzschutzrechte aus Art. 985–990 ZGB für seinen Anteil. Klagt einer der Mitbesitzer auf Herausgabe der ganzen Sache, muss er die Herausgabe an alle Mitbesitzer beantragen.[192] Der Mitbesitzer hat die Möglichkeit der Besitzklage auch gegen Eingriffe des Detentors (Art. 998 ZGB). Eingriffe der Mitbesitzer gegeneinander behandelt Art. 994 S. 2 ZGB. Die Vorschrift findet bei Besitzstörung Anwendung. Der possessorische Besitzschutz ist verboten, sofern es sich um die Grenzen des gemeinschaftlichen Gebrauchs handelt. Dieser wird von den Vorschriften über die Gemeinschaft geregelt (Art. 785–805 ZGB). Da der Mitbesitz grundsätzlich nicht in Frage gestellt wird, muss der Schutz im Rahmen des schon unter den Mitbesitzern bestehenden Rechtsverhältnisses erfolgen.[193] Entzieht einer der Mitbesitzer den anderen den Besitz, indem er nach außen erkennbar macht, dass er die Sache ausschließlich für sich selbst als Alleinbesitzer besitzt, verübt er gegen die anderen Mitbesitzer Besitzverletzung. Gegen ihn genießen die anderen den Besitzschutz aus Art. 985 ff. ZGB.[194] Die Voraussetzungen des Art. 982 ZGB für den Besitzentzug an Grundstücken gelten auch im Mitbesitzerverhältnis. Der Mitbesitzer, der allein die Sachherrschaft ausübt, tut dies auch im Namen der anderen Mitbesitzer, auch wenn nicht ausdrücklich vereinbart (Art. 980 Abs. 1 Fall 2. ZGB). Die Verjährungsfrist des Art. 992 ZGB fängt nicht zu verstreichen an, bevor die anderen Mitbesitzer Kenntnis von der Entziehung erlangen (Art. 982 ZGB).[195] Die Kenntnisnahme erfolgt nicht nur durch Erklärung des Entziehers. Sie kann sich auch konkludent durch Realakte ergeben.[196] Analoges gilt für Miterben, auch wenn die Miterben, denen der Besitz entzogen wird, ihn nicht körperlich ergriffen haben (Art. 983 ZGB).[197] Die Theorie

---

Papasteriou, Sachenrecht, § 25, Nr. 68; Koumanis in Georgiades, Kurze Auslegung des ZGB, Art. 992 Rn. 3; vgl. § 204 Abs. 1 Nr. 9 BGB.

192 Analoge Anwendung von Art. 1116: Balis, Sachenrecht, § 23, Nr. 2; Georgiades, Sachenrecht, § 25 Rn. 8.

193 Koumanis in Georgiades, Kurze Auslegung des ZGB, Art. 994 Rn. 7.

194 AP 79/1992 EEN 60, 215.

195 Georgiades, Sachenrecht, § 20 Rn. 19; AP 1607/2010 Nomos; AP 703/2015 Nomos; AP 1526/2006 ElDik 47, 1434.

196 AP 709/2015 Nomos; AP 224/2015 Nomos. Art. 994 Rn. 7.

197 AP 645/2001, ElDik 2002, 1417.

akzeptiert eine analoge Anwendung von Art. 994 ZGB unter Mitdetentoren. Der Detentor, etwa der Mieter, der gemeinsam mit anderen eine Wohnung gemietet hat, kann bei Detentionsentziehung seitens der anderen Mieter die Herausgabeklage aus Art. 987 ZGB erheben.[198] Bei Detentionsstörung ist Art. 994 S. 2 ZGB wie unter Mitbesitzern maßgeblich.[199] Der Schutz Dritten gegenüber wird gem. Art. 997 ZGB gewährt.

Die Regelung des deutschen Rechts ist ähnlich. Wenn auch nicht ausdrücklich erwähnt, steht jedem Mitbesitzer gegen Dritte der volle Besitzschutz zu.[200] Die Klage bzw. die Ausübung der Gewaltrechte betrifft den Schutz der Besitzrechte aller Mitbesitzer je nach Anteil auch in dem Fall, dass nur einer der Mitbesitzer tätig wird.[201] § 866 BGB sieht das Verbot von possessorischen Schutzrechten unter den Mitbesitzern vor, soweit es sich um die Grenzen des Gebrauchs der gemeinsamen Sache handelt. Dies betrifft grundsätzlich die Besitzstörung.[202] Der Rechtsstreit über die Grenzen des Gebrauchs der gemeinsamen Sache wird aufgrund des unter den Mitbesitzern geltenden Rechtsverhältnisses (z.B. Miterben, Eigentümer von Wohnungen im Rahmen des Wohnungseigentums, Mieter, die gemeinsam gemietet haben) und gegebenenfalls aufgrund deliktischer Ansprüche (z.B. § 823 BGB) entschieden werden. Besitzverletzungen, bei denen es sich nicht nur um die Grenzüberschreitung des gemeinsamen Gebrauchs handelt (z.B. völlige Besitzentziehung), können possessorisch abgewehrt werden.

f) Schutz des Rechtsbesitzers

Nach Art. 996 ZGB stehen dem Rechtsbesitzer die Besitzklagen des Eigenbesitzers zu, also die Ansprüche aus Art. 987, 989 und 995 ZGB. Diese richten sich ausschließlich nach dem Inhalt des dinglichen Rechts, das dem Rechtsbesitzer zusteht: Der Nießbraucher kann gem. Art. 987 ZGB Herausgabe der entzogenen Sache zur Ausübung seines Nießbrauchs verlangen. Der Inhaber der Grunddienstbarkeit eines Wegerechts kann gem. Art. 989 ZGB die Freilegung des Wegs von Hindernissen beantragen, die die Ausübung seines Rechts stören. Art. 996 ZGB spricht nur von „Besitzklagen". Damit scheinen die Abwehrrechte aus Art. 985 ZGB ausgeschlossen zu sein. Nach der Theorie müssen sie jedoch

---

198 IrPatras 149/2008, Nomos.

199 Koumanis in Georgiades, Kurze Auslegung des ZGB, Art. 994 Rn. 9.

200 Jauernig in Jauernig, BGB Kommentar, § 866 Rn. 4.

201 Wieling, Sachenrecht, Band I, S. 214.

202 Aber nicht jede Besitzstörung schließt den possessorischen Schutz aus. Wieling, Sachenrecht, Band I, S. 215; Palandt, § 866 Rn. 4.

auch dem Rechtsbesitzer zuerkannt werden.[203] Art. 996 ZGB trifft keine Unterscheidung bezüglich der Personen, die beim Rechtsbesitzschutz passivlegitimiert sind.[204] Der Schutz gegen Dritte erfolgt in erster Linie nach Art. 996 ZGB. Gegen den Detentor wird der Schutz aus Art. 998 ZGB gefolgert. Die Rechtsprechung hat den Schutz aus Art. 996 ZGB auch gegen den Besitzer anerkannt; so kann der Inhaber der Grunddienstbarkeit eines Wegerechts gegen den entziehenden bzw. störenden Grundstückseigentümer die Klagen aus Art. 987 bzw. 989 ZGB erheben.[205]

Der Rechtsbesitz wird im deutschen Recht gleich wie der Sachbesitz behandelt. Der Eigentümer des herrschenden Grundstücks, dem das Wegerecht auf dem benachbarten dienenden Grundstück verwehrt wird, kann gegen den unmittelbaren Besitzer des dienenden Grundstücks oder gegen jeden Dritten, der den Weg absperrt, die Abwehrrechte nach § 859 BGB oder die Besitzschutzansprüche nach §§ 861, 862 BGB geltend machen.[206]

g) Schutz des Detentors

Art. 997 ZGB spricht dem Detentor die Besitzklagen zu. Die Vorschrift erklärt zugleich die Rechtsstellung des Detentors gegenüber dem Besitzer. Der Detentor übt die Sachgewalt aufgrund eines schuldrechtlichen Verhältnisses zum Eigen- oder zum Rechtsbesitzer aus. Die Aufzählung („...als Mieter oder Verwahrer...") ist nicht abschließend: „...oder vermöge eines anderen ähnlichen Verhältnisses...". Es ist jedes obligatorische Rechtsverhältnis gemeint, auch wenn nicht im Schuldrecht typisiert.

Aus deutscher Sicht ist fraglich, ob das Besitzmittlungsverhältnis wirksam sein muss. Die h.M. verneint dies als Voraussetzung. Das entspricht dem Zweck des Schutzes des mittelbaren Besitzes, d.h. es wird lediglich „die Aussicht des Vermieters, die Gewalt über die Sache zurückzuerlangen",[207] geschützt, unabhängig davon, ob das zugrundeliegende Rechtsverhältnis unwirksam ist. Aus der Sicht des unmittelbaren Besitzers ist die Unwirksamkeit des Besitzmittlungsverhältnisses für das Besitzrecht belanglos. Auch bei einem unwirksamen Besitzmittlungsverhältnis reicht der Wille des Besitzmittlers, den Besitz dem mittelbaren

203 Georgiades, Sachenrecht, § 25 Rn. 2.
204 Vgl. Art. 997 ZGB: Detentionsschutz nur gegen Dritte.
205 AP 809/2005 ElDik 2006, 130; IrRodos 29/2008 Nomos; IrAndros 12/2007 ArchN 2009, 327.
206 Westermann/Gursky/Eickmann, Sachenrecht, § 26 Rn. 6-7.
207 Wieling, Sachenrecht, Band I, S. 230.

Besitzer zu vermitteln. Dies muss aus den gleichen Gründen im griechischen Recht gelten.

Der Schutz ist ausdrücklich auf Eingriffe Dritter begrenzt. Eingriffe, die dem Eigen- oder dem Rechtsbesitzer entstammen, werden vom Schutzspektrum des Art. 997 ZGB ausgenommen. Der Detentor hat bei Entziehung oder Störung gegen den Besitzer die Ansprüche aus dem zugrundeliegenden Rechtsverhältnis.

Die Gewaltrechte aus Art. 985 ZGB werden dem Detentor von der Lehre teleologisch zugesprochen.[208] Es wurde die Meinung geäußert, dass dem Detentor die Besitzklagen auch gegen den Besitzer zustehen sollten.[209] Der herrschenden Meinung nach lässt der Wortlaut der Vorschrift aber keinen Raum für eine derart weite Auslegung des Begriffs „Dritte".[210]

Der Detentor hat sowohl gegen Dritte als auch gegen den Besitzer bei schuldhaften rechtswidrigen Handlungen Schadensersatzansprüche aus Art. 914 ZGB.

Den gleichen Schutz wie der Detentor genießt der „Rechtsdetentor". Seine Schutzrechte erstrecken sich auch gegen den Besitzer der Sache, an der der Rechtsbesitz begründet ist; so kann sich der Mieter des herrschenden Grundstücks gegen Eingriffe des Eigentümers des dienenden Grundstücks wehren.[211]

h) Schutz des Besitzers gegen den Detentor

Art. 998 ZGB ergänzt Art. 997 ZGB insoweit, als sowohl der Eigen- als auch der Rechtsbesitzer gegen den Detentor bei Besitzverletzung Schutz genießt. Dem Besitzer stehen bei Störung oder Entziehung seitens des Detentors die possessorischen Ansprüche zu. Da der Detentor schon die Sachherrschaft ausübt, erfüllt nicht jede Verletzung der Verpflichtungen aus dem zugrundeliegenden Rechtsverhältnis die Voraussetzungen einer Entziehung bzw. Störung. Eine Besitzverletzung liegt vor, wenn der Detentor während oder nach Beendigung des Rechtsverhältnisses ausdrücklich oder konkludent seinen Willen bekannt macht, sich die Sache anzueignen.[212] Als Besitzverletzung kann die Untervermietung der Sache trotz vertraglichen Verbots im Mietvertrag angesehen werden oder wenn der Mieter nach Ablauf des Mietvertrags die Herausgabe der Sache an den Besitzer verweigert, wenn sein Verhalten auf Aneignungswillen schließen

208 Koumanis in Georgiades, Kurze Auslegung des ZGB, Art. 997 Rn. 10.
209 Anmerkung von Papadimitriou zu ProtKilkis 75/1977 NoV 26 (1978), 543.
210 Op.cit. Anmerkung von Spiridakis, S. 542–543; Balis, Sachenrecht, § 27 Nr. 3.
211 Georgiades, Sachenrecht, § 26 Rn. 13.
212 Koumanis in Georgiades, Kurze Auslegung des ZGB, Art. 998 Rn. 2.

lässt.[213] Es liegt also keine Besitzverletzung vor, wenn der Mieter die Detention mit der Behauptung fortsetzt, dass der Mietvertrag immer noch wirksam sei.[214] Diese Behauptung muss aber berechtigt sein, sonst ginge es um verschleierte Besitzverletzung.[215] Nach dem grammatischen Wortlaut werden dem Besitzer gegen den Detentor nur die Besitzklagen, keine Gewaltrechte nach Art. 985 ZGB zugesprochen.[216]

i) Schutz in mehrstufigen Detentionsverhältnissen

Das griechische Besitzrecht gibt nur beim Rechtsbesitz Antworten über die Verhältnisse und den Rechtsschutz in dem Fall eines mehrstufigen Besitzverhältnisses (z.B. Eigentümer – Nießbraucher – Mieter). In der Praxis kommen jedoch Konstellationen vor, in denen die Detention gestuft ist (z.B. Eigentümer – Mieter – Untermieter). Für solche Fälle enthält das griechische Besitzrecht keine Vorschrift wie § 871 BGB. Die Lehre hat diesbezüglich die Begriffe der mittelbaren und der unmittelbaren Detention entwickelt (Eigentümer = Besitzer – Mieter = mittelbarer Detentor – Untermieter = unmittelbarer Detentor). Zentrale Frage sind die Rechtsschutzverhältnisse unter den Beteiligten. Nach einer Meinung ist Detentor nur der unmittelbare Detentor (Untermieter), dieser genießt den Schutz aus Art. 997 ZGB. Nach einer anderen Meinung hängt der Rechtsschutz vom Rechtsverhältnis zum Besitzer ab: Ist die Untervermietung vom Mietvertrag erlaubt, hat nur der Untermieter die Besitzklagen aus Art. 997 ZGB. Verstößt die Untervermietung gegen den Mietvertrag, dann bleiben die Besitzklagen nur beim Mieter. Im ersten Fall wird angenommen, dass der Untermieter die Detention direkt vom Besitzer ableitet, im zweiten nicht. Nach einer dritten Meinung hat der Untermieter auf jeden Fall die Schutzrechte. Der Mieter

---

213 Georgiades, Sachenrecht, § 26 Rn. 19. Als Besitzentziehung wurde die Verweigerung des Mieters, die Mietsache nach Kündigung des Mietvertrags herauszugeben, erklärt (EfAth 654/2008 ElDik 2009, 616). Als Besitzstörung wurde der Verstoß seitens des Mieters gegen den Mietvertrag erklärt, etwa das Hinzufügen von Bauten (PrPireus 1536/1993 ElDik 1995, 1636).

214 IrAth 5054/2009 ChrID 2010, 266; IrRodos 15/2010 Nomos; IrRodos 47/2014 Nomos.

215 IrAth 1349/1980 ArchN 32, 92; IrSparta 58/1989 NoV 38 (1990) 1477.

216 Balis, Sachenrecht, § 28, Nr. 2; Georgiades, Sachenrecht, § 26 Rn. 20; Papasteriou, Sachenrecht, § 28 Rn. 21; Tousis, Sachenrecht, S. 220. Gegenmeinung Koumanis in Georgiades, Kurze Auslegung des ZGB, Art. 998 Rn. 5.

erhält sie nur dann parallel zu ihm, wenn er in dem Mietvertrag befugt ist, die Sache unterzuvermieten.[217]

Aus neuester Theorie ergibt sich, dass der unmittelbare Detentor die Schutzrechte gegen Dritte auf jeden Fall hat, da er die tatsächliche Sachherrschaft ausübt.[218] Es ist belanglos, ob der mittelbare Detentor befugt war, die Detention zu übertragen. Die Rechte aus Art. 997 ZGB gegen Dritte müssen auch dem mittelbaren Detentor zugesprochen werden, da er auch Detentor ist. Nach analoger Anwendung von Art. 998 ZGB hat er die Besitzklagen auch gegen den unmittelbaren Detentor.[219] Der Besitzer hat sowohl gegen den mittelbaren als auch gegen den unmittelbaren Detentor die Besitzklagen aus Art. 998 ZGB, wenn sein Besitz vom mittelbaren bzw. unmittelbaren Detentor in Frage gestellt wird. Eine solche Besitzverletzung kann vorliegen, wenn der mittelbare Detentor dem unmittelbaren die Detention unbefugt mit Aneignungswillen überlässt.[220] Die karge Rechtsprechung bezüglich solcher Fälle übernimmt grundsätzlich das oben Ausgeführte.[221]

7. Rechtsvergleichende Anmerkungen

Der griechische Gesetzgeber hat rechtshistorisch und rechtspolitisch die Entscheidung getroffen, das Besitzrecht nach dem Vorbild des römischen Rechts zu gestalten. Die gesetzliche Regelung basiert auf der Spaltung des Begriffs des Besitzes in seine Elemente: den Besitzerwillen (*animus*) und die tatsächliche Sachherrschaft (*corpus*). Zentral ist die Rechtsfigur des Besitzers mit Eigentümerwillen (*animus dominandi*), unabhängig davon, ob er die tatsächliche Sachherrschaft selbst oder durch einen anderen ausübt. Der andere ist grundsätzlich der Detentor, der nur einen untergeordneten Detentionswillen (*animus detinendi*) hat, der sich auf das Rechtsverhältnis zum Besitzer stützt. Nach dem griechischen Besitzrecht gilt der Besitzer als der schutzwürdigste: Gegen Dritte stehen ihm die Gewaltrechte aus Art. 985 ZGB und die Besitzklagen aus Art. 987–990 und 995 ZGB zu. Gegen den Detentor stehen ihm die Besitzklagen aus Art. 987–990 ZGB

---

217 Über die Unterbreitung der Theorien und die geübte Kritik siehe Georgiades, Sachenrecht, § 26 Rn. 23–25.

218 Georgiades, Sachenrecht, § 26 Rn. 26; Koumanis in Georgiades, Kurze Auslegung des ZGB, Art. 997 Rn. 21.

219 Op.cit. Koumanis, Art. 998 Rn. 7; Georgiades, Sachenrecht, § 26 Rn. 31.

220 Op.cit. Koumanis, Art. 997 Rn. 24; Georgiades, Sachenrecht, § 26 Rn. 32.

221 IrKoufalion 69/2008 ArchN 2009, 49; IrKoufalion 127/2005Nomos; IrKoufalion 48/1997 Nomos.

zu, nicht aber die Gewaltrechte (Art. 998 ZGB). Dem Detentor stehen im Gegensatz dazu gegen Dritte die Ansprüche aus Art. 987–990 und 995 ZGB wie auch nach der h.L. die Gewaltrechte aus Art. 985 ZGB zu. Gegen den Besitzer wie auch gegen den Rechtsbesitzer genießt er keinen possessorischen Schutz. Wird seine Detention vom Besitzer bzw. Rechtsbesitzer verletzt, kann er nur Ansprüche aus dem zugrundeliegenden Rechtsverhältnis erheben.

Auf der anderen Seite ist das deutsche Besitzrecht stärker von germanischen Elementen geprägt. Für den Begriff des Besitzes ist nur die Ausübung der tatsächlichen Sachherrschaft maßgebend (unmittelbarer Besitz). Freilich wird auch der Begriff des mittelbaren Besitzes für die Fälle geschaffen, in denen der Ausübende der Sachherrschaft nicht der Alleinberechtigte an der Sache ist. Unmittelbarer und mittelbarer Besitzer sind – auf die gleiche Weise wie im griechischen Recht der Besitzer und der Detentor – durch das Besitzmittlungsverhältnis verbunden. Im deutschen Besitzrecht erhält aber der mittelbare Besitzer die untergeordnete Rolle.[222] Den vollen Besitzschutz genießt der unmittelbare Besitzer, sei er Eigenbesitzer oder Fremdbesitzer: Gegen Dritte stehen ihm die Gewaltrechte aus § 859 BGB und die Ansprüche aus §§ 861, 862 und 867 BGB zu. § 858 BGB unterscheidet nicht, ob die verbotene Eigenmacht von einem Dritten oder vom mittelbaren Besitzer stammt. Gegen gesetzwidrige Eingriffe seitens des mittelbaren Besitzers stehen dem unmittelbaren Besitzer die Ansprüche aus §§ 861, 862 und 867 BGB zu.[223] Dem mittelbaren Besitzer erkennt das Gesetz gegen Dritte die Ansprüche aus §§ 861 und 862 BGB zu. Er kann aber grundsätzlich die Wiedereinräumung des Besitzes an den unmittelbaren Besitzer verlangen (§ 869 S. 2 BGB). Nach der Rechtsprechung stehen ihm noch die Abwehrrechte zur Verfügung.[224] Gegen den unmittelbaren Besitzer kann der mittelbare Besitzer sich nur auf Ansprüche aus dem Besitzmittlungsverhältnis berufen. Das deutsche Recht bietet dem mittelbaren Besitzer keine possessorischen Ansprüche gegen den unmittelbaren Besitzer an. Die Tatsache, dass der Besitzer durch eine andere Person seinen Besitz vermitteln lässt, ist mit der dem mittelbaren Besitz

---

222 Die Einbeziehung des mittelbaren Besitzes im BGB wird als Einfluss des römischen Rechts angesehen. Wieling, Sachenrecht, Band I, S. 225–227.

223 Nicht die Gewaltrechte aus § 859 BGB. Wieling, Sachenrecht, Band I, S. 194. Anders Westermann/Gursky/Eickmann, Sachenrecht, § 22 Rn. 4; siehe auch BGH NJW 2010, 3434: „Die nicht durch einen gerichtlichen Titel gedeckte eigenmächtige Inbesitznahme einer Wohnung und deren eigenmächtiges Ausräumen durch den Vermieter stellen … eine verbotene Eigenmacht i.S. von § 858 I BGB … dar …".

224 RG 146, 182, 190.

innewohnenden Gefährdung[225] verbunden, dass der Besitzmittler gegen das Besitzmittlungsverhältnis agiert, indem er die Sache unterschlägt und für sich behält.[226] Etwaige Streitigkeiten zwischen ihnen müssen sich also innerhalb des Besitzmittlungsverhältnisses erschöpfen.

Der Erwerb des Besitzes hat in Griechenland zugleich den Beginn der Ersitzungszeit zur Folge (*possessio ad usucapionem*), sei der Besitzerwerb gutgläubig (ordentliche Ersitzung gem. Art. 1041 ZGB), sei er bösgläubig (außerordentliche Ersitzung gem. Art. 1045 ZGB). Besonders bei der außerordentlichen Ersitzung erfolgt der Eigentumserwerb ohne Weiteres mit dem Verstreichen der Ersitzungzeit sowohl bei Mobilien als auch bei Immobilien.[227] Die Vermutung des Art. 980 Abs. 2 ZGB und die Regel des Art. 982 ZGB beabsichtigen den Schutz des Besitzers vor Eigenmächtigkeiten des Besitzvertreters, die zum Eigentumsverlust kraft Ersitzung führen können. Diese Vorschriften betreffen nicht nur den possessorischen Schutz des Besitzers, sondern auch den Schutz des Eigentums, da sie den Besitzverlust verhindern und damit auch den Beginn der Ersitzungzeit. Das Schutzgeflecht ist aber nicht vollständig. Art. 982 ZGB gilt nur bei Immobilien und nach dem gesetzlichen Wortlaut nur bei Fällen der eigenmächtigen Besitzergreifung durch den Besitzvertreter. Eine Erweiterung seiner Geltung gegen Dritte ist von der herrschenden Lehre verlangt und richterrechtlich sanktioniert, jedoch nicht einstimmig. Aus dieser Sicht sind die hohen Anforderungen, die die griechische herrschende Lehre bezüglich des Willens des Besitzerwerbers (Geschäftsfähigkeit) stellt, erklärlich. Da der Besitzerwerb mit dem Eigentumserwerb verbunden ist,[228] muss der potentielle Eigentümer, wie bei allen Rechtsgeschäften, geschäftsfähig sein. Die strenge Anwendung dieses Prinzips führt manchmal, wie oben erörtert, zu ungerechten Ergebnissen, wie in Fällen der Besitzergreifung durch Geschäftsunfähige. Ihnen wird nach dieser Ansicht der Besitzschutz verweigert.

---

225 Wieling, Sachenrecht, Band I, S. 245.

226 Bei beweglichen Sachen kann der eigenmächtig handelnde unmittelbare Besitzer wegen seiner Bösgläubigkeit kein Eigentum kraft Ersitzung erwerben (§ 937 Abs. 2 BGB), wohl aber der gutgläubige Dritte, dem die Sache übertragen wurde (§§ 932 ff. BGB). Bei Immobilien ist ein gutgläubiger Eigentumserwerb unmöglich, es sei denn, der unrechtmäßige Besitzer habe sich als Eigentümer im Wege des Aufgebotsverfahrens gem. § 927 BGB im Grundbuch eintragen lassen.

227 Im Geltungsbereich des Transkriptionssystems. Über das neue Grundbuchsystem siehe Kapitel VI.

228 Vgl. Bosdas, ElDik 20, 721, 723: „Der Vermögenswert des Besitzes ist auch daraus zu entnehmen, dass er zum Eigentumserwerb durch Ersitzung führt."

Problematisch erscheint im griechischen Recht die Funktion der Detention. Der Hauptredakteur des ZGB hat dem deutschen Besitzrecht Komplexität vorgeworfen und ist dem Vorbild des römisch-byzantinischen Rechts gefolgt.[229] Als Innovation im Vergleich zum früher geltenden römisch-byzantinischen Recht sollte die Zuerkennung der Besitzklagen zugunsten des Detentors gegen Dritte gelten.[230] Die juristische Praxis hat jedoch die Unzulänglichkeiten des griechischen Besitzrechts zum Vorschein gebracht. Die nicht *expressis verbis* Zuerkennung der Gewaltrechte zugunsten des Detentors hat die lückenfüllende Intervention der Lehre verlangt. Außerdem musste die Lehre auf Konstrukte wie „Rechtsdetention", „Detentionsdiener", „fehlerhafte Detention", „Übergehen der Detention auf die Erben des Detentors", „Teildetention", „Mitdetention" rekurrieren, um Erscheinungen des Rechtsverkehrs zu handhaben, wie auch die mehrstufige Detention auf deutschen Vorbildern konstruieren (mittelbare – unmittelbare Detention).

Zusammenfassend kann gefolgert werden, dass das deutsche Recht den Besitz als einen reinen Realzustand regelt und schützt. Im Gegensatz dazu scheint das griechische Recht bei der Besitzregelung zwischen Elementen der vorläufigen Regulierung eines Realzustandes und Elementen der Regulierung von eigentumsbegründenden Handlungen zu schwanken.

---

229 Balis, Sachenrecht, § 2. Im Gegenteil wurde vom Berichterstatter des Entwurfs des Sachenrechts des ZGB – ähnlich wie im BGB – die Unterscheidung zwischen mittelbarem und unmittelbarem Besitzer (Art. 27 des Entwurfs) als wirklichkeitsnäher vorgeschlagen: Thiveos, Entwurf des Zivilgesetzbuchs, Sachenrecht, S. 103–104.

230 Tousis, Sachenrecht, S. 217.

Kapitel IV – Das Eigentum – Nachbarrecht

Das Eigentum wird traditionell als *ius utendi, fuendi et abutendi* bezeichnet. Die Ausübung des Eigentumsrechts ist im Gegenteil in den modernen Rechtsordnungen nicht schrankenlos. Die Grenze des beliebigen Verfahrens mit der Sache wird durch das Gesetz und die Rechte Dritter gezogen (Art. 1000 ZGB). Art. 17 Abs. 1 S. 2 Verf. verweist ausdrücklich auf die Sozialbindung des Eigentums. Dieses Prinzip hat seinen Niederschlag im griechischen Zivilrecht auf eine umfassende Weise in Art. 281 ZGB gefunden.[1]

Unter dem genannten Vorbehalt ist der Eigentümer in beiden Rechtsordnungen mit den umfassendsten Befugnissen über die Sache ausgestattet. Deutsches und griechisches Recht empfinden Eigentum als ein doppelseitiges Recht (Art. 1000 ZGB/§ 903 S. 1 BGB). Der Eigentümer kann einerseits mit der Sache nach Belieben verfahren und andererseits Einwirkungen Dritter an der Sache ausschließen. Dieses letzte Charakteristikum entspricht den rechtlichen Schutzmitteln, die dem Eigentümer im Fall des Entzugs oder der Störung des Eigentums zustehen.

Nicht jedes Vermögensgut kann Gegenstand des zivilrechtlichen Begriffs des Eigentums sein. Im Sinn des Sachenrechts kann Eigentum nur an Sachen im Sinn von Art. 947 ZGB bestehen (Art. 999 ZGB). Nach Art. 17 Abs. 1 S. 1 Verf.: „Das Eigentum steht unter dem Schutz des Staates." Der Gesetzgeber erlegt damit dem Staat die Verpflichtung auf, das Eigentum gegen Eingriffe sowohl Privater als auch der Verwaltung zu schützen. Die griechische Verfassung besagt nichts über den Inhalt oder die Bestimmung des Inhalts des Eigentums (vgl. Art. 14 Abs. 1 GG). Es besteht kein Zweifel daran, dass die verfassungsrechtliche Auslegung des Eigentums weiter als die zivilrechtliche ist. Die griechische Rechtsprechung hat jedoch unter dem Begriff Eigentum in erster Linie die dinglichen Rechte verstanden. Diese Einstellung hat sich unter dem Einfluss der internationalen Entwicklungen geändert (Art. 1 des 1. Zusatzprotokolls der EMRK). Danach beinhaltet der Begriff Eigentum sowohl Forderungen als auch immaterielle Güter (z.B. Patente, Urheberrechte).[2]

---

1 Siehe auch: Art. 25 Abs. 3 Verf.: „Rechtsmissbrauch ist nicht erlaubt." Aus der Rechtsprechung: AP 229/1998 ElDik 1998, 1319.

2 Ein Überblick in Dagtoglou, Menschenrechte, Rn. 1198–1201.

1. Gesetzestext (Art. 999–1001 u. 1003–1032 ZGB)

Art. 999 Eigentumsgegenstand
Gegenstand des Eigentums sind nur Sachen oder was vom Gesetz als Sache betrachtet wird.

Art. 1000 Eigentumsinhalt
Der Eigentümer einer Sache kann, soweit nicht das Gesetz oder Rechte Dritter entgegenstehen, über die Sache nach Belieben verfügen und andere von jeder Einwirkung auf diese ausschließen.

Art. 1001
Das Eigentum an einem Grundstück erstreckt sich, sofern das Gesetz nicht ein anderes bestimmt, auf den Raum über der Oberfläche und auf den Erdkörper unter der Oberfläche. Der Eigentümer kann jedoch Einwirkungen nicht verbieten, die in solcher Höhe oder Tiefe vorgenommen werden, dass er an der Ausschließung kein Interesse hat.

Art. 1002 Stockwerkseigentum (s. Kapitel VII)

Art. 1003 Eigentumsbeschränkungen, Immissionen
Der Eigentümer eines Grundstücks ist verpflichtet, die Zuführung von Rauch, Asche, Gerüchen, Wärme, Geräuschen, Erschütterungen oder andere ähnliche von einem anderen Grundstück ausgehende Einwirkungen insoweit zu dulden, als sie die Benutzung seines eigenen Grundstücks nicht wesentlich beeinträchtigen oder durch eine Benutzung herbeigeführt werden, die bei Grundstücken des Ortes, in dem das beeinträchtigende Grundstück liegt, üblich ist.

Art. 1004 Schädigende Anlagen
Der Eigentümer eines Grundstücks ist berechtigt zu verbieten, dass auf dem Nachbargrundstück Anlagen hergestellt oder gehalten werden, sofern von ihrem Bestand oder von ihrer Benutzung rechtswidrige Einwirkungen auf sein Grundstück mit Sicherheit vorauszusehen sind.

Art. 1005
Wird im Falle des vorangehenden Artikels die Anlage mit behördlicher Erlaubnis, welche nach dem Gesetz erforderlich ist, oder nach Beachtung von besonderen im Gesetz bestimmten Bedingungen erstellt, so kann die Beseitigung der Anlage nur von dem Zeitpunkt an verlangt werden, von dem an tatsächlich die beeinträchtigenden Einwirkungen auf das Grundstück erfolgten.

Art. 1006 Einsturzgefahr eines Gebäudes
Besteht die Gefahr, dass ein Gebäude oder ein anderes Werk ganz oder zum Teil einstürzt, und wird dadurch ein Nachbargrundstück bedroht, so ist der Eigentümer

des Nachbargrundstücks berechtigt, von demjenigen, welcher nach den Vorschriften über unerlaubte Handlungen zum Schadenersatz verpflichtet sein würde, zu verlangen, dass er die zur Abwendung der Gefahr erforderlichen Vorkehrungen trifft.

Art. 1007 Vertiefung an den Fundamenten des Nachbarn
Ein Grundstück darf nicht in der Weise vertieft werden, dass der Boden des Nachbargrundstücks die erforderliche Stütze verliert, es sei denn, dass für eine genügende anderweitige Befestigung gesorgt ist.

Art. 1008 Wurzeln und Zweige des Nachbargrundstücks
Der Eigentümer eines Grundstücks kann Wurzeln von Bäumen des Nachbargrundstücks, welche in sein Grundstück eindringen, abschneiden und für sich behalten. Das gleiche gilt für die auf sein Grundstück herüberragenden Zweige der Bäume des Nachbargrundstücks, wenn vorher für dessen Besitzer eine angemessene Frist zum Abschneiden bestimmt wurde.

Dieses Recht wird nicht gewährt, wenn die Wurzeln oder die Zweige die Benutzung des Grundstücks nicht hindern.

Art. 1009 Auf ein Nachbargrundstück hinüberfallende Früchte
Früchte, die von einem Baum auf ein Nachbargrundstück hinüberfallen, gelten als Früchte dieses Grundstücks. Diese Vorschrift gilt nicht, wenn das Nachbargrundstück dem öffentlichen Gebrauch dient.

Art. 1010 Teilweiser Überbau auf ein Nachbargrundstück
Hat der Eigentümer eines Grundstücks bei der Errichtung eines Gebäudes gutgläubig das Gebäude auf das Nachbargrundstück erstreckt und der Eigentümer des Nachbargrundstücks, bevor das Gebäude zum großen Teil errichtet ist, keinen Widerspruch erhoben, so kann das Gericht nach billigem Ermessen das Eigentum des überbauten Grunds dem Eigentümer des bebauten Grundstücks gegen Erstattung seines Werts zur Zeit der Errichtung des Baus und jedes anderen Schadens, insbesondere aus der etwaigen Verminderung des Wertes des übriggebliebenen Teils, zuerkennen.

Art. 1011
Die Vorschrift des vorangehenden Artikels findet entsprechende Anwendung auch dann, wenn durch die Erstreckung des Gebäudes auf das Nachbargrundstück und durch die Zuerkennung andere beeinträchtigt werden, welche an dem Nachbargrundstück ein dingliches Recht haben.

Art. 1012 Verpflichtung zur Gewährung eines Weges
Fehlt einem Grundstück die notwendige Verbindung mit dem Weg, so ist sein Eigentümer berechtigt, von den Nachbarn gegen entsprechende Entschädigung einen Notweg zu verlangen.

Art. 1013
Die Richtung des Notwegs und der Umfang des Benutzungsrechts sowie die zu entrichtende Entschädigung werden durch gerichtliche Entscheidung bestimmt.

Art. 1014
Die Verpflichtung der Nachbarn zur Duldung des Notwegs tritt nicht ein, wenn die Verbindung des Grundstücks mit dem öffentlichen Weg durch eine willkürliche Handlung oder Unterlassung des Eigentümers aufgehoben wurde.

Art. 1015
Wird infolge der Veräußerung eines Teils des Grundstücks der veräußerte oder der zurückbehaltene Teil von der Verbindung mit dem öffentlichen Weg abgeschnitten, so hat der Eigentümer desjenigen Teils, über welchen die Verbindung bisher stattgefunden hat, den Notweg zu dulden. Der Veräußerung eines Teils steht die Veräußerung eines von mehreren demselben Eigentümer gehörenden Grundstücken gleich.

Art. 1016
Wer in der Benutzung des Notwegs gehindert oder gestört wird, wird nach den Vorschriften über den Schutz der Grunddienstbarkeiten geschützt, welche entsprechend anzuwenden sind.

Art. 1017
Hat infolge des Baus eines neuen Wegs oder aus einem anderen Grund das Bedürfnis für einen bereits bestehenden Notweg aufgehört, so ist der Eigentümer des Grundstücks, auf dem dieser sich befindet, berechtigt, dessen Aufhebung gegen Rückgabe der entrichteten Entschädigung zu verlangen.

Art. 1018 Duldung von Ausbesserungen
Ist zur Ausbesserung oder zur Erneuerung eines Gebäudes der Zutritt und der Verkehr des arbeitenden Personals oder das vorübergehende Unterbringen von Anlagen oder Baumaterial auf dem Nachbargrundstück erforderlich, so ist der Eigentümer des Nachbargrundstücks, sofern dessen Benutzung nicht wesentlich beeinträchtigt wird, verpflichtet, dies gegen Entschädigung oder gegen Sicherheitsleistung für den etwaigen Schaden zu dulden.

Art. 1019 Grenzzeichen von benachbarten Grundstücken
Der Eigentümer eines Grundstücks ist berechtigt, von dem Eigentümer eines Nachbargrundstücks die gemeinschaftliche und durch gemeinsame Beiträge zu bezahlende Errichtung von festen Grenzzeichen oder die Wiederherstellung von Grenzzeichen, die verrückt oder unkenntlich geworden sind, zu verlangen.

Art. 1020 Grenzscheidung
Bei Grenzverwirrung erfolgt die Grenzscheidung durch das Gericht. Ist die Ermittlung unmöglich, so ist für die Abgrenzung der bestehende Besitzstand maßgebend. Kann auch der Besitzstand nicht festgestellt werden, so ist jedem der Grundstücke ein gleich großes Stück der streitigen Fläche zuzuteilen.

Art. 1021 Einrichtung zwischen angrenzenden Grundstücken
Werden zwei Grundstücke durch einen Fußweg oder einen anderen Rain oder eine Hecke oder Mauer oder einen Graben oder eine andere Einrichtung, die zum Vorteil beider Grundstücke dient, voneinander geschieden, so wird vermutet, dass die Eigentümer der Grundstücke zur Benutzung der Einrichtung gemeinschaftlich berechtigt seien, sofern sich aus den äußeren Merkmalen oder dem Ortsbrauch nicht die ausschließliche Benutzung durch den einen der Nachbarn ergibt.

Art. 1022
Steht im Fall des vorangehenden Artikels die Benutzung der Einrichtung beiden Nachbarn gemeinschaftlich zu, so ist jeder zu ihrer Benutzung in einer Weise berechtigt, welche mit der Bestimmung der Einrichtung im Einklang steht, ohne dass die Mitbenutzung des anderen gehindert wird. Die Unterhaltungskosten sind von den Nachbarn zu gleichen Teilen zu tragen. Solange einer der Nachbarn an dem Fortbestand der Einrichtung ein Interesse hat, darf sie nicht ohne seine Zustimmung beseitigt oder geändert werden. Im Übrigen finden zwischen den Nachbarn die Vorschriften über die Gemeinschaft Anwendung.

Art. 1023 Grenzbaum
Der Grenzbaum gehört beiden Nachbarn gemeinschaftlich.

Sofern er nicht als Grenzzeichen dient, ist jeder der Nachbarn berechtigt, die Beseitigung zu verlangen.

Art. 1024 Verpflichtungen aus dem Lauf des Wassers
Die tiefer gelegenen landwirtschaftlichen Grundstücke haben den von den höher liegenden Grundstücken natürlicherweise und ohne künstliche Vorrichtungen abfließenden Wasserlauf aufzunehmen. Dem Eigentümer des unterhalb oder des oberhalb liegenden Grundstücks ist jede Einrichtung verboten, welche den natürlichen Lauf des Wassers hindert oder verändert.

Art. 1025
Der Eigentümer eines Grundstücks ist verpflichtet, die Ausbesserung oder Wiederherstellung der im Grundstück sich befindenden, zur Einschränkung des Laufs des Wassers bestehenden Einrichtungen zu dulden, sofern dies ohne Schaden des Grundstücks geschieht. Die Kosten haben diejenigen, welche daraus Vorteile ziehen, nach Maßgabe ihres Vorteils zu tragen.

Art. 1026 Dachregenwasser
Der Eigentümer eines Gebäudes ist verpflichtet, das Dach des Gebäudes so zu bauen, dass das Regenwasser nicht auf das Grundstück des Nachbarn abfließt.

Art. 1027 Wasser zum Gebrauch eines Dorfes
Der Eigentümer eines Grundstücks kann nicht das Wasser einer sich auf diesem befindenden Quelle derart benutzen oder einen Brunnen derart graben, dass das den Bedürfnissen der Einwohner eines Dorfes dienende Wasser abgeschnitten oder wesentlich vermindert wird.

Art. 1028 Verpflichtungen desjenigen, der einen Brunnen oder eine Quelle hat
Der Eigentümer eines Grundstücks, auf dem sich eine Quelle oder ein Brunnen befindet, ist verpflichtet, dem Eigentümer des Nachbargrundstücks gegen Entschädigung das für seinen Hausbedarf unentbehrliche Wasser, soweit er es selbst nicht entbehrt, zu gewähren, sofern diesem die Beschaffung des Wassers von einem anderen Ort nur mit unverhältnismäßig hohen Kosten möglich ist.

Art. 1029 Leitung durch fremdes landwirtschaftliches Grundstück
Der Eigentümer eines Grundstücks ist berechtigt, gegen Entschädigung die Durchleitung von Quell-, Brunnen- oder Flusswasser durch ein fremdes landwirtschaftliches Grundstück zu verlangen, sofern er auf dieses Wasser ein Recht hat. Die Durchleitung hat auf die für das belastete Grundstück günstigste und am wenigsten lästige Art zu erfolgen.

Art. 1030
Wer entsprechend dem vorangehenden Artikel durch ein fremdes Grundstück Wasser leitet, ist zu den nötigen Einrichtungen verpflichtet, so dass dadurch Eigentümern von Nachbargrundstücken die Ausübung ihrer Rechte nicht beeinträchtigt wird.

Art. 1031 Röhre durch ein fremdes Grundstück
Der Eigentümer eines Grundstücks ist verpflichtet, das Durchlegen von Wasserleitungs- oder Gasröhren oder von elektrischen Kabeln durch das Grundstück ober- oder unterhalb des Erdbodens zugunsten anderer Grundstücke unter Berücksichtigung auch seiner eigenen Interessen gegen entsprechende Entschädigung zu gestatten. Die Anlage hat auf die für das belastete Grundstück günstigste und am wenigsten lästige Art zu erfolgen. Der Eigentümer dieses Grundstücks ist berechtigt, die Umlegung der Anlage auf einen anderen Platz des Grundstücks auf Kosten des Berechtigten zu verlangen.

Art. 1032 Verjährung von Beschränkungen
Die Ansprüche aus den Artikeln 1004 bis 1007, 1012, 1015, 1018, 1019, 1020, 1023 Abs. 2, 1029 und 1031 unterliegen nicht der Verjährung.

2. Inhalt und Beschränkungen des Eigentums

Weder das griechische (Art. 1000 ZGB) noch das deutsche Recht (§ 903 S. 1 BGB) enthalten eine Definition des Eigentums.[3] Das Eigentum wird eher von seinen Charakteristika und seinen Manifestationen auf die Außenwelt gekennzeichnet: Der Eigentümer darf **positiv** (*nach Belieben*) auf die Sache einwirken. Seine Befugnisse bestehen grundsätzlich in Herrschafts-, Nutzungs- und Verfügungsrechten an der Sache. Darüber hinaus können sich die Befugnisse des Eigentümers **negativ** erkennbar machen, indem er fremde Einwirkungen auf die Sache ausschließen kann. Dem Eigentümer stehen z.B. die Vindikationsklage gegen den unberechtigten Besitzer (Art. 1094 ZGB; vgl. § 985 BGB), die negatorische Klage gegen den Störer des Eigentums (Art. 1108 ZGB; vgl. § 1004 BGB), das Verfolgungsrecht (Art. 1109 ZGB; vgl. § 1005 BGB), die publizianische Klage (Art. 1112 ZGB über Grundstücke; vgl. § 1007 BGB nur über bewegliche Sachen), sowie die Abwehrrechte, die sich aus dem Nachbarrecht ergeben (Art. 1003 ff. ZGB; vgl. §§ 906 ff. BGB), zu.

Der Eigentümer kann freiwillig einige seiner Befugnisse an der Sache abspalten, um sie einem Dritten – unter Beachtung des Grundsatzes des *numerus clausus* der dinglichen Rechte – zu verleihen. Das bedeutet nicht, dass das Eigentum eine Kompilation von verschiedenen dinglichen Rechten wie Nießbrauch, sonstigen Dienstbarkeiten, Hypothek usw. ist. Es ist ein einheitliches Recht. Bei der Bestellung eines beschränkten dinglichen Rechts begründet der Eigentümer zugunsten des Dritten ein selbständiges beschränktes dingliches Recht. Sein Eigentum bleibt unverändert bestehen. Er kann jedoch bestimmte Befugnisse des Eigentums nicht ausüben, solange das beschränkte dingliche Recht besteht. Erlischt das beschränkte dingliche Recht, erlangt der Eigentümer sein Eigentum in vollem Umfang wieder (Elastizitätsprinzip).[4]

Die weitreichenden Befugnisse des Eigentümers an der Sache gelten in beiden Rechtsordnungen unter dem Vorbehalt, dass sie dem Gesetz oder Rechten

3 In § 903 Abs. 1 BGB handele es sich eher um eine Umschreibung des Inhalts des Eigentumsrechts. Wieling, Sachenrecht, Band I, S. 273; Art. 999 ZGB gibt keine weitere Information über den Eigentumsinhalt. Er stellt nur klar, dass nicht nur Sachen, sondern auch „was vom Gesetz als Sache betrachtet wird" Gegenstand von Eigentum sein kann. Die Vorschrift scheint überflüssig zu sein und ist in Zusammenhang mit Art. 947 Abs. 2 ZGB zu sehen.

4 Wieling, Sachenrecht, Band I, S. 274; Georgiades, Sachenrecht, § 27 Rn. 6.

Dritter[5] nicht zuwiderlaufen (Art. 1000 ZGB/§ 903 S. 1 BGB). Die vorgezeichnete Sozialbindung des Eigentums wie auch verschiedene andere Gründe, wie die mit der Ausübung der Wirtschafts-, Umwelts-, Agrar-, Forst-, Raumordnungs-, Bebauungs- und Nationalsicherheitspolitik verbundenen, haben den Erlass zahlreicher Gesetze geboten, die in vielen Fällen erhebliche Eingriffe in die Befugnisse des Eigentümers mit sich bringen.

Die Eigentumsschranken, die sich aus Regelungen außerhalb des ZGB ergeben, gehören grundsätzlich der Materie des öffentlichen Rechts an. Die wichtigsten sind:

3. Schranken des Eigentums

a) Enteignung

Die Enteignung gilt als der massivste Eigentumseingriff, da sie zur vollen Eigentumsentziehung führt.[6] Aus diesem Grund steht sie unter verfassungsrechtlichen Garantien. Aus Art. 17 Abs. 2 S. 1 u. Abs. 4 S. 1 Verf. ergeben sich ihre Hauptmerkmale: Eigentumsentziehung zum Zwecke des Allgemeinwohls durch Einzelakt der Verwaltung gegen Leistung von Entschädigung, die gerichtlich bestimmt wird. Die Enteignung kann sich auf jede Sache beziehen, die zum Privateigentum gehört. Hauptsächlich betrifft sie aber Immobilien. Im Einzelnen wird sie durch das Zwangsenteignungsgesetzbuch über Immobilien (G.2882/2002, im Folgenden ZEGB) geregelt.[7] Die Enteignung kann zugunsten des Staats, juristischer Personen öffentlichen Rechts (z.B. Gemeinden), juristischer Personen des Privatrechts im öffentlichen Dienst (z.B. staatliche Elektrizitätsaktiengesellschaft) wie auch zugunsten Privater (z.B. besitzlose Bauern) erfolgen. Der Ausgleich wird normalerweise in Geld vorgenommen. Es wird aber auch die Möglichkeit eines Austausches mit einer Immobilie, die der öffentlichen Hand gehört (Art. 2 Abs. 2 ZEGB), vorgesehen.

Zuständig für die Feststellung des Wertes der Immobilie und für die Bestimmung der Entschädigung sind die Zivilgerichte (Art. 19 Abs. 1, Art. 20 Abs. 1

---

5 Unter „Rechte Dritter“ versteht sowohl die griechische als auch die deutsche Theorie grundsätzlich beschränkte dingliche (nicht schuldrechtliche) Rechte. Georgiades, Sachenrecht, § 28 Rn. 14; Jauernig in Jauernig, BGB Kommentar, Art. 903 Rn. 5.

6 Das ist freilich nicht immer der Fall. Die Eigentumsentziehung kann auch teilweise erfolgen, etwa durch das Verlegen von Kabeln oder Röhren zugunsten eines Versorgungsunternehmens (Elektrizitätsgesellschaft) oder einer staatlichen Einrichtung (Militär). In solchen Fällen werden Eigentumsbeschränkungen begründet.

7 Erlassen durch G.2882/2001.

ZEGB). Die Erklärung der Enteignung wird *ipso jure* aufgehoben, wenn sie nicht innerhalb von anderthalb Jahren ab Veröffentlichung des Urteils über die Bestimmung der Entschädigung vollzogen wird (Art. 11 Abs. 3 S. 1 ZEGB).

Das unvollkommene Publizitätssystem der Transkription (kein öffentlicher Glaube der Eintragungen) darf dem Vollzug der Enteignung nicht im Wege stehen. Das Gesetz sieht das gerichtliche Verfahren für die Feststellung der Entschädigungsberechtigten vor (Art. 26 ZEGB). Die Enteignung wird mit der Entrichtung der Entschädigung an den „gerichtlich als berechtigt Festgestellten oder an den wahren Berechtigten" oder mit der Veröffentlichung ihrer Hinterlegung bei der öffentlichen Hinterlegungs- und Kreditkasse im Amtsblatt der Regierung vollzogen (Art. 7 Abs. 1 ZEGB), nachdem das rechtskräftige Feststellungsurteil vorgelegt wird (Art. 8 Abs. 2 ZEGB). Davor ist jeder Eingriff auf das Grundstück verboten (Art. 7 Abs. 4 S. 2 ZEGB).[8] Ab dem Zeitpunkt der Entschädigungszahlung geht das Eigentum originär auf denjenigen über, zugunsten dessen die Enteignung erfolgt ist (Art. 7 Abs. 4 S. 1 ZEGB). Jeder Besitzer oder Detentor muss das Grundstück an den Begünstigten herausgeben (Art. 9 Abs. 2 ZEGB). Dingliche Rechte Dritter, gleichgültig ob der Dritte am Prozess teilgenommen hat, verwandeln sich in schuldrechtliche Forderungen hinsichtlich des Entschädigungsbetrags (Art. 9 Abs. 4 ZEGB). Die öffentliche Hinterlegungs- und Kreditkasse wird mit der Zahlung von jeder Verpflichtung befreit (Art. 8 Abs. 4 S. 1 ZEGB). Gegenüber Drittberechtigten haftet der Entschädigungsnehmer (Art. 8 Abs. 4 S. 2 i.V.m. Art. 26 Abs. 12 ZEGB).

Art. 9 Abs. 1 ZEGB sieht die Eintragung des betreffenden Verwaltungsakts über die Erklärung der Enteignung ins Transkriptionsbuch nach dem Vollzug vor. Ob dies eine Voraussetzung für die Begründung[9] des Eigentums ist, ist umstritten. Art. 7 Abs. 4 S. 1 ZEGB verlangt für den Eigentumserwerb keine Eintragung. Nach der Lehre ist jedoch die Unterlassung einer Eintragung unter dem Gesichtspunkt der Rechtssicherheit bedenklich.[10]

Das oben Ausgeführte gilt für die Enteignung „im klassischen Sinn". Der in Deutschland umstrittene Bereich der Enteignung „im materiellen Sinn" bezüglich Eigentumseingriffen durch Hoheitsakte, die zu Eigentumsbeeinträchtigungen

---

8 Ausgenommen sind Werke von allgemeiner Bedeutung für die Nationalwirtschaft (Art. 7A Abs. 1 ZEGB).

9 Hier ist nicht die Rede von Eigentumsübergang, da es sich um originären Eigentumserwerb handelt.

10 Georgiades, Sachenrecht, § 41 Rn. 17.

führen, die nicht in den klassischen Begriff der Enteignung fallen, hat auch in Griechenland die Lehre und die Rechtsprechung beschäftigt.[11]

b) Raumordnungs- und baurechtliche Vorschriften

Der Staat macht die Bestimmung einer ordnungsgemäßen Nutzung des Raums und der Voraussetzungen für den Bau von Grundstücken mit dem Zweck der Gewährleistung von nach Möglichkeit besseren Lebensbedingungen zu seiner Aufgabe (Art. 24 Abs. 2 Verf.). Das Raumordnungs- und Baurecht findet sich in Griechenland in Gesetzen, Verordnungen und Verwaltungsakten nationaler oder lokaler Geltung und konstituiert einen schwer zu überblickenden Bereich.[12] Die wichtigsten Vorschriften finden sich in der GV vom 17.7/16.8.1923 (Über die Planung von Städten, Kleinstädten und Siedlungen des Staates und über den Bau derselben), GV 690/1948 (Über die Ergänzung von Vorschriften über die Stadtplanung), G.947/1979 (Über Wohngebiete), G.1337/1983 (Erweiterung von Stadtplänen, Wohnentwicklung und hierauf bezogene Vorschriften), der Neuen Bauverordnung (G.4067/2012, im Folgenden NBV) und neuerdings G.4269/2014 (Raumordnungs- und Stadtplanungsreform, Nachhaltige Entwicklung) wie von G.4447/2016 (Raumplanung – Nachhaltige Entwicklung und andere Vorschriften) abgeändert.

Die Grundzüge des griechischen Raumordnungs-, Städtebauplanungs- und Baurechts lassen sich wie folgt skizzieren:

Der Staat hat die ausschließliche Befugnis, Bebauungspläne zu entwerfen und zu vollziehen (Art. 1 GV vom 17.7/16.8.1923, Art. 9 G.947/1979, Art. 3 G.1337/1983). Dem Privaten ist eine solche Möglichkeit verwehrt.[13] Art. 20 GV vom 17.7/16.8.1923 sieht Nichtigkeit für Eigentumsübertragungen vor, durch die die Schaffung von Straßen, Plätzen usw. durch Private bezweckt wird. Ebenso verboten ist die auf dem Privatwillen beruhende Zerteilung eines größeren Grundstücks in Flächen unterhalb der im Bebauungsplan vorgeschriebenen Flächen und Dimensionen. Dadurch wird innerhalb des Bebauungsplans

11 Nur beispielsweise: StE 695/1986 NoV 34 (1986) 945; StE 982/2005 NoV 53 (2005) 1683. Über die verschiedenen Theorien s. statt anderer Georgiades, Sachenrecht, § 40 Rn. 12–15.

12 1999 wurde das Gesetzbuch über die grundlegende Städtebauplanungsgesetzgebung erlassen. Es ist eine bloße Kompilation von Raumordnungs-, Städtebauplanungs- und Baurechtsvorschriften aus verschiedenen Quellen unter einheitlicher Nummerierung. Das Überlappen vieler Vorschriften wurde dabei nicht vermieden.

13 Ausnahme bilden die Baugenossenschaften (G.4289/2014). Die Stadtplanung unterliegt jedoch der Genehmigung der Verwaltung.

die Schaffung von nicht bebaubaren Grundstücken vereitelt und außerhalb des Bebauungsplans die Zerstückelung des Landes mit dem Ergebnis der Erschwerung einer künftigen sinnvollen Städtebauplanung vermieden.[14]

Befindet sich ein Gebiet im Prozess der Städtebauplanung, darf die Verwaltung Bausperre anordnen (Art. 8 GV vom 17.7/16.8.1923, Art. 15 G.947/1979, Art. 4 G.1337/1983). Die Eigentümer von Grundstücken müssen Beiträge in Form von Grund und Geld leisten (Art. 24 Abs. 3 Verf., Art. 8 Abs. 3 u. Abs. 7 G.1337/1983). Die Verwaltung darf Grundstücke zur Schaffung von Straßen, Plätzen und von Räumen, die dem Gemeinwohl dienen, gegen Entschädigung enteignen (Art. 30 GV vom 17.7/16.8.1923, Art. 22 G.947/1979, Art. 5 Abs. 3 G.1337/1983), Eigentümern, die ihr Eigentum verlieren, andere Grundstücke aus dem Grundbestand zuweisen (Art. 8 Abs. 8b G.1337/1983), kleinere Parzellen durch Gründung von Zwangsmiteigentum zu einem bebaubaren Grundstück vereinigen (Art. 50 GV vom 17.7/16.8.1923, Art. 12 Abs. 3 G.1337/1983). Innerhalb der unter Stadtplanung stehenden Gebiete erhält der Staat das Vorkaufsrecht auf die Grundstücke (Art. 55 G.947/1979 i.V.m. Art. 5 Abs. 4 G.1337/1983).

Die Errichtung von Gebäuden, die Durchführung sonstiger Bauarbeiten wie auch das Abreißen von Gebäuden bedarf der Erteilung einer Genehmigung durch die Verwaltung (G.4030/2011: Neue Weise der Erteilung von Baugenehmigungen, der Überprüfung von Bauten und andere Vorschriften). Die bebaubare Fläche, die Mindestabstände von benachbarten Grundstücken, die Höhe des Baus usw. werden im Gesetz genau vorgeschrieben (Art. 11 ff. NBV). Besondere Bestimmungen werden in traditionellen Siedlungen oder in Stadtvierteln und Siedlungen getroffen, die zu dem architektonischen Kulturerbe gehören.

Von Bedeutung ist Art. 9 Abs. 1 NBV: „Die Begründung von Dienstbarkeiten, die die Beschränkung der Bau- oder Erweiterungsmöglichkeit von Gebäuden oder Einrichtungen gemäß den geltenden Bauvorschriften zur Folge haben, ist verboten…“. Ausgenommen wird die Begründung eines Wegerechts, wenn kein anderer Zugang zur gemeinschaftlich genutzten Fläche des Grundstücks vorhanden ist. Bestehende Dienstbarkeiten werden gegen gerichtlich zu bestimmende Entschädigung des Eigentümers des herrschenden Grundstücks aufgehoben. Diese Sondervorschrift ist den Regelungen von Art. 1118–1141 u. Art. 1188–1191 ZGB überlegen.[15]

---

14 Für Grundstücke innerhalb des Bebauungsplans gilt grundsätzlich Art. 2 GV 690/1948, für Grundstücke außerhalb des Bebauungsplans gilt Art. 29 Abs. 1 G.1337/1983 i.V.m. Bestimmungen von lokaler Geltung, z.B. für das Gebiet Athens, Teilungsgrenze 20.000 q.m. (PV von 22.6.1983, Amtsbl. 284/D/7.7.1983). Ein Verstoß gegen diese Vorschriften bringt die Nichtigkeit des betroffenen Rechtsgeschäfts mit sich.

15 Mehr darüber in Kapitel IX.

Die griechische Verwaltung und Gesetzgebung haben sich als relativ träge angesichts der Bedürfnisse moderner Zeiten erwiesen. Eine griechenlandweite Raumordnungsplanung gibt es immer noch nicht. Raumordnungsbedürfnisse werden auf lokaler Ebene gelöst. Die bestehenden Bebauungspläne der Großstädte, besonders von Athen und Thessaloniki, konnten dem raschen Zustrom der Bevölkerung in den 60er und 70er Jahren nicht gerecht werden. In vielen Fällen wurden der Bebauungsplan nicht ordnungsgemäß erweitert und die Bauvorschriften nicht rechtzeitig aktualisiert.[16]

Eine Besonderheit des griechischen Bauwesens konstituiert die Verbreitung des illegalen Bauens, bestehe es in vollständig genehmigungslosem Bauen oder in illegalen Erweiterungen an legalen Gebäuden. Das Problem wurde dadurch akzentuiert, dass das Bauen außerhalb des Bebauungsplans grundsätzlich erlaubt ist und dass eine große Zahl der Landbevölkerung sich besonders nach dem Zweiten Weltkrieg in den Großstädten niederlassen wollte.[17] Obwohl der Gesetzgeber das Problem schnell erkannt und den Abriss stipuliert hat (Art. 60 GV vom 17.7/16.8.1923), schwankte das Verhalten der Verwaltung zwischen Toleranz - durch die Auferlegung von Bußgeldern - und Gleichgültigkeit.[18] Im Laufe der Zeit hat der Gesetzgeber grundsätzlich durch strafrechtliche Vorschriften erfolglos versucht, dem illegalen Bauen einen Riegel vorzuschieben. In der Praxis wurde durch verschiedene Gesetzesbestimmungen (z.B. G.720/1977, G.1337/1983, G.3843/2010, G.4014/2011) der Abriss der illegalen Bauten durch die Zahlung eines Beitrags oder eines Bußgelds ausgesetzt. Die Verfassungswidrigkeit solcher Vorschriften wurde mehrmals von dem obersten Verwaltungsgericht festgestellt.[19]

Nach dem Schema der heute geltenden G.4178/2013 und G.4495/2017 über die Bekämpfung des illegalen Bauens wird der Abriss illegaler Bauten, die bis 28.7.2011 errichtet worden sind, je nach Gebäudekategorie entweder abgesagt

16 Z.B. die Regelungen über die Pflicht der Bauwilligen, Abstellplätze vorzusehen (G.960/1979 u. G.1221/1981), kamen, als das Parkproblem in den großen Stadtteilen akut war.

17 Christophyllopoulos, Änderung von Bebauungsplänen, S. 3–6.

18 Einführungsbericht von G.4014/2011.

19 Leitgedanke der Entscheidungen ist, dass die verallgemeinerte Ausnahme illegaler Bauten aus dem Abriss gegen Art. 24 Abs. 2 Verf. verstoße, da sie eine sinnvolle Städtebauplanung verhindere und zu einer übermäßigen ständigen Verschlechterung der Lebensbedingungen der Einwohner führe: StE 1876/1980 über G.720/1977; StE 3500/2009, StE 3921/2010 über G.1337/1983; StE 3341/2013, StE 1118/2014, StE 1119/2014 über G.4014/2011.

oder auf einen Zeitraum von 30 Jahren ausgesetzt (Art. 9 G.4178/2013, Art. 88 G.4495/2017). Voraussetzung für die Inanspruchnahme der Gesetzesvorschriften ist die Aufzeichnung der Irregularitäten durch einen Zivilingenieur und die Zahlung der entsprechenden Verwaltungsgebühr bzw. des Bußgelds durch den Eigentümer. Unter dem Gesichtspunkt der Eigentumsbeschränkungen ist bedeutend, dass Art. 1 Abs. 1 G.4178/2013, Art. 89 Abs. 2 G.4495/2017 die Wirksamkeit der Begründung und Übertragung von dinglichen Rechten an Immobilien von der Erledigung eventueller baurechtlicher Verstöße abhängig macht. Dies wird dadurch erzielt, dass die Bescheinigung des Zivilingenieurs der betreffenden Urkunde beigefügt wird, nach der das Grundstück entweder unbebaut ist oder die Bauten legal sind oder die illegalen Bauten in eine der „erledigungsfähigen" Kategorien des Gesetzes fallen (Art. 3 Abs. 1 G.4178/2013, Art. 83 Abs. 1, 2 G.4495/2017). Die Verhängung schwerer strafrechtlicher und disziplinarer Strafen gegen die Zivilingenieure, die sich mit dem Verfahren befasst haben (Art. 6 Abs. 1, 2 G.4178/2013, Art. 83 Abs. 12 G.4495/2017), wie auch die obligatorische Benutzung von Luftaufnahmen vom 28.7.2011 zum Nachweis der Errichtungszeit (Art. 7 Abs. 2 G.4178/2013, Art. 85 und 87 G.4495/2017) scheinen zum ersten Mal das Problem des illegalen Bauens wesentlich verringert zu haben. G.4178/2013 wurde grundsätzlich für verfassungsmäßig befunden.[20]

c) Denkmalschutz – Kulturerbe

„Die Denkmäler, die traditionellen Gegenden und die traditionellen Elemente stehen unter staatlichem Schutz. Das Gesetz wird die zur Verwirklichung dieses Schutzes notwendigen eigentumsbeschränkenden Maßnahmen wie auch die Art und Weise der Entschädigung der Eigentümer bestimmen." (Art. 24 Abs. 6 Verf.). Nach den Ausführungen des Gesetzgebers ist der Denkmalschutz mit Eingriffen in das Privateigentum verbunden. Maßgebend ist G.3028/2002 über den „Schutz der antiken Denkmäler und des Kulturerbes im Allgemeinen."

20 StE 1858/2015 (Plenum) Nomos: Die massenweise Legalisierung illegaler Bauten kann als verfassungsmäßig toleriert werden, wenn sie aus wichtigen öffentlichen Interessen heraus erforderlich ist und wenn Maßnahmen getroffen werden, durch die die Wiederholung der Illegalität vereitelt wird und die Minimalbelastung der Umwelt und der Lebensbedingungen sichergestellt wird. Eine Minderheit der Richter stellt sich jedoch gegen die Verfassungsmäßigkeit.

Die Denkmäler unterfallen je nach Gesichtspunkt verschiedenen Kategorien:

- Es wird zwischen beweglichen und unbeweglichen Denkmälern unterschieden. Unbeweglich sind diejenigen, die mit dem Grund verbunden worden waren und sich immer noch darauf oder auf dem Meeres-, See- oder Flussboden befinden,[21] wie auch diejenigen, die sich auf dem Grund oder auf dem Meeres-, See- oder Flussboden befinden und nicht ohne Minderung ihres Wertes als Kulturzeugnis bewegt werden können.[22] Unbewegliche Denkmäler sind also nicht unbedingt Bestandteile des Grunds nach Art. 954 ZGB. Die unmittelbare Umgebung des Denkmals kann jedoch von dem Denkmalcharakter erfasst werden. Beweglich sind diejenigen, die nicht unbeweglich sind (Art. 2 Abs. β, γγ, δδ G.3028/2002).
- Die Denkmäler (beweglich und unbeweglich) werden in antike (vor dem Jahr 1830) und in neuere (nach dem Jahr 1830) unterteilt (Art. 2 Abs. β, αα, ββ G.3028/2002).
- Den Status des Denkmals erhalten von Rechts wegen alle antiken unbeweglichen Denkmäler (Art. 6 Abs. 1α u. 4 G.3028/2002) und von den beweglichen die antiken, die bis zum Jahr 1453 datieren, wie auch diejenigen, die zwischen 1453 und 1830 datieren und Funde von Ausgrabungen bzw. anderer archäologischer Forschung sind oder von unbeweglichen Denkmälern abgespalten sind oder Ikonen und Ritualgegenstände der gleichen Periode sind (Art. 20 Abs. 1α, β u. 2 G.3028/2002). Andere Denkmäler müssen als solche durch ministeriale Entscheidungen bezeichnet werden (Art. 6 Abs. 4 u. Art. 20 Abs. 2 G.3028/2002).
- Aus den antiken beweglichen und unbeweglichen Denkmälern gehören diejenigen, die bis 1453 datieren, wie auch unbeachtet der Datierung alle antiken Denkmäler, die Funde von Ausgrabungen bzw. anderer archäologischer Forschung sind, ohne Weiteres dem Staat. Dies sind Sachen, die dem Rechtsverkehr entzogen und unersitzbar sind (Art. 7 Abs. 1, 2 u. Art. 21 Abs. 1, 3 G.3028/2002). An anderen Denkmälern sind Eigentumsrechte von anderen möglich und werden nach den gesetzlichen Vorschriften ausgeübt (Art. 7 Abs. 3 u. Art. 21 Abs. 4 G.3028/2002). Eigentumsrechte von Dritten werden auch an eingeführten beweglichen Denkmälern, die vor 1453 datieren, unter bestimmten Voraussetzungen anerkannt (Art. 21 Abs. 4 u. Art. 33 Abs. 3 G.3028/2002).

Der Denkmalschutz und folglich der Eigentumseingriff richtet sich nach der Denkmalkategorie.

Der Eigentümer des Grundstücks, auf dem sich ein dem Staat gehörendes unbewegliches Denkmal befindet, ist verpflichtet, den Behörden den Zugang zu erlauben, Einwirkungen darauf zu unterlassen, durch die eine Verschlechterung

21 Die Verbindung mit dem Grund, auch wenn nach Form und Qualität verändert, muss immer noch bestehen, etwa die Ruinen eines Tempels. Karimpali-Tsiptsiou, Denkmalrecht, S. 37–38.

22 Hier ist eine Verbindung nicht erforderlich. Op.cit. S. 38.

oder Veränderung droht, und alle Maßnahmen zur Erhaltung und zum Schutz des Denkmals unter behördlicher Aufsicht zu treffen (Art. 9–11 G.3028/2002). Der Staat kann in archäologischen Stätten den Grundstückseigentümern bestimmte Nutzungen wie auch die Errichtung von Gebäuden teilweise oder vollständig verbieten (Art. 13 G.3028/2002). Das Kulturministerium kann Grundstücke, die Denkmäler enthalten, oder angrenzende Grundstücke gegen Entschädigung enteignen oder ihre Nutzung beschränken (Art. 18, 19 G.3028/2002).

An beweglichen Denkmälern, die staatliches Eigentum sind, sind nur Detentionsrechte von Privaten nach Genehmigung erlaubt (Art. 23 Abs. 1 G.3028/2002). Schädigende Einwirkungen sowohl an staatlichen als auch an privaten beweglichen Denkmälern sind verboten (Art. 26 G.3028/2002). Der Eigentümer oder der Detentor eines Denkmals ist zur Erhaltung und sicheren Aufbewahrung verpflichtet (Art. 27 G.3028/2002). Im Fall des Verkaufs hat der Staat das Vorkaufsrecht (Art. 28 G.3028/2002).

In einem weiteren Rahmen kann die Verwaltung Gebäude, Gebäudeteile, Gebäudekomplexe, die sie umgebenden Elemente wie auch Elemente der natürlichen und der menschengeschaffenen Umgebung als „erhaltungspflichtig" einstufen (Art. 6 Abs. 3a NBV).[23] Auf dem Eigentümer lasten dann Pflichten wie Abrissverbot oder Durchführung von Sanierungsarbeiten unter behördlicher Aufsicht.

Sondervorschriften betreffen die Sammler und die Antiken- bzw. Antiquitätenhändler (Art. 31 u. 32 G.3028/2002).

d) Umweltrecht – Waldrecht

Der staatliche Eingriff in das Privateigentum aus Gründen des Umweltschutzes ist in Art. 24 Abs. 1 Verf. verankert: „Der Schutz der natürlichen und kulturellen Umgebung ist Verpflichtung des Staates und Recht jedes einzelnen. Zu deren Schutz muss der Staat besondere vorbeugende oder suppressive Maßnahmen im Rahmen des Nachhaltigkeitsprinzips treffen. Über den Schutz von Wäldern und Holzflächen wird im Gesetz genauer bestimmt."

G.1650/1986 – wie es bis heute abgeändert gilt – enthält den Rahmen und die Mittel des Umweltschutzes: die Kategorisierung der menschlichen Tätigkeiten, die auf die Umwelt einwirken (Art. 3 G.1650/1986), das Verfahren der Erteilung von Genehmigungen aufgrund von Umweltverträglichkeitsprüfungen (Art. 5 G.1650/1986), die Inspektionen (Art. 6 G.1650/1986). Darüber hinaus werden

---

23 Parallel gilt das Übereinkommen zum Schutz des architektonischen Erbes von 3.10.1985, ratifiziert durch G.2039/1992.

der Verwaltung Ermächtigungen zum Erlass von Rechtsverordnungen über den Schutz der Luft, der Gewässer, die Behandlung von Abfällen, die Regulierung von Geräuschemissionen, den Schutz vor Radioaktivität erteilt (Art. 7–17 G.1650/1986).[24]

Durch Art. 19 ff. G.1650/1986 (wie von G.3937/2011 abgeändert) wurden Vorschriften des europäischen Rechts (Rl. 92/43/EWG, Rl. 2009/147/EG) ins nationale Recht inkorporiert. Es werden im Rahmen des europäischen ökologischen Netzes „Natura 2000" besondere Erhaltungsgebiete und besondere Schutzgebiete geschaffen. Innerhalb dieser Gebiete können baurechtliche Begrenzungen und das Verbot bestimmter Nutzungen von Grundstücken stipuliert werden (Art. 19 Abs. 4 u. Art. 21 Abs. 1 G.1650/1986). Führen die Beschränkungen zu unzumutbarer Belastung des Eigentümers, kann der Staat auf Antrag das belastete Grundstück durch ein anderes tauschen oder Entschädigung leisten (Art. 22 Abs. 1 G.1650/1986).

Das Umweltschutzgeflecht ergänzen andere Gesetzesstücke wie G.3937/2011 über die Erhaltung der Biodiversität (etwa Art. 9 Abs. 1, 2 G.3937/2011 über das Verbot von manchen industriellen Aktivitäten in „Natura 2000"-Gebieten und über die Festsetzung von bebaubaren Mindestflächen in geschützten Gegenden). Es gelten parallel dazu internationale Übereinkommen, die von Griechenland ratifiziert und gem. Art. 28 Abs. 1 Verf. den formellen Gesetzen überlegen sind, etwa das Ramsar-Abkommen vom 2.2.1971 über Feuchtgebiete (ratifiziert durch GV 191/1994), die Biodiversitätskonvention von Rio vom 29.12.1993 (ratifiziert durch G.2204/1994), die Berner Konvention vom 19.11.1979 über die Erhaltung der europäischen wildlebenden Pflanzen und Tiere und ihrer natürlichen Lebensräume (ratifiziert durch G.1335/1983).

Über Wälder sind grundsätzlich GV 86/1969 (Waldgesetzbuch), G.998/1979 (Über den Schutz von Wäldern und von sonstigen Holzflächen des Landes) und G.3208/2003 (Schutz von Waldökosystemen, Errichtung eines Forstregisters, Regelung von sachenrechtlichen Rechten an Wäldern und sonstigen Holzflächen und andere Vorschriften) maßgebend. Nach Art. 3 Abs. 1, 2 G.998/1979: „Unter Wald oder Waldökosystem ist eine organische Gesamtheit von Wildpflanzen mit hölzernem Stamm, über die notwendige Bodenoberfläche gedeihend, zu

24 Parallel dazu existiert eine Fülle von Vorschriften, durch die die Aktivitäten von Privaten zum Wohl der Allgemeinheit beschränkt werden, etwa PV 1180/1981 über industrielle und gewerbliche Tätigkeiten, G.2052/1992 über die Bekämpfung der Luftverschmutzung.

verstehen, die zusammen mit der vorhandenen Flora und Fauna durch ihre Interdependenz und gegenseitige Beeinflussung eine besondere Biosymbiose (Waldbiosymbiose) und eine besondere natürliche, aus dem Wald hervorgehende, Umwelt bildet.

Eine Holzfläche ist vorhanden, wenn in der oben genannten Gesamtheit die Wildholzvegetation – hoch oder buschartig – licht ist." Wälder können privates oder staatliches Eigentum sein (Art. 9 Abs. 1 G.3208/2003).[25] Eine Änderung der Bestimmung des Waldes als solchem, gleichgültig ob staatlich oder privat, ist vorbehaltlich der gesetzlichen Ausnahmen[26] verboten (Art. 45 Abs. 1 G.998/1979, Art. 9 Abs. 2 G.3208/2003). Eigentümer von Privatwäldern sind verpflichtet, den Bau forstwirtschaftlicher Betriebswege zu erlauben (Art. 15 Abs. 2 G.998/1979), schützende technische Maßnahmen vorzunehmen (Art. 16 Abs. 4 G.998/1979) und waldpflegende Vorkehrungen zu treffen (z.B. Art. 17 Abs. 4 G.998/1979). Verbrannte Privatwälder dürfen nicht übertragen werden, es sei denn, dass mindestens 30 Jahre nach dem Brand vergangen sind (Art. 35 Abs. 1 G.998/1979). Der Eigentümer muss die Neubepflanzung betreiben (Art. 42 Abs. 2 G.998/1979). Der Staat kann aber die zur Neubepflanzung bestimmte Fläche zwangsenteignen (Art. 43 G.998/1979). Bei Privatwäldern über eine bestimmte Fläche hat der Staat bei Verkaufsvorhaben das Vorkaufsrecht unter den gleichen Bedingungen (Art. 72 Abs. 1 G.998/1979).[27]

e) Nationalsicherheit

Eigentumsschranken ergeben sich aus verschiedenen Vorschriften, die mit der militärischen Verteidigung des Landes verbunden sind, etwa die Bestimmung von „Verteidigungsgebieten" und von „Beaufsichtigungszonen" (G.376/1936), in denen manche Nutzungen (Bauen, Anbauen) verboten ist. Andere Vorschriften sehen das Enteignen von Privatgrundstücken vor, die sich innerhalb von bestimmten Sicherheitszonen befinden, etwa in der Umgebung von Leuchttürmen (Art. 5 Abs. 3 G.4278/2014).

Zum indirekten Eingriff in das Eigentum – bezüglich des Rechts auf freie Übertragung – führt das Verbot des Erwerbs von dinglichen Rechten an

---

25 Der öffentliche oder private Charakter eines Grundstücks ist für seine Eigenschaft als Wald belanglos: StE 1719/2012 Nomos; auf jeden Fall werden öffentliche und private Wälder gleichermaßen geschützt. Vasiliadis/Divani/Kouskouna/Papapetropoulos, Umwelt, S. 45–46.

26 Etwa Abholzen zur landwirtschaftlichen Nutzung nach Art. 47 G.998/1979.

27 Über Wasser- und Küstenrecht siehe Kapitel II.

Immobilien innerhalb von Grenzgebieten.[28] Die ursprüngliche Normierung der absoluten Verneinung des Eigentumserwerbs durch Ausländer (Art. 1–3 ZG 1366/1938) wurde unter dem Druck des Europarechts[29] durch ein abgestuftes behördliches Genehmigungsverfahren modifiziert, in dem griechische, zypriotische und ausländische natürliche und juristische Personen aus den EG-Mitgliedstaaten gleichgestellt waren (Art. 26 G.1892/1990 a.F.). Heute ist der Erwerb für Griechen und Angehörige der EU-Mitgliedstaaten wie auch der Europäischen Freihandelszone genehmigungsfrei (Art. 25 G.1892/1990 n.F.). Genehmigungsbedürftig bleibt der Erwerb durch Angehörige von Drittländern (Art. 26 G.1892/1990 n.F.). Der Erwerb von dinglichen Rechten an privaten Inseln bedarf für alle ausnahmslos einer Genehmigung (Art. 28 G.1892/1990 n.F.).

f) Sonstige Beschränkungen

Eigentumseingriffe ergeben sich aus Gründen der Ausübung der Landwirtschaftspolitik (z.B. Flurbereinigung nach G.674/1977,[30] Genehmigungsbedürftigkeit des Verkaufs von landwirtschaftlichen Grundstücken über 25 ha. nach Art. 2 Abs. 1 ZG.3250/1924, Teilungsverbot von vom Staat zugeschriebenen Teilstücken nach Art. 208–228 der Landwirtschafts-Verordnung und Art. 1, 2 ZG 431/1968) und der Behausungspolitik (z.B. bürgerliche Flurbereinigung nach Art. 35 ff. G.947/1979, Mieterschutz nach Art. 2 Abs. 1 G.1703/1987), aus Gründen des Schutzes der Gesundheit (z.B. Beschränkungen im Verkehr von Arzneimitteln, Art. 4 G.5607/1932) und der öffentlichen Sicherheit (z.B. Verbot des Verkaufs von Waffen und Explosivstoffen, Art. 6 G.2168/1993) sowie aus Gründen der Förderung der technischen Entwicklung (z.B. Duldung von Leitungen, Kabeln usw., Art. 40 G.4277/1929).

Auf eine rechtsvergleichende Darstellung des deutschen Rechts bezüglich Eigentumsbeschränkungen, die sich aus dem öffentlichen Recht ergeben, wie etwa BauGB, BBergG, BNatSchG, BWaldG, FlurbG, FStrG, KultgSchG, GrdstVG, LuftVG, wird hier aus Gründen der Unübersichtlichkeit verzichtet. Es versteht sich, dass der deutsche Gesetzgeber aus den gleichen Beweggründen ähnliche Vorschriften wie der griechische stipuliert hat.

---

28 Die Bedeutung des Verbots ist leicht zu verstehen, wenn man bedenkt, dass 1990 fast 55 % des griechischen Territoriums durch verschiedene Verordnungen als Grenzgebiete eingestuft worden waren. Triantaphyllou, NoV 38 (1990), 365.

29 EuGH C-305/87 (30.5.1989, Amtsbl. 1989, 1461) Kommission gegen Griechenland.

30 In diesem Fall wird das Eigentum an den neuen Grundstücken originär erworben. Doris, NoV 25 (1977) 442, 451.

g) Eigentumsschranken im ZGB außerhalb des Sachenrechts

Die wichtigsten sind:

a) Die allgemeinen Vorschriften über das gesetzliche (Art. 174, 175 ZGB; vgl. §§ 134, 135 BGB) und das gerichtliche (Art. 176 ZGB; vgl. § 136 BGB) Veräußerungsverbot. Hier handelt es sich nicht um eine Einschränkung des Inhalts des Eigentums, sondern um eine Einschränkung der Veräußerungswirksamkeit. Die Nichtigkeit der Veräußerung kann absolut oder relativ sein. Unter der ersten Kategorie lassen sich Fälle des Verstoßes gegen nicht nachgiebiges Recht im ZGB, etwa Übertragung des nicht übertragbaren Nießbrauchs nach Art. 1166 ZGB, oder gegen andere Vorschriften aus anderen Bereichen des Privat- und öffentlichen Rechts, wie die oben vorgezeichneten (baurechtliche, umweltrechtliche, nationalsicherheitsrechtliche), einordnen.[31] Bedenklich ist die Tendenz des griechischen Gesetzgebers, gesetzliche Nichtigkeitsgründe zu stipulieren, die rein behördliche, vor allem steuerrechtliche, Zwecke erfüllen (z.B. Unbedenklichkeitsbescheinigung über die Zahlung von Grundbesitzsteuer).[32]

   Auf die relative Nichtigkeit kann sich nur die Person berufen, zugunsten derer die Nichtigkeit vorgesehen wird. Die üblichen Fälle sind Art. 1937 ZGB; vgl. §§ 2113 f. BGB (Nichtigkeit der Verfügungen zulasten des Nacherben), Art. 715 Abs. 1 gr.ZPO (relative Unwirksamkeit der Veräußerung zugunsten des die Zwangsvollstreckung betreibenden Gläubigers kraft eines Arrestbefehls), Art. 958 Abs. 1 u. Art. 997 Abs. 1 gr.ZPO, vgl. § 23 ZVG (relative Unwirksamkeit der Veräußerung zugunsten der betreibenden und der beigetretenen Gläubiger von gepfändeten bzw. beschlagnahmten Sachen).

b) Rechtsgeschäftliche Verfügungsverbote (Art. 177 ZGB; vgl. § 137 BGB) werden im griechischen und deutschen Recht auf ähnliche Weise geregelt. Der Verstoß gegen ein Verfügungsverbot, das normalerweise vertraglich vereinbart ist, etwa dass der Beschenkte zu Lebzeiten des Schenkers das Grundstück nicht weiter überträgt, hat nur schuldrechtliche Wirkung. Der Dritte erwirbt wirksam. Anders sieht die Rechtslage aus, wenn ein Verfügungsverbot als auflösende Bedingung festgesetzt wird.[33] In diesem Fall führt der

31 Nikolopoulos in Georgiades, Kurze Auslegung des ZGB, Art. 175 Rn. 4.

32 Art. 9 Abs. 1 G.4223/2013 (Einheitliche Grundbesitzsteuer und andere Vorschriften).

33 Nikolopoulos in Georgiades, Kurze Auslegung des ZGB, Art. 177 Rn. 1; gleich Palandt, § 137 Rn. 4.

Verstoß zum Eintritt der Bedingung und zur Unwirksamkeit der Verfügung nach Art. 206 ZGB (vgl. § 161 Abs. 2 BGB).

c) Art. 281 ZGB (Rechtsmissbrauchsverbot). Die Vorschrift erfasst das ganze Privatrecht. Der Wortlaut von Art. 281 ZGB ist umfassender als der von § 226 BGB. Die griechische Vorschrift stellt auf die offenbare Überschreitung der Grenzen von Treu und Glauben oder der guten Sitten oder des sozialen oder des wirtschaftlichen Zwecks des Rechts ab, während § 226 BGB grundsätzlich auf das Schadenselement abstellt. Die zur Spezifizierung des Prinzips von Art. 281 ZGB entwickelten Theorien jedoch zählen einen Schaden oder zumindest eine Beeinträchtigung der Interessen der Betroffenen durch die Ausübung des Rechts zu den Voraussetzungen von Art. 281 ZGB.[34]

   Im Bereich des Sachenrechts bezieht sich Art. 281 ZGB häufiger auf das Nachbarrecht und hat eine lückenfüllende Funktion parallel zu Art. 1003–1032 ZGB. Besondere Anwendung findet die Theorie der Rechtsverwirkung durch lange Nichtausübung des Rechts in Fällen, die nicht von Art. 1003–1032 ZGB erfasst werden. In diesem Sinn verdient gem. Art. 281 ZGB derjenige Schutz, der vollständig auf dem fremden Grundstück ein Gebäude errichtet hat, wobei der davon informierte Eigentümer für längere Zeit nichts unternommen hat.[35]

d) Art. 282–283 ZGB (Selbsthilfe), Art. 284 ZGB (Notwehr) und Art. 285–286 ZGB (Notstand). Die Vorschriften befassen sich mit Konstellationen, in denen die Person Handlungen zur Aufrechterhaltung oder Verteidigung eines Rechtsguts vornimmt, die prinzipiell rechtswidrig sind, deren Rechtswidrigkeit aber unter Umständen aufgehoben wird. Ist dieses Rechtsgut eine Sache, sind die Vorschriften für das Sachenrecht von Bedeutung. Griechisches und deutsches Recht beschreiten grundsätzlich den gleichen Weg: jeweils §§ 229–231 BGB (Selbsthilfe), § 227 BGB (Notwehr) und § 228 i.V.m. § 904 BGB (Notstand).

Selbsthilfe

In Art. 282 ZGB ist von „*Befriedigung des Anspruchs*" die Rede, während § 229 BGB vereinzelte Fälle erwähnt. Der Inhalt der generellen Vorschrift von Art. 282

34 Georgiades N. in Georgiades, Kurze Auslegung des ZGB, Art. 281 Rn. 41–47; AP 6/2016 Nomos.

35 AP 808/2000 Isokrates. Art. 1010 ZGB findet hier keine Anwendung, da er sich auf das teilweise Bauen auf dem fremden Grundstück bezieht.

ZGB wird jedoch von der Theorie im Sinn von § 229 BGB ausgelegt.[36] Die Selbsthilfe darf das zur Abwendung der Gefahr erforderliche Maß nicht übersteigen, sonst macht sich der Handelnde schadensersatzpflichtig (Art. 283 ZGB). Gleiches gilt bei irrtümlicher Annahme der Voraussetzungen der Selbsthilfe (Art. 283 ZGB).

Notwehr

Die Vorschriften von Art. 284 ZGB und § 227 BGB sind gleich konstruiert: gegenwärtiger, rechtswidriger Angriff und Erforderlichkeit der Verteidigung. Der Angriff braucht nicht zusätzlich schuldhaft zu sein.[37] Die Notwehr hat, im Gegensatz zur Selbsthilfe, Verteidigungscharakter. Die Gefahr muss von einer menschlichen Handlung stammen (Angriff). Die Notwehr richtet sich also gegen den Angreifer, was aber die Zerstörung oder Beschädigung von Sachen (z.B. Angriffsmittel) zur Folge haben kann.[38]

Notstand

Der Notstand ist am meisten sachenrechtsbezogen, da er ausschließlich Sachen betrifft. Die griechische Regelung findet sich in Art. 285–286 ZGB. Im deutschen Sachenrecht findet sowohl § 228 BGB als auch § 904 BGB Anwendung. Das Verständnis des griechischen Rechts wird durch die vorherige Analyse der deutschen Vorschriften erleichtert. Nach § 228 BGB handelt der Eingreifende nicht widerrechtlich, wenn die Gefahr *durch* die Sache droht, die beschädigt oder zerstört wird (Verteidigungsnotstand). § 904 BGB findet Anwendung, wenn die Sache nicht der Gefahrenherd ist (Angriffsnotstand). In diesem Fall kann der Angegriffene rechtmäßig fremdes Eigentum in Anspruch nehmen, um die Gefahr abzuwehren. Die Voraussetzungen für die Anwendung der Vorschriften sind nicht einheitlich: Im ersten Fall muss die Gefahr drohend,[39] nicht aber gegenwärtig sein. Im zweiten ist Gegenwärtigkeit der Gefahr verlangt.[40]

---

36 Georgiades N. in Georgiades, Kurze Auslegung des ZGB, Art. 282 Rn. 20: Wegnahme oder Zurückbehaltung wie auch Zerstörung oder Beschädigung einer Sache, wenn sie nicht unverhältnismäßig sind. Besondere Fälle der Selbsthilfe: Art. 985–986, 1008, 1079 ZGB.

37 Georgiades N. in Georgiades, Kurze Auslegung des ZGB, Art. 284 Rn. 15; vgl. Jauernig in Berger/ Jauernig/Mansel/Stadler/Stürner/Teichmann (Jauernig Hrsg.), BGB Kommentar, § 227 Rn. 5.

38 Georgiades N. in Georgiades, Kurze Auslegung des ZGB, Art. 284 Rn. 33.

39 Eine drohende Gefahr gem. § 228 BGB liegt vor, wenn „eine auf die Umstände gegründete Wahrscheinlichkeit des Eintritts eines Schadens besteht." BGHSt 18, 272.

40 Sie hat sich aber noch nicht „zum Schaden konkretisiert", Wieling, Sachenrecht, Band I, S. 277.

In beiden Vorschriften ist der Eingriff zum Schutz sowohl des eigenen als auch des Rechtsgutes eines anderen erlaubt. Nach § 228 BGB muss die Beschädigung oder Zerstörung der fremden Sache zur Abwendung der Gefahr erforderlich sein. Nach § 904 BGB muss die Einwirkung auf die fremde Sache[41] notwendig sein. Das Kriterium sowohl für die Erforderlichkeit als auch für die Notwendigkeit ist in der deutschen Theorie gleich: Die Handlung ist widerrechtlich, wenn die Gefahr auf andere Weise abgewendet werden kann.[42]

Nach § 228 BGB darf der an der fremden Sache angerichtete Schaden nicht außer Verhältnis zu der Gefahr stehen. Im Gegensatz dazu muss der drohende Schaden nach § 904 BGB gegenüber dem Schaden, der aus der Einwirkung entsteht, unverhältnismäßig groß sein. § 228 BGB sieht eine Schadensersatzpflicht des Handelnden nur dann vor, wenn er die Gefahr zu verschulden hat. Dagegen ist nach § 904 BGB die Schadensersatzpflicht des Einwirkenden gegenüber dem Eigentümer der Sache verschuldensunabhängig.[43]

Eine Unterscheidung zwischen den Voraussetzungen des Verteidigungs- und Angriffsnotstands kennt das griechische Recht nicht. Der Notstand wird einheitlich von Art. 285, 286 ZGB geregelt. Die Gefahr kann also entweder von der Sache oder von einer anderen Quelle ausgehen.[44] Art. 285 ZGB spricht von Zerstörung der Sache. Die Beschädigung ist aber beinhaltet.[45] Die Handlung kann zur Abwendung des eigenen oder des Schadens eines Dritten vorgenommen werden. Die Gefahr muss drohend – nicht schon gegenwärtig – sein. Das Kriterium der Erforderlichkeit in der griechischen Theorie und Rechtsprechung hat den gleichen Inhalt wie in Deutschland. Die Gefahr darf nicht anderweitig abzuwenden sein als durch Beschädigung oder Zerstörung der Sache.[46]

Das Kriterium der Verhältnismäßigkeit wird streng formuliert. Art. 285 ZGB (wie § 904 BGB) verlangt einen unverhältnismäßig großen Schaden des Handelnden oder des Dritten gegenüber dem Schaden, der der fremden Sache angerichtet wird. Bei einem bloßen Verhältnis zwischen dem aus der Gefahr

41 Einwirkung bedeutet bloßen Gebrauch, Beschädigung oder Zerstörung der Sache (Palandt, § 904 Rn. 3).

42 Palandt, § 228 Rn. 7 u. § 904 Rn. 3.

43 Anders, wenn der Eigentümer der Sache die Gefahr verschuldet, BGH 6, 110. Bei Mitverschulden sowohl des Einwirkenden als auch des Eigentümers ist § 254 BGB anwendbar: Jauernig in Berger/Jauernig/Mansel/Stadler/Stürner/Teichmann (Jauernig Hrsg.), BGB Kommentar, § 904 Rn. 6; Wieling, Sachenrecht, Band I, S. 279.

44 Georgiades N. in Georgiades, Kurze Auslegung des ZGB, Art. 285 Rn. 3.

45 Gafos in Georgiades/Stathopoulos, Zivilgesetzbuch, Art. 285 Rn. 27.

46 Op.cit. Art. 285 Rn. 22.

drohenden Schaden und dem an der Sache angerichteten Schaden bleibt die Handlung rechtswidrig.[47] Unter diesem Gesichtspunkt scheint § 228 BGB den Sachverhalt gerechter gelöst zu haben, da der Gefahrenherd die Sache selbst ist. Ein Eingriff unter der Voraussetzung eines einfachen Verhältnisses zwischen den Schäden (nicht eines unverhältnismäßig großen Schadens des Handelnden oder des Dritten) ist damit gerechtfertigt. Wenn dagegen gem. § 904 BGB die Gefahr nicht von der Sache ausgeht, sondern ihre Benutzung, Beschädigung oder gar Zerstörung der Abwendung einer von einer anderen Quelle stammenden Gefahr dient, scheint es angemessener, die strengere Voraussetzung des unverhältnismäßig großen Schadens zu setzen. Diesem Gesichtspunkt scheint der griechische Gesetzgeber keine Rechnung getragen zu haben.[48]

Das griechische Recht geht in Art. 286 S. 1 ZGB grundsätzlich von einer verschuldensabhängigen Schadensersatzpflicht (wie § 228 BGB) aus. Für den Fall des Nichtverschuldens des Handelnden steht dem Eigentümer der Sache ein Anspruch auf angemessenen, den Umständen entsprechenden Schadensersatz zu. Darüber hinaus sieht die griechische Regelung einen Rückgriffsanspruch des Schadensersatzpflichtigen gegen den Begünstigten im Rahmen der Vorschriften über die Geschäftsführung ohne Auftrag (Art. 730 ff. ZGB) ausdrücklich vor (Art. 286 S. 3 ZGB).[49]

h) Eigentumsschranken im Sachenrecht

Art. 1001 ZGB und § 905 BGB sind fast identisch. Es handelt sich um eine Einschränkung des aus Art. 1000 ZGB stammenden Ausschlussrechts von Einwirkungen Dritter. Das positive Recht des Eigentümers, mit der Sache nach Belieben zu verfahren, bleibt unangetastet. Das Gesetz begründet vielmehr eine

---

47 Op.cit. Art. 285 Rn. 15.

48 Es kann also sein, dass der Eigentümer des angebundenen Hundes, der im Park von einem anderen losgebundenen Hund der gleichen Rasse (also ähnlichen Wertes) angegriffen wird, den Schutz des Art. 285 ZGB nicht genießt, wenn er den anderen Hund zur Abwehr des Angriffs gegen seinen eigenen Hund verletzt, da ein bloßes Verhältnis zwischen dem Wert des geschädigten Tieres und dem des geschützten Tieres besteht. Er muss vielmehr die Drohung eines unverhältnismäßig großen Schadens nachweisen, wie z.B. eine Gefahr für den eigenen Körper. Die Unbilligkeit des Resultats ist offensichtlich.

49 Auch im deutschen Recht nach §§ 677 ff. u. §§ 812 ff. BGB. Jauernig in Berger/Jauernig/Mansel/ Stadler/Stürner/Teichmann (Jauernig Hrsg.), BGB Kommentar, § 904 Rn. 5.

Duldungspflicht des Eigentümers von Einwirkungen in Höhe oder Tiefe, an deren Ausschließung der Eigentümer kein Interesse hat.[50]

Hier ist jedes schutzwürdige Interesse des Eigentümers gemeint, eventuell auch das ästhetische Interesse des Grundstückseigentümers auf Nichtduldung von Luftkabeln über seinem Grundstück wegen Störung des freien Blicks,[51] es sei denn, dass Einschränkungen des Eigentums aus Art. 1000 ZGB eingreifen.

4. Nachbarrecht

Die Sozialbindung des Eigentums, der bei der Stipulierung von gesetzlichen Eigentumsbeschränkungen Rechnung getragen wird, ist nicht nur in Regelungen zugunsten der Allgemeinheit erkennbar, sondern auch in denen, durch die ein harmonisches Zusammenleben unter Eigentümern angrenzender Grundstücke bezweckt wird. Das Regelungsgeflecht dieser Beziehungen wird in der griechischen Lehre als Nachbarrecht bezeichnet. Der Einfluss des deutschen Nachbarrechts darauf ist evident.

Die nachbarrechtlichen Vorschriften erlegen dem jeweiligen Grundstückseigentümer Duldungs-, Unterlassungs- (Art. 1003, 1027 ZGB) wie auch Tunpflichten (Art. 1006, 1026 ZGB) zugunsten des jeweiligen Eigentümers des Nachbargrundstücks auf. Die Eigentumsschranken können unmittelbar, wenn sie sich direkt aus dem Gesetz ergeben, etwa die Duldung von Immissionen nach Art. 1003 ZGB,[52] oder mittelbar sein, wenn dem Grundstückseigentümer ein Anspruch gegen den Nachbarn zuerkannt wird, etwa die Verpflichtung zur Duldung eines Notwegs nach Art. 1012 ZGB.

Als Nachbargrundstück wird nicht immer das unmittelbar angrenzende Grundstück betrachtet. Die Nachbarschaft wird nach dem Zweck der Regelung beurteilt. Es können also weitere Grundstücke dazwischen liegen.[53] Leitgedanken für die Eigentumsbeschränkungen des griechischen wie des deutschen Nachbarrechts sind das mangelnde Eigeninteresse des Eigentümers am

---

50 Gedanke des Rechtsmissbrauchsverbots nach Art. 25 Abs. 3 Verf. u. Art. 281 ZGB; siehe auch Art. 17 Abs. 7 Verf. über den Tunnelbau ohne Entschädigung unter der Bedingung, dass die übliche Bewirtschaftung des darüber liegenden Grundstücks nicht beeinträchtigt wird.

51 Georgiades, Sachenrecht, § 29 Rn. 11.

52 Hier handelt es sich um eine Realobligation (*obligatio propter rem*). Georgiades, Sachenrecht, § 30 Fn. 7.

53 Georgiades G. in Georgiades, Kurze Auslegung des ZGB, Einführende Anmerkungen zu Art. 1003–1032 Rn. 2.

Ausschluss von Einwirkungen (Art. 1003 1. Fall ZGB/§906 Abs. 1 S. 1 BGB), das überwiegende Einwirkungsinteresse des Nachbarn (Art. 1012 ZGB/§ 917 BGB) wie auch die Gleichbehandlung von Grundstücken gleicher Lage (Art. 1003 2. Fall ZGB/§ 906 Abs. 2 BGB).[54] Die Vorschriften von Art. 1033–1032 ZGB sind nachgiebiges Recht. Die sich daraus ergebenden Rechte und Pflichten können durch die Begründung von Grunddienstbarkeiten (Art. 1118 ff. BGB) oder von beschränkten persönlichen Dienstbarkeiten (Art. 1188 ff. BGB) modifiziert werden.[55] Öffentlich-rechtliche Vorschriften (etwa baurechtliche oder gewerbebezogene), deren Anwendung nachbarrechtliche Auswirkungen entfaltet, gelten unabhängig von dem in Art. 1003–1031 ZGB enthaltenen Schutz. Der Nachbar kann sich gegen eine Industrie wehren, die zwar mit behördlicher Genehmigung funktioniert, deren Immissionen jedoch die Grenze von Art. 1003 ZGB überschreiten. Umgekehrt ist er nicht gem. Art. 1003 ZGB schutzberechtigt, wenn die Industrie keine Genehmigung hat, während die Immissionen sich innerhalb der Grenze von Art. 1003 ZGB halten. Im letzteren Fall kann der Nachbar den Verstoß gegen die öffentlich-rechtlichen Vorschriften der Verwaltung anzeigen.

a) Immissionen

Vorbild des Art. 1003 ZGB war § 906 BGB a.F. Obwohl die Überschrift der griechischen Regelung (*Immissionen*) allgemeiner als die deutsche ist (*unwägbare Stoffe*), ergibt sich aus dem Gesetzestext, der Lehre und der Rechtsprechung, dass es sich um „Imponderabilien" handelt. Also findet bei „wägbaren" Stoffen (z.B. feste Körper wie Steine) Art. 1003 ZGB keine Anwendung.[56] Dagegen kann sich der Eigentümer immer noch durch die Erhebung des Anspruchs auf Beseitigung der Besitzstörung nach Art. 989 ZGB oder der negatorischen Klage wehren (Art. 1108 ZGB), wenn die gesetzlichen Voraussetzungen erfüllt sind.[57]

---

54 Zu diesen Gedanken Baur/Stürner, Sachenrecht, § 25 Rn. 1. Die deutsche Theorie über das Bestehen eines „nachbarlichen Gemeinschaftsverhältnisses", Wieling, Sachenrecht, S. 344, wird von der griechischen Lehre grundsätzlich abgelehnt. Für die Begründung von Pflichten des Grundstückseigentümers reiche die Betrachtung des Eigentums als dingliches Rechtsverhältnis, das Rechte wie Pflichten erzeugt. Georgiades, Sachenrecht, § 30 Rn. 8.

55 Mit dem Vorbehalt von Art. 9 Abs. 1 NBV (siehe oben Kapitel IX 3.).

56 ProtSyros 172/1990 ArchN 1991, 309 (Störung von Bienen).

57 ProtSyros 172/1990 ArchN 1991, 309. Gleich im deutschen Recht, Wieling, Sachenrecht, S. 349.

Außer den im Gesetz aufgezählten Stoffen gehören zu „anderen ähnlichen Einwirkungen“ nach der Rechtsprechung die Immission von Fluor, von Gestank, von Schwefeldioxid, Methan und Stickstoff, von elektrischer oder magnetischer Energie, von Abgasen, Feuchtigkeit, künstlichem Frost, Staub, Sand, Asche, Funken sowie elektromagnetischen Wellen aus Mobiltelefonzentralen.[58]

Es fragt sich, ob „ideelle Einwirkungen“, also Einwirkungen, die das sittliche oder ästhetische Empfinden des Nachbarn verletzen, wie z.B. das Betreiben eines Bordells im benachbarten Grundstück oder der elende Anblick des Nachbargrundstücks wegen der Anhäufung von Schrott, unter den Geltungsbereich von Art. 1003 ZGB fallen. Nach h.M. in Theorie und Rechtsprechung scheidet Art. 1003 ZGB aus, da solche „Störungen“ nicht als Einwirkung im Sinn von Art. 1003 ZGB betrachtet werden.[59] Die Stellung der deutschen Rechtsprechung ist diesbezüglich auch verneinend.[60]

Gleiche Behandlung erfahren die sog. „Reflexstörungen“ (in der deutschen Theorie „negative Immissionen“ genannt).[61] Sie liegen vor, wenn die Ausübung der Eigentümerrechte, etwa Gebäudeerrichtung, negative Einwirkungen auf das Nachbargrundstück zur Folge haben, etwa Beschränkung des natürlichen Lichts oder Störung des Rundfunkempfangs. Auch hier findet keine wirkliche Einwirkung statt.[62] Hat der Eigentümer bei der Ausübung seines Rechts die betreffenden Vorschriften eingehalten, muss der Nachbar Einwirkungen jener Art dulden.

---

58 EfAth 7800/1982 ElDik 1983, 807 (Fluor); AP 1102/1984 NoV 33 (1985) 766 (Schwefeldioxid); IrKilkis 29/1993 Arm 1993, 1106 (Geruch aus Düngerfabrik, Ausstoß von Schwefeldioxid, Methan und Stickstoff); IrAth 1483/1981 ArchN 1981, 404 (elektrische, magnetische Energie, Abgase, Feuchtigkeit, Frost, Staub, Sand, Asche); ProtAth 24377/1994 ElDik 1995, 729; EfPatr 169/2002 NoV 51 (2003) 66 (elektromagnetische Wellen aus Mobilfunk). Die letztere Entscheidung weist wegen Unbegründetheit ab. S. darüber die Anmerkungen von Nikolopoulos über die Nichtanwendung der *precaution principle* in diesem Fall (NoV 51 (2003) 67ff.).

59 AP 810/2005 ElDik 2006, 176. Der Nachbar kann sich eventuell gem. Art. 57, 914, 919 ZGB wehren: Georgiades G. in Georgiades, Kurze Auslegung des ZGB, Art. 1003 Rn. 6; anders Georgiades, Sachenrecht, § 31 Rn. 8, der eine analoge Anwendung von Art. 1003 i.V.m. 1108 ZGB vorschlägt.

60 Wieling, Sachenrecht, S. 351.

61 Wieling, Sachenrecht, S. 350.

62 EfAth 2579/2003 ElDik 2003, 1423; auch Wieling, Sachenrecht, S. 350. Unterschiedliche Behandlung, wenn die Ausübung des Rechts Rechtsmissbrauch nach Art. 281 ZGB konstituiert: AP 810/2005 ElDik 2006, 176; IrAndros 22/2003 ArchN 2005, 365.

Sowohl Art. 1003 ZGB als auch § 906 BGB bauen auf der Aufteilung der Beeinträchtigungen in unwesentliche und wesentliche auf.[63]

Nach Art. 1003 1. Fall ZGB ist der Eigentümer des benachbarten Grundstücks zur Duldung verpflichtet, wenn die Benutzung des Grundstücks nicht wesentlich durch die Immissionen beeinträchtigt wird. Die Wesentlichkeit wird objektiv nach den Anschauungen des durchschnittlichen Nachbarn wie auch nach der Zweckbestimmung des betroffenen Grundstücks beurteilt.[64] Ein Grundstück, das sich in einem Wohngebiet befindet, wird anders behandelt als ein Grundstück in einem Gewerbegebiet. Es ist belanglos, ob die Einwirkungen früher als unwesentlich betrachtet wurden. Rechtfertigt die jetzige Zweckbestimmung des Nachbargrundstücks die Einstufung der Einwirkungen als wesentlich, etwa bei Errichtung einer Klinik im leeren Grundstück neben einer Fabrik, ist der Nachbar nicht zur Duldung verpflichtet.[65]

Art. 1003 2. Fall ZGB lässt auch wesentliche Beeinträchtigungen zu, wenn sie ortsüblich sind. Der Charakter des Orts ist nicht immer leicht zu ermitteln. Er hängt nicht immer mit der Zweckbestimmung der Mehrheit der Immobilien der Gegend zusammen: Eine einzige Immobilie wie etwa ein Flughafen kann der Gegend ihre ortsübliche Benutzung verleihen. Die karge Formulierung des Art. 1003 2. Fall ZGB kann oft zu unverhältnismäßig unbilligen Ergebnissen führen: Die industrielle Entwicklung eines Gebiets kann die verbleibenden Grundstücke für Anbau- oder Wohnzwecke unbrauchbar machen. Eine strenge Anwendung des Art. 1003 2. Fall ZGB hat zur Folge, dass die Nachbarn eventuell über das zumutbare Maß hinaus duldungspflichtig sind, ohne dass sie eine Berechtigung auf Ersatz des Schadens haben.

---

63 Im deutschen Recht ist diese Differenzierung klar: § 906 Abs. 1 BGB bezieht sich auf Einwirkungen, die die Benutzung der Sache unwesentlich beeinträchtigen, und § 906 Abs. 2 BGB behandelt „eine wesentliche Beeinträchtigung durch eine ortsübliche Benutzung." Das griechische Recht ist unklar, was die wesentlichen Beeinträchtigungen angeht: Ein Eingreifen des Art. 1003 ZGB geht von zwei Voraussetzungen aus, die alternativ („oder") vorliegen müssen. Die erste („als sie die Benutzung seines eigenen Grundstücks nicht wesentlich beeinträchtigen") verlangt ausdrücklich die Unwesentlichkeit der Beeinträchtigung. Die zweite („durch eine Benutzung herbeigeführt werden, die bei Grundstücken des Ortes … üblich ist") führt nur das Kriterium der ortsüblichen Benutzung ohne Bezug auf die Wesentlichkeit der Beeinträchtigung ein. Es wird aber *e contrario* gefolgert, dass hier auch wesentliche Beeinträchtigungen gemeint sind. Siehe auch IrAndros 22/2003 ArchN 2005, 365.

64 ProtPatras 956/2002 NoV 51 (2003) 493 (keine Duldungspflicht von industriellen Immissionen in reinem Agrargebiet).

65 Georgiades, Sachenrecht, § 31 Rn. 12; ähnlich Wieling, Sachenrecht, S. 352.

Der deutsche Gesetzgeber hat die Nachteile dieser Formulierung erkannt und hat § 906 BGB im Jahr 1960 entsprechend abgeändert. Der Nachbar ist zur Duldung einer wesentlichen Beeinträchtigung verpflichtet, die aus einer ortsüblichen Benutzung des anderen Grundstücks stammt, vorausgesetzt, dass das Ergreifen von Verhinderungsmaßnahmen technisch nicht möglich oder dem Einwirkenden wirtschaftlich unzumutbar ist. Wird dadurch die ortsübliche Benutzung oder der Ertrag des betroffenen Grundstücks beeinträchtigt, ist der Eigentümer zu einem angemessenen Ausgleich in Geld vom Einwirkenden berechtigt[66] (§ 906 Abs. 2 BGB). Darüber hinaus bietet § 906 Abs. 1 BGB Leitlinien bezüglich der Beurteilung der Unwesentlichkeit der Beeinträchtigungen an: Das Unterschreiten von Grenz- oder Richtwerten spricht für die Unwesentlichkeit der Beeinträchtigung. Dies ist aber nicht bindend. Die Beeinträchtigung kann nach anderen Kriterien wesentlich sein.[67]

Maßgebend sind hier die gem. § 48 BImSchG erlassenen allgemeinen Verwaltungsvorschriften über Immissions- und Emissionswerte.

Dass Art. 1003 ZGB keine Modifizierung erfahren hat, bedeutet nicht, dass die griechische Theorie und Rechtsprechung starr auf einer überholten Auslegung bestanden haben. Angesichts der modernen Entwicklungen im Umweltrecht, die eine intensivere Sozialbindung des Eigentums verlangen, wie auch der technischen Fortschritte kann dem Eigentümer des beeinträchtigenden Grundstücks das Ergreifen zumutbarer Verhinderungsmaßnahmen auferlegt werden, damit die Einwirkung auf das Nachbargrundstück gemildert wird. Eine solche Pflicht kann sich auch aus Art. 281 ZGB ergeben.[68] Außerdem finden Vorschriften über die Festsetzung von Grenzwerten von Immissionen,[69] nach denen die Wesentlichkeit der Beeinträchtigungen sich richten kann, parallel Anwendung. Die Einhaltung der Grenzwerte ist für das Gericht nicht bindend, wenn andere Faktoren zu berücksichtigen sind.[70]

---

66 Nachbarrechtlicher Ausgleichsanspruch, Jauernig in Berger/Jauernig/Mansel/Stadler/Stürner/Teichmann (Jauernig Hrsg.), BGB Kommentar, § 906 Rn. 14.

67 Jauernig in Berger/Jauernig/Mansel/Stadler/Stürner/Teichmann (Jauernig Hrsg.), BGB Kommentar, § 906 Rn. 3; Wieling, Sachenrecht, S. 352.

68 EfAth 7800/1982 ElDik 1983, 807; IrMylopotamos 15/2002 Nomos; ProtAth 16768/1980 NoV 29 (1981) 1423; auch Georgiades, Sachenrecht, § 31 Rn. 15.

69 Etwa Verordnung Nr. 36060/1155/E.103 (Amtsbl. 1450 B′ 14.7.2013) über Industrieemissionen in Ermächtigung von G.1650/1986 wie auch Normen des Europarechts, etwa Rl. 2010/75/EU des Europäischen Parlaments und des Rates vom 14.11.2010 über Industrieemissionen (ABl. L334 von 17.12.2010).

70 ProtLarisa 595/2000 Nomos (keine Duldungspflicht einer Schreinerei im Wohngebiet).

Der beeinträchtigte Eigentümer, der nicht nach Art. 1003 ZGB zur Duldung verpflichtet ist, kann sich durch Erhebung der negatorischen Klage (Art. 1108 ZGB) wegen Störung wehren. Ihm (wie auch dem Besitzer und dem Detentor) steht auch ein Anspruch auf Beseitigung bzw. Unterlassung der Störung (Art. 989 ZGB) zu. Bei eilbedürftigen Fällen kann die Anordnung einer einstweiligen Verfügung nach Art. 733 gr.ZPO beantragt werden. Ein Schadensersatzanspruch ist bei Erfüllung der Voraussetzungen von Art. 914 ff. ZGB nicht ausgeschlossen. In Betracht kommt auch ein Anspruch wegen Persönlichkeitsverletzung gem. Art. 57 ZGB.[71]

b) Schädigende Anlagen - Gebäudeeinsturzgefahr - Vertiefung

aa) Schädigende Anlagen

Die Abwendung von Gefahren aus schädigenden Anlagen wird in Art. 1004, 1005 ZGB geregelt (vgl. § 907 BGB). Dem Grundstückseigentümer wird gem. Art. 1004 ZGB vorbeugend Rechtsschutz gewährt, indem er die Unterlassung der Herstellung oder Erhaltung von Anlagen auf dem Nachbargrundstück verlangen kann, bevor diese Anlagen auf sein Grundstück einwirken.[72] Voraussetzung ist, dass die Einwirkung rechtswidrig ist und dass Sicherheit über das Eintreten der Einwirkung besteht. Art. 1005 beschränkt den Anspruch des Eigentümers auf Beseitigung der hergestellten Anlage, wenn die Einwirkung tatsächlich eingetreten ist, vorausgesetzt, dass die Anlage gesetzlichen Vorschriften genügt. Grundgedanke ist, dass solche Vorschriften normalerweise den Schutz des Nachbarn vor unzulässigen Einwirkungen gewähren.

Über den Inhalt des Begriffs „Anlage" herrscht Einstimmigkeit in der Rechtsprechung: Anlage ist jedes menschengeschaffene Werk oder jede Einrichtung auf dem Grundstück von gewisser Dauer, die rechtswidrige Einwirkungen auf

---

71 IrAth. 1483/1981 ArchN 1981, 404; IrElatia 12/2001 Arm 2002, 1604; IrRodos 19/2006 Nomos.

72 Der Wortlaut von Art. 1108 ZGB (negatorische Klage) setzt vollendete Störung des Eigentums voraus. Der Anspruch aus Art. 1004 ZGB schützt den Eigentümer in der früheren Phase der Drohung von Einwirkungen. Unabhängig davon hat die Rechtsprechung den Schutz von Art. 1108 ZGB erweitert, indem dieser einen allgemeinen vorbeugenden Anspruch auf Unterlassung ermöglicht, auch wenn eine Störung mit Sicherheit droht. Georgiades G. in Georgiades, Kurze Auslegung des ZGB, Art. 1004–1005 Rn. 3.

das Nachbargrundstück zur unmittelbaren Folge haben werden.[73] Als Anlage qualifiziert ist auch eine Vorrichtung auf der Fläche des Grundstücks, etwa eine Aushöhlung oder eine Wölbung, die eine Zweckbestimmung hat.[74] Darunter fällt aber nicht die natürliche Beschaffenheit des Grundstücks.

Nachbargrundstück ist nicht nur das unmittelbar angrenzende, sondern jedes Grundstück, von dem die Einwirkung auf das Grundstück des Klägers ausgehen kann.[75]

Die Gesetzeswidrigkeit wird nach den Kriterien des Art. 1003 ZGB beurteilt: Gesetzeswidrig sind nicht duldungspflichtige wesentliche Beeinträchtigungen oder eine ortsunübliche Benutzung des einwirkenden Grundstücks.[76]

Eine sichere Vorhersehbarkeit von gesetzeswidrigen Einwirkungen liegt vor, wenn die Einwirkungen nach typischen Geschehensabläufen und nach Gemeinerfahrung zu erwarten sind.[77]

Die Klage gem. Art. 1004 ZGB erhebt der Eigentümer des Nachbargrundstücks wie auch der Besitzer, der den Eigentümerschutz genießt (Nießbraucher, Inhaber einer Dienstbarkeit, publizianischer Besitzer). Eine analoge Anwendung zugunsten des Detentors wird von der Lehre vorgeschlagen.[78] Anspruchsgegner ist der Eigentümer, der Besitzer oder der Detentor des Grundstücks, aus dem die Einwirkungen zu erwarten sind.

bb) Gebäudeeinsturzgefahr

Art. 1006 ZGB (vgl. § 908 BGB) sieht vorbeugenden Schutz des Eigentümers vor, dessen Grundstück vom Einsturz eines Gebäudes, gänzlich oder teilweise, oder eines anderen Werks bedroht wird, das sich auf dem Nachbargrundstück befindet.

Die Begriffe „eines Gebäudes oder eines anderen Werks" werden von der Rechtsprechung weit ausgelegt: Es wird jede Sache erfasst, die fest mit dem Boden verbunden ist, auch ein Baum.[79]

---

73 EfAth 2579/2003 ElDik 2003, 1424; vgl. Jauernig in Berger/Jauernig/Mansel/Stadler/Stürner/Teichmann (Jauernig Hrsg.), BGB Kommentar, § 907 Rn. 2.

74 AP 1613/2010 ChrID 2011, 593 (Erdarbeiten zur Hebung der Grundstücksoberfläche).

75 Georgiades, Sachenrecht, § 32 Fn. 7.

76 Georgiades G. in Georgiades, Kurze Auslegung des ZGB, Art. 1004–1005 Rn. 6.

77 IrAth 2625/1993 ArchN 1994, 58.

78 Georgiades G. in Georgiades, Kurze Auslegung des ZGB, Art. 1005 Rn. 9.

79 AP 618/1969 NoV 18 (1970) 427; EfPatras 175/1968 EEN 1969, 474; auch Filios, Sachenrecht, S. 119; Georgiades, Sachenrecht, § 32 Rn. 14. In Deutschland wird die entsprechende Vorschrift enger ausgelegt. Wieling, Sachenrecht, S. 357. Bei Bäumen und Sträuchern finden §§ 910 u. 923 BGB Anwendung.

Der Anspruch aus Art. 1006 ZGB entsteht mit dem Bestehen der Einsturzgefahr und ist verschuldensunabhängig. Beantragt wird das Ergreifen der erforderlichen Maßnahmen zur Abwendung der Gefahr.[80] Aktivlegitimiert sind der Eigentümer und der Besitzer. Eine Erweiterung des Schutzes auf den Detentor ist umstritten.[81] Anspruchsgegner ist nach Art. 1006 ZGB der deliktisch Haftende, also der Eigentümer oder Besitzer des Gebäudes nach Art. 925 ZGB.

cc) Vertiefung

Nach Art. 1007 ZGB (vgl. § 909 BGB) darf der Eigentümer bei der Ausübung seiner Rechte aus Art. 1000 ZGB sein Grundstück nicht so ausgraben, dass das benachbarte Grundstück die erforderliche Stütze verliert. Nachbargrundstück in diesem Sinn ist nicht nur das unmittelbar angrenzende, sondern jedes Grundstück, das von der Vertiefung beeinträchtigt werden kann.[82]

Der Nachbar kann – bei noch nicht stattgefundener Vertiefung – Unterlassung oder – bei vollzogener Vertiefung – Wiederherstellung des vorigen Stands verlangen. Er kann jedoch nicht das Treffen von Befestigungsmaßnahmen verlangen. Wird Vorsorge dafür von dem Vertiefenden getroffen, scheidet eine Klage gem. Art. 1007 ZGB aus.[83]

Berechtigt zur Klageerhebung ist der Eigentümer oder der Besitzer des Grundstücks, auf das die Vertiefung potenziell einwirkt.[84] Verpflichtet ist der Vertiefer. Das sind normalerweise der Eigentümer oder seine Rechtsvorgänger. Nicht erfasst werden die Personen, die den Weisungen des Eigentümers gem. Art. 922 ZGB unterliegen (Unternehmer, Arbeiter). Sind aber die Voraussetzungen einer Störung in ihrer Person gem. Art. 989 oder 1108 ZGB gegeben, dann können auch die letzteren verklagt werden.

Der Anspruch aus Art. 1007 ZGB ist verschuldensunabhängig.[85] Entsteht jedoch Schaden infolge der Vertiefung, die ohne Treffen von Befestigungsmaßnahmen vorgenommen wurde, sind normalerweise das Verschulden und die

80 Ein Eingreifen von Art. 285 ZGB ist nicht auszuschließen.

81 Georgiades G. in Georgiades, Kurze Auslegung des ZGB, Art. 1006 Rn. 4.

82 Georgiades, Sachenrecht, § 32 Rn. 23; vgl. das Grundstück ist benachbart, „wenn es im Einwirkungsbereich der Vertiefungsarbeiten liegt", BGH NJW-RR 96, 852.

83 Georgiades G. in Georgiades, Kurze Auslegung des ZGB, Art. 1007 Rn. 3.

84 Nach einer Meinung auch der Detentor. Georgiades, Sachenrecht, § 32 Rn. 25.

85 Vgl. Jauernig in Berger/Jauernig/Mansel/Stadler/Stürner/Teichmann (Jauernig Hrsg.), BGB Kommentar § 909 Rn. 4.

Rechtswidrigkeit gem. Art. 914 ZGB gegeben. In diesem Fall ist jeder schuldhaft Handelnde verpflichtet, also auch der Bauunternehmer oder der Architekt.[86]

c) Überhang – Überfall

aa) Überhang

Die aus römischem Recht stammende Vorschrift des Art. 1008 ZGB (vgl. § 910 BGB) ist ein Sonderfall der Selbsthilfe zur raschen Beseitigung von nachbarrechtlichen Auseinandersetzungen. Vorausgesetzt, dass die Wurzeln des Baums die Benutzung des Nachbargrundstücks beeinträchtigen, darf der Eigentümer des Nachbargrundstückes die Wurzeln nach Belieben, die herüberragenden Zweige nach Fristsetzung abschneiden und für sich behalten. Art. 1008 ZGB verdrängt nicht die Ansprüche aus Art. 1108 ZGB und aus Art. 914 ZGB, die parallel dazu geltend gemacht werden können.[87]

Art. 1008 Abs. 1 ZGB erscheint im Licht der heutigen Umweltschutzanschauungen obsolet. Die Duldung von Wurzeln und Sträuchern kann in den meisten Fällen als keine übermäßige Beschränkung des Eigentums angesehen werden.[88] Eventuell kann eine zur Zerstörung des Baums führende Beschneidung von Wurzeln und Zweigen den Rechtsmissbrauch konstituieren (Art. 281 ZGB), der Schadensersatzansprüche aus unerlaubten Handlungen erzeugt (Art. 914 ff. ZGB).

Bei solchen Ansprüchen müssen öffentlich-rechtliche Vorschriften berücksichtigt werden, nach denen das Fällen von Bäumen genehmigungspflichtig ist.[89]

bb) Überfall

Art. 1009 ZGB (vgl. § 911 BGB) begründet die Fiktion (*gelten als*), dass die auf das Nachbargrundstück hinüberfallenden Früchte Früchte des Nachbargrundstücks sind. Das ist eine Ausnahme aus Art. 1064 ZGB (vgl. § 953 BGB). Das Verfolgungsrecht des Eigentümers nach Art. 995 u. 1109 ZGB wird damit

86 Georgiades, Sachenrecht, § 32 Rn. 30. Der Eigentümer haftet als Dienstberechtigter nach Art. 922 ZGB (vgl. § 831 BGB).

87 Georgiades, Sachenrecht, § 33 Rn. 5; vgl. Jauernig in Berger/Jauernig/Mansel/Stadler/Stürner/Teichmann (Jauernig Hrsg.), BGB Kommentar, § 910 Rn. 1. Verschuldet der Eigentümer des einwirkenden Grundstücks die Beeinträchtigung, hat er auch den Schaden zu ersetzen, etwa die Kosten der Beseitigung.

88 Georgiades G. in Georgiades, Kurze Auslegung des ZGB, Art. 1008 Rn. 2.

89 Z.B. Art. 4 Abs. 2 S. η NBV; vgl. in Deutschland die kommunalen Baumschutzsatzungen.

ausgeschlossen. Die Vorschrift betrifft nur Fallobst. Es darf also nicht geschüttelt oder gepflückt werden.[90]

Die Regel gilt nicht, wenn die Früchte auf ein dem öffentlichen Gebrauch gewidmetes Grundstück fallen. In diesem Fall behält der Eigentümer des Baums das Eigentum.[91]

d) Überbau

Art. 1010, 1011 ZGB (vgl. §§ 912–916 BGB) regeln die kollidierenden Interessen der Nachbarn in dem Fall, dass jemand sein Gebäude teilweise auf das benachbarte Grundstück eines anderen erstreckt. Sind die Voraussetzungen von Art. 1010 ZGB erfüllt, kann das Eigentum an dem überbauten Teil des Nachbargrundstücks dem Überbauenden zugeschrieben werden.[92] Die Vorschrift bezweckt die Erhaltung der wirtschaftlichen Einheit der Sache und die Vermeidung von übermäßigen Ansprüchen des Nachbarn.[93]

Der Begriff „Gebäude" wird eng ausgelegt. Gebäude sind z.B. Häuser, Läden, Lagerhäuser, also keine anderen Einrichtungen wie Zäune oder Anlagen vorübergehenden Zwecks.[94] Das Gebäude muss neu errichtet und selbständig sein. Umbauten oder Erweiterungen von bestehenden Gebäuden sind nicht beinhaltet.[95]

Aus der *ratio legis* ergibt sich, dass auch andere Bauwerke von besonderer wirtschaftlicher Bedeutung wie Großantennen, Brücken erfasst werden können.[96] Einbezogen werden auch Gebäude unter der Erde wie Keller oder Einrichtungen, die auf das Nachbargrundstück hinüberragen, etwa ein Balkon.[97] Es ist belanglos, ob das Gebäude sich zum größeren oder kleineren Teil über die

---

90 Georgiades G. in Georgiades, Kurze Auslegung des ZGB, Art. 1009 Rn. 2; gleich Palandt § 911.

91 Georgiades, Sachenrecht, § 33 Rn. 9; gleich Wieling, Sachenrecht, S. 357–358.

92 Es ist zu erwarten, dass die Vorschrift in Griechenland häufiger als in Deutschland zur Anwendung kommt, da die Grenzverhältnisse im Geltungsbereich des Transkriptionssystems oft unklar sind.

93 AP 579/2002 NoV 50 (2002) 2018.

94 AP 111/2005 ElDik 2005, 1679; AP 870/2001 NoV 50 (2002) 970.

95 AP 152/2009 NoV 57 (2009) 1638; AP 614/2007 Nomos; AP 870/2001 NoV 50 (2002) 970.

96 Georgiades, Sachenrecht, § 34 Rn. 6; gleich Jauernig in Berger/Jauernig/Mansel/Stadler/Stürner/Teichmann (Jauernig Hrsg.), BGB Kommentar, § 912 Rn. 5; Wieling, Sachenrecht, S. 346.

97 EfThes 150/1979 Arm 1979, 680; gleich Wieling, Sachenrecht, S. 346.

Grenze erstreckt. Nicht erlaubt ist jedoch, dass das Gebäude gänzlich auf dem Nachbargrundstück errichtet wird.[98]

Art. 1010 ZGB findet nur bei entschuldigtem Überbau Anwendung. Das ist der Fall, wenn der Überbauende gutgläubig ist. Gutgläubigkeit wird eng ausgelegt. Der Überbauende muss den festen Glauben haben, dass er auf eigenem Grund baut. Fahrlässigkeit – auch leichte – in Bezug auf die Eigentumsverhältnisse wird nicht angenommen.[99]

Des Weiteren setzt die Anwendung von Art. 1010 ZGB voraus, dass der Eigentümer des Nachbargrundstücks keinen Widerspruch erhoben hat, „bevor das Gebäude zum großen Teil errichtet ist." Die konkrete Bauphase wird von der Rechtsprechung bestimmt.[100] Deutsche und griechische Rechtsprechung stimmen überein, dass der Widerspruch so rechtzeitig sein muss, dass die Zerstörung von größeren Werten zu vermeiden ist.[101]. Es ist belanglos, ob der Nachbar Kenntnis von der Grenzüberschreitung erlangt hat[102] oder aus welchen Gründen er keinen Widerspruch erhoben hat.[103]

Das Gebäude muss von dem Eigentümer des Stammgrundstücks errichtet werden.[104]

---

98 AP 679/1979 NoV 26 (1978) 361; EfAth 1436/2001 ElDik 2001, 955. Nach einer Ansicht findet Art. 1010 ZGB bei Komplexen von Gebäuden Anwendung, wenn der Komplex eine wirtschaftliche Einheit darstellt. Christakakou-Fotiadi Kalliopi, ChrID 2012, 170, 171; vgl. BGHZ 110, 298, 310, BGH NJW 1982, 756.

99 Herrschende Lehre und Rechtsprechung. Balis, Sachenrecht, § 39 Nr. 4; Georgiades, Sachenrecht, § 34 Rn. 12; vgl. § 912 Abs. 1 BGB: kein Vorsatz oder grobe Fahrlässigkeit beim Überbauen. Die griechische Haltung ist strenger, da jede Art der Fahrlässigkeit bei Unkenntnis der Grenze unentschuldigt bleibt.

100 Insoweit ist der Wortlaut von § 912 Abs. 1 BGB nicht besonders hilfreich. Aus der griechischen Rechtsprechung AP 570/2008 Nomos.

101 Georgiades, Sachenrecht, § 34 Rn. 14–15; Sontis, NoV 2 (1954) 1025, 1028; gleich Jauernig in Berger/Jauernig/Mansel/Stadler/Stürner/Teichmann (Jauernig Hrsg.), BGB Kommentar § 912 Rn. 8.

102 AP 579/2002 NoV 50 (2002) 2018, AP 570/2008 Nomos, AP 579/2002 NoV 50 (2002) 2018, EfAth 2163/1981 Arm 1981, 836, EfAth 1045/1980 Arm 1981, 24; gleich Wieling, Sachenrecht, S. 346. Es gibt auch eine andere Meinung, die Kenntnis verlangt, Balis, Sachenrecht, § 39 Nr. 5.

103 AP 579/2002 NoV 50 (2002) 2018; AP 570/2008 Nomos.

104 Normalerweise bedient sich dabei der Eigentümer der Drittpersonen. Ihre Handlungen werden ihm zugerechnet.

Die Errichtung durch einen Berechtigten kraft eines dinglichen oder schuldrechtlichen Verhältnisses zum Eigentümer wird nicht erfasst.[105]

Zur Entschuldigung des Überbaus müssen die Voraussetzungen von Art. 1010 ZGB/§ 912 BGB kumulativ vorliegen. Der Überbauende muss gutgläubig bzw. ohne Vorsatz oder grobe Fahrlässigkeit gebaut haben und der Nachbar muss keinen rechtzeitigen Widerspruch erhoben haben. Vorsätzliches Überbauen bleibt auch ohne Widerspruch unentschuldigt. Das gleiche gilt für gutgläubiges Überbauen, wenn der Nachbar widersprochen hat.[106]

Griechisches und deutsches Recht beschreiten bei dem Tatbestand von Art. 1010 ZGB und § 912 BGB jeweils mit leichten Abweichungen den gleichen Weg. Sie gehen jedoch in Bezug auf die Rechtsfolgen wesentlich auseinander.

Sind die Voraussetzungen von Art. 1010 ZGB erfüllt, kann das Gericht das Eigentum des überbauten Grundes dem Eigentümer des Stammgrundstücks zuerkennen.[107] Die Entscheidung ergeht „nach billigem Ermessen." Das Gericht wird den Interessen der Parteien wie auch dem wirtschaftlichen Wert des Überbaus Rechnung tragen. Die Zuerkennung ist jedoch auch bei Erfüllung der Voraussetzungen von Art. 1010 ZGB für das Gericht nicht zwingend.[108] Die Zuerkennung[109] des Eigentums an den Überbauenden erfolgt gegen Erstattung des vollen Werts des überbauten Teils und jedes mit dem Überbau zusammenhängenden Schadens, vor allem der Wertminderung des restlichen Grundstücks.[110]

Wird der Klage nicht stattgegeben, wird der Eigentümer des überbauten Grundstücks Eigentümer des Überbaus. Er kann auch gem. Art. 1108 ZGB vom

---

105 AP 870/2001 NoV 50 (2002) 970, AP 614/2007 NoV 55 (2007) 1872. In diesem Fall ist der Überbau Scheinbestandteil gem. Art. 955.

106 Balis, Sachenrecht, § 39 Nr. 6; gleich Jauernig in Berger/Jauernig/Mansel/Stadler/Stürner/Teichmann (Jauernig Hrsg.), BGB Kommentar, § 912 Rn. 3.

107 AP 528/1986 NoV 35 (1987) 194.

108 EfAth 1436/2001 ElDik 2001, 954.

109 Das Urteil wird gem. Art. 1192 Nr. 2 ZGB bzw. Art. 12 GBG eingetragen. Balis, Sachenrecht, § 75; Sontis, Notdienstbarkeiten, S. 109.

110 AP 1075/1994 ElDik 1995, 1093; EfAth 2163/1981 Arm 1981, 836. Eine außergerichtliche Vereinbarung der Parteien über den Abkauf des überbauten Teils ist jederzeit möglich. Ein solcher Anspruch ergibt sich jedoch nicht aus dem Wortlaut des Art. 1010 ZGB, der nur ein gerichtliches Verfahren vorsieht. Doris, NoV 35 (1987) 195, 196. Die Zuerkennung des Eigentums des überbauten Teils erfolgt originär nach Art. 1056 ZGB. Dagegen Georgiades, Sachenrecht, § 34 Rn. 20, der einen *ex lege* Anspruch unter den Voraussetzungen des Gesetzes und der gerichtlichen Zuerkennung annimmt.

Überbauenden den Abriss verlangen wie auch Schadensersatz bei Erfüllung der Voraussetzungen von Art. 914 ff. ZGB.

Die griechische Theorie sieht Art. 1010 ZGB traditionell als eine Ausnahme aus dem Prinzip *superficies solo cedit*. Diese muss aber nicht als eine Spaltung des Eigentums zwischen dem Gebäude und dem Grundstück verstanden werden, sondern als eine Umkehr des Prinzips zu *solum cedit superficiei*.[111] Mit der Errichtung erstreckt sich das Eigentum des Nachbarn auf den Überbau (Art. 1057 ZGB). Entscheidet das Gericht, das Eigentum des überbauten Grunds dem Überbauenden zuzusprechen, erwirbt er originär Eigentum an dem Grund und seinem Bestandteil (Überbau).[112]

Im Gegensatz dazu konstituiert die deutsche Regelung eine echte Ausnahme aus dem Prinzip *superficies solo cedit*. § 912 Abs. 1 BGB geht von einer Duldungspflicht des Eigentümers des überbauten Grundstücks aus. Ihm steht als Entschädigung eine Überbaurente zu (§ 912 Abs. 2 BGB). Der Überbau ist wesentlicher Bestandteil des Stammgrundstücks, während der überbaute Teil des Nachbargrundstücks im Eigentum des Nachbarn bleibt. Während der Duldungszeit wird eine Legalservitut zugunsten des Überbauenden begründet, die ihm das Recht gibt, den Überbau auf dem Nachbargrundstück zu halten.[113] Der duldungspflichtige Eigentümer darf jedoch zu jeder Zeit verlangen, dass das Eigentum am überbauten Grundstücksteil gegen Ersatz seines Wertes dem Rentenpflichtigen übertragen wird (§ 915 Abs. 1 BGB).

Unter dem Aspekt der Praktikabilität erweist sich die deutsche Regelung im Vergleich zur griechischen als günstiger für den Eigentümer des überbauten Grundstücks. Er kann entweder die Zahlung der Überbaurente verlangen, ohne das Eigentum am überbauten Teil zu verlieren, oder den Wert des überbauten Teils gegen Eigentumsübertragung ersetzt bekommen. Zugleich wird durch die Auferlegung einer Duldungspflicht in keinem Fall die Einheit des Gebäudes als Wirtschaftsobjekt gefährdet (bei Erfüllung der Voraussetzungen ist der Duldung stattzugeben). Die griechische Regelung folgt grundsätzlich der gleichen Denkweise: Entweder

111 Op.cit. Sontis, S. 2; Georgiades, Sachenrecht, § 34 Rn. 3.

112 Eine wirkliche Ausnahme von dem Grundsatz bildet in Griechenland das Institut des Stockwerkseigentums, wobei das Miteigentum am Grundstück beibehalten wird. Eine totale Abkoppelung des Grundeigentums von dem Gebäudeeigentum kennt das griechische Recht mit Ausnahme von Art. 955 ZGB, von der Anerkennung alter superfiziarischer Rechte und von der beschränkten Möglichkeit der Neubegründung eines Erbbaurechts gem. G.3986/2011 (darüber siehe Kapitel I) nicht.

113 Wieling, Sachenrecht, S. 347; Baur/Stürner, Sachenrecht, § 25 Rn. 13. Die letzteren sehen darin eine analoge Anwendung von § 95 Abs. 1 S. 2 BGB.

wird der Überbauer durch gerichtliche Entscheidung zum Eigentümer des überbauten Teils[114] oder die Regel des Art. 953 ZGB findet Anwendung. Das Fehlen einer Duldungspflicht bei letzterer Option bringt aber die Einheit des Gebäudes in Gefahr.[115]

Der Anspruch aus Art. 1010 ZGB wird von der Unverjährbarkeit der Ansprüche des Nachbarrechts nach Art. 1032 ZGB ausgenommen. Er unterliegt der zwanzigjährigen Verjährung des Art. 249 ZGB. Sie fängt mit der Errichtung des Gebäudes an (Art. 251 ZGB). Die Verjährung des Anspruchs fällt mit dem Abschluss der Frist für die außerordentliche Ersitzung zusammen (Art. 1045 ZGB). Die Errichtung und Benutzung des Gebäudes durch den Überbauer wird als Ausübung des Eigenbesitzes an dem überbauten Grund angesehen.[116]

Der infolge des Überbaus erfolgte Verstoß gegen verwaltungsrechtliche Vorschriften, etwa Nichteinhaltung von Abständen, ist unabhängig von den Ansprüchen aus Art. 1010 ZGB. Der Überbau kann aus baurechtlichen Gründen abzureißen sein. Die Übertragung einer weiteren Zone auf dem Nachbargrundstück, damit die Abstände eingehalten werden, kann gem. Art. 1010 ZGB nicht beantragt werden. Es bleibt bei der freien Vereinbarung der Parteien.[117] Art. 1010 ZGB findet genauso wenig Anwendung, wenn der Überbau auf gemeinnützigem Grund steht.

---

114 Das Ermessen des Gerichts richtet sich nach der Zuschreibung des Eigentums. Die Vorschrift kann nicht so weit ausgelegt werden, dass sie auch andere Lösungen erfasst, wie z.B. eine vertikale Teilung des Gebäudes im Rahmen von Wohnungseigentum.

115 Siehe im Gegenteil die Kritik an der deutschen Regelung, nach der die Duldungspflicht gegenüber der Überbaurente eine Vereinbarung ist, die die Bewirtschaftung der Immobilie erschwert. Balis, Sachenrecht, § 39.

116 Dies spricht dafür, dass Art. 1010 ZGB keine Ausnahme von der Regel der *superficies solo cedit* bildet. Die Rechtslage nach dem System des griechischen Sachenrechts ist, dass das Eigentum des Eigentümers des überbauten Teils sich nach Art. 953 i.V.m. 1057 ZGB auf den Überbau erstreckt. Die Errichtung des Gebäudes ist jedoch eine klare Manifestation der Ausübung des Eigenbesitzes an dem überbauten Teil durch den Überbauer. Unternimmt der andere nichts dagegen, verliert er sein Eigentum am überbauten Teil samt Überbau, sobald die Ersitzungsfrist verstrichen ist.

117 Wenn das übrigbleibende Grundstück nach der Abspaltung des überbauten Teils nicht mehr bebaubar ist, ist das eine Frage der Bestimmung der Werterstattung wegen der erheblichen Wertminderung des restlichen Teils. Georgiades G. in Georgiades, Kurze Auslegung des ZGB, Art. 1010–1011 Rn. 13.

e) Notweg

Das Recht des Eigentümers eines umschlossenen Grundstücks, die notwendige Verbindung mit einem öffentlichen Weg von seinen Nachbarn zu verlangen, wird in beiden Rechtsordnungen anerkannt: Art. 1012–1017 ZGB (vgl. §§ 917–918 BGB).

Der Begriff des öffentlichen Wegs wird nach öffentlichem Recht bestimmt. Möglich ist auch der Antrag auf einen Notweg zu einem öffentlichen Platz oder einer sonstigen gemeinnützigen Fläche, wenn dies die Benutzung des Grundstücks verlangt.[118] § 917 Abs. 1 BGB beschränkt sich nicht nur auf Wegerecht.[119] Die Verbindung kann also auch in der Verlegung von Versorgungsleitungen wie z.B. unterirdischen Abwasserkanälen, Wasserrohren oder Stromkabeln bestehen. Die griechische Regelung dagegen erfasst nur den Fall des Wegerechts. Den Anspruch auf Gestattung von Leitungen durch ein fremdes Grundstück sieht ausdrücklich Art. 1031 ZGB vor.

Es kann die „notwendige Verbindung“ verlangt werden. Für die Notwendigkeit setzt die Rechtsprechung objektive Kriterien unter Berücksichtigung des Einzelfalls.[120] Ein Notweg kann auch beantragt werden, wenn die Verbindung mit dem öffentlichen Weg unverhältnismäßig große Aufwendungen erfordert, wie auch wenn eine Verbindung schon besteht, sie aber nach objektiven Kriterien nicht ausreichend ist für die Befriedigung der Bedürfnisse des Grundstücks.[121] Kann sich der Eigentümer des herrschenden Grundstücks aber eines neuen Wegs bedienen oder hat das Bedürfnis für einen Notweg aufgehört, kann der Eigentümer des belasteten Grundstücks die Aufhebung des Notwegs verlangen (Art. 1017 ZGB; vgl. § 917 Abs. 1 S. 1 BGB „bis zur Hebung des Mangels.“).

Die deutsche Regelung macht die Notwendigkeit der Verbindung von der ordnungsgemäßen Benutzung des Grundstücks abhängig. Sie richtet sich auch objektiv nach den Bedürfnissen des bestimmten Grundstücks.[122] Obwohl die ordnungsgemäße Benutzung nicht zum Wortlaut der griechischen Regelung gehört, dient sie als Kriterium der ständigen griechischen Rechtsprechung.[123]

---

118 Georgiades G. in Georgiades, Kurze Auslegung des ZGB, Art. 1012 Rn. 5.

119 BGH 79, 307, 308–309 (Zuführung von Abwässern).

120 AP 757/2011 Isokrates; AP 1352/2010 ChrID 2011, 428; AP 643/2006 ElDik 2008, 1022; auch Georgiades, Sachenrecht, § 35 Rn. 5.

121 AP 1352/2010 ChrID 2011, 428; AP 1485/2000 ElDik 2001, 693; EfDodekanes 346/2005 Nomos.

122 Jauernig in Berger/Jauernig/Mansel/Stadler/Stürner/Teichmann (Jauernig Hrsg.), BGB Kommentar, § 917 Rn. 1.

123 AP 1792/2009 ElDik 2010, 722; AP 1352/2010 ChrID 2011, 428.

Nach Art. 1013 ZGB wird die Richtung des Notwegs wie auch der Umfang des Benutzungsrechts durch gerichtliche Entscheidung bestimmt. Dabei wird dem Recht der Eigentümer der belasteten Grundstücke auf schonende Ausübung des Wegerechts Rechnung getragen (vgl. Art. 1124 S. 1 u. 1125 S. 2 ZGB).[124]

Das Wegerecht wird nicht gestattet, wenn der Eigentümer des Grundstücks durch willkürliche Handlungen die Aufhebung der bisherigen Verbindung des Grundstücks mit dem öffentlichen Weg herbeigeführt hat (Art. 1014 ZGB; vgl. § 918 Abs. 1 BGB): Dies betrifft die freiwillige Aufgabe – durch Realakt oder Unterlassung – eines bisher bestehenden Benutzungsrechts. Der Fall der Änderung der Benutzung des Grundstücks, bei der die bisherige Verbindung für die neue Benutzung nicht ausreicht, wird darunter nicht erfasst.[125] Veräußert der Eigentümer einen Teil des Grundstücks mit der Folge, dass die Verbindung mit dem öffentlichen Weg abgeschnitten wird, wird der Notweg nach Art. 1015 ZGB auf dem veräußerten Teil begründet (vgl. § 918 Abs. 2 BGB).[126]

Nach Art. 1012 ZGB wird der Verbindung gegen eine entsprechende Entschädigung stattgegeben.[127] Nach h.M. besteht die Entschädigung in einem pauschalen Betrag. Es wird jedoch die Meinung vertreten, dass sie auch in Form einer periodischen Zahlung erfolgen kann.[128]

Den Anspruch aus Art. 1012 ZGB hat der Eigentümer des Grundstücks wie auch der Nießbraucher[129] und der Wohnrechtsberechtigte, jeder der Miteigentümer und der publizianische Besitzer, nicht aber der Detentor (z.B. Mieter). Der letztere kann die Ausübung des Rechts vom Eigentümer bzw. Nießraucher aufgrund des schuldrechtlichen Rechtsverhältnisses verlangen. Der Detentor kann auch eine Klage aus dem Recht eines Dritten, etwa des Eigentümers bzw. Nießbrauchers, gem. Art. 72 gr.ZPO erheben.[130]

---

124 AP 1352/2010 ChrID 2011, 428; AP 1704/2008 Nomos; AP 244/1982 NoV 30 (1982) 1274; AP 206/1974 NoV 22 (1974) 1158; EfAth 1712/1981 Arm 1981, 1007.

125 Georgiades, Sachenrecht, § 35 Rn. 15; vgl. Jauernig in Berger/Jauernig/Mansel/Stadler/Stürner/Teichmann (Jauernig Hrsg.), BGB Kommentar, § 918 Rn. 1.

126 AP 30/2008 Nomos.

127 Es muss jeder Schaden ersetzt werden, auch die Wertminderung des belasteten Grundstücks. AP 1792/2009 ElDik 2010, 722; EfAth 3834/2003 ElDik 2003, 1411.

128 Dies sei vom Wortlaut des Art. 1012 ZGB nicht ausgeschlossen. Georgiades, Sachenrecht, § 35 Rn. 30; vgl. § 917 Abs. 2 BGB.

129 EfPatras 758/2002 AchNom 2003, 174. Nach einer Ansicht erwirbt der Nießbraucher ein Wegerecht nach den Vorschriften über die beschränkten persönlichen Dienstbarkeiten (Art. 1188–1190 ZGB), das die Dauer des Nießbrauchrechts zeitlich nicht übersteigen kann. Sontis, Notdienstbarkeiten, S. 100–101.

130 Georgiades G. in Georgiades, Kurze Auslegung des ZGB, Art. 1012 Rn. 9.

Passivlegitimiert ist der Eigentümer des Nachbargrundstücks, das Zugang zur öffentlichen Straße hat.[131] Inhaber von beschränkten dinglichen Rechten müssen mitverklagt werden.

Es besteht in der griechischen Lehre und Rechtsprechung Uneinigkeit darüber, ob die Entscheidung ein Feststellungs- oder ein Zuerkennungsurteil ist. Nach der ersten (herrschenden) Ansicht[132] ist das Urteil deklaratorisch mit der Folge, dass es nicht eintragungsfähig ist.[133]

Nach der Gegenmeinung ist das Urteil konstitutiv. Hierdurch wird gerichtlich eine Grunddienstbarkeit begründet. Folglich muss das Urteil nach Art. 1192 Nr. 2 ZGB eingetragen werden.[134] Damit werde dem Gebot der Rechtssicherheit gedient.

Selbstverständlich können die Parteien zur Vermeidung eines Prozesses die Bestellung einer Dienstbarkeit vereinbaren. Der Vertrag wird nach Art. 1192 Nr. 1 ZGB ins Transkriptionsbuch bzw. nach Art. 12 Abs. 1a GBG ins Grundbuch eingetragen.

Art. 1016 ZGB stellt klar, dass die Vorschriften über den Schutz des Dienstherrn von Grunddienstbarkeiten beim Schutz des Berechtigten gem. Art. 1012 ff. ZGB analoge Anwendung finden. Schutzberechtigt sind also der Eigentümer des umschlossenen Grundstücks wie auch der Rechtsbesitzer, etwa Nießbraucher, und der publizianische Besitzer (Art. 1112 ZGB). Nicht berechtigt ist der Detentor. Dieser muss seine Klage gegen den Eigentümer bzw. Besitzer aufgrund seiner Rechte aus dem Besitzmittlungsverhältnis richten. Alternativ kann er die Klage aus Art. 1012 ZGB im Wege einer Klage aus dem Recht eines Dritten gem. Art. 72 gr.ZPO gegen den Eigentümer des Nachbargrundstücks erheben.

Das Notwegrecht erlischt aus den gleichen Gründen, aus denen die Dienstbarkeiten erlöschen (Art. 1134, 1138–1141 ZGB).

Zusätzlich sieht Art. 1017 ZGB wegen der zwingenden Bestellung des Rechts durch gerichtliche Entscheidung einen weiteren Aufhebungsgrund vor: Der Notweg kann gerichtlich aufgehoben werden, wenn ein neuer Weg gebaut wird oder das Bedürfnis für den bestehenden Notweg anderweitig aufgehört hat

---

131 AP 935/2003 ElDik 2004, 1628.

132 Balis, Sachenrecht, § 40 Nr. 3; Wawouskos, Sachenrecht, S. 141; AP 1615/2001 ElDik 2002, 449; AP 1052/1993 ElDik 1994, 1297; EfAth. 1017/1992 ElDik 35, 452, EfNauplia 161/1961 ElDik 3, 208, EfPatras 13/1966 ArchN 1966, 689.

133 Vgl. Wieling, Sachenrecht, S. 349.

134 Georgiades, Sachenrecht, § 35 Rn. 37–41; Sontis, Notdienstbarkeiten, S. 19 u. 111; Spiridakis, Sachenrecht, Band I, S. 503 ff.; ProtIoannina 337/2000 ElDik 43, 849; Ir.Marathon 154/2001 ArchN 2003, 710; ProtThes 1908/1992 Arm 1992, 822.

(etwa wenn der Eigentümer des herrschenden Grundstücks ein benachbartes Grundstück erwirbt, durch das der Zugang zum öffentlichen Weg ermöglicht wird). Aus Art. 1017 ZGB („aus einem anderen Grund das Bedürfnis für einen bereits bestehenden Notweg aufgehört" hat) i.V.m. Art. 281 ZGB ergibt sich, dass die weitere Ausübung des Notwegrechts auch zu verbieten ist, wenn das Recht missbräuchlich und entgegen seinem sozialen und wirtschaftlichen Zweck ausgeübt wird.[135] Das Gesetz sieht in diesem Fall die Rückgabe der Entschädigung vor. Die Regelung wird von der Lehre als unbillig betrachtet. Zurückerstattet soll der Teil der Entschädigung werden, der der künftigen – nach der Aufhebung – Benutzung des Wegs entspricht.[136] Über die Rechtsnatur der Entscheidung und ihre Eintragungsfähigkeit gilt das oben Ausgeführte.[137]

Aus dieser Sicht scheint die deutsche Regelung, die das Recht auf einen Notweg als eine provisorische Lösung (§ 917 Abs. 1 S. 1 BGB: "bis zur Hebung des Mangels") sieht, gerechter zu sein. Die Geldrente wird so lange bezahlt, wie das Recht besteht.

f) Duldung von Ausbesserungen

Gem. 1018 ZGB wird dem Eigentümer des Grundstücks eine Duldungspflicht für Bauarbeiten auferlegt, die auf dem angrenzenden Grundstück ausgeführt werden. Die Vorschrift wird weit ausgelegt, indem nicht nur Reparatur- oder Renovierungsarbeiten, sondern auch die Errichtung eines Neubaus erfasst wird.[138] Voraussetzungen sind, dass die Benutzung des Nachbargrundstücks nicht übermäßig durch die Arbeiten gehindert wird und dass der Eigentümer eine Entschädigung oder Sicherheit für die eventuellen Schäden auf seinem Grundstück erhält.

Entsprechende Vorschriften finden sich in Deutschland außerhalb des BGB.[139]

---

135 EfAth 817/2006 ElDik 2007, 1125.

136 Balis, Sachenrecht, § 40 Nr. 9.

137 Georgiades G. in Georgiades, Kurze Auslegung des ZGB, Art. 1017 Rn. 5.

138 Georgiades, Sachenrecht, § 36 Rn. 3; AP 966/1995 EEN 1996, 805; EfAth 6841/2008 EfAD 2009, 597.

139 Es handelt sich um das sog. Hammerschlags- und Leiterrecht, siehe z.B. Art. 46b Nachbarrechtsgesetz für das Land Bayern (AGBGB) vom 20.9.1982.

g) Grenzrecht

Da es in den meisten Gegenden Griechenlands an einer katastermäßigen Erfassung der Grundstücke fehlt, erhält die Regelung über die Grenzen einen bedeutenden Stellenwert.[140]

Betroffen sind häufiger Grundstücke, die sich außerhalb der Stadtplanung befinden. In der Praxis ergeben sich die Streitigkeiten aus Zweifeln über den genauen Verlauf der Grenzlinie, wenn keine festen Grenzzeichen vorhanden sind. In diesem Fall hat jeder Eigentümer der benachbarten Grundstücke gem. Art. 1020 ZGB (vgl. § 920 BGB) Anspruch auf Grenzscheidung durch das Gericht. Dies erfolgt durch Erhebung der Grenzscheidungsklage.[141] Ist das Eigentum an einer Zone zwischen den Grundstücken der Streitgegenstand, muss der Kläger die Vindikationsklage (Art. 1094 ZGB) erheben. Die Grenzscheidungsklage kann zusätzlich erhoben werden (Art. 219 gr.ZPO).[142] Das Gericht wird versuchen, den Verlauf der Grenzlinie zu ermitteln. Ist das nicht möglich, ist der bestehende Besitzstand maßgebend. Ist auch er nicht feststellbar, wird die streitige Fläche in gleichen Teilen zwischen den Nachbargrundstücken halbiert.[143]

Die Rechtsnatur des Urteils ist umstritten. Nach einer Meinung handelt es sich um ein Feststellungsurteil. Nach anderer Meinung ist es nur insoweit ein Feststellungsurteil, als die alte Grenze oder die Grenze nach Besitzstand ermittelt wird. Erfolgt jedoch eine Teilung der streitigen Fläche, dann liegt ein Zuerkennungsurteil vor, das auch ins Register bzw. Grundbuch eingetragen werden muss.[144]

Der Anspruch gem. Art. 1019 ZGB (vgl. § 919 BGB) hat mit dem Anspruch aus Art. 1020 ZGB nichts Gemeinsames. Durch die Klage nach Art. 1019 ZGB kann der Eigentümer nur die Errichtung oder die Wiederherstellung von bekannten und nicht streitigen Grenzzeichen verlangen. Beide Ansprüche

---

140 Auch in den meisten Bezirken, in denen das Grundbuchsystem gilt, sind die Fristen für die Anfechtung der Eintragungen noch nicht verstrichen. Mehr darüber in Kapitel VI 4.a)cc)aaa).

141 Die Rechtsnatur der Klage ist umstritten. Nach der h.M. muss sie in das Register bzw. Grundbuch eingetragen werden. Georgiades G. in Georgiades, Kurze Auslegung des ZGB, Art. 1020 Rn. 7.

142 Georgiades G. in Georgiades, Kurze Auslegung des ZGB, Art. 1020 Rn. 5.

143 AP 1483/2001 ElDik 2003, 973.

144 Georgiades G. in Georgiades, Kurze Auslegung des ZGB, Art. 1020 Rn. 9; vgl. Palandt, § 920 Rn. 3.

können gleichzeitig erhoben werden, indem das Gericht zunächst die Grenze feststellt und dann die Errichtung von Grenzzeichen anordnet[145].

Die Parteien können freilich die Grenzlinie durch Vertrag festlegen. Dieser Vertrag bedarf nicht zwangsläufig der notariellen Form, da die Voraussetzungen von Art. 369 ZGB nicht gegeben sind.[146]

Die Vorschrift von Art. 1020 ZGB bleibt auch im Geltungsbereich des Grundbuchs aktuell. Art. 13a GBG, in dem der Begriff der „Grenzscheidungszone" um jedes erfasste Grundstück eingeführt wird, verweist auf Art. 1020 ZGB zur Hebung von Streitigkeiten über die Grenzen.[147] Zur Vermeidung von Streitigkeiten tragen auch andere Vorschriften bei, wie die nach Art. 83 Abs. 4 G.4495/2017 bestehende Verpflichtung der Parteien, bei Verträgen über die Übertragung und Begründung von dinglichen Rechten an Immobilien einen mit Koordinaten versehenen Lageplan beifügen zu lassen.

Die Benutzung und die Unterhaltung von Grenzeinrichtungen von Nachbarn werden in Art. 1021, 1022 ZGB (vgl. §§ 921, 922 BGB) geregelt. Im Fall des Grenzbaums wird von Art. 1023 ZGB (vgl. § 923 BGB) Zwangsmiteigentum der Nachbarn zu gleichen Teilen begründet. Beseitigung kann verlangt werden, wenn der Baum nicht als Grenzzeichen dient.[148]

h) Wasserrecht

Die Vorschriften von Art. 1024–1030 ZGB wurden in das ZGB eingegliedert zu einer Zeit, in der dem Umweltschutz nicht gebührend Rechnung getragen wurde. Den Vorschriften des ZGB sind die öffentlich-rechtlichen Regelungen über das Wasserwesen überlegen.[149] Außerdem finden baurechtliche Vorschriften wie NBV Anwendung.[150]

---

145 Balis, Sachenrecht, § 42; vgl. Jauernig in Berger/Jauernig/Mansel/Stadler/Stürner/Teichmann (Jauernig Hrsg.), BGB Kommentar, §§ 919-924 Rn. 1.

146 Es handelt sich nur um die Feststellung der bestehenden Rechtslage. Anders, wenn die Grenzbestimmung die Übertragung eines Teils des Grundstücks beinhaltet: Georgiades G. in Georgiades, Kurze Auslegung des ZGB, Art. 1020 Rn. 2.

147 Mehr siehe in Kapitel VI 4.a)cc)bbb)cccc).

148 Über die Zulässigkeit finden parallel verwaltungsrechtliche Vorschriften Anwendung.

149 Grundsätzlich Gebrauch des Wassers nach behördlicher Genehmigung (G.1739/1987 Art. 9 Abs. 1, G.3199/2003 Art. 11 Abs. 1). S. auch Kapitel II 5.b)aa).

150 Z.B. Art. 15 Abs. 4 NBV über die Ausgestaltung der unbebauten Fläche des Grundstücks, damit der natürliche Abfluss des Regenwassers erleichtert wird.

Die Vorschriften des ZGB können immer noch lückenfüllend angewendet werden, solange sie öffentlich-rechtlichen Normen nicht zuwiderlaufen. Art. 1024 ZGB spricht von landwirtschaftlichen Grundstücken. Eine analoge Anwendung auf städtische Grundstücke ist unumstritten.[151] Die Vorschrift bezieht sich nur auf frei laufendes Wasser. Geschöpftes oder geleitetes Wasser wird nicht erfasst. Verboten werden künstliche Einrichtungen, etwa Mauern, Schuttdämme, Gräben, die den natürlichen Lauf des Wassers hindern bzw. verändern.[152] Das Verbot gilt für den Eigentümer des unterhalb wie auch für den Eigentümer des oberhalb liegenden Grundstücks. Der Eigentümer des tiefer gelegenen Grundstücks muss den von den höher liegenden Grundstücken abfließenden Wasserlauf dulden.

Nach Art. 1025 ZGB muss der Eigentümer des Grundstücks die Ausbesserung bzw. Wiederherstellung von Einrichtungen dulden, die rechtmäßig gebaut worden sind, etwa mit behördlicher Genehmigung oder kraft einer Dienstbarkeit, und der Einschränkung des Wasserlaufs dienen.

Werden die nach Art. 1024, 1025 ZGB bestehenden Verpflichtungen nicht eingehalten, kann der Nachbar, der durch die Nichteinhaltung benachteiligt wird, vom anderen die Beseitigung der schädigenden Einrichtung (im Fall von Art. 1024 ZGB) bzw. die Duldung der Ausbesserung oder der Wiederherstellung (im Fall von Art. 1025 ZGB) wie auch die Unterlassung von beeinträchtigenden Handlungen, falls solche zu besorgen sind, verlangen.[153]

Aktivlegitimiert ist der Eigentümer wie auch der Rechtsbesitzer und der publizianische Besitzer. Der Detentor wird gem. Art. 989 i.V.m. 997 ZGB geschützt. Passivlegitimiert ist der Eigentümer des Nachbargrundstücks wie auch jeder Besitzer.[154]

Analoges gilt für Art. 1026 ZGB. Unter „Dach“ wird jede vom Gebäude herausragende Vorrichtung verstanden, auch ein Balkon.[155]

Art. 1027 und 1028 ZGB über den Gebrauch von Wasser sind von Sondervorschriften überholt worden.[156]

---

151 Georgiades G. in Georgiades, Kurze Auslegung des ZGB, Art. 1024–1025 Rn. 2.

152 Die Vorschrift wird im NBV bei Baugrundstücken weiter spezifiziert: Grundsätzlich ist die natürliche freie Grundstücksoberfläche ohne Genehmigung nicht zu ändern. Änderungen bis zu einem Punkt dürfen nur der Erleichterung des freien Wasserlaufs dienen (Art. 15 Abs. 4, Art. 17 Abs. 3 NBV).

153 Balis, Sachenrecht, § 46 Nr. 3. Nach einer Meinung handelt es sich um die negatorische Klage von Art. 1108 ZGB. Spiridakis/Perakis, Zivilgesetzbuch, Art. 1024 Nr. 3.

154 Georgiades, Sachenrecht, § 38 Rn. 7.

155 Georgiades G. in Georgiades, Kurze Auslegung des ZGB, Art. 1026 Rn. 2.

156 Siehe Kapitel II 5.b)aa).

Art. 1029 und 1030 ZGB beziehen sich auf landwirtschaftliche Grundstücke. Die Versorgung mit Wasser und der Bau der dazu gehörenden Leitungen sind grundsätzlich Aufgabe der Verwaltung.[157] Ist jedoch eine Erschließung an das öffentliche Versorgungsnetz nicht möglich, greifen die Vorschriften des ZGB ein. Der Eigentümer wie auch der Rechtsbesitzer bzw. publizianische Besitzer des wasserbedürftigen Grundstücks kann vom Eigentümer des benachbarten Grundstücks gegen Entschädigung die Bestellung einer Grunddienstbarkeit verlangen, kraft deren er eine Wasserleitung durch das Nachbargrundstück bauen kann. Stimmt der Eigentümer des Nachbargrundstücks nicht zu, kann der andere die Bestellung durch gerichtliche Entscheidung bewirken. Der Grundsatz der schonenden Ausübung der Dienstbarkeit muss auch hier eingehalten werden.

Der Anspruch aus Art. 1031 ZGB ist gleich wie der von Art. 1029 ZGB konstruiert. Seine Überlagerung durch öffentlich-rechtliche Vorschriften ist auch hier gegeben.[158] In Art. 1031 ZGB findet eine zweifache Erweiterung des Rechts auf Bestellung der Grunddienstbarkeit statt: a) Das Recht erstreckt sich auf alle Grundstücke, nicht nur auf landwirtschaftliche, b) es kann außer Wasser auch Gas, Strom o.ä. geleitet werden.[159]

Die in Art. 1024–1031 ZGB geregelte Rechtsmaterie findet sich im Bundes-[160] wie auch im Landesrecht.[161]

i) Verjährung

Die nach Art. 1032 ZGB gegebene Unverjährbarkeit der meisten Ansprüche des Nachbarrechts ergibt sich aus ihrer Natur, da sie Eigentumsbeschränkungen

---

157 Z.B. Art. 211 Abs. 1b des Gesetzbuchs über die Städte und Gemeinden, der die Enteignung oder die Zwangsbestellung einer Dienstbarkeit auf Privatimmobilien zum Zweck der Beförderung und Versorgung mit Wasser bestimmt.

158 Sontis, Notdienstbarkeiten, S. 192.

159 Die Rechtsprechung legt die Vorschrift eng aus. Die Aufzählung in Art. 1031 ZGB ist daher abschließend: AP 4/1995 ElDik 1995, 587 (Leitung von Meereswasser in die Schwimmbecken des Nachbarn wird nicht beinhaltet); auch ProtThes 4268/1994 Arm 1994, 424; ProtKavala 76/1997 Arm 1999, 674; IrIoannina 362/1996 ArchN 1997, 208 (keine Leitung von Abwässern). Nach der Gegenmeinung ist Art. 1031 ZGB weit auszulegen, damit die von Art. 1029 ZGB nicht vorgesehenen Fälle geregelt werden; auch Georgiades, Sachenrecht, § 38 Rn. 28.

160 Z.B. § 37 Abs. 1 WHG.

161 Z.B. §§ 60, 61, 98, 99 Wassergesetz des Landes Schleswig-Holstein, Fassung vom 11.2.2008.

einführen, die ein ständiges friedliches Zusammenleben der Nachbarn bezwecken. Sie erwachsen daher dem jeweiligen Eigentümer des Nachbargrundstücks.[162] Bei anderen Ansprüchen (z.B. Art. 1008, 1024, 1026 ZGB), die verjähren, muss angenommen werden, dass der Gesetzgeber die Begründung einer Dienstbarkeit durch Ersitzung (Art. 1121 S. 1 bzw. Art. 1143 S. 1 ZGB) mit dem Inhalt zulässt, dass der Eigentümer die Einwirkungen aus dem Nachbargrundstück dulden muss; so muss der Eigentümer des Grundstücks, in das Wurzeln bzw. Äste von Bäumen des Nachbargrundstücks eindringen (Art. 1008 ZGB) oder Regenwasser vom Dach des Nachbarn abfließt (Art. 1026 ZGB), nach langjährigem Nichthandeln die Wurzeln bzw. Äste oder den Abfluss des Wassers dulden. Die Verjährungsfrist beträgt 20 Jahre. Die Verjährung des Anspruchs aus Art. 1010 ZGB wurde oben bereits angesprochen.

---

162 Es wird bemerkt, dass die Unverjährbarkeit auch ohne Art. 1032 ZGB bestünde, da die nachbarrechtlichen Ansprüche mit jedem Verstoß (z.B. Immission) oder mit der Fortsetzung der Störung (z.B. Haltung der schädigenden Anlage) neu entstehen. Georgiades G. in Georgiades, Kurze Auslegung des ZGB, Art. 1032.

Kapitel V – Erwerb des Eigentums an Grundstücken

1. Gesetzestext (Art. 1033, 1041–1057, 1069–1074 u. 1192–1208 ZGB)

Eigentumserwerb

Art. 1033 Eigentumserwerb an einem Grundstück durch Vertrag

Zur Übertragung des Eigentums an einem Grundstück ist die Einigung des Eigentümers und des Erwerbers darüber erforderlich, dass das Eigentum an dem Grundstück aus einem Rechtsgrund an diesen übergehen soll. Die Einigung erfolgt durch notarielle Beurkundung und unterliegt der Transkription.

…...............................

Art. 1034–1040 (Eigentumserwerb an beweglichen Sachen)

…..................................

Art. 1041 Ordentliche Ersitzung

Wer eine bewegliche Sache drei und eine unbewegliche Sache zehn Jahre in gutem Glauben und mit einem rechtmäßigen Titel in seinem Besitz gehabt hat, wird Eigentümer der Sache (ordentliche Ersitzung).

Art. 1042 Begriff des guten Glaubens

Der Besitzer ist im Fall des vorangehenden Artikels in gutem Glauben, wenn er nicht aus grober Fahrlässigkeit der Überzeugung ist, dass er das Eigentum erworben hat.

Art. 1043 Putativtitel

Zur Ersitzung genügt auch ein Putativtitel, sofern der gute Glaube des Besitzers gerechtfertigt ist.

Bei Grundstücken gibt es ohne Transkription in den Fällen, in denen sie erforderlich ist, keinen Putativtitel.

Art. 1044 Nachträglicher böser Glaube

Der gute Glaube muss zur Zeit des Erwerbs des Besitzes vorhanden sein. Der nachträgliche böse Glaube schadet nicht.

Art. 1045 Außerordentliche Ersitzung

Wer eine bewegliche oder unbewegliche Sache zwanzig Jahre in seinem Besitz hat, wird Eigentümer der Sache (außerordentliche Ersitzung).

Art. 1046 Besitzvermutung
Hat jemand eine Sache am Anfang und am Ende eines Zeitraums in seinem Besitz gehabt, so wird vermutet, dass er die Sache auch in der Zwischenzeit besessen hat.

Art. 1047 Hemmung der Ersitzung
Die Ersitzung beginnt nicht und wird, falls sie begonnen hat, nicht fortgesetzt, solange die Verjährung der Vindikationsklage gehemmt ist oder die Vollendung dieser Verjährung nach dem Gesetz verhindert wird.

Art. 1048 Unterbrechung der Ersitzung
Die Ersitzung wird durch den Verlust des Besitzes unterbrochen. Die Unterbrechung gilt als nicht erfolgt, wenn der Besitzer, der den Besitz verloren hat, ihn binnen Jahresfrist oder später mittels einer innerhalb dieses Jahres erhobenen Klage wiedererlangt hat.

Art. 1049
Die Ersitzung wird durch die Erhebung der Vindikationsklage gegen den Ersitzer oder gegen denjenigen, der die Sache im Namen des Besitzers in seiner Detention hat, unterbrochen. Die Unterbrechung tritt nur zugunsten des Klägers ein. Die Vorschriften über Unterbrechung der Verjährung durch Klageerhebung finden entsprechende Anwendung.

Art. 1050
Wird die Ersitzung unterbrochen, so kommt die bis zur Unterbrechung verstrichene Zeit nicht in Betracht. Eine neue Ersitzung kann erst nach der Beendigung der Unterbrechung beginnen.

Art. 1051 Zeitanrechnung
Wer den Besitz der Sache durch Gesamt- oder Sonderrechtsnachfolge erworben hat, kann seine eigene Ersitzungszeit derjenigen des Rechtsvorgängers hinzurechnen.

Art. 1052
Die Ersitzungszeit, die zugunsten eines Erbschaftsbesitzers verstrichen ist, kommt dem wahren Erben zustatten.

Art. 1053 Wirkung der Ersitzung Dritten gegenüber
Mit dem Erwerb des Eigentums an einer Sache durch Ersitzung erlöschen auch die etwa auf der Sache ruhenden dinglichen Rechte Dritter, es sei denn, dass der Ersitzer bei dem Erwerb des Besitzes in Ansehung des Rechtes des Dritten nicht in gutem Glauben war. Die Ersitzungsfrist muss auch in Ansehung des Rechtes des Dritten verstrichen sein. Für ihre Berechnung finden die Vorschriften über die Ersitzung des Eigentums an der Sache Anwendung.

Art. 1054 Zur Ersitzung ungeeignete Sachen
Der ordentlichen oder außerordentlichen Ersitzung unterliegen nicht die dem Verkehr entzogenen Sachen.

Art. 1055 Von der Ersitzung ausgenommene Sachen
Von der ordentlichen oder außerordentlichen Ersitzung sind die Sachen ausgenommen, die Personen gehören, die unter elterlichen Sorge, Vormundschaft oder gerichtlicher Beistandschaft stehen, solange dieser Zustand dauert.

Art. 1056 Erwerb durch behördliche Zuweisung usw.
Durch gerichtliche Zuerkennung oder behördliche Zuweisung wird das Eigentum nur in den durch Gesetz bestimmten Fällen erworben.

Art. 1057 Erwerb durch Verbindung
Wird eine bewegliche Sache mit einem Grundstück dergestalt verbunden, dass sie Bestandteil des Grundstücks wird, so erstreckt sich das Eigentum an dem Grundstück auch auf diese Sache.

…………………………………

Art. 1058–1068 (Andere Erwerbsarten von beweglichen Sachen: Verbindung von beweglichen Sachen, Vermischung, Verarbeitung, Erwerb von Erzeugnissen)

…………………………………

Art. 1069 Anschwemmung
Das von einem Fluss allmählich und unmerklich an ein Ufergrundstück angeschwemmte Erdreich gehört dem Eigentümer dieses Grundstücks.

Art. 1070 Anlandung
Wird durch die Gewalt des Flusswassers plötzlich ein Stück Erdreich aus einem Grundstück abgerissen und bei einem anderen Grundstück desselben oder des anderen Ufers angetrieben, so geht das Eigentum nicht verloren, wenn der Eigentümer innerhalb eines Jahres den Besitz des abgerissenen Erdreiches wiedererlangt oder deshalb Klage erhebt.

Art. 1071 Im Fluss entstandene Insel
Die in einem nicht schiffbaren Fluss entstandene Insel gehört den Eigentümern der am Ufer liegenden Grundstücke. Jedem Uferanlieger gehört der Teil, welcher sich zwischen einer ideellen Linie, die in der Mitte des Flusses seiner Länge nach zu führen ist, und den senkrecht zu dieser vom Ende der Seiten eines jeden Grundstücks zu ziehenden Linien befindet.

Art. 1072 Verlassenes Flussbett

Das verlassene Bett eines nicht schiffbaren Flusses gehört den Eigentümern der am Ufer liegenden Grundstücke. Die Vorschrift des vorigen Artikels findet entsprechende Anwendung.

Die Eigentümer des Grundes des neuen Flussbettes sind innerhalb eines Jahres berechtigt, den Lauf in seinem früheren Bett wiederherzustellen.

Art. 1073

Umschließt ein Flussarm ein am Ufer liegendes Grundstück oder einen Teil desselben, so geht das Eigentum an ihm nicht verloren.

Art. 1074 Bodenüberschwemmung

Das Eigentum geht durch eine vorübergehende Bodenüberschwemmung, die durch das Fließen des Regenwassers oder durch ein außerordentliches Anschwellen des Flusses hervorgerufen wird, nicht verloren.

…..............................

Art. 1075–1093 (Aneignung einer beweglichen herrenlosen Sache, wilde oder gezähmte Tiere, Bienenrecht, Fund, Schatzfund)

Art. 1094–1112 (Eigentumsschutz)

(s. Kapitel VIII)

Art. 1113–1117 (Miteigentum)

(s. Kapitel VII)

Art. 1118–1141 (Grunddienstbarkeiten)

(s. Kapitel IX)

Art. 1142–1191 (Beschränkte persönliche Dienstbarkeiten, Nießbrauch)

(s. Kapitel X)

…..............................

Transkription

Art. 1192 Akte, die in das Transkriptionsbuch einzutragen sind

Im Transkriptionsregister des Bezirks, in dem sich das Grundstück befindet, werden in das Transkriptionsbuch eingetragen: 1. die Rechtsgeschäfte unter Lebenden, inbegriffen auch die Schenkungen von Todes wegen, durch die ein dingliches Recht an Grundstücken begründet, übertragen oder aufgehoben wird (dingliche Rechtsgeschäfte); 2. die gerichtlichen Zuerkennungen sowie die behördlichen Zuweisungen oder Zuschläge des Eigentums an einem Grundstück oder eines dinglichen Rechts an diesem; 3. die Protokolle über die gerichtliche Teilung eines Grundstücks; 4. die rechtskräftigen Gerichtsentscheidungen, welche eine Verurteilung zur Abgabe einer

Willenserklärung über ein dingliches Rechtsgeschäft in Bezug auf ein Grundstück enthalten; 5. die rechtskräftigen Gerichtsentscheidungen, durch die das Eigentum oder ein anderes dingliches Recht an einem Grundstück festgestellt wird, die durch außerordentliche Ersitzung erworben sind.

Art. 1193 Annahme einer Erbschaft oder eines Vermächtnisses

In das Transkriptionsbuch des Transkriptionsregisters des Bezirks, in dem sich das Grundstück befindet, ist auch jede Annahme einer Erbschaft oder eines Vermächtnisses einzutragen, sofern durch sie dem Erben oder dem Vermächtnisnehmer ein Grundstück des Nachlasses oder ein dingliches Recht an demselben oder ein dingliches Recht an einem fremden Grundstück zufällt oder ein solches Recht aufgehoben wird. Für die Transkription ist die Bestätigung des Todes des Erblassers erforderlich.

Art. 1194 Wie die Transkription erfolgt

Die Transkription besteht in der Eintragung eines Auszuges aus dem einzutragenden Akt in das Transkriptionsbuch nach der zeitlichen Reihenfolge der Einreichung. Der Auszug enthält die Hauptmerkmale des Aktes. Die Eintragung wird auch auf der einzutragenden Urkunde bestätigt und diese wird im Transkriptionsregister aufbewahrt.

Die Transkription kann jeder verlangen, der ein berechtigtes Interesse daran glaubhaft macht.

Art. 1195

Die in das Transkriptionsbuch einzutragende Annahme einer Erbschaft oder eines Vermächtnisses muss sich aus einer öffentlichen Urkunde ergeben. Statt der Annahme der Erbschaft kann in das Transkriptionsbuch der Erbschein eingetragen werden.

Art. 1196 Mangel die Identität des Grundstücks betreffend

Die Transkription ist nichtig, wenn sich aus dem Akt, welcher im Transkriptionsbuch eingetragen ist, die Identität des Grundstücks nicht ergibt.

Art. 1197

Ergibt sich aus den Unterlagen über die Annahme der Erbschaft oder des Vermächtnisses nicht die Identität des Grundstücks und das dingliche Recht an ihm, auf das sich die Annahme bezieht, so muss derjenige, der die Transkription beantragt, dem Transkriptionsregister ein von ihm unterschriebenes Schriftstück einreichen, in dem diese Angaben enthalten sind.

Art. 1198 Unterlassung der Transkription

Ohne Transkription in den Fällen der Artikel 1192 Absätze 1 bis 4 und 1193 erfolgt keine Übertragung des Eigentums an dem Grundstück bzw. keine Begründung, Übertragung oder Aufhebung eines dinglichen Rechts an diesem.

Art. 1199 Eigentum des Erben oder des Vermächtnisnehmers
Durch die Transkription nach Artikel 1193 gilt das Eigentum oder ein anderes dingliches Recht an dem Grundstück als dem Erben oder Vermächtnisnehmer mit dem Zeitpunkt des Todes des Erblassers zugefallen, unbeschadet der Vorschriften über aufschiebende Bedingung oder Zeitbestimmung.

Art. 1200 Publizität der Transkriptionsbücher
Die Transkriptionsbücher sind öffentlich und jedem zugänglich, der sie einsehen will, unter Berücksichtigung der für ihre gute Erhaltung erforderlichen Bedingungen.

Art. 1201
Der Bewahrer der Transkriptionsbücher ist verpflichtet, demjenigen, der es verlangt, Abschriften, Bestätigungen oder Auszüge aus ihrem Inhalt zu erteilen.

Art. 1202 Entscheidung über die Nichtigkeit eines eingetragenen Rechtsgeschäfts
Wurde ein in das Transkriptionsbuch eingetragenes Rechtsgeschäft durch rechtskräftige gerichtliche Entscheidung für nichtig erklärt, so wird dies auf Betreiben der obsiegenden Partei am Rande der betreffenden Seite des Transkriptionsbuches, auf der das Rechtsgeschäft eingetragen ist, vermerkt. Für jeden aus der Unterlassung entstehenden Schaden haftet diese Partei dem Beschädigten.

Art. 1203 Nichtigkeitserklärung eines eingetragenen Vertrags über ein Grundstück
Wurde ein in das Transkriptionsbuch eingetragener Vertrag über ein Grundstück aus Irrtum oder durch arglistige Täuschung oder Drohung abgeschlossen und nach Anfechtung durch rechtskräftige Entscheidung für nichtig erklärt, so treten die in Artikel 184 vorgesehenen Folgen der Nichtigkeitserklärung von dem Zeitpunkt an ein, in dem diese Entscheidung am Rande der betreffenden Seite des Transkriptionsbuches vermerkt wird, auf der der Vertrag eingetragen ist.

Art. 1204
Durch die Nichtigkeitserklärung eines Vertrages über ein Grundstück im Sinne des vorangehenden Artikels, welcher aus Irrtum oder durch arglistige Täuschung oder Drohung abgeschlossen und im Transkriptionsbuch eingetragen wurde, werden die von Dritten aus ihm erworbenen dinglichen Rechte nicht aufgehoben.

Art. 1205 Zusammentreffen mehrerer Transkriptionen
Treffen mehrere Transkriptionsanträge zusammen und kann der Bewahrer der Transkriptionsbücher an demselben Tag nicht alle in das Transkriptionsbuch eintragen, so errichtet er über die nicht eingetragenen ein Protokoll, in dem sie nach

der Reihenfolge der Vorlegung vermerkt werden. Ihre Eintragung in das Transkriptionsbuch erfolgt nach der Reihenfolge, in der sie in das Protokoll eingetragen wurden; der Bewahrer kann keine anderen Transkriptionen vornehmen, bevor er diese eingetragen hat. Solche Transkriptionen gelten vom Tag der Errichtung des Protokolls an als erfolgt.

Art. 1206 Am selben Tag erfolgte Transkription
Unter mehreren am selben Tag erfolgten Transkriptionen über Rechte an demselben Grundstück geht diejenige vor, welche auf dem, wenn auch nur um kurze Zeit, älteren Titel beruht.

Art. 1207 Transkription und Hypothekeneintragung am selben Tag
Werden am selben Tag eine Transkription und die Eintragung einer Hypothek an demselben Grundstück vorgenommen, so geht die um auch noch so kurze Zeit früher eingetragene vor.

Art. 1208 Transkription von Mietverträgen
In das Transkriptionsbuch des Bezirkes, in dem sich das Grundstück befindet, werden die Mietverträge über das Grundstück eingetragen, die neun Jahre übersteigen.

2. Einleitung

Das griechische Sachenrecht kennt zwei Arten des Erwerbs von Eigentum an Grundstücken:

a) die derivative (oder abgeleitete), die durch Übertragung des Eigentums von dem Eigentümer an den Erwerber im Wege des Vertrags erfolgt: Art. 1033 ZGB, und
b) die originäre, die in dem Erwerb des Eigentums durch den Erwerber unabhängig von dem Willen des bisherigen Eigentümers besteht. Darunter fallen der Erwerb durch Ersitzung (Art. 1041–1055 ZGB), der Erwerb durch gerichtliche Zuerkennung oder behördliche Zuweisung (Art. 1056 ZGB), der Erwerb durch Verbindung einer beweglichen Sache mit einem Grundstück, indem sie zu seinem Bestandteil wird (Art. 1057 ZGB), der Erwerb durch den Fiskus infolge Eigentumsaufgabe seitens des Eigentümers (Art. 972 ZGB) oder infolge seiner Berufung als Erben der sechsten (und letzten) Ordnung (Art. 972 i.V.m. 1824 ZGB), der Erwerb in den selten vorkommenden Fällen der Anschwemmung (Art. 1069 ZGB), der Anlandung (Art. 1070 ZGB), der Flussinsel (Art. 1071 ZGB) oder des verlassenen Flussbettes (Art. 1072 ZGB).

3. Erwerb durch Vertrag

Der derivative Grundstückserwerb erfolgt gem. Art. 1033 ZGB (vgl. §§ 873 Abs. 1, 925 BGB). Die Voraussetzungen sind: die *Einigung* des Eigentümers und des Erwerbers über den Übergang des Eigentums, der *Rechtsgrund* der Übertragung, die *notarielle Beurkundung* als Vertragsform und die *Eintragung in das öffentliche Buch (Transkriptionsbuch)*. Bei Grundstücken, die sich im Geltungsbereich des Grundbuchsystems befinden, ist die *Eintragung in das Grundbuch* (Art. 4 i.V.m. Art. 12 GBG) statt der Transkription erforderlich.

a) Einigung

Die in Art. 1033 ZGB vorgesehene Einigung ist das dingliche Rechtsgeschäft, das auf die Übertragung des Eigentums gerichtet ist. Das griechische Recht geht wie das deutsche von der grundlegenden Unterscheidung zwischen dem Verpflichtungs- und dem Verfügungsrechtsgeschäft aus (Trennungsprinzip). Der griechische Gesetzgeber verwendet den Begriff „Vertrag" nur in der Überschrift von Art. 1033 ZGB. Es besteht aber kein Zweifel, dass die in Art. 1033 ZGB erwähnte „Einigung" die üblichen Merkmale des Vertrags trägt.[1] Es gelten alle bei den Rechtsgeschäften Anwendung findenden Vorschriften aus dem Allgemeinen Teil gem. Art. 127–239 ZGB, etwa über Rechts- und Geschäftsfähigkeit, über Mängel der Willenserklärung, über Stellvertretung.

Der Übertragende muss Eigentümer des Grundstücks sein, sonst ist der dingliche Vertrag nichtig.[2] Der Vertrag jedoch, der vom Nichteigentümer mit Einwilligung des Eigentümers vorgenommen wird, ist wirksam (Art. 239 Abs. 1 ZGB; vgl. § 185 Abs. 1 BGB). Die Einwilligung muss spätestens bis zur Errichtung des Vertrags erklärt werden.

---

1 „Vertrag ist ein Rechtsgeschäft, das durch den einstimmigen Willen zweier oder mehrerer Beteiligten mit entsprechenden Interessen errichtet wird." Balis, Allgemeiner Teil des ZGB, § 77; vgl. Jauernig in Jauernig, BGB Kommentar, S. 104, Vorbemerkungen zum Vertrag, Rn. 2: Der Vertrag besteht „aus (mindestens) zwei aufeinander bezogenen (korrelierenden) Willenserklärungen (Antrag, Annahme), die den wesentlichen Vertragsinhalt … zumindest bestimmbar machen." Die Benutzung des Begriffs „Einigung" (nicht „Vertrag") ist darauf zurückzuführen, dass der griechische Gesetzgeber direkt aus dem Deutschen übersetzt hat.

2 *Nemo plus juris ad alium transferre potest, quam ipse habet*. Der schuldrechtliche Vertrag ist jedoch wirksam (AP 1111/2014 Nomos). Ein allgemeiner gutgläubiger Erwerb vom Nichtberechtigten wie bei Mobilien (Art. 1036 ZGB) ist nur im Geltungsbereich des Grundbuchs gem. Art. 13 Abs. 3 S. 2 GBG möglich.

Ein wegen fehlenden Eigentums unvollendeter[3] Vertrag kann durch Genehmigung nachträglich wirksam werden (Art. 239 Abs. 2 ZGB; vgl. § 185 Abs. 2 BGB). Das Gleiche gilt, wenn der Übertragende das Grundstück später erwirbt oder den Eigentümer beerbt (Art. 239 Abs. 2 ZGB; vgl. § 185 Abs. 2 BGB).

Nichtig ist der dingliche Vertrag, wenn er von dem Eigentümer vorgenommen wird, der in seiner Verfügungsbefugnis durch das Gesetz oder durch gerichtliche Entscheidung (Art. 175, 176 ZGB; vgl. §§ 134–136 BGB) beschränkt ist (z.B. im Fall der Insolvenz, der Belastung mit Nacherbschaft, der Testamentsvollstreckung, der Beschlagnahme). Die Einigung kann von dem gesetzlich Berechtigten oder vom Eigentümer unter Mitwirkung des gesetzlich Berechtigten vorgenommen werden, etwa vom Insolvenzverwalter (Art. 17 Abs. 1 gr.InsO), vom Vorerben unter den Voraussetzungen von Art. 1937 u. 1939 ZGB, vom Testamentsvollstrecker (Art. 2020 ZGB).

Die Nichtigkeit kann absolut oder relativ sein. Ist die Nichtigkeit absolut (z.B. Art. 178 ZGB), kann sich darauf jeder berufen. Ist sie relativ, kann sich darauf nur der Begünstigte berufen (z.B. Art. 715 Abs. 1 gr.ZPO: relative Nichtigkeit zugunsten des Gläubigers, der eine Beschlagnahme bewirkt hat).

Ein vertraglich vereinbartes Veräußerungsverbot wirkt nur schuldrechtlich (Art. 177 ZGB). Die Eigentumsübertragung trotz des Verbots ist wirksam. Solche Veräußerungsverbote können jedoch in Form einer auflösenden Bedingung im Verfügungsvertrag eine dingliche Wirkung entfalten.[4]

Die Einigung kann aufschiebend oder auflösend bedingt sein oder unter einer Zeitbestimmung vorgenommen werden (Art. 201–209 ZGB). Die Vereinbarung von Bedingungen ist normalerweise mit der Sicherung der Tilgung des Kaufpreises bei Kaufverträgen verbunden. Ist der Kaufpreis gestundet, kann vereinbart werden, dass der Erwerb des Eigentums gleich mit der Transkription erfolgt, seine Wirksamkeit hängt aber von der vertragsgemäßen Kaufpreiszahlung ab (auflösende Bedingung). Ebenso kann vereinbart werden, dass der

---

3 Nach der Rechtsprechung und einem Teil der Theorie ist der Vertrag so lange nichtig, bis die Nichtigkeit nachträglich aufgehoben wird. Nach h.M. in der Lehre ist der Vertrag unwirksam, wobei die Genehmigung Wirksamkeitsbedingung ist. Ein Überblick in: Papasteriou, Der dingliche Vertrag von Art. 1033 S. 1 ZGB, S. 46–51.

4 AP 167/1963 NoV 11 (1963) 938; AP 494/2009 ChrID 2011, 418; Balis, Allgemeiner Teil des ZGB, § 63; Georgiades, Allgemeiner Teil § 35 Rn. 18; vgl. Wieling, Sachenrecht, S. 15, Fn. 50. Eine Ausnahme im Sachenrecht bildet Art. 1290 S. 2 ZGB: Eine Vereinbarung, nach der der Eigentümer sich verpflichtet, keine andere Hypothek am Grundstück zu bestellen, ist bei Hypotheken, die kraft Privatwillens bestellt und eingetragen sind, gültig.

Eigentumserwerb nicht vor der vollen Kaufpreiszahlung erfolgt (aufschiebende Bedingung).[5] Damit die Bedingung bzw. Zeitbestimmung wirksam ist, bedarf sie der notariellen Form und der Transkription.

Der Vertrag ist auf die Übertragung des Eigentums gerichtet. Ist das Eigentum mit beschränkten dinglichen Rechten belastet, ist dies kein Hindernis für die Übertragung. Hat der Übertragende lastenfreies Eigentum versprochen, richten sich seine Verpflichtungen nach dem Vereinbarten im zugrundeliegenden schuldrechtlichen Vertrag (z.B. Art. 514, 515 ZGB).

Das zu übertragende Grundstück muss grundsätzlich zur Zeit der Übertragung existieren. Die Übertragung eines künftigen Grundstücks ist nicht ausgeschlossen. Als solche gilt die Übertragung eines noch zu errichtenden Stockwerkseigentums.[6]

In diesem Fall muss jedoch bemerkt werden, dass die Wohnung durch die Begründung des Stockwerkseigentums gem. G.3741/1929 rechtlich - wenn auch noch nicht materiell - existiert.

b) Rechtsgrund

Das dingliche Rechtsgeschäft über eine Immobilie bedarf nach Art. 1033 ZGB eines Rechtsgrunds.[7] Der Rechtsgrund (*causa* oder *justa causa*)[8] ist der rechtliche Zweck, in Verfolgung dessen die Übertragung des Eigentums vorgenommen wird.[9] Mit anderen Worten begründet er „die Verpflichtung zur Eigentumsübertragung."[10] Die Einführung des Rechtsgrunds soll die Beteiligten vor übereilten und unüberlegten Eigentumsübertragungen an Immobilien schützen.

---

5 Simonetos, Der Rechtsgrund bei der Eigentumsübertragung, S. 121.

6 Balis, Sachenrecht, § 126; Livanis, Verfügung über ein künftiges Recht, S. 102. Besonders das Recht auf Erweiterung eines Gebäudes, indem weitere Stockwerkseigentumseinheiten geschaffen werden, ist nach der Rechtsprechung ein veräußerliches Anwartschaftsrecht: AP 1377/2004 ElDik 2005, 1470; EfAth 2192/2010 Nomos.

7 Anders bei unbeweglichen Sachen, Art. 1034 ZGB.

8 Sie darf nicht mit dem in anderen Vorschriften (z.B. Art. 1041 ZGB) vorgesehenen *justus titulus* verwechselt werden. Normalerweise ist die *justa causa* eine der Voraussetzungen des *justus titulus*: Unter dem Begriff *justus titulus* wird „die Gesamtheit der erforderlichen Bedingungen für den Eigentumserwerb *in abstracto*" verstanden. Balis, Sachenrecht, § 66.

9 Balis, Sachenrecht, § 61 Nr. 5.

10 Simonetos, Der Rechtsgrund bei der Eigentumsübertragung, S. 154.

Damit wird von dem Abstraktionsprinzip des deutschen Rechts abgewichen.[11] Das Trennungsprinzip bleibt insoweit bestehen, als schuldrechtliches und dingliches Rechtsgeschäft voneinander zu unterscheiden sind.[12] Der Abschluss und die Wirksamkeit des Verpflichtungs- und des Verfügungsgeschäfts sind jedoch nicht getrennt voneinander zu prüfen, da die Wirksamkeit des letzteren entscheidend für die Wirksamkeit des ersteren ist.

Rechtsgrund in diesem Sinn ist ein schuldrechtlicher Vertrag (Kauf, Tausch, Schenkung, Vergleich usw.) oder ein einseitiges Rechtsgeschäft (Vermächtnis) wie auch jede rechtmäßige Verpflichtung zur Übereignung des Eigentums (Kondiktion), in Erfüllung derer der dingliche Vertrag errichtet wird.[13] Ein als Rechtsgrund zugrundeliegender schuldrechtlicher Vertrag muss auch an sich kausal sein, in dem Sinn, dass der schuldrechtliche Vertrag zur Verfolgung eines entgeltlichen (z.B. Kauf) oder eines unentgeltlichen (z.B. Schenkung) rechtlichen Zwecks vorgenommen wird.[14] Ein abstraktes Schuldversprechen (Art. 873 ZGB; vgl. § 780 BGB) als Rechtsgrund reicht nicht aus.[15] Die Gewährung von Kreditsicherheit (etwa Sicherungsübereignung) als Rechtsgrund ist strittig. Die h.M. und die Rechtsprechung erkennen sie nicht als einen gültigen Rechtsgrund an.[16]

Der Rechtsgrund muss vor oder spätestens zur Zeit der Errichtung des dinglichen Vertrags bestehen und ausdrücklich im dinglichen Vertrag erwähnt werden.[17] Eine Übertragung aus einem Rechtsgrund, der nach Vornahme des

---

11 Die Vorschrift von Art. 1033 ZGB löse die strittige Frage unter der Geltung des römisch-byzantinischen Rechts zugunsten der Kausalität des dinglichen Vertrags über die Eigentumsübertragung von Immobilien. Simonetos, Der Rechtsgrund bei der Eigentumsübertragung, S. 98.

12 Das ist für die Nichtjuristen im Rechtsverkehr nicht unmittelbar ersichtlich, da in der Praxis Verpflichtungs- und Verfügungsvertrag gleichzeitig in derselben Niederschrift beinhaltet werden. Vgl. den in griechischen Urkunden von Kaufverträgen über Grundstücke üblichen Ausdruck: „verkauft, überlässt und überträgt…".

13 Kitsaras in Georgiades, Kurze Auslegung des ZGB, Art. 1033 Rn. 11; Stathopoulos in FS für Lambros Kotsiris, S. 1035–1037; dess., Anspruch aus ungerechtfertigter Bereicherung, S. 74–75; Makris-Staikos, EEN 41 (1974), 609, 615.

14 Papasteriou, Der dingliche Vertrag von Art. 1033 S. 1 ZGB, S. 99–101 u. 133.

15 Kitsaras in Georgiades, Kurze Auslegung des ZGB, Art. 1033 Rn. 13.

16 Rechtsprechung: AP 658/1963 NoV 12 (1964) 388; AP 91/1984 NoV 33 (1985) 241; EfAth 2256/1953 NoV 2 (1954) 174 und h.M. Papasteriou, Der dingliche Vertrag von Art. 1033 S. 1 ZGB, S. 138; Balis, Sachenrecht, § 61 Nr. 5. Dagegen Wusikas, NoV 2, 174, 175 ff.

17 Kitsaras in Georgiades, Kurze Auslegung des ZGB, Art. 1033 Rn. 11: sog. inhaltliche Kausalität; vgl. das Gegenteil im deutschen Recht: Nichtinbezugnahme der

dinglichen Rechtsgeschäfts noch einzutreten hat, ist nichtig. Zu einem genauso nichtigen dinglichen Vertrag führt die Vereinbarung der Parteien, dass die Übertragung ohne Rechtsgrund erfolgt.

Die Nichtigkeit des schuldrechtlichen Rechtsgeschäfts führt automatisch zur Nichtigkeit des dinglichen Vertrags wegen Wegfalls des Rechtsgrunds[18] sowohl bei absoluter Nichtigkeit, etwa Geschäftsunfähigkeit (Art. 130 i.V.m. 180 ZGB), Scheingeschäft (Art. 138 Abs. 1 i.V.m. 180 ZGB), Gesetzwidrigkeit, Sittenwidrigkeit (Art. 174, 178 i.V.m. 180 ZGB) als auch bei Nichtigkeit infolge der Anfechtung wegen Irrtums, Täuschung oder Drohung (Art. 140–157 ZGB).[19] Die Nichtigkeit wirkt in beiden Fällen *ex tunc*: Art. 180, 184 ZGB.[20] Der Erwerber wird nicht zum Eigentümer, unabhängig davon, ob er Kenntnis von dem Mangel des Rechtsgrunds hatte oder nicht. Der Übertragende kann durch Erhebung der Vindikationsklage Herausgabe des Grundstücks verlangen.[21]

Geht der Rechtsgrund nachträglich unter, ohne dass er Rückwirkung auf den dinglichen Vertrag entfaltet (*ex nunc*), etwa durch Ausübung des Widerrufrechts bei Schenkungsvertrag (Art. 505–509 ZGB) oder eines Rücktrittsrechts, kann der Übertragende das Grundstück aufgrund der Vorschriften über die ungerechtfertigte Bereicherung zurückverlangen.[22] Hat der Erwerber das Grundstück vor

---

zugrundeliegenden Kausalabrede im Verfügungsgeschäft nach dem Abstraktionsprinzip (sog. inhaltliche Abstraktheit), Grigoleit, AcP 199, 379, 380.

18 Sog. äußerliche Kausalität; vgl. das Gegenteil im deutschen Recht: Unabhängigkeit der Wirksamkeit des Verfügungsgeschäfts von der Wirksamkeit des kausalen Verpflichtungsgeschäfts (sog. äußerliche Abstraktheit), Grigoleit, AcP 199, 379, 380–381.

19 Der Unterschied zwischen der absoluten Nichtigkeit und der Nichtigkeit von anfechtbaren Rechtsgeschäften wegen Irrtums, Täuschung oder Drohung ist, dass das absolut nichtige Rechtsgeschäft von Anfang an nichtig ist, während das anfechtbare seine Wirkung entfaltet, bis es rechtskräftig durch gerichtliche Entscheidung für nichtig erklärt wird. Mehr bei Warela in Georgiades, Kurze Auslegung des ZGB, Art. 155 Rn. 1.

20 Auf die absolute Nichtigkeit von Art. 180 ZGB kann sich jeder berufen, der ein berechtigtes Interesse darlegen kann. AP 936/2007 ChrID 8, 23; AP 252/2004 ChrID 4, 704.

21 Balis, Allgemeiner Teil des ZGB, § 75; Papantoniou, Allgemeiner Teil des ZGB, S. 444; Papasteriou, Der dingliche Vertrag von Art. 1033 S. 1 ZGB, S. 141; Kitsaras in Georgiades, Kurze Auslegung des ZGB, Art. 1033 Rn. 33. Anders Georgiades, Sachenrecht, § 43 Rn. 21 in Bezug auf die anfechtbaren Rechtsgeschäfte. Nach dieser Meinung besteht der Rechtsgrund im Zeitpunkt des Vertragsabschlusses. Sein nachträglicher Wegfall wegen Anfechtung führt nicht zu rückwirkender Nichtigkeit des dinglichen Vertrags, das Eigentum kehrt also nicht *ipso jure* an den Übertragenden zurück. Er muss das Grundstück vom Erwerber gem. Art. 904 ZGB kondizieren.

22 Kitsaras in Georgiades, Kurze Auslegung des ZGB, Art. 1033 Rn. 14; Georgiades, Sachenrecht, § 43 Rn. 21; AP 52/1970 EEN 1970, 425; AP 94/1974 EEN 1974, 581.

dem Widerruf bzw. Rücktritt an einen Dritten übertragen, ist die Übertragung wirksam.[23] Das gleiche gilt über beschränkte dingliche Rechte, die der Dritte am Grundstück erworben hat. In solchen Fällen verbieten auch schuldrechtliche Vorschriften die Ausübung von Rücktrittsrechten, wenn die Sache schon weiter übertragen oder belastet ist (Art. 393, 549 Abs. 2 ZGB).

Problematisch ist der Schutz des Dritterwerbers (des Dritten, der vom Erwerber das Eigentum bekommen hat), wenn der Rechtsgrund beim Erwerb seines Rechtsvorgängers mit rückwirkender Wirkung untergegangen ist. Der Wegfall des Rechtsgrunds führt nach Art. 1033 i.V.m. 180 ZGB zur *ex tunc* Unwirksamkeit der Eigentumsübertragung. Der Eigentümer kann gegen den Dritterwerber – auch den gutgläubigen – die Vindikationsklage erheben, da das griechische Zivilrecht im Geltungsbereich des Transkriptionssystems das Prinzip des öffentlichen Glaubens der Registereintragungen grundsätzlich nicht kennt.

Das griechische Zivilrecht bedient sich im Geltungsbereich des Transkriptionssystems nur beschränkt des Prinzips des gutgläubigen Dritterwerbs. Ausdrücklich werden geregelt:

a) das Scheingeschäft. Nach Art. 139 ZGB schadet das Scheingeschäft nicht demjenigen, der kontrahiert hat, ohne es zu kennen.
b) die Nichtigkeit des Vertrags wegen Irrtums, Täuschung oder Drohung. Sie hat keine Wirkung auf die von Dritten erworbenen dinglichen Rechte, vorausgesetzt, dass der Vertrag ins Transkriptionsbuch eingetragen ist (Art. 184, 1203, 1204 ZGB). Guter Glaube des Erwerbers ist nicht gesetzlich vorgesehen, wird aber von der Lehre verlangt.[24]

   Eine analoge Anwendung dieser Vorschriften verlangt ein Teil der Lehre im Fall der Nichtigkeit der Bevollmächtigung wegen Irrtums, Täuschung oder Drohung, aufgrund deren der Übertragungsvertrag vorgenommen wird.[25]
c) der gutgläubige Erwerb von einem Erben, der aufgrund eines Erbscheins überträgt (Art. 1962–1963 ZGB i.V.m. Art. 821–822 gr.ZPO). Der Dritte erwirbt nicht gutgläubig, wenn er die Unrichtigkeit des Erbscheins kennt.

---

23 Georgiades N. in Georgiades, Kurze Auslegung des ZGB, Art. 509 Rn. 2.

24 Tsolakidis in Georgiades, Kurze Auslegung des ZGB, Art. 1203–1204 Rn. 15 ff. Ausführlich Spiridakis, Nichtigkeitserklärung des Verfügungsgeschäfts und dingliche Rechte Dritter, S. 124–140. Die ältere Theorie hat keine Unterscheidung gemacht: Balis, Allgemeiner Teil des ZGB, § 75; Papantoniou, Allgemeiner Teil des ZGB, S. 445 u.a.

25 Spiridakis, Nichtigkeitserklärung des Verfügungsgeschäfts und dingliche Rechte Dritter, S. 146.

Grobe Fahrlässigkeit reicht nicht aus.[26] In diesem Sinn genießt der Erbschein öffentlichen Glauben. Der öffentliche Glaube erfasst aber nicht Sachen, die nicht zur Erbschaft gehören.[27] Veräußert der Erbscheininhaber ein Grundstück, das dem Erblasser nicht gehört hat, etwa weil der Erblasser bei seinem Erwerb geschäftsunfähig war, erwirbt auch der gutgläubige Dritte kein Eigentum.

Die Lehre sieht in den Vorschriften über Scheingeschäfte und anfechtbare Verträge einen Kompromiss zwischen dem allgemeinen Prinzip der Rückwirkung der Nichtigkeit und dem Erfordernis der Reduzierung von Fällen, in denen sich die Eintragung als Falle für die Rechtsverkehrsbeteiligten erweisen kann.[28] Des Weiteren wird daraus von der Theorie ein allgemeines Prinzip gefolgert, nach dem der rückwirkende Untergang des Eigentums in der Person des Übertragenden keine nachteiligen Folgen für den zumindest gutgläubig – und eventuell aus einem entgeltlichen Rechtsgrund – Dritterwerbenden haben sollte. Eine analoge Anwendung von Art. 1203–1204 ZGB zugunsten eines gutgläubigen Dritterwerbers wird in Fällen verlangt wie die Aufhebung eines gerichtlichen Urteils infolge einer Drittwiderspruchsklage vom wahren Eigentümer, kraft dessen der Übertragende das Eigentum erworben hat (Art. 1056 ZGB), die Rücknahme eines Verwaltungsakts über die Zuschreibung des Eigentums an den Übertragenden oder die Nichtigkeitserklärung der notariellen Niederschrift als solcher, etwa aus Nichteinhaltung der Vorschriften der Notarordnung.[29]

Das Bestehen einer auflösenden Bedingung (Art. 203 ZGB) oder Zeitbestimmung (Art. 210 ZGB), deren Eintritt die Unwirksamkeit nachträglicher Verfügungen zur Folge hat, scheint nicht problematisch zu sein, da solche Bedingungen bzw. Zeitbestimmungen der Publizität unterliegen. Der Dritte kann aus den Eintragungen im Transkriptionsbuch Kenntnis davon erlangen.[30] Analoges gilt über aufschiebende Bedingungen und Befristungen.

Eine andere Frage ist die Feststellung des Eintritts oder des Ausfalls der Bedingung, damit Sicherheit über die Rechtsverhältnisse geschaffen wird. Teilweise wird das Problem dadurch gelöst, dass Rechtsgeschäfte oder Urteile über

26 EfAth 8614/1999 ElDik 2002, 1077, EfThes 1400/2001 Arm 2003, 798.
27 Chelidonis in Georgiades, Kurze Auslegung des ZGB, Art. 1963 Rn. 1.
28 Simonetos, Der Rechtsgrund, S. 164–165.
29 Kitsaras in Georgiades, Kurze Auslegung des ZGB, Art. 1033 Rn. 34–37.
30 Darüber wird jedoch kein spezieller Vermerk in den Büchern des Registers gemacht. Die Urkunde wird als Ganzes transkribiert. Bedingungen und Zeitbestimmungen sind Teil des Urkundeninhalts.

die Feststellung des Eintritts bzw. Ausfalls eintragungsfähig sind, z.B. die Kaufpreistilgungsurkunde, wenn der Eigentumsübergang unter der auflösenden bzw. aufschiebenden Bedingung der Kaufpreiszahlung vereinbart wurde.

c) Notarielle Beurkundung

Die Einschaltung eines Notars bei der Übertragung des Eigentums an Grundstücken erfüllt das Erfordernis der rechtskundigen und unparteiischen Beratung der Beteiligten über die Tragweite ihrer Handlungen von einer öffentlichen Stelle und somit ihres Schutzes vor übereilten Entscheidungen angesichts der Wichtigkeit der Immobilien als Vermögensobjekte.[31]

Die notarielle Beurkundung des dinglichen Vertrags (Einigung) wird von Art. 1033 ZGB vorgesehen. Die notarielle Beurkundung des schuldrechtlichen Vertrags gebietet Art. 369 ZGB.[32] Nichteinhaltung dieser Formvorschriften führt zur Nichtigkeit des betroffenen Vertrags nach Art. 159 Abs. 1 ZGB. Des Weiteren führt die Nichtigkeit des schuldrechtlichen Vertrags wegen des Kausalprinzips die Nichtigkeit des dinglichen Vertrags herbei.

Schließen die Parteien einen Vertrag ab, dem gemäß sie die Verpflichtung übernehmen, einen Vertrag über die Übertragung des Eigentums an einem Grundstück in der Zukunft abzuschließen (Vorvertrag), bedarf auch dieser der notariellen Form (Art. 166 ZGB). Geht eine Partei ihrer Verpflichtung aus dem Vorvertrag nicht nach, dann kann die andere eine gerichtliche Entscheidung „über die Verurteilung zur Willenserklärung" gegen die verweigernde Partei ergehen lassen (Art. 949 gr.ZPO). Die rechtskräftige gerichtliche Entscheidung ersetzt die abzugebende Willenserklärung des Verweigernden.[33] Eine notarielle Annahme der Willenserklärung zum Abschluss des schuldrechtlichen wie auch des dinglichen Vertrags seitens des Klägers ist immer noch erforderlich.

Die Einhaltung der notariellen Form bei der Übertragung von Grundstücken ist zusätzlich für die Bevollmächtigung pflichtig, die sich auf den Abschluss des

---

31 Balis, Sachenrecht, § 61 Nr. 6.

32 Art. 369 ZGB: „Verträge, welche die Begründung, Übertragung, Veränderung oder Aufhebung dinglicher Rechte an Grundstücken zum Gegenstand haben, müssen vor einem Notar abgeschlossen werden." Die Vorschrift bezieht sich nur auf schuldrechtliche Verträge. Die Überschrift „Dingliche Verträge über ein Grundstück" ist irreführend und auf Irrtum zurückzuführen. Triantaphyllopoulos, NDik 2 (1946), 159, 175; Litzeropoulos EEN 13 (1946), 321, 330; Simonetos, Der Rechtsgrund, S. 155.

33 Ist bei einem Kaufvertrag die Kaufpreiszahlung noch zu bewirken, wird die Verurteilung zur Willenserklärung an der Kaufpreiszahlung bedingt. Georgiades, Sachenrecht, § 43 Rn. 11.

schuldrechtlichen wie des dinglichen Vertrags bezieht (Art. 217 Abs. 2 ZGB).[34] Wird im Vorvertrag über die Grundstücksübertragung eine Vollmacht zur Selbstkontrahierung nach Art. 235 ZGB einbezogen, nach der eine Partei – normalerweise der Käufer – auch als Bevollmächtigte der anderen zum Abschluss des Hauptvertrags agieren kann, falls diese Partei ihren Verpflichtungen aus dem Vorvertrag nicht nachkommt, ist der Erlass einer gerichtlichen Entscheidung nicht erforderlich. Der Bevollmächtigte kann vor dem Notar erscheinen, und vorausgesetzt, dass er die Erfüllung seiner Verpflichtungen – normalerweise die Kaufpreiszahlung – nachweist, kann er den Abschluss des obligatorischen Vertrags wie auch die Übertragung kraft der Vollmacht allein bewirken.

In dem Fall, dass die Zustimmung bzw. die Genehmigung des Eigentümers zur Eigentumsübertragung erforderlich ist, muss diese in notarieller Form abgegeben werden.

Die Einhaltung der notariellen Form beider Rechtsgeschäfte ist konstitutiv. Eine Nichtbeachtung dieser Form führt *ipso jure* zur Unwirksamkeit des betroffenen Rechtsgeschäfts (Art. 159 Abs. 1 ZGB).

Problematisch in Bezug auf Dritterwerber erscheint die nachträgliche Nichtigkeitserklärung der notariellen Niederschrift aus formellen Gründen, d.h. nicht des beurkundeten Vertrags, sondern der Urkunde selbst wegen Verstößen gegen Vorschriften der Notarordnung. Diese Nichtigkeit muss gerichtlich erklärt werden. Nach der Nichtigkeitserklärung der Urkunde ist auch der beurkundete Vertrag wegen Nichteinhaltung der notariellen Form nichtig. Wie oben erwähnt, wird in diesem Fall von der Lehre die analoge Anwendung von Art. 1203–1204 ZGB vorgeschlagen. Gutgläubige Dritte erwerben wirksam aufgrund der nichtigen Urkunde, bevor der Vermerk hinsichtlich der Entscheidung über die Nichtigkeit im Transkriptionsbuch nach Art. 1203 ZGB eingetragen wird.

Interessant ist die Auffassung des AP über Kaufverträge, in denen sich der wirkliche Kaufpreis von dem beurkundeten unterscheidet (ein niedriger Kaufpreis als der wahre wird normalerweise aus steuerlichen Gründen beurkundet). Hier liegt ein Scheingeschäft wegen des nicht beurkundeten Kaufpreises vor, das eventuell zur Nichtigkeit des gesamten Vertrags führen kann (Art. 138 ZGB). Der AP rettet in ständiger Rechtsprechung die Wirksamkeit des Rechtsgeschäfts bis zur Höhe des beurkundeten Kaufpreises. In Bezug auf den nicht beurkundeten Kaufpreis ist der Vertrag nichtig. Der Verkäufer kann den letzteren nicht fordern.[35]

---

34 Nicht aber für das Auftragsverhältnis zwischen Vollmachtgeber und Bevollmächtigten. AP 104/1975 NoV 23 (1975) 653; AP 1925/2006 DEE 2007, 463.

35 AP 766/1954 NoV 3 (1955) 362; AP 560/1974 NoV 23 (1975) 147; AP 1616/1999 NoV 48 (2000) 1406; AP 810/1998 ElDik 1998, 1620; AP 656/2014 Nomos.

d) Transkription

Art. 1033 ZGB besagt, dass die notariell beurkundete Einigung der Transkription[36] unterliegt. An dieser Stelle ist eine umfassende Analyse des Transkriptionssystems sowohl bezüglich der durch Vertrag erfolgenden Übertragung des Eigentums an Grundstücken als auch der anderen eintragungsfähigen Rechtsakte erforderlich.

aa) Historischer Überblick

Wie einleitend erörtert, war die Beurkundung und die Archivierung von Rechtsakten über Rechte an Grundstücken im altgriechischen Recht eine gängige Praxis.[37]

Das römische Recht jedoch unterwarf die Publikmachung von Rechten an Immobilien keiner Registrierung. Unter dem römisch-byzantinischen Recht galt in Griechenland die *traditio* des Besitzes mit der Vereinbarung über den Eigentumsübergang bei Immobilien (gleich wie bei Mobilien) als Übertragungsweise.[38] Die Besitzausübung diente als Publizitätsmittel. Durch Art. 42 des Gesetzes vom 14./26.8.1836 wurde die notarielle Beurkundung der Verträge über „den Besitz von unbeweglichen Sachen" als weitere Voraussetzung für die Übertragung des Eigentums hinzugefügt, nicht aber ihre Aufnahme in ein öffentliches Register.[39]

Die Nachteile der Besitzausübung als Publizitätsmittel bei Grundstücken waren evident. Die Einführung eines Registrierungssystems war geboten. Die Ursprünge des heute in den meisten Teilen des griechischen Staates geltenden Systems über die Publizität von dinglichen Rechten an Grundstücken finden sich im französischen Transkriptions- und Inskriptionssystem (système des

36 Das Wort lautet im griechischen Text „μεταγραφή – metagrafi" und bedeutet wortwörtlich: hinüberschreiben. Damit wurde ursprünglich das Überschreiben (Abschreiben) jedes Rechtsgeschäfts, das sich auf dingliche Rechte an Immobilien bezog, in ein öffentliches Register gemeint (heute reicht die Aufnahme einer beglaubigten Abschrift in die Urkundensammlung aus). Der Begriff wird aus dem in Frankreich – und in anderen Ländern – früher geltenden System der „transcription" abgeleitet.

37 Etwa im Register Μητρώον – Mitroon in Athen, z.B Testament von Epikur: "Κατά τάδε δίδωμι τα εμαυτού πάντα…κατά την εν τω Μητρώω αναγεγραμμένην εκατέρω δόσιν": „So übertrage ich alles, was mir gehört, …nach der in dem Mitroon eingetragenen Übertragung an jeden einzelnen." (Übersetzung des Verfassers) oder in der βιβλιοθήκη εγκτήσεων (*bibliotheke enkteseon*) im hellenistischen Ägypten.

38 *Traditionibus dominia rerum, non nudis pactis transferuntur.*

39 Simonetos, Der Rechtsgrund, S. 98.

transcriptions et hypothèques).[40] Das im Jahre 1856 erlassene Gesetz Nr. 390 über die Registrierung von dinglichen Rechten an Immobilien folgte dem Vorbild des französischen Transkriptionsgesetzes vom 23.3.1855 („Sur la transcription en matière hypothécaire"). Gem. Art. 1 des Gesetzes Nr. 390 vom 29.10./6.11.1856 „über die Transkription des Eigentums an Grundstücken und der anderen dinglichen Rechten daran" unterlagen der Publikation grundsätzlich „Rechtsakte unter Lebenden", die die Übertragung des Eigentums an Immobilien, die Begründung von Dienstbarkeiten, den Verzicht auf solche Rechte wie auch jegliche Zuschläge solcher Rechte zum Gegenstand hatten. Gem. Art. 4 des Gesetzes wurde die Besitzübertragung als Voraussetzung für den Eigentumserwerb abgeschafft.

Hauptunterschied zwischen dem griechischen Transkriptionssystem und seinem französischen Vorbild war, dass die Transkription eine Voraussetzung für die Eigentumsübertragung konstituierte, sie hatte also konstitutive Wirkung, während die Transkription in Frankreich nur der Entgegenhaltung des Rechts des Eigentümers gegenüber Dritten diente.[41] Da das französische Recht keine Trennung zwischen Verpflichtungs- und Verfügungsrechtsgeschäft kennt, geht das Eigentum – vor der Eintragung – schon mit der Errichtung des schuldrechtlichen Vertrags über.[42] Das ZGB übernahm praktisch das von Gesetz 390/6.11.1856 eingeführte System mit der Ergänzung der Eintragungsfähigkeit von Rechtsakten über den Übergang von dinglichen Rechten von Todes wegen[43].

---

40 Balis, Sachenrecht, § 148, Nr. 3. Die Unterscheidung zwischen Transkription und Inskription hat heute in Griechenland nur eine terminologische Bedeutung: Im ZGB ist die Rede von der Transkription von Rechtsgeschäften, die sich auf die Eigentumsübertragung oder die Begründung von Dienstbarkeiten an Immobilien beziehen (sie werden „transkribiert"), und von der Inskription von Hypotheken, Beschlagnahmen oder von Klageschriften über Immobilien in die entsprechenden Bücher (sie werden „inskribiert"). Die zuständige Stelle wird als „das Büro der Transkriptionen" oder „Transkriptionsregister" bezeichnet (Art. 1192 ZGB). In weiteren gesetzlichen Vorschriften (etwa KV 533/1963), die das Publikationswesen von Grundstücken regeln, wird der Begriff „Hypothekenregister" benutzt, obwohl es sich um die gleiche Stelle handelt. Zur Vermeidung von Verwechslungen wird hier diesbezüglich einheitlich der Begriff „Transkriptionsregister" benutzt. Es wird ferner auf die Benutzung der Begriffe „transkribieren", und „inskribieren" verzichtet und stattdessen der einheitliche Begriff „eintragen" benutzt.

41 Balis, EEN, 31 (1935), 817, 818.

42 Simonetos, Rechtsgrund, S. 101–102.

43 Die Einbeziehung der Transkription von Erbschaftsannahmen und Erbscheinen im ZGB wurde als Füllung einer gesetzlichen Lücke im Vergleich zum französischen

Die Regelung des ZGB über die Transkription (Art. 1192–1208 ZGB) enthält sowohl materiell- als auch formell-rechtliche Vorschriften. Außer im ZGB[44] wird das Transkriptionswesen hauptsächlich von der Verordnung vom 19./23.7.1941 über „die Ordnung der Transkriptionsregister des Staates", vom GV Nr. 4201 vom 19.9.1961 über „die Änderung und Ergänzung der Verordnung der Transkriptionsregister des Staates" und vom KV Nr. 533 vom 21.9.1963 über „die Ausführung des Art. 10 der GV 4201/1961" geregelt.

Die Transkription ist ein Verwaltungsakt.[45] „Ab der und durch die Transkription"[46] wird die Eigentumsübertragung vollendet. Sie ist bezüglich des Art. 1033 ZGB kein Teil des dinglichen Vertrags, der schon mit der Einigung in Form der notariellen Beurkundung abgeschlossen ist.[47] Nach einhelliger Meinung[48] ist die Transkription eine *conditio juris*. Bis zur Vornahme der Transkription kann der dingliche Vertrag seine Wirkung bezüglich der Eigentumsübertragung nicht entfalten. Das heißt aber nicht, dass der dingliche Vertrag ohne Rechtsfolgen ist: Ein Widerruf der Erklärungen der Parteien ist nicht mehr möglich. Die Voraussetzungen für die Wirksamkeit des Rechtsgeschäfts müssen im Zeitpunkt der Errichtung der notariellen Niederschrift vorliegen.[49]

System angesehen. Die Unterbrechung der Kette der konsekutiven Übertragungen durch einen nicht eingetragenen Erbfall barg nach dieser Ansicht Gefahren für die Rechtssicherheit. Balis, Sachenrecht, § 184.

44 Art. 66 Abs. 1 EGZGB hat das Gesetz Nr. 390 vom 6.11.1856 und das Gesetz vom 11/12.8.1836 über Hypotheken abgeschafft. Die Verordnungen zur Ausführung dieser Gesetze blieben jedoch in Kraft, soweit sie den Vorschriften des ZGB nicht entgegenstehen.

45 „...ein Verwaltungsakt, der auf Antrag desjenigen ergeht, der ein dazu berechtigtes Interesse hat." Simonetos, Der Rechtsgrund, S. 156. Gleich Georgiades, Sachenrecht, § 92 Rn. 6; AP 636/1972 NoV 21 (1873) 30.

46 Ein typisierter Ausdruck in der Lehre und Rechtsprechung: Balis, Sachenrecht, § 192; Diatsides, Arm., 1993, 1182; AP 394/1954 NoV 2 (1954) 913. Dadurch wird die Bedeutung des temporalen Elements (wegen des Prinzips des zeitlichen Vorrangs) wie auch der konstitutive Charakter der Transkription hervorgehoben.

47 Siehe Art. 1192 Nr. 1 ZGB: „die Rechtsgeschäfte unter Lebenden...". Daraus ergibt sich, dass der dingliche Vertrag als abgeschlossen gilt.

48 Georgiades, Sachenrecht, § 43 Rn. 31; Spiridakis, Nichtigkeitserklärung des Verfügungsgeschäfts und dingliche Rechte Dritter, S. 81; Ef Pir 491/2014 Nomos. Dagegen in der früheren Lehre Simonetos, Der Rechtsgrund, S. 160. Über die Transkription als Teil des dinglichen Vertrags vor Einführung des ZGB Balis, EEN, 31 (1935), 817, 818.

49 Simonetos, Der Rechtsgrund, S. 110, Fn. 13.

Das griechische Transkriptionssystem basiert nicht auf einer katastermäßigen Erfassung der Grundstücke.[50] Die Publizität besteht in der Aufnahme einer Abschrift der Urkunde über die dingliche Rechtsänderung in die Transkriptionsbücher der zuständigen Stelle. Das System beruht auf dem Prinzip des Personalfoliums, nach dem die eingereichten Rechtsakte unter dem Namen des Betroffenen im Personenverzeichnis eingetragen werden.

Seit 1998 befindet sich Griechenland im Prozess der Kataster- und Grundbucherrichtung (statistische Angaben über den Geltungsbereich des Transkriptionssystems in Kapitel VI 3.).

bb) Die Eintragung

Art. 1192, 1193 ZGB enthalten die wichtigsten Rechtsakte, die zur Herbeiführung der dinglichen Rechtsänderung eintragungspflichtig sind.[51]

1) Rechtsgeschäfte unter Lebenden wie auch Schenkungen von Todes wegen über die Begründung, Übertragung oder Aufhebung von dinglichen Rechten an Grundstücken. Die Vorschrift stellt klar, dass es sich hier um „dingliche Rechtsgeschäfte" handelt. Dies bedeutet, dass nur der dingliche Vertrag einzutragen ist, nicht aber der schuldrechtliche, falls die beiden Verträge separat abgeschlossen worden sind. Freilich muss in diesem Fall der dingliche Vertrag wegen des Prinzips der Kausalität den Rechtsgrund erwähnen.[52]

---

50 Das in Frankreich weitergeltende Transkriptions- und Hypothekensystem (mit Ausnahme von Elsass-Lothringen, wo ein Grundbuch existiert) ist mittlerweile durch ein Kataster ergänzt. Frank in Frank/Wachter (Hrsg.), Handbuch Immobilienrecht in Europa, Nr. 5 (Frankreich) Rn. 111.

51 Die Aufzählung ist nicht abschließend. Das Gesetz kann die Eintragung weiterer Rechtsakte vorsehen, z.B. die Eintragung der notariellen Teilungserklärung über die Begründung des Stockwerkseigentums (G.3741/29), die Eintragung des Mietvertrags von Dauer über neun Jahre, damit sie dem Dritterwerber entgegengehalten werden kann (Art. 618 ZGB), die Eintragung des notariellen Akts über die Bestimmung von Abstellplätzen von Kfz auf dem Grundstück als Voraussetzung für die Erteilung der Baugenehmigung (G.1221/83), die Eintragung von Teilzeitnutzungsverträgen (G.1665/1986).

52 Vgl. Art. 1033 ZGB; Georgiades, Sachenrecht, § 92 Rn. 9. Die kausale Natur von dinglichen Verträgen über die Begründung oder Aufhebung von anderen dinglichen Rechten ergibt sich aus der Verweisung der jeweiligen Vorschriften auf Art. 1033 ZGB: Art. 1121 S. 2 ZGB (Grunddienstbarkeiten), Art. 1143 S. 2 ZGB (Nießbrauch), Art. 1187 ZGB (Wohnungsrecht), Art. 1191 ZGB (beschränkte persönliche Dienstbarkeiten).

Der Eintragung unterliegen alle zum gültigen Abschluss des dinglichen Vertrags erforderlichen Elemente, auch wenn sie nicht in der gleichen Niederschrift beinhaltet sind, beispielsweise wenn Angebot und Annahme in gesonderten Urkunden abgegeben werden oder wenn Zustimmung oder Genehmigung des Vertrags durch den Berechtigten nachgeholt werden. Die Vollmacht, kraft derer der dingliche Vertrag abgeschlossen wurde, unterliegt nicht der Eintragung. Sie wird mittelbar durch ihre Erwähnung und Beifügung zu der Urkunde des dinglichen Vertrags publik (Art. 8 Abs. 4 der Notarordnung). Wird jedoch diese Vorschrift nicht eingehalten, muss die Vollmacht gesondert eingetragen werden.[53]

Eine Schenkung von Todes wegen ist eine Schenkung unter der aufschiebenden Bedingung, dass der Schenker vor oder gleichzeitig mit dem Beschenkten stirbt (Art. 2032 ZGB).[54] Der dingliche Vertrag wird während der Schwebezeit eingetragen,[55] entfaltet jedoch noch nicht seine Wirkung. Tritt die Bedingung ein, wird der Beschenkte – oder im Fall des Mitsterbens seine Erben – zum Eigentümer. Ein weiteres Verfahren im Transkriptionsregister ist nicht erforderlich. Das Recht des Erwerbers wird durch den eingetragenen Vertrag und die Sterbeurkunde des Schenkers nachgewiesen.

2) Gerichtliche Zuerkennungen, behördliche Zuweisungen und Zuschläge des Eigentums an einem Grundstück oder eines dinglichen Rechts daran.[56] Im Fall von gerichtlichen Zuerkennungen und behördlichen Zuweisungen erlangt der Berechtigte mit der Eintragung das Eigentum originär. Zuschläge sind die notariell beurkundeten Auszüge von Zuschlagsprotokollen infolge einer Zwangsversteigerung nach Art. 1005 gr.ZPO oder einer freiwilligen Versteigerung nach Art. 1021 gr.ZPO.
3) Protokolle über die gerichtliche Teilung eines Grundstücks. Maßgebend ist in diesem Fall Art. 489 Abs. 2 gr.ZPO, der spezifiziert, dass der Eintragung die rechtskräftige gerichtliche Entscheidung zugrunde liegt, die die Realteilung anordnet, wie auch, im Fall einer Losziehung, das Protokoll darüber.[57]
4) Rechtskräftige Gerichtsentscheidungen über die Verurteilung zur Abgabe einer Willenserklärung (Art. 949 gr.ZPO) über ein dingliches Rechtsgeschäft

53 Ohne Eintragung der Vollmacht ist der Vertrag zwar wirksam, da die Vollmacht besteht, er ist aber unvollkommen. AP 1364/1993 ElDik 1996, 645.
54 Trotz der irreführenden Bezeichnung ist die Schenkung von Todes wegen ein Rechtsgeschäft unter Lebenden.
55 Dellios in Georgiades, Kurze Auslegung des ZGB, Art. 2032 Rn. 19.
56 Über die Begriffe „Zuerkennung“ und „Zuweisung“ siehe Art. 1056 ZGB.
57 Tsolakides in Georgiades, Kurze Auslegung des ZGB, Art. 1192 Rn. 34.

in Bezug auf ein Grundstück. Damit wird nur der Wille der Partei ersetzt, die die Willenserklärung freiwillig abzugeben verweigert hat. Die Annahme der Willenserklärung seitens der anderen Partei muss notariell beurkundet und auch eingetragen werden.[58]

5) Rechtskräftige gerichtliche Feststellungsurteile über den Erwerb des Eigentums oder eines dinglichen Rechts an einem Grundstück durch außerordentliche Ersitzung. Diese nachträglich (1995) hinzugefügte Vorschrift ist von zweifelhafter Zweckmäßigkeit. Im Gegensatz zu den anderen Fällen von Eintragung ist diese nur deklaratorisch, da die Erfüllung der Voraussetzungen der Ersitzung keiner gerichtlichen Feststellung bedarf. Außerdem entfaltet eine solche gerichtliche Entscheidung keine Wirkung *erga omnes*. Das rechtskräftige Urteil wirkt zugunsten und zulasten der Parteien und ihrer Rechtsnachfolger.[59] Die Rechtskraftgrenze des Urteils erstreckt sich also nicht auf unbeteiligte Personen, die ein stärkeres Ersitzungsrecht gegen den Eingetragenen nachweisen können.

Nach Art. 1193 ZGB sind Erbschafts- wie auch Vermächtnisannahmen einzutragen, die den Erwerb von Eigentum oder von dinglichen Rechten an Grundstücken zum Inhalt haben. Die Erbschaftsannahme muss sich aus einer öffentlichen Urkunde (notarielle Urkunde oder Protokoll der Geschäftsstelle des Nachlassgerichts) ergeben.[60] Die Erbschaft kann kraft Testaments oder kraft gesetzlicher Erbfolge erfolgen. Es liegt keine Erbschaft vor, wenn ein beschränktes dingliches Recht des Erblassers an einem Grundstück des Erben durch den Tod erlischt, etwa Nießbrauch (Art. 1167 S. 1 ZGB). Das bloße Eigentum des jeweiligen Eigentümers erstreckt sich *ipso jure* auf volles Eigentum.[61]

Eintragungsfähig ist auch der Erbschein (Art. 1195 S. 2 ZGB). Das ist die zweite Möglichkeit, die das griechische Recht dem Erben grundsätzlich[62] bietet, sein Erbrecht nachzuweisen und durch die Eintragung Eigentum und sonstige dingliche Rechte an Erbschaftsgrundstücken zu erlangen. Der Erbschein ist ein

---

58 Balis, Sachenrecht, § 186 Nr. 4; Tsolakides in Georgiades, Kurze Auslegung des ZGB, Art. 1192 Rn. 36.

59 Art. 325 gr.ZPO (vgl. § 325 ZPO).

60 Balis, Erbrecht, § 175.

61 Elastizitätsprinzip. Der Erbe weist sein Recht auf volles Eigentum durch Vorlage der Sterbeurkunde nach.

62 Andere eintragungsfähige Niederschriften, die die Annahme einer Erbschaft nachweisen: die Bescheinigung der Geschäftsstelle des Gerichts über die Nichtausschlagung der Erbschaft, Bescheinigung des Finanzamts über die Vorlage einer Erbschaftssteuererklärung. Siehe Georgiades, Sachenrecht, § 92 Fn. 48.

auf Antrag des Erben vom Amtsgericht erstelltes Zeugnis über sein Erbrecht und über seinen Anteil an der Erbschaft (Art. 1956 ZGB). Der wesentlichste Unterschied zwischen einer Erbschaftsannahme und einem Erbschein ist, dass erstere nicht die Vermutung des Art. 1962 ZGB zugunsten gutgläubiger Dritter erzeugt, die von dem als Erben in der Erbschaftsannahmeurkunde Benannten erworben haben (Art. 1963 ZGB). Nicht einzutragen ist das Testament, auch wenn es öffentlich errichtet worden ist.

Die Eintragung in das Transkriptionsbuch ist – mit Ausnahme des Art. 1192 Nr. 5 ZGB – konstitutiv (Art. 1198 ZGB). Die Übertragung des Eigentums oder die Begründung bzw. Aufhebung eines dinglichen Rechts an Grundstücken können ohne Eintragung nicht erfolgen. In den Fällen von Art. 1192 Nr. 1, 2, 3, 4 ZGB entfalten die betroffenen Rechtsakte ihre Wirkung ab dem Zeitpunkt der Eintragung (*ex nunc*).

Die Erlangung von dinglichen Rechten an Grundstücken infolge eines Erbfalls ist wegen der Natur der Erbrechte anders konstruiert. Die Eintragung ist keine Voraussetzung für die Erlangung des Erbrechts. Dieses erlangt der Erbe ohne Weiteres mit dem Erbfall (Art. 1846 ZGB), es sei denn, er schlägt innerhalb der viermonatigen Frist die Erbschaft aus (Art. 1847 ZGB).[63] Gleiches gilt für den Besitz an Nachlasssachen (Art. 983 ZGB). Die Eintragung der Erbschaftsannahme bzw. des Erbscheins ist für den Erwerb bzw. die Aufhebung von dinglichen Rechten an Nachlassgrundstücken ebenso konstitutiv (Art. 1198 i.V.m. 1846 ZGB) wie bei den anderen Fällen der Transkription. Die Eintragung wirkt jedoch in diesem Fall *ex tunc*. Sie wirkt auf den Zeitpunkt des Todes des Erblassers zurück (Art. 1199 ZGB).

Es fragt sich in diesem Fall, wem das Eigentum in der Zeit zwischen Erbfall und Eintragung gehört. Nach der Lehre gehören die dinglichen Rechte an der Erbschaft definitiv dem Erben entweder in einem Schwebezustand unter der *conditio juris* der Eintragung[64] oder als bare Rechte, die der Verfügungs- und Schutzbefugnisse bis zur Eintragung – in Form einer Vorstufe des Eigentums – entbehren.[65]

---

63 Die Erbschaftsausschlagung wirkt rückwirkend. Der Erbfall gilt „als nicht erfolgt" (Art. 1856 ZGB).

64 Georgiades, Sachenrecht, § 92 Rn. 65.

65 Tsolakides, ChrID, 2004, 782, 783–787. Siehe auch AP 7/2004 NoV 52 (2004) 967, nach der das Eigentum bis zur Eintragung „niemand anderem gehört."

cc) Das Transkriptionsregister

Das Transkriptionsregister ist eine Behörde unter der Aufsicht des Ministeriums der Justiz.[66] Der Bewahrer der Transkriptionsbücher ist Träger eines öffentlichen Amtes. Er hat keine rechtsprechende Zuständigkeit, er ist jedoch bei der Ausübung seiner Tätigkeiten unabhängig und nicht an die Weisungen seiner Vorgesetzten gebunden.[67] Seine Akte sind Verwaltungsakte.[68] Da diese Akte mit der Begründung, Änderung oder Aufhebung von Rechten an Grundstücken unmittelbar verbunden sind, wird ihre Gültigkeit von den Zivilgerichten geprüft.

Die Aufgabe des Bewahrers der Transkriptionsbücher besteht grundsätzlich darin, Anträge auf Eintragung und andere Unterlagen entgegenzunehmen, die Eintragungen vorzunehmen (Art. 1 GV 4201/1961, Art. 1334 ZGB), die im Transkriptionsregister geführten Bücher aufzubewahren (Art. 6 S. 1 KV 533/1963, Art. 1334 ZGB), sie dem Publikum zugänglich zu halten (Art. 1200, 1339 ZGB) wie auch Abschriften oder Auszüge zu erteilen (Art. 1201, 1340 ZGB).

Damit die Eintragung wirksam ist, muss sie im örtlich zuständigen Transkriptionsregister vorgenommen werden. Das ist das Transkriptionsregister, in dessen Bezirk das Grundstück gehört (Art. 1192, 1193 ZGB, Art. 11 S. 1 GV 4201/1961).

dd) Die Bücher des Transkriptionsregisters

Im Transkriptionsregister werden die folgenden Bücher geführt:

1) Das Allgemeine Protokollbuch (Art. 1 GV 4201/1961). In dieses Buch werden in chronologischer Ordnung alle im Transkriptionsregister eintreffenden Rechtsakte und Unterlagen aufgenommen, die zur Eintragung bestimmt sind. Jede Unterlage erhält, sobald sie eingereicht wird, eine laufende Nummer und es wird ein Protokoll erstellt.
2) Das Allgemeine Alphabetische Verzeichnis (Art. 3 GV 4201/1961). Dieses Buch ist in fünf Spalten aufgeteilt (Art. 26, 27 KV 533/1963). Die erste Spalte enthält in alphabetischer Ordnung Nach- und Vorname, Vatersname und

---

66 Durch Art. 1 G.4512/2018 wurde neulich im Rahmen der bevorstehenden Geltung des Grundbuchsystems im ganzen Land die allmähliche (innerhalb von zwei Jahren ab Gesetzeserlass) Vereinheitlichung und der Neuaufbau der Verwaltung der Transkriptionsregister und der Grundbuchämter des Landes unter der juristischen Person des öffentlichen Rechts „Griechisches Kataster" unter der Aufsicht des Ministeriums für Umwelt und Energie eingeführt.

67 Balis, Sachenrecht, § 302.

68 Diatsides, Arm., 1993, 1182, 1184.

Muttername jeder Person, über die eine Eintragung im Transkriptionsregister besteht. In der zweiten Spalte steht der Verweis auf das Personenverzeichnis. Spalten 3, 4 und 5 enthalten Verweise auf das Hypothekenbuch, das Beschlagnahmebuch und das Vindikationenbuch.

3) Das Personenverzeichnis (Art. 19, 20 KV 533/1963). Jede Person, die Eigentum oder beschränkte dingliche Rechte an Immobilien im Bezirk des Transkriptionsregisters erworben hat, erhält eine eigene Abteilung in diesem Buch (siehe Anhang II Abbildung 4). In der Abteilung werden in tabellarischer Form und in chronologischer Ordnung die Rechtsakte über Immobilien eingetragen, die sich auf die bestimmte Person beziehen, Kaufverträge, Schenkungen, Erbschaftsannahmen, Bestellung von Dienstbarkeiten usw. Die Abteilung besteht aus der Überschrift und sechs Spalten. Die Überschrift ist eine Wiedergabe der Personalien des Betroffenen, wie sie sich aus dem alphabetischen Verzeichnis ergeben. Die erste und zweite Spalte verweisen auf die Nummern (laufende Nummer und Bandnummer), die die eingetragene Urkunde in den Transkriptionsbüchern erhalten hat, unter Nennung des Eintragungsdatums. In der dritten Spalte werden die Nummer, das Datum und die erstellende öffentliche Stelle (z.B. das Gericht, der Notar, die Behörde) der eingetragenen Urkunde vermerkt. Die vierte Spalte enthält eine kurze Beschreibung der Immobilie. Die fünfte Spalte bestimmt die Art und den Grund des Rechtsaktes (z.B. Kaufvertrag, Teilungserklärung von Stockwerkseigentum, Bestellung einer Dienstbarkeit). Die sechste Spalte verweist auf andere Rechtsakte, die sich auf die gleiche Immobilie beziehen (z.B. bei Eintragung eines Kaufvertrags auf den Eigentumstitel des Verkäufers).
4) Die Transkriptionsbücher (Art. 6 GV 4201/1961). Sie sind den Grundakten des deutschen Grundbuchs ähnlich. Sie sind die in Bände gebundenen Urkunden, auf die im Personenverzeichnis verwiesen wird. Sie sind beglaubigte Abschriften der einzutragenden Urkunde (Art. 18 KV 533/1963) mit beigefügtem Auszug derselben (Art. 1194 ZGB i.V.m. Art. 8 S. 2 KV 533/1963). Jede Urkunde erhält eine laufende Nummer und wird in einen Band eingeheftet, der ebenso nummeriert wird (Art. 21 KV 533/1963). Das Personenverzeichnis und die Transkriptionsbücher konstituieren im Sinne des Gesetzes eine Einheit. Eine wirksame Eintragung setzt sowohl die Eintragung ins Personenverzeichnis als auch die Aufnahme der Urkunde in die Transkriptionsbücher voraus.[69]

69 AP 205/1957 NoV 5 (1957) 775; AP 489/1956 NoV 5 (1957), 121.

5) Das Hypothekenbuch. Auf dieses Buch wird im Alphabetischen Verzeichnis nach laufender Nummer und Bandnummer verwiesen. In die Hypothekenbücher werden Hypotheken und Hypothekenvormerkungen eingetragen. Die Eintragung erfolgt aufgrund Auszuges (Art. 1305, 1306 ZGB i.V.m. Art. 8, 10 KV 533/1963), dessen Inhalt in der ersten Spalte des Buches wiedergegeben wird. Die Eintragung beinhaltet die Nummer und das Datum der einzutragenden Urkunde, den Namen des beurkundenden Notars (bei Privattiteln) bzw. die Bezeichnung des Gerichts (bei Titeln kraft gerichtlicher Entscheidung), den Namen des Gläubigers und des Schuldners, eine kurze Beschreibung der belasteten Immobilie, den Eigentumstitel des Schuldners, den gesicherten Geldbetrag und das Fälligkeitsdatum. In die zweite Spalte werden die Löschungen eingetragen. Das Buch verweist nach Urkunden- und Bandnummer auf die Sammlung der beglaubigten Abschriften von Urkunden, aufgrund deren die Eintragung erfolgt ist.
6) Das Beschlagnahmebuch. Darauf wird ebenso im Alphabetischen Verzeichnis verwiesen. In dieses Buch werden die Nummer und das Datum des Auszuges des Gerichtsvollziehers über die Beschlagnahme der Immobilie und die Nummer und das Datum des vollstreckbaren Titels, die Namen des Gläubigers und des Schuldners, die Beschreibung der Immobilie, der Eigentumstitel des Schuldners und der Betrag des Anspruchs eingetragen (Art. 11 KV 533/1963). Die zweite Spalte dient den Löschungen. Die Vollstreckungstitel werden in besonderen Bänden aufbewahrt.
7) Das Vindikationenbuch. Das Verweissystem ist das gleiche. Die Eintragung bezieht sich auf die Eintragung von Klagen, die gegen den Eigentümer oder den Inhaber eines dinglichen Rechts an einem Grundstück erhoben worden sind. Nummer und Datum der Klageschrift, die Namen der Parteien und die Beschreibung der Immobilie konstituieren den Mindestinhalt der Eintragung (Art. 12 KV 533/1963). Abschriften der Klageschriften sind in besonderer Sammlung ersichtlich.
8) Das Enteignungsverzeichnis (Art. 8 GV 4201/1961). In diesem Verzeichnis werden alle hoheitsrechtlichen Rechtsakte (Gesetze oder Verwaltungsakte), die im Amtsblatt der Regierung veröffentlicht werden und sich auf Immobilienenteignungen im Bezirk des Transkriptionsregisters beziehen, vermerkt.
9) Das Enteignungsbuch (Art. 9 GV 4201/1961 i.V.m. Art. 22, 23, 24 KV 533/1963). Es enthält eingeheftete Abschriften der zuvor erwähnten Rechtsakte.

10) Nach der Zuordnung der Transkriptionsregister zu dem neuen Träger der Publizitätseinrichtungen über dingliche Rechte an Immobilien, „Griechisches Kataster", gem. G.4512/2018 werden die Transkriptionsregister bis zu ihrer Ersetzung durch die Grundbuchämter zusätzlich a) den Kalender der eintreffenden Akte und b) das Buch der Anträge auf Ausstellung und Erteilung von Bescheinigungen, Abschriften und Auszügen elektronisch führen (Art. 9 Abs. 1 G.4512/2018).

ee) Das Verfahren

Das ZGB enthält eine Reihe von verfahrensrechtlichen Vorschriften, die von den Regelungen der gr.ZPO, der GV 4201/1961 und der KV 533/1963 ergänzt und spezifiziert werden. Art. 1192–1207 ZGB regeln die Eintragung der in Artikel 1192, 1193 u. 1195 S. 2 ZGB aufgezählten Rechtsakte. Die Eintragung von Grundpfandrechten, von Beschlagnahmen und von Vindikationen wird in besonderen Vorschriften des ZGB und der gr.ZPO geregelt. GV 4201/1961 und KV 533/1963 regeln alle Eintragungen einheitlich[70].

Die Eintragung in die Bücher des Transkriptionsregisters erfolgt aufgrund eines Antrags. Den Antrag stellt jeder, der ein berechtigtes Interesse daran hat (Art. 1194 Abs. 2 ZGB, Art. 7 S. 1 KV 533/1963). Das sind grundsätzlich diejenigen, die durch die Eintragung ein Recht erwerben, wie auch ihre Sonder- bzw. Gesamtrechtsnachfolger, die gesetzlichen Vertreter der Berechtigten, der Testamentsvollstrecker, die Gläubiger von Berechtigten, damit sie die Zwangsvollstreckung betreiben können.[71] Eine besondere Ermächtigung des beurkundenden Notars ist vorgesehen (Art. 7 S. 2 KV 533/1963). Die Antragstellung leitet das Verfahren für die Eintragung ein.

Der Auszug eines einzutragenden Vertrags muss von dem beurkundenden Notar verfasst und unterschrieben werden. Bei gerichtlichen Urteilen wird der Auszug vom Anwalt unterschrieben, bei anderen Akten von demjenigen, der ein Interesse begründet.

Der einzutragende Rechtsakt selbst muss in Form einer beglaubigten Abschrift aus der Urschrift vorgelegt werden (Art. 18 S. 1 KV 533/1963). Gleiches gilt für Erbschafts- bzw. Vermächtnisannahmen und für Erbscheine (Art. 1195 ZGB).

---

70 Vgl. Art. 1 S. 1 GV 4201/1961.

71 AP 179/1992 EEN 1993, 262.

Ausländische Urkunden müssen in Urschrift oder in beglaubigter Abschrift mit beglaubigter Übersetzung ins Griechische vorgelegt werden (Art. 18 S. 2 KV 533/1963).

Der Antrag samt Auszug[72] und beglaubigter Abschrift wird eingereicht und unter laufender Nummer ins Protokoll aufgenommen. Die Aufnahme ins Protokoll wird auch auf der einzutragenden Urkunde vermerkt (Art. 1194 Abs. 1 S. 3 ZGB, Art. 1 S. 2 GV 4201/1961).

Gem. Art. 13 KV 533/1963 ist der zuständige Bewahrer der Transkriptionsbücher verpflichtet, den Antrag auf Eintragung begründet abzulehnen, wenn Zweifel über die Identität der Immobilie oder des Berechtigten wegen Mängeln in den einzutragenden Informationen, die von Art. 1 u. 3 KV 533/1963 verlangt sind, besteht oder wenn die Niederschrift den Formvorschriften des Art. 4 KV 533/1963 nicht entspricht oder wenn dem Antrag die erforderlichen Unterlagen bzw. Bescheinigungen nicht beigelegt werden.

ff) Die Grundsätze des griechischen Transkriptionsrechts

aaa) Legalitätsprinzip

Das Legalitätsprinzip im Geltungsbereich des Transkriptionssystems hat nicht den gleichen Inhalt wie im Grundbuchsystem. Der Bewahrer der Transkriptionsbücher kann (und darf) nicht die materiell-rechtlichen Voraussetzungen zur Gültigkeit des eingereichten Rechtsakts überprüfen.[73] Die Eintragung des Rechtsakts erfüllt zwar die *conditio juris* zur Herbeiführung der Rechtsänderung, aber sie erzeugt – außer in den vorgezeichneten Fällen – keinen öffentlichen Glauben.[74] Die Erfüllung der materiell-rechtlichen Voraussetzungen wird im Zweifelsfall vom Gericht entschieden.

Die Überprüfungskompetenz des Bewahrers der Transkriptionsbücher ist streng formell[75] und begrenzt auf die Überprüfung seiner örtlichen und sachlichen Zuständigkeit, der Personalien der Einzutragenden und der Vollständigkeit

---

72 Es handelt sich um eine Zusammenfassung der einzutragenden Urkunde mit den wichtigsten Informationen, die in der Urkunde enthalten sind (Art. 1194 Abs. 1 S. 2 ZGB).

73 Spiridakis, Nichtigkeitserklärung des Verfügungsgeschäfts und dingliche Rechte Dritter, S. 82.

74 Rammos in Auslegung des ZGB, Art. 1198 Rn. 8; Rammos-Tsirintanis, Gutachten, NoV 17 (1969) 144, 148.

75 Georgiades, Sachenrecht, § 92 Rn. 73; Adamopoulos, Transkriptionsregister-Immobilien, S. 39; AP 1330/2008 Nomos; EfPir 491/2014 Nomos; ProtPatras 249/2011 EfAD 2011, 667.

der Beschreibung des Grundstücks wie auch der Einreichung von Begleitunterlagen und Bescheinigungen (z.B. Abschrift der Grunderwerbssteuererklärung), die im Gesetz vorgesehen sind (Art. 13 KV 533/1963).[76]

Freilich ist er an das allgemeine Legalitätsprinzip gebunden, nach dem er die Eintragung eines offensichtlich gesetzwidrigen – und daher nichtigen – Rechtsakts[77] verweigern muss, die Nichtigkeit muss sich aber aus der formellen Überprüfung der einzutragenden Urkunde ergeben.[78] Es werden in der Theorie auch Meinungen vertreten, nach denen der Bewahrer der Transkriptionsbücher sich ausschließlich auf die formelle Überprüfung beschränken muss.[79] Verweigert er die Eintragung, muss er den Antrag entgegennehmen und die Zurückweisung und die Gründe im zugehörigen Buch vermerken (Art. 791 Abs. 1 gr.ZPO). Der Zweifel über die Rechtslage wird durch gerichtliche Entscheidung im Rahmen der freiwilligen Gerichtsbarkeit entschieden (Art. 791 Abs. 2 i.V.m. 739 ff. gr.ZPO).

Ist eine Eintragung trotz formeller Mängel, z.B. unzureichende Beschreibung des Grundstücks (Art. 1196 ZGB), vorgenommen worden, ist sie nichtig und erzeugt keine Rechtsfolgen. Die Nichtigkeit erfolgt *ipso jure* und die ergehende gerichtliche Entscheidung hat nur Feststellungscharakter.[80]

Die Haftung des Bewahrers der Transkriptionsbücher für seine Akte und Unterlassungen hängt davon ab, ob er besoldet oder unbesoldet ist. Für gesetzwidrige Handlungen oder Unterlassungen der besoldeten Bewahrer der Transkriptionsbücher haftet der Fiskus gem. Art. 105 EGZGB i.V.m. Art. 13 GV 4201/1963.[81] Die unbesoldeten Bewahrer der Transkriptionsbücher haften persönlich (Art. 1344–1345 ZGB).[82] Die Unterscheidung zwischen besoldeten und unbesoldeten Transkriptionsbewahrern wird durch ihre allmähliche Zuordnung zu dem neuen Träger des Publizitätswesens über dingliche Rechten an Immobilien, „Griechisches Kataster", gem. Art. 1 Abs. 5–7 G.4512/2018 abgeschafft werden.

---

76 Eine beispielsweise Aufzählung in Diatsides, Arm 1993, 1182, 1184–1185.

77 Gutachten des Staatsanwalts von AP 7/2007, EfAD, 1 (2008), 538, 539; Kousoulas, Grundbuchrecht, S. 11–12.

78 AP 1330/2008 Nomos; EfPir 491/2014 Nomos.

79 Ein Überblick der wissenschaftlichen Debatte in Manti, Die Legalitätsüberprüfung, S. 27–34.

80 Tsolakides in Georgiades, Kurze Auslegung des Zivilgesetzbuchs, Art. 1196 Rn. 14.

81 Es besteht Rückgriffshaftung des schuldhaft handelnden Organs.

82 Balis, Sachenrecht, § 301; Wathrakokilis, Auslegung-Rechtsprechung des ZGB, Art. 1345 Nr. 1.

bbb) Vorrangsprinzip

Zentral für die Funktion des Transkriptionsregisters ist die Einhaltung des Prinzips *prior tempore potior jure*. Der Gesetzgeber legt besonderen Wert auf die strenge Einhaltung der chronologischen Ordnung der Eintragungen (Art. 1194 Abs. 1 S. 1 ZGB).[83] Im Fall von vielen Eintragungsanträgen, die nicht am selben Tag erledigt werden können, errichtet der Bewahrer der Transkriptionsbücher ein Protokoll darüber und nimmt die Eintragung nachträglich, nach der Reihenfolge der Einreichung, vor. Jede Eintragung erhält das Datum des Protokolls. Keine weiteren Eintragungen können erfolgen, bevor die früheren vorgenommen worden sind (Art. 1205 ZGB, Art. 2 GV 4201/1961, Art. 16, 17 KV 533/1963). Kollidieren inhaltlich mehrere Eintragungen über dasselbe Grundstück, weil die eingetragenen Rechte miteinander nicht vereinbar sind, hat das Recht Vorrang, das zumindest um einen Tag voreingetragen ist.

Art. 1206 ZGB erfasst nur die nach Art. 1192, 1193 u. 1195 S. 2 ZGB vorzunehmenden Eintragungen und betrifft den Fall von Eintragungen desselben Tages. Die Regelung konstituiert eine Ausnahme von dem Prinzip der chronologischen Reihenfolge der Eintragungen. Unter mehreren Eintragungen desselben Tages über dasselbe Grundstück ist diejenige vorrangig, die auf dem älteren Titel beruht.[84]

Betrifft die gleiche Konstellation die Eintragung eines Rechts gem. Art. 1192, 1193 u. 1195 S. 2 ZGB und einer Hypothek, dann hat die Eintragung Vorrang, die um auch noch so kurze Zeit früher vorgenommen wurde (Art. 1207 ZGB).

Auf die gleiche Weise regelt Art. 997 Abs. 4 gr.ZPO den Fall, dass am selben Tag die Eintragung eines Rechts gem. Art. 1192, 1193 u. 1195 S. 2 ZGB und die Eintragung einer Beschlagnahme vorgenommen werden.[85]

ccc) Öffentlichkeitsprinzip

Die Bücher des Transkriptionsregisters sind grundsätzlich dem Publikum frei zugänglich. Dadurch wird das Publizitätsgebot verwirklicht. Die Berufung auf ein berechtigtes Interesse an der Einsichtnahme ist nicht erforderlich.[86] Ihre

83 Ähnlich der Wortlaut von Art. 1 Abs. 2 GV 4201/1961: „Jede Unterlage, sobald sie entgegengenommen wird, erhält nach Reihenfolge der Vorlage eine laufende Nummer …".

84 Balis, Sachenrecht, § 196.

85 Auch ohne diese Regelung schlug die h.L. eine analoge Anwendung von Art. 1207 ZGB vor. Tsolakides in Georgiades, Kurze Auslegung des ZGB, Art. 1207 Rn. 13.

86 Tsolakides in Georgiades, Kurze Auslegung des ZGB, Art. 1201 Rn. 4. Anders beim Grundbuch Art. 21, 22 GBG. Über die Bedenken angesichts des Datenschutzgesetzes

Einsicht unterliegt den Bedingungen für ihre gute Erhaltung (Art. 1200 ZGB i.V.m. Art. 7 GV 4201/1961).

Nach Art. 36 Abs. 2a der Anwaltsordnung ist jeder Anwalt zur Einsicht der Bücher des Transkriptionsregisters berechtigt. Ein allgemeines Einsichtsrecht hat auch jeder Gerichtsvollzieher (Art. 22 Abs. 2 G.2318/1995 Gerichtsvollzieherordnung).

Die Erteilung von Abschriften, Bescheinigungen und Auszügen erfolgt auf Antrag (Art. 1201 ZGB). Dieser kann auch ohne Vorliegen eines berechtigten Interesses gestellt werden.

gg) Die problematische Eintragung

Probleme bei der Eintragung können sich aus materiell- wie aus formell-rechtlichen Gründen ergeben.

Materiell-rechtliche Gründe

Diese beziehen sich nicht auf die Eintragung selbst, sondern auf das eingetragene Rechtsgeschäft,[87] und sind auf Verstöße gegen materiell-rechtliche Vorschriften zurückzuführen, etwa Übertragung vom Nichteigentümer, Übertragung trotz Veräußerungsverbots, Geschäftsunfähigkeit, Gesetzwidrigkeit, Irrtum, Täuschung, Drohung.

Liegt eine Nichtigkeit des eingetragenen Rechtsgeschäfts vor, vermag die Eintragung die Rechtsänderung nicht herbeizuführen (Art. 180 ZGB). Wie oben ausgeführt, gewährt der Gesetzgeber einem gutgläubigen Dritterwerber nur beschränkt Schutz nach Art. 1203–1204 ZGB.

Dazu sei zusätzlich Folgendes gesagt:

Die Nichtigkeit eines Rechtsgeschäfts, sowohl die absolute als auch die relative,[88] aus anderen Gründen als den in Art. 1203, 1204 ZGB erwähnten, wirkt *ex tunc* (Art. 180 ZGB). Dritte – wenn auch gutgläubig – können aufgrund der Eintragung eines solchen Rechtsgeschäfts keine Rechte erwerben. Die Nichtigkeit

---

(G.2472/1997) s. in Kapitel VI; auch Tsolakides in Georgiades, Kurze Auslegung des ZGB, Art. 1201 Rn. 5.

87 Bei anderen Rechtsakten, etwa behördliche Zuweisungen bzw. gerichtliche Zuerkennungen, wird eine analoge Anwendung von Art. 1203–1204 ZGB vorgeschlagen. Tsolakides in Georgiades, Kurze Auslegung des ZGB, Art. 1202 Rn. 6.

88 Tsolakides in Georgiades, Kurze Auslegung des ZGB, Art. 1202 Rn. 3.

besteht *ipso jure* und wird durch die Eintragung nicht geheilt.[89] Ihre Erklärung bedarf keiner gerichtlichen Entscheidung.[90]

Ergeht ein rechtskräftiges Urteil, das die Nichtigkeit feststellt, ist Art. 1202 ZGB maßgebend. Die Partei, die die Nichtigkeitsfeststellung bewirkt hat, muss die rechtskräftige Entscheidung am Rand der Eintragung des nichtigen Rechtsgeschäfts vermerken lassen.[91] Es ist belanglos für die Nichtigkeit, ob der Vermerk vorgenommen wird, da er nur deklaratorisch wirkt. Die Unterlassung erzeugt aber Haftung des Verpflichteten gegenüber demjenigen, der Schaden aus dieser Unterlassung erlitten hat. Das kann ein Dritter sein, der aufgrund der Eintragung des nichtigen Rechtsgeschäfts ein weiteres Rechtsgeschäft vornimmt, das zwangsläufig auch nichtig ist. Der Vermerk bezweckt also die Zerstörung des guten Glaubens des Dritten und dadurch die Vereitelung seiner Schadensersatzansprüche gegen den Unterlassenden.[92] Auf diese Weise wird mittelbar die Berichtigung der Transkriptionsbücher erreicht.

Handelt es sich um ein wegen Irrtums, Täuschung, Drohung anfechtbares Rechtsgeschäft,[93] dessen Nichtigkeit durch gerichtliche Entscheidung erklärt worden ist, genießt der Dritterwerber den erhöhten Schutz von Art. 1203–1204 ZGB.

Art. 1203 ZGB besagt, dass die Folgen von Art. 184 ZGB (von Anfang an Nichtigkeit des angefochtenen Rechtsgeschäfts) ab dem Zeitpunkt des Vermerks der rechtskräftigen Entscheidung, die die Nichtigkeit erklärt, am Rand der betreffenden Seite des Transkriptionsbuches eintreten. Dingliche Rechte, die von (gutgläubigen)[94] Dritten bis zu diesem Zeitpunkt erworben worden sind, bleiben nach Art. 1204 ZGB unberührt.

Streitigkeiten über die Rechte an dem Grundstück, etwa die Erhebung der Vindikationsklage, machen die Eintragung nicht automatisch mangelhaft. Es besteht jedoch die Möglichkeit, dass der Rechtsstreit zu Lasten des Eingetragenen entschieden wird. Das Publizitätsprinzip gebietet, dass der Dritte, der sich Informationen über die Rechtslage des Grundstücks verschaffen will, von einem solchen Rechtsstreit Kenntnis bekommen muss.

---

89 AP 1330/2008 Nomos.

90 Tsolakides in Georgiades, Kurze Auslegung des ZGB, Art. 1202 Rn. 1.

91 Balis, Allgemeiner Teil des ZGB, § 69.

92 Tsolakides in Georgiades, Kurze Auslegung des ZGB, Art. 1202 Rn. 8.

93 Im Art. 1203 ZGB ist die Rede von „Vertrag", die Vorschrift muss aber aus der *ratio legis* weit ausgelegt werden, damit auch einseitige Rechtsgeschäfte erfasst werden. Tsolakides in Georgiades, Kurze Auslegung des ZGB, Art. 1203–1204 Rn. 6.

94 Über das Erfordernis des guten Glaubens siehe oben 3.b).

Art. 220 Abs. 1 gr.ZPO besagt: „Klagen, zu denen auch die Feststellungsklagen oder dingliche Widersprüche, gemischte Klagen[95] oder Klagen über den Besitz, mit der Ausnahme von Einstweiligen Verfügungen über den Besitz, wie auch Klagen über die Anfechtung von Rechtsgeschäften wegen Gläubigerbenachteiligung, wenn sie sich auf Grundstücken beziehen, zählen, werden auf Antrag des Klägers oder des den Widerspruch Erhebenden innerhalb von dreißig Tagen nach der Erhebung in die Vindikationenbücher des Transkriptionsregisters, in dessen Bezirk das Grundstück liegt, eingetragen, sonst werden sie auch von Amts wegen als unzulässig abgewiesen." Die Klageerhebung bewirkt weder ein Veräußerungsverbot noch eine Eintragungssperre. Der Dritte aber wird als Rechtsnachfolger des Eingetragenen von der Rechtskraftwirkung des Urteils gem. Art. 325 gr.ZPO erfasst.

Klagen, mit denen die Erfüllung einer schuldrechtlichen Verpflichtung beantragt wird, auch wenn sie eine Immobilie betreffen, sind nicht eintragungsfähig. Ebenso nicht einzutragen sind Klagen über die Anfechtung des Rechtsgeschäfts wegen Irrtums, Täuschung oder Drohung.[96] Will jedoch der Kläger den guten Glauben unbeteiligter Dritter zerstören, die eventuell während der Rechtshängigkeit gem. Art. 1203, 1204 ZGB Rechte an dem Grundstück erwerben können, kann er die eintragungsfähige negatorische Klage (Art. 1108 ZGB) wegen Störung seines Eigentums erheben.[97] Die Störung bezieht sich auf den Rechtsschein der Berechtigung des Beklagten, während er in Wirklichkeit nach den Anfechtungsgründen kein Recht auf das Grundstück hat.[98]

Die Eintragung einer Beschlagnahme hat zur Folge, dass jede nachträgliche Verfügung des Grundstücks dem Gläubiger gegenüber relativ unwirksam ist.

Die Eröffnung des Insolvenzverfahrens hat zur Folge, dass der Schuldner das Verfügungsrecht über sein Vermögen verliert (Art. 17 Abs. 1 gr.InsO). Die

95 Es handelt sich um Klagen einerseits auf Leistung und andererseits auf Änderung eines dinglichen Rechts, z.B. Klage auf Auseinandersetzung zwischen Miteigentümern, Grenzscheidungsklage.

96 Auch nicht die Klage auf Erklärung der Nichtigkeit wegen Scheingeschäfts, wegen des schuldrechtlichen Charakters (Wathrakokilis, ZPO Art. 220 Rn. 56; Adamopoulos, Transkriptionsregister-Immobilien, S. 78). Ebenso die Klage wegen Sittenwidrigkeit (Wathrakokilis, ZPO Art. 220 Rn. 58–59).

97 In Wirklichkeit handelt es sich um Klagehäufung. Es wird sowohl die Erklärung der Nichtigkeit als auch die Beseitigung oder die Unterlassung der Störung oder beides beantragt.

98 Eine Störung liegt nicht nur vor, wenn der Störer Realakte am Grundstück vornimmt, sondern auch, wenn er das Recht des Eigentümers in Frage stellt. Georgiades, Sachenrecht, § 62 Rn. 13.

gerichtliche Entscheidung darüber ist eintragungsfähig (Art. 9 Abs. 1 gr.InsO), nicht aber eintragungspflichtig für das Herbeiführen der Rechtsfolgen der Insolvenz (mehr in Kapitel VI 5.).

Formell-rechtliche Gründe

Zweifel über die Identität der Immobilie erzeugt die Nichtigkeit der Eintragung (Art. 1196 ZGB). Die gleiche Folge hat eine gegen die Vorschriften des Art. 13 KV 533/1963 vorgenommene Eintragung. Art. 3 KV 533/1963 gibt eine ausführliche Aufzählung der Informationen über das Grundstück, die der einzutragende Akt wiedergeben muss, damit die Eintragung keine Nichtigkeit wegen Zweifels bezüglich der Identität des Grundstücks erleidet. Aus dem einzutragenden Rechtsakt muss sich zumindest Folgendes ergeben: die Art der Immobilie (z.B. innerhalb oder außerhalb der Stadtplanung); die Stadt oder Gemeinde, in deren Bezirk die Immobilie liegt; die Straße und Hausnummer, wenn vorhanden; die Grenzen und die Nachbarn; die Fläche; bei Miteigentum der Miteigentumsanteil; bei Stockwerkseigentum das Stockwerk, die Nummer der Wohnung und ihr Miteigentumsanteil an dem Grundstück. Weitere Informationen, die zur Bestimmung der Identität des Grundstücks hilfreich sind, können auch beinhaltet werden.

Das Gesetz zählt zu den erforderlichen Informationen auch den „Verweis auf das eventuell bestehende Kataster oder auf den Lageplan unter Erwähnung des Datums des Namens des Verfassers" (Art. 3 S. 2 KV 533/1963). Neuere Gesetze (G.651/1977, G.1337/1983) haben die Errichtung von Rechtsakten über Immobilien von der Beifügung eines Lageplans abhängig gemacht. Nach Art. 83 Abs. 4 G.4495/2017 müssen Lagepläne, die der Urkunde über ein Rechtsgeschäft über Immobilien beigefügt werden, mit Koordinaten nach dem staatlichen Koordinatensystem versehen werden. Dies ist freilich ein wesentlicher Fortschritt bei der Beseitigung von Zweifeln über die exakte Lage und daher die Identität des Grundstücks; man muss sich jedoch vergegenwärtigen, dass die Lagepläne privat, von Fachleuten, nach Angaben der Beteiligten angefertigt werden.

Es wird des Weiteren von der Lehre und der Rechtsprechung angenommen, dass die Eintragung auch in den Fällen nichtig ist, in denen ein Mangel in den Transkriptionsbüchern oder in dem Personenverzeichnis so wesentlich ist, dass die Eintragung dem Zweck der Publizität nicht mehr dient. Als wesentlich gilt ein Mangel, durch den die Art des Rechtsgeschäfts, die Parteien, das Grundstück, die Art des dinglichen Rechts nicht identifiziert werden können.[99]

---

99 Balis, Sachenrecht, § 191; Tsolakides in Georgiades, Kurze Auslegung des ZGB, Art. 1196 Rn. 4; Adamopoulos, Transkriptionsregister-Immobilien, S. 40; AP 1987/2008 ElDik 2010, 755.

hh) Rechtsvergleichende Anmerkungen

Das System des BGB führt in §§ 873–902 BGB eine Art „allgemeinen Teil" über Erwerb und Belastung von dinglichen Rechten an Immobilien ein. Das ZGB entbehrt solcher Vorschriften. Zentral ist Art. 1033 ZGB über den vertraglichen Erwerb des Eigentums. Für die Begründung von beschränkten dinglichen Rechten wird auf diese Vorschrift verwiesen (Art. 1121 S. 2, 1143 S. 2, 1187, 1191 ZGB). Ausnahme bildet die Hypothek, bei der Art. 1260 ZGB maßgebend ist (Titel, der das Hypothekenrecht begründet, und Eintragung in das Hypothekenbuch).

Nach deutschem Recht setzt die Eigentumsübertragung an Grundstücken durch Vertrag gem. § 873 i.V.m. § 925 BGB voraus: a) Einigung (Auflassung) des berechtigten Veräußerers und des Erwerbers über den Eigentumsübergang, b) Erklärung der Auflassung bei gleichzeitiger Anwesenheit in notarieller Form und c) Eintragung der Rechtsänderung ins Grundbuch. Eine Eigentumsübertragung vom Nichtberechtigten ist unter den Voraussetzungen von § 892 BGB möglich.

Einigung (Auflassung)

Die in § 873 i.V.m. § 925 Abs. 1 BGB geregelte Einigung in Form der Auflassung hat im deutschen Recht den gleichen Inhalt wie im griechischen. Sie ist „der dingliche Verfügungsvertrag, der zwischen dem Berechtigten und dem Erwerber vorgenommen wird."[100] Bei ihr gelten die üblichen Voraussetzungen für die Wirksamkeit eines Rechtsgeschäfts.

Ein deutlicher Unterschied zwischen dem griechischen und dem deutschen Recht ist die Bedingungs- und Befristungsfeindlichkeit der Auflassung (§ 925 Abs. 2 BGB). Während in der griechischen Rechtspraxis bei Kaufverträgen über Grundstücke der Eigentumsvorbehalt (Art. 201 i.V.m. Art. 513, 532 u. 1033 ZGB) oder die Eigentumsübertragung unter der auflösenden bzw. aufschiebenden Bedingung der Kaufpreiszahlung (Art. 210 i.V.m. 513 u. 1033 ZGB) an der Tagesordnung ist, verlangt das deutsche Recht, um klare Eigentumsverhältnisse zu schaffen, dass die Auflassung bedingungs- und befristungsfrei ist.[101]

Schuldrechtliche Vereinbarungen, etwa das Interesse des Verkäufers auf Kaufpreiszahlung, können durch die Einschaltung des Notars als Treuhandstelle gesichert werden, indem er den Antrag auf Eintragung der Auflassung nicht stellt, bevor die Kaufpreiszahlung nachgewiesen wird oder bevor ein Grundpfandrecht,

---

100 Wolf/Wellenhofer, Sachenrecht, § 17 Rn. 9.

101 Westermann/Gursky/Eickmann, Sachenrecht, § 75 Rn. 6.

das die Zahlung des Kaufpreises sichert, nach § 16 Abs. 2 GBO auf das Grundstück eingetregen wird.[102] Der Käufer ist auf der anderen Seite dadurch für den Eigentumsübergang abgesichert, dass eine Auflassungsvormerkung (§§ 883 ff. BGB) zu seinen Gunsten ins Grundbuch eingetragen wird, bevor er leistet.

Dieser Abwicklungsvorgang weist im Vergleich zur griechischen Rechtspraxis überwiegend Vorteile bezüglich der Leistungsabsicherung beider Parteien auf. Die Unzulänglichkeiten des griechischen Rechts sind darauf zurückführen, dass das griechische Sachenrecht das Rechtsinstitut der Vormerkung als Rangvorbehaltsmittel im Transkriptionsbuch bzw. Grundbuch nur bei der Hypothek kennt (Art. 1277 S. 2 ZGB). Eine Eintragungsvormerkung zur Sicherung des Anspruchs auf Eigentumsübereignung ist nicht möglich. Das ist mit der Gefahr verbunden, dass, wenn der Käufer vorleistet, ohne dass vorher das Eigentum – auch wenn bedingt – durch Eintragung des dinglichen Vertrags übergangen ist, Zwischeneintragungen wie etwa die Bestellung von Grundpfandrechten Dritter am verkauften Grundstück beantragt werden. In diesem Fall hat der Käufer gegen den Verkäufer nur die schuldrechtlichen Ansprüche aus dem Kaufvertrag auf Übertragung lastenfreien Eigentums.

Bedingungen und Zeitbestimmungen können auch in Form eines im Grundbuch eingetragenen Veräußerungsverbots oder eines Rückabwicklungsrechts vereinbart werden.

Rechtsgrund

Die Nichterforderlichkeit des Bestehens eines Rechtsgrunds für die Wirksamkeit des dinglichen Vertrags fällt in den deutschen Vorschriften über den Eigentumsübergang sofort auf (Abstraktionsprinzip). Die Entscheidung des griechischen Gesetzgebers für die Einführung eines Rechtsgrunds war nicht selbstverständlich. Obwohl die Rechtsprechung des AP vor Einführung des ZGB einen Rechtsgrund für den Übereignungsvertrag über Immobilien verlangte,[103] war in der Lehre die Meinung stark vertreten, die den abstrakten Charakter des Verfügungsrechtsgeschäfts unterstützte.[104] Der Wortlaut des Art. 1033 ZGB ist eine rechtspolitische Entscheidung[105] in dem Streit über den kausalen Charakter des

102 Wilhelm, Sachenrecht, Rn. 817 u. 840.

103 Simonetos, Der Rechtsgrund, S. 117.

104 Simonetos, Der Rechtsgrund, S. 107–124. Siehe auch die Regelung des ZGB von 1945 (Art. 1072) über die Eigentumsübertragung von Immobilien, die das Abstraktionsprinzip einführte.

105 Balis, Sachenrecht, § 61 Nr. 5. Auch andere Rechtsordnungen haben das Kausalprinzip bevorzugt, z.B. das österreichische ABGB (Art. 423–425 u. 431) und das schweizerische ZGB (Art. 665 u. 974 Abs. 2).

dinglichen Vertrags in der Pandektenlehre.[106] Diese Stellung des griechischen Gesetzgebers hat sich nicht nur aus der entsprechenden Auslegung der Quellen des römisch-byzantinischen Rechts ergeben, aus denen sich die Abstraktheit des dinglichen Rechtsgeschäfts nicht ohne jeden Zweifel schließen lasse,[107] sondern sie findet auch Argumente in der Theorie: Kein vernünftiger Mensch gehe einen Vertrag ein, ohne eine Rechtsfolge zu bezwecken.[108] Das Abstraktionsprinzip sei aus dieser Sicht ein lebensfremdes theoretisches Konstrukt.[109] Außerdem werde dem Rechtsgefühl besser gedient, wenn der Partei, die ihr Eigentum zu Unrecht etwa infolge eines sittenwidrigen Rechtsgeschäfts verliert, statt eines bloßen Anspruchs auf Herausgabe der Bereicherung die Vindikationsklage zur Verfügung stehe.[110] Solche Argumente sind im deutschen Schrifttum nicht unbekannt.[111]

Die Folgen des Unterschieds zwischen den beiden Rechtsordnungen machen sich in dem Fall, dass das Rechtsgeschäft mit Mängeln behaftet ist, bemerkbar. Ist das zugrundeliegende Verpflichtungsgeschäft nach deutschem Recht unwirksam (z.B. Scheingeschäft), bleibt das dingliche wirksam bis es nach den Vorschriften über die ungerechtfertigte Bereicherung (§ 812 Abs. 1 S. 1 BGB) rückabgewickelt wird. Erfährt umgekehrt das Verfügungsgeschäft einen Mangel, der zur Unwirksamkeit führt, erzeugt das schuldrechtliche Rechtsgeschäft immer noch seine Wirkungen, indem die Parteien Erfüllung der Leistungen verlangen können.

Nach griechischem Recht erfolgt die Nichtigkeit des Verfügungsrechtsgeschäfts im Falle der Nichtigkeit des zugrundeliegenden schuldrechtlichen Rechtsgeschäfts, die zwangsläufig zum Wegfall des Rechtsgrunds führt, ohne Weiteres mit rückwirkender Kraft, d.h. auch wenn das Verfügungsrechtsgeschäft wirksam ist. Der Übertragende kann vom Erwerber das Grundstück nach Art. 1094 ZGB vindizieren.

106 Wieling, Sachenrecht, S. 13.

107 Balis, Sachenrecht, § 52; Simonetos, Der Rechtsgrund, S. 199. Dagegen für den abstrakten Charakter des Verfügungsgeschäfts in der justinianischen Gesetzgebung Petropoulos, Geschichte und Vorlesungen des römischen Rechts, S. 283.

108 Op.cit. Balis.

109 Simonetos, Der Rechtsgrund, S. 195.

110 Op.cit. Simonetos, S. 189–190.

111 Etwa: „Die Zerlegung des Gesamtgeschäftswillens in einen Zweck- und einen Mittelwillen ist aber eine eminent künstliche." Kriegsmann, Der Rechtsgrund, S. 20. „Denn die Interessen des Gegners des Veräußerers, welche durch die Abstraktheit gefördert werden, sind ungleich weniger schutzwürdig als die Interessen des Veräußerers, welche durch die Abstraktheit gefährdet werden." Nolte, Zur Reform der Eigentumsübertragung, S. 121.

Hat jedoch der Rechtsgrund im Zeitpunkt des schuldrechtlichen Vertragsabschlusses bestanden und fällt nachträglich weg, etwa bei Anfechtung, Schenkungswiderruf o.ä., verliert der Erwerber sein Eigentum nicht, da der Wegfall der *causa ex nunc* wirkt. Er unterliegt jedoch der Kondiktion durch den Übertragenden.[112]

Ein Teil der Theorie[113] will die letztere Lösung (Leistungskondiktion) aus Billigkeitsgründen auch bei den Fällen der wegen Täuschung, Irrtums und Drohung anfechtbaren Rechtsgeschäfte anwenden, obwohl das als nichtig erklärte Rechtsgeschäft nach Art. 184 ZGB dem von Anfang an nichtigen gleichgestellt wird.

Aber auch im deutschen Recht ist das Verfügungsrechtsgeschäft vom Verpflichtungsrechtsgeschäft nicht losgelöst. Der Übertragende verfügt über sein Eigentum aus einem bestimmten Grund, etwa Kauf, Schenkung, und nicht abstrakt.[114] Der Wegfall des Grunds ist die rechtliche Grundlage der Anwendung von § 812 Abs. 1 S. 1 BGB.[115] Darüber hinaus gibt es Fälle, in denen der Abstraktionsgrundsatz durchbrochen wird, z.B. bei der sog. Fehleridentität, wenn also der Mangel auf beide, Verpflichtungs- und Verfügungsrechtsgeschäft, durchschlägt, etwa wenn beide Rechtsgeschäfte wegen Geschäftsunfähigkeit einer Partei unwirksam sind.[116] In diesem Fall kann der Übertragende Herausgabe nach § 985 BGB verlangen.[117]

Aus der vorstehenden Analyse ergibt sich, dass der Hauptunterschied zwischen den beiden Rechtsordnungen bei Unwirksamkeit des Verpflichtungsrechtsgeschäfts im griechischen Recht grundsätzlich die automatische Nichtigkeit des Verfügungsrechtsgeschäfts ist, während Letzteres im deutschen Recht grundsätzlich aufrechterhalten bleibt, wobei die Partei zur Herausgabe dessen verpflichtet ist, was sie *sine causa* erworben hat.

Dieses Ergebnis bleibt jedoch auf der Ebene der Beziehung zwischen Veräußerer und Erwerber. Die Sache verkompliziert sich, wenn bisher unbeteiligte und eventuell redliche Dritte das Eigentum vom Erwerber erlangen wollen. Das Abstraktionsprinzip weist in diesem Fall die meisten Vorteile für den Dritten

112 EfPir 544/2015 Nomos.

113 Siehe oben 3.b).

114 Wilhelm, Sachenrecht, Rn. 27; Baur/Stürner, Sachenrecht, § 5 Rn. 44.

115 Wolf/Wellenhofer, Sachenrecht, § 6 Rn. 6.

116 Baur/Stürner, Sachenrecht, § 5 Rn. 50 ff.; Wolf/Wellenhofer, Sachenrecht, § 6 Rn. 7.

117 Weiteres über Durchbrechungen des Abstraktionsprinzips bei Jauernig, JuS 1994, 721, 723 ff.

auf.[118] Da das Verfügungsgeschäft immer noch wirksam ist, kann der gutgläubige Dritte nach deutschem Recht bis zur Eintragung eines Widerspruchs im Grundbuch wirksam Eigentum erwerben. Das Abstraktionsprinzip gewährt in dieser Hinsicht mehr Verlässlichkeit auf die Eigentumslage.[119] Es darf natürlich nicht verkannt werden, dass sich die Rechtssicherheit beim Immobilienerwerb grundsätzlich aus dem Prinzip des öffentlichen Glaubens des Grundbuchs gem. § 892 BGB ergibt.

Nach griechischem Recht ist der Eigentümer in höherem Maße geschützt: A verkauft und überträgt an B und weiter B an C eine Immobilie. Ist der Verpflichtungsvertrag zwischen A und B etwa wegen Sittenwidrigkeit nichtig, ist auch der sich darauf stützende dingliche Vertrag mangels Rechtsgrunds nichtig. B wird nicht Eigentümer (*ex tunc* Wirkung der Nichtigkeit). Das bedeutet, dass auch C nie Eigentum von B erworben hat, auch wenn C redlich gewesen ist und der schuldrechtliche und der dingliche Vertrag zwischen ihm und B makellos sind. A kann also direkt von C die Immobilie vindizieren.

Das bedeutet in der Praxis, dass jeder künftige Erwerber die Wirksamkeit beider Rechtsgeschäfte der Erwerbskette (des schuldrechtlichen wie auch des dinglichen) prüfen muss, zumindest bis die Ersitzungszeit gem. Art. 1045 i.V.m. 1051 ZGB abgeschlossen ist,[120] um sicher zu sein, dass der als Eigentümer Eingetragene das Eigentum wirksam erworben hat. Der Erwerber, dessen Eigentum in Frage gestellt wird, muss im Rechtsstreit über sein Eigentumsrecht das Eigentumsrecht jedes einzelnen seiner Rechtsvorgänger aufgrund ihrer Eigentumstitel bis zum Abschluss der Besitzzeit für die außerordentliche Ersitzung nachweisen, was sich in der Praxis manchmal als besonders schwer erweist.[121]

Unter der Geltung des deutschen Rechts hätte der Sachverhalt ein anderes Ergebnis: Auch wenn das Verpflichtungsgeschäft zwischen A und B nichtig ist, bleibt das Verfügungsgeschäft wegen des Abstraktionsprinzips wirksam. B wird also zum Eigentümer. Der redliche C erwirbt folglich vom Eigentümer (B).

---

118 Hauptrechtfertigungsgrund für die Bevorzugung des Abstraktionsprinzips war eigentlich nach der Lehre Savignys die Gewährleistung der Rechtssicherheit und -klarheit. Baur/Stürner, Sachenrecht, § 5 Rn. 41.

119 Rüthers/Stadler, Allgemeiner Teil des BGB, § 16 Rn. 22; diese Ansicht ist freilich auch in der griechischen Theorie anerkannt: Tsitsopoulos, NoV 29 (1981) 1462, 1464; Simonetos, Der Rechtsgrund, S. 163.

120 Spiridakis, Nichtigkeitserklärung des Verfügungsgeschäfts und dingliche Rechte Dritter, S. 83.

121 Dies wurde im Mittelalter wegen der auftretenden Schwierigkeiten als *probatio diabolica* (teuflische Beweisführung) bezeichnet.

A kann gegen B nur die Klage aus ungerechtfertigter Bereicherung erheben. Hätte B die Immobilie immer noch in seinem Eigentum, hätte A die Herausgabe der Immobilie nach § 812 Abs. 1 BGB verlangen können. Da aber der Gegenstand schon vom Eigentümer (B) veräußert worden ist, kann A von B nur verlangen, was dieser „ohne rechtlichen Grund“ erlangt hat, also den Kaufpreis.

Die Anwendung des Kausalprinzips i.V.m. der rückwirkenden Nichtigkeit gem. Art. 180 ZGB führt zu dem Ergebnis, dass der ursprüngliche Eigentümer, dessen Titel nicht mit Mängeln behaftet ist, das Eigentum erhält, wenn dies auch für den redlichen Dritten unbillig ist. Die negativen Auswirkungen auf die Rechtssicherheit sind evident. Der griechische Gesetzgeber hat sich – wie oben dargelegt – nur fragmentarisch mit dem Problem auseinandergesetzt. Der Schutz des Dritterwerbers ist nur auf bestimmte Fälle begrenzt: beim Scheingeschäft (Art. 139 ZGB), bei Anfechtung wegen Irrtums, Täuschung oder Drohung unter den Voraussetzungen von Art. 184, 1203, 1204 ZGB), beim gutgläubigen Erwerb aufgrund eines Erbscheins (Art. 1962–1963 ZGB i.V.m. Art. 821–822 gr.ZPO). Die Theorie hat versucht, aus den Vorschriften von Art. 1203–1204 ZGB ein weiteres Prinzip zu schaffen, nach dem der gutgläubige Dritte auch in anderen Fällen der Nichtigkeit des dinglichen Vertrags Schutz verdient.

Notarielle Form

Die Einführung der Erklärung der Auflassung vor einem Notar nach § 925 Abs. 1 BGB wurde von den gleichen Überlegungen wie in Griechenland diktiert, also „den ernsthaften und überlegten Willen der Parteien, dass das Eigentum übergehe, sicher festzustellen.“[122] Dies betrifft den dinglichen Vertrag. Das Erfordernis der notariellen Beurkundung des schuldrechtlichen zugrundeliegenden Vertrags sieht § 311b Abs. 1 S. 1 BGB vor. In diesem Sinne sind auch diesbezügliche Vorverträge formbedürftig.[123] Nichteinhaltung der notariellen Form ist wegen des Trennungsprinzips für die Wirksamkeit des dinglichen Vertrags belanglos. Darüber hinaus kann ein solcher formnichtiger Vertrag gem. § 311b Abs. 1 S. 2 BGB geheilt werden.[124]

Im Gegensatz zu § 311b Abs. 1 S. 1 BGB verlangt § 925 Abs. 1 BGB materiellrechtlich keine notarielle Beurkundung für die Auflassung. Diese wird jedoch in der Praxis auch beurkundet, damit die formell-rechtlichen Voraussetzungen von § 20 i.V.m. § 29 GBO erfüllt sind.[125] Der Wortlaut der entsprechenden

---

122 Prot. Mugdan III, S. 611.

123 Palandt, Art. 311b Rn. 11.

124 Siehe auch Jauernig in Jauernig, BGB Kommentar, § 925a.

125 Wolf/Wellenhofer, Sachenrecht, § 17 Rn. 14.

griechischen Vorschriften scheint die Sache umgekehrt zu behandeln: Art. 369 ZGB (Verpflichtungsvertrag) verlangt den Vertragsabschluss „vor einem Notar", während Art. 1033 ZGB (dinglicher Vertrag) die „notarielle Beurkundung" ausdrücklich erwähnt. In der griechischen Lehre und Rechtsprechung haben jedoch nie Zweifel daran bestanden, dass eine solche vertragliche Erklärung vor dem Notar der Beurkundung unterliegt. Eine Beurkundung sowohl des schuldrechtlichen als auch des dinglichen Vertrags ist stets für seine Wirksamkeit erforderlich.

Eine Vollmacht, die sich auf einen schuldrechtlichen bzw. dinglichen Vertrag über die Eigentumsübertragung bezieht, ist nach § 167 Abs. 2 BGB grundsätzlich materiell-rechtlich formlos (vgl. den gegenteiligen Wortlaut von Art. 217 Abs. 2 ZGB), ihr Nachweis durch eine öffentliche oder öffentlich beglaubigte Urkunde ist jedoch von formell-rechtlichen Vorschriften erforderlich (§ 29 GBO).

Eintragung

Die deutsche Theorie betrachtet die Eintragung ins Grundbuch als Teil des Vorgangs über die Übertragung von Grundstücksrechten. Durch die Auflassung wird der dingliche Vertrag abgeschlossen und durch die Eintragung wird die Verfügung vollendet. Die Eintragung ist kein Tatbestandsmerkmal des dinglichen Vertrags; sie ist ein Realakt, die zum weiteren Begriff des Erwerbstatbestands gehört.[126] Wie oben ausgeführt sieht die griechische Lehre und Rechtsprechung die Eintragung in die Transkriptionsbücher als eine *conditio juris* für die Vollendung der Verfügung. Auf jeden Fall betrachten beide Rechtsordnungen die Eintragung als einen gesonderten, in Bezug auf die Einigung/Auflassung hoheitlichen Rechtsvorgang, der konstitutiv für die Rechtsänderung wirkt.

Nach griechischem Recht sind die Willenserklärungen nach vollendeter Beurkundung des Verfügungsrechtsgeschäfts für die Parteien bindend. Eine nicht vor dem Notar beurkundete Einigung wäre aus Formmangel nichtig (Art. 159 Abs. 1 ZGB). Jeder, der ein berechtigtes Interesse darlegen kann, kann die Eintragung beantragen (Art. 1194 Abs. 2 ZGB, Art. 7 S. 1 KV 533/1963), sogar auch Dritte. Das griechische Recht setzt also außer dem Antrag vor dem

126 Baur/Stürner, Sachenrecht, § 19 Rn. 9; Wolf/Wellenhofer, Sachenrecht, § 17 Rn. 20: „ein weiteres Erfordernis" zur Übertragung des Eigentums. Westermann/Gursky/Eickmann, Sachenrecht, § 72 Rn. 3 u. § 73 Rn. 1: Wird die Verfügung über Liegenschaftsrechte als eine Einheit angesehen, ist sie ein Doppeltatbestand, der sich aus der Einigung (privatrechtlicher Vorgang) und der Eintragung (staatlicher Hoheitsakt) zusammensetzt.

Transkriptionsregister keine weitere Formalie voraus, d.h. dass die Eintragung jederzeit, auch nach dem Ableben der Rechtsgeschäftsparteien, beantragt werden kann.

Das deutsche Recht unterscheidet dagegen streng zwischen materiellen und formellen Voraussetzungen für die Eintragung. Die Parteien sind nur unter den Voraussetzungen von § 873 Abs. 2 BGB an die Auflassung materiell-rechtlich gebunden. Darüber hinaus wird für die Eintragung ins Grundbuch formellrechtlich die Erklärung der Einigung der Vertragsparteien in Form der Bewilligung nach § 20 GBO verlangt (formelles Konsensprinzip).[127]

Die Hauptunterschiede zwischen dem griechischen Transkriptionssystem und dem deutschen Grundbuchsystem sind an mehreren Stellen dieser Analyse angesprochen worden. Auf eine weitergehende Gegenüberstellung beider Publikationssysteme wird hier nicht eingegangen, da sie auf verschiedenen Grundlagen basieren und ein Vergleich unzweckmäßig wäre. Es wird vielmehr im nächsten Kapitel ein Vergleich zwischen dem deutschen und dem neuen griechischen Grundbuchsystem durchgeführt.

Zur Beziehung zwischen dem Transkriptions- und dem Grundbuchsystem sei zusammenfassend gesagt, dass das „grundbezogene" deutsche Realfoliumssystem durch das Abstraktionsprinzip und vor allem durch das Prinzip des öffentlichen Glaubens des Grundbuchs in hohem Grad die Sicherheit über die eingetragenen Rechte gewährleistet, indem gutgläubige Dritte von dem als Eigentümer Eingetragenen wirksam erwerben können, auch wenn sein Eigentum mit Mängeln behaftet ist, die aber nicht im Grundbuch ersichtlich sind. Darüber hinaus erzeugt die katastermäßige Erfassung der Grundstücke Sicherheit über ihre Identität nach Lage, Fläche und Grenzen.

Das Personalfoliumssystem des griechischen Rechts dient lediglich dem Erfordernis der „formellen" Publizität. Eingetragen werden die eintragungsfähigen Rechtsakte, die die geeigneten äußerlichen, formellen Merkmale tragen. Da die Akte im Personenverzeichnis unter dem Namen des Erwerbers eingetragen werden, ist der Bewahrer der Transkriptionsbücher nicht in der Lage (und er darf es auch nicht gem. Art. 13 KV 533/1963), Doppeleintragungen über dasselbe Grundstück zurückzuweisen.[128] Sowohl wegen der Geltung des

127 Bauer/v. Oefele, Grundbuchordnung, § 19 Rn. 40–44.

128 Art. 9 S. 1e KV 533/1963 (Erwähnung des Eigentumstitels des Übertragenden bzw. des Erblassers im Auszug des einzutragenden Rechtsaktes) kann nicht als Einführung des Grundsatzes der Vorpublikation (vgl. Voreintragungsprinzip) des französischen Rechts (Ferid/Sonnenberger, Das Französische Zivilrecht, Band 2, Rn. 3 C 44) angesehen werden, da kein Kataster vorhanden ist.

Kausalprinzips als auch wegen des Fehlens des Prinzips des öffentlichen Glaubens der Eintragungen können die Mängel des Titels des Übertragenden auf den Titel des Erwerbenden mit der Folge durchschlagen, dass die materielle Rechtsänderung auch zulasten eines redlichen Erwerbers rückgängig gemacht werden kann. Ein wesentlicher allgemeiner Dritterwerbsschutz ist aus diesem Grund nicht möglich.

Im Geltungsbereich des Transkriptionssystems gibt es kein Liegenschaftskataster. Die Beschreibung des Grundstücks nach Lage, Fläche und Grenzen ergibt sich nur aus der eingetragenen Urkunde nach den Angaben der Beteiligten.[129] Stellt sich heraus, dass die Grenzen benachbarter Immobilien einander überlappen oder dass mehrere Personen über dasselbe Grundstück dingliche Rechte haben eintragen lassen, ist durch das Gericht zu entscheiden, wer den „besseren" Titel hat. Dies bestimmt sich nicht nur nach dem Vorrangsprinzip, sondern vielmehr nach der Titelkette der Übertragungen, die jede Streitpartei vorlegt. Siegreich ist die Partei, die nachweisen kann, dass sie und ihre Rechtsvorgänger aufgrund einer Kette von wirksamen Erwerbstiteln Eigenbesitz über das Grundstück so lange ausgeübt haben, dass die zum Eigentumserwerb geeignete Ersitzungszeit abgeschlossen ist.

Einige Beispiele zu Verdeutlichung:

1) A verkauft und übereignet 2010 an B eine Wohnung in Thessaloniki. B unterlässt es, die Urkunde einzutragen. 2012 verkauft A die gleiche Wohnung an C, der die Urkunde gleich eintragen lässt. 2014 entscheidet B, seinen Kaufvertrag eintragen zu lassen. Das Transkriptionsregister darf die Eintragung nicht zurückweisen. Im Rechtsstreit zwischen B und C wird C als Eigentümer anerkannt, da er als erster die Urkunde eintragen ließ (Vorrangsprinzip). Wird jedoch der schuldrechtliche oder der dingliche Vertrag (Kausalprinzip) des C wegen Geschäftsunfähigkeit (Art. 170 ZGB) für nichtig erklärt, erlangt die zweite Eintragung ihre volle Wirkung. Eigentümer ist B.
2) Der in Athen wohnhafte A kauft 2012 von B ein Grundstück in einem Dorf. B, wohnhaft auch in Athen, hat es von seinem 2000 verstorbenen Vater

129 Den einzutragenden Urkunden werden Lagepläne beigefügt, die privat nach den Angaben der Parteien errichtet werden. Siehe auch Doris in Das Grundbuch, 3. Griechenlandweiter Kongress des Zivilrechtlervereins, S. 28. Eine Ausnahme bildet die Übertragung von Immobilien kraft staatlicher Rechtsakte, z.B. Flurbereinigung, Verleihung von landwirtschaftlichen Grundstücken an Bauern zur Förderung der Agrarpolitik. In diesen Fällen sind Liegenschaftskataster vorhanden, aber nur für die bestimmte Gegend.

C geerbt. C hatte das Grundstück 1990 von seinem Vater D, der im Dorf wohnte, kraft Schenkung bekommen. Sämtliche Urkunden sind eingetragen. E, ein anderer Dorfbewohner, behauptet, dass das Grundstück seit jeher „seiner Familie gehöre. Papiere gebe es halt keine. Da gelte das Wort als Vertrag." 1992 schenkt E durch notarielle Urkunde das Grundstück seinem Sohn S. Er beruft sich auf Ersitzung als Erwerbsgrund. Der Schenkungsvertrag wird eingetragen. Das Transkriptionsregister kann auch diese Eintragung nicht zurückweisen. In diesem Fall spielt das Vorrangsprinzip keine Rolle, da der ursprüngliche Übertragende nicht der gleiche ist. Hier liegen zwei parallele Titelketten vor. Im Rechtsstreit zwischen A und S muss jeder sein Eigentum nachweisen. Obsiegen wird derjenige, der seinen Eigenbesitz und den seiner Rechtsvorgänger nachweisen kann, damit die Voraussetzungen der ordentlichen (Art. 1041–1044 ZGB) bzw. der außerordentlichen Ersitzung (Art. 1045 ZGB) erfüllt sind. Analoges würde gelten, wäre der Streitgegenstand ein Landstreifen an der Grenze zwischen zwei Grundstücken von A und S.

3) Das oben Ausgeführte kann kombiniert werden: Im Beispiel 1 wandert der Eigentümer B nach der Nichtigkeitserklärung des Vertrags mit C ins Ausland aus. Die rechtskräftige Entscheidung über die Nichtigkeitserklärung wird nicht gem. Art. 1202 ZGB am Rand der betreffenden Seite des Transkriptionsbuches vermerkt, auf der das als nichtig erklärte Rechtsgeschäft eingetragen ist. C, der im Besitz der Wohnung geblieben ist, während B nichts dagegen unternommen hat, überträgt 2015 die Wohnung an den gutgläubigen D. 2026 kehrt der Sohn S, Erbe des inzwischen im Ausland verstorbenen B, zurück und erhebt gegen D die Vindikationsklage (die Klage ist noch nicht verjährt). Weist D nach, dass er die Wohnung unter den Voraussetzungen der ordentlichen Ersitzung (redlicher Erwerb, zehnjähriger Eigenbesitz und eingetragener rechtmäßiger Titel bzw. Putativtitel gem. Art. 1041–1044 ZGB) in seinem Eigenbesitz hatte, wird er als Eigentümer anerkannt.

Bedenkt man die gleichen Konstellationen aus der Sicht des deutschen Grundbuchs, werden die Unterschiede zwischen den beiden Systemen deutlicher.

Da das deutsche System grundbezogen ist (Prinzip des Realfoliums), ist die Identität des Eigentumsgegenstands unverwechselbar. Grenzstreitigkeiten können sich kaum ergeben. Es können keine Rechtsänderungen außerhalb des Grundbuchs stattfinden außer in dem seltenen Fall von § 927 BGB. Jede Eintragung muss sich auf die vorige Eintragung stützen (Voreintragungsprinzip). Das Bestehen von parallelen Titelketten wie im Beispiel 2 ist daher ausgeschlossen. So kann eine Konstellation wie im Beispiel 1 nicht vorkommen: A kann zwar zweimal den Kaufvertrag abschließen, der Übertragungsvertrag kann aber nur einmal eingetragen werden. Derjenige, der sich als erster eintragen lässt, erscheint im Grundbuch als Eigentümer.

Nach griechischem Recht kann der Erwerber nur vom Eigentümer – mit den oben vorgezeichneten wenigen Ausnahmen – wirksam das Eigentum erwerben. Das deutsche Recht gestattet einen allgemeinen gutgläubigen Dritterwerb (öffentlicher Glaube des Grundbuchs) auch vom Nichtberechtigten (Richtigkeitsvermutung des Grundbuchs).[130] Nach deutschem Recht hätte der gutgläubige D im Beispiel 3 gleich mit der Eintragung der Auflassung das Eigentum erworben, wäre C als Eigentümer eingetragen. Nach griechischem Recht ist der Titel von C, auf den der Erwerb von D sich stützt, nichtig, und damit ist auch der Erwerb von D nichtig, aber die Erfüllung der Voraussetzungen der ordentlichen Ersitzung verschaffen D originär Eigentum.[131]

Das über das griechische Transkriptionssystem Ausgeführte übermittelt besonders dem im Grundbuchsystem geschulten Juristen ein düsteres und chaotisches Bild der Immobilienrechtsverhältnisse in Griechenland. Die Praxis erweist sich jedoch als unproblematischer. Der prospektive Erwerber muss sich vor der Beurkundung vergewissert haben, dass der Übertragende Eigentümer des Grundstücks ist. Normalerweise wird ein Anwalt beauftragt, die sogenannte „Suche der Eigentumstitel" in den Büchern des Transkriptionsregisters durchzuführen. Die Suche besteht darin, dass nachgewiesen wird, dass der als letzter Eingetragene sein Recht aufgrund einer ununterbrochenen Kette von eingetragenen Übertragungen erworben hat, die zumindest auf eine Zeitspanne von 20 Jahren zurückgeht. Damit wird sichergestellt, dass der Übertragende allein oder durch die Anrechnung der Ersitzungszeit seiner Rechtsvorgänger (Art. 1051 ZGB) das Grundstück letztendlich außerordentlich ersessen hat (Art. 1045 ZGB), und zugleich, dass die Vindikationsklage eventueller Gegner verjährt ist. Der Eingetragene ist somit erwiesenermaßen Eigentümer auch unabhängig von den Titeln. Diese Struktur ergibt sich zwangsläufig aus dem Fehlen eines Katasters. Da die Grundstücke nicht katastermäßig erfasst sind, ist die Niederlegung ihrer „Rechtsgeschichte" auf eine zuverlässige Weise nicht möglich. Als einziger Anhaltspunkt bleibt das Faktum der Ausübung des Besitzes, in dem Sinn, dass es unter mehreren, die Rechte an dem Grundstück behaupten, nur einen geben

130 Vgl. Art. 1033 ZGB „...Einigung des Eigentümers und des Erwerbers..." mit § 925 Abs. 1 BGB „... Einigung des Veräußerers und des Erwerbers...".

131 Der gute Glaube von D ist wegen der Unterlassung des Vermerks der rechtskräftigen Entscheidung über die Nichtigkeitserklärung gem. Art. 1202 ZGB am Rand der betreffenden Seite des Transkriptionsbuches nicht zerstört.

kann, der den Eigenbesitz ausübt (bei Miteigentum gilt dies freilich für die Mitbesitzer).

Besonders bei städtischen oder hochwertigen Immobilien sind die Rechtsverhältnisse klar.[132] Fälle von parallelen Titelketten, ohne dass ein Rechtsstreit entstanden ist, sind in der Praxis selten. Wird das Eigentum bestritten, wird in den meisten Fällen in den Vindikationsbüchern eine Klage ersichtlich sein. Die Besitzverhältnisse können normalerweise durch Besuch der Immobilie geklärt werden, wenn etwa der Eingetragene die Schüssel besitzt oder anbaut. Oft kommen Grenzstreitigkeiten vor, wenn keine Grenzabmarkung vorgenommen ist. Dies betrifft vor allem Agrargrundstücke, die sich außerhalb der Stadtplanung befinden.

4. Andere Arten des derivativen Eigentumserwerbs an Grundstücken

Der abgeleitete Eigentumserwerb im Rahmen der Sonderrechtsnachfolge kann auch auf andere Weise mit oder gegen den Willen des Eigentümers stattfinden. Zum ersteren Fall gehört die Eigentumsübertragung infolge einer freiwilligen Versteigerung nach Art. 1021 gr.ZPO. Sie kann kraft Gesetzes oder gerichtlicher Entscheidung oder Vereinbarung der Parteien erfolgen (Art. 1021 S. 1 gr.ZPO). In Wirklichkeit handelt es sich hier um einen Kaufvertrag, der unter der Gewähr der öffentlichen Hand zur Erreichung eines höheren Kaufpreises erfolgt.[133]

Gegen den Willen des Eigentümers erfolgt die Eigentumsübertragung infolge einer Zwangsversteigerung nach Art. 998 ff. gr.ZPO.

In beiden Fällen ist ein Notar einzuschalten. Nach der Verkündung des Zuschlags und Zahlung des Erlöses kann der Ersteher vom Notar die Erteilung eines Auszugs aus dem Zuschlagsprotokoll verlangen. Dieser ist nach Art. 1192 Nr. 2 ZGB in das Transkriptionsbuch einzutragen, damit der Ersteher zum Eigentümer bzw. Inhaber des ersteigerten dinglichen Rechts wird (Art. 1005 Abs. 1 S. 2 gr.ZPO). Der Zuschlagsprotokollauszug ist der Erwerbstitel, aufgrund dessen der Ersteher vom Schuldner das Eigentum derivativ erwirbt.[134]

---

132 Gasis, NoV 40 (1992) 1170, 1176.
133 Wathrakokilis, ZPO, Art. 1021 Nr. 3.
134 Apalagaki, ZPO, Art. 1005 Rn. 2.

5. Originärer Eigentumserwerb an Grundstücken

a) Erwerb durch Ersitzung

aa) Einleitung

In modernen Zeiten hat die Ersitzung als Eigentumserwerbsgrund wesentlich an Bedeutung verloren. Dies bezeugt in der deutschen Rechtsordnung die geringe Zahl gerichtlicher Entscheidungen.[135] Das ist bei Mobilien u.a. darauf zurückzuführen, dass die für ihre Begründung gestellten Anforderungen hoch sind (vor allem andauernder guter Glaube des Ersitzenden, § 937 Abs. 2 BGB) in Verbindung mit der Möglichkeit des Eigentumserwerbs von Nichtberechtigten, und bei Immobilien darauf, dass das Grundbuchsystem keinen Platz für Lücken und Unklarheiten in der Eigentumslage lässt.

In der griechischen Rechtsordnung gehört die Ersitzung zum Tagesgeschäft des Zivilrechtlers. Wie oben ausgeführt gilt die Ersitzung bei Immobilien nicht nur als „direkter" Erwerbsgrund beim Fehlen von schriftlichen Eigentumstiteln,[136] sondern auch als der eigentliche Überprüfungsgegenstand bei der Suche der Erwerbsgeschichte einer Immobilie im Transkriptionsregister. Die Anwendung des Rechtsinstituts ist dadurch begünstigt, dass sowohl bei Mobilien als auch bei Immobilien auch bei bösem Glauben des Ersitzenden der Eigentumserwerb möglich ist (außerordentliche Ersitzung).

Das deutsche Recht regelt die Ersitzung an Mobilien (§§ 937–945 BGB) und an Immobilien (§§ 900, 927 BGB) gesondert.[137] Das griechische Recht dagegen behandelt sie einheitlich (Art. 1041–1055 ZGB). Strengere Voraussetzungen werden der Ersitzung von Immobilien zugrunde gelegt (z.B. Art. 1043 Abs. 2 ZGB).

Als Gründe für den originären Erwerb des Eigentums nach dem Verstreichen gewisser Besitzzeiten werden die Schaffung von Rechtssicherheit,[138] das berechtigte Vertrauen des gutgläubigen Erwerbers, dessen Erwerbstitel mangelhaft ist, dass

---

135 Baur/Stürner, Sachenrecht, § 53 Rn. 86; Wolf/Wellenhofer, Sachenrecht, § 17 Rn. 1.

136 „Atypische" Eigentumsübertragungen per Handschlag, die früher ein übliches Phänomen in vielen Gebieten besonders außerhalb der Stadtplanung waren. In anderen Fällen wirkt die Ersitzung „lückenfüllend", wenn die in den Titeln erwähnte Grundstücksfläche niedriger als die tatsächliche ist.

137 Bei einigen Autoren gilt dieser originäre Eigentumserwerbsgrund bei Immobilien nicht einmal als Ersitzung, sondern als ein mit Ersitzung vergleichbares Rechtsinstitut (Baur/Stürner, Sachenrecht, § 53 Rn. 87). Es handelt sich aber ihren Eigenschaften und Rechtsfolgen nach (Eigenbesitz, Zeitablauf, Eigentumserwerb) zweifellos um Ersitzung.

138 Vgl. Gaius D 41, 3, 1: *bono publico usucapio introducta est.*

er Eigentum erlangt hat,[139] die Verwirkung des Rechts des gleichgültigen Eigentümers,[140] die Förderung der wirtschaftlichen Nutzung der Sache[141] sowie die Erleichterung des Nachweises des Rechts auf Eigentum genannt.[142]

bb) Historische Entwicklung

Die Ersitzung (*usucapio*) zählt zu den ältesten Rechtsinstituten des römischen Rechts.[143] *Usucapio* hatte ursprünglich zum Eigentumserwerb in den Fällen geführt, in denen die Sache vom Nichteigentümer übertragen war oder die Übertragungsformalie nicht eingehalten worden war.[144] Der Ersitzer konnte Eigentum erwerben, wenn er eine bewegliche Sache ein Jahr oder eine unbewegliche Sache zwei Jahre lang mit gutem Glauben (*bona fides*)[145] in seinem Eigenbesitz hatte. Die *bona fides* musste im Zeitpunkt der *traditio* vorhanden sein. Nachträglicher böser Glaube schadete nicht.[146] Gestohlene Sachen konnten nicht ersessen werden.[147] Dies galt später auch für die Fiskalsachen.[148]

Eine weitere Voraussetzung war, dass der Ersitzer die Sache aufgrund eines gültigen Erwerbsgrunds (*justa causa*) besitzen musste. Diese *justa causa* des Erwerbs konnte der Kauf (*pro emptore*), die Schenkung (*pro donato*), der Erbfall (*pro herede*), das Vermächtnis (*pro legato*), der Vergleich (*pro transactione*), die Mitgift (*pro dote*) usw. sein. Ob ein Putativtitel ausreichte, also ein Titel, der in Wirklichkeit nicht vorlag, an dessen Bestand aber der Erwerber geglaubt hatte, ist strittig. Es scheint, dass in einigen Fällen auch eine unvollkommene *causa* zugelassen war.[149]

---

139 Balis, Sachenrecht, § 63.

140 Kaser/Knütel, Römisches Privatrecht, § 25 Rn. 1.

141 Georgiades, Sachenrecht, § 2 Rn. 38.

142 Kitsaras in Georgiades, Kurze Auslegung des ZGB, Art. 1041–1055 Rn. 2; Georgiades, Sachenrecht, § 44 Rn. 3; gleich Baur/Stürner, Sachenrecht, § 53 Rn. 85.

143 Ursprünglich im XII-Tafelgesetz in Form der *usus auctoritas* nur den römischen Bürgern vorbehalten. Kaser, Das römische Privatrecht, S. 419; Kaser/Knütel, Römisches Privatrecht, § 25 Rn. 3; Wieling, Sachenrecht, Band I, S. 419.

144 Kaser/Knütel, Römisches Privatrecht, § 25 Rn. 7.

145 *Bona fides* war „das sittliche Erfordernis der Redlichkeit des Erwerbers, der auf die Rechtmäßigkeit seines Erwerbs vertraut“: Kaser, Das römische Privatrecht, S. 422.

146 *Mala fides superveniens non nocet.* Der gutgläubige Ersitzer, der nachträglich bösgläubig wurde, konnte weiter ersitzen. Kaser, Das römische Privatrecht, S. 423.

147 *Res furtiva* war nicht nur die gestohlene, sondern auch die unterschlagene Sache. Sie blieb unersitzbar auch in den Händen des gutgläubigen Erwerbers. Kaser, Das römische Privatrecht, S. 419; Wieling, Sachenrecht, Band I, S. 420.

148 Kaser, Das römische Privatrecht, S. 420.

149 Kaser, Das römische Privatrecht, S. 421.

Von Bedeutung war die später entwickelte *longi temporis praescriptio*, die Sachen betraf, die von der *usucapio* nicht erfasst waren.[150] Das Rechtsinstitut wurde unter dem Einfluss der hellenistischen Rechte aus dem griechischsprachigen Raum im 2. Jh. n.Chr. vom römischen Recht übernommen. Im Wesentlichen hatte es den Charakter der Verjährung (*παραγραφή* - *paragrafi*). Ihrer Funktion nach war die *praescriptio* ein Verteidigungsmittel des Besitzers gegen die Vindikation. Die *longi temporis praescriptio* setzte ungestörten Besitz, ein *iustum initium possessionis* und Fristablauf voraus. Mit *iustum initium possessionis* war sowohl die *iusta causa* als auch die *bona fides* gemeint.[151]

In der Nachfolgezeit vermischten sich *usucapio* und *longi temporis praescriptio*. Das römisch-byzantinische Recht unter Justinian unterschied wieder zwischen *usucapio* und *praescriptio*. Für bewegliche Sachen war *usucapio* möglich, die eine Besitzzeit von drei Jahren voraussetzte, und für Grundstücke war *longi temporis praescriptio* vorgesehen, die zehn Jahre *inter praesentes* (Besitzer und Eigentümer mit Wohnsitz in derselben Gemeinde) und 20 Jahre *inter absentes* voraussetzte. Eigenbesitz, Ersitzbarkeit, *bona fides* und *justus titulus* waren sowohl bei Mobilien als auch bei Immobilien vorausgesetzt.[152]

Parallel dazu hat sich die *longissimi temporis praescriptio* (außerordentliche Ersitzung) als Verjährung der Vindikationsklage herausgebildet. Sie setzte keinen gültigen Erwerbsgrund, aber *bona fides* und eine Besitzzeit von 30 – manchmal 40 – Jahren voraus. Die *longissimi temporis praescriptio* hat nicht zum Eigentumserwerb geführt. Da aber die Vindikation nach 30 Jahren verjährt war, konnte der Eigentümer keine Herausgabe verlangen. Ihm blieb nur ein *nudum jus*.[153]

Im Westen wurde im 13. Jh. im kanonischen Recht bestimmt, dass eine Sache ersessen werden konnte, wenn der Ersitzer bis zum Ablauf der Ersitzungsfrist gutgläubig gewesen war.[154] Dies war eine Abweichung von dem römischen Prinzip, dass nachträglicher böser Glauben nicht schade. Die Regelung des BGB behielt die Grundelemente der bisherigen Rechtsentwicklung bei. Sie unterscheidet zwischen der Ersitzung von beweglichen Sachen (§§ 937-945 BGB) einerseits und der sog. Tabularersitzung (§ 900 BGB) und der Ersitzung durch

150 Etwa Provinzialgrundstücke wie auch Mobilien. Sie waren sowohl römischen Bürgern als auch Nichtbürgern zugänglich. Kaser, Das römische Privatrecht, S. 424.

151 Op.cit. Kaser.

152 Kaser/Knütel, Römisches Privatrecht, § 25 Rn. 15; Wieling, Sachenrecht, Band I, S. 420.

153 Op.cit. Kaser/Knütel; op.cit. Wieling.

154 Wieling, Sachenrecht, Band I, S. 421.

das Aufgebotsverfahren (§ 927 BGB) bei Grundstücken andererseits. Bei beweglichen Sachen wird eine Besitzzeit von zehn Jahren und andauernder guter Glaube verlangt. Bei Grundstücken beträgt die Besitzzeit 30 Jahre. Guter Glaube wird nicht verlangt.

Im griechischen Raum galt unter der osmanischen Herrschaft in den Privatangelegenheiten der Unterworfenen (Familien- und Erbrecht) das römisch-byzantinische wie auch lokales Recht. Wie oben ausgeführt unterlag jedoch der Grund dem osmanischen Recht, das die Ersitzung als Eigentumserwerbsart nicht anerkannte.[155]

Nach dem römisch-byzantinischen Recht war in dem Zeitraum zwischen der Verordnung von 7.3./19.3.1835 und der Einführung des ZGB, wie es von den Gerichten angewendet wurde, Eigentumserwerb sowohl kraft ordentlicher als auch kraft außerordentlicher Ersitzung möglich. Bei der außerordentlichen Ersitzung war – im Gegensatz zu den heutigen Regelungen – gutgläubiger Besitz für 30 Jahre vorausgesetzt.[156] Nach den Übergangsvorschriften von Art. 18 Abs. 2, 51, 64 und 65 EGZGB gelten bezüglich der Erfüllung der Voraussetzungen der Ersitzung für die Zeit vor der Einführung des ZGB die Vorschriften des römisch-byzantinischen Rechts. Für die Zeit nach der Einführung des ZGB gelten aber die Vorschriften des ZGB, insbesondere bei der außerordentlichen Ersitzung: Hat die Ersitzungszeit unter der Geltung des alten Rechts angefangen und wurde sie nach der Einführung des ZGB fortgesetzt, fängt eine neue zwanzigjährige Ersitzungszeit ab Einführung des ZGB an, es sei denn, es verbleibt eine kürzere Zeitspanne zum Abschluss der Ersitzungszeit nach dem alten Recht. Im letzteren Fall muss der Besitzer für die Zeit vor der Einführung des ZGB in gutem Glauben gewesen sein, was für die Ersitzungszeit unter dem ZGB nicht verlangt wird.[157]

cc) Ordentliche Ersitzung

Die Voraussetzungen der ordentlichen Ersitzung, wie sie sich aus Art. 1041–1044 ZGB ergeben, sind: a) Besitz der Sache, b) guter Glaube des Besitzers, c) rechtmäßiger Titel, d) das Verstreichen einer Zeit von zehn Jahren seit Besitzerwerb und e) Ersitzbarkeit nach Art. 1054 ZGB.

---

155 AP 477/2016 Nomos; AP 1340/2010 Nomos; auch Tzortzakaki-Tzaridou in Ersitzung und Nationalgrundbuch, S. 40.

156 AP 546/2003 ElDik 2004, 1443; AP 102/2010 Nomos; AP 1721/2011 Nomos.

157 Kitsaras in Georgiades, Kurze Auslegung des ZGB, Einführungsanmerkungen zu Art. 1041–1055 Rn. 10.

Eigenbesitz
Der Inhalt des Eigenbesitzes ist schon erläutert worden. Der Besitzer übt die Sachherrschaft mit *animus domini* aus.[158] Die bloße Sachherrschaft z.B. kraft eines schuldrechtlichen Verhältnisses oder der Quasi-Besitz z.B. des Nießbrauchers reichen nicht aus. Darüber hinaus muss sich der Besitz auf den Erwerbstitel stützen. Nur der Besitzerwerb oder die Eintragung des Besitzers in die Bücher des Transkriptionsregisters erfüllen die Voraussetzungen des Art. 1041 ZGB nicht. Der Besitz muss dazu noch ununterbrochen über die Zeitspanne von zehn Jahren bestehen.[159] Der Ersitzer kann den Besitz auch durch einen anderen (Art. 980 Abs. 1 ZGB) ausüben.

Der Besitz muss dazu geeignet sein, Eigentum zu verschaffen. Daher ist Teilbesitz (Art. 993 ZGB) ausgenommen. Kenntnis des Eigentümers von dem Besitz des Dritten wird nicht verlangt. Übt jedoch der Rechtsbesitzer oder der Detentor Eigenbesitz am Grundstück aus, fängt die Ersitzungszeit nicht an, bevor der Eigentümer Kenntnis davon erlangt hat (Art. 982 ZGB).[160] Auf die gleiche Weise wird angenommen, dass der Miteigentümer bzw. Miterbe Besitz am Grundstück auch im Namen der anderen Miteigentümer ausübt (Art. 980 Abs. 1 ZGB). Will er das Grundstück als Alleineigentümer besitzen, müssen die anderen Kenntnis davon erlangen, damit die Ersitzungszeit beginnt.[161]

Guter Glaube
Nach Art. 1042 ZGB ist der Besitzer in gutem Glauben, „wenn er nicht aus grober Fahrlässigkeit der Überzeugung ist, dass er das Eigentum erworben hat..“[162] Der gute Glaube richtet sich also nach der Eigentumserlangung des Erwerbers und nicht danach, ob der Veräußerer Eigentum hat oder zur Veräußerung berechtigt ist.[163]

Für den guten Glauben ist maßgebend, dass der Ersitzer sich entschuldigt darüber täuscht, dass die Voraussetzungen für den Eigentumserwerb vorhanden

158 Etwa Aufsicht oder Aufenthalt in der Immobilie (AP 1179/2014 Nomos). Über weitere konkrete Realakte, die den Besitz nachweisen, siehe Kapitel III 4.e)bb).

159 Zur Erleichterung des Nachweises verhilft die Vermutung des Art. 1046 ZGB.

160 Über die analoge Anwendung bei Dritten siehe Kapitel III 5.

161 Kitsaras in Georgiades, Kurze Auslegung des ZGB, Einführungsanmerkungen zu Art. 1041–1043 Rn. 3. Auch oben Kapitel III 5. mit Rechtsprechung.

162 Georgiades, Sachenrecht, § 44 Rn. 33; Kitsaras in Georgiades, Kurze Auslegung des ZGB, Art. 1041–1043 Rn. 11; AP 569/2016 Nomos; AP 475/2004 ChrID 2004, 716.

163 Der Unterschied wird im Vergleich zum guten Glauben beim Mobilienerwerb durch den Nichtberechtigten klar. In diesem Fall muss der Erwerber ohne grobe Fahrlässigkeit glauben, dass er vom Eigentümer erworben hat.

sind. Er ist etwa dann nicht gutgläubig, wenn er Eigentum an einer Immobilie aufgrund eines nicht eingetragenen Titels zu erwerben beabsichtigt (ausdrücklich in Art. 1043 Abs. 2 ZGB über den Putativtitel). Darüber hinaus muss der Ersitzer die Sorgfalt zeigen, die beim Eigentumserwerb von Immobilien üblich ist. In diesem Sinn ist der Erwerber nach der Rechtsprechung bösgläubig, wenn er die Titelsuche im Transkriptionsregister zur Feststellung des Eigentums des Veräußerers unterlassen hat.[164]

Unkenntnis von der Geschäftsunfähigkeit in der Person des Veräußerers, von Willensmängeln oder von Eigentumsübertragung durch einen vermeintlichen Stellvertreter des Eigentümers stehen dem guten Glauben des Erwerbers nicht im Weg. Erwirbt der Ersitzer durch einen Stellvertreter, wird der gute Glaube in der Person des Stellvertreters beurteilt (Art. 214 ZGB), es sei denn, der Vertreter hat nach bestimmten Weisungen des Vertretenen gehandelt (Art. 215 ZGB).

Der gute Glaube muss nur beim Erwerb vorhanden sein (Art. 1044 ZGB). Nachträglicher böser Glaube schadet nicht. Damit wird dem Prinzip des römischen Rechts *mala fides superveniens non nocet* gefolgt.

Rechtmäßiger Erwerbstitel – Putativtitel – Eintragung

Das griechische Recht verlangt einen rechtmäßigen Erwerbstitel (*justus titulus*). Der Begriff wird im Gesetz nicht näher erläutert.[165] Nach der Lehre ist ein rechtmäßiger Erwerbstitel „die rechtliche Rechtfertigung des Eigenbesitzes, d.h. jede Eigentumserwerbsweise, die im Gesetz *in abstracto* anerkannt wird".[166] Freilich kann im Fall der Ersitzung der Titel wegen eines Mangels die Rechtsänderung nicht herbeiführen.

Der Begriff ist weiter als der rechtmäßige Erwerbsgrund (*justa causa*). Die *justa causa* kann Teil des *justus titulus* sein. Sie wird mit dem schuldrechtlichen Rechtsgeschäft identifiziert, das dem Eigentumserwerb zugrunde liegt (Kauf, Schenkung usw.). Der *justus titulus* beinhaltet all die Tatbestände, die zum Eigentumserwerb führen können, etwa notarielle Form, Eintragung im Register.[167]

---

164 AP 980/1990 NoV 40 (1992) 70; AP 1928/2008 Nomos; EfAth 5316/2015 Nomos.

165 Im Gegensatz dazu enthielt das ZGB von 1945 in Art. 1084 eine Legaldefinition: „Der Besitzer besitzt aufgrund eines rechtmäßigen Titels, wenn er einen Tatbestand als Besitzerwerbsgrund vorlegt, der nach dem Gesetz Eigentum verschaffen kann".

166 Balis, Sachenrecht, § 66.

167 Die Tatsache, dass das römische Recht den *justus titulus* nach dem jeweiligen Eigentumserwerbsgrund, also nach der *justa causa* benannt hat (z.B. *pro emptore, pro donato* u.s.w.), sollte keine Verwirrung schaffen, op.cit. Balis.

Terminologisch ist der „*rechtmäßige Erwerbstitel*" nach Art. 1041 ZGB dem „*gültigen Erwerbstitel*" nach Art. 1112 und 1133 ZGB gleich.

Erfüllt der Titel die Voraussetzungen eines rechtmäßigen Erwerbstitels nicht, begnügt sich das Gesetz mit dem Bestehen eines Putativtitels (Art. 1043 Abs. 1 ZGB). Der Wortlaut des Gesetzes ist auch in diesem Fall nicht hilfreich. In der Theorie herrscht keine Einigkeit darüber, worin die Unterschiede zwischen einem rechtmäßigen Erwerbstitel im Sinne von Art. 1041 ZGB und einem Putativtitel im Sinne von Art. 1043 Abs. 1 ZGB bestehen.

Eine Meinung[168] versteht den rechtmäßigen Erwerbstitel als den Titel, der alle Voraussetzungen zum Eigentumserwerb mit der Ausnahme erfüllt, dass der Übertragende kein Eigentum hat, so z.B. wenn das vermeintlich geerbte Grundstück nicht zur Erbschaft gehört.[169] Ein Putativtitel dagegen sei nach dieser Meinung derjenige, der entweder nichtig oder inexistent ist, den aber der Besitzer in gutem Glauben für wirksam hält.[170] Zur Nichtigkeit kann etwa Geschäftsunfähigkeit, Veräußerungsverbot, Anfechtbarkeit wegen Irrtums, Täuschung oder Drohung führen.[171] Inexistent sind Titel, die sogar der äußerlichen Merkmale eines Titels entbehren, z.B. bei formellen Mängeln oder Fälschung der notariellen Urkunde.[172]

Nach einer anderen Meinung[173] sei der rechtmäßige Erwerbstitel jeder mangelhafte Titel, der die äußeren Merkmale eines Titels trägt, unabhängig davon, welches die Mängel sind. Ein Putativtitel sei nur der inexistente. Ein Putativtitel liegt etwa vor, wenn die eingetragene Urkunde die Unterschrift des Notars nicht trägt oder wenn der Besitzer berechtigt geglaubt hat, dass sein Titel sich auf das Grundstück bezieht, das er besitzt, während der Titel sich in Wirklichkeit auf das Nachbargrundstück bezieht.[174]

Der rechtmäßige Titel bzw. Putativtitel muss im Transkriptionsbuch eingetragen sein, damit die Ersitzungsfrist beginnt. Art. 1043 Abs. 2 ZGB erwähnt nur

168 Georgiades, Sachenrecht, § 44 Rn. 47.

169 In diesem Fall muss aber der vermeintlich gutgläubige Erbe auch den Besitz ergreifen. EfNauplia 37/1960 ElDik. 1960, 765 (vgl. Art. 983 ZGB).

170 Georgiades, Sachenrecht, § 44 Rn. 53.

171 Es sei denn, der Irrtum, die Täuschung oder Drohung stammt von dem Erwerber. In diesem Fall fehlt es an der Voraussetzung des guten Glaubens. Kitsaras in Georgiades, Kurze Auslegung des ZGB, Art. 1041–1043 Rn. 26. Ebenso das Scheingeschäft: Ef. Athen 598/1975 Arm. 29 (1975) 334.

172 Balis, Sachenrecht, § 66.

173 Balis, Sachenrecht, § 66; Wawouskos, Sachenrecht, S. 187; AP 429/1984 NoV 33 (1985) 406; AP 1521/1980 NoV 29 (1981) 867; AP 1247/1976 NoV 25 (1977) 737.

174 AP 681/1967 NoV 16 (1968) 265.

den Putativtitel, aber es besteht Übereinstimmung, dass auch der rechtmäßige Titel eingetragen sein muss.[175]

Da das Gesetz auf die gleiche Weise beiden Titelarten eine ersitzungsbegründende Wirkung zuerkennt und für beide die Eintragung verlangt, ist die Meinungsdifferenzierung über ihre Eigenschaften eher von theoretischem Wert. Maßgeblich ist, ob der Erwerber im konkreten Fall berechtigt glaubt, dass der Titel besteht und dass er aufgrund dessen Eigentum erlangt hat.[176]

Ersitzungszeit

Die Ersitzungszeit beträgt zehn Jahre. Der Ersitzer muss den Besitz ununterbrochen ausüben. Nach Art. 1046 ZGB wird widerlegbar vermutet, dass der Besitz in der Zwischenzeit besteht, wenn der Ersitzer seinen Besitz am Anfang und am Ende der Ersitzungsfrist nachweisen kann.[177] Die Ersitzung beginnt mit der Ergreifung der Sachherrschaft und wird nach Art. 241 Abs. 1 und 243 Abs. 3 ZGB (vgl. §§ 187 Abs. 1, 188 Abs. 2 BGB) berechnet.

Da normalerweise rechtserhebliche Ereignisse während der Ersitzungsfrist dazwischenkommen können, enthält das Gesetz Regelungen über die Hemmung, die Unterbrechung und die Anrechnung der Ersitzungszeit. Nach Art. 1047 ZGB wird der Beginn oder die Fortsetzung der Ersitzung gehemmt, solange die Verjährung der Vindikationsklage gehemmt ist oder der Ablauf dieser Verjährung verhindert wird (Art. 255, 256, 258, 259 ZGB). Nach Aufhebung des Hindernisses kann die Ersitzung beginnen oder fortgesetzt werden. Die während der Hemmung vergangene Zeit wird auf die Ersitzungszeit nicht angerechnet (Art. 257 ZGB).

Die Ersitzung wird bei Besitzverlust unterbrochen (Art. 1048 S. 1 ZGB). Zur Unterbrechung der Ersitzung führt auch die Erhebung der Vindikationsklage (Art. 1049 ZGB).[178] Die Unterbrechung der Ersitzungsfrist wirkt nur relativ zugunsten des Klägers (Art. 1049 S. 2 ZGB).

---

175 Kitsaras in Georgiades, Kurze Auslegung des ZGB, Einführungsanmerkungen zu Art. 1041–1043 Rn. 19.

176 Kitsaras in Georgiades, Kurze Auslegung des ZGB, Einführungsanmerkungen zu Art. 1041–1043 Rn. 23 u. 25.

177 Vgl. *Olim possessor et hodie possessor, interea possessor*.

178 Nach der Rechtsprechung wird angenommen, dass jede gerichtliche Handlung, die einen Rechtsstreit über das Eigentum vor Gericht einführt, zur Fristunterbrechung führt: also die Feststellungsklagen, die publizianische Klage, die Widerklage oder die Hauptintervention; nicht aber die Klage auf Herausgabe des Besitzes gem. Art. 987 ZGB oder der Antrag auf die Anordnung einer einstweiligen Verfügung. Georgiades, Sachenrecht, § 44 Rn. 83.

Die Unterbrechung der Ersitzungsfrist bewirkt, dass die bereits verstrichene Ersitzungsfrist nicht berücksichtigt wird (Art. 1050 S. 1 ZGB). Erlangt der frühere Ersitzer den Besitz zurück, kann er seine Ersitzungsfrist nicht fortsetzen. Seine Besitzzeit fängt neu an (Art. 1050 S. 2 ZGB). Das Gesetz erleichtert bei unfreiwilligem Besitzverlust die Position des Ersitzers, indem es ihm die Möglichkeit zuspricht, seine bisher abgelaufene Ersitzungszeit nicht zu verlieren, wenn er innerhalb eines Jahres den Besitz wiedererlangt oder eine Klage auf Herausgabe erhebt (Art. 1048 S. 2 ZGB).

Ersitzbarkeit

Der Ersitzungsgegenstand muss ersitzbar sein.[179] Das ZGB teilt die Sachen, die zur Ersitzung ungeeignet sind, in zwei Kategorien auf:

a) Nach Art. 1054 ZGB Sachen, die wegen ihrer Natur unersitzbar sind (Sachen, die allen gemein sind: Meer, Luft) oder die ihrer Funktion nach gesetzlich dauerhaft von der Ersitzung ausgenommen sind (dem gemeinen Gebrauch gewidmete oder öffentlichen, städtischen, gemeindlichen oder religiösen Zwecken dienende Sachen).

   Unersitzbar sind im Allgemeinen die Immobilien, die dem Fiskus gehören. Gesetzliche Grundlage ist Art. 4 Abs. 1 ZG 1539/1938, der die Unverjährbarkeit der Rechte des Fiskus an seinen Immobilien wie auch seinen fiktiven Besitz daran stipuliert.[180] Durch Art. 4 G.3127/2003 ist die Ersitzungsmöglichkeit an städtischen Immobilien gegen den Fiskus unter bestimmten Voraussetzungen anerkannt.

b) Nach Art. 1055 ZGB Sachen, die im Prinzip ersitzbar, aber vorübergehend von der Ersitzung ausgenommen sind, da sie Personen gehören, denen das Gesetz einen Sonderschutz gewährt, also Personen unter elterliche Sorge, unter Vormundschaft oder unter gerichtlicher Beistandschaft. Die Regelung von Art. 1055 ZGB ist weiter als die von Art. 1047 i.V.m. 258 ZGB. Letztere Vorschriften sehen eine Hemmung des Abschlusses der Ersitzungsfrist für Personen vor, die geschäftsunfähig oder in ihrer Geschäftsfähigkeit begrenzt sind, wenn diese Personen keinen Vormund oder gerichtlichen Beistand haben. Art. 1055 ZGB erweitert den Schutz, indem er eine Hemmung des

---

179 Vgl. *res habilis*. Nach römischem Recht waren bestimmte Sachen von der Ersitzung ausgenommen, wie die *res furtivae* und Sachen, die dem Fiskus gehörten.

180 Die Vorschrift ist durch Art. 53 EGZGB in Kraft geblieben. Die Wiedereinführung des römisch-byzantinischen Rechts im Jahre 1837 hat die außerordentliche Ersitzung auch an fiskalischen Immobilien ermöglicht. Diese Möglichkeit wurde 1926 mit Rückwirkung auf den 11.9.1915 aufgehoben. Mehr darüber in Kapitel II, Exkurs.

Beginns oder der Fortsetzung der Ersitzungsfrist vorsieht, während die Person sich in dieser Lage befindet.

Rechtsnachfolge

Nach Art. 1051 ZGB kann der Rechtsnachfolger des Ersitzers die Ersitzungszeit des Rechtsvorgängers auf seine Ersitzungszeit anrechnen. Das früher geltende römisch-byzantinische Recht hat zwischen Gesamt- und Sonderrechtsnachfolge unterschieden. Im ersten Fall (*successio in usucapionem*) besaß der Erbe die Sache in der gleichen Form weiter, in der der Erblasser sie besessen hatte. Er konnte weiterbesitzen, ohne unbedingt gutgläubig zu sein.[181] Im zweiten Fall (*accessio possessionis* oder *accessio temporis*) musste der Sonderrechtsnachfolger selbst die Voraussetzungen der Ersitzung erfüllen, um die Ersitzung seines Rechtsvorgängers fortsetzen zu können. Also musste er gutgläubig sein.

Laut Auffassung des Redakteurs des Entwurfs des Sachenrechts hebt Art. 1051 ZGB diese Unterscheidung auf und behandelt Gesamt- und Sonderrechtsnachfolge gleich.[182] Danach (h.M. und Mehrheit der Rechtsprechung)[183] muss jeder Rechtsnachfolger in seiner Person alle Voraussetzungen der ordentlichen Ersitzung erfüllen. Sowohl der Erbe als auch der Sonderrechtsnachfolger müssen einen rechtmäßigen Titel bzw. Putativtitel besitzen und gutgläubig sein, um die Ersitzungszeit ihres Rechtsvorgängers auf ihre Ersitzungszeit anrechnen zu können. Nach dieser Meinung muss der Erbe auch die Erbschaftsannahmeurkunde eintragen lassen. Die Eintragung wirkt nach Art. 1199 ZGB rückwirkend ab dem Zeitpunkt des Todes des Erblassers.[184]

Beispiel: A erwirbt 2005 ein Grundstück durch Schenkung. Der Vertrag wird notariell beurkundet und eingetragen, ist aber wegen Geschäftsunfähigkeit des Schenkers nichtig. A glaubt jedoch gutgläubig, dass er Eigentum erlangt hat. 2010 stirbt A und wird von B beerbt. B muss auch gutgläubig besitzen und die Erbschaftsannahme eintragen lassen, damit er seine Ersitzungszeit auf die Ersitzungszeit des A anrechnet. Auf diese Weise erwirbt er 2015 Eigentum durch ordentliche Ersitzung. Ist B bösgläubig, kann er nur durch außerordentliche

181 Dem Prinzip *mala fides superveniens non nocet* entsprechend; Balis, Sachenrecht, § 71; gleich Wieling, Sachenrecht, Band I, S. 426.

182 Thiveos, Entwurf des Zivilgesetzbuchs, Sachenrecht, S. 166–167.

183 Balis, Sachenrecht, § 71; Wawouskos, Sachenrecht, S. 189–190; Papantoniou, Erbrecht, §9b; AP 43/2008 ElDik 2009, 761; AP 567/1980 NoV 28 (1980) 1957; AP 543/1981 NoV 30 (1982) 213; EfAth 5316/2015 Nomos.

184 Georgiades, Erbrecht, § 7 Rn. 30; AP 1482/1983 NoV 32 (1984) 1206; EfAth 641/1992 Nomos.

Ersitzung (20 Jahre Besitzzeit) Eigentum erwerben. Die Ersitzungszeit des A wird auch in diesem Fall angerechnet. B erwirbt Eigentum im Jahr 2025.[185]

Die Minderheitsmeinung,[186] die die Vorschrift teleologisch auslegt, will die alte Unterscheidung zwischen *successio* und *accessio* beibehalten. Der Erbe setze den gleichen Besitz wie der Erblasser fort. Gut- oder Bösgläubigkeit in der Person des Erben sei in diesem Fall belanglos.

Nach dieser Meinung braucht B im vorigen Beispiel als Erbe weder gutgläubig zu sein noch die Erbschaftsannahme eintragen zu lassen. Er setzt den Besitz des A gestützt auf den Schenkungstitel fort. Eigentümer wird er durch ordentliche Ersitzung 2015.

Der Erbe erwirbt den Besitz fiktiv nach Art. 983 ZGB.[187]

Art. 1052 ZGB schafft eine Erleichterung bei der Anrechnung zugunsten des Erben, falls ein Scheinerbe Erbschaftsgegenstände besitzt (vgl. Art. 1871 ZGB). Obschon der echte Erbe kein Nachfolger im Besitz vom Scheinerben ist, kann er die Ersitzungszeit des Scheinerben auf seine eigene anrechnen, wenn ihm der Erbschaftsgegenstand freiwillig oder nach Klageerhebung übergeben wird.

Beispiel: A kauft 2005 ein Grundstück. Der Titel ist nichtig, aber A besitzt unter der Voraussetzung der ordentlichen Ersitzung. 2010 stirbt A. Durch Testament setzt er B zum Alleinerben ein. B nimmt auch unter der Voraussetzung der ordentlichen Ersitzung das Grundstück in Besitz. 2012 wird ein nachträgliches Testament gefunden, nach dem C zum Alleinerben eingesetzt wird. B übergibt das Grundstück an C. C besitzt weiter unter der Voraussetzung der ordentlichen Ersitzung. Er wird 2015 Eigentümer, da er die Ersitzungszeit (2010–2012) des B auf seine eigene anrechnen kann.

dd) Außerordentliche Ersitzung

Nach Art. 1045 ZGB setzt die außerordentliche Ersitzung Eigenbesitz, Ersitzungszeit von 20 Jahren und Ersitzbarkeit voraus. Es wird weder guter Glaube noch ein Titel verlangt.

Während der Zweck der ordentlichen Ersitzung der Schutz des gutgläubigen Erwerbers ist, ist der Zweck der außerordentlichen Ersitzung die Bereinigung von früheren Rechtsverhältnissen zu der Sache. Die zwanzigjährige Ersitzungszeit

---

185 Aus Georgiades, Sachenrecht, § 44 Rn. 65.

186 Georgiades, Sachenrecht, § 44 Rn. 66–67; Spiridakis, Die Ersitzung, S. 58–59; Doris, NoV 53 (2005) 23, 37–38; Kitsaras in Georgiades, Kurze Auslegung des ZGB, Art. 1051 Rn. 3; AP 1004/1983 NoV 32 (1984) 650.

187 Georgiades, Erbrecht, § 7 Rn. 31.

fällt mit der Verjährung der Vindikationsklage zusammen (Art. 249 i.V.m. 271 ZGB). Der Eigentümer kann also vom Besitzer keine Herausgabe verlangen. Gäbe es aber das Rechtsinstitut der außerordentlichen Ersitzung nicht, könnte der Besitzer kein Eigentum erwerben. Dem Eigentümer, der die Sache nicht mehr vindizieren könnte, verbliebe lediglich ein Recht ohne Gegenstand (ein *dominium sine re*, ein *nudum jus*). Diese Anomalie bezweckt es, die außerordentliche Ersitzung zu berichtigen. Unter diesem Gesichtspunkt fungiert sie als eine Ergänzung der erlöschenden Verjährung, indem sie ein ständiges Auseinanderfallen des Besitzes und des Eigentums abwendet.[188]

Der Inhalt des Besitzes ist schon unter der ordentlichen Ersitzung erörtert worden.

Die Vorschriften der Art. 1046–1055 ZGB finden auch bei der außerordentlichen Ersitzung Anwendung.

Zur Rechtsnachfolge nach Art. 1051 ZGB sei Folgendes zusätzlich gesagt: Der Rechtsnachfolger kann die Ersitzungszeit seines Rechtsvorgängers auf die eigene anrechnen. Es ist dabei unerheblich, ob der Rechtsvorgänger gut- oder bösgläubig war.

Die Gesamtrechtsnachfolge erfolgt auf die Weise der *successio in usucapionem*. Der Erbe erlangt Eigentum, sobald 20 Jahre unter Anrechnung der Ersitzungszeit des Erblassers verstrichen sind. Der Erbe muss aber den Besitz des Erbgegenstandes nach Art. 974 ZGB ergreifen.[189]

Beispiel: A nimmt 1995 ein fremdes Grundstück in seinen Besitz. 2005 stirbt A und wird von B beerbt. B wird 2015 Eigentümer, wenn er den Besitz weiter ausübt.

Bei der Sonderrechtsnachfolge muss der Rechtsvorgänger den Besitz nach Art. 976 ZGB an den Nachfolger übertragen.[190] Eines Rechtsgrundes bedarf es nicht,[191] der Übergabewille darf aber nicht mit Mängeln behaftet sein, etwa Geschäftsunfähigkeit. Beispiel: A nimmt 1995 ein fremdes Grundstück in seinen Besitz und baut es an. 2005 überträgt A den Besitz an seinen Sohn B, der die Besitzrealakte weiter ausübt. B wird 2015 Eigentümer. War A bei der Besitzübertragung geisteskrank, fängt die Besitzzeit des B 2005 an. Gleiches gilt, wenn er den Besitz eigenmächtig erlangt.

---

188 Balis, Sachenrecht, § 73.

189 Georgiades, Erbrecht, § 7 Rn. 32; AP 1004/1983 NoV 32 (1984) 650. Dagegen EfKreta 285/2004 ElDik 2006, 312: Es genüge der fiktive Besitzübergang nach Art. 983 ZGB.

190 AP 289/2016 Nomos; AP 353/2002 Nomos; AP 650/1995 EEN 1996, 563; EfThes 1402/2009 Arm 2010, 1162; EfAth 641/1992 Nomos.

191 Georgiades, Sachenrecht, § 45 Rn. 15.

Hauptrechtsfolge der Ersitzung ist der originäre Erwerb des Eigentums durch den Ersitzer und der gleichzeitige Eigentumsverlust in der Person des früheren Eigentümers. Nach der h.M. hat der frühere Eigentümer keine Ansprüche aus ungerechtfertigter Bereicherung gegen den Ersitzer, da die Ersitzung als rechtlicher Grund im Sinn von Art. 904 ZGB gilt.[192]

Des weiteren stipuliert Art. 1053 ZGB, dass die Ersitzung zum Erlöschen von dinglichen Rechten Dritter führt. Dies erfolgt jedoch nur dann, wenn die Voraussetzungen der Ersitzung gesondert in Bezug auf jedes beschränkte dingliche Recht von Dritten vorliegen.

Besitzt A unter der Voraussetzung der ordentlichen Ersitzung das Grundstück von B, während auf dem Grundstück ein Wegerecht als Dienstbarkeit zugunsten des C begründet ist, erwirbt A lastenfreies Eigentum mit dem Abschluss der zehnjährigen Ersitzungszeit, wenn er auch über das Nichtbestehen der Dienstbarkeit von C gutgläubig war. Hat A jedoch Kenntnis von der Dienstbarkeit, erwirbt er das mit der Dienstbarkeit belastete Grundstück. Die Ersitzung, die zum Eigentumserwerb führt, und die Ersitzung, die zur Befreiung von dinglichen Rechten führt (*usucapio liberationis*), müssen nicht unbedingt zeitlich zusammenfallen. Im vorigen Beispiel weiß A von der Dienstbarkeit des C, untersagt aber von Anfang an ihre Ausübung, während C nichts dagegen unternimmt. A wird nach zehn Jahren kraft ordentlicher Ersitzung belastetes Eigentum erwerben. Nach weiteren zehn Jahren (nach 20 Jahren insgesamt) wird er lastenfreies Eigentum kraft außerordentlicher Ersitzung erwerben (vgl. Art. 1138 S. 1 ZGB).

ee) Rechtsvergleichende Anmerkungen

Das deutsche Recht enthält kein Vorschriftengeflecht über die Ersitzung an Grundstücken wie das griechische. Es handhabt die Diskrepanzen, die aus einer Grundbucheintragung und einem damit kollidierenden Besitzstand entstehen, durch die Rechtsinstitute der Tabular- (§ 900 BGB) und der Kontratabularersitzung (§ 927 BGB).

Nach § 900 BGB wird der fälschlich als Eigentümer Eingetragene zum berechtigten Eigentümer. Die Vorschrift will, nach Auffassung der Rechtsprechung, „das dauernde Auseinanderfallen von Eigentum und Besitz verhindern."[193] Das Verfahren des § 927 BGB kann nicht direkt als Ersitzung bezeichnet werden, aber es kommt dem ursprünglichen Sinn der *usucapio* näher, da zentraler

192 Balis, Sachenrecht, § 72; Georgiades, Sachenrecht, § 44 Rn. 100; Filios, Schuldrecht Besonderer Teil Band II, § 151aA.

193 BGH NJW 1994, 1152.

rechtserzeugender Grund der Eigenbesitz des Ersitzers ohne vorherige Grundbucheintragung ist.

Die Regelungen werden in Gegenüberstellung zu ihren Entsprechungen im griechischen Grundbuchgesetz erläutert. Hier sei nur allgemein gesagt, dass das deutsche Recht außer im Fall von § 927 BGB kein Eigentum oder sonstiges dingliches Recht an Grundstücken außerhalb des Grundbuchs anerkennt. Kollidierende dingliche Rechte an demselben Grundstück können wegen des Liegenschaftskatasters nicht eingetragen werden. Im Gegensatz dazu ist im griechischen Transkriptionssystem das Bestehen von dinglichen Rechten außerhalb des Transkriptionsbuches durchaus möglich (außerordentliche Ersitzung). Darüber hinaus können auch innerhalb des Transkriptionsbuches parallele Erwerbstitel existieren (ordentliche Ersitzung). In dieser Hinsicht erfüllt die Ersitzung im imperfekten Transkriptionssystem eine lückenfüllende Aufgabe. Durch die ordentliche Ersitzung können mangelhafte Titel Eigentum erzeugen. Durch die außerordentliche Ersitzung werden alte, unklare Rechtsverhältnisse bereinigt.

6. Andere Arten des originären Eigentumserwerbs an Grundstücken

a) Zuweisung – Zuerkennung

Art. 1056 ZGB erwähnt die gerichtliche Zuerkennung und die behördliche Zuweisung als Arten des originären Eigentumserwerbs. Hier handelt es sich um die Zuerkennung[194] des Eigentums durch gerichtliche Entscheidung, wie z.B. in dem Fall der Naturalteilung eines Grundstücks unter den Miteigentümern (Art. 480 Abs. 1 i.V.m. 489 gr.ZPO), die Zuerkennung eines gemeinschaftlichen Unternehmens an einen der Teilhaber (Art. 483 gr.ZPO), die Zuschreibung des überbauten Teils des Nachbargrundstücks an den Überbauenden (Art. 1010 ZGB), die Grenzscheidung infolge der Grenzscheidungsklage (Art. 1020 ZGB) oder um Zuweisung des Eigentums durch einen Akt der Verwaltung, wie z.B. im Fall der Enteignung,[195] und die Zuschreibung eines neuen Grundstücks oder Grundstücksteils im Rahmen der Stadtplanung (Art. 8 Abs. 8b G.1337/1983, Art. 50 GV 17.7./16.8.1923).

---

194 Nach h.M. liegt hier eine Art des originären Eigentumserwerbs vor. Georgiades, Sachenrecht, § 46 Rn. 1; Balis, Sachenrecht, § 75. Nach a.M. muss jeder Fall gesondert beurteilt werden. Kitsaras in Georgiades, Kurze Auslegung des ZGB, Art. 1056 Rn. 4.

195 AP 1035/1977 EEN 45 (1978), 291.

b) Verbindung

Der Eigentumserwerb durch Verbindung nach Art. 1057 ZGB steht im Spannungsfeld zwischen Mobilien- und Immobiliensachenrecht. Die Vorschrift fungiert zusammen mit Art. 954 Nr. 1 ZGB als Niederschlag des Prinzips *superficies solo cedit.*[196] Hauptrechtsfolge der Verbindung, wenn die verbundene bewegliche Sache die Eigenschaft des (wesentlichen) Bestandteils hat, ist das Erlöschen des Eigentums und anderer beschränkter dinglicher Rechte an der beweglichen Sache und die originäre Erstreckung des Grundstückseigentums daran. Die entsprechende deutsche Vorschrift (§ 946 BGB) ist mit der griechischen identisch. Ausnahmen aus dem Prinzip bilden im griechischen Recht das Stockwerkseigentum und die beschränkte Anerkennung des Erbbaurechts[197] und im deutschen Recht das Wohnungseigentum, das Erbbaurecht und der entschuldigte Überbau nach § 912 BGB.[198]

c) Aneignung

Nach Art. 972 i.V.m. Art. 1824 ZGB gehören herrenlose Grundstücke wie auch das Vermögen von erbenlosen Verstorbenen dem Fiskus. Wie oben unterbreitet erwirbt der Fiskus originär Eigentum an Grundstücken, deren Eigentümer das Eigentum aufgegeben hat, durch notariell beurkundete Verzichtserklärung des Eigentümers und Eintragung ins Transkriptionsbuch. Es bedarf keiner Annahmeerklärung durch den Fiskus. Auf die gleiche Weise wird der Fiskus gem. Art. 1824 ZGB als Erbe der letzten (sechsten) Ordnung berufen. Der Fiskus als Erbe kann die Erbschaft weder ausschlagen noch darauf verzichten. Er ist aber als Erbe mit der Berechtigung der Inventarerrichtung *ex lege* ausgestattet.

Das deutsche Recht gestaltet die Aneignung von aufgegebenen Grundstücken als ein Recht des Fiskus (§ 928 Abs. 2 BGB). Der Eigentümer muss die Aufgabe vor dem Grundbuchamt erklären und den Verzicht eintragen lassen (§ 928 Abs. 1 BGB). Das Eigentum wird aber nicht *ipso jure* vom Fiskus erworben. Er muss von seinem Recht Gebrauch machen und sich als Eigentümer ins Grundbuch eintragen lassen (§ 928 Abs. 2 BGB).[199]

Im Gegensatz dazu wird der Fiskus im Erbfall als Noterbe wie im griechischen Recht berufen (§ 1936 BGB). Er ist nicht zur Erbschaftsausschlagung berechtigt

196 Gleich Tobias, AcP 94, 371, 425; Wilhelm, Sachenrecht, Rn. 1070.

197 Siehe Kapitel I 3.b)aa)eee).

198 Westermann/Gursky/Eickmann, Sachenrecht, § 52 Rn. 6.

199 Wilhelm, Sachenrecht, Rn. 849; Westermann/Gursky/Eickmann, Sachenrecht, § 85 Rn. 5.

(§ 1942 Abs. 2 BGB), ihm können aber keine den Wert des Nachlasses übersteigenden Schulden aufgedrängt werden, da seine Haftung gem. § 1975 BGB beschränkt werden kann.

d) Anschwemmung – Anlandung – Flussinsel – verlassenes Flussbett – Flussarm

Die Vorschriften von Art. 1069–1074 ZGB haben ihren Ursprung im römisch-byzantinischem Recht. Die Anwendung von Art. 1069–1073 ZGB setzt das Bestehen eines nicht schiffbaren Flusses voraus, da andernfalls die Ufer des schiffbaren Flusses gem. Art. 967 ZGB dem Gemeingebrauch gewidmet sind und gem. Art. 968 ZGB grundsätzlich dem Fiskus zu Eigentum gehören.[200] Nicht erfasst werden auch Flussbetten, durch die das Wasser nicht nach Art. 967 ZGB „frei und fortwährend", sondern nur gelegentlich fließt, da sie dem Eigentümer des Grundstücks gehören, auf dem sie sich befinden.[201] Besonders im Fall der Flussinsel muss bemerkt werden, dass Art. 1071 ZGB nur bei Flussinseln Anwendung findet, die aus natürlichen geologischen Ursachen entstanden sind, z.B. Erdbeben, allmähliche Versandung. Entsteht die Flussinsel infolge der Durchführung von öffentlichen Bauarbeiten, z.B. Trockenlegung oder Anschüttungen, wird das Eigentum gem. Art. 1 G.116/1975 dem Fiskus zugeschrieben. Unter dem gleichen Vorbehalt gilt auch Art. 1072 ZGB.

Das deutsche Recht behandelt die Materie insoweit im Landesrecht, als Bundesrecht – etwa WHG – nicht eingreift.[202]

---

200 AP 1430/2010 Nomos. Weiteres oben in Kapitel II 5.b)bb).

201 Georgiades, Sachenrecht, § 46 Rn. 16. Weiteres oben in Kapitel II 5.b)bb).

202 Z.B. §§ 93, 94 LWG Schleswig-Holstein; §§ 54-59 LWG Mecklenburg-Vorpommern.

Kapitel VI – Das griechische Grundbuch

1. Gesetzestext (Auszüge aus dem Grundbuchgesetz)

Artikel 1
Begriff, Träger, Zweck und Geltungsbereich des Nationalgrundbuchs
Erstes Kapitel
Allgemeine Vorschriften

1. *Das Nationalgrundbuch ist ein auf grundbezogener Basis organisiertes System von rechtlichen, technischen und anderen zusätzlichen Informationen über alle Grundstücke des Hoheitsgebiets, das den in Artikel 2 niedergeschriebenen Grundsätzen unterliegt. Die Organisation über das Grundbuch und die Kartographierung Griechenlands errichtet und bewahrt das Nationalgrundbuch. …*
2. *Im Grundbuch sind rechtliche und technische Informationen enthalten, die die präzise Bestimmung der Grenzen der Grundstücke und die Publizität der in den Grundbüchern eingetragenen Rechte und Lasten bezwecken, indem der öffentliche Glaube gewährleistet wird, damit jeder gutgläubige Dritte geschützt wird, der sich auf die Grundbucheintragungen verlässt. …*
3. *Ab Geltungsbeginn des Grundbuchs in einem Gebiet, in dem das Kataster nach G.2308/1995 errichtet worden ist, wird das bis dahin in diesem Gebiet geltende Transkriptions- und Hypothekensystem abgelöst. …*

Artikel 2
Grundsätze des Grundbuchs
Das Grundbuch unterliegt den folgenden Grundsätzen:

1) *dem Grundsatz der grundbezogenen Organisation der Grundbuchinformationen, die die Errichtung, die Aufbewahrung und die ständige Aktualisierung der Katasterpläne erfordert,*
2) *dem Grundsatz der Überprüfung der Legalität der Titel und der übrigen zur Annahme des Antrags auf Eintragung in die Grundbücher erforderlichen Angaben,*
3) *dem Grundsatz der Sicherstellung des Rangs der Grundbucheintragungen, entsprechend dem Zeitpunkt der Einreichung des zugehörigen Antrags (Grundsatz des zeitlichen Vorrangs),*
4) *dem Grundsatz der Publizität der Grundbücher,*

5) *dem Grundsatz des Schutzes des öffentlichen Glaubens, damit jeder gutgläubige Teilnehmer des Rechtsverkehrs, der sich auf die Grundbucheintragungen verlässt, geschützt wird, und*
6) *dem Grundsatz der Ausbaufähigkeit des Grundbuchs als ein System, in dem auch andere Kategorien von Informationen zu jeder Zeit in der Zukunft eingetragen werden können (Grundsatz des offenen Grundbuchs).*

Artikel 3
Grundbuchämter – Grundbuchangaben

1.α) Zuständig für die Aufbewahrung der Grundbuchangaben sind die Grundbuchämter, die dem Ministerium für Umwelt, Energie und Klimawandel zugeordnet sind. … Die Leiter der Grundbuchämter sind Träger eines öffentlichen Amtes. …

2. Die in den Grundbuchämtern in Aufbewahrung befindlichen Angaben sind die folgenden:

α) Die Katasterpläne über das gesamte Katastergebiet, das der Zuständigkeit des jeweiligen Grundbuchamts unterliegt.
β) Die Katastertabellen über die Grundstücke, die in den Katasterplänen enthalten sind. Der Inhalt der Katastertabellen ist auch der Inhalt der ersten Eintragungen in den Grundbuchblättern, die in dem zuständigen Grundbuchamt aufbewahrt werden.
γ) Das Grundbuch, auf das sich die Regelungen des dritten Kapitels dieses Gesetzes beziehen.
δ) Der Kalender, in dem alle Anträge auf Eintragung in das Grundbuch in der Reihenfolge der Einreichung eingetragen werden, damit der nach Art. 2 Abs. 1 Fall γ geltende Grundsatz des zeitlichen Vorrangs sichergestellt wird.
ε) Das alphabetische Verzeichnis der Inhaber von Rechten, die im Grundbuch eingetragen sind.
στ) Das Archiv von Titeln, Lageplänen und sonstigen Berechtigungsunterlagen, die mit den Eintragungsanträgen eingereicht werden. …

[Gem. Art. 9 Abs. 1 G.4512/2018 führen die Grundbuchämter elektronisch zusätzlich a) den Kalender der eintreffenden Akte und b) das Buch der Anträge auf Ausstellung und Erteilung von Bescheinigungen, Abschriften und Auszügen.]

Artikel 4
Gegenstand der Grundbucheintragungen – Eintragungsgebühren
1. Gegenstand der Grundbucheintragungen sind die eintragungsfähigen Rechte, die sich auf Grundstücke im Sinne vom Artikel 948 des Zivilgesetzbuchs wie auch auf jeden anderen selbständigen, mit dem Grund verbundenen Eigentumsgegenstand beziehen. Jedes Grundstück wird in den Katasterplänen dargestellt und erscheint unter einer einmaligen Chiffrenummer des Nationalgrundbuchs als ein Teil des Grunds mit seinen Bestandteilen, gleichgültig, ob es als Wald-, Agrar- oder Stadtgrundstück, als bebaut oder nicht, als innerhalb oder außerhalb des Systems des horizontalen oder vertikalen selbständigen Eigentums, als staatlich oder privat bezeichnet wird und unabhängig davon, ob damit dem Privat- oder dem Gemeingebrauch oder der Gemeinnutzung gedient wird.

Artikel 5
Örtliche Zuständigkeit der Grundbuchämter
1. Jedes Grundbuchamt ist örtlich zuständig für die Grundbucheintragungen, die sich auf Grundstücke seines Gebiets beziehen. …

Artikel 6
Erste Eintragungen – Anfechtungsfrist
Zweites Kapitel
Die ersten Eintragungen in den Grundbüchern

1. *Die ersten Eintragungen sind diejenigen, die als ursprüngliche Eintragungen gemäß der Übertragung aus den Katastertabellen nach Artikel 3 Abs. 2 β in das Grundbuch eingetragen werden. Die ersten Eintragungen, auf die sich jede nachträgliche Eintragung stützt, unterliegen den Regelungen dieses Kapitels.*
2. *α) Im Fall einer unrichtigen ersten Eintragung kann durch Klage vor dem sachlich und örtlich zuständigen Gericht der ersten Instanz die Feststellung des Rechts, das durch die unrichtige Eintragung verletzt wird, und die gänzliche oder teilweise Berichtigung der ersten Eintragung beantragt werden. Die Klage (Feststellungs- oder Vindikationsklage) wird innerhalb einer Ausschlussfrist von sieben (7) Jahren von demjenigen erhoben, der ein berechtigtes Interesse hat.*
   β) Bei Gebieten, in denen die Katastererrichtung vor der Veröffentlichung und dem Inkrafttreten des G.3481/2006 (Amtsblatt A΄162) erklärt wurde, beträgt die Ausschlussfrist des Falls α dieses Absatzes vierzehn (14) Jahre.

γ) *Die Ausschlussfrist für die Klageerhebung in den Fällen α und β beginnt ab der Veröffentlichung des Beschlusses des Ministers für Umwelt, Energie und Klimawandel, der in Art. 1 Abs. 3 vorgesehen ist, im Amtsblatt der Regierung. Streitgegner ist der Eingetragene als Inhaber des Rechts, auf das sich die erste Eintragung bezieht, oder seine Gesamtrechtsnachfolger. Im Fall der Sonderrechtsnachfolge in das Recht, auf das sich die erste Eintragung bezieht, muss die Klage sowohl gegen den in der ersten Eintragung als Berechtigten Erwähnten oder seine Gesamtrechtsnachfolger als auch gegen seine Sonderrechtsnachfolger erhoben werden. …*

3. α) *Im Fall der ersten Eintragungen mit der Bezeichnung „unbekannter Eigentümer" im Sinne von Art. 9 Abs. 1 kann, wenn die Berichtigung beantragt wird, die Berichtigung statt der in Abs. 2 vorgesehenen Klage durch Antrag desjenigen beantragt werden, der behauptet, dass er ein einzutragendes Recht hat, und dessen Antrag an den Grundbuchrichter des Bezirks des Grundstücks gestellt wird und bis zu seiner Ernennung an das Einrichtergericht erster Instanz des Bezirks des Grundstücks, das nach dem Verfahren der freiwilligen Gerichtsbarkeit richtet.*

Innerhalb zwanzig (20) Tagen ab Antragstellung nach dem ersten Satz ist der Antrag vom Antragsteller dem griechischen Fiskus bekanntzumachen und in das Grundbuchblatt des Grundstücks einzutragen, sonst ist der Antrag unzulässig. …

Wird dem Antrag rechtskräftig stattgegeben, wird die Eintragung berichtigt. Wird der Antrag als rechtlich unbegründet oder unschlüssig abgewiesen, kann der Antragsteller unter den Voraussetzungen des Abs. 2 Klage gegen den griechischen Fiskus erheben. …

αα) …

ββ) *Fall α findet keine Anwendung, wenn es sich um die Berichtigung einer ersten Eintragung über ein Flurstück mit der Bezeichnung „unbekannter Eigentümer" im Sinne von Art. 9 Abs. 1 handelt, bei dem der Rechtsinhaber sich als Erwerbstitel auf außerordentliche Ersitzung beruft. In diesem Fall ist die Klage des Absatzes 2 gegen den griechischen Fiskus zu erheben.*

β) …

γ) …

δ) *Vorausgesetzt, dass der Antrag vor dem Grundbuchrichter nach dem oben Aufgeführten rechtskräftig wird und die Eintragung berichtigt wird, kann jeder Dritte, der die Richtigkeit der berichtigten Eintragung in Frage stellt, die Berichtigung durch Klage gegen denjenigen, der von der berichtigten Eintragung begünstigt wird, unter den Voraussetzungen und innerhalb der Frist von Abs. 2 dieses Artikels beantragen. Ansonsten finden die Vorschriften von Art. 7 und 7a dieses Gesetzes entsprechende Anwendung.*

ε) …

στ) *Ist der Erwerbstitel eines Rechts, das durch die Eintragung beeinträchtigt wird und dessen Berichtigung begehrt wird, die Ersitzung, bestimmt sich der Abschluss der Besitzzeit nach dem Zeitpunkt der Erhebung der Klage gem. Abs. 2 oder der Stellung des nach Fall α dieses Absatzes vorgesehenen Antrags, vorbehaltlich des im Unterfall ββ desselben Falles dieses Absatzes Vorgesehenen und innerhalb der Frist, die in den Fällen α und β des Absatzes 2 dieses Artikels festgelegt wird.*

…

8\. α) *Unter Vorbehalt der Bestimmungen des Art. 20 kann derjenige, der als Berechtigter eines einzutragenden Rechts in den ersten Eintragungen eingetragen worden ist, einen Antrag, der an den Grundbuchrichter und bis zur Ernennung des letzteren an das Einrichtergericht erster Instanz des Bezirks des Grundbuchamts gestellt wird, auf Berichtigung der Angaben der ersten – beschreibenden und geometrischen – Eintragung stellen, die nicht in den Geltungsbereich des Artikels 20a fallen. Bei diesem Antrag ist es nicht gestattet – sonst ist der Antrag unzulässig –, dass die Rechte von Mitberechtigten, die Grenzen von Nachbargrundstücken oder die Rechte Dritter darauf in Frage gestellt werden. Innerhalb von fünfzehn (15) Tagen ab Antragstellung ist der Antrag in das Grundbuchblatt des Grundstücks einzutragen, sonst ist der Antrag unzulässig.*

Artikel 7
Endgültigkeit der ersten Eintragungen und ihre Rechtsfolgen

1. *Die ersten Eintragungen, deren Richtigkeit innerhalb der Frist von Art. 6 Abs. 2 vor den Gerichten nicht angefochten wurde, werden endgültig und erzeugen die unwiderlegbare Vermutung zugunsten derer, die als Inhaber der Rechte erscheinen, auf die diese sich beziehen.*
2. *Ab der Entstehung der unwiderlegbaren Vermutung nach dem vorigen Absatz ist jegliche Änderung des Inhalts der ersten Eintragungen verboten. Im Fall einer unrichtigen ersten Eintragung hat der wahre Berechtigte gegen den unrichtig als berechtigt Eingetragenen nur einen schuldrechtlichen Anspruch auf Herausgabe der Bereicherung infolge der Entstehung der unwiderlegbaren Vermutung. Anspruchsgegenstand ist der Geldwert des Grundstücks, auf das sich die unrichtige Eintragung (gänzlich oder teilweise) bezieht, im Zeitpunkt der Entstehung der unwiderlegbaren Vermutung. Ein Schadensersatzanspruch wird*

nicht ausgeschlossen, wenn die Voraussetzungen für schuldhafte unerlaubte Handlungen vorliegen. Die Herausgabe des Grundstücks selbst, gänzlich oder teilweise, auf das die Eintragung sich bezieht, nach den Vorschriften über die ungerechtfertigte Bereicherung wie auch die Wiederherstellung des vorigen Stands gem. Artikel 297 des Zivilgesetzbuchs im Fall eines Schadensersatzanspruchs ist auf Antrag des Berechtigten nur möglich, wenn das Grundstück, auf das die erste Eintragung sich bezieht, nicht im Wege der Sonderrechtsnachfolge aus einem entgeltlichen Erwerbsgrund schon übertragen worden ist und eine Eintragung im Grundbuch vorgenommen worden ist. Die Erfüllung einer eventuellen Verpflichtung auf Naturalrestitution erfolgt durch Vertrag zwischen dem Verpflichteten und dem Berechtigten und durch Eintragung in das Grundbuch, die keine Berichtigung der ersten Eintragung, sondern nachträgliche Eintragung im Sinne der Art. 12 und 13 dieses Gesetzes ist. Dieser Vertrag und seine Eintragung in das Grundbuch unterliegen keiner Steuer oder Abgabe. Die Notargebühren trägt der Herausgabepflichtige.

3. *Die ersten Eintragungen, derer Richtigkeit durch Klageerhebung innerhalb der Frist von Art. 6 Abs. 2 angefochten wurde, werden endgültig, sobald die gerichtliche Entscheidung, die die Klage abweist, unwiderruflich wird.*[1]

Falls, im Gegenteil, durch die Entscheidung der Klage gänzlich oder teilweise stattgegeben wird, wird die erste Eintragung nach dem Tenor der Entscheidung berichtigt. Diese berichtigte Eintragung ist endgültig im Sinne von Abs. 1 dieses Artikels und erzeugt die in diesem Absatz vorgesehene unwiderlegbare Vermutung. Die Vorschriften der Artikel 255 bis 263 und 270 des Zivilgesetzbuchs finden auch bei der Frist des Art. 6 Abs. 2 dieses Gesetzes analoge Anwendung.

Artikel 7a

1. *Im Falle einer unrichtigen ersten Eintragung, für deren Berichtigung die Vorschriften der Art. 6 und 7 gelten, gilt bis zu ihrer Endgültigkeit folgendes:*
   α) Die nicht bei den ersten Eintragungen eingetragenen Rechte werden nach den für sie geltenden Vorschriften übertragen und belastet, ohne dass die Einhaltung der in diesen Vorschriften eventuell vorgesehenen Voraussetzung der Eintragung des betreffenden Akts in das Grundbuch verlangt wird. Im Falle der Eigentumsübertragung wird, falls der Übertragende die

1 Nach dem griechischen Prozessrecht wird eine rechtskräftige gerichtliche Entscheidung unwiderruflich, wenn sie nicht durch Revision vor dem AP oder durch ein anderes Rechtsmittel angefochten werden kann. AP 1/1989 D 1990, 977, 982 mit Anmerkungen von Beys.

Klage, die in Art. 6 Abs. 2 vorgesehen ist, nicht erhoben hat und nicht in das Grundbuchblatt des Grundstücks hat eintragen lassen, die Eintragung durch die Erhebung und die Eintragung der Klage in das Grundbuchblatt des Grundstücks durch den Erwerber ersetzt. Im Falle der Bestellung eines beschränkten dinglichen Rechts oder eines eintragungsfähigen schuldrechtlichen Rechts kann die Klage entweder von dem nicht im Grundbuch eingetragenen Eigentümer oder von dem das beschränkte dingliche Recht bzw. das eintragungsfähige schuldrechtliche Recht Erwerbenden oder von beiden gemeinsam erhoben werden. Die Eintragung der Klage in das Grundbuchblatt des Grundstücks wird vom Kläger betrieben und ersetzt die Eintragung des Akts in das Grundbuch. Das Vorangehende gilt analog für jede nachträgliche Übertragung bzw. Belastung des Rechts, über die ein entsprechender Vermerk in das Grundbuchblatt des Grundstücks aufgenommen wird. In allen obigen Fällen kann eine Berichtigung der unrichtigen ersten Eintragung nur unter den Voraussetzungen des Art. 7 Abs. 3 dieses Gesetzes vorgenommen werden. Die Vorschriften dieses Absatzes finden auch bei einem Rechtserwerb durch Zwangsvollstreckung Anwendung.

Artikel 8
Nachträgliche Eintragungen bis zur Endgültigkeit der ersten Eintragung

Nachträgliche Eintragungen, die bis zu der Endgültigkeit der ersten Eintragung nach dem vorigen Artikel in das Grundbuch eingetragen werden, erzeugen die widerlegbare Vermutung von Art. 13. Diese widerlegbare Vermutung kann weder demjenigen entgegengehalten werden, der die Richtigkeit der ersten Eintragung vor den Gerichten innerhalb der in Art. 6 Abs. 2 vorgesehenen Frist angefochten hat und den Erlass eines unwiderruflichen Urteils erzielt hat, noch denjenigen, die daraus Rechte nach dem in Art. 7a dieses Gesetzes Vorgesehenen ableiten, es sei denn, es handelt sich um eine Eintragung, die sich auf einen originären Erwerb bezieht, der auch ihm nach den für diesen Erwerb geltenden Vorschriften entgegengehalten werden kann.

Artikel 9
Dem Fiskus durch die Endgültigkeit der ersten Eintragungen zugeschriebene Grundstücke

1. *Bei Grundstücken, die nicht als einer bestimmten Person gehörend eingetragen sind und in den Grundbüchern und in den übrigen Angaben des Grundbuchs unter der Bezeichnung unbekannter Eigentümer erscheinen, wird angenommen, dass sie dem griechischen Fiskus gehören, wenn die erste Eintragung endgültig wird. In diesem Fall erwächst die nach Art. 7 Abs. 1 unwiderlegbare Vermutung*

zugunsten des Fiskus und es gelten die Bestimmungen von Abs. 2 desselben Artikels.

2. *Die zuständigen Grundbuchämter sorgen dafür, dass der Vermerk über die in dem vorangehenden Absatz vorgesehene Rechtsfolge in den Grundbüchern vorgenommen wird.*

Artikel 10
Grundbuch
Drittes Kapitel
Inhalt des Grundbuchs und Rechtsfolgen der Grundbucheintragungen

1. *Das Grundbuch besteht aus den Grundbuchblättern, in denen die Grundbucheintragungen, die in den Art. 11 und 12 vorgesehen sind, elektronisch oder auch in Druckform eingetragen werden.*
2. *Auf Beschluss der Organisation über das Grundbuch und die Kartographierung Griechenlands, der im Amtsblatt der Regierung zu veröffentlichen ist, werden die Angelegenheiten technischen und detaillierten Charakters geregelt, die sich auf den Aufbau und die Aufbewahrung des Grundbuchs beziehen. Der Aufbau und die Aufbewahrung in ihrer digitalen Form beinhaltet die Zusammenstellung, Organisierung und sichere Funktion der erforderlichen Datenbanken und der nötigen Kommunikationsnetze.*

Artikel 11
Grundbuchblätter

1. *Für jedes Grundstück und jeden anderen selbständigen Eigentumsgegenstand wird ein Grundbuchblatt angelegt. Im Grundbuchblatt, auf dem das aufbewahrende Grundbuchamt klar ersichtlich ist, werden alle Grundbucheintragungen vorgenommen, die sich auf den Eigentumsgegenstand beziehen. Im Grundbuchblatt über ein Miteigentumsgrundstück wird der ideelle Anteil jeden Miteigentümers angegeben.*
2. *Reicht das Grundbuchblatt für neue Eintragungen nicht aus, werden sie in ein anderes Grundbuchblatt eingetragen, nachdem die Übertragung sowohl in dem ursprünglichen als auch in dem neuen Grundbuchblatt vermerkt wurde.*
3. *Wird das Grundstück entweder wegen einer Vereinigung von mehreren Grundstücken oder wegen einer Teilung aus irgendeinem anderen Grund, besonders infolge einer Enteignung eines Teils davon, verändert, werden das oder die neu entstandenen Grundstücke jeweils nach Änderung der ursprünglichen Katasterpläne in den Katasterplänen aufgezeichnet und werden unter neuer Chiffrenummer des Nationalgrundbuchs in neue Grundbuchblätter eingetragen,*

nachdem ein entsprechender Vermerk sowohl in dem ursprünglichen als auch in dem neuen Grundbuchblatt aufgenommen wurde. Das gleiche gilt im Falle der Begründung bzw. Änderung von horizontalen bzw. vertikalen Eigentumseinheiten, indem jede in einem gesonderten Grundbuchblatt aufgenommen wird.

4. *Die Mindestangaben, die in den Grundbuchblättern eingetragen werden müssen, sind die folgenden:*
   α) *Die Angaben, die das Grundstück und jeden anderen Eigentumsgegenstand bestimmen. Zur Bestimmung der Identität des Grundstücks muss sich die Korrelation des Grundstücks mit seiner Darstellung in den Katasterplänen, die Lage des Grundstücks und seine Fläche aus dem Grundbuchblatt ergeben. Bei Miteigentum muss auch der ideelle Anteil jedes der Miteigentümer angegeben sein. Bei horizontalem oder vertikalem Eigentum wird im Grundbuchblatt, in dem jede horizontale oder vertikale Eigentumseinheit erscheint, der ihr zugehörende Anteil des Zwangsmiteigentums am Grund und an den übrigen zu Miteigentum und zu Gemeingebrauch gehörenden Räumen angegeben, wird die bestimmte Lage der horizontalen oder vertikalen Eigentumseinheit im bebauten Grundstück (Stockwerk, Nummer, Lage der vertikalen Eigentumseinheit) beschrieben und wird ihre Fläche angegeben.*
   β) *Die Angaben, die die Rechtslage des Grundstücks bestimmen, und zwar: αα) diejenigen, die das Eigentum des Grundstücks betreffen, und ββ) diejenigen, die die restlichen eintragungsfähigen Rechte außer dem Eigentum betreffen. Die Angaben zu jeder dieser Kategorien werden in gesonderten Abteilungen des Grundbuchblatts eingetragen. In jeder Abteilung müssen all die Angaben eingetragen werden, aus denen sich die Identität des Rechtsinhabers ergibt (Name, Familienname, Name und Familienname der Eltern, Geburtsort und -datum, Personalausweisnummer, Anschrift), der Erwerbstitel und das Eintragungsdatum.*
   γ) *Die im Sinne von Art. 1 Abs. 2 zusätzlichen Informationen. Durch Beschluss des Ministers für Umwelt, Energie und Klimawandel, der auf Vorschlag der Organisation über das Grundbuch und die Kartographierung Griechenlands erlassen wird und im Amtsblatt der Regierung veröffentlicht wird, werden alle Angelegenheiten technischen und detaillierten Charakters geregelt, die sich auf die Art der zusätzlichen Informationen, auf die Art und Weise ihrer Sammlung und Eintragung in die Grundbuchblätter, auf den Zeitpunkt des Beginns der Eintragung, auf die Aktualisierung der betreffenden Eintragungen und auf jede andere damit verbundene Angelegenheit beziehen.*
5. *Durch Beschluss der Organisation über das Grundbuch und die Kartographierung Griechenlands, der im Amtsblatt der Regierung zu veröffentlichen ist,*

werden die Angelegenheiten technischen und detaillierten Charakters besonders in Bezug auf den Inhalt des Grundbuchblatts, seine Aufteilung und seine digitale Form und Verwaltung geregelt.

Artikel 12
Einzutragende Akte

1. *In den Grundbuchblättern werden eingetragen:*
   - α) *Die in Absatz 1 unter der Nummer 1 von Artikel 1192 des Zivilgesetzbuchs erwähnten Rechtsgeschäfte, durch die ein dingliches Recht an einem Grundstück (dingliche Rechtsgeschäfte) begründet, übertragen oder aufgehoben wird, in die auch die Schenkungen von Todes wegen wie auch die Rechtsgeschäfte einbezogen sind, durch die nach Art. 65 GV 210/1973 (Amtsblatt 277 A) Bergrecht begründet, übertragen oder aufgehoben wird.*
   - β) *Die in Absatz 1 unter der Nummer 2 von Artikel 1192 des Zivilgesetzbuchs erwähnten: aa) gerichtliche Zuerkennungen, bb) behördliche Zuweisungen, wie besonders die vollendeten Enteignungen, die Flurbereinigungen, die Durchführungsakte von Regulierungs- und Stadtplanungen oder Studien oder Verlegungen der Geschossflächenzahl*[2] *wie auch die Verwaltungsakte, die sie widerrufen, und cc) die notariellen Auszüge von Zuschlägen, die das Eigentum oder ein anderes dingliches Recht an einem Grundstück zum Gegenstand haben.*
   - γ) *Jegliche staatliche Konzessionen, durch die das Eigentum übertragen wird oder ein beschränktes dingliches Recht begründet wird, wie auch der Konzessionsakt durch die zuständige Stelle über den Besitz von Grundstücken an Berechtigte aus einer Flurbereinigung nach der Vollendung des Verfahrens und vor dem Gültigwerden der Flurbereinigung.*
   - δ) *Die in Absatz 1 unter der Nummer 3 von Artikel 1192 des Zivilgesetzbuchs erwähnten Protokolle über die gerichtliche Teilung eines Grundstücks.*
   - ε) *Die in Absatz 1 unter der Nummer 4 von Artikel 1192 des Zivilgesetzbuchs erwähnten rechtskräftigen Gerichtsentscheidungen, welche eine Verurteilung zur Abgabe einer Willenserklärung über ein dingliches Rechtsgeschäft in Bezug auf ein Grundstück enthalten.*
   - στ) *Die in Absatz 1 unter der Nummer 5 von Artikel 1192 des Zivilgesetzbuchs erwähnten rechtskräftigen Gerichtsentscheidungen, durch die das Eigentum oder ein dingliches Recht an einem Grundstück festgestellt wird, die*

2 Nicht im Gesetzestext enthaltene Erklärung: das Verhältnis von Grundstücksfläche zu Gebäude-fläche in einem bestimmten Gebiet.

durch außerordentliche Ersitzung erworben sind, vorausgesetzt, dass die entsprechende Klage von dem Ersitzer gegen den in den Grundbuchblättern als Rechtsinhaber Angegebenen erhoben worden ist.

ζ) *Die Annahme einer Erbschaft oder eines Vermächtnisses nach Artikel 1193 des Zivilgesetzbuchs, sofern durch sie dem Erben oder dem Vermächtnisnehmer ein Grundstück des Nachlasses oder ein dingliches Recht an demselben oder ein dingliches Recht an einem fremden Grundstück zufällt, wie auch der in Artikel 1195 des Zivilgesetzbuchs erwähnte Erbschein.*

η) *Die Rechtsgeschäfte wie auch jede Art von Titeln, die das Recht auf Hypothekeneintragung und Hypothekenvormerkung zuerkennen.*

θ) *Die Abtretungen und Pfändungen der mit Hypothek oder Hypothekenvormerkung gesicherten Forderung nach Artikel 1312 des Zivilgesetzbuchs.*

ι) *Die nach Artikel 992 der Zivilprozessordnung, wie abgeändert durch Absatz 19 Artikel 4 G.2298/1995 (Amtsblatt 62 A΄), rechtskräftigen gerichtlichen Entscheidungen über die Anfechtung von Rechtsgeschäften zur Gläubigerbenachteiligung gemäß Artikel 939 und folgende des Zivilgesetzbuchs.*

ια) *Die Zwangs- oder Arrestbeschlagnahmen wie auch jede andere Verfügungsbeschränkung des Grundstückseigentümers, die nach dem Gesetz der Publizität in den Transkriptions- und Hypothekenbüchern unterliegt.*

ιβ) *Die Klagen und Widersprüche nach Artikel 220 der Zivilprozessordnung wie auch die Klagen nach Absatz 2 des Artikels 6 und nach den Absätzen 2 und 3 des Artikels 13 dieses Gesetzes, wie auch die unwiderruflichen Urteile, die über diese Klagen und Widersprüche erlassen werden.*

ιγ) *Die langfristigen Mietverträge über Grundstücke nach Artikel 618 und 1208 des Zivilgesetzbuchs.*

ιδ) *Die Leasingverträge gemäß Artikel 1 G.1652/1986.*

ιε) *Die Teilzeitnutzungsverträge über Grundstücke nach G 1665/1986 (Amtsblatt 194 A΄) wie ergänzt durch G.2367/1997 (Amtsblatt 261 A΄) und*

ιστ) *alle Rechtsgeschäfte, gerichtliche Entscheidungen und Verwaltungsakte, die kraft der jeweiligen Gesetzgebung in die Bücher eingetragen werden, die in den Transkriptionsregistern geführt werden.*

2. *An der Stelle des Grundbuchblatts, die sich auf die Belastungen und die Beschränkungen des Eigentums oder der Verfügungsbefugnis des Eigentümers bezieht, wird auch die öffentliche Bekanntmachung der Enteignung und die Entscheidung über die Durchführung einer Flurbereinigung eingetragen. Diese Eintragung beinhaltet den Rechtsakt, durch den die Enteignung öffentlich bekanntgemacht oder die Durchführung der Flurbereinigung entschieden wurde und ihre Auswirkung auf das ganze Grundstück oder einen Teil davon, auf das*

das Grundbuchblatt sich bezieht. Wird die Enteignung oder die Flurbereinigung aufgehoben oder widerrufen, wird in die Grundbuchblätter der Verwaltungsakt eingetragen, durch den die Aufhebung von Rechts wegen bestätigt wird oder die Enteignung bzw. die Flurbereinigung widerrufen wird. Das gleiche gilt für Regulierungs- und Stadtplanungen und Studien vor ihrer Durchführung, wie auch für jeden anderen Verwaltungsakt oder jedes Verfahren, das eine Auswirkung auf dingliche Rechte an Grundstücken hat oder eine Beschränkung der Verfügungsbefugnis an solchen mit sich bringt.

3. *Ohne Eintragung in die Grundbuchblätter in den Fällen von α, β, γ, δ, ε, ζ, η (mit Ausnahme von Abtretungen und Pfändungen der mit Hypothek oder Hypothekenvormerkung gesicherten Forderung, für die Absatz 5 dieses Artikels maßgebend ist), ια und ιε des Absatzes 1 dieses Artikels kommt die mit dem einzutragenden Akt beabsichtigte Rechtsfolge nicht zustande.*
4. *Die mit dem einzutragenden Rechtsakt beabsichtigte Rechtsfolge kommt im Fall ζ des Absatzes 1 rückwirkend ab dem Zeitpunkt zustande, der in Artikel 1199 des Zivilgesetzbuches vorgeschrieben ist, und im Fall β desselben Absatzes ab dem Zeitpunkt der Vollendung der Enteignung mit der Auszahlung oder der öffentlichen Hinterlegung der rechtmäßigen Entschädigung zugunsten dessen, der von der Enteignung betroffen ist.*
5. *Die Unterlassung der Eintragung in die Grundbuchblätter in den Fällen ι, ιβ, ιγ und ιδ des Absatzes 1, wie auch von Abtretungen und Pfändungen der mit Hypothek oder Hypothekenvormerkung gesicherten Forderung, die sich in den Fall η von Absatz 1 dieses Artikels einordnen lassen, bringt die Rechtsfolgen, die in den entsprechenden Vorschriften des materiellen oder des Prozessrechts vorgesehen sind, mit sich.*

Artikel 13
Widerlegbare Richtigkeitsvermutung der Grundbucheintragungen und öffentlicher Glaube

1. *Die Eintragungen in den Grundbuchblättern über die Akte von Artikel 12 werden als richtig vermutet.*
2. *Die Widerlegung der nach dem vorigen Absatz widerlegbaren Vermutung erfolgt durch unwiderrufliche gerichtliche Entscheidung infolge einer Klage, die von demjenigen erhoben wird, der ein berechtigtes Interesse hat, und die gegen denjenigen, der unrichtig als Berechtigter in den Grundbüchern erscheint, oder gegen seinen Gesamtrechtsnachfolger gerichtet wird. Im Fall von Sonderrechtsnachfolgern, denen diese Entscheidung gemäß Abs. 3 S. 2 dieses Artikels*

entgegengehalten werden kann, muss die Klage auch gegen sie gerichtet werden, sonst ist die Klage unzulässig. Ein berechtigtes Interesse an der Erhebung der Klage hat auch derjenige, der das Eigentum oder ein anderes dingliches Recht durch Ersitzung erworben hat.

Die Klage wird innerhalb einer Frist von höchstens dreißig (30) Tagen ab ihrer Einreichung bei der Geschäftsstelle des Gerichts in das Grundbuchblatt eingetragen, sonst ist die mündliche Verhandlung unzulässig.

Die Klage beinhaltet den Antrag auf Feststellung des Rechts des Klägers, das durch die unrichtige Eintragung verletzt wird, und auf Berichtigung der unrichtigen Eintragung.

Der Mangel der Eintragung, die als Titel im Sinne von Art. 1041 und 1043 des Zivilgesetzbuchs gilt, wird geheilt, wenn die restlichen Voraussetzungen für die ordentliche Ersitzung in der Person des unrichtig eingetragenen Berechtigten erfüllt werden.

2.a. Nach der Erhebung der Klage und ihrer Eintragung gem. Abs. 2 ist die Übertragung und die Belastung des Rechts, auf das sich die Feststellung und die Berichtigung der unrichtigen Eintragung beziehen, gem. der Vorschriften von Art. 7a Abs. 1α und β gestattet.

3. Die nach dem vorigen Absatz unwiderrufliche gerichtliche Entscheidung kann sowohl den Gesamtrechtsnachfolgern des unrichtig eingetragenen Berechtigten als auch denjenigen, die Sonderrechtsnachfolger nach der Eintragung der Klage im Grundbuch geworden sind, entgegengehalten werden. Vor der Eintragung der obigen Klage kann ein Dritter von dem unrichtig eingetragenen Berechtigten oder seinen Gesamtrechtsnachfolgern ein Recht wirksam erwerben, es sei denn, dass er seinen Erwerb auf einen unentgeltlichen Erwerbsgrund stützt oder er zwar seinen Erwerb auf einen entgeltlichen Erwerbsgrund stützt, jedoch bösgläubig ist, weil er die Unrichtigkeit der Eintragung, auf die er sich gestützt hat, kennt oder aus grober Fahrlässigkeit nicht kennt. Die Last des Beweises für die Bösgläubigkeit des Dritten, der von dem unrichtig eingetragenen Berechtigten oder seinen Gesamtrechtsnachfolgern erworben hat, trägt derjenige, der die Richtigkeit der Eintragung und die Wirksamkeit des Erwerbs durch den Dritten bestreitet.

4. Im Fall des nach dem vorigen Absatz wirksamen Rechtserwerbs durch einen gutgläubigen Dritten hat der wahre Berechtigte gegen denjenigen, der in den Grundbüchern unrichtig als Rechtsinhaber eingetragen war, nur einen Anspruch auf Herausgabe der Bereicherung.

Ein Schadensersatzanspruch nach den Vorschriften über unerlaubte Handlungen ist nicht ausgeschlossen.

Artikel 13a

1. *Die im Grundbuch eingetragene Fläche des Grundstücks ist nicht allein für die Bestimmung der Identität des Grundstücks maßgeblich. Durch Beschluss der OKKG wird die Berechnungsweise der „akzeptablen Abweichung" der eingetragenen Fläche des Grundstücks im Grundbuchblatt – zum Größeren oder zum Kleineren – in Bezug auf die Fläche bestimmt, die sich aus der Vermessung mit einer präziseren Methode als der in den technischen Vorschriften der Errichtung des Nationalgrundbuchs vorgesehene ergibt. Die „akzeptable Abweichung" ist Angabe des Auszugs des Grundbuchplans und des Katasterplans des Grundstücks, die in Art. 14 Abs. 4 dieses Gesetzes vorgesehen sind. Innerhalb der Grenzen der „akzeptablen Abweichung" gelten die im Grundbuch eingetragene Fläche und die sich aus einer präziseren Vermessung ergebende als vereinbar. Durch gleichen Beschluss, in dem die technischen Vorschriften zur Errichtung des Nationalgrundbuchs berücksichtigt werden, wird die Art der Darstellung der „Grenzscheidungszone" um jedes Flurstück im Katasterplan vorgesehen in Bezug auf die benachbarten Flurstücke, innerhalb deren die präzise Stelle der gemeinsamen Grenze der Flurstücke durch schriftliche Vereinbarung der Eigentümer der Nachbarflurstücke oder durch gerichtliche Anordnung nach Artikel 1020 ZGB bestimmt werden kann, die in beiden Fällen im Katasterplan von Art. 14 Abs. 4 dargestellt wird und auf Antrag desjenigen, der ein berechtigtes Interesse hat, nach den Bestimmungen des obengenannten Artikels in das Grundbuch eingetragen wird. Innerhalb der obigen „Grenzscheidungszone" gilt der Katasterplan der Parzelle in Bezug auf die Form und die Grenzen der Parzelle als vereinbar mit den Lageplänen, die nach präziseren Methoden errichtet werden. …*
2. *Wenn die in dem einzutragenden Akt angegebene Fläche und der ihm beigefügte Lageplan im obigen Sinne mit den entsprechenden Eintragungen im Grundbuch vereinbar sind, trägt der Leiter des Grundbuchamts den Akt ein. Ist die in dem einzutragenden Akt angegebene Fläche oder der dem einzutragenden Akt beigefügte Lageplan im obigen Sinne nicht vereinbar, entscheidet der Leiter des Grundbuchamts im Rahmen der Legalitätsüberprüfung, ob er den Akt gleich eintragen kann, ohne dass eine vorherige Berichtigung – gänzlich oder teilweise – der Grundbucheintragung nach den Vorschriften dieses Gesetzes vorgenommen wird, vorausgesetzt, dass ein Antrag auf Berichtigung der geometrischen Angaben nach den Bestimmungen von Art. 19 Abs. 2 dieses Gesetzes gestellt worden ist.*

Artikel 14
Eintragungsantrag und miteinzureichende Berechtigungsunterlagen
Viertes Kapitel
Eintragungsverfahren

1. *Zur Eintragung der Akte von Artikel 12 in die Grundbuchblätter bedarf es mit Ausnahme der Fälle, die im Gesetz anders geregelt werden, eines Antrags und der gleichzeitigen Zahlung der Abgaben und Gebühren von Art. 4 Abs. 2. Es ist gestattet, dass der Antrag an das Grundbuchamt und die miteinzureichenden Unterlagen, wie sie in den folgenden Absätzen und in den Gesetzen bestimmt werden, mit elektronischen Mitteln eingereicht und übertragen werden. …*
2. *α) Der Antrag des Abs. 1 kann von jeder (natürlichen oder juristischen) Person gestellt werden, die ein berechtigtes Interesse hat.*
   Der Antrag kann von dem bevollmächtigten Anwalt des Antragstellers gestellt werden oder von einem anderen Bevollmächtigten kraft einer notariell beurkundeten Vollmacht. Wenn es sich um ein einzutragendes Recht handelt, das sich auf eine notarielle Urkunde stützt, kann den Antrag auch der beurkundende Notar oder sein rechtmäßiger Stellvertreter oder der Notararchivverwahrer oder ein bevollmächtigter Mitarbeiter kraft schriftlicher Vollmacht stellen.
   β) Wenn es sich um den Fiskus oder juristische Personen des öffentlichen Rechts handelt, stellt den Antrag von Abs. 1 der Leiter der zuständigen Behörde oder ein bevollmächtigter Beamter.
   …
5. *Wenn der Akt, dessen Eintragung im Grundbuchblatt beantragt wird, ein dingliches Rechtsgeschäft ist, wird ihm obligatorisch der im vorigen Absatz vorgesehene Auszug des Katasterplans beigefügt, sonst ist der Akt unwirksam; eine einfache Abschrift des Auszugs wird mit dem Antrag des Abs. 1 eingereicht.*
   …

Artikel 15
Eintragung des Antrags in den Kalender – zeitlicher Vorrang

1. *Die Anträge werden am selben Tag in den Kalender eingetragen. Die Eintragung erfolgt nach der zeitlichen Reihenfolge der Antragseinreichung beim Grundbuchamt. Jeder Antrag wird nummeriert nach der Reihenfolge der Einreichung und trägt die genaue Zeit (Datum und Uhrzeit) seiner Entgegennahme durch das zuständige Grundbuchamt. …*

2. *Die Eintragung der Akte, über die der Antrag gestellt worden ist, in die Grundbuchblätter nach Art. 11 erfolgt kraft Beschlusses des Leiters des Grundbuchamts, nachdem die Überprüfung nach Art. 16 durchgeführt worden ist. Die Annahme oder die Zurückweisung des Antrags erfolgt ohne schuldhaftes Zögern und auf jeden Fall innerhalb von fünf (5) Tagen ab dem Tag der Antragstellung. Als Eintragungszeit in den Grundblättern gilt das Datum der Antragstellung auf Eintragung.*
3. *Werden mehrere Akte zur Eintragung eingereicht, die sich auf Rechte an demselben Grundstück beziehen, geht derjenige vor, der früher eingereicht worden ist (Grundsatz des zeitlichen Vorrangs).*

Für Grundbucheintragungen desselben Tags gelten die Regeln von Art. 1206, 1207, 1272 Abs. 2 und 1301 des Zivilgesetzbuchs entsprechend der Art des Rechts, auf das sie sich beziehen.

Artikel 16
Überprüfung der Anträge und der miteingereichten Berechtigungsunterlagen – Zurückweisung der Eintragung – Streitigkeitsbeseitigungsverfahren

1. *Die Überprüfung jedes Antrags und der miteingereichten Berechtigungsunterlagen, die im Grundbuchamt durchgeführt wird, ist eine Legalitätsüberprüfung. Es wird besonders überprüft:*
   α) ob das Grundbuch örtlich zuständig ist,
   β) ob das Recht, auf das der Antrag sich bezieht, und der Akt, dessen Eintragung in die Grundbücher beantragt wird, zu den Akten gehört, deren Eintragung vom Gesetz geboten wird,
   γ) ob alle vom Gesetz vorgesehenen Voraussetzungen für den Akt, dessen Eintragung beantragt wird, erfüllt sind, damit dessen Rechtsfolgen eintreten,
   δ) ob die Berechtigungsunterlagen über den Akt, dessen Eintragung beantragt wird, nach Art. 14 mit Vollständigkeit und Genauigkeit dem eingereichten Antrag beifügt sind,
   ε) ob die Person, die die Verfügung vornimmt oder deren Recht zu belasten oder zu beschränken ist, im Grundbuch als der Berechtigte erscheint,
   στ) ob der bei der Einreichung des Antrags Erschienene als Bevollmächtigter, gesetzlicher Vertreter oder Vertreter einer juristischen Person zur beantragten Eintragung berechtigt ist.
2. *Weist der Leiter des Grundbuchamts die beantragte Eintragung zurück, macht er darüber einen Vermerk und erklärt kurz die Gründe der Zurückweisung auf dem Antrag oder auf einem dem Antrag beigefügten Blatt und macht dem Antragsteller seinen Beschluss ohne schuldhaftes Zögern bekannt.*

3. *Ergibt sich ein formeller Mangel aus den mit dem Antrag eingereichten Berechtigungsunterlagen, der berichtigt oder ergänzt werden kann, kann der Leiter des Grundbuchamts eine kurze Frist setzen, nicht länger als fünf Arbeitstage, innerhalb deren der Antragsteller die fehlenden Angaben einreichen muss. In diesem Fall erfolgt die Eintragung unter dem Vorbehalt der fristgerechten Einreichung der fehlenden Angaben (vorläufige – unter Vorbehalt – Eintragung). Wird der Mangel fristgerecht beseitigt, ändert der Leiter des Grundbuchamts die vorläufige Eintragung in eine endgültige um. Dies wird an der zugehörigen Stelle des Grundblatts vermerkt.*

   In diesem Fall gilt als Datum der endgültigen Eintragung das Datum der vorläufigen Eintragung.
4. *Verstreicht die Frist nach dem vorigen Absatz, ohne dass die fehlenden Angaben eingereicht werden, gilt die Eintragung als nicht vorgenommen und die vorläufige Eintragung wird von Amts wegen gelöscht.*

4.a. *Im Falle der vorläufigen Eintragung von Abs. 3 dieses Artikels kann der Leiter des Grundbuchamts keine nachträgliche Eintragung vornehmen, bevor die vorläufige Eintragung endgültig wird oder von dem Grundbuchblatt des Grundstücks gelöscht wird.*

5. *Der Antragsteller ist berechtigt, gegen den Beschluss des Leiters des Grundbuchamts über die Zurückweisung wie auch gegen die Löschung der Eintragung Beschwerde einzulegen. Gegen den Beschluss des Leiters des Grundbuchamts über die Annahme oder über die Zurückweisung kann jeder Dritte, der ein berechtigtes Interesse hat, Beschwerde einlegen. Die Beschwerden werden durch Antrag vor dem Grundbuchrichter erhoben und werden in das Grundbuchblatt des Grundstücks eingetragen. Der Grundbuchrichter, der nach dem Verfahren der freiwilligen Gerichtsbarkeit richtet, überprüft, ob die Beschwerde in das Grundbuchblatt des Grundstücks eingetragen worden ist, und weist sie, wenn dies nicht der Fall ist, als unzulässig zurück. …*

Artikel 17
Berichtigung der eingetragenen Rechte infolge eines Rechtsstreits
Fünftes Kapitel
Berichtigung der Grundbuchangaben

1. *Die Berichtigung der Grundbucheintragungen ist, falls ein in den Grundbuchblättern eingetragenes Recht in Frage gestellt wird, gestattet. Für diese Berichtigung ist eine unwiderrufliche gerichtliche Entscheidung infolge der Erhebung der Klage gem. Art. 6 Abs. 2 oder gem. Art. 13 Abs. 2 erforderlich.*

2. *Zum Zweck der Berichtigung wird von der obsiegenden Streitpartei oder von ihrem Rechtsnachfolger, zugunsten deren die Rechtskräftigkeit aus der Entscheidung gilt, beim Grundbuchamt ein Antrag eingereicht. Mit dem Antrag wird die Entscheidung wie auch die Unterlagen, aus denen sich ihre Unwiderruflichkeit ergibt, miteingereicht.*
3. *Weigert sich der Leiter des Grundbuchamts, die Berichtigung vorzunehmen, finden die Vorschriften von Art. 16 Abs. 2 bis 5 Anwendung.*

Artikel 18
Berichtigung von offenkundigen Fehlern

1. α) Der Leiter des Grundbuchamts kann auf Antrag desjenigen, der ein berechtigtes Interesse hat, oder von Amts wegen die Berichtigung von offenkundigen Fehlern in den Grundbucheintragungen vornehmen. Dies ist besonders der Fall bei falscher Eintragung der Daten des Berechtigten, die sich aus dem Personalausweis oder aus anderen Urkunden mit Beweiskraft bezüglich dieser Daten ergeben, oder der Angaben bezüglich des eingetragenen Rechts, dessen Titels und dessen Eigentumsgegenstands, wenn der Eintragungsfehler sich aus der eingetragenen Urkunde und den beigefügten Unterlagen zweifellos ergibt. Der Berichtigungsantrag wird in das Grundbuchblatt eingetragen. …

β) Im Falle der ersten Eintragungen kann der offenkundige Fehler sich auf jede Angabe der Eintragung beziehen, besonders auf den Berechtigten, das Recht, den Erwerbstitel und den Eigentumsgegenstand. Der Berichtigungsantrag wird in das Grundbuchblatt eingetragen. … Ein offenkundiger Fehler liegt unter anderem vor, wenn die Unrichtigkeit in den Angaben der Eintragung: …

αα) … (S. 2) Im Falle eines Grundstücks mit der Bezeichnung „unbekannter Eigentümer" ist die Einwilligung des Fiskus erforderlich, es sei denn, es handelt sich um eine öffentliche Urkunde, kraft deren Rechte von Mitberechtigten in das Grundbuchblatt eingetragen sind. Im letzteren Fall ist die Einwilligung des Fiskus nicht erforderlich. …

γ) Bezieht sich der offenkundige Fehler auf geometrische Angaben des Flurstücks, wird der Berichtigungsantrag unter den Bedingungen des Art. 19 Abs. 2 dieses Gesetzes gestellt.

δ) Die Berichtigung eines offenkundigen Fehlers ist nicht gestattet, wenn eine nachträgliche Eintragung stattgefunden hat, die auf jeden Fall mit der bezweckten Berichtigung unvereinbar ist, es sei denn, dass der Berechtigte aus dieser nachträglichen Eintragung in die Berichtigung einwilligt, indem er den Antrag mitunterschreibt und diese Einwilligung nicht eine informelle Übertragung oder eine Titeländerung verschleiert. …

ε) …

στ) …

ζ) *Die Einreichung eines Antrags auf Berichtigung eines offenkundigen Fehlers konstituiert kein notwendiges Vorverfahren für die Einreichung und die Verhandlung vor Gericht von Klagen und Anträgen auf Berichtigung von Grundbucheintragungen, ersten oder nachträglichen, nach Maßgabe dieses Gesetzes.*

2. *Wenn der Leiter des Grundbuchamts sich innerhalb von fünfzehn (15) Arbeitstagen ab Antragseinreichung nicht äußert oder wenn er den Antrag zurückweist, kann der Antragsteller innerhalb von fünfzehn (15) Arbeitstagen ab Abschluss dieser Frist oder ab Kenntnisnahme der Zurückweisung des Antrags beim Grundbuchrichter Rekurs einlegen. Der Antrag an den Grundbuchrichter wird in die Grundbuchblätter an der Stelle eingetragen, wo die Klage nach Art. 13 Abs. 2 eingetragen wird. Im Übrigen finden die Vorschriften des Art. 16 Abs. 5 Anwendung.*

Artikel 19
Eintragungsberichtigung in anderen Fällen

1. *Der Leiter des Grundbuchamts nimmt auf Antrag desjenigen, der ein berechtigtes Interesse hat, die Berichtigung von standesamtlichen Angaben vor, die in den Grundbuchblättern angegeben sind, wenn diese Berichtigung in Einklang mit einer unwiderruflichen gerichtlichen Entscheidung steht, die nach dem Verfahren der freiwilligen Gerichtsbarkeit gem. Art. 782 der Zivilprozessordnung ergangen ist.*

2. α) *Bei Fehlern, die sich auf geometrische Angaben der Grundbucheintragungen beziehen, nimmt der Leiter des Grundbuchamts die Berichtigung auf Antrag desjenigen vor, der ein berechtigtes Interesse hat. Dem Antrag wird ein Lageplan beigefügt, in dem die geometrische Änderung, die durch die beantragte Berichtigung stattfindet, dargestellt wird. Der Antrag, dem keine Abgaben und Gebühren, pauschale oder verhältnismäßige, aufzuerlegen sind, wird in das Grundbuchblatt des Grundstücks des Antragstellers und der Grundstücke der Berechtigten, die von der Annahme des Antrags betroffen sind, an der Stelle eingetragen, wo die Klage nach Art. 13 Abs. 2 eingetragen wird, sonst ist der Antrag unzulässig.*

β) …

γ) …

δ) Der Antragsteller kann innerhalb einer Frist von fünfzehn (15) Arbeitstagen ab Kenntnisnahme des Beschlusses beim Grundbuchrichter Rekurs einlegen. Das gleiche gilt für den Rechtsinhaber eines benachbarten Grundstücks, der von dem Beschluss des Leiters des Grundbuchamts benachteiligt wird. …

ε) …

Artikel 19a
Anpassung der Katasterpläne wegen Wiederbestimmung der Lage und der Grenzen der Flurstücke

Artikel 20
Anpassung infolge der Anwendung neuer technischer Vorschriften über die Errichtung der Katasterpläne

Artikel 20a
Die Vorschriften der Artikel 18 und 19 finden auch bei der Berichtigung der ersten Eintragungen Anwendung.

Artikel 21
Zugangsrecht zu den Grundbuchangaben
Sechstes Kapitel
Publizität der Grundbuchdaten

1. *Das Zugangsrecht zu den Grundbuchdaten unterliegt den Beschränkungen von G.2472/1997 „Schutz des Individuums vor der Bearbeitung von Daten persönlicher Natur" (Amtsblatt 50 A΄).*
2. *Kraft gemeinsamen Erlasses des Justizministers und des Ministers für Umwelt, Raumordnung und öffentliche Werke, der im Amtsblatt der Regierung veröffentlicht wird, werden die Art und die Bedingungen der Ausübung des nach dem vorigen Absatz bestehenden Zugangsrechts zu den Grundbuchdaten wie auch die Personen bestimmt, die das Recht auf Einsicht in die Grundbuchdaten der Grundbuchämter vor Ort und auf elektronischem Weg gegen Entgelt haben. Durch den gleichen Erlass werden die Angelegenheiten, die sich auf die Publizität der Grundbuchdaten beziehen, wie auch jede andere Angelegenheit technischen Charakters oder sonstige Details betreffend geregelt.*

Artikel 22
Erteilung von Bescheinigungen, Abschriften und Auszügen
1. Die Grundbuchämter sind verpflichtet, Bescheinigungen, Abschriften und Auszüge aus den Grundbuchblättern, aus den Katasterplänen und im Allgemeinen aus jeder in Aufbewahrung befindlichen Grundbuchangabe demjenigen zu erteilen,

der ein berechtigtes Interesse hat und einen diesbezüglichen Antrag entweder selbst oder durch einen Vertreter stellt und die Abgaben und Gebühren von Abs. 2 bezahlt. Es ist erlaubt, dass der Antrag, der sich an das Grundbuchamt richtet, wie auch die ausgestellten Bescheinigungen, Abschriften und Auszüge aus den Grundbuchblättern, aus den Katasterplänen und im Allgemeinen aus jeder in Aufbewahrung befindlichen Grundbuchangabe durch elektronische Mittel übertragen werden. Auf die gleiche Weise können die Abgaben und Gebühren von Abs. 2 gezahlt werden. …

Artikel 23
Übergang von dem System der Transkriptionen und Hypotheken auf das Grundbuchsystem
Siebtes Kapitel
Schluss- und Übergangsvorschriften

1. *Ab Beginn der Funktion des Grundbuchs werden die besoldeten und unbesoldeten Transkriptionsregister, zu deren örtlicher Zuständigkeit die Katastergebiete gehören, als Grundbuchämter tätig.*
2. *Ab Beginn der Funktion des Grundbuchs werden die Eintragungen, die sich auf Grundstücke der Katastergebiete beziehen, nur in den Grundbüchern und in den übrigen in Verwahrung befindlichen Angaben vorgenommen. Die Bücher, die das Transkriptionsregister bis zum Beginn der Funktion des Grundbuchs in Verwahrung hatte, dienen als Archiv. Dieses Archiv befindet sich in der Aufbewahrung des Transkriptionsregisters, das die jeweiligen Abschriften und Bescheinigungen ausstellt.*

Artikel 24
Gesetzliche Ermächtigungen

2. Historischer Überblick

Die Einführung eines Grundbuchs wurde gleich nach der Gründung des neuen griechischen Staats angestrebt. Die Vorschriften des Gesetzes vom 21.11.1836 „über das Grundbuch“ – grundsätzlich auf deutsche Vorbilder gestützt – haben jedoch nie Anwendung gefunden.[3] Die Entscheidung des Gesetzgebers für das Transkriptionssystem hat jeden Versuch der Errichtung

3 Simonetos, Der Rechtsgrund, S. 99. Ein Teil der Lehre war jedenfalls gegen die Einführung eines Grundbuchs. Dem System, besonders in der Errichtungsphase, wurde vorgeworfen, dass es aufwändig und umständlich sei. Kalligas, System des römischen Rechts, S. 692–693.

eines Grundbuchs auf nationaler Ebene vereitelt.[4] Die Versuche zur Einführung eines Grundbuchsystems, wenn auch auf fragmentarische Weise, wurden trotzdem nicht aufgegeben. Hier seien beispielsweise das Agrargrundbuch (ZG 1722/1939 und G.478/1943), das Weinberggrundbuch (G.648/1977) und das Präfekturgrundbuch (PV 341/2001) erwähnt.[5] Andere gesetzliche Versuche wie das G.3657/1910 blieben ohne Erfolg.[6]

Parallel zur Transkription gelten in manchen Gegenden lokale Grundbücher: in Teilen von Athen das Hauptstadtgrundbuch[7] und auf den Inseln Rhodos, Kos und Teilen von Leros die Grundbuchordnung von Dodekanes.[8] Diese Grundbücher werden am Ende des Prozesses zur Einführung des Nationalen Grundbuchs in das allgemeine Grundbuchsystem eingegliedert sein.[9]

Der Versuch[10] einer allgemeinen Einführung des Grundbuchsystems in Griechenland, der bis heute im Gange ist und schon Früchte trägt, wurde mit G.1647/1986 („Organisation für das Kataster und die Kartographierung Griechenlands (OKKG) und andere Vorschriften") initiiert. Kraft dessen wurde die „Organisation für das Kataster und die Kartographierung Griechenlands" gegründet, eine juristische Person des öffentlichen Rechts, deren Aufgabe „die Errichtung, die Führung und die Aktualisierung des einheitlichen Beweiskatasters von

4 Die Unzulänglichkeiten des Transkriptionssystems waren der griechischen juristischen Welt bewusst. Das System wurde als die einzige realistische Lösung dieser Zeit gewählt: Thiveos, Entwurf des ZGB, Sachenrecht, S. 130.

5 Das Bestehen solcher Sondergrundbücher ersetzt die Transkription als Publizitätsmittel zur Erlangung von dinglichen Rechten an Immobilien nicht.

6 Ein Überblick in Gasis, NoV 40 (1992) 1170, 1170–1175. Der Einführungsbericht zum GBG spricht vom Erlass von über 4.000 Gesetzen, Verordnungen und Verwaltungsakten (A2).

7 GV vom 22.9.1923 „Über die Kodifizierung der abgeänderten Vorschriften über die Katastererrichtung von Zivilimmobilien."

8 Das Grundbuch von Dodekanes stammt aus der Zeit der italienischen Herrschaft. Es wurde durch die Verordnung Nr. 132/1.9.1929 (Norme per lo accertamento e la conservazione dei diritti fontiarii nelle isole dell΄ Egeo) des italienischen Gouverneurs von Dodekanes eingeführt und wurde nach dem Anschluss von Dodekanes an Griechenland in Kraft gehalten (Art. 8 Abs. 2 G.510/1947). Mehr dazu bei Salamastrakis, Das Grundbuch, 3. Griechenlandweiter Kongress des Zivilrechtlervereins, S. 128 ff.

9 Art. 14 Abs. 7 G.2308/1995.

10 Die Bedeutung der Errichtung eines Grundbuchs kann man daraus erschließen, dass das Gebot durch die Revision vom 6.4.2001 (Amtsbl. 84/A΄/2001) verfassungsrechtlich verankert ist (Art. 24 Abs. 2 S. 3 Verf.: „Die Errichtung des Nationalgrundbuchs ist Pflicht des Staats.")

Griechenland, die geodätische Deckung und die Kartographierung des Landes, die Bestandsaufnahme und die Kartographierung seiner natürlichen Ressourcen und die Errichtung einer Datenbank der Liegenschaften und der Umwelt" ist (Art. 1 Abs. 2 G.1647/1986).

Kraft gesetzlicher Ermächtigung (Art. 14 Abs. 1, 2 G.2308/1995) wurde zur größeren Flexibilität als weiterer Träger der Katastererrichtung 1995 die unter der Aufsicht des Ministeriums für Umwelt, Energie und Klimawandel (jetzt Ministerium für Umwelt und Energie) stehende Aktiengesellschaft „Kataster A.G." gegründet. Ihr wurden Kompetenzen der OKKG übertragen.[11] Die OKKG wurde durch Art. 1 Abs. 1 G.4164/2013 aufgelöst. Ihre Kompetenzen wurden zwischen dem Ministerium für Umwelt, Energie und Klimawandel und der „Kataster A.G." aufgeteilt. Durch die gleiche Vorschrift wurde die „Kataster A.G." in „Nationalkataster und Kartographierung Aktiengesellschaft" umbenannt (NKKA). Die Körperschaft dient dem öffentlichen Interesse und ist die einzige Trägerin der Katastererrichtung.[12] Neulich wurde durch Art. 1 G.4512/2018 die juristische Person des öffentlichen Rechts mit dem Namen „Griechisches Kataster" zum Nachfolger der NKKA gemacht.

Durch G.2308/1995 („Katastererrichtung zur Errichtung des Nationalgrundbuchs. Verfahren bis zu den ersten Eintragungen in die Grundbücher und andere Vorschriften") wurde das Verfahren des Katastrierens festgelegt (danach: „Katastergesetz" – KG). Seiner Bestimmung nach hat das Gesetz reinen Verfahrenscharakter[13] und eine zeitlich begrenzte Geltung. Nach der allgemeinen Durchsetzung des Grundbuchsystems werden seine Vorschriften gegenstandlos sein.

Es folgte G.2664/1998 („Nationalgrundbuch und andere Vorschriften"), das die Funktion des Grundbuchs nach seiner Errichtung wie auch das Grundbuchverfahren regelt (danach: „Grundbuchgesetz" – GBG). Das Gesetz enthält materiell-rechtliche, etwa Art. 13 Abs. 3 (öffentlicher Glaube der Eintragungen), wie

11 Ministeriale Entscheidung der Minister für Wirtschaft und für Umwelt, Raumordnung und öffentliche Werke Nr. 81706/6085/6.10.1995 (Amtsbl. 872/B΄/1995).

12 Sie übt aufgrund staatlicher Beleihung öffentliche Funktionen aus. Mattheou, Das Nationalgrundbuch, S. 185. Im Internet unter: www.ktimatologio.gr (zuletzt aufgerufen am 16.5.2019). Wo im Gesetz die OKKG oder die „Kataster A.G." erwähnt wird, ist die NKKA gemeint.

13 Die Vorschriften beziehen sich auf „die präzise und sichere Wiedergabe des Immobiliareigentums." Materiell-rechtliche Vorschriften über den Erwerb von dinglichen Rechten werden nicht berührt. Einführungsbericht zum Katastergesetz, A9. Auch StE 3829/1997 Nomos, AP 2048/2009 ChrID 2010, 700. Auftretende Rechtsstreitigkeiten bezüglich des Eigentums werden von den Zivilgerichten entschieden. StE 2650/2006 Nomos, AP 948/2011 Nomos. Siehe auch Art. 94 Abs. 2 Verf.; Art. 1 gr.ZPO.

auch formell-rechtliche, etwa Art. 14 (Eintragungsverfahren), Vorschriften. Beide Gesetze sind gründlichen Änderungen durch nachträgliche Gesetzgebung unterzogen worden.[14] Hier wird der aktuelle Stand behandelt. Ein Rückgriff auf ältere Fassungen ist an manchen Stellen zum besseren Verständnis unvermeidlich.

Aus dem Komplex der geltenden Vorschriften über das Grundbuch ergibt sich eine zweistufige gesetzliche Regelung: a) die Phase der Katastererrichtung als Grundlage für das Grundbuch und b) die Phase der Funktion des errichteten Grundbuchs. Dies wurde als international anerkannte Praxis gewählt.[15]

Eine terminologische Klarstellung ist im Vorfeld nötig: Das griechische Grundbuchrecht benutzt den gleichen Begriff „Κτηματολόγιο" (Ktimatologio) sowohl im technischen Sinn (topographische Erfassung und Darstellung der Liegenschaften – Liegenschaftskataster) als auch im rechtlichen Sinn (Fest- und Darstellung der rechtlichen Information – Grundbuch).[16] Im Gegenteil dazu ist der Begriff „Κτηματογράφηση" (Ktimatografisi, wortwörtlich: Liegenschaftsaufzeichnung) definitiv als Katastererrichtung zu verstehen. Davon ist das darauf gestützte öffentliche Register „Κτηματολόγιο" (Ktimatologio) sowohl im technischen als auch im rechtlichen Sinn streng zu unterscheiden. Ob es sich im Gesetz um das eine (Liegenschaftskataster) oder das andere (Grundbuch) handelt, lässt sich aus dem Wortlaut oder dem Zweck der Vorschrift entnehmen.[17]

---

14 Besonders G.2664/1998 (Grundbuchgesetz) ist im Vergleich zu seiner ursprünglichen Fassung fast unerkennbar. Seine Vorschriften, die sich auf lange Artikel erstrecken, entbehren der Klarheit und der Übersichtlichkeit eines Gesetzestextes solcher Bedeutung. Die Zeit für eine Konsolidierung und Kodifizierung sei nach vielen Ansichten gekommen. Papasteriou, Grundbuchrecht, A § 3 Rn. 24.

15 Einführungsbericht zum Grundbuchgesetz, A14.

16 Vgl. Art. 1 Abs. 1 GBG: Ein „System von rechtlichen, technischen und anderen zusätzlichen Informationen." Der Begriff „Ktimatologio" entspricht terminologisch eher dem technischen Sinn. Treffender wäre der Begriff „ktimatika vivlia" (Grundbücher). Deligiannis, NoV 41 (1993) 1. Auch Gasis, NoV 40 (1992) 1170, 1175.

17 In diesem Sinn ist die Körperschaft, die nach G.4164/2013 für die Katastererrichtung zuständig ist, (Εθνικό Κτηματολόγιο και Χαρτογράφηση Ανώνυμη Εταιρία – Ethniko Ktimatologio kai Chartografisi Anonimi Eteria) als „Nationalkataster und Kartographierung Aktiengesellschaft" zu übersetzen, während die in G.2664/1998 (Εθνικό Κτηματολόγιο και άλλες διατάξεις – Ethniko Ktimatologio ke alles diataxis) geregelte öffentliche Stelle, in der die Rechtsänderungen von Immobilien stattfinden, als „Grundbuch" zu übersetzen ist.

3. Die Katastererrichtung

Das Verfahren der Katastererrichtung nach KG besteht einerseits in der Entgegennahme und der Bearbeitung der Erklärungen derjenigen, die ein dingliches oder sonst eintragungsfähiges Recht haben (Art. 2 Abs. 1 KG), und andererseits in der Errichtung der vorläufigen Katasterpläne und Katastertabellen (Art. 3 Abs. 1 KG).[18]

Man hat sich für das Verfahren der konsekutiven Katastererrichtung entschieden: Nicht das ganze griechische Hoheitsgebiet wird dem Katastrieren unterworfen, sondern bestimmte Gegenden nach dem entsprechenden ministeriellen Erlass (Art. 1 Abs. 1 KG). Es wird hier nicht auf eine detaillierte Beschreibung des Errichtungsprozesses nach dem Katastergesetz eingegangen. Es werden nur die wichtigsten Züge des Verfahrens erläutert, die unabdingbar für das Verständnis der Funktion des Grundbuchs sind.

Die Katastererrichtung läuft in folgenden Phasen ab:

1) Beginn des Verfahrens in einem Gebiet durch Beschluss der NKKA (danach des neuen Trägers „Griechisches Kataster"). Es wird eine möglichst weitgehende Publikmachung des Vorgehens in der Presse und im Internet angestrebt (Art. 1 KG).
2) Einreichung von Erklärungen über dingliche oder sonst eintragungsfähige Rechte[19] durch Entscheidung der „Grundbuch Aktiengesellschaft" (Art. 2 KG). Der Erklärende muss die Urkunden, auf die sein Recht sich stützt, z.B. Kaufvertrag, Erbschaftsannahme, Titel zur Hypothekenbestellung, miteinreichen.[20] Im Fall der Berufung auf außerordentliche Ersitzung sind Dokumente wie z.B. Vorverträge, Mietverträge, steuerliche Erklärungen einzureichen, aufgrund deren der zwanzigjährige Eigenbesitz vermutet werden kann.[21]
3) Bearbeitung der Erklärungen und Errichtung der vorläufigen Katasterkarten und Katastertabellen (Art. 3 u. 3a KG).[22]

---

18 Papasteriou, Grundbuchrecht, A § 6 Rn. 11; vgl. das Katasterkartenwerk und die Katasterbücher. Schöner/Stöber, Grundbuchrecht, Rn. 572.

19 Es handelt sich um die nach Art. 12 GBG einzutragenden Rechte (Art. 2 Abs. 3 KG).

20 Technische Vorschriften für die Studien der Katastererrichtung zur Errichtung des Nationalgrundbuchs. Entscheidung von OKKG Nr. 556/09 (Amtsbl. 3370/ B΄/2012), 4.2.

21 Op.cit. 4.2.1.

22 „Katastertabellen sind die Tabellen, die nach Chiffrenummer des Nationalgrundbuchs organisiert sind und die Gesamtheit der geltenden Rechte beinhalten, die von den eingereichten Titeln nachgewiesen werden … Je nach Phase des Katastererrichtungsverfahrens unterscheiden sie sich in den vorläufigen und in den endgültigen Katastertabellen."

4) Öffentliche Bekanntgabe der vorläufigen Katasterkarten und Katastertabellen (Art. 4 KG) und Fristsetzung zur Stellung von Berichtigungsanträgen (Art. 6 KG) bzw. zur Einlegung von Beschwerden (Art. 7 KG).[23]
5) Bearbeitung der Katasterkarten und Katastertabellen anhand der Beschlüsse über die Berichtigungsanträge bzw. Beschwerden.[24] Es erfolgt der Erlass des Feststellungsakts[25] über das Ende des Katastererrichtungsverfahrens (Art. 11 Abs. 1 KG) durch die NKKA (danach des neuen Trägers „Griechisches Kataster").
6) Das zuständige Grundbuchamt nimmt die ersten Eintragungen in die Grundbücher aufgrund der verarbeiteten Katasterkarten und Katastertabellen vor (Art. 12 KG).

Bezüglich des Katastererrichtungsverfahrens sind die folgenden Punkte anzumerken:

Die juristische Abteilung des Katasterbüros[26] betreibt die Legalitätsüberprüfung der rechtlichen Angaben. Besonders bei der Vorlage von Erwerbstiteln wird

---

„Die Katasterkarten stellen die Lagedaten der Grundstücke dar, auf die die Eintragungen der Katastertabellen sich beziehen … Je nach Phase des Katastererrichtungsverfahrens unterscheiden sie sich in den vorläufigen und in den endgültigen Katasterkarten." Technische Vorschriften für die Studien der Katastererrichtung zur Errichtung des Nationalgrundbuchs. Entscheidung von OKKG Nr. 556/09 (Amtsbl. 3370/B΄/2012), jeweils 1.28 und 1.29.

23 Die Berichtigung durch Antrag bezieht sich auf offensichtliche Fehler wie die fehlerhafte Angabe der Personalien des Berechtigten, der Art des eingetragenen Rechts, des Erwerbstitels (Art. 6 Abs. 4 KG), und wird von den Katasterbüros bearbeitet (Art. 6 Abs. 7 KG). Die Berichtigung infolge einer Beschwerde bezieht sich auf Änderungen, die Auswirkung auf die Rechte Dritter haben können, wie die Berichtigung von geometrischen Angaben (Grenzen, Fläche) oder die Ersetzung (Ausschluss) des Eingetragenen durch einen anderen (Art. 7 Abs. 1 KG). Über die Beschwerde entscheidet der dazu zusammengesetzte Ausschuss (Art. 7 Abs. 2 ff. KG). Die Beschlüsse der Ausschüsse haben verwaltungsrechtlichen Charakter und schließen auf keinen Fall das von Art. 20 Verf. gewährte Recht auf gerichtlichen Schutz aus. Doris, Arm 1995, 1564, 1567.

24 Das Katastergesetz hat in seiner a.F. ein zweistufiges Verfahren bezüglich der Berichtigungsanträge und der Beschwerden vorgesehen. Dies wurde durch G.3481/2006 zur Beschleunigung des Verfahrens abgeschafft und in einem einheitlichen Verfahren vereint.

25 Es handelt sich um einen besonderen Grundbuchakt und keinen herkömmlichen Verwaltungsakt. Die Überprüfung seiner Gültigkeit unterliegt der Gerichtsbarkeit der Zivilgerichte. Papasteriou, Grundbuchrecht, B § 18 Rn. 19.

26 Hier wird auf die Bezeichnung „Katasteramt" verzichtet. Die Katasterbüros sind vorläufig und dienen ausschließlich dem Zweck der Katastererrichtung (Papasteriou,

überprüft, ob der Titel geeignet ist, den Erwerb herbeizuführen (Art. 3a KG). Die Legalitätsüberprüfung ist vorläufig und bedarf keines Vollbeweises. Sie begnügt sich mit der Glaubhaftmachung des Bestehens des Rechts.[27] Von ihrer Natur her kann diese Überprüfung nicht so gründlich wie die Legalitätsüberprüfung gem. Art. 16 GBG sein.

Von der öffentlichen Bekanntgabe der vorläufigen Katasterkarten und Katastertabellen gem. Art. 4 KG bis zu den ersten Eintragungen ist die Eintragung von Rechtsakten über Immobilien, die von der Katastererrichtung erfasst sind, in das Transkriptionsbuch verboten, der Abschluss von Verträgen über die Begründung, Übertragung oder Aufhebung von dinglichen Rechten an Immobilien mit Nichtigkeit bedroht wie auch die gerichtliche Verhandlung über ein eintragungsfähiges Recht untersagt, es sei denn, dem betroffenen Akt, Vertrag oder Klageschrift wird eine vom Katasterbüro erstellte Bescheinigung über die Einbeziehung der Immobilie im Katasterverfahren beigefügt (Art. 5 KG). Mit dieser Vorschrift wird eine verwaltungsrechtliche Beschränkung der Verfügungsbefugnis von Immobilien eingeführt. *Ratio legis* ist das Bedürfnis der ständigen Aktualisierung der Katasterangaben.[28]

Zentral für den Übergang vom alten Transkriptionssystem zum Grundbuchsystem und zum Geltungsbereich des Grundbuchgesetzes ist die Vornahme der ersten Eintragungen in die Grundbücher (Art. 12 Abs. 1 KG).[29] Dieser

---

Grundbuchrecht, A § 8 Rn. 51). Die Fortführung des Katasters ist Aufgabe der NKKA (Art. 1 Abs. 1 S. 2 GBG i.V.m. Art. 1 Abs. 1 G.4164/2013). In Deutschland wird die Fortführung des Katasters im Landesrecht geregelt, z.B. Gesetz über die Landesvermessung und das Liegenschaftskataster von Bayern (BayRS III, S. 687).

27 Die Verwaltung urteilt nur beiläufig über privatrechtliche Angelegenheiten. Darüber können nur die Zivilgerichte Recht sprechen. Kitsaras, Die ersten Eintragungen, S. 130.

28 Nach dem Beginn des Katastererrichtungsverfahrens und bis zur Bekanntgabe der vorläufigen Katasterkarten und Katastertabellen werden die Katasterangaben dadurch auf dem Laufenden gehalten, dass der Erwerber dem Katasterbüro eine neue Erklärung abgibt und der Bewahrer der Transkriptionen dem Katasterbüro eine Abschrift des im Transkriptionsbuch eingetragenen Rechtsakts zuschickt (Art. 2 Abs. 6 KG).

29 „Nach dem Erlass des Feststellungsakts nach dem vorangehenden Artikel nimmt das zuständige Grundbuchamt, das in G.2664/1998 vorgesehen ist, die ersten Eintragungen über die Grundstücke, die in diesen Akt einbezogen sind, in die Grundbücher vor. Das Datum der Eintragung der ersten Eintragungen in die Grundbücher wird in diesen Büchern vermerkt." Die Entgegennahme von Anmeldungen von Rechten wie die Vornahme der ersten Eintragungen bis zu ihrer Endgültigkeit hat ausschließlich Feststellungscharakter und erzeugt keinerlei Eigentums- bzw. Berechtigungsvermutung. Doris, Das Grundbuch, 3. Griechenlandweiter Kongress des Zivilrechtlervereins, S. 32.

Rechtsakt[30] ist der Anknüpfungspunkt zwischen dem Katastergesetz und dem Grundbuchgesetz. Die „ersten Eintragungen"[31] bilden die feste Grundlage, auf der das ganze Grundbuchsystem beruht. Darauf stützen sich die „nachträglichen Eintragungen" (Art. 6 Abs. 1 S. 2 GBG). Beide Begriffe sind *termini technici* und jeder erfährt im Gesetz eine unterschiedliche rechtliche Behandlung. Eine besondere Behandlung ist der ersten Eintragung mit der Bezeichnung „unbekannter Eigentümer" vorbehalten. Letztere betrifft Grundstücke, auf die niemand dingliche Rechte angemeldet hat.

Das Datum der Ersteintragungen ist der Zeitpunkt der Abschaffung des Transkriptionssystems und gleichzeitig des Beginns der Geltung des Grundbuchsystems im betroffenen Bezirk (Art. 1 Abs. 3 S. 1 GBG). Die wichtigste materiell-rechtliche Folge ist der Beginn der im GBG vorgesehenen Fristen zur Geltendmachung der Rechte zur Berichtigung der Eintragungen von Art. 6 Abs. 2 GBG.

Das alte Transkriptionssystem gilt in den anderen Bezirken des Landes weiter bis zu seiner Abschaffung nach dem oben Ausgeführten. Da die Vorschriften des ZGB über die Transkription in den noch nicht „unter Katastererrichtung" stehenden Gegenden parallel zu den Vorschriften des Grundbuchgesetzes gelten, sei eine Änderung der entsprechenden Vorschriften des Sachenrechts über die Publizität noch nicht erforderlich.[32]

Aus obigen Ausführungen ergibt sich, dass die griechische Landkarte in Bezug auf die Publizität dinglicher Rechte an Grundstücken heute eine dreifache Spaltung aufweist: a) Gebiete im Geltungsbereich des Grundbuchsystems, b) Gebiete „unter Katastererrichtung", in denen grundsätzlich das Transkriptionssystem mit den oben erläuterten Beschränkungen gilt, c) Gebiete, in denen das Transkriptionssystem volle Geltung erfährt.

Das griechische Hoheitsgebiet erstreckt sich auf ca. 132.000 Quadratkilometer und es bestehen nach Schätzungen des Griechischen Grundbuchs 39.000.000 dingliche Rechte. 7,8 % des Hoheitsgebiets, was 29,2 % der eintragungsfähigen

---

30 Es handelt sich um einen Hoheitsrechtsakt mit Feststellungscharakter, der der zivilrechtlichen Gerichtsbarkeit unterliegt. Papasteriou, Grundbuchrecht, B § 19 Rn. 10. Unter bestimmten rechtlichen Umständen, etwa Ablauf von Anfechtungsfristen, kann er Gestaltungscharakter haben. Kitsaras, Die ersten Eintragungen, S. 71.

31 Das Gesetz bedient sich auch des Begriffs „Ureintragungen." In der Theorie entsprechen sie den Eintragungen in der Phase der Katastererrichtung, auf die sich die „ersten Eintragungen" im Grundbuch stützen. Papasteriou, Grundbuchrecht, A § 8 Rn. 81–83; vgl. Art. 6 Abs. 1 S. 1 GBG.

32 Einführungsbericht zum Grundbuchgesetz, A 21.

Rechte entspricht (betrifft vor allem städtische Gebiete), befindet sich im Geltungsbereich des Grundbuchsystems; 90,9 % des Hoheitsgebiets, was 68,8 % der Rechte entspricht, befindet sich im Geltungsbereich des Transkriptionssystems; über 1,3 % des Hoheitsgebiets (2 % der Rechte) gilt die Grundbuchordnung von Dodekanes; 83,3 % des Hoheitsgebiets bzw. 61,8 % der Rechte befinden sich im Prozess der Katastererrichtung; bei 7,6 % des Hoheitsgebiets (7 % der Rechte) hat die Katastererrichtung noch nicht angefangen wegen Verwicklungen bei der Vergabe der Aufträge (Stand September 2018).[33]

Es wird angestrebt, dass das Grundbuchsystem bis 2020 in ganz Griechenland gelten wird.[34] Angesichts des bisherigen Fortschritts seit Anfang des Prozesses erscheint diese Prognose äußerst optimistisch.

Kritik am Katastererrichtungsverfahren

Es ist zu erwarten, dass ein solch komplexer, landesweiter Prozess wie die Katastererrichtung mit schwer zu lösenden Problemen verbunden ist. So wahrhaft und selbstverständlich diese Feststellung auch sein mag, hat sich die Lehre doch – mit Recht – angesichts bestimmter Entscheidungen des Gesetzgebers unzufrieden gezeigt.

Vor allem wurde die anfängliche Befreiung des Staats und der Körperschaften des öffentlichen Rechts von der Pflicht zur Anmeldung von Rechten kritisiert. Die Nichtanmeldung von öffentlichen Immobilien sei ein Hindernis für die Effizienz des einzuführenden Systems. Die Rechtfertigung des Gesetzgebers, dass die Behörden inhärente Schwierigkeiten bezüglich des öffentlichen Eigentums haben,[35] könne nicht länger als Eingeständnis der passiven Akzeptanz einer negativen Situation in der Verwaltung angesehen werden.[36] Durch Art. 3 Abs. 4 G.4164/2013 wurde die Anmeldungspflicht des öffentlichen Eigentums eingeführt (nunmehr Art. 2 Abs. 2 KG).

33 Quelle: Griechisches Grundbuch, Programmierungsabteilung, Aktenz. 1247/1835840, 11.10.1018. Über den Fortschritt der Katastererrichtung siehe auch Anhang II Abbildung 1. Quelle: Griechisches Grundbuch, ebenda.

34 Pressekonferenz des Ministers für Umwelt, Energie und Klimawandel vom 1.10.2013, http://www.ktimatologio.gr/mediacenter/Newsletters/%CE%A4%CE%95%CE%A5%CE%A7%CE%9F%CE%A3%2012%20-%20%CE%99%CE%9F%CE%A5%CE%9B%CE%99%CE%9F%CE%A3%20-%20%CE%A3%CE%95%CE%A0%CE%A4%CE%95%CE%9C%CE%92%CE%A1%CE%99%CE%9F%CE%A3%202013.pdf (zuletzt aufgerufen am 16.5.2019).

35 Einführungsbericht zum Katastergesetz, B2.

36 Papasteriou, Grundbuchrecht, A § 2 Rn. 15.

In der Praxis jedoch tendieren die Organe der Verwaltung entweder aus „protektionistischem“ Eifer oder aus Verantwortungsscheu, gestützt auf die angesprochene Eigentumsvermutung zugunsten der öffentlichen Hand,[37] dazu, große Gebiete bei den Katasterbehörden missbräuchlich als öffentliches Eigentum zu deklarieren. Folglich befindet sich der Bürger in der schwierigen Lage, den Gegenbeweis zu erbringen.[38] Damit verbunden ist die Behauptung, dass der ganze Prozess auf einer falschen Grundlage beruhe. Da der größte Teil[39] des griechischen Hoheitsgebiets aus öffentlichem Eigentum besteht, vor allem Wälder, Küsten und unbenutzte Flächen, hätte die Katastererrichtung mit der Erfassung des öffentlichen Grundbesitzes anfangen müssen.[40] Das StE hat anfänglich geurteilt, dass die Errichtung eines Forstkatasters unabhängig von der Errichtung eines Katasters zur Gründung eines Grundbuchs sei.[41] Die von den Katasterbüros gesammelten Informationen geben nach Auffassung des StE den bestehenden Stand wieder, ohne dass die Eigentumsfrage beurteilt werde.[42] Diese Einstellung ist schwer zu verstehen, da das Ende der Anfechtungsfrist der ersten Eintragungen im Grundbuch nach Art. 6 Abs. 2 GBG die unwiderlegbare Vermutung zugunsten des Eingetragenen erzeugt. Der Gesetzgeber hat durch Art. 13 G.3889/2010 die Erstellung von Waldkarten mit dem Prozess der Katastererrichtung verknüpft, ohne aber die Endgültigkeit der Waldkarten zur Voraussetzung für die Geltung des Grundbuchs zu machen. In der Zwischenzeit hat das StE seine Auffassung geändert: „…das Unterlassen der Verwaltung, das

37 Kapitel II, Exkurs.

38 Aus der Presse: I Kathimerini, Der Staat beansprucht um die 2000 Äcker in Nea Ionia, 3.3.2015, http://www.kathimerini.gr/805720/article/epikairothta/ellada/to-dhmosio-diekdikei-peri-ta-2000-stremmata-sth-nea-iwnia (zuletzt aufgerufen am 16.5.2019). Laut dem Bericht waren von der Erklärung von Rechten seitens des Staats über 28.500 Rechtsinhaber betroffen. Die Rechtslage von Privaten bei städtischen Immobilien ist durch Art. 4 G.3127/2003 erleichtert, der eine teilweise Durchbrechung des Prinzips der Unersitzbarkeit der Immobilien des Fiskus einführt. Mehr in Magoulas, Grundbucheintragungen, S. 53–57.

39 Es wird geschätzt, dass nur die Waldflächen 80.000 Quadratkilometer (60,6 %) des griechischen Territoriums decken. Quelle: Griechisches Grundbuch, Programmierungsabteilung, Aktenz. 1247/1835840, 11.10.1018.

40 Aus der Presse: I Kathimerini, Grundbuch Episode Nr. 611, 24.4.2016, http://www.kathimerini.gr/857609/article/oikonomia/ellhnikh-oikonomia/apoyh-kthmatologio--epeisodio-ar-611 (zuletzt aufgerufen am 16.5.2019).

41 StE 2818/1997 Nomos; StE 2828/1997 Nomos.

42 StE 3829/1997 Nomos.

Verfahren zur Endgültigkeit der Waldkarten abzuschließen…, macht die Vollendung des Katastererrichtungsprozesses juristisch fehlerhaft.“[43]

Dem Katastererrichtungsprozess wurde des Weiteren das Fehlen der Legalitätsüberprüfung der eingereichten Titel vorgeworfen. Nach Art. 3 KG wurden die Katasterkarten und -tabellen aufgrund der topographischen Grundlagen und grundsätzlich der Anmeldungen von Rechten und der miteingereichten Unterlagen errichtet. Da dadurch dem technischen Teil des Prozesses ohne Rücksicht auf eine rechtliche Bewertung der eingereichten Unterlagen größeres Gewicht beigemessen wurde, traten bei den ersten wegweisenden Katastern viele rechtliche Unrichtigkeiten auf.[44] Nachträglich (2003) wurde durch Art. 3a KG die vorläufige Legalitätskontrolle eingeführt.

Außerdem verstieße die in Art. 5 KG stipulierte Nichtigkeit bzw. Nichteintragungs-fähigkeit von Rechtsgeschäften über nicht angemeldete Rechte gegen das Verhältnismäßigkeitsprinzip gem. Art. 25 Abs. 1 S. 4 Verf.[45]

Von Teilen der Theorie[46] wurde die fehlende Möglichkeit der Anmeldung des Besitzes kritisiert. Die Anmeldung eines Realakts wie des Besitzes sei aus praktischen Gründen, vor allem wegen der Nachweisprobleme wie auch aus rechtspolitischen Gründen, wegen der Gefährdung der Rechtssicherheit nicht ratsam. Das Erfordernis der Anmeldung des Besitzes kann in vielen Fällen dadurch erfüllt werden, dass der Besitzer ein dingliches Recht kraft außerordentlicher Ersitzung aufgrund von Niederschriften, durch die die 20jährige Besitzausübung nachgewiesen wird,[47] anmelden lassen kann.

---

43 StE 805/2016 u. 807/2016 Nomos; StE 1203/2017 Nomos. Die Folgen sind nicht zu unterschätzen: Neulich hat das StE den Beginn der Geltung des Grundbuchsystems in der Stadt Dionysos Attiki auf dieser Grundlage ausgesetzt (provisorische Anordnung des Präsidenten der 2. Urlaubsabteilung von StE vom 16.8.2017, unveröffentlicht). Aus der Presse: http://www.kathimerini.gr/923580/article/oikonomia/ellhnikh-oikonomia/freno-sth-leitoyrgia-toy-kthmatologioy-apo-to-ste (zuletzt aufgerufen am 16.5.2019).

44 Kousoulas, Das Grundbuch, 3. Griechenlandweiter Kongress des Zivilrechtlervereins, S. 121.

45 Papasteriou, Grundbuchrecht, B § 8 Rn. 10.

46 Kousoulas, Grundbuchrecht, S. 113–120.

47 Etwa Mietverträge, Vorverträge über den Kauf der Immobilie, Urkunden von Nachbarn, in denen der Berechtigte als Nachbar erwähnt wird. Technische Vorschriften für die Studien der Katastererrichtung zur Errichtung des Nationalgrundbuchs. Beschluss von OKKG Nr. 556/09 (Amtsbl. 3370/B΄/2012), 4.2.1.

4. Das griechische Grundbuch

In der folgenden Analyse werden als erstes die Grundsätze des griechischen Grundbuchrechts erläutert. Anschließend wird das Verfahren vor dem Grundbuchamt nach dem Grundbuchgesetz und im Lichte der Rechtsprechung dargelegt. Materiell- und verfahrensrechtliche Fragen werden je nach Phase des Eintragungsverfahrens behandelt. Spezielle Fragen, die Selbständigkeit oder besonderes Interesse aufweisen, werden separat behandelt.

a) Grundsätze des griechischen Grundbuchrechts

Das griechische Grundbuchrecht ist ausschließlich zwingendes Recht.[48] Der Privatwille kann von seinen Regeln nicht abweichen. Die Grundsätze, die das griechische Grundbuchrecht regieren, sind Art. 2 GBG zu entnehmen.[49] Die Auflistung ist nicht abschließend. Aus den Regelungen des Grundbuchgesetzes können auch andere Grundsätze abgeleitet werden.

aa) Grundbezogene Organisierung (Art. 2 Nr. 1 GBG)

Der Grundsatz der grundbezogenen Organisierung des Grundbuchs findet seinen Niederschlag hauptsächlich in Art. 4 Abs. 1 u. Art. 11 Abs. 1 GBG. Bezugspunkt ist die unverwechselbare, einmalige katastermäßige Erfassung des Grundstücks bzw. selbständigen Eigentumsgegenstands. Nach Art. 4 Abs. 1 GBG werden im Grundbuch Rechte eingetragen, „...die sich auf Grundstücke im Sinne von Artikel 948 des Zivilgesetzbuchs wie auch auf jeden anderen selbständigen, mit dem Grund verbundenen Eigentumsgegenstand beziehen. Jedes Grundstück wird in den Katasterplänen dargestellt und erscheint unter einer einmaligen Chiffrenummer des Nationalgrundbuchs als ein Teil des Grunds mit seinen Bestandteilen...“.

Nach dem Beschluss der OKKG Nr. 556/09 ist ein Grundstück: „...ein selbständiger und einheitlicher Eigentumsgegenstand, der einem oder mehreren Eigentümern nach ideellen Anteilen gehört. Als Grundstücke werden die Flurstücke, die horizontalen, die vertikalen und die zusammengesetzten vertikalen Eigentumseinheiten, das Bergwerkseigentum wie auch die besonderen

48 Choromidis, Das Grundbuch, 3. Griechenlandweiter Kongress des Zivilrechtlervereins, S. 75.

49 Die gesetzliche Festlegung soll bei der Auslegung der einzelnen Vorschriften helfen. Einführungsbericht zum Grundbuchgesetz, B2.

Eigentumsgegenstände, die kraft Gewohnheitsrechts in bestimmten Gegenden des Landes bestehen können, bezeichnet."[50]

Das GBG weicht von der Definition des Grundstücks als „eines Teils der Erdoberfläche, der mit dem Willen des Eigentümers oder kraft Gesetzes von dem Rest der Erdoberfläche abgegrenzt ist,"[51] nicht ab. Als ein abgegrenzter Teil der Erdoberfläche wird auch das Flurstück angesehen.[52] Im Gegenteil dazu erfährt der Begriff „Grundstück" im Rahmen der Katastererrichtung nach dem Beschluss der OKKG eine Erweiterung, indem sein Inhalt sich größtenteils mit dem des selbständigen Eigentumsgegenstands überschneidet. Darunter fallen die Flurstücke wie auch grundstücksgleiche Rechte wie das horizontale und das vertikale Eigentum. Dies ist freilich keine Legaldefinition und bezieht sich auf die rechtliche – nicht die technische, nach Lage – Erfassung der anzumeldenden Rechte.[53] Unter den besonderen Eigentumsgegenständen sind alle anderen grundbezogenen eintragungsfähigen Rechte zu verstehen, die aus diesem erweiterten Grundstücksbegriff herausfallen, wie etwa emphyteutische und erbbaurechtsähnliche Rechte an Gebäudeteilen, die aufgrund lokalen Gewohnheitsrechts vor der Einführung des ZGB begründet sind.[54]

Jedes Flurstück erhält eine einmalige Nummer, die es von anderen Flurstücken unterscheidet. „Die Chiffrenummer des Nationalgrundbuchs[55] ist die ausschließliche Chiffrenummer für jedes Flurstück."[56] Sie „basiert auf der Verwaltungsteilung des Landes und besteht aus zwölf Ziffern."[57] „Als Flurstück wird

50 Technische Vorschriften für die Studien der Katastererrichtung zur Errichtung des Nationalgrundbuchs. Beschluss von OKKG Nr. 556/09 (Amtsbl. 3370/B'/2012), 1.20.

51 Siehe oben Kapitel II 3.a); vgl. Schöner/Stöber, Grundbuchrecht, Rn. 561.

52 Siehe unten; auch Papasteriou, Grundbuchrecht, A § 8 Rn. 44.

53 Siehe Beschluss von OKKG Nr. 556/09 (Amtsbl. 3370/B'/2012), 1.21: „Als Lokalisierung von Grundstücken wird die Zuordnung der angemeldeten Rechte zu den abgegrenzten Flurstücken der unter Katastererrichtung befindlichen Gegend anhand der vorläufigen Chiffrenummer bezeichnet." Vgl. in Deutschland: „Grundstück im Rechtssinne": Eickmann/Böttcher, Grundbuchverfahrensrecht, S. 46–47.

54 AP 1702/2009 ElDik 2010, 724 über die Fortgeltung des kraft Gewohnheitsrechts vor Inkrafttreten des ZGB begründeten superfiziarischen Rechts des Eigentümers eines Gebäudeteils ohne ideelle Anteile am Grund, das sich in Mykonos und anderen kykladischen Inseln im Mittelalter bildete.

55 Κωδικός Αριθμός Εθνικού Κτηματολογίου – KAEK (Kodikos Arithmos Ethnikou Ktimatologiou).

56 Technische Vorschriften für die Studien der Katastererrichtung zur Errichtung des Nationalgrundbuchs. Beschluss von OKKG Nr. 556/09 (Amtsbl. 3370/B'/2012), 1.16.

57 Op.cit. 1.16. S. 2.

die zusammenhängende Erdoberfläche bezeichnet, deren Eigentum einem oder mehreren Berechtigten nach ideellen Anteilen gehört. Das Flurstück konstituiert die einmalige Bezugsfläche aller Grundbuchinformationen des Grundbuchs."[58]

Nur Flurstücken wird eine Chiffrenummer des Nationalgrundbuchs zugeschrieben. Grundstücksähnliche Rechte wie etwa horizontale oder vertikale Eigentumseinheiten erhalten eine laufende Nummer, die gleich nach der Chiffrenummer steht.

Beispiel: Flurstück unter Chiffrenummer des Nationalgrundbuchs 999999999999/0/0. Es werden darauf zwei Stockwerkseigentumsrechte begründet. Jede Wohnung erhält eine laufende Nummer nach der Chiffrenummer: 999999999999/0/1 und 999999999999/0/2. Werden auf dem Flurstück zwei Rechte nach dem System des vertikalen Eigentums begründet, erhält jedes Recht eine laufende Nummer nach der Chiffrenummer: 999999999999/1/0 und 999999999999/2/0.

Es sind auch Kombinationen möglich (sog. zusammengesetztes vertikales Eigentum). Beispiel: Auf einem Flurstück mit zwei Gebäuden wird vertikales Eigentum begründet, bei dem jedes Gebäude ein selbständiger Eigentumsgegenstand ist. Auf einem der Gebäude werden weiterhin zwei Stockwerkseigentumsrechte (horizontales Eigentum) begründet. Im Grundbuch werden diese wie folgt erfasst: erstes vertikales Eigentum: 999999999999/1/0. Aus dem zweiten vertikalen Eigentum, das mit dem Stockwerkseigentum kombiniert ist, entstehen zwei Eigentumsgegenstände: erstes horizontales Eigentum mit Chiffrenummer 999999999999/2/1 und zweites horizontales Eigentum mit Chiffrenummer 999999999999/2/2.

In all den vorigen Beispielen wird für jeden selbständigen Eigentumsgegenstand ein separates Grundbuchblatt angelegt (Art. 11 Abs. 3 S. 2 GBG). Die Selbständigkeit jedes Grundstücks bzw. sonstigen selbständigen Eigentumsgegenstands ergibt sich aus dem Grundbuchblatt, das gesondert für jeden Eigentumsgegenstand unter der jeweiligen Nummer des Nationalgrundbuchs geführt wird (Art. 4 Abs. 1 S. 2 i.V.m. 11 Abs. 1 S. 1 GBG). Die Bestimmungsangaben des Grundstücks ergeben sich aus Art. 11 Abs. 4α GBG.

Im Grundbuchblatt sind die Rechtsverhältnisse über das Grundstück ersichtlich (Art. 11 Abs. 4β GBG). Dadurch wird die Erkundung der Rechtslage erheblich erleichtert und es wird mehr Rechtssicherheit erzielt. Alphabetische Verzeichnisse nach dem Namen des Berechtigten werden zwar geführt (Art. 3

58 Op.cit. 1.13.

Abs. 2ε GBG), dienen aber nur der Erleichterung der Suche nach dem Grundbuchblatt.

Die eintragungsfähigen Rechtsakte nach Art. 12 GBG
Dies sind grundsätzlich die gleichen, die nach den Vorschriften des ZGB ins Transkriptionsbuch eingetragen werden.[59] Dazu werden die wichtigsten, die in anderen Gesetzen vorgesehen werden, enumeriert.

bb) Legalitätsprinzip (Art. 2 Nr. 2 GBG)

Nach Art. 16 Abs. 1 GBG übt das Grundbuchamt die Legalitätsüberprüfung der eingereichten Akte aus. Im Transkriptionssystem beschränken sich die Überprüfungsbefugnisse des Bewahrers der Transkriptionsbücher – gesetzlich wie auch faktisch – auf eine rein formelle Kontrolle. Nach Art. 13 KD 533/1963 wird lediglich die Vollständigkeit der Beschreibung des Grundstücks, die Einhaltung von Formvorschriften in der einzutragenden Niederschrift und die Einreichung von anderen Unterlagen, wenn sie erforderlich sind, überprüft. Auch bei einer detaillierten Grundstückbeschreibung ist der Bewahrer der Transkriptionsbücher nicht immer in der Lage, die Identität des Grundstücks zu bestätigen. In der Praxis stützen sich Übertragungen von hochwertigen, etwa städtischen Immobilien normalerweise auf voreingetragene Titel. Anhand dieser kann man die Identität des Grundstücks feststellen. Wird sich jedoch als Erwerbsgrund auf Ersitzung berufen, ist eine Identifizierung unmöglich. Das Legalitätsprinzip gilt freilich auch im Transkriptionssystem, seine Beschaffenheit ist jedoch für die Rechtsicherheit von geringerer Bedeutung.[60]

Das System des Grundbuchs erlaubt (und verlangt) eine gründlichere Überprüfung der Rechtslage vor der Eintragung. Der Leiter des Grundbuchamts betreibt eine „Geeignetheitsprüfung" des einzutragenden Akts, im Sinne der Überprüfung der Erfüllung der rechtlichen Voraussetzungen für das Zustandekommen der beabsichtigten Rechtsänderung."[61] Diese gründliche Legalitätsüberprüfung ist ein Vorbeugungsmittel gegen die eventuelle Einbuße des Rechts des wahren Berechtigten aus dem Eingriff des Prinzips des öffentlichen Glaubens der Grundbucheintragungen zugunsten des gutgläubigen Dritterwerbers.[62]

Die Überprüfung nach Art. 16 GBG beinhaltet:

---

59 Vor allem aus Gründen der Harmonisierung beider Systeme. Doris, Das Grundbuch, 3. Griechenlandweiter Kongress des Zivilrechtlervereins, S. 38.

60 Papasteriou, Grundbuchrecht, C § 3 Rn. 18.

61 ProtThes 4308/2009 Arm 2009, 1672.

62 Sontis, NoV 18 (1970) 263, 269.

1) Die schon vom Transkriptionssystem bekannte formelle Kontrolle der örtlichen Zuständigkeit (Art. 16 Abs. 1α GBG).
2) Die Eintragungsfähigkeit des Rechts (Art. 16 Abs. 1β GBG). Hier ist Art. 12 GBG maßgeblich.
3) Die Vorlage der notwendigen Unterlagen (Art. 16 Abs. 1δ GBG).
4) Die Berechtigung zur Antragstellung (Art. 16 Abs. 1στ GBG).
5) Das Grundbuchsystem führt das Voreintragungsprinzip ein (Art. 16 Abs. 1ε GBG). Die Eintragung darf nur erfolgen, wenn der Verfügende bzw. Betroffene als berechtigt im Grundbuchblatt eingetragen ist. Die Vollständigkeit der Angaben richtet sich nach Art. 11 Abs. 4β GBG.

Die Identität des Grundstücks ergibt sich aus der Übereinstimmung des Inhalts des Grundbuchblatts gem. Art. 11 Abs. 4α GBG mit der Beschreibung in dem einzutragenden Akt. Nach Art. 13a Abs. 1 S. 1 GBG ist jedoch allein die Fläche des Grundstücks, wie sie sich aus der Grundbucheintragung ergibt, für die Identität des Grundstücks nicht maßgeblich. Ist die Fläche in dem einzutragenden Akt nach einer neueren Vermessung mit der schon im Grundbuch eingetragenen vereinbar, nimmt der Leiter des Grundbuchamts die Eintragung vor (Art. 13a Abs. 2 S. 1 GBG). Ist sie jedoch unvereinbar, liegt es im Ermessen des Leiters des Grundbuchamts, im Rahmen der Legalitätsüberprüfung zu entscheiden, ob er die Eintragung vornimmt, ob er die Eintragung unter der Voraussetzung einer Antragstellung auf Berichtigung der geometrischen Angaben vornimmt oder ob er den Eintragungsantrag zurückweist (Art. 13a Abs. 2 S. 2 GBG).[63]

Das Voreintragungsprinzip erfährt im GBG zweierlei Durchbrechungen:

a) In der Phase der ersten Eintragungen können Rechte, die nicht bei den ersten Eintragungen eingetragen worden sind, gem. Art. 7a Abs. 1a S. 1 GBG „nach den für sie geltenden Vorschriften übertragen und belastet werden, ohne dass die Einhaltung der in diesen Vorschriften eventuell vorgesehenen Voraussetzung der Eintragung des betreffenden Akts in das Grundbuch verlangt wird." Die Eintragung wird sowohl bei der Eigentumsübertragung als auch bei der Bestellung eines beschränkten dinglichen Rechts durch die Erhebung und die Eintragung der Klage gem. Art. 6 Abs. 2 GBG in das Grundbuchblatt des Grundstücks ersetzt (Art. 7a Abs. 1a S. 2–4 GBG).
b) Bei nachträglichen Eintragungen, die durch die Klage gem. Art. 13 Abs. 2 S. 1 GBG angefochten worden sind, kann der Kläger nach der Erhebung und

63 Darüber die Grenzscheidungszone. Siehe unten 4.a)cc)bbb)cccc).

Eintragung der Klage gem. Art. 13 Abs. 2.a. GBG das betroffene Recht nach den Vorschriften von Art. 7a Abs. 1α und β übertragen bzw. belasten.

In beiden Fällen kann die Person, die die Eintragung als unrichtig angefochten hat und nicht als Berechtigte eingetragen ist, das strittige Recht unter der Voraussetzung der Erhebung und Eintragung der entsprechenden Klage übertragen bzw. belasten. Die Wirksamkeit der Übertragung bzw. Belastung steht unter der aufschiebenden Bedingung des Erfolgs der Klage.[64] Der Eingetragene ist auf der anderen Seite nicht daran gehindert, gem. Art. 16 Abs. 1ε GBG das gleiche Recht zu übertragen bzw. zu belasten. Der Publizität und damit der Rechtssicherheit wird dadurch gedient, dass jeder Dritte durch die Eintragung der Klage Kenntnis der Rechtslage erlangt. Der Schwebezustand wird durch den Erlass einer unwiderruflichen gerichtlichen Entscheidung zugunsten des wahren Berechtigten aufgehoben.

Das Voreintragungsprinzip gem. Art. 16 Abs. 1ε GBG wird ansonsten streng eingehalten. Besonders beim Erbfall gilt folgendes: Nach Art. 12 Art. 1ζ GBG i.V.m. Art. 1193, 1198 u. 1199 ZGB findet keine Übertragung des Eigentums bzw. keine Begründung, Übertragung oder Aufhebung eines dinglichen Rechts an dem Grundstück ohne Eintragung einer durch öffentliche Urkunde nachgewiesenen Erbschafts- bzw. Vermächtnisannahme oder eines Erbscheins in das Grundbuch statt. Der Erwerb in der Person des Erben bzw. Vermächtnisnehmers gilt rückwirkend ab dem Zeitpunkt des Todes des Erblassers. Der Erbe bzw. Vermächtnisnehmer muss sich immer als Berechtigter eintragen lassen, damit er weiterverfügen kann. Eine Vorschrift wie § 40 Abs. 1 GBO ist im griechischen Recht nicht vorhanden. Nach deutschem Recht ist die Zwischeneintragung des Rechtsnachfolgers nicht erforderlich, da die Einschaltung des Nachlassgerichts und die Veräußerung aufgrund eines Erbscheins, der öffentlichen Glauben genießt (§ 2366 BGB), einen gutgläubigen Erwerb ermöglicht.[65] Eine solche Garantie bietet aber im griechischen Recht nur der gerichtlich ausgestellte Erbschein (oben Kapitel V 3.d)bb)), nicht die notariell oder anderweitig beurkundete Erbschafts- bzw. Vermächtnisannahme. Erweist sich der Veräußerer ohne Erbschein als Scheinerbe, kann der gutgläubige Dritte nur aufgrund Art. 13 Abs. 3 S. 2 GBG erwerben.

6) Der Leiter des Grundbuchamts muss ferner überprüfen, ob „alle vom Gesetz geregelten Voraussetzungen für den Akt, dessen Eintragung beantragt wird, erfüllt sind, damit dessen Rechtsfolgen eintreten“ (Art. 16 Abs. 1γ GBG).

---

64 Tsolakides, Die Publizität, S. 277.

65 Hager, Verkehrsschutz durch redlichen Erwerb, S. 447–448.

Die weit gefasste Konstruktion der Vorschrift erlaubt eine vielseitige Überprüfung des Akts, etwa der Gültigkeit der Bevollmächtigung oder der rechtmäßigen Beteiligung des Organs am Akt (bei juristischen Personen). Im Allgemeinen ist an jede formell- und materiell-rechtliche Voraussetzung für die Wirksamkeit des einzutragenden Akts zu denken. Die Einhaltung von Formvorschriften (z.B. notarielle Beurkundung) oder von Tatbestandsmodalitäten (z.B. die Erwähnung eines rechtmäßigen Erwerbsgrunds gem. Art. 1033 ZGB) ist normalerweise leicht überprüfbar.

Aus dem Legalitätsüberprüfungsspektrum sind gerichtliche Entscheidungen und ihnen gleichgestellte Akte, etwa Vergleichsprotokolle, ausgenommen.[66]

Als problematisch erweisen sich Fälle, in denen ein einzutragendes Rechtsgeschäft von Mängeln behaftet ist, die nicht gleich ersichtlich sind, und auch wenn sie zur Kenntnis des Grundbuchamts gelangen, fragt sich, ob das Grundbuchamt die Kompetenz hat, über sie zu urteilen: Z.B. der Leiter des Grundbuchamts erfährt, dass es sich bei einem eingereichten Akt a) um ein anfechtbares Rechtsgeschäft wegen Irrtums, Täuschung bzw. Drohung, b) um ein Scheingeschäft, c) um ein sittenwidriges Rechtsgeschäft handelt. Wie hat er zu handeln?

Im Fall a) muss das Grundbuchamt die Eintragung vornehmen. Anfechtbare Rechtsgeschäfte entfalten ihre Rechtswirkung bis zu ihrer Anfechtung (Art. 184 ZGB; vgl. § 142 Abs. 1 BGB), außerdem sind gutgläubige Dritte von der Nichtigkeit geschützt (Art. 184 ZGB; vgl. § 142 Abs. 2 BGB). Fälle b) und c) sind problematischer. Scheingeschäfte sind zwar von Anfang an nichtig (Art. 138 Abs. 1 ZGB; vgl. § 117 Abs. 1 BGB). Redliche Dritte werden jedoch geschützt (Art. 139 ZGB). Sittenwidrige Rechtsgeschäfte sind von Anfang an und *contra omnes* nichtig (Art. 178 ZGB; vgl. § 138 Abs. 1 BGB). Nach der h.M. ist der Leiter des Grundbuchamts nicht befugt, die Eintragung aufgrund der behaupteten Nichtigkeit zu verweigern. Andernfalls hätte ein Verwaltungsorgan rechtsprechende Kompetenzen ohne die gesetzlichen Garantien dazu. Art. 16 Abs. 1γ muss eng ausgelegt werden.[67]

cc) Das Prinzip des öffentlichen Glaubens (Art. 2 Nr. 5 GBG)

Der lydische Stein für die Effizienz jeden Publizitätssystems ist der Grad des Schutzes von Dritten, die gestützt auf die publikgemachten Eintragungen ein Recht erworben haben. Der geringe und fragmentarische Schutz des

---

66 ProtThes 9762/2008 Arm 2009, 1360; ProtThes 33750/2007 Nomos.

67 Kitsaras, Die ersten Eintragungen, S. 123 ff.; Papasteriou, ElDik 1999, 1469, 1476–1477; Manti, Die Legalitätsüberprüfung, S. 149.

Dritterwerbers im Transkriptionssystem ist oben ausführlich behandelt worden. Die Einführung des Prinzips des öffentlichen Glaubens ist der entscheidende Wendepunkt von dem wenig sicheren personenbezogenen Transkriptionssystem zu dem mehr Rechtssicherheit garantierenden grundbezogenen Grundbuchsystem.[68]

Freilich ist auch unter dem Grundbuchsystem nicht jeder Dritterwerber schutzwürdig. Der Gesetzgeber muss das Interesse des Erwerbers an der Beibehaltung des Rechts gegen das Interesse des wahren Berechtigten – im Fall einer unrichtigen Eintragung –, sein Recht nicht zu verlieren, abwägen. Dem Gebot der Rechtssicherheit muss gedient werden, es sei denn, seine Einhaltung führt zu ungerechten Ergebnissen. Diese Abwägung gehört zum Bereich der Rechtspolitik.

Der griechische Gesetzgeber hat sich bei der Einführung des Grundbuchsystems mit zwei verschiedenen Themen auseinandergesetzt:

a) Das Aufbauen einer festen Grundlage, auf die sich jede nachträgliche Eintragung stützen kann. Das setzt voraus, dass Klarheit über die Rechtsverhältnisse an Grundstücken bzw. grundstücksgleichen Eigentumsgegenständen gem. Art. 4 Abs. 1 GBG herrschen und dass eine eventuelle Änderung dieser Grundlage ausgeschlossen werden muss.
b) Die Normierung von Regeln, die das Vertrauen des nachträglichen Erwerbers in die Grundbucheintragungen wie auch das Recht dessen schützen, der wegen einer unrichtigen Eintragung einen Verlust erlitten hat.

Es ist evident, dass das erste Thema mit der Phase der Errichtung des Grundbuchs verbunden ist, während das zweite die Funktion des errichteten und funktionierenden Grundbuchs betrifft.

aaa) Vor der Endgültigkeit der ersten Eintragungen

Das erste Ziel wird dadurch erreicht, dass eine unwiderlegbare Vermutung „zugunsten deren, die als Inhaber der Rechte erscheinen," auf die die ersten Eintragungen sich beziehen, normiert wird (Art. 7 Abs. 1 GBG).

Die ersten Eintragungen ergeben sich aus den Angaben, die das Katasterbüro gem. Art. 12 Abs. 1 KG dem Grundbuchamt übergibt (Art. 6 Abs. 1 GBG). Bei ihnen handelt es sich um Hoheitsakte mit Feststellungscharakter.[69]

---

68 Kitsaras, Die ersten Eintragungen, S. 73–74.

69 Feste Rechtsprechung: Papasteriou, Grundbuchrecht, C § 7 Rn. 30 mit Verweisen; die Eintragung „hat keinen Gestaltungscharakter", ProtThes 32056/2006 Arm 2007, 1157.

Die unwiderlegbare Vermutung entsteht nicht, bevor die in Art. 6 Abs. 2 GBG gesetzten Fristen[70] zur Anfechtung der ersten Eintragung verstrichen sind. Während dieser Fristen erzeugen die Eintragungen keine Vermutung. Es gilt die vom Transkriptionssystem bekannte formelle Publizität der eingetragenen Rechtsakte.[71] Wird die erste Eintragung nicht angefochten, wird sie endgültig, d.h. sie erzeugt die unwiderlegbare Vermutung von Art. 7 Abs. 1 GBG.

Die Richtigkeitsvermutung von Art. 7 Abs. 1 GBG erfasst die Angaben über die eingetragene Person wie auch über die eingetragenen Rechte.[72]

Wird innerhalb der Fristen von Art. 6 Abs. 2 GBG Klage gegen die Richtigkeit der ersten Eintragung erhoben, sind folgende Möglichkeiten zu berücksichtigen: Wird die Klage durch eine unwiderrufliche Entscheidung abgewiesen, wird die Eintragung endgültig. Wird der Klage stattgegeben, wird die Eintragung entsprechend berichtigt (Art. 7 Abs. 3 GBG). Es versteht sich, dass die Grenzen der subjektiven Rechtskraftwirkung (Art. 325 gr.ZPO; vgl. § 325 Abs. 1 ZPO) in beiden Fällen einzuhalten sind. Ein Dritter, der keine Prozesspartei war, kann während der Anfechtungsfrist auch Klage erheben.[73]

Berichtigungsfähig ist jede Angabe der Eintragung wie Angaben des Berechtigten, das Recht, der Erwerbstitel, der Eigentumsgegenstand (Art. 6 Abs. 8α u. Art. 18 Abs. 1α, β GBG).[74]

aaaa) Die Klage gem. Art. 6 Abs. 2 GBG

Art. 6 Abs. 2α S. 2 GBG spricht von „Feststellungs- oder Vindikationsklage." Es wird jedoch angenommen, dass jede Art von Klage entsprechend dem verletzten Recht erlaubt ist.[75] In Wirklichkeit hat die Klage eine Doppelnatur: Sie bezweckt a) die Feststellung des Rechts und eventuell die Vindikation des Grundstücks und b) die Berichtigung der Eintragung.[76]

---

70 Die gesetzliche Verlängerung der Fristen bei den ersten Katastererrichtungen (vor Inkrafttreten des G.3481/2006 nach Art. 6 Abs. 2β GBG) weist darauf hin, dass die Bekanntmachung des Katastererrichtungsprozesses mangelhaft war.

71 Pantazopoulos, Das Grundbuch, 3. Griechenlandweiter Kongress des Zivilrechtlervereins, S. 52. Über die widerlegbare Vermutung von nachträglichen Eintragungen während der Fristen gem. Art. 8 GBG siehe unten 4.a)cc)bbb)eeee).

72 Papasteriou, Grundbuchrecht, C § 8 Rn. 111.

73 Op.cit. Pantazopoulos, S. 56.

74 Besonders bei den ersten Eintragungen legen die Gerichte die entsprechenden Vorschriften weit aus. EfThrazien 196/2009 Nomos, ProtThes 6532/2008 Nomos.

75 EfIoannina 111/2008 Arm 2008, 1346.

76 Papasteriou, Grundbuchrecht, C § 7 Rn. 150; EfThes 1067/2010 Arm 2011, 600.

Anspruchsteller ist jede Person, die ein berechtigtes Interesse hat. In erster Linie ist dies der Eigentümer bzw. Inhaber eines eintragungsfähigen Rechts oder sein Gesamt- und Sonderrechtsnachfolger wie auch seine Gläubiger.[77]

Anspruchsgegner ist der Eingetragene oder seine Gesamtrechtsnachfolger. Bei Sonderrechtsnachfolge muss die Klage sowohl gegen den Eingetragenen oder seine Gesamtrechtsnachfolger als auch gegen seine Sonderrechtsnachfolger gerichtet werden (Art. 6 Abs. 2γ S. 2, 3 GBG).[78]

Zuständig sind die Zivilgerichte erster Instanz (Art. 6 Abs. 2α GBG), die im Rahmen der ordentlichen Gerichtsbarkeit richten.[79] Die Klage schließt die Erhebung der Klagen aus dem ZGB nicht aus, die parallel dazu verhandelt werden können.[80]

Die Klage nach Art. 6 Abs. 2 GBG betrifft die Behauptung, dass ein anderer als der wahre Berechtigte als Rechtsinhaber eingetragen ist. Auch andere Unrichtigkeiten oder Unvollständigkeiten können berichtigt werden, etwa der Inhalt und die Reichweite der dinglichen Rechte, die Personalien des Berechtigten, die Angabe von Titeln, geometrische Angaben wie auch der Fall, dass der Berechtigte es unterlassen hat, seine Rechte am Grundstück anzumelden.[81]

Dem Schutz von Dritten während der Rechtshängigkeit, die Rechte zu erwerben beabsichtigen, dient die Vorschrift von Art. 12 Abs. 1ιβ GBG i.V.m. Art. 220 Abs. 1 gr.ZPO. Die Klage nach Art. 6 Abs. 2 GBG ist unzulässig, wenn sie nicht innerhalb von 30 Tagen ab ihrer Erhebung in das Grundbuch eingetragen wird.[82] Auf diese Weise wird jeder Dritte in der Lage sein, von der Klage Kenntnis zu nehmen.

Unbeteiligte Drittberechtigte, die nicht von der Rechtskräftigkeit der Entscheidung erfasst sind, können auch innerhalb der Frist von Art. 6 Abs. 2 GBG Klage erheben.[83] Zur Bemessung der Frist von Art. 6 Abs. 2 GBG finden die

---

77 Magoulas, Grundbucheintragungen, S. 27–28.

78 Sie werden Zwangsstreitgenossen, damit keine widersprüchlichen Entscheidungen ergehen. ProtThes 45854/2007 Nomos; ProtThes 14202/2008 Nomos.

79 Papasteriou, Grundbuchrecht, C § 7 Rn. 146.

80 Papasteriou, Grundbuchrecht, C § 7 Rn. 112.

81 Nach Art. 1 u. 2 G.2308/1995 müssen die Inhaber von dinglichen Rechten an Grundstücken ihre Rechte anmelden. Eine Übertragung der Informationen aus den Transkriptionsbüchern von Amts wegen wird nicht vorgesehen.

82 Siehe unten 4.a)cc)bbb)eeee): gleiche Regelung bei der Anfechtung der widerlegbaren Vermutung aus nachträglichen Eintragungen (Art. 13 Abs. 2 S. 4 GBG).

83 Kousoula, Der öffentliche Glaube des Grundbuchs, S. 19; Papasteriou, Grundbuchrecht, C § 8 Rn. 62. S. auch Art. 6 Abs. 3δ GBG.

Vorschriften des ZGB analoge Anwendung (Art. 255–263 u. 270 ZGB i.V.m. Art. 7 Abs. 3 S. 2 GBG).

bbbb) Erleichterungen

Die streitige Gerichtsbarkeit ist bekanntlich der zeitraubendere und aufwändigere Rechtsweg. Der Gesetzgeber hat aus diesem Grund zusätzlich andere Möglichkeiten zur Eintragungsberichtigung normiert, wenn keine Streitigkeit zu besorgen ist (Verwaltungsverfahren innerhalb des Grundbuchamts, Einführung der freiwilligen Gerichtsbarkeit). Im Laufe des Katastererrichtungsprozesses wurde die ursprüngliche Fassung des GBG angesichts der auftauchenden Probleme und Bedürfnisse entsprechend abgeändert und „verfeinert" (besonders durch G.4164/2013).

Der Antrag gem. Art. 6 Abs. 3 GBG

Betrifft Grundbucheintragungen mit der Bezeichnung „unbekannter Eigentümer" (siehe unten).

Der Antrag gem. Art. 6 Abs. 4 GBG

Hier handelt sich um ein Verfahren vor dem Grundbuchamt; es betrifft Akte über die Übertragung, Änderung, Belastung oder Aufhebung des in den ersten Eintragungen erscheinenden Rechts, die vor dem Beginn der Geltung des Grundbuchs nach Art. 12 Abs. 1 KG vorgenommen und dem Katasterbüro nicht angemeldet worden sind. Voraussetzung für die Annahme des Antrags ist die Eintragung des Akts in die Bücher des Transkriptionsregisters und dass keine entgegenstehende Eintragung im Grundbuch in der Zwischenzeit vorgenommen ist. Es gilt auch hier die Frist von Art. 6 Abs. 2 GBG.

Berichtigung offenkundiger Fehler

Art. 18 u. 19 GBG gelten in erster Linie für die nachträglichen Eintragungen. Art. 20a GBG verweist darauf bezüglich der ersten Eintragungen. Das Verfahren ist außergerichtlich und findet vor dem Leiter des Grundbuchamts statt. Jeder, der ein berechtigtes Interesse hat, kann die Berichtigung offenkundiger Unrichtigkeiten beantragen. Das Verfahren kann aber auch von Amts wegen initiiert werden (Art. 18 Abs. 1α GBG).

Nach Art. 18 GBG kann die Unrichtigkeit sich auf die Personalien des Berechtigten, das eingetragene Recht (etwa Miteigentumsanteile), den Erwerbstitel, den Eigentumsgegenstand beziehen. Art. 19 GBG enthält detailliertere Vorschriften über standesamtliche und geometrische Angaben. Die Aufzählung im Gesetz ist nicht abschließend. Die Gerichte haben den Begriff weit gefasst, so dass jede Art von Unrichtigkeit in die Kategorie der offenkundigen Fehler fallen kann.[84] Der Fehler muss sich „auf unzweifelhafte Weise" aus der Eintragung und den beigefügten Unterlagen ergeben.[85]

Verweigert der Leiter des Grundbuchamts die Berichtigung, kann der Antragsteller Beschwerde vor dem Grundbuchrichter einlegen, der nach dem Verfahren der freiwilligen Gerichtsbarkeit entscheidet (Art. 18 Abs. 2, Art. 19 Abs. 2δ GBG).

Der Antrag gem. Art. 6 Abs. 8 GBG

Unrichtigkeiten, die sich auf Angaben der ersten Eintragungen wie auch auf beschreibende und geometrische Informationen beziehen, die nicht in die Kategorien der Unrichtigkeiten von Art. 18 u. 19 GBG fallen,[86] werden durch Antrag vor dem Grundbuchrichter berichtigt, der nach dem Verfahren der freiwilligen Gerichtsbarkeit entscheidet (Art. 6 Abs. 8α S. 1 GBG). Voraussetzung ist, dass die Rechte von Mitberechtigten, die Grundstücksgrenzen oder die Rechte Dritter nicht in Frage gestellt werden (Art. 6 Abs. 8α S. 2 GBG). Ist das der Fall, muss die Klage von Art. 6 Abs. 2 erhoben werden. Die Rechtsprechung folgt auch hier einer weiten Auslegung der Vorschrift, damit alle Fälle von Unrichtigkeiten erfasst werden, die die Rechte Dritter nicht beeinflussen.[87]

Die weite Auslegung des Inhalts der zu berichtigenden Unrichtigkeiten nach den beiden Verfahren mit der Folge, dass ihre Regelungsmaterien größtenteils zusammenfallen, hat zu der Frage geführt, ob der Antrag nach Art. 18 bzw. 19 GBG ein zwingendes Vorverfahren für den Antrag nach Art. 6 Abs. 8 GBG ist oder nicht. Die Frage wurde durch die Reform durch G.4164/2013 zugunsten der zweiten Ansicht beantwortet. Das Ersuchen um eine gerichtlichen Entscheidung über eine Eintragungsberichtigung setzt den vorherigen Antrag auf Berichtigung eines offenkundigen Fehlers vor dem Grundbuchamt nicht voraus (Art. 18 Abs. 1ζ GBG).

bbb) Nach der Endgültigkeit der ersten Eintragungen

aaaa) Die unwiderlegbare Vermutung

Die unangefochtenen ersten Eintragungen bzw. die Eintragungen, die angefochten wurden und über die kraft unwiderruflichen Urteils entschieden wurde,

84 ProtThes 6532/2008 Nomos.
85 Papasteriou, Grundbuchrecht, C § 21 Rn. 23.
86 Papasteriou, Grundbuchrecht, C § 7 Rn. 545.
87 ProtThes 24911/2006 Nomos; ProtThes 4308/2009 Arm 2009, 1672; ProtLamia 90/2012 Nomos.

erzeugen die unwiderlegbare Richtigkeitsvermutung[88] gem. Art. 7 Abs. 1 GBG. Die Festlegung der Vermutung hat nicht den Charakter einer prozessualen Norm über die Beweislast, sondern sie ist eine materiell-rechtliche Regel, nach der dingliche Rechte (*contra omnes*) anerkannt werden.[89]

Bei einer anfänglich unrichtigen Eintragung, die gem. Art. 7 Abs. 1 GBG endgültig wird und die unwiderlegbare Vermutung erzeugt, sind die Rechtsfolgen für den früheren Berechtigten in der Lehre umstritten: Nach einer Meinung verliere der frühere Berechtigte sein Recht nicht, sondern nur seine dinglichen Ansprüche. Er bleibe der Berechtigte, bis der Eingetragene das Recht an einen Dritten veräußert oder selbst das Recht kraft Ersitzung erwirbt.[90] Nach anderer Meinung verliere der frühere Berechtigte mit der Entstehung der Vermutung automatisch sein Recht. Der Person des Eingetragenen erwächst das Recht originär zum ersten Mal. Die Entstehung der unwiderlegbaren Vermutung habe also konstitutiven Charakter.[91]

---

88 Die in Art. 6 GBG gesetzte Frist zur Anfechtung der ersten Eintragungen wird nach der h.M. bezüglich Art. 17 Verf. als verfassungsmäßig angesehen. Kitsaras, Die ersten Eintragungen, S. 67; Doris, Arm 1995, 1564, 1569. Siehe auch Art. 1020 gr.ZPO. Dagegen Diatsidis, Arm 4 (2000), 476, 479–480.

89 Der Berichterstatter des Gesetzentwurfs gibt zu, dass die Bezeichnung terminologisch unpräzise ist. Der Begriff wurde in Gegenüberstellung zu der „widerlegbaren Vermutung" in Art. 13 gebraucht. Hier liege eine Ausschlussfrist zur Erhebung jedes dinglich-rechtlichen Anspruchs gegen den in der ersten Eintragung angegebenen Berechtigten vor: Einführungsbericht zum Grundbuchgesetz, B3. Nach der Lehre handele es sich um einen Hoheitsakt, der das Verfahren der Legalitätsüberprüfung zum Zwecke des Übergangs vom Transkriptionssystem zum Grundbuchsystem vollendet: Kitsaras, Die ersten Eintragungen, S. 45; Argyriou, Grundbuchrecht, Rn. 472, oder um eine „notwendige materiell-rechtliche Zäsur," die nicht vor dem Verstreichen der Frist von Art. 6 Abs. 2 GBG eintreten kann: Doris, Das Grundbuch, 3. Griechenlandweiter Kongress des Zivilrechtlervereins, S. 34–35. Für die materiellrechtliche Natur auch Papasteriou, Grundbuchrecht, C § 8 Rn. 108. Nach anderer Meinung liege hier eine *fictio juris* vor. Choromidis, Das Grundbuch, 3. Griechenlandweiter Kongress des Zivilrechtlervereins, S. 91. Die Rechtsprechung nimmt keine Stellung zur Rechtsnatur der Richtigkeitsvermutung der ersten Eintragungen. Vor ihrer Endgültigkeit seien sie ein Verwaltungsakt mit Feststellungscharakter. Wenn sie endgültig werden, erzeugen sie die unwiderlegbare Richtigkeitsvermutung zugunsten der Eingetragenen: ProtThes 26833/2008 Nomos; ProtPatras 23/2013 Nomos; EfThes 1067/2010 Arm 2011, 600.

90 Kitsaras, Die ersten Eintragungen, S. 61; Argyriou, Grundbuchrecht, Rn. 471 u. 482.

91 Kousoula, Der öffentliche Glaube des Grundbuchs, S. 25–31; Papasteriou, Grundbuchrecht, C § 8 Rn. 67; Tsolakides, Nichtigerklärung eines Rechtsgeschäfts, S. 225–238.

Nach der Theorie handelt es sich um eine allgemeine Vermutung, die zugunsten wie auch zulasten des Eingetragenen wirkt.[92] Darüber hinaus kann sich der Dritte nicht nur darauf verlassen, dass die eingetragenen Rechte bestehen, sondern auch darauf, dass nichteingetragene Rechte nicht bestehen.[93]

Nach Art. 7 Abs. 2 S. 1 GBG ist die Änderung des Inhalts der ersten Eintragungen nach der Entstehung der unwiderlegbaren Richtigkeitsvermutung verboten. Diese Aussage i.V.m. Art. 7 Abs. 1 GBG konstituiert die feste Grundlage, auf der das Konstrukt des Grundbuchs weiter aufgebaut werden kann. Dem früheren Berechtigten verbleibt der schuldrechtliche Anspruch gegen den Eingetragenen auf Herausgabe der Bereicherung (Art. 7 Abs. 2 S. 2 GBG i.V.m. Art. 904 ff. ZGB). Liegen die Voraussetzungen einer unerlaubten Handlung vor, ist der schuldhaft Handelnde dem wahren Berechtigten schadensersatzpflichtig (Art. 7 Abs. 2 S. 4 GBG i.V.m. Art. 914 bzw. 919 ZGB). Auf Antrag des wahren Berechtigten kann das Grundstück nach den Vorschriften über die ungerechtfertigte Bereicherung oder über die Wiederherstellung des vorigen Stands (Art. 297 ZGB) herausgegeben werden, wenn es sich immer noch im Eigentum des Ersteingetragenen befindet oder wenn es nicht aus einem entgeltlichen Erwerbsgrund an einen gutgläubigen Dritten übertragen worden ist (Art. 7 Abs. 2 S. 5 GBG).[94]

Die Naturalrestitution erfolgt im Wege eines Vertrags zwischen den Parteien über die Übertragung des Grundstücks an den wahren Berechtigten (Art. 7 Abs. 2 S. 6 GBG). Zu bemerken ist, dass dieser Vertrag zu einer nachträglichen Eintragung im Sinne von Art. 12 und 13 GBG und zu keiner Grundbuchberichtigung führt. Die Vorschrift belegt die zwingende Natur der Regelungen des Grundbuchrechts und zugleich den Willen des Gesetzgebers, die ersten Eintragungen zu schonen.

Unter den wichtigsten Rechtsfolgen des Endgültigwerdens der ersten Eintragungen ist die Zuschreibung des Eigentums von Grundstücken, die mit der Bezeichnung „unbekannter Eigentümer" eingetragen worden sind, an den Fiskus nach Art. 9 Abs. 1 GBG.[95]

---

92 Also eine unwiderlegbare Vermutung über die Rechtslage: op.cit. Kousoula, S. 23.

93 Kitsaras, Die ersten Eintragungen, S. 245; vgl. § 891 BGB.

94 Art. 7 Abs. 2 S. 5 GBG spricht von „Herausgabe." Meiner Meinung nach muss darunter die Anerkennung und Zuweisung jedes dinglichen Rechts wie etwa einer Dienstbarkeit verstanden werden.

95 Darüber unten 4.b).

bbbb) Der öffentliche Glaube des Grundbuchs (die widerlegbare Vermutung)

Das Prinzip des öffentlichen Glaubens der nachträglichen Grundbucheintragungen stützt sich auf Art. 13 GBG. Es ergibt sich aus der Kombinierung von zwei Vorschriften: erstens aus Art. 13 Abs. 1 GBG (vgl. § 891 Abs. 1 BGB), der eine widerlegbare Vermutung der Richtigkeit der nachträglichen Eintragungen festlegt, nämlich der Eintragungen, die nach den zuvor behandelten ersten Eintragungen vorgenommen werden.[96]

Zweitens aus Art. 13 Abs. 3 S. 2 GBG (vgl. § 892 Abs. 1 S. 1 BGB), der dem Dritten unter bestimmten Voraussetzungen einen wirksamen Erwerb des Rechts auch von einem unrichtig eingetragenen Berechtigten oder seinen Gesamtrechtsnachfolgern zuspricht: Der Dritte muss das Recht vom unrichtig Eingetragenen bzw. seinen Erben nicht aus einem unentgeltlichen Erwerbsgrund erworben haben, und wenn er aus einem entgeltlichen Erwerbsgrund erworben hat, muss er gutgläubig in Bezug auf die Unrichtigkeit der Eintragung seines Rechtsvorgängers gewesen sein. Art. 13 Abs. 3 S. 2 GBG bezieht sich nur auf den Erwerb aufgrund eines Rechtsgeschäfts, nicht aufgrund Erbfolge, Zwangsversteigerung, gerichtlicher Entscheidung, Verwaltungsakts oder kraft Gesetzes.[97] Entgeltlich ist das schuldrechtliche Rechtsgeschäft, bei dem jemand einen vermögensrechtlichen Vorteil gegen eine Gegenleistung erlangt hat.[98] Bei einem unentgeltlichen Erwerbsgrund genießt der Dritte keinen Schutz, auch wenn er beim Erwerb gutgläubig war.[99] Es gilt folglich das im Transkriptionssystem geltende Prinzip des

96 Karimpali-Tsiptsiou, ElDik 1999, 1480, 1482.

97 Vgl. § 892 Abs. 1 S. 1 BGB „durch Rechtsgeschäft". Staudinger/Gursky (2013), § 892 Rn. 77; auch Soergel, § 892 Rn. 18. So Kousoula, Der öffentliche Glaube, S. 157–160; Papasteriou, Grundbuchrecht, C § 15 Rn. 203–204. Für eine weite Auslegung nach der *ratio legis* aus dem Wortlaut von Art. 13 Abs. 3 S. 2 GBG, der vom „Erwerb" im Allgemeinen spricht: Tsolakides, Die Publizität, S. 349. Besonders für die Einbeziehung des Erwerbs durch Zwangsvollstreckung: Kitsaras, Die ersten Eintragungen, S. 32.

98 Vor allem der Kauf (Art. 513 ZGB) wie auch der Tausch (Art. 573 ZGB). Unentgeltlich ist dagegen etwa die Schenkung (unter Lebenden gem. Art. 496 ZGB oder von Todes wegen gem. Art. 2032 ZGB) oder die elterliche Verfügung nach Art. 1509 ZGB (AP 888/2010 Nomos). Grenzfall Schenkung unter Auflage (Art. 503 ZGB; vgl. § 525 BGB), siehe Tsolakides, Die Publizität, S. 361 mit weiteren Verweisungen.

99 Dem Gesetzgeber scheint es rechtspolitisch korrekt, dass das Interesse des wahren Berechtigten dem Interesse des Dritten, der keine Gegenleistung für den Erwerb erbracht hat, überlegen ist. Einführungsbericht zum GBG B4 (Art. 13). Vgl. Grundbuchordnung von Dodekanes: Art. 41: „Le azioni giudiziarie non possono nuocere ai terzi che abbiano acquistato l´immobile, o diritti su di esso, a titolo oneroso ed in

nemo plus juris ad alium transferre potest quam ipse habet. Im Fall der Übertragung von einem Nichtberechtigten aufgrund eines unentgeltlichen Rechtsgrunds kann der Berechtigte das Grundstück vom Dritten vindizieren, da nur ein entgeltlicher Erwerbsgrund Voraussetzung für eine wirksame dingliche Rechtsänderung von einem Nichtberechtigten ist. Das ergibt sich aus dem kausalen Charakter des Erwerbs von Grundstücken nach dem griechischen Recht (Art. 1033 ZGB). In Art. 13 Abs. 3 S. 2 GBG handelt es sich um eine Spezifizierung des Rechtsgrunds.[100]

cccc) Reichweite der Vermutung

Die Vermutung von Art. 13 Abs. 1 GBG erfasst die Eintragungen nach Art. 12 GBG, also die Angaben, die aus den eingetragenen Akten zu entnehmen sind.[101] Diese Angaben sind grundsätzlich rechtlich, wie dingliche und andere eintragungsfähige Rechte.[102] Andere von der Vermutung erfasste Angaben sind die Personalien des Rechtsinhabers,[103] der Rechtsgegenstand (etwa die bestimmte Parzelle oder Wohnung), die Bezeichnung des Rechts (etwa Dienstbarkeit, Stockwerkseigentum).[104]

Erfasst ist auch die Beschreibung des Grundstücks nach der Lage. Hinsichtlich der Fläche und der Grenzen haben die Vorschriften des GBG für Verwirrung gesorgt. Nach Art. 11 Abs. 4a S. 2 GBG sind Bestimmungseigenschaften die Lage und die Fläche des Grundstücks. Nachträglich (2006) wurde Art. 13a GBG eingeführt, wonach die Fläche des Grundstücks allein die Identität des Grundstücks nicht bestimmen kann (Art. 13a Abs. 1 S. 1 GBG). Es wird für jedes Grundstück eine Ziffer der „akzeptablen Abweichung" nach oben oder nach unten bezüglich der Fläche festgelegt (Art. 13a Abs. 1 S. 2 GBG). Gleiches gilt für die Grenzen, die innerhalb einer festgelegten „Grenzscheidungszone" verlaufen können. Der exakte Verlauf der Grenzen kann gerichtlich gem. Art. 1020 ZGB oder einvernehmlich zwischen den Parteien bestimmt werden (Art. 13a Abs. 1 S. 5 GBG). Im allgemeinen

buona fede …" „Die Klagen können nicht auf die Dritten wirken, die das Grundstück oder ein Recht darauf aus einem entgeltlichen Erwerbsgrund und gutgläubig erworben haben …"; auch AP 686/1992, ElDik 1994, 96; PrRodos 114/2005 Nomos.

100 Kitsaras, Die ersten Eintragungen, S. 40–41; Tsolakides, Die Publizität, S. 359–360.

101 Nicht aber die Wirksamkeit der eingetragenen Akte selbst. Tsolakides, Die Publizität, S. 238.

102 Papasteriou, Grundbuchrecht, C § 15 Rn. 39.

103 Kousoula, Der öffentliche Glaube, S. 83.

104 Papasteriou, Grundbuchrecht, C § 15 Rn. 198.

muss angenommen werden, dass die Grenzen – zumindest innerhalb der Abweichungsmarge – von der Vermutung erfasst sind.[105]

Nicht erfasst sind Eintragungen, die von einer unzuständigen Stelle vorgenommen sind.[106] Nach einer Meinung erzeugen Eintragungen, die im falschen Grundbuchblatt erscheinen, die Vermutung, solange die Unrichtigkeit sich nicht aus der Eintragung selbst ergibt.[107]

Andere Angaben technischer Natur, wie die Nutzung des Grundstücks, scheinen angesichts des Prinzips des offenen Grundbuchs ebenfalls von der Vermutung erfasst zu sein.[108] Nach anderer Meinung würde dies den Zweck des Grundbuchs übersteigen.[109]

Die Vermutung ist widerlegbar im Sinne von Art. 338 Abs. 2 gr.ZPO (vgl. § 292 ZPO).

dddd) Inhalt der Bösgläubigkeit

Art. 13 Abs. 3 S. 2 GBG bestimmt ausdrücklich den Inhalt der Bösgläubigkeit. Der Dritte ist unredlich und kann durch einen entgeltlichen Erwerbsgrund nicht erwerben, wenn er die Unrichtigkeit der Eintragung kennt oder sie aus grober Fahrlässigkeit nicht kennt. Die Unrichtigkeit, auf die sich die Kenntnis oder die Unkenntnis aus grober Fahrlässigkeit bezieht, besteht in der Tatsache, dass der Übertragende das Recht nicht hat. Es wird aber angenommen, dass auch Verfügungsbeschränkungen einbezogen werden müssen.[110] Der Dritte ist also bösgläubig, wenn er positiv die Unrichtigkeit kennt, etwa wenn er weiß, wer der wahre Berechtigte ist oder dass der Eingetragene das Recht nicht hat. Er verhält sich grob fahrlässig, wenn sein Verhalten von dem Verhalten des durchschnittlich umsichtigen und besonnenen Menschen wesentlich und ungewöhnlich abweicht.[111]

Auf jeden Fall schließt die Eintragung der Klage nach Art. 13 Abs. 2 S. 1 GBG den guten Glauben des Erwerbers aus. Dies ergibt sich unmittelbar aus dem

---

105 Papasteriou, Grundbuchrecht, C § 15 Rn. 55. Vgl. Staudinger/Gursky (2013), § 891 Rn. 28; Soergel, § 891 Nr. 8.

106 Kousoula, Der öffentliche Glaube, S. 72; Papasteriou, Grundbuchrecht, C § 15 Rn. 186.

107 Kousoula, Der öffentliche Glaube, S. 74.

108 Papasteriou, Grundbuchrecht, C § 15 Rn. 41.

109 Kousoula, Der öffentliche Glaube, S. 59. Derselben Meinung auch Tsolakides, Die Publizität, S. 238, etwa über die Bebaubarkeit des Grundstücks.

110 Karimpali-Tsiptsiou, ElDik 1999, 1480, 1485, Fn. 48; Papasteriou, Grundbuchrecht, C § 15 Rn. 79.

111 Georgiades, Schuldrecht, Allgemeiner Teil, Band I, § 4 Rn. 104.

Gesetz. Die Nichteinsichtnahme in die Grundbücher weist jedenfalls auf grobe Fahrlässigkeit hin. Der Erwerber ist nicht schutzwürdig in dem Fall, dass der Kläger obsiegt.[112]

Der Zeitpunkt, in dem der gute Glaube vorhanden sein muss, wird nicht im Gesetz festgelegt. In der Lehre werden unterschiedliche Meinungen vertreten: die Zeit der Eintragung des Rechtsgeschäfts[113] oder die Zeit der Errichtung des Rechtsgeschäfts.[114] Letztere Meinung wird stärker vertreten.[115]

Der gute Glaube wird vermutet. Nach Art. 13 Abs. 3 S. 3 GBG muss der Kläger die Bösgläubigkeit des Dritten nachweisen.

Unentgeltliche Erwerbe werden von der Vermutung nicht gedeckt. Der wahre Berechtigte kann ohne Nachweis der Bösgläubigkeit des Erwerbers das Grundbuch zu seinen Gunsten berichtigen lassen.[116]

eeee) Die Klage nach Art. 13 Abs. 2 S. 1 GBG

Nach Art. 13 Abs. 2 S. 1 GBG kann derjenige, der ein berechtigtes Interesse hat, Klage gegen den unrichtig Eingetragenen erheben. Es handelt sich um eine Sonderklage des Grundbuchrechts, deren Erhebung keiner bestimmten Frist unterliegt.[117]

Als Antragsteller kommt grundsätzlich der wahre Rechtsinhaber in Betracht. Ein berechtigtes Interesse für eine Klageerhebung hat auch z.B. der Eigentümer des dienenden Grundstücks zwecks Aufhebung der auf dem Grundstück lastenden unrichtig eingetragenen Dienstbarkeit wie auch der Ersitzer, dessen Ersitzungszeit abgeschlossen ist.[118] Die Klage kann auch als Klage aus dem Recht

---

112 Einführungsbericht zum GBG, B4 (Art. 13). Vgl. AP 980/1990 ElDik 1991, 560: Unterlassung der Einsichtnahme in die Transkriptionsbücher vor dem Grundstückskauf konstituiert grobe Fahrlässigkeit. Ähnlich müsse die Einsichtnahme in das Grundbuch als Mindestvoraussetzung für die Ausübung der erforderlichen Sorgfaltspflicht gelten: Kousoula, Der öffentliche Glaube, S. 199; Tsolakides, Die Publizität, S. 382. Nicht aber die Einsichtnahme in die Akte, auf die sich die Eintragungen stützen, es sei denn, es besteht ernster Zweifel über die Richtigkeit der Eintragungen: Kousoula, Der öffentliche Glaube, S. 200.

113 Tsolakides, Nichtigerklärung eines Rechtsgeschäfts, S. 292.

114 Papasteriou, Grundbuchrecht, C § 15 Rn. 152; Kousoula, Der öffentliche Glaube, S. 205 f.

115 Vgl. die ausdrückliche Regelung von § 892 Abs. 2 BGB.

116 Papasteriou, Grundbuchrecht, C § 15 Rn. 164.

117 Karimpali-Tsiptsiou, ElDik 1999, 1480, 1483; Kousoula, Der öffentliche Glaube, S. 102.

118 Das GBG sieht besonders diesen Fall in Art. 13 Abs. 2 S. 3 vor.

eines Dritten gem. Art. 72 gr.ZPO etwa von einem Gläubiger des wahren Rechtsinhabers erhoben werden.[119]

Antragsgegner ist der unrichtig Eingetragene oder seine Gesamtrechtsnachfolger (Art. 13 Abs. 2 S. 1 GBG). Sonderrechtsnachfolger, denen die Entscheidung gem. Art. 13 Abs. 3 S. 1 GBG entgegengehalten werden kann, müssen auch mitverklagt werden (Art. 13 Abs. 2 S. 2 GBG).

Beantragt wird die Feststellung des Rechts des Klägers und die entsprechende Berichtigung des Grundbuchs (Art. 13 Abs. 2 S. 5 GBG).

Je nach Natur des Anspruchs kann die Klage entweder schuldrechtlich oder dinglich sein. Je nach Antrag kann sie Zuerkennungs- oder Feststellungsklage sein.[120] Auf jeden Fall muss die Klage den Antrag „auf Feststellung des Rechts des Klägers, das durch die unrichtige Eintragung verletzt wird, und auf Berichtigung der unrichtigen Eintragung" beinhalten (Art. 13 Abs. 2 S. 5 GBG). Die Erhebung und Eintragung der Klage bewirkt keine Grundbuchsperre. Sie hindert die weitere Übertragung bzw. Belastung des Rechts nicht (Art. 13 Abs. 2a GBG).

Ist das Grundstück durch einen entgeltlichen Erwerbsgrund an einen redlichen Dritten übertragen, wird der gute Glaube des Dritten nach dem oben Ausgeführten vermutet. Der Kläger muss die Bösgläubigkeit des Erwerbers gem. Art. 13 Abs. 3 S. 3 GBG nachweisen. Hier handelt es sich um eine prozessrechtliche Vorschrift (im Gegenteil zu der unwiderlegbaren Vermutung von Art. 7 Abs. 1 GBG), die die Beweislast verteilt.[121] Der Erwerber muss nur die Grundlage der Vermutung nachweisen.[122]

Innerhalb von 30 Tagen ab Klageerhebung muss die Klage in das Grundbuch eingetragen werden, sonst ist sie unzulässig (Art. 13 Abs. 2 S. 4 GBG). Der Erwerb des gutgläubigen Dritten aus einem entgeltlichen Erwerbsgrund ist bis zur Eintragung der Klage geschützt (Art. 13 Abs. 3 S. 2 GBG).

Problematisch ist in dieser Hinsicht die Klageerhebung und folglich Klageeintragung nach Abschluss eines Vertrags, der zu einem gutgläubigen entgeltlichen Erwerb führen kann. Zwar ist für das Element des guten Glaubens nach der h.M. der Zeitpunkt des Abschlusses des Verfügungsrechtsgeschäfts maßgeblich, aber zum Erwerb ist noch als *conditio juris* die Eintragung in

---

119 Op.cit. Karimpali-Tsiptsiou.

120 Einführungsbericht zum GBG B4 (Art. 13).

121 Tsolakides, Die Publizität, S. 247.

122 Karimpali-Tsiptsiou, ElDik 1999, 1480, 1484; Papasteriou, Grundbuchrecht, C § 15 Rn. 108; Tsolakides, Die Publizität, S. 250. Dagegen Kousoula, Der öffentliche Glaube, S. 106: Grundlage der Vermutung sei die Eintragung selbst, die der Kläger in Frage stellt. Sie ergebe sich aus dem Grundbuch und bedürfe keines Beweises.

das Grundbuch notwendig. Art. 13 Abs. 3 S. 2 GBG macht den gutgläubigen entgeltlichen Erwerb ausdrücklich von der Zeit der Klageeintragung abhängig. Dies steht auch mit dem Prinzip des zeitlichen Vorrangs in Einklang. Der Dritte, der zu erwerben beabsichtigt, läuft nach abgeschlossenem Kauf- und Übertragungsvertrag und bis zur Grundbucheintragung in seinem Namen die Gefahr eines Scheiterns seines Erwerbs wegen der Zwischeneintragung einer erfolgreichen Klage. Die Lage verkompliziert sich, wenn der Erwerber mit Vertragsschluss gänzlich oder teilweise geleistet hat. Es kann in einem solchen Fall nicht gewährleistet werden, dass der Erwerber Vorrang vor etwaigen Klagen gegen den Übertragenden hat.[123] Das Problem bringt die Notwendigkeit der Einführung des Rechtsinstituts der Vormerkung zum Vorschein.[124]

Die Klage nach Art. 13 Abs. 2 GBG betrifft nur die Anfechtung nachträglicher Eintragungen. Eine entsprechende Regelung über die Anfechtung der ersten Eintragungen ist nicht vorhanden. Nach der gesetzlichen Regelung bedeutet das, dass nur gutgläubige Sonderrechtsnachfolger aus einem entgeltlichen Erwerbsgrund vom öffentlichen Glauben des Grundbuchs nach Art. 13 Abs. 3 GBG geschützt sind, die vom unrichtig in einer nachträglichen Eintragung Eingetragenen erworben haben. Sonderrechtsnachfolger – auch die gutgläubigen aus einem entgeltlichen Erwerbsgrund –, die vom unrichtig in den ersten Eintragungen Eingetragenen innerhalb der Fristen von Art. 6 Abs. 2 GBG erworben haben, sind gegen eine Klage gem. Art. 6 Abs. 2 GBG des wahren, ursprünglichen Berechtigten, der in den ersten Eintragungen als Berechtigter hätte eingetragen werden müssen, nicht geschützt.

Es fragt sich, ob es sich hier um eine gesetzliche Lücke oder um eine bewusste Entscheidung des Gesetzgebers handelt. In Betracht kommt einerseits die Bestrebung des Gesetzgebers, durch die ersten Eintragungen eine feste Grundlage des

123 Freilich können die Parteien die Kaufpreiszahlung bis zur lastenfreien Eintragung des Übertragungsvertrags stunden. Der Verkäufer kann sich gegen eine Nichtzahlung absichern, indem die Übertragung unter der auflösenden Bedingung der Kaufpreiszahlung vereinbart wird. Bei gestundetem Kaufpreis läuft aber der Verkäufer, der schon übertragen hat, in der Praxis die Gefahr der gerichtlichen Geltendmachung entweder des Anspruchs auf Kaufpreiszahlung oder des Nachweises des Bedingungseintritts. Das griechische Recht sieht auch keine Möglichkeit der Abwicklung durch ein Notaranderkonto vor. Mehr bei Kabolis, SE 2011, 1447, 1448–1449.

124 Die Einführung wurde in der Phase der wissenschaftlichen Debatte vor dem Erlass der Gesetze über das Grundbuch vorgeschlagen. Deligiannis, NoV 41 (1993) 1, 11. Der Vorschlag hat bis heute keinen Widerhall gefunden.

Grundbuchs zu schaffen, und andererseits der Schutz des gutgläubigen Erwerbers.

Nach Art. 8 S. 1 GBG erzeugen zwar nachträgliche Eintragungen während der Anfechtungsfrist von Art. 6 Abs. 2 GBG die widerlegbare Vermutung von Art. 13 GBG, diese Vermutung kann jedoch nicht dem Kläger (und seinen Rechtsnachfolgern) entgegengehalten werden, der die erste Eintragung angefochten hat (Art. 8 S. 2 GBG). Von Kenntnis oder Gutgläubigkeit des Erwerbers ist hier nicht die Rede.

Fraglich ist, ob die Nichteintragung der Klage von Art. 6 Abs. 2 GBG innerhalb der gesetzten Fristen, die eventuell den guten Glauben des Erwerbers rechtfertigt, materielle Rechtsfolgen hat. Nach einer Ansicht ist bei gutgläubigen Dritten im Fall der Nichteintragung der Klage von Art. 6 Abs. 2 GBG in die Grundbücher aufgrund der Grundsätze der Legalität und des Schutzes des guten Glaubens eine analoge Anwendung von Art. 13 Abs. 3 S. 2 GBG geboten.[125] Dies würde aber dem Zweck des Art. 8 S. 2 GBG zuwiderlaufen. Die Nichteintragung der Klage von Art. 6 Abs. 2 GBG führt nur zur prozessualen Unzulässigkeit nach Art. 12 Abs. 1ιβ GBG i.V.m. Art. 220 Abs. 1 gr.ZPO.[126] Der ursprüngliche Berechtigte kann innerhalb der Frist von Art. 6 Abs. 2 GBG immer noch seine Ansprüche geltend machen. Obsiegt der Kläger, kann der – auch gutgläubige – Erwerber sein Recht nicht behalten. Als Rechtsnachfolger des unrichtig Eingetragenen wird er nach der allgemeinen Regel von Art. 325 gr.ZPO (vgl. § 325 Abs. 1 ZPO) von der Rechtskraft der Entscheidung erfasst. Dem Sinn und Zweck des Gesetzes nach geht die Standhaftigkeit der ersten Eintragung dem Prinzip des öffentlichen Glaubens vor.

Das Urteil muss unwiderruflich sein, darf also keinem Rechtsmittel einschließlich der Revision unterliegen (Art. 13 Abs. 2 S. 1 GBG). Dadurch beabsichtigt der Gesetzgeber, die Rechtsverkehrssicherheit möglichst zu wahren, jedoch auf Kosten der schnellen Rechtsfindung.[127] Anhand des Urteils kann die obsiegende Partei die entsprechende Berichtigung des Grundbuchs bewirken (Art. 17 Abs. 1 GBG).

---

125 Papasteriou, Grundbuchrecht, C § 7 Rn. 197. Dagegen: Kitsaras, Die ersten Eintragungen, S. 185; Karimpali-Tsiptsiou, ElDik 1999, 1480, 1481; Tsolakides, Die Publizität, S. 340.

126 Man kann sich gut vorstellen, dass unrichtig Eingetragene in den ersten Eintragungen angesichts einer Anfechtung durch den wahren Berechtigten vor der Erhebung bzw. Eintragung der Klage von Art. 6 Abs. 2 GBG an einen gutgläubigen oder an einen „eingeweihten" Dritten veräußern würden.

127 Karimpali-Tsiptsiou, ElDik 1999, 1480, 1484.

Verliert der wahre Berechtigte sein Recht infolge eines wirksamen Rechtserwerbs durch einen gutgläubigen Dritten, hat er gegen den unrichtig Eingetragenen Anspruch auf Herausgabe der Bereicherung gem. Art. 904 ff. ZGB (vgl. § 816 Abs. 1 S. 1 BGB). Bei Erfüllung der Voraussetzungen von Art. 914 oder 919 ZGB ist der wahre Berechtigte auch zu Schadensersatz berechtigt.

Die Haftung des Grundbuchamts für unrichtige Eintragungen wird im GBG nicht geregelt. Da es eine öffentliche Stelle ist, gelten die Vorschriften von Art. 105, 106 EGZGB über die primäre Haftung des Staats.

ffff) Offenkundige Fehler

Die Vermutung von Art. 13 Abs. 1 GBG kann auch durch das Verfahren der Art. 18 u. 19 GBG widerlegt werden.[128] Dies betrifft Fälle, bei denen keine Streitigkeit entsteht, eine Berichtigung des Grundbuchs jedoch erforderlich ist. Hier gilt das oben über die Berichtigung von offenkundigen Fehlern Ausgeführte.

dd) Grundsatz des zeitlichen Vorrangs (Art. 2 Nr. 3 GBG)

Das Vorrangsprinzip wird in Art. 15 GBG geregelt. Es ist der Niederschlag der auch im Transkriptionssystem geltenden Maxime *prior tempore potior jure*. Von zentraler Bedeutung für die Einhaltung des Prinzips ist die Eintragung in den Kalender am selben Tag mit Datum und Uhrzeit der Eintragungsanträge nach der zeitlichen Reihenfolge der Einreichung (Art. 15 Abs. 1 GBG). Unter Rechten am gleichen Grundstück hat das Recht Vorrang, das „zu einem früheren Zeitpunkt" eingetragen worden ist (Art. 15 Abs. 3 S. 1 i.V.m. Abs. 2 GBG).

Art. 15 Abs. 3 GBG scheint die Regel der absoluten zeitlichen Reihenfolge einzuführen. Abweichungen werden durch Art. 15 Abs. 3 S. 2 GBG unter Verweis auf Art. 1206, 1207, 1272 Abs. 2 und 1301 ZGB eingeführt. Der Verweis von Art. 15 GBG auf Art. 1272 Abs. 2 und 1301 ZGB spiegelt die gleiche rechtspolitische Wahl wie im ZGB wider: Wille des Gesetzgebers ist, dass Hypotheken desselben Tags den gleichen Rang erhalten und dass die Hypothekare verhältnismäßig befriedigt werden (vgl. § 879 Abs. 1 S. 2 HS 2 BGB). Die Verweisung auf Art. 1207 ZGB konstituiert keine Abweichung, da die Vorschrift der Regel des Art. 15 Abs. 3 GBG folgt.[129]

---

128 Papasteriou, Grundbuchrecht, C § 15 Rn. 113.

129 Papasteriou, Grundbuchrecht, C § 18 Rn. 22. Hier muss beachtet werden, dass das Grundbuchgesetz die Unterscheidung zwischen Transkription einer Akte über die Übertragung, Änderung, Aufhebung und Belastung eines dinglichen Rechts und Inskription einer Hypothek abschafft. Es wird einheitlich von Eintragung (καταχώριση) gesprochen.

In dem relativ seltenen Fall, dass die Eintragung mehrerer Akte über dasselbe Grundstück – sei es über die Übertragung des Eigentums, sei es über die Bestellung von anderen beschränkten dinglichen Rechten außer der Hypothek – am selben Tag beantragt wird, gilt Art. 1206 ZGB wie im Transkriptionssystem.

ee) Öffentlichkeitsgrundsatz (Art. 2 Nr. 4 GBG)

Das Publizitätserfordernis wird durch die Zugänglichkeit des Grundbuchs für die Öffentlichkeit erfüllt. Einschlägig sind Art. 21 und 22 GBG.

Die Erteilung von Bescheinigungen, Abschriften, Auszügen usw. erfolgt aufgrund eines Antrags (Art. 22 Abs. 1 GBG). Der Antragsteller muss – anders als im Transkriptionssystem – ein berechtigtes Interesse nachweisen.[130]

Die Einsichtnahme in die Grundbücher wird in Art. 21 GBG geregelt. Art. 21 Abs. 1 GBG führt als allgemeine Einschränkung die Vorschriften des Datenschutzgesetzes (G.2472/1997 – DSG) ein. Grundsätzlich ist für die Bearbeitung[131] von persönlichen Daten die Einwilligung des Betroffenen erforderlich (Art. 5 Abs. 1 DSG). Jeder Dritte, der sich ohne Einwilligung des Betroffenen Zugang zu den persönlichen Daten verschaffen will, muss ein berechtigtes Interesse verfolgen (Art. 5 Abs. 2e DSG). Der Bearbeiter muss dem Datenschutzamt sein Vorhaben bekanntmachen (Art. 6 Abs. 1 DSG). Aus dieser Pflicht sind Anwälte, Notare, unbesoldete Transkriptionsbücherbewahrer und Gerichtsvollzieher ausgenommen, soweit die Bearbeitung sich auf die Leistung von juristischen Diensten bezieht und die Verschwiegenheitspflicht gilt (Art. 7A Abs. 1e DSG).[132]

Im Fall der Grundbuchangaben muss unter „berechtigtes Interesse" die Entnahme von Informationen verstanden werden, „von denen der Antragsteller sich einen künftigen Vorteil erhofft, entweder durch die Verbesserung seiner Rechtslage oder durch die Abwendung von deren Verschlechterung."[133] Es liegt auf der Hand, dass die Spezifizierung einer solchen Aussage auf jeden einzelnen Fall schwer ist, besonders wenn das berufene Interesse sich auf künftige Handlungen des Antragstellers bezieht. Einerseits muss das Interesse des Betroffenen am

---

130 Ähnlich in Deutschland: § 12 GBO, und in der Schweiz: Art. 970 schw.ZGB; dagegen ist in Österreich keine Darlegung eines berechtigten Interesses erforderlich: § 7 öst. GBG.

131 Die Einsichtnahme fällt unter den Begriff Bearbeitung (Art. 2d DSG).

132 Aus anderen Vorschriften haben diese Kategorien ein erweitertes Einsichtsrecht: die Anwälte (Art. 36 Abs. 2a Anwaltsordnung), die Gerichtsvollzieher (Art. 22 Abs. 2 Gerichtsvollzieherordnung).

133 Tsolakides, Die Publizität, S. 214.

Datenschutz, andererseits die Funktion des Grundbuchs als Publizitätsmittel *par excellence* berücksichtigt werden. Die Regelung diesbezüglicher Einzelheiten, die für den Rechtsanwender hilfreich wären, wird durch gesetzliche Ermächtigung der Verwaltung überlassen (Art. 21 Abs. 2 GBG). Davon ist noch kein Gebrauch gemacht worden. In der heutigen juristischen Praxis werden die Grundbuchangaben ähnlich wie die Angaben im Transkriptionsbuch behandelt, d.h. als Angaben, die im Allgemeinen im Sinne von Art. 1200 ZGB jedem zugänglich sind.

ff) Grundsatz des offenen Grundbuchs (Art. 2 Nr. 6 GBG)

Der Grundsatz des offenen Grundbuchs hat keine Wirkung auf die Funktion des Grundbuchs als ein Publizitätssystem für die Übertragung, Aufhebung, Änderung, Belastung von dinglichen Rechten an Immobilien. Er bezieht sich auf die Möglichkeit, dass das Grundbuch als Einrichtung technischen Charakters zusätzliche Informationen wie die Natur, die Nutzung oder den Wert von Immobilien beinhalten kann, die als Grundlage für die Ausübung der Umwelt-, Wirtschafts-, Sozialpolitik u.a. dienen können.[134]

b) Grundstücke „unbekannten Eigentümers“

Die Katastererrichtung ist mit einem oft vorkommenden Phänomen verbunden, nämlich dem Fall, dass über viele Grundstücke, die in den Katasterkarten aufgenommen worden sind, niemand Eigentum angemeldet hat. Diese Grundstücke werden im Katasterverfahren als Grundstücke „unbekannten Eigentümers“ bezeichnet. Das liegt einerseits an der anfänglichen Nichtverpflichtung des Fiskus, sein Eigentum anzumelden (bis zur Gesetzesreform von 2013), und andererseits an der mangelhaften Informierung vieler Privateigentümer über ihre Anmeldungspflicht. Das Problem akzentuiert sich dadurch, dass über viele Grundstücke, besonders in landwirtschaftlichen Gebieten, keine beurkundeten Erwerbstitel vorhanden sind.

In der Phase der Katastererrichtung wurde aus der Erfahrung die Notwendigkeit abgeleitet, dass die Gefahr abgewendet werden musste, dass Immobilienusurpatoren Eigentum aufgrund außerordentlicher Ersitzung anmelden.[135] Art. 2 Abs. 9 KG wurde durch G.3481/2006 und G.4381/2016 entsprechend abgeändert: Die Anmeldung eines dinglichen Rechts, in der auf außerordentliche Ersitzung als Erwerbsgrund abgestellt wird, über ein Grundstück, das nach

134 Einführungsbericht zum GBG, A16b; Kitsaras, Die ersten Eintragungen, S. 23.

135 Andreadaki in Ersitzung und Nationalgrundbuch, S. 73.

Bekanntgabe der Katasterangaben als Grundstück „unbekannten Eigentümers" erscheint, ist unzulässig. Es kann statt Erklärung die Beschwerde gem. Art. 7 KG eingelegt werden, die dem Fiskus zugestellt werden muss, sonst ist sie unzulässig.

Im Bereich des Grundbuchs ist die Regelung von Art. 9 GBG von zentraler Bedeutung. Sie spiegelt eine gesetzliche Entscheidung wider, die in Einklang mit anderen Vorschriften des Privatrechts ist (Art. 972, 1824, 1868 ZGB). Das Verstreichen der Anfechtungsfrist nach Art. 6 Abs. 2 GBG, ohne dass jemand die Eintragung unter der Bezeichnung „unbekannter Eigentümer" gerichtlich in Frage gestellt hat, führt zur Endgültigkeit der ersten Eintragung und zur Begründung der unwiderlegbaren Vermutung zugunsten des Eigentums des Fiskus.[136]

Die Eintragung „unbekannter Eigentümer" weist nicht auf das Bestehen einer Streitigkeit über das Recht am Grundstück, sondern auf das Fehlen der Feststellung eines Rechts am Grundstück hin.[137] Während der Frist von Art. 6 Abs. 2 GBG befindet sich das Eigentum am Grundstück in einem Schwebezustand mit der Wahrscheinlichkeit, dass das Eigentum dem Fiskus zugeschrieben wird.[138] Nach dem Endgültigwerden der Eintragung erwirbt der Fiskus nach einer Meinung das Eigentum originär.[139]

Als erstes Rechtsmittel gegen die Eintragung stellt das Gesetz dem wahren Eigentümer den Antrag nach Art. 6 Abs. 3α GBG vor dem Grundbuchrichter zur Verfügung. Er muss innerhalb von 20 Tagen ab Antragstellung dem griechischen Fiskus zugestellt und ins Grundbuchblatt eingetragen werden. Über den Antrag wird nach dem Verfahren der freiwilligen Gerichtsbarkeit entschieden (Art. 739 ff. gr.ZPO).

Wird der Antrag zurückgewiesen, kann der Antragsteller die Klage nach Art. 6 Abs. 2 GBG gegen den griechischen Fiskus erheben (Art. 6 Abs. 3α S. 6 GBG).[140]

Die Eintragung kann auch durch das Verfahren des offenkundigen Fehlers berichtigt werden. Dazu muss der Fiskus in die Berichtigung einwilligen (Art. 18 Abs. 1β αα S. 2 GBG).[141] Das Gesetz sieht zahlreiche Ausnahmen von der Regel

---

136 MPrThes 517/2007 Nomos.

137 Feste Rechtsprechung: AP 208/2017 Nomos; AP 583/2016 Nomos; AP 309/2012 Nomos.

138 Papasteriou, Grundbuchrecht, C § 11 Rn. 16.

139 Kitsaras, Die ersten Eintragungen, S. 65. Das betrifft freilich Grundstücke, die nicht von Anfang an dem Fiskus gehören.

140 Die Klage kann auch ohne vorherige Antragstellung nach Art. 6 Abs. 3α GBG erhoben werden. Papasteriou, Grundbuchrecht, C § 7 Rn. 293. Anders die Rechtsprechung: EfAth 7318/2008 Nomos.

141 Eine sehr bedenkliche Vorschrift, da der Fiskus bis zur Endgültigkeit der Eintragung kein Eigentum hat.

vor, besonders wenn das Recht des Antragstellers sich aus öffentlich beglaubigten Urkunden ergibt (Art. 18 Abs. 1β αα S. 3 ff. GBG).

Es wird mit Recht bemerkt, dass die Erlangung des Eigentums durch den Fiskus kein Selbstzweck, sondern ein ultimativer Ausweg in den Fällen sei, in denen das Grundstück eines Eigentümers entbehrt.[142] Die Befürchtung, dass nicht nur herrenlose Grundstücke nach Art. 972 ZGB, sondern Privatgrundstücke am Ende des Prozesses der Grundbucherrichtung dem Fiskus zugeschrieben werden, besteht.[143]

c) Grundbuch und Ersitzung

Im Laufe der Analyse des griechischen Sachenrechts wurde die Bedeutung der Ersitzung als Erwerbsgrund bei Immobilien im Transkriptionssystem hervorgehoben. Es fragt sich, welche Stellung das Rechtsinstitut im Geltungsbereich des Grundbuchs einnimmt. Es muss einleitend betont werden, dass die materiellrechtlichen Vorschriften über den Erwerb von dinglichen Rechten an Immobilien durch das KG und das GBG nicht berührt werden.[144] Das beinhaltet auch die Ersitzung. Es wird geschätzt, dass in der vierten Generation der Katastererrichtung, die den Rest des Landes und vor allem Agrargebiete betrifft, bei 35 % der anzumeldenden Rechte auf Ersitzung abgestellt wird.[145]

In Bezug auf den Zeitpunkt der Erfüllung der Voraussetzungen der Ersitzung – und damit des Eigentumserwerbs – muss unterschieden werden: a) unter der Phase der Katastererrichtung, b) unter der Phase vor der Endgültigkeit der ersten Eintragungen (während der Anfechtungsfrist von Art. 6 Abs. 2 GBG) und c) unter der Phase nach der Endgültigkeit der ersten Eintragungen (nach der Erzeugung der unwiderlegbaren Richtigkeitsvermutung nach Art. 7 Abs. 1 GBG). Des Weiteren erfährt dabei die ordentliche Ersitzung eine andere Handhabung als die außerordentliche.

a) Bei der Katastererrichtung kann der Rechtsinhaber sich auf Ersitzung berufen, entweder auf ordentliche aufgrund im Transkriptionsbuch eingetragenen rechtmäßigen Erwerbstitels bzw. Putativtitels und zehnjährigen gutgläubigen Eigenbesitzes gem. Art. 1041–1044 ZGB oder auf außerordentliche aufgrund zwanzigjährigen Eigenbesitzes gem. Art. 1045 ZGB. Das Katasterbüro wird

142 Papasteriou, Grundbuchrecht, C § 8 Rn. 136.

143 Choromidis, Das Grundbuch, 3. Griechenlandweiter Kongress des Zivilrechtlervereins, S. 87.

144 Einführungsbericht zum GBG A17. Auch Kitsaras, Die ersten Eintragungen, S. 22.

145 Andreadaki in Ersitzung und Nationalgrundbuch, S. 58.

im Rahmen der vorläufigen Legalitätsüberprüfung nach Art. 3a KG grundsätzlich die Anmeldung annehmen. Die Eintragung ist in dieser Phase deklaratorisch.[146] Kollidiert ein im Transkriptionsbuch eingetragener Titel eines Erklärenden mit der Berufung auf außerordentliche Ersitzung über dasselbe Grundstück eines anderen, wird erfahrungsgemäß der eingetragene Titel vorgezogen. Der Inhaber des ausgestoßenen Rechts kann die Beschwerde gem. Art. 7 KG einlegen oder direkt Klage nach den Vorschriften des ZGB, etwa Vindikationsklage, erheben.

Nach Bekanntgabe der Katasterpläne und Katastertabellen gem. Art. 4 KG gilt über Grundstücke unbekannten Eigentümers die oben genannte verfahrensrechtliche Einschränkung von Art. 2 Abs. 9 KG. Parallel zum erwähnten Zweck der Abwendung von Usurpationen herrenloser Immobilien kann man auch in dieser Vorschrift die Absicht des Fiskus erkennen, seine Anwartschaft auf eventuellen Eigentumserwerb gem. Art. 9 GBG zu schützen.

b) Während der Anfechtungsfrist von Art. 6 Abs. 2 GBG, also nach Vornahme der ersten Eintragungen, kann der Eigentümer aufgrund ordentlicher oder außerordentlicher Ersitzung gegen den unrichtig Eingetragenen die Klage gem. Art. 6 Abs. 2 GBG erheben. Die Ersitzungszeit muss nach Art. 6 Abs. 3 στ GBG im Zeitpunkt der Klageerhebung abgeschlossen sein. Dies wurde durch Änderung des GBG (durch Art. 37 Abs. 2 G.4315/2014) bestimmt und hat die Ambivalenz der Gerichte diesbezüglich beendet. Ein Teil der Rechtsprechung hat nämlich bis zur Gesetzesänderung die Ansicht vertreten, dass die Voraussetzungen der Ersitzung schon im Zeitpunkt der Vornahme der ersten Eintragungen vorhanden sein mussten.[147] Diese Auslegung wurde als zu eng kritisiert, da Rechtsverkehrsteilnehmer, deren Recht während der Anfechtungsfrist von Art. 6 Abs. 2 GBG kraft Ersitzung entstand, von dem Berichtigungsverfahren ausgeschlossen seien.[148]

Ist das Grundstück als „unbekannten Eigentümers" eingetragen, muss wie folgt unterschieden werden: Nach der Regel von Art. 6 Abs. 3α S. 1 GBG kann die Berichtigung statt der in Art. 6 Abs. 2 GBG vorgesehenen Klage durch Antrag vor dem Grundbuchrichter nach dem Verfahren der freiwilligen Gerichtsbarkeit geltend gemacht werden. Die Vorschrift bezweckt die schnelle Erledigung von Fällen, in denen der Rechtsinhaber es unterlassen hat, seinen Erwerbstitel

146 Feste Rechtsprechung: StE 3829/1997 Nomos; StE 2650/2006 Nomos; AP 2048/2009 Nomos.

147 EfAth 600/2016 Nomos; EfAth 618/2015 Nomos; EfPireus 398/2015 Nomos.

148 Koukoutsi in Ersitzung und Nationalgrundbuch, S. 226.

vorzulegen, und damit die Entlastung der streitigen Gerichtsbarkeit. Es muss aber angenommen werden, dass die Vorschrift auch Fälle der ordentlichen Ersitzung erfasst, da auch in diesem Fall ein transkribierter – wenn auch mangelhafter – Erwerbstitel verlangt wird.[149]

Wird im Gegenteil auf außerordentliche Ersitzung abgestellt, kann der Antrag des Art. 6 Abs. 3α S. 1 GBG nicht gestellt werden. Der Ersitzer kann nur die Klage gem. Art. 6 Abs. 2 GBG gegen den griechischen Fiskus erheben (Art. 6 Abs. 3α ββ GBG).

Hat der Ersitzer es unterlassen, sein Recht innerhalb der Fristen von Art. 6 Abs. 2 S. α2 und β GBG geltend zu machen, wird die Eintragung gem. Art. 7 Abs. 1 GBG unwiderlegbar endgültig, der Ersitzer verliert sein dingliches Recht und hat gegen den Eingetragenen oder – im Fall eines Grundstücks unbekannten Eigentümers – gegen den Fiskus die Rechte aus Art. 7 Abs. 2 GBG. Danach kann er gem. Art. 7 Abs. 2 S. 5 GBG sein Recht nach den Vorschriften über die ungerechtfertigte Bereicherung oder im Wege der Wiederherstellung des vorigen Stands nach Art. 297 ZGB wiedererlangen, wenn der als Rechtsinhaber Erscheinende in der ersten Eintragung das Grundstück nicht kraft eines entgeltlichen Erwerbsgrunds an einen gutgläubigen Dritten übertragen hat. In allen anderen Fällen hat er einen Anspruch in Geld gegen den unrichtig Eingetragenen (Art. 7 Abs. 2- 4 GBG).

c) Sind die Voraussetzungen der Ersitzung nach der Endgültigkeit der ersten Eintragungen erfüllt, ist Art. 13 GBG maßgeblich. Die Vorschrift unterscheidet zwischen ordentlicher und außerordentlicher Ersitzung. Des Weiteren wird in der Lehre unterschieden zwischen dem Fall, dass der Eingetragene weiter als Rechtsinhaber im Grundbuch erscheint, und dem Fall, dass der Eingetragene das Recht veräußert bzw. belastet hat:

   (i) Erscheint der Eingetragene im Grundbuch als Rechtsinhaber und ist gem. Art. 13 Abs. 2 S. 6 GBG die Eintragung wegen eines Mangels im Erwerbstitel[150] unrichtig, gilt diese Eintragung „als Titel im Sinne von Art. 1041 und 1043 des Zivilgesetzbuchs“ und der Mangel wird geheilt, „wenn die restlichen Voraussetzungen für die ordentliche Ersitzung in der Person des unrichtig eingetragenen Berechtigten erfüllt werden.“ Hier sehen wir die Funktion der ordentlichen Ersitzung als Bewahrer der Rechtssicherheit. Die zuvor unrichtige Eintragung, etwa wegen

149 Argument *e contrario* aus der Tatsache, dass Art. 6 Abs. 3α ββ GBG sich nur auf die außerordentliche Ersitzung bezieht. Auch Magoulas, Grundbucheintragungen, S. 49.

150 Mängel im Erwerbstitel werden oft der Legalitätsüberprüfung gem. Art. 16 GBG entgehen.

Nichtigkeit des Titels[151] infolge Geschäftsunfähigkeit einer der Parteien, wird durch die Erfüllung der Voraussetzungen der ordentlichen Ersitzung in der Person des Eingetragenen richtig.
Verwandte Rechtsordnungen bedienen sich des gleichen Rechtsinstituts, um Diskrepanzen zwischen dem formellen Grundbuchstand (Eintragung) und der Rechtswirklichkeit (Eigenbesitz) aus der Welt zu schaffen, besonders in Fällen, in denen der Eingetragene zwar Eigenbesitz hat, sein Titel ihm aber aus einem Mangel kein Eigentum verschaffen kann: in Deutschland Tabularersitzung gem. § 900 BGB, in der Schweiz ordentliche Ersitzung gem. Art. 661 schw.ZGB.
Der Erwerb eines Dritten ist nicht problematisch, da er nach Erfüllung der Voraussetzungen der ordentlichen Ersitzung in der Person des zuvor unrichtig Eingetragenen vom Berechtigten erwirbt. Aber auch wenn der unrichtig Eingetragene das Recht vor Erfüllung der Voraussetzungen der ordentlichen Ersitzung überträgt, etwa vor dem Abschluss der Ersitzungszeit, erwirbt der gutgläubige Dritte das Recht gleich vom Nichtberechtigten[152] gem. Art. 13 Abs. 3 S. 2 GBG, ohne dass er abwarten muss, dass die Voraussetzungen der Ersitzung in seiner Person erfüllt sind, etwa durch Zeitanrechnung gem. Art. 1051 ZGB.

(ii) Der Fall der außerordentlichen Ersitzung wird anders konstruiert. In diesem Fall übt der nichteingetragene Dritte Eigenbesitz unter den Voraussetzungen der außerordentlichen Ersitzung nach Art. 1045 ZGB (zwanzigjähriger Eigenbesitz auch ohne guten Glauben) gegen den richtig Eingetragenen aus. Gem. Art. 13 Abs. 2 S. 3 GBG ist er nach Abschluss der Ersitzungszeit zur Klageerhebung gegen den nunmehr unrichtig[153] Eingetragenen berechtigt. Das Verstreichen der Frist von Art. 6 Abs. 2 GBG spielt keine Rolle, da der Anspruch sich auf nachträgliche Tatsachen stützt, nämlich den Eigentumserwerb durch Ersitzung.

Überträgt jedoch der unrichtig Eingetragene sein Recht an einen gutgläubigen Dritten aus einem entgeltlichen Erwerbsgrund, bevor der Ersitzer die Klage gem. Art. 13 Abs. 2 S. 1 GBG erhebt, dann erwirbt der Dritte wirksam (Art. 13 Abs. 3

151 Nach einer Meinung handelt es sich hier um eine Fiktion des Gesetzes, laut der selbst die unrichtige Eintragung als Titel im Rahmen der Voraussetzungen der ordentlichen Ersitzung gilt. Karimpali-Tsiptsiou, ElDik 40 (1999), 1480, 1487.

152 Argyriou, Grundbuchrecht, Rn. 512.

153 Die ursprünglich richtige Eintragung wird nachträglich unrichtig im Zeitpunkt des Abschlusses der Ersitzungszeit und des Rechtserwerbs durch den Ersitzer. Karimpali-Tsiptsiou, ElDik 40 (1999), 1480, 1486; Tsolakides, Die Publizität, S. 243.

S. 2 GBG). Der Ersitzer als wahrer Berechtigter hat gegen den Übertragenden die Ansprüche aus Art. 13 Abs. 4 GBG.[154]

Die Regelung findet ihr Gegenstück in den anderen Rechtsordnungen: in Deutschland Kontratabularersitzung gem. § 927 BGB, in der Schweiz außerordentliche Ersitzung gem. Art. 662 schw.ZGB. Die griechische Vorschrift ist aber unvollkommen. Das für den Eingetragenen nachteilige Ergebnis mag angesichts der Maxime *jus civile vigilantibus scriptum est* gerecht sein, wenn er es 20 Jahre lang unterlassen hat, den Besitz wieder zu erlangen oder die Vindikationsklage zu erheben, um die Ersitzungsfrist jeweils gem. Art. 1048 und 1049 ZGB zu unterbrechen. Die Ersitzung *contra tabulas* ist aber an keine weiteren, strengeren Voraussetzungen wie das Tot- bzw. Verschollenerklären des Eingetragenen oder die dreißigjährige Nichtvornahme weiterer Eintragungen vom Eingetragenen des deutschen und des schweizerischen Rechts geknüpft.

Da im GBG die Ersitzung des ZGB ohne Einschränkungen gilt, können Paradoxe entstehen:

Überträgt der (unrichtig) Eingetragene, gegen den die Ersitzungsfrist abgeschlossen ist, während der Ersitzer noch nicht Klage gem. Art. 13 Abs. 2 S. 1 GBG erhoben hat, erwirbt der redliche Dritte wirksam vom Nichtberechtigten gem. Art. 13 Abs. 3 S. 2 GBG, wie oben dargelegt. Der Ersitzer, der es unterlassen hat, die Klage zu erheben und eintragen zu lassen, ist in dieser Hinsicht nicht schutzwürdig. Es muss angenommen werden, dass die Ersitzungsfrist gegen den Erwerber ab dem Zeitpunkt der Eintragung neu beginnt, wenn letzterer den Besitz nicht ergriffen hat.

Überträgt der (immer noch richtig) Eingetragene, gegen den die Ersitzungsfrist noch nicht abgeschlossen ist, erwirbt zwar der redliche Dritte wirksam vom Berechtigten gem. Art. 1033 ZGB, aber die Ersitzungsfrist läuft gegen den Dritterwerber weiter, wenn letzterer den Besitz nicht ergriffen hat. Der Ersitzer, sobald er auf originäre Weise Eigentum erworben hat, kann die Vindikationsklage gegen den Erwerber erheben. Die Gründe der Unterbrechung der Ersitzungsfrist werden abschließend im ZGB festgelegt. Zu diesen zählt die Übertragung des Eigentums an einer Immobilie nicht. Hier kommt nicht einmal eine weite Auslegung des Art. 13 Abs. 3 S. 2 GBG dem Erwerber zugute, da die Vorschrift sich auf redlichen Erwerb vom *unrichtig* Eingetragenen bezieht. Auf diese Weise wird der Dritte, der vom Nichtberechtigten erwirbt, besser gestellt

154 Papasteriou, Grundbuchrecht, C § 8 Rn. 158–163; Georgiades, Sachenrecht, § 45 Rn. 30; Kitsaras, Die ersten Eintragungen, S. 250–251; Lisgara in Ersitzung und Nationalgrundbuch, S. 275; Argyriou, Grundbuchrecht, Rn. 518.

als der Dritte, der vom Berechtigten erwirbt, besonders in Fällen, in denen der Dritte kurz vor Abschluss der Ersitzungsfrist erwirbt und nicht genügend Zeit hat, sich über die Besitzverhältnisse des Grundstücks zu informieren und die entsprechenden Rechtsmittel zu ergreifen.

Dies entsteht dadurch, dass das Rechtsinstitut der Ersitzung des ZGB – für das Transkriptionssystem bestimmt – im Bereich des Grundbuchrechts unverändert gilt.[155] Damit dringt das im Transkriptionssystem für das Eigentum entscheidende Element des Besitzes[156] in das Grundbuchrecht mit der Folge ein, dass das Prinzip des öffentlichen Glaubens beeinträchtigt wird. Hier ist eine gesetzliche Regelung angesagt.[157] § 927 BGB und Art. 662 schw.ZGB können als Wegweiser dienen.

Aus der Analyse ergibt sich, dass das Rechtsinstitut der Ersitzung in allen Phasen der Grundbucherrichtung und der Grundbuchfunktion seine Wirkung als Erwerbsgrund behält. Der Ersitzer ist so gut wie jeder Rechtsinhaber aufgrund eines Erwerbstitels zur Klageerhebung berechtigt. Im funktionierenden Grundbuch ist die Ersitzung wie in anderen Rechtsordnungen ein nützliches Mittel, um die Rechts- und die Grundbuchwirklichkeit in Einklang zu bringen. Unvollendet scheint die Regelung der außerordentlichen Ersitzung zu sein, was zu unbilligen Ergebnissen führen kann, da diese Form der Ersitzung außerhalb des Grundbuchs wirkt. Auf jeden Fall bleibt noch abzuwarten, was für Probleme nach der Endgültigkeit der ersten Eintragungen in der Praxis auftauchen werden und welche Stellung die Rechtsprechung einnehmen wird.[158]

155 Papasteriou, Grundbuchrecht, C § 8 Rn. 144; Kitsaras, Die ersten Eintragungen, S. 248; Kousoula, Der öffentliche Glaube, S. 88.

156 Vgl. die Vorschriften über den Mobilienerwerb vom Nichtberechtigten (Art. 1036 ff. ZGB/§§ 932 ff. BGB). Die Übergabe des Besitzes – und zwar des unmittelbaren – wird vorausgesetzt. Georgiades, Sachenrecht, S. 614; Baur/Stürner, Sachenrecht, § 52 Rn. 13 ff. In diesem Fall aber unterbricht gleichzeitig die Erlangung des Besitzes die Ersitzungsfrist (Art. 1048 S. 1 ZGB/§ 940 Abs. 1 BGB).

157 Z.B. dass nachträgliche Eintragungen innerhalb der Ersitzungsfrist die Ersitzung unterbrechen.

158 Durch die letzte Änderung des GBG (Art. 37 G.4361/2016) wurden die Fristen für die Erhebung der Klage nach Art. 6 Abs. 2 α und β GBG verlängert. Infolgedessen sind die ersten Eintragungen noch nirgendwo in Griechenland endgültig geworden. Z.B. werden die ersten Eintragungen im Grundbuchamt von Eleusis (unter den ersten Katastererrichtungen – Beginn des Grundbuchs am 30.1.2004) gem. Art. 6 Abs. 2 β GBG (vierzehnjährige Frist) am 30.1.2018 endgültig. Diese Frist, die die „erste Generation" der Katastererrichtung betrifft, wurde während der letzten Phase der Verfassung dieses Buchs durch Änderung von Art. 6 Abs. 2β GBG um drei Monate bei

d) Das Verfahren vor dem Grundbuchamt

aa) Das Grundbuchamt

Die Grundbuchämter sind Behörden, die dem Ministerium für Umwelt, Energie und Klimawandlung (jetzt Ministerium für Umwelt und Energie) zugeordnet sind und die Aufbewahrung der grundbuchrechtlichen Angaben zur Aufgabe haben (Art. 3 Abs. 1α S. 1 GBG).[159]

bb) Die Grundbuchangaben

Die in den Grundbuchämtern aufbewahrten Angaben werden in Art. 3 Abs. 2 GBG genannt.

Zentrale Einrichtung ist das Grundbuch selbst, das aus den Grundbuchblättern besteht, in denen die Eintragungen entweder in elektronischer Form oder als Loseblattwerk in Druckform vorgenommen werden (Art. 10 Abs. 1 GBG). Es wird ein einheitliches Grundbuchblatt vorgesehen. Aus dem Grundbuchblatt ergeben sich die Chiffrenummer, die Beschreibung des Grundstücks nach Lage und Fläche, die Angaben des Eigentümers bzw. der Miteigentümer nach Anteilen und das Eigentumsrecht. Steht der Eigentums- oder Rechtserwerb unter einer auflösenden bzw. aufschiebenden Bedingung oder Zeitbestimmung, ist als Rechtsinhaber der Erwerber bzw. Übertragende jeweils eingetragen.[160]

Nachträgliche Eintragungen über den Eigentumswechsel folgen in chronologischer Ordnung.

Es folgen die Eintragungen über andere eintragungsfähige Rechte, etwa Dienstbarkeiten, Hypotheken. Aus jeder Eintragung muss sich die Person des Berechtigten, der Erwerbstitel und das Eintragungsdatum ergeben (Art. 11 Abs. 1-4β GBG).

Weitere Grundbuchangaben sind: der Kalender, der der Wahrung des Prinzips der zeitlichen Reihenfolge der Eintragungen dient (Art. 3 Abs. 2δ GBG), das alphabetische Verzeichnis, das ausschließlich die Suche nach den Berechtigten erleichtert (Art. 3 Abs. 2ε GBG), das Archiv der Titel, der Lagepläne und

---

Grundbüchern verlängert, bei denen die vierzehnjährige Frist innerhalb von 2018 abgeschlossen wird.

159 Dies belegt den vorwiegend technischen Charakter des griechischen Grundbuchsystems.

160 Choromidis, Das Grundbuch, 3. Griechenlandweiter Kongress des Zivilrechtlervereins, S. 102. Ob die Bedingung bzw. Zeitbestimmung im Grundbuchblatt ersichtlich ist, siehe unten 5.

der sonstigen Berechtigungsunterlagen, das die zur Eintragung erforderlichen Urkunden enthält (Art. 3 Abs. 2στ GBG).

In den Grundbuchämtern werden auch die Katasterpläne und die Katastertabellen über die Grundstücke des Bezirks aufbewahrt (Art. 3 Abs. 2 α, β GBG). Die Weiterführung des Katasterinhalts bezüglich technischer Daten bleibt bei der NKKA[161] (nunmehr „Griechisches Kataster").

cc) Der Leiter des Grundbuchamts

Der Leiter des Grundbuchamts ist Träger eines öffentlichen Amts (Art. 3 Abs. 1a S. 4 GBG). Er ist vor allem zuständig für die Durchführung der Legalitätsüberprüfung nach Art. 16 GBG[162] und für die Fassung von Beschlüssen anhand der ihm eingereichten Anträge (z.B. Art. 16 Abs. 2 u. 5, Art. 18 Abs. 2 GBG).

Seine Beschlüsse, die einen Antrag zurückweisen, sind Akte eines außergerichtlichen Grundbuchorgans, das der gerichtlichen Kontrolle unterliegt.[163]

dd) Das Verfahren im Grundbuchamt

Die Einleitung des Eintragungsverfahrens vor dem Grundbuchamt erfolgt auf Antrag (Art. 14 Abs. 1 S. 1 GBG). Den Antrag stellt jede natürliche oder juristische Person, die ein berechtigtes Interesse hat (Art. 14 Abs. 2α S. 1 GBG). Das ist in erster Linie der Rechtserwerber wie auch diejenigen, deren Rechte von der Eintragung betroffen werden. Berechtigtes Interesse kann auch der Gläubiger des Einzutragenden belegen, wenn die Befriedigung seiner Forderungen von der Eintragung abhängig ist.[164]

Andere Antragsberechtigte sind Anwälte, Notare und Bevollmächtigte im Besitz einer notariellen Vollmacht (Art. 14 Abs. 2α S. 2, 3 GBG). Art. 14 Abs. 3-5 GBG bestimmt die Personenangaben und die miteinzureichenden Unterlagen.

Die Anträge werden am selben Tag nach ihrer zeitlichen Reihenfolge in den Kalender eingetragen (Art. 15 Abs. 1 S. 1, 2 GBG). Der Leiter des Grundbuchamts entscheidet innerhalb von fünf Tagen ab der Antragstellung, ob der Antrag angenommen oder zurückgewiesen wird (Art. 15 Abs. 2 S. 2 GBG). Innerhalb der fünf Tage muss das Grundbuchamt die Legalitätsüberprüfung nach Art. 16 durchgeführt haben (Art. 15 Abs. 2 S. 2 GBG).

---

161 Papasteriou, Grundbuchrecht, C § 4 Rn. 32.

162 Dabei werden ihm „quasi-richterliche Kompetenzen" zugesprochen. EfThes 600/2009, Arm, 2009, 1178; ProtThes 4308/2009, Arm 2009, 1672.

163 Op.cit. Papasteriou, C § 7 Rn. 504.

164 AP 583/2016 Nomos.

Wird der Antrag angenommen, erfolgt die Eintragung. Als Eintragungszeit gilt das Datum der Antragstellung (Art. 15 Abs. 2 S. 3 GBG).

Wird der Antrag zurückgewiesen, macht der Leiter des Grundbuchamts einen Vermerk darüber und erklärt die Gründe dafür (Art. 16 Abs. 2 GBG). Der Leiter des Grundbuchamts agiert dabei in seiner Funktion als ein „quasi rechtsprechendes Organ."[165] Gegen den Beschluss über die Zurückweisung kann Beschwerde vor dem Grundbuchrichter eingelegt werden (Art. 16 Abs. 5 S. 1 GBG),[166] der im Verfahren der freiwilligen Gerichtsbarkeit entscheidet (Art. 16 Abs. 5 S. 4 GBG). Die Beschwerde muss in das entsprechende Grundbuchblatt eingetragen werden, sonst ist sie unzulässig (Art. 16 Abs. 5 S. 3 GBG). Wird der Beschwerde stattgegeben, erfolgt die Eintragung wie beantragt.[167] Als Zeit der beantragten Eintragung gilt die Zeit der Antragstellung gem. Art. 791 Abs. 4 gr.ZPO.

Handelt es sich um einen formellen Mangel, der berichtigt oder ergänzt werden kann, kann der Leiter des Grundbuchamts eine Frist – nicht länger als fünf Tage – zur Einreichung der fehlenden Unterlagen setzen (Art. 16 Abs. 3 S. 1 GBG). Die Eintragung erfolgt vorübergehend unter dem Vorbehalt der fristgerechten Beseitigung des Mangels und wird endgültig, wenn der Mangel aufgehoben wird (Art. 16 Abs. 3 S. 2, 3 GBG). Eintragungszeit ist die Zeit der vorübergehenden Eintragung (Art. 16 Abs. 3 S. 4 GBG). Die vorübergehende Eintragung bewirkt bis zu ihrem Endgültigwerden eine Grundbuchsperre (Art. 16 Abs. 4a GBG).

Art. 36 G.4512/2018 sieht zusätzlich ein Widerspruchsverfahren vor. In jedem Grundbuchamt wird ein dreiköpfiger Ausschuss über die Beseitigung von Beschwerden gegründet. Gegen die Beschlüsse des Leiters des Grundbuchamts, die nach Art. 16, 17, 18 und 19 GBG gefasst werden, wird innerhalb einer Frist von zehn Tagen Widerspruch vor dem Ausschuss eingelegt. Der Widerspruch wird in das entsprechende Grundbuchblatt eingetragen und unterbricht die Frist für die Erhebung der Rechtsbehelfe, die in Art. 16, 17, 18 und 19 GBG vorgesehen werden. Über den Widerspruch muss innerhalb von 30 Tagen beschlossen werden. Die Rechtsbehelfe von Art. 16, 17, 18 und 19 GBG richten sich gegen diesen Beschluss des Ausschusses.

---

165 Op.cit. Papasteriou, C § 19 Rn. 19.

166 Gegen den Beschluss des Leiters des Grundbuchamts, sei er positiv oder negativ, kann jeder Dritte, der ein berechtigtes Interesse hat, Beschwerde einlegen (Art. 16 Abs. 5 GBG).

167 Op.cit. Papasteriou, C § 55.

e) Vergleich zum Transkriptionssystem und allgemeine Bewertung

Die Einführung des Grundbuchs in Griechenland signalisiert ohne Zweifel den Übergang von einem System der Publizität, das nur der bloßen (unvollkommenen) Informierung über die dinglichen Rechtsverhältnisse an Immobilien dient (formelle Publizität), zu einem System, durch das die Richtigkeit der Grundbucheintragungen vermutet und das Vertrauen gutgläubiger Dritter daran geschützt wird (materielle Publizität).[168]

Neben den Grundsätzen der Richtigkeitsvermutung und des öffentlichen Glaubens sind die wichtigsten Punkte, bei denen das Grundbuchsystem offensichtliche Vorteile im Vergleich zum Transkriptionssystem aufweist, die folgenden:

- Die Vereinheitlichung der Eintragungen in einem Grundbuchblatt statt der Führung mehrerer Bücher.
- Die katastermäßige Erfassung der Grundstücke auf einer offiziellen Karte erleichtert die exakte Lokalisierung des Objekts zum Zweck der Übertragung, Belastung oder Zwangsvollstreckung und reduziert die Streitigkeiten über den Verlauf der Grenzen.[169]
- Das GBG gebietet die Legalitätsüberprüfung der einzutragenden Akte, während das Transkriptionssystem sich mit einer formellen Überprüfung begnügt. Trotzdem muss man zugeben, dass auch die Legalitätsüberprüfung inhärente Mängel des Rechtsgeschäfts wie die Willensmängel nicht aufdecken kann.
- Nach der Vollendung des Nationalgrundbuchs, d.h. nach der Endgültigkeit der ersten Eintragungen griechenlandweit, wird ein klares Bild über das öffentliche und das private Eigentum geschaffen. Dadurch wird einerseits der gutgläubige Privaterwerber vor Klagen der öffentlichen Hand aufgrund seiner Eigentumsvermutung geschützt[170] und andererseits das seit Gründung des griechischen Staats bestehende Problem der Usurpation staatlichen unbeweglichen Eigentums endgültig bekämpft.[171]
- Die Registrierung weiterer Informationen über Immobilien (Prinzip des offenen Grundbuchs) ermöglicht die Ausübung einer sinnvolleren Raumordnungs-, Stadtplanungs-, Agrar- und Finanzpolitik.

---

168 Op.cit. Papasteriou, A § 1 Rn. 1; Georgiades, Sachenrecht, § 91 Rn. 8. Die Begriffe werden hier nicht im Sinn des „formellen bzw. materiellen Rechts“ verwendet, sondern im Sinn einer „Scheinpublizität“ mit begrenzten Wirkungen in Gegenüberstellung zur einer „tatsächlichen“ Publizität.

169 Doris, Arm 1995, 1564, 1565.

170 Darüber oben Kapitel II 8.

171 Kousoulas, Grundbuchrecht, S. 13–14.

f) Symbiose des Transkriptions- und des Grundbuchsystems

Wegen der allmählichen, nach Gebieten erfolgenden Einführung des Grundbuchsystems gelten heute beide Systeme parallel. Aus diesem Grund ist noch keine Änderung des ZGB vorgenommen worden. Manche Verfahren bzw. Rechtsverhältnisse, vor allem die Katastererrichtung (KG) und die ersten Eintragungen (Art. 6-9 GBG), dienen einem einmaligen, vorübergehenden Zweck. Sie werden also nach Erfüllung dieses Zwecks gegenstandslos.[172]

Die einheitliche Geltung des Grundbuchsystems ist aber nicht mit einem definitiven Abschied von Rechtsphänomenen des Transkriptionssystems verbunden. Am besten lässt sich das Verhältnis zwischen den beiden Systemen durch Beispiele skizzieren. Es wird hier zwischen den drei Phasen (Katastererrichtung, vor und nach Endgültigkeit der ersten Eintragungen) unterschieden. Es wird der Fall eines gutgläubigen Dritten vermutet, der Eigentum bzw. ein dingliches Recht an einer Immobilie zu erwerben beabsichtigt und sich über die Rechtsverhältnisse der Immobilie aus den öffentlichen Büchern informieren möchte.

In der Phase der Katastererrichtung ändert sich nichts. Der Dritte muss die oben in Kapitel V 3.d)hh) dargestellte Suche der Erwerbstitel durchführen. Das Transkriptionssystem hat volle Geltung.[173]

In der Phase gleich nach der Vornahme (Art. 12 KG) und bis zur Endgültigkeit der ersten Eintragungen muss der Interessent die normale Suche in den Transkriptionsbüchern durchführen wie auch das entsprechende Grundbuchblatt einsehen. Die Angaben zu dem im Transkriptionsregister eingetragenen Berechtigungstitel müssen mit den Grundbuchangaben übereinstimmen. Die Grundbucheintragungen erzeugen jedoch in dieser Phase keine Richtigkeitsvermutung. Erwirbt der Dritte während der Frist von Art. 6 Abs. 2 GBG, ist er Klagen anderer zur Berichtigung der Eintragung ausgesetzt. Sein guter Glaube über das Recht seines Vorgängers hilft ihm dabei nicht (Art. 8 S. 2 GBG, mehr oben unter 4.a)cc)bbb)). Erscheint die Immobilie in den Grundbucheintragungen als Grundstück unbekannten Eigentümers, kann der Dritte nach der Berichtigung der Eintragung als offenkundiger Fehler gem. Art. 18 Abs. 1β αα GBG (mehr oben unter 4.b)) oder gem. Art. 7a Abs. 1α S. 1 GBG unter der Bedingung des Erlasses einer unwiderruflichen gerichtlichen Entscheidung aufgrund einer Klage gem. Art. 6 Abs. 3α GBG i.V.m. Art. 6 Abs. 2 u. Art. 7a Abs. 1a S. 2–4

172 Zu diesem Zeitpunkt wird eine gründliche Revidierung des dritten Buchs des ZGB geboten sein. Zusätzlich muss eine klare Trennung des materiell-rechtlichen (ZGB) und des formell-rechtlichen (GBG im Vorbild der GBO) Grundbuchrechts erfolgen.

173 Tsolakides, Nichtigerklärung, S. 199.

GBG (mehr oben unter 4.a)bb) u. 4.b)) erwerben. In dieser Phase kann sich der Erwerbswillige keine absolute Sicherheit, weder bezüglich der Person des Berechtigten noch bezüglich der Identität der Immobilie, verschaffen.

Nach der Endgültigkeit der ersten Eintragungen kann der gutgläubige Erwerber aus einem entgeltlichen Erwerbsgrund das Recht vom unrichtig Eingetragenen gem. Art. 13 Abs. 3 S. 2 GBG wirksam erwerben. Das bedeutet, dass der Dritte, der Interesse an einem Rechtserwerb hat, sich auf die Grundbucheintragungen verlassen kann, ohne eine Titelsuche in den Büchern des Transkriptionsregisters zu betreiben.[174] Mängel des Erwerbstitels des Eingetragenen schlagen in die nachträgliche Eintragung nicht durch (mehr oben unter 4.a)cc)bbb)aaaa)). Da der Grundsatz des öffentlichen Glaubens der Grundbucheintragungen nur bei einem entgeltlichen Erwerb gilt, muss der Dritte, der aus einem unentgeltlichen Rechtsgrund zu erwerben beabsichtigt, die normale Suche der vorigen Erwerbstitel auch im Transkriptionsregister betreiben, bis die Ersitzungszeit der Rechtsvorgänger abgeschlossen ist. Wurden mehrere konsekutive nachträgliche Eintragungen vorgenommen, erübrigt sich die Suche in den Angaben des Transkriptionsregisters, wenn eine der nachträglichen Eintragungen sich auf einen gutgläubigen entgeltlichen Rechtserwerb stützt. Die Suche betrifft daher die Wirksamkeit der darauffolgenden Eintragungen, die von der Richtigkeitsvermutung von Art. 13 Abs. 3 S. 2 GBG nicht erfasst werden.

Wie oben ausgeführt (mehr oben unter 4.c)), bleibt das Rechtsinstitut der Ersitzung bestehen. Besonders die außerordentliche Ersitzung erzeugt Rechte außerhalb des Grundbuchs. Der Eingetragene, dem der Besitz – im Fall eines Drittersitzers auch unwissend (mehr darüber in Kapitel III 5.) – entzogen worden ist, kann sein Recht verlieren und einer Klage des Ersitzers gem. Art. 13 Abs. 2 S. 1, 3 GBG ausgesetzt sein. Er kann dieses nachteilige Ergebnis vereiteln, indem er das Recht an einen gutgläubigen Dritten aus einem entgeltlichen Erwerbsgrund überträgt, bevor der Ersitzer die Klage erhebt.[175] Der Dritte also, der ein Recht erwerben möchte, muss sich zusätzlich über die Besitzverhältnisse des Grundstücks informieren.

---

174 Nach Art. 23 Abs. 2 S. 2 GBG dienen die Bücher des Transkriptionsregisters nach dem Übergang in das Grundbuchsystem als Archiv.

175 Vor dem Abschluss der Ersitzungsfrist kann er die Ersitzung gem. Art. 1048, 1049 ZGB unterbrechen.

5. Rechtsvergleichende Anmerkungen

In jedem Grundbuchsystem ist das Grundstück der Bezugspunkt der dinglichen Rechte. Auf dieses Prinzip gestützt gestaltet jede Rechtsordnung ihr individuelles Publizitätssystem. Freilich lassen sich Grundbuchrechtsfamilien unterscheiden.[176] Das griechische Grundbuchsystem stützt sich größtenteils auf das deutsche System wie auch auf die vertraute Grundbuchordnung von Dodekanes.

Wie oben gezeigt, verfolgt das griechische Grundbuchsystem ein Hauptziel: Das Prinzip der formellen Publizität des Transkriptionssystems wird durch das Prinzip der materiellen (tatsächlichen) Publizität über die Rechtslage ersetzt. Letzteres findet seinen Niederschlag einerseits in Art. 13 Abs. 1 GBG (Richtigkeitsvermutung der Eintragungen, vgl. § 891 BGB) und andererseits in Art. 13 Abs. 3 GBG (gutgläubiger Erwerb vom Nichtberechtigten, vgl. § 892 BGB).[177] Dieses Prinzip wird auf technischer Ebene durch die Gewährleistung der katastermäßigen Identität des Grundstücks nach Lage und grundsätzlich nach Fläche und Grenzen ergänzt.

Grundsätze

Die in Art. 2 GBG aufgelisteten Prinzipien, die dem griechischen Nationalgrundbuch zugrunde liegen, stimmen teilweise mit denen überein, die sich aus dem formellen und materiellen deutschen Grundbuchrecht skizieren lassen, wenn auch mit inhaltlichen Abweichungen.

Nach dem **Grundsatz der grundbezogenen Organisation der Grundbuchinformationen** erhält jedes Flurstück eine einmalige Chiffrenummer, wie im deutschen Grundbuch jedes Grundstück unter einer besonderen Nummer im Bestandsverzeichnis gebucht ist.[178] Das griechische Grundbuch hat noch dazu eine intensivere technische Prägung.[179] Die Information im Grundbuchblatt ist zwar rechtlich, aber die Grundbuchangaben beinhalten auch den entsprechenden Katasterplan.[180]

---

176 Z.B. die deutsche (Deutschland, Schweiz, Österreich), die Rechtsordnungen, in denen das Torrenssystem gilt (Australien, England), das dänische Tinglysningsystem, das andere skandinavische Länder beinflusst hat. Deligiannis, NoV 41 (1993) 1, 4, Fn. 9.

177 Tsolakides, Die Publizität, S. 225.

178 RG 84, 265, 270.

179 Papasteriou, Grundbuchrecht, B § 2 Rn. 7. Eine ähnliche Tendenz weist auch das deutsche Grundbuch im Rahmen der „Neuentwicklung eines Datenbank-Grundbuchs" auf. Schöner/Stöber, Grundbuchrecht, Rn. 84e.

180 Vgl. die obligatorische Beifügung – unter Unwirksamkeitsfolge bei Unterlassung – eines Auszugs des Katasterplans bei jedem einzutragenden dinglichen Rechtsgeschäft nach Art. 14 Abs. 5 GBG.

Der **Grundsatz des Vorrangs der Rechte nach der zeitlichen Reihenfolge** ihrer Eintragung ist auch im deutschen Grundbuch enthalten (§§ 17, 45 GBO). Der deutsche Gesetzgeber befolgt konsequenter als der griechische das Prinzip der absoluten Reihenfolge der Eintragungen nach der Zeit der Einreichung des Eintragungsantrags (nach Tag, Stunde und Minute),[181] mit Ausnahme der gleichzeitigen Antragstellung (§ 45 Abs. 1 GBO). Die griechische Vorschrift sieht Abweichungen vor (mehr in 4.a)dd)), obwohl Art. 15 Abs. 1 S. 2 GBG eine Eintragung nach Datum und Uhrzeit vorsieht. Darüber hinaus ist die deutsche Rechtsordnung insoweit flexibler, als sie eine Rangbestimmung (§ 45 Abs. 3 GBO) oder einen vertraglichen Rangwechsel unter den Parteien ermöglicht.[182]

Der **Publizitätsgrundsatz** steht in beiden Rechtsordnungen unter der Voraussetzung der Darlegung eines berechtigten Interesses zur Einsicht (Art. 21 Abs. 1 GBG /§ 12 Abs. 1 GBO).

Die dem deutschen und griechischen Recht gemeinsamen **Grundsätze der Richtigkeitsvermutung der Grundbucheintragungen** (Art. 13 Abs. 1 GBG/§ 891 BGB), **des öffentlichen Glaubens** (Art. 13 Abs. 3 S. 2 GBG/§§ 892, 893 BGB) und **der Legalitätsüberprüfung** (Art. 16 GBG/u.a. §§ 1 Abs. 1, 13 Abs. 1, 19 GBO) wie auch flankierend der **Antragsgrundsatz** (Art. 14 Abs. 1 GBG/§ 13 Abs. 1 S. 1 GBO), der **Voreintragungsgrundsatz** (Art. 16 Abs. 1ε GBG/§ 39 Abs. 1 GBO) und der **Grundsatz des Typenzwangs** und **der Typenfixierung** (Art. 12 GBG) werden unten behandelt.

Einrichtung

Zentrales Element für beide Grundbücher ist das Grundbuchblatt. Am Kopf des griechischen Grundbuchblatts steht die Chiffrenummer des betroffenen Grundstücks, gefolgt von der Beschreibung des Grundstücks nach Lage und Fläche (bei geteiltem Eigentum werden auch die Eigentumsanteile am Grundstück verzeichnet), danach die Personalien des Eigentümers (bei mehreren Eigentümern auch ihre Anteile) und die Berechtigungstitel, als letztes werden die beschränkten dinglichen Rechte und die restlichen Lasten des Grundstücks eingetragen. Obwohl Art. 11 Abs. 4β GBG von gesonderten Abteilungen des Grundbuchblatts spricht, wird in der Praxis das Grundbuchblatt als einheitliches Loseblatt geführt (siehe Anhang II Abbildung 5). Das Fehlen von Streichungen bei gelöschten Rechten nach dem Vorbild des deutschen Grundbuchs erschwert die Übersichtlichkeit.

---

181 Schöner/Stöber, Grundbuchrecht, Rn. 57.

182 Ein solches Recht ist nur bei dem Rangwechsel von konsekutiven Hypotheken nach ZG 612/1968 begrenzt. Mehr darüber in Kapitel XI 5.d).

Die Grundbuchblätter werden heute elektronisch in Dateien wie auch in Druckform geführt (Art. 10 Abs. 1 GBG). Der Übergang zum digitalen Grundbuch sieht die elektronische Einreichung von Anträgen (Art. 14 Abs. 1 S. 4 GBG), die elektronische Verbindung mit Einsichtsberechtigten, etwa Anwälten, Notaren (Art. 21 Abs. 2 S. 1 GBG), und die elektronische Erteilung von Abschriften (Art. 22 Abs. 1 S. 2 GBG) vor. Für die vorgezeichneten Schritte sind der Verwaltung entsprechende Ermächtigungen erteilt, von denen noch kein Gebrauch gemacht worden ist. Im Gegensatz dazu hat im deutschen Grundbuch die digitale Ära schon begonnen.[183]

Nach dem Grundsatz des Typenzwangs und der Typenfixierung, der genauso im griechischen wie im deutschen Sachen- und folglich im Grundbuchrecht gilt, sind die eintragungsfähigen Rechte im Gesetz genau bezeichnet und müssen den im Gesetz vorgesehenen Inhalt haben. Eine nach Art. 12 Abs. 1 GBG vorgesehene – nicht abschließende – Auflistung der eintragungsfähigen Rechte ist im deutschen Recht nicht zu finden. Fragen wirft die Eintragungsfähigkeit von Rechtsverhältnissen auf, die die Wirksamkeit einer Rechtsübertragung beeinflussen, wie etwa von Verfügungsbeschränkungen bzw. -verboten, Bedingungen oder testamentarischen Bestimmungen.

Nach Art. 12 Abs. 1 ια GBG sind einzutragen: „Die Zwangs- oder Arrestbeschlagnahmen wie auch jede andere Verfügungsbeschränkung des Grundstückseigentümers, die nach dem Gesetz der Publizität in den Transkriptions- und Hypothekenbüchern unterliegt." Wird also die Eintragung einer nach dem Gesetz eintragungspflichtigen Verfügungsbeschränkung bzw. eines Verfügungsverbots unterlassen, erwirbt der gutgläubige Dritte gem. Art. 13 Abs. 3 GBG lastenfreies Recht. Fraglich ist, ob es nichteintragungspflichtige Verfügungsbeschränkungen, Verfügungsverbote und andere rechtserhebliche Umstände gibt, die außerhalb des Grundbuchs wirken und eine Rechtsänderung beeinträchtigen können.

Es muss im Vorfeld betont werden, dass absolute gesetzliche Verbote (Art. 175 S. 1 ZGB; vgl. § 134 BGB) außerhalb des griechischen Grundbuchs wirken.[184] Es werden daher relative Verfügungsbeschränkungen bzw. -verbote behandelt, die zugunsten bestimmter Personen vorgesehen sind (Art. 175 S. 2 ZGB; vgl. § 135 BGB).

---

183 Schöner/Stöber, Grundbuchrecht, Rn. 69a-69b.

184 Kitsaras, Die ersten Eintragungen, S. 226.

Insolvenz – Einstweilige Anordnungen
Ein solches absolutes Verfügungsverbot ist die Eröffnung des Insolvenzverfahrens. Nach Art. 17 Abs. 1 gr.InsO verliert der Schuldner mit der Eröffnung des Insolvenzverfahrens das Verfügungsrecht über sein Vermögen. Nach Art. 9 Abs. 1 gr.InsO ist die betreffende gerichtliche Entscheidung eintragungsfähig. Die Unterlassung der Eintragung hat jedoch keine Wirkung auf das Verfügungsverbot aus der Beschlagnahme der Insolvenzmasse, da die Folgen der Insolvenz ab dem Zeitpunkt des Erlasses der Entscheidung gem. 17 Abs. 1 gr.InsO ohne Weiteres eintreten.[185] Über eine entsprechende Vorschrift wie § 81 Abs. 1 S. 2 InsO verfügt das griechische Recht nicht.

Im Allgemeinem sind einstweilige Verfügungen über die Vornahme oder das Unterlassen eines Handelns, die gem. Art. 731 ff. gr.ZPO angeordnet sind, nicht eintragungsfähig.[186] Allerdings sind einstweilige Verfügungen wie die Arrestbeschlagnahme von Immobilien gem. Art. 707 gr.ZPO und provisorische Anordnungen gem. Art. 691A Abs. 3 gr.ZPO, die ein Verfügungsverbot über eine Immobilie zur Sicherung bzw. Wahrung des bestehenden Zustandes anordnen, gem. Art. 714 Abs. 3 gr.ZPO eintragungsfähig. Die Eintragung ist Voraussetzung dafür, dass das Verfügungsverbot Dritten entgegengehalten werden kann.[187]

Erbfolge
Bei Erwerb von einem Scheinerben wurde für das Transkriptionssystem (Kapitel V 3.b)) gezeigt, dass der gutgläubige Dritte nur geschützt wird, wenn er aufgrund eines Erbscheins gem. Art. 1963 ZGB erwirbt. Im Geltungsbereich des Grundbuchs erwirbt jedoch der gutgläubige Dritte nach Art. 13 Abs. 3 GBG vom Scheinerben wirksam, egal ob die Eintragung sich auf einen Erbschein oder auf eine notarielle Erbschaftsannahme stützt, die als solche keine Richtigkeitsvermutung wie der Erbschein gem. Art. 1962 ZGB erzeugt (Kapitel V 3.d)bb)). Testamentarische Bestimmungen, die die Verfügungs- und Verwaltungsbefugnisse des Erben beschränken bzw. ausschließen mit Wirkung auf Dritte, sind die Anordnung einer Nacherbschaft (Art. 1923 i.Vm. Art. 1937 Abs. 2 ZGB) und die Ernennung eines Testamentsvollstreckers (Art. 2017 ff. ZGB). Diese

---

185 Ein gutgläubiger Erwerb ist wegen des Schutzes von weiteren Interessen der Allgemeinheit grundsätzlich ausgeschlossen. Spiridakis, Insolvenzrecht, S. 159; Kotsiris, Insolvenzrecht, S. 288. Im Geltungsbereich des Grundbuchs wäre aber die Überlegenheit des Schutzes des guten Glaubens des Erwerbers denkbar, wenn die Unterlassung auf Fahrlässigkeit des Insolvenzverwalters zurückzuführen ist. Tsolakides, Die Publizität, S. 322.

186 Manti, Die Legalitätsüberprüfung, S. 126.

187 AP (Plenum) 17/2009 ArchN 2010, 336; AP 557/2010 NoV 58 (2010) 1993.

Bestimmungen sind nicht eintragungsfähig.[188] Sie können nur dem eingetragenen Erbschein entnommen werden, in dem ihre Erwähnung gem. Art. 820 gr.ZPO verpflichtend ist.[189] Nichteintragungsfähig ist auch der gerichtliche Beschluss über die Liquidation der Erbschaft gem. Art. 1913 ff., der die Verfügungsbefugnisse des Erben beschränkt.

Bedingungen

Rechtsgeschäfte über die Eigentumsübertragung von Immobilien unter auflösenden bzw. aufschiebenden Bedingungen bzw. Zeitbestimmungen sind im griechischen Recht – im Gegensatz zu § 925 Abs. 2 BGB – erlaubt. Es liegt auf der Hand, dass die Einbeziehung einer Bedingung oder Zeitbestimmung im dinglichen Rechtsgeschäft von großer Bedeutung ist, da ihr Eintritt bzw. Ausfall (je nachdem) jede Verfügung während der Schwebezeit gem. Art. 206 ZGB nichtig und damit die Eintragung unrichtig macht. Ein gutgläubiger Erwerb gem. Art. 13 Abs. 3 S. 2 GBG ist nicht möglich. Die Eintragungsfähigkeit solcher Rechtsgeschäfte ist unbestritten.[190] Eintragungsfähig ist auch die Urkunde über die Tilgung des Kaufpreises und die Feststellung des Ausfalls der auflösenden Bedingung, unter der die Eigentumsübertragung stand.[191] Gleiches muss über den Eintritt der aufschiebenden Bedingung der Nichtübertragung des Eigentums bis zur vollständigen Kaufpreiszahlung gelten.

Fraglich ist, ob solche Bedingungen bzw. Zeitbestimmungen während der Schwebezeit im Grundbuchblatt der Immobilie ersichtlich sind. Aus der bisherigen Grundbuchpraxis ergibt sich, dass Bedingungen und Zeitbestimmungen nicht immer verzeichnet sind. Das liegt an der Art der Aufnahme der angemeldeten Rechte in der Phase der Katastererrichtung je nach Katasterbüro, zumindest was die ersten Eintragungen betrifft (siehe oben 3.).[192] Auf jeden Fall wird

188 Tsolakides, Die Publizität, S. 320–321.

189 Nicht also unbedingt einer notariellen Erbschaftsannahme.

190 Balis, Sachenrecht, § 189 Nr. 1.

191 ProtThes 8708/2008 Arm 2010, 658; ProtThes 27524/2009 Arm 2009, 1858 mit Anmerkungen von Koumanis. Das gleiche gilt auch in der Phase der Katastererrichtung, in der die Tilgungsurkunde erklärungsfähig ist. Technische Vorschriften für die Studien der Katastererrichtung zur Errichtung des Nationalgrundbuchs. Entscheidung von OKKG Nr. 556/09 (Amtsbl. 3370/B΄/2012), 4.2.1.

192 Bei der Anmeldung von Rechten ist im Fall einer Eigentumsübertragung aufgrund eines Kaufvertrags, der unter der auflösenden Bedingung der Kaufpreiszahlung steht, auch die Tilgungsurkunde dem Katasterbüro vorzulegen, wenn sie vorhanden ist, damit der Ausfall der Bedingung nachgewiesen wird. Technische Vorschriften für die Studien der Katastererrichtung zur Errichtung des Nationalgrundbuchs. Entscheidung der OKKG Nr. 556/09 (Amtsbl. 3370/B΄/2012), 4.2.1.

eine Bedingung bzw. Zeitbestimmung in die nachträglichen Eintragungen einbezogen, wenn dies beantragt wird. Eine weitere Frage ist, ob in diesem Fall die Vorschrift von Art. 13 Abs. 3 GBG dem Art. 206 ZGB (vgl. § 161 Abs. 1 BGB) überlegen ist. Dies wird in der Theorie bejahend beantwortet.[193] Freilich wäre die Stipulierung der obligatorischen Eintragung von Bedingungen bzw. Zeitbestimmungen im Grundbuchblatt die korrekte Lösung.[194]

Die Eintragungsunfähigkeit etlicher Verfügungsbeschränkungen bzw. -verbote erhebt Zweifel an der Vollständigkeit der Grundbuchangaben und folglich an der Warn- und Schutzfunktion des Grundbuchs. Es wird mit Recht bemerkt, dass die Publizität von Verfügungsbeschränkungen im Grundbuch aufgrund des Grundsatzes des öffentlichen Glaubens des Grundbuchs eine andere Handhabung als im Transkriptionssystem verlangt.[195] Es wird die Füllung der gesetzlichen Lücke durch die weite Auslegung von Art. 12 Abs. 1 ια GBG vorgeschlagen, damit alle Verfügungsbeschränkungen bzw. -verbote erfasst sind, auch wenn ihre Eintragung gesetzlich nicht vorgesehen ist.[196]

Anhand der heutigen Rechtslage muss der Interessent bei der Titelsuche, wenn er sich vergewissern möchte, dass das Eigentum bzw. das beschränkte dingliche Recht unter keiner Bedingung bzw. Zeitbestimmung steht, auf die Urkunde im Archiv der Titel (Art. 3 Abs. 2στ GBG) zurückgreifen. Der Einsicht bedarf auch der eingetragene Erbschein über das Nichtbestehen einer Nacherbschaftsanordnung oder Testamentsvollstreckerernennung. Eine endgültige Auskunft darüber, dass gegen den Eingetragenen kein Insolvenzverfahren eröffnet worden ist, verschafft die entsprechende Bescheinigung vom zuständigen Gericht der ersten

---

193 Kitsaras, Die ersten Eintragungen, S. 239.

194 Vgl. Mugdan III, S. 614: „Man habe mithin, wenn man sich nicht von rein formalen Gesichtspunkten leiten lasse, nur die Wahl, entweder die Auflassung unter Beifügung einer auflösenden Bedingung bz. eines Endtermines gleichfalls für unwirksam zu erklären oder auch die Auflassung unter Beifügung einer auflösenden Bedingung bz. eines Endtermines in der Weise zuzulassen, dass das Anfallsrecht des Erwerbers eingetragen werde." Vor der gleichen Wahl muss auch der griechische Gesetzgeber zur Wahrung der Rechtssicherheit stehen.

195 Manti, Die Legalitätsüberprüfung, S. 128.

196 Kitsaras, Die ersten Eintragungen, S. 120–122 (Fn. 360) u. 227; op.cit. Manti, S. 129. Gleiches muss über Art. 12 Abs. 1 ιβ GBG gelten, der direkt auf Art. 220 gr.ZPO verweist und damit nicht alle Klagen eintragungsfähig macht, die sich auf die Verfügungsbefugnis über das Grundstück beziehen, wie etwa die Klage auf Nichtigkeitserklärung des Rechtsgeschäfts wegen Scheingeschäfts oder wegen Sittenwidrigkeit (mehr darüber in Kapitel V 3.d)gg)).

Instanz. Gleiches gilt über andere nichteintragungsfähige Verfügungsbeschränkungen bzw. -verbote, die gerichtlich angeordnet werden.

Auf jeden Fall ist die Wirksamkeit eines Erwerbs gem. Art. 13 Abs. 3 S. 2 GBG trotz des Bestehens einer nicht eingetragenen Verfügungsbeschränkung bzw. eines nicht eingetragenen Verfügungsverbots davon abhängig, ob die Nichteinsichtnahme der Titel oder der Angaben der Gerichte die Voraussetzungen der Gutgläubigkeit erfüllt.[197]

Vorkaufsrechte – öffentliche Lasten

Vorkaufsrechte, die durch Rechtsgeschäft begründet werden, entfalten gem. Art. 177 ZGB nur schuldrechtliche Wirkung (siehe Kapitel I 3.b)cc)). Sie sind daher eintragungsunfähig. Ebenso wenig einzutragen sind gesetzliche Vorkaufsrechte, wie etwa das Vorkaufsrecht des Staats an Privatgrundstücken im Rahmen der Bebauungsplanung nach Art. 29 Abs. 3 G.1337/1983.

Öffentliche Lasten sind im Allgemeinen nicht eintragungsfähig. Es gibt aber Ausnahmen: Der Verlauf von Hochspannungs-Luftkabeln und von Hauptröhren, etwa zur Leitung von Gas oder Wasser, wird im Grundbuchblatt als öffentliche Dienstbarkeit zugunsten des jeweiligen öffentlichen Trägers verzeichnet.

Eintragungsfähig sind nach Art. 12 Abs. 2 GBG auch gerichtliche Entscheidungen und Verwaltungsakte, wie Flurbereinigungen, Enteignungen und Erweiterungen des Bebauungsplans.

Altrechte

Das Bestehen alter Rechte vor der Einführung des BGB außerhalb des Grundbuchs im Sinne von Art. 184 EGBGB[198] ist nach griechischem Recht nicht möglich. Oben wurde gezeigt (Kapitel I 3.b)aa)eee)), dass die im ZGB nicht mehr anerkannten dinglichen emphyteutischen und superfiziarischen Rechte, die vor der Einführung des ZGB begründet sind, immer noch unter den Voraussetzungen von Art. 60–62 EGZGB bestehen. Sie unterfallen daher der allgemeinen Erklärungspflicht bei der Katastererrichtung gem. Art. 2 KG (s. oben 3.). Werden sie nicht angemeldet, damit sie im Grundbuch erscheinen, erlöschen sie nach Ablauf der Frist von Art. 6 Abs. 2 GBG.

Im Vergleich zu den griechischen Vorschriften beantwortet § 892 Abs. 1 S. 2 BGB die obigen Fragen hinsichtlich der Vollständigkeit des Grundbuchs nur in

---

197 Siehe auch Karimpali-Tsiptsiou, ElDik 1999, 1480, 1485, Fn. 48.

198 Etwa altrechtliche Grunddienstbarkeiten nach Art. 187 Abs. 1 EGBGB, die zu ihrer Wirksamkeit nicht der Eintragung in das Grundbuch bedürfen. Münchener Kommentar zum BGB, § 1018 Rn. 78.

Bezug auf relative Verfügungsbeschränkungen, die zugunsten bestimmter Personen gelten. Darunter fallen aber auch Verfügungsverbote, die zur absoluten Unwirksamkeit der Veräußerung führen, wie die Eröffnung des Insolvenzverfahrens, die Anordnung der Nachlassverwaltung, rechtliche und behördliche Verfügungsverbote nach §§ 135, 136 BGB.[199] Die Anordnung der Testamentsvollstreckung oder Beschränkungen des Rechts des Vorerben durch das Recht des Nacherben sind auch eintragungsfähig.[200] Absolute Verfügungsbeschränkungen wie etwa aus baurechtlichen Vorschriften sind nicht eintragungsfähig.[201]

Rechtsgeschäftliche Verfügungsbeschränkungen haben wie im griechischen Recht nur schuldrechtliche Wirkung (§ 137 BGB/Art. 177 ZGB), es sei denn, dass sie in der Form eines Rechts auf Wiedereinräumung des veräußerten Rechts im Fall der Weiterveräußerung oder Pfändung von dem Erwerber eingetragen sind.[202]

Formell-rechtliche Vorschriften

Das Grundbuchrecht im engen Sinne ist in beiden Rechtsordnungen Verfahrensrecht. Es regelt die Art und Weise, auf die die Eintragungen vorgenommen, berichtigt und gelöscht werden. In beiden Rechtsordnungen gilt der Antragsgrundsatz. Die Antragstellung initiiert das Eintragungsverfahren.[203]

Das griechische Grundbuchrecht kennt das rein formelle Konsensprinzip nicht. Eine Eintragung bedarf also nicht der Bewilligung des Betroffenen gem. § 19 GBO bzw. der Beteiligten gem. § 20 GBO wie in Deutschland. Zweck der deutschen Regelung ist die Erleichterung der Ausübung der Legalitätsüberprüfung, da der Rechtspfleger auf diese Weise die materiell-rechtlichen Willenserklärungen nicht zu prüfen hat[204] mit der Folge, dass das Grundbuchverfahren beschleunigt wird.

Im Gegensatz dazu gewährt in Griechenland der weite Wortlaut von Art. 16 Abs. 1γ GBG dem Leiter des Grundbuchamts das Recht zu prüfen, ob „alle vom Gesetz geregelten Voraussetzungen für den Akt, dessen Eintragung beantragt wird, erfüllt sind, damit dessen Rechtsfolgen eintreten." Es wurde bereits dargelegt (4.a)bb)), dass eine gründliche Überprüfung der materiellen Rechtslage,

---

199 Staudinger/Gursky (2013), § 892 Rn. 240.

200 Bauer/v. Oefele, Grundbuchordnung, § 51 Rn. 3, § 52 Rn. 36.

201 Staundiger/Gursky (2013), § 892 Rn. 268.

202 Palandt, § 137 Rn. 4.

203 In beiden Rechtsordnungen besteht freilich die Möglichkeit der Vornahme einer Eintragung von Amts wegen: z.B. Art. 16 Abs. 4, Art. 18 Abs. 1 GBG/§§ 18 Abs. 2, 23 Abs. 1, 53 Abs. 1 GBO.

204 Wolfsteiner, DNotZ, 1987, 68–69; Schöner/Stöber, Grundbuchrecht, Rn. 208–209; Eickmann/Böttcher, Grundbuchverfahrensrecht, S. 86.

etwa bei Mängeln des Rechtsgeschäfts, schwierig ist und es, auch wenn materiell-rechtliche Mängel festgestellt werden, nicht immer möglich ist, den Antrag zurückzuweisen.

Die Befolgung des formellen Konsensprinzips in Form der Bewilligung als Verfahrenslegitimierung im deutschen Recht dient zwar der schnellen Erledigung des Verfahrens, kann jedoch zur Unrichtigkeit des Grundbuchs führen, wenn die nicht zu prüfende Einigung nach § 873 BGB, die die materiell-rechtliche Folge herbeiführt, fehlt. Damit weicht das Erfordernis der Richtigkeit des Grundbuchs zugunsten des Erfordernisses der Beschleunigung des Rechtsverkehrs zurück.[205] Darüber hinaus kann die Bewilligung als zusätzliche verfahrensrechtliche Voraussetzung für die Eintragung dazu führen, dass im Eintragungsverfahren Hindernisse auftreten, wenn die Bewilligung nicht abgegeben werden kann, obwohl die materiell-rechtliche Einigung vorhanden ist.[206] Eine solche Konstellation besteht im griechischen Grundbuchsystem, das nur den Antragsgrundsatz kennt, nicht.

Im Rahmen des griechischen Grundbuchs ist die Überprüfungsbefugnis des Leiters des Grundbuchamts im Vergleich zum Transkriptionssystem zwar „weiter und wesentlicher",[207] aber sie beschränkt sich erfahrungsgemäß auf eine erweiterte Kontrolle der formellen und materiell-rechtlichen Wirksamkeitsvoraussetzungen, wie sie sich aus den im Grundbuch vorhandenen Angaben ergeben.[208] Zu einer Verweigerung der Eintragung aus einem „intrinsischen" Mangel des Rechtsgeschäfts, wie etwa Willensmängel, ist es noch nicht gekommen. In dieser Hinsicht nähert sich die Handhabung im Grundbuchamt der im Transkriptionsregister, nach der der Bewahrer der Transkriptionsbücher die Eintragung verweigern kann, „nur wenn die Nichtigkeit des Akts offenkundig ist und der Bewahrer der Transkriptionsbücher sich Gewissheit über sie verschaffen kann."[209]

---

205 Einen Ausgleich schafft freilich die Ausnahme von § 20 GBO über die „wichtigeren" Fälle der Auflassung eines Grundstücks bzw. der Bestellung, Änderung des Inhalts oder Übertragung eines Erbbaurechts.

206 Etwa bei Wegfall der Bewilligungsbefugnis, bei dem das Mitwirken eines Dritten, etwa des Insolvenzverwalters oder des Testamentsvollstreckers, erforderlich ist. Eickmann/Böttcher, Grundbuchverfahrensrecht, S. 94.

207 ProtThes 12784/2015 Nomos.

208 Z.B. Antragszurückweisung wegen Unvereinbarkeit des Antrags mit Angaben aus dem Transkriptionsregisterarchiv (ProtThes 4465/2009 Nomos), Zweifel über die Identität des Grundstücks (ProtThes 5384/2013 Arm 2013, 1465; ProtThes 8593/2006 Arm 2006, 1722).

209 EfLarisa 616/2000 EDP 2000, 124.

Die formelle Kontrolle im deutschen Grundbuchamt ist auf jeden Fall strenger als im griechischen, so wird etwa zur Eintragung die Vorlage der Vollmacht verlangt, aufgrund deren die Auflassung erfolgt ist,[210] während sich das Grundbuchamt in Griechenland auf die Erwähnung der Beifügung der Vollmacht in der Urkunde verlässt.

Zu bemerken ist auch, dass im griechischen Grundbuchsystem die Übertragung bzw. Bestellung eines Rechts von den Erben an einen Dritten die vorherige Eintragung des Erbscheins bzw. der Erbschaftsannahme in das Grundbuch gem. Art. 12 Abs. 1ζ GBG voraussetzt, damit der Erbe als verfügungsberechtigter Eingetragener erscheint. Eine Erleichterung des Voreintragungserfordernisses im Sinne von § 40 GBO sieht das griechische Recht nicht vor.

Materiell-rechtliche Vorschriften

Die wichtigste Auswirkung des Grundbuchrechts auf der materiell-rechtlichen Ebene ist die Richtigkeitsvermutung der Eintragungen und der damit verbundene öffentliche Glaube des Grundbuchs. Beide Rechtsordnungen gehen davon aus, dass die Eintragungen als richtig vermutet werden, egal ob sie der materiellen Rechtswirklichkeit entsprechen oder nicht[211] (Art. 13 Abs. 1 GBG /§ 891 BGB). Diese Vermutung ist widerlegbar.[212] Die Richtigkeitsvermutung wird durch das Prinzip des öffentlichen Glaubens des Grundbuchs ergänzt: Es ist möglich, dass ein Dritter unter bestimmten Voraussetzungen vom Eingetragenen ein Recht erwirbt, obwohl letzterem das Recht nicht zusteht (Art. 13 Abs. 3 S. 2 GBG /§§ 892, 893 BGB).

Die Vermutung

In beiden Rechtsordnungen gilt die Vermutung nur, wenn die Eintragung wirksam ist.[213] Als solche gilt die Eintragung, die von einer zuständigen Stelle vorgenommen ist und inhaltlich die gesetzlichen Voraussetzungen erfüllt.[214] Das betrifft vor allem gesetzlich eintragungsfähige Rechte.[215]

---

210 Wolfsteiner, DNotZ, 1987, 73.

211 Karimpali-Tsiptsiou, ElDik 1999, 1480, 1482; Baur/Stürner, Sachenrecht, § 14 Rn. 12.

212 Papasteriou, Grundbuchrecht, C § 15 Rn. 13 / Staudinger/Gursky (2013), § 891 Rn. 72. Auf die unwiderlegbare Vermutung von Art. 7 Abs. 1 GBG wird hier nicht eingegangen, da sie dem vorübergehenden Zweck der Schaffung einer Grundlage dient, auf die sich die nachträglichen Eintragungen stützen können, über die die widerlegbare Vermutung gilt. Erstere ist also als Materie zur Rechtsvergleichung ungeeignet.

213 Papasteriou, Grundbuchrecht, C § 15 Rn. 16 / Staudinger/Gursky (2013), § 891 Rn. 18.

214 Papasteriou, Grundbuchrecht, C § 15 Rn. 186; Kousoula, Der öffentliche Glaube, S. 75; Staudinger/Gursky (2013), § 892 Rn. 18–21.

215 Im griechischen Recht sind das vor allem die in Art. 12 GBG aufgezählten Rechte. Da das griechische Recht die Hypothek nur als akzessorisches Recht zur Sicherung einer

Im Gegensatz zum ausdrücklichen Wortlaut von § 891 Abs. 2 BGB scheint Art. 13 Abs. 1 GBG nur eine positive Vermutung einzuführen. Nach einer Meinung hat die Richtigkeitsvermutung auch einen negativen Inhalt, wonach derjenige, dessen Recht gelöscht ist, nicht als Rechtsinhaber vermutet wird.[216] Das kann man über Eintragungen gelten lassen, deren Löschung im Gesetz vorgesehen ist, etwa über Hypotheken, Beschlagnahmen, Klagen oder Eintragungen über dingliche Rechte im allgemeinen, die erfolgreich angefochten wurden und für die die unwiderrufliche gerichtliche Entscheidung nach Art. 13 Abs. 2 S. 1 GBG eingetragen worden ist. Bei der Eigentumsübertragung bzw. Bestellung einer Dienstbarkeit im Wege der Rechtsnachfolge, etwa kraft Rechtsgeschäfts, gibt es keine Löschung der früheren Eintragung im Sinne des deutschen Grundbuchs (d.h. durch Streichung der betroffenen früheren Eintragung). Die nachträgliche Eintragung hebt mit ihrem Inhalt die frühere Eintragung nach dem Grundsatz der zeitlichen Reihenfolge ganz (bei Eigentumsübertragung) oder teilweise (bei Bestellung eines beschränkten dinglichen Rechts) auf.

Wie an entsprechender Stelle ausgeführt, erfasst die Vermutung von Art. 13 Abs. 1 GBG die rechtlichen Angaben der Eintragung, etwa dingliche und andere eintragungsfähige Rechte, die Personalien des Rechtsinhabers,[217] den Rechtsgegenstand nach Lage und Fläche innerhalb der akzeptablen Abweichung nach Art. 13a Abs. 1 S. 2 GBG wie auch nach Grenzen innerhalb der Grenzscheidungszone nach Art. 13a Abs. 1 S. 5 GBG. Ähnlich wird in Deutschland nach § 891 Abs. 1 BGB vermutet, dass das Recht mit dem bestimmten Inhalt und dem angegebenen Rang wirksam entstanden ist.[218] Darüber hinaus wird die bestimmte Lage des Grundstücks und der genaue Verlauf der Grenze aufgrund des Verweises auf das Liegenschaftskataster von der Vermutung erfasst.[219]

In Griechenland ist es strittig, ob andere Angaben technischer Natur, wie die Bebaubarkeit des Grundstücks, von der Vermutung erfasst sind (oben 4.a)cc) bbb)cccc)). In Deutschland ist diese Frage grundsätzlich zu verneinen.[220]

Forderung kennt (Art. 1257, 1258 ZGB; vgl. § 1184 BGB), gilt die Vermutung nicht für das Bestehen der Forderung (vgl. § 1185 Abs. 2 BGB).

216 Karimpali-Tsiptsiou, ElDik 1999, 1480, 1482.

217 Kousoula, Der öffentliche Glaube, S. 83.

218 Staudinger/Gursky (2013), § 891 Rn. 26; Soergel, § 891 Nr. 8.

219 Staudinger/Gursky (2013), § 891 Rn. 28; Schöner/Stöber, Grundbuchrecht, Rn. 338 u. 562.

220 Staudinger/Gursky (2013), § 891 Rn. 10; Soergel, § 891 Nr. 8.

Der gutgläubige Erwerb

Die deutsche Regelung erlaubt den gutgläubigen Erwerb vom Eingetragenen aus einem Rechtsgeschäft unabhängig von dem Rechtsgrund des Erwerbs (§ 892 Abs. 1 BGB). Im griechischen Grundbuchsystem – wie auch im schweizerischen und italienischen[221] – ist im Gegensatz dazu der gutgläubige Erwerb vom Rechtsgrund abhängig. Ist nach Art. 13 Abs. 3 S. 2 GBG *causa* des Erwerbs vom unrichtig Eingetragenen ein unentgeltlicher Rechtsgrund, kommt dem Erwerber sein guter Glaube an dem Recht des Eingetragenen nicht zugute.[222] Es wurde bemerkt, dass diese Wahl des Gesetzgebers im Vergleich zu einem Grundbuchsystem wie dem deutschen die Schwächung der Rechtsposition des Dritten herbeiführt.[223]

Die nach § 892 Abs. 1 BGB wirksame Übertragung an einen gutgläubigen Dritten auch vom unrichtig Eingetragenen betrifft nur das dingliche Verfügungsgeschäft und steht mit dem Abstraktionsprinzip, das das deutsche Sachenrecht kennzeichnet, in Einklang.[224] Der Rechtsgrund ist jedoch für die Ansprüche des wahren Berechtigten, der einen Rechtsverlust erlitten hat, entscheidend. Hat also der unrichtig Eingetragene aus einem entgeltlichen Grund als Nichtberechtigter wirksam übertragen, ist er dem Berechtigten gem. § 816 Abs. 1 S. 1 BGB „zur Herausgabe des durch die Verfügung Erlangten verpflichtet." War die Verfügung unentgeltlich, ist gem. § 816 Abs. 1 S. 2 BGB derjenige zur Herausgabe verpflichtet, der „unmittelbar einen rechtlichen Vorteil erlangt." Das deutsche Recht gestaltet den Anspruch des Berechtigten als einen Fall der Eingriffskondiktion aus.[225] Im Gegensatz dazu führt nach griechischem Recht ein Fehlschlagen des unentgeltlichen Verpflichtungsgeschäfts wegen Nichtberechtigung des Übertragenden (s. Art. 1033 ZGB *„Einigung des Eigentümers"*: *nemo plus juris ad alium transferre potest quam ipse habet*) zur Unwirksamkeit des Verfügungsgeschäfts (Kausalprinzip, Kapitel V 2.b)) mit der Folge, dass der Berechtigte das

---

221 Art. 974 Abs. 2 schw.ZGB, Art. 2690 Abs. 3 Codice Civile. Die Abhängigkeit des gutgläubigen Erwerbs vom Rechtsgrund war im früheren deutschen Recht nicht unbekannt. Gierke, Deutsches Privatrecht, Sachenrecht, 2. Band, S. 329.

222 Die Rechtsgrundabhängigkeit der Vermutung hat mit dem allgemeinen Grundsatz, dass das dingliche Rechtsgeschäft gem. Art. 1033 ZGB stets kausal sein muss, nichts zu tun. Die Wirksamkeit des Rechtsgrunds und seine Erwähnung im einzutragenden Akt ist Gegenstand der Legalitätsüberprüfung nach Art. 16 Abs. 1γ GBG.

223 Choromidis, Das Grundbuch, 3. Griechenlandweiter Kongress des Zivilrechtlervereins, S. 80; op.cit. Salamastrakis, S. 132.

224 Stadler, Gestaltungsfreiheit und Verkehrsschutz durch Abstraktion, S. 506–507; Hager, Verkehrsschutz durch redlichen Erwerb, S. 184.

225 Staudinger/Lorenz (2007), § 816 Rn. 2; Lutter, AcP 164 (1964), 122, 125.

Grundstück direkt vom Dritten vindizieren kann. Überträgt der Nichtberechtigte aus einem entgeltlichen Rechtsgrund, greift Art. 13 Abs. 3 S. 2 i.V.m. Abs. 4 S. 1 GBG ein: Der wahre Berechtigte hat gegen den Nichtberechtigten einen Anspruch auf Herausgabe der Bereicherung. Nach Art. 13 Abs. 4 S. 2 GBG ist zusätzlich ein Schadensersatzanspruch nach den Vorschriften über unerlaubte Handlungen nicht ausgeschlossen. Hier liegt ein Fall des Durchbruchs des Kausalitätsprinzips zugunsten des gutgläubigen Erwerbers vor. Der Berechtigte kann – ähnlich wie im deutschen Recht – das Erlangte[226] vom Nichtberechtigten kondizieren. Der Unterschied zwischen den beiden Rechtsordnungen besteht also darin, dass das deutsche Recht eventuelle Ansprüche des Berechtigten einheitlich auf der Ebene der Kondiktion zugunsten der Aufrechterhaltung der dinglichen Rechtsänderung behandelt, während das griechische die kondiktionsrechtliche Abwicklung nur bei dem entgeltlichen Erwerb vorsieht.

Nach dem Wortlaut von § 892 Abs. 1 S. 1 BGB „gilt der Inhalt des Grundbuchs als richtig" zugunsten des Erwerbers. Die griechische Regelung (Art. 13 Abs. 3 S. 2 GBG) spricht vom Erwerb „von dem unrichtig eingetragenen Berechtigten[227] oder seinen Gesamtrechtsnachfolgern". Nach dem griechischen Gesetzgeber gilt es eventuell als selbstverständlich, dass ein Erwerb vom richtig Eingetragenen stets möglich ist. Hier ist auch die Ähnlichkeit des Wortlauts mit dem gutgläubigen Erwerb von beweglichen Sachen vom Nichtberechtigten nicht zu verkennen.[228]

Der gutgläubige Erwerb bezieht sich auf jeden Fall auf den Erwerber, der Dritter im Verhältnis zum ursprünglichen (berechtigten) und zum nachträglichen (unberechtigten) Eingetragenen ist. Überträgt der geschäftsunfähige A an den gutgläubigen B und überträgt B weiter an C, der auch gutgläubig über die Geschäftsunfähigkeit von A ist, erwirbt nur C gem. Art. 13 Abs. 3 S. 2 GBG wirksam. Der Mangel des Rechtsgeschäfts zwischen A und B ist vom Grundsatz des öffentlichen Glaubens nicht erfasst. Das entspricht auch der *ratio legis*. Wäre es nur bei dem Rechtsgeschäft zwischen A und B geblieben, würden sie ihr Verhältnis nach den Vorschriften über die ungerechtfertigte Bereicherung rückabwickeln. Beteiligt sich auch C am Rechtsverhältnis, würde die Gefahr, dass er Ansprüchen von A ausgesetzt wäre, den Rechtsverkehr übermäßig erschweren.

226 Fragen werfen freilich der Umfang des „Erlangten" oder der Begriff der „Unentgeltlichkeit" – etwa bei gemischten Schenkungen – auf, siehe Staudinger/Lorenz (2007), § 816 Rn. 23 u. 28. Eine solche Analyse übersteigt die Zwecke dieses Werks.

227 Der Wortlaut ist nicht besonders gelungen. Hier wird „von dem unrichtig Eingetragenen als Berechtigten" gemeint.

228 Art. 1036 Abs. 1 ZGB, vgl. § 932 Abs. 1 S. 1 BGB.

Art. 13 Abs. 3 S. 2 GBG schützt also vor Mängeln des Erwerbstitels des Rechtsvorgängers.[229]

Bei Rechtsgeschäften, die in den Regelungsbereich von § 893 BGB fallen, wird in der griechischen Theorie die analoge Anwendung von Art. 13 Abs. 3 S. 2 GBG vorgeschlagen.[230]

§ 892 Abs. 1 BGB besagt, dass der Dritte nicht schutzwürdig ist, wenn ihm die Unrichtigkeit des Grundbuchs bekannt ist. Das deutsche Recht verlangt also positive Kenntnis der Unrichtigkeit. Unkenntnis aus grober Fahrlässigkeit reicht nicht aus, um den Erwerb unwirksam zu machen. Das verstärkt die Rechtsposition des Dritten. Nach dem griechischen Recht dagegen ist der Erwerb auch unwirksam, wenn der Dritte sich grob fahrlässig über die Rechtsverhältnisse im Grundbuch nicht erkundigt hat. Auch in diesem Fall ist eine Analogie zwischen der Regelung von Art. 13 Abs. 3 S. 2 GBG und der Vorschrift über den gutgläubigen Erwerb von beweglichen Sachen vom Nichtberechtigten nach Art. 1037 ZGB (vgl. § 932 Abs. 2 BGB) deutlich.

Weiter oben wurde ausgeführt (4.a)cc)bbb)dddd)), dass das Unterlassen der Einsichtnahme in das Grundbuch als grobe Fahrlässigkeit anzusehen ist. In der Praxis jedoch könnte die Einsichtnahme von Nutzen sein, wenn eine Klage bzw. ein Widerspruch gegen die Richtigkeit der Eintragung eingetragen ist. Dieser Fall ist aber in beiden Rechtsordnungen gesondert vorgesehen (Art. 13 Abs. 3 S. 1 u. 2 GBG/§ 892 Abs. 1 S. 1 BGB).

---

229 Manti, Die Legalitätsüberprüfung, S. 152; vgl. Staudinger/Gursky (2013), § 891 Rn. 5: Die Vermutung von § 891 BGB bezieht sich nicht auf die Erfüllung des Tatbestands zur Entstehung bzw. zum Untergang des Rechts, sondern auf den Rechtszustand.

230 Kousoula, Der öffentliche Glaube, S. 167–171.

Kapitel VII – Miteigentum – Stockwerkseigentum

1. Miteigentum – Gesetzestext (Art. 1113–1116 ZGB)

Art. 1113 Gemeinschaftliche Sache
Steht das Eigentum an einer Sache mehreren ungeteilt nach ideellen Teilen zu, so finden die Vorschriften über Gemeinschaft Anwendung.

Art. 1114 Grunddienstbarkeiten zulasten oder zugunsten einer gemeinschaftlichen Sache
Ein gemeinschaftliches Grundstück kann mit einer Grunddienstbarkeit zugunsten des jeweiligen Eigentümers eines anderen Grundstücks belastet werden, auch wenn er Miteigentümer des dienenden Grundstücks ist. Das gleiche gilt auch für eine Grunddienstbarkeit an einem Grundstück zugunsten der jeweiligen Eigentümer eines gemeinschaftlichen Grundstücks, wenn jemand von ihnen Eigentümer des dienenden Grundstücks ist.

Art. 1115 Handlungen, welche gegen die Nachfolger gelten
Handelt es sich um ein gemeinschaftliches dingliches Recht, so finden die Vorschriften der Art. 791 und 796 nur Anwendung, wenn die Vereinbarung oder der Beschluss der Teilhaber der Gemeinschaft notariell beurkundet und ins Transkriptionsbuch eingetragen wurde. Im Falle des Art. 791 ist die Transkription auch für die gerichtliche Entscheidung erforderlich.

Art. 1116 Stellung jedes Miteigentümers Dritten gegenüber
Jeder Miteigentümer ist berechtigt, die Ansprüche aus dem Eigentum Dritten gegenüber in Ansehung der ganzen Sache geltend zu machen. Erhebt er aber die Vindikationsklage bezüglich der ganzen Sache, so hat er die Herausgabe der Sache an alle Miteigentümer zu verlangen.

2. Das Miteigentum

Art. 1113–1117 ZGB (vgl. §§ 1008-1011 BGB) regeln das Miteigentum nach Bruchteilen. In beiden Rechtsordnungen sind die Hauptmerkmale des Miteigentums nach Bruchteilen gleich konstruiert: Es handelt sich um Eigentum von mehreren nach „ideellen" Anteilen an einer Sache. Jeder Miteigentümer kann über seinen Anteil frei verfügen (Art. 793 S. 1 ZGB; vgl. § 747 S. 1 BGB).[1] Die Verhältnisse der Miteigentümer zueinander werden von den Vorschriften über die Gemeinschaft (Art. 785–805 ZGB; vgl. §§ 741-758 BGB) geregelt (Art. 1113 ZGB; vgl. § 741 BGB).

Das Miteigentum nach ideellen Teilen[2] gem. Art. 1113 ff. ZGB unterscheidet sich in seiner Natur nicht von dem Alleineigentum. In diesem Sinn spricht man von „vollem"[3] Eigentum an dem Anteil. Bei ihm finden alle Vorschriften über das Eigentum Anwendung. Der Anteil kann also wie beim Alleineigentum übertragen,[4] belastet, geschützt und beschlagnahmt werden. Zusätzlich werden gem. Art. 1113 ZGB die Vorschriften über die Gemeinschaft angewendet, soweit sie den Vorschriften über das Miteigentum nicht entgegenstehen[5].

a) Begründung

Miteigentum kann durch Rechtsgeschäft, kraft Gesetzes oder durch Ersitzung entstehen.[6]

---

1 Die Regelung des Art. 793 S. 2 ZGB wird logisch aus S. 1 gefolgert: Verfügung über die ganze Sache kann nur unter der Voraussetzung erfolgen, dass alle Miteigentümer sich darüber einigen. Vgl. § 747 S. 2 BGB. Ebenso wenig möglich ist, dass ein Miteigentümer einen realen Teil aus der Sache absondert (z.B. die Fläche aus einem Grundstück, die seinem Anteil „entspricht") und über sie ohne Zustimmung der anderen verfügt. AP 1291/1991 EEN 60 (1993), 94.

2 In der gängigen juristischen Praxis als „ungeteiltes Eigentum" bezeichnet. Vgl. *dominium pro indiviso.*

3 Im Gegensatz zu „bloßem Eigentum" oder „nacktem Eigentum", wenn das Vollrecht (Eigentum bzw. Eigentumsbruchteile) mit Nießbrauch belastet ist. Siehe auch Kapitel I 3.b)aa)bbb) und Kapitel X 1.b).

4 Die Vereinbarung der Parteien, nach der das Recht auf freie Übertragung beschränkt wird, hat nur schuldrechtliche Wirkung (Art. 177 ZGB; vgl. § 137 BGB). Eine solche Verfügungsbeschränkung kann im Verfügungsrechtsgeschäft als auflösende Bedingung in Bezug auf weitere Übertragungen gestaltet werden. In Deutschland kann zusätzlich ein dingliches, eintragungsfähiges Vorkaufsrecht zugunsten bestimmter Personen gem. § 1095 BGB begründet werden: Staudinger/Heinze (2017), § 1094 Rn. 7, und Staudinger/Gursky (2013), § 1009 Rn. 8. Das ist in Griechenland nicht möglich, da keine dinglichen Vorkaufsrechte nach Vereinbarung der Parteien anerkannt sind.

5 Die Vorschriften über die Gemeinschaft regeln die Verhältnisse der Miteigentümer untereinander, die Aufhebung der Gemeinschaft und die Auseinandersetzung. Art. 1113 ff. i.V.m. 999 ff. ZGB beziehen sich auf das Verhältnis der Miteigentümer zu der Sache, die Übertragung, die Belastung, die Beschränkungen, den Schutz des Eigentums.

6 Tasikas in Georgiades, Kurze Auslegung des ZGB, Art. 1113 Rn. 5.

Rechtsgeschäft

Es kommt zustande entweder durch einseitige Willenserklärung, z.B. Testament (Art. 1712 ZGB), oder durch Vertrag (Art. 1033 ZGB), z.B. mehrere kaufen ein Grundstück oder der Alleineigentümer veräußert nur einen Anteil oder mehrere Alleineigentümer von Nachbargrundstücken beschließen, ihre Grundstücke vertraglich zu vereinigen, indem ein großes Grundstück zu Miteigentumsanteilen entsteht.

Gesetz
Der üblichste Fall ist die gesetzliche Erbfolge bei mehreren Erben (Art. 1710 Abs. 1, 1813 ff., 1884 ZGB).[7] Miteigentum entsteht originär normalerweise bei beweglichen Sachen: Verbindung (Art. 1058 Abs. 1 ZGB; vgl. § 947 Abs. 1 BGB), Vermischung, Vermengung (Art. 1059 ZGB; vgl. § 948 BGB), Vereinigung von Bienenschwärmen (Art. 1080 ZGB; vgl. § 963 BGB), Schatzfund (Art. 1093 ZGB; vgl. § 984 BGB). Andere Regelungen außerhalb des ZGB sehen auch die Begründung von Miteigentum vor, etwa Art. 12 Abs. 3 S. 2 G.1337/1983 (Vereinigung von nicht bebaubaren Grundstücken mehrerer Eigentümer zur Schaffung von bebaubaren Grundstücken, die den Eigentümern nach Bruchteilen gehören, im Rahmen des Bebauungsplans.)

Ersitzung
Durch ordentliche Ersitzung kann Miteigentum entstehen, wenn z.B. die gemeinsam Erwerbenden einen mangelhaften Erwerbstitel haben. Erfüllen sie die Voraussetzungen von Art. 1041–1044 i.V.m. 1054, 1055 ZGB, werden sie kraft Ersitzung Miteigentümer. Für eine außerordentliche Ersitzung müssen mehrere, die gemeinsam eine fremde Sache mit Eigentumserwerbswillen in Besitz genommen haben, die Voraussetzungen von Art. 1045 i.V.m. 1054, 1055 ZGB erfüllen. Der Miteigentümer oder Miterbe, der die ganze Sache im Besitz hat, übt den Besitz im Namen der anderen Miteigentümer aus. Beschließt er, den Besitz mit Eigentümerwillen an der ganzen Sache auszuüben, fängt die Ersitzungsfrist nicht zu laufen an, bevor er seinen Willen den anderen Miteigentümern kundgemacht hat.[8]

---

7 Hier sei daran erinnert, dass nach griechischem Erbrecht keine Gesamthand entsteht. Jeder Erbe kann über seinen Anteil an jedem einzelnen Nachlassgegenstand frei verfügen.

8 Ausführlich in Kapitel III 6.e) mit Rechtsprechung.

b) Belastung

Der Miteigentumsanteil kann mit einem Nießbrauch (Art. 1144 ZGB), einem Pfandrecht (Art. 1216 ZGB) oder einer Hypothek (Art. 1259 ZGB) belastet werden. Grunddienstbarkeiten können an einem Miteigentumsanteil nicht bestellt werden, da sich das Recht von seiner Natur her auf das ganze Grundstück erstreckt. Gleiches gilt, wenn Miteigentum an dem herrschenden Grundstück besteht (Art. 1122 ZGB). Aus den persönlichen Dienstbarkeiten können an einem Anteil diejenigen bestellt werden, die mit der Natur des Miteigentums vereinbar sind, z.B. kein Wohnungsrecht.

Bei der Bestellung einer Grunddienstbarkeit unter den Voraussetzungen von Art. 1122 ZGB lässt Art. 1114 ZGB zu, dass der Eigentümer des herrschenden oder des dienenden Grundstücks Miteigentümer jeweils des dienenden bzw. des herrschenden Grundstücks ist. Dies konstituiert eine Ausnahme aus dem Prinzip *nemini res sua servit.*

c) Schutz

Dem Miteigentümer stehen die für das Eigentum vorgesehenen Schutzmittel zu: Vindikation (Art. 1094 ZGB), negatorische Klage (Art. 1108 ZGB), publizianische Klage (Art. 1112 ZGB). Diese können sich sowohl gegen Dritte als auch gegen die anderen Miteigentümer wegen Entziehung oder sonstiger Beeinträchtigung seines Anteils richten. Macht einer der Miteigentümer die Ansprüche aus dem Eigentum über die ganze Sache Dritten gegenüber geltend, muss er gem. Art. 1116 ZGB die Herausgabe an alle Miteigentümer beantragen.[9] Darüber hinaus kann sich der Miteigentümer gegen Dritte wie gegen die anderen Miteigentümer deliktisch wehren (Art. 914 ff. ZGB; vgl. §§ 823 ff. BGB). Der Schutz des Mitbesitzes gegen Dritte erfolgt gem. Art. 987 S. 1, 989 S. 1 ZGB (vgl. §§ 861 Abs. 1, 862 Abs. 1 BGB).

Gegen einen anderen Miteigentümer kann der Miteigentümer possessorisch vorgehen, wenn nicht die Grenzen des Gebrauchs der gemeinsamen Sache Streitgegenstand sind (Art. 994 S. 2 ZGB; vgl. § 866 BGB).[10] Unter der gleichen Voraussetzung kann sich der Miteigentümer auch petitorisch gegen den Miteigentümer wehren, der die Sache gesetzwidrig in seinem ausschließlichen Besitz behält (Anspruch auf Anerkennung des Miteigentums und auf Herausgabe des Anteils an der Sache gem. Art. 1094 ZGB) oder sein Recht auf Mitbesitz

---

9 Vgl. § 1011 BGB; auch Wolf/Wellenhofer, Sachenrecht, § 21 Rn. 10.

10 Mehr darüber in Kapitel III 6.e).

so ausübt, dass das Recht der anderen beeinträchtigt wird (Anspruch auf Beseitigung und Unterlassung der Beeinträchtigung gem. Art. 1108 ZGB).

d) Gebrauch – Verwaltung

Wie oben ausgeführt, findet bei den Verhältnissen der Miteigentümer zueinander Art. 785 ff. ZGB Anwendung. Art. 785 S. 2 ZGB scheint keine besondere praktische Bedeutung zu haben, da bei der Begründung des Miteigentums die Anteile normalerweise mit Genauigkeit bestimmt werden. Jeder Miteigentümer darf Gebrauch von der gemeinschaftlichen Sache machen, vorausgesetzt, dass der Mitgebrauch nicht aufgehoben wird (Art. 787 ZGB). Die Grenzen des Mitgebrauchs werden normalerweise durch Beschluss der Miteigentümer bestimmt (Art. 788 Abs. 1, 789 ZGB).

Unter Verwaltung wird jeder Rechts- oder Realakt verstanden, der mit der Bewirtschaftung, der Benutzung und der Erhaltung der Sache zu tun hat, etwa die Vermietung, der Anbau, die Errichtung oder der Abriss eines Gebäudes.[11] Grundsätzlich wird die Sache von allen Miteigentümern gemeinschaftlich verwaltet (Art. 788 Abs. 1 ZGB). Wird nicht einstimmig über die Verwaltung entschieden, kann die gewöhnliche Verwaltung und Bewirtschaftung von der Mehrheit der Miteigentümer entschieden werden (Art. 789 S. 1 ZGB). Die Mehrheit wird nach der Größe der Anteile bestimmt (Art. 789 S. 2 ZGB). Wird auch so kein Beschluss gefasst, entscheidet das Gericht (Art. 790 ZGB).[12] Bezieht sich die Vereinbarung auf eine Immobilie, muss sie notariell vorgenommen werden. Die Urkunde oder das Urteil muss daraufhin ins Transkriptionsbuch eingetragen werden (Art. 1115 ZGB). Der Beschluss oder die gerichtliche Entscheidung ist für die Sondernachfolger der Miteigentümer bindend (Art. 791 i.V.m. Art. 1115 ZGB). Die Gesamtrechtsnachfolger sind gem. Art. 1710 Abs. 1 u. 1901 S. 1 ZGB an die Vereinbarung bzw. das Urteil gebunden. [13]

Das Gesetz enthält ein Minimum an Bestimmungen, falls die Parteien keinen Beschluss gefasst haben oder kein Urteil ergangen ist: Die Früchte[14] aus der

---

11 Georgiades, Sachenrecht, § 65 Rn. 53.

12 Das Urteil ist nur durch einstimmigen Beschluss der Miteigentümer oder durch neues Urteil aufzuheben oder abzuändern. Tasikas in Georgiades, Kurze Auslegung des ZGB, Art. 1113 Rn. 46.

13 Tasikas in Georgiades, Kurze Auslegung des ZGB, Art. 1115 Rn. 1. Die Erbschaft geht als Ganzes auf die Erben über.

14 Der Begriff wird hier als Nutzungen im Allgemeinen ausgelegt. Georgiades, Sachenrecht, § 65 Rn. 39.

Sache werden nach der Größe der Anteile verteilt (Art. 786 ZGB). Die Kosten für die Verwaltung, die Benutzung und die Erhaltung der Sache werden ebenfalls nach der Größe des jeweiligen Anteils berechnet (Art. 794 ZGB). Jeder Miteigentümer ist aber berechtigt, bei drohender Gefahr ohne Zustimmung der anderen Maßnahmen für die Erhaltung der Sache zu treffen (Art. 788 Abs. 2 ZGB).

Ein Mehrheitsbeschluss kann sich nicht unbegrenzt auf alle Angelegenheiten des Miteigentums beziehen. Einige Beschlüsse müssen nach zwingendem Recht einstimmig gefasst werden oder zumindest mit Zustimmung des Betroffenen, damit die Rechte der Minderheit geschützt werden: Wesentliche Veränderungen an der Sache oder das Errichten unverhältnismäßig aufwändiger Anlagen kann nur einstimmig entschieden werden.[15] Eine Klage solchen Inhalts ist ausgeschossen (Art. 792 Abs. 1 ZGB). Das Recht eines Miteigentümers, Nutzen aus der Sache zu ziehen, kann ohne seine Zustimmung nicht gekürzt werden (Art. 792 Abs. 2 ZGB). Analoges muss für die Erhöhung seiner Verpflichtungen aus der Sache gelten.

e) Aufhebung des Miteigentums

Das Miteigentum wird aus den gleichen Gründen wie das Alleineigentum aufgehoben, z.B. Untergang der Sache, bei Mobilien Verbindung mit einer anderen Sache, indem sie Bestandteil einer Immobilie (Art. 1057 ZGB) oder der Hauptsache (Art. 1058 Abs. 2 ZGB) wird.

Aufgrund der Besonderheit des Miteigentums kommen weitere Gründe dazu, die nicht zur Aufhebung des Eigentums *per se*, sondern zur Aufhebung des gemeinschaftlichen Eigentums führen. Die üblichsten sind der Erwerb aller Miteigentumsanteile durch eine Person (Miteigentümer oder nicht) und die Aufhebung durch Teilung (Art. 798 ff. ZGB). Im ersten Fall übertragen alle Miteigentümer ihre Anteile an eine Person.[16] Ist ein Anteil mit einem beschränkten dinglichen Recht belastet, wird die Belastung an dem Anteil fortgesetzt. Es findet keine Erstreckung der Belastung auf das ganze Eigentum statt.[17]

Die Teilung kann entweder mit dem Willen aller Eigentümer oder gerichtlich erfolgen. Sind sich die Miteigentümer einig, können sie vertraglich die Sache aufteilen lassen, wenn dies praktisch realisierbar und gesetzlich erlaubt ist,[18]

---

15 Ausnahme Art. 1 und 6 G.1562/1985: Errichtung eines Gebäudes als Stockwerkseigentum mit Mehrheit von 65 % der Miteigentumsanteile und gerichtlicher Entscheidung.

16 Der Erwerb kann auch im Wege der Zwangsvollstreckung erfolgen.

17 Georgiades, Sachenrecht, § 65 Rn. 67.

18 Etwa baurechtliche Vorschriften, die die Zerteilung von Grundstücken verbieten.

z.B. das größere Grundstück wird in so viele kleinere Grundstücke wie die Zahl der Eigentümer und je nach Größe der Anteile aufgeteilt. Jeder Miteigentümer erwirbt Alleineigentum an dem ihm zugeordneten neuen Grundstück.[19] Können sich die Miteigentümer über die Teilung der Sache in Natur und, falls sie nicht möglich ist, über die Veräußerung nicht einigen, kann jeder Miteigentümer die gerichtliche Teilung beantragen (Art. 799 ZGB i.V.m. Art. 478–494 gr.ZPO). Vorrang hat eine Teilung der Sache oder der Sachen in Natur, wenn sie ohne Wertminderung möglich ist (Art. 800 ZGB).[20] Andernfalls kann ein Verkauf durch Versteigerung angeordnet werden. Dann wird der Erlös aufgeteilt (Art. 801 ZGB).

Der Anspruch jedes Miteigentümers auf Aufhebung des Miteigentums verjährt nicht (Art. 805 ZGB) und kann jederzeit geltend gemacht werden (Art. 795 Abs. 1 ZGB). Die Miteigentümer können jedoch Vereinbarungen treffen, nach denen die Geltendmachung des Aufhebungsrechts ausgeschlossen ist. Dieses Verbot kann zeitlich nicht mehr als zehn Jahre erfassen (Art. 795 Abs. 2 ZGB). Eine solche Vereinbarung gilt für und gegen die Sondernachfolger (Art. 796 ZGB).[21] Bei Grundstücken muss zusätzlich die notarielle Form eingehalten und der Vertrag ins Transkriptionsbuch eingetragen werden.[22]

3. Rechtsvergleichende Anmerkungen

Nach deutschem Recht erfolgen die Begründung, die Belastung und der Schutz des Miteigentums nach den Regeln, die für das Eigentum gelten. Miteigentumsanteile an Grundstücken werden gem. § 873 i.V.m. § 925 BGB übertragen, sie können mit einer Hypothek bzw. mit einem Nießbrauch belastet werden.[23]

Das griechische Recht befolgt – von einigen Abweichungen abgesehen – konsequent den Grundsatz *nemini res sua servit*. Die ursprüngliche Fassung von

---

19 Dies ist normalerweise der Fall bei „ungewolltem" Miteigentum wie im Erbfall. Sind mehrere Nachlassgegenstände zu Miteigentum vorhanden, werden sie aufgeteilt, indem jeder Erbe seine Anteile an den jeweiligen Erwerbenden unter den Erben überträgt und gleichzeitig die ihm zugeordneten Anteile von den anderen erwirbt.

20 Über die Möglichkeit der Begründung und Teilung von Stockwerkseigentumseinheiten bzw. von vertikalem Eigentum gem. Art. 480a gr.ZPO siehe unten 6.a) und 7.a).

21 Vgl. § 749 Abs. 2 BGB. Nach h.M. ist Art. 795 Abs. 2 ZGB zwingendes Recht. Der Ausschluss der Aufhebung auf ungewisse Zeit ist also nicht möglich. Mastrokostas in Georgiades, Kurze Auslegung des ZGB, Art. 795 Rn. 5. Es wird aber die Meinung vertreten, dass die Teilhaber das Recht haben, die Vereinbarung zu verlängern. Deligiannis in Deligiannis/Kornilakis, Schuldrecht Besonderer Teil, Band 4, S. 195.

22 Georgiades, Sachenrecht, § 65 Rn. 45.

23 Wolf/Wellenhofer, Sachenrecht, § 17 Rn. 12, § 26 Rn. 20 u. § 30 Rn. 4.

Art. 1114 ZGB im griechischen Entwurf (Art. 170 des Entwurfs des Zivilgesetzbuchs) ist mit § 1009 BGB identisch. Der Berichterstatter des ZGB beurteilt jedoch diese weite Abweichung von dem Prinzip *nemini res sua servit* – angesichts der Abwesenheit der Eigentümerhypothek im griechischen Recht – als sehr bedenklich. Die Vorschrift werde folglich nur bei Dienstbarkeiten an Immobilien Anwendung finden.[24] Der endgültige Wortlaut von Art. 1114 ZGB hat die Anwendung weiter nur auf Grunddienstbarkeiten beschränkt. Nach deutschem Recht kann dagegen die gemeinsame Sache zugunsten eines Miteigentümers auf die gleiche Weise wie zugunsten eines Dritten belastet werden.[25]

4. Stockwerkseigentum[26] – Gesetzestexte

a) Art. 1002, 1117 ZGB

Art. 1002 Stockwerkseigentum
Sondereigentum an einem Gebäudestockwerk oder an einem Stockwerksteil kann nur durch Rechtsgeschäft des Eigentümers des ganzen Grundstücks begründet werden. Als Stockwerke gelten auch die Keller und die unter dem Dach sich befindenden Zimmer.

Art. 1117 Zwangsmiteigentum bei Stockwerkseigentum
Bei einem Gebäude ist der Eigentümer eines Stockwerks oder einer Abteilung desselben ohne weiteres Miteigentümer mit entsprechendem Anteil an den einzelnen Teilen des ganzen Grundstücks, die zum gemeinsamen Gebrauch auch den übrigen Eigentümern dienen, wie es insbesondere der Grund, die Fundamente, die Grundmauern, das Dach und der Hof sind.

b) Auszüge aus dem Stockwerkseigentumsgesetz (G.3741/1929)

Artikel 1

1. *Es wird das geteilte Eigentum nach Stockwerken oder nach Teilen derselben an demselben Gebäude anerkannt.*
2. *Als Stockwerke gelten auch die Untergeschosse wie auch die Zimmer, die sich unmittelbar unter dem Dach befinden.*

---

24 Entwurf des Zivilgesetzbuches, Sachenrecht, S. 210.

25 Staudinger/Gursky (2013), § 1009 Rn. 1.

26 Das hier zu behandelnde Rechtsinstitut des „Stockwerkseigentums“ darf nicht mit dem früher in Deutschland geltenden gleichnamigen Rechtsinstitut verwechselt werden. Über Letzteres siehe Briesemeister in Weitnauer, Wohnungseigentumsgesetz, vor § 1 Rn. 2-5.

Artikel 2

1. *Ungeteilt ist das Eigentum am Boden, an den Fundamenten, an den Grundmauern, am Dach, an den Schornsteinen, an den Höfen, Brunnen, Aufzügen, Abwassergruben, Zentralheizungsanlagen und an jeder anderen Sache, die zur gemeinschaftlichen Benutzung der Eigentümer bestimmt ist.*
2. *……………..*
3. *Eine Klage zur Teilung der oben aufgeführten ungeteilten Sachen ist nur nach vollständiger Zerstörung des Gebäudes oder zu 3/4 seines Werts gestattet.*

Artikel 3

1. *Der Eigentümer jedes Stockwerks oder Teils desselben hat alle dem Eigentümer zustehenden Rechte, insoweit ihre Ausübung den Gebrauch der anderen Eigentümer nicht beeinträchtigt oder ihre Sicherheit oder die des Gebäudes nicht mindert.*
2. *Unter diesen Voraussetzungen kann er Änderungen oder Ergänzungen an den ungeteilten, zum Miteigentum gehörenden Teilen des Gebäudes vornehmen.*

Artikel 4

1. *Es ist den Miteigentümern gestattet, durch besondere Vereinbarung, die der Zustimmung aller bedarf, die Rechte und die Pflichten der Gemeinschaft der Miteigentümer zu regeln, die generellen Versammlungen zu bestimmen und der vereinbarten Mehrheit, die je nach Wichtigkeit der zu fassenden Beschlüsse abgeändert werden kann, das Recht zu gewähren, jeden Beschluss zugunsten des gemeinsamen Interesses zu fassen, der mit der Instandhaltung, der Verbesserung und dem Gebrauch der gemeinschaftlichen Teile des Hauses verbunden ist.*
2. *Die Gemeinschaft der Miteigentümer kann mangels einer Gemeinschaftsordnung nach dem zuvor Ausgeführten einstimmig einen Verwalter bestellen, indem sie ihm die weitesten Verwaltungsbefugnisse zuerkennt, einschließlich derjenigen zur Durchführung von Instandhaltungsarbeiten, zur Verteilung der Verwendungen und der Lasten und zum Auftreten vor den Gerichten im eigenen Namen entweder als Beklagter oder als Kläger.*
3. *……………….*

Artikel 5

Mangels jeder Vereinbarung unter den Miteigentümern über ihre Rechte und Pflichten bezüglich der gemeinschaftlichen Gegenstände ist Folgendes maßgebend: a) Jeder der Miteigentümer kann ausschließlichen Gebrauch von den gemeinschaftlichen Gegenständen machen und ihre Reparatur und Erneuerung vornehmen unter der Voraussetzung, dass er die Rechte der anderen Miteigentümer nicht beeinträchtigt und dass er ihre übliche Bestimmung nicht ändert. b) Jeder der Miteigentümer muss zu den gemeinschaftlichen Lasten aufgrund des Werts des Stockwerks oder der Wohnung beitragen, deren Eigentümer er ist. c) Als gemeinschaftliche Lasten gelten die Instandhaltung und Reparatur der Teile des Gebäudes nach Artikel 2 Abs. 1 dieses Gesetzes, an denen Zwangsmiteigentum unter den Miteigentümern begründet wird, und alle Steuern, die auf dem gemeinschaftlichen Gebäude lasten.

Artikel 6

1. *Der Eigentümer jedes Stockwerks oder Teils desselben baut oder hält instand auf eigene Kosten den Fußboden, auf dem er geht, die Türen, die zum einzelnen Eigentum gehören, die Gewölbe, die Zimmer und die Zimmerdecken, die ihm gehören.*
2. *Die Treppen und die Hauptflure werden auf Kosten der Eigentümer der Stockwerke, die sie nutzen, nach dem Anteil des Werts jedes einzelnen gebaut und instandgehalten.*

Artikel 7

....

Artikel 8

1. *Das Recht auf Erweiterung des Gebäudes entweder nach oben durch das Hinzufügen eines neuen Stockwerks oder nach unten durch den Bau eines Untergeschosses steht allen Miteigentümern des Grunds gemeinsam zu, die die Durchführung der entsprechenden Arbeiten nach gemeinsamer schriftlicher Vereinbarung vornehmen können. …*
2. *In dem Fall, dass die Erweiterung für einen oder mehrere Miteigentümer unmöglich ist oder sie sie ungerechtfertigt verweigern, kann ein Miteigentümer oder die anderen Miteigentümer die Erweiterung auf eigene Kosten mit der Folge vornehmen, dass die neue Erweiterung ausschließlich den Bauenden gehört, vorausgesetzt, dass sie dem verweigernden Miteigentümer den Wert des entsprechenden Teils des ihm gehörenden Miteigentumsanteils vor der Vornahme jeder Bauarbeit erstatten.*
3. *Die oben erwähnte Unmöglichkeit oder ungerechtfertigte Verweigerung muss durch unwiderrufliche Entscheidung bestätigt werden…, die am Rand der Eintragung des Eigentumstitels eingetragen wird.*

Artikel 9

1. *Geht das Gebäude vollständig oder zu 3/4 seines Werts unter, erlischt das durch dieses Gesetz begründete Zwangsmiteigentum.*
2. *Im Fall eines Untergangs geringeren Ausmaßes ist jeder der Miteigentümer verpflichtet, es sei denn, es wurde anders vereinbart, zu der Wiedererrichtung der gemeinsamen Gegenstände im Verhältnis zu seinen Rechten daran beizutragen. Entschädigungen aus einer eventuell bestehenden Versicherung für die beschädigten Gegenstände werden für die Wiedererrichtung benutzt, es sei denn, Gläubiger haben Ansprüche daran.*
3. *Wenn einer oder mehrere der Eigentümer nicht zu der Wiedererrichtung beitragen können bzw. wollen, sind sie verpflichtet, aufgrund einer Einschätzung von Sachverständigen ihre Rechte sämtlich an die anderen Miteigentümer oder an diejenigen, die es wollen, abzutreten.*
4. *Will niemand der Miteigentümer die Wiedererrichtung vornehmen, wird das Grundstück veräußert und der Preis wie auch der Betrag aus einer Versicherung nach Wert des Anteils jedes einzelnen an den ungeteilten Teilen unter den Eigentümern verteilt.*

Artikel 10

1. *Der Verkauf, die Abtretung, die Belastung mit einer Hypothek eines Stockwerks oder eines Teils desselben erstreckt sich ohne Weiteres auf den gehörigen Anteil an den zum Miteigentum gehörenden Gegenständen, die mit ihm verbunden sind.*
2. *Es kann der Teil eines Gebäudes mit einer Hypothek belastet werden, dessen Bau nur beabsichtigt wird, unter der Voraussetzung, dass auch der gehörige Teil des Bodens mit der Hypothek belastet wird, auf dem das Gebäude errichtet wird.*

Artikel 11
(aufgehoben)

Artikel 12

....

Artikel 13

1. *Jeder Vertrag, der die gegenseitigen Rechte und Pflichten der Eigentümer regelt oder abändert, bedarf der notariellen Form und wird in das Transkriptionsbuch eingetragen.*

2. *………………..*
3. *Eigentumsbeschränkungen, die aus diesem Vertrag entstehen, haben den Charakter einer Dienstbarkeit.*

Artikel 14
Das nach diesem Gesetz anerkannte geteilte Eigentum nach Stockwerken oder nach Wohnungen derselben wird nur durch eine ausdrückliche Vereinbarung oder durch ein Rechtsgeschäft von Todes wegen begründet.

Artikel 15
Die Vorschriften des Art. 544 des Ionischen Zivilgesetzbuchs, des Art. 342–344 des Kretischen Zivilgesetzbuchs, des Art. 596 des Zivilgesetzes von Samos, der Verordnung vom 19. März 1927 „Über das Eigentum nach Stockwerken oder nach Wohnungen" wie auch jede andere Vorschrift, die diesem Gesetz zuwiderläuft, werden abgeschafft.

Artikel 16
………………..

c) Auszüge aus der GV über das vertikale Eigentum (GV 1024/1971)

Artikel 1

1. *Im Sinne des Artikels 1 des G.3741/1929 und der Artikel 1002 und 1117 des Zivilgesetzbuchs kann geteiltes Eigentum auch an mehreren selbständigen Gebäuden begründet werden, die auf einer einheitlichen Parzelle errichtet werden, die einem oder mehreren gehört, wie an Stockwerken oder an Teilen dieser Gebäude unter Vorbehalt der baurechtlichen Vorschriften.*
2. *Der vorangehende Absatz 1 findet nur bei Parzellen Anwendung, die innerhalb des Bebauungsplans, innerhalb von Siedlungen vor dem Jahr 1923 wie auch innerhalb von Siedlungen mit weniger als 2.000 Einwohnern liegen, die nach dem PV vom 24.4.1985 (Amtsbl. 181 D) in seiner jeweiligen Fassung bestimmt werden. Die Begründung von geteiltem Eigentum auf Parzellen, die bis zum Inkrafttreten dieses Gesetzes stattgefunden hat, ist gültig, es sei denn, ihre Nichtigkeit wurde durch unwiderrufliche gerichtliche Entscheidung erklärt.*

Artikel 2
Geteiltes Eigentum in den Fällen, die im G.3741/1929 „über das Eigentum nach Stockwerken" oder hierin vorgesehen werden, wird entweder durch Rechtsgeschäft unter Lebenden oder von Todes wegen des Eigentümers der Parzelle oder durch Vertrag der jeweiligen Miteigentümer derselben begründet.

Artikel 3

Die Begründung von geteiltem Eigentum nach dieser Verordnung, die bis zum Inkrafttreten dieser Verordnung vollzogen ist, ist gültig, es sei denn, ihre Nichtigkeit wurde durch unwiderrufliche gerichtliche Entscheidung erklärt.

Artikel 4

1. *Jedes Rechtsgeschäft, durch das nach Veröffentlichung dieser Verordnung und im Verstoß gegen die Vorschriften dieser Verordnung geteiltes Eigentum begründet wird, ist ohne Weiteres und von Anfang an absolut nichtig.*
2. *…………………*
3. *…………………*

Artikel 5

…………………

5. Historische Übersicht

a) Horizontales Eigentum

Schon vor der Einführung der Regelung über das „geteilte Eigentum nach Stockwerken oder nach Teilen derselben"[27] (G.3741/1929), die im gesamten griechischen Hoheitsgebiet gilt, haben lokales Gewohnheitsrecht und lokale Kodifizierungen das Rechtsinstitut des Stockwerkseigentums gekannt. Besonders auf den kykladischen Inseln, wo die klimatologischen Gegebenheiten und die Gefahr von äußeren Angriffen zu dichter, gesicherter Besiedlung gezwungen haben, hat sich im Mittelalter ein Gewohnheitsstockwerkseigentumsrecht entwickelt: Der Eigentümer des Erdgeschosses war Eigentümer des Grundstücks und des Bodens unter der Oberfläche. Der Eigentümer des Raums oberhalb des Erdgeschosses, der sog. „Luft", war Eigentümer bestehender Stockwerke bzw. des Rechts auf Errichtung von Stockwerken.[28] Diese Art von Stockwerkseigentum war nicht mit dem Miteigentum aller Stockwerkseigentümer am Grundstück und an nicht zu Sondereigentum bestimmten Gebäudeteilen verbunden.[29] Sie

27 Art. 1 Abs. 1 G.3741/1929. Der Begriff „horizontales Eigentum" wird im Gesetz nicht benutzt, er war jedoch schon vor der Einführung des Gesetzes gängig in der Lehre (etwa Ikonomides, Grund-sätze des Zivilrechts, Sachenrecht, S. 96). In der Zwischenzeit hat sich der Begriff auch als juristischer Terminus in neueren Gesetzestexten eingebürgert (z.B. Art. 11 Abs. 4α GBG).

28 Drakakis, EEN 26 (1959) 246, 247; AP 596/1950 Themis ΞΒ (1951), 22.

29 ProtSyros 145/1996 ArchN 1998, 92.

war auch von dem superfiziarischen Recht der *epifaneia* zu unterscheiden, bei der der Eigentümer des Gebäudes kein Eigentum am Grundstück hatte.[30] Stockwerkseigentumsregelungen enthielten auch die lokalen Zivilrechtskodifikationen: Art. 596–598 des Zivilgesetzes von Samos von 1899, Art. 544 des Ionischen Zivilgesetzbuchs von 1841, Art. 342–344 des Kretischen Zivilgesetzbuchs von 1904 wie auch das im Dodekanes bis zu seinem Anschluss an Griechenland geltende italienische Recht.[31]

Die frühe griechische Lehre stand dem Rechtsinstitut des Stockwerkseigentums in Form eines Sondereigentums an Gebäudeteilen reserviert gegenüber. Die Selbständigkeit horizontaler Eigentumseinheiten sei eine unmögliche *contra naturam* Schöpfung.[32] Das Rechtsinstitut sei mit dem klassischen Prinzip von *superificies solo cedit* unvereinbar. Außerdem stehe noch das dingliche Recht der *epifaneia* (Erbbaurecht) zur Verfügung. Die Meinungen in der Redaktionskommission des ZGB waren geteilt. Die Einführung des Rechtsinstituts habe die Zersplitterung des Eigentums zur Folge, wobei das unvollkommene Transkriptionssystem in einem solchen Fall nicht in der Lage sei, Klarheit über die Eigentumsverhältnisse zu schaffen. Außerdem sorge das System des Stockwerkseigentums für Streitigkeiten und mangelhafte Instandhaltung der Gebäude. Dafür sprach die Tatsache, dass das Institut schon als Gewohnheitsrecht in vielen Teilen Griechenlands bekannt und eine Lösung für die Wohnungsnot sei.[33] Vorgeschlagen wurde der Ausschluss des Anspruchs auf Teilung der Gemeinschaft auf ungewisse Zeit und die Eintragung des Vertrags in die Transkriptionsbücher.[34]

In der Zwischenzeit hatte sich das Rechtsinstitut in anderen Ländern gesetzlich durchgesetzt (etwa in Italien Art. 1117–1139 Codice Civile, in Spanien Art. 396 Codigo Civil). Die theoretischen Bedenken wurden unter dem Druck

30 Mehr darüber in Kapitel I 3.b)aa)eee). Dieses stockwerkseigentumsähnliche Recht – enthalten auch in Art. 1192 des vor der Befreiung in Kreta geltenden Osmanischen ZGB – wird als „*sui generis* Abart der epifaneia“ bezeichnet. AP 225/1957 ArchN 1957, 610.

31 Sontis, NDik 1967, 369, 370.

32 Ikonomides, Grundsätze des Zivilrechts, Sachenrecht, S. 96.

33 Umriss des Entwurfs des Zivilgesetzbuchs, Redaktionskommission des ZGB, S. 115–117; Entwurf des Zivilgesetzbuchs, Sachenrecht, S. 7–9.

34 Umriss des Entwurfs des Zivilgesetzbuchs, Redaktionskommission des ZGB, S. 117; Entwurf des Zivilgesetzbuchs, Sachenrecht, S. 9.

der Wohnungsnot in den griechischen Städten, besonders durch den Flüchtlingsstrom aus Kleinasien infolge des griechisch-türkischen Kriegs 1919–1922, beseitigt.[35]

Am 4./9.1.1929 wurde G.3741/1929 „Über das Eigentum nach Stockwerken" erlassen. Dem Gesetz liegt die Schaffung eines neuen dinglichen Rechts zugrunde, das das Sondereigentum an einem Gebäudeteil mit dem Miteigentum am Boden und an Teilen des Gebäudes, die nicht zum Sondereigentum gehören, kombiniert. Durch Art. 15 wurden alle lokalen Rechte und entgegenstehenden Vorschriften abgeschafft. Das Stockwerkseigentum fand weiter seinen Niederschlag in den Art. 1002 u. 1117 des ZGB. Durch Art. 54 EGZGB blieb G.3741/1929 in Kraft.

Es fragt sich, wie die alten Stockwerkseigentumsrechte, die nach früher geltendem Recht begründet sind, zu behandeln sind. G.3741/1929 hat keine rückwirkende Bestimmung getroffen. Nach Art. 2 ZGB haben die Vorschriften des ZGB keine rückwirkende Kraft. Art. 55 EGZGB hat die zur Zeit der Einführung des ZGB bestehenden Eigentumsrechte den Vorschriften des ZGB unterworfen, während nach Art. 51 EGZGB der Erwerb von Eigentum und von anderen dinglichen Rechten vor der Einführung des ZGB dem zur Zeit des Erwerbs geltenden Recht unterliegt.

Aus den erwähnten Vorschriften ergibt sich, dass alte Stockwerkseigentumsrechte laut Art. 55 EGZGB nach den Bestimmungen des G.3741/1929 und der Art. 1002 und 1117 ZGB behandelt werden, wenn sie mit diesen Bestimmungen vereinbar sind, d.h. wenn sie die Elemente des Sondereigentums am Gebäudeteil und des Miteigentums am Boden kombinieren. Dagegen werden Sondereigentumsrechte, die nach lokalem Recht begründet waren, das das Miteigentum am Boden nicht kannte, wie auf den kykladischen Inseln, in Dodekanes und auf Kreta, laut Art. 51 EGZGB – bis zu ihrer Aufhebung – von dem Rechtsregime geregelt, das zur Zeit ihrer Begründung galt.[36]

---

35 Vgl. Bericht des Parlamentsausschusses über das G.3741/1929 vom 15.12.1928.

36 Drakakis, EEN 26 (1959) 246, 247; Dakanalakis, NoV 20 (1972) 1368, 1370; Konstantopoulos, Das Stockwerkseigentum in Griechenland, S. 62; IrParos 32/1990 ArcN 1991, 753; ProtKerkyra 168/1954 NoV 3 (1955) 51; AP 385/1965 EEN 33 (1966), 341. Vgl. Art. 4 Abs. 1 GBG über „andere selbständige Eigentumsgegenstände"; siehe auch Kapitel VI 4.a)aa).

b) Vertikales Eigentum

Eine weitere Art des geteilten Eigentums, die später ihren gesetzlichen Niederschlag gefunden hat, ist das geteilte Eigentum an separaten Gebäuden, die in einem Grundstück errichtet werden. Parallel zur Begründung horizontalen Eigentums in einem einzigen Gebäude nach G.3741/1929 hat die Verkehrspraxis die Gestalt des geteilten Eigentums an mehreren Gebäuden auf dem gleichen Grundstück entwickelt.[37] Dies hat sich aus dem Bedürfnis der Nutzung von Grundstücken – vor allem zu Wohnzwecken in Großstädten – ergeben, die mehreren zu Miteigentum gehörten und nicht weiter in selbständige bebaubare Parzellen aufgeteilt werden konnten. Jeder Miteigentümer hat auf einem bestimmten Teil des Grundstücks sein Gebäude gebaut und mit den anderen Miteigentümern in einer Teilungserklärung die Gebäude zu Sondereigentumsgegenständen mit Miteigentumsanteilen am Grundstück erklärt. Die notariellen Akte waren als Teilungserklärungen im Sinne von G.3741/1929 bezeichnet. Die Meinungen über die Rechtmäßigkeit solcher Rechtsgeschäfte waren gespalten.[38] Die Rechtsprechung hat sich trotz einer anfänglichen positiven Stellungnahme[39] für die Nichtigkeitserklärung solcher Vereinbarungen entschieden.[40] Die Gefährdung vieler schon etablierter Rechtsverhältnisse hat die Einschaltung des Gesetzgebers erfordert, der durch die GV 1024/1971 „Über das geteilte Eigentum an Gebäuden, die in einem selbständigen Grundstück errichtet werden" das Rechtsinstitut des vertikalen Eigentums anerkannt und die Gültigkeit der früheren Vereinbarungen mit rückwirkender Kraft (Art. 3 GV 1024/1971) bestätigt hat.

c) Weitere Arten und Rechtsnatur

Außer der Hauptteilung in horizontales und vertikales Eigentum hat die Theorie je nach Gestalt des Baus bzw. der Bauten und der daran begründeten Rechte verschiedene Kategorien des geteilten Eigentums vorgeschlagen. Die Kategorisierung, der man oft in der Praxis begegnet, ist die Unterscheidung des

---

37 In der Theorie und in weiteren Gesetzestexten als „vertikales Eigentum" bezeichnet.

38 Über die Argumentation für die Anerkennung siehe Gutachten des Staatsanwalts von AP NoV 17 (1969) 107–110.

39 AP 388/1965 NoV 14 (1966), 244: Das vertikale Eigentum sei eine Art des horizontalen Eigentums und liege im Bereich der Vertragsfreiheit.

40 AP 332/1971, NoV 18 (1970) 830; AP 107/1971, NoV 19 (1971) 598: Die Vorschriften von G.374171929 seien zwingender Natur und eine weite Auslegung sei unerlaubt.

vertikalen Eigentums in einfaches (oder echtes) und zusammengesetztes (oder unechtes).[41] Im ersten Fall handelt es sich um separate Gebäude, von denen jedes eine Eigentumseinheit konstituiert. Im zweiten Fall wird ein Gebäude, das ein vertikales Eigentum ist, im Sinn des horizontalen Eigentums weiter in Stockwerke bzw. Stockwerksteile geteilt. Die Kombinierungsmöglichkeiten sind unerschöpflich, etwa mehrere Gebäude, von denen einige zu Sondereigentum und andere zu Miteigentum den Eigentümern gehören, oder ein Gebäude, das aus zwei Flügeln besteht, von denen jeder strukturelle und funktionelle Selbständigkeit aufweist.

All diese Erscheinungen haben etwas gemeinsam: Sie unterfallen dem Hauptschema der Koexistenz im gleichen Recht des Sondereigentums an bestimmten Gebäudeteilen und des Miteigentums am Grund und an den restlichen Gebäudeteilen.[42] Es besteht Übereinstimmung, dass es sich um eine besondere Form des Eigentums handelt, das die beiden angesprochenen Elemente kombiniert[43] und das eine Abweichung vom Prinzip des Art. 953 i.V.m. 954 ZGB darstellt.

Geteiltes Eigentum kann nur an einer einheitlichen Parzelle begründet werden, die ein selbständiges Grundstück im Sinne des Gesetzes ist.[44] Wird ein Gebäude auf mehreren Parzellen errichtet, die verschiedenen Eigentümern gehören, ist jeder Bodeneigentümer – vorbehaltlich der Vorschrift von Art. 1010 ZGB – auch Eigentümer des Gebäudeteils, der auf seiner Parzelle steht (Art. 953 i.V.m. 954 ZGB). Eine Teilungserklärung ist nach Art. 174 ZGB nichtig. Die Eigentümer benachbarter Parzellen, die am zu errichtenden Gebäude horizontales bzw. vertikales Eigentum zu begründen vorhaben, müssen zuerst die Parzellen rechtlich zu einem Grundstück vereinen lassen, indem sie ihre Anteile unter sich tauschen und zu Miteigentümern am einheitlichen Grundstück werden.

---

41 Wasiliou, Horizontales und vertikales Eigentum, S. 92; Georgiades, Sachenrecht, § 67 Rn. 6-10. Siehe auch Beschluss von OKKG Nr. 556/09 (Amtsbl. 3370/B΄/2012), 1.20.

42 Freilich verbleibt beim vertikalen Eigentum nur das Miteigentum am Grund, da die Gebäude unabhängig voneinander sind. Es können aber Mischkonstellationen entstehen, etwa eine gemeinschaftliche Abwassergrube beim Fehlen eines Kanalisationssystems.

43 Georgiades, Sachenrecht, § 66 Rn. 2.

44 Art. 1002 ZGB „…des ganzen Grundstücks…", Art. 2 Abs. 1 G.3741/1929 „Ungeteilt ist das Eigentum am Boden…".

6. Horizontales Eigentum

a) Begründung

Das geteilte Eigentum nach Stockwerken ist eine Ausnahme aus dem Prinzip *superficies solo cedit.*[45] Sein Hauptmerkmal ist die Kombinierung im gleichen dinglichen Recht des Sondereigentums an den einzelnen Gebäudeteilen (etwa Wohnungen, Geschäfte), die zu Stockwerkseigentumsobjekten erklärt sind, und des Miteigentums aller Eigentümer am Grundstück und an den restlichen Gebäudeteilen.[46] Es wird hauptsächlich „*…nur durch Rechtsgeschäft des Eigentümers des ganzen Grundstücks begründet…*" (Art. 1002 ZGB). Dieses Rechtsgeschäft (Erklärung über die Begründung von geteiltem Eigentum oder Teilungserklärung) kann vom Alleineigentümer oder von allen Miteigentümern des Grundstücks errichtet werden.[47] Es handelt sich um ein abstraktes dingliches Rechtsgeschäft,[48] das notariell beurkundet werden muss (Art. 369 u. 1002 ZGB i.V.m. Art. 14 G.3741/1929) und der Eintragung ins Transkriptionsbuch (Art. 1192 Nr. 1 ZGB) bzw. Grundbuch (Art. 12 Abs. 1 GBG) unterliegt. Für jedes Sondereigentum wird ein neues Grundbuchblatt gem. Art. 11 Abs. 3 S. 2 GBG angelegt.

Die vertragliche Regelung bzw. Änderung der Rechte und Pflichten der Eigentümer richtet sich nach Art. 13 G.3741/1929. Sie bedarf ebenfalls der notariellen Beurkundung und der Transkription bzw. Grundbucheintragung.

Nach Art. 14 G.3741/1929 kann die Begründung auch durch Testament erfolgen.[49] Da auch die Eintragung des Rechtsgeschäfts zur Begründung erforderlich

---

45 Gleich Zimmer in Jennißen (Hrsg.), Wohnungseigentumsgesetz Kommentar, § 3 Rn. 2.

46 Die Beteiligung der Eigentümer der Stockwerkseinheiten am Grundstück und an den gemeinschaftlichen Gegenständen entsteht *ipso jure* mit der Begründung des Stockwerkseigentums: Art. 1117 ZGB. Siehe auch AP 448/1996 ElDik 1996, 600. Vgl. Wolf/Wellenhofer, Sachenrecht, § 2 Rn. 16.

47 Die Teilungserklärung bedarf keines feierlichen Wortlauts oder ausdrücklicher Verweisung auf das Gesetz. Es muss sich lediglich der Wille des Erklärenden über die Begründung des geteilten Eigentums ergeben: AP 203/2016 SE 2017, 1624. In vielen Fällen, besonders in früheren Urkunden, ergibt sich die Begründung des Stockwerkseigentums aus der Veräußerung eines Gebäudeteils durch den Alleineigentümer des ganzen Grundstücks. Bei Unklarheiten gelten die allgemeinen Vorschriften über die Auslegung von Willenserklärungen (Art. 173, 200 ZGB; vgl. §§ 133, 157 BGB)

48 Filios, Sachenrecht, S. 259.

49 Da das gemeinschaftliche Testament verboten ist (Art. 1717 ZGB), ist die testamentarische Teilungserklärung nur von Seiten des Alleineigentümers möglich. Wasiliou, Horizontales und vertikales Eigentum, S. 300–301.

ist, entsteht in diesem Fall das Stockwerkseigentum erst mit der Eintragung der Erbschaftsannahmeerklärung ins Transkriptionsbuch gem. Art. 1193 ZGB bzw. Grundbuch gem. Art. 12 Abs. 1 ζ GBG.

Durch nachträgliche Regelungen wurde die Begründung des horizontalen Eigentums auch auf andere Weise ermöglicht:

a) Bei Gebäuden, die mehreren zu Miteigentum gehören, kann durch die Teilungsklage die Aufhebung des Eigentums nach Bruchteilen beantragt werden, indem auf gerichtliche Anordnung horizontales Eigentum am gemeinschaftlichen Gebäude begründet wird (Art. 480a Abs. 1 gr.ZPO).
b) Zur Erleichterung der Bebauung gemeinschaftlicher Grundstücke wurde durch G.1562/1985 von der Regel der Beteiligung aller Grundstückseigentümer abgewichen: Miteigentümer, die 65 % der Miteigentumsanteile repräsentieren, können vor Gericht das Bebauen des Grundstücks von einem Bauträger nach dem „System der Gegenleistung"[50] beantragen. Das Bauen kann auch einer der Miteigentümer übernehmen (Art. 1 Abs. 1 G.1562/1985). Gleiches gilt, wenn das auf dem Grundstück bestehende Gebäude abzureißen ist oder wenn das Grundstück nicht voll bebaut ist (Art. 1 Abs. 2 G.1562/1985).
c) Die Begründung von horizontalem bzw. vertikalem Eigentum kann auch durch behördliche Zuweisung gem. Art. 12 Abs. 3 G.1337/1983 im Rahmen der städtischen Bebauungsplanung erfolgen.

Umstritten ist in der Lehre, ob das horizontale Eigentum durch Ersitzung begründet werden kann, etwa wenn jeder Miteigentümer des Gebäudes ohne Teilungserklärung die „eigene" Wohnung bezogen hat oder wenn die im Transkriptionsbuch eingetragene Teilungserklärung nichtig ist. Nach der Mindermeinung[51] erwerben die Miteigentümer Teileigentum im ersten Fall durch außerordentliche (Art. 1045 ZGB), im zweiten Fall durch ordentliche Ersitzung (Art. 1041–1043 ZGB). Nach der h.M. bestehe eine solche Möglichkeit nicht.[52] Nur an einem rechtmäßig und formgerecht begründeten horizontalen Eigentum könne Eigentum an den gesonderten Sondereigentumseinheiten durch

50 Siehe unten Exkurs.
51 Georgiades, Sachenrecht, § 66 Rn. 33; Papasteriou, Sachenrecht, Band 2, § 67 Rn. 18; Bournias, NoV 20 (1972) 1232,1236.
52 Balis, Sachenrecht, § 121; Konstantopoulos, Das Stockwerkseigentum, S. 138–139; Spiridakis, Recht des horizontalen und vertikalen Eigentums, S. 157–158; Kitsaras in Georgiades, Kurze Auslegung des ZGB, Art. 1041–1043 Rn. 2.

außerordentliche bzw. ordentliche Ersitzung erworben werden.[53] Letzterer Meinung folgt auch die Rechtsprechung, die die Begründung durch Ersitzung ausschließt[54] und sie nur an rechtmäßig begründetem Stockwerkseigentum als Erwerbsgrund annimmt.[55]

Diese Stellung wird zwar dem Erfordernis der Rechtssicherheit gerecht, klärt aber nicht befriedigend den Fall einer Teilungserklärung, die zwar rechtmäßig errichtet und eingetragen worden ist, aber einen Mangel erfährt, der sie gem. Art. 180 ZGB nichtig macht. Der BGH[56] hat sich mit dieser Frage befasst, indem er die Möglichkeit der Heilung der Unwirksamkeit der Teilungsvereinbarung durch nachträglichen gutgläubigen Erwerb gem. § 892 BGB anerkannt hat. Eine solche Lösung scheint mit dem griechischen Transkriptionssystem, das einen gutgläubigen Dritterwerb von Immobilien nur beschränkt kennt, unvereinbar zu sein. Im Geltungsbereich des Grundbuchsystems aber wäre ein gutgläubiger Erwerb gem. Art. 13 Abs. 3 S. 2 GBG – und dadurch Heilung des Mangels – durchaus denkbar.

Horizontales Eigentum darf nicht nur an einem bestehenden Gebäude, sondern auch an einem Gebäude begründet werden, „*...dessen Bau bloß beabsichtigt wird...*“ (Art. 10 Abs. 2 G.3741/1929).[57]

Das horizontale Eigentum kann wie jedes andere dingliche Recht nach Art. 1033 ZGB übertragen und mit einer persönlichen Dienstbarkeit, etwa Nießbrauch, Wohnungsrecht, belastet werden. Die Bestellung von Grunddienstbarkeiten ist auch möglich, etwa das Verlegen von Leitungen durch eine Wohnung. Ausgenommen sind die Gebäudeteile, die zum Miteigentum gehören. Diese können mit besonderen Rechten im Sinne von Art. 13 Abs. 3 G.3741/1929 belastet werden.[58]

---

53 Der Erwerb eines Sondereigentumsgegenstands im Wege des Aufgebotsverfahrens gem. § 927 BGB ist in Deutschland strittig: Krause in Jennißen (Hrsg.), Wohnungseigentumsgesetz Kommentar, § 6 Rn. 28a.

54 AP 1187/2015 Nomos; AP 678/2009 Nomos; AP 630/2006 ElDik 2006, 1068; AP 761/2002 ElDik 2002, 1702; AP 726/1998 EDP 1998, 291.

55 AP 24/2015 Nomos; 1139/2011 Nomos.

56 BGH NJW 1990, 447, 448.

57 Die Vorschrift bezieht sich auf die Belastung mit einer Hypothek. Nach einhelliger Meinung wird auch die Begründung des Teileigentums erfasst: Balis, Sachenrecht, § 126; Georgiades, NoV 32 (1984) 465, 467; Kitsaras in Georgiades, Kurze Auslegung des ZGB, Art. 1033 Rn. 10. Vgl. § 3 Abs. 1 WEG.

58 Die Bestellung einer Grunddienstbarkeit an gemeinschaftlichen Gebäudeteilen zugunsten eines Miteigentümers ist nach Art. 1114 S. 1 ZGB nicht möglich, da das

Jede Übertragung, Belastung und Rechtsänderung muss sich sowohl auf das Sondereigentumsobjekt, etwa Wohnung, Abstellraum, als auch auf den Miteigentumsanteil am Boden und an den zum Miteigentum gehörenden Sachen beziehen (Art. 10 Abs. 1 G.3741/1929). Der Schutz des Besitzes und des Eigentums erfolgt nach Art. 3 Abs. 1 G.3741/1929 i.V.m. Art. 985, 987, 989, 1094, 1108 und 1112 ZGB.

Das Stockwerkseigentum kann auch mit einer Hypothek belastet werden. Ist das Gebäude vor der Begründung des Teileigentums mit einer Hypothek belastet, ist die nachträgliche Teilungserklärung für den Hypothekengläubiger belanglos und sie bedarf nicht seiner Zustimmung.[59] Im Fall der Zwangsvollstreckung erwirbt der Ersteher das Grundstück als Ganzes, als ob es das horizontale Eigentum nicht gäbe.[60]

b) Aufbau und Funktion

Wie schon angesprochen, besteht das Stockwerkseigentum aus dem Sondereigentum am betreffenden Gebäudeteil und dem Miteigentum am Grund an den Gebäudeteilen, *„die zum gemeinsamen Gebrauch auch den übrigen Eigentümern dienen“* (Art. 1117 ZGB). Zum Sondereigentum jedes Eigentümers gehört nach Art. 6 Abs. 1 G.3741/1929 der *„Fußboden, … die Türen, die zum einzelnen Eigentum gehören, die Gewölbe, die Zimmer und die Zimmerdecken…“*. Eine klare Aussage über die Abgeschlossenheit jeder Stockwerkseinheit gibt es im Gesetz nicht.[61] Die Theorie bezeichnet das Sondereigentumsobjekt als *„einen in sich abgeschlossenen Raum oder als einen kubischen Raum, der von Mauern oder von einem anderen Material allseitig umgeben ist, so dass der Zugang Dritten ohne den Willen des Eigentümers nicht gestattet ist.“*[62] Zum Sondereigentum gehören also auch die inneren Teilungsmauern zwischen den Zimmern, soweit sie nicht zu den *„Grundmauern“* gehören, wie auch innere architektonische Vorrichtungen.

Sondereigentum kein „anderes Grundstück“ im Sinne von Art. 1114 ZGB ist. Siehe auch Wasiliou, Horizontales und vertikales Eigentum, S. 378. Solche Sondernutzungsrechte können gem. Art. 13 Abs. 3 G.3741/1929 begründet werden.

59 Wasiliou, Horizontales und vertikales Eigentum, S. 281–282. Gleich BGH NJW 2012, 1226.

60 Es ist eine andere Frage, ob der Hypothekengläubiger die Beschränkung seiner Hypothek auf einige der Stockwerkseigentumsobjekte nach Art. 1319 ZGB bewilligt. Über die gerichtlich angeordnete Beschränkung der Hypothek gem. Art. 1270 ZGB siehe unten Kapitel XI 6.

61 Vgl. § 3 Abs. 2 WEG.

62 Wasiliou, Horizontales und vertikales Eigentum, S. 275.

Die Benutzung des Sondereigentums ist irrelevant, etwa Wohnung, Geschäft, Garage, Lagerraum, es können sich aber Beschränkungen aus der Gemeinschaftsordnung ergeben.

Das Miteigentum findet seinen Niederschlag in den Anteilen jedes Miteigentümers am Grund und an gemeinsamen Gebäudeteilen. Der Miteigentumsanteil muss nicht unbedingt der Fläche des Sondereigentumsobjekts entsprechen.[63] Das Gesetz (Art. 1117 ZGB, Art. 2 Abs. 1 G.3741/1929) gibt eine nicht abschließende Aufzählung der Teile, die zum Miteigentum gehören, darunter der Grund, die Fundamente, die Grundmauern, das Dach, der Hof wie auch Brunnen, Aufzüge, Abwassergruben, Zentralheizungsanlagen (vgl. § 5 Abs. 2 WEG). Unter „*Grundmauern*" ist die tragende Struktur des ganzen Gebäudes zu verstehen, also Pfeiler, Balken und Etagen.[64] Nach dem allgemeinen Prinzip von Art. 2 Abs. 1 G.3741/1929 über jede andere Sache, „*die zur Mitbenutzung von den Eigentümern bestimmt ist,*" gehören zum Miteigentum die Fassaden des Gebäudes, Lichtschächte, wie auch die Treppen und die Hauptflure, die zu den Sondereigentumsobjekten führen.[65]

Beim Stockwerkseigentum finden ergänzend die Vorschriften über die Gemeinschaft (Art. 785–805 ZGB) und das Miteigentum (Art. 1113–1116 ZGB) Anwendung, soweit sie mit der Natur des Stockwerkseigentums vereinbar sind. Eine wichtige Abweichung von dem allgemeinen Prinzip der Aufhebungsfreiheit (Art. 795 ZGB; vgl. § 749 Abs. 1 BGB) ist Art. 2 Abs. 3 G.3741/1929, der Zwangsmiteigentum begründet, solange das Stockwerkseigentum besteht (vgl. § 11 Abs. 1 S. 1 WEG).

Der Eigentümer kann mit dem Sondereigentum nach Belieben verfahren,[66] etwa den Fußboden belegen, die Wände streichen, innere Mauern abreißen oder bauen, soweit dies die statische Sicherheit des Gebäudes nicht gefährdet (Art. 3 Abs. 1 G.3741/1929). Es fragt sich, inwieweit die Balkone als Teile der Fassade vom Sondereigentum erfasst sind. Es besteht Konvergenz in den Meinungen, dass der Fußboden des Balkons zum Sondereigentum gehört, der Rest aber, etwa Farbe, Art des Geländers, dem Miteigentum unterfällt.[67] Vorrichtungen des

63 EfAthen 9438/1997, EDP 1999, 124.

64 Op.cit. Wasiliou, S. 194.

65 Problematisch ist der Wortlaut von Art. 6 Abs. 2 G.3741/1929, der Mitbenutzungscharakter ist aber überlegen. Op.cit. Wasiliou, S. 222–223.

66 Vgl. § 13 Abs. 1 WEG.

67 Op.cit. Wasiliou, S. 203; Kallimopoulos in Auslegung des ZGB, Art. 1002 Rn. 199. Vgl. in Deutschland: Grziwotz in Jennißen (Hrsg.), Wohnungseigentumsgesetz Kommentar, § 5 Rn. 68.

Eigentümers gegen die Gemeinschaftsordnung, die das Gebäude statisch oder ästhetisch beeinträchtigen, sind verboten, auch wenn sie baurechtlich gesetzmäßig sind.[68]

Die Art und die Grenzen der Mitbenutzung von Sachen, die zum Miteigentum gehören, werden normalerweise in der Teilungserklärung und in der Gemeinschaftsordnung verzeichnet. Fehlt eine solche Vereinbarung, hat grundsätzlich jeder der Miteigentümer ausschließliches Gebrauchsrecht an den gemeinschaftlichen Sachen „*unter der Voraussetzung, dass er die Rechte der anderen Miteigentümer nicht beeinträchtigt und dass er ihre übliche Bestimmung nicht ändert.*“[69] Maßgebend ist auch die Einschränkung von Art. 3 Abs. 1 G.3741/1929: „*…insoweit ihre Ausübung den Gebrauch der anderen Eigentümer nicht beeinträchtigt oder ihre Sicherheit oder die des Gebäudes nicht mindert.*“ Ergänzend werden noch die nachbarrechtlichen Vorschriften (Art. 1003–1032 ZGB) angewendet.

c) Teilung – Vereinigung

Ein häufiges Thema ist die Möglichkeit des Eigentümers, aus seinem Stockwerkseigentum mehrere Sondereigentumseinheiten zu begründen oder mehrere benachbarte Sondereigentumseinheiten zu einer zu vereinigen oder Räume aus einer abzuspalten und einer anderen hinzuzufügen. In den meisten Fällen enthält die Teilungserklärung oder die Gemeinschaftsordnung entsprechende Regelungen, die eine Teilung bzw. Vereinigung durch einseitiges Rechtsgeschäft[70] des Eigentümers entweder erlauben oder verbieten. Übliche Beschränkung ist die Gewährleistung der statischen Sicherheit des Gebäudes und die Unantastbarkeit der Gebäudeteile, die zum Gemeingebrauch gehören. Unproblematisch ist der Fall, in dem alle Miteigentümer einer solchen Änderung zustimmen bzw. sie genehmigen. Problematisch ist die Möglichkeit einer einseitigen Teilung bzw. Vereinigung beim Schweigen der Teilungserklärung bzw. Gemeinschaftsordnung. Insoweit sind die Meinungen in der Theorie unterschiedlich: Manche behaupten, gestützt auf Art. 1002 ZGB, dass jede Änderung nur durch Einstimmigkeit aller Miteigentümer möglich sei. Andere meinen, dass eine einseitige Änderung der Teilungserklärung unter den Voraussetzungen des Art. 3 Abs. 1 G.3741/1929 stets erlaubt sei. Nach einer dritten Meinung sei sogar ein ausdrückliches Verbot der Teilung eine übermäßige Einschränkung der Befugnisse

68 EfAthen 9924/1991, EDP 1994, 27.

69 Art. 5a G.3741/192; vgl. § 13 Abs. 2 WEG.

70 Eine reale Teilung bzw. Vereinigung reicht nicht aus. Das Sondereigentumsobjekt muss auch rechtlich, d.h. durch Rechtsgeschäft, geteilt oder vereinigt werden.

des Eigentümers und habe deswegen nur eine schuldrechtliche Wirkung nach Art. 177 ZGB.[71]

d) Erweiterung

Nach Art. 8 Abs. 1 G.3741/1929 gehört das Recht auf Erweiterung des Gebäudes *„entweder nach oben durch das Hinzufügen eines neuen Stockwerks oder nach unten durch den Bau eines Untergeschosses … allen Miteigentümern des Bodens gemeinsam.“* Die Erweiterung kann auch seitwärts auf der freien Fläche des Grundstücks stattfinden.

Erklären ein oder mehrere Miteigentümer, dass sie die Erweiterung nicht vornehmen können bzw. ohne guten Grund nicht wollen, können die anderen Miteigentümer die Kosten dafür übernehmen, indem sie dem Verweigernden den Wert des entsprechenden Teils seines Miteigentumsanteils erstatten. Auf diese Weise gehört das Eigentum an den hinzugefügten Bauten den anderen Miteigentümern (Art. 8 Abs. 2 G.3741/1929). Die Unmöglichkeit bzw. ungerechtfertigte Verweigerung muss gerichtlich bestätigt werden (Art. 8 Abs. 3 G.3741/1929).

Dieser Vorgang ist umständlich und in der Praxis selten. Normalerweise beinhalten die Teilungserklärungen Vereinbarungen über die Möglichkeit und die Berechtigten von künftigen Bauten am Gebäude.

e) Sondernutzungsrechte – Veräußerungsbeschränkungen

Art. 13 Abs. 3 G.3741/1929 wurde zuvor in Bezug auf besondere Rechte an Gebäudeteilen angesprochen, die zum Miteigentum gehören. Es handelt sich um Eigentumsbeschränkungen, die die Beziehungen der Miteigentümer zueinander regeln.[72] Diese Rechte können durch die Teilungserklärung oder durch die Gemeinschaftsordnung mit Zustimmung aller Miteigentümer zugunsten eines Sondereigentümers persönlich oder zugunsten des jeweiligen Sondereigentümers einer Stockwerkseinheit begründet werden.[73] Damit sie ihre Wirkung zugunsten des jeweiligen Stockwerkseigentümers entfalten, bedürfen sie

---

71 Ein Überblick in Wasiliou, Horizontales und vertikales Eigentum, S. 385–386.

72 Beschränkte dingliche Rechte zugunsten Dritter, etwa ein Wegerecht zugunsten des Eigentümers einer benachbarten Parzelle, sind normale persönliche Dienstbarkeiten oder Grunddienstbarkeiten, die mit der Einstimmigkeit aller Miteigentümer nach den allgemeinen Vorschriften (Art. 1118 ff. ZGB i.V.m. Art. 1192 ZGB bzw. Art. 12 GBG) begründet werden.

73 Gleich in Deutschland: Grziwotz in Jennißen (Hrsg.), Wohnungseigentumsgesetz Kommentar, § 5 Rn. 52.

der Eintragung ins Transkriptionsbuch bzw. Grundbuch, sonst gelten sie als eine schuldrechtliche Vereinbarung unter den Vertragsparteien.[74]

Sie konstituieren eine Ausnahme aus dem Prinzip *nulli res sua servit*,[75] da der Sondereigentümer einer Stockwerkseinheit und gleichzeitige Miteigentümer gemeingebräuchlicher Gebäudeteile besondere Nutzungsrechte mit dinglicher Wirkung an bestimmten gemeinschaftlichen Gebäudeteilen erwirbt. Durch die Begründung solcher Rechte wird nicht das Miteigentum, sondern die Mitbenutzung aufgehoben. Typisierte Rechte dieser Art sind Sondernutzungsrechte am unbebauten Teil des Grundstücks zum Zweck des Abstellens von Fahrzeugen, Sondernutzungsrechte an der Dachterrasse wie auch an anderen Räumen (z.B. Keller), die nicht zu Sondereigentumseinheiten gemacht worden sind. In Fällen, in denen das Sondernutzungsrecht dem jeweiligen Eigentümer der Sondereigentumseinheit gehört, ist seine Übertragung nur zusammen mit der jeweiligen Sondereigentumseinheit möglich. Es ist eine Art „Anhängsel" derselben.

Sondernutzungsrechte können aber auch auf bestimmte Weise Stockwerkseinheiten anderer Eigentümer belasten, etwa durch das Einbauen von Schornsteinen oder das Verlegen von Kabeln: Diese belasten Gemein- und Sondernutzungsteile je nach Verlauf der Einrichtung.

Es fragt sich, ob vertragliche Veräußerungsbeschränkungen, wie z.B. Veräußerungsverbote oder Veräußerungsgebote an bestimmte Personen unter bestimmten Voraussetzungen, etwa Zustimmung aller Miteigentümer, in die Regelung des Art. 13 Abs. 3 G.3741/1929 fallen. Nach der h.M. sind solche Klauseln in der Teilungserklärung bzw. Gemeinschaftsordnung mit der Natur der Eigentumsbeschränkungen nach Art. 13 Abs. 3 G.3741/1929 unvereinbar. Die Eigentumsbeschränkungen mit dem „*Charakter einer Dienstbarkeit*" bezwecken die Gestaltung der Funktion der Gemeinschaft der Miteigentümer, die mit der Person künftiger Miteigentümer nichts zu tun hat. Veräußerungsbeschränkungen haben aus dieser Sicht nur schuldrechtliche Wirkung nach Art. 177 ZGB und sind für die Gültigkeit der Veräußerung an einen Dritten belanglos.[76]

---

74 Gleich im deutschen Recht: Schneider in Müller (Hrsg.), Beck'sches Formularbuch Wohnungseigentumsrecht, S. 221.

75 Daher die Bezeichnung: Eigentumsbeschränkungen mit dem Charakter einer Dienstbarkeit.

76 Wasiliou, Horizontales und vertikales Eigentum, S. 377; Livanis, Stockwerkseigentum, S. 110; Spiridakis, Gesetzbuch des horizontalen und vertikalen Eigentums, S. 220. Dagegen für eine Verdinglichung der Vereinbarung gem. Art. 13 Abs. 3 G.3741/1929: Kitsaras, Schuldrechtliche Beschränkungen der Veräußerungsverfügung, S. 413–415.

f) Gemeinschaftsordnung – Versammlung der Miteigentümer – Verwalter

Die Teilungserklärung ist eine *conditio sine qua non* für das Bestehen des geteilten Eigentums, die Errichtung einer Gemeinschaftsordnung jedoch nicht. Beim Fehlen einer Gemeinschaftsordnung sind die Vorschriften des Art. 5 G.3741/1929 maßgeblich. Die Gemeinschaftsordnung ist die Vereinbarung über die Regelung der Rechte und der Pflichten der Gemeinschaft der Miteigentümer (Art. 4 Abs. 1 G.3741/1929).

Aus dem Wortlaut des Art. 4 Abs. 1 G.3741/1929 ergibt sich, dass die Gemeinschaftsordnung ein Vertrag ist. Die Möglichkeit der Errichtung nur durch den Alleineigentümer wurde früher bestritten.[77] Nach der Regelung von Art. 1002 ZGB und Art. 1 Abs. 1 GV 1024/1971 wird angenommen, dass auch der Alleineigentümer zur Errichtung berechtigt ist.

Die Gemeinschaftsordnung bedarf *„der Zustimmung aller“* (Art. 4 Abs. 1 G.3741/1929). Nach Art. 9 G.1562/1985 kann jedoch die Mehrheit der Miteigentümer eines bestehenden Stockwerkseigentums mit zumindest 60 % Miteigentumsanteilen beim Gericht die Errichtung einer Gemeinschaftsordnung beantragen, wenn sie für die Regelung der Verhältnisse unter den Miteigentümern erforderlich ist.

Die Gemeinschaftsordnung muss nach Art. 13 Abs. 1 G.3741/1929 notariell beurkundet und ins Transkriptionsbuch bzw. Grundbuch eingetragen werden.[78] Die in der Gemeinschaftsordnung verzeichneten Rechte und Pflichten der Miteigentümer können entweder den Charakter einer Dienstbarkeit nach Art. 13 Abs. 3 G.3741/1929 haben, etwa Verbot bestimmter Nutzungsarten der Stockwerkseinheiten, oder schuldrechtlicher Natur sein, etwa Verpflichtung zur Versicherung der gemeinschaftlichen Sachen. Die notariell beurkundete und eingetragene Gemeinschaftsordnung ist für die jeweiligen – also auch für die künftigen – Miteigentümer bindend.[79] Nichteinhaltung der notariellen Form führt zur Nichtigkeit der Gemeinschaftsordnung (Art. 159 Abs. 1 ZGB). Nichteintragung der Urkunde führt dazu, dass die Gemeinschaftsordnung ihre dingliche Wirkung nicht entfalten kann. Schuldrechtliche Verpflichtungen sind nur unter den Vertragsparteien bindend. Künftige Eigentümer, die keine Vertragsparteien sind, sind an diese Verpflichtungen nicht gebunden.[80]

---

77 Livanis, Stockwerkseigentum, S. 197–198.

78 AP 1699/1995 ElDik 1998, 374; AP 689/1997 ElDik 1997, 1846.

79 Balis, Sachenrecht, § 126.

80 AP 1208/1986 EEN 1987, 436.

Typisierte Gemeinschaftsordnungsklauseln sind beispielsweise Regelungen über die Versammlung der Miteigentümer und den Verwalter, die Uhrzeiten und die Art des Gebrauchs der gemeinschaftlichen Gegenstände (etwa der Dachterrasse zum Aufhängen von Wäsche), die Bestimmung von Sondernutzungsrechten an gemeinschaftlichen Gegenständen, das Verbot des Anbringens von Klimaanlagen an der Fassade des Gebäudes, die Haltung von Haustieren,[81] Nutzungsverbote von Stockwerkseinheiten[82] (etwa als Bar, Bäckerei, Privatschule, radiologische Praxis), die Höhe der Miteigentümerbeiträge, die Festlegung von Geldstrafen im Fall des Verstoßes gegen die Gemeinschaftsordnung. Bestimmungen, die gesetzwidrig oder gegen die Natur des Stockwerkseigentums sind, sind nichtig, etwa die Gestattung der Auseinandersetzung der Miteigentümergemeinschaft (s. Art. 2 Abs. 3 G.3741/1929), der totale Ausschluss eines Miteigentümers von den gemeinschaftlichen Gegenständen, die dauerhafte Entlastung eines Miteigentümers von den gemeinsamen Lasten und Beiträgen (eine vorübergehende Entlastung jedoch, etwa des Bauträgers für die ihm anfallenden Wohnungen, ist erlaubt).

Wettbewerbsverbote in der Gemeinschaftsordnung, etwa die Nichtbenutzung der Stockwerkseinheiten zur Ausübung eines bestimmten Gewerbes zugunsten eines gleichen konkurrierenden Gewerbes in der Gegend, ist strittig.[83] Erlaubt sind solche Verbote auf jeden Fall, wenn sie zugunsten eines anderen Sondereigentums im gleichen Gebäude gesetzt sind.[84]

Nach deutscher Auffassung sind Nutzungseinschränkungen nur durch Vereinbarung aller Wohnungseigentümer möglich.[85] Es können auch Vermietungsbeschränkungen durch Vereinbarung stipuliert werden, wie die Vermietung von der Zustimmung des Verwalters abhängig zu machen.[86]

---

81 Nach Art. 8 Abs. 1 S. 2 G.4039/2012 kann die Haltung von Tieren in Wohnungen nicht verboten werden. Die Gemeinschaftsordnung kann die Zahl der Haustiere auf zwei pro Wohnung beschränken.

82 AP 1699/1995 ElDik 1998, 374. Solche Verbote haben den Charakter einer Dienstbarkeit gem. Art. 13 Abs. 3 G.3741/1929.

83 Siehe Kapitel IX 3.

84 ProtAthen 9255/1963 ElDik 1963, 208.

85 Abramenko in Jennißen (Hrsg.), Wohnungseigentumsgesetz Kommentar, § 10 Rn. 69.

86 Schultzky op.cit. § 13 Rn. 24. Die Anknüpfung solcher Beschränkungen an rassistische Kriterien führt jedoch zur Nichtigkeit solcher Vereinbarungen.

Es werden normalerweise in der Gemeinschaftsordnung die folgenden Organe vorgesehen:

a) Die Versammlung der Miteigentümer. Alle Miteigentümer sind berechtigt, daran teilzunehmen. Die Versammlung entscheidet über alle Angelegenheiten, die mit der Verwaltung des Stockwerkseigentums und der Instandhaltung und Verbesserung der gemeinschaftlichen Sachen zu tun haben. Die Gemeinschaftsordnung kann bestimmte Mehrheitsquoten für die Beschlussfassung festlegen. Jedoch bedürfen Beschlüsse über die Änderung der Gemeinschaftsordnung oder der Miteigentumsanteile oder der gemeinsamen Beiträge der Einstimmigkeit und unterliegen der notariellen Form und der Eintragung.[87] Die Beschlüsse über die laufende Funktion der Miteigentümergemeinschaft sind aus Praktikabilitätsgründen formfrei.
b) Der Verwalter. Er wird von der Versammlung der Miteigentümer unter den in der Gemeinschaftsordnung festgelegten Voraussetzungen, etwa bestimmte Mehrheit, gewählt und ist gerichtlich und außergerichtlich der Stellvertreter der Miteigentümer.[88] Beim Fehlen einer Gemeinschaftsordnung kann die Miteigentümergemeinschaft einen Verwalter mit Einstimmigkeit wählen (Art. 4 Abs. 2 G.3741/1929).

g) Aufhebung

Das Stockwerkseigentum kann entweder gesetzlich oder durch *actus contrarius* aller Miteigentümer bzw. des Alleineigentümers aufgehoben werden.

„*Geht das Gebäude vollständig oder zu 3/4 seines Werts unter,*“ erlischt das Stockwerkseigentum (Art. 9 Abs. 1 G.3741/1929). Damit wird die physische (durch Feuer, Erdbeben, Abreißen), nicht etwa die wirtschaftliche (wegen dramatischer Senkung der Preise in der Gegend) Vernichtung des Gebäudes gemeint. Das Stockwerkseigentum wird auf diese Weise *ipso jure* aufgehoben.[89] Die Feststellung der Aufhebung bedarf keiner Form. Das Stockwerkseigentum verwandelt sich in normales Miteigentum nach Art. 1113–1116 ZGB. Aus dieser

---

87 Die Gemeinschaftsordnung kann auch mit Mehrheit abgeändert werden, wenn dies vorgesehen ist. Zwingendes Recht, etwa die Unantastbarkeit der Miteigentumsanteile, muss beachtet werden. Wasiliou, Horizontales und vertikales Eigentum, S. 531.

88 Das heißt nicht, dass die Miteigentümergemeinschaft als solche rechtsfähig ist. Wasiliou, Horizontales und vertikales Eigentum, S. 441. Im Gegensatz dazu wird in Deutschland die Teilrechtsfähigkeit der Wohnungseigentümergemeinschaft anerkannt (§ 10 Abs. 6-8 WEG)

89 Spiridakis, Recht des horizontalen und des vertikalen Eigentums, S. 366.

Sicht scheint Art. 2 Abs. 3 G.3741/1929 über die Gestattung der Auseinandersetzungsklage zur Teilung der ungeteilten Sachen überflüssig zu sein, da beim Miteigentum die Vorschriften über die Gemeinschaft Anwendung finden (Art. 1113 i.V.m. 785–805 ZGB). Die Auseinandersetzungsklage ist nach Art. 795 ZGB möglich.

Wird das Gebäude nicht vollständig, also unterhalb der 3/4 seines Werts, zerstört, begünstigt das Gesetz die Wiedererrichtung. Das Stockwerkseigentum wird nicht aufgehoben. Vielmehr sind die Miteigentümer verpflichtet, das Gebäude neu zu errichten (Art. 9 Abs. 2, 3 G.3741/1929) oder, wenn sie dazu nicht bereit sind, das Gebäude zu veräußern (Art. 9 Abs. 4 G.3741/1929) – natürlich mit der Hoffnung des Gesetzgebers, dass der neue Eigentümer die Bauarbeiten durchführt.

Nach dem allgemeinen Grundsatz der Vertragsfreiheit können die Miteigentümer einstimmig bzw. der Alleineigentümer das Stockwerkseigentum durch Rechtsgeschäft aufheben. Das Rechtsgeschäft bedarf der notariellen Form und der Eintragung ins Transkriptionsbuch bzw. Grundbuch (Art. 1192 Nr. 1 ZGB bzw. Art. 12 Abs. 1 GBG). Durch die Aufhebung wird das ganze Grundstück (Grund samt Gebäude) in den Zustand des normalen Miteigentums zurückversetzt. Für die Verwaltung des Grundstücks gelten unbegrenzt die Regeln über die Gemeinschaft (Art. 785–805 ZGB).

Der Erwerb aller Stockwerkseinheiten durch eine Person führt nicht automatisch zur Aufhebung des Stockwerkseigentums durch Konsolidation.[90]

7. Vertikales Eigentum

a) Begründung

Wie schon oben ausgeführt, konstituiert das vertikale Eigentum geteiltes Eigentum an mehreren Gebäuden, die auf demselben Grundstück schon errichtet oder zu errichten sind (Art. 10 Abs. 2 G.3741/1929 i.V.m. Art. 1. Abs. 1 GV 1024/1971). Es hat die gleiche Rechtsnatur wie das horizontale Eigentum.[91] Sie kombiniert das Sondereigentum an den Gebäuden und das Miteigentum am Grundstück. Bei ihm finden also die für das horizontale Eigentum geltenden Vorschriften entsprechende Anwendung. Das vertikale Eigentum wird nach Art. 1002 ZGB i.V.m. Art. 14 G.3741/1929 in notarieller Form durch Vertrag

---

90 Wasiliou, Horizontales und vertikales Eigentum, S. 331.

91 Sie wird nach Art. 1. Abs. 1 GV 1024/1971 „im Sinne des Artikels 1 des G.3741/1929 und der Artikel 1002 und 1117 des Zivilgesetzbuches" anerkannt.

der Miteigentümer des Grundstücks oder durch einseitiges Rechtsgeschäft unter Lebenden oder wegen des Todes des Alleineigentümers begründet und muss gem. Art. 1192 Nr. 1 ZGB bzw. Art. 12 Abs. 1 GBG eingetragen werden.

Bei unbebauten Parzellen, die bebaubar sind und deren Realteilung unmöglich oder nicht rentabel ist, kann vertikales Eigentum kraft gerichtlicher Anordnung begründet werden. Den Anspruch kann jeder der Miteigentümer geltend machen (Art. 480a Abs. 2 gr.ZPO).

Die Vorschriften von G.1562/1985 (Bebauen des Grundstücks durch einen Bauträger auf Antrag der Miteigentümer, denen 65 % der Anteile gehören) gelten auch für das vertikale Eigentum.[92]

Nach der h.M. und der Rechtsprechung ist die Begründung durch Ersitzung nicht möglich, wohl aber der Eigentumserwerb bestehender vertikaler Sondereinheiten.[93]

Die Übertragung des Eigentums, die Belastung mit einem beschränkten dinglichen Recht wie auch der Besitz- und der Eigentumsschutz erfolgen wie beim horizontalen Eigentum.

b) Aufbau und Funktion

Seiner Natur nach erzeugt das vertikale Eigentum im Vergleich zum horizontalen Eigentum eine lockere „Abhängigkeit" und Mitentscheidungsbedürftigkeit unter den Miteigentümern. Da die Gebäude separat sind, gibt es normalerweise keine Teile, die zum Miteigentum i.S.v. Art. 1117 ZGB, Art. 2 Abs. 1 G.3741/1929 gehören, etwa Fundamente, Grundmauern, Dächer, Aufzüge.[94] Freilich können die Parteien je nach Bedarf und Gebäudeausgestaltung in der Teilungserklärung bestimmte Einrichtungen dem Miteigentum zuordnen. Das sind etwa die gemeinschaftliche Abwassergrube bei Fehlen eines Anschlusses an das öffentliche Abwassernetz oder eine gemeinschaftliche Zentralheizungsanlage.

Mangels einer Bestimmung in der Teilungserklärung gehört das gemeinsame Grundstück dem gemeinschaftlichen Gebrauch aller Miteigentümer. In der Regel aber werden Sondernutzungsrechte an bestimmten Teilen des Grundstücks vorgesehen, indem der eigene „Hof" jeder vertikalen Einheit zugeschrieben wird. Diese Sondernutzungsrechte haben den Charakter einer Dienstbarkeit i.S.v. Art. 13 Abs. 3 G.3741/1929 und gehören dem jeweiligen Eigentümer des

---

92 Tasikas in Georgiades, Kurze Auslegung des ZGB, Art. 1117 Rn. 24.

93 Siehe oben 6.a).

94 Anders die h.M. in Deutschland: Grziwotz in Jennißen (Hrsg.), Wohnungseigentumsgesetz Kommentar, § 5 Rn. 7.

Sondereigentums. Dadurch wird nicht das Miteigentum, sondern nur die Mitbenutzung aufgehoben.

In der Teilungserklärung bzw. Gemeinschaftsordnung können auch weitere Be-stimmungen getroffen werden, die der besseren Funktion des Miteigentums, etwa gemeinschaftliches Wegerecht für Einheiten, die vom öffentlichen Weg ausgeschlossen sind, oder der Ästhetik, etwa Bepflanzung oder Streichen aller Gebäude mit der gleichen Farbe, dienen. Diese Vereinbarungen müssen notariell beurkundet und eingetragen werden, damit sie eine bindende Wirkung für die Rechtsnachfolger entfalten.

Das zuvor Ausgeführte gilt für beide Arten des vertikalen Eigentums, sowohl für das einfache als auch für das zusammengesetzte. Beim letzteren, also wenn das Gebäude (vertikales Sondereigentum) weiter dem horizontalen Eigentum unterworfen ist, richten sich die Rechtsverhältnisse der Miteigentümer des Gebäudes untereinander zusätzlich nach der Regel des horizontalen Eigentums. Es entstehen also zwei Gemeinschaften: die Gemeinschaft der Miteigentümer des Grundstücks in Bezug auf die vertikalen Sondereinheiten und die Gemeinschaft der Miteigentümer des Gebäudes, das horizontal geteilt ist.[95]

c) Aufhebung

Das vertikale Eigentum wird wie das Stockwerkseigentum durch Rechtsgeschäft der Miteigentümer bzw. des Alleineigentümers aufgehoben. Das Rechtsgeschäft muss notariell beurkundet und ins Transkriptionsbuch bzw. Grundbuch eingetragen werden. Erlischt das vertikale Miteigentum, sind für die Miteigentümer die allgemeinen Vorschriften von Art. 1113–1116 u. Art. 785–805 ZGB maßgeblich.

Eine gesetzliche Aufhebung nach Art. 9 Abs. 1 G.3741/1929 ist mit dem Zweck und der Natur des vertikalen Eigentums unvereinbar.[96]

8. Rechtsvergleichende Anmerkungen

Das griechische Stockwerkseigentum bzw. das vertikale Eigentum und das deutsche Wohnungseigentum weisen in ihren großen Zügen Ähnlichkeiten auf. Beide basieren auf der Koexistenz des Sondereigentums an Wohnungen und anderen Räumen des Gebäudes und des gemeinschaftlichen Eigentums an

---

95 Georgiades, Sachenrecht, § 67 Rn. 10.

96 Wasiliou, Horizontales und vertikales Eigentum, S. 344: Jeder der Miteigentümer behält das Recht, seinen Bau wieder zu errichten.

anderen Teilen des Grundstücks und des Gebäudes (Art. 1117 ZGB; § 1 WEG)[97] wie auch auf der Untrennbarkeit des Sondereigentums von dem Miteigentumsanteil, zu dem es gehört (Art. 10 Abs. 1 G.3741/1929; § 6 Abs. 1 WEG).

Die Begründung des Rechts folgt den gleichen Prinzipien: mehr- oder einseitiges Rechtsgeschäft (Art. 1002 ZGB i.V.m. Art. 14 G.3741/1929; §§ 3 u. 8 WEG), bestimmte Form (Art. 369 u. 1002 ZGB i.V.m. Art. 14 G.3741/1929; § 4 Abs. 2 WEG i.V.m. § 925 BGB, nicht aber die Begründung nach § 8 WEG) und Eintragung (Art. 1192 Nr. 1 ZGB bzw. Art. 12 Abs. 1 GBG; § 4 Abs. 1 WEG i.V.m. §§ 19 u. 29 GBO).

Das griechische Recht begünstigt weitere Begründungsmöglichkeiten wie die letztwillige Verfügung[98] gem. Art. 14 G.3741/1929, die gerichtliche Entscheidung[99] infolge einer Klage auf Gemeinschaftsauseinandersetzung gem. Art. 480a Abs. 1 gr.ZPO oder einer Mehrheitsklage gem. Art. 1 G.1562/1985 und das Gesetz, etwa durch Zuweisung.

Die Aufhebung erfolgt entweder vertraglich (Art. 1002 ZGB i.V.m. Art. 14 G.3741/1929; § 4 WEG) oder wegen Zerstörung des Gebäudes, in Griechenland nach h.M ohne Weiteres gem. Art. 9 Abs. 1 G.3741/1929, wenn das Gebäude vollständig oder zu 3/4 seines Werts untergeht, in Deutschland gem. § 9 Abs. 2 WEG auf Antrag aller Wohnungseigentümer auf Schließung der Wohnungsgrundbücher bei völliger Zerstörung des Gebäudes.[100] Analoges gilt gem. § 9 Abs. 3 WEG, wenn sich sämtliche Wohnungseigentumsrechte in einer Person vereinigen. In Griechenland erlischt das horizontale bzw. vertikale Eigentum in diesem Fall nicht automatisch durch Konsolidation. Der Alleineigentümer muss durch einseitiges Rechtsgeschäft, das der Eintragung bedarf, die Auflösung des Miteigentums erklären.

In beiden Rechtsordnungen können Sondereigentumseinheiten mit Sondernutzungsrechten verbunden werden (Art. 13 G.3741/1929; § 5 Abs. 4, § 10 Abs. 3 WEG). Nach griechischem Recht haben diese Vereinbarungen den Charakter

---

97 Die griechische Regelung ist einheitlich. Sie unterscheidet nicht zwischen Wohnungseigentum (zu Wohnzwecken dienende Räume) und Teileigentum (nicht zu Wohnzwecken dienende Räume).

98 Im deutschen Recht nicht vorgesehen: Zimmer in Jennißen (Hrsg.), Wohnungseigentumsgesetz Kommentar, § 2 Rn. 2.

99 Auch nicht vorgesehen im deutschen Recht: Zimmer in Jennißen (Hrsg.), Wohnungseigentumsgesetz Kommentar, § 2 Rn. 6.

100 Kreuzer in Müller (Hrsg.), Beck'sches Formularbuch Wohnungseigentumsrecht, S. 77. Aus dieser Sicht darf auch in Griechenland im Geltungsbereich des Grundbuchs die *ipso jure* Aufhebung des Stockwerkseigentums nicht genügen, da die Grundbuchblätter automatisch unrichtig werden, was gefährlich für den Rechtsverkehr wäre.

einer Dienstbarkeit. Nach deutschem Recht konstituieren sie schuldrechtliche Regelungen der Wohnungseigentümer, die in das Grundbuch eingetragen werden können.[101] Auf diese Weise „verdinglichen" sie sich und gelten gegen Dritte und Rechtsnachfolger der Miteigentümer.

Die Pflichten und Rechte der Miteigentümer werden in beiden Rechtsordnungen auf ähnliche Weise geregelt. Maßgeblich sind hierarchisch: die nicht dispositiven gesetzlichen Regelungen, die Teilungsvereinbarung, die Beschlüsse der Miteigentümer und bei fehlender Vereinbarung das Gesetz.[102]

Der deutsche Gesetzgeber erlaubt – im Vergleich zum griechischen – mehr gestalterische Freiheit bei Vereinbarungen, die das Leben der Gemeinschaft der Wohnungseigentümer regeln, und er stattet sie mit weiten Befugnissen aus: Die Teilrechtsfähigkeit[103] der Wohnungseigentümergemeinschaft wird gesetzlich anerkannt (§ 10 Abs. 6-8 WEG). Gem. § 12 Abs. 1 WEG können Veräußerungsbeschränkungen mit absoluter dinglicher Wirkung[104] vereinbart werden, während nach griechischem Recht solche Vereinbarungen nur schuldrechtlich wirken. Einem Wohnungseigentümer kann bei schwerer Verletzung seiner Verpflichtungen gem. § 18 WEG sein Wohnungseigentum entzogen werden, während im griechischen Recht eine solche Möglichkeit nicht besteht.

9. Exkurs: Bauträgervertrag

Es wurde bereits gezeigt, dass die gesetzliche Anerkennung des Rechtsinstituts des geteilten Eigentums mit der Zeit zusammenfiel, in der die griechische Bevölkerung unter großer Wohnungsnot litt. Die Nachkriegs- und Wiederaufbauzeit wurde vom Verlassen ländlicher Gegenden und der Umsiedlung großer Teile der Bevölkerung in die Großstädte – vor allem Athen und Thessaloniki – gekennzeichnet. Die Gesetzgebung ist dieser Entwicklung gefolgt, indem der Bau von Hochhäusern bzw. von großen Gebäudekomplexen durch die Erleichterung der Begründung des geteilten Eigentums unterstützt wurde (Art. 8 u. 9 G.3741/1929, Anerkennung des vertikalen Eigentums durch GV 1024/1971, G.1562/1985 über

101 Schneider in Müller (Hrsg.), Beck'sches Formularbuch Wohnungseigentumsrecht, S. 221.

102 AP 128/2009 Nomos; AP 1658/2007 Nomos. Gleich: Abramenko in Jennißen (Hrsg.), Wohnungseigentumsgesetz Kommentar, § 10 Rn. 2-3; Lüke in Weitnauer (Hrsg.), Wohnungseigentumsgesetz, § 10 Rn. 1.

103 Abramenko in Jennißen (Hrsg.), Wohnungseigentumsgesetz Kommentar, § 10 Rn. 80; Suilmann in Bärmann, Wohnungseigentumsgesetz, § 10 Rn. 208.

104 Suilmann in Bärmann, Wohnungseigentumsgesetz, § 12 Rn. 5.

die gerichtliche Begründung des geteilten Eigentums durch Mehrheitsentscheidung). Der Höhepunkt dieser Entwicklung in den 1960er- und 1970er-Jahren hat die Verbreitung des Rechtsgeschöpfs des Bauträgervertrags mit sich gebracht. Da viele Parzelleneigentümer nicht über die entsprechenden finanziellen Mittel zur Gebäudeerrichtung verfügten, schlossen sie mit einem Bauunternehmer einen Bauträgervertrag nach dem sogenannten „System der Gegenleistung“ ab.[105]

Der Bauträgervertrag ist nach der h.M. ein Mischvertrag,[106] der hauptsächlich aus einem Werkvertrag (Art. 681–702 ZGB) zwischen dem Unternehmer und dem Grundstückseigentümer bzw. den Grundstücksmiteigentümern und aus einem Vertrag über die Eigentumsübertragung von Wohneinheiten – normalerweise aufgrund Kaufs (Art. 513 ff. ZGB – an den Unternehmer oder an Dritte auf Anweisung des Unternehmers besteht. Das Bauvorhaben wird dadurch initiiert, dass ein Werkvertrag, in dem der Unternehmer sich gegenüber dem Grundstückseigentümer bzw. den Grundstücksmiteigentümern verpflichtet, das Gebäude aus eigenen Mitteln zu errichten, und ein Vorvertrag, in dem die Grundstücksmiteigentümer sich verpflichten, die vereinbarten Miteigentumsanteile mit den mit ihnen verbundenen Stockwerkseigentumsobjekten an den Unternehmer bzw. an die vom Unternehmer benannten Dritten zu übertragen, abgeschlossen werden.

Die Vergütung des Bauträgers für den Bau besteht in den Miteigentumsanteilen, die mit den Stockwerkseigentumsobjekten verbunden sind, die von den Grundstückseigentümern an den Bauträger selbst oder an Dritte zu übertragen sind. Die restlichen Anteile und die damit verbundenen Wohnungen, Geschäfte, Abstellräume usw. bleiben als Gegenleistung Eigentum der Grundstücksmiteigentümer (in der juristischen Umgangssprache „System der Gegenleistung“ genannt).[107]

Die Grundstücksmiteigentümer sind gegen Verzögerungen bzw. mangelhafte Leistungen des Unternehmers hauptsächlich dadurch abgesichert, dass die dem Unternehmer anfallenden Miteigentumsanteile abschnittsweise zu übertragen sind und die Leistung nicht vor Abschluss der vereinbarten Bauphase fällig wird. Auf der anderen Seite erhält der Unternehmer von den Grundstückseigentümern unwiderrufliche Vollmacht zum Abschluss des Kauf- und

105 Der Vertragstypus entstand aus der Rechtspraxis und wird nicht gesondert im Gesetz geregelt. Gasis, NoV 30 (1982) 1409, 1410; Georgiades, Schuldrecht, Besonderer Teil, Band 2, § 14 Rn. 1. Vgl. § 650u BGB.

106 Gasis, NoV 30 (1982) 1409, 1412; Georgiades, KrEp 2000, 13, 17–18.

107 Im gleichen Vertrag bestimmen die Miteigentümer, wie die Stockwerkseigentumsobjekte der „Gegenleistung“ unter sich zu verteilen sind.

Eigentumsübertragungsvertrags mit dem Dritten, falls die Grundstückseigentümer ihre Mitwirkung grundlos verweigern. Dazu muss er nachweisen, dass er die entsprechende Bauphase vertragsgemäß abgeschlossen hat.

Der Vorvertrag ist notwendig, da der Unternehmer auf fremdem Grundstück baut und nach Art. 954 Nr. 1 i.V.m. 1057 ZGB alle zu errichtenden Gebäude den Grundstückseigentümern gehören. Der Vorvertrag muss gem. Art. 166 ZGB notariell beurkundet werden, da der abzuschließende Vertrag (Übertragung der Stockwerkseigentumsobjekte) nach Art. 1033 ZGB der notariellen Form bedarf. Normalerweise sind beide Verträge (Werk- und Vorvertrag) in der gleichen notariellen Niederschrift beinhaltet, vor allem weil sie miteinander verflochten sind.[108]

Es folgt – normalerweise nach Erteilung der Baugenehmigung – der Abschluss der Teilungserklärung gem. Art. 1002 ZGB i.V.m. Art. 14 G.3741/1929 und der Gemeinschaftsordnung gem. Art. 4 Abs. 1 G.3741/1929 durch die Grundstücksmiteigentümer unter Mitwirkung des Bauträgers. Daraufhin und unter den vorgezeichneten Bedingungen können die dem Unternehmer zustehenden Stockwerkseigentumseinheiten veräußert werden. Gegenüber Dritterwerbern erscheint der Unternehmer als der Verkäufer,[109] der auch den Kaufpreis erhält, die Grundstückseigentümer erscheinen als die Übertragenden, die die entsprechenden Miteigentumsanteile in Erfüllung des mit dem Unternehmer abgeschlossenen Bauträgervertrags an die Dritten übereignen. Grundstückseigentümer und Dritterwerber haben also kein schuldrechtliches Verhältnis.[110] Hier handelt es sich um einen echten Vertrag zugunsten Dritter (Art. 410 ZGB; vgl. § 328 BGB). Versprechende sind die Grundstückseigentümer und Versprechensempfänger ist der Unternehmer.[111]

---

108 Es handele sich wesentlich um einen synallagmatischen Vertrag, in dem die Leistungen (Gebäudeerrichtung gegen Miteigentumsanteile) das Verhältnis des Tausches zueinander haben. Georgiades, KrEp 2000, 13, 19–20.

109 Jener haftet also für Sachmängel gegenüber dem Dritten nach Art. 534 ZGB. Der Kaufvertrag ist freilich der Normalfall, da der Unternehmer zu gewinnbringenden Zwecken baut. Rechtsgrund des Vertrags mit dem Dritten können aber auch etwa die Schenkung (der Unternehmer will, dass eines seiner Familienmitglieder eine Wohnung bekommt) oder der Tausch (der Dritte überträgt sein unbebautes Grundstück zu künftigem Bauvorhaben an den Unternehmer und bekommt dafür Wohnung(en) in einem anderen Gebäude) sein.

110 Rechtsgrund der Eigentumsübertragung an den Dritten ist der Bauträgervertag. Gasis, NoV 30 (1982) 1409, 1417.

111 Gasis, NoV 30 (1982) 1409, 1415; Georgiades, KrEp 2000, 13, 25.

Auf diese Weise wurden zur Zeit des Aufschwungs in Griechenland ganze Gebäude schon „aus den Grundrissen" heraus verkauft.[112] Der Bauträgervertrag wurde als ein geeignetes Vehikel zur Förderung der wirtschaftlichen Entwicklung angesehen.[113] Das rasche, innerhalb weniger Jahrzehnte stattgefundene und mangels Raumordnungsplänen teils unkontrollierte Wachstum der Großstädte in Griechenland hatte aber die dramatische Senkung der Lebensqualität in vielen Stadtteilen zur Folge.

112 Normalerweise durch Vorverträge über den Kauf der zu errichtenden Wohneinheiten zwischen dem Unternehmer und dem dritten Käufer. Auf diese Weise wurde das Werk praktisch – zumindest teilweise – von den Käufern finanziert.

113 Charakteristisch sind die Erwägungen des Areopags in AP 448/1996 ElDik 1996, 600: Die Einstellung des Baus nach dem System der „Gegenleistung" hätte die Verlangsamung der Bauaktivität mit der Konsequenz „eines verheerenden Schlags gegen die nationale Wirtschaft" zur Folge.

Kapitel VIII – Schutz des Eigentums

1. Gesetzestext (Art. 1094–1112 ZGB)

Art. 1094 Vindikationsklage
Der Eigentümer einer Sache ist berechtigt, von dem Besitzer oder von dem Detentor die Anerkennung seines Eigentums und die Herausgabe der Sache zu verlangen.

Art. 1095
Der Besitzer kann die Herausgabe der Sache verweigern, wenn er dem Eigentümer gegenüber zum Besitz oder zur Detention der Sache berechtigt ist.

Art. 1096 Haftung in Bezug auf die Nutzungen
Der Besitzer hat die Nutzungen herauszugeben, die nach der Zustellung der Klage gezogen wurden. Außerdem haftet er auch für Nutzungen, die er nach Zustellung der Klage aus eigenem Verschulden nicht gezogen hat, welche er nach den Regeln einer ordnungsmäßigen Wirtschaft hätte ziehen können.

Art. 1097 Haftung in Bezug auf die Sache
Der Besitzer haftet seit der Zustellung der Klage dem Eigentümer für Schadensersatz, wenn infolge seines Verschuldens die Sache verschlechtert wurde oder untergegangen ist oder aus einem anderen Grund nicht herausgegeben werden kann.

Art. 1098 Bösgläubiger Besitzer
War der Besitzer beim Erwerb des Besitzes nicht in gutem Glauben oder erlangt er später Kenntnis davon, dass er zum Besitz nicht berechtigt ist, so haftet er von dieser Zeit an in Bezug auf die Sache und auf die Nutzungen aus der Sache in gleicher Weise wie für die Zeit nach der Zustellung der Klage. Eine weitere Haftung des Besitzers wegen Verzugs ist nicht ausgeschlossen.

Art. 1099
Hat sich der Besitzer durch rechtswidrige Handlung den Besitz verschafft, so haftet er dem Eigentümer für Schadensersatz nach den Vorschriften über unerlaubte Handlungen.

Art. 1100 Gutgläubiger Besitzer
Erlangte der Besitzer den Besitz der Sache in gutem Glauben und hat er ihn ebenso fortgesetzt, so haftet er für die Zeit vor der Zustellung der Klage weder für Herausgabe von Nutzungen aus der Sache noch für Schadenersatz für die Verschlechterung, den Untergang oder die Unmöglichkeit der Herausgabe der Sache.

Art. 1101 Anspruch auf notwendige Verwendungen

Der gutgläubige Besitzer ist berechtigt, von dem Eigentümer Ersatz für die Verwendungen zu verlangen, die zur Erhaltung der Sache in einem zur ordnungsmäßigen Bewirtschaftung geeigneten Zustand (notwendige Verwendungen) sowie zur Bestreitung von Lasten der Sache gemacht sind. Für gewöhnliche Verwendungen zur Erhaltung der Sache ist er jedoch nicht zum Ersatz berechtigt, sofern ihm die Nutzungen aus der Sache verblieben sind.

Art. 1102

Der unredliche Besitzer, und von der Zustellung der Klage an jeder Besitzer, ist für notwendige Verwendungen oder für Verwendungen wegen der Lasten der Sache nur nach den Vorschriften über die Geschäftsführung ohne Auftrag zum Ersatz berechtigt.

Art. 1103 Nützliche Verwendungen

Für Verwendungen, durch die der Wert der Sache erhöht wurde (nützliche Verwendungen), ist nur der gutgläubige Besitzer für die Zeit vor der Zustellung der Klage zum Ersatz berechtigt, und nur soweit zur Zeit der Herausgabe der Sache die Werterhöhung noch vorhanden ist.

Art. 1104 Wegnahmerecht

Für die mit einer Sache als ihr Bestandteil verbundene andere Sache steht dem Besitzer das Wegnahmerecht zu.

Dieses Recht ist ausgeschlossen: 1. wenn es sich um eine gewöhnliche Erhaltungsverwendung handelt, für die der Besitzer nicht zum Ersatz berechtigt ist, weil er die Nutzungen gezogen hat; 2. wenn die Wegnahme für den Besitzer keinen Nutzen hat; 3. wenn ihm der Wert ersetzt wird, den der Bestandteil nach der Abtrennung haben würde.

Art. 1105

Dem Besitzer steht das Entschädigungs- oder Wegnahmerecht für die Verwendungen, welche von seinem Rechtsvorgänger gemacht wurden, unter denselben Bedingungen zu, unter denen auch dem Rechtsvorgänger dieses Recht zustehen würde.

Die Verpflichtung des Eigentümers erstreckt sich auch auf Ersatz der Verwendungen, die gemacht worden sind, bevor er das Eigentum erworben hat.

Art. 1106 Zurückbehaltungsrecht

Der Besitzer ist berechtigt, die Sache zurückzubehalten, bis er wegen der ihm zu ersetzenden Verwendungen befriedigt wird. Dieses Recht steht ihm nicht zu, wenn er die Sache durch eine vorsätzlich begangene rechtswidrige Handlung erlangt hat.

Art. 1107 Erlöschen des Anspruchs wegen Verwendungen
Der Entschädigungs- oder Wegnahmeanspruch des Besitzers wegen Verwendungen erlischt bei beweglichen Sachen nach Ablauf eines Monats und bei unbeweglichen Sachen nach Ablauf von sechs Monaten vom Zeitpunkt der Herausgabe der Sache an.

Art. 1108 Negatorische Klage
Wird das Eigentum auf andere Weise als durch Entziehung oder Vorenthaltung der Sache beeinträchtigt, so ist der Eigentümer berechtigt, von dem Störer die Beseitigung der Beeinträchtigung und ihre Unterlassung für die Zukunft zu verlangen. Ein weiterer Anspruch auf Schadensersatz nach den Vorschriften über unerlaubte Handlungen ist nicht ausgeschlossen.

Das im vorigen Absatz bestimmte Recht wird nicht gewährt, wenn der Störer kraft eines Rechtes gehandelt hat.

Art. 1109 Auf fremdes Grundstück gelangte bewegliche Sache
Ist eine bewegliche Sache auf ein fremdes Grundstück gelangt, so ist der Eigentümer berechtigt, von dem Besitzer des Grundstücks zu verlangen, dass er ihm das Aufsuchen und die Wegschaffung gegen Entschädigung für den dadurch entstehenden Schaden gestattet.

Art. 1110 Eigentumsvermutung
Zugunsten des Besitzers einer beweglichen Sache gilt die Vermutung, dass er Eigentümer der Sache sei. Die Vermutung kann nicht einem früheren Besitzer entgegengehalten werden, dem die Sache gestohlen worden oder verlorengegangen ist. Jedoch kann bei Geld und Inhaberpapieren die Vermutung auch diesem entgegengehalten werden.

Art. 1111
Zugunsten des früheren Besitzers einer beweglichen Sache gilt die Vermutung, dass er während der Dauer seines Besitzes Eigentümer der Sache gewesen sei.

Art. 1112 Publizianische Klage
Wer den Besitz eines Grundstücks unter den Voraussetzungen der ordentlichen Ersitzung erlangt und ihn vor der Vollendung der Ersitzungszeit verloren hat, ist berechtigt, von demjenigen, welcher es ohne gültigen oder putativen Titel besitzt, Herausgabe der Sache nach den Vorschriften über die Vindikationsklage zu verlangen, die entsprechende Anwendung finden.

Wird ein solcher Besitzer eines Grundstücks anders als durch Entziehung oder Vorenthaltung der Sache beeinträchtigt, so steht ihm gleichfalls derselbe Schutz zu, den auch der Eigentümer genießt.

2. Einleitung

Der vom Gesetz gewährte Schutz des Eigentums entspricht den nach Art. 1000 ZGB (vgl. § 903 S. 1 BGB) „negativen" Befugnissen des Eigentümers, also seinen Befugnissen, Dritte von jeder Einwirkung auf die Sache auszuschließen. Das Eigentumsschutzsystem des ZGB und des BGB sind gleich konstruiert. Im Vorfeld steht der Schutz vor Entziehung oder Vorenthaltung des Eigentums gegen den unrechtmäßigen Besitzer bzw. Detentor (Vindikationsklage gem. Art. 1094 ZGB; Herausgabeanspruch gem. § 985 BGB). Der Anspruch auf Herausgabe der Sache wird von schuldrechtlichen[1] Nebenansprüchen des Eigentümers begleitet, die sich auf die Nutzungen aus der Sache und auf die Verschlechterung, den Untergang oder die Unmöglichkeit zur Herausgabe der Sache beziehen (Art. 1096–1100 ZGB; §§ 987–993 BGB), wie auch von Gegenansprüchen des Besitzers wegen Verwendungen, die er an der Sache vorgenommen hat (Art. 1101–1107 ZGB; §§ 994–1003 BGB).

Der Anspruch auf Herausgabe wird vom Schutz vor sonstigen Eingriffen ergänzt (negatorische Klage gem. Art. 1108 ZGB; Beseitigungs- und Unterlassungsanspruch gem. § 1004 BGB). Ein Verfolgungsrecht des Eigentümers einer beweglichen Sache, die auf ein fremdes Grundstück gelangt, besteht in beiden Rechtsordnungen (Art. 1109 ZGB; § 1005 BGB). Nur im griechischen Recht und nur bei Grundstücken wird dem Besitzer, der das Grundstück unter den Voraussetzungen der ordentlichen Ersitzung (Art. 1041–1044 ZGB) besitzt, gegen den Besitzer, der diese Voraussetzungen nicht erfüllt, zur Wiedererlangung des Besitzes verholfen (publizianische Klage gem. Art. 1112 ZGB). Ein ähnlicher Anspruch wird nach dem deutschen Recht nur bei beweglichen Sachen anerkannt (§ 1007 BGB).

Die Vindikations- wie auch die negatorische Klage sind allgemeine Klagen, d.h. sie beziehen sich sowohl auf Mobilien als auch auf Immobilien. Andere besondere Ansprüche beziehen sich entweder auf Mobilien, etwa das Verfolgungsrecht, oder auf Immobilien, etwa die publizianische Klage. Die Abhandlung in diesem Buch wird sich grundsätzlich auf den Eigentumsschutz von Immobilien beschränken.

3. Vindikationsklage

Bei Art. 1094 ZGB handelt es sich um die „Vindikationsklage." Die Terminologie ist auf die *rei vindicatio* des römischen Rechts zurückzuführen, das keinen

---

1 Balis, Sachenrecht, § 91; Georgiades, Sachenrecht, § 57 Rn. 2; gleich Wieling, Sachenrecht, S. 171.

scharfen Unterschied zwischen dem (materiell-rechtlichen) Anspruch und der entsprechenden (prozess-rechtlichen) Klage kannte. Beide heutigen Begriffe wurden unter der römischen *actio* eingeordnet.[2] Hier wurde aus rechtshistorischen Gründen eine wortwörtliche Übersetzung vorgezogen. Es besteht kein Zweifel, dass es sich in Art. 1094 ZGB um einen rein materiell-rechtlichen Anspruch handelt. Der Begriff „Klage“ kann daher nicht irreführend wirken. Gleiches gilt für Art. 1108 ZGB über die „negatorische Klage“ nach dem Vorbild der *actio negatoria*.

Nach Art. 1094 ZGB hat den Anspruch der Eigentümer, und er richtet ihn gegen den Besitzer oder den Detentor der Sache. Aktivlegitimiert zur Klageerhebung ist daher der Eigentümer der Sache. Es spielt dabei keine Rolle, wie er den Besitz bzw. die Detention verloren hat: Die Sache wurde ihm etwa gestohlen oder er hat sie freiwillig einem Rechtsbesitzer (Nießbraucher) oder einem Detentor (Mieter) übergeben. Gleichgültig ist sogar, ob der Eigentümer je im Besitz der Sache war, z.B. der Käufer eines Grundstücks, der vom Eigentümer gekauft und den Kaufvertrag hat eintragen lassen, ohne den Besitz noch erhalten zu haben.

Der Miteigentümer ist zur Erhebung der Klage bezüglich seines Miteigentumsanteils sowohl gegen Dritte als auch gegen die anderen Miteigentümer berechtigt. Gem. Art. 1116 ZGB kann er gegen Dritte die Klage bezüglich der ganzen Sache erheben. In diesem Fall muss er die Herausgabe an alle Miteigentümer nach ihren Anteilen verlangen (Art. 1116 S. 2 ZGB).[3]

Der Erbe eines Grundstücks wird fiktiv gem. Art. 983 ZGB Besitzer. Derjenige, der den Erbschaftsgegenstand innehat, ist ihm gegenüber fehlerhafter Besitzer. Damit der Erbe die Vindikationsklage erheben kann, muss er die Erbschaftsannahmeerklärung bzw. den Erbschein gem. Art. 1193 ZGB eintragen lassen. Er wird damit zum Eigentümer mit Rückwirkung ab Zeitpunkt des Todes gem. Art. 1199 ZGB.[4]

Nach Sondervorschriften sind auch bestimmte Personen zur Klageerhebung legitimiert, ohne Eigentümer zu sein: etwa der Testamentsvollstrecker, wenn er die Erbschaftsverwaltung hat (Art. 2025 Abs. 2 ZGB; vgl. § 2205 BGB), der Insolvenzverwalter (Art. 17 Abs. 1 gr.InsO; vgl. § 80 InsO), die Gläubiger des Eigentümers im Wege einer Klage aus dem Recht eines Dritten gem. Art. 72 gr.ZPO.

---

2 Also ein Recht, „das man als Kläger im Prozess mit Aussicht auf Erfolg durchsetzen kann“. Kaser/Knütel, Römisches Privatrecht, § 4 Rn. 6.

3 AP 438/2001 ElDik 2002, 382. Vgl. Wieling, Sachenrecht, Band I, S. 532.

4 AP 764/2008 Nomos; EfThes 2444/1994 Arm 1995, 1285.

Der Anspruch aus Art. 1094 ZGB ist eng mit dem Eigentum verbunden. Als dinglicher Anspruch ist er vom dinglichen Recht untrennbar. Er kann also nicht einem Dritten, der kein Eigentümer ist, abgetreten werden.[5]

Passivlegitimiert ist der unrechtmäßige Besitzer bzw. Detentor der Sache, etwa der Dieb einer beweglichen Sache oder der Dritte, der den Eigentümer aus dem Grundstück ausgestoßen hat, wie auch der Käufer aufgrund eines nichtigen Kaufvertrags, der das Grundstück eigenmächtig in seinen Besitz nimmt, der Rechtsbesitzer (Nießbraucher), der Detentor (Mieter, Verwahrer), der Miteigentümer, wenn er die Absicht hat, sich die ganze Sache anzueignen.[6] Der Besitzdiener kann nicht als solcher verklagt werden. Entzieht er jedoch dem Eigentümer den Besitz, indem er seine Weisungen nicht mehr befolgt, macht er sich zum fehlerhaften Eigenbesitzer.[7]

Der Besitzer bzw. Detentor muss zur Zeit der Erhebung der Klage im Besitz bzw. in der Detention der Sache sein, sonst ist die Klage unbegründet, es sei denn, dass die Voraussetzungen von Art. 1098 ZGB (vgl. § 990 BGB) erfüllt sind, also wenn der Besitzer bzw. Detentor die Sache in Kenntnis seiner Nichtberechtigung zum Besitz bzw. zur Detention veräußert hat. In diesem Fall kann der Kläger statt Herausgabe Schadensersatz verlangen.[8] Hat der Beklagte den Besitz bzw. die Detention während der Rechtshängigkeit verloren, indem er die Sache veräußert hat, erstreckt sich die Rechtskräftigkeit des Urteils auf die Rechtsnachfolger gem. Art. 325 Abs. 2 gr.ZPO (vgl. § 325 Abs. 1 ZPO).

Bei mehrstufigen Besitzverhältnissen (etwa Besitzer – Rechtsbesitzer – Detentor) fragt sich, gegen wen die Klage zu richten ist. Der Wortlaut des Art. 1094 ZGB ist eindeutig: „...von dem Besitzer oder von dem Detentor...". Der Eigentümer kann also die Klage entweder gegen den Besitzer, auch wenn er nicht die unmittelbare Sachgewalt ausübt,[9] oder gegen den Rechtsbesitzer bzw. Detentor oder gegen alle richten.[10]

---

5 Georgiadou, Klagen des Sachenrechts, S. 93–94; gleich in Deutschland: Wieling, Sachenrecht, Band I, S. 540; Prütting, Sachenrecht, Rn. 522.

6 AP 108/2004 NoV 52 (2004) 1535.

7 AP 1574/2002 NoV 51 (2003) 1200; vgl. Baur/Stürner, Sachenrecht, § 11 Rn. 42.

8 Georgiadou, Klagen des Sachenrechts, S. 96; vgl. Baur/Stürner, Sachenrecht, § 11 Rn. 46.

9 In diesem Fall gilt das Urteil gem. Art. 325 Abs. 3 S. 1 gr.ZPO auch gegen den Rechtsbesitzer bzw. Detentor, der vom vermeintlichen Besitzer das Recht ableitet.

10 Sie werden damit Streitgenossen unter den Voraussetzungen von Art. 74 Nr. 2 gr.ZPO (vgl. § 60 ZPO). § 985 BGB spricht nur vom Besitzer. Es ist jedoch einhellige Ansicht, dass damit auch der mittelbare Besitzer gemeint wird. Wieling, Sachenrecht, Band I, S. 534.

a) Antrag

Der Anspruch gem. Art. 1094 ZGB hat das Schema des römischen Rechts beibehalten, nach dem im Rechtsstreit zunächst über das Eigentum des Klägers durch *pronuntiatio* entschieden („*…die Anerkennung seines Eigentums…*") und dann die Herausgabe (*restitutio*) angeordnet wurde.[11] Die Klage ist daher zugleich Feststellungs- und Verurteilungsklage (Leistungsklage). Wird durch die Klage nur die Feststellung des Eigentums beantragt, handelt es sich nicht um eine Vindikationsklage, sondern um eine Feststellungsklage nach Art. 70 gr.ZPO (vgl. § 256 ZPO). Wird nur die Verurteilung auf Herausgabe der Sache beantragt, liegt eine Vindikationsklage vor. Das Eigentum wird in diesem Fall vom Richter inzident festgestellt. Die Rechtskraftwirkung erstreckt sich aber nicht auf die Eigentumsfeststellung.[12]

Vindizierbar ist jede bewegliche oder unbewegliche Sache i.S.v. Art. 947 ff. ZGB. Wird die Herausgabe mehrerer Sachen verlangt, die in der Klageschrift einzeln nach dem Bestimmtheitsprinzip beschrieben werden müssen, wird angenommen, dass es sich um mehrere – so viel wie die Sachen – Klagen handelt (*quot res tot vindicationes*).[13] Besonders die Immobilien müssen nach Lage, Fläche, Grenzen und Beschaffenheit (bebaubares Grundstück oder nicht, eventuell bestehende Gebäude) beschrieben werden, damit kein Zweifel über ihre Identität besteht.

Die Klageschrift muss ferner gem. Art. 216 gr.ZPO alle tatsächlichen und rechtlichen Ereignisse beinhalten, aus denen sich die Erfüllung der Voraussetzungen von Art. 1094 ZGB ergibt. Der Kläger muss also vortragen, wie er sein Eigentum erlangt hat, und auch die Umstände, unter denen der Besitzer bzw. Detentor die Sache unrechtmäßig behält. Der Kläger trägt die Beweislast seiner Behauptungen gem. Art. 338 Abs. 1 gr.ZPO.

Beruft sich der Kläger in Bezug auf eine Immobilie auf originären Eigentumserwerb, muss er die Tatsachen nachweisen, die den Tatbestand der entsprechenden Vorschrift erfüllen: etwa bei ordentlicher Ersitzung eine ununterbrochene gutgläubige Ersitzungszeit von zehn Jahren (gegebenenfalls bei Zeitanrechnung auch die Ersitzung seiner Rechtsvorgänger), das Bestehen eines gültigen Erwerbstitels bzw. Putativtitels wie auch seine Eintragung ins Transkriptionsbuch bzw. Grundbuch, bei außerordentlicher Ersitzung eine ununterbrochene Ersitzungszeit von 20 Jahren (Zeitanrechnung trifft auch hier zu). Beruft er sich

11 Balis, Sachenrecht, § 91.

12 Op.cit. Balis; Georgiades, Sachenrecht, § 58 Rn. 12.

13 Wieling, Sachenrecht, Band I, S. 535.

auf derivativen Eigentumserwerb, muss er die Erfüllung der Voraussetzungen des Art. 1033 ZGB nachweisen. Handelt es sich um Erbfolge, muss der Kläger seine Berechtigung als Erbe durch die Berufung auf eine eingetragene Erbschaftsannahme bzw. einen Erbschein nachweisen.

Im Prinzip ist der Nachweis des Eigentums der Rechtsvorgänger nicht erforderlich. Wird das Eigentum des Rechtsvorgängers vom Beklagten bestritten, muss der Kläger auch dessen Eigentumserwerbsweise durch nachträgliche Schriftsätze nachweisen, bis auf originären Eigentumserwerb zurückgegriffen wird.[14] Es muss also die Gültigkeit der Titelkette der konsekutiven Rechtsvorgänger über eine Zeitspanne von zumindest 20 Jahren nachgewiesen werden, damit der Kläger sich durch Zeitanrechnung des Besitzes seiner Rechtsvorgänger auch auf originären Eigentumserwerb kraft außerordentlicher Ersitzung gem. Art. 1045 i.V.m. Art. 1051 ZGB berufen kann. Freilich kann auf die gleiche Weise aufgrund von eingetragenen Erwerbstiteln (Art. 1043 Abs. 2 ZGB) ein originärer Eigentumserwerb kraft ordentlicher Ersitzung nachgewiesen werden, die eine kürzere Ersitzungszeit verlangt, aber dazu noch guten Glauben beim Erwerb. Dieser Nachweis des Eigentums aller Rechtsvorgänger, die an der Titelkette beteiligt sind, erweist sich in vielen Fällen als besonders schwierig, was das gemeine Recht als *probatio diabolica* (Teufelsbeweis) bezeichnet hat.[15]

In der Anwaltspraxis gilt jedoch als unentbehrlich, dass die Klageschrift eine ausführliche Beschreibung der Erwerbsart enthält und zwar mit genauer Erwähnung und entsprechendem Nachweis der Erwerbstitel aller Rechtsvorgänger, die zeitlich so lange wie möglich zurückgeht, zumindest bis die Zeit der außerordentlichen Ersitzung abgeschlossen ist.

Einige Beispiele zur Verdeutlichung:

> K hat 1990 ein Grundstück durch eingetragenen Kaufvertrag erworben und hat das Grundstück seitdem ununterbrochen besessen. 2011 entzieht ihm B seinen Besitz, indem er behauptet, er sei der Eigentümer. K braucht bei der Vindikation das Eigentum seiner Rechtsvorgänger nicht nachzuweisen. Er hat das Grundstück 2000 ordentlich (gem. Art. 1041 ff. ZGB) und 2010 jedenfalls außerordentlich (gem. Art. 1045 ZGB) ersessen.

---

14 AP 322/1972 NoV 20 (1972) 1057; AP 812/2010 Nomos; AP 610/2000 D 2001, 314.

15 Kaser/Knütel, Römisches Privatrecht, § 27 Rn. 6. Freilich wurde der Beweis im römisch-byzantinischen Recht weiter erschwert, da gutgläubiger Besitz für 30 Jahre verlangt war.

Variante a:

K hat das Grundstück 2009 von V gekauft. V hat es 2000 kraft Schenkung von S bekommen. S hat es 1985 von E geerbt. Alle haben das Grundstück mit Eigentümerwillen ununterbrochen mit eingetragenen Titeln besessen. Bestreitet B 2011 das Eigentum der Rechtsvorgänger, muss K im Prozess das Eigentum von V und S nachweisen. Der Nachweis des Eigentums von E erübrigt sich. K hat das Eigentum derivativ und jedenfalls durch Zeitanrechnung der Besitzzeit seiner Rechtsvorgänger V und S kraft außerordentlicher Ersitzung originär erworben. Sind die Voraussetzungen der ordentlichen Ersitzung in den Personen von K und V erfüllt, so braucht K den Erwerb von S nicht nachzuweisen.

Variante b:

K hat das Grundstück 1990 durch eingetragenen Kaufvertrag erworben und in seinen Besitz genommen. 1992 entzieht ihm B seinen Besitz und verfährt mit dem Grundstück als Eigentümer, K unternimmt aber nichts dagegen. 2013 erhebt er gegen B die Vindikationsklage. Wenn B nachweisen kann, dass er ununterbrochen 20 Jahre lang mit Eigentümerwillen im Besitz des Grundstücks war, wird die Klage abgewiesen. B wurde 2012 durch außerordentliche Ersitzung Eigentümer.

Damit die Vindikationsklage zulässig ist, muss sie innerhalb von 30 Tagen nach der Erhebung in das Vindikationenbuch des Transkriptionsregisters (Art. 220 Abs. 1 gr.ZPO) bzw. in das Grundbuchblatt des Grundbuchamts (Art. 12 Abs. 1 ιβ GBG), in dessen Bezirk das Grundstück liegt, eingetragen werden. Wie oben ausgeführt, bewirkt die Eintragung kein Veräußerungsverbot, der Rechtsnachfolger der Streitparteien ist von der Rechtskraftwirkung des Urteils gem. Art. 325 gr.ZPO erfasst. Die Klage wird durch Einreichung einer Klageschrift in der Geschäftsstelle des Gerichts und Zustellung einer Abschrift an den Beklagten erhoben (Art. 215 Abs. 1 S. 1 gr.ZPO; vgl. § 253 Abs. 1 ZPO).

aa) Verteidigung des Beklagten

Dem Beklagten stehen verschiedene Verteidigungsmittel zur Verfügung: Er kann die Klage erwidern oder Einwendungen bzw. Einreden wie auch eine Widerklage erheben.

Der Beklagte kann bei der Klageerwiderung vorbringen, dass der Kläger nicht der Eigentümer sei oder dass er (der Beklagte) die Sache nicht in seinem Besitz bzw. seiner Detention habe. Ferner muss er gem. Art. 338 Abs. 1 gr.ZPO seine Behauptungen begründen und beweisen, dass der Kläger nicht Eigentümer sei, weil die Sache dem Beklagten oder einem Dritten gehöre. Nach h.M. und der Rechtsprechung konstituiert die Berufung des Beklagten auf das eigene Recht auf Eigentum eine begründete Klageerwiderung, wenn die Tatsachen, auf die er sein Eigentum stützt, vor oder gleichzeitig mit den Tatsachen stattgefunden haben, auf die der Kläger sein Eigentum stützt. Beruft sich der Beklagte auf nachträgliche Tatsachen, liegt eine rechtsvernichtende Einwendung gegen das Recht des Klägers vor.[16] Beruft sich also der Beklagte auf Eigentumserwerb kraft Rechtsnachfolge und jedenfalls kraft außerordentlicher Ersitzung und verneint, dass der Kläger je Eigentümer war, erwidert er die Klage. Behauptet er, dass der Kläger früher Eigentümer war, aber der Beklagte in der Zwischenzeit die Sache ersessen hat, erhebt er die Einwendung des eigenen Eigentums.

Die Unterscheidung ist für die Verteilung der Beweislast von Bedeutung. Bei einer Einwendung trägt der Beklagte die Beweislast seiner Behauptungen. Bei begründeter Klageerwiderung muss der Kläger die in seiner Klageschrift vorgetragenen Tatsachen beweisen.[17]

Der Beklagte kann sich auf Einreden bzw. Einwendungen aus den materiellrechtlichen Vorschriften berufen.[18] Die Einwendung des eigenen Eigentums ist schon erörtert worden. Art. 1095 ZGB (vgl. § 986 BGB) sieht die Einwendung der Berechtigung des Besitzers[19] bzw. Detentors vor, die Sache zu besitzen

---

16 Balis, Sachenrecht, § 93; Papasteriou, Sachenrecht, Band 2, § 59 Rn. 50; Georgiades, Sachenrecht, § 58 Rn. 27; AP 1090/1983 NoV 32 (1984) 841; AP 956/1985 NoV 34 (1986) 683; AP 718/2010 Nomos; EfAth 6936/1990 ArchN 1991, 739; EfThes 2444/1994 Arm 1995, 1285; EfAth 10604/1995 Arm 1997, 769.

17 Georgiades, Sachenrecht, § 58 Rn. 36.

18 Hier wird die Unterscheidung in Einreden und Einwendungen nach der deutschen Theorie herangezogen, s. Gröschler, AcP 201 (2001), 48, 48–50. Zur griechischen Unterscheidung sei hier nur gesagt, dass die materiell-rechtlichen Einwendungen im weiteren Sinn sich in unechte und echte unterteilen lassen. Bei den ersteren reicht es aus, wenn sie zum Prozessstoff gehören. Der Richter muss sie ohne Weiteres berücksichtigen, z.B. Geschäftsunfähigkeit. Die echten Einwendungen, z.B. Einwendung aus Art. 1095 ZGB, Verjährung, müssen – wie die Einreden im deutschen Recht – geltend gemacht werden, damit das Gericht sie berücksichtigen kann. Nikolopoulos, Sinn und Funktion der Einwendung im Zivilprozessrecht, S. 38 u. S. 74–81 mit Auflistung der verschiedenen Einwendungen nach griechischem Recht; vgl. Paulus, Zivilprozessrecht, Rn. 285.

19 Der Einfluss des Wortlauts des § 986 BGB auf Art. 1095 ZGB ist hier evident. Nach Art. 1095 ZGB hat der „Besitzer“ das Recht, die Herausgabe der Sache zu verweigern. Da nach griechischem Recht der Besitzer immer als Eigenbesitzer verstanden wird, kann ein „Besitzer“, der gem. Art. 1096 ZGB ein Recht gegen den Eigentümer hat, nur

bzw. innezuhaben. Die Einwendung wirkt rechtshemmend auf den Herausgabeanspruch.[20] Das Eigentum wird dadurch nicht bestritten. Der Besitzer bzw. Detentor beruft sich auf sein Recht, die Herausgabe zu verweigern. Dieses Recht kann sich auf ein Rechtsverhältnis mit dem Eigentümer, etwa Nießbrauch, Mietvertrag – nicht aber der Hypothekar, da die Hypothek kein Recht auf Besitz/Detention gewährt – oder auf das Gesetz, etwa das Verwaltungsrecht des Testamentsvollstreckers (Art. 2020 ZGB), stützen.[21] Die Beweislast trägt gem. Art. 338 Abs. 1 gr.ZPO der Einwendende.

Auf die Einwendung der eigenen Detention kann sich der Detentor berufen, der sein Recht auf Detention vom Rechtsbesitzer oder vom mittelbaren Detentor ableitet, etwa der Mieter, der die Sache vom Nießbraucher gemietet hat, oder der Untermieter, vorausgesetzt, dass das zugrundeliegende schuldrechtliche Besitzmittlungsverhältnis wirksam ist, etwa dass die Untervermietung vom Eigentümer gestattet ist.[22]

In dem Fall, dass die Einwendung erfolgreich ist, wird der Klage nur in Bezug auf den Feststellungsantrag über das Eigentum stattgegeben. Der Antrag auf Herausgabe wird abgewiesen.[23]

Verwandt ist die Einwendung der *rei venditae et traditae* des römischen Rechts, die im griechischen Recht nur eine beschränkte Bedeutung hat. Bei Immobilien bezieht sie sich auf den Fall, dass der Kläger ein Grundstück zu vindizieren versucht, das er schon veräußert hat, wobei aber der Erwerber die Eintragung ins Transkriptionsbuch bzw. Grundbuch noch nicht vorgenommen hat.[24]

---

der Rechtsbesitzer sein. Ein konsequenterer Wortlaut des Art. 1095 ZGB wäre: „Der Rechtsbesitzer oder der Detentor kann die Herausgabe der Sache verweigern, …". In den darauffolgenden Vorschriften (Art. 1096 ff. ZGB) kann der „Besitzer" auch Eigenbesitzer sein, d.h. der fehlerhafte Besitzer, der mit *animus domini* die Sachherrschaft ergriffen hat, aber kein Eigentümer ist.

20 Nach h.M. in Griechenland handelt es sich um eine echte rechtshemmende Einwendung, also nach deutscher Auffassung um eine Einrede: op.cit. Nikolopoulos, S. 82 u. 91; Georgiades, Sachenrecht, § 58 Rn. 38 mit weiteren Verweisungen; anders die h.M. in Deutschland: Wieling, Sachenrecht, S. 166; Prütting, Sachenrecht, Rn. 517; siehe Kritik in Gröschler, AcP 201 (2001), 48, 52–54.

21 Gleich in Deutschland: Wilhelm, Sachenrecht, Rn. 1199.

22 Georgiades, Sachenrecht, § 58 Rn. 40; vgl. § 986 Abs. 1 BGB.

23 EfAth 5388/1992 ElDik 1995, 643; EfPatras 861/2002 Nomos.

24 Balis, Sachenrecht, § 93; vgl. Wieling, Sachenrecht, Band I, S. 542. Der Sachverhalt begründet auch eine Einwendung wegen Rechtsmissbrauchs gem. Art. 281 ZGB. Georgiades, Sachenrecht, § 58 Rn. 42. Vgl. Arglisteinrede nach § 242 BGB: BGHZ 10, 69, 75.

Der Beklagte kann auch die Verjährungseinrede erheben. Die Vindikationsklage verjährt nach der allgemeinen Regel von Art. 249 ZGB nach 20 Jahren, die Frist fängt ab Entziehung der Sache zu verstreichen an. In dem Fall, dass der Besitz durch einen anderen, etwa Nießbraucher, Mieter, ausgeübt wird, ist bei Besitzentziehung von Immobilien Art. 982 ZGB maßgeblich. Die Verjährungsfrist beginnt nicht, bevor der Eigentümer Kenntnis von der Entziehung erlangt hat[25] und damit gem. Art. 251 ZGB (vgl. § 199 Abs. 1 Nr. 1 BGB) die Geltendmachung vor Gericht möglich ist. Die Verjährung wird durch die Erhebung der Klage gem. Art. 261 S. 1 ZGB unterbrochen.[26] Wird der Verjährungseinrede stattgegeben, kann der Beklagte die Herausgabe der Sache verweigern. Da die Verjährung rechtshemmend wirkt, bleibt das Eigentum bei dem Eigentümer in Form eines *nudum jus*, es sei denn, dass die Voraussetzungen der außerordentlichen Ersitzung in der Person des Beklagten oder eines Dritten erfüllt sind. Der Beklagte kann die schon verstrichene Besitzzeit seiner Rechtsvorgänger gem. Art. 271 ZGB (vgl. § 198 BGB) in die Verjährungszeit einrechnen.

Die Sondervorschrift von Art. 1020 gr.ZPO sieht eine verkürzte Verjährungsfrist im Fall einer Zwangsversteigerung der Immobilie vor. Daher muss die Vindikationsklage innerhalb einer Ausschlussfrist von fünf Jahren ab der Eintragung des Auszugs des Zuschlagsprotokolls im Namen des Erstehers erhoben werden.

Sowohl allgemeine (Art. 325 ff. ZGB; vgl. §§ 273 f. BGB) als auch besondere Vorschriften (Art. 1106 ZGB; vgl. § 1000 BGB) begründen eine rechtshemmende Zurückbehaltungseinrede des Beklagten für Verwendungen, die er an der Sache vorgenommen hat. Der Besitzer der Sache kann die Herausgabe der Sache verweigern, bis er die Verwendungen ersetzt bekommen hat. Wird der Einrede stattgegeben, wird der Beklagte zur Herausgabe unter der Bedingung der gleichzeitigen Leistung durch den Kläger gem. Art. 329 ZGB verurteilt.[27]

Der Beklagte kann auch im Wege der Widerklage (Art. 268 Abs. 1 gr.ZPO; vgl. § 261 Abs. 2 ZPO) seine Rechte geltend machen. Wie im deutschen Recht ist die Widerklage ein prozessuales Mittel der Verteidigung wie auch des Gegenangriffs.[28] Durch die Widerklage bezweckt der Beklagte die Zurückweisung der

---

25 Mehr darüber, auch über die eventuelle Erweiterung der Vorschrift von Art. 982 ZGB auf Dritte, in Kapitel III 5.

26 Ob es sich um eine Feststellungs-, Leistungs- oder Widerklage handelt, ist nicht erheblich. Gleiches gilt für die Hauptintervention. Roussis in Georgiades, Kurze Auslegung des ZGB, Art. 1094–1095 Rn. 36. Ein Antrag auf Besitzherausgabe durch einstweilige Anordnung unterbricht die Verjährung nach h.M. nicht.

27 Roussis in Georgiades, Kurze Auslegung des ZGB, Art. 1094–1095 Rn. 34.

28 Paulus, Zivilprozessrecht, Rn. 296.

Klage wie auch die Anerkennung des eigenen Eigentums. Das Recht auf eigenes Eigentum kann, wie oben ausgeführt, auch durch Klageerwiderung bzw. Einwendung geltend gemacht werden. Im Erfolgsfall wird die Klage abgewiesen. Mit der Erhebung der Widerklage kann der Gegenkläger zusätzlich seine Anerkennung als Eigentümer mit Rechtskraftwirkung dem Kläger gegenüber erzielen.[29] Zulässigkeitsvoraussetzung ist die Eintragung der Widerklage in das Vindikationenbuch des Transkriptionsregisters (Art. 220 Abs. 1 gr.ZPO) bzw. in das Grundbuchblatt des Grundbuchamts (Art. 12 Abs. 1 ιβ GBG).

bb) Rechtsvergleichende Anmerkungen

Besitzer – Detentor / mittelbarer – unmittelbarer Besitzer

Nach Art. 1094 ZGB ist der unrechtmäßige Besitzer wie auch der unrechtmäßige Detentor zur Klageerhebung passivlegitimiert. Der Eigentümer kann die Klage gegen den einen oder den anderen oder gegen beide richten. Erhebt der Eigentümer erfolgreich Klage gegen den Besitzer, wird auch der Rechtsbesitzer bzw. Detentor, der vom Besitzer sein Recht ableitet, von der Rechtskraft gem. Art. 325 Abs. 3 S. 1 gr.ZPO erfasst und ist zur Herausgabe verpflichtet. In Art. 1096–1107 ZGB ist die Rede vom „Besitzer", darunter wird auch der Detentor verstanden. Beide werden gleich behandelt sowohl bei dem Anspruch auf Herausgabe als auch bei den Nebenansprüchen. Bei mehrstufigen Besitzverhältnissen sagt das ZGB nichts über das Verhältnis der verschiedenen Sachgewaltinhaber aus, besonders wenn einer von ihnen gutgläubig über sein Besitzrecht gewesen ist. Dies kann sich als problematisch erweisen, wie im Folgenden erörtert wird.[30]

Nach deutschem Recht kann sich der Eigentümer zur Herausgabe der Sache entweder an den mittelbaren oder an den unmittelbaren Besitzer halten.[31] Darüber hinaus enthält das deutsche Recht Regelungen über das Verhältnis unter den Besitzern verschiedener Stufen (§ 991 BGB), die bezüglich der Nebenansprüche zu gerechteren Ergebnisse führen.

Beweis des Eigentums

Wie schon ausgeführt, kennt das Transkriptionssystem das Prinzip des öffentlichen Glaubens der Eintragungen in den Büchern des Transkriptionsregisters nicht. Der Kläger muss also den manchmal schweren Kampf des Beweises seines Eigentums und dessen seiner Rechtsnachfolger führen. In Deutschland gilt im

---

29 Georgiades, Sachenrecht, § 58 Rn. 34.

30 Siehe unten dd).

31 Baur/Stürner, Sachenrecht, § 11 Rn. 41; Prütting, Sachenrecht, Rn. 519, 521.

Gegenteil zugunsten des im Grundbuch als Eigentümer Eingetragenen die Vermutung von § 891 BGB.[32] Der Beklagte trägt daher die Last des vollen Beweises seines Vorbringens zur Ausräumung der Vermutung.[33] Im Geltungsbereich des sich im Werden befindenden griechischen Grundbuchs wirkt die Vermutung zugunsten des Eingetragenen zweifach: als unwiderlegbar gem. Art. 7 Abs. 1 GBG, nachdem die Anfechtungsfrist der ersten Eintragung verstrichen ist, und als widerlegbar gem. Art. 13 Abs. 1 GBG, wenn es sich um eine nachträgliche Eintragung handelt. Im letzteren Fall muss der Beklagte seine Behauptungen nachweisen.

Konkurrenzen

Theorie und Rechtsprechung befassen sich in beiden Rechtsordnungen mit der Konkurrenz des Herausgabeanspruchs mit anderen Ansprüchen, aus Vertrag, aus unerlaubten Handlungen oder aus ungerechtfertigter Bereicherung.

In Griechenland wird die Frage auf zwei Ebenen behandelt: einerseits als Konkurrenz der rechtlichen Grundlagen der Ansprüche (Anspruchsnormenkonkurrenz),[34] wenn die Leistung die gleiche ist. In diesem Fall ist der Anspruch wesentlich der gleiche und kann auf verschiedenen Rechtswegen befriedigt werden; so kann die Herausgabe entweder gem. Art. 1094 ZGB oder aufgrund des – beendeten – schuldrechtlichen Verhältnisses (z.B. Mietvertrag) oder gem. Art. 904 ZGB oder gem. Art. 914 i.V.m. Art. 297 S. 2 ZGB verlangt werden.[35] Die Herausgabe der gezogenen Nutzungen kann sowohl gem. Art. 1096, 1098 ZGB als auch gem. Art. 904 ZGB verlangt werden.[36] Dieser Gesichtspunkt – verallgemeinert – beantwortet aber nicht die Frage, welche Vorschrift anzuwenden ist, wenn die Voraussetzungen für die Geltendmachung des Anspruchs – besonders bei Nebenansprüchen – unterschiedlich sind, und vor allem wann die Anwendung einer Vorschrift die Geltendmachung der Leistung auf einer anderen Anspruchsgrundlage ausschließt, etwa wenn der redliche Besitzer nach Vindikationsrecht freigestellt wird, während er nach Bereicherungsrecht zur Herausgabe der Bereicherung verpflichtet ist.

Andererseits wird die Frage als Konkurrenz von Ansprüchen angesehen (Anspruchskonkurrenz), die den gleichen wirtschaftlichen Zweck verfolgen, wobei aber die Leistung je nach Anspruchsgrundlage variieren kann; so

---

32 Über die Reichweite der Vermutung: Soergel, § 891 Rn. 3-12.

33 Staudinger/Gursky (2013), § 891 Rn. 56.

34 Georgiades, D 6 (1975), 52.

35 Georgiades, Sachenrecht, § 58 Rn. 87.

36 Georgiades, Sachenrecht, § 57 Rn. 11.

bezweckt der Eigentümer mit der Erhebung der Vindikationsklage die Anerkennung seines Eigentums und die Herausgabe der Sache, mit der Geltendmachung seines Anspruchs aus dem Mietvertrag kann er nur die Herausgabe der Sache verlangen.[37] Jeder Anspruch kann unabhängig von den anderen geltend gemacht werden, wenn ihre Voraussetzungen nach dem materiellen Recht vorliegen. In diesem Fall haben die zugrundeliegenden Vorschriften weder ein Verhältnis der Subsidiarität noch ein Verhältnis von allgemeinem zu speziellem Gesetz zueinander. Die Geltendmachung einer der konkurrierenden Vorschriften schließt die Geltendmachung der anderen nicht aus. Die Befriedigung der einen führt jedoch zum Erlöschen der anderen, es sei denn, dass die anderen eine weitere Begünstigung des Berechtigten vorsehen.[38]

Nach herrschender Auffassung in Deutschland konkurriert der Herausgabeanspruch aus § 985 BGB problemlos mit dem Anspruch gleichen Inhalts aus Vertrag (nach Vertragsbeendigung, da davor der Besitzer die Einwendung aus § 986 BGB hat), Delikt oder ungerechtfertigter Bereicherung.[39] Die Problematik konzentriert sich auf die Konkurrenz der Nebenansprüche nach §§ 987 ff. BGB mit anderen Anspruchsgrundlagen.

Verjährung

Bei der Verjährung des Herausgabeanspruchs von Immobilien ist die unterschiedliche Funktion des Besitzes in beiden Rechtsordnungen zu beachten.

In Griechenland wird der Besitzer, der gleichzeitig immer Eigenbesitzer ist, ohne Weiteres zum Eigentümer mit der Erfüllung der Voraussetzungen der ordentlichen bzw. außerordentlichen Ersitzung, die eventuell im Rechtsstreit durch das Gericht festgestellt wird. Stößt beispielsweise der Landwirt L seinen Nachbarn N, der als Eigentümer des Nachbargrundstücks eingetragen ist, aus, indem er auf dem Nachbargrundstück anbaut, wird er mit dem Abschluss der zwanzigjährigen außerordentlichen Ersitzungszeit zum Eigentümer. Es spielt dabei keine Rolle, ob S, der Sohn von L, in der Zwischenzeit den Besitz seines verstorbenen Vaters fortsetzt. Nach Art. 1045 i.V.m. 1051 ZGB kann er die Besitzzeit seines Rechtsvorgängers in seine Besitzzeit einrechnen. Gleichzeitig kann er gem. Art. 271 ZGB – bezüglich der Verjährung des Anspruchs von N – zugunsten des L die Verjährungszeit, die ihm zugunsten läuft, einrechnen.

37 Georgiades, Sachenrecht, § 57 Rn. 12; Roussis in Georgiades, Kurze Auslegung des ZGB, Einführungsanmerkungen zu Art. 1094–1112 Rn. 8.

38 EfAth 10641/1995 ElDik 1999, 157.

39 Prütting, Sachenrecht, Rn. 523; Jauerning in Jauerning, BGB Kommentar, § 985 Rn. 12; Wolf/Wellenhofer, Sachenrecht, § 21 Rn. 34.

Auf diese Weise fällt der Ablauf der Verjährung der Vindikationsfrist mit dem Verlust des Eigentums kraft außerordentlicher Ersitzung zusammen, also fallen Eigentum und Besitz nicht auseinander. Angenommen, dass L und S sich keinen Eigenbesitz anmaßen und lediglich das Grundstück bewirtschaften, dann sind sie nur Detentoren und unterliegen der Vindikation des N.[40]

Bei der gleichen Konstellation in Deutschland ist es unerheblich, ob L und S als Eigen- oder als Fremdbesitzer die Sachherrschaft ausüben. Nach § 902 Abs. 1 BGB unterliegen die Ansprüche aus eingetragenen Rechten nicht der Verjährung. Damit wird das Auseinanderfallen von Besitz und Eigentum verhindert. Die einzige Weise, auf die L Eigentümer des Grundstücks werden kann, ist das Aufgebotsverfahren gem. § 927 BGB (Kontratabularersitzung). Die gleiche Möglichkeit hat auch sein Rechtsnachfolger S, da er die Besitzzeit von L in seine Besitzzeit einrechnen kann (§ 927 Abs. 1 S. 2 i.V.m. § 943 BGB).[41]

Aus dieser Sicht ist es bedenklich, dass das GBG der Ersitzung einen weiten Spielraum lässt (dazu siehe Kapitel VI 4.c)). Eine Vorschrift wie § 902 BGB im griechischen Recht über die im Grundbuch eingetragenen Rechte wäre geboten.

cc) Nutzungen / Verschlechterung – Untergang – Unmöglichkeit der Herausgabe

Die Klageerhebung hat die Entstehung eines gesetzlichen Schuldverhältnisses zwischen dem Kläger und dem Beklagten zur Folge. Voraussetzung ist, dass der Besitzer bzw. Detentor keine Einwendung aus Art. 1095 ZGB/§ 986 BGB geltend machen kann, da die Klage nicht zu einer Verurteilung zur Herausgabe führen kann.[42] Der Beklagte muss daher vorsichtiger mit der Sache umgehen, da er mit der Möglichkeit rechnen muss, dass er im Prozess verliert und für die Verschlechterung, den Untergang bzw. die Unmöglichkeit der Herausgabe der Sache haftet. Darüber hinaus entstehen Herausgabepflichten bezüglich der Nutzungen wie etwa der Früchte, die aus der Sache gezogen worden sind (*fructus*

---

40 Man beachte den Wortlaut von Art. 271 ZGB, in dem nur die Rede von „Besitz" ist.

41 Das oben Ausgeführte gilt aber nicht bei beweglichen Sachen. In Griechenland ist der Eigentumserwerb kraft außerordentlicher Ersitzung bei Mobilien genauso möglich wie bei Immobilien. In Deutschland ist es möglich, dass nach Verjährung des Herausgabeanspruchs gem. § 197 Abs. 1 Nr. 2 BGB Besitz und Eigentum ständig auseinanderfallen, da eine bösgläubige Ersitzung gem. § 937 Abs. 2 BGB nicht erlaubt ist. Prütting, Sachenrecht, Rn. 518; Baur/Stürner, Sachenrecht, § 11 Rn. 47.

42 Georgiades, Sachenrecht, § 59 Rn. 3; Wieling, Sachenrecht, S. 168 u. 170.

percepti) oder gezogen werden konnten (*fructus percipiendi*).[43] Leitgedanke in beiden Rechtsordnungen ist, dass einerseits der volle Schaden zu restituieren sei (*cum omni causa*) und dass andererseits der redliche Besitzer von dem unredlichen unterschiedlich zu behandeln sei.

Nutzungen

Der Begriff „Nutzungen" ergibt sich aus Art. 962 ZGB. Darunter fallen die Früchte der Sache wie auch die Vorteile aus dem Gebrauch der Sache, also die natürlichen Früchte, etwa Produkte aus dem Anbau des Grundstücks (Art. 961 Abs. 1 ZGB), die Zivilfrüchte, etwa Miete (Art. 961 Abs. 3 ZGB), und andere Nutzungen, etwa das Ersparen der Miete aus dem Eigengebrauch der Sache.

Die gezogenen Früchte müssen gem. Art. 1096 S. 1 ZGB *in natura* herausgegeben werden, wenn sie vorhanden sind, oder ihr Wert muss ersetzt werden.[44] Dies beinhaltet auch Nutzungen, die der Besitzer/Detentor dank seiner besonderen Kenntnisse und Geschicklichkeit gezogen hat.[45] Herauszugeben sind gem. Art. 1096 S. 2 ZGB auch Nutzungen, die der Besitzer bzw. Detentor „nach den Regeln einer ordnungsmäßigen Wirtschaft hätte ziehen können."

Entscheidend für das Ausmaß der Haftung ist die Zeit der Klageerhebung und die Gut- bzw. Bösgläubigkeit des Besitzers bzw. Detentors.

Vor der Erhebung der Klage hat der gutgläubige Besitzer bzw. Detentor gem. Art. 1100 ZGB (vgl. § 993 Abs. 1 BGB) keine Haftung für die Herausgabe etwaiger Nutzungen. Als gutgläubig gilt der Besitzer bzw. Detentor, der in seinem Glauben, ohne grobe Fahrlässigkeit, die Sache mit Berechtigung zu besitzen bzw. innezuhaben, gerechtfertigt ist.[46] Bösgläubig ist er im Gegenteil gem. Art. 1098 S. 1 ZGB (vgl. § 990 BGB), wenn er zur Zeit der Sachergreifung gewusst, grob fahrlässig nicht gewusst oder nachträglich erfahren hat, dass er zum Besitz bzw. zur Detention nicht berechtigt war.[47] Aus der letzten Ausführung ergibt sich, dass von der Allgemeinregel *mala fides superveniens non nocet* abgewichen wird. Ist der Besitzerwerber bei der Sachergreifung gutgläubig und erfährt nachträglich, dass er kein Recht zu Besitz/Detention hat, dann haftet er ab Zeitpunkt der Kenntnisnahme.[48]

---

43 Wieling, Sachenrecht, Band I, S. 581–582.

44 Georgiadou, Klagen des Sachenrechts, S. 170; vgl. Prütting, Sachenrecht, Rn. 532.

45 EfPatras 744/2001 Nomos.

46 Op.cit. Georgiadou, S. 167.

47 Op.cit. Georgiadou, S. 167; vgl. Baur/Stürner, Sachenrecht, § 11 Rn. 5. Zum Inhalt des bösen Glaubens nach § 990 Abs. 1 BGB: Prütting, Sachenrecht, Rn. 528.

48 Balis, Sachenrecht, § 96.

Die Gut- oder Bösgläubigkeit bezieht sich auf die Berechtigung zu Besitz/Detention und nicht auf das Eigentum bzw. die Berechtigung zur Besitz- bzw. Detentionsüberlassung des Rechtsvorgängers, wenn etwa der Mieter vom geschäftsunfähigen Eigentümer die Sache bekommen hat, ist er gutgläubig, wenn er berechtigt an die Wirksamkeit des Mietvertrags glaubt.[49]

Nach der Erhebung der Klage haftet der Besitzer/Detentor gem. Art. 1096 ZGB (vgl. § 987 BGB) für die Herausgabe sowohl der gezogenen Nutzungen als auch der Nutzungen, die er „aus eigenem Verschulden nicht gezogen hat, welche er nach den Regeln einer ordnungsmäßigen Wirtschaft hätte ziehen können."

Der bösgläubige Besitzer/Detentor im Sinne von Art. 1098 S. 1 ZGB hat die gleiche Haftung wie jeder Besitzer nach der Klageerhebung, also gem. Art. 1096 ZGB. Seine Haftung fängt jedoch früher ab dem Zeitpunkt an, in dem er bösgläubig wurde.[50] Andererseits macht die Klageerhebung den Besitzer/Detentor, der bisher gutgläubig war, nicht automatisch bösgläubig, da es möglich ist, dass er weiterhin an seine Berechtigung zu Besitz/Detention glaubt.

Der bösgläubige Prozessbesitzer kann erweitert gem. Art. 1098 S. 2 ZGB (vgl. § 990 Abs. 2 BGB) haften, wenn er in Verzug gerät. Der Schuldner kommt gem. Art. 340 ZGB in Verzug, „wenn eine gerichtliche oder außergerichtliche Mahnung des Gläubigers ergangen ist." Gem. Art. 343 u. 344 ZGB besteht die erweiterte Haftung des Besitzers/Detentors: a) im Ersatz jedes entstandenen Schadens aus der Verzögerung, also auch für Nutzungen, die der Besitzer/Detentor ohne Verschulden nicht gezogen hat (Art. 343 Abs. 1 ZGB), b) in Schadensersatz, wenn der Eigentümer infolge des Verzugs kein Interesse mehr an der Herausgabe der Nutzungen hat (Art. 343 Abs. 2 ZGB), und c) in der Haftung des Besitzers/Detentors auch für Zufall, es sei denn, dass er nachweist, dass der Schaden auch bei rechtzeitiger Herausgabe eingetreten wäre (Art. 344 ZGB).

Hat sich der Besitzer/Detentor den Besitz durch eine rechtswidrige Handlung verschafft, haftet er gem. Art. 1099 ZGB (vgl. § 992 BGB) für Schadensersatz nach den Vorschriften über unerlaubte Handlungen (Art. 914 ff. ZGB). Die Erhebung der Klage oder die Gut- bzw. Bösgläubigkeit des Besitzers sind in diesem Fall belanglos. Ein Verschulden des Besitzers, auch aus Fahrlässigkeit, ist bei der Handlung erforderlich. Zusätzlich haftet der Besitzer wie der bösgläubige Prozessbesitzer auch für Zufall gem. Art. 934 i.V.m. 344 ZGB.[51]

---

49 Georgiades, Sachenrecht, § 59 Rn. 6.

50 Georgiades, Sachenrecht, § 59 Rn. 25.

51 Roussis in Georgiades, Kurze Auslegung des ZGB, Art. 1099 Rn. 6.

Ein Beispiel zur Verdeutlichung: Der Eigentümer eines Bauernhofs E bestellt zugunsten des Bauers N ein Nießbrauchsrecht. Beim Abschluss des Verpflichtungs- und Veräußerungsvertrags war E geschäftsunfähig. Der Betreuer des E vindiziert das Grundstück nach Art. 1094 ZGB. N ist für die Zeit vor der Klageerhebung nicht zur Herausgabe der gezogenen Früchte verpflichtet, wenn er über die Geschäftsunfähigkeit des E gutgläubig war (Art. 1100 ZGB). Nach Klageerhebung muss er sowohl die gezogenen Früchte als auch diejenigen, die er schuldhaft nach den Regeln einer ordnungsmäßigen Wirtschaft nicht gezogen hat (Art. 1096 ZGB), herausgeben. Kannte N die Geschäftsunfähigkeit des E, dann haftet er auf die gleiche Weise ab Zeitpunkt seiner Kenntnis (Art. 1098 S. 1 i.V.m. 1096 ZGB). Ist er in Verzug nach Art. 1098 S. 2 i.V.m. 340 ZGB, dann haftet er auf Schadensersatz für die Früchte, die er ohne Verschulden nicht gezogen hat, wie auch für die Früchte, die infolge eines Brands im Lagerhaus des Grundstücks vernichtet sind, es sei denn, dass er nachweist, dass der Schaden auch bei rechtzeitiger Herausgabe eingetreten wäre (Art. 343 Abs. 1, 344 ZGB). Hat N eigenmächtig den Besitz erlangt, indem er E ausgestoßen hat, haftet er für die gezogenen Früchte wie auch auf Schadensersatz für alles, was E als Nutzung ziehen hätte können. Zusätzlich haftet er für den zufälligen Untergang der Früchte (Art. 1099 i.V.m. Art. 344 u. 934 ZGB).

Verschlechterung – Untergang – Unmöglichkeit der Herausgabe
Als Verschlechterung der Sache wird nicht nur die tatsächliche, sondern auch die rechtliche, etwa die Belastung mit einem beschränkten dinglichen Recht eines Dritten, verstanden.[52]

Untergang ist die körperliche oder wirtschaftliche Vernichtung der Sache.[53] Bei Immobilien kann eher die Rede von Verschlechterung sein, da auch bei totaler Vernichtung eines Gebäudes der Grund bestehen bleibt.

Die Unmöglichkeit der Herausgabe umfasst alle anderen Fälle, die nicht als Verschlechterung oder Untergang eingeordnet werden können. Es reicht die subjektive Unmöglichkeit, also dass der Beklagte die Sache nicht herausgeben kann, da sie sich nicht mehr in seinem Besitz, sondern im Besitz eines Dritten befindet – unabhängig davon, ob das Rechtsverhältnis mit dem Dritten wirksam ist oder nicht, etwa wenn der vermeintliche Erbe, der einen Erbschein gem. Art. 1195 S. 2 ZGB hat eintragen lassen, einen Nießbrauch an der Immobilie zugunsten eines Dritten gem. Art. 1143 S. 1 i.V.m. 1963 ZGB bestellt (wirksames

52 Balis, Sachenrecht, § 97.
53 Georgiades, Sachenrecht, § 60 Rn. 4.

Rechtsgeschäft) oder wenn der Mieter unbefugt die Sache untervermietet (unwirksames Rechtsgeschäft).

Auch in diesem Fall bewirkt die wichtigste Zäsur für die Haftung des Besitzers die Klageerhebung.

Der gutgläubige Besitzer wird vor der Klageerhebung gem. Art. 1100 ZGB von jeder Haftung für die Verschlechterung, den Untergang oder die Unmöglichkeit der Herausgabe der Sache befreit.[54]

Der Besitzer/Detentor haftet nach der Klageerhebung gem. Art. 1097 ZGB (vgl. § 989 BGB) für Schadensersatz, wenn er die Verschlechterung, den Untergang oder die Unmöglichkeit der Herausgabe verschuldet hat.

Der bösgläubige Besitzer/Detentor haftet ab dem Zeitpunkt seiner Bösgläubigkeit und jedenfalls ab Klageerhebung gem. Art. 1098 S. 1 ZGB (vgl. § 990 BGB) wie der Prozessbesitzer nach Art. 1097 ZGB. Zusätzlich haftet er für die zufällige Verschlechterung/Untergang/Unmöglichkeit, wenn er gem. Art. 1098 S. 2 i.V.m. Art. 344 ZGB in Verzug kommt. Geht also die Sache nach Erhebung der Klage infolge des Verschuldens des Beklagten unter oder kann sie aus einem anderen Grund nicht herausgegeben werden, ist er zum Ersatz des Schadens verpflichtet (Art. 1097 ZGB/§ 989 BGB).[55]

Der rechtswidrig handelnde Besitzer/Detentor haftet gem. Art. 1099 ZGB (vgl. § 992 BGB) für Schadensersatz nach den Vorschriften über unerlaubte Handlungen wie auch für Zufall gem. Art. 934 i.V.m. 344 ZGB.

Im vorstehend skizzierten Beispiel sieht die Rechtslage in Bezug auf die Sache so aus:

Für die Zeit vor der Klageerhebung hat N keine Verschlechterung des Anwesens zu vertreten, wenn er gutgläubig war (Art. 1100 ZGB). Nach Klageerhebung haftet N auf Schadensersatz, wenn das Grundstück aus seinem Verschulden verschlechtert ist (Art. 1097 ZGB). Kannte N die Geschäftsunfähigkeit des E, dann haftet er auf die gleiche Weise ab Zeitpunkt seiner Kenntnis (Art. 1098 S. 1 i.V.m. 1097 ZGB). Ist er in Verzug nach Art. 1098 S. 2 i.V.m. 340 ZGB, dann haftet er auf Schadensersatz für Beschädigungen am Gebäude infolge eines Brands, es sei denn, dass er nachweist, dass der Brand auch bei rechtzeitiger Herausgabe des Grundstücks ausgebrochen wäre (Art. 344 S. 2 ZGB). Hat N eigenmächtig den Besitz erlangt, indem er E ausgestoßen hat, haftet er für jeden Schaden wie auch für den Zufall (Art. 1099 i.V.m. Art. 343, 344 u. 934 ZGB).

---

54 Die Befreiung des redlichen Besitzers im BGB ergibt sich mittelbar aus § 993 Abs. 1 Hs. 2 BGB.

55 Eine Klageänderung gem. Art. 223 Nr. 2 gr.ZPO ist geboten. Georgiades, Sachenrecht, § 58 Rn. 8. Anders Wieling, Sachenrecht, Band I, S. 535 (ZPO § 264 Nr. 3).

dd) Rechtsvergleichende Anmerkungen

Die Zuordnung von Nutzungen ist in beiden Rechtsordnungen auf ähnliche Weise geregelt. Das deutsche Recht enthält zusätzliche Regelungen, die eine gerechtere Verteilung der Nutzungen bezwecken: Nach § 988 BGB ist der redliche Besitzer zur Herausgabe der Nutzungen nach den Vorschriften über ungerechtfertigte Bereicherung auch vor der Rechtshängigkeit verpflichtet, wenn er den Besitz unentgeltlich erlangt hat. Nach griechischem Recht besteht eine solche Möglichkeit nicht.

Darüber hinaus muss der unverklagte redliche Besitzer die gezogenen Übermaßfrüchte[56] gem. § 993 BGB nach den Vorschriften über ungerechtfertigte Bereicherung an den Eigentümer herausgeben. Das griechische Vindikationsrecht kennt keine diesbezügliche Vorschrift. In einem solchen Fall könnte das Recht des Besitzers durch Anwendung des Art. 281 ZGB im Hinblick auf Treu und Glauben und den sozialen bzw. wirtschaftlichen Zweck des Rechts verkürzt werden. Eine analoge Anwendung von Art. 1150 ZGB, nach dem Früchte, die der Nießbraucher einer ordnungsmäßigen Wirtschaft zuwider oder infolge außerordentlicher Ereignisse zieht, dem Eigentümer herauszugeben sind, soweit der ordnungsmäßige Ertrag überstiegen wird, wäre denkbar.

Nach deutschem Recht entsteht gegenüber dem Eigentümer keine Haftung des redlichen mittelbaren Besitzers zur Herausgabe von Nutzungen gem. § 991 Abs. 1 BGB, auch wenn der unmittelbare Besitzer unredlich gewesen ist. Die Vorschrift von § 990 BGB findet Anwendung, wenn sowohl der mittelbare als auch der unmittelbare Besitzer, der vom ersteren sein vermeintliches Recht zum Besitz ableitet, bösgläubig oder verklagt ist. Wäre anderenfalls der unredliche unmittelbare Besitzer zur Herausgabe von Nutzungen verpflichtet, hätte der redliche mittelbare Besitzer ihm den Schaden aus dem Besitzmittlungsverhältnis im Wege des Regresses zu ersetzen (etwa der Mieter, der sich gutgläubig für den Eigentümer hält, dem Untermieter, dem der Eigentumsmangel bekannt ist). Das hält der deutsche Gesetzgeber für unbillig.[57]

Nach griechischer Auffassung ist es unerheblich, ob der Besitzmittler gut- oder bösgläubig ist. Der bösgläubige bzw. verklagte Detentor (Untermieter) wird zur Herausgabe der Nutzungen nach Art. 1096, 1098 ZGB an den Eigentümer verpflichtet, auch wenn sein Besitzmittler redlich gewesen ist. Daher

---

56 Gedanke des Substanzangriffs bei Früchten, die infolge eines besonderen Ereignisses gezogen sind und der ordnungsmäßigen Bewirtschaftung nicht unterfallen. Staudinger/Gursky (2013), § 993 Rn. 3-4.

57 Baur/Stürner, Sachenrecht, § 11 Rn. 52; Prütting, Sachenrecht, Rn. 536.

kann er sich gem. Art. 577, 578 i.V.m. 583 ZGB mit Schadensersatzansprüchen gegen den redlichen Mieter wenden. Freilich kann der Mieter das Fehlen seines Verschuldens (Art. 577 S. 2, 578 i.V.m. 583 ZGB) oder die Bösgläubigkeit des Untermieters (Art. 579 i.V.m. 583 ZGB) einwenden, eine allgemeine Regelung wie § 991 Abs. 1 BGB ist im ZGB jedoch nicht vorhanden. Eine Einrede wegen Rechtsmissbrauchs aus Art. 281 ZGB wäre ebenfalls denkbar.

Weitere unbillige Ergebnisse im griechischen Vindikationsrecht sind zu befürchten, da der redliche Besitzer, also der Besitzer, der sich berechtigt für den Eigentümer hält (*animus domini*), und der redliche Detentor (bloßer Sachinhaber ohne *animus domini*) gleichgestellt sind. In diesem Sinn wäre die Freistellung des redlichen Besitzers gem. Art. 1100 ZGB von jeder Haftung berechtigt, nicht aber die des redlichen Detentors, der jedenfalls weiß, dass er eine fremde Sache in seiner Gewalt hat. Der redliche Mieter eines gestohlenen PKW wird also bei einer Beschädigung auf die gleiche Weise wie der redliche Vermieter, der glaubt, dass er Eigentümer ist, von der Haftung freigestellt.

Das deutsche Recht sieht im Gegensatz dazu eine Haftung des redlichen Fremdbesitzers für Verschlechterung, Untergang oder Unmöglichkeit der Herausgabe gegenüber dem Eigentümer vor, sofern der Fremdbesitzer gegenüber dem vermeintlichen Besitzmittler aus dem Besitzmittlungsverhältnis haftet, also wenn „er die Grenzen seines vermeintlichen Besitzrechts schuldhaft überschreitet“[58] (§ 991 Abs. 2 BGB). Eine solche Möglichkeit bietet das griechische Recht dem Eigentümer nicht. Die griechische Theorie behandelt Art. 1100 ZGB in Bezug auf den Besitzer. Als *ratio legis* wird freilich der berechtigte Schutz des gutgläubigen vermeintlichen Eigentümers erwähnt. Die Stellung des Detentors – also des deutschen unmittelbaren Fremdbesitzers – wird überhaupt nicht[59] oder nicht in Bezug auf diese Problematik angesprochen.[60] Die Stellung des redlichen Detentors scheint also ungeregelt zu bleiben.

Konkurrenzfragen über das Verhältnis von Art. 1096 ff. ZGB/§§ 987 ff. BGB zum Vertrags-, Delikts- und Bereicherungsrecht stellen sich in beiden Rechtsordnungen.

Kollidieren nach deutscher Auffassung die Regeln von §§ 987 ff. BGB mit vertraglichen Regelungen, ist das Vertragsrecht insoweit anzuwenden, als das

58 Baur/Stürner, Sachenrecht, § 11 Rn. 32 (Lehre vom Exzess des unrechtmäßigen Fremdbesitzers); auch Prütting, Sachenrecht, Rn. 539.

59 Georgiades, Sachenrecht, § 60 Rn. 6-7; Roussis in Georgiades, Kurze Auslegung des ZGB, Art. 1100 Rn. 1-5.

60 Georgiades, Sachenrecht, § 60 Rn. 8.

Vertragsverhältnis immer noch besteht, da der Besitzer rechtmäßig besitzt.[61] Nach Vertragsbeendigung gibt die h.M. und Rechtsprechung bei Nebenansprüchen der vertraglichen Rückabwicklung den Vorrang.[62] Bei Kollision des Vindikationsrechts mit dem Deliktsrecht hat das erstere grundsätzlich Vorrang.[63] Auch bei einem Zusammentreffen von Ansprüchen nach §§ 987 ff. BGB und nach §§ 812 ff. BGB findet das Vindikationsrecht Anwendung (der unverklagte redliche Besitzer ist also weder zur Herausgabe von Nutzungen (§ 993 Abs. 1 HS 1 BGB) noch zum Schadensersatz wegen Unmöglichkeit der Herausgabe nach §§ 989, 990 BGB verpflichtet), jedoch mit Ausnahmen, vor allem bei Unmöglichkeit der Herausgabe wegen Veräußerung bzw. Verwertung der Sache: Hat der redliche (unrechtmäßige) Besitzer die Sache verkauft, findet § 816 Abs. 1 S. 1 BGB Anwendung. Er muss daher dem Eigentümer den Erlös herausgeben.[64] Bei unentgeltlichen Verfügungen findet § 816 Abs. 1 S. 2 BGB Anwendung. Dazu kann der Eigentümer vom redlichen Besitzer auch die Nutzungen gem. § 988 BGB verlangen. Das gleiche gilt, wenn der redliche Besitzer die Sache rechtsgrundlos erlangt hat.[65] Hat der Besitzer die Sache für sich verbraucht, kann er sich nicht auf seine Gutgläubigkeit berufen. Er ist zum Wertersatz nach § 818 Abs. 2 BGB verpflichtet.[66]

Wie oben erörtert, hat sich auch die griechische Lehre und Rechtsprechung mit der Konkurrenz des Vindikationsrechts mit anderen Anspruchsgrundlagen auseinandergesetzt. Es werden in der Lehre unterschiedliche Meinungen vertreten. Zentral ist die Vorschrift von Art. 1100 ZGB, nach der der unverklagte

---

61 Baur/Stürner, Sachenrecht, § 11 Rn. 33; Prütting, Sachenrecht, Rn. 563; Wolf/Wellenhofer, Sachenrecht, § 22 Rn. 36.

62 Op.cit. Baur/Stürner, § 11 Rn. 33; Wolf/Wellenhofer, Sachenrecht, § 22 Rn. 38.

63 Nach Baur/Stürner (Sachenrecht, § 11 Rn. 34–35) gilt die Ausschließlichkeit der Anwendung des Vindikationsrechts, das grundsätzlich die vollständige Freistellung des redlichen Besitzers von deliktischer Haftung vorsieht, mit Ausnahme des Falls des oben erörterten Fremdbesitzer-Exzesses nach § 991 Abs. 2 BGB. Prütting (Sachenrecht, Rn. 564) und Wolf/Wellenhofer (Sachenrecht, § 22 Rn. 42) drücken es anders aus: Vorranging wird nach Vindikationsrecht der redliche Eigenbesitzer freigestellt. Ansonsten (bei Unredlichkeit) finden die Ansprüche aus §§ 987 ff. und § 823 BGB parallel Anwendung.

64 Wolf/Wellenhofer, Sachenrecht, § 22 Rn. 45. Das gilt auch, wenn die Veräußerung, etwa gem. § 935 BGB, unwirksam ist. In diesem Fall impliziert die Erhebung der Klage nach § 816 BGB – unter der Bedingung der Befriedigung des Eigentümers – die Genehmigung der Veräußerung (Baur/Stürner, Sachenrecht, § 11 Rn. 36).

65 Baur/Stürner, Sachenrecht, § 11 Rn. 38.

66 Baur/Stürner, Sachenrecht, § 11 Rn. 37; Wolf/Wellenhofer, Sachenrecht, § 22 Rn. 47.

redliche Besitzer weder zur Herausgabe von Nutzungen noch zum Schadensersatz für die Verschlechterung, den Untergang oder die Unmöglichkeit der Herausgabe der Sache verpflichtet ist. Manche Autoren[67] unterstützen die Ausschließlichkeitstheorie, die den Vorschriften des Vindikationsrechts als *lex specialis* den Vorrang geben. Andere[68] sprechen sich für eine parallele Geltung der Ansprüche aus Art. 1096 ff. ZGB und aus Delikts- und Bereicherungsrecht aus. Nach dieser Meinung werden Paradoxa aus der ausschließlichen Geltung des Vindikationsrechts vermieden, wie z.B. der Fall, dass der redliche Besitzer, der (etwa wegen Nichtigkeit sowohl des Verpflichtungs- als auch des Verfügungsgeschäfts) kein Eigentümer geworden ist, nach Art. 1094, 1100 ZGB die Nutzungen behalten darf, während der redliche Besitzer, der (etwa weil das Verfügungsgeschäft wirksam ist, die Leistung aber wegen Wegfalls des Rechtsgrunds kondiziert werden muss) Eigentümer geworden ist, nach Art. 904 i.V.m. 908 ZGB auch die Nutzungen herausgeben muss. Der Besitzer wird also besser behandelt als der Eigentümer. Die Anwendung des Bereicherungsrechts bei der Vindikation soll diese Diskrepanz berichtigen.[69] Es wird aber mit Recht bemerkt, dass die uneingeschränkte parallele Anwendung von Delikts- und Bereicherungsvorschriften Art. 1100 ZGB gegenstandslos macht.[70] Danach wird in jedem Fall der gem. Art. 1100 ZGB von der Herausgabe der Nutzungen freigestellte redliche Besitzer gem. Art. 908 S. 2 ZGB dennoch zur Herausgabe verpflichtet. Dies entspricht nicht der *ratio* von Art. 1100 ZGB.[71]

Aus der ständigen Rechtsprechung ergibt sich, dass eine parallele Anwendung des Vindikationsrechts und des Deliktsrechts möglich ist.[72] Daraus kann aber keine allgemeine Begünstigung der Theorie der parallelen Anwendung durch die Gerichte gefolgert werden, da die behandelten Fälle die Anwendung von Art. 1099 ZGB über die Verschaffung des Besitzes durch rechtswidrige

---

67 Balis, Sachenrecht, § 96; Wawouskos, Sachenrecht, S. 319; Rammos, Auslegung des ZGB, Art. 1096–1100 Rn. 14.

68 Georgiades, Die Anspruchskonkurrenz im Zivilrecht und Zivilprozessrecht, S. 199; Stathopoulos, Anspruch aus ungerechtfertigter Bereicherung, S. 249–250; Spiridakis/Perakis, Zivilgesetzbuch, Art. 1100 Nr. 4.

69 Vgl. die Lösung der deutschen Rechtsprechung durch Erweiterung des § 988 BGB auf rechtsgrundlose Erwerbe. Baur/Stürner, Sachenrecht, § 11 Rn. 38.

70 Roussis in Georgiades, Kurze Auslegung des ZGB, Art. 1100 Rn. 3.

71 Balis, Sachenrecht, § 97.

72 AP 1350/2002 NoV 51 (2003) 444; EfAth 478/2004 ElDik 2008, 603; EfAth 250/2007 EfAD 2008, 300; EfPireus 105/2016 Nomos.

Handlung betreffen. Letztere Vorschrift verweist direkt auf die Vorschriften von Art. 914 ZGB über unerlaubte Handlungen.

Sicher ist, dass die ausnahmslose Befolgung der einen oder der anderen Theorie zu unbilligen Ergebnissen führt. Bei besonders eklatanten Fällen stimmen jedoch die meisten Meinungen überein. So wird bei Veräußerung der Sache (der gutgläubige Scheinerbe veräußert z.B. wirksam das geerbte Grundstück) der redliche Besitzer bzw. Detentor nicht gem. Art. 1100 ZGB freigestellt, sondern zur Herausgabe des Erlöses an den Eigentümer gem. Art. 904 i.V.m. 908 ZGB verpflichtet.[73]

Die Ansprüche aus Art. 1096–1100 ZGB hängen mit der Vindikation zusammen, sie sind jedoch insoweit selbständig, als sie nicht von dinglicher Natur sind. Es sind schuldrechtliche Ansprüche, da sie die Regelung des Verhältnisses zwischen dem Eigentümer und dem Besitzer bzw. Detentor betreffen, und sie können unabhängig von der Erhebung der Vindikationsklage geltend gemacht werden.[74]

b) Gegenansprüche des Besitzers/Detentors auf Verwendungen

Das aus der Vindikation entstehende Schuldverhältnis erzeugt Verpflichtungen nicht nur für den Besitzer, sondern auch für den Eigentümer. Das Gesetz erlaubt nicht, dass der Eigentümer sich anlässlich der Vindikation bereichert. Dies kann der Fall sein, wenn der Besitzer[75] – besonders der gutgläubige – zur Erhöhung des Werts der Sache durch Verwendungen beigetragen hat.

Sowohl das ZGB als auch das BGB behalten für die Berechtigung des Besitzers das Kriterium der Gut- bzw. Bösgläubigkeit bei. Ein weiterer Anhaltspunkt bei der Abwägung der Interessen des Eigentümers und des Besitzers/Detentors ist die Notwendigkeit der Verwendungen.

Das ZGB unterscheidet zwischen a) notwendigen Verwendungen (Art. 1101 S. 1 ZGB), b) gewöhnlichen Verwendungen (Art. 1101 S. 2 ZGB) und c) nützlichen Verwendungen (Art. 1103 ZGB).

---

73 Georgiades, Sachenrecht, § 60 Rn. 8; Tousis, Sachenrecht, S. 589; Rammos, Auslegung des ZGB, Art. 1096–1100 Rn. 48; Filios, Sachenrecht, S. 219.

74 Georgiades, Sachenrecht, § 60 Rn. 27; Georgiadou, Klagen des Sachenrechts, S. 165.

75 Nach einer Meinung ist bei den Verwendungen mit „Besitzer" auch der Detentor gemeint: Georgiades, Sachenrecht, § 61 Fn. 18. Nach anderer Meinung ist nur der Besitzer gemeint: Roussis in Georgiades, Kurze Auslegung des ZGB, Art. 1102 Rn. 4; Papadopoulos, Klagen des Sachenrechts, S. 274; so auch die Rechtsprechung: AP 27/1967 NoV 15 (1967) 650; EfAth 6732/1996 ElDik 1997, 1605; EfThes 2996/2005 Arm 2006, 876.

a) Notwendige Verwendungen: Im Gegensatz zum BGB bietet das ZGB eine gesetzliche Definition an. Es handelt sich danach um die Verwendungen, „die zur Erhaltung der Sache in einem zur ordnungsmäßigen Bewirtschaftung geeigneten Zustand" gemacht werden, z.B. die Sanierung des Hauses zu Wohnzwecken,[76] der Kauf von Saatgut für ein landwirtschaftliches Grundstück, die Reparatur des Autos. Die Notwendigkeit der Verwendung wird objektiv beurteilt.[77]

   Eine selbständige Kategorie bilden die Lasten der Sache (Art. 1101 S. 1 ZGB). Sie werden wie die notwendigen Verwendungen behandelt. Darunter fallen sowohl wiederkehrende als auch einmalige Aufwendungen auf die Sache, wie die Zahlung von Steuern, von pflichtigen Versicherungskosten, von Zinsen aus Hypotheken/Pfandrechten wie auch die Abzahlung von Hypotheken/Pfandrechten.[78]
b) Eine rechtserhebliche Unterteilung der notwendigen Verwendungen sind die gewöhnlichen Verwendungen zur Erhaltung der Sache (Art. 1101 S. 2 ZGB). Es handelt sich um Verwendungen, die es selbständig nicht vermögen, die ordnungsmäßige Bewirtschaftung der Sache aufrecht zu erhalten, aber der laufenden Funktionsfähigkeit der Sache dienen, wie die Bewässerung eines landwirtschaftlichen Grundstücks.[79]
c) Nützliche Verwendungen: Hier handelt es sich um Verwendungen, die zur Erhöhung des Werts der Sache führen (Art. 1103 ZGB). Die Verwendung muss den Wert der Sache auf permanente Weise erhöhen.[80] Die Werterhöhung wird objektiv nach der Verkehrsanschauung beurteilt. Persönliche Anschauungen oder Bedürfnisse des Besitzers oder des Eigentümers sind irrelevant.[81]

Beispiele aus der Rechtsprechung sind: die Errichtung eines Gebäudes an einem fremden Grundstück,[82] das Aufräumen und Umzäunen eines früher nicht landwirtschaftlich genutzten Grundstücks zum Zweck des Anbaus.[83]

---

76 AP 1531/2003 ElDik 2005, 1702.
77 Balis, Sachenrecht, § 99; Wawouskos, Sachenrecht, S. 323.
78 Georgiades, Sachenrecht, § 61 Rn. 11.
79 Roussis in Georgiades, Kurze Auslegung des ZGB, Art. 1102 Rn. 2.
80 Es wird daher nur die Werterhöhung ersetzt, die zur Zeit der Herausgabe immer noch vorhanden ist. AP 540/2003 Nomos; AP 480/2008 NoV 56 (2008) 1894.
81 Wawouskos, Sachenrecht, S. 323; Papasteriou, Sachenrecht, Band 2, § 62 Rn. 17.
82 AP 540/2003 Nomos.
83 AP 829/1971 EEN 1972, 222.

Nicht im Gesetz geregelt sind die Luxusverwendungen. Es sind Verwendungen, die normalerweise ästhetische oder andere Sonderwünsche des Besitzers erfüllen, z.B. ein Sesselbezug aus kostbaren Textilien, das Versehen des Autos mit „Extras". Luxusverwendungen werden als solche nicht ersetzt, es sei denn, sie können ganz oder teilweise als nützliche Verwendungen eingestuft werden. Dann greift Art. 1103 ZGB ein.[84] Unabhängig davon hat der Besitzer diesbezüglich das Wegnahmerecht aus Art. 1104 ZGB.

Der unverklagte gutgläubige Besitzer ist auf Ersatz der folgenden Verwendungen berechtigt:

a) gem. Art. 1101 ZGB für die notwendigen Verwendungen und die Lasten, ausgenommen die gewöhnlichen Verwendungen, solange er auf die Nutzungen aus der Sache berechtigt ist. Bei der Nichtberechtigung zum Ersatz von gewöhnlichen Verwendungen ist es belanglos, ob der Besitzer die Nutzungen aus der Sache wirklich gezogen hat. Es reicht aus, dass der Besitzer die Sache für die entsprechende Zeit in seinem Besitz hatte und in der Lage war, die Nutzungen zu ziehen;[85]
b) gem. Art. 1103 ZGB für die nützlichen Verwendungen, vorausgesetzt, dass „zur Zeit der Herausgabe der Sache die Werterhöhung noch vorhanden ist." Als Zeit der Herausgabe gilt die Zeit der Geltendmachung des Anspruchs.[86] Übersteigt die Verwendung die Werterhöhung, dann ist der Besitzer auf Ersatz bis zur Höhe der Werterhöhung berechtigt.[87] Übersteigt aber umgekehrt die Werterhöhung den Betrag der Verwendung, ist der Besitzer bis zur Höhe der Verwendung ersatzberechtigt. Der Mehrwert kommt dem Eigentümer zugute.[88] Bei einer erheblichen Änderung des Währungswerts, was eher

84 Georgiades, Sachenrecht, § 61 Rn. 15.
85 Op.cit. Georgiades, Rn. 21.
86 AP 216/1966 NoV 14 (1966) 1038; AP 266/1960 NoV 8 (1960) 1042.
87 Georgiades, Sachenrecht, § 61 Rn. 23.
88 Balis, Sachenrecht, § 99; Roussis in Georgiades, Kurze Auslegung des ZGB, Art. 1103 Rn. 3. Es wird auch die Gegenmeinung unterstützt: Der Besitzer solle auch die Werterhöhung über den Betrag der Verwendung ersetzt bekommen. Dies sei gerecht, da er im Fall des Nichtvorhandenseins der Werterhöhung die Gefahr trägt, keinen Ersatz zu bekommen. Georgiades, Sachenrecht, § 61 Rn. 26. Eine solche Lösung läuft aber dem Wortlaut des Gesetzes zuwider. Der Gesetzgeber scheint bei der Abwägung des Interesses des Besitzers am vollen Ersatz der Verwendung und des Interesses des Eigentümers an der Erhaltung der Werterhöhung die Position des Eigentümers zu favorisieren, indem er ihn vor übermäßigen Ersatzansprüchen des Besitzers durch eine aufgedrängte Werterhöhung zu schützen beabsichtigt.

unter der Drachme möglich war, wird der Wert der zu ersetzenden Verwendung angepasst an den Wert zur Zeit der Geltendmachung des Anspruchs berechnet.[89]

Der bösgläubige Besitzer und jeder Prozessbesitzer ist gem. Art. 1102 ZGB nur unter den Voraussetzungen der Vorschriften über Geschäftsführung ohne Auftrag (Art. 730–740 ZGB) auf Ersatz für die notwendigen Verwendungen und für die Lasten der Sache berechtigt. Hat der Besitzer gem. Art. 736 ZGB die Geschäftsführung im Interesse und nach dem wirklichen oder mutmaßlichen Willen des Eigentümers übernommen, kann er vollen Ersatz der Verwendungen verlangen. Liegen die Voraussetzungen des Art. 736 ZGB nicht vor, kann der Besitzer Ersatz der Verwendungen nur nach den Vorschriften über die ungerechtfertigte Bereicherung nach Art. 904 ff. ZGB verlangen (Art. 737 ZGB).

aa) Rechtsvergleichende Anmerkungen

Die griechische Regelung stimmt bis auf einige Abweichungen mit der deutschen überein. Die notwendigen Verwendungen des § 994 Abs. 1 S. 1 BGB fallen inhaltlich mit denen des Art. 1101 S. 1 ZGB zusammen. Das gleiche gilt für die nach § 994 Abs. 1 S. 2 BGB gewöhnlichen Erhaltungskosten in Bezug auf die gewöhnlichen Verwendungen von Art. 1101 S. 2 ZGB. Eine gleiche Behandlung wie die notwendigen Verwendungen erfahren nach griechischem Recht die Lasten der Sache (Art. 1101 S. 1 ZGB). Ähnliches gilt im deutschen Recht, die Regelung ist aber detaillierter (§ 995 BGB).

Das griechische Recht bestimmt nicht ausdrücklich, ab wann der Verwendungsersatzanspruch geltend zu machen ist. Aus Art. 1107 ZGB ergibt sich, dass die Geltendmachung des Anspruchs des Besitzers spätestens innerhalb eines Monats bei Mobilien und von sechs Monaten bei Immobilien ab Herausgabe[90] der Sache erfolgen muss. Hier handelt es sich um eine Ausschlussfrist. Der Besitzer kann auch seinen Anspruch geltend machen, ohne die Sache herausgegeben zu haben, da er von seinem Zurückbehaltungsrecht gem. Art. 1106 S. 1 ZGB Gebrauch machen kann.

Im deutschen Recht bleiben Herausgabe an den Eigentümer und Befriedigung der Ansprüche aus Verwendungen eng verflochten. Der Verwendungsersatzanspruch kann gem. § 1001 S. 1 BGB erhoben werden, wenn der Besitzer

---

89 Balis, Sachenrecht, § 99; EfPatras 521/2009 Nomos; EfAth 5803/1981 Arm 1982, 191; EfAth 4374/1980 NoV 28 (1980) 1234.

90 Die Herausgabe muss mit dem Willen des Besitzers erfolgen. Roussis in Georgiades, Kurze Auslegung des ZGB, Art. 1107 Rn. 2.

die Sache herausgibt oder wenn der Eigentümer die Verwendungen genehmigt. Davor hat der Besitzer gegen den Eigentümer die Zurückbehaltungseinrede gem. § 1000 BGB.

Der Besitzer kann die Sache dem Eigentümer nur herausgeben und, wie im griechischen Recht, wegen Verwendungen gerichtlich gegen ihn vorgehen. Er kann aber auch dem Eigentümer den als Ersatz geforderten Betrag bekanntgeben und ihm eine angemessene Frist zur Genehmigung setzen (§ 1003 S. 1 BGB). Wenn der Eigentümer den Betrag nicht genehmigt, erhält er gem. § 1001 S. 2 BGB ein Reuerecht: Er kann die Sache dem Besitzer zurückgeben. Damit wird er von dem Anspruch des Besitzers befreit. Er hat auch die Möglichkeit, den Anspruch nach Grund oder nach Höhe innerhalb der Frist zu bestreiten. Dann muss der Besitzer auf Feststellung des Anspruchs klagen (§ 1003 Abs. 2 BGB). Verstreicht die gesetzte Frist, ohne dass der Eigentümer die Verwendungen genehmigt oder den Anspruch bestritten hat, kann der Besitzer die Sache für die Befriedigung seiner Ansprüche verwerten (§ 1003 Abs. 1 S. 2 BGB). Das griechische Recht kennt das Reuerecht des Eigentümers und das Befriedigungsrecht des Besitzers nicht. Damit gibt die deutsche Regelung den Parteien offenbar mehr Möglichkeiten. Ob sie aber das Rechtsverhältnis auf einfache Weise löst, ist fraglich.[91]

bb) Wegnahmerecht

Jeder Besitzer, auch der bösgläubige,[92] hat das Wegnahmerecht aus Art. 1104 ZGB. Das Recht bezieht sich auf Sachen, die mit der vindizierten Sache verbunden sind, gleichgültig ob daraus eine notwendige, nützliche oder Luxusverwendung resultiert. Voraussetzung ist, dass die verbundene Sache zum Bestandteil der vindizierten Sache geworden ist.[93] Der Besitzer muss bei der Ausübung seines Wegnahmerechts die vindizierte Sache auf eigene Kosten in den vorigen Stand bringen (Art. 302 S. 1 ZGB; vgl. § 258 S. 1 BGB), z.B. kann er die eingebaute Klimaanlage entfernen, vorausgesetzt, dass er die Schäden an den Wänden repariert. Der Besitzer kann, solange er die Sache in seinem Besitz hat, sein Recht eigenmächtig ausüben. Hat er die Sache herausgegeben,

---

91 Wieling, Sachenrecht, Band I, S. 622; Baur/Stürner, Sachenrecht, § 11 Rn. 59.

92 Roussis in Georgiades, Kurze Auslegung des ZGB, Art. 1104 Rn. 1; gleich in Deutschland, Wieling, Sachenrecht, Band I, S. 623.

93 Bei Scheinbestandteilen und Zubehör wäre die Vorschrift sinnlos, da das Eigentum des Besitzers daran erhalten bleibt.

hat er gegen den Eigentümer einen Anspruch aus Art. 1104 ZGB auf Duldung der Wegnahme.[94]

Das Gesetz sieht Ausschlussgründe des Wegnahmerechts vor (Art. 1104 Abs. 2 ZGB). Der Besitzer kann keine Wegnahme verlangen, wenn die Verbindung auf eine nach Art. 1101 S. 2 ZGB nicht ersetzbare Verwendung bezogen ist (Art. 1104 Abs. 2 Nr. 1 ZGB). Des Weiteren wird dem Besitzer die Wegnahme verwehrt, wenn er aus ihr keinen Nutzen hat (Art. 1104 Abs. 2 Nr. 2 ZGB).[95] Das ist normalerweise der Fall, wenn die Abtrennung und die Wiederherstellung aufwändiger sind als der Wert der abzutrennenden Sache.[96] Der Eigentümer kann auch die Wegnahme vereiteln, indem er dem Besitzer Ersatz für den Wert des Bestandteils nach der Abtrennung anbietet (Art. 1104 Abs. 2 Nr. 3 ZGB).[97]

Der Besitzer hat Anspruch auf das Wegnahmerecht oder den Ersatz von Verwendungen, auch wenn diese von seinem Rechtsvorgänger vorgenommen wurden (Art. 1105 Abs. 1 ZGB). Eine mehrfache Übertragung des Besitzes schadet nicht. Berechtigt ist immer der letzte Besitzer.[98] Die Vorschrift ist nachgiebiges Recht. Der Nachfolger im Besitz kann mit seinem Rechtsvorgänger die Abmachung treffen, dass Letzterer seine Ersatz- und Wegnahmeansprüche behält.[99] Entsprechendes gilt für den Eigentümer: Zum Ersatz bzw. zur Duldung der Wegnahme berechtigt ist der Rechtsnachfolger in dem Eigentum, vorausgesetzt, dass die Verwendungen oder die Verbindung vorgenommen wurden, bevor er das Eigentum erwarb (Art. 1105 Abs. 2 ZGB).[100]

Das Gesetz stärkt die Position des Besitzers, indem er bis zur Befriedigung seiner Ansprüche auf Verwendungen ein Zurückbehaltungsrecht gegen den Eigentümer hat (Art. 1106 S. 1 ZGB). Das von Art. 325 ff. ZGB gewährte Zurückbehaltungsrecht käme dem Besitzer kaum zugute, da es sich auf fällige

---

94 Roussis in Georgiades, Kurze Auslegung des ZGB, Art. 1104 Rn. 3; gleich in Deutschland, Wieling, Sachenrecht, Band I, S. 624.

95 Spezifizierung des Prinzips des Rechtsmissbrauchsverbots gem. Art. 281 ZGB.

96 Roussis in Georgiades, Kurze Auslegung des ZGB, Art. 1104 Rn. 4; gleich Wieling, Sachenrecht, Band I, S. 625. Aus dem gleichen Grund ist eine Wegnahme auszuschließen, wenn dadurch die vindizierte Sache zerstört oder irreparabel beschädigt zu werden droht. Wieling, Sachenrecht, Band I, S. 626.

97 Erhaltung der wirtschaftlichen Einheit der Sache. Übereinstimmend Georgiades, Sachenrecht, § 61 Rn. 42; Wieling, Sachenrecht, Band I, S. 626.

98 Op.cit. Georgiades, § 61 Rn. 45.

99 Op.cit. Georgiades, § 61 Rn. 48.

100 Art. 1105 Abs. 2 ZGB hat einen weiteren Wortlaut als Abs. 1. Hier ist nicht nur der Rechtsnachfolger des Eigentümers, sondern jeder Eigentümer, etwa der auf originäre Weise Erwerbende, gemeint.

Ansprüche bezieht. Der Anspruch des Besitzers auf Verwendungen jedoch kann nicht fällig werden, bevor die Sache dem Eigentümer herausgegeben wird (vgl. Art. 1107 ZGB). Die Sonderregelung des Art. 1106 S. 1 ZGB macht deswegen das Zurückbehaltungsrecht des Besitzers nicht von der Fälligkeit seines Anspruchs abhängig. Die allgemeinen Vorschriften von Art. 325 ff. ZGB finden im Übrigen auch hier Anwendung. Der Eigentümer kann also das Zurückbehaltungsrecht durch Sicherheitsleistung abwenden (Art. 328 S. 1 ZGB). Das Recht wird durch Erhebung einer Einrede gegen die Vindikationsklage ausgeübt. Das Recht ist ausgeschlossen, wenn der Besitzer durch eine vorsätzliche rechtswidrige Handlung zum Besitz gekommen ist, z.B. Diebstahl (Art. 1106 S. 2 ZGB). Die Ausübung des Rechts ist des Weiteren ausgeschlossen, wenn es vom Besitzer rechtsmissbräuchlich (Art. 281 ZGB) geltend gemacht wird, wenn z.B. der Wert der Verwendung niedrig ist oder wenn der Anspruch des Besitzers gesichert ist.

cc) Erlöschen des Anspruchs

Das Gebot der schnellen Bereinigung der Streitigkeiten aus der Vindikation diktiert kurze Verjährungsfristen. Die Ansprüche auf Ersatz der Verwendungen oder auf Wegnahme verjähren nach Ablauf eines Monats bei beweglichen Sachen und nach Ablauf von sechs Monaten bei unbeweglichen Sachen ab Zeitpunkt der Herausgabe der Sache an den Eigentümer (Art. 1107 ZGB).

Das deutsche Recht beschreitet den gleichen Weg. Der Verwendungsersatzanspruch erlischt innerhalb der gleichen Fristen, wenn der Besitzer nach der Herausgabe nicht gerichtlich vorgeht oder wenn der Eigentümer die Verwendungen nicht genehmigt hat (§ 1002 Abs. 1 BGB).

Es ist in der griechischen Lehre umstritten, ob es sich hier um Verjährung oder um eine Ausschlussfrist handelt. Im ersteren Fall konstituiert ihre Berufung eine Einrede, im letzteren eine Einwendung, die von Gericht von Amts wegen berücksichtigt werden kann.[101] Die deutsche Theorie spricht für die Ausschlussfrist.[102]

dd) Konkurrenzen

Es stellt sich die Frage, ob die Ansprüche aus Art. 1101–1107 ZGB mit anderen Ansprüchen konkurrieren oder ob sie als Sondervorschriften die allgemeinen ausschließen. Wie bei den anderen schuldrechtlichen Ansprüchen,

101 Georgiadou, Klagen des Sachenrechts, S. 188.
102 Wieling, Sachenrecht, Band I, S. 616.

die der Vindikationszustand erzeugt, wird die Meinung vertreten, dass auch andere Ansprüche geltend gemacht werden können, soweit ihr Tatbestand erfüllt ist.[103] Nach anderer Meinung wird die wahlweise Berufung auf andere Anspruchsgrundlagen, etwa auf ungerechtfertigte Bereicherung, als „spöttisch" für die Geltung der Vorschriften von Art. 1101–1107 ZGB empfunden.[104] Die Rechtsprechung hat sich besonders mit dem Fall des Baus auf einem fremden Grundstück (nützliche Verwendung) beschäftigt. Eine direkte Anlehnung an Art. 904 ff. ZGB (ungerechtfertigte Bereicherung) zugunsten des verklagten bzw. bösgläubigen Besitzers, der nur unter Anwendung von Art. 1103 ZGB leer ausgehen würde, wird nicht anerkannt. Trotzdem kann er unter Anlehnung an Art. 1063 ZGB (Entschädigung für Rechtsverlust, vgl. § 951 BGB) – unabhängig von seinem bösen oder guten Glauben – Ersatz des Wertes der Baumaterialien, die dem Gebäude eingefügt worden sind, nach den Vorschriften über ungerechtfertigte Bereicherung verlangen. Ist er gutgläubig, kann er darüber hinaus vollen Ersatz, etwa der geleisteten Arbeit, für die Zeit vor der Zustellung der Klage verlangen, vorausgesetzt, dass die Werterhöhung noch vorhanden ist.[105]

Die deutsche Rechtsprechung[106] hat bei der gleichen Konstellation die Anwendung von § 951 Abs. 1 BGB und darüber hinaus eine parallele Anwendung von §§ 994 ff. BGB und des Bereicherungsrechts abgelehnt. Dem BGH zufolge sei die zustandsverändernde Errichtung eines Neubaus auf einem Grundstück keine Verwendung. Das heiße aber nicht, dass § 996 BGB nicht anwendbar sei. „Die Beziehungen zwischen Eigentümer und nichtberechtigtem Besitzer haben ... durch die §§ 987 ff. BGB eine erschöpfende Sonderregelung erfahren, die dem allgemeinen Bereicherungsrecht und damit zugleich dem § 951 BGB vorgeht und seine Anwendung ein für allemal ausschließt."[107]

Zu einer Konkurrenz der Vorschrift von Art. 1103 ZGB mit den Vorschriften über die Geschäftsführung ohne Auftrag kann es nicht kommen, da der Besitzer

---

103 Georgiades, Sachenrecht, § 61 Rn. 65.

104 Filios, Sachenrecht, S. 225.

105 AP 944/2013 ChrID 2014, 20; AP 281/2010 ChrID 2011, 184; AP 1259/2011 ChrID 2012, 266; EfThes 893/2010 Arm 2011, 1313.

106 BGHZ 41, 157.

107 BGHZ 41, 157, 162. Treffend Baur/Stürner, Sachenrecht, § 11 Rn. 55: Die Aussage könne in ihrer Allgemeinheit nicht gelten, da, wie oben erläutert, Konkurrenzfälle etwa bei Nutzungen bestehen. Besonders bei Verwendungen würde aber die Zubilligung von Bereicherungsansprüchen die Regelung von §§ 994-1003 BGB „illusorisch" machen. Ähnlich Wieling, Sachenrecht, Band I, S. 604–605. Dagegen Wilhelm, Sachenrecht, Rn. 1342.

sich nach griechischer Auffassung als Eigentümer betrachtet (Eigenbesitzer), während die Anwendung der Vorschriften über die Geschäftsführung ohne Auftrag gem. Art. 740 ZGB ausgeschlossen ist, wenn man die fremde Angelegenheit als eigene besorgt.[108]

4. Negatorische Klage

Art. 1108 ZGB gewährt dem Eigentümer, dessen Eigentum auf andere Weise als durch Besitzentziehung bzw. -vorenthaltung beeinträchtigt wird, die negatorische Klage. Das deutsche Pendant ist § 1004 BGB (Beseitigungs- und Unterlassungsanspruch). Beide Rechtsordnungen haben den Anspruch aus der *actio negatoria* des römischen Rechts herausgebildet.[109] Sowohl in der griechischen als auch in der deutschen Praxis betrifft der Anspruch vorwiegend Grundstücke.[110]

Mit der negatorischen Klage wird die Beseitigung der Beeinträchtigung und/oder ihre Unterlassung für die Zukunft beantragt. Voraussetzung für ihren Erfolg ist, obwohl nicht ausdrücklich wie bei der Vindikationsklage erwähnt, die Feststellung des Eigentums des Klägers.[111] Die Feststellung erfolgt auf die gleiche Weise wie bei der Vindikationsklage.

Die Störung muss nicht bis zur Entziehung des Eigentums reichen. Da der Eigentümer nach griechischem Recht immer der Besitzer ist, auch wenn er die Sachherrschaft nicht ausübt, ist jede Besitzstörung auch Eigentumsstörung.[112] Die Störung kann durch ein Tun oder durch ein Unterlassen erfolgen. Ein Tun liegt vor, wenn der Störer auf der Sache Handlungen vornimmt, die nur dem Eigentümer erlaubt sind, z.B. Betreten des fremden Grundstücks, oder wenn er den Eigentümer daran hindert, seine Rechte als Eigentümer auszuüben, z.B. Sperren des Wegs, der zum Grundstück führt. Durch Unterlassen wird das Eigentum gestört, wenn der

---

108 Georgiades, Sachenrecht, § 61 Rn. 70.

109 Ursprünglich half die *actio negatoria* dem Eigentümer eines Grundstücks, Eingriffe desjenigen abzuwehren, der behauptete, dass er eine Servitut, einen Nießbrauch oder ein ähnliches Recht (z.B. Immissionsrecht) daran habe. Justinian hat die *actio* auf jede Eigentumsstörung ausgedehnt. Sie betraf nunmehr auch bewegliche Sachen. In dieser Form wurde der Anspruch von BGB und ZGB aufgenommen. Georgiades, Sachenrecht, § 62 Rn. 5; Wieling, Sachenrecht, Band I, S. 626; Kaser/Knütel, Römisches Privatrecht, § 27 Rn. 23.

110 Vor allem im Bereich des Nachbarrechts: Georgiades, Sachenrecht, § 62 Rn. 4; Wieling, Sachenrecht, Band I, S. 627.

111 Georgiadou, Klagen des Sachenrechts, S. 211; vgl. Kaser/Knütel, Römisches Privatrecht, § 27 Rn. 24.

112 EfAth 7997/1999 ElDik 2001, 450.

Störer – normalerweise der Eigentümer oder Detentor eines benachbarten Grundstücks – es unterlässt, Störungen einzustellen, z.B. seine Gäste darauf hinzuweisen, nachts keine laute Musik zu spielen.

Sowohl die griechische als auch die deutsche herrschende Lehre verlangen zusätzlich Rechtswidrigkeit für die Zurechnung der Störung. Dies ergibt sich mittelbar aus Art. 1108 Abs. 2 ZGB; vgl. § 1004 Abs. 2 BGB.[113] Die störende Handlung bzw. Unterlassung muss nicht schuldhaft sein.[114] Nachweis der gesetzwidrigen Störung des Eigentums reicht also aus. Der Störer haftet, auch wenn er nicht fahrlässig gehandelt hat, wenn z.B. die Wurzeln eines Baums in die Kanalisation eindringen und die Entwässerung des Nachbargrundstücks verstopfen. Der Eigentümer des Grundstücks, auf dem sich der Baum befindet, ist zur Beseitigung verpflichtet, obwohl er dieses Ergebnis nicht vorsehen konnte.

Weitere Schadensersatzansprüche gestützt auf die Vorschriften über unerlaubte Handlungen (Art. 914 ff. ZGB) werden in Art. 1108 Abs. 1 S. 2 ZGB ausdrücklich vorgesehen.[115] In diesem Fall muss der Störer auch schuldhaft gehandelt haben. Die Anwendung von Art. 914 ff. ZGB ist besonders wichtig, wenn infolge der Störung ein Schaden verursacht worden ist. Da Art. 1108 ZGB den Störer nur zur Beseitigung bzw. Unterlassung verpflichtet, ist der Schaden gem. Art. 914 ff. ZGB zu ersetzen.[116]

Die Fälle der Störung durch Unterlassung werfen Zurechnungsprobleme auf, wenn die Störung auf außerordentliche Naturereignisse oder auf die Beschaffenheit des störenden Grundstücks zurückzuführen ist, z.B. wenn infolge besonders starken Winds ein Baum auf das Nachbargrundstück stürzt oder nach starkem Regen Erde und Steine vom höherliegenden auf das tieferliegende Grundstück fallen. Die griechische Lehre tendiert dazu, dem Eigentümer jede Störung, die im Allgemeinen aus seinem Grundstück stammt, zuzuschreiben. In solchen Fällen hat also der Eigentümer des störenden Grundstücks die Beseitigungspflicht. Bei außerordentlichen Fällen der höheren Gewalt sei aber der Eigentümer des störenden Grundstücks zu entlasten, wenn z.B. das tieferliegende Grundstück so massiv von Erde überschüttet wurde, dass eine Beseitigung nur mit übermäßigen Kosten durchzuführen ist.[117]

---

113 Vgl. Baur/Stürner, Sachenrecht, § 12 Rn. 8 mit der gleichen Begründung.

114 Balis, Sachenrecht, § 104; vgl. Baur/Stürner, Sachenrecht, § 12 Rn. 2.

115 AP 1102/1984 NoV 33 (1985) 767.

116 Georgiades, Sachenrecht, § 62 Rn. 20; gleich Baur/Stürner, Sachenrecht, § 12 Rn. 21.

117 Ein Teil der griechischen Lehre versucht, eine solche Lösung auf die deutsche Theorie der Opfergrenze zu stützen. Georgiades, Sachenrecht, § 62 Rn. 14.

Auch die seelische Beunruhigung des Eigentümers bezüglich seiner Berechtigung kann als Störung angesehen werden, z.B. wenn ein Dritter behauptet, dass er der Eigentümer sei oder dass er ein sonstiges Recht an der Sache habe.[118]

Als Störung wird die störende Handlung oder Unterlassung angesehen, die zu einer fortdauernden Beeinträchtigung führt. Es reicht aber das Bestehen einer Quelle (z.B. ein Gebäude oder Anlage) aus, aus der Störungen hervorgehen können.[119]

Einige Fälle aus der Rechtsprechung: Zerstörung der Abwasserleitung an der Grenze von Nachbargrundstücken mit dem Ergebnis, dass Feuchtigkeit vom Stauwasser im Garten des Nachbarn in das benachbarte Haus eindringt;[120] laute Musik vom benachbarten Restaurant, die der ortsüblichen Nutzung nach Art. 1003 ZGB nicht entspricht;[121] Ausgrabungen an der Grenze, die zum Verlust der Stütze des Bodens des benachbarten Grundstücks und folglich zum Gebäudeeinsturz führt;[122] Leitung des Dachwassers auf das Nachbargrundstück;[123] Einfügen eines Gebäudes durch einen der Miteigentümer eines Wohnungseigentums, das die Ästhetik des Ganzen und die Gemeinnutzung beeinträchtigt;[124] Staub aus Bergbauarbeiten über die Grenze des Art. 1003 ZGB (vgl. § 906 BGB).[125] Die illegale Öffnung eines Fensters mit Blick auf das Nachbargrundstück konstituiert als solche keine Störung, wenn daraus keine störenden Handlungen hervorgehen.[126]

Der Kläger kann die Klage gegen jeden Dritten, der sein Eigentum beeinträchtigt, gegen den Miteigentümer, der das Eigentum an seinem Anteil verletzt, gegen den Rechtsbesitzer, der seine Befugnisse überschreitet, gegen den Eigentümer des Nachbargrundstücks, aus dem die Störung stammt, wie auch gegen seinen Rechtsbesitzer bzw. Detentor oder gegen alle richten. Bei Rechtsnachfolge passivlegitimiert ist der Rechtsnachfolger, auch wenn die Störung anfing, als der Rechtsvorgänger der Eigentümer war.[127]

---

118 Eine solche Behauptung muss wiederholt sein. Eine einmalige Bezweiflung des Eigentums ist nicht ausreichend. Georgiades, Sachenrecht, § 62 Rn. 13.

119 Georgiades, Sachenrecht, § 62 Rn. 23.

120 EfLarisa 372/2012 Dikogr 2012, 727.

121 AP 626/2005 Nomos.

122 AP 370/2010 DEE 2011, 67.

123 EfPatras 1211/2005 Nomos.

124 EfThes 913/2010 Arm 2011, 1316; EfThes 448/2001 Arm 2001, 788.

125 EfPatras 945/2006 Nomos.

126 AP 810/2005 ElDik 2006, 175; EfLarisa 95/2016 Dikogr 2016, 674; EfAth 7997/1999 ElDik 2001, 450.

127 Georgiadou, Klagen des Sachenrechts, S. 210–211.

Dem Beklagten stehen die gleichen Verteidigungsmittel wie bei der Vindikationsklage zu. Art. 1108 Abs. 2 ZGB hat die gleiche Funktion wie Art. 1095 ZGB.

Wie jede dingliche Klage muss die negatorische Klage zu ihrer Zulässigkeit in das Vindikationenbuch des zuständigen Transkriptionsregisters (Art. 220 Abs. 1 gr.ZPO) bzw. in das entsprechende Grundbuchblatt des zuständigen Grundbuchamts (Art. 12 Abs. 1 ιβ GBG) eingetragen werden.

Der Anspruch aus Art. 1108 ZGB unterliegt der zwanzigjährigen Verjährung von Art. 249 ZGB.

Die Frist fängt ab dem Zeitpunkt der Störung an zu laufen und ist nicht von der Kenntnis der Störung abhängig.[128] Geht von einer Anlage eine dauerhafte Störung aus, beginnt die Verjährungsfrist ab dem Zeitpunkt der Errichtung der Anlage.[129]

Nach deutschem Recht dagegen verjähren die Ansprüche gem. § 195 BGB drei Jahre ab Kenntnis der Störung.[130]

5. Publizianische Klage

Das griechische Zivilrecht hat die römische *actio publiciana* beibehalten (Art. 1112 ZGB). Die *actio* hatte im römischen Recht zum Zweck, den Ersitzungsbesitzer gegenüber dem schlechter gestellten Besitzer zu schützen. Dies war normalerweise der Fall, wenn der Erwerb an einem Mangel litt, z.B. Übertragung durch *traditio* statt *mancipatio* von *res mancipi* oder Erwerb vom Nichteigentümer.[131] Der Ersitzungsbesitzer musste die Sache *bona fide* und *ex justa causa* erworben haben. Die *actio* kam aber auch dem Erwerber zugute, dessen Erwerbsart einwandfrei war, wenn er es vorzog, den schwierigen Beweis seines Eigentums und eventuell des Eigentums seiner Rechtsvorgänger, der von der *rei vindicatio* gefordert war, zu vermeiden. Sie betraf sowohl bewegliche als auch unbewegliche Sachen. Die *actio* ging in fast unveränderter Form in das griechische Recht ein. Der Anspruch aus Art. 1112 ZGB betrifft nur unbewegliche Sachen.

Kläger ist der Ersitzungsbesitzer unter den Voraussetzungen der ordentlichen Ersitzung (Art. 1041–1044 ZGB). Er muss also beim Erwerb gutgläubig gewesen sein und einen im Transkriptionsbuch eingetragenen gültigen Erwerbstitel

128 Roussis in Georgiades, Kurze Auslegung des ZGB, § 1108 Rn. 14.

129 Georgiadou, Klagen des Sachenrechts, S. 221. Vgl. auch Kapitel III 6.d) über Besitzstörung.

130 Wilhelm, Sachenrecht, Rn. 1179.

131 Kaser/Knütel, Römisches Privatrecht, § 27 Rn. 25.

oder einen Putativtitel haben. Des Weiteren muss das Grundstück ersitzungsfähig sein (Art. 1054, 1055 ZGB). Die Ersitzungszeit muss nicht abgeschlossen sein, sonst wäre der Ersitzungsbesitzer Eigentümer und damit zur Erhebung der Vindikationsklage bzw. negatorischen Klage berechtigt. Der Kläger muss nachweisen, dass er ordentlicher Ersitzungsbesitzer ist, dass der Besitz ihm vor Abschluss der Ersitzungszeit entzogen wurde und dass der Beklagte im Besitz oder in der Detention der Sache ist.[132]

Die Klage kann auch der Eigentümer erheben, wenn er den manchmal umständlichen Nachweis seines Eigentums – und eventuell dessen seiner Rechtsvorgänger – vermeiden will.[133] Die Klage kann daher der Vindikationsklage bzw. negatorischen Klage hilfsweise für den Fall angehäuft werden, dass dem Kläger sein Eigentumsnachweis nicht gelingt.[134]

Streitgegner ist jeder, der das Grundstück „ohne gültigen oder putativen Erwerbstitel besitzt", also derjenige, der ohne die Voraussetzungen der ordentlichen Ersitzung besitzt. Das kann jeder Dritte sein, i) der den Besitzer aus dem Grundstück eigenmächtig und unrechtmäßig ausgestoßen hat (ohne Vorhandensein eines eingetragenen Titels oder des guten Glaubens), oder ii) der das Grundstück zwar durch eingetragenen Titel, aber in Kenntnis übertragen bekommen hat, dass es einer anderen Person gehört (Nichtvorhandensein des Elements des guten Glaubens).[135] Die Berechtigung zum Besitz des Gegners muss also „schwächer" sein als die des Klägers.[136]

Aus dem oben Ausgeführten ergibt sich, dass nicht passivlegitimiert sein kann:

a) der Eigentümer, z.B. der eingetragene Eigentümer, dessen Grundstück von einem anderen an einen gutgläubigen Dritten verkauft worden ist. Der Eigentümer kann gegen ihn erfolgreich das Grundstück vindizieren. Der Eigentümer muss jedoch die Vindikationsklage vor dem Abschluss der Ersitzungszeit erheben; und
b) ein anderer ordentlicher Ersitzungsbesitzer. Hier muss man unterscheiden: Haben die Streitparteien von verschiedenen Rechtsvorgängern Besitz am selben Grundstück erworben, wird die Klage abgewiesen, da in diesem Fall der jetzige Besitzer dem früheren überlegen ist. Leiten sie ihr Recht vom

132 Georgiades, Sachenrecht, § 64 Rn. 9.
133 Op.cit. Georgiades, § 64 Rn. 7.
134 Georgiadou, Klagen des Sachenrechts, S. 236.
135 Oben in Kapitel V 3.d)hh) wurde gezeigt, dass eine Doppeleintragung über dasselbe Recht an demselben Grundstück durchaus möglich ist.
136 Papasteriou, Sachenrecht, Band 2, § 64 Rn. 7.

selben Rechtsvorgänger ab, gewinnt die Partei, die ihren Titel früher als die gegnerische hat eintragen lassen. Werden beide Titel am selben Tag zur Transkription gebracht, ist Art. 1206 ZGB maßgebend.[137]

Art. 1112 Abs. 1 ZGB sieht den Fall der Besitzentziehung vor. Damit wird eine klare Parallele zur Vindikationsklage gezogen. Die Vorschriften darüber (Art. 1096–1107 ZGB) finden entsprechende Anwendung. Der ordentliche Ersitzungsbesitzer, der in seinem Besitz anderweitig beeinträchtigt wird, kann die publizianische Klage als negatorisch gem. Art. 1112 Abs. 2 ZGB erheben. Die Vorschriften von Art. 1108 ZGB finden entsprechende Anwendung.

Obwohl in Art. 1112 ZGB die Rede von „Besitz" ist, ist die Klage dinglich. Bei ihr wird nicht nur der Besitz, sondern vielmehr das fiktive Eigentum des Besitzers schon vor Abschluss der Ersitzungszeit geschützt.[138] Daher wird sie zu ihrer Zulässigkeit gem. Art. 220 gr.ZPO in das Vindikationenbuch des zuständigen Transkriptionsregisters eingetragen.

Art. 1112 ZGB gilt auch im Bereich des Grundbuchs. Man kann sich aber fragen, welches die Funktion der publizianischen Klage als Produkt des römischen Rechts, das im Boden des griechischen Immobilienrechts im Bereich des Transkriptionssystems Wurzeln geschlagen hat, im Geltungsbereich des griechischen Grundbuchrechts sein kann.

Die Rechtsposition der Ersitzung im Grundbuchrecht ist im Kapitel VI 4.c) behandelt worden. In der vorübergehenden Phase der Katastererrichtung und in der Zeitspanne während der Anfechtungsfrist von Art. 6 Abs. 2 GBG, also vor der Endgültigkeit der ersten Eintragungen, entfaltet sowohl die ordentliche als auch die außerordentliche Ersitzung ihre volle Wirkung. Es besteht also kein Grund, warum der ordentliche Besitzer nicht wie bisher den Schutz gem. Art. 1112 ZGB genießen sollte. Nur im Bereich des funktionierenden Grundbuchs nach der Endgültigkeit der ersten Eintragungen erfährt das Rechtsinstitut der ordentlichen Ersitzung eine gründliche Änderung.

Ist gem. Art. 13 Abs. 2 S. 6 GBG die Eintragung wegen eines Mangels im Erwerbstitel unrichtig, gilt diese Eintragung „als Titel im Sinne von Art. 1041 und 1043 des Zivilgesetzbuchs", und er wird geheilt, „wenn die restlichen Voraussetzungen für die ordentliche Ersitzung in der Person des unrichtig eingetragenen Berechtigten erfüllt werden." Wie schon erörtert, erhält die ordentliche Ersitzung im Grundbuch die Funktion der Rettung der unrichtigen Eintragungen,

137 Op.cit. Georgiades, § 64 Rn. 12.

138 Ikonomides, Sachenrecht, § 137 Nr. 8; AP 331/1962 NoV 10 (1962) 1106.

vorausgesetzt, dass sie vor Abschluss der Ersitzungszeit nicht erfolgreich angefochten werden (vgl. § 900 Abs. 1 BGB).

Wie oben dargelegt, kann der publizianische Besitzer die Klage nicht mit Aussicht auf Erfolg gegen den Eigentümer richten (oben a). Das wird normalerweise der als Berechtigter Voreingetragene sein, der wegen des Mangels des Titels, der kein Eigentum zu übertragen vermochte, immer noch Eigentümer ist.[139] Der Fall von parallelen Titelketten über dasselbe Grundstück ist im Grundbuch nicht möglich. Es kann also nicht vorkommen, dass zwei oder mehrere ordentliche Besitzer über dasselbe Grundstück existieren (oben b). Aus dem gleichen Grund ist der Fall, dass der bösgläubige Streitgegner einen eingetragenen Erwerbstitel hat, ausgeschlossen (oben ii).

Es verbleibt der Fall, dass dem Besitzer sein Besitz eigenmächtig von einem Unberechtigten entzogen bzw. gestört wird (oben i). Die Frage der Zweckmäßigkeit der publizianischen Klage im Grundbuchsystem konzentriert sich also auf die Möglichkeit des publizianischen Besitzers, seinen Besitz zurückzuerlangen, wenn er die possessorischen Ansprüche aus Art. 987, 989 ZGB (vgl. §§ 861 Abs. 1, 862 Abs. 1 BGB) nicht geltend machen will oder kann, etwa wegen Verjährung.

Gem. Art. 13 Abs. 1 GBG werden die Eintragungen in den Grundbuchblättern als richtig vermutet. Der als Eigentümer Eingetragene kann also aufgrund der Vermutung direkt die Vindikationsklage bzw. negatorische Klage erheben. Eine Berechtigung zur Klageerhebung, die über das Vorhandensein der Eintragung hinausgeht, muss er nicht nachweisen. Gem. Art. 13 Abs. 2 S. 1 GBG erfolgt die Widerlegung der Vermutung „durch unwiderrufliche gerichtliche Entscheidung infolge einer Klage, die von demjenigen erhoben wird, der ein berechtigtes Interesse hat." Ein solches berechtigtes Interesse hat der wahre Eigentümer – auch der Eigentümer aufgrund Ersitzung gem. Art. 13 Abs. 2 S. 3 GBG –, nicht aber der unrechtmäßige Besitzentzieher bzw. -störer.[140]

---

139 Es ist auch möglich, dass ein Dritter außerhalb des Grundbuchs kraft außerordentlicher Ersitzung Eigentümer ist, z.B. wenn gegen den jahrelang im Ausland lebenden eingetragenen Eigentümer (E) die Voraussetzungen der außerordentlichen Ersitzung erfüllt sind, indem ein Dritter (D) das Grundstück 20 Jahre lang mit Eigentümerwillen (Art. 1045 ZGB) angebaut hat. Überträgt der nichts davon ahnende E das Grundstück an seinen Sohn (S), der aufgrund seines eingetragenen Titels den Besitz ergreift, wenn er wieder in der Heimat ist, kann D gegen S die Vindikationsklage erheben. S hilft sein gutgläubiger Besitz und eingetragener Titel dabei nicht. Über die Problematik der außerordentlichen Ersitzung im Grundbuch siehe oben Kapitel VI 4.c).

140 Gem. Art. 13 Abs. 2 S. 5 GBG betrifft die Klage die Feststellung des Rechts des Klägers und die Berichtigung der unrichtigen Eintragung.

Art. 1112 ZGB ermöglicht die Herausgabe des Grundstücks an den ordentlichen Besitzer durch den Besitzer mit einer „schlechteren" Berechtigung zum Besitz, damit der Erstere die Voraussetzungen zum Eigentumserwerb erfüllen kann. Zweck der Regelung ist also nicht die Gewährung eines weiteren possessorischen Anspruchs, sondern, wie oben gesagt, der Schutz des fiktiven Eigentums des ordentlichen Besitzers. In dieser Hinsicht übersteigt die Regelung von Art. 13 Abs. 1 GBG die von Art. 1112 ZGB, da der publizianische Besitzer im Grundbuch als Eigentümer behandelt wird. Sein Recht kann er nur verlieren, wenn es mit dem des wahren Eigentümers kollidiert, was auch im Geltungsbereich des Transkriptionssystems der Fall wäre. Art. 1112 ZGB ist also im Geltungsbereich des Grundbuchsystems gegenstandslos.

Kapitel IX – Grunddienstbarkeiten

1. Gesetzestext (Art. 1118–1141 ZGB)

Art. 1118 Begriff
An einem Grundstück kann zugunsten des jeweiligen Eigentümers eines anderen Grundstücks ein dingliches Recht erworben werden, das ihm einen Vorteil gewährt (Grunddienstbarkeit).

Art. 1119
Vermöge der Grunddienstbarkeit trägt der Eigentümer des dienenden Grundstücks die Last, entweder einen Gebrauch von Seiten des Eigentümers des herrschenden Grundstücks zu dulden oder bestimmte Handlungen zu unterlassen, zu deren Vornahme er kraft seines Eigentumsrechts berechtigt wäre.

Art. 1120
Grunddienstbarkeiten im Sinne des vorangehenden Artikels sind insbesondere: das Wegerecht, das Wasserleitungs- oder Wasserabfluss- oder Wasserschöpf- oder Viehtränkrecht des herrschenden Grundstücks, oder das Weide- oder das Holzrecht, die Dienstbarkeit, das Dachwasser des herrschenden Grundstücks auf das dienende Grundstück abtropfen zu lassen, das Dienstbarkeitsrecht, einen Balkon oder ein Vordach über das dienende Grundstück hinausragen zu lassen oder auf das benachbarte Grundstück das Gebäude zu stützen, das Dienstbarkeitsrecht, einen Abwasserkanal zu errichten, die Dienstbarkeit, nicht höher bauen oder das Licht oder die Aussicht für das herrschende Grundstück nicht verbauen zu lassen.

Art. 1121 Begründung
Die Grunddienstbarkeiten werden durch Rechtsgeschäft oder durch Ersitzung begründet. Die Vorschriften über Ersitzung bei Grundstücken und Übereignung derselben durch Vereinbarung finden auch auf die Begründung der Grunddienstbarkeiten entsprechende Anwendung.

Art. 1122 Mehrere Eigentümer
Gehört das herrschende oder das dienende Grundstück mehreren, so ist zur Begründung einer Dienstbarkeit durch Rechtsgeschäft die Zustimmung aller erforderlich.

Art. 1123 Ersitzung bei einer im Unterlassen bestehenden Dienstbarkeit
Besteht die Dienstbarkeit in einem Unterlassen, so beginnt der Besitz zur außerordentlichen Ersitzung mit dem Zeitpunkt, in dem der Eigentümer des herrschenden Grundstücks dem Eigentümer des dienenden Grundstücks die Handlung verboten hat, deren Unterlassung den Inhalt der Dienstbarkeit bildet.

Art. 1124 Umfang einer Dienstbarkeit

Das Dienstbarkeitsrecht erstreckt sich nur bis zur Befriedigung des Bedarfs des herrschenden Grundstücks. Neue Bedarfe des herrschenden Grundstücks haben im Zweifel keine neue Belastung für den Eigentümer des dienenden Grundstücks zur Folge.

Art. 1125

Das Recht aus der Dienstbarkeit umfasst jede zu ihrer Ausübung erforderliche Handlung des Berechtigten. Er hat aber sein Recht unter tunlicher Schonung der Interessen des Eigentümers des dienenden Grundstücks auszuüben.

Art. 1126 Erhaltung einer Anlage auf dem dienenden Grundstück

Wird auf dem dienenden Grundstück eine Anlage zur Ausübung der Dienstbarkeit unterhalten, so ist der Berechtigte verpflichtet, die Einrichtung in ordnungsmäßigem Zustande zu erhalten, soweit das Interesse des Eigentümers des dienenden Grundstücks es erfordert. Dient die Anlage auch dem Interesse des Eigentümers des dienenden Grundstücks, so fällt die Verpflichtung zur Unterhaltung der Einrichtung beiden im Verhältnis des Interesses eines jeden zur Last, es sei denn, dass ein anderes vereinbart wurde.

Art. 1127

Besteht die Dienstbarkeit in dem Recht des Berechtigten, auf einer baulichen Anlage des dienenden Grundstücks eine bauliche Anlage zu halten, so ist, wenn nichts anderes vereinbart wurde, der Eigentümer des belasteten Grundstücks verpflichtet, seine eigene Anlage zu unterhalten, soweit das Interesse des Berechtigten es erfordert.

Art. 1128 Änderung der Art der Ausübung einer Dienstbarkeit

Der Eigentümer des dienenden Grundstücks ist berechtigt, gegen Vorschuss der notwendigen Kosten zu verlangen, dass die Art der Ausübung der Dienstbarkeit geändert wird, wenn ihr wirtschaftlicher Zweck durch eine solche Änderung in gleicher Weise erreicht wird und die Art der bisherigen Ausübung für ihn besonders beschwerlich ist.

Das gleiche gilt auch für die Änderung der Stelle, an der bisher die Dienstbarkeit an dem Grundstück ausgeübt wurde.

Art. 1129 Gebrauch des dienenden Grundstücks durch den Eigentümer

Das Bestehen einer Dienstbarkeit schließt für den Eigentümer des dienenden Grundstücks das Recht nicht aus, das dienende Grundstück zum ähnlichen Gebrauch für sich selbst zu benutzen, es sei denn, dass ein anderes vereinbart wurde oder dass das dienende Grundstück zu einem solchen Gebrauch nicht ausreicht.

Art. 1130 Teilung des herrschenden Grundstücks

Wird das herrschende Grundstück geteilt, so besteht die Dienstbarkeit für die einzelnen Teile fort, ihre Ausübung darf aber für den Eigentümer des dienenden

Grundstücks nicht beschwerlicher werden. Die Dienstbarkeit erlischt in Bezug auf den einzelnen Teil, dem sie keinen Vorteil bringt.

Art. 1131 Teilung des dienenden Grundstücks

Wird das dienende Grundstück geteilt, so besteht die Dienstbarkeit an den einzelnen Teilen fort. Sie erlischt aber in Bezug auf den einzelnen Teil, auf dem nach der Natur der Dienstbarkeit oder aufgrund des Vertrags ihre Ausübung aufgehört hat.

Art. 1132 Schutz der Dienstbarkeit

Der Inhaber einer Grunddienstbarkeit, bei mehreren Berechtigten auch jeder von ihnen, ist im Falle der Beeinträchtigung berechtigt, von dem Störer die Anerkennung der Dienstbarkeit und die Beseitigung der Beeinträchtigung und außerdem ihre Unterlassung für die Zukunft zu verlangen. Ein weiterer Anspruch auf Schadensersatz nach den Vorschriften über unerlaubte Handlungen ist nicht ausgeschlossen.

Das im vorigen Absatz bezeichnete Recht wird nicht gewährt, wenn der Störer kraft eines Rechts gehandelt hat.

Art. 1133

Gegen den Besitzer des dienenden Grundstücks ohne gültigen oder putativen Titel genießt den Schutz im Sinne des vorangehenden Artikels auch derjenige, welcher den Besitz der Dienstbarkeit unter den Voraussetzungen der ordentlichen Ersitzung erworben hat, wenn er vor der Vollendung der Ersitzungszeit in ihrer Ausübung beeinträchtigt wird.

Art. 1134 Erlöschen einer Dienstbarkeit

Eine Dienstbarkeit erlischt durch einseitige Erklärung des Berechtigten, dass er die Dienstbarkeit aufgebe, welche entweder durch letztwillige Verfügung oder durch notarielle Beurkundung, die in das Transkriptionsbuch einzutragen ist, abgegeben werden kann. Hat ein Dritter an dem herrschenden Grundstück ein dingliches Recht, so ist auch seine Zustimmung erforderlich, sofern durch den Verzicht sein Recht beeinträchtigt wird.

Art. 1135

Die Dienstbarkeit erlischt durch den völligen Untergang des herrschenden oder des dienenden Grundstücks.

Art. 1136

Die Dienstbarkeit erlischt, soweit ihre Ausübung wegen tatsächlicher oder rechtlicher Gründe unmöglich wird.

Art. 1137

Die Dienstbarkeit erlischt, wenn das Eigentum des herrschenden und des dienenden Grundstücks in derselben Person zusammentreffen.

Art. 1138
Die Dienstbarkeit erlischt durch zwanzigjährige Nichtausübung. Bei mehreren Berechtigten genügt die Ausübung durch einen derselben.

Art. 1139
Bei Dienstbarkeiten, welche in Zeitabständen ausgeübt werden, beginnt die zwanzigjährige Frist von der letzten Ausübung an. Bei Dienstbarkeiten, deren Inhalt in einer Dauerausübung besteht, beginnt sie von dem Zeitpunkt an, in dem auf dem dienenden Grundstück eine Anlage errichtet wurde, welche die Ausübung der Dienstbarkeit hindert.

Die Nichtausübung wird durch die Klageerhebung von Seiten des Berechtigten unterbrochen.

Art. 1140
Das Erlöschen der Dienstbarkeit durch Nichtausübung wird durch ihre Ausübung in anderer Weise oder zu anderer Zeit als der für die Ausübung vorgesehenen nicht verhindert.

Art. 1141
Die Nichtausübung beginnt nicht und wird, wenn sie begonnen hat, nicht fortgesetzt für die Zeit, in der die Verjährung der Klage über den Schutz der Dienstbarkeit gehemmt oder die Vollendung dieser Verjährung dem Gesetz nach verhindert wird.

2. Einleitung

Die Grunddienstbarkeiten (Art. 1118 ff. ZGB/§§ 1018 ff. BGB) gehören zu den beschränkten dinglichen Nutzungsrechten. Unterscheidungsmerkmal von den übrigen Dienstbarkeiten ist, dass sie jeweils zugunsten und zulasten des Eigentümers des herrschenden und des dienenden Grundstücks bestellt werden (Art. 1118 ZGB/§ 1018 BGB). Sie sind also für die Sonder- und Gesamtnachfolger bindend.

Die Grunddienstbarkeit kann in einer Duldung von Handlungen, die der Berechtigte aufgrund der Grunddienstbarkeit vornehmen kann, seitens des Eigentümers des belasteten Grundstücks bestehen oder in einer Unterlassung seitens des Eigentümers des belasteten Grundstücks von Handlungen, die er als Eigentümer vornehmen könnte, die ihm aber aufgrund der Grunddienstbarkeit verwehrt bleiben (Art. 1119 ZGB/§ 1018 BGB). Aus dem Blickwinkel des Grunddienstbarkeitsinhabers spricht die griechische Theorie[1] von **positiven**

1 Über die Kategorisierung Georgiades, Sachenrecht, § 69 Rn. 7-10.

Dienstbarkeiten – der Berechtigte kann ein Tun auf das belastete Grundstück vornehmen, z.B. das Wege-, das Wasserleitungs-, das Wasserabfluss-, das Wasserschöpfrecht, – und von **negativen** Dienstbarkeiten – der Berechtigte kann dem Eigentümer des dienenden Grundstücks die Ausübung von Befugnissen aus dem Eigentum verbieten, z.B. auf dem dienenden Grundstück Bäume zu pflanzen oder ein Gebäude zu errichten.[2]

Die in Art. 1120 ZGB enthaltene Aufzählung ist nicht abschließend. Die Parteien können den Inhalt der Grunddienstbarkeit beliebig gestalten und ihn den Besonderheiten des konkreten Falls anpassen. Trotzdem ergibt sich aus dem Gesetz ein gestalterischer Spielraum, innerhalb dessen die Parteien sich bei der Begründung der Grunddienstbarkeit bewegen müssen. Hier liegt also keine wirkliche Durchbrechung des Prinzips des *numerus clausus* der dinglichen Rechte vor.[3]

3. Die vereinzelten Grunddienstbarkeiten

Die Aufzählung in Art. 1120 ZGB ist zwar beispielhaft, nennt aber einige der wichtigsten Grunddienstbarkeiten:

Wegerecht: das Recht des Berechtigten, das dienende Grundstück zu passieren. Der als Weg zu benutzende Landstreifen wie auch die Art der Benutzung (z.B. zu Fuß, mit einem Fahrzeug) werden in der Vereinbarung der Parteien bestimmt.

Wasserleitungsrecht: das Recht des Berechtigten, das Wasser durch das dienende Grundstück in sein Grundstück zu leiten.

Wasserabflussrecht: das Recht des Berechtigten, Wasser aus seinem Grundstück auf das dienende Grundstück zu leiten.

Wasserschöpfrecht: das Recht des Berechtigten, Wasser – normalerweise aus einem Brunnen, der sich auf dem dienenden Grundstück befindet – zu schöpfen und in sein Grundstück zu leiten.

Viehtränk- und Weiderecht: das Recht des Berechtigten, sein Vieh auf dem dienenden Grundstück jeweils tränken und weiden zu lassen.

Abholzrecht: das Recht des Berechtigten, Bäume auf dem dienenden Grundstück abzuholzen, um den Bedürfnissen des herrschenden Grundstücks zu dienen. Ähnlich sind auch viele Waldrechte an privaten[4] Wäldern, wie z.B. das Recht, Harz aus Bäumen zu sammeln.

---

2 Siehe aber unten die Eingrenzungen nach der Neuen Bauverordnung.

3 Spiridakis, Anmerkung zu ProtAthen 6904/1977, NoV 26 (1978) 404.

4 Die Begründung von Rechten an öffentlichen Wäldern erfolgt normalerweise gem. Art. 970 ZGB.

Dienstbarkeiten und Baurecht

Viele Grunddienstbarkeiten, die in einer Unterlassung bestehen, beziehen sich auf den Verzicht des Eigentümers des dienenden Grundstücks, ein Gebäude zu errichten oder über eine bestimmte Höhe zu bauen, damit dem herrschenden Grundstück der Blick oder das Licht nicht verbaut wird. Diese Möglichkeit unterliegt einer gravierenden Einschränkung: Die Bestellung von Dienstbarkeiten, gleichgültig ob sie als Grunddienstbarkeiten oder als beschränkte persönliche Dienstbarkeiten bestellt werden, „die die Beschränkung der Bau- oder Erweiterungsmöglichkeit von Gebäuden oder Einrichtungen gemäß der geltenden Bauvorschriften zur Folge haben", ist unter der Geltung von Art. 9 Abs. 1 der Neuen Bauverordnung verboten, die als *lex posterior* die entgegenstehenden Vorschriften des ZGB abschafft. Die betroffenen baurechtlichen Vorschriften beziehen sich vor allem auf die mögliche Höhe des Gebäudes oder auf seine Lage im Grundstück. Die Neubegründung eines Wegerechts ist nur erlaubt, wenn kein anderer Zugang zur gemeinschaftlich genutzten Fläche des Grundstücks vorhanden ist. Bestehende Dienstbarkeiten, die unter der Geltung des ZGB bestellt worden sind, stehen der Erteilung einer Baugenehmigung nicht entgegen und werden aufgehoben, wenn ihre Ausübung gänzlich oder teilweise mit dem Bauvorhaben unvereinbar ist. Davon sind das Wegerecht im obigen Sinne und eine Dienstbarkeit über den Bau eines gemeinsamen Dachstuhls ausgenommen (Art. 9 Abs. 2 NBV). Die Aufhebung erfolgt gegen Entschädigung des Dienstherrn und wird gerichtlich bestimmt. Das Recht wird nicht aufgehoben, bevor die Entschädigung bezahlt ist (Art. 9 Abs. 3, 4 NBV).

Dienstbarkeiten zur Modifizierung des Nachbarrechts

Die meisten Vorschriften des Nachbarrechts (Art. 1003–1031 ZGB) sind nachgiebiges Recht. Den Parteien steht es frei, durch die Bestellung von Grunddienstbarkeiten die Rechte aus diesen Vorschriften zu erweitern oder zu beschränken. Der zur Duldung von Immissionen verpflichtete Eigentümer kann sich etwa mit dem Berechtigten über Einwirkungen, die über das von Art. 1003 ZGB gesetzte Maß hinausgehen, oder umgekehrt über geringere oder gar keine Einwirkungen einigen.

Wettbewerbliche Dienstbarkeiten

Umstritten in der Lehre ist die Zulässigkeit der Begründung von Dienstbarkeiten, deren Inhalt darin besteht, dass dem Eigentümer des dienenden Grundstücks aus Gründen des geschäftlichen Wettbewerbs manche Handlungen verboten sind, beispielsweise dass ihm der Verkauf von Waren bestimmter Hersteller nicht gestattet ist oder dass er auf seinem Grundstück ein bestimmtes Unternehmen nicht betreiben kann. Nach einer Meinung sind solche Vereinbarungen mit dem Begriff der Dienstbarkeit als solchem – Nutzung des herrschenden Grundstücks aus dem dienenden – inkompatibel.[5] Die h.M. betrachtet diese Dienstbarkeiten grundsätzlich als gesetzmäßig. Entscheidend für die Bejahung einer Dienstbarkeit ist die Beschränkung der Eigentümerbefugnisse, etwa das Verbot eines bestimmten Betriebs auf dem dienenden Grundstück oder der Vertrieb bestimmter Waren. Wird jedoch durch die Vereinbarung die rechtsgeschäftliche oder gewerbliche Freiheit des Eigentümers beeinträchtigt, etwa durch das Verbot des Verkaufs anderer Waren auf dem dienenden Grundstück als derjenigen, die auf dem herrschenden Grundstück produziert werden, liegt keine Dienstbarkeit vor.[6] Nach einer dritten Meinung erfüllen Handlungsverbote den Tatbestand der Dienstbarkeit (Art. 1119 ZGB), nicht aber Verpflichtungen zum Tun, wie der Verkauf bestimmter Waren.[7]

a) Begründung

Nach Art. 1121 S. 1 ZGB werden die Grunddienstbarkeiten „durch Rechtsgeschäft oder durch Ersitzung begründet“. Das Rechtsgeschäft kann unter Lebenden oder von Todes wegen erfolgen. Unter Lebenden ist die Begründung nur durch Vertrag möglich, da zwangsläufig zwei Parteien – die herrschende und die dienende – beteiligt sind. Die Vorschriften über die Übertragung von Grundstücken werden analog angewendet (Art. 1121 S. 2 i.V.m. 1033 ZGB). Daraus ergibt sich, dass die Beteiligten jeweils Eigentümer des herrschenden und des dienenden Grundstücks sein müssen, dass die Begründung der Dienstbarkeit durch Einigung der Parteien erfolgen muss, dass der Vertrag der Form der notariellen Beurkundung bedarf, dass die Urkunde daraufhin in das Transkriptionsbuch bzw. Grundbuchblatt eingetragen werden muss und dass ein gültiger Erwerbsgrund (z.B. Kauf, Schenkung) vorliegen muss. Gehört das herrschende oder das dienende Grundstück oder beide mehreren zu Miteigentum, ist für die Begründung die Zustimmung aller Miteigentümer erforderlich (Art. 1122 ZGB). Ist das dienende Grundstück mit Nießbrauch belastet, wird nach einer Meinung angenommen,[8] dass der Eigentümer daran eine Grunddienstbarkeit bestellen kann, soweit die Ausübung des Nießbrauchs nicht beeinträchtigt wird.

---

5 Sontis, Die beschränkten persönlichen Dienstbarkeiten, S. 241.

6 Georgiades, Sachenrecht, § 70 Rn. 37; Tousis, Sachenrecht, S. 725.

7 Spiridakis, Sachenrecht, S. 36–37. Vgl. die ähnliche Handhabung durch die deutsche Theorie und Rechtsprechung: Baur/Stürner, Sachenrecht, § 33 Rn. 14–17; Schellhammer, Sachenrecht nach Anspruchsgrundlagen, Rn. 529.

8 Georgiades, Sachenrecht, § 71 Rn. 4 Fn. 4.

Von Todes wegen kann eine Grunddienstbarkeit durch Testament begründet werden. Man muss hier unterscheiden:

a) Ist der Erblasser Eigentümer beider Grundstücke, liegt eine wirksame Bestellung vor, wenn er die Grundstücke an zwei verschiedene Personen vererbt oder vermacht hat.[9] Das Prinzip *nemini res sua servit* steht nicht entgegen, da das Testament erst mit dem Ableben des Testierers seine Wirkung entfaltet. b) Ist der Erblasser Eigentümer nur des Grundstücks, das durch das Testament mit der Grunddienstbarkeit zugunsten des Grundstücks des Erben bzw. Vermächtnisnehmers belastet werden soll, gilt die Grunddienstbarkeit als bestellt mit der Eintragung der Erbschafts- bzw. Vermächtnisannahmeurkunde oder des Erbscheins.

Eine Grunddienstbarkeit kann auch originär begründet werden. Sie erfolgt durch ordentliche oder außerordentliche Ersitzung.

Bei der ordentlichen Ersitzung müssen die Voraussetzungen von Art. 1041–1044 ZGB i.V.m. 1054, 1055 ZGB erfüllt sein: ersitzungsfähiges fremdes Grundstück, Ausübung des Rechts mit Rechtsbesitzerwillen (Art. 975 ZGB), guter Glauben des Rechtsbesitzers bei der Bestellung, im Transkriptionsbuch eingetragener gültiger Erwerbstitel oder Putativtitel, Abschluss der zehnjährigen Ersitzungsfrist.

Bei der außerordentlichen Ersitzung müssen die Voraussetzungen von Art. 1045 i.V.m. 1054, 1055 ZGB erfüllt werden: ersitzungsfähiges fremdes Grundstück, Ausübung des Rechts mit Rechtsbesitzerwillen (Art. 975 ZGB), Abschluss der zwanzigjährigen Ersitzungsfrist.

Die ordentliche Ersitzung beginnt mit der Eintragung des Titels in das Transkriptionsbuch. Die außerordentliche Ersitzung beginnt, wenn die Grunddienstbarkeit in einem Tun des Eigentümers des herrschenden Grundstücks besteht, mit dem Zeitpunkt, in dem der ersitzende Rechtsbesitzer das Tun angefangen hat, z.B. wenn er angefangen hat, das Nachbargrundstück zu betreten. Besteht die Grunddienstbarkeit in einem Unterlassen des Eigentümers des dienenden Grundstücks, fängt die Ersitzungsfrist ab dem Zeitpunkt zu laufen an, in dem der Rechtsbesitzer dem Eigentümer des dienenden Grundstücks die Handlung verboten hat, die dem Inhalt der Dienstbarkeit zuwiderlaufen würde (Art. 1123 ZGB), z.B. der Zeitpunkt, in dem der Eigentümer des herrschenden Grundstücks

---

9 Die Bestellung einer Grunddienstbarkeit an zwei Grundstücken des Erblassers, die dieselbe Person erbt oder als Vermächtnis bekommt, wäre durch Konsolidation nichtig.

dem Nachbarn verbietet, in seinem Grundstück Bäume pflanzen zu lassen, damit der Blick des ersteren nicht beeinträchtigt wird.

Der Ersitzungsrechtsbesitzer muss Eigentümer des herrschenden Grundstücks sein. Besitzt er das herrschende Grundstück mit der Absicht, Eigentum durch Ersitzung zu erwerben, kann die Frist für die Begründung der Grunddienstbarkeit durch Ersitzung nicht beginnen, bevor er das herrschende Grundstück ersessen hat.[10]

Grunddienstbarkeiten können auch durch gerichtliche Entscheidung oder kraft Verwaltungsakts begründet werden. Die ersteren sind die Dienstbarkeiten aus dem Nachbarrecht, Art. 1012, 1028, 1029, 1031 ZGB, wie auch die Dienstbarkeiten, die vom Gericht im Rahmen der Auseinandersetzung unter Miteigentümern gem. Art. 481 Nr. 2 gr.ZPO bestellt werden. Die letzteren werden normalerweise durch Enteignung begründet.

b) Ausübung der Grunddienstbarkeiten

Bei der Begründung einer Grunddienstbarkeit können der Inhalt und die Art der Ausübung nicht immer bis zum letzten Detail geregelt werden. In vielen Fällen ist die Ausübung der Dienstbarkeit mit Nebenpflichten oder Nebenhandlungen verbunden. Darüber hinaus muss der Eigentümer vor missbräuchlichen Handlungen des Eigentümers des herrschenden Grundstücks geschützt werden. Diesen Zweck erfüllen Art. 1125–1131 ZGB, die teilweise zwingendes und teilweise nachgiebiges Recht sind.

Die Grunddienstbarkeit darf nur in einer Duldung oder in einer Unterlassung seitens des Eigentümers des dienenden Grundstücks bestehen. Er ist grundsätzlich nicht zu einem Tun verpflichtet. Eine Ausnahme bilden Art. 1126 S. 2 und 1127 ZGB (vgl. §§ 1021, 1022 BGB).[11]

Als allgemeine Grundlage gilt das Prinzip der schonenden Ausübung der Dienstbarkeit: Der Dienstherr hat sein Recht „unter tunlicher Schonung der Interessen des Eigentümers des dienenden Grundstücks auszuüben" (Art. 1125 S. 2 ZGB; vgl. § 1020 Abs. 1 BGB). Wie oben ausgeführt, sind die Parteien grundsätzlich frei in der Gestaltung des Inhalts der Grunddienstbarkeit. Diese Freiheit wird von Art. 1124 S. 1 ZGB eingeschränkt, indem das Recht sich „nur bis zur Befriedigung des Bedarfs des herrschenden Grundstücks" erstreckt. Der Inhaber der Grunddienstbarkeit darf nicht mehr Nutzungen aus dem belasteten

10 AP 220/2017 SE 2017, 1097; Georgiades, Sachenrecht, § 71 Rn. 18.

11 Die Vorschriften können als Spezifizierung des Prinzips von Treu und Glauben angesehen werden.

Grundstück ziehen, als für die Erfüllung des Zwecks, dem die Dienstbarkeit dient, nötig sind. Art. 1124 S. 1 ZGB ist zwingendes Recht. Dieser Bedarf wird objektiv, normalerweise nach der Ausübungsweise, die für derartige Grunddienstbarkeiten üblich ist, beurteilt. Zwar können die Parteien – normalerweise entgeltlich – eine übermäßige Belastung des dienenden Grundstücks vereinbaren, z.B. Immissionen, die das Grundstück unbrauchbar machen. Eine solche Vereinbarung wird in Bezug auf das Übermaß als eine persönliche Dienstbarkeit oder als ein schuldrechtlich bindendes Rechtsverhältnis gehandhabt.[12]

Eine Nutzung über die erlaubte hinaus können auch neue Bedürfnisse des herrschenden Grundstücks nicht rechtfertigen (Art. 1124 S. 2 ZGB). Eine neue Auslegung des Inhalts der Grunddienstbarkeit, der sich nach der Zeit der Begründung der Dienstbarkeit bestimmt, wegen Änderung des Zwecks oder der Nutzung des herrschenden Grundstücks oder im Lichte neuer Entwicklungen der Technik (z.B. das frühere Privathaus wird in Zukunft als Hotel benutzt oder das alte Wegerecht für tiergetriebene Karren soll auch als Wegerecht für LKWs gelten), ist im Zweifelsfall ausgeschlossen.[13] Der neue Inhalt der Grunddienstbarkeit muss zwischen den Parteien vereinbart werden.[14]

Der Eigentümer des dienenden Grundstücks kann jedoch die Änderung der Ausübung der Dienstbarkeit verlangen, „wenn ihr wirtschaftlicher Zweck durch eine solche Änderung in gleicher Weise erreicht wird und die Art der bisherigen Ausübung für ihn besonders beschwerlich ist" (Art. 1128 Abs. 1 ZGB).[15] Das Recht wird unter bestimmten Voraussetzungen gewährt: a) Die Art der bisherigen Ausübung muss für den Eigentümer des dienenden Grundstücks besonders beschwerlich sein,[16] b) der wirtschaftliche Zweck der Dienstbarkeit darf durch

12 Georgiades, Sachenrecht, § 70 Rn. 12.

13 AP 14/2004 ArchN 2004, 727: Eine Dienstbarkeit, die als Wegerecht über ein landwirtschaftliches Grundstück zu Fuß oder mit Vieh begründet ist, kann nicht in späteren Jahren als Wegerecht mit Traktor gelten. Ähnlich EfPatras 1179/2007 Nomos.

14 Vgl. die unterschiedliche Stellung der deutschen Lehre und Rechtsprechung: Die Inhaltsänderung der Dienstbarkeit ist grundsätzlich vom Eigentümer des dienenden Grundstücks hinzunehmen, es sei denn, dass diese Änderung willkürlich und völlig unvorhersehbar ist. Baur/Stürner, Sachenrecht, § 33 Rn. 24; Wieling, Sachenrecht, S. 395.

15 Vgl. § 1023 BGB. Die griechische Vorschrift ist weiter, da Art. 1128 ZGB von einer Änderung der Art der Ausübung ausgeht, während § 1023 BGB nur von einer Verlegung der Ausübung auf eine andere Stelle spricht.

16 Es ist nicht nötig, dass die übermäßige Belastung nachträglich eingetreten ist. Eine von Anfang an bestehende Belastung reicht aus: Georgiades, Sachenrecht, § 72 Rn. 4.

die Änderung nicht beeinträchtigt werden, c) der Eigentümer des dienenden Grundstücks muss die Kosten der Änderung im Voraus zahlen.

Art. 1125 S. 1 ZGB erlaubt eine weite Auslegung des Inhalts der Grunddienstbarkeit in Bezug auf Vorbereitungs- oder Nebenhandlungen, die der Dienstherr zur Ausübung vornehmen kann, z.B. beim Wasserschöpfrecht das Versehen des Brunnens mit einer Pumpanlage und ihre Stromversorgung. Die Grenze einer solchen Auslegung setzt Art. 1125 S. 2 ZGB. Das Prinzip der schonenden Ausübung verlangt in diesem Fall, dass die Handlungen sich auf das für die Ausübung Notwendigste beschränken müssen, im vorigen Beispiel: keine riesige Pumpanlage, die die Wasserschöpfkapazität des Brunnens weit übersteigt.

Art. 1126, 1127 ZGB sind eine Spezifizierung von Art. 1125 S. 1 ZGB. Die Anlage[17] muss grundsätzlich der Ausübung der Dienstbarkeit dienen. In diesem Fall lasten die Kosten der Erhaltung der Anlage auf dem Dienstherrn. Der Dienstherr ist dem Eigentümer des dienenden Grundstücks gegenüber zur Erhaltung verpflichtet, wenn das Interesse des Letzteren dies gebietet (Art. 1126 S. 1 ZGB). Dient die Anlage den Interessen beider, sind beide je nach Interessenverteilung zur Erhaltung verpflichtet (Art. 1126 S. 2 ZGB). Die Regelung ist nachgiebiges Recht. Art. 1127 ZGB sieht den Sonderfall vor, dass eine zur Ausübung der Dienstbarkeit erforderliche bauliche Anlage sich auf eine andere bauliche Anlage des dienenden Grundstücks stützt oder sich auf ihr befindet. Der Eigentümer des dienenden Grundstücks muss für die Erhaltung seiner Anlage sorgen. Die Regelung ist nachgiebiges Recht.

Das Recht des Eigentümers des belasteten Grundstücks, es auf die gleiche Art wie der Dienstherr zu nutzen, wird grundsätzlich nicht ausgeschlossen. Voraussetzung dafür ist, dass ein solches Recht im Vertrag über die Begründung der Dienstbarkeit nicht ausdrücklich ausgeschlossen wurde. Reicht das dienende Grundstück für die Befriedigung der Bedürfnisse beider Eigentümer nicht aus, hat der Eigentümer des herrschenden Grundstücks Vorrang (Art. 1129 ZGB).

Grundstücksteilung

Art. 1130, 1131 ZGB (vgl. §§ 1025, 1026 BGB) sehen jeweils den Fall der Teilung des herrschenden und des dienenden Grundstücks vor. Entstehen aus der Teilung des herrschenden Grundstücks mehrere Grundstücke, bleibt die Dienstbarkeit für jeden einzelnen Teil bestehen.[18] Die Eigentümer der neuen Immobilien haben die Grunddienstbarkeit zur Mitbenutzung. Ihre Verhältnisse zueinander richten sich nach den Vorschriften über die Gemeinschaft (Art. 785 ff. ZGB).

---

17 Nicht nur eine Bauanlage, sondern auch Leitungen oder Kabel.

18 AP 1382/2014 Nomos.

Die gesamte Nutzung darf für das dienende Grundstück nicht beschwerlicher als früher werden, z.B. darf beim Wasserschöpfrecht das gesamte geschöpfte Wasservolumen nicht größer als früher sein. Die Verteilung müssen die Dienstherren unter sich regeln. Ist die Dienstbarkeit für einen oder mehrere der Teile nicht mehr von Nutzen, so erlischt insoweit die Dienstbarkeit, z.B. bekommen beim Wegerecht einige der entstandenen Grundstücke einen anderen Zugang zur öffentlichen Straße.

Entsprechendes gilt für die Teilung des dienenden Grundstücks (Art. 1131 S. 1 ZGB). Die Dienstbarkeit bleibt an jedem der neuen Immobilien bestehen. Dies steht auch mit dem Prinzip des zeitlichen Vorrangs der dinglichen Rechte in Einklang. Die Rechte des Dienstherrn können durch die Teilung nicht beeinträchtigt werden, z.B. wird das Grundstück, auf dem ein Wasserschöpfrecht aus einem Brunnen besteht, derart geteilt, dass der Brunnen sich auf einem der entstandenen Grundstücke befindet. Auf den anderen neuen Grundstücken verlaufen die Leitungen. Alle werden wie zuvor mit der Dienstbarkeit belastet. Wird die Dienstbarkeit an einem oder mehreren der Teile nicht mehr ausgeübt, dann erlischt sie, z.B. wenn beim Wegerecht der Weg auf einigen der Teile verläuft (Art. 1131 S. 2 ZGB).

c) Schutz der Grunddienstbarkeiten

Der dingliche Schutz der Grunddienstbarkeiten wird in Art. 1132, 1133 ZGB vorgesehen. Er wird auf ähnliche Weise wie der Eigentumsschutz konstruiert. Der Tatbestand des Art. 1132 Abs. 1 S. 1 ZGB ist auf die römische *actio confessoria* zurückzuführen. Eine Beeinträchtigung kann entweder in einer Entziehung oder in einer Störung des Rechtsbesitzes bestehen. Die Beeinträchtigung ist verschuldensunabhängig.

Aktivlegitimiert ist der Eigentümer des herrschenden Grundstücks, gleichgültig, ob er die Detention hat oder nicht.[19] Bei mehreren Miteigentümern ist jeder von ihnen zur Klageerhebung berechtigt.

Passivlegitimiert ist jeder, der die Ausübung der Grunddienstbarkeit beeinträchtigt hat, mag er ein Dritter oder der Eigentümer des belasteten Grundstücks sein. Die Klage beabsichtigt zugleich die Feststellung des Rechts des Dienstherrn („Anerkennung der Dienstbarkeit“) und die Verurteilung des Störers zur Beseitigung der Beeinträchtigung und gegebenenfalls zur Unterlassung in der

19 Berechtigt sind auch der Nießbraucher, der Wohnungsrechtsinhaber und der Hypothekar. Der Detentor (z.B. Mieter) ist nicht aktivlegitimiert, er kann aber die Besitzklage gem. Art. 997 ZGB erheben.

Zukunft. Bei Verschulden des Störers ist auch Schadensersatz nach Art. 914 ff. ZGB zu verlangen.

Dem Beklagten stehen alle Verteidigungsmittel zu, die dem Beklagten bei der Vindikationsklage oder bei der negatorischen Klage zustehen. Die in Art. 1132 Abs. 2 ZGB enthaltene Einrede entspricht der Einrede in Art. 1095 ZGB.

Art. 1133 ZGB ist das Pendant zu Art. 1112 ZGB im Bereich der Grunddienstbarkeiten. Das Gesetz gewährt dem Inhaber der Grunddienstbarkeit Schutz, der sie wegen eines Mangels seines Titels als ordentlicher Rechtsbesitzer ausübt.

Anspruchsteller ist der ordentliche Ersitzungsrechtsbesitzer (Art. 1041–1044 i.V.m. 1121 S. 1 ZGB). Zur Klageerhebung ist nicht nur der Eigentümer des herrschenden Grundstücks berechtigt, der sich auf Erwerb der Dienstbarkeit kraft ordentlicher Ersitzung beruft, sondern auch derjenige, der das herrschende Grundstück als ordentlicher Besitzer besitzt, obwohl die Ersitzungszeit für den Eigentumserwerb an dem herrschenden Grundstück noch nicht abgeschlossen ist.[20] Im ersteren Fall muss der Kläger nachweisen, dass er Eigentümer des herrschenden Grundstücks ist und dass er die Dienstbarkeit als ordentlicher Rechtsbesitzer an dem dienenden Grundstück ausübt. Im zweiten Fall muss er sowohl nachweisen, dass er als ordentlicher Besitzer das herrschende Grundstück im Eigenbesitz hat, als auch dass er als ordentlicher Rechtsbesitzer die Dienstbarkeit an dem dienenden Grundstück ausübt. Des Weiteren muss er nachweisen, dass er eine Beeinträchtigung in der Ausübung der Dienstbarkeit erlitten hat, bevor die Ersitzungsfrist abgeschlossen wurde, und dass der Beklagte sich im Besitz des dienenden Grundstücks befindet, ohne einen gültigen Erwerbstitel oder einen Putativtitel zu haben. Wie schon ausgeführt, kommt die Klage auch demjenigen zugute, der das Grunddienstbarkeitsrecht schon erworben hat, wenn er die schwierige Beweisführung über sein Recht vermeiden will.

Anspruchsgegner ist der Besitzer des dienenden Grundstücks, der entweder ohne guten Glauben oder ohne Putativtitel bzw. gültigen Erwerbstitel besitzt, wie auch jeder Dritte, der ohne Berechtigung den Rechtsbesitz stört. Das in Kapitel VIII 5. über die Nichtpassivlegitimierung des Eigentümers und eines Rechtsbesitzers mit einer „besseren" Ersitzungsberechtigung Ausgeführte gilt hier analog.

Beide Klagen müssen in das Vindikationenbuch des zuständigen Transkriptionsregisters bzw. in das Grundbuch eingetragen werden.

20 Georgiades, Sachenrecht, § 73 Rn. 10.

d) Erlöschen der Grunddienstbarkeiten

Der Inhaber der Dienstbarkeit kann durch einseitige Willenserklärung die Aufhebung seines Rechts bewirken. Unter Lebenden muss die Erklärung notariell beurkundet und in das Transkriptionsbuch bzw. Grundbuch eingetragen werden. Eine letztwillige Verfügung erfolgt durch Testament (Art. 1134 S. 1 ZGB). Bei mehreren Berechtigten muss die Erklärung durch alle erfolgen. Andere dinglich Berechtigte an dem herrschenden Grundstück (z.B. Nießbraucher) müssen dem Verzicht zustimmen, wenn die Aufhebung ihr Recht beeinträchtigt (Art. 1134 S. 2 ZGB).

Der völlige Untergang des herrschenden oder des dienenden Grundstücks führt genauso zur Aufhebung der Dienstbarkeit, z.B. Abgleiten des Grundstücks durch Erosion (Art. 1135 ZGB), wie auch aller anderen dinglichen Rechte. Besteht die Dienstbarkeit an einem Gebäude, führt der Abriss des Gebäudes nicht automatisch zum Erlöschen der Dienstbarkeit. Eine Aufhebung des Rechts wird nach den Umständen und nach der Art der Dienstbarkeit beurteilt. Wurde die Dienstbarkeit etwa zugunsten oder zulasten des jeweiligen Gebäudes auf dem Grundstück begründet, dann bleibt sie bestehen, bis ein neues Gebäude errichtet wird.

Die Einwirkung tatsächlicher oder rechtlicher Umstände, die die Ausübung der Dienstbarkeit unmöglich machen, führt zu ihrer Aufhebung (Art. 1136 ZGB), etwa wenn die Nutzungsquelle (Wasser, Kies) auf dem dienenden Grundstück ausgeschöpft ist oder wenn die Fortsetzung der Ausübung Rechtsmissbrauch gem. Art. 281 ZGB konstituiert, da das herrschende Grundstück autark geworden ist.[21] Die Gründe können entweder das herrschende oder das dienende Grundstück betreffen. Die Unmöglichkeit muss ständig und dauerhaft sein. Rechtliche Unmöglichkeit ist auch die zwecklose Ausübung. Die Unmöglichkeit muss nicht auf ein Tun oder ein Unterlassen des Eigentümers des dienenden Grundstücks zurückzuführen sein.

Art 1137 ZGB ist nichts weiter als eine Emanation des Prinzips *nemini res sua servit*. Das Zusammentreffen der Eigenschaften des Eigentümers des herrschenden und des Eigentümers des dienenden Grundstücks in derselben Person führt zum Erlöschen der Grunddienstbarkeit. Eine teilweise Konsolidation, z.B. der Dienstherr erwirbt nur einen Teil des dienenden Grundstücks, bewirkt nicht unbedingt ein Erlöschen. Ist die Ausübung für den restlichen Teil sinnvoll, bleibt

21 AP 431/2017 SE 2017, 1339; AP 1796/2009 ElDik 2010, 723; AP 1894/2009 Nomos.

sie auf ihm bestehen (Art. 1131 S. 2 ZGB). Das Erlöschen erfolgt *ipso jure*. Eine Eintragung ist nicht nötig.

Da die Begründung einer Grunddienstbarkeit durch Ersitzung – also durch bloße Ausübung des Rechtsbesitzes am dienenden Grundstück – möglich ist, enthält das Gesetz Vorschriften über das Erlöschen durch Nichtausübung des Rechtsbesitzes. Art. 1138–1141 ZGB sollen eine ausführliche Regelung hierfür treffen.

Außer den in Art. 1134 ff. ZGB erwähnten Gründen gibt es auch allgemeine Erlöschensgründe: der Eintritt einer auflösenden Bedingung bzw. Zeitbestimmung, unter der die Dienstbarkeit begründet war; der Erwerb des dienenden Grundstücks durch Ersitzung gem. Art. 1053 ZGB (*usucapio liberationis*), wenn der Ersitzer gutgläubig über das Nichtbestehen der Dienstbarkeit war und die Ersitzungsfrist auch gegen den Eigentümer des herrschenden Grundstücks verstrichen ist; die Enteignung des dienenden Grundstücks; der lastenfreie Erwerb des dienenden Grundstücks durch den Ersteher im Wege der Zwangsvollstreckung nach dem Prinzip des zeitlichen Vorrangs, wenn die Dienstbarkeit später als die Hypothek eingetragen worden ist.[22]

4. Rechtsvergleichende Anmerkungen

Die Begründung wie auch das Erlöschen von Grunddienstbarkeiten weisen in beiden Rechtsordnungen Ähnlichkeiten auf. Nach dem BGB sind für die Begründung die Einigung und die Eintragung in das Grundbuch erforderlich (§ 873 BGB). Es gilt das Trennungs- und Abstraktionsprinzip. In Griechenland wird auf Art. 1033 ZGB über die Eigentumsübertragung verwiesen. Es bedarf also zusätzlich eines Rechtsgrunds und der notariellen Form. Bei der Aufhebung gilt § 875 BGB. Es reichen also wie in Griechenland die Verzichtserklärung des Berechtigten und die Eintragung aus.

Weitere Erlöschensgründe nach deutschem Recht – außer den allgemeinen wie etwa dem Eintritt einer auflösenden Bedingung – sind die Verjährung des Anspruchs auf Beseitigung der Beeinträchtigung aus einer Anlage gem. § 1028 Abs. 1 S. 2 BGB wie auch der Fall, dass „die Ausübung dauernd ausgeschlossen ist oder wenn der Vorteil für das herrschende Grundstück infolge grundlegender Änderung der tatsächlichen Verhältnisse oder der rechtlichen Grundlage

22 Ist die Dienstbarkeit früher als die Hypothek eingetragen worden, dann erwirbt der Ersteher das Recht in dem Zustand, in dem der Eigentümer es hatte (Art. 1005 Abs. 1 S. 2 gr.ZPO).

objektiv und endgültig wegfällt."[23] Diese Gründe unterfallen im griechischen Recht dem weiteren Tatbestand von Art. 1136 ZGB.

Im deutschen Recht besteht keine Möglichkeit der Begründung durch außerordentliche Ersitzung. § 927 BGB bezieht sich auf das Eigentum, während im griechischen Grundbuchrecht der Erwerb durch Ersitzung sowohl für das Eigentum als auch für die anderen dinglichen Rechte gleichermaßen geregelt ist: Art. 6 Abs. 3ββ S. 1 GBG spricht generell von „Rechtsinhaber", in Art. 12 Abs. 1στ und Art. 13 Abs. 2 S. 3 GBG ist die Rede von „Eigentum oder einem (anderen) dinglichen Recht." Dagegen ist die Begründung einer Dienstbarkeit durch Buchersitzung (ordentliche Ersitzung nach griechischer Terminologie) im griechischen (Art. 13 Abs. 2 S. 5, 6 GBG) wie auch im deutschen Recht[24] (§ 900 Abs. 2 BGB) möglich.

Ein wichtiger Unterschied ist die Nichteinhaltung des Prinzips *nemini res sua servit* im deutschen Recht. Im griechischem Recht wird von diesem Prinzip nur begrenzt abgewichen: bei Miteigentum gem. Art. 1114 ZGB und bei Stockwerkseigentum gem. Art. 13 Abs. 3 G.3741/1929 (Eigentumsbeschränkungen im Verhältnis der Miteigentümer mit dem Charakter einer Dienstbarkeit).[25] Im deutschen Recht ist es dagegen möglich, dass der Eigentümer zweier Grundstücke oder eines Grundstücks (für den Fall einer späteren Parzellierung) durch einseitige Erklärung eine Eigentümerdienstbarkeit zur Regelung der Rechtsverhältnisse darauf bestellt.[26] Folgerichtig führt die Konsolidation nach griechischem Recht zum Erlöschen der Dienstbarkeit (Art. 1137 ZGB), während dies nach deutschem Recht nicht der Fall ist (§ 889 BGB).

---

23 BGH NJW 1984, 2157, 2158.

24 Staudinger/Gursky (2013), § 900 Rn. 27.

25 Denkbar ist auch der Fall, dass der Eigentümer von zwei Grundstücken, von denen eines mit einem Brunnen ausgestattet ist, das Grundstück mit dem Brunnen an einen Dritten überträgt und gleichzeitig zugunsten des ihm verbliebenen Grundstücks eine Grunddienstbarkeit zum Wasserschöpfen aus dem Brunnen begründet. Ein solcher Sachverhalt ist mit dem Prinzip *nemini res sua servit* vereinbar. In Wirklichkeit liegen hier zwei Verträge vor: der Vertrag über die Übertragung des Eigentums an dem Brunnengrundstück und der Vertrag, kraft dessen der Erwerber zugunsten des anderen Grundstücks ein Wasserschöpfrecht bestellt. Georgiades, Sachenrecht, § 71 Rn. 8.

26 RGZ 142, 231, 234; BGHZ 41, 209, 211; Prütting, Sachenrecht, Rn. 883.

Kapitel X – Nießbrauch – Wohnungsrecht – Beschränkte persönliche Dienstbarkeiten

1. Nießbrauch

a) Gesetzestext (Art. 1142–1182 ZGB)

Art. 1142 Begriff des Nießbrauchs
Die persönliche Dienstbarkeit des Nießbrauchs besteht in dem dinglichen Recht des Nießbrauchers auf Gebrauch und Fruchtgenuss einer fremden Sache, wobei die Substanz der Sache unberührt bleibt.

Art. 1143 Begründung
Der Nießbrauch wird durch Rechtsgeschäft oder Ersitzung begründet. Die Vorschriften über Ersitzung von beweglichen Sachen oder Grundstücken und über Übertragung des Eigentums an diesen durch Einigung finden auch auf die Begründung des Nießbrauchs entsprechende Anwendung.

Art. 1144
Nießbrauch kann auch an einem ideellen Teil einer Sache entstehen.

Art. 1145 Feststellung des Zustands der Sache
Der Nießbraucher einer Sache ist berechtigt zu verlangen, dass auf seine Kosten durch Sachverständige, welche vom Gericht bestellt werden, der Zustand der Sache festgestellt wird. Das gleiche Recht hat auch der Eigentümer.

Art. 1146 Verzeichnis bei Sachinbegriff
Ist ein Inbegriff von Sachen Gegenstand des Nießbrauchs, so sind der Nießbraucher und der Eigentümer einander verpflichtet, an der Aufnahme eines Verzeichnisses der Sachen mitzuwirken. Die Kosten trägt derjenige, welcher dies verlangt.

Art. 1147
Der Nießbraucher ist zum Besitz der Sache berechtigt.

Art. 1148 Verpflichtungen des Nießbrauchers
Der Nießbraucher ist bei der Ausübung des Nießbrauchs verpflichtet, die bisherige wirtschaftliche Bestimmung der Sache aufrechtzuerhalten und mit dieser sorgfältig und nach den Regeln einer ordnungsmäßigen Wirtschaft zu verfahren. Er ist nicht berechtigt, wesentliche Veränderungen vorzunehmen.

Art. 1149
Beim Nießbrauch an einem Wald oder Bergwerk oder einer Mine ist der Nießbraucher oder der Eigentümer berechtigt zu verlangen, dass die Ausbeutung durch einen Plan auf Kosten beider bestimmt wird.

Art. 1150 Übermäßige Fruchtziehung
Früchte, welche vom Nießbraucher einer ordnungsmäßigen Wirtschaft zuwider oder infolge außerordentlicher Ereignisse gezogen werden, fallen, soweit sie den ordnungsmäßigen Ertrag übersteigen, dem Eigentümer zu.

Art. 1151 Nießbraucher und Schatz
Das Recht des Nießbrauchers erstreckt sich nicht auch auf den Anteil des Eigentümers an einem Schatz, der in der Sache entdeckt wurde.

Art. 1152 Ausbesserungen der Sache
Der Nießbraucher ist verpflichtet, für die Ausbesserung und Erneuerung der Sache zu sorgen; er hat die Kosten dafür nur insoweit zu tragen, als sie zu der gewöhnlichen Unterhaltung der Sache gehören.

Art. 1153 Verpflichtung zur Anzeige an den Eigentümer
Der Nießbraucher ist verpflichtet, dem Eigentümer unverzüglich über jede Beschädigung oder über die Notwendigkeit einer außerordentlichen Ausbesserung der Sache oder über eine Vorkehrung zum Schutze der Sache gegen eine nicht vorhergesehene Gefahr Anzeige zu machen. Das gleiche gilt, wenn sich ein Dritter ein Recht an der Sache anmaßt.

Vernachlässigt oder verweigert der Eigentümer Maßnahmen zur Abwendung des Schadens oder der Gefahr, so trifft sie der Nießbraucher auf Kosten des Eigentümers.

Art. 1154 Versicherungsverpflichtung
Der Nießbraucher ist verpflichtet, die Sache für die Zeit des Nießbrauchs auf eigene Kosten zugunsten des Eigentümers gegen Brand oder sonstige Gefahren zu versichern, sofern dies nach den Regeln einer ordnungsmäßigen Wirtschaft geboten ist. Hat er die Sache versichert übernommen, so ist er unter denselben Bedingungen zur Prämienzahlung für die Dauer des Nießbrauchs verpflichtet.

Art. 1155 Verpflichtung zur Lastentragung
Der Nießbraucher ist dem Eigentümer gegenüber verpflichtet, für die Dauer des Nießbrauchs die auf der Sache ruhenden öffentlichen Lasten unter Ausschluss der außerordentlichen Lasten zu tragen. Besteht bei der Bestellung des Nießbrauchs eine Hypothek an der Sache, so haftet er während der Dauer des Nießbrauchs dem Eigentümer gegenüber für die Zinsen der Schuld oder für einen Teil der Zinsen im Verhältnis zu den anderen, etwa für die Schuld bestehender Hypotheken.

Art. 1156

Der Nießbraucher eines ganzen Vermögens oder eines Bruchteils desselben ist verpflichtet, die Zinsen oder den entsprechenden Teil der Zinsen für die bei der Bestellung des Nießbrauchs bestehenden Schulden des Eigentümers zu entrichten.

Er ist auch verpflichtet, die wiederkehrenden Unterhaltsleistungen aus einer schon bei der Bestellung des Nießbrauchs begründeten Verpflichtung des Eigentümers zu entrichten.

Art. 1157 Verwendungen, welche nicht dem Nießbraucher zur Last fallen

Verwendungen des Nießbrauchers, zu denen er nicht verpflichtet war, hat derjenige, der Eigentümer der Sache in der Zeit war, in der sie gemacht wurden, nach den Vorschriften über die Geschäftsführung ohne Auftrag zu ersetzen. Der Nießbraucher ist berechtigt, eine Einrichtung, mit der er die Sache versehen hat, wegzunehmen.

Art. 1158 Verschlechterung infolge ordnungsmäßiger Fruchtziehung

Der Nießbraucher haftet nicht für eine Veränderung oder Verschlechterung der Sache, welche durch die ordnungsmäßige Ausübung des Nießbrauchs herbeigeführt wurde.

Art. 1159 Verpflichtung des Nießbrauchers zur Sicherheitsleistung

Der Eigentümer der Sache ist berechtigt, wenn nichts anderes bestimmt wurde, von dem Nießbraucher eine Sicherheitsleistung zu verlangen, wenn die Ausübung des Nießbrauchs in einer Weise erfolgt, welche die Rechte des Eigentümers erheblich bedroht. Von der Sicherheitsleistung ist der Schenker befreit, welcher sich den Nießbrauch vorbehalten hat.

Art. 1160

Leistet der Nießbraucher nicht oder ist er nicht imstande, die angeordnete Sicherheit zu leisten, oder verletzt er in erheblichem Maß die Rechte des Eigentümers, so ordnet das Gericht auf Antrag des Eigentümers die Vermietung der Sache an oder überträgt die Ausübung des Nießbrauchs auf Rechnung des Nießbrauchers einem Verwalter. Zum Verwalter kann auch der Eigentümer bestellt werden. Die Verwaltung wird aufgehoben, wenn die Sicherheit geleistet wird oder der Grund weggefallen ist, durch den sie veranlasst wurde.

Art. 1161 Rückgabe der Sache nach Beendigung des Nießbrauchs

Der Nießbraucher ist verpflichtet, die Sache nach der Beendigung des Nießbrauchs dem Eigentümer zurückzugeben. Im Verhältnis zwischen dem Nießbraucher und dem Eigentümer der Sache gilt zugunsten des Nießbrauchers der Besteller des Nießbrauchs als Eigentümer, es sei denn, dass der Nießbraucher weiß, dass der Besteller nicht Eigentümer ist.

Art. 1162

Der Nießbraucher eines landwirtschaftlichen Grundstücks hat bei der Beendigung des Nießbrauchs kein Recht auf die bei dieser Beendigung noch nicht getrennten Früchte. Er kann aber Ersatz für die Kosten verlangen, die bei ihrer Gewinnung entstanden sind, sofern sie den Wert der Früchte nicht übersteigen.

Art. 1163

Der Nießbraucher eines landwirtschaftlichen Grundstücks ist bei der Beendigung des Nießbrauchs verpflichtet, von den Erzeugnissen des Grundstücks, insbesondere von Samen, Heu und Dünger, so viel zurückzulassen, als zur ordnungsmäßigen Fortführung der Wirtschaft des Grundstücks bis zur neuen Ernte erforderlich ist. Soweit aber der Nießbraucher bei seinem Antritt auf dem Grundstück solche Erzeugnisse nicht übernommen hat, hat er für die zurückgelassenen Erzeugnisse einen Entschädigungsanspruch gegen den Eigentümer.

Art. 1164 Schicksal der Vermietung bei Beendigung des Nießbrauchs

Wird der Nießbrauch an einem Grundstück während der Dauer der vom Nießbraucher vorgenommenen Vermietung des Grundstücks beendigt, so finden in Bezug auf die Fortsetzung des Mietverhältnisses sowie auf den Vorschuss oder die Abtretung oder Pfändung von Mietzinsen die Vorschriften über die Veräußerung des vermieteten Grundstücks während der Miete entsprechende Anwendung.

Art. 1165 Verjährung

Die Ansprüche des Eigentümers gegen den Nießbraucher wegen Veränderung oder Verschlechterung der Sache sowie die Ansprüche des Nießbrauchers auf Ersatz von Verwendungen oder Gestattung der Wegnahme einer Einrichtung verjähren in sechs Monaten vom Zeitpunkt der Rückgabe der Sache an.

Art. 1166 Unübertragbarkeit des Nießbrauchs

Der Nießbrauch ist nicht übertragbar, sofern nichts anderes bestimmt wurde. Die Ausübung des Nießbrauchs kann einem anderen für eine Zeit, welche die Dauer des Nießbrauchs nicht übersteigt, unbeschadet der Vorschrift des Art. 1164 überlassen werden.

Art. 1167 Erlöschen des Nießbrauchs

Der Nießbrauch erlischt, sofern nichts anderes bestimmt wurde, mit dem Tode des Nießbrauchers. Der Nießbrauch zugunsten einer juristischen Person erlischt mit deren Auflösung.

Art. 1168

Der Nießbrauch erlischt, wenn er mit dem Eigentum in derselben Person zusammentrifft.

Art. 1169
Der Nießbrauch erlischt durch einseitige Erklärung des Berechtigten dem Eigentümer gegenüber, dass er den Nießbrauch aufgibt. Bei Grundstücken erfolgt die Erklärung durch notarielle Beurkundung, die dem Eigentümer zuzustellen und in das Transkriptionsbuch einzutragen ist.

Art. 1170
Die Erlöschensgründe der Grunddienstbarkeiten wegen Untergangs der dienenden Sache, wegen Unmöglichkeit der Ausübung und wegen Nichtausübung finden auch auf den Nießbrauch an einer Sache entsprechende Anwendung. Die zwanzigjährige Frist bei Nichtausübung läuft vom Zeitpunkt der letzten Ausübung an.

Art. 1171 Untergang oder Zwangsenteignung einer Sache
Der Nießbrauch an einer Sache erstreckt sich auch auf den für sie geschuldeten Ersatz oder auf die Entschädigungssumme, insbesondere wegen Untergangs oder Versicherungsvertrags oder Zwangsenteignung der Sache.

Art. 1172
Im Falle des vorangehenden Artikels ist der Eigentümer oder der Nießbraucher berechtigt zu verlangen, dass die empfangene Summe zur Wiederherstellung oder zur Ersetzung der Sache verwendet wird, sofern eine solche Handlung den Regeln einer ordnungsmäßigen Wirtschaft entspricht.

Art. 1173 Schutz des Nießbrauchers
Bei einer Verletzung des Rechts des Nießbrauchers finden die Vorschriften über den Schutz des Eigentums entsprechende Anwendung.

Art. 1174 Nießbrauch an verbrauchbaren Sachen
Sind verbrauchbare Sachen Gegenstand des Nießbrauchs, so wird der Nießbraucher, wenn nichts anderes bestimmt wurde, Eigentümer der Sachen und ist verpflichtet, nach Beendigung des Nießbrauchs dem Besteller des Nießbrauchs nach dessen Wahl entweder den Wert zu ersetzen, den die Sachen zur Zeit der Bestellung des Nießbrauchs hatten, oder andere Sachen derselben Quantität und Qualität zurückzugeben.

Art. 1175
Beim Nießbrauch an verbrauchbaren Sachen ist der Nießbraucher, wenn nichts anderes bestimmt wurde, zur Sicherheitsleistung vor der Übergabe der Sachen verpflichtet. Von der Sicherheitsleistung wird der Nießbraucher befreit: 1. bei Geld, wenn es bei einer sicheren Bank oder bei einer anderen Kreditanstalt unter Vorbehalt des Nießbrauchsrechts angelegt wird; 2. wenn Nießbraucher der Schenker ist, der sich den Nießbrauch vorbehalten hat.

Art. 1176 Nießbrauch an Inhaberpapieren

Für den Nießbrauch an Inhaberpapieren gelten die Vorschriften über den Nießbrauch an einer Sache. Der Nießbraucher ist, wenn nichts anderes bestimmt wurde, vor der Übergabe zur Sicherheitsleistung verpflichtet. Von dieser ist er befreit: 1. wenn die Papiere bei einer sicheren Bank oder bei einer anderen Kreditanstalt unter Vorbehalt des Nießbrauchsrechts hinterlegt werden; 2.wenn Nießbraucher der Schenker ist, der sich den Nießbrauch vorbehalten hat.

Zum Besitz der dazugehörigen Zins- und Dividendenscheine ist der Nießbraucher ohne Sicherheitsleistung berechtigt.

Art. 1177

Beim Nießbrauch an Aktien einer Gesellschaft ist der Nießbraucher, sofern nichts anderes bestimmt wurde, berechtigt, an den Versammlungen der Aktionäre der Gesellschaft teilzunehmen.

Art. 1178 Nießbrauch an einem Recht

Nießbrauch kann auch an einem Recht bestellt werden. Die Bestellung des Nießbrauchs an einem Recht erfolgt in der Weise, in der auch die Übertragung des Rechts erfolgt. An Rechten, die nicht übertragbar sind, kann ein Nießbrauch nicht bestellt werden.

Art. 1179 Insbesondere Nießbrauch an einer Forderung

Der Nießbraucher einer Forderung ist zu ihrem Fruchtgenuss berechtigt.

Ist die Forderung keine Geldforderung, so ist er auch zu ihrer Einziehung berechtigt. Vom Zeitpunkt der Einziehung an gilt er als Nießbraucher einer Sache.

Art. 1180

Ist die Forderung, an der ein Nießbrauch bestellt wurde, eine Geldforderung, so sind zur Einziehung des Kapitals der Gläubiger und der Nießbraucher gemeinschaftlich berechtigt und verpflichtet. Statt der Einziehung oder nach der Einziehung ist jeder berechtigt, die sichere und zinsentragende Anlage des Kapitals unter Vorbehalt des Rechts des Nießbrauchers zu verlangen. Die Art der Anlage bestimmt der Nießbraucher.

Art. 1181

Der Nießbraucher einer Leibrente ist berechtigt, die einzelnen Leistungen einzuziehen, welche dem Recht gebühren, an dem der Nießbrauch bestellt wurde.

Art. 1182

Im Übrigen finden auf den Nießbrauch an einem Recht die Vorschriften über den Nießbrauch an Sachen entsprechende Anwendung, sofern sich aus dem Gesetz oder aus der Natur des Nießbrauchs am Recht nichts anderes ergibt.

b) Begriff

Der Nießbrauch wird systematisch in die beschränkten persönlichen Dienstbarkeiten eingeordnet. Dies ist darauf zurückzuführen, dass er nicht zugunsten des jeweiligen Eigentümers eines fremden Grundstücks bestellt werden kann. Er ist streng personenbezogen. Trotzdem wird er gesondert und am ausführlichsten geregelt, da er das umfassendste beschränkte dingliche Nutzungsrecht nach dem Eigentum ist. Er erfasst alle erdenklichen Befugnisse zum Gebrauch und zur Nutzung der Sache, die dem Eigentümer gehören.[1] Das römische Recht hat den Nießbrauch (*ususfructus*) auf die gleiche Weise konzipiert, indem es hieß, dass dem Eigentümer nach der Bestellung des Nießbrauchs nur eine *nuda proprietas* verbleibt. Den Terminus hat auch die griechische Theorie und Gesetzgebung übernommen. Obwohl er kein Begriff für das ZGB ist, hat sich in der Lehre und in zahlreichen anderen Gesetzestexten das „blanke oder bloße Eigentum" als Bezeichnung des Eigentums eingebürgert, nachdem ein Nießbrauch an der Sache bestellt wird.[2]

Ein Nießbrauch kann sowohl an einem Grundstück als auch an einer beweglichen Sache[3] wie auch an einem Recht (Art. 1178 ZGB), an einem Sachinbegriff (Art. 1146 ZGB) oder an einem ganzen Vermögen (Art. 1156 ZGB) bestellt werden.[4] Im Gegensatz zu den Grunddienstbarkeiten kann ein Nießbrauch an einem ideellen Anteil bestellt werden (Art. 1144 ZGB). Der Miteigentümer kann also ohne Zustimmung der anderen (vgl. Art. 1122 ZGB) einen Nießbrauch an seinem

---

1 Freilich unterliegt die Ausübung des Nießbrauchs auch den Beschränkungen des Eigentums (Art. 1000 ZGB) und den Voraussetzungen der Art. 1142 ff. ZGB.

Die Theorie nimmt an, dass die Bestellung eines „beschränkten" oder „verkürzten" Nießbrauchs, eines Nießbrauchs, bei dem einige Gebrauchs- und Nutzungsbefugnisse dem Eigentümer verbleiben, möglich ist, wie auch die Bestellung eines „Sondernießbrauchs", eines Nießbrauchs, bei dem die Befugnisse des Nießbrauchers genau und ausschließlich bestimmt sind. Solchen Anschauungen ist aber nicht zu folgen, da sie den gesetzlichen Inhalt des Nießbrauchs so relativieren können, dass das Prinzip des *numerus clausus* der dinglichen Rechte in Frage gestellt wird. Solche Vereinbarungen können bei Immobilien als beschränkte persönliche Dienstbarkeiten gem. Art. 1188 ZGB gelten. Bei beweglichen Sachen gibt es nur die Möglichkeit eines schuldrechtlichen Verhältnisses. AP 561/2010 NoV 58 (2010) 2268; Georgiades, Sachenrecht, § 75 Rn. 5-6. Anders die deutsche Regelung, § 1030 Abs. 2 u. §§ 1090-1092 BGB.

2 Ikonomides, Sachenrecht, § 140 Nr. 2: bloßes oder blankes oder nacktes Eigentum. Als Gegensatz dazu volles Eigentum: das Eigentum, das nicht mit Nießbrauch belastet ist.

3 An jeder Sache im Sinn von Art. 947 ZGB und an ihren Bestandteilen (Art. 953 ZGB) wie auch im Zweifelsfall am Zubehör (Art. 958 ZGB).

4 Auch an einem Wald, einem Bergwerk oder einer Mine (Art. 1149 ZGB).

Miteigentumsanteil bestellen. Der Eigentümer kann mit seinem „blanken oder bloßen Eigentum" nach Belieben verfahren, vorausgesetzt, dass seine Handlungen der Ausübung des Nießbrauchs nicht entgegenstehen. Er kann das Eigentum übertragen oder es mit Pfandrechten belasten. Die Rechte des Nießbrauchers können von dem Erwerber oder von den Pfandgläubigern, solange der Nießbrauch besteht, nicht berührt werden. Es wird angenommen, dass der Eigentümer auch andere beschränkte dingliche Gebrauchs- und Nutzungsrechte an der Sache bestellen kann, z.B. eine Grunddienstbarkeit, wenn der Nießbrauch nicht beeinträchtigt ist.

Die Konkurrenz des Nießbrauchs mit anderen beschränkten dinglichen Rechten unterliegt dem Prinzip *prior tempore potior jure*. Entscheidend ist die Eintragung in das Transkriptionsbuch bzw. das Grundbuch. Bestellt etwa der Eigentümer einen Nießbrauch und kurz danach eine Hypothek an dem Grundstück, ist von den Berechtigten derjenige überlegen, der sein Recht als erster eintragen lässt. Ist das der Nießbraucher, muss sich der Hypothekengläubiger im Fall der Vollstreckung mit der Verwertung des bloßen Eigentums begnügen. Folgt die Eintragung des Nießbrauchs der Eintragung der Hypothek, dann wird das volle Eigentum verwertet.[5]

c) Begründung

Nach Art. 1143 S. 1 ZGB wird der Nießbrauch „durch Rechtsgeschäft oder durch Ersitzung begründet."[6] Als Rechtsgeschäft unter Lebenden ist die Bestellung nur durch Vertrag möglich. Die Vorschriften über die Übertragung von beweglichen und unbeweglichen Sachen finden analoge Anwendung (Art. 1143 S. 2 i.V.m. 1033 bzw. 1034 ff. ZGB). Als einseitige letztwillige Erklärung erfolgt die Bestellung mit der Eintragung der Erbschafts- bzw. Vermächtnisannahmeurkunde oder des Erbscheins in das Transkriptionsbuch bzw. Grundbuch. Der Nießbrauch kann auf Lebzeiten des Nießbrauchers oder auf eine bestimmte Zeit bestellt werden.

Bei der Begründung durch Ersitzung gilt *mutatis mutandis* das über die Grunddienstbarkeiten Ausgeführte. Es ist umstritten, ob die Zeitanrechnung bei Rechtsnachfolge nach Art. 1051 ZGB möglich ist, da der Nießbrauch grundsätzlich kein vererbliches oder übertragbares Recht ist (Art. 1166 ZGB).[7]

Da die Bestellung des Nießbrauchs den Eigentümer aller seiner Gebrauchs- und Nutzungsbefugnisse entkleidet, erfolgt sie in der Praxis aus bestimmten

---

5 Im ersten Fall erwirbt der Ersteher nur bloßes Eigentum, im zweiten volles Eigentum (Art. 1005 Abs. 1 S. 2 gr.ZPO).

6 Auch durch gerichtliche Entscheidung gem. Art. 481 Nr. 2 gr.ZPO.

7 Kornilakis in Georgiades, Kurze Auslegung des ZGB, Art. 1143 Rn. 9.

Gründen und normalerweise im Rahmen von Familienbeziehungen. Die testamentarische Einsetzung des Ehegatten als Erben im Nießbrauch bezweckt die Gewährleistung seines Unterhalts nach dem Tod des Erblassers. Der üblichste Fall ist die Übertragung des bloßen Eigentums unter Lebenden, wobei der Übertragende sich den Nießbrauch auf Lebenszeit vorbehält. Im letzten Fall werden nach der h.M. zwei Verträge errichtet: der erste über die Übertragung des vollen Eigentums an den Erwerber und der zweite über die Bestellung des Nießbrauchs durch den Erwerber zugunsten des früheren Eigentümers.[8] Beide Verträge sind normalerweise in der gleichen Urkunde beinhaltet.

d) Das Eigentümer-Nießbraucher-Verhältnis

Das Rechtsverhältnis zwischen dem Eigentümer und dem Nießbraucher wird von Art. 1142 ff. ZGB wie auch von den Vorschriften geregelt, die für das jeweilige zugrunde liegende Rechtsverhältnis gelten, das die *causa* der Nießbrauchsbestellung bildet, etwa Art. 513 ZGB bei Kauf, Art. 496 ZGB bei Schenkung. Die im Sachenrecht enthaltenen Bestimmungen orientieren sich nach dem auf die Dauer des Nießbrauchs angelegten Verhältnis zwischen dem Eigentümer und dem Nießbraucher. Aus den gegenseitigen Rechten und Pflichten in Art. 1142 ff. ZGB entsteht ein *ex lege* schuldrechtliches Verhältnis zwischen den Parteien.

Der Nießbraucher erwirbt mit der Bestellung des Nießbrauchs den Rechtsbesitz wie auch die Detention an der Sache. Er übt die natürliche Sachherrschaft (Detention) mit Nießbraucherwillen aus (Art. 975 i.V.m. 1147 ZGB, vgl. § 1036 Abs. 1 BGB). Eigenbesitzer bleibt der Eigentümer, der in der Ausübung seines Besitzes vom Nießbraucher vertreten wird (Art. 980 Abs. 1 ZGB).[9] Die in Art. 1142 ZGB enthaltenen Gebrauchs- und Nutzungsrechte können vom Nießbraucher selbst ausgeübt werden (er wohnt z.B. in der belasteten Wohnung, er erntet die Früchte eines landwirtschaftlichen Grundstücks) oder durch einen

---

8 Georgiades, Sachenrecht, § 75 Rn. 21. Es ist möglich, dass der Übertragende bestimmt, dass der Nießbrauch nach seinem Ableben an eine andere Person übergehen soll, z.B. den überlebenden Ehegatten, der an dem Vertrag nicht beteiligt ist. Eine solche Bestimmung gilt als Angebot einer Schenkung von Todes wegen (Art. 2032 ff. ZGB). Überlebt der Beschenkte den Schenker, muss er die Annahmeerklärung notariell beurkunden und eintragen lassen. Im Moment der Eintragung wird er Nießbraucher. Die Bestellung hat keine Rückwirkung wie beim Erbfall.

9 Siehe Kapitel III. In dieser Hinsicht ist die Rechtslage des Nießbrauchers, der selbst die Sache benutzt, und die des Detentors kraft eines schuldrechtlichen Verhältnisses (Mieter) äußerlich die gleiche. Die Unterschiede kommen angesichts der Natur und des Inhalts der Rechte wie auch des Schutzes gegen Eingriffe zum Vorschein.

anderen kraft eines schuldrechtlichen Rechtsverhältnisses (er vermietet bzw. verpachtet die Sache).

Die Gebrauchs- und Nutzungsrechte bestimmen sich nach der Natur und dem Zweck der belasteten Sache wie auch nach den ausdrücklichen Vereinbarungen der Parteien. Dem Nießbraucher sind tatsächliche und rechtliche Handlungen verwehrt, die mit dem Gebrauch und der Nutzung der Sache nicht vereinbar sind: etwa die Bestellung einer Grunddienstbarkeit an dem belasteten Grundstück[10] oder die Berechtigung des Nießbrauchers an dem auf dem belasteten Grundstück gefundenen Schatz, da der Schatzfund nicht Frucht der Sache ist (ausdrücklich Art. 1151 ZGB).

Hauptverpflichtung des Nießbrauchers während der Zeit der Ausübung seines Rechts ist, dass „die Substanz der Sache unberührt bleibt" (Art. 1142 ZGB; vgl. § 1037 Abs. 1 BGB). Er darf also nicht das bewaldete Grundstück zu Ackerland machen oder ein Gebäude errichten.

Zur Vermeidung von Unklarheiten oder Auseinandersetzungen am Ende des Rechtsverhältnisses, in dem der Nießbraucher die Sache an den Eigentümer herausgeben muss (Art. 1161 S. 1 ZGB), kann eine Partei von der anderen verlangen, dass der Zustand der Sache durch einen Sachverständigen festgestellt wird (Art. 1145 ZGB; vgl. § 1034 BGB). Der Sachverständige wird vom Gericht bestellt. Eine einvernehmliche außergerichtliche Bestellung des Sachverständigen ist freilich möglich. Der Anspruch kann jederzeit geltend gemacht werden, da keine zeitliche Begrenzung vorgesehen ist. Analoges gilt für die Aufnahme eines Verzeichnisses von einem Inbegriff von Sachen (Art. 1146 ZGB). Besonders bei der Bestellung an einem Wald, Bergwerk oder einer Mine sind beide Parteien zu einer planmäßigen Bewirtschaftung berechtigt (Art. 1149 ZGB; vgl. § 1038 BGB).

Die Bestellung des Nießbrauchs ist für den Nießbraucher mit Verpflichtungen dem Eigentümer gegenüber verbunden. Art. 1148 ZGB (vgl. § 1036 Abs. 2 BGB) ist eine Spezifizierung des Art. 1142 ZGB. Die Begriffe der wirtschaftlichen Bestimmung, der ordnungsmäßigen Wirtschaft, der Sorgfalt und der wesentlichen Änderungen werden neben den Vereinbarungen der Parteien objektiv nach den Verkehrsanschauungen beurteilt.[11] Verboten ist eine offensichtliche Änderung der wirtschaftlichen Bestimmung (vgl. Art. 1148 Abs. 2 ZGB), z.B. die Umgestaltung eines Hauses zu einer Fabrik. Änderungen, die den wirtschaftlichen Hauptzweck nicht berühren, sind erlaubt, z.B. das Anbauen eines bisher

10 Balis, Sachenrecht, § 158 Nr. 4. Wohl aber die Bestellung einer Hypothek für die Dauer des Nießbrauchs gem. Art. 1259 ZGB.

11 Balis, Sachenrecht, § 159.

unkultivierten Felds. Eine mangelhafte Bewirtschaftung der Sache seitens des Eigentümers entlastet den Nießbraucher nicht von einer ordnungsmäßigen Bewirtschaftung; hat etwa der Eigentümer die Bäume auf dem Grundstück ungepflegt gelassen, bedeutet dies nicht, dass der Nießbraucher keine Verpflichtung zur Pflege hat. Als wesentliche Änderung der Sache gilt die Errichtung eines Gebäudes, nicht jedoch seine Sanierung wie auch eventuell die Vollendung des fortgeschrittenen Baus, da die letzteren dem vollen Gebrauch der Sache dienen.[12]

Dem Gebot der Erhaltung der Substanz der Sache und ihrer ordnungsmäßigen Bewirtschaftung entsprechend ist der Nießbraucher, der Früchte infolge einer außerordentlichen Bewirtschaftung aus der Sache gezogen hat, verpflichtet, diese dem Eigentümer herauszugeben (Art. 1150 ZGB, vgl. die ausführlichere Regelung von § 1039 BGB). Hier wird nicht der Ertrag gemeint, der auf natürliche Ursachen zurückzuführen ist, z.B. eine besonders reiche Trauben- oder Olivenernte in einem „guten" Jahr. Der Nießbraucher ist zur Herausgabe des Überschusses verpflichtet, wenn er ihn mittels einer intensiven Ausbeutung außerhalb der Grenzen der ordnungsmäßigen Bewirtschaftung erzielt hat.[13] Grundsätzlich ist der Nießbraucher zur Herausgabe der Früchte *in natura* verpflichtet. Ist dies nicht möglich, dann ist der Wert zu ersetzen. Führt die ordnungsmäßige Ausübung des Nießbrauchs trotzdem zur Veränderung oder Verschlechterung der Sache, haftet der Nießbraucher nicht (Art. 1158 ZGB).

Der Nießbraucher ist verpflichtet, die Sache auszubessern und zu erneuern (Art. 1152 ZGB). Es ist belanglos, ob er die Ursache für die Ausbesserung bzw. Erneuerung zu vertreten hat oder nicht. Einzige Voraussetzung ist, dass die vorzunehmende Ausbesserung oder Erneuerung zu der gewöhnlichen Unterhaltung der Sache gehört, z.B. Reparatur des Dachs oder des Fußbodens. Auf der anderen Seite haftet der Nießbraucher gem. Art. 1158 nicht für Veränderungen bzw. Verschlechterungen, die auf die ordnungsmäßige Ausübung des Nießbrauchs zurückzuführen sind.

Der Nießbraucher muss dem Eigentümer Beschädigungen der Sache, die Notwendigkeit der Vornahme außerordentlicher Ausbesserungen oder das Treffen von Maßnahmen zum Schutz der Sache gegen Gefahren, die nicht vorherzusehen waren, unverzüglich anzeigen. Entsprechendes gilt für Beeinträchtigungen des Nießbrauchsrechts durch einen Dritten (Art. 1153 Abs. 1 ZGB; vgl. § 1042 BGB). Der Eigentümer muss die entsprechenden Maßnahmen zur Abwendung von Gefahren oder zur Beseitigung von Beschädigungen treffen. Verzögerungen

---

12 Georgiades, Sachenrecht, § 75 Rn. 47.

13 Op.cit. Georgiades, Rn. 53.

oder Unterlassung seinerseits geben dem Nießbraucher das Recht, die Maßnahmen auf Kosten des Eigentümers vorzunehmen (Art. 1153 Abs. 2 ZGB). Unterlässt es jedoch der Nießbraucher, seine Anzeigepflicht zu erfüllen, ist er dem Eigentümer zum Ersatz des entstandenen Schadens verpflichtet.

Auf dem Nießbraucher lastet die Verpflichtung, „die Sache auf eigene Kosten zugunsten des Eigentümers gegen Brand oder sonstige Gefahren für die Zeit des Nießbrauchs zu versichern“ (Art. 1154 Abs. 1 ZGB; vgl. § 1045 BGB). Hier handelt es sich um den Abschluss eines Versicherungsvertrags zugunsten eines Dritten (Art. 411 ZGB). Die zu versichernde Gefahr wird konkret nach den Regeln der ordnungsmäßigen Wirtschaft beurteilt. Aus dem Wortlaut der Vorschrift ergibt sich, dass die Brandgefahr immer zu den zu versichernden Gefahren gehört. Versichert wird die Sache in ihrer tatsächlichen (samt Bestandteile und Zubehör) und rechtlichen (nicht nur das bloße Eigentum) Einheit. Bei Eintritt der Gefahr verwandelt sich der Nießbrauch an der Sache in Nießbrauch an einer Forderung (Art. 1171, 1172; vgl. § 1046 BGB).[14]

Dem Zweck der Sicherstellung der Sache vor Gefahren dient die Verpflichtung des Nießbrauchers, dem Eigentümer eine Sicherheit zu leisten, „wenn die Ausübung des Nießbrauchs in einer Weise erfolgt, welche die Rechte des Eigentümers erheblich bedroht“ (Art. 1159 S. 1 ZGB; vgl. § 1051 BGB). Die Erheblichkeit der Bedrohung wird nach den Umständen und nach der Verkehrsanschauung beurteilt. Schuldhaftes Verhalten des Nießbrauchers ist nicht erforderlich. Art. 1160 ZGB (vgl. § 1052 BGB) sieht für den Fall der Verweigerung oder des Nichtimstandeseins zur Sicherheitsleistung die gerichtliche Anordnung – auf Antrag des Eigentümers – der Vermietung der Sache oder der Übertragung der Ausübung des Nießbrauchs an einen Verwalter vor. Die Regelung von Art. 1159, 1160 ZGB ist nachgiebiges Recht („wenn nichts anderes bestimmt wurde“). Von der Verpflichtung wird der Schenker ausgenommen, der das Eigentum unter Vorbehalt des Nießbrauchs übertragen hat (Art. 1159 S. 2 ZGB).

Der Nießbraucher trägt die ordentlichen öffentlichen Lasten der Sache (Art. 1155 S. 1 ZGB; vgl. § 1047 BGB). Darunter zählen immer wiederkehrende öffentliche Lasten wie Steuern und Abgaben, die normalerweise mit dem Gebrauch der Sache zu tun haben, z.B. Stromrechnungen, Wasserversorgung, Müllabfuhrdienst. Außerordentliche öffentliche Lasten, wie z.B. der Beitrag wegen der Einbeziehung des Grundstücks in den Bebauungsplan, werden vom Eigentümer getragen. Zur Zahlung privater Lasten ist der Nießbraucher nur im Fall der Hypothek verpflichtet (Art. 1155 S. 2 ZGB). Voraussetzung dafür

14 Op.cit. Georgiades, Rn. 59.

ist, dass die Hypothek bestellt und die Verzinsung vereinbart wurde, bevor das Grundstück mit dem Nießbrauch belastet wurde.[15]

Aus dem oben Ausgeführten ergibt sich grundsätzlich, dass dem Nießbraucher Verwendungen für Ausbesserungen, Erneuerungen und Lasten obliegen, die mit der gewöhnlichen Unterhaltung und Benutzung der Sache verbunden sind (Art. 1152, 1155, 1156 ZGB). Der Eigentümer ist dagegen zu Verwendungen verpflichtet, die die Reparatur von Beschädigungen, die Vornahme von Ausbesserungen, die Zahlung von Lasten und die Abwehr von unvorhersehbaren Gefahren betreffen, die nicht mit der gewöhnlichen Unterhaltung und ordnungsmäßigen Benutzung der Sache verbunden sind (Art. 1152 *e contrario*, 1153, 1155 S. 1 *e contrario* ZGB). Nimmt der Nießbraucher trotzdem Verwendungen vor, zu denen er nicht verpflichtet ist, ist er dem Eigentümer gegenüber als Geschäftsführer ohne Auftrag zum Ersatz berechtigt (Art. 1157 Abs. 1 ZGB).

Gem. 1157 Abs. 2 ZGB hat der Nießbraucher das Recht, eine von ihm auf der Sache eingerichtete Anlage, normalerweise zur besseren Ausübung des Nießbrauchs, wegzunehmen. Es ist belanglos, ob die Anlage zum Bestandteil der Sache geworden ist oder nicht. Der Nießbraucher ist zur Wiederherstellung des vorigen Standes verpflichtet (Art. 302 ZGB). Es wird angenommen,[16] dass die in Art. 1104 Abs. 2 ZGB enthaltenen Gründe, die das Wegnahmerecht des Nießbrauchers ausschließen, hier analog anzuwenden sind.

Der Nießbraucher ist mit der Beendigung der Dauer des Nießbrauchs verpflichtet, die Sache dem Eigentümer zurückzugeben[17] (Art. 1161 S. 1 ZGB; vgl. § 1055 Abs. 1 BGB). Der Nießbraucher muss die Sache in dem Zustand zurückgeben, in dem sie sich befand, als der Nießbrauch bestellt wurde.[18] Verweigert der Nießbraucher die Herausgabe der Sache, steht dem Eigentümer gegen ihn die Vindikationsklage zu (Art. 1173 i.V.m. 1094 ff. ZGB). Außerdem hat er gegen ihn Ansprüche aus dem zugrundeliegenden schuldrechtlichen Verhältnis.

Art. 1161 S. 2 ZGB (vgl. § 1058 BGB) hebt den Zweifel über die Person, an die die Sache zurückzugeben ist, zugunsten des Nießbrauchers auf. Es ist möglich, dass sich die Person des Eigentümers während der Zeit des Nießbrauchs geändert hat, wenn z.B. der Eigentümer das Eigentum an der Sache übertragen hat. Der Nießbraucher wird vor eventuellen Ansprüchen des wahren Eigentümers

---

15 Op.cit. Georgiades, Rn. 62.

16 Op.cit. Georgiades, Rn. 39.

17 Dies ist freilich der Fall, in dem der Nießbrauch auf eine bestimmte Zeit bestellt wurde. Bei Beendigung des Nießbrauchs durch den Tod des Nießbrauchers findet Art. 1167 ZGB Anwendung.

18 Vgl. Art. 1142 ZGB vorbehaltlich Art. 1158 ZGB.

geschützt, indem er sich mit der Rückgabe an den Besteller befreit. Die Fiktion des Art. 1161 S. 2 ZGB („gilt … als Eigentümer“) wirkt nur zugunsten des Nießbrauchers und erzeugt keine Vermutung über das Eigentum des Bestellers. Der Nießbraucher wird nicht befreit, wenn er gewusst hat, dass der Besteller nicht Eigentümer war. Hier wird Kenntnis verlangt. Grobe Fahrlässigkeit ist belanglos.

Grundsätzlich darf der Nießbraucher keine Rechtsverhältnisse mit Dritten bezüglich der belasteten Sache eingehen, die die Dauer des Nießbrauchs übersteigen. Er kann die Ausübung des Nießbrauchs unter dem oben genannten Vorbehalt einem Dritten überlassen (vgl. Art. 1166 S. 2 ZGB, vgl. § 1059 S. 2 BGB). Diese Ausübungsüberlassung hat rein schuldrechtlichen Charakter.[19]

Eine ausdrückliche Ausnahme bei der Eingehung von Rechtsverhältnissen, die die Dauer des Nießbrauchs übersteigen, sieht Art. 1164 ZGB nur bei Immobilien vor. Falls der Nießbraucher das Grundstück einem Dritten auf eine Mietdauer über die Dauer des Nießbrauchs hinaus vermietet hat,[20] wird das Mietverhältnis nicht beendet, sondern wird wie die Mietverhältnisse behandelt, die bei der Übertragung des Eigentums an einer Immobilie gem. Art. 614–618 ZGB bestehen (vgl. § 1056 BGB).

Sonderregelungen werden auch im Fall der Rückgabe nach Beendigung des Nießbrauchs von landwirtschaftlichen Grundstücken normiert (Art. 1162, 1163 ZGB).

e) Übertragung – Belastung – Erlöschen

Das Nießbrauchsrecht ist grundsätzlich nicht übertragbar (Art. 1166 S. 1 ZGB). Von diesem Prinzip kann durch Vereinbarung der Parteien abgewichen werden („sofern nichts anderes bestimmt wurde“). Die Übertragbarkeit kann bei der Bestellung oder nachträglich vereinbart werden. Sie kann aber nicht auf solche Weise vereinbart werden (etwa durch konsekutive Übertragungen *ad infinitum*), dass der bloße Eigentümer der Nutzungen aus der Sache endgültig und ständig beraubt ist.[21]

---

19 Gleich Schellhammer, Sachenrecht nach Anspruchsgrundlagen, Rn. 507. Die Dauer des Nießbrauchs darf, obwohl nicht in § 1059 S. 2 BGB stipuliert, nicht überstiegen werden. Staudinger/Heinze (2017), § 1059 Rn. 15.

20 Hier ist Vorsicht geboten: Die Vermietung oder anderweitige schuldrechtliche Gebrauchsüberlassung der Sache ist eine direkte Ausübung der Befugnisse des Nießbrauchers und hat mit der Ausübungsüberlassung des Nießbrauchs nach Art. 1166 S. 2 ZGB/§ 1059 S. 2 BGB nichts Gemeinsames. Gleich in Deutschland: Staudinger/Heinze (2017), § 1059 Rn. 10; op.cit. Schellhammer, Rn. 507.

21 AP 1374/2014 ChrID 2015, 114.

Mit der Übertragung des dinglichen Rechts des Nießbrauchs ist die Überlassung der Ausübung des Nießbrauchs gem. Art. 1166 S. 2 ZGB nicht zu verwechseln (vgl. § 1059 S. 2 BGB). Hier handelt es sich um die Überlassung der Ausübung des Nießbrauchs an einen Dritten kraft eines schuldrechtlichen Rechtsverhältnisses, z.B. Miete, Darlehen, das die Dauer des Nießbrauchs nicht übersteigen darf. Der Abschluss des Vertrags ist formlos (Art. 158 ZGB) und entfaltet Wirkung nur *inter partes*. In einem solchen Fall sieht die Besitzlage folgendermaßen aus: Eigentümer: Eigenbesitzer, Nießbraucher: Rechtsbesitzer, Nießbrauchsausübender: Detentor. Der Nießbrauchsausübende kann seine Detention gegen Eingriffe Dritter gem. Art. 997 ZGB schützen. Gegen den Nießbraucher hat er die Ansprüche aus dem Schuldverhältnis. Verlangt der Eigentümer die Sache von dem Nießbrauchsausübenden nach Beendigung des Nießbrauchs, kann Letzterer ihm die Einrede aus Art. 1095 ZGB nicht entgegensetzen. Er kann seine Ansprüche nur gegen den Nießbraucher richten.

Ebenso wenig möglich ist die Belastung des Nießbrauchs mit einem beschränkten dinglichen Recht. Eine ausdrückliche Ausnahme sieht Art. 1259 ZGB vor, wonach die Belastung des Nießbrauchs an einer Immobilie mit einer Hypothek erlaubt ist.

Die Pfändung des Nießbrauchs ist gem. Art. 992 Abs. 1 S. 1 gr.ZPO möglich.[22] Der Ersteher erlangt den Nießbrauch in dem gleichen Umfang und Inhalt, in dem der Nießbraucher ihn hatte. Erlischt der Nießbrauch nach Ablauf der Zeit, auf die er bestellt war (Art. 1161 S. 1 ZGB), oder mit dem Tod des ursprünglichen Nießbrauchers (Art. 1167 S. 1 ZGB), erlangt der bloße Eigentümer lastenfreies volles Eigentum.

Die allgemeinen Gründe, aus denen eine Dienstbarkeit erlischt, gelten auch für den Nießbrauch: Der Nießbraucher kann durch einseitige Willenserklärung gegenüber dem Eigentümer sein Recht aufgeben. Über Immobilien muss die Erklärung notariell beurkundet, dem Eigentümer zugestellt und in das Transkriptionsbuch bzw. Grundbuch eingetragen werden (Art. 1169 Abs. 2 ZGB). Zum Erlöschen des Nießbrauchs führt die Konsolidation der Rechte des Nießbrauchers und des Eigentümers (Art. 1168 ZGB). Art. 1170 ZGB verweist direkt auf die Erlöschensgründe der Grunddienstbarkeiten wegen Untergangs

22 Die nach einer Ansicht bestehende Verneinung der Pfändbarkeit des Nießbrauchs, gestützt auf die Unübertragbarkeit, ist zu verneinen. Die Möglichkeit der Bestellung einer Hypothek nach Art. 1259 ZGB und der Betreibung der Zwangsvollstreckung durch den Hypothekengläubiger spricht für eine gleiche Möglichkeit zugunsten der anderen Gläubiger. Es spielt dabei auch keine Rolle, ob der Nießbrauch als übertragbar vereinbart wurde oder nicht. EfAth 7567/1991 ElDik 1993, 641.

der Sache, wegen Unmöglichkeit der Ausübung und wegen Nichtausübung des Nießbrauchs.

Da der Nießbrauch eine persönliche Dienstbarkeit ist, gilt als wichtigster Erlöschensgrund der Tod des Nießbrauchers (Art. 1167 S. 1 ZGB). Das Erlöschen erfolgt *ipso jure* mit dem Tod.[23] Keine Eintragung ist erforderlich.[24] Die Vorschrift ist – wie Art. 1166 S. 1 ZGB – nachgiebiges Recht. Der dispositive Charakter von Art. 1167 S. 1 ZGB ist in der Lehre mehrfach mit Recht kritisiert worden. Hauptargument ist die Gefahr der Abkoppelung des Eigentums von seinen Nutzungen und dadurch die Degeneration der Natur des Nießbrauchs als beschränktes dingliches Recht. Es wird eine teleologische restriktive Auslegung der Vorschrift vorgeschlagen: Die Dauer des Nießbrauchs über den Tod hinaus muss im Voraus bestimmt sein. Andere erlauben die Vererblichkeit des Nießbrauchs nur einmal.[25]

Ist der Nießbraucher eine juristische Person, erlischt der Nießbrauch mit ihrer Auflösung (Art. 1167 S. 2 ZGB). Bei Umwandlung bzw. Verschmelzung juristischer Personen bleibt der Nießbrauch bestehen. Es wird keine zeitliche Grenze der Dauer des Nießbrauchs von juristischen Personen festgesetzt.[26]

Es fragt sich, was das Schicksal der Hypothek im Fall des Erlöschens des Nießbrauchs ist. Angesichts des oben Ausgeführten hängt die Antwort vom Erlöschensgrund ab: Beim Erlöschen des Nießbrauchs durch den Tod des Nießbrauchers oder durch Zeitablauf eines auf bestimmte Zeit bestellten Nießbrauchs erlischt auch die Hypothek daran. Der Hypothekengläubiger hat bei der Bestellung der Hypothek gewusst, dass sein Recht auf einem auf unbestimmte bzw. bestimmte Dauer angelegten beschränkten dinglichen Recht bestellt worden ist. Seine Berechtigung ist also über die Dauer des Nießbrauchs hinaus nicht schutzwürdig. Anders ist die Rechtslage, wenn der Nießbrauch durch Aufgabe oder durch Konsolidation erlischt. Der Hypothekengläubiger darf dadurch nicht benachteiligt werden. Das Erlöschen der Hypothek durch die Nießbrauchsaufgabe oder durch die Konsolidation wäre gleichzeitig eine Aufhebung eines fremden Rechts ohne Zustimmung des Berechtigten, was nicht hinnehmbar ist.[27]

---

23 Der Theorie nach wird der Nießbrauch wieder mit dem Eigentum vereint oder der Nießbrauch kehrt automatisch zum Eigentum zurück. Korrekter ist, dass der Nießbrauch erlischt und das (bisher bloße) Eigentum seinen vollen Umfang wiedererlangt.

24 Der eingetragene bloße Eigentümer kann sein volles Eigentum durch Vorlage der Sterbeurkunde des Nießbrauchers nachweisen.

25 Ein Überblick der Ansichten bei Kornilakis in Georgiades, Kurze Auslegung des ZGB, § 1167 Rn. 2.

26 Vgl. Art. 749 Abs. 2 schw.ZGB, der eine Höchstdauer von 100 Jahren vorsieht.

27 Balis, Sachenrecht, § 174 Nr. 2 u. 3.

Das Prinzip *prior tempore potior jure* hat hier Vorrang. Der Nießbrauch gilt als bestehend, insoweit die Hypothek auf ihm lastet.[28] In diesem Fall jedoch darf die Dauer der Hypothek die Dauer des Nießbrauchs nicht übersteigen, wäre der Erlöschensgrund nicht eingetreten. Mit dem Tod des damaligen Nießbrauchers bzw. dem Ablauf der vereinbarten Dauer erlischt auch die Hypothek.

Ausnahmsweise erlischt der Nießbrauch nicht im Fall von Art. 1171 ZGB. Erzeugt der Untergang der Sache Schadensersatzansprüche, z.B. weil die Sache versichert war oder weil der Untergang infolge unerlaubter Handlungen geschehen ist, tritt an die Stelle des Nießbrauchs an der Sache der Nießbrauch an dem Schadensersatzanspruch. Die Surrogation erfolgt auch im Fall einer Zwangsenteignung. Entspricht den Regeln einer ordnungsmäßigen Wirtschaft die Wiederherstellung oder die Ersetzung der Sache, kann der Eigentümer oder der Nießbraucher die Benutzung des Betrags zu diesem Zweck verlangen (Art. 1172 ZGB).

f) Schutz

Dem Nießbraucher wird der Schutz des Eigentümers gewährt (Art. 1173 ZGB). Er kann also bei Entziehung des Rechtsbesitzes die Vindikationsklage (Art. 1094 ZGB) und bei Störung die negatorische Klage (Art. 1108 ZGB) mit ihren Nebenansprüchen (Art. 1096–1100 ZGB) erheben. Besitzt er als ordentlicher Rechtsbesitzer, steht ihm die publizianische Klage zu (Art. 1112 ZGB). Er hat außerdem den Besitzschutz nach Art. 996 i.V.m. 987 u. 989 ZGB.[29]

Seine Ansprüche kann der Nießbraucher sowohl gegen Dritte als auch gegen den Eigentümer richten. Gegen den Letzteren hat er auch die Ansprüche aus dem zugrundeliegenden schuldrechtlichen Verhältnis wie auch strafrechtlichen Schutz gem. Art. 399 Abs. 1 gr.StGB.

2. Wohnungsrecht

a) Gesetzestext (Art. 1183–1187 ZGB)

Art. 1183 Wohnungsrecht
Die persönliche Dienstbarkeit des Wohnungsrechts besteht in dem dinglichen und ausschließlichen Recht des Berechtigten, ein fremdes Gebäude oder einen Teil desselben als Wohnung zu benutzen.

---

28 Nach einer Meinung besteht in diesem Fall immer noch der Nießbrauch (Balis, Sachenrecht, § 174 Nr. 2), nach anderer Meinung erlischt der Nießbrauch, aber die auf ihm lastende Hypothek bleibt bestehen (Georgiades, Sachenrecht, § 76 Rn. 19).

29 Nach der Lehre auch die Abwehrrechte gem. Art. 985 ZGB, siehe Kapitel III 6.f).

Art. 1184
Derjenige, welchem das Wohnungsrecht zusteht, ist berechtigt, in dem Gebäude mit seiner Familie und dem seiner sozialen Stellung entsprechenden Dienstpersonal zu wohnen.

Art. 1185
Das Wohnungsrecht ist nicht übertragbar und erlischt mit dem Tode des Berechtigten.

Art. 1186
Bei dem Wohnungsrecht besteht kein Anspruch auf Sicherheitsleistung. Der Berechtigte ist nicht zur Versicherung des Gebäudes verpflichtet.

Art. 1187
Auf das Wohnungsrecht finden im Übrigen die allgemeinen Vorschriften über den Nießbrauch an Grundstücken entsprechende Anwendung, sofern sie sich mit der Natur des Wohnungsrechts vereinbaren lassen.

b) Begriff

Die beschränkte persönliche Dienstbarkeit des Wohnungsrechts kann als ein begrenztes Nießbrauchsrecht an einem Gebäude zu dem ausschließlichen Zweck des Wohnens angesehen werden (Art. 1183 ZGB, vgl. § 1093 BGB). Das Gesetz gestaltet es als eine selbständige Dienstbarkeit. Im Prinzip finden die allgemeinen Vorschriften über den Nießbrauch Anwendung (Art. 1187 ZGB), mit dem Vorbehalt der speziellen Vorschriften über das Wohnungsrecht (Art. 1183–1186 ZGB).

Das Wohnungsrecht kann nur an einem fremden Gebäude bestellt werden. Die Unteilbarkeit des Rechts („ausschließliches Recht“) besteht darin, dass die Bestellung eines Rechts zur Mitbewohnung des Berechtigten und des Eigentümers nicht unter die Regelungen von Art. 1183 ff. ZGB fällt. Gleiches muss gelten, wenn das Recht zugunsten mehrerer bestellt wird. In diesem Fall würde das Wohnungsrecht zur ausschließlichen Benutzung des Gebäudes des einen mit dem Recht des anderen kollidieren.[30] Die Unteilbarkeit des Rechts erstreckt sich nicht auf die reale Unteilbarkeit des Gegenstands der Dienstbarkeit. Sie kann an dem ganzen Gebäude oder an einem Teil bestellt werden. Das Bestehen einer

30 Die Bestellung solcher Mitwohnungsrechte könnte als eine beschränkte persönliche Dienstbarkeit nach 1188 ff. ZGB gelten. Georgiades, Sachenrecht, § 81 Rn. 2. Anders Prütting, Sachenrecht, Rn. 933.

Teilungserklärung über die Begründung eines Wohnungseigentums ist nicht erforderlich. Ein Wohnungsrecht kann auch an einem einzelnen Zimmer eines Hauses oder einer Wohnung bestellt werden[31].

Das Recht wird nur zum Zweck des Wohnens bestellt. Ein Recht mit dem Inhalt der Benutzung des Gebäudes etwa als Gewerberäume kann nur als eine beschränkte persönliche Dienstbarkeit im Sinne von Art. 1188 ff. ZGB gelten. Der Berechtigte kann in dem Gebäude mit seiner Familie wohnen. Dazu braucht er keine besondere Erlaubnis.[32] Der Familienkreis bestimmt sich nach der Verkehrsanschauung.[33] Der Familie wird zweifellos die eingetragene Lebenspartnerschaft nach G.4356/2015 wie auch jede Art der Lebensgemeinschaft, wenn sie über längere Zeit gedauert hat oder wenn Kinder vorhanden sind, gleichgestellt.

c) Begründung – Erlöschen – Schutz

Das Wohnungsrecht wird wie der Nießbrauch nach Art. 1143 ZGB bestellt. Im Gegensatz zum Nießbrauch kann die Übertragbarkeit des Wohnungsrechts nicht vereinbart werden (Art. 1185 ZGB). Eine analoge Anwendung des Art. 1166 S. 2 ZGB ist ausgeschlossen.

Die allgemeinen Erlöschensgründe für den Nießbrauch (Art. 1167–1170 ZGB) gelten auch beim Wohnungsrecht (Art. 1185 i.V.m. 1187 ZGB). Nach Art. 1186 ZGB ist der Berechtigte weder zur Sicherheitsleistung noch zur Versicherung des Gebäudes verpflichtet. Die restlichen Vorschriften über den Nießbrauch sind gem. Art. 1187 ZGB entsprechend anzuwenden, wenn sie mit der Natur des Wohnungsrechts vereinbar sind.

3. Andere beschränkte persönliche Dienstbarkeiten

a) Gesetzestext (Art. 1188–1191 ZGB)

Art. 1188 Andere persönliche Dienstbarkeiten

An einem Grundstück kann das dingliche Recht einer persönlichen Dienstbarkeit bestellt werden, welches einer bestimmten Person eine Befugnis oder einen Nutzen gewährt (beschränkte persönliche Dienstbarkeiten).

Diese können auch in allem bestehen, was den Inhalt einer Grunddienstbarkeit bildet.

---

31 Op.cit. Georgiades, Rn. 7.

32 Gleich in Deutschland: Schellhammer, Sachenrecht nach Anspruchsgrundlagen, Rn. 537.

33 Op.cit. Georgiades, Rn. 8.

Art. 1189
Der Umfang einer beschränkten persönlichen Dienstbarkeit bestimmt sich im Zweifel nach den persönlichen Bedürfnissen des Berechtigten.

Art. 1190
Die beschränkte persönliche Dienstbarkeit ist, sofern nichts anderes bestimmt wurde, nicht übertragbar und erlischt mit dem Tode des Berechtigten oder mit der Auflösung der juristischen Person, zugunsten deren sie bestellt war.

Art. 1191
Auf die beschränkten persönlichen Dienstbarkeiten finden im Übrigen die Vorschriften über Grunddienstbarkeiten Anwendung, sofern sie sich mit der Natur der persönlichen Dienstbarkeiten vereinbaren lassen.

b) Begriff

Die anderen beschränkten persönlichen Dienstbarkeiten können den gleichen Inhalt wie die Grunddienstbarkeiten haben (Art. 1188 Abs. 2 ZGB; vgl. § 1090 Abs. 1 BGB) mit dem Unterschied, dass erstere nur zugunsten des Berechtigten auf seine Lebenszeit oder auf bestimmte Dauer bestellt werden, unabhängig davon, ob er Eigentümer eines herrschenden Grundstücks ist oder nicht. Daher bestimmt sich der Umfang der beschränkten persönlichen Dienstbarkeit vorbehaltlich besonderer Vereinbarungen unter den Parteien nach den persönlichen Bedürfnissen des Berechtigten (Art. 1189 ZGB, vgl. § 1091 BGB). In Griechenland, wie auch in Deutschland, werden insbesondere Rechte zur Errichtung von Anlagen und zur Anlegung von Leitungen für Strom, Gas, Erdöl, Wasser und Abwasser zu gemeinnützigen Zwecken zugunsten der entsprechenden juristischen Personen an fremden Grundstücken in Form von beschränkten persönlichen Dienstbarkeiten bestellt.[34]

c) Begründung – Erlöschen – Schutz

Die beschränkten persönlichen Dienstbarkeiten werden wie die Grunddienstbarkeiten bestellt (Art. 1191 i.V.m. 1121 ZGB). Sie sind grundsätzlich unveräußerlich und unvererblich, es sei denn, dass es anders vereinbart wurde (Art. 1190 ZGB). Für die juristischen Personen gilt das oben über den Nießbrauch Ausgeführte. Eine analoge Anwendung des Art. 1166 S. 2 ZGB ist auch hier ausgeschlossen.

34 Georgiades, Sachenrecht, § 82 Rn. 8. In Deutschland ausdrücklich in § 1092 Abs. 3 BGB.

Beim Erlöschen wie auch beim Schutz der beschränkten persönlichen Dienstbarkeiten gelten analog die Vorschriften über die Grunddienstbarkeiten (Art. 1191 ZGB).

4. Rechtsvergleichende Anmerkungen

Für die Begründung des Nießbrauchs in beiden Rechtsordnungen gilt das oben in Kapitel IX Ausgeführte. Gleiches gilt für das Wohnungsrecht und die beschränkten persönlichen Dienstbarkeiten.

Das rechtsgeschäftliche Erlöschen erfolgt auf ähnliche Weise (Art. 1169, 1187, 1191 ZGB/§ 875 BGB). Unterschiede sind beim Erlöschen durch den Tod feststellbar. Der Tod ist grundsätzlich Erlöschensgrund (Art. 1167 S. 1, 1185, 1190 ZGB/§ 1061 S. 1 BGB). Das griechische Recht lässt zusätzlich die Vererblichkeit des Nießbrauchs und der beschränkten persönlichen Dienstbarkeiten zu (Art. 1167 S. 1, 1190 ZGB).

Ähnliches gilt bei der Übertragung. Nach deutschem Recht ist der Nießbrauch unveräußerlich (§ 1059 S. 1 BGB). Nach griechischem Recht ist er nicht übertragbar, wenn nichts anderes vereinbart wurde (Art. 1166 S. 1 ZGB). Die Rechtsprechung und Theorie haben teleologisch der perpetuellen Abkoppelung des Eigentums von seinen Nutzungen einen Riegel vorgeschoben. Eine Ausnahme von der Regel der Unveräußerlichkeit (§ 1059 S. 1 BGB) und des Verbots der Gesamtrechtsnachfolge (§ 1061 BGB) bilden im deutschen Recht die §§ 1059a-1059e BGB über die Übertragung des Nießbrauchs und § 1092 Abs. 2 u. 3 BGB über die Übertragung von beschränkten persönlichen Dienstbarkeiten juristischer Personen bzw. rechtsfähiger Personengesellschaften.

Die Pfändung des Nießbrauchs wird gem. § 857 Abs. 3 ZPO in Deutschland nach überwiegender Meinung gestattet.[35]

Wie bei den Grunddienstbarkeiten ist die Bestellung eines Eigentümernießbrauchs nach h.M. in Deutschland anerkannt.[36] Gleiches gilt bei beschränkten persönlichen Dienstbarkeiten und beim Wohnungsrecht.[37] Dies erlaubt die separate Übertragung des Eigentums an einen Dritten und den Vorbehalt des Nießbrauchs im eigenen Namen.[38]

---

35 BGH 62, 133, 136; BGH 95, 99, 101; Baur/Stürner, Sachenrecht, § 32 Rn. 18; Staudinger/Heinze (2017), § 1059 Rn. 26.

36 Baur/Stürner, Sachenrecht, § 32 Rn. 7; Prütting, Sachenrecht, Rn. 899.

37 Prütting, Sachenrecht, Rn. 932, 933.

38 Op.cit. Prütting, Rn. 899.

In Griechenland wird diese Konstellation auf mit dem Prinzip *nemini res sua servit* vereinbare Weise gehandhabt, indem der Eigentümer volles Eigentum überträgt und durch weiteren, gleichzeitigen Vertrag der Erwerber zugunsten des Übertragenden Nießbrauch bestellt (siehe auch Art. 1168 ZGB).

Kapitel XI – Die Hypothek

1. Gesetzestext (Art. 1257–1345 ZGB)

Art. 1257 Begriff

An einem fremden Grundstück kann eine Hypothek als dingliches Recht zur Sicherung einer Forderung durch bevorzugte Befriedigung des Gläubigers aus der Sache bestellt werden.

Art. 1258 Bestehen einer Forderung

Die Hypothek ist ein akzessorisches Recht und kann auch für eine künftige oder eine bedingte Forderung erworben werden.

Art. 1259 Zur Bestellung einer Hypothek geeignete Grundstücke

Die Hypothek kann nur an Grundstücken bestellt werden, die veräußert werden können, wie auch am Nießbrauch an solchen Grundstücken für die Zeit seiner Dauer.

Art. 1260 Bedingungen für den Erwerb einer Hypothek

Zum Erwerb einer Hypothek ist ein Titel, welcher das Hypothekenrecht begründet, und die Eintragung in das Hypothekenbuch erforderlich.

Art. 1261 Titel

Titel, welche das Recht zum Hypothekenerwerb begründen, sind das Gesetz, die gerichtliche Entscheidung und der Privatwille.

Art. 1262 Gesetzlicher Titel

Einen Titel kraft Gesetzes zum Erwerb einer Hypothek haben: 1. der Fiskus an den Grundstücken seiner Schuldner für Forderungen aus rückständigen Steuern; 2. der Fiskus, die Städte, die Gemeinden, die religiösen oder gemeinnützigen Anstalten und die öffentlich-rechtlichen juristischen Personen an den Grundstücken ihrer Geschäftsführer oder deren Bürgen für ihre Forderungen aus der Geschäftsführung; 3. die unter elterlicher Sorge oder Vormundschaft Stehenden an den Grundstücken der Eltern oder des Vormundes für das von diesen verwaltete Vermögen sowie für die Forderungen aus dieser Verwaltung; 4. jeder Ehegatte wegen der Forderung aus dem Zuwachs des Vermögens des anderen Ehegatten gem. Art. 1400; 5. die Vermächtnisnehmer an den Grundstücken der Erbschaft für ihre Forderungen; 6. die Erben an den Grundstücken der Erbschaft für die Leistungen zum Ausgleich ihrer Anteile oder wegen Rechtsmängel der ihnen angefallenen Nachlassgegenstände; 7. der Hypothekengläubiger an dem Hypothekengrundstück für die rückständigen

Zinsen der Forderung und für die Kosten der Eintragung der Hypothek oder die Gerichtskosten, solange das Eigentum am Hypothekengrundstück nicht einem anderen übertragen wurde.

Art. 1263 Titel aus gerichtlicher Entscheidung

Einen Titel zur Eintragung einer Hypothek gewähren, sofern sie eine Geldleistung oder eine andere Leistung zuerkennen, die in Geld geschätzt werden kann, die rechtskräftigen Entscheidungen der Zivil-, Straf- und Verwaltungs- oder anderer besonderer Gerichte sowie auch die vollstreckbaren Entscheidungen von Schiedsrichtern oder von ausländischen Gerichten.

Art. 1264 Grundstücke, auf die sich der Titel erstreckt

Das Recht auf Eintragung einer Hypothek kraft eines gesetzlichen Titels oder eines Titels aus einer richterlichen Entscheidung erstreckt sich auf alle Grundstücke des Schuldners, sofern das Gesetz nicht ein anderes bestimmt. Die Eintragung erfolgt aber nur für eine bestimmte Summe und an bestimmten Grundstücken.

Art. 1265 Von wem die Hypothek gewährt wird

Das Recht auf Eintragung einer Hypothek wird vom Schuldner oder von einem Dritten für den Schuldner gewährt. Es ist erforderlich, dass der Gewährende Eigentümer des Grundstücks ist.

Art. 1266

Das im vorstehenden Artikel bezeichnete Recht auf Eintragung einer Hypothek wird durch einseitige Erklärung vor einem Notar gewährt, in der das mit der Hypothek zu belastende Grundstück zu bestimmen ist.

Art. 1267

Wer eine Hypothek an einem Grundstück in Kenntnis gewährt, dass es fremd ist, oder dem Gläubiger die Beschränkungen und Lasten seines Eigentums verschweigt, ist zur sofortigen Tilgung der Schuld verpflichtet, wenn er nicht eine andere entsprechende Hypothek gewähren kann. Eine weitere Haftung seinerseits ist nicht ausgeschlossen.

Art. 1268 Zeitpunkt, von dem an die Hypothek besteht

Die Hypothek entsteht mit der gehörigen Eintragung in das Hypothekenbuch des Bezirkes, in dem das Grundstück liegt.

Art. 1269 Die Hypothek wird nur für eine bestimmte Geldsumme eingetragen

Die Eintragung der Hypothek erfolgt immer nur für eine bestimmte Geldsumme. Ist im Titel kein bestimmter Betrag angegeben, so hat derjenige, welcher die

Eintragung beantragt, den Betrag schätzungsweise annähernd zu bestimmen. Der Schuldner ist aber berechtigt, die Minderung des Betrags bis zu einem gehörigen Maße zu verlangen.

Art. 1270 Beschränkung der Eintragung
Die kraft Gesetzes oder richterlicher Entscheidung an mehreren Grundstücken des Schuldners eingetragene Hypothek kann auf dessen Antrag auf diejenige Anzahl von Grundstücken beschränkt werden, deren Wert die Forderung genügend sichert.

Art. 1271 Eigentumsmangel bei dem Gewährenden
Die Eintragung einer Hypothek, die auf Privatwillen beruht, ist nichtig, sofern das Grundstück schon zu der Zeit der Eintragung nicht demjenigen gehört, der die Hypothek gewährt hat. Durch die Genehmigung nach der Eintragung oder den nachträglichen Erwerb wird die Eintragung nicht gültig.

Art. 1272 Rang der Hypotheken
Der Tag der Eintragung regelt den Vorrang der Hypotheken.

Alle Hypotheken, welche am selben Tag eingetragen wurden, haben denselben Rang.

Art. 1273 Die Eintragung unterbricht die Verjährung
Die Eintragung der Hypothek unterbricht die Verjährung der Forderung zugunsten desjenigen, für dessen Rechte sie erfolgte. Wird die Hypothek gelöscht, so gilt die Verjährung als nicht unterbrochen.

Art. 1274 Vormerkung
Die Vormerkung einer Hypothek erfolgt nur kraft einer gerichtlichen Entscheidung.

Art. 1275
(aufgehoben)

Art. 1276
Die Vormerkung wird wie eine Hypothek eingetragen, mit dem Vermerk, dass diese vorgemerkt wird.

Art. 1277 Umwandlung der Vormerkung
Die Vormerkung gewährt nur ein Vorzugsrecht auf Hypothekenerwerb. Mit der rechtskräftigen Zuerkennung der Forderung wird die Vormerkung in eine Hypothek umgewandelt, welche vom Tag der Vormerkung an als eingetragen gilt.

Art. 1278
Die Umwandlung der Vormerkung in eine Hypothek wird nicht dadurch verhindert, dass das Grundstück in das Eigentum eines Dritten übergegangen ist.

Art. 1279
Findet vor der Umwandlung der Vormerkung in eine Hypothek die Zwangsvollstreckung in das Grundstück statt, so kommt bei der Aufstellung des Teilungsplans die Forderung, zugunsten derer die Vormerkung bestand, als eine ungesicherte Forderung zum Ansatz und das Grundstück geht unbelastet auf den Käufer über.

Art. 1280 Unterbrechung der Verjährung
Die Vormerkung unterbricht die Verjährung der Forderung zugunsten desjenigen, für dessen Rechte sie erfolgte. Wird die Vormerkung gelöscht, so gilt die Verjährung als nicht unterbrochen.

Art. 1281 Unteilbarkeit der Hypothek
Die Hypothek ist ein unteilbares Recht.

Art. 1282 Umfang der Hypothek
Die Hypothek erstreckt sich auf das ganze Hypothekengrundstück sowie auf seine Bestandteile und das Zubehör.

Art. 1283
Wurde eine bewegliche Sache, welche einen Bestandteil oder Zubehör des Hypothekengrundstücks bildet, von dem Grundstück getrennt und das Eigentum an ihr einem Dritten übertragen, so ist der Hypothekengläubiger nicht berechtigt, sie von dem Dritten zu verlangen.

Art. 1284 Verschlechterung des Hypothekengrundstücks
Besteht infolge eines Verschuldens des Schuldners die Gefahr, dass das Hypothekengrundstuck sich verschlechtert oder dessen Wert gemindert wird, so ist der Gläubiger berechtigt, entweder die Unterlassung oder Beseitigung der beeinträchtigenden Handlungen oder die sofortige Tilgung der Schuld oder endlich die Gewährung einer anderen entsprechenden Hypothek zu verlangen. Ein Schadensersatzanspruch nach den Vorschriften über unerlaubte Handlungen ist nicht ausgeschlossen.

Art. 1285 Versicherung des Hypothekengrundstücks
Ist das Hypothekengrundstück ein Gebäude, ist der Gläubiger berechtigt, es gegen Brand oder gegen eine andere Gefahr auf Kosten des Schuldners zu versichern. Bezahlt der Schuldner die Versicherungsprämie nicht, so ist der Gläubiger berechtigt, die sofortige Tilgung der Schuld zu verlangen.

Art. 1286
Die Vorschrift des vorangehenden Artikels findet auch auf die Versicherung jedes Hypothekengrundstücks Anwendung, wenn die Versicherung gegen die Gefahr nach den Regeln seiner ordnungsmäßigen Verwaltung geboten ist.

Art. 1287
Ist das Hypothekengrundstück versichert, so erstreckt sich das Hypothekenrecht auch auf die aufgrund der Versicherung geschuldete Entschädigung. Der Gläubiger ist verpflichtet, den Entschädigungsbetrag öffentlich zu hinterlegen, damit der Teilungsplan aufgestellt werden kann. Bei einem Gebäude ist der Schuldner aber berechtigt, innerhalb von sechs Monaten nach Eintritt der Gefahr zu verlangen, dass der Betrag zur Wiederherstellung des Gebäudes verwendet wird. Wurde dies innerhalb eines Jahres von dem Zeitpunkt an, in dem die Entschädigung gezahlt wurde, nicht verwirklicht, so wird der Betrag öffentlich hinterlegt und der Teilungsplan aufgestellt.

Art. 1288 Zwangsenteignung
Bei Zwangsenteignung des Hypothekengrundstücks wird das Hypothekenrecht am Entschädigungsbetrag ausgeübt. Er wird öffentlich hinterlegt und der Teilungsplan aufgestellt.

Art. 1289 Eintragung des Kapitals als verzinslich
Wurde das Kapital der Forderung, zugunsten derer die Hypothek bestellt ist, als verzinslich eingetragen, so sichert die Hypothek, gleichgültig in wessen Eigentum sich das Grundstück befindet, auf demselben Eintragungsrang auch die rückständigen Zinsen eines Jahres vor der Beschlagnahme ohne Unterschied, von wem diese vorgenommen wurde, sowie die Zinsen nach der Beschlagnahme bis zur Tilgung der Schuld oder bis zur Rechtskraft des Teilungsplans.

Art. 1290 Gewährung einer weiteren Hypothek
Die Eintragung einer Hypothek schließt für den Eigentümer nicht das Recht aus, auch für einen anderen an demselben Grundstück eine Hypothek zu bestellen. Eine entgegenstehende Vereinbarung darüber gilt nur gegen die Erwerber einer Hypothek kraft Privatwillens und nur, wenn die Vereinbarung in das Hypothekenbuch eingetragen wurde.

Art. 1291 Rechte des Hypothekengläubigers
Der Gläubiger ist berechtigt, vom Schuldner die Tilgung der Schuld durch beliebige Geltendmachung entweder des obligatorischen oder des dinglichen Anspruchs zu verlangen. Die Geltendmachung des obligatorischen Anspruchs schließt nicht den dinglichen Anspruch aus.

Art. 1292
Ist die Schuld fällig, so kann der Gläubiger ihre Tilgung im Wege der dinglichen Klage durch Zwangsverkauf des Hypothekengrundstücks betreiben.

Art. 1293

Der Gläubiger, welcher aus dem Hypothekengrundstück im Ganzen oder zum Teil für seine Forderung nicht befriedigt wurde, ist berechtigt, sich mit der obligatorischen Klage gegen jeden zu wenden, der zur Zahlung verpflichtet ist.

Art. 1294 Dritteigentümer oder Besitzer

Der Dritteigentümer, der die Hypothek bestellt hat, sowie jeder Dritte, der das Hypothekengrundstück zu Recht besitzt, unterliegt der dinglichen Klage des Gläubigers durch die Zwangsvollstreckung in das Grundstück, wenn er es nicht vorzieht, alle Hypothekenforderungen in dem Umfang zu tilgen, in dem sie durch die Hypothek gesichert sind.

Art. 1295

Die Vollstreckung gegen den Dritteigentümer oder den Besitzer erfolgt nach den Vorschriften der Zivilprozessordnung, und der Zahlungsbefehl ist auch ihm zuzustellen. Der Restbetrag aus dem Erlös wird diesem Dritten herausgegeben.

Art. 1296 Umfang der Verpflichtung des Dritten

Die Verpflichtung des Dritteigentümers oder -besitzers für die Hypotheken erstreckt sich nicht über den Wert des Hypothekengrundstücks hinaus, sofern er nicht persönlich haftet.

Art. 1297

Wird eine Hypothek zur Sicherung einer Bürgschaft gewährt, so ist der Dritteigentümer oder -besitzer des Hypothekengrundstücks berechtigt zu verlangen, dass der Hauptschuldner zuerst verklagt wird. Ausgenommen ist der Fall, in dem der Bürge auch Hauptschuldner ist.

Art. 1298 Substitution des Dritten

Tilgt der Dritteigentümer oder -besitzer des Hypothekengrundstücks die Hypothekenschuld oder ist er zur Räumung des Grundstücks infolge einer Zwangsversteigerung verpflichtet, so tritt er in die Rechte des Hypothekengläubigers ein.

Art. 1299 Verschlechterung aus Verschulden des Dritten

Besteht infolge Verschuldens des Dritteigentümers oder -besitzers des Hypothekengrundstücks die Gefahr einer Verschlechterung oder Verminderung seines Wertes, so ist der Gläubiger berechtigt, entweder die Unterlassung oder Beseitigung der beeinträchtigenden Handlungen oder die sofortige Tilgung der Schuld zu verlangen. Ein Schadensersatzanspruch nach den Vorschriften über unerlaubte Handlungen ist nicht ausgeschlossen.

Art. 1300 Vorrang der Hypothekengläubiger
Der Vorrang unter den Hypothekengläubigern regelt sich nach der Zeitfolge der Eintragung ihrer Hypotheken.

Art. 1301
Die Gläubiger, deren Hypotheken am selben Tag eingetragen wurden, werden verhältnismäßig befriedigt.

Art. 1302 Berechtigung zur Stellung des Antrags auf Eintragung
Ein jeder kann die Eintragung einer Hypothek für sich oder für einen anderen beantragen.

Art. 1303
Zum Antrag auf Eintragung einer Hypothek zugunsten eines anderen sind insbesondere berechtigt: 1. die Gläubiger des Schuldners, wenn dieser es versäumt, die Hypothek eintragen zu lassen, für die er einen Titel hat; 2. der Bürge, wenn der Gläubiger es versäumt, die Hypothek eintragen zu lassen, für die er einen Titel zur Sicherung seiner Forderung gegen den Hauptschuldner hat; 3. der Vormund, der Gegenvormund oder jeder Verwandte für die Eintragung einer Hypothek an den Grundstücken des Vormundes zugunsten des unter Vormundschaft Stehenden.

Art. 1304 Vereinbarung der Ehegatten über Nichteintragung einer Hypothek
Jede Vereinbarung der Ehegatten über Nichteintragung einer Hypothek nach Art. 1262 Nr. 4 ist nichtig.

Art. 1305
Wer die Eintragung einer Hypothek beantragt, hat den einzutragenden Titel und zwei Auszüge vorzulegen, wovon der eine auf die Abschrift des Titels geschrieben werden kann.

Art. 1306
Die Auszüge entsprechend dem vorangehenden Artikel enthalten: 1. den Vornamen, den Nachnamen, den Wohnsitz und den Beruf des Gläubigers und des Schuldners; 2. das Datum und die Art des Titels; 3. den geschuldeten Betrag; 4. die Zeit der Fälligkeit der Schuld; 5. die Beschreibung des Grundstücks nach Art, Ort und Grenzen.

Art. 1307
Wer die Eintragung der Hypothek beantragt, hat den Auszügen die Urkunden oder die Beweise beizufügen, die den Antrag oder die Eintragung rechtfertigen.

Art. 1308 Zustellung des Auszuges
Der Gläubiger hat innerhalb von acht Tagen ab der Eintragung an den Schuldner eine Abschrift des bei ihm befindlichen Auszuges zuzustellen, sofern dieser an der Eintragung nicht mitgewirkt hat.

Art. 1309 Eintragung bei Grundstücken eines Verstorbenen
Bei den Grundstücken eines Verstorbenen kann die Eintragung auf dessen Namen ohne Erwähnung der Erben erfolgen.

Art. 1310
(aufgehoben)

Art. 1311. Zusammentreffen mehrerer Eintragungsanträge
Treffen mehrere Anträge auf Eintragung von Hypotheken und Vormerkungen zusammen und kann der Hypothekenbewahrer nicht alle Hypotheken und Vormerkungen am selben Tag in das Hypothekenbuch eintragen, so hat er über die nicht eingetragenen ein Protokoll aufzunehmen, in dem sie nach der Reihenfolge der Vorlegung vermerkt werden. Ihre Eintragung im Buch erfolgt nach der Reihenfolge, in der sie im Protokoll vermerkt sind.

Art. 1312 Abtretung oder Verpfändung einer Hypothekenforderung
Bei Abtretung oder Verpfändung einer Hypothekenforderung erfolgt auf Betreiben des Zessionars oder des Pfandgläubigers die Eintragung eines Vermerks über die Abtretung oder die Verpfändung in der betreffenden Spalte des Hypothekenbuchs. Der Zessionar und der Pfandgläubiger haften für jeden durch die Unterlassung der Eintragung entstehenden Schaden.

Art. 1313 Andere Vermerke im Buch
Auf Antrag der Parteien können im Hypothekenbuch der entsprechenden Eintragung gegenüber verschiedene Vermerke eingetragen werden, welche insbesondere enthalten: 1. Berichtigungen von Auslassungen und Fehlern der Parteien oder des Hypothekenbewahrers bei der Eintragung; 2. Änderung des Wohnsitzes oder des Aufenthalts; 3. Verminderung des Betrags der gesicherten Forderung oder Befreiung eines Teils der Hypothekengrundstücke; 4. Änderung der Bedingungen der Hypothekenforderung.

Die Verminderung des Betrags oder die Befreiung eines Teils der Hypothekengrundstücke sowie die Änderung der Bedingungen der Schuld werden nur auf Grund einer gerichtlichen Entscheidung oder der Zustimmung der Parteien, die durch notarielle Beurkundung zu erfolgen hat, vermerkt.

Art. 1314 Berichtigungen von Fehlern und Auslassungen

Fehler oder Auslassungen bei der Eintragung, welche auf Verschulden der Parteien beruhen, werden nur aufgrund solcher Urkunden berichtigt, welche für die erste Eintragung erforderlich sind.

Die Berichtigungen gelten von dem Tag an, an dem sie vorgenommen wurden.

Art. 1315 Datum der Eintragungen usw.

Jede Eintragung einer Hypothek, jede Vormerkung oder jeder Vermerk im Hypothekenbuch und jede Abschrift oder jeder Auszug aus dem Buch müssen das Datum tragen, an dem sie vorgenommen bzw. erteilt wurden.

Art. 1316 Wem die Kosten zur Last fallen

Die Kosten der Eintragung der Hypothek fallen, wenn nicht das Gegenteil vereinbart wurde, dem Schuldner zur Last; sie werden aber von demjenigen, der die Eintragung beantragt, vorgestreckt. Das Gleiche gilt auch für die Kosten der Vormerkung, wenn sie in eine Hypothek umgewandelt wurde.

Art. 1317 Erlöschen der Hypothek

Das Erlöschen der Forderung auf beliebige Weise bringt das Erlöschen der Hypothek mit sich.

Art. 1318

Die Hypothek erlischt auch: 1. durch den völligen Untergang des Hypothekengrundstücks; 2. durch den Verzicht des Gläubigers; 3. durch Versteigerung des Hypothekengrundstücks und Entrichtung des Erlöses; 4. durch den Ablauf der Frist, für welche die Hypothek bestellt wurde.

Art. 1319 Verzicht auf die Hypothek

Der Verzicht auf das Hypothekenrecht erfolgt durch einseitige Erklärung vor einem Notar.

Dieser Verzicht hebt nicht den schuldrechtlichen Anspruch gegen jeden Verpflichteten auf.

Art. 1320 Verjährung des Anspruchs

Die Hypothek erlischt durch die Verjährung des Anspruchs.

Art. 1321 Konsolidation

Die Hypothek erlischt durch Vereinigung des Eigentums und des Hypothekenrechts in derselben Person.

Art. 1322 Veränderung des Hypothekengrundstücks

Die Veränderung des Hypothekengrundstücks oder die Änderung seiner Form oder seiner Art beeinträchtigt das Hypothekenrecht nicht.

Art. 1323 Erlöschen der Vormerkung
Die Vormerkung erlischt aus denselben Gründen wie die Hypothek und außerdem: 1. durch den Widerruf der Entscheidung, mit der die Vormerkung angeordnet wurde; 2. wenn sie nicht innerhalb von neunzig Tagen ab der rechtskräftigen Entscheidung, die die Forderung zuerkannt hat, in eine Hypothek umgewandelt worden ist.

Art. 1324 Löschung der Hypothek
Die eingetragenen Hypotheken werden im Hypothekenbuch entweder mit Zustimmung des Gläubigers oder aufgrund rechtskräftiger Entscheidung gelöscht.

Art. 1325
Die Zustimmung des Gläubigers zur Löschung erfolgt einseitig vor einem Notar.

Art. 1326
(aufgehoben)

Art. 1327 Entscheidung über die Löschung
Stimmt der Gläubiger der Löschung nicht zu, so ordnet sie das Gericht auf Klage desjenigen an, der daran ein Interesse hat.

Art. 1328
Das Gericht ordnet die Löschung an, wenn die Hypothek erloschen oder ihre Eintragung nichtig ist.

Art. 1329 Nichtigkeit der Eintragung
Die Eintragung der Hypothek ist nichtig: 1. wenn sich aus ihr Unsicherheit über die Person des Gläubigers oder des Schuldners oder über das Hypothekengrundstück oder über den Betrag der gesicherten Forderung ergibt; 2. wenn sie kein Datum trägt; 3. wenn sie aufgrund eines nichtigen Titels erfolgte.

Art. 1330 Löschung der Vormerkung
Die Vormerkung wird gelöscht: 1. durch Zustimmung des Gläubigers, welche wie bei der Löschung einer Hypothek zu erteilen ist; 2. wenn eine Entscheidung, welche die Entscheidung widerruft, die die Eintragung angeordnet hat, oder eine Entscheidung, die die Löschung anordnet, vorgelegt wird; 3. wenn von der rechtskräftigen Zuerkennung der Forderung an neunzig Tage verstrichen sind, ohne dass sie in eine Hypothek umgewandelt worden ist.

Art. 1331 Folgen der Löschung
Ist eine Hypothek gelöscht, so tritt an ihre Stelle die zur Zeit der Eintragung unmittelbar folgende Hypothek.

Art. 1332 Die Hypothek lebt ohne Eintragung nicht auf
Die gelöschte Hypothek lebt nicht wieder auf, sondern gilt, wenn sie von neuem eingetragen wird, von dem Zeitpunkt der neuen Eintragung an.

Art. 1333 Hypothekenregister
In den Hypothekenregistern werden die Eintragungen und Vormerkungen von Hypotheken und ihre Löschung vorgenommen. Die Errichtung, Tätigkeit und Leitung der Hypothekenregister wird durch Gesetz bestimmt.

Art. 1334
Der Hypothekenbewahrer ist verpflichtet, das Hypothekenbuch zu bewahren, in ihm genau und nach der Zeitfolge die Eintragungen, Vormerkungen und Vermerke einzutragen, welche dem Gesetz nach zulässig und einzutragen sind, und die ihm nach dem Gesetz übergebenen Urkunden sorgfältig aufzubewahren.

Art. 1335 Kraft der Akte des Hypothekenregisters
Die Akte des Hypothekenregisters, welche innerhalb der Gesetzesbestimmungen entstanden sind, sowie die Abschriften aus dem Hypothekenbuch haben die Kraft öffentlicher Urkunden.

Art. 1336 Zählung und Signierung der Seiten
Die Hypothekenbücher sind vor Beginn der jeweils ersten Eintragung nach Seiten zu zählen und vom Präsidenten des Gerichts erster Instanz mit seinem Handzeichen zu versehen; am Schluss ist von ihm die Seitenzahl zu bestätigen. In jedem Hypothekenregister ist auch ein alphabetisches Register des Hypothekenbuchs zu führen.

Art. 1337 Andere Formalitäten
Alle Beträge, die im Buch eingetragen werden, sind in Zahlen und in Worten einzutragen. Der Bewahrer hat alle Eintragungen, Vormerkungen und Durchstreichungen eigenhändig zu unterschreiben und die Auszüge sowie die anderen Urkunden, welche für die Eintragung erforderlich sind, in besonderen Bänden zusammenzubinden.

Art. 1338 Streichungen, Radierungen usw.
Im Hypothekenbuch werden die Streichungen den betreffenden Eintragungen gegenüber auf der rechten Seite vorgenommen. Im Text der Eintragung sind Radierungen, Anmerkungen zwischen den Zeilen und Einschaltungen verboten. Verboten sind auch das Hinzufügen und die Wegnahme von Blättern des Buches.

Art. 1339 Öffentlichkeit der Bücher
Die Hypothekenbücher sind öffentlich und jedem zugänglich, der sie einsehen will, unter Berücksichtigung der für ihre gute Erhaltung erforderlichen Bedingungen.

Art. 1340 Erteilung von Abschriften, Zeugnissen usw.
Der Hypothekenbewahrer hat dem Antragsteller genaue Abschriften oder Auszüge aus dem Hypothekenbuch zu erteilen.

Die Abschriften der Eintragungen und der Vormerkungen müssen auch alle im Buch enthaltenen Vermerke angeben, die sich auf diese beziehen.

Art. 1341
Die Hypothekeneintragungen und die Vormerkungen, die gelöscht worden sind, werden in den zu erteilenden Abschriften oder in den Auszügen nicht erwähnt, es sei denn, dass der Antragsteller dies verlangt.

Art. 1342
Ist an bestimmten Grundstücken keine Hypothek oder keine Vormerkung eingetragen, so hat der Bewahrer dem Antragsteller hierüber ein Zeugnis zu erteilen.

Art. 1343
Alle Abschriften, Auszüge und Zeugnisse des Hypothekenbewahrers haben seine Unterschrift und den Stempel des Hypothekenregisters zu tragen.

Art. 1344 Haftung des Hypothekenbewahrers
Der Hypothekenbewahrer haftet dem Geschädigten für Schadensersatz hinsichtlich jeder Handlung oder Unterlassung, welche die Erfüllung der ihm auferlegten Verpflichtungen betrifft.

Art. 1345 Nichthaftung des Fiskus
Den Fiskus trifft keinerlei Haftung aus irgendwelcher Handlung oder Unterlassung des Hypothekenbewahrers bei der Ausführung seiner Pflichten.

2. Einleitung

Beide Rechtsordnungen kennen Institutionen der bevorzugten Befriedigung des Gläubigers aus Grundstücken des Schuldners oder eines Dritten. Sie treten in der modernen Wirtschaft als die wichtigsten Kreditsicherungsmittel zur Finanzierung von Unternehmen oder von Privatleuten auf. Das ZGB kennt als Grundpfandrecht nur die Hypothek (Art. 1257–1345 ZGB) in Form der Sicherungshypothek. Andere Realsicherheiten an Immobilien wie die Verkehrshypothek, die Grundschuld, die Rentenschuld des deutschen Rechts bleiben dem griechischen Kreditwesen unbekannt. Unbekannt ist auch die Verbriefung der Hypothek. Eine Hypothek kann jedoch vorgemerkt werden (Art. 1276 ZGB), indem die Vormerkung der einzutragenden Hypothek die Rangstelle des Tages gewährt, an dem die Vormerkung eingetragen wurde (Art. 1277 ZGB). Begrenzt dient auch in Griechenland die auflösend bzw. aufschiebend bedingte

Eigentumsübertragung abhängig von der fristgerechten und vollständigen Kaufpreiszahlung als Forderungssicherungsmittel. Die Sicherungsübereignung von Immobilien ist nach überwiegend h.M. nicht erlaubt.[1]

Dem Wortlaut des Art. 1257 ZGB nach kann das beschränkte dingliche Recht der Hypothek nur an einem fremden Grundstück (oder gem. Art. 1259 ZGB am Nießbrauch an einem solchen Grundstück) bestellt werden. Es gilt daher das Prinzip, dass der Eigentümer keine Hypothek am eigenen Grundstück bestellen kann (*nemini res sua pignori esse potest*). Unter den weiteren Hauptmerkmalen der Hypothek ist die bevorzugte Befriedigung des Gläubigers aus dem Wert der Sache wie auch ihre strenge Akzessorietät bezüglich der gesicherten Forderung (Art. 1258 HS 1 ZGB). Die Hypothek ist gem. Art. 1281 ZGB ein unteilbares Recht (*causa pignoris indivisa est*). Damit wird die Unteilbarkeit der hypothekarischen Haftung festgelegt.[2] Die Hypothek besteht für jedes Überbleibsel der Forderung. Bei einer Teilung des Grundstücks haftet jeder Teil für die ganze Forderung. Im Erbfall wird die Schuld unter den Erben geteilt, aber das belastete Grundstück haftet für jeden Teil. Wurde die Hypothek an mehreren Grundstücken bestellt (Gesamthypothek), so haftet jedes Grundstück für die ganze Forderung.

Ansonsten gelten bei der Hypothek allgemeine Grundsätze über die dinglichen Rechte: Der Privatwille kann weder neue Grundpfandrechte schaffen noch den Inhalt der existierenden modifizieren (Typenzwang – Typenfixierung). Nach dem Spezialitätsprinzip muss der Gegenstand der Hypothek genau und vereinzelt bezeichnet werden. Des Weiteren muss die Geldsumme, für die die Hypothek bestellt wird, bestimmt sein (Art. 1269 ZGB). Dem Zweck der privilegierten Sicherung und Befriedigung des Gläubigers sowohl gegenüber nicht hypothekarisch gesicherten Gläubigern und im Allgemeinen Drittberechtigten als auch gegenüber Hypothekengläubigern nächster Rangstellen dienen das Publizitäts- und das damit verbundene Vorrangsprinzip (Art. 1257, 1300, 1339 ZGB) wie auch der Vorzugsgrundsatz (Art. 1007 i.V.m. 976 gr.ZPO).

3. Haftungsgegenstand

Als Haftungsgegenstände kommen nach Art. 1257 ZGB Grundstücke in Betracht. Das zu belastende Grundstück muss gem. Art. 1259 ZGB veräußerlich sein. Damit sind die Grundstücke, die zu den dem Verkehr entzogenen Sachen nach Art. 966–971 ZGB gehören, von der Möglichkeit der Bestellung

---

1 Siehe oben Kapitel V 3.b).

2 Balis, Sachenrecht, § 238.

einer Hypothek ausgeschlossen.[3] Eine Hypothek kann auch an einem ideellen Teil eines Grundstücks bestellt werden.[4] Bei einer Teilung kraft gerichtlicher Entscheidung beschränkt sich die Hypothek ab Rechtskräftigkeit auf die Teile, die dem Schuldner zufallen (Art. 492 Abs. 1 gr.ZPO).[5] Dies gilt jedoch nicht bei der vertraglichen Teilung. Für den Gläubiger, der die Hypothek an einem Bruchteil des Grundstücks bzw. der Grundstücke hat eintragen lassen, ist der nachträglich eingetragene Teilungsvertrag unter den Miteigentümern belanglos (Vorrangsprinzip). Er muss daher der Beschränkung auf den Teil des Schuldners bzw. des Dritteigentümers, der eine Hypothek gewährt hat, zustimmen, sonst haftet jeder Teil für die ganze Forderung (dies versteht sich nur bezüglich des belasteten Bruchteils).

Im Falle der Vereinigung des belasteten Grundstücks mit einem anderen Grundstück lastet die Hypothek weiterhin – vorbehaltlich einer anderweitigen Vereinbarung mit dem Gläubiger – auf dem ganzen Grundstück (Unteilbarkeitsprinzip). Lasten jedoch auf jedem der Grundstücke vor der Vereinigung verschiedene Hypotheken, muss angenommen werden, dass die Grundstücke bezüglich der Hypotheken selbständig sind.[6] Da die Beschlagnahme an dem vereinigten Grundstück erfolgt und einheitlich versteigert wird,[7] müssen die Hypothekengläubiger aus dem Erlös nach dem entsprechenden Teil des Werts und nach ihrer Rangstelle befriedigt werden.

Eine Hypothek kann auch an einem – eventuell noch zu errichtenden – horizontalen bzw. vertikalen Sondereigentum bestellt werden (Art. 10 Abs. 1 G.3741/1929 bzw. Art. 1 Abs. 1 GV 1024/1971), vorausgesetzt, dass die entsprechenden Anteile am Grundstück mitbelastet werden (Art. 10 Abs. 2 G.3741/1929 bzw. Art. 1 Abs. 1 GV 1024/1971) und dass die Teilungserklärung über das Stockwerkseigentum rechtmäßig errichtet und in das Transkriptionsbuch bzw. Grundbuch eingetragen worden ist.[8] Ist das belastete Grundstück unbebaut, erstreckt sich die Hypothek *ipso jure* auf das Gebäude nach der Errichtung

3 Darunter zählt jedoch nicht das Privatvermögen des Fiskus, der Städte und Gemeinden oder der juristischen Personen öffentlichen Rechts. Georgiades, Kreditsicherung, § 19 Rn. 5-6.

4 Kein vereinzeltes Verfügungsrecht des ideellen Anteils besteht bei der Vereinbarung der Gesamthandgemeinschaft zwischen Eheleuten gem. Art. 1403 Abs. 1 ZGB (vgl. § 1419 Abs. 1 BGB).

5 Entsprechendes gilt im Fall der Flurbereinigung (Art. 21 Abs. 2 G.674/1977).

6 Bosdas, ElDik 1965, 545, 554.

7 PrAth 6212/1988 ArchN 1989, 469; PrFlorina 307/2011 Nomos.

8 Spiridakis, Das Recht der dinglichen Sicherheit, Band I, S. 57.

(Art. 953 u. 954 ZGB). Das gleiche gilt, wenn nachträglich Stockwerkseigentum auf das Gebäude begründet wird.[9] Die Teilungserklärung über das Stockwerkseigentum bedarf nicht der Zustimmung des Hypothekengläubigers, die Hypothek lastet auf jedem Sondereigentum für die ganze Schuld.

Die Bestellung ist wirksam, wenn der Erwerb des Eigentums unter einer aufschiebenden (z.B. Eigentumsvorbehalt nach Art. 532 ZGB) oder einer auflösenden Bedingung bzw. Zeitbestimmung steht. Der erstere Fall verstößt nicht gegen das Verbot des Art. 1271 S. 1 ZGB. Der Hypothekengläubiger erwirbt während der Schwebezeit eine Hypothek an dem Anwartschaftsrecht des Bestellers auf Erwerb des Eigentums. Mit dem Eintritt der Bedingung erstarkt die Hypothek an dem Anwartschaftsrecht zum vollen Hypothekenrecht am Eigentum.[10] Steht der Eigentumserwerb unter einer auflösenden Bedingung bzw. Zeitbestimmung, hängt das Bestehen der Hypothek von dem Nichteintritt der auflösenden Bedingung bzw. Zeitbestimmung ab.

Die Bestellung einer Hypothek ist am Nießbrauch an einem Grundstück für die Zeit seiner Dauer möglich (Art. 1259 ZGB). Hier wird auf das in Kapitel X über Nießbrauch Ausgeführte verwiesen. Die Belastung nur des bloßen Eigentums mit einer Hypothek ist auch möglich. In diesem Fall ist der Nießbrauch nicht erfasst. Wird das bloße zu vollem Eigentum nach dem Erlöschen des Nießbrauchs, erstreckt sich die Hypothek auf das volle Eigentum.[11]

Gem. Art 1282 ZGB erstreckt sich das Hypothekenrecht auf das ganze Hypothekengrundstück wie auf die Bestandteile (Art. 953, 954 ZGB) und das Zubehör (Art. 956 ZGB).[12] Beim Zubehör muss der Grundstückseigentümer auch Eigentümer des Zubehörs sein.[13] Bestandteile und Zubehör fallen auch dann noch in den Haftungsverband der Hypothek, wenn sie vom Grundstück abgetrennt, nicht aber veräußert worden sind.[14]

---

9 Balis, Sachenrecht, § 257 Nr. 4.

10 Georgiades, Kreditsicherung, § 19 Rn. 10. Dagegen Balis, Sachenrecht, § 242 Nr. 4: Die Gewährung der Hypothek an dem zu erwerbenden Grundstück sei wirksam, nicht aber die bedingte Bestellung durch die Eintragung während der Schwebezeit.

11 Bosdas, ElDik 1965, 545, 552.

12 Es ist belanglos, ob der Bestandteil vor oder nach der Eintragung der Hypothek eingebaut wurde bzw. das Zubehör seine Eigenschaft als solches erlangt hat: AP 581/2015 Nomos; Georgiades, Kreditsicherung, § 19 Rn. 82 u.86. Ausgenommen sind die Scheinbestandteile gem. Art. 955 ZGB; gleich im deutschen Recht: Schreiber, Jura 2006, 597, 598.

13 Der Grundstückseigentümer wird kraft Gesetzes (Art. 953 ZGB) auch Eigentümer der Bestandteile. Das Zubehör dagegen kann einem Dritten gehören.

14 Art. 1283 ZGB e contrario. Auch Balis, Sachenrecht, § 256 Nr. 4.

Ein Spannungsfeld zwischen den Interessen des Hypothekars und des Hypothekenschuldners entsteht, wenn Letzterer Bestandteile oder Zubehör des Grundstücks zu veräußern beabsichtigt. Art. 1283 ZGB entscheidet für ihre Enthaftung unter der Doppeltvoraussetzung der Abtrennung von der Hauptsache und der Übertragung des Eigentums an einen Dritten. Es ist belanglos, ob der Erwerber gut- oder bösgläubig über das Bestehen der Hypothek war.[15]

Ähnlich ist die Regelung von § 1121 Abs. 1 BGB. Dies entspricht dem „normalen Geschäftsverlauf", wenn beispielsweise der Eigentümer die Erzeugnisse des belasteten Grundstücks vor Initiierung der Vollstreckungsmaßnahmen durch den Gläubiger veräußert. § 1121 Abs. 2 S. 2 BGB behandelt den Fall, dass der Erwerber die Sache nach der Beschlagnahme von dem Grundstück entfernt. Dann ist für einen wirksamen Erwerb sein guter Glaube über die Beschlagnahme – vorbehaltlich § 23 Abs. 2 ZVG – maßgebend.[16]

Auch nach griechischem Recht ist die Beschlagnahme der Schnittpunkt. Gem. Art. 997 Abs. 1 gr.ZPO ist die Veräußerung des beschlagnahmten Grundstücks durch den Schuldner oder den Dritteigentümer bzw. -besitzer zugunsten des Pfändungsgläubigers und der angemeldeten Gläubiger verboten und unwirksam.[17] Dies gilt gem. Art. 953 u. 1057 ZGB i.V.m. Art. 992 Abs. 2 S. 1 gr.ZPO zwangsläufig auch für die Bestandteile des Grundstücks. Erfasst sind ebenso die Erzeugnisse des Grundstücks, die nach der Beschlagnahme gezogen wurden.[18] Die Beschlagnahme des Grundstücks und folglich die Unwirksamkeit der Veräußerung erstreckt sich auf sein Zubehör, wenn es im Beschlagnahmeprotokoll einbezogen worden ist (Art. 992 Abs. 2 S. 1 gr.ZPO). Zubehörstücke, die in dem Beschlagnahmeprotokoll nicht einbezogen wurden, können auch separat nach den Vorschriften über die Pfändung von beweglichen Sachen gepfändet werden (Art. 992 Abs. 2 S. 2 gr.ZPO).

Gem. Art. 997 Abs. 2 gr.ZPO fangen die Folgen von Art. 997 Abs. 1 gr.ZPO ab der Zustellung einer Abschrift des Beschlagnahmeprotokolls an den Schuldner und den Dritteigentümer bzw. -besitzer und der Eintragung in das Beschlagnahmebuch des zuständigen Transkriptionsregisters bzw. in das Grundbuchblatt des Grundstücks an. Vor der Beschlagnahme kann der Hypothekengläubiger die beabsichtigte Abtrennung und Veräußerung von Bestandteilen bzw. Zubehör

---

15 Georgiades, Kreditsicherung, § 19 Fn. 27; vgl. § 1121 Abs. 2 S. 1 BGB.

16 Prütting, Sachenrecht, § 658.

17 Gleich im deutschen Recht: relatives Veräußerungsverbot nach §§ 135, 136 BGB. Vgl. Baur/Stürner, Sachenrecht, § 39 Rn. 30.

18 Wathrakokilis, Zivilprozessordnung, § 997 Nr. 3.

abwenden – etwa wenn der Eigentümer den Verkauf der Bestandteile des abzureißenden Gebäudes vereinbart hat –, indem er gem. Art. 1284 ZGB die Unterlassung oder Beseitigung der beeinträchtigenden Handlung oder die sofortige Tilgung der Schuld oder die Gewährung einer anderen entsprechenden Hypothek gem. Art. 1284 ZGB verlangt.[19]

Durchbrochen wird die Regel der Enthaftung abgetrennter und veräußerter Bestandteile bzw. Zubehörs durch die Sonderregelungen von G.4112/1929 (in Kraft erhalten durch Art. 68 EGZGB) über die Hypothekenbestellung kraft eines Privattitels zur Sicherung eines Kredits an Maschinen und anderen industriellen Anlagen, die fest mit dem belasteten Industriegebäude verbunden sind. Nach Art. 4 S. 1 G.4112/1929 ist die Wegnahme und Veräußerung von Maschinen und sonstigen Einrichtungen, die in das Unternehmen eingebracht worden sind, vor der Tilgung des Kredits ohne Zustimmung des Gläubigers verboten. Die gesetzwidrige Veräußerung ist nichtig (Art. 4 S. 3 G.4112/1929).

Bezüglich der hypothekarischen Haftung von Mietforderungen aus dem belasteten Grundstück sieht Art. 617 ZGB vor, dass Vorschüsse auf Mietzinsen an den Eigentümer, Abtretungen von Mietzinsen, die er vorgenommen hat, wie auch Pfändungen von Mietzinsen, die die Gläubiger des Eigentümers vorgenommen haben, den Hypothekengläubigern gegenüber unwirksam sind, wenn sie sich auf Mietzinsen beziehen, die über drei Monate ab Zeitpunkt der Beschlagnahme hinausgehen. Wird das Grundstück in Beschlag genommen, wird bei ertragsbringenden Objekten normalerweise auch die Sequestration angeordnet (Art. 996 Abs. 1 gr.ZPO). Ab Eintragung der Beschlagnahme in das Beschlagnahmebuch des zuständigen Transkriptionsregisters bzw. in das Grundbuch zieht der Sequester die Einnahmen ein und hinterlegt sie bei der zuständigen öffentlichen Stelle (Art. 996 Abs. 3 S. 1 gr.ZPO). Der Mieter zahlt bis zu seiner schriftlichen Benachrichtigung wirksam an den Eigentümer (Art. 996 Abs. 3 S. 2 gr.ZPO). Außerdem kann der Hypothekengläubiger aufgrund der Beschlagnahme statt der Zwangsversteigerung die Anordnung einer Zwangsverwaltung nach Art. 1034 ff. gr.ZPO bewirken.

Eine Hypothek kann auch an Schiffen bzw. Schiffsbauwerken (Art. 195–204 Privatschiffsrechtsverordnung) und Flugzeugen (Art. 50–73 Flugzeugsrechtsverordnung) bestellt werden. Die Eintragung in das entsprechende Register ist für das Entstehen der Hypothek verpflichtend (Art. 197 PrSRV, Art. 55 FlzRV).

---

19 Balis, Sachenrecht, § 258.

4. Forderung

Als rein akzessorisches Recht (Art. 1258 HS 1 ZGB) setzt die Hypothek für ihre Wirksamkeit die Wirksamkeit der abzusichernden Forderung voraus.[20] Ist das Rechtsgeschäft nichtig, das der Forderung zugrunde liegt, ist auch die Hypothekenbestellung nichtig. Eine Lockerung der Strenge der Akzessorietät vertritt die Theorie: Die Hypothek kann im Fall der Nichtigkeit des schuldrechtlichen Rechtsgeschäfts bestehen bleiben, wenn angenommen werden kann, dass sie eventuelle Kondiktionsansprüche des Gläubigers sichert. Dies muss sich aber aus dem Willen der Parteien ergeben.[21]

Bei Abtretung der Forderung wird die Hypothek mitabgetreten (Art. 458 S. 1 ZGB), es sei denn, dass die Gewährung der Hypothek an die Person des Gläubigers gebunden ist (Art. 458 S. 2 ZGB).

Wie oben erwähnt, kann die Hypothek auch eine Forderung sichern, die künftig oder bedingt ist (Art. 1258 HS 2 ZGB). Bei einer Forderung unter aufschiebender Bedingung bzw. Zeitbestimmung entfaltet die Hypothek während der Schwebezeit keine Wirkung. Entsteht die Forderung, indem der bestimmte Zeitpunkt erreicht wird oder die Bedingung eintritt, erhält die Hypothek die Rangstelle ihrer Eintragung.[22] Tritt im Gegenteil die auflösende Bedingung bzw. Zeitbestimmung ein, dann geht die Hypothek mit der Forderung unter.

Es ist auch erlaubt, dass die Bestellung der Hypothek selbst von einer aufschiebenden oder auflösenden Bedingung bzw. Zeitbestimmung abhängig gemacht wird. In diesem Fall erhält die Hypothek ihre Rangstelle im Zeitpunkt des Eintritts der aufschiebenden Bedingung bzw. Zeitbestimmung.[23]

Art. 1269 S. 1 ZGB besagt, dass die Hypothek „nur für eine bestimmte Geldsumme“ eingetragen wird. Diese bestimmte Geldsumme ist der Höchstbetrag, für den das Grundstück haftet. Besteht Unsicherheit über den Betrag der gesicherten Forderung, ist die Eintragung nichtig (Art. 1329 Nr. 1 ZGB). Der Betrag der Forderung und der durch die Hypothek gesicherte Betrag decken sich nicht immer genau. Vielmehr ist der Regelfall, dass der Hypothekenbetrag den Forderungsbetrag übersteigt, damit auch die Zinsen der Forderung gesichert sind.[24]

---

20 Chelidonis in Georgiades, Kurze Auslegung des ZGB, Art. 1260–1264 Rn. 2.

21 Balis, Sachenrecht, § 237 Nr. 3; Georgiades, Kreditsicherung, § 19 Rn. 16. Umstritten auch in der deutschen Lehre: Prütting, Sachenrecht, § 638 mit weiteren Verweisungen; auch Baur/Stürner, Sachenrecht, § 37 Rn. 48.

22 Georgiades, Kreditsicherung, § 19 Rn. 21.

23 Balis, Sachenrecht, § 242 Nr. 7; vgl. ähnlich Prütting, Sachenrecht, Rn. 637.

24 Georgiades, Kreditsicherung, § 19 Rn. 95.

Es versteht sich, dass bei Fälligkeit nur der Betrag zu tilgen ist, der sich aus der schuldrechtlichen Vereinbarung ergibt, auch wenn der Hypothekenbetrag höher ist (Akzessorietätsprinzip). Beispiel: Forderung 100.000 Euro, Hypothek für 200.000 Euro. Geschuldet bei Fälligkeit 100.000 Euro (Kapital) plus 20.000 Euro (Zinsen). Der Schuldner kann durch die Zahlung von 120.000 Euro die Forderung und die Hypothek erlöschen lassen (Art. 1317 ZGB).

Der Umkehrfall ist auch möglich: Über eine Forderung von 100.000 Euro gewährt der Schuldner eine Hypothek in Höhe von 50.000 Euro, weil z.B. der Restbetrag anderweitig gesichert ist. Aber auch in diesem Fall sichert die Hypothek den ganzen Betrag der Forderung. Der Hypothekenschuldner kann im letztgenannten Beispiel nicht nur die 50.000 Euro zahlen und dadurch das Erlöschen der Hypothek bewirken. Dies ergibt sich aus dem Unteilbarkeitsprinzip gem. Art. 1281 ZGB. Dies gilt jedoch nur, wenn der Hypothekenschuldner auch persönlicher Schuldner ist.[25] Hat ein Dritter eine Hypothek an seinem Grundstück zugunsten des persönlichen Schuldners gewährt, ist er berechtigt, sein Grundstück freizustellen, indem er die Forderung bis zur Höhe des durch die Hypothek gesicherten Betrags tilgt (Art. 1294 ZGB). Auf diese Weise kann er die Erhebung der dinglichen Klage des Gläubigers gegen ihn und die Zwangsvollstreckung in das Grundstück vereiteln.

Es kann vorkommen, dass der nach Art. 1269 S. 1 ZGB vorgesehene Betrag als verzinslich eingetragen wurde. In diesem Fall kann der hypothekarisch geschuldete Betrag den eingetragenen Betrag bei Fälligkeit eventuell überschritten haben. Art. 1289 ZGB limitiert die über den Hypothekenbetrag hinausgehende Haftung des Grundstücks auf die rückständigen Zinsen eines Jahres vor der Beschlagnahme und die Zinsen nach der Beschlagnahme bis zur Tilgung der Schuld oder bis zur Rechtskraft des Teilungsplans. Die Forderung auf Zinsen, die über diese Grenze hinausgehen, wird nicht bevorzugt nach dem Rang der Hypothek befriedigt. Der Gläubiger hat jedoch für diese Forderung einen gesetzlichen Titel zur Eintragung einer neuen Hypothek gem. Art. 1262 Nr. 7 ZGB.

Problematisch erscheint in der früheren Rechtsprechung des Areopags[26] die Behandlung der Zinsen, die sich zwar innerhalb der Grenzen des Art. 1289 ZGB befinden, jedoch die nach Art. 1269 ZGB eingetragene Geldsumme überschreiten.

---

25 Die hypothekarische Haftung sollte jedoch nicht mit der persönlichen verwechselt werden. Gelangt das Grundstück zur Zwangsvollstreckung, kann sich der Hypothekengläubiger bevorzugt aus dem Grundstück bis zur Höhe des gesicherten Betrags befriedigen, obwohl der geschuldete Betrag eventuell höher ist. Op.cit. Georgiades, § 19 Rn. 91.

26 AP 813/1998 ElDik 1998, 1620; AP 307/1996 ElDik 1997, 137.

Nach der früher herrschenden Ansicht verdiente das in Art. 1269 ZGB verankerte Publizitätsprinzip bezüglich des gesicherten Betrags mehr Beachtung als die Regel des Art. 1289 ZGB. Daher sprachen die Gerichte die nach Art. 1289 ZGB vorgesehenen Zinsen zu, aber nur insoweit, als der eingetragene Betrag nicht überschritten worden war. Weitere Zinsen nach Art. 1289 ZGB waren hypothekarisch nicht zu schützen. Beispiel: Kapital 100.000 Euro. Eintragung über 120.000 Euro verzinslich. Bei Fälligkeit betragen die von Art. 1289 ZGB erfassten Zinsen 30.000 Euro. Nach der bisherigen Rechtsprechung lagen Zinsen über dem eingetragenen Betrag (10.000 Euro) außerhalb des Haftungsverbands der Hypothek. Dies hatte praktisch zu bedeuten, dass der Gläubiger alle Eventualitäten mitberechnen musste und dass er übermäßig hohe dingliche Sicherheiten verlangen musste. Die neue Rechtsprechung hat eine Wende erfahren, wonach alle nach Art. 1289 ZGB vorgesehenen Zinsen unabhängig von dem eingetragenen Betrag hypothekarisch zu sichern sind, insoweit der gesicherte Betrag in Einklang mit dem Vertrag als verzinslich innerhalb des Rahmens von Art. 1289 ZGB eingetragen ist.[27]

Art. 1289 ZGB deckt auf jeden Fall keine Nebenleistungen wie Kosten und Zinseszinsen.[28]

5. Bestellung

Nach Art. 1260 ZGB setzt die Bestellung der Hypothek kumulativ einen das Hypothekenrecht begründenden Titel und die Eintragung in das Hypothekenbuch voraus.

a) Titel

Der Titel ist eine Rechtsbedingung[29] zum Erwerb der Hypothek. Als Titel werden in Art. 1261 ZGB das Gesetz, die gerichtliche Entscheidung und der Privatwille genannt.

Der gesetzliche Titel kann nur in den in Art. 1262 ZGB erwähnten Fällen gewährt werden, eine analoge Anwendung ist nicht erlaubt.[30] Die Auflistung ist

27 AP 353/2010 EPolD 2010, 605; AP 1843/2005 ElDik 2006, 526; EfPireus 303/2015 Nomos; EfWestmazedonien 18/2011 Arm 2012, 736. Apalagaki, Hypothekenvormerkung, S. 218–221; Georgiades, Kreditsicherung, § 19 Rn. 98. Siehe auch Chelidonis in Kurze Auslegung des ZGB, Art. 1268–1271 Rn. 7 gegen eine entscheidende Wende der Rechtsprechung.

28 Balis, Sachenrecht, § 261. Anders die deutsche Regelung: § 1118 BGB.

29 Wie oben erwähnt: Den Rechtsgrund zur Bestellung konstituiert die Forderung.

30 Balis, Sachenrecht, § 240.

nicht ausführlich. Einen gesetzlichen Hypothekentitel sieht auch Art. 66 Abs. 2 gr.InsO vor, nach dem der Insolvenzverwalter nach Verkündung der gerichtlichen Entscheidung über die Eröffnung des Insolvenzverfahrens zugunsten der Insolvenzgläubiger Hypotheken an den Immobilien der Insolvenzmasse bestellen muss.

Zu der Regelung des ZGB sei nur zusätzlich gesagt: Zu Nr. 2, die Hypothekeneintragung kann auch für künftige Forderungen aus der Geschäftsführung erfolgen. Gleiches muss auch bei Nr. 3 gelten. Zu Nr. 4, die Eintragung kann jederzeit während oder nach Beendigung der Ehe erfolgen. Zu Nr. 7, falls das Kapital der Forderung gem. Art. 1289 ZGB als verzinslich eingetragen wurde, werden mit dem Titel aus Art. 1262 Nr. 7 ZGB die rückständigen Zinsen gedeckt, die über die Grenze von Art. 1289 ZGB hinausgehen. Dies gilt auch, wenn die Hypothek von einem Dritten gewährt wurde, es sei denn, dass der Dritte die Hypothek nur für einen bestimmten Höchstbetrag gewährt hat.[31]

Der gerichtliche Titel (Art. 1263 ZGB) setzt eine rechtskräftige, verurteilende gerichtliche Entscheidung voraus. Da normalerweise ein rechtskräftiges Urteil mit einem langwierigen Verfahren verbunden ist, erzielt der Gläubiger eine bevorzugte Befriedigung durch die Anordnung einer Arrestbeschlagnahme (Art. 707 ff. gr.ZPO) oder durch den Erlass eines Mahnbescheids, indem er die Eintragung einer Hypothekenvormerkung bzw. Hypothek oder einer Arrestbeschlagnahme bewirkt (Art. 724 Abs. 1 gr.ZPO i.V.m. Art. 29 EGgr.ZPO).

Der gesetzliche und der gerichtliche Titel sind „generelle Titel."[32] Sie ermöglichen die Hypothekenbestellung an mehreren Immobilien des Gläubigers (Art. 1264 S. 1 ZGB). Gleiches gilt für den Mahnbescheid. Die Hypotheken können aber auf Antrag des Schuldners auf die Anzahl von Grundstücken beschränkt werden, deren Wert die Forderung genügend sichert (Art. 1270 ZGB).

Der Privattitel entsteht durch den Willen der Parteien. Der Erwerb des Privattitels bedarf der einseitigen Erklärung des Hypothekenschuldners in notariell beurkundeter Form (Art. 1266 ZGB). Die Erklärung kann unter Lebenden oder von Todes wegen erfolgen.[33] Die Hypothek kann auch durch notariell beurkundeten Vertrag zwischen den Parteien bestellt werden.[34]

Der Besteller kann entweder der Schuldner der Forderung oder ein Dritter sein (Art. 1265 S. 1 ZGB). Im ersteren Fall sind der persönlich haftende

31 Georgiades, Kreditsicherung, § 19 Rn. 38.

32 Op.cit. Georgiades, Rn. 61.

33 Da die Form der notariellen Beurkundung erforderlich ist, kann eine Hypothek durch Erklärung von Todes wegen nur durch ein öffentliches Testament gewährt werden (Art. 1724 ff. ZGB).

34 Op.cit. Georgiades, Rn. 47.

Schuldner und der Hypothekenschuldner dieselbe Person, im letzteren fallen diese Eigenschaften auseinander. Der praktische Sinn der Unterscheidung ist, dass der persönliche – und gleichzeitig hypothekarische – Schuldner für den Restbetrag der Forderung haftet, wenn der Erlös aus der Verwertung der Immobilie zur Befriedigung des Gläubigers nicht ausreicht (Art. 1293 ZGB). Der Dritteigentümer dagegen haftet mit seiner Immobilie nur bis zur Höhe des Betrags, den die Hypothek sichert (Art. 1296 ZGB).

Der Besteller muss spätestens zur Zeit der Hypothekeneintragung Eigentümer des Grundstücks sein (Art. 1265 S. 2 ZGB), sonst ist die Eintragung nichtig (Art. 1271 S. 1 ZGB). Die Nichtigkeit wird auch durch eine Genehmigung oder durch einen nachträglichen Erwerb nicht geheilt (Art. 1271 S. 2 ZGB). Genehmigt der wahre Eigentümer die Bestellung oder erwirbt der Besteller nachträglich das Grundstück, ist eine neue Eintragung des Titels erforderlich. Die Vorschrift ist für das Transkriptionssystem gedacht. Im Grundbuchsystem kann der Hypothekengläubiger das Recht unter den Voraussetzungen von Art. 13 Abs. 3 S. 2 GBG (öffentlicher Glaube des Grundbuchs) wirksam vom Nichtberechtigten erwerben.[35] Außerdem erschwert das im Transkriptionssystem nicht geltende Voreintragungsprinzip des Grundbuchsystems (Art. 16 Abs. 1ε GBG) die Gewährung einer Hypothek durch einen nicht als Eigentümer Eingetragenen.

Gewährt der Besteller bewusst eine Hypothek an einem fremden Grundstück oder verschweigt dem Gläubiger die Beschränkungen und Lasten seines Eigentums, führt dies die Verpflichtung des Schuldners zur sofortigen Tilgung herbei, es sei denn, dass er in der Lage ist, eine andere entsprechende Hypothek zu gewähren (Art. 1267 S. 1 ZGB). Die Vorschrift sieht zusätzlich eine Erweiterung seiner Haftung aus unerlaubten Handlungen gem. Art. 914 ff. ZGB vor (Art. 1267 S. 2 ZGB). Eine derartige Gewährung der Hypothek durch einen Nichtberechtigten ist im Geltungsbereich des Transkriptionssystems nichtig. Die Nichtigkeit kann jedoch gem. Art. 239 Abs. 2 ZGB durch Genehmigung des Eigentümers oder durch nachträglichen Erwerb seitens des Gewährenden geheilt werden.[36]

Art. 1271 S. 1 ZGB erwähnt nur die Eintragung aufgrund eines Privattitels. Es gilt aber als Selbstverständlichkeit, dass dies bei jedem Titel zutreffen muss, der ohne Eigentum des Gewährenden eingetragen wird. Der Hypothekenschuldner muss unabhängig von der Art des Titels im Zeitpunkt der Hypothekeneintragung

35 Es ist freilich noch zu erforschen, ob die Grundlage der Hypothekeneintragung ein entgeltlicher Erwerbsgrund i.S.v. Art. 13 Abs. 3 S. 2 GBG ist.

36 Art. 1267 ZGB bezieht sich auf die Gewährung der Hypothek. Das Verbot von Art. 1271 S. 1 ZGB betrifft nur die Eintragung.

Eigentümer sein. Auf der anderen Seite wird Art. 1271 S. 2 ZGB eng ausgelegt. Nichtheilung der Nichtigkeit der Eintragung durch Genehmigung oder nachträglichen Erwerb gilt nur für Hypotheken kraft Privattitels. Hypothekeneintragungen also, die kraft Gesetzes oder kraft gerichtlicher Entscheidung vorgenommen sind, können gerettet werden, wenn der Eigentümer gem. Art. 239 Abs. 2 ZGB sie genehmigt oder wenn der Gewährende später das Grundstück erwirbt.[37]

b) Eintragung

Die Hypothek entsteht mit ihrer rechtmäßigen Eintragung[38] in das Hypothekenbuch des örtlich zuständigen Transkriptionsregisters (Art. 1268 ZGB) bzw. in das Grundbuchblatt des Grundstücks (Art. 12 Abs. 1η GBG).

Das ZGB enthält sowohl sach- als auch formell-rechtliche Vorschriften über die Eintragung (Art. 1260, 1268, 1271–1273, 1302–1316, 1332–1343 ZGB). Diese werden durch die Sonderregelungen über die Transkriptionsregister (GV 4201/1961, KV 533/1963) und über das Grundbuch (GBG) ergänzt.

Die Eintragung kann im Sinne des Art. 1302 ZGB jeder, der ein Interesse daran begründen kann, beantragen. Das ist grundsätzlich der Gläubiger, der die Eintragung des Hypothekentitels „für sich“ zur Sicherung seiner Forderung beantragen kann. Ferner ist der Schuldner bzw. der Dritteigentümer berechtigt, der die Eintragung „für einen anderen“ (den Hypothekengläubiger) vornimmt. Des Weiteren sind zur Antragstellung berechtigt: der Insolvenzverwalter gem. Art. 66 gr.InsO wie auch der beurkundende Notar gem. Art. 7 S. 2 KV 533/1963. Im Fall der Antragstellung „für einen anderen“ gibt Art. 1303 ZGB eine nicht abschließende Aufzählung einiger weiterer Berechtigter: 1. die Gläubiger des Schuldners, wenn der Schuldner Gläubiger einer Forderung ist, für die er einen Hypothekentitel besitzt; 2. der Bürge bezüglich des vom Hauptschuldner gewährten Hypothekentitels zugunsten des Gläubigers, wenn er die Eintragung versäumt; 3. der Vormund, der Gegenvormund sowie jeder Verwandte an den Grundstücken des Vormundes zugunsten des unter Vormundschaft Stehenden.

---

37 Georgiades, Kreditsicherung, § 22 Rn. 7.

38 Terminologisch korrekt ist der Begriff „Inskription“. Die Hypothek wird in das Hypothekenbuch „inskribiert“. Urkunden über den Erwerb des Eigentums oder über die Begründung, Änderung oder Aufhebung von Dienstbarkeiten werden in die Transkriptionsbücher „transkribiert“. Das GBG vereinheitlicht die Terminologie unter dem Begriff „Eintragung“. Hier wird der Einfachheit halber einheitlich der Begriff „Eintragung“ benutzt.

Im Erbfall kann die Eintragung auf den Namen des Verstorbenen ohne Erwähnung der Erben erfolgen (Art. 1309 ZGB).

Im Transkriptionssystem leitet der Antrag (Art. 7 KV 533/1963) das Verfahren ein, das mit der Eintragung in das Hypothekenbuch beendet wird.[39] Der Hypothekenbewahrer[40] hat den Antrag nach laufender Nummer und Datum in das allgemeine Protokollbuch einzutragen (Art. 7 KV 533/1963). Dann nimmt er die Eintragung in das allgemeine alphabetische Verzeichnis, in dem der Name des Schuldners und die Verweisung auf das Hypothekenbuch vermerkt werden, und in das Hypothekenbuch, in dem der Inhalt des Titelauszugs nach laufender Nummer und Datum wiedergegeben wird, vor. Gesondert wird die Akte der Hypothek (Antrag, Auszug, rechtfertigende Unterlagen) aufbewahrt. Der Antragsteller erhält vom Hypothekenregister den zweiten Auszug zurück mit dem Vermerk über die Vornahme der Eintragung. Er muss innerhalb einer achttägigen Frist ab Eintragung dem Schuldner eine Abschrift des Auszugs zustellen, wenn der letztere an der Eintragung nicht beteiligt war (Art. 1308 ZGB).[41]

Im Grundbuchsystem ist das Verfahren einheitlich und das gleiche für jede Eintragung. Es wird hierzu auf Kapitel VI verwiesen.

c) Eintragungsmängel

Die Eintragung der Hypothek kann aus sach- oder aus formell-rechtlichen Gründen mangelhaft sein. Die ersteren beziehen sich auf die materiell-rechtlichen Voraussetzungen für die Gewährung und die Eintragung der Hypothek, beispielweise: kein zur Hypothekenbestellung geeignetes Grundstück (Art. 1259 ZGB), Nichtigkeit des zugrundeliegenden Rechtsgeschäfts, das die Forderung begründet (Art. 1258 HS 1 ZGB), fehlendes Eigentum des Gewährenden (Art. 1271 ZGB), Nichtigkeit des Titels (Art. 1329 Nr. 3 ZGB). Die Nichtigkeit der Eintragung kann in solchen Fällen nicht nachträglich geheilt werden. Der Mangel muss zuerst aufgehoben werden. Danach ist eine neue Eintragung erforderlich. Die Hypothek erhält den Rang der neuen Eintragung.

---

39 Dem Antrag werden als Anlagen beigefügt: der Titel samt zwei Auszügen des Titels (Art. 1305 ZGB), Urkunden und Nachweise, die den Antrag oder die Eintragung rechtfertigen (Art. 1307 ZGB), wie z.B. Unterlagen, die das Interesse des Antragstellers oder das Bestehen der Forderung begründen.

40 Dieser ist mit dem Bewahrer der Transkriptionen identisch.

41 Die Versäumung dieser Pflicht hat keine Folgen für die Wirksamkeit der Eintragung. Sie kann aber den Gläubiger schadensersatzpflichtig machen (Art. 1312 ZGB).

Formell-rechtliche Mängel betreffen Unklarheiten, Fehler oder Auslassungen im Rahmen des Eintragungsverfahrens, z.B. wenn sich aus der Eintragung Unsicherheit über die Person des Gläubigers oder des Schuldners oder über das Hypothekengrundstück oder über den gesicherten Betrag (Art. 1329 Nr. 1 ZGB) ergibt, die Eintragung nicht mit Datum versehen ist (Art. 1329 Nr. 2 ZGB), der Hypothekenbewahrer einen Vermerk oder seine Unterschrift ausgelassen hat (vgl. Art. 1337, 1338 ZGB). Diese Mängel können auf Antrag der Parteien (Art. 1313 Abs. 1 Nr. 1 ZGB) oder vom Hypothekenbewahrer von Amts wegen, wenn er den Mangel verschuldet,[42] aufgehoben werden. Die Berichtigung erfolgt durch Vermerk in das Hypothekenbuch (Art. 1313 ZGB). Gleichgültig ob die Parteien oder der Hypothekenbewahrer die Mängel zu verantworten haben, gelten die Berichtigungen von dem Tag ihrer Vornahme an (Art. 1314 Abs. 2 ZGB). Analoges gilt für die nach Art. 12 Abs. 1η GBG eingetragenen Rechtsgeschäfte bzw. Titel über eine Hypothek oder eine Hypothekenvormerkung im Grundbuch.

Entsteht durch gesetzeswidrige Handlungen bzw. Unterlassungen des Hypothekenbewahrers Schaden, ist er nach Art. 1344 ZGB dem Geschädigten gegenüber schadensersatzpflichtig. Den Fiskus trifft gem. Art. 1345 ZGB keinerlei Haftung. Das gilt jedoch nur für die unbesoldeten Hypothekenbewahrer. Für gesetzwidrige Handlungen und Unterlassungen der besoldeten Hypothekenbewahrer wie auch der Leiter des Grundbuchamts, die Beamtenstatus haben, haftet gem. Art. 13 GV 4201/1961 i.V.m. Art. 105 EGZGB der Fiskus. Der Fiskus hat gegen sie einen Rückgriffsanspruch gem. Art. 105 S. 2 EGZGB i.V.m. Art. 487 ZGB. Mit der graduellen Abschaffung der Unterscheidung zwischen unbesoldeten und besoldeten Transkriptionsbewahrern gem. Art. 1 Abs. 5 G.4512/2018 und der Vereinheitlichung der Verwaltung aller Transkriptionsregister und Grundbuchämter unter einem öffentlichen Träger („Griechisches Kataster") werden sich alle Vorgesetzten in einem Arbeitsverhältnis des öffentlichen Rechts (Art. 18 Abs. 1 S. 1 G.4512/2018) befinden. Folglich werden Art. 1344 und 1345 ZGB gegenstandslos; es wird daher nur Art. 105 EGZGB über die Haftung des Fiskus gelten.

d) Rangstelle

Die nach Art. 1257 ZGB bevorzugte Befriedigung des Gläubigers kann nur durch die Bestimmung der Rangstelle jeder Hypothek in Bezug auf andere Hypotheken

---

42 Balis, Sachenrecht, § 253; Spiridakis, Das Recht der dinglichen Sicherheit, Band I, S. 74–75.

verwirklicht werden. Der Rang mehrerer Hypotheken wird von dem Tag der Eintragung bestimmt (Art. 1272 Abs. 1 i.V.m. 1300 ZGB). Die Forderung, die mit einer früher eingetragenen Hypothek gesichert ist, wird vor Forderungen mit nachrangigen Hypotheken befriedigt, auch wenn das zur Folge hat, dass die nachrangigen Gläubiger leer ausgehen müssen.[43] Der Fall von mehreren Hypothekeneintragungen am selben Grundstück am selben Tag wird in Art. 1272 Abs. 2 und 1301 ZGB vorgesehen. Diese erhalten den gleichen Rang und die Forderungen werden verhältnismäßig (*pro rata*) befriedigt.

Es liegt auf der Hand, dass der Wunsch jedes Gläubigers ist, eine möglichst bessere Rangstelle zur Sicherung seiner Forderung zu erhalten. Banken und Kreditinstitute begnügen sich bei der Finanzierung von Immobilien mit nichts anderem als der ersten Rangstelle. Die Möglichkeit eines Rangvorbehalts bzw. einer Rangänderung unter mehreren Hypotheken dient den Interessen sowohl des Gläubigers, der sich besser absichern kann, als auch des Schuldners, der seine Bonität durch das Grundstück nach seinen Bedürfnissen regeln kann. Diese Selbstverständlichkeit für deutsche Verhältnisse (§ 881 BGB) hat aber in Griechenland keine entsprechende gesetzliche Resonanz gefunden. Das ZGB schweigt diesbezüglich.

Vereinbarungen der Parteien über einen Rangvorbehalt verstoßen nach der h.M. gegen das Prinzip des zeitlichen Vorrangs und sind aus diesem Grund nichtig.[44] Es wird wegen der großen Vorteile für das Wirtschaftsleben auch die Gegenmeinung vertreten, vorausgesetzt, dass die Interessen der anderen

43 Schon die Antragstellung auf Eintragung hat Rechtsfolgen. Die Eintragungen müssen grundsätzlich am Tag der Antragstellung erledigt werden. Wird das Register mit Anträgen überlastet, so dass eine Erledigung am selben Tag unmöglich ist, ist der Hypothekenbewahrer verpflichtet, die Eintragungen innerhalb der nächsten Tage nach der Reihenfolge der Eintragungen im allgemeinen Protokollbuch vorzunehmen. Das allgemeine Protokollbuch ist unverzüglich am Tag der Antragstellung zu führen. Damit erhält die Hypothek das Datum der Antragstellung (Art. 2 GV 4201/1961 und Art. 16 KV 533/1963). Verweigert der Hypothekenbewahrer die Vornahme der Eintragung, muss er nach Art. 791 Abs. 1 gr.ZPO spätestens innerhalb des darauffolgenden Tages nach der Antragstellung seine Verweigerung und ihre Begründung zusammenfassend in dem betreffenden Buch vermerken. Wird er nach Art. 791 Abs. 2 gr.ZPO durch gerichtliche Entscheidung verpflichtet, die Eintragung vorzunehmen, erhält die Hypothek die Rangstelle des Tages der Antragstellung (Art. 791 Abs. 4 gr.ZPO). Siehe auch in Kapitel VI 4.d)dd) das entsprechende Verfahren im Grundbuch.

44 Balis, Sachenrecht, § 235 Nr. 3 u. § 276 Nr. 2.

unbeteiligten Hypothekengläubiger nicht beeinträchtigt werden.[45] Auf jeden Fall wird die schuldrechtliche Wirksamkeit solcher Vereinbarungen akzeptiert.[46]

Die begrenzte Möglichkeit einer Rangänderung wird außerhalb des ZGB geregelt. Der Einzelartikel von ZG 612/1968 besagt: „Es ist gestattet, dass der Rang von aufeinanderfolgend eingetragenen Hypotheken oder Vormerkungen am selben Grundstück durch notariell beurkundeten Akt unter zwei oder mehreren der Hypothekengläubiger geändert wird. Darüber wird ein Vermerk in die Hypothekenbücher gegenüber dem Hypothekenvermerk vorgenommen." Danach ist die Rangänderung nur zwischen konsekutiven Eintragungen möglich. Nach überzeugend vertretener Meinung ist auch die Rangänderung von nicht konsekutiven Eintragungen ohne Zustimmung der Zwischenhypothekenberechtigten möglich, wenn ihre Interessen durch die Vereinbarung über die Rangänderung nicht gefährdet werden.[47]

Der Schuldner kann mehrere Hypotheken am selben Grundstück bestellen lassen (Art. 1290 S. 1 ZGB). Vereinbarungen, nach denen das obengenannte Recht ausgeschlossen wird, sind nur gegenüber künftigen Hypothekengläubigern kraft Privattitels wirksam,[48] vorausgesetzt, dass sie in das Hypothekenbuch eingetragen werden (Art. 1290 S. 2 ZGB). Ähnliche Vereinbarungen, die etwa nur den Betrag künftiger Hypotheken kraft Privattitels begrenzen, sind ebenso wirksam.[49] Ein Verstoß gegen die Ausschlussvereinbarung bewirkt die Nichtigkeit der Gewährung und der Eintragung der neuen Hypothek. Diese Nichtigkeit ist jedoch relativ gegenüber dem Hypothekengläubiger, zugunsten dessen die Vereinbarung getroffen wurde. Der Hypothekenbewahrer ist also verpflichtet, die Hypothekeneintragung trotz der Eintragung der Vereinbarung vorzunehmen. Der Hypothekengläubiger muss seine Rechte aus der Vereinbarung geltend machen.[50]

Die Rangstelle ist auch für das Verhältnis der Hypothek zu anderen beschränkten dinglichen Rechten maßgebend. Das Prinzip des zeitlichen Vorrangs hat allgemeine Geltung. Die Hypothek erfasst den Haftungsgegenstand

---

45 Georgiades, Kreditsicherung, § 20 Rn. 10; Chelidonis in Georgiades, Kurze Auslegung des ZGB, Art. 1272–1273 Rn. 4.

46 Op.cit. Balis; Bosdas, ElDik 1965, 545, 549; Tousis, Sachenrecht, S. 981.

47 Spiridakis, Über die Rangänderung von Hypotheken, S. 152–154.

48 Gläubigern, die einen Titel aus dem Gesetz oder aus gerichtlicher Entscheidung haben, kann eine Vereinbarung aus dem Privatwillen der Parteien nicht entgegenhalten werden. Gleiches gilt für Arrestmaßnahmen.

49 Georgiades, Kreditsicherung, § 20 Rn. 13.

50 Op.cit. Georgiades, Rn. 16.

in dem rechtlichen Zustand, in dem er sich im Moment der Hypothekeneintragung befindet. Ist z.B. das Grundstück im Zeitpunkt der Hypothekeneintragung mit einer Dienstbarkeit belastet, bleibt die Dienstbarkeit auch nach der Verwertung des Grundstücks bestehen. Erlischt die Dienstbarkeit, etwa Nießbrauch, vor der Verwertung der Sache, dann erstreckt sich die Hypothek auf das unbelastete Eigentum. Wird dagegen die Dienstbarkeit nach der Hypothek eingetragen, wird bei der Verwertung das Grundstück unbelastet zwangsversteigert. Ausnahmsweise bleiben Dienstbarkeiten aufrechterhalten, die zugunsten des jeweiligen Eigentümers des Grundstücks nach der Hypothekeneintragung bestellt werden, etwa ein Wegerecht, da es sich in diesem Fall um akzessorische Rechte des Eigentums handelt.[51] Die Frage der Eintragung einer Hypothek und eines anderen beschränkten dinglichen Rechts am selben Grundstück am selben Tag beantwortet Art. 1207 ZGB: Vorrang hat das Recht, das – um auch noch so kurze Zeit – früher eingetragen wurde. Das gleiche gilt, wenn die Eintragung einer Beschlagnahme mit der Eintragung einer Hypothek zeitlich konkurriert (Art. 997 Abs. 4 gr.ZPO). Hier ist die laufende Nummer im allgemeinen Protokollbuch entscheidend (Art. 17 KV 533/1963).[52]

Eine weitere Folge der Eintragung der Hypothek ist die Unterbrechung der Verjährung der Forderung zugunsten des Hypothekengläubigers (Art. 1273 S. 1 ZGB). Die Verjährung fängt also ab Eintragung der Hypothek neu an. Die Verjährung wird „zugunsten desjenigen, für dessen Rechte sie erfolgte", also des Hypothekengläubigers, unterbrochen. Auf die Unterbrechung können sich weder der Schuldner noch der Dritteigentümer, der die Hypothek gewährt hat, berufen.[53]

6. Das Hypothekengläubiger-Hypothekenschuldner-Verhältnis

Die Gewährung der Hypothek begründet ein Schuldrechtsverhältnis zwischen dem Hypothekengläubiger und dem Hypothekenschuldner, das grundsätzlich zwingend vom Gesetz und gegebenenfalls von abweichenden Vereinbarungen der Parteien geregelt wird.

Allein durch das Hypothekenrecht erhält der Hypothekar keinen Besitz am Grundstück. Eine Vereinbarung, nach der der Hypothekengläubiger zusätzlich den Besitz hat und die Nutzungen aus dem Grundstück gegen die Schuld

51 Georgiades, Sachenrecht, § 85 Rn. 79.

52 Die gleiche Regel der absoluten zeitlichen Reihenfolge der Eintragungen befolgt auch das Grundbuchsystem (Art. 15 Abs. 3 GBG).

53 Georgiades, Sachenrecht, § 93 Rn. 28.

zieht,[54] ist erlaubt und hat schuldrechtlichen Charakter.[55] Die Bestellung eines Nießbrauchs am belasteten Grundstück zugunsten des Hypothekengläubigers – damit er noch den Rechtsbesitz erhält – ist nur unter der Voraussetzung möglich, dass Rechtsgrund der Nießbrauchbestellung die Tilgung der Schuld (*datio in solutum*) und nicht ihre Sicherung ist. Der Nießbrauch muss daher auf bestimmte Zeit und pauschal gegen die Tilgung der Schuld vereinbart werden.[56]

Da zwischen der Hypothekenbestellung und der Tilgung der Forderung etliche Zeit verstreichen kann, genießt der Gläubiger Schutz vor der eventuellen Verschlechterung bzw. dem Untergang der Sache. Zentrale Vorschrift ist Art. 1284 ZGB. Hat der Schuldner die Gefahr der Verschlechterung oder der Wertminderung des Hypothekengrundstücks zu verantworten, kann der Gläubiger vom Gericht „entweder die Unterlassung oder Beseitigung der beeinträchtigenden Handlungen oder die sofortige Tilgung der Schuld oder endlich die Gewährung einer anderen entsprechenden Hypothek" verlangen. Die beeinträchtigenden Handlungen können in einem Akt (Abriss des Gebäudes, schädigende Bewirtschaftung der Immobilie) oder in einer Unterlassung bestehen (Nichtinstandhaltung der Immobilie, Unterlassung der Erhebung der *actio negatoria* gegen Beeinträchtigungen Dritter). Die Geltendmachung von Schadensersatzansprüchen aus unerlaubten Handlungen gem. Art. 1284 S. 2 ZGB setzt die Erfüllung des Tatbestands der Art. 914 ff. ZGB voraus.

Bei Auseinanderfallen der Eigenschaften des persönlichen und des hypothekarischen Schuldners werden dem Hypothekengläubiger gem. Art. 1299 ZGB die gleichen Rechte gegen den Dritten, der eine Hypothek zugunsten des persönlichen Schuldners gewährt hat, oder gegen den Besitzer wegen schuldhaften Verhaltens, das zur Verschlechterung oder Wertminderung des Grundstücks zu führen droht, mit Ausnahme der Gewährung einer anderen entsprechenden Hypothek eingeräumt.

Bei Gebäuden ist der Hypothekengläubiger berechtigt, den Hypothekengegenstand „gegen Brand oder gegen eine andere Gefahr auf Kosten des Schuldners" versichern zu lassen (Art. 1285 S. 1 ZGB). Das gleiche Recht besteht gegen den Dritteigentümer, der die Hypothek gewährt hat.[57] Nichtzahlung der Versicherungsprämie berechtigt den Gläubiger zur Forderung der sofortigen Tilgung

---

54 Vgl. das altgriechische Rechtsinstitut der antichresis, Kapitel I 1.a)bb).

55 Balis, Sachenrecht, § 235 Nr. 1.

56 Op.cit. Balis, § 154 Nr. 2. Die Sicherung einer Forderung ist kein gültiger Erwerbsgrund eines Nießbrauchs, genauso wenig wie beim Eigentumserwerb (siehe oben Kapitel V 3.b)).

57 Balis, Sachenrecht, § 272.

der Schuld (Art. 1285 S. 2 ZGB). Art. 1287 ZGB begründet ein Surrogationsrecht des Hypothekengläubigers auf die von der Versicherung geschuldete Entschädigung im Fall des Eintritts der Gefahr. Entsprechendes gilt für die Entschädigung infolge einer Zwangsenteignung (Art. 1288 ZGB).

Der Schuldner läuft grundsätzlich die Gefahr der Überbelastung seines Grundvermögens durch Hypothekeneintragungen an mehreren seiner Grundstücke, deren Wert die Höhe der Forderung übersteigt. Den Interessen des Gläubigers wird dagegen am besten gedient, wenn so viele Immobilien des Schuldners wie möglich hypothekarisch haften. Diese Konstellation ist freilich nur bei Hypothekeneintragungen möglich, die ohne Mitwirkung des Schuldners vorgenommen werden,[58] also nur im Fall von gesetzlichen und gerichtlichen Titeln. Das Gesetz schützt den Schuldner vor missbräuchlichen multiplen Hypothekeneintragungen, indem ihm das Recht eingeräumt wird, auf Antrag vor Gericht die Eintragungen auf die Anzahl der Grundstücke beschränken zu lassen, „deren Wert die Forderung genügend sichert" (Art. 1270 ZGB). Strittig ist, ob bei analoger Anwendung der Vorschrift im Fall eines einzigen belasteten Grundstücks die hypothekarische Haftung auf einen (realen oder ideellen) Teil des Grundstücks beschränkt werden kann.[59] Genauso strittig ist die Analogie bei einem Antrag auf Beschränkung auf die Freistellung von Wohnungen, deren Wert die Forderung übersteigt, wenn das mit der Hypothek belastete Grundstück dem System des Stockwerkseigentums unterliegt.[60]

Der Schuldner hat gem. Art. 1269 S. 3 ZGB auch das Recht, die Minderung des gesicherten Betrags zu verlangen, wenn der Antragsteller der Hypothekeneintragung den Betrag bei Nichtangabe schätzungsweise bestimmt.

Dem Schutz der Interessen des Schuldners soll auch das Verbot der *lex commissoria* dienen. Obwohl das Hypothekenrecht keine Vorschrift enthält, die Art. 1239 ZGB (vgl. § 1229 BGB) über das Pfandrecht an beweglichen Sachen entspricht, ist allgemein anerkannt, dass Vereinbarungen vor der Fälligkeit,

---

58 Chelidonis in Georgiades, Kurze Auslegung des ZGB, Art. 1268–1271 Rn. 14.

59 Dafür Georgiades, Sachenrecht, § 85 Rn. 64. Dagegen Spiridakis, Das Recht der dinglichen Sicherheit, Band II, S. 15. Dies entspricht auch der Haltung der Rechtsprechung: AP 1128/1995 ElDik 1997, 1142.

60 Dagegen Skendros, ElDik 1960, 507, 509. Dafür Georgiades, Kreditsicherung, § 19 Rn. 64. Hier muss die letztere Ansicht angenommen werden, da durch die Errichtung des Gebäudes der Wert der gesamten Immobilie steigt. Chelidonis in Georgiades, Kurze Auslegung des ZGB, Art. 1268–1271 Rn. 16. Siehe auch EfPatras 552/2001 AchNom 2001, 39, die einen solchen Antrag über Sondereigentumswohnungen abweist, aber nicht aus Gründen des Verstoßes gegen Art. 1270 ZGB.

nach denen das Eigentum an dem Grundstück bei Verzug des Schuldners an den Gläubiger übergehen soll oder die Zwangsvollstreckungsvorschriften bei der Verwertung nicht eingehalten werden können, nichtig sind. Jedoch sind solche Vereinbarungen nach Fälligkeit unter Vorbehalt der Art. 178 und 179 ZGB erlaubt.[61]

7. Die Verwertung der Hypothek

Die Hypothek entfaltet ihre Wirkung im Wirtschaftsleben im Fall der abnormalen Abwicklung des Schuldverhältnisses bezüglich der Forderung. Gerät der Schuldner bei Fälligkeit in Schwierigkeiten mit der Zahlung, muss er (oder der Dritteigentümer) die Zwangsvollstreckung am Hypothekengegenstand dulden. Dies setzt voraus, dass der Gläubiger im Besitz eines vollstreckbaren Titels ist. Solche Titel sind rechtskräftige und vorläufig vollstreckbare gerichtliche Urteile, Schiedsurteile, gerichtliche Protokolle über einen Vergleich oder die Bestimmung von Gerichtskosten, notarielle Urkunden, Mahnbescheide, ausländische Titel, die für vollstreckbar erklärt worden sind, und im Allgemeinen Beschlüsse und Akte, die vom Gesetz als vollstreckbar anerkannt sind (Art. 904 Abs. 2 gr.ZPO). Aufgrund des vollstreckbaren Titels kann der Gläubiger gem. Art. 1291 S. 1 ZGB entweder den obligatorischen (*actio personalis*) oder den dinglichen Anspruch (*actio hypothecaria in rem*) geltend machen.[62]

Geltendmachung des obligatorischen Anspruchs gewährt dem Gläubiger keine bevorzugte Befriedigung aus der Sache. Er gibt dem Hypothekengläubiger keinen Vorrang gegenüber anderen ungesicherten Gläubigern, und gegenüber anderen Hypothekengläubigern muss er nachgeben. Eine bevorzugte Befriedigung bewirkt die Geltendmachung des dinglichen Anspruchs. In diesem Fall geht die Forderung des Hypothekengläubigers den Forderungen anderer ungesicherter Gläubiger und nachrangiger Hypothekengläubiger vor.

---

61 Bosdas, ElDik 1965, 545, 556; Georgiades, Kreditsicherung, § 20 Rn. 34–35. Gleich in Deutschland: Prütting, Sachenrecht, Rn. 674.

62 Zu bemerken ist, dass der griechische Gesetzestext den Begriff „Klage" benutzt. Hier wird nicht die Einführung eines neuen Verfahrens vor Gericht gemeint, sondern die Verwirklichung des obligatorischen bzw. dinglichen Anspruchs aufgrund des vollstreckbaren Titels. Der Terminus ist auf den Einfluss des prozessualen Charakters der Ansprüche (actiones) des römischen Rechts zurückzuführen. Darüber Kaser/Knütel, Römisches Privatrecht, § 2 Rn. 11. Siehe ähnlich über die Vindikationsklage in Kapitel VIII 3.

Aus Art. 1291 S. 2 ZGB ergibt sich, dass beide Ansprüche kumulativ erhoben werden können. Dies hat einen Sinn, wenn der Hypothekenbetrag die Forderung nicht deckt. Der Hypothekengläubiger wird bis zur Höhe des Hypothekenbetrags kraft des dinglichen Anspruchs vor anderen Gläubigern befriedigt werden. Für den Restbetrag wird er zusammen mit den anderen als ungesicherter Gläubiger befriedigt. Der obligatorische Anspruch ist mit dem schuldrechtlichen Rechtsverhältnis, der dingliche mit dem hypothekarischen Rechtsverhältnis verbunden. Dies wird deutlich, wenn die Person des schuldrechtlichen und des hypothekarischen Schuldners nicht dieselbe ist. Hat ein Dritter für den Schuldner (Art. 1265 S. 1 ZGB) eine Hypothek am eigenen Grundstück gewährt, unterliegt er nur dem dinglichen Anspruch des Gläubigers. Der obligatorische Anspruch kann nur gegen den Schuldner aus dem schuldrechtlichen Rechtsverhältnis erhoben werden.

Der Hypothekengläubiger kann aufgrund des dinglichen Anspruchs die Beschlagnahme[63] des Grundstücks bewirken und die Zwangsversteigerung betreiben. Wird die Zwangsvollstreckung von einem anderen betrieben, kann der Hypothekengläubiger den dinglichen Anspruch durch Anmeldung erheben.[64] Die bevorzugte Befriedigung des Hypothekengläubigers aus dem Erlös wird nach den Regeln der Art. 974–978 gr.ZPO (Teilungsplan) erfolgen. Der Ersteher erwirbt das Eigentum in dem rechtlichen Zustand, in dem es sich zur Zeit der Hypothekeneintragung befand. Vorherige beschränkte dingliche Rechte bleiben bestehen. Hingegen erlöschen sämtliche Hypotheken und Hypothekenvormerkungen an der Sache unabhängig von der Zeit der Eintragung (Art. 1318 Nr. 3 u. 1323 ZGB i.V.m. Art. 1005 Abs. 3 gr.ZPO). Damit folgt das griechische Recht dem „Löschungssystem", bei dem alle Grundpfandrechte durch die Versteigerung erlöschen, während das deutsche vom „Übernahmeprinzip" ausgeht, bei dem die vorrangigen Rechte, die bei der Feststellung des geringsten Gebots nach § 44 Abs. 1 ZVG gedeckt sind, bestehen bleiben (§ 52 Abs. 1 ZVG).

Das Gesetz trifft besondere Regelungen für den Fall der Betreibung der Zwangsvollstreckung gegen den Dritteigentümer. Hauptmerkmal der Haftung des Dritteigentümers ist ihre Begrenzung auf den Hypothekenbetrag (Art. 1296

---

63 Hypothekeneintragungen und sonstige Eintragungen, die nach der Beschlagnahme vorgenommen werden, können dem Pfändungsgläubiger oder den angemeldeten Gläubigern nicht entgegengehalten werden (Art. 997 Abs. 3 S. 1 gr.ZPO).

64 Der Gerichtsvollzieher ist gem. Art. 995 Abs. 4 gr.ZPO verpflichtet, den Auszug des Beschlagnahmeprotokolls allen Hypothekengläubigern innerhalb einer Frist von zehn Tagen ab der Beschlagnahme zuzustellen, sonst ist die Zwangsversteigerung nichtig.

ZGB).[65] Das trifft zu, wenn der Dritteigentümer nicht zugleich persönlich gegenüber dem Hypothekengläubiger aufgrund eines besonderen schuldrechtlichen Rechtsverhältnisses haftet (Art. 1296 ZGB *in fine*). Ist dies der Fall, kann der Hypothekengläubiger bevorzugte Befriedigung seiner Forderung bis zur Höhe des Hypothekenbetrags betreiben. Darüber hinaus kann er als nicht gesicherter Gläubiger Befriedigung aus dem Rest des Vermögens des Dritteigentümers erzielen. Ein solches schuldrechtliches Rechtsverhältnis ist die Bürgschaft (Art. 847 ZGB). Der Dritteigentümer kann gegenüber dem Gläubiger für die Forderung des Schuldners bürgen und damit auch persönlich haften.

Der Dritteigentümer hat grundsätzlich nicht die Einrede der Vorausklage[66] gegen den Hypothekengläubiger. Eine Ausnahme bildet Art. 1297 S. 1 ZGB, nach dem der Dritteigentümer vor der Vollstreckung in sein Grundstück die Einrede der Vorausklage erheben kann, wenn die Hypothek zur Sicherung einer Bürgschaft gewährt ist. Diese Einrede hat er aber nicht, wenn der Bürge als Hauptschuldner unter den Voraussetzungen von Art. 857 ZGB (vgl. § 773 BGB) haftet.

Der Dritteigentümer oder der Besitzer kann gem. Art. 1294 ZGB (vgl. § 1142 Abs. 1 BGB) die Zwangsvollstreckung in das Grundstück vereiteln,[67] indem er alle Hypothekenforderungen tilgt (Bietungs- und Ablösungsrecht). In diesem Fall wie auch im Fall des Eigentumsverlustes infolge der Zwangsvollstreckung tritt der Dritteigentümer bzw. -besitzer in die Rechte des Hypothekengläubigers ein (Art. 1298 ZGB; vgl. § 1143 Abs. 1 BGB). Alle akzessorischen Rechte zugunsten des Hypothekengläubigers, die seine Forderung sichern (Hypotheken, Pfandrechte, Bürgschaften), bleiben zugunsten des Dritteigentümers bzw. -besitzers bestehen.[68]

8. Erlöschen – Löschung der Hypothek

Die Hypothek wird aufgehoben, wenn zwei Tatbestände erfüllt sind. Der erste ist das (sach-rechtliche) Erlöschen des Hypothekenrechts, der zweite ist die

65 Art. 1296 ZGB erwähnt neben dem Dritteigentümer den Besitzer des Grundstücks. Damit wird der Besitzer mit Eigentümerwillen, z.B. der Ersitzer, erfasst. Georgiades, Kreditsicherung, § 20 Rn. 37.

66 Art. 855 ZGB, vgl. § 771 BGB.

67 Zur Ausübung des Rechts aus Art. 1294 ZGB reicht die Fälligkeit aus. Vgl. allgemeines Surrogationsrecht gem. Art. 319 ZGB, das die Betreibung der Zwangsvollstreckung voraussetzt.

68 Georgiades, Kreditsicherung, § 20 Rn. 41.

(formell-rechtliche) Löschung der Hypothekeneintragung aus dem Hypothekenbuch bzw. Grundbuchblatt.

Erlöschen

Die Erlöschensgründe sind in Art. 1317–1321 ZGB enthalten. Prinzipiell erlischt die Hypothek durch das Erlöschen der Forderung (Art. 1317 ZGB). Die Forderung erlischt nach den Vorschriften des Schuldrechts durch: Erfüllung (Art. 416 ZGB/§ 362 BGB), Aufrechnung (Art. 440 ZGB/§ 387 BGB), Hinterlegung (Art. 427 ZGB/§ 372 BGB), Novation (Art. 436 ZGB), Konfusion (Art. 453 ZGB),[69] Erlass (Art. 454 ZGB/§ 397 BGB). Die Erfüllung muss vollständig sein. Teilerfüllung führt nicht zum Erlöschen der Hypothek (Unteilbarkeit der Hypothek nach Art. 1281 ZGB). Bei der Erneuerung muss der Eigentümer zustimmen, damit die Hypothek die neue Forderung sichert.[70] Bei Schuldübernahme (Art. 471 ZGB) bleibt das Hypothekenrecht, das der Schuldner gewährt hat, bestehen (Art. 475 Abs. 1 S. 1 ZGB).[71] Hat jedoch ein Dritter die Hypothek gewährt, muss er zum Weiterbestehen des Hypothekenrechts seine Zustimmung erteilen (Art. 475 Abs. 1 S. 2 ZGB).

Weitere Gründe nach Art. 1318 ZGB sind:

1. Der Untergang des Hypothekengrundstücks. Er kann entweder tatsächlich (nichtvorübergehende Bodenüberschwemmung, Abhangsrutsch) oder rechtlich (Erfüllung der auflösenden Bedingung, unter der das Grundstück erworben ist, Erfüllung der Ersitzungsvoraussetzungen für den Eigentumserwerb wie für die Freistellung von dinglichen Lasten gem. Art. 1053 ZGB: *usucapio liberationis*) sein.[72]

---

69 Dies bezieht sich auf das Zusammenfallen der Eigenschaften des Gläubigers und des Schuldners in derselben Person, das zum Schulderlöschen und folglich zum Hypothekenerlöschen gem. Art. 1317 ZGB führt. Erwirbt der Dritteigentümer, der die Hypothek gewährt hat, die Forderung durch Abtretung, ist das kein Fall der Konfusion und die Forderung geht nicht unter.

70 Georgiades, Kreditsicherung, § 20 Rn. 46.

71 Die Schuldübernahme bewirkt kein Erlöschen der Forderung und folglich der Hypothek. Georgiades, Kreditsicherung, § 20 Rn. 46.

72 Zum Erlöschen führt auch die Enteignung und die behördliche Zuweisung des Grundstücks etwa infolge der Stadtplanung. Nach Veröffentlichung der Entscheidung der Verwaltung über das Inkrafttreten der Flurbereinigung erlöschen gem. Art. 21 Abs. 2 G.674/1977 die Hypotheken an den neuen Grundstücken ipso jure. Die Hypothekengläubiger können jedoch innerhalb der gesetzlichen Frist neue Hypotheken an den zugewiesenen Grundstücken eintragen lassen (Art. 21 Abs. 3 G.674/1977). S. auch Doris, NoV 25 (1977) 442, 258 über die ähnliche Regelung in früheren Vorschriften.

2. Der Verzicht des Gläubigers auf das Hypothekenrecht. Der Verzicht wird einseitig vom Gläubiger erklärt und unterliegt der Form der notariellen Beurkundung (Art. 1319 Abs. 1 ZGB). Der schuldrechtliche Anspruch bleibt bestehen (Art. 1319 Abs. 2 ZGB).
3. Die Versteigerung des Hypothekengrundstücks und die Entrichtung des Erlöses bewirken das Erlöschen aller Hypotheken und Hypothekenvormerkungen (Art. 1005 Abs. 3 S. 1 gr.ZPO; vgl. § 1181 Abs. 1 BGB) an dem Grundstück. Eine Ausnahme bildet Art. 1008 gr.ZPO: Die Hypothek bleibt bestehen, wenn der Ersteher den Anspruch mit Zustimmung des Hypothekengläubigers übernimmt.
4. Wurde die Hypothek für eine bestimmte Zeit gewährt, dann erlischt sie mit dem Ablauf dieser Zeit.

Die Verjährung des Anspruchs hat nicht sein Erlöschen zur Folge. Der Schuldner kann aber die Erfüllung durch Geltendmachung der entsprechenden Einrede verweigern (Art. 272 ZGB). Trotzdem erlischt dadurch die Hypothek, die den Anspruch sichert (Art. 1320).

Des Weiteren erlischt die Hypothek durch Konsolidation (Art. 1321 ZGB, vgl. § 889 BGB). Dies geschieht, wenn der Hypothekengläubiger das Hypothekengrundstück erwirbt.

Weiterer Erlöschensgrund, der sich aus den allgemeinen Vorschriften über die Rechtsgeschäfte ergibt, sind Mängel bei der Errichtung des Rechtsgeschäfts, durch das das Hypothekenrecht gewährt wird (z.B. Geschäftsunfähigkeit, Veräußerungsverbote).

Löschung

Die Löschung der Hypothek aus dem Hypothekenbuch bzw. den Grundbuchblättern dient vor allem dem Publizitätsprinzip. Aufgrund einer erloschenen, aber noch nicht gelöschten Hypothek kann der Gläubiger das Hypothekengrundstück nicht mehr zwangsversteigern lassen, unbeteiligten Dritten jedoch, die sich für die Rechtslage des Grundstücks interessieren, muss ein rascher und zuverlässiger Weg der Informierung zur Verfügung stehen.

Die Löschung der Hypothek erfolgt entweder mit Zustimmung des Gläubigers oder aufgrund rechtskräftiger gerichtlicher Entscheidung (Art. 1324 ZGB). Die Zustimmung wird durch notariell beurkundete einseitige Erklärung des Gläubigers erteilt (Art. 1325 ZGB). Die Zustimmung zur Löschung der Hypothek ist nicht automatisch mit einem Verzicht weder auf die Forderung noch auf das Hypothekenrecht verbunden, es sei denn, dass sich aus der Vereinbarung der Parteien etwas anderes ergibt.[73] Wird z.B. die Hypothekeneintragung gelöscht,

---

73 Georgiades, Kreditsicherung, § 20 Rn. 65.

ohne dass das Hypothekenrecht erloschen ist, kann der Gläubiger aufgrund des Hypothekentitels eine neue Hypothek eintragen lassen. Die neue Hypothek erhält die Rangstelle der neuen Eintragung.

Ist aber die Forderung – und damit auch die Hypothek – oder nur die Hypothek erloschen, hat der Hypothekengläubiger die Hypothek löschen zu lassen. Weigert er sich, dann erfolgt die Löschung durch Anordnung des Gerichts auf Klage desjenigen, der ein Interesse daran begründen kann (Art. 1327, 1328 ZGB). Ein solches Interesse haben der Schuldner, der Dritteigentümer sowie andere Gläubiger des persönlichen oder des hypothekarischen Schuldners.[74] Berechtigt ist auch der Ersteher gem. Art. 1005 Abs. 3 S. 2 gr.ZPO, nachdem er den Erlös entrichtet hat.

Die Löschung der Hypothek bewirkt eine Umstellung des Rangs der restlichen Hypotheken. Die Stelle der gelöschten Hypothek nimmt die nach der Reihenfolge der Eintragungen unmittelbar folgende Hypothek ein (Art. 1331 ZGB). Der Rang anderer beschränkter dinglicher Rechte wird entsprechend umgestellt. Keine Rangumstellung geschieht im Fall des Art. 1272 Abs. 2 ZGB. Wird eine der Hypotheken gelöscht, die zusammen mit anderen am selben Tag eingetragen wurde, erhält die übriggebliebene Hypothek (oder gegebenenfalls Hypotheken) den Rang.

Eine weitere Rechtsfolge der Löschung der Hypothek ist die Aufhebung der Verjährungsunterbrechung bezüglich der gesicherten Forderung (Art. 1273 S. 2 ZGB).

9. Die Hypothekenvormerkung

a) Bestellung

Die deutsche Rechtslehre bezeichnet die Vormerkung als „ein im Grundbuch einzutragendes Sicherungsmittel eigener Art, das dazu dient, die Erfüllung schuldrechtlicher Ansprüche auf Änderung der dinglichen Rechtslage zugunsten des Gläubigers zu sichern."[75] Die Vormerkung des BGB (§§ 883 ff. BGB) kann sich auf die Sicherung verschiedener Ansprüche auf dingliche Rechtsänderungen an Grundstücken beziehen (z.B. Anspruch auf Auflassung, Anspruch auf Rückübereignung). Sie kann ferner entweder vertraglich vereinbart oder vom Gericht angeordnet werden (§ 885 Abs. 1 BGB).

74 Bosdas, ElDik 1965, 545, 555.

75 Wolf/Wellenhofer, Sachenrecht, § 18 Rn. 3.

Im griechischen Zivilrecht hat das Rechtsinstitut der Vormerkung geringen Umfang. Die Vormerkung kann ausschließlich der Sicherung der Rangstelle einer einzutragenden Hypothek dienen und kann nur als eine einstweilige Verfügung gerichtlich angeordnet werden (Art. 706 Abs. 1 gr.ZPO). Nach der griechischen Lehre ist die Vormerkung „eine Hypothekeneintragung unter aufschiebender Bedingung, das heißt unter der Bedingung der rechtskräftigen Zusprechung der Forderung."[76]

Die Vormerkung wird gem. Art. 1276 ZGB „wie eine Hypothek eingetragen, mit dem Vermerk, dass diese vorgemerkt wird." Bei der Bestellung einer Vormerkung gelten die gleichen Voraussetzungen wie bei der Hypothekengewährung: Forderung (Art. 1258 ZGB), Titel und Eintragung (Art. 1260 i.V.m. 1276 ZGB).

Der einzige im ZGB anerkannte Titel zum Erwerb einer Vormerkung ist die gerichtliche Entscheidung (Art. 1274 ZGB).[77] Sie ergeht im Rahmen des Verfahrens der einstweiligen Verfügung (Art. 682 ff. i.V.m. 706 gr.ZPO). Für die Anordnung reicht die Glaubhaftmachung der Behauptungen des Antragstellers aus, also wenn dem Gericht das Bestehen der Forderung und der Notfall bzw. die drohende Gefahr glaubhaft gemacht werden (Art. 690 Abs. 1 i.V.m. 682 Abs. 1 gr.ZPO). Die Gefahr in diesem Fall besteht darin, dass der Schuldner die Immobilie veräußern und dadurch die Erfüllung der Forderung erschweren kann. Ist die Gefahr eminent, kann sich der Antragsteller durch den Erlass einer provisorischen Anordnung schützen, die die Veränderung des bestehenden Zustandes bis zum Erlass der Entscheidung über die Vormerkung verbietet (Art. 691A Abs. 1 gr.ZPO). Der Antrag auf einstweilige Verfügung, über die die provisorische Anordnung erlassen wurde, wird im Hypothekenbuch bzw. Grundbuchblatt vermerkt (Art. 691A Abs. 3 gr.ZPO). Der Vermerk sichert der einzutragenden Vormerkung zwar keinen Rang, dem Dritt-Erwerber kann aber das Veräußerungsverbot entgegengehalten werden (Art. 176 ZGB).[78]

76 Balis, Sachenrecht, § 292. Nach der neuesten Lehre steht die Hypothek unter der doppelten Bedingung der rechtskräftigen Zusprechung der Forderung und der fristgemäßen Umwandlung der Vormerkung in eine Hypothek innerhalb der neunzigtägigen Frist ab Rechtskräftigkeit des Urteils: Apalagaki, ZPO, Art. 706 mit weiteren Verweisungen. So auch die Rechtsprechung: AP 1792/2007 ChrID 2008, 596.

77 Eine Ausnahme aus der Regel von Art. 1274 ZGB („nur kraft einer gerichtlichen Entscheidung") bildet Art. 724 Abs. 1 gr.ZPO, laut dem eine Hypothekenvormerkung auch aufgrund eines Mahnbescheids eingetragen werden kann.

78 Hat der Antragsteller schon einen Titel zur Eintragung einer Hypothek nach Art. 1261 ff. ZGB, wird der Antrag auf Anordnung einer Vormerkung wegen fehlenden berechtigten Interesses zurückgewiesen. Georgiades, Kreditsicherung, § 23 Rn. 7.

Da die einstweilige Verfügung zum vorläufigen Rechtsschutz gehört, muss der Antragsteller die Klage über die Hauptsache innerhalb der vom Gericht festgesetzten Frist erheben, die aber nicht kürzer als 30 Tage sein darf (Art. 693 Abs. 1 gr.ZPO), sonst wird die einstweilige Verfügung ohne Weiteres aufgehoben, es sei denn, dass der Antragsteller innerhalb dieser Frist einen Mahnbescheid zugestellt hat (Art. 693 Abs. 2 gr.ZPO). Eine Ausnahme bildet der Fall der Anordnung der einstweiligen Verfügung mit Zustimmung aller Parteien. Die „einvernehmliche" Hypothekenvormerkung ist eine übliche Praxis vor allem zur Sicherung von Darlehen von Kreditinstitutionen aus Gründen der Beschleunigung des Geschäftsverkehrs und der Meidung der hohen Kosten einer Hypothekengewährung. Das Zustandekommen einer Hypothekenvormerkung auf diese Weise ergibt sich nicht aus einem Rechtsgeschäft, sondern aus einer gerichtlich angeordneten einstweiligen Verfügung.[79] Trotzdem weist diese Art der Hypothekenvormerkung Abweichungen von dem üblichen Verfahren der Anordnung einer einstweiligen Verfügung auf: In der gerichtlichen Praxis erübrigt sich die Glaubhaftmachung der Behauptungen des Antragstellers nach Art. 690 Abs. 1 gr.ZPO und die Vormerkung bleibt im Fall der Nichterhebung der Hauptklage gegen den Wortlaut des Art. 693 Abs. 2 gr.ZPO bestehen, so dass die „einvernehmliche" Hypothekenvormerkung eher als eine quasi-dingliche Sicherung des materiellen Rechts fungiert.[80]

Bei der Eintragung der Vormerkung finden formell-rechtlich alle Vorschriften Anwendung, die für die Hypothekeneintragung gelten. Sach-rechtliche Vorschriften über die Hypothek müssen mit der Natur der Vormerkung als vorläufiger Maßnahme vereinbar sein. Die Vormerkung kann also der Gläubiger nur gegen den Schuldner in Bezug auf sein Grundvermögen beantragen. Die gerichtliche Praxis,[81] gestützt auf Art. 687 Abs. 2 gr.ZPO, erlaubt, dass auch ein Dritter zugunsten des Schuldners eine Vormerkung an seinem Grundstück gewähren kann, wenn er ohne Ladung im Verfahren erscheint und einwilligt.[82] Bei der Vormerkungseintragung findet Art. 1271 Abs. 1 ZGB analoge Anwendung. Der Schuldner muss im Zeitpunkt der Eintragung Eigentümer des Grundstücks sein, sonst ist die Eintragung nichtig. Der nachträgliche Eigentumserwerb durch den Schuldner hebt die Nichtigkeit der Eintragung auf (keine analoge Anwendung von Art. 1271 Abs. 2, sondern von Art. 239 ZGB), die Aufhebung gilt jedoch

79 Doris, Realsicherheit, S. 82–84.

80 Evangelidou-Tsikrika, Eintragung der Hypothekenvormerkung während der Schwebezeit der Bedingung, S. 60, 62 u. 70.

81 AP 155/2017 Nomos; AP 341/2006 ChrID 2006, 603.

82 Die Vereinbarkeit dieser Praxis mit dem Arrestmaßnahmenverfahren ist bedenklich. Georgiades, Kreditsicherung, § 23 Rn. 23. Anders AP 341/2006 ChrID 2006, 603.

von der Zeit des Erwerbs an.[83] Der Schuldner kann bei Vormerkungseintragungen an mehreren seiner Grundstücke die Beschränkung der Vollstreckung auf die Vermögensgegenstände beantragen, wenn sie zur Sicherung der Forderung genügend sind (Art. 724 Abs. 2 gr.ZPO, vgl. Art. 1270 ZGB).

Art. 1280 ZGB findet auch bei der Vormerkung analoge Anwendung. Ihre Eintragung unterbricht die Verjährung der Forderung zugunsten desjenigen, für dessen Rechte sie erfolgte.

b) Die Umwandlung der Vormerkung

Nach Art. 1277 S. 1 ZGB gewährt die Vormerkung „nur ein Vorzugsrecht auf Hypothekenerwerb." Vor der Umwandlung hat der Gläubiger ein Anwartschaftsrecht auf den Erwerb einer Hypothek. Seine bevorzugte Befriedigung kann jedoch nur erfolgen, wenn die Vormerkung in eine Hypothek umgewandelt wird. Dies geschieht „mit der rechtskräftigen Zuerkennung der Forderung" (Art. 1277 S. 2 ZGB). Die Hypothek erhält den Rang der Vormerkung.[84] Der Vermerk über die Umwandlung muss innerhalb von 90 Tagen vom Tag der Rechtskräftigkeit an im Hypothekenbuch erfolgen (Art. 1323 Nr. 2 ZGB). Wird der Antrag auf Umwandlung nach Verstreichen der neunzigtägigen Frist gestellt, erhält die Hypothek nicht den Rang der Vormerkung. Sie gilt als neue, aufgrund des gerichtlichen Titels eingetragene Hypothek.

Entsprechendes gilt für den Mahnbescheid. Der Mahnbescheid erlangt Rechtskräftigkeit, wenn innerhalb von 15 Arbeitstagen von seiner Zustellung an kein Widerspruch eingelegt worden ist (Art. 632 Abs. 2 gr.ZPO). Ist die Frist verstrichen, kann der Antragsteller den Mahnbescheid dem Antragsgegner noch einmal zustellen. Wenn er innerhalb von 15 Arbeitstagen keinen Widerspruch eingelegt hat, wird der Mahnbescheid rechtskräftig (Art. 633 Abs. 2 gr.ZPO). Die neunzigtägige Frist von Art. 1323 Nr. 2 ZGB für den Umwandlungsvermerk muss auch in diesem Fall eingehalten werden.

c) Zwangsvollstreckung

Der Gläubiger kann nach der Umwandlung unter den Voraussetzungen von Art. 1291 ff. ZGB die Zwangsversteigerung des Hypothekengrundstücks

---

83 Georgiades, Kreditsicherung, § 23 Rn. 20.

84 Bestimmt die rechtskräftige Entscheidung der Forderung einen niedrigeren Betrag im Vergleich zum Vormerkungsbetrag, gilt die Hypothek für den niedrigeren Betrag. Georgiades, Kreditsicherung, § 23 Rn. 29.

betreiben.[85] Betreibt ein anderer Gläubiger die Zwangsvollstreckung, bevor die Vormerkung in eine Hypothek umgewandelt wurde, kann die Vormerkung nicht mehr in eine Hypothek umgewandelt werden, aber die Forderung des Vormerkungsinhabers wird als ungesicherte Forderung mit Vorrang aufgenommen (Art. 1279 ZGB i.V.m. Art. 978 Abs. 1 S. 1 u. 1007 gr.ZPO).[86] Der Vormerkungsinhaber wird in diesem Fall – nach dem Rang, den die Vormerkung bei der Umwandlung hätte erhalten müssen – unter der Bedingung der rechtskräftigen Zuerkennung seiner Forderung und der fristgemäßen Umwandlung in eine Hypothek bevorzugt befriedigt. [87] Der Vormerkungsinhaber kann vor dem Bedingungseintritt nur unter der Voraussetzung einer Sicherheitsleistung nach Art. 978 Abs. 1 S. 2 gr.ZPO befriedigt werden.

Der Ersteher erwirbt das Grundstück auf jeden Fall frei von Hypotheken und Vormerkungen (Art. 1279 ZGB *in fine* i.V.m. Art. 1005 Abs. 3 S. 1 gr.ZPO).

d) Erlöschen – Löschung der Vormerkung

Das Erlöschen der Vormerkung erfolgt aus den gleichen Gründen wie bei der Hypothek (Art. 1323 i.V.m. 1317–1321 ZGB). Dazu kommen nach Art. 1323 ZGB zwei weitere Erlöschensgründe:

1. Der Widerruf der Entscheidung, mit der die Vormerkung angeordnet wurde. Ein Widerruf erfolgt gem. Art. 696 ff. gr.ZPO. Zum Widerruf kann führen: die Nichterhebung der Hauptklage innerhalb der vom Gericht gesetzten Frist (Art. 693 Abs. 2 gr.ZPO), die Nichtbeteiligung am Prozess oder die Nichtzustellung des Antrags auf Anordnung der einstweiligen Verfügung auf Antrag desjenigen, der ein berechtigtes Interesse hat (Art. 696 Abs. 1 gr.ZPO), die Veränderung der Umstände, die einen Widerruf rechtfertigen (Art. 696 Abs. 3 gr.ZPO), andere Gründe wie die Rechtskräftigkeit der Entscheidung im Hauptprozess, der Abschluss eines Vergleichs im Hauptprozess (Art. 698 gr.ZPO).
2. Die Unterlassung des Vermerks über die Umwandlung in eine Hypothek in das Hypothekenbuch innerhalb von 90 Tagen ab der Rechtskräftigkeit der Entscheidung über die Forderung.

---

85 Übt er seine Rechte aus Art. 1291 ff. ZGB vor der Umwandlung aus, genießt er keine vorrangige Befriedigung seiner Forderung. Georgiades, Kreditsicherung, § 23 Rn. 25.

86 Hamilothoris, Einstweilige Verfügungen, S. 148.

87 Georgiades, Kreditsicherung, § 23 Rn. 33; Roussis in Georgiades, Kurze Auslegung des ZGB, Art. 1274–1280 Rn. 11; Apalagaki, ZPO, Art. 706 Rn. 2.

Die Löschung der Vormerkung erfolgt aus den in Art. 1330 ZGB erwähnten Gründen. Das sind:

1. Die Zustimmung des Gläubigers, die in der Form des Art. 1325 ZGB zu erteilen ist.
2. Der durch gerichtliche Entscheidung bewirkte Widerruf der Entscheidung, die die Eintragung angeordnet hat, oder der Erlass einer Entscheidung, die die Löschung anordnet. Dies ist normalerweise der Fall, wenn der Gläubiger seine Zustimmung nicht erteilt, obwohl die Vormerkung nach Art. 1323 ZGB erloschen ist. Die Entscheidung über den Widerruf oder über die Anordnung der Löschung erfolgt im Rahmen des Verfahrens über einstweilige Verfügungen gem. Art. 682 ff. gr.ZPO.
3. Das Verstreichen von 90 Tagen ohne Umwandlung in eine Hypothek ab der rechtskräftigen Zuerkennung der Forderung.

Nach Art. 1005 Abs. 3 S. 2 gr.ZPO kann auch der Ersteher nach Entrichtung des Erlöses die Löschung der Vormerkung beantragen.

Für den Rang der restlichen Grundpfandrechte bzw. beschränkten dinglichen Rechte gilt das oben über die Hypothek Ausgeführte.

10. Rechtsvergleichende Anmerkungen

Wie einleitend erwähnt, kennt das griechische Recht nur die Hypothek als Grundpfandrecht, und zwar in der Form der Sicherungshypothek zugunsten eines Dritten (Art. 1257 ZGB), die streng akzessorisch (Art. 1258 HS 1 ZGB) zur gesicherten Forderung ist in dem Sinn, dass jeder Mangel der Forderung zugleich ein Mangel der Hypothek ist (vgl. § 1184 Abs. 1 BGB). Aus diesem Grund ist die Entstehung einer Verkehrshypothek nach griechischen Recht nicht möglich. Kommt die Forderung nicht zustande, ist die Hypothek nach Art. 1258 ZGB unwirksam.[88] Ausgeschlossen ist ferner die Eigentümerhypothek (§ 1163 Abs. 1 BGB; vgl. dagegen Art. 1321 ZGB: *nemini res sua pignori esse potest*).

---

88 Im Gegensatz dazu entsteht nach deutschem Recht gem. §§ 1138, 1163 Abs. 1 S. 1 BGB eine Eigentümerhypothek. Braun/Schultheiß, JuS 2013, 871, 873; auch Rimmelspacher/Stürner, Kreditsicherungsrecht, § 15 Rn. 16. Daraus gelangt man zwangsläufig zu dem Ergebnis, dass im Geltungsbereich des griechischen Grundbuchs das Akzessorietätsprinzip dem Prinzip des öffentlichen Glaubens nach Art. 13 Abs. 1 GBG überlegen ist. Eine forderungsentkleidete Hypothek kann nicht entstehen; vielmehr ist in diesem Fall das Grundbuch zu berichtigen.

Ebenso wenig bekannt ist dem griechischen Recht die Grundschuld, die Rentenschuld und die Verbriefung der Hypothek.

Nach griechischem Recht ist wie im deutschen Recht (§ 1132 BGB) die Gewährung einer Gesamthypothek möglich. Die Funktion ist die gleiche: Es haften mehrere Grundstücke des Schuldners oder eines Dritten für die ganze Forderung. Der Gläubiger kann nach Belieben eines oder mehrere der Grundstücke bis zur Tilgung verwerten lassen.[89] Die Tilgung der Forderung führt zum Erlöschen aller Hypotheken nach Art. 1317 ZGB.[90] Ähnlich regelt den Sachverhalt das deutsche Recht (§ 1173 Abs. 1 S. 1 HS 2 BGB). Haften jedoch nach deutschem Recht die Hypothekenschuldner als Gesamtschuldner persönlich, entsteht ein Rückgriffsrecht desjenigen, der den Hypothekengläubiger befriedigt hat, gegen die anderen, das bis zur Höhe seines Ersatzanspruchs mit den anderen Hypotheken gesichert ist (§ 1173 Abs. 2 BGB). Den gleichen Anspruch sieht das griechische Recht unter den Gesamtschuldnern vor (Art. 487 ZGB). Des Weiteren sieht Art. 488 ZGB die Substitution des befriedigenden Gesamtschuldners in die Rechte des Gläubigers vor. Dies beinhaltet noch die die Schuld sichernden Hypotheken.[91] Ist ein Dritter Eigentümer des belasteten Grundstücks, so tritt er nach Art. 1298 ZGB in die Rechte des Hypothekengläubigers gegen die anderen Hypothekenschuldner ein.[92]

Dem griechischen Recht ist eine Art der deutschen Höchstbetragshypothek nicht unbekannt. Sie unterfällt der Kategorie der Hypotheken, die gem. Art. 1258

89 Georgiades, Kreditsicherung, § 19 Rn. 13–14; vgl. § 1132 Abs. 1 S. 2 BGB. Ein Wertverteilungsrecht des Gläubigers unter den belasteten Grundstücken nach § 1132 Abs. 2 BGB besteht im griechischen Recht nicht.

90 Bis zur vollständigen Tilgung der Forderung bleiben alle Hypotheken – bis auf die verwerteten – bestehen. Masis, Die dingliche Sicherheit, S. 255.

91 Giannopoulos in Georgiades, Kurze Auslegung des ZGB, Art. 488 Rn. 2.

92 Spiridakis, Das Recht der dinglichen Sicherheit, Band I, S. 103; diese Ausführung ist mit dem Charakter der Gesamthypothek insoweit nicht vereinbar, als sie impliziert, dass die Substitution des Dritten (befriedigender Hypothekenschuldner) in die Rechte des Hypothekengläubigers gegen die anderen Gesamthypothekenschuldner auf alle Fälle ex lege entsteht. Nach § 1173 Abs. 2 i.V.m. § 1182 S. 1 BGB greift das Regressrecht des Dritten ein, wenn er intern von den anderen Eigentümern, deren Grundstücke mit der Gesamthypothek belastet sind, einen Ausgleich verlangen kann. Baur/Stürner, Sachenrecht, § 43 Rn. 27; Palandt, § 1173 Rn. 2. Das gleiche muss auch im griechischen Recht gelten: Der befriedigende Hypothekenschuldner kann sich an die anderen Hypothekenschuldner halten, wenn unter ihnen ein diesbezügliches schuldrechtliches Verhältnis besteht, sonst erlöschen alle Gesamthypotheken mit der Tilgung.

ZGB eine künftige Leistung sichern, und ist bei der Sicherung von wiederkehrenden Geldleistungen, etwa aus einem Kontokorrent, üblich.[93]

Im Folgenden wird die deutsche Sicherungshypothek mit der griechischen Hypothek verglichen.

Begründung

Die deutsche Sicherungshypothek kommt durch Einigung der Parteien und Eintragung ins Grundbuch gem. § 873 BGB zustande. Die rechtsgeschäftliche Bestellung ist die Regel. Eine Hypothekenbestellung kraft Gesetzes ist in seltenen Fällen vorgesehen (§ 1287 BGB, § 848 ZPO). Im Rahmen der Zwangsvollstreckung wird die Begründung einer Zwangshypothek vorgesehen (§ 867 ZPO). Eine Sicherungshypothek kann auch als Arrestmaßnahme eingetragen werden (§ 932 ZPO).

Die deutsche Lehre unterscheidet zwischen dem dinglichen Bestellungsakt, dem formlosen Sicherungsvertrag, nach dem der Grundstückseigentümer gegenüber dem Gläubiger die Verpflichtung übernimmt, die Hypothek als Sicherheit für die Forderung zu gewähren, und dem schuldrechtlichen Vertrag, aus dem sich die Forderung ergibt. Ist der Schuldner der Forderung auch der Grundstückseigentümer, werden alle drei Rechtsgeschäfte zwischen Schuldner und Gläubiger abgeschlossen. Gewährt ein Dritter die Hypothek, schließt dieser mit dem Gläubiger den Sicherungsvertrag ab und gewährt die Hypothek nach § 873 BGB. Ist der Sicherungsvertrag nichtig, so ist der dingliche Bestellungsakt *sine causa* und nach dem Bereicherungsrecht rückabzuwickeln.[94]

Die griechische Lehre ist sich nicht im Klaren, welches der Rechtsgrund des dinglichen Rechtsgeschäfts ist, sei es einseitig (Art. 1266 ZGB), sei es ein Vertrag. Manche nennen die abzusichernde Forderung als solchen.[95] Andere unterscheiden zwischen der gesicherten Forderung, von der die Wirksamkeit der Hypothek nach dem Akzessorietätsprinzip abhängt, und dem schuldrechtlichen Sicherungsvertrag zwischen dem Hypothekengläubiger und dem die Hypothek Gewährenden (Schuldner oder Dritteigentümer). Letzterer Vertrag ist die *causa*

93 Chelidonis in Georgiades, Kurze Auslegung des ZGB, Art. 1257–1259 Rn. 18; vgl. Weiß, Jura 2017, 121.

94 Wolf/Wellenhofer, Sachenrecht, § 27 Rn. 1; Weller, JuS 2009, 969, 971; Braun/Schultheiß, JuS 2013, 871, 872. Nach Schoppmeyer in Lwowski/Fischer/Gehrlein, Das Recht der Kreditsicherung, § 15 Rn. 198 reicht es beim Fehlen einer ausdrücklichen Sicherungsabrede aus, wenn die Rechte und Pflichten der Parteien sich aus dem Inhalt und dem Zweck des Kreditvertrags ergeben. Der gleichen Meinung auch Alexander, JuS 2012, 481, 482.

95 Georgiades, Sachenrecht, § 85 Rn. 25; Papasteriou, Sachenrecht, § 89 Rn. 30

der Hypothekengewährung.[96] Es wird auch ein Mittelweg beschritten, nach dem die Forderungssicherung zwar als Rechtsgrund genannt wird, nicht aber als separater Vertrag, sondern als Zweck, der „im Sinne der Hypothekengewährung selbst innewohnt."[97] Nach einer anderen Meinung ist die Hypothekenbestellung abstrakt.[98]

Haftungsgegenstand

Wie im griechischen Recht haftet nach deutschem Recht das ganze Grundstück mit seinen Bestandteilen für die Forderung. Die vertragliche Teilung des Grundstücks hat in beiden Rechtsordnungen keine Folgen für das Hypothekenrecht. Es bleibt in beiden Grundstücken weiter bestehen als Gesamthypothek.[99] Im Falle der Vereinigung von Grundstücken erstreckt sich nach griechischem Recht die Hypothek nach dem Unteilbarkeitsprinzip auf das ganze neue Grundstück. Das deutsche Recht unterscheidet zwischen Vereinigung mehrerer Grundstücke (§ 890 Abs. 1 BGB) und Zuschreibung eines Grundstücks zu einem anderen (§ 890 Abs. 2 BGB). Im ersteren Fall bleiben die bisherigen dinglichen Rechte auf den einzelnen Grundstücken bestehen, im letzteren erstrecken sich bestehende Hypotheken des Hauptgrundstücks auf das zugeschriebene Grundstück gem. § 1131 BGB.[100]

Bei der Veräußerung von abgetrennten Bestandteilen und Zubehör des Grundstücks durch den Grundstückseigentümer beschreiten griechisches und deutsches Recht grundsätzlich den gleichen Weg. Maßgebend ist der Zeitpunkt der Beschlagnahme des Grundstücks. Das deutsche Recht stellt im Fall einer Entfernung und Veräußerung von Bestandteilen und Zubehörstücken nach der Beschlagnahme zusätzlich auf die Kenntnis des Erwerbers ab: Entfernt der Erwerber die Sache nach der Beschlagnahme, wobei er gutgläubig über die Beschlagnahme ist, also sie nicht kannte oder nicht infolge grober Fahrlässigkeit

96 Chelidonis in Georgiades, Kurze Auslegung des ZGB, Art. 1265–1267 Rn. 11.

97 Balis, Sachenrecht, § 242 Nr. 6.

98 Spiridakis, Das Recht der dinglichen Sicherheit, Band I, S. 50. Diese Meinung beantwortet nicht die Frage nach der Existenz einer Sicherungsabrede. Nach dem Abstraktionsprinzip hängt die Wirksamkeit des dinglichen Rechtsgeschäfts nicht von der Wirksamkeit des schuldrechtlichen ab. Das heißt aber nicht, dass das dingliche Rechtsgeschäft ohne rechtlichen Grund erfolgt.

99 Baur/Stürner, Sachenrecht, § 39 Rn. 21.

100 Diese Hypotheken sind den auf dem zugeschriebenen Grundstück lastenden Rechten nachranging (§ 1131 S. 2 BGB). Beschränkte dingliche Rechte auf dem zugeschriebenen Grundstück erfassen das Hauptgrundstück nicht. Baur/Stürner, Sachenrecht, § 15 Rn. 24.

nicht kannte,[101] wird die Sache von der Haftung frei (§ 1121 Abs. 2 S. 2 BGB). Für das griechische Recht ist das Element der Kenntnis belanglos. Da aber nach griechischem Recht die Folgen des Veräußerungsverbots gem. Art. 997 Abs. 2 gr.ZPO ab der Zustellung des Beschlagnahmeprotokolls an den Schuldner und den Dritteigentümer bzw. -besitzer und der Eintragung in das Beschlagnahmebuch des Transkriptionsregisters bzw. in das Grundbuch anfangen und nach deutschem Recht die Kenntnis der Beschlagnahme gem. § 23 Abs. 2 S. 2 ZVG ab Zeitpunkt der Eintragung des Zwangsversteigerungsvermerks fingiert wird, führen die Vorschriften beider Rechtsordnungen wesentlich zum gleichen Ergebnis. Über eine erleichternde Regelung wie die von § 23 Abs. 1 S. 2 ZVG (Veräußerung von einzelnen Stücken innerhalb der Grenzen einer ordnungsmäßigen Wirtschaft) verfügt das griechische Recht nicht.

Art. 617 ZGB über Mietforderungen aus dem Grundstück besagt, dass nur Vorschüsse auf Mietzinsen, Abtretungen von Mietzinsen und Pfändungen von Mietzinsen von der Hypothekenhaftung erfasst sind, die die zeitliche Grenze von drei Monaten nach der Beschlagnahme überschreiten. Mietzinsen also, die vor der Beschlagnahme wie auch drei Monate danach entrichtet sind, sind von dem Haftungsverband befreit. Die Regel des „Freiwerdens" vor der Beschlagnahme befolgt auch das deutsche Recht (§ 1124 Abs. 1 BGB). Der Wirksamkeit von Vorausverfügungen des Vermieters wird eine kürzere zeitliche Grenze gezogen (§ 1124 Abs. 2 BGB) als im griechischen Recht. Eine dem § 1123 Abs. 2 BGB entsprechende Vorschrift über die Haftung von rückständigen Mietforderungen enthält das griechische Recht nicht.

Forderung

Bei Abtretung der Forderung wird wie im griechischen Recht auch nach deutschem Recht die Hypothek mitabgetreten (Art. 458 ZGB/§§ 401, 1153 BGB). Eine separate Übertragung der Forderung und der Hypothek an verschiedene Personen ist unzulässig (Art. 1258 HS 1 ZGB/§ 1153 Abs. 2 BGB).[102] Der Schuldner kann gegen den Zessionar alle Einwendungen und Einreden entgegensetzen, die er gegen den Zedenten hatte (Art. 463 Abs. 1 ZGB/§§ 404, 1137 Abs. 1 BGB).

Nach deutschem Recht kann auch der Dritte, der eine Hypothek zugunsten des persönlichen Schuldners gewährt hat, die Einreden des persönlichen Schuldners gegen die Hypothek geltend machen, auch wenn Letzterer darauf

101 Prütting, Sachenrecht, Rn. 658; Weiß, Jura 2017, 121, 125.

102 Sie bilden in diesem Sinne „ein grundsätzlich untrennbares Gesamtpaket." Weiß, Jura 2017, 121, 123.

verzichtet hat (§ 1137 BGB). Das gleiche Recht hat der Dritteigentümer auch nach griechischem Recht.[103]

Der Fall, dass der Eigentümer das mit einer Hypothek belastete Grundstück an einen anderen unter der Bedingung überträgt, dass der Erwerber die Schuld des Veräußerers übernimmt, wird in beiden Rechtsordnungen auf gleiche Weise geregelt (Art. 476 ZGB/§ 416 BGB). Die Zustimmung des Gläubigers gilt als erteilt, wenn er die Übernahme innerhalb einer Frist von sechs Monaten nach ihrer Mitteilung nicht verweigert.

Im Fall einer Novation, also der Ersetzung der alten Forderung durch eine neue, besteht die Hypothek fort, wenn der Eigentümer des haftenden Grundstücks zustimmt (Art. 439 ZGB). Dies kann als Durchbrechung des Akzessorietätsprinzips angesehen werden. Das deutsche Recht regelt die Forderungsauswechslung auf ähnliche Weise (§ 1180 Abs. 1 BGB).

Eine weitere Durchbrechung des Prinzips ist der Fall der Sicherung einer künftigen oder aufschiebend bedingten Forderung nach Art. 1258 HS 2 ZGB.[104] In diesem Fall entsteht die Hypothek vor der Entstehung der Forderung.[105] Die Hypothek wird im Namen des Gläubigers bestellt, während nach deutschem Recht die Hypothek für eine künftige Forderung als vorläufige Grundschuld dem Eigentümer zusteht.[106] In beiden Rechtsordnungen wird die Rangstelle ab dem Zeitpunkt der Eintragung gesichert.

Eine Erweiterung des Umfangs der Hypothek, die zur Verschärfung der Haftung führt, bedarf unter Vorbehalt von § 1119 BGB der Zustimmung der gleich- oder nachrangigen Berechtigten, wenn der Zinssatz durch die Haftungserhöhung die 5 % übersteigt.[107] Das griechische Recht enthält keine entsprechende Bestimmung, es kann aber aus der Gesamtheit der Regelungen das allgemeine Prinzip der Nichtbeeinträchtigung der Rechte der gleich- oder nachrangigen Berechtigten gefolgert werden. Für eine Erhöhung des gesicherten Betrags ist also die Zustimmung von gleich- bzw. nachrangigen Betroffenen erforderlich.[108] Außerdem ist Art. 1269 S. 1 ZGB zwingendes Recht. Weitere

---

103 Roussis in Georgiades, Kurze Auslegung des ZGB, Art. 1294–1299 Rn. 2. Vgl. auch Art. 1219 ZGB.

104 So auch im deutschen Recht: Alexander, JuS 2012, 481, 483.

105 Georgiades, Kreditsicherung, § 19 Rn. 21.

106 Anders der Fall der aufschiebend bedingten Hypothek. Prütting, Sachenrecht, Rn. 637.

107 Schoppmeyer in Lwowski/Fischer/Gehrlein, Das Recht der Kreditsicherung, § 15 Rn. 113–114.

108 Vgl. die gleiche Vorgehensweise im Fall der Rangänderung von Hypotheken. Georgiades, Kreditsicherung, § 20 Rn. 8.

Forderungen des Hypothekengläubigers können durch eine neue nachrangige Hypothek gesichert werden (vgl. Art. 1262 Nr. 7 ZGB).

Rang
Oben wurde bereits gezeigt, dass die griechische Rechtsordnung die dinglich bindende Möglichkeit eines Rangvorbehalts ablehnt, während eine Rangänderung nur begrenzt akzeptiert wird. Ein Teil der Lehre unterstützt die Zulässigkeit solcher Vereinbarungen mit dinglicher Wirkung unter der Voraussetzung, dass die Interessen der anderen Hypothekengläubiger nicht beeinträchtigt werden. Insoweit erweist sich das deutsche Recht (§§ 880, 881 BGB; vgl. auch Art. 813 Abs. 2 schw.ZGB) als flexibler und besser an die Bedürfnisse der modernen Wirtschaft angepasst.

Hypothekenschuldner-Hypothekengläubiger-Verhältnis
Bei der Gefahr einer Verschlechterung des Hypothekengegenstands seitens des Eigentümers sieht das deutsche Recht ebenso wie das griechische den Anspruch des Gläubigers auf Unterlassung bzw. Aufhebung der gefährdenden Handlungen wie auch auf vorzeitige Befriedigung (Art. 1284, 1299 ZGB/§§ 1133, 1134 BGB) vor. Nach Art. 1285 ZGB hat der Hypothekengläubiger bei Gebäuden zusätzlich das Recht, einen Versicherungsvertrag „gegen Brand oder gegen eine andere Gefahr auf Kosten des Schuldners“ abzuschließen. Bei Nichtbezahlung der Versicherungsprämie kann er die sofortige Tilgung der Schuld verlangen. Eine solche Möglichkeit besteht nach § 1134 BGB nicht.[109] Schadensersatzansprüche sind in beiden Rechtsordnungen gewährt (Art. 1284 S. 2, 1299 S. 2 ZGB/§1134 i.V.m. § 823 Abs. 2 BGB).

Erlöschen – Löschung
Ein grundlegender Unterschied zwischen dem griechischen und dem deutschen Recht ist, wie schon oben erörtert, der Ausschluss der Konsolidation von beschränkten dinglichen Rechten gem. Art. 889 BGB im Letzteren. Während die Hypothek nach griechischem Recht durch Konsolidation (Art. 1321 ZGB) erlischt, steht dem Eigentümer in diesem Fall nach deutschem Recht eine Eigentümerhypothek zu, die sich in eine Eigentümergrundschuld verwandelt (§ 1177 Abs. 1 BGB). Zum gleichen Ergebnis führt das Nichtzustandekommen oder das Erlöschen der Forderung (§ 1163 Abs. 1 BGB; vgl. dagegen Art. 1317 ZGB). Das Erlöschen der Hypothek durch Konsolidation (Art. 1321 ZGB) darf nicht mit dem Erlöschen durch Konfusion verwechselt werden. Fallen die Eigenschaften

109 Schoppmeyer in Lwowski/Fischer/Gehrlein, Das Recht der Kreditsicherung, § 15 Rn. 132; Prütting, Sachenrecht, Rn. 661.

des Hypothekenschuldners, der auch persönlicher Schuldner ist, und des Hypothekengläubigers zusammen (etwa der Schuldner beerbt den Gläubiger), so erlischt die Hypothek durch das Erlöschen der Forderung (Art. 1317 ZGB) wegen Konfusion (Art. 453 ZGB). Das Erlöschen der Hypothek durch Konsolidation führt auf der anderen Seite nicht zwangsläufig zum Erlöschen der Forderung, wenn etwa dem Dritten, der die Hypothek gewährt hat, die Forderung vom Gläubiger abgetreten wird. In diesem Fall erlischt die Hypothek gem. Art. 1321 ZGB („Vereinigung des Eigentums und des Hypothekenrechts in derselben Person"), die Forderung gegen den persönlichen Schuldner bleibt jedoch bestehen.[110]

Das deutsche Recht sieht vor, dass die Hypothek auf den persönlichen Schuldner übergeht, wenn er den Gläubiger befriedigt und vom Eigentümer oder seinen Rechtsvorgängern Ersatz verlangen kann (§ 1164 BGB), wie auch dass die Hypothek auf den Dritteigentümer übergeht, wenn er den Gläubiger befriedigt (§§ 1142, 1143 BGB) - wenn die Hypothek nach §§ 1178 oder 1181 BGB nicht erlischt- oder wenn er sein Ablösungsrecht ausübt (§§ 1150, 268 Abs. 3 u. 1153 Abs. 1 BGB). Im ersteren Fall erlischt die Hypothek nach griechischem Recht gem. Art. 1317 ZGB wegen des Erlöschens der Forderung, während sie im letzteren wegen Konsolidation gem. Art. 1321 ZGB erlischt.[111] Es entstehen daher nur schuldrechtliche Rechte des persönlichen Schuldners gegen den Eigentümer aus einem Vertrag oder des Dritteigentümers gegen den Schuldner kraft Gesetzes gem. Art. 1298 ZGB nach Ausübung seines Ablösungsrechts. Ist der Befriedigende auf die Gewährung einer Hypothek gegen den Eigentümer bzw. Schuldner zur Sicherung seiner Forderung berechtigt, handelt es sich um eine neue Hypothek, die nachrangig der bestehenden Hypotheken eingetragen wird.[112]

Im Fall der Befriedigung des Gläubigers durch Zwangsvollstreckung erlischt die Hypothek nach deutschem Recht gleichsam wie im griechischen Recht (§ 1181 Abs. 1 BGB). Dies gilt jedoch nicht für vorrangige Rechte, die nach § 52 Abs. 1 S. 2 ZVG bestehen bleiben, während nach griechischem Recht alle Hypotheken und Hypothekenvormerkungen gem. Art. 1318 Nr. 3 u. 1323 ZGB i.V.m. Art. 1005 Abs. 3 gr.ZPO erlöschen.

---

110 Bosdas, ElDik 1965, 545, 552.

111 Roussis in Georgiades, Kurze Auslegung des ZGB, Art. 1294–1299 Rn. 5.

112 Freilich erwirbt der Ablösungsberechtigte nach Art. 1298 i.V.m. 458 ZGB Nebenrechte des früheren Hypothekengläubigers wie Hypotheken, Hypothekenvormerkungen und Bürgschaften, aber hier handelt es sich um andere Rechte, die die Forderung sichern. Die Hypothek, wegen der das Ablösungsrecht ausgeübt wurde, erlischt. Roussis in Georgiades, Kurze Auslegung des ZGB, Art. 1294–1299 Rn. 5.

Erlischt die Hypothek und wird auch gem. Art. 1324 ZGB aus dem Hypothekenbuch des Transkriptionsregisters bzw. aus dem Grundbuch gelöscht, so rücken nachrangige Hypothekenrechte nach griechischem Recht automatisch auf (Art. 1331 ZGB).[113] So können die nachrangigen Hypothekengläubiger ohne Weiteres Zugriff auf das Grundstück zur Befriedigung ihrer Forderungen haben. Nach deutschem Recht führt jedoch die Entstehung einer Eigentümergrundschuld zum Vorbehalt der entsprechenden Rangstelle zugunsten des Eigentümers. Er kann sein Recht auf sich umschreiben oder löschen lassen oder auf einen anderen übertragen.[114] Das ist zwar vorteilhaft für den Eigentümer, aber es mindert die Verwertbarkeit des Grundstücks zulasten der gleich- oder nachrangigen Grundpfandgläubiger. Freilich gewährt das Recht gleich- oder nachrangigen Gläubigern Mittel zur dinglichen Sicherung von vertraglichen Löschungsansprüchen durch Vormerkung gem. § 1179 BGB bzw. gesetzliche Löschungsansprüche gem. § 1179a BGB, die ihre eventuelle Benachteiligung mildert.

Das Weiterbestehen der Hypothek und ihre Verwandlung in eine Grundschuld im deutschen Recht ist für griechische Verhältnisse eine klare Durchbrechung der Regel der Akzessorietät und eine unerlaubte Verselbständigung des Rechts der Hypothek, deren Akzeptanz eine unterschiedliche Betrachtung des Grundpfandrechtssystems voraussetzt, wie sie etwa die Wertparzellentheorie diktiert.[115]

Eine einseitige Aufhebung der rechtsgeschäftlich entstandenen Hypothek ist nach deutschem Recht nicht möglich.[116] Die Zustimmung des Eigentümers wird stets verlangt (§ 1183 BGB; vgl. dagegen Art. 1318 Nr. 2 u. 1319 Abs. 1 ZGB). Die Aufhebung muss die Anforderungen von § 875 BGB erfüllen.

Die Löschung erfolgt durch die verfahrensrechtliche Bewilligung des Betroffenen gem. § 19 GBO. Die Löschung einer vor- oder gleichrangigen Eigentümerhypothek kann auch unter den Voraussetzungen von §§ 1179, 1179a und 1179b BGB von einem nachrangigen Grundpfandgläubiger verlangt werden. Da das griechische Recht keine Eigentümerhypothek kennt, besteht ein Löschungsanspruch stets in dem Fall, dass der Hypothekengläubiger nicht gem. Art. 1324,

113 Das betrifft freilich nicht den Fall des Erlöschens infolge einer Zwangsversteigerung, da in diesem Fall der Ersteher gem. Art. 1005 Abs. 3 gr.ZPO die Löschung aller Hypotheken, Vormerkungen und Beschlagnahmen auf Antrag erwirken kann.

114 Prütting, Sachenrecht, Rn. 723.

115 Prütting, Sachenrecht, Rn. 736.

116 Baur/Stürner, Sachenrecht, § 41 Rn. 2 u. 4. Der bloße Verzicht des Gläubigers auf die Hypothek führt zur Entstehung einer Eigentümerhypothek gem. § 1168 Abs. 1 BGB.

1325 ZGB zustimmt, wenn der Löschungsberechtigte das materiell-rechtliche Erlöschen der Hypothek, etwa wegen Erfüllung der Forderung oder wegen Nichtigkeit des Darlehensvertrags, nachweisen kann. Das können der Grundstückseigentümer oder gleich- und nachrangige Gläubiger sein. Aufgrund der gerichtlichen Entscheidung muss der Hypothekengläubiger die Löschung der Hypothek dulden.[117]

117 Georgiades, Kreditsicherung, § 20 Rn. 68.

Anhang I – Relevante Gesetzestexte

1. Griechische Verfassung (auszugsweise)

Art. 2
Abs. 1: Die Achtung und der Schutz der Menschenwürde ist Grundverpflichtung des Staats.

Art. 5
Abs. 1: Jeder hat das Recht auf die freie Entfaltung seiner Persönlichkeit und auf die Teilnahme am gesellschaftlichen, wirtschaftlichen und politischen Leben des Landes, soweit er nicht die Rechte anderer verletzt und nicht gegen die Verfassung oder die guten Sitten verstößt.

Art. 17

1. Das Eigentum steht unter dem Schutz des Staates. Die sich daraus ergebenden Rechte können jedoch nicht zulasten des Allgemeinwohls ausgeübt werden.
2. Niemandem darf sein Eigentum entzogen werden, es sei denn zum gebührend erwiesenen öffentlichen Nutzen, wann und wie es ein Gesetz bestimmt, stets gegen eine vorherige volle Entschädigung, die dem Wert des enteigneten Eigentums zum Zeitpunkt der Gerichtsverhandlung über die vorläufige Festsetzung der Entschädigung entspricht. Bei einem Antrag auf unmittelbare Festsetzung der endgültigen Entschädigung wird der Wert zum Zeitpunkt der Verhandlung vor Gericht berücksichtigt.

   Wenn die Gerichtsverhandlung über die endgültige Festsetzung der Entschädigung mehr als ein Jahr nach der Gerichtsverhandlung über die vorläufige Festsetzung der Entschädigung stattfindet, ist für die Festsetzung der Entschädigung der Wert zum Zeitpunkt der Verhandlung über die endgültige Festsetzung maßgeblich. In dem Verwaltungsakt, durch den die Enteignung verkündet wird, soll speziell die Möglichkeit der Zahlung der Entschädigung gerechtfertigt werden. Die Entschädigung kann, wenn der Berechtigte damit einverstanden ist, auch in Naturalien erfolgen, insbesondere durch die Zuweisung des Eigentums an einem anderen Grundstück oder durch die Zuerkennung von Rechten an einem anderen Grundstück.
3. Eine eventuelle Wertänderung des Gegenstandes der Enteignung nach der Veröffentlichung des Enteignungsbeschlusses, die nur auf den Enteignungsbeschluss zurückzuführen ist, wird nicht berücksichtigt.

4. Die Entschädigung wird von den zuständigen Gerichten festgesetzt. Sie kann vom Gericht nach Anhörung oder Ladung des Berechtigten vorläufig festgesetzt werden. In diesem Fall kann der Berechtigte nach Einschätzung des Gerichts verpflichtet werden, zur Entrichtung der Entschädigung eine Gewährleistung nach Maßgabe des Gesetzes anzugeben. Ein Gesetz kann die Errichtung einer einheitlichen Gerichtsbarkeit abweichend von den Bestimmungen des Artikels 94 für alle Streitigkeiten und Angelegenheiten, die eine Enteignung betreffen, wie auch die vorrangige Durchführung der diesbezüglichen Gerichtsverhandlungen vorsehen. Durch das gleiche Gesetz kann die Art der Fortsetzung von Verhandlungen, die rechtshängig sind, bestimmt werden.
   Vor der Entrichtung der endgültig oder vorläufig festgesetzten Entschädigung bleiben alle Rechte des Eigentümers unberührt. Die Inbesitznahme ist nicht erlaubt.
   Es ist möglich, um Arbeiten allgemeiner Bedeutung für die Wirtschaft des Landes zu vollziehen, dass durch eine spezielle Entscheidung des Gerichts, welches für die vorläufige oder endgültige Festsetzung der Entschädigung zuständig ist, die Durchführung von Arbeiten auch vor der Festsetzung und Entrichtung der Entschädigung erlaubt wird, unter der Bedingung, dass ein zumutbarer Teil der Entschädigung bezahlt und volle Gewährleistung zugunsten des Berechtigten der Entschädigung nach Maßgabe des Gesetzes gegeben wird. Der zweite Satz des ersten Absatzes findet hier analoge Anwendung.
   Die festgesetzte Entschädigung ist in jedem Fall spätestens innerhalb von eineinhalb Jahren nach der Veröffentlichung der Entscheidung über die vorläufige Festsetzung der Entschädigung zu zahlen. Bei Antrag auf unmittelbare endgültige Festsetzung der Entschädigung ist sie nach Veröffentlichung der betreffenden Gerichtsentscheidung zu zahlen. Andernfalls ist die Enteignung ohne Weiteres aufgehoben.
   Die Entschädigung unterliegt als solche keiner Steuer, keinem Abzug und keiner Abgabe.
5. Ein Gesetz bestimmt die obligatorische Entschädigung der Berechtigten für die bis zum Zeitpunkt der Gewährung der Entschädigung entgangenen Einnahmen aus dem enteigneten Grundstück.
6. Handelt es sich um die Durchführung von Werken, die gemeinnützig oder von allgemeiner Bedeutung für die Wirtschaft des Landes sind, so kann ein Gesetz die Enteignung von weiteren Zonen zugunsten des Fiskus gestatten, die größer sind als die zur Durchführung des Werkes erforderlichen. Dasselbe Gesetz bestimmt die Voraussetzungen und die Bedingungen einer solchen

Enteignung wie auch die Verfügung oder Benutzung der zusätzlich enteigneten Landflächen zu öffentlichen oder gemeinnützigen Zwecken bezüglich des durchzuführenden Werkes.

7 Durch Gesetz kann bestimmt werden, dass der Tunnelbau in der erforderlichen Tiefe entschädigungslos gestattet ist, damit Werke zur offensichtlichen Gemeinnutzung zugunsten des Fiskus, juristischer Personen des öffentlichen Rechts, der örtlichen Selbstverwaltungskörperschaften, von Versorgungsbetrieben und öffentlichen Unternehmen durchgeführt werden können, vorausgesetzt, dass die gewöhnliche Nutzung des darüber liegenden Grundstücks nicht beeinträchtigt wird.

Art. 24

1. Der Schutz der natürlichen und kulturellen Umgebung ist Verpflichtung des Staates und Recht jedes Einzelnen. Zu deren Schutz muss der Staat besondere vorbeugende oder suppressive Maßnahmen im Rahmen des Nachhaltigkeitsprinzips treffen. Über den Schutz von Wäldern und Holzflächen wird im Gesetz genauer bestimmt. Die Errichtung eines Waldkatasters ist Pflicht des Staates. Die Bestimmungsänderung der Wälder und der Holzflächen ist verboten, es sei denn, das öffentliche Interesse gebietet eine für die nationale Wirtschaft vorrangige landwirtschaftliche Nutzung oder eine andere Nutzung.
2. Der raumordnungsmäßige Aufbau des Landes, die Gestaltung, die Entwicklung, die Bauplanung und die Ausweitung der Städte und der sonstigen Siedlungen steht unter der Regelungszuständigkeit und Kontrolle des Staates, damit der Funktionsfähigkeit und der Entwicklung der Siedlungen gedient wird und die bestmöglichen Lebensbedingungen gesichert werden.

   Die diesbezüglichen technischen Entscheidungen und Abwägungen folgen den Regeln der Wissenschaft. Die Errichtung eines Nationalgrundbuchs ist Pflicht des Staates.
3. Bei der Kennzeichnung von Flächen als Baugebiet sowie zu deren stadtplanerischen Aktivierung sind die Eigentümer der davon betroffenen Grundstücke verpflichtet, die nötigen Grundstücke entschädigungslos für den Bau von Straßen, Plätzen und sonstigen gemeinnützigen Flächen zur Verfügung zu stellen und sich an den Kosten für die Errichtung der der Allgemeinheit dienenden stadtplanerischen Hauptvorrichtungen nach Maßgabe des Gesetzes zu beteiligen.
4. Das Gesetz kann die Beteiligung der Eigentümer eines Gebiets, das als Baugebiet bezeichnet wird, an dessen Nutzbarmachung und Neuordnung aufgrund des genehmigten Bebauungsplans vorsehen, indem ihnen gleichwertige

Grundstücke oder Stockwerkseigentumseinheiten als Gegenleistung aus den Flächen, die endgültig zur Bebauung bestimmt sind, oder aus den Gebäuden dieses Gebiets zugewiesen werden.

5. Die Bestimmungen der vorangehenden Absätze finden auch bei der Neuordnung bereits bestehender Baugebiete Anwendung. Die bei der Neuordnung entstehenden freien Flächen werden zur Schaffung von gemeinnützigen Flächen benutzt oder werden zur Bestreitung der Kosten aus der stadtplanerischen Neuordnung nach Maßgabe des Gesetzes veräußert.
6. Die Denkmäler, die traditionellen Gebiete und die traditionellen Elemente stehen unter staatlichem Schutz. Das Gesetz wird die zur Verwirklichung dieses Schutzes notwendigen eigentumsbeschränkenden Maßnahmen sowie die Art und Weise der Entschädigung der Eigentümer bestimmen.

Auslegende Erklärung
Unter Wald oder Waldökosystem ist eine organische Gesamtheit von Wildpflanzen mit hölzernem Stamm, über die notwendige Bodenoberfläche gedeihend, zu verstehen, die zusammen mit der dazugehörenden Flora und Fauna durch ihre Interdependenz und gegenseitige Beeinflussung eine besondere Biosymbiose (Waldbiosymbiose) und eine besondere natürliche (aus dem Wald hervorgehende) Umwelt bildet. Eine Holzfläche ist vorhanden, wenn in der oben genannten Gesamtheit die Wildholzvegetation – hoch oder buschartig – licht ist.

Art. 25

1. Die Rechte des Menschen als Person und als Mitglied der Gesellschaft wie auch das Prinzip des sozialen Rechtsstaats werden vom Staat gewährleistet. Alle Staatsorgane sind verpflichtet, deren ungehinderte und effiziente Ausübung sicherzustellen. Diese Rechte gelten auch in den Verhältnissen unter Privaten, wenn sie für diese geeignet sind. Jedwede Einschränkungen, die diesen Rechten nach der Verfassung gesetzt werden, müssen entweder in der Verfassung selbst oder im Gesetz, wenn ein Gesetzesvorbehalt vorhanden ist, unter Beachtung des Verhältnismäßigkeitsprinzips vorgesehen sein.
2. Die Anerkennung und der Schutz der grundlegenden und unverjährbaren Menschenrechte durch den Staat ist auf die Verwirklichung des gesellschaftlichen Fortschritts in Freiheit und Gerechtigkeit gerichtet.
3 Rechtsmissbrauch ist nicht erlaubt.
4. Der Staat ist berechtigt, von allen Bürgern die Erfüllung ihrer Pflicht zu gesellschaftlicher und nationaler Solidarität zu fordern.

Art. 28

1. Die allgemein geltenden Regeln des internationalen Rechts wie auch die internationalen Verträge ab ihrer Ratifizierung durch Gesetz und ihrem Inkrafttreten nach den für jeden einzelnen geltenden Bedingungen sind untrennbarer Teil des internen griechischen Rechts und sind jeder entgegenstehenden gesetzlichen Vorschrift überlegen. Die Anwendung der Regeln des internationalen Rechts und der internationalen Verträge bei Ausländern gilt unter der Bedingung der Gegenseitigkeit.

2. Einführungsgesetz zum griechischen Zivilgesetzbuch (EGZGB)

(auszugsweise)

Art. 18

Die Vorschriften des Zivilgesetzbuchs über Verjährung finden Anwendung auch auf die schon entstandenen, aber zur Zeit seiner Einführung noch nicht verjährten Ansprüche. Der Beginn, die Hemmung und die Unterbrechung der Verjährung wird jedoch in Ansehung der vor der Einführung des Zivilgesetzbuchs verstrichenen Zeit nach dem bisherigen Recht beurteilt.

Ist die Verjährungszeit des Zivilgesetzbuchs kürzer als die des bisherigen Rechts, so kommt die kürzere Verjährungszeit zur Anwendung und beginnt mit seiner Einführung. In dem Fall aber, in dem die bisherige Verjährungszeit früher als die im Zivilgesetzbuch bestimmte kürzere vollendet wird, wird die Verjährung mit dem Ablauf der Zeit des bisherigen Rechts vollendet.

Art. 50

Der zur Zeit der Einführung des Zivilgesetzbuchs bestehende Besitz oder Rechtsbesitz oder die Detention richtet sich von jetzt an in Ansehung der späteren Rechtsfolgen oder der Verletzung und des Schutzes des Besitzes, des Rechtsbesitzes oder der Detention nach den Vorschriften des Zivilgesetzbuchs.

Art. 51

Der vor der Einführung des Zivilgesetzbuchs erfolgte Erwerb von Eigentum oder eines anderen dinglichen Rechtes wird nach dem Recht beurteilt, welches zu der Zeit galt, in der die zu seinem Erwerb erforderlichen Tatbestände entstanden sind.

Art. 53
Auch nach der Einführung des Zivilgesetzbuches bleiben die zur Zeit seiner Einführung geltenden besonderen Gesetze über Verwaltung und Schutz der öffentlichen oder Kirchen- und Klostergrundstücke im Allgemeinen in Kraft.

Art. 54
Auch nach der Einführung des Zivilgesetzbuches bleibt das Gesetz 3741 vom 4./9. Januar 1929 „über das Eigentum nach Stockwerken" in Kraft.

Art. 55
Ein zur Zeit der Einführung des Zivilgesetzbuchs bestehendes Eigentumsrecht richtet sich in der Zukunft in Bezug auf seinen Umfang, seinen Inhalt, seine Übertragbarkeit, seinen Schutz und sein Erlöschen nach den Vorschriften des Zivilgesetzbuchs. Das gleiche gilt auch in Bezug auf das Eigentum an einem Stockwerk oder an einer Abteilung desselben.

Art. 58
Das zur Zeit der Einführung des Zivilgesetzbuchs geltende dingliche Recht der Erbpacht auf fremden Grund bleibt für die Zukunft bestehen und richtet sich weiter nach dem bis jetzt geltenden Recht oder nach den bis jetzt darüber geltenden besonderen Vorschriften.

Art. 59
Erbbaurechte oder andere dingliche Rechte, die ein gesondertes Eigentum begründen und zur Zeit der Einführung des Zivilgesetzbuchs an Pflanzungen oder Bäumen oder an einem Gebäude auf fremdem Grund bestehen, bleiben erhalten und richten sich weiter nach dem bisherigen Recht oder nach den bis jetzt über sie geltenden besonderen Vorschriften.

Art. 64
Die Vorschriften des Zivilgesetzbuchs über Ersitzung des Eigentums oder der Dienstbarkeiten finden mit seiner Einführung auch auf die bereits vorher begonnene und bei seinem Inkrafttreten nicht vollendete Ersitzung Anwendung. Der Beginn, die Hemmung und die Unterbrechung der Ersitzung wird jedoch in Bezug auf die vor der Einführung des Zivilgesetzbuchs abgelaufene Zeit nach dem bisherigen Recht beurteilt.

Art. 65
Ist im Fall des vorangehenden Artikels die Zeit der Ersitzung des Zivilgesetzbuchs kürzer als die des bisherigen Rechts, so wird von der Einführung des Zivilgesetzbuchs an die kürzere Zeit berechnet und sie beginnt mit der Einführung. Wenn aber die Ersitzungszeit des bisherigen Rechts eher als die im Zivilgesetzbuch

bestimmte kürzere Zeit vollendet wird, ist die Ersitzung mit dem Ablauf der Zeit des bisherigen Rechts vollzogen.

Art. 68
Auch nach der Einführung des Zivilgesetzbuches bleiben besondere Gesetze oder besondere Vorschriften über Hypotheken oder über einen allgemeinen oder besonderen Hypothekentitel in Kraft, insbesondere das Gesetz 4112 vom 20. März/1. April 1929 „über Begründung einer Hypothek an mechanischen oder sonstigen Einrichtungen", …

Art. 105
Für rechtswidrige Handlungen oder Unterlassungen der Organe des Staats bei der Ausübung der ihnen übertragenen öffentlichen Gewalt haftet der Staat für Schadensersatz, es sei denn, dass die Handlung oder die Unterlassung unter Verletzung einer Vorschrift vorgenommen wurde, die zum Schutz des allgemeinen Interesses besteht. Mit dem Staat haftet als Gesamtschuldner auch die schuldige Person; die besonderen Vorschriften über Haftung der Minister bleiben unberührt.

Art. 106
Die Vorschriften der zwei vorangehenden Artikel finden Anwendung auch in Bezug auf die Haftung von Städten, Gemeinden oder anderen Personen des öffentlichen Rechts wegen Handlungen oder Unterlassungen der in ihrem Dienst befindlichen Personen.

3. Griechisches Zivilgesetzbuch (ZGB)

Erstes Buch

Allgemeiner Teil (auszugsweise)

Die Rechtsnormen im Allgemeinen
Art. 2 Rückwirkende Kraft des Gesetzes
Das Gesetz trifft Bestimmungen für die Zukunft, hat keine rückwirkende Kraft und gilt, solange nicht eine andere Rechtsnorm es ausdrücklich oder stillschweigend aufhebt.

Natürliche Person
Art. 57 Recht auf die eigene Persönlichkeit
Wer in seiner Persönlichkeit widerrechtlich beeinträchtigt wird, ist berechtigt, die Beseitigung der Beeinträchtigung und außerdem ihre Unterlassung für die Zukunft zu verlangen. Wenn die Beeinträchtigung die Persönlichkeit eines

Verstorben betrifft, haben das Recht dazu der Ehegatte, die Abkömmlinge, die Aszendenten, die Geschwister und die testamentarischen Erben.

Ein weiterer Anspruch auf Schadensersatz nach den Vorschriften über unerlaubte Handlungen ist nicht ausgeschlossen.

Art. 58 Recht auf den Namen
Wird das Recht zum Gebrauch eines bestimmten Namens dem Berechtigten von einem anderen bestritten oder macht jemand widerrechtlich von einem bestimmten Namen Gebrauch, so kann der Berechtigte oder jeder, der dadurch beeinträchtigt wird, die Beseitigung der Beeinträchtigung und außerdem ihre Unterlassung für die Zukunft verlangen. Ein weiterer Anspruch auf Schadensersatz nach den Vorschriften über unerlaubte Handlungen ist nicht ausgeschlossen.

Art. 59 Wiedergutmachung immateriellen Schadens
Das Gericht kann in den Fällen der zwei vorangehenden Artikel durch seine Entscheidung auf Antrag des Verletzten und unter Berücksichtigung der Art der Beeinträchtigung den Schuldigen auch zur Wiedergutmachung des immateriellen Schadens des Verletzten verurteilen. Dieser besteht in der Zahlung einer Geldsumme, in einer Veröffentlichung oder auch in allem, was den Umständen nach geboten erscheint.

Rechtsgeschäfte
Art. 127 Volljähriger
Wer das achtzehnte Lebensjahr vollendet hat (Volljähriger), ist zu jedem Rechtsgeschäft fähig.

Art. 130 Willenserklärung Geschäftsunfähiger
Die Willenserklärung ist nichtig, sofern der Erklärende der Geschäftsfähigkeit entbehrt.

Art. 138 Scheinerklärung
Eine nicht ernstlich, sondern nur zum Schein abgegebene Willenserklärung (Scheinerklärung) ist nichtig.

Das von einem Scheingeschäft verdeckte andere Rechtsgeschäft ist gültig, wenn es die Parteien gewollt haben und die zu seinem Zustandekommen erforderlichen Bedingungen vorhanden sind.

Art. 139
Die Scheinerklärung schadet demjenigen nicht, welcher kontrahiert hat, ohne sie zu kennen.

Art. 140 Erklärung aus Irrtum
Wenn beim Zustandekommen eines Rechtsgeschäftes die Erklärung mit dem Willen des Erklärenden wegen wesentlichen Irrtums nicht übereinstimmt, ist dieser berechtigt, die Anfechtung des Rechtsgeschäfts geltend zu machen.

Art. 141 Wesentlicher Irrtum
Der Irrtum ist ein wesentlicher, wenn er sich auf einen Punkt von solcher Bedeutung für das ganze Rechtsgeschäft bezieht, dass der Irrende bei Kenntnis der wirklichen Sachlage das Rechtsgeschäft nicht vorgenommen hätte.

Art. 142
Als wesentlicher Irrtum gilt auch der Irrtum über die Eigenschaften der Person oder der Sache, wenn diese Eigenschaften nach der Vereinbarung der Parteien oder nach Treu und Glauben und der Verkehrssitte von solcher Bedeutung für das ganze Rechtsgeschäft sind, dass der Irrende bei Kenntnis der wirklichen Sachlage das Rechtsgeschäft nicht vorgenommen hätte.

Art. 143 Irrtum im Beweggrund
Der Irrtum ist, sofern das Gesetz nicht ein anderes bestimmt, kein wesentlicher, wenn er sich ausschließlich auf die Beweggründe des Willens bezieht.

Art. 144 Wann die Anfechtung wegen Irrtums ausgeschlossen ist
Ein Rechtsgeschäft kann wegen Irrtums nicht angefochten werden: 1. wenn der andere die Willenserklärung, wie sie der Irrende meint, annimmt; 2. wenn die Anfechtung gegen Treu und Glauben verstößt.

Art. 145 Schadensersatz wegen Anfechtung
Wer die Anfechtung des Rechtsgeschäfts wegen Irrtums geltend macht, ist zum Ersatz des durch die Nichtigerklärung verursachten Schadens verpflichtet, soweit dieser das Interesse aus dem gültigen Rechtsgeschäft nicht übersteigt.

Die Verpflichtung zum Schadensersatz fällt weg, wenn der Geschädigte den Irrtum kannte oder kennen musste.

Art. 146 Unrichtige Übermittlung einer Erklärung
Ist eine Willenserklärung unrichtig übermittelt, so finden die Vorschriften über Irrtum entsprechende Anwendung.

Art. 147 Erklärung infolge arglistiger Täuschung
Wer zur Abgabe einer Willenserklärung durch arglistige Täuschung bestimmt worden ist, ist berechtigt, die Anfechtung des Rechtsgeschäfts geltend zu machen. Im Fall einer Erklärung, die einem anderen gegenüber abgegeben wird, kann, wenn die arglistige Täuschung ein Dritter verübte, die Anfechtung nur

geltend gemacht werden, wenn derjenige, dem gegenüber die Erklärung abgegeben wurde, oder ein anderer, der aus dieser unmittelbar ein Recht erworben hat, die arglistige Täuschung kannte oder kennen musste.

Art. 148
Ist der durch die arglistige Täuschung veranlasste Irrtum kein wesentlicher und nimmt der andere Teil die Willenserklärung so an, wie sie der Getäuschte gewollt hat, so kann das Gericht das Rechtsgeschäft gelten lassen.

Art. 149
Der Getäuschte ist berechtigt, außer der Anfechtung des Rechtsgeschäfts auch einen Ersatzanspruch für jeden anderen Schaden nach den Vorschriften über unerlaubte Handlungen geltend zu machen. Er ist auch berechtigt, das Rechtsgeschäft gelten zu lassen und nur Schadensersatz zu verlangen.

Art. 150 Erklärung infolge Drohung
Wer widerrechtlich oder gegen die guten Sitten durch Drohung, die von dem anderen Teil oder einem Dritten verübt wurde, zur Abgabe einer Willenserklärung bestimmt worden ist, ist berechtigt, die Anfechtung des Rechtsgeschäfts geltend zu machen.

Art. 151
Es ist erforderlich, dass die Drohung bei einem vernünftigen Menschen unter den konkreten Umständen Furcht erregt und das Leben, die körperliche Unversehrtheit, die Freiheit, die Ehre, das Vermögen des Bedrohten oder der mit ihm am engsten verbundenen Personen einer erheblichen und unmittelbaren Gefahr aussetzt.

Art. 152
Der Bedrohte ist berechtigt, außer der Anfechtung des Rechtsgeschäfts auch einen Ersatzanspruch für jeden anderen Schaden nach den Vorschriften über unerlaubte Handlungen geltend zu machen. Er ist auch berechtigt, nach Geltenlassen des Rechtsgeschäfts nur Schadensersatz zu verlangen.

Art. 153 Von einem Dritten verübte Drohung
Wer unter der Einwirkung einer von einem Dritten verübten Drohung einem anderen gegenüber eine Willenserklärung abgegeben hat, kann, wenn diese deshalb für nichtig erklärt wird, den Umständen nach zum Schadensersatz dem anderen gegenüber verpflichtet werden, wenn dieser die verübte Drohung weder kannte noch kennen musste.

Art. 154 Nichtigerklärung
Die Nichtigerklärung eines Rechtsgeschäfts wegen Irrtums, arglistiger Täuschung oder Drohung erfolgt durch gerichtliche Entscheidung. Nur der Irrende, der Getäuschte oder der Bedrohte und ihre Erben sind berechtigt, die Anfechtung geltend zu machen.

Art. 155 Anfechtungsklage
Die Anfechtungsklage richtet sich gegen den anderen Vertragschließenden und im Fall eines einseitigen Rechtsgeschäfts gegen denjenigen, der aus diesem ein rechtliches Interesse unmittelbar ableitet.

Art. 156 Erlöschen des Anfechtungsrechts
Das Anfechtungsrecht erlischt durch den Verzicht des Berechtigten. Die Verzichtserklärung, mag sie ausdrücklich oder stillschweigend erfolgen, braucht nicht dem anderen Teil gegenüber abgegeben zu werden.

Art. 157
Das Anfechtungsrecht erlischt nach Ablauf von zwei Jahren seit der Vornahme des Rechtsgeschäfts. Setzten der Irrtum, die arglistige Täuschung oder die Drohung sich auch nach der Vornahme des Rechtsgeschäfts fort, so beginnen die zwei Jahre mit dem Zeitpunkt, in dem dieser Zustand aufgehört hat zu bestehen. Jedenfalls ist die Anfechtung ausgeschlossen, wenn seit der Vornahme des Rechtsgeschäfts zwanzig Jahre verstrichen sind.

Art. 158 Form des Rechtsgeschäfts
Die Beachtung einer Form für ein Rechtsgeschäft ist nur in den Fällen erforderlich, in denen es das Gesetz bestimmt

Art. 159
Ein Rechtsgeschäft, bei dessen Vornahme die durch Gesetz vorgeschriebene Form nicht beachtet wurde, ist nichtig, wenn das Gegenteil nicht bestimmt ist.

Wurde die Form von den Parteien bestimmt, so hat ihre Nichtbeachtung im Zweifel gleichfalls Nichtigkeit zur Folge. Die Erfüllung des Rechtsgeschäfts in Kenntnis des Formmangels heilt jedoch diesen Mangel.

Art. 166 Vorvertrag
Der Vertrag, durch den sich die Parteien verpflichten, einen bestimmten Vertrag abzuschließen (Vorvertrag), ist der Form unterworfen, die das Gesetz für den abzuschließenden Vertrag bestimmt.

Art. 173 Auslegung der Erklärung
Bei der Auslegung einer Willenserklärung wird der wirkliche Wille erforscht, ohne an den Worten zu haften.

Art. 174 Verbotenes Rechtsgeschäft
Ein Rechtsgeschäft, welches gegen eine gesetzliche Verbotsvorschrift verstößt, ist nichtig, sofern nicht ein anderes anzunehmen ist.

Art. 175 Verfügungsverbot
Die Verfügung über einen Gegenstand ist nichtig, wenn sie durch Gesetz verboten ist. Wenn das Verbot zugunsten bestimmter Personen ergangen ist, können nur diese sich auf die Nichtigkeit berufen.

Art. 176
Wurde ein Verbot im Sinne des vorigen Artikels durch gerichtliche Entscheidung angeordnet, so gilt dasselbe wie beim gesetzlichen Verbot.

Art. 177
Ein Rechtsgeschäft, welches die Befugnis zur Verfügung über ein veräußerliches Recht beschränkt, hat, sofern im Gesetz nicht ein anderes bestimmt ist, nur obligatorische Wirkung und ist ohne Einfluss auf die Gültigkeit der Verfügung.

Art. 178 Rechtsgeschäft, das gegen die guten Sitten verstößt
Ein gegen die guten Sitten verstoßendes Rechtsgeschäft ist nichtig.

Art. 179
Nichtig, als gegen die guten Sitten verstoßend, ist insbesondere ein Rechtsgeschäft, durch das die Freiheit der Person übermäßig eingeschränkt wird oder durch das jemand unter Ausbeutung der Notlage, des Leichtsinns oder der Unerfahrenheit des anderen Teils sich für sich oder für einen Dritten für eine Leistung Vermögensvorteile versprechen oder gewähren lässt, welche den Umständen nach in einem auffälligen Missverhältnis zu der Leistung stehen.

Art. 180 Wirkung der Nichtigkeit
Das nichtige Rechtsgeschäft gilt als nicht vorgenommen.

Art. 181
Die Nichtigkeit eines Teils hat die Nichtigkeit des ganzen Rechtsgeschäfts zur Folge, wenn anzunehmen ist, dass es ohne den nichtigen Teil nicht vorgenommen worden wäre.

Art. 182 Umdeutung
Entspricht ein nichtiges Rechtsgeschäft den Erfordernissen eines anderen Rechtsgeschäfts, so gilt das letztere, sofern anzunehmen ist, dass die Parteien bei Kenntnis der Nichtigkeit dessen Geltung gewollt hätten.

Art. 183 Bestätigung
Die Bestätigung eines nichtigen Rechtsgeschäfts gilt als erneute Vornahme des Rechtsgeschäfts.

Wird ein nichtiger Vertrag von den Parteien bestätigt, so wird im Zweifel zwischen ihnen eine gegenseitige Verpflichtung zu jeder Leistung begründet, zu der sie verpflichtet waren, wenn der Vertrag von Anfang an gültig wäre.

Art. 184 Wirkung der Anfechtung
Das anfechtbare Rechtsgeschäft wird nach der Nichtigerklärung dem von Anfang an nichtigen gleichgestellt, unbeschadet der Vorschriften über die aus einem für nichtig erklärten Vertrag von Dritten erworbenen dinglichen Rechte.

Art. 197 Haftung aus den Verhandlungen
Bei den Verhandlungen zur Schließung eines Vertrags sind die Parteien gegenseitig verpflichtet, das nach Treu und Glauben und nach der Verkehrssitte gebotene Verhalten zu beachten.

Art. 198
Wer bei den Verhandlungen zur Schließung eines Vertrags dem anderen schuldhaft einen Schaden zugefügt hat, ist zu dessen Ersatz verpflichtet, auch wenn der Vertrag nicht zustande gekommen ist.

Art. 200 Auslegung der Verträge
Verträge sind so auszulegen, wie Treu und Glauben mit Rücksicht auf die Verkehrssitte es erfordern.

Bedingungen und Zeitbestimmungen

Art. 201 Aufschiebende Bedingung
Werden die Rechtswirkungen des Rechtsgeschäfts von einer zukünftigen und ungewissen Tatsache abhängig (aufschiebende Bedingung), so beginnen sie mit dem Eintritt der Tatsache (Eintritt der Bedingung).

Art. 202 Auflösende Bedingung
Wird die Aufhebung der Rechtswirkungen des Rechtsgeschäfts von einer zukünftigen und ungewissen Tatsache abhängig (auflösende Bedingung), so endigt die Wirkung des Rechtsgeschäfts mit dem Eintritt der Tatsache und es wird ohne weiteres der frühere Zustand wiederhergestellt.

Art. 203 Wirkung der Bedingungen
Sollen nach dem Inhalt des Rechtsgeschäfts die Folgen der erfüllten Bedingung auf einen früheren Zeitpunkt als den des Eintritts der Bedingung zurückbezogen werden, so ist jede der Parteien verpflichtet, der anderen zu leisten, was sie haben würde, wenn die Folgen in diesem früheren Zeitpunkt eingetreten wären.

Art. 204
Wer unter einer Bedingung berechtigt ist, kann im Fall des Eintritts der Bedingung Schadensersatz von dem anderen Teil verlangen, wenn dieser während des Schwebens der Bedingung das von der Bedingung abhängige Recht durch sein Verschulden vereitelt oder beeinträchtigt hat.

Art. 205
Wer unter einer Bedingung berechtigt ist, kann während des Schwebens der Bedingung Erhaltungsmaßnahmen verlangen, wenn Gefahr besteht.

Art. 206 Verfügung während des Schwebens der Bedingung
Tritt die Bedingung ein, so ist ohne weiteres jede Verfügung über den Gegenstand des Rechtsgeschäfts, die während des Schwebens der Bedingung vorgenommen wurde, insoweit nichtig, als dadurch die von der Bedingung abhängige Wirkung vereitelt oder beeinträchtigt wird. Dasselbe gilt auch bei einer Veräußerung im Wege der Zwangsvollstreckung, die während des Schwebens der Bedingung vorgenommen wurde.

Art. 207 Fiktive Erfüllung oder Nichterfüllung der Bedingung
Die Bedingung gilt als erfüllt, wenn ihre Erfüllung wider Treu und Glauben von demjenigen verhindert wurde, der durch ihren Eintritt beeinträchtigt würde.

Die Bedingung gilt als nicht erfüllt, wenn ihre Erfüllung gegen Treu und Glauben von demjenigen herbeigeführt wurde, der aus ihrem Eintritt einen Vorteil ableiten würde.

Art. 208 Unverständliche, widerrechtliche usw. Bedingungen
Eine unverständliche oder widerspruchsvolle oder dem Rechtsgeschäft einen widerrechtlichen oder unsittlichen Inhalt verleihende Bedingung macht es nichtig.

Eine unmögliche Bedingung macht als aufschiebende das Rechtsgeschäft nichtig, als auflösende hat sie keine Wirkung.

Art. 209 Zeit, nach der die Erfordernisse des Rechtsgeschäfts beurteilt werden
Bei einem Rechtsgeschäft unter aufschiebender Bedingung werden seine Erfordernisse, welche die Form und die Person betreffen, nach der Zeit des Abschlusses des Rechtsgeschäfts, und diejenigen, welche seinen Gegenstand betreffen, nach der Zeit der Erfüllung der Bedingung beurteilt.

Art. 210 Aufschiebende und auflösende Frist
Wurde durch das Rechtsgeschäft bestimmt, dass seine Wirkungen von einem bestimmten Zeitpunkt an beginnen (aufschiebende Frist) oder von einem bestimmten Zeitpunkt an enden (auflösende Frist), so finden die Vorschriften über aufschiebende und auflösende Bedingungen entsprechende Anwendung.

Vertretung und Vollmacht

Art. 211 Unmittelbare Vertretung
Eine Willenserklärung, welche jemand (Vertreter) im Namen eines anderen (des Vertretenen) innerhalb der Grenzen der Vertretungsmacht abgegeben hat, wirkt unmittelbar für und gegen den Vertretenen. Diese Wirkung tritt ein ohne Unterschied, ob die Erklärung ausdrücklich im Namen des Vertretenen erfolgt oder ob die Umstände ergeben, dass sie in dessen Namen erfolgen soll.

Diese Vorschrift findet auch auf eine Willenserklärung, welche dem Vertreter gegenüber abgegeben wurde, entsprechende Anwendung.

Art. 214 Erfordernisse, welche aus der Person des Vertreters beurteilt werden
Die Willensmängel oder die Kenntnis oder schuldhafte Unkenntnis von gewissen Umständen sowie ihr Einfluss auf das Rechtsgeschäft werden aus der Person des Vertreters beurteilt.

Art. 215
Hat der Vertreter nach bestimmten Weisungen des Vertretenen gehandelt, so kann sich der Vertretene für Umstände, die er selbst kannte oder kennen musste, nicht auf die Unkenntnis des Vertreters berufen.

Art. 217
Die Vollmacht wird durch Erklärung gegenüber dem zu Bevollmächtigenden oder dem Dritten erteilt, mit dem das Rechtsgeschäft vorgenommen wird.

Die Erklärung bedarf, sofern nicht ein anderes anzunehmen ist, der Form, die für das Rechtsgeschäft erforderlich ist, auf das sich die Vollmacht bezieht.

Art. 235 Rechtsgeschäft eines Vertreters mit sich selbst
Der Vertreter kann im Namen des Vertretenen mit sich im eigenen Namen oder als Vertreter eines anderen kein Rechtsgeschäft vornehmen, es sei denn, dass dieses Rechtsgeschäft vom Vertretenen gestattet wurde oder ausschließlich in der Erfüllung einer Verbindlichkeit besteht.

Ein Vertrag mit sich selbst, welcher nicht notariell beurkundet wurde, ist nichtig.

Einwilligung und Genehmigung

Art. 239 Verfügung durch Nichtberechtigten

Eine Verfügung über einen Gegenstand, die von einem Nichtberechtigten getroffen wird, ist gültig, wenn sie mit Einwilligung des Berechtigten erfolgte.

Die ohne eine solche Einwilligung getroffene Verfügung wird gültig, sofern im Gesetz nicht ein anderes bestimmt ist, wenn der Berechtigte sie genehmigt oder wenn der Verfügende den Gegenstand erwirbt oder wenn er von dem Berechtigten beerbt wird. Sind in den beiden letzteren Fällen miteinander nicht in Einklang stehende Verfügungen getroffen worden, so geht die zeitlich frühere vor.

Fristen

Art. 241 Beginn

Die Frist beginnt mit dem Tag, der demjenigen Tag folgt, in den das für ihren Beginn maßgebende Ereignis fällt.

Art. 242 Ende

Die Frist endigt mit dem Ablauf des ganzen letzten Tages und, wenn dieser ein gesetzlicher Feiertag ist, mit dem Ablauf des ganzen nächstfolgenden Werktages.

Art. 243 Woche, Monat, Jahr

Eine nach Wochen bestimmte Frist endigt mit dem Ablauf des entsprechenden gleichlautenden Tages der letzten Woche.

Eine nach Monaten bestimmte Frist endigt mit dem Ablauf des entsprechenden gleichlautenden Tages des letzten Monats, der durch seine Zahl dem Anfangstag der Frist entspricht; in Ermangelung eines entsprechenden Tages im letzten Monat endigt die Frist mit dem Ablauf des letzten Tages des Monats.

Eine nach Jahren bestimmte Frist endigt mit dem Ablauf des entsprechenden Datums des letzten Jahres.

Verjährung und Ausschlussfrist

Art. 249 Zwanzigjährige Verjährung

Die Verjährungszeit der Ansprüche beträgt, sofern nicht ein anderes bestimmt ist, zwanzig Jahre.

Art. 251 Beginn der Verjährung

Die Verjährung beginnt mit dem Zeitpunkt, in dem der Anspruch entstanden und seine gerichtliche Geltendmachung möglich ist.

Art. 255 Hemmung der Verjährung

Die Verjährung ist gehemmt, solange der Berechtigte durch Stillstand der Rechtspflege oder aus einem anderen Grund höherer Gewalt daran gehindert wurde, seinen Anspruch innerhalb der letzten sechs Monate der Verjährungsfrist geltend zu machen. Die Verjährung ist auch gehemmt, solange der Berechtigte innerhalb der letzten sechs Monate der Verjährungsfrist durch arglistiges Verhalten des Verpflichteten an der Geltendmachung des Anspruchs gehindert wurde.

Art. 256
Die Verjährung der Ansprüche ist gehemmt: 1. zwischen Ehegatten, solange die Ehe besteht, auch wenn diese nachher für nichtig erklärt wurde; 2. zwischen Eltern und Kindern während der Minderjährigkeit; 3. zwischen den Vormündern und den Mündeln während der Vormundschaft; 4. bei den Dienstverpflichteten gegen die Dienstherren während des Dienstverhältnisses, aber nicht länger als fünfzehn Jahre.

Art. 257
Der Zeitraum der Hemmung wird in die Verjährungsfrist nicht eingerechnet.

Mit dem Aufhören der Hemmung wird die Verjährung fortgesetzt; sie wird in keinem Fall vor dem Ablauf von sechs Monaten vollendet.

Art. 258 Verjährung gegen Geschäftsunfähige
Die Verjährung läuft auch gegen geschäftsunfähige Personen oder gegen Personen mit beschränkter Geschäftsfähigkeit.

Haben diese Personen keinen Vormund oder Beistand, so wird die Verjährung nicht vor dem Ablauf von sechs Monaten nach dem Zeitpunkt vollendet, in welchem sie unbeschränkt geschäftsfähig wurden oder einen Vormund, Kurator oder Beistand erhalten haben. Diese Vorschrift findet keine Anwendung, sofern Personen die Fähigkeit besitzen, vor Gericht aufzutreten.

Art. 259
Die Verjährung eines Anspruchs, der zu einer Erbschaft gehört oder sich gegen eine Erbschaft richtet, wird nicht vor dem Ablauf von sechs Monaten nach dem Zeitpunkt vollendet, in welchem der Erbe die Erbschaft angenommen hat oder in welchem der Anspruch von einem Erbschaftspfleger oder gegen einen solchen Pfleger geltend gemacht werden kann.

Art. 260 Unterbrechung, Anerkennung
Die Verjährung wird durch die auf beliebige Weise erfolgte Anerkennung des Anspruchs durch den Verpflichteten unterbrochen.

Art. 261 Klageerhebung
Die Verjährung wird durch die Klageerhebung unterbrochen. Die auf diese Weise unterbrochene Verjährung beginnt von neuem mit der letzten Prozesshandlung der Parteien oder des Gerichts.

Art. 262
In den Fällen, in denen zur Erhebung der Klage ein vorbereitendes Verfahren erforderlich ist, gilt die Unterbrechung der Verjährung mit dem Beginn des vorbereitenden Verfahrens als erfolgt, wenn die Klage innerhalb von drei Monaten nach dessen Ende oder innerhalb der durch Gesetz bestimmten Frist erhoben wird.

Art. 263
Jede durch Klageerhebung bewirkte Unterbrechung der Verjährung gilt als nicht erfolgt, wenn der Kläger die Klage zurücknimmt oder diese aus nicht-materiellen Gründen abgewiesen wird.

Erhebt der Berechtigte innerhalb von sechs Monaten von neuem die Klage, so gilt die Verjährung als durch die erste Klage unterbrochen.

Art. 264 Andere Unterbrechungsgründe
Die Verjährung wird auch unterbrochen: 1. durch die Zustellung einer unter einen Vollstreckungstitel gesetzten Zahlungsaufforderung; 2. durch die Anmeldung im Insolvenzverfahren zur Feststellung; 3. durch die Anmeldung zur Aufnahme in den Teilungsplan bei einer Versteigerung; 4. durch die Geltendmachung der Einrede der Aufrechnung des Anspruchs.

Art. 265
Hat der Berechtigte auf die Zahlungsaufforderung oder die Anmeldung verzichtet, so gilt die Verjährung als nicht unterbrochen.

Art. 266
Die durch Anmeldung im Insolvenzverfahren unterbrochene Verjährung beginnt von neuem mit der Beendigung des Insolvenzverfahrens oder, wenn gegen den Anspruch Widerspruch erhoben wurde, mit der letzten Prozesshandlung der Parteien oder des Gerichts.

Art. 267
Die durch die Einrede der Aufrechnung des Anspruchs unterbrochene Verjährung beginnt von neuem mit der letzten Prozesshandlung der Parteien oder des Gerichts in dem Prozess, in dem die Einrede geltend gemacht wurde.

Art. 268 Entscheidung oder vollstreckbare Urkunde über den Anspruch
Jeder Anspruch, welcher durch rechtskräftige Entscheidung oder durch öffentliche vollstreckbare Urkunde festgestellt wurde, verjährt in zwanzig Jahren, auch wenn der Anspruch an und für sich einer kürzeren Verjährung unterlag. Ansprüche aus wiederkehrenden Leistungen jedoch, welche durch rechtskräftige Entscheidung oder durch öffentliche vollstreckbare Urkunde festgestellt wurden und welche in der Zukunft fällig werden, unterliegen der kürzeren Verjährung.

Art. 269 Anhängigwerden des Rechtsstreits bei einem Schiedsgericht usw.
Die Verjährung wird unterbrochen, wenn der Streit um den Anspruch bei einem Schiedsgericht, einer Verwaltungsbehörde oder einem Verwaltungsgericht oder bei einem anderen, besonderen Gericht anhängig geworden ist. Die Vorschriften der Art. 261 bis 263, 267 bis 268 finden entsprechende Anwendung.

Ist zur Unterwerfung des Rechtsstreits unter ein Schiedsgericht die Ernennung von Schiedsrichtern oder die Erfüllung bestimmter Formalitäten oder Voraussetzungen erforderlich, so wird die Verjährung in dem Zeitpunkt unterbrochen, in welchem der Berechtigte das zur Erledigung des Rechtsstreits seinerseits Erforderliche vorgenommen hat.

Art. 270 Folgen der Unterbrechung
Ist die Verjährung unterbrochen, so wird die verstrichene Zeit nicht eingerechnet; nach der Beendigung der Unterbrechung beginnt eine neue Verjährung.

In den Fällen des Art. 250 beginnt die neue Verjährung mit dem Schluss des Jahres, in dem die Beendigung der Unterbrechung eingetreten ist.

Art. 271 Verjährung dinglicher Ansprüche
Bei der Verjährung von dinglichen Ansprüchen ist der Sonder- oder Gesamtrechtsnachfolger berechtigt, auch die Zeit einzurechnen, in welcher seine Rechtsvorgänger im Besitz der Sache waren.

Art. 272 Wirkung der vollendeten Verjährung
Nach der Vollendung der Verjährung ist der Verpflichtete berechtigt, die Leistung zu verweigern.

Das in Unkenntnis der Verjährung Geleistete kann nicht zurückgefordert werden. Das in Unkenntnis der Verjährung erfolgte schriftliche Anerkenntnis eines verjährten Anspruchs durch Vertrag sowie die Sicherheitsleistung sind gültig.

Ausübung der Rechte, Selbsthilfe, Notwehr, Notstand

Art. 281 Rechtsmissbrauch
Die Ausübung eines Rechts ist unzulässig, wenn sie offenbar die von Treu und Glauben oder von den guten Sitten oder vom sozialen oder wirtschaftlichen Zweck des Rechts gezogenen Grenzen überschreitet.

Art. 282 Selbsthilfe
Die durch die eigene Kraft des Berechtigten und ohne obrigkeitliche Hilfe erfolgende Befriedigung des Anspruchs (Selbsthilfe) ist nur dann zulässig, wenn die obrigkeitliche Hilfe nicht rechtzeitig erfolgen kann und ohne sofortiges Eingreifen die Gefahr besteht, dass die Verwirklichung des Anspruchs vereitelt oder wesentlich erschwert wird.

Art. 283
Hat die Selbsthilfe stattgefunden, ohne dass die Voraussetzungen des Gesetzes vorliegen, oder übersteigt sie das zur Abwehr der Gefahr erforderliche Maß, so ist derjenige, welcher gehandelt hat, zum Schadensersatz verpflichtet. Dieselbe Verpflichtung trifft ihn auch dann, wenn er irrtümlicherweise annahm, dass die Voraussetzungen des Gesetzes gegeben seien.

Art. 284 Notwehr
Die zur Abwendung eines gegenwärtigen rechtswidrigen Angriffs gegen sich oder gegen einen Dritten erforderliche Verteidigung ist keine widerrechtliche Handlung.

Art. 285 Notstand
Die Zerstörung einer fremden Sache ist keine widerrechtliche Handlung, sofern sie zur Abwendung einer drohenden Gefahr erforderlich ist, die demjenigen, welcher die Zerstörung vornimmt, oder einem anderen einen unverhältnismäßig größeren Schaden zu verursachen droht.

Art. 286
Wer im Sinne des vorigen Artikels die Zerstörung vorgenommen hat, ist zum Schadensersatz verpflichtet, wenn die Gefahr durch sein Verschulden verursacht wurde; andernfalls kann er nach den Umständen zu einem angemessenen Schadensersatz verurteilt werden. Leistet er den Schadensersatz, so kann er sich im Wege des Rückgriffs nach den Vorschriften über Geschäftsführung ohne Auftrag an den halten, dem seine Handlung zum Vorteil gereicht.

Zweites Buch

Schuldrecht (auszugsweise)
Verpflichtung zur Leistung im Allgemeinen
Art. 287 Begriff des Schuldverhältnisses
Schuldverhältnis ist das Verhältnis, durch das sich jemand einem anderen zu einer Leistung verpflichtet. Die Leistung kann auch in einem Unterlassen bestehen.

Art. 297 Schadensersatz
Der zum Schadensersatz Verpflichtete hat diesen in Geld zu leisten. Das Gericht kann mit Rücksicht auf die besonderen Umstände statt des Schadensersatzes in Geld die Herstellung des früheren Zustandes anordnen, sofern diese Art der Entschädigung nicht gegen das Interesse des Gläubigers verstößt.

Art. 302 Wegnahmerecht
Wer berechtigt ist, wegen Aufwendungen auf eine herauszugebende Sache die an ihr angebrachten Einrichtungen wegzunehmen, hat im Falle der Ausübung des Wegnahmerechts die Sache auf seine Kosten in den vorigen Stand zu setzen. Erlangt der andere den Besitz der Sache, so ist er berechtigt, die Wegnahme zu verhindern, solange ihm nicht für den mit der Wegnahme verbundenen Schaden Sicherheit geleistet wird.

Art. 319 Recht eines Dritten zum Angebot und zur Surrogation
Wird gegen den Schuldner die Zwangsvollstreckung betrieben, so ist jeder, der Gefahr läuft, durch die Zwangsvollstreckung ein dingliches Recht oder den Besitz an der zu veräußernden Sache zu verlieren, berechtigt, den Gläubiger durch Leistung des Geschuldeten, öffentliche Hinterlegung oder Aufrechnung zu befriedigen.

Soweit der Gläubiger befriedigt wird, tritt derjenige, welcher ihn befriedigt hat, in seine Rechte ein.

Art. 325 Zurückbehaltungsrecht
Hat der Schuldner einen fälligen, mit seiner Schuld zusammenhängenden Anspruch gegen den Gläubiger, so ist er berechtigt, sofern sich nicht ein anderes ergibt, die Bewirkung der Leistung zu verweigern, bis der Gläubiger die Verbindlichkeit erfüllt, welche ihm zur Last fällt (Zurückbehaltungsrecht).

Art. 326
Das Zurückbehaltungsrecht hat insbesondere auch, wer zur Herausgabe eines Gegenstands verpflichtet ist, wegen der Verwendungen, die er auf den Gegenstand gemacht hat, oder wegen des durch diesen verursachten Schadens.

Art. 327
Das Zurückbehaltungsrecht ist gegen Ansprüche ausgeschlossen, bei welchen die Aufrechnung nicht zugelassen ist.

Art. 328
Der Gläubiger kann das Zurückbehaltungsrecht durch Sicherheitsleistung abwenden. Die Sicherheitsleistung durch Bürgen ist ausgeschlossen.

Art. 329
Macht der Schuldner, welcher vom Gläubiger verklagt wird, das Zurückbehaltungsrecht geltend, so erfolgt die Verurteilung des Schuldners zur Leistung unter der Bedingung der gleichzeitigen Erfüllung der dem Gläubiger zur Last fallenden Verpflichtung.

Art. 330 Haftung aus Verschulden
Der Schuldner haftet, wenn ein anderes nicht bestimmt wurde, für jede aus Vorsatz oder Fahrlässigkeit von ihm oder von seinen gesetzlichen Vertretern verursachte Nichteinhaltung seiner Verpflichtung. Fahrlässigkeit liegt in jedem Fall vor, in dem die im Verkehr erforderliche Sorgfalt außer Acht gelassen wird.

Unmöglichkeit der Leistung und Verzug des Schuldners
Art. 335 Unmöglichkeit der Bewirkung
Ist die Leistung in der Zeit, in der sie bewirkt werden soll, im Ganzen oder zum Teil entweder aus allgemeinen Gründen oder aus Gründen, welche den Schuldner betreffen, unmöglich, ist der Schuldner zum Ersatz des dadurch dem Gläubiger entstehenden Schadens verpflichtet.

Art. 340 Verzug des Schuldners
Der Schuldner einer fälligen Leistung kommt in Verzug, wenn eine gerichtliche oder außergerichtliche Mahnung des Gläubigers ergangen ist.

Art. 341 Bestimmter Tag
Wurde zur Bewirkung der Leistung ein bestimmter Tag vereinbart, so gerät der Schuldner allein durch den Ablauf dieses Tages in Verzug.

Wurde zur Bewirkung der Leistung eine bestimmte Frist nach Kündigung bestimmt, so gerät der Schuldner mit dem Ablauf der Frist nach vorangegangener Kündigung in Verzug.

Art. 342
Der Schuldner kommt nicht in Verzug, wenn die Leistung infolge eines Umstandes unterbleibt, den er nicht zu vertreten hat.

Art. 343 Folgen
Der in Verzug geratene Schuldner ist neben der Leistung auch zum Schadensersatz für den dem Gläubiger aus der Verzögerung entstandenen Schaden verpflichtet.

Hat der Gläubiger infolge des Verzugs kein Interesse mehr an der Bewirkung der Leistung, so ist er berechtigt, innerhalb einer angemessenen Frist seit dem Angebot oder der Aufforderung durch den Schuldner die Leistung abzulehnen und Schadensersatz wegen Nichterfüllung zu verlangen.

Art. 344
Der Schuldner hat während des Verzugs jede Fahrlässigkeit zu vertreten. Er haftet ebenso für Zufall, es sei denn, dass er nachweist, dass der Schaden auch bei rechtzeitiger Leistung eingetreten wäre.

Schuldverhältnisse aus Verträgen im Allgemeinen

Art. 366 Vertrag über die Übertragung jedes künftigen Vermögens

Ein Vertrag über die Übertragung jedes künftigen Vermögens oder eines Bruchteils desselben oder über die Belastung desselben mit einem Nießbrauch ist nichtig.

Art. 367 Vertrag über die Übertragung des gegenwärtigen Vermögens

Ein Vertrag über die Übertragung des ganzen gegenwärtigen Vermögens oder eines Bruchteils desselben oder über die Belastung desselben mit einem Nießbrauch bedarf der notariellen Beurkundung.

Art. 368 Vertrag über die Erbschaft eines Lebenden

Ein Vertrag über die Erbschaft eines Lebenden, sei es mit ihm selbst oder mit einem Dritten, sei es über die ganze Erbschaft oder einen Bruchteil derselben, ist nichtig. Das gleiche gilt für den Vertrag, durch den die Freiheit zur letztwilligen Verfügung beschränkt wird.

Art. 369 Dingliche Verträge über ein Grundstück

Verträge, welche die Begründung, Übertragung, Veränderung oder Aufhebung dinglicher Rechte an Grundstücken zum Gegenstand haben, müssen vor einem Notar abgeschlossen werden.

Art. 370

Die vertragliche Verpflichtung zur Veräußerung oder Belastung einer Sache erstreckt sich im Zweifel auch auf das Zubehör der Sache bei der Schließung des Vertrags.

Grundsätze bei gegenseitigen Verträgen

Art. 388 Unvorhergesehene Änderung der Geschäftsgrundlagen

Haben sich die Umstände, auf denen die Parteien mit Rücksicht auf Treu und Glauben und auf die Verkehrssitte den Abschluss eines gegenseitigen Vertrags hauptsächlich aufgebaut hatten, später aus außerordentlichen Gründen geändert, die nicht vorhergesehen werden konnten, und wurde wegen dieser Änderung die Leistung dem Schuldner mit Rücksicht auch auf die Gegenleistung unverhältnismäßig lästig, so kann auf Antrag des Schuldners das Gericht nach eigenem Ermessen die Leistung auf ein gehöriges Maß herabsetzen oder die Lösung des Vertrags im ganzen oder in Bezug auf den nicht ausgeführten Teil bestimmen.

Wird die Lösung des Vertrags angeordnet, so erlöschen die Verpflichtungen daraus zur Leistung und die Vertragsschließenden sind gegenseitig verpflichtet, die empfangenen Leistungen nach den Vorschriften über ungerechtfertigte Bereicherung herauszugeben.

Vertraglicher Rücktritt
Art. 393
Der Rücktritt ist ausgeschlossen, wenn der Rücktrittsberechtigte ganz oder zum großen Teil den empfangenen Gegenstand veräußert oder ihn mit einem Recht zugunsten eines Dritten belastet hat.

Draufgabe
Art. 403 Schicksal der Draufgabe
Wer die Nichterfüllung des Vertrags verschuldet hat, verliert die gegebene Draufgabe oder gibt die empfangene doppelt heraus. Im Zweifel ist eine Verpflichtung zu weiterem Schadensersatz nicht ausgeschlossen, er ist aber um die Höhe der Draufgabe zu mindern.

Vertrag zu Gunsten und zu Lasten eines Dritten
Art. 410 Vertrag zu Gunsten eines Dritten
Wer ein Versprechen zur Leistung an einen Dritten empfängt, kann verlangen, dass der Versprechende dem Dritten leiste.

Art. 411 Recht des Dritten
Der Dritte ist berechtigt, die Leistung unmittelbar von demjenigen, der das Versprechen gegeben hat, zu verlangen, wenn ein solcher Wille der vertragschließenden Parteien anzunehmen oder der Natur und dem Zweck des Vertrags zu entnehmen ist.

Erlöschen von Schuldverhältnissen
Art. 416 Erfüllung
Das Schuldverhältnis erlischt durch Erfüllung.

Art. 427 Öffentliche Hinterlegung
Der Schuldner ist bei Verzug des Gläubigers zur öffentlichen Hinterlegung des Geschuldeten berechtigt, wenn es in Geld oder in anderen Sachen besteht, die dem Gesetz nach hinterlegungsfähig sind.

Art. 436 Novation
Das Schuldverhältnis erlischt, wenn es vermittels eines auf Aufhebung gerichteten Vertrags durch ein neues Schuldverhältnis ersetzt wird (Novation), welches entweder dieselben Personen oder einen anderen Schuldner oder einen anderen Gläubiger umfasst.

Art. 439 Sicherheiten des alten Schuldverhältnisses
Bei Novation bleiben die Bürgschaften, die Pfandrechte oder die Hypotheken des alten Schuldverhältnisses für das neue Schuldverhältnis nur fortbestehen, wenn der Bürge oder der Eigentümer der mit der Hypothek belasteten oder der verpfändeten Sache zugestimmt hat, und zwar sowohl, wenn er Schuldner, als auch, wenn er Dritter ist.

Art. 440 Aufrechnung
Durch die Aufrechnung werden die zwischen zwei Personen bestehenden gegenseitigen Forderungen, soweit sie sich decken, getilgt, wenn sie dem Gegenstand nach gleichartig und fällig sind.

Art. 453 Konfusion
Das Schuldverhältnis erlischt durch Konfusion, wenn die Rechtsstellung des Gläubigers und des Schuldners sich in derselben Person vereinigen. Das Schuldverhältnis lebt wieder auf von dem Zeitpunkt an, in dem diese Vereinigung zu bestehen aufhört.

Art. 454 Erlass
Das Schuldverhältnis erlischt, wenn der Gläubiger mit dem Schuldner einen Schulderlass vereinbart oder durch Vertrag mit diesem anerkennt, dass die Schuld nicht bestehe.

Abtretung

Art. 455 Begriff
Der Gläubiger kann durch Vertrag einem anderen seine Forderung ohne die Zustimmung des Schuldners übertragen (Abtretung).

Art. 458 Übergang von Nebenrechten
Mit der Abtretung gehen auch die die Forderung sichernden Hypotheken, Bürgschaften, Pfandrechte oder andere Nebenrechte über, ebenso wie die bei der Zwangsvollstreckung oder bei der Insolvenz aus der Natur der Forderung oder der Bürgschaft sich ergebenden Vorzugsrechte. Vorzugsrechte, welche an die Person des Gläubigers gebunden sind, gehen nicht über.

Art. 463 Einwendungen gegen den Zessionar
Der Schuldner kann dem Zessionar alle Einwendungen entgegensetzen, die er gegen den Zedenten vor der Anzeige hatte.

Der Schuldner kann eine Gegenforderung, die er zur Zeit der Anzeige gegen den Zedenten hatte, obwohl sie nicht fällig war, zur Aufrechnung gegen den Zessionar geltend machen, wenn sie nicht später als die abgetretene Forderung fällig geworden ist.

Schuldübernahme

Art. 471 Begriff

Durch Vertrag mit dem Gläubiger kann jemand eine fremde Schuld in der Weise übernehmen, dass durch seinen Eintritt an Stelle des Schuldners dieser befreit wird.

Art. 475 Nebenrechte der Forderung

Nebenrechte der Forderung, die sich gegen den bisherigen Schuldner richtete, bestehen auch nach der Übernahme fort. Bürgschaften, Pfandrechte und Hypotheken bestehen aber nur fort, wenn der Bürge oder der Eigentümer der mit einer Hypothek belasteten oder der verpfändeten Sache zugestimmt hat.

Vorzugsrechte, welche bei der Zwangsvollstreckung oder bei der Insolvenz ausgeübt werden, erlöschen durch die Übernahme.

Art. 476 Veräußerung eines Hypothekengrundstücks und Schuldübernahme

Wer durch Vertrag von einem anderen ein mit Hypothek belastetes Grundstück unter der Bedingung erwirbt, die Schuld des Veräußerers, für welche die Hypothek bestellt wurde, zu bezahlen, tritt hinsichtlich der Schuld an die Stelle des Veräußerers und befreit ihn, wenn der Gläubiger innerhalb von sechs Monaten, nachdem die Eintragung der Veräußerung im Transkriptionsbuch und anschließend eine schriftliche Mitteilung der Schuldübernahme an ihn erfolgt ist, den Wechsel des Schuldners nicht schriftlich ablehnt. Die Mitteilung ist nur vom Veräußerer zu machen, und die Antwort des Gläubigers erfolgt an diesen. Der Veräußerer hat dem Erwerber diese Antwort unverzüglich bekanntzumachen.

Gesamtschuldverhältnis

Art. 487 Rückgriff unter den Mitschuldnern

Die Gesamtschuldner sind im Verhältnis zueinander zu gleichen Anteilen verpflichtet, soweit sich nicht aus dem Verhältnis ein anderes ergibt.

Alles, was der Gesamtschuldner, welcher die Leistung bewirkte, von einem Gesamtschuldner nicht hat einziehen können, wird zwischen ihm und den übrigen in derselben Weise aufgeteilt.

Art. 488 Substitution

Soweit einer der Gesamtschuldner den Gläubiger befriedigt hat und ihm ein Rückgriffsrecht gegen die übrigen zusteht, tritt er in die Rechte des Gläubigers ein.

Schenkung

Art. 496 Begriff

Die Leistung eines Vermögensgegenstands an einen anderen ist Schenkung, wenn die Parteien darüber einig sind, dass diese Leistung unentgeltlich erfolgt.

Art. 499 Haftung des Schenkers
Der Schenker haftet nur für Vorsatz und grobe Fahrlässigkeit.

Wegen Sach- und Rechtsmängeln des geschenkten Gegenstands haftet der Schenker nur, wenn er einen mangelfreien Gegenstand zugesichert oder wenn er solche Mängel arglistig verschwiegen hat.

Art. 503 Schenkung unter Auflage
Bei einer Schenkung unter Auflage ist der Schenker berechtigt, vom Beschenkten die Vollziehung der Auflage zu verlangen, wenn er seine Verpflichtung aus der Schenkung erfüllt hat.

Nach dem Tod des Schenkers ist auch die Behörde berechtigt, die Vollziehung einer Auflage zu verlangen, wenn diese einen öffentlichen oder gemeinnützigen Zweck verfolgt.

Art. 505 Widerruf der Schenkung
Der Schenker ist zum Widerruf der Schenkung berechtigt, wenn der Beschenkte sich durch eine schwere Verfehlung dem Schenker oder dem Ehegatten oder einem nahen Verwandten des Schenkers gegenüber undankbar gezeigt und insbesondere seine Verpflichtung zum Unterhalt des Schenkers nicht eingehalten hat.

Art. 506
Der Erbe des Schenkers ist zum Widerruf der Schenkung berechtigt, wenn der Beschenkte vorsätzlich den Schenker getötet oder am Widerruf der Schenkung behindert hat.

Art. 507
Der Schenker oder sein Erbe ist zum Widerruf der Schenkung berechtigt, wenn der Beschenkte schuldhaft die Vollziehung der Auflage unterlässt, unter der die Schenkung erfolgte.

Art. 508
Eine Schenkung, die von Seiten einer Person erfolgte, welche keine leiblichen Abkömmlinge hat, kann innerhalb von fünf Jahren von ihrer Vollziehung an widerrufen werden, wenn ihr zu ihren Lebzeiten oder nach ihrem Tode ein leibliches Kind geboren wurde oder wenn durch eine Ehe die Legitimation eines Kindes stattgefunden hat.

Art. 509
Der Widerruf der Schenkung erfolgt durch Erklärung gegenüber dem Beschenkten. Nach dem erfolgten Widerruf erlischt die Verpflichtung des Schenkers zur Leistung; die bewirkte Leistung kann nach den Vorschriften über ungerechtfertigte Bereicherung zurückgefordert werden.

Kauf und Tausch

Art. 513 Begriff des Kaufs

Durch den Kaufvertrag wird der Verkäufer verpflichtet, das Eigentum an der verkauften Sache oder das verkaufte Recht zu übertragen und die Sache zu übergeben; der Käufer wird verpflichtet, den vereinbarten Preis zu zahlen.

Art. 514 Rechtsmängel des verkauften Gegenstands

Der Verkäufer ist verpflichtet, den verkauften Gegenstand frei von jedem Recht eines Dritten (Rechtsmangel) zu übertragen.

Art. 515

Der Verkäufer haftet nicht für die zur Zeit des Abschlusses des Kaufs bestehenden Rechtsmängel, wenn der Käufer diese kannte. Für eine bestehende Hypothek oder Vormerkung oder Pfändung oder für ein Pfandrecht haftet der Verkäufer aber auch dann, wenn der Käufer ihr Vorhandensein kannte.

Art. 532 Eigentumsvorbehalt

Enthält der Kaufvertrag die Bestimmung, dass sich der Verkäufer das Eigentum an der verkauften Sache bis zur Zahlung des Kaufpreises vorbehält, so ist im Zweifel anzunehmen, dass die Übertragung des Eigentums an den Käufer erfolgt, wenn die Bedingung der Zahlung des Kaufpreises erfüllt ist, und dass der Verkäufer beim Verzug des Käufers berechtigt ist, entweder den Kaufpreis zu fordern oder unter Geltendmachung seiner Rechte aus dem Eigentum vom Vertrag zurückzutreten.

In diesem Fall geht die Gefahr mit der Übergabe der verkauften Sache auf den Käufer über.

Art. 534 Sachmängel und Mangel von zugesicherten Eigenschaften

Der Verkäufer ist verpflichtet, die Sache mit den zugesicherten Eigenschaften und ohne Sachmängel zu übergeben.

Art. 549

Ist die Sache aus Zufall ganz oder zum großen Teil unter- oder verlorengegangen oder wesentlich verschlechtert, so ist der Käufer nur berechtigt, Minderung des Kaufpreises zu verlangen.

Das gleiche gilt auch, wenn die Sache ganz oder zum großen Teil vom Käufer umgebildet oder veräußert wurde.

Art. 573 Tausch

Auf den Tausch finden die Vorschriften über den Kauf entsprechende Anwendung. Jeder der Vertragschließenden wird hinsichtlich der ihm obliegenden

Leistung als Verkäufer und hinsichtlich der von ihm beanspruchten Leistung als Käufer angesehen.

Miete einer Sache

Art. 574 Begriff

Durch den Mietvertrag über eine Sache wird der Vermieter verpflichtet, dem Mieter den Gebrauch der vermieteten Sache während der Mietzeit zu gewähren, der Mieter, den vereinbarten Mietzins zu entrichten.

Art. 575 Verpflichtungen des Mieters

Der Vermieter hat die vermietete Sache dem Mieter in einem zu dem vertragsmäßigen Gebrauch geeigneten Zustand zu überlassen und sie während der ganzen Mietzeit in diesem Zustand zu erhalten.

Art. 576 Fehlen von zugesicherten Eigenschaften oder Sachmängel der vermieteten Sache

Ist die vermietete Sache zur Zeit der Überlassung an den Mieter mit einem Mangel behaftet, der den vereinbarten Gebrauch zum Teil oder ganz hindert (Sachmangel), oder ist ein solcher Mangel im Laufe der Mietzeit entstanden, so ist der Mieter zur Minderung oder zur Nichtentrichtung des Mietzinses berechtigt.

Das gleiche gilt, wenn der vermieteten Sache eine zugesicherte Eigenschaft fehlt oder wenn eine solche Eigenschaft im Laufe der Mietzeit wegfällt.

Art. 577

Fehlt der vermieteten Sache beim Abschluss des Mietvertrags eine zugesicherte Eigenschaft, so ist der Mieter berechtigt, statt der Minderung oder der Nichtentrichtung der Mietzinses Schadensersatz wegen Nichterfüllung des Vertrags zu verlangen. Das gleiche gilt auch, wenn der Vermieter beim Abschluss des Vertrags den Mangel der vermieteten Sache kannte oder kennen musste.

Art. 578

Das im vorangehenden Artikel bezeichnete Recht hat der Mieter auch, wenn infolge Verschuldens des Vermieters die zugesicherte Eigenschaft oder der Mangel der vermieteten Sache nach dem Abschluss des Vertrags weggefallen bzw. entstanden ist.

Das gleiche Recht hat der Mieter auch, wenn der Vermieter mit der Beseitigung des Sach- oder Eigenschaftsmangels in Verzug gekommen ist. Der Mieter ist aber in diesem Fall berechtigt, selbst diese Mängel zu beseitigen und Ersatz der gemachten Aufwendungen zu verlangen.

Art. 579
Der Vermieter haftet nicht für Sachmängel, die dem Mieter beim Abschluss des Vertrags bekannt waren.

Das gleiche gilt auch für zugesicherte Eigenschaften, deren Fehlen der Mieter beim Abschluss des Vertrags kannte.

Art. 580
Der Vermieter haftet nicht für Sachmängel, die dem Mieter beim Abschluss des Vertrags aus grober Fahrlässigkeit unbekannt geblieben sind, es sei denn, dass der Vermieter das Nichtbestehen des Mangels zugesichert oder ihn arglistig verschwiegen hat.

Art. 581
Der Vermieter haftet nicht für einen Sachmangel oder das Fehlen einer zugesicherten Eigenschaft, wenn der Mieter die vermietete Sache vorbehaltslos angenommen hat, obwohl er den Mangel oder das Fehlen der zugesicherten Eigenschaft kannte.

Art. 582
(aufgehoben)

Art. 583 Rechtsmängel der vermieteten Sache
Wird durch das Recht eines Dritten dem Mieter der vereinbarte Gebrauch der gemieteten Sache zum Teil oder ganz entzogen (Rechtsmangel), so finden die Vorschriften der Art. 576 bis 579 entsprechende Anwendung. Der Mieter kann aber nicht selbst die Beseitigung des Rechtsmangels auf Kosten des Vermieters vornehmen.

Art. 584
Der Mieter ist im Übrigen berechtigt, unbeschadet der Vorschriften über Sach- und Rechtsmängel oder das Fehlen von zugesicherten Eigenschaften, die Vertragserfüllung oder Schadensersatz nach Maßgabe der allgemeinen Vorschriften zu verlangen, wenn ihm der Gebrauch der vermieteten Sache nicht überlassen oder er darin gestört wurde.

Art. 585 Kündigung wegen Nichtüberlassung des Gebrauchs
In jedem Fall, in dem dem Mieter der vereinbarte Gebrauch ganz oder zum Teil nicht rechtzeitig und ungestört überlassen oder ihm nachträglich entzogen wurde, ist der Mieter berechtigt, dem Vermieter eine angemessene Frist zur Verschaffung des Gebrauchs zu setzen und nach erfolglosem Ablauf dieser Frist das Mietverhältnis zu kündigen. Der Mieter hat auch das Recht, das Mietverhältnis

fristlos zu kündigen, wenn er an der Erfüllung des Vertrags infolge des Grundes, der die Kündigung rechtfertigt, kein Interesse hat.

Art. 586
Der Mieter hat kein Recht, das Mietverhältnis wegen Sach- oder Rechtsmängeln oder dem Fehlen einer zugesicherten Eigenschaft in den Fällen zu kündigen, in denen der Vermieter für diese nicht haftet.

Art. 587 Wirkung der Kündigung
Durch die Kündigung wird das Mietverhältnis für die Zukunft aufgehoben; der etwa für die Zeit nach der Kündigung vorausbezahlte Mietzins ist zurückzuerstatten. Der Kündigungsberechtigte ist nicht zum Schadensersatz wegen der Kündigung verpflichtet.

Art. 588 Gesundheitsgefährdung des Mieters
Führt bei der Miete einer Wohnung der Gebrauch der gemieteten Sache eine erhebliche Gefährdung der Gesundheit des Mieters oder der mit ihm zusammenwohnenden Angehörigen herbei, so ist der Mieter berechtigt, das Mietverhältnis ohne Einhaltung einer Kündigungsfrist zu kündigen, auch wenn er beim Abschluss des Mietvertrags oder bei der Überlassung der vermieteten Sache die gefährlichen Umstände gekannt oder auf die ihm diesbezüglich zustehenden Rechte verzichtet hat.

Art. 589 Verpflichtung des Mieters zur Anzeige
Der Mieter ist dem Vermieter zum Schadensersatz verpflichtet, wenn er es unterlassen hat, ihm über Mängel der vermieteten Sache, welche im Laufe der Mietzeit entstanden sind, oder über Rechte, die sich ein Dritter an der Sache anmaßt, rechtzeitig Anzeige zu machen.

Art. 590 Lasten und Steuern der vermieteten Sache
Der Vermieter trägt die auf der Mietsache ruhenden Lasten und Steuern.

Art. 591 Verwendungen
Der Vermieter ersetzt dem Mieter die notwendigen Verwendungen, die er auf der vermieteten Sache vorgenommen hat.

Nützliche Verwendungen werden nach den Vorschriften über die Geschäftsführung ohne Auftrag ersetzt. Der Mieter ist zur Wegnahme der Einrichtungen berechtigt, die er der vermieteten Sache hinzugefügt hat.

Art. 592 Verschlechterungen oder Veränderungen
Der Mieter haftet nicht für Verschlechterungen oder Veränderungen, die durch den vereinbarten Gebrauch herbeigeführt werden.

Art. 593 Untervermietungsrecht
Der Mieter ist berechtigt, sofern nicht das Gegenteil vereinbart wurde, den Gebrauch der vermieteten Sache einem anderen zu überlassen, insbesondere die vermietete Sache weiter zu vermieten; er haftet aber dem Vermieter gegenüber für das Verschulden des Dritten. Die bloße Zustimmung des Vermieters zur Untervermietung oder zur Gebrauchsüberlassung befreit den Mieter nicht von dieser Haftung.

Art. 594 Vertragswidriger Gebrauch der vermieteten Sache
Der Vermieter ist zur sofortigen Kündigung berechtigt und kann außerdem Schadensersatz verlangen, wenn der Mieter trotz des Widerspruchs des Vermieters die vermietete Sache nicht sorgfältig und vereinbarungsgemäß benutzt oder auf die anderen Mieter nicht Rücksicht nimmt.

Art. 595 Mietzinsentrichtung
Der Mietzins ist zu der vereinbarten oder üblichen Zeit zu entrichten. In Ermangelung einer Vereinbarung oder eines Brauchs ist der Mietzins am Ende der Mietzeit und, wenn vereinbart wurde, dass die Entrichtung des Mietzinses nach kürzeren Zeitabschnitten erfolgen soll, nach dem Ablauf der einzelnen Zeitabschnitte zu zahlen.

Art. 596
Der Mieter wird von der Entrichtung des Mietzinses nicht befreit, wenn er aus Gründen, die ihn betreffen, an dem Gebrauch der vermieteten Sache gehindert wird. Er ist aber berechtigt, alle Vorteile, die der Vermieter aus einer anderweitigen Verwendung der vermieteten Sache gezogen hat, vom Mietzins abzuziehen.

Art. 597
Bleibt der Mieter mit dem Mietzins im Ganzen oder zum Teil im Rückstand, so ist der Vermieter berechtigt, das Mietverhältnis bei Mietverträgen von über Jahresdauer unter Einhaltung einer Kündigungsfrist von mindestens einem Monat und bei anderen Mietverhältnissen von zehn Tagen zu kündigen. Ein Anspruch des Vermieters auf Schadensersatz wegen vorzeitiger Lösung des Mietverhältnisses ist nicht ausgeschlossen.

Die Kündigung bleibt wirkungslos, wenn der Mieter vor dem Ablauf dieser Frist den rückständigen Mietzins samt etwaiger Kosten der Kündigung bezahlt.

Art. 598
Jede Vereinbarung, durch die die Fristen des vorangehenden Artikels abgekürzt werden oder durch die der Verzug des Mieters hinsichtlich der Bezahlung des

Mietzinses die unmittelbare Lösung des Mietverhältnisses zur Folge haben soll oder ein solches Recht dem Vermieter eingeräumt wird, ist nichtig.

Art. 599 Rückgabe der Mietsache
Der Mieter ist verpflichtet, die vermietete Sache nach der Beendigung des Mietverhältnisses in dem Zustand zurückzugeben, in dem er sie empfangen hat.

Im Falle der Untervermietung oder der Überlassung des Gebrauchs der vermieteten Sache an einen Dritten kann der Vermieter nach der Beendigung des Mietverhältnisses die vermietete Sache auch vom Untermieter oder vom Dritten, dem der Gebrauch überlassen wurde, zurückfordern.

Art. 600
Ist die vermietete Sache versichert und wegen Brandes untergegangen oder beschädigt, so haftet der Mieter, sofern der Vermieter vom Versicherer entschädigt werden kann oder entschädigt wurde, dem Vermieter und dem Versicherer gegenüber nur, wenn diese beweisen können, dass der Brand aus seinem Verhalten entstanden ist.

Art. 601
Der Mieter hat für die Dauer der Zeit, in der er die Mietsache nach der Beendigung des Mietverhältnisses vorenthält, den vereinbarten Mietzins als Entschädigung an den Vermieter zu entrichten, der auch Ersatz für jeden weiteren Schaden verlangen kann.

Art. 602 Verjährung
Die Ansprüche des Vermieters auf Schadensersatz wegen Veränderungen oder Verschlechterungen der vermieteten Sache verjähren in sechs Monaten, nachdem er die vermietete Sache zurückerhalten hat. Sie verjähren in jedem Fall mit der Verjährung des Anspruchs des Vermieters auf Rückgabe der Sache.

Art. 603
Die Ansprüche des Mieters wegen Verwendungen verjähren sechs Monate nach der Beendigung des Mietverhältnisses.

Art. 604 Pfandrecht an den eingebrachten Sachen
Der Vermieter eines Grundstücks hat für rückständigen Mietzins ein gesetzliches Pfandrecht an den eingebrachten beweglichen Sachen des Mieters oder des mit ihm zusammenwohnenden Ehegatten und der Kinder, sofern die Sachen nicht unpfändbar sind.

Das Pfandrecht erstreckt sich auch auf die vom Untermieter oder von dem mit ihm zusammenwohnenden Ehegatten und den Kindern eingebrachten

Sachen, aber nur bis zur Höhe des von ihm dem Untervermieter geschuldeten Mietzinses.

Das Pfandrecht sichert den rückständigen Mietzins für die zwei letzten Jahre vor der Pfändung der Sachen.

Art. 605
Rechte Dritter an den eingebrachten Sachen werden durch das gesetzliche Pfandrecht des Vermieters nicht beeinträchtigt, auch wenn dieser gutgläubig annahm, dass sie dem Mieter gehören.

Art. 606
Sind die eingebrachten Sachen vom Grundstück entfernt und anderweitig untergebracht, so besteht das gesetzliche Pfandrecht des Vermieters nur, wenn er sie innerhalb eines Monats, seitdem er von der Entfernung Kenntnis erhalten hat, in Beschlag genommen oder einen Beschluss über ihre vorläufige Beschlagnahme oder über ihre Aufbewahrung durch einen gerichtlich bestellten Sequester vollstreckt hat.

Art. 607
Der Mieter ist berechtigt, alle oder einige der eingebrachten Sachen vom gesetzlichen Pfandrecht durch Sicherheitsleistung zu befreien, die dem Wert der zu befreienden Sachen entspricht.

Art. 608 Beendigung eines Mietverhältnisses auf bestimmte Dauer
Ein Mietverhältnis, das für eine bestimmte Zeit eingegangen wurde, endet ohne weiteres mit dem Ablauf dieser Zeit.

Art. 609 Beendigung bei unbestimmter Dauer
Bei einem Mietverhältnis von unbestimmter Dauer erfolgt die im vorigen Artikel bestimmte Kündigung, sofern nicht ein anderes vereinbart wurde: wenn der Mietzins bei beweglichen oder unbeweglichen Sachen nach Tagen bemessen ist, unter Einhaltung einer Kündigungsfrist von mindestens einem Tag; wenn der Mietzins bei beweglichen Sachen nach Wochen oder längeren Zeitabschnitten bemessen ist, unter Einhaltung einer Kündigungsfrist von mindestens drei Tagen; wenn der Mietzins bei einem Grundstück nach Wochen bemessen ist, unter Einhaltung einer Kündigungsfrist von mindestens fünf Tagen; sie gilt für den Schluss der Woche; wenn der Mietzins bei einem Grundstück nach Monaten bemessen ist, unter Einhaltung einer Kündigungsfrist von mindestens fünfzehn Tagen; sie gilt für den Schluss des Kalendermonats; wenn der Mietzins bei einem Grundstück nach Zeitabschnitten, die länger als ein Monat sind, bemessen ist, unter Einhaltung einer Kündigungsfrist von mindestens drei Monaten;

sie gilt für den Schluss des Monats März oder Juni oder September oder Dezember jedes Jahres.

Art. 610
Wird ein Mietvertrag für eine längere Zeit als dreißig Jahre oder auf Lebenszeit des Vermieters oder des Mieters geschlossen, so kann jede Vertragspartei, wenn dreißig Jahre vergangen sind, durch Kündigung die Lösung des Mietverhältnisses nach den Vorschriften über die Mietverhältnisse von unbestimmter Dauer bewirken.

Art. 611 Stillschweigende Verlängerung
Wird ein Mietvertrag auf bestimmte Zeit geschlossen, so gilt er als auf unbestimmte Zeit verlängert, wenn nach dem Ablauf der vereinbarten Zeit der Mieter den Gebrauch der Sache mit Kenntnis und ohne entgegenstehenden Willen des Vermieters fortsetzt.

Art. 612 Tod des Vermieters
Stirbt der Vermieter, so sind die Erben berechtigt, das Mietverhältnis zu kündigen. Die Kündigung erfolgt unter Einhaltung einer Kündigungsfrist von mindestens drei Monaten und gilt für den Schluss eines Kalendermonats.

In dem Fall, dass die Mietsache während der Lebenszeit des Mieters als Familienwohnung im Sinne von Artikel 1393 diente und sein Ehegatte zur Zeit seines Todes lebt, erhält er ausschließlich die Rechte und die Pflichten aus dem Mietverhältnis, ist jedoch berechtigt, unter Einhaltung der Frist des vorangehenden Absatzes das Mietverhältnis zu jeder Zeit zu kündigen.

Art. 612A Familienwohnung
In dem Fall, dass die Mietsache als Familienwohnung dient und dieser Gebrauch dem Vermieter bekanntgemacht worden ist, ist die von ihm bewirkte Kündigung nichtig, es sei denn, dass er sie auch dem Ehegatten des Mieters unter Einhaltung der gleichen Frist, die erforderlich ist, bekannt macht.

Art. 613 Mietverhältnisse von Beamten
Beamte, die in einen anderen Ort versetzt werden, können von der Versetzung ab das Mietverhältnis nach den Vorschriften über Miete von unbestimmter Zeit kündigen.

Art. 614 Veräußerung der Mietsache
Bei einem Mietvertrag über ein Grundstück, der durch eine mit sicherem Datum versehene Urkunde bewiesen werden kann, tritt, wenn der Vermieter während der Dauer des Mietverhältnisses das Eigentum an der Mietsache einem Dritten übertragt oder die Mietsache mit einem dinglichen Recht belastet, welches den

Mieter vom Gebrauch ausschließt, der neue Erwerber in die Rechte und Pflichten aus dem Mietverhältnis ein, es sei denn, dass eine gegenteilige Vereinbarung in der Mietvertragsurkunde getroffen wurde. Schließt das dingliche Recht, das der Vermieter dem Dritten eingeräumt hat, für den Mieter den Gebrauch der vermieteten Sache nicht aus, so ist der Dritte verpflichtet, den Gebrauch nicht zu hindern.

Art. 615
Bei einem Mietvertrag über ein Grundstück, der nicht durch eine mit sicherem Datum versehene Urkunde bewiesen werden kann, oder vorsieht, dass der neue Erwerber im Falle der Veräußerung der Mietsache oder der Belastung mit einem dinglichen Recht, welches den Mieter vom Gebrauch ausschließt, den Mieter von der Mietsache ausstoßen kann, kann der neue Erwerber das Mietverhältnis mit einer Frist von einem Monat, wenn das Mietverhältnis bis zu einem Jahr dauern sollte, und mit einer Frist von zwei Monaten, wenn das Mietverhältnis über ein Jahr dauern sollte, kündigen.

Im Falle der Kündigung durch den neuen Erwerber bleiben die Rechte des Mieters gegen den Vermieter auf Schadensersatz unberührt.

Art. 616
Vorschüsse auf Mietzinsen, welche dem Vermieter gemacht wurden, der die Mietsache veräußert hat, oder Abtretungen von Mietzinsen, die er vorgenommen hat, sowie Pfändungen von Mietzinsen, die von seinen Gläubigern vorgenommen wurden, sind dem neuen Erwerber gegenüber für Mietzinsen über drei Monate hinaus unwirksam, die von dem Zeitpunkt an beginnen, in dem dieser dem Mieter die Veräußerung bekanntgemacht hat.

Art. 617
Ist das vermietete Grundstück mit einer Hypothek belastet, so sind Vorschüsse auf Mietzinsen an den Eigentümer, Abtretungen von Mietzinsen, die er vorgenommen hat, sowie Pfändungen von Mietzinsen, die die Gläubiger des Eigentümers vorgenommen haben, den Gläubigern gegenüber, zu deren Gunsten die Hypothek bestellt wurde, für Mietzinsen über drei Monate hinaus seit der Beschlagnahme des vermieteten Grundstücks unwirksam.

Art. 618 Ins Transkriptionsbuch einzutragende Mietverhältnisse
Der Mietvertrag über ein Grundstück für eine Dauer, die länger als neun Jahre ist, gilt dem neuen Erwerber gegenüber nur, wenn er notariell beurkundet und die notarielle Urkunde in das Transkriptionsbuch eingetragen wurde.

Werkvertrag

Art. 681 Begriff

Durch den Werkvertrag wird der Unternehmer zur Herstellung des Werkes, der Besteller zur Entrichtung der vereinbarten Vergütung verpflichtet.

Geschäftsführung ohne Auftrag

Art. 730 Begriff

Wer eine fremde Angelegenheit ohne Auftrag besorgt, ist verpflichtet, die Angelegenheit so zu führen, wie das Interesse des Geschäftsherrn mit Rücksicht auf dessen wirklichen oder mutmaßlichen Willen es erfordert.

Ein der Besorgung der Angelegenheit entgegenstehender Wille des Geschäftsherrn kommt nicht in Betracht, wenn er gegen das Gesetz oder die guten Sitten verstößt.

Art. 731 Verpflichtungen des Geschäftsführers

Der Geschäftsführer haftet für jedes Verschulden. Hat er die Geschäftsführung gegen den wirklichen oder mutmaßlichen Willen des Geschäftsherrn übernommen und musste er dies erkennen, so haftet er auch für Zufall, es sei denn, dass er beweist, dass der Schaden auch ohne seine Einmischung entstanden wäre.

Art. 732

Wer fremde Angelegenheiten zur Abwendung einer dem Geschäftsherrn drohenden Gefahr besorgt hat, haftet nur für Vorsatz und grobe Fahrlässigkeit.

Art. 733

Der Geschäftsführer hat die Übernahme der Geschäftsführung so bald als möglich dem Geschäftsherrn anzuzeigen und, sofern nicht mit dem Aufschub Gefahr verbunden ist, dessen Weisungen abzuwarten.

Art. 734

Der Geschäftsführer ist dem Geschäftsherrn gegenüber nach den Vorschriften über den Auftrag, welche entsprechend anzuwenden sind, verpflichtet, Rechenschaft abzulegen, das durch die Geschäftsführung Erlangte herauszugeben und Zinsen zu entrichten.

Art. 735

Ist der Geschäftsführer geschäftsunfähig oder in der Geschäftsfähigkeit beschränkt, so haftet er aus der Geschäftsführung nur nach den Vorschriften über ungerechtfertigte Bereicherung. Eine weitere Haftung aus unerlaubter Handlung ist nicht ausgeschlossen.

Art. 736 Rechte des Geschäftsführers
Hat der Geschäftsführer die Geschäftsführung im Interesse und nach dem wirklichen oder mutmaßlichen Willen des Geschäftsherrn übernommen, so ist er berechtigt, von diesem Ersatz der Aufwendungen für die Geschäftsführung und des Schadens nach den Vorschriften über den Auftrag zu verlangen, welche entsprechend anzuwenden sind.

Art. 737
Liegen die Voraussetzungen des vorigen Artikels nicht vor, so hat der Geschäftsführer kein Recht auf Ersatz des Schadens. Er ist nur berechtigt, Ersatz der Aufwendungen nach den Vorschriften über ungerechtfertigte Bereicherung zu verlangen.

Art. 738
Der Geschäftsführer hat aus der Geschäftsführung keinen Anspruch, wenn er die Absicht hatte, keine Aufwendungen oder Entschädigung zu verlangen.

Gewährt jemand einem Blutsverwandten in gerader Linie oder in zweitem Grad in der Seitenlinie Unterhalt, so gilt im Zweifel diese Absicht in Bezug auf diesen Verwandten als vorhanden.

Art. 739 Führung fremder Geschäfte als eigene
Behandelt jemand eine fremde Angelegenheit als eigene, obwohl er weiß, dass es sich um eine fremde Angelegenheit handelt, so hat er unter Vorbehalt der etwaigen Haftung wegen unerlaubter Handlung die Verpflichtungen aus Geschäftsführung ohne Auftrag. In diesem Fall ist der Geschäftsführer nur berechtigt, Ersatz der Aufwendungen nach den Vorschriften über ungerechtfertigte Bereicherung zu verlangen.

Art. 740
Die Vorschriften über Geschäftsführung ohne Auftrag finden keine Anwendung, wenn jemand eine fremde Angelegenheit in der Meinung besorgt, dass sie seine eigene sei.

Gesellschaft

Art. 741 Begriff
Durch den Gesellschaftsvertrag verpflichten sich zwei oder mehrere gegenseitig zu der Verfolgung eines gemeinsamen Zwecks, insbesondere eines wirtschaftlichen, durch gemeinsame Beiträge.

Gemeinschaft

Art. 785 Begriff
Steht ein Recht mehreren gemeinschaftlich zu, so besteht unter ihnen, sofern im Gesetz nicht ein anderes bestimmt ist, Gemeinschaft nach ideellen Anteilen. Im Zweifel ist anzunehmen, dass die Anteile gleich sind.

Art. 786 Rechte des Teilhabers
Jedem Teilhaber gebührt ein seinem Anteil entsprechender Bruchteil der Früchte des gemeinschaftlichen Gegenstands.

Art. 787
Jeder Teilhaber ist zum Gebrauch des gemeinschaftlichen Gegenstands insoweit befugt, als der Mitgebrauch der übrigen Teilhaber nicht beeinträchtigt wird.

Art. 788 Verwaltung des gemeinschaftlichen Gegenstands
Die Verwaltung des gemeinschaftlichen Gegenstands steht allen Teilhabern gemeinschaftlich zu. Sie haften einander für jedes Verschulden.

Bei drohender Gefahr ist jeder von ihnen berechtigt, auch ohne Zustimmung der anderen die nötigen Maßnahmen zur Erhaltung der Sache zu treffen.

Art. 789 Durch Mehrheitsbeschluss
Durch Stimmenmehrheit kann eine der Beschaffenheit des gemeinschaftlichen Gegenstandes entsprechende ordnungsmäßige Verwaltung und Benutzung beschlossen werden. Die Stimmenmehrheit ist nach der Größe der Anteile zu berechnen.

Art. 790 Regelung durch das Gericht
Sofern die Verwaltung und Benutzung nicht durch gemeinschaftliche Vereinbarung oder durch Mehrheitsbeschluss geregelt wurde, ist jeder Teilhaber berechtigt zu verlangen, dass das Gericht die Verwaltung und Benutzung nach der angemessensten und den Interessen aller Teilhaber entsprechenden Art regle. Das Gericht kann im Notfall einen Geschäftsführer bestellen.

Art. 791 Wirkung für und gegen die Nachfolger
In den Fällen der zwei vorangehenden Artikel gilt der Beschluss der Teilhaber oder die Entscheidung des Gerichts für und gegen die Sondernachfolger der Teilhaber.

Art. 792 Wesentliche Veränderungen und Anlagen
Eine wesentliche Veränderung des gemeinschaftlichen Gegenstands oder eine unverhältnismäßig kostspielige Anlage kann nicht von der Mehrheit beschlossen und auch nicht im Wege der Klage verlangt werden.

Das Recht jedes Teilhabers auf seinen Anteil an den Nutzungen aus dem gemeinschaftlichen Gegenstand kann in keiner Weise ohne seine Zustimmung beeinträchtigt werden.

Art. 793 Verfügung über den eigenen Anteil
Jeder Teilhaber ist berechtigt, über seinen Anteil zu verfügen. Über den gemeinschaftlichen Gegenstand im Ganzen können die Teilhaber nur gemeinschaftlich verfügen.

Art. 794 Kosten für den gemeinschaftlichen Anteil
Jeder Teilhaber ist den anderen Teilhabern gegenüber im Verhältnis zu seinem Anteil verpflichtet, die Kosten der Erhaltung, der Verwaltung und der Benutzung des gemeinschaftlichen Gegenstands zu tragen.

Art. 795 Recht zur Aufhebung der Gemeinschaft
Jeder Teilhaber ist berechtigt, jederzeit die Aufhebung der Gemeinschaft zu verlangen, sofern dieses Recht nicht auf Grund eines Rechtsgeschäfts oder der Bestimmung des gemeinschaftlichen Gegenstands zu einem Dauerzweck ausgeschlossen ist.

Durch Rechtsgeschäft kann die Aufhebung der Gemeinschaft nur bis zu zehn Jahren ausgeschlossen werden.

Art. 796 Verbot der Aufhebung
Ein Rechtsgeschäft, durch das einem Teilhaber für eine bestimmte Zeit die Aufhebung der Gemeinschaft untersagt wird, gilt für und gegen seine Sondernachfolger.

Art. 797 Vorzeitige Aufhebung aus einem wichtigen Grund
Aus einem wichtigen Grund kann die Aufhebung der Gemeinschaft auch vor der vereinbarten Zeit verlangt werden. Eine Vereinbarung, welche von vornherein dieses Recht beschränkt, ist nichtig.

Art. 798 Teilung
Die Aufhebung der Gemeinschaft erfolgt durch Teilung.

Art. 799
Sind mit der Teilung nicht alle Teilhaber einverstanden, so kann jeder Teilhaber gerichtliche Teilung nach den Vorschriften der Zivilprozessordnung verlangen.

Art. 800 Teilung in Natur
Die Teilung erfolgt in Natur, wenn der zu teilende Gegenstand oder die zu teilenden Gegenstände sich ohne Wertminderung in gleichartige, den Anteilen der Teilhaber entsprechende Teile zerlegen lassen.

Art. 801 Durch Versteigerung
Wurde durch das Gericht der Verkauf durch Versteigerung angeordnet, so erfolgt die Teilung des Erlöses. Ist die Veräußerung des gemeinschaftlichen Gegenstands an einen Dritten verboten, so ist der Gegenstand unter den Teilhabern zu versteigern.

Art. 802 Gegenseitige Ansprüche aus der Gemeinschaft
Jeder Teilhaber ist berechtigt, bei der gerichtlichen Teilung zu verlangen, dass seine Ansprüche aus der Gemeinschaft gegen die anderen Teilhaber aus dem Teil berichtigt werden, der durch die Teilung auf den Schuldner entfällt. Das Gericht kann für diese Berichtigung den Verkauf dieses Teils durch Versteigerung anordnen.

Art. 803 Rechte Dritter an dem gemeinschaftlichen Gegenstand
Dingliche Rechte Dritter an dem gemeinschaftlichen Gegenstand werden durch die Teilung, welche entweder in Natur oder durch freiwilligen Verkauf oder durch Verkauf im Wege der Versteigerung erfolgte, nicht beeinträchtigt.
Art. 804 Haftung für Mängel des entfallenen Teils
Für Sach- und Rechtsmängel des durch die Teilung auf jeden Teilhaber entfallenden Teils des gemeinschaftlichen Gegenstands haften die übrigen Teilhaber gemäß den Vorschriften über den Kauf nach dem Verhältnis ihrer Anteile.

Art. 805
Der Anspruch auf Aufhebung der Gemeinschaft unterliegt nicht der Verjährung.

Darlehen

Art. 806 Begriff
Durch den Darlehensvertrag überträgt der eine der Vertragschließenden dem anderen das Eigentum an Geld oder anderen vertretbaren Sachen; dieser wird verpflichtet, andere Sachen von gleicher Menge und Güte zurückzuerstatten.

Hinterlegung
Art. 830 Hinterlegung vertretbarer Sachen
Eine Hinterlegung von Geld oder von anderen vertretbaren Sachen gilt im Zweifel als Darlehen, wenn der Verwahrer die Befugnis hat, sie zu verbrauchen. Für die Zeit und den Ort der Rückgabe aber gelten im Zweifel die Vorschriften über Verwahrung.

Dem Verwahrer von Wertpapieren steht kein Verfügungsrecht über sie zu, wenn es ihm nicht schriftlich und ausdrücklich erteilt wurde.

Leibrente

Art. 840 Begriff

Die Verpflichtung zu lebenslänglicher Leistung von Geld oder anderen vertretbaren Sachen durch regelmäßig wiederkehrende Leistungen (Leibrente) kann auf Lebensdauer des Berechtigten oder des Schuldners oder eines Dritten begründet werden. Im Zweifel gilt sie als auf Lebensdauer des Berechtigten begründet.

Der für die Rente bestimmte Betrag ist im Zweifel der jährlich zu entrichtende Betrag der Rente.

Art. 841 Entrichtung der Rente

Eine Geldrente ist monatlich, jede andere Rente nach Zeitabschnitten, welche sich nach dem Zweck der Rente bestimmen, im Voraus zu entrichten.
Stirbt der Gläubiger vor dem Ende des Zeitabschnitts, für den die Rente im Voraus zu entrichten ist, so hat der Schuldner den vollen auf den Zeitabschnitt entfallenden Betrag zu entrichten.

Art. 842 Vertrag

Ein Vertrag über Leibrente ist nichtig, wenn er nicht notariell beurkundet wird.

Art. 843 Abtretung und Pfändung

Der Gläubiger einer Rente kann seine Rechte abtreten, es sei denn, dass etwas anderes bestimmt wurde.

Wer eine Rente aus einem unentgeltlichen Rechtsgrund zugunsten eines anderen bestellt, kann gleichzeitig bestimmen, dass sie unpfändbar sei.

Bürgschaft

Art. 847 Begriff

Durch den Bürgschaftsvertrag übernimmt der Bürge dem Gläubiger gegenüber die Haftung dafür, dass die Verbindlichkeit erfüllt wird.

Art. 855 Einrede der Vorausklage

Der Bürge ist berechtigt, die Tilgung der Schuld zu verweigern, solange nicht der Gläubiger eine Zwangsvollstreckung gegen den Hauptschuldner ohne Erfolg versucht hat (Einrede der Vorausklage).

Art. 857

Dem Bürgen steht die Einrede der Vorausklage nicht zu: 1. wenn der Bürge auf die Einrede verzichtet hat, insbesondere wenn er sich als Selbstschuldner verbürgt hat; 2. wenn die Rechtsverfolgung gegen den Hauptschuldner infolge einer nach der Übernahme der Bürgschaft eingetretenen Änderung des Wohnsitzes oder des Aufenthaltsorts des Hauptschuldners wesentlich erschwert ist; 3. wenn über den Hauptschuldner das Insolvenzverfahren eröffnet ist und der Gläubiger kein Pfandrecht an einer Sache von ihm hat; 4. wenn es offensichtlich ist, dass die Zwangsvollstreckung gegen den Hauptschuldner ohne Erfolg sein würde.

Abstraktes Versprechen oder Schuldanerkenntnis

Art. 873 Begriff und Gültigkeit

Der Vertrag, durch den das Versprechen oder das Anerkenntnis einer Schuld in der Weise erfolgt, dass ein Schuldverhältnis unabhängig vom Schuldgrund entsteht, ist gültig, wenn die Versprechens- oder die Anerkenntniserklärung schriftlich erteilt wird. Eine schriftliche Versprechens- oder Anerkenntniserklärung, die den Grund der Schuld nicht angibt, gilt im Zweifel als zu einem solchen Zweck abgegeben.

Anweisung

Art. 876 Begriff

Durch die Anweisung wird demjenigen, zugunsten dessen sie erteilt wird (Anweisungsempfänger), eine Urkunde ausgehändigt, kraft deren der Anweisungsempfänger ermächtigt wird, die in Geld oder in anderen vertretbaren Sachen bestehende Leistung bei dem Angewiesenen im eigenen Namen zu erheben; der Angewiesene wird ermächtigt, diese Leistung auf Rechnung des Anweisenden an den Anweisungsempfänger zu bewirken.

Ungerechtfertigte Bereicherung

Art. 904 Begriff

Wer sich ohne rechtlichen Grund aus dem Vermögen eines anderen oder zu dessen Schaden bereichert hat, ist zur Herausgabe des Vorteils verpflichtet. Diese Verpflichtung besteht insbesondere wegen Bewirkung einer nicht geschuldeten Leistung oder einer Leistung aus einem nicht eingetretenen Grund oder aus einem Grund, der zu bestehen aufgehört hat oder rechtswidrig oder unsittlich ist.

Als Leistung gilt auch die durch Vertrag erfolgte Anerkennung des Bestehens oder Nichtbestehens einer Schuld.

Art. 908 Umfang der Haftung des Empfängers

Der Empfänger hat die erlangte Sache oder den für diese Sache etwa erlangten Gegenwert herauszugeben. Er hat auch die gesammelten Früchte sowie alles, was er aus der Sache erworben hat, herauszugeben.

Unerlaubte Handlungen

Art. 914 Begriff

Wer rechtswidrig einem anderen schuldhaft Schaden zufügt, ist zum Schadensersatz verpflichtet.

Art. 919 Verletzung der guten Sitten
Wer in einer gegen die guten Sitten verstoßenden Weise einem anderen absichtlich Schaden zufügt, ist dem anderen zum Schadensersatz verpflichtet.

Art. 922 Haftung des Dienstberechtigten
Der Dienstberechtigte oder derjenige, welcher einem anderen eine Dienstleistung übertragen hat, haftet für den Schaden, den der Diener oder der Verrichtungsgehilfe bei der Ausführung seiner Dienste widerrechtlich einem Dritten zufügt.

Art. 925 Einsturz eines Gebäudes oder eines anderen Werks
Der Eigentümer oder der Besitzer eines Gebäudes oder eines anderen mit dem Boden verbundenen Werks haftet für den Schaden, der einem Dritten durch dessen völligen oder teilweisen Einsturz verursacht wurde, es sei denn, er beweist, dass der Einsturz nicht die Folge fehlerhafter Errichtung oder mangelhafter Unterhaltung des Gebäudes oder des Werks war.

Art. 934 Rechtswidrige Entziehung einer Sache
Wer zur Rückgabe einer Sache verpflichtet ist, die er einem anderen durch eine unerlaubte Handlung entzogen hat, gerät mit der Entziehung der Sache in Verzug.

Gläubigerbenachteiligung
Art. 939 Anfechtungsvoraussetzungen
Die Gläubiger sind berechtigt, unter den Bedingungen der folgenden Artikel die Anfechtung jeder vom Schuldner zu ihrem Schaden vorgenommenen Veräußerung zu verlangen, sofern das noch übrigbleibende Vermögen des Schuldners zu ihrer Befriedigung nicht genügt.

Drittes Buch
Sachenrecht (vollständig)

Kapitel 1: Die Sachen und die Rechte an ihnen im Allgemeinen
Art. 947 Begriff
Sachen im Sinne des Gesetzes sind nur körperliche Gegenstände.

Als Sachen gelten auch die Naturkräfte oder Energien, insbesondere der elektrische Strom und die Wärme, soweit sie der Beherrschung unterliegen, wenn sie auf einen bestimmten Raum beschränkt sind.

Art. 948 Bewegliche und unbewegliche Sachen
Unbewegliche Sachen sind der Grund und seine Bestandteile. Bewegliche Sachen sind alle die, welche keine unbeweglichen sind.

Art. 949
In den Fällen, in denen im Gesetz oder in einem Rechtsgeschäft zwischen dem unbeweglichen Vermögen einer Person als Ganzem und dem beweglichen ein Unterschied gemacht wird, fallen unter die unbeweglichen Gegenstände auch der Nießbrauch an einem Grundstück sowie Grunddienstbarkeiten und unter die beweglichen auch alle Forderungen.

Art. 950 Vertretbare Sachen
Vertretbare Sachen sind bewegliche Sachen, die im Verkehr nach Zahl, Maß oder Gewicht bestimmt werden.

Art. 951 Verbrauchbare Sachen
Verbrauchbare Sachen sind bewegliche Sachen, deren bestimmungsmäßiger Gebrauch im Verbrauch besteht.

Art. 952
Verbrauchbare Sachen sind auch die beweglichen Sachen, deren bestimmungsmäßiger Gebrauch in der Veräußerung besteht. Als solche gelten insbesondere die Münzen, die Banknoten, die fälligen Zins- oder Dividendenscheine sowie auch die beweglichen Sachen, welche, obwohl sie in ihrer Natur keine verbrauchbaren Sachen sind, zu einem Geschäft oder zu einem Sachinbegriff gehören und zu separater Veräußerung bestimmt sind.

Art. 953 Bestandteil
Ein Bestandteil einer Sache, der von der Hauptsache nicht getrennt werden kann, ohne dass jener oder diese beschädigt oder in ihrem Wesen oder in ihrer Bestimmung verändert werden, kann nicht Gegenstand eines Sondereigentums oder eines besonderen dinglichen Rechtes sein.

Art. 954
Bestandteile eines Grundstücks im Sinne des vorangehenden Artikels sind auch: 1. die mit dem Grund und Boden fest verbundenen Sachen, insbesondere Gebäude; 2. die Erzeugnisse des Grundstücks, solange sie mit dem Boden zusammenhängen; 3. das Grundwasser und die Quelle; 4. der Samen mit dem Aussäen und die Pflanzen mit dem Einpflanzen.

Zu den Bestandteilen eines Gebäudes gehören alle zu seiner Herstellung benutzten oder darin eingefügten beweglichen Sachen.

Art. 955
Sachen, die nur zu einem vorübergehenden Zweck mit dem Grund und Boden verbunden sind, gelten nicht als Bestandteile des Grundstücks. Das gleiche gilt auch für die Gebäude oder Bauwerke im Allgemeinen, die in einem fremden

Grundstück von demjenigen errichtet worden sind, der ein dingliches Recht darauf hat, zum Zwecke der Ausübung dieses Rechts.

Bewegliche Sachen, die nur zu einem vorübergehenden Zweck in ein Gebäude eingefügt sind, gelten nicht als Bestandteile des Gebäudes.

Art. 956 Zubehör
Zubehör ist eine bewegliche Sache, die, ohne Bestandteil der Hauptsache zu sein, dem wirtschaftlichen Zweck der Hauptsache dauernd zu dienen bestimmt ist und bereits zu ihr in einem dieser Bestimmung entsprechenden räumlichen Verhältnis steht.

Art. 957
Eine Sache ist nicht Zubehör, wenn sie im Verkehr nicht als Zubehör angesehen wird.

Die vorübergehende Trennung eines Zubehörstücks von der Hauptsache hebt die Zubehöreigenschaft nicht auf.

Art. 958
Ein dingliches Rechtsgeschäft über die Hauptsache erstreckt sich im Zweifel auch auf das Zubehör.

Art. 959
Bei einem Gebäude, das eingerichtet wurde, um einem Industrieunternehmen dauernd zu dienen, gelten beim Vorliegen auch der anderen Bedingungen als sein Zubehör die für das Unternehmen bestimmten Maschinen, Geräte und Werkzeuge.

Art. 960
Als Zubehör eines Landgutes gelten beim Vorliegen auch der anderen Bedingungen die für seinen Wirtschaftsbetrieb bestimmten Geräte, Werkzeuge und das Vieh sowie die landwirtschaftlichen Erzeugnisse, soweit sie zur Fortführung der Wirtschaft bis zu der Zeit erforderlich sind, zu welcher gleiche oder ähnliche Erzeugnisse gewonnen werden, und noch dazu der auf dem Landgut vorhandene und auf ihm gewonnene Dünger.

Art. 961 Früchte
Früchte einer Sache sind die Erzeugnisse der Sache sowie alles, was aus ihr ihrer Bestimmung gemäß gewonnen wird.

Früchte eines Rechts sind die Erträge, die das Recht seiner Bestimmung gemäß gewährt.

Früchte sind auch die Erträge, die eine Sache oder ein Recht vermöge eines Rechtsverhältnisses gewährt (Zivilfrüchte).

Art. 962 Nutzungen
Nutzungen sind nicht nur die Früchte der Sache oder des Rechts, sondern auch jeder Vorteil, welchen der Gebrauch der Sache oder des Rechts gewährt.

Art. 963
Wer berechtigt ist, die natürlichen Früchte einer Sache oder eines Rechts bis zu einer bestimmten Zeit oder von einer bestimmten Zeit an zu beziehen, dem gebühren, sofern nicht ein anderes bestimmt ist, nur die während der Dauer seiner Berechtigung getrennten Früchte. Bei Zivilfrüchten, insbesondere bei Mietzinsen, Zinsen, Dividenden und anderen regelmäßig wiederkehrenden Erträgen aus der Sache oder aus dem Recht gebührt dem Berechtigten, sofern nicht ein anderes bestimmt wurde, ein der Dauer seiner Berechtigung entsprechender Teil.

Art. 964
Wer kraft Gesetzes zur Herausgabe von Früchten verpflichtet ist, ist berechtigt, Ersatz der auf die Gewinnung der Früchte verwendeten Kosten insoweit zu verlangen, als sie den Wert der Früchte nicht übersteigen.

Art. 965 Lasten der Sache
Wer verpflichtet ist, die Lasten einer Sache bis zu oder von einer bestimmten Zeit an zu tragen, haftet, wenn sie zu den regelmäßig wiederkehrenden Lasten gehören und sofern nicht ein anderes bestimmt ist, nach dem Verhältnis der Dauer seiner Verpflichtung. Bei anderen Lasten haftet er insoweit, als sie während der Dauer seiner Verpflichtung zu entrichten sind.

Art. 966 Dem Verkehr entzogene Sachen
Dem Verkehr entzogene Sachen sind die allen gemeinsamen, die dem Gemeingebrauch gewidmeten und diejenigen, welche öffentlichen, städtischen, gemeindlichen oder religiösen Zwecken zu dienen bestimmt sind.

Art. 967 Sachen zum Gemeingebrauch
Als zum Gemeingebrauch bestimmte Sachen gelten insbesondere die frei und fortwährend fließenden Gewässer, die Straßen, die Plätze, die Küsten, die Häfen und die Buchten, die Ufer von schiffbaren Flüssen, die großen Seen und ihre Ufer.

Art. 968 Eigentum an den zum Gemeingebrauch bestimmten Sachen
Die zum Gemeingebrauch bestimmten Sachen gehören dem Fiskus, sofern sie nicht einer Stadt oder einer Gemeinde gehören oder das Gesetz nicht ein anderes bestimmt.

Art. 969
Beim Wasser, das zum Gemeingebrauch bestimmt ist, wird im Falle der Kollision zwischen mehreren Berechtigten der Vorrang in folgender Weise bestimmt:1.

der für das Gemeinwohl wichtigere Gebrauch; 2. der Gebrauch, welcher am meisten die Volkswirtschaft fördert; 3. der ältere Gebrauch; 4. der Gebrauch für ein Unternehmen, welches mit einem bestimmten Ort zusammenhängt; 5. der Gebrauch für den Anlieger.

Art. 970
An Sachen, die für den Gemeingebrauch bestimmt sind, können durch Konzession der Behörde nach den Bedingungen des Gesetzes besondere Privatrechte erworben werden, sofern durch diese dem Gemeingebrauch gedient oder dieser nicht aufgehoben wird.

Art. 971
Die dem Verkehr entzogenen Sachen verlieren diese ihre Eigenschaft, sobald ihre Bestimmung zum Gemeingebrauch oder zum öffentlichen, städtischen, gemeindlichen oder religiösen Zweck aufgehört hat.

Art. 972 Herrenlose Sachen, Nachlass ohne Erben
Herrenlose Grundstücke sowie Vermögen der ohne Erben Verstorbenen gehören dem Fiskus.

Art. 973 Dingliche Rechte
Rechte, welche eine unmittelbare und gegen jedermann wirkende Herrschaft an der Sache gewähren (dingliche Rechte), sind das Eigentum, die Dienstbarkeiten, das Pfandrecht und die Hypothek.

Kapitel 2: Besitz
Art. 974 Begriff des Besitzes und der Detention
Wer die natürliche Herrschaft über die Sache erlangt hat (Detention), ist Besitzer der Sache, wenn er die Herrschaft mit dem Willen, die Sache zu eigen zu haben, ausübt.

Art. 975 Besitz an einem Recht oder Quasibesitz
Beim Pfandrecht und bei den Dienstbarkeiten besteht der Besitz in der Ausübung dieser Rechte mit dem Willen eines dazu Berechtigten.

Art. 976 Erwerb des Besitzes
Bei einer Sache, die sich im Besitz eines anderen befindet, wird der Besitz durch Übergabe mit dem Willen des Besitzers erworben. Die Einigung des bisherigen Besitzers und des Erwerbers genügt jedoch zum Erwerb, wenn der Erwerber in der Lage ist, die Gewalt über die Sache auszuüben.

Art. 977
Eine Übergabe an den Erwerber liegt auch vor, wenn zwischen ihm und dem bisherigen Besitzer vereinbart wird, dass dieser oder ein Dritter aufgrund eines bestimmten Rechtsverhältnisses in der Detention der Sache bleibt. Dem Dritten gegenüber wird in diesem Fall der Besitz an den Erwerber von dem Zeitpunkt an übertragen, in dem dies dem Dritten vom bisherigen Besitzer bekannt wird.

Art. 978
Bei Waren und im Allgemeinen bei beweglichen Sachen, die in einem Lager gelagert oder von einem Frachtführer unter Ausstellung eines Lagerscheins oder eines Konnossements übernommen wurden, erfolgt die Übertragung ihres Besitzes durch Übertragung des Lagerscheins oder des Konnossements.

Art. 979 Erwerb durch einen anderen
Der Besitz wird durch einen Vertreter erworben, wenn dieser die natürliche Herrschaft über die Sache mit dem Zweck erwirbt, den Vertretenen zu ihrem Besitzer zu machen.

Art. 980 Ausübung durch einen anderen
Der Besitz wird persönlich oder durch einen anderen ausgeübt.

Hat jemand begonnen, die Sache im Namen eines anderen in seiner Detention zu haben, ist anzunehmen, dass er, solange er die Sache in seiner Detention hat, im Namen des anderen die Gewalt über die Sache ausübt.

Art. 981 Verlust des Besitzes
Der Besitz geht dadurch verloren, dass die natürliche Herrschaft über die Sache aufhört oder ein entgegenstehender Wille des Besitzers erklärt wird. Ein seiner Natur nach vorübergehendes Hindernis bei der Ausübung der Herrschaft hat nicht den Verlust des Besitzes zur Folge.

Art. 982
Will der Vertreter des Besitzers eines Grundstücks sich den Besitz verschaffen, so geht dieser dem Besitzer nicht verloren, bevor der Besitzer Kenntnis davon erlangt.

Art. 983
Der Besitz geht auf die Erben des Besitzers über.

Art. 984 Verletzung des Besitzes
Der Besitz wird entweder durch Störung oder Entziehung verletzt, die rechtswidrig und ohne den Willen des Besitzers erfolgt.

Der durch solche Entziehung erworbene Besitz ist fehlerhaft. Diese Fehlerhaftigkeit des Besitzes kann auch gegen die Erben des Besitzers geltend gemacht werden; die Fehlerhaftigkeit des Besitzes des Vorgängers kann gegen den Sondernachfolger nur geltend gemacht werden, wenn er diese beim Erwerb kannte.

Art. 985
Der Besitzer ist berechtigt, jede Störung oder drohende Entziehung des Besitzes mit Gewalt abzuwehren.

Der Besitzer einer beweglichen Sache, die ihm widerrechtlich weggenommen wurde, ist berechtigt, diese dem auf frischer Tat betroffenen oder verfolgten Täter mit Gewalt wieder abzunehmen.

Der Besitzer eines Grundstücks, dessen Besitz ihm widerrechtlich entzogen wurde, ist berechtigt, sofort nach der Entziehung sich des Besitzes mit Gewalt zu bemächtigen.

Die gleichen Rechte hat der im Besitz Verletzte auch gegen die Nachfolger, gegen die die Fehlerhaftigkeit des Besitzes geltend gemacht werden kann.

Art. 986
Die Rechte, die im vorigen Artikel vorgesehen sind, stehen statt dem Besitzer auch demjenigen zu, der die tatsächliche Gewalt über die Sache ausübt, sofern er zu dem Besitzer in einem Haushalts- oder Dienstabhängigkeitsverhältnis steht, vermöge dessen er seinen Weisungen bezüglich der Sache folgen soll.

Art. 987 Schutz bei Entziehung
Derjenige, dem der Besitz rechtswidrig entzogen wurde, ist berechtigt, die Wiedereinräumung des Besitzes vom demjenigen zu verlangen, welcher ihm gegenüber fehlerhaft besitzt. Ein Schadensersatzanspruch nach den Vorschriften über unerlaubte Handlungen ist nicht ausgeschlossen.

Art. 988
Die Klage auf Wiedereinräumung ist unzulässig, wenn derjenige, dem der Besitz entzogen wurde, den Besitz innerhalb des letzten Jahres vor der Entziehung dem gegenwärtigen Besitzer oder dessen Rechtsvorgänger gegenüber fehlerhaft erlangt hatte.

Art. 989 Schutz bei Störung
Der Besitzer, der im Besitz rechtswidrig gestört wird, ist berechtigt, die Beseitigung sowie die Unterlassung der Störung für die Zukunft zu verlangen. Ein Schadensersatzanspruch nach den Vorschriften über unerlaubte Handlungen ist nicht ausgeschlossen.

Art. 990
Die Klage auf Beseitigung der Störung ist unzulässig, wenn derjenige, der im Besitz gestört wurde, den Besitz innerhalb des letzten Jahres vor der Störung dem Störer oder dessen Rechtsvorgänger gegenüber fehlerhaft erlangt hatte.

Art. 991
Wer wegen Störung oder Entziehung verklagt wird, kann sich nicht auf ein Recht berufen, welches ihm die Herrschaft über die Sache gewährt, es sei denn, dass dieses Recht in einem Prozess zwischen ihm und dem Kläger rechtskräftig anerkannt wurde.

Art. 992 Verjährung
Die Ansprüche aus der Entziehung und Störung des Besitzes verjähren in einem Jahr vom Zeitpunkt der Entziehung oder der Störung.

Art. 993 Besitzer eines Teils einer Sache
Die Rechte aus der Verletzung des Besitzes hat auch derjenige, welcher nur einen Teil der Sache, insbesondere abgesonderte Wohnräume oder andere Räume, besitzt.

Art. 994 Besitz von mehreren nach ideellen Teilen
Bei mehreren Besitzern derselben Sache nach ideellen Teilen stehen jedem gegen Dritte die Rechte aus der Verletzung des Besitzes zu. Gegeneinander findet ein Besitzschutz nicht statt, sofern es sich um die Grenzen des den einzelnen zustehenden Gebrauchs handelt.

Art. 995 Eine auf fremdes Grundstück gelangte Sache
Ist eine Sache aus der Gewalt des Besitzers auf ein im Besitz eines anderen befindliches Grundstück gelangt, so hat ihm der Besitzer des Grundstücks die Aufsuchung und die Wegschaffung gegen Ersatz des dadurch entstehenden Schadens zu gestatten.

Art. 996 Schutz des Quasibesitzes
Dem Besitzer eines Pfandrechts oder einer Dienstbarkeit stehen wegen rechtswidriger Störung oder Entziehung die Besitzklagen zu.

Art. 997 Schutz des Detentors
Bei rechtswidriger Störung des Besitzes einer Sache oder eines Rechts oder wegen der Entziehung des Besitzes stehen gegen Dritte die Besitzklagen auch demjenigen zu, der die Detenion der Sache oder des Rechts vom Besitzer als Mieter oder Verwahrer oder vermöge eines anderen ähnlichen Verhältnisses erlangt hat.

Art. 998 Schutz gegen den Detentor
Gegen denjenigen, der auf Grund eines im vorigen Artikel bezeichneten Verhältnisses die Sache in seiner Detention hat, stehen dem Besitzer beim Vorliegen der gesetzlichen Bedingungen die Besitzklagen zu.

Kapitel 3: Eigentum im Allgemeinen und sein Inhalt
Art. 999 Eigentumsgegenstand
Gegenstand des Eigentums sind nur Sachen oder was vom Gesetz als Sache betrachtet wird.

Art. 1000 Eigentumsinhalt
Der Eigentümer einer Sache kann, soweit nicht das Gesetz oder Rechte Dritter entgegenstehen, nach Belieben über die Sache verfügen und andere von jeder Einwirkung auf diese ausschließen.

Art. 1001
Das Eigentum an einem Grundstück erstreckt sich, sofern das Gesetz nicht ein anderes bestimmt, auf den Raum über der Oberfläche und auf den Erdkörper unter der Oberfläche. Der Eigentümer kann jedoch Einwirkungen nicht verbieten, die in solcher Höhe oder Tiefe vorgenommen werden, dass er an der Ausschließung kein Interesse hat.

Art. 1002 Stockwerkseigentum
Sondereigentum an einem Gebäudestockwerk oder am einem Stockwerksteil kann nur durch Rechtsgeschäft des Eigentümers des ganzen Grundstücks begründet werden. Als Stockwerke gelten auch die Keller und die unter dem Dach sich befindenden Zimmer.

Art. 1003 Eigentumsbeschränkungen, Immissionen
Der Eigentümer eines Grundstücks ist verpflichtet, die Zuführung von Rauch, Asche, Gerüchen, Wärme, Geräuschen, Erschütterungen oder andere ähnliche, von einem anderen Grundstück ausgehende Einwirkungen insoweit zu dulden, als sie die Benutzung seines eigenen Grundstücks nicht wesentlich beeinträchtigen oder durch eine Benutzung herbeigeführt werden, die bei Grundstücken des Ortes, in dem das beeinträchtigende Grundstück liegt, üblich ist.

Art. 1004 Schädigende Anlagen
Der Eigentümer eines Grundstücks ist berechtigt zu verbieten, dass auf dem Nachbargrundstück Anlagen hergestellt oder gehalten werden, sofern von ihrem Bestand oder von ihrer Benutzung rechtswidrige Einwirkungen auf sein Grundstück mit Sicherheit vorauszusehen sind.

Art. 1005
Wird im Falle des vorangehenden Artikels die Anlage mit behördlicher Erlaubnis, welche nach dem Gesetz erforderlich ist, oder nach Beachtung von besonderen im Gesetz bestimmten Bedingungen erstellt,.so kann die Beseitigung der Anlage nur von dem Zeitpunkt an verlangt werden, von dem an tatsächlich die beeinträchtigenden Einwirkungen auf das Grundstück erfolgten.

Art. 1006 Einsturzgefahr eines Gebäudes
Besteht die Gefahr, dass ein Gebäude oder ein anderes Werk ganz oder zum Teil einstürzt und wird dadurch ein Nachbargrundstück bedroht, so ist der Eigentümer des Nachbargrundstücks berechtigt, von demjenigen, welcher nach den Vorschriften über unerlaubte Handlungen zum Schadensersatz verpflichtet sein würde, zu verlangen, dass er die zur Abwendung der Gefahr erforderlichen Vorkehrungen trifft.

Art. 1007 Vertiefung an den Fundamenten des Nachbarn
Ein Grundstück darf nicht in der Weise vertieft werden, dass der Boden des Nachbargrundstücks die erforderliche Stütze verliert, es sei denn, dass für eine genügende anderweitige Befestigung gesorgt ist.

Art. 1008 Wurzeln und Zweige des Nachbargrundstücks
Der Eigentümer eines Grundstücks kann Wurzeln von Bäumen des Nachbargrundstücks, welche in sein Grundstück eindringen, abschneiden und für sich behalten. Das gleiche gilt für die auf sein Grundstück herüberragenden Zweige der Bäume des Nachbargrundstücks, wenn vorher für dessen Besitzer eine angemessene Frist zum Abschneiden bestimmt wurde.

Dieses Recht wird nicht gewährt, wenn die Wurzeln oder die Zweige die Benutzung des Grundstücks nicht hindern.

Art. 1009 Auf ein Nachbargrundstück hinüberfallende Früchte
Früchte, die von einem Baum auf ein Nachbargrundstück hinüberfallen, gelten als Früchte dieses Grundstücks. Diese Vorschrift gilt nicht, wenn das Nachbargrundstück dem öffentlichen Gebrauch dient.

Art. 1010 Teilweiser Überbau auf ein Nachbargrundstück
Hat der Eigentümer eines Grundstücks bei der Errichtung eines Gebäudes gutgläubig das Gebäude auf das Nachbargrundstück erstreckt und der Eigentümer des Nachbargrundstücks, bevor das Gebäude zum großen Teil errichtet ist, keinen Widerspruch erhoben, so kann das Gericht nach billigem Ermessen das Eigentum des überbauten Grunds dem Eigentümer des bebauten Grundstücks gegen Erstattung seines Werts zur Zeit der Errichtung des Baus und jedes

anderen Schadens, insbesondere aus der etwaigen Verminderung des Wertes des übriggebliebenen Teils, zuerkennen.

Art. 1011
Die Vorschrift des vorangehenden Artikels findet entsprechende Anwendung auch dann, wenn durch die Erstreckung des Gebäudes auf das Nachbargrundstück und durch die Zuerkennung andere beeinträchtigt werden, welche an dem Nachbargrundstück ein dingliches Recht haben.

Art. 1012 Verpflichtung zur Gewährung eines Weges
Fehlt einem Grundstück die notwendige Verbindung mit dem Weg, so ist sein Eigentümer berechtigt, von den Nachbarn gegen entsprechende Entschädigung einen Notweg zu verlangen.

Art. 1013
Die Richtung des Notwegs und der Umfang des Benutzungsrechts sowie die zu entrichtende Entschädigung werden durch gerichtliche Entscheidung bestimmt.

Art. 1014
Die Verpflichtung der Nachbarn zur Duldung des Notwegs tritt nicht ein, wenn die Verbindung des Grundstücks mit dem öffentlichen Weg durch eine willkürliche Handlung oder Unterlassung des Eigentümers aufgehoben wurde.

Art. 1015
Wird infolge der Veräußerung eines Teils des Grundstücks der veräußerte oder der zurückbehaltene Teil von der Verbindung mit dem öffentlichen Wege abgeschnitten, so hat der Eigentümer desjenigen Teils, über welchen die Verbindung bisher stattgefunden hat, den Notweg zu dulden. Der Veräußerung eines Teils steht die Veräußerung eines von mehreren demselben Eigentümer gehörenden Grundstücken gleich.

Art. 1016
Wer in der Benutzung des Notwegs gehindert oder gestört wird, wird nach den Vorschriften über den Schutz der Grunddienstbarkeiten geschützt, welche entsprechend anzuwenden sind.

Art. 1017
Hat infolge des Baus eines neuen Wegs oder aus einem anderen Grund das Bedürfnis für einen bereits bestehenden Notweg aufgehört, so ist der Eigentümer des Grundstücks, auf dem dieser sich befindet, berechtigt, dessen Aufhebung gegen Rückgabe der entrichteten Entschädigung zu verlangen.

Art. 1018 Duldung von Ausbesserungen
Ist zur Ausbesserung oder zur Erneuerung eines Gebäudes der Zutritt und der Verkehr des arbeitenden Personals oder das vorübergehende Unterbringen von Anlagen oder Baumaterial auf dem Nachbargrundstück erforderlich, so ist der Eigentümer des Nachbargrundstücks, sofern dessen Benutzung nicht wesentlich beeinträchtigt wird, verpflichtet, dies gegen Entschädigung oder gegen Sicherheitsleistung für den etwaigen Schaden zu dulden.

Art. 1019 Grenzzeichen von benachbarten Grundstücken
Der Eigentümer eines Grundstücks ist berechtigt, vom Eigentümer eines Nachbargrundstücks die gemeinschaftliche und durch gemeinsame Beiträge zu bezahlende Errichtung von festen Grenzzeichen oder die Wiederherstellung von Grenzzeichen, die verrückt oder unkenntlich geworden sind, zu verlangen.

Art. 1020 Grenzscheidung
Bei Grenzverwirrung erfolgt die Grenzscheidung durch das Gericht. Ist die Ermittlung unmöglich, so ist für die Abgrenzung der bestehende Besitzstand maßgebend. Kann auch der Besitzstand nicht festgestellt werden, so ist jedem der Grundstücke ein gleich großes Stück der streitigen Fläche zuzuteilen.

Art. 1021 Einrichtung zwischen angrenzenden Grundstücken
Werden zwei Grundstücke durch einen Fußweg oder einen anderen Rain oder eine Hecke oder Mauer oder einen Graben oder eine andere Einrichtung, die zum Vorteil beider Grundstücke dient, voneinander geschieden, so wird vermutet, dass die Eigentümer der Grundstücke zur Benutzung der Einrichtung gemeinschaftlich berechtigt seien, sofern sich aus den äußeren Merkmalen oder dem Ortsbrauch nicht die ausschließliche Benutzung durch den einen der Nachbarn ergibt.

Art. 1022
Steht im Falle des vorangehenden Artikels die Benutzung der Einrichtung beiden Nachbarn gemeinschaftlich zu, so ist jeder zu ihrer Benutzung in einer Weise berechtigt, welche mit der Bestimmung der Einrichtung im Einklang steht, ohne dass die Mitbenutzung des anderen gehindert wird. Die Unterhaltungskosten sind von den Nachbarn zu gleichen Teilen zu tragen. Solange einer der Nachbarn am Fortbestand der Einrichtung ein Interesse hat, darf sie nicht ohne seine Zustimmung beseitigt oder geändert werden. Im Übrigen finden zwischen den Nachbarn die Vorschriften über die Gemeinschaft Anwendung.

Art. 1023 Grenzbaum
Der Grenzbaum gehört beiden Nachbarn gemeinschaftlich.

Sofern er nicht als Grenzzeichen dient, ist jeder der Nachbarn berechtigt, die Beseitigung zu verlangen.

Art. 1024 Verpflichtungen aus dem Lauf des Wassers
Die tiefer gelegenen landwirtschaftlichen Grundstücke haben den von den höher liegenden Grundstücken natürlicherweise und ohne künstliche Vorrichtungen abfließenden Wasserlauf aufzunehmen. Dem Eigentümer des unterhalb oder des oberhalb liegenden Grundstücks ist jede Einrichtung verboten, welche den natürlichen Lauf des Wassers hindert oder verändert.

Art. 1025
Der Eigentümer eines Grundstücks ist verpflichtet, die Ausbesserung oder Wiederherstellung der sich im Grundstück befindenden, zur Einschränkung des Laufs des Wassers bestehenden Einrichtungen zu dulden, sofern dies ohne Schaden des Grundstücks geschieht. Die Kosten haben diejenigen, welche daraus Vorteile ziehen, nach Maßgabe ihres Vorteils zu tragen.

Art. 1026 Dachregenwasser
Der Eigentümer eines Gebäudes ist verpflichtet, das Dach des Gebäudes so zu bauen, dass das Regenwasser nicht auf das Grundstück des Nachbarn abfließt.

Art. 1027 Wasser zum Gebrauch eines Dorfes
Der Eigentümer eines Grundstücks kann nicht das Wasser einer sich auf diesem befindenden Quelle derart benutzen oder einen Brunnen derart graben, dass das den Bedürfnissen der Einwohner eines Dorfes dienende Wasser abgeschnitten oder wesentlich vermindert wird.

Art. 1028 Verpflichtungen desjenigen, der einen Brunnen oder eine Quelle hat
Der Eigentümer eines Grundstücks, auf dem sich eine Quelle oder ein Brunnen befindet, ist verpflichtet, dem Eigentümer des Nachbargrundstücks gegen Entschädigung das für seinen Hausbedarf unentbehrliche Wasser, soweit er es selbst nicht entbehrt, zu gewähren, sofern diesem die Beschaffung des Wassers von anderer Seite nur mit unverhältnismäßig hohen Kosten möglich ist.

Art. 1029 Leitung durch fremdes landwirtschaftliches Grundstück
Der Eigentümer eines Grundstücks ist berechtigt, gegen Entschädigung die Durchleitung von Quell-, Brunnen- oder Flusswasser durch ein fremdes landwirtschaftliches Grundstück zu verlangen, sofern er auf dieses Wasser ein Recht hat. Die Durchleitung hat auf die für das belastete Grundstück günstigste und am wenigsten lästige Art zu erfolgen.

Art. 1030
Wer entsprechend dem vorangehenden Artikel durch ein fremdes Grundstück Wasser leitet, ist zu den nötigen Einrichtungen verpflichtet, so dass dadurch den Eigentümern von Nachbargrundstücken die Ausübung ihrer Rechte nicht beeinträchtigt wird.

Art. 1031 Röhre durch ein fremdes Grundstück
Der Eigentümer eines Grundstücks ist verpflichtet, das Durchlegen von Wasserleitungs- oder Gasröhren oder von elektrischen Kabeln durch das Grundstück ober- oder unterhalb des Erdbodens zugunsten anderer Grundstücke unter Berücksichtigung auch seiner eigenen Interessen gegen entsprechende Entschädigung zu gestatten. Die Anlage hat auf die für das belastete Grundstück günstigste und am wenigsten lästige Art zu erfolgen. Der Eigentümer dieses Grundstücks ist berechtigt, die Umlegung der Anlage auf einen anderen Platz des Grundstücks auf Kosten des Berechtigten zu verlangen.

Art. 1032 Verjährung von Beschränkungen
Die Ansprüche aus den Artikeln 1004 bis 1007, 1012, 1015, 1018, 1019, 1020, 1023 Abs. 2, 1029 und 1031 unterliegen nicht der Verjährung.

Kapitel 4: Eigentumserwerb

Art. 1033 Eigentumserwerb an einem Grundstück durch Vertrag
Zur Übertragung des Eigentums an einem Grundstück ist die Einigung des Eigentümers und des Erwerbers darüber erforderlich, dass das Eigentum an dem Grundstück aus einem Rechtsgrund an diesen übergehen soll. Die Einigung erfolgt durch notarielle Beurkundung und unterliegt der Transkription.

Art. 1034 Erwerb einer beweglichen Sache durch Vertrag
Zur Übertragung des Eigentums an einer beweglichen Sache sind die Übergabe des Besitzes der Sache vom Eigentümer an den Erwerber und die Einigung beider Teile, dass das Eigentum übergehen soll, erforderlich.

Art. 1035
Befindet sich die bewegliche Sache im Besitz eines Dritten, so genügt zur Übertragung des Eigentums die Abtretung des Herausgabeanspruchs gegen den Dritten.

Art. 1036 Erwerb einer beweglichen Sache vom Nichteigentümer
Durch eine nach Artikel 1034 erfolgte Veräußerung einer beweglichen Sache wird der Erwerber auch dann Eigentümer, wenn das Eigentum an der Sache nicht dem Veräußerer zusteht, es sei denn, dass der Erwerber zur Zeit der Übergabe des Besitzes nicht in gutem Glauben ist.

Diese Vorschrift findet insbesondere Anwendung, wenn die unberechtigte Veräußerung von demjenigen, welcher ein Nießbrauchs- oder Pfandrecht an der Sache hat, oder vom Mieter oder Verwahrer oder von dem, der sich in einem anderen ähnlichen Verhältnis zum Eigentümer befindet, vorgenommen wird.

Art. 1037
Der Erwerber ist im Falle des vorangehenden Artikels nicht in gutem Glauben, wenn er weiß oder infolge grober Fahrlässigkeit nicht weiß, dass das Eigentum an der beweglichen Sache nicht dem Veräußerer zusteht.

Art. 1038 Gestohlene und verlorene Sachen
Kraft des guten Glaubens kann das Eigentum an einer beweglichen Sache nicht erworben werden, wenn die Sache dem Eigentümer gestohlen worden oder verlorengegangen ist.

Art. 1039
Eigentum an Geld und Inhaberpapieren kann kraft guten Glaubens auch dann erworben werden, wenn sie dem Eigentümer gestohlen worden oder verlorengegangen sind. Das gleiche gilt auch für andere bewegliche Sachen, die im Wege öffentlicher Versteigerung oder auf einer Messe oder einem Markt veräußert werden.

Art. 1040 Rechte Dritter an der übereigneten Sache
Durch die Übertragung des Eigentums an einer beweglichen Sache erlöschen mit dem Erwerb des Eigentums auch die etwa an ihr bestellten dinglichen Rechte Dritter, es sei denn, dass der Erwerber zu der Zeit, als er den Besitz erlangte, in Bezug auf das Recht des Dritten nicht in gutem Glauben war.

Art. 1041 Ordentliche Ersitzung
Wer eine bewegliche Sache drei und eine unbewegliche Sache zehn Jahre in gutem Glauben und mit einem rechtmäßigen Titel in seinem Besitz gehabt hat, wird Eigentümer der Sache (ordentliche Ersitzung).

Art. 1042 Begriff des guten Glaubens
Der Besitzer ist im Fall des vorangehenden Artikels in gutem Glauben, wenn er nicht aus grober Fahrlässigkeit der Überzeugung ist, dass er das Eigentum erworben hat.

Art. 1043 Putativtitel
Zur Ersitzung genügt auch ein Putativtitel, sofern der gute Glaube des Besitzers gerechtfertigt ist.

Bei Grundstücken gibt es ohne Transkription in den Fällen, in denen sie erforderlich ist, keinen Putativtitel.

Art. 1044 Nachträglicher böser Glauben
Der gute Glaube muss zur Zeit des Erwerbs des Besitzes vorhanden sein. Der nachträgliche böse Glaube schadet nicht.

Art. 1045 Außerordentliche Ersitzung
Wer eine bewegliche oder unbewegliche Sache zwanzig Jahre in seinem Besitz hat, wird Eigentümer der Sache (außerordentliche Ersitzung).

Art. 1046 Besitzvermutung
Hat jemand eine Sache am Anfang und am Ende eines Zeitraums in seinem Besitz gehabt, so wird vermutet, dass er die Sache auch in der Zwischenzeit besessen hat.

Art. 1047 Hemmung der Ersitzung
Die Ersitzung beginnt nicht und wird, falls sie begonnen hat, nicht fortgesetzt, solange die Verjährung der Vindikationsklage gehemmt ist oder die Vollendung dieser Verjährung nach dem Gesetz verhindert wird.

Art. 1048 Unterbrechung der Ersitzung
Die Ersitzung wird durch den Verlust des Besitzes unterbrochen. Die Unterbrechung gilt als nicht erfolgt, wenn der Besitzer, der den Besitz verloren hat, ihn binnen Jahresfrist oder später mittels einer innerhalb dieses Jahres erhobenen Klage wiedererlangt hat.

Art. 1049
Die Ersitzung wird durch die Erhebung der Vindikationsklage gegen den Ersitzer oder gegen denjenigen, der die Sache im Namen des Besitzers in seiner Detention hat, unterbrochen. Die Unterbrechung tritt nur zugunsten des Klägers ein. Die Vorschriften über Unterbrechung der Verjährung durch Klageerhebung finden entsprechende Anwendung.

Art. 1050
Wird die Ersitzung unterbrochen, so kommt die bis zur Unterbrechung verstrichene Zeit nicht in Betracht. Eine neue Ersitzung kann erst nach der Beendigung der Unterbrechung beginnen.

Art. 1051 Zeitanrechnung
Wer den Besitz der Sache durch Gesamt- oder Sondernachfolge erworben hat, kann seine eigene Ersitzungszeit derjenigen des Rechtsvorgängers hinzurechnen.

Art. 1052
Die Ersitzungszeit, die zugunsten eines Erbschaftsbesitzers verstrichen ist, kommt dem wirklichen Erben zustatten.

Art. 1053 Wirkung der Ersitzung Dritten gegenüber
Mit dem Erwerb des Eigentums an einer Sache durch Ersitzung erlöschen auch die etwa auf der Sache ruhenden dinglichen Rechte Dritter, es sei denn, dass der Ersitzer beim Erwerb des Besitzes in Ansehung des Rechtes des Dritten nicht in gutem Glauben war. Die Ersitzungsfrist muss auch in Ansehung des Rechtes des Dritten verstrichen sein. Für ihre Berechnung finden die Vorschriften über die Ersitzung des Eigentums an der Sache Anwendung.

Art. 1054 Zur Ersitzung ungeeignete Sachen
Der ordentlichen oder außerordentlichen Ersitzung unterliegen nicht die dem Verkehr entzogenen Sachen.

Art. 1055 Von der Ersitzung ausgenommene Sachen
Von der ordentlichen oder außerordentlichen Ersitzung sind die Sachen ausgenommen, die Personen gehören, die unter elterlicher Sorge, Vormundschaft oder gerichtlicher Beistandschaft stehen, solange dieser Zustand dauert.

Art. 1056 Erwerb durch behördliche Zuweisung
Durch gerichtliche Zuerkennung oder behördliche Zuweisung wird das Eigentum nur in den durch Gesetz bestimmten Fällen erworben.

Art. 1057 Verbindung
Wird eine bewegliche Sache mit einem Grundstück dergestalt verbunden, dass sie Bestandteil des Grundstücks wird, so erstreckt sich das Eigentum am Grundstück auch auf diese Sache.

Art. 1058 Verbindung beweglicher Sachen
Werden bewegliche Sachen, welche verschiedenen Eigentümern gehören, miteinander dergestalt verbunden, dass sie Bestandteile einer einheitlichen Sache werden, so werden ihre bisherigen Eigentümer Miteigentümer dieser Sache nach Anteilen, die sich nach dem Verhältnis des Wertes bestimmen, den die Sachen zur Zeit der Verbindung haben.

Ist eine der Sachen als die Hauptsache anzusehen, so erwirbt ihr Eigentümer das Eigentum an dem Ganzen.

Art. 1059 Vermischung, Vermengung
Die Vorschrift des vorangehenden Artikels findet auch dann entsprechende Anwendung, wenn bewegliche Sachen dergestalt vermischt werden, dass ihre Trennung unmöglich ist oder unverhältnismäßige Kosten erfordern würde.

Art. 1060
Erlischt durch die Verbindung oder die Vermischung das Eigentum an der Sache, so erlöschen auch die sonstigen an der Sache bestehenden dinglichen Rechte Dritter.

Art. 1061 Verarbeitung
Wer durch Verarbeitung oder Umbildung fremder Stoffe eine neue bewegliche Sache herstellt, erwirbt das Eigentum an der neuen Sache nur, sofern der Wert der aufgewendeten Arbeit offensichtlich höher als der Wert des Stoffes ist. Als Verarbeitung gilt auch das Schreiben, Malen, Zeichnen, Fotografieren, Drucken, Gravieren sowie jede andere ähnliche Bearbeitung der Oberfläche,

Erlischt das Eigentum an dem Stoff, so erlöschen auch die an ihm bestehenden dinglichen Rechte Dritter.

Art. 1062
Ist derjenige, der die neue Sache hergestellt hat, nicht in gutem Glauben, so kann das Gericht nach billigem Ermessen das Eigentum dem Eigentümer des Stoffes zuerkennen.

Art. 1063 Entschädigung für Eigentumsverlust
Wer infolge der Verbindung, Vermischung, Verarbeitung oder Umbildung sein Eigentumsrecht oder ein sonstiges dingliches Recht verloren hat, hat einen Anspruch gegen denjenigen, der daraus Vorteile gezogen hat, nach den Vorschriften über ungerechtfertigte Bereicherung, unbeschadet seines etwaigen Rechts auf Entschädigung wegen unerlaubter Handlung oder auf Ersatz von Verwendungen oder auf Wegnahme einer Einrichtung.

Ein Anspruch auf Wiederherstellung des früheren Zustandes ist ausgeschlossen.

Art. 1064 Erwerb von Früchten
Das Eigentum von Erzeugnissen oder von anderen Bestandteilen der Sache steht auch nach der Trennung dem Eigentümer der Sache zu, unbeschadet der Vorschriften der Art. 1065 und 1066.

Art. 1065
Wer vermöge eines Rechts an einer fremden Sache befugt ist, sich Erzeugnisse oder sonstige Bestandteile der Sache anzueignen, erwirbt das Eigentum an ihnen mit der Trennung, unbeschadet der Vorschrift des folgenden Artikels.

Art. 1066
Wer eine Sache in gutem Glauben und mit Aneignungswillen besitzt, erwirbt das Eigentum an den Früchten und sonstigen Erzeugnissen, welche als Früchte angesehen werden, mit der Trennung, sofern er bei der Trennung in gutem Glauben ist. Das gleiche gilt auch für denjenigen, welcher die Sache in gutem Glauben zur Ausübung eines Nießbrauchrechts besitzt.

Art. 1067
Wer vermöge eines mit dem Eigentümer der Sache oder mit einem anderen Berechtigten bestehenden Schuldverhältnisses befugt ist, sich Erzeugnisse oder sonstige Bestandteile der Sache anzueignen, erwirbt das Eigentum an ihnen mit der Besitzergreifung.

Art. 1068
Die Vorschrift des vorangehenden Artikels findet auch dann Anwendung, wenn derjenige, welcher einem Dritten durch Schuldverhältnis das Recht eingeräumt hat, sich die Erzeugnisse oder sonstige Bestandteile anzueignen, hierzu nicht berechtigt war, der Dritte aber zu der Zeit, in der er ihren Besitz erlangt, in gutem Glauben ist und derjenige, welcher ihm das Recht hierzu eingeräumt hat, die Sache besitzt.

Art. 1069 Anschwemmung
Das von einem Fluss allmählich und unmerklich an ein Ufergrundstück angeschwemmte Erdreich gehört dem Eigentümer dieses Grundstücks.

Art. 1070 Anlandung
Wird durch die Gewalt des Flusswassers plötzlich ein Stück Erdreich aus einem Grundstück abgerissen und bei einem anderen Grundstück desselben oder des anderen Ufers angetrieben, so geht das Eigentum nicht verloren, wenn der Eigentümer innerhalb eines Jahres den Besitz des abgerissenen Erdreiches wieder erlangt oder deshalb Klage erhebt.

Art. 1071 Im Fluss entstandene Insel
Die in einem nicht schiffbaren Fluss entstandene Insel gehört den Eigentümern der am Ufer liegenden Grundstücke. Jedem Uferanlieger gehört der Teil, welcher sich zwischen einer ideellen Linie, die in der Mitte des Flusses seiner Länge nach zu führen ist, und den senkrecht zu dieser vom Ende der Seiten eines jeden Grundstücks zu ziehenden Linien befindet.

Art. 1072 Verlassenes Flussbett
Das verlassene Bett eines nicht schiffbaren Flusses gehört den Eigentümern der am Ufer liegenden Grundstücke. Die Vorschrift des vorigen Artikels findet entsprechende Anwendung.

Die Eigentümer des Grundes des neuen Flussbettes sind innerhalb eines Jahres berechtigt, den Lauf in seinem früheren Bett wiederherzustellen.

Art. 1073
Umschließt ein Flussarm ein am Ufer liegendes Grundstück oder einen Teil desselben, so geht das Eigentum an ihm nicht verloren.

Art. 1074 Bodenüberschwemmung
Das Eigentum geht durch eine vorübergehende Bodenüberschwemmung, die durch das Fließen des Regenwassers oder durch ein außerordentliches Anschwellen des Flusses hervorgerufen wird, nicht verloren.

Art. 1075 Aneignung herrenloser Sachen
Wer eine herrenlose bewegliche Sache mit Aneignungswillen in seinen Besitz nimmt, wird Eigentümer der Sache.

Art. 1076
Eine bewegliche Sache wird herrenlos, wenn der Eigentümer in der Absicht, auf das Eigentum zu verzichten, den Besitz der Sache aufgibt.

Art. 1077 Wilde oder gezähmte Tiere
Wilde Tiere sind herrenlos, solange sie sich in der natürlichen Freiheit befinden. Wilde Tiere in eingeschlossenem Raum und Fische in Teichen oder anderen geschlossenen Privatgewässern sind nicht herrenlos. Ein gefangenes wildes Tier wird herrenlos, wenn es seine Freiheit wiedererlangt und sein Eigentümer nicht unverzüglich die zu seiner Verfolgung erforderlichen Maßnahmen trifft. Ein gezähmtes Tier wird herrenlos, wenn es die Gewohnheit zurückzukehren ablegt.

Art. 1078 Bienenschwarm
Zieht ein Bienenschwarm aus, so wird er herrenlos, wenn sein Eigentümer nicht unverzüglich die zu seiner Verfolgung erforderlichen Maßnahmen trifft.

Art. 1079
Der Eigentümer des Bienenschwarms ist zu seiner Verfolgung auf einem fremden Grundstück und zu seinem Einfangen berechtigt, auch wenn der Schwarm in einer fremden, nicht besetzten Bienenwohnung eingezogen ist, wobei er zum Ersatz des dadurch entstehenden Schadens verpflichtet ist.

Art. 1080
Vereinigen sich ausgezogene Bienenschwärme mehrerer Eigentümer, so werden die Eigentümer, welche ihre Schwärme verfolgt haben, Miteigentümer des eingefangenen Gesamtschwarms. Die Anteile bestimmen sich nach der Zahl der verfolgten Schwärme.

Art. 1081 Fund verlorener Sachen
Wer eine verlorene Sache gefunden hat, ist verpflichtet, dem Verlierer oder dem Eigentümer oder jedem sonstigen Berechtigten unverzüglich Anzeige zu machen. Stößt eine solche Anzeige auf Schwierigkeiten, so ist er verpflichtet, die Polizeibehörde zu benachrichtigen und die ihm bekannten Umstände mitzuteilen, welche zur Ermittlung des Berechtigten beitragen. Der Finder ist zur Anzeige nicht verpflichtet, wenn der Gegenstand nicht mehr als neunundzwanzig Cent wert ist.

Art. 1082
Der Finder ist zur Verwahrung und Erhaltung der Sache verpflichtet, es sei denn, er zieht es vor, die Sache der Polizeibehörde abzuliefern.

Unterliegt die Sache dem Verderb oder ist die Aufbewahrung mit unverhältnismäßigen Kosten verbunden, so ist die Sache der Polizeibehörde abzuliefern, welche sie öffentlich veräußern kann. Hat die Sache offensichtlich keinen Wert oder wird vermutet, dass ihre Veräußerung nur einen geringfügigen Preis erzielen kann, wird nach dem Ermessen der Behörde verfügt.

Art. 1083
Der Finder haftet nur für Vorsatz und grobe Fahrlässigkeit.

Art. 1084
Die Polizeibehörde ist jederzeit berechtigt zu verlangen, dass die Sache ihr abgeliefert wird. Der Finder wird mit der Ablieferung der Sache an die Polizeibehörde, gleichgültig, ob sie auf polizeiliche Aufforderung oder freiwillig erfolgt, von jeder Haftung für nachfolgende Ereignisse befreit.

Durch die Herausgabe an den Verlierer wird der Finder von jeder Verpflichtung jedem Berechtigten gegenüber befreit, es sei denn, dass er wusste, der Verlierer sei ein Dieb.

Art. 1085 Aufwendungen des Finders
Der Finder ist berechtigt, vom Berechtigten für alle Aufwendungen Ersatz zu verlangen, die zum Zweck der Verwahrung und Erhaltung der Sache oder zum Zweck der Ermittlung des Empfangsberechtigten den Umstanden nach für erforderlich gehalten werden.

Art. 1086 Finderlohn
Der Finder ist berechtigt, vom Empfangsberechtigten einen Finderlohn zu verlangen. Der Finderlohn beträgt von dem Wert der Sache zur Zeit der Herausgabe bis zu einem Euro und fünfzig Cent zehn vom Hundert, von dem Mehrwert bis zu neunundzwanzig Euro fünf vom Hundert und von dem Mehrwert der Sache zwei vom Hundert.

Hat die Sache nur für den Empfangsberechtigten einen Wert, so ist der Finderlohn nach billigem Ermessen zu bestimmen.

Der Finder kann keinen Finderlohn fordern, wenn er ohne Grund die Anzeige unterlässt oder den Fund auf Nachfrage verheimlicht.

Art. 1087
Auf die Ansprüche des Finders wegen Aufwendungen und Finderlohns finden die Vorschriften über die Ansprüche des Besitzers gegen den Eigentümer, der Herausgabe verlangt, wegen Verwendungen entsprechende Anwendung.

Art. 1088 Eigentumserwerb durch den Finder
Mit dem Ablauf eines Jahres nach der Anzeige des Fundes bei der Polizeibehörde erwirbt der Finder vom Zeitpunkt des Fundes ab das Eigentum an der Sache, es sei denn, dass inzwischen der Behörde oder dem Finder der Empfangsberechtigte bekannt geworden ist. Mit dem Erwerb des Eigentums erlischt auch jedes dingliche Recht eines Dritten.

Art. 1089
Ist vor dem Ablauf der einjährigen Frist des vorangehenden Artikels der Empfangsberechtigte bekannt geworden, so kann der Finder den Ersatz der Verwendungen und Finderlohn unter Bestimmung einer Frist verlangen, die nicht vor dem Ablauf der einjährigen Frist des vorigen Artikels endigt.

Mit dem erfolglosen Ablauf dieser Frist erwirbt der Finder das Eigentum an der Sache.

Art. 1090
Durch die Ablieferung der Sache an die Polizeibehörde werden die Rechte des Finders nicht berührt.

Lässt die Polizeibehörde die Sache versteigern, so tritt der Erlös an die Stelle der Sache.

Die Herausgabe der Sache oder des Erlöses an den Empfangsberechtigten ist nur mit Zustimmung des Finders zulässig.

Art. 1091 Eigentumserwerb durch Stadt und Gemeinde
Holt der Finder nicht innerhalb der ihm von der Polizeibehörde bestimmten Frist die Sache ab, deren Eigentümer er geworden ist, so geht das Eigentum an der Sache auf die Stadt oder die Gemeinde des Fundortes über.

Art. 1092 Fund in einem Gebäude oder in einem öffentlichen Raum
Wer in einem bewohnten Gebäude oder in einem Raum, welcher zum öffentlichen Gebrauch bestimmt ist, eine Sache gefunden hat, ist verpflichtet, die Sache dem Eigentümer des Gebäudes oder dem Mieter oder demjenigen, der die

Aufsicht über den Raum hat, abzuliefern. In diesem Fall gilt als Finder derjenige, welchem die Sache abgeliefert wurde.

Art. 1093 Schatzfund
Wer eine bewegliche Wertsache entdeckt und in seinen Besitz genommen hat, die so lange in einer anderen beweglichen oder unbeweglichen Sache verborgen war, dass ihr Eigentümer nicht mehr zu ermitteln ist (Schatz), wird Eigentümer dieser Sache zur Hälfte. Die andere Hälfte gehört dem Eigentümer der Sache, in welcher der Schatz verborgen war.

Kapitel 5: Schutz des Eigentums
Art. 1094 Vindikationsklage
Der Eigentümer einer Sache ist berechtigt, vom Besitzer oder vom Detentor die Anerkennung seines Eigentums und die Herausgabe der Sache zu verlangen.

Art. 1095
Der Besitzer kann die Herausgabe der Sache verweigern, wenn er dem Eigentümer gegenüber zum Besitz oder zur Detention der Sache berechtigt ist.

Art. 1096 Haftung in Bezug auf die Nutzungen
Der Besitzer hat die Nutzungen herauszugeben, die nach der Zustellung der Klage gezogen wurden. Außerdem haftet er auch für Nutzungen, die er nach Zustellung der Klage aus eigenem Verschulden nicht gezogen hat, welche er nach den Regeln einer ordnungsmäßigen Wirtschaft hätte ziehen können.

Art. 1097 Haftung in Bezug auf die Sache
Der Besitzer haftet seit der Zustellung der Klage dem Eigentümer für Schadensersatz, wenn infolge seines Verschuldens die Sache verschlechtert wurde oder untergegangen ist oder aus einem anderen Grund nicht herausgegeben werden kann.

Art. 1098 Bösgläubiger Besitzer
War der Besitzer beim Erwerb des Besitzes nicht in gutem Glauben oder erlangt er später Kenntnis davon, dass er zum Besitz nicht berechtigt ist, so haftet er von dieser Zeit an in Bezug auf die Sache und auf die Nutzungen aus der Sache in gleicher Weise wie für die Zeit nach der Zustellung der Klage. Eine weitere Haftung des Besitzers wegen Verzugs ist nicht ausgeschlossen.

Art. 1099
Hat sich der Besitzer durch rechtswidrige Handlung den Besitz verschafft, so haftet er dem Eigentümer für Schadensersatz nach den Vorschriften über unerlaubte Handlungen.

Art. 1100 Gutgläubiger Besitzer
Erlangte der Besitzer den Besitz der Sache in gutem Glauben und hat er ihn ebenso fortgesetzt, so haftet er für die Zeit vor der Zustellung der Klage weder für Herausgabe von Nutzungen aus der Sache noch für Schadensersatz für die Verschlechterung, den Untergang oder die Unmöglichkeit der Herausgabe der Sache.

Art. 1101 Anspruch auf notwendige Verwendungen
Der gutgläubige Besitzer ist berechtigt, vom Eigentümer Ersatz für die Verwendungen zu verlangen, die zur Erhaltung der Sache in einem zur ordnungsmäßigen Bewirtschaftung geeigneten Zustand (notwendige Verwendungen) sowie zur Bestreitung von Lasten der Sache gemacht sind. Für gewöhnliche Verwendungen zur Erhaltung der Sache ist er jedoch nicht zum Ersatz berechtigt, sofern ihm die Nutzungen aus der Sache verblieben sind.

Art. 1102
Der unredliche Besitzer, und von der Zustellung der Klage an jeder Besitzer, ist für notwendige Verwendungen oder für Verwendungen wegen der Lasten der Sache nur nach den Vorschriften über die Geschäftsführung ohne Auftrag zum Ersatz berechtigt.

Art. 1103 Nützliche Verwendungen
Für Verwendungen, durch die der Wert der Sache erhöht wurde (nützliche Verwendungen), ist nur der gutgläubige Besitzer für die Zeit vor der Zustellung der Klage zum Ersatz berechtigt, und nur soweit zur Zeit der Herausgabe der Sache die Werterhöhung noch vorhanden ist.

Art. 1104 Wegnahmerecht
Für die mit einer Sache als ihr Bestandteil verbundene andere Sache steht dem Besitzer das Wegnahmerecht zu.

Dieses Recht ist ausgeschlossen: 1. wenn es sich um eine gewöhnliche Erhaltungsverwendung handelt, für die der Besitzer nicht zum Ersatz berechtigt ist, weil er die Nutzungen gezogen hat; 2. wenn die Wegnahme für den Besitzer keinen Nutzen hat; 3. wenn ihm der Wert ersetzt wird, den der Bestandteil nach der Abtrennung haben würde.

Art. 1105
Dem Besitzer steht das Entschädigungs- oder Wegnahmerecht für die Verwendungen, welche von seinem Rechtsvorgänger gemacht wurden, unter denselben Bedingungen zu, unter denen auch dem Rechtsvorgänger dieses Recht zustehen würde.

Die Verpflichtung des Eigentümers erstreckt sich auch auf den Ersatz der Verwendungen, die gemacht worden sind, bevor er das Eigentum erworben hat.

Art. 1106 Zurückbehaltungsrecht
Der Besitzer ist berechtigt, die Sache zurückzubehalten, bis er wegen der ihm zu ersetzenden Verwendungen befriedigt wird. Dieses Recht steht ihm nicht zu, wenn er die Sache durch eine vorsätzlich begangene rechtswidrige Handlung erlangt hat.

Art. 1107 Erlöschen des Anspruchs wegen Verwendungen
Der Entschädigungs- oder Wegnahmeanspruch des Besitzers wegen Verwendungen erlischt bei beweglichen Sachen nach Ablauf eines Monats und bei unbeweglichen Sachen nach Ablauf von sechs Monaten vom Zeitpunkt der Herausgabe der Sache an.

Art. 1108 Negatorische Klage
Wird das Eigentum auf andere Weise als durch Entziehung oder Vorenthaltung der Sache beeinträchtigt, so ist der Eigentümer berechtigt, von dem Störer die Beseitigung der Beeinträchtigung und ihre Unterlassung für die Zukunft zu verlangen. Ein weiterer Anspruch auf Schadensersatz nach den Vorschriften über unerlaubte Handlungen ist nicht ausgeschlossen.

Das im vorigen Absatz bestimmte Recht wird nicht gewährt, wenn der Störer kraft eines Rechtes gehandelt hat.

Art. 1109 Auf fremdes Grundstück gelangte bewegliche Sache
Ist eine bewegliche Sache auf ein fremdes Grundstück gelangt, so ist der Eigentümer berechtigt, vom Besitzer des Grundstücks zu verlangen, dass er ihm das Aufsuchen und die Wegschaffung gegen Entschädigung für den dadurch entstehenden Schaden gestatte.

Art. 1110 Eigentumsvermutung
Zugunsten des Besitzers einer beweglichen Sache gilt die Vermutung, dass er Eigentümer der Sache sei. Die Vermutung kann nicht einem früheren Besitzer entgegengehalten werden, dem die Sache gestohlen worden oder verlorengegangen ist. Jedoch kann bei Geld und Inhaberpapieren die Vermutung auch diesem entgegengehalten werden.

Art. 1111
Zugunsten des früheren Besitzers einer beweglichen Sache gilt die Vermutung, dass er während der Dauer seines Besitzes Eigentümer der Sache gewesen sei.

Art. 1112 Publizianische Klage
Wer den Besitz eines Grundstücks unter den Voraussetzungen der ordentlichen Ersitzung erlangt und ihn vor der Vollendung der Ersitzungszeit verloren hat, ist berechtigt, von demjenigen, welcher es ohne gültigen oder putativen Titel besitzt, Herausgabe der Sache nach den Vorschriften über die Vindikationsklage zu verlangen, die entsprechende Anwendung finden.

Wird ein solcher Besitzer eines Grundstücks anders als durch Entziehung oder Vorenthaltung der Sache beeinträchtigt, so steht ihm gleichfalls derselbe Schutz zu, den auch der Eigentümer genießt.

Kapitel 6: Miteigentum
Art. 1113 Gemeinschaftliche Sache
Steht das Eigentum an einer Sache mehreren ungeteilt nach ideellen Teilen zu, so finden die Vorschriften über Gemeinschaft Anwendung.

Art. 1114 Grunddienstbarkeiten zu Lasten oder zu Gunsten einer gemeinschaftlichen Sache
Ein gemeinschaftliches Grundstück kann mit einer Grunddienstbarkeit zugunsten des jeweiligen Eigentümers eines anderen Grundstücks belastet werden, auch wenn er Miteigentümer des dienenden Grundstücks ist. Das gleiche gilt auch für eine Grunddienstbarkeit an einem Grundstück zugunsten der jeweiligen Eigentümer eines gemeinschaftlichen Grundstücks, wenn jemand von ihnen Eigentümer des dienenden Grundstücks ist.

Art. 1115 Handlungen, welche gegen die Nachfolger gelten
Handelt es sich um ein gemeinschaftliches dingliches Recht, so finden die Vorschriften der Art. 791 und 796 nur Anwendung, wenn die Vereinbarung oder der Beschluss der Teilhaber der Gemeinschaft notariell beurkundet und ins Transkriptionsbuch eingetragen wurde. Im Falle des Art. 791 ist die Transkription auch für die gerichtliche Entscheidung erforderlich.

Art. 1116 Stellung jedes Miteigentümers Dritten gegenüber
Jeder Miteigentümer ist berechtigt, die Ansprüche aus dem Eigentum Dritten gegenüber in Ansehung der ganzen Sache geltend zu machen. Erhebt er aber die Vindikationsklage bezüglich der ganzen Sache, so hat er die Herausgabe der Sache an alle Miteigentümer zu verlangen.

Art. 1117 Zwangsmiteigentum bei Stockwerkseigentum
Bei einem Gebäude ist der Eigentümer eines Stockwerks oder einer Abteilung desselben ohne weiteres Miteigentümer mit entsprechendem Anteil an den einzelnen Teilen des ganzen Grundstücks, die zum gemeinsamen Gebrauch auch

den übrigen Eigentümern dienen, wie es insbesondere der Grund, die Fundamente, die Grundmauern, das Dach und der Hof sind.

Kapitel 7: Grunddienstbarkeiten

Art. 1118 Begriff

An einem Grundstück kann zugunsten des jeweiligen Eigentümers eines anderen Grundstücks ein dingliches Recht erworben werden, das ihm einen Vorteil gewährt (Grunddienstbarkeit).

Art. 1119

Vermöge der Grunddienstbarkeit trägt der Eigentümer des dienenden Grundstücks die Last, entweder einen Gebrauch von Seiten des Eigentümers des herrschenden Grundstücks zu dulden oder bestimmte Handlungen zu unterlassen, zu deren Vornahme er kraft seines Eigentumsrechts berechtigt wäre.

Art. 1120

Grunddienstbarkeiten im Sinne des vorangehenden Artikels sind insbesondere: das Wegerecht, das Wasserleitungs- oder Wasserabfluss- oder Wasserschöpf- oder Viehtränkrecht des herrschenden Grundstücks, das Weide- oder das Holzrecht, die Dienstbarkeit, das Dachwasser des herrschenden Grundstücks auf das dienende Grundstück abtropfen zu lassen, das Dienstbarkeitsrecht, einen Balkon oder ein Vordach über das dienende Grundstück hinausragen zu lassen oder das Gebäude auf das benachbarte Grundstück zu stützen, das Dienstbarkeitsrecht, einen Abwasserkanal zu errichten, die Dienstbarkeit, nicht höher bauen oder das Licht oder die Aussicht für das herrschende Grundstück nicht verbauen zu lassen.

Art. 1121 Begründung

Die Grunddienstbarkeiten werden durch Rechtsgeschäft oder durch Ersitzung begründet. Die Vorschriften über Ersitzung bei Grundstücken und Übereignung derselben durch Vereinbarung finden auch auf die Begründung der Grunddienstbarkeiten entsprechende Anwendung.

Art. 1122 Mehrere Eigentümer

Gehört das herrschende oder das dienende Grundstück mehreren, so ist zur Begründung einer Dienstbarkeit durch Rechtsgeschäft die Zustimmung aller erforderlich.

Art. 1123 Ersitzung bei einer im Unterlassen bestehenden Dienstbarkeit

Besteht die Dienstbarkeit in einem Unterlassen, so beginnt der Besitz zur außerordentlichen Ersitzung mit dem Zeitpunkt, in dem der Eigentümer des herrschenden Grundstücks dem Eigentümer des dienenden Grundstücks die Handlung verboten hat, deren Unterlassung den Inhalt der Dienstbarkeit bildet.

Art. 1124 Umfang einer Dienstbarkeit
Das Dienstbarkeitsrecht erstreckt sich nur bis zur Befriedigung des Bedarfs des herrschenden Grundstücks. Neue Bedarfe des herrschenden Grundstücks haben im Zweifel keine neue Belastung für den Eigentümer des dienenden Grundstücks zur Folge.

Art. 1125
Das Recht aus der Dienstbarkeit umfasst jede zu ihrer Ausübung erforderliche Handlung des Berechtigten. Er hat aber sein Recht unter tunlicher Schonung der Interessen des Eigentümers des dienenden Grundstücks auszuüben.

Art. 1126 Erhaltung einer Anlage auf dem dienenden Grundstück
Wird auf dem dienenden Grundstück eine Anlage zur Ausübung der Dienstbarkeit unterhalten, so ist der Berechtigte verpflichtet, die Einrichtung in ordnungsmäßigem Zustande zu erhalten, soweit das Interesse des Eigentümers des dienenden Grundstücks es erfordert. Dient die Anlage auch dem Interesse des Eigentümers des dienenden Grundstücks, so fällt die Verpflichtung zur Unterhaltung der Einrichtung beiden im Verhältnis des Interesses eines jeden zur Last, es sei denn, dass ein anderes vereinbart wurde.

Art. 1127
Besteht die Dienstbarkeit in dem Recht des Berechtigten, auf einer baulichen Anlage des dienenden Grundstücks eine bauliche Anlage zu halten, so ist, wenn nichts anderes vereinbart wurde, der Eigentümer des belasteten Grundstücks verpflichtet, seine eigene Anlage zu unterhalten, soweit das Interesse des Berechtigten es erfordert.

Art. 1128 Änderung der Art der Ausübung einer Dienstbarkeit
Der Eigentümer des dienenden Grundstücks ist berechtigt, gegen Vorschuss der notwendigen Kosten zu verlangen, dass die Art der Ausübung der Dienstbarkeit geändert wird, wenn ihr wirtschaftlicher Zweck durch eine solche Änderung in gleicher Weise erreicht wird und die Art der bisherigen Ausübung für ihn besonders beschwerlich ist.

Das gleiche gilt auch für die Änderung der Stelle, an der bisher die Dienstbarkeit an dem Grundstück ausgeübt wurde.

Art. 1129 Gebrauch des dienenden Grundstücks durch den Eigentümer
Das Bestehen einer Dienstbarkeit schließt für den Eigentümer des dienenden Grundstücks das Recht nicht aus, das dienende Grundstück zum ähnlichen Gebrauch für sich selbst zu benutzen, es sei denn, dass ein anderes vereinbart wurde oder dass das dienende Grundstück zu einem solchen Gebrauch nicht ausreicht.

Art. 1130 Teilung des herrschenden Grundstücks
Wird das herrschende Grundstück geteilt, so besteht die Dienstbarkeit für die einzelnen Teile fort, ihre Ausübung aber darf für den Eigentümer des dienenden Grundstücks nicht beschwerlicher werden. Die Dienstbarkeit erlischt in Bezug auf den einzelnen Teil, dem sie keinen Vorteil bringt.

Art. 1131 Teilung des dienenden Grundstücks
Wird das dienende Grundstück geteilt, so besteht die Dienstbarkeit an den einzelnen Teilen fort. Sie erlischt aber in Bezug auf den einzelnen Teil, auf dem nach der Natur der Dienstbarkeit oder aufgrund des Vertrags ihre Ausübung aufgehört hat.

Art. 1132 Schutz der Dienstbarkeit
Der Inhaber einer Grunddienstbarkeit, bei mehreren Berechtigten auch jeder von ihnen, ist im Falle der Beeinträchtigung berechtigt, von dem Störer die Anerkennung der Dienstbarkeit und die Beseitigung der Beeinträchtigung und außerdem ihre Unterlassung für die Zukunft zu verlangen. Ein weiterer Anspruch auf Schadensersatz nach den Vorschriften über unerlaubte Handlungen ist nicht ausgeschlossen.

Das im vorigen Absatz bezeichnete Recht wird nicht gewährt, wenn der Störer kraft eines Rechts gehandelt hat.

Art. 1133
Gegen den Besitzer des dienenden Grundstücks ohne gültigen oder putativen Titel genießt auch derjenige den Schutz im Sinne des vorangehenden Artikels, welcher den Besitz der Dienstbarkeit unter den Voraussetzungen der ordentlichen Ersitzung erworben hat, wenn er vor der Vollendung der Ersitzungszeit in ihrer Ausübung beeinträchtigt wird.

Art. 1134 Erlöschen einer Dienstbarkeit
Eine Dienstbarkeit erlischt durch einseitige Erklärung des Berechtigten, dass er die Dienstbarkeit aufgebe, welche entweder durch letztwillige Verfügung oder durch notarielle Beurkundung, die in das Transkriptionsbuch einzutragen ist, abgegeben werden kann. Hat ein Dritter an dem herrschenden Grundstück ein dingliches Recht, so ist auch seine Zustimmung erforderlich, sofern durch den Verzicht sein Recht beeinträchtigt wird.

Art. 1135
Die Dienstbarkeit erlischt durch den völligen Untergang des herrschenden oder des dienenden Grundstücks.

Art. 1136
Die Dienstbarkeit erlischt, soweit ihre Ausübung wegen tatsächlicher oder rechtlicher Gründe unmöglich wird.

Art. 1137
Die Dienstbarkeit erlischt, wenn das Eigentum des herrschenden und des dienenden Grundstücks in derselben Person zusammentreffen.

Art. 1138
Die Dienstbarkeit erlischt durch zwanzigjährige Nichtausübung. Bei mehreren Berechtigten genügt die Ausübung durch einen derselben.

Art. 1139
Bei Dienstbarkeiten, welche in Zeitabständen ausgeübt werden, beginnt die zwanzigjährige Frist von der letzten Ausübung an. Bei Dienstbarkeiten, deren Inhalt in einer Dauerausübung besteht, beginnt sie von dem Zeitpunkt an, in dem auf dem dienenden Grundstück eine Anlage gemacht wurde, welche die Ausübung der Dienstbarkeit hindert.

Die Nichtausübung wird durch die Klageerhebung von Seiten des Berechtigten unterbrochen.

Art. 1140
Das Erlöschen der Dienstbarkeit durch Nichtausübung wird durch ihre Ausübung in anderer Weise oder zu anderer Zeit als der für die Ausübung vorgesehenen nicht verhindert.

Art. 1141
Die Nichtausübung beginnt nicht und wird, wenn sie begonnen hat, nicht fortgesetzt für die Zeit, in der die Verjährung der Klage über den Schutz der Dienstbarkeit gehemmt oder die Vollendung dieser Verjährung dem Gesetz nach verhindert wird.

Kapitel 8: Persönliche Dienstbarkeiten

Art. 1142 Begriff des Nießbrauchs
Die persönliche Dienstbarkeit des Nießbrauchs besteht in dem dinglichen Recht des Nießbrauchers auf Gebrauch und Fruchtgenuss einer fremden Sache, wobei die Substanz der Sache unberührt bleibt.

Art. 1143 Begründung
Der Nießbrauch wird durch Rechtsgeschäft oder Ersitzung begründet. Die Vorschriften über die Ersitzung von beweglichen Sachen oder Grundstücken und

über die Übertragung des Eigentums an diesen durch Einigung finden auch auf die Begründung des Nießbrauchs entsprechende Anwendung.

Art. 1144
Nießbrauch kann auch an einem ideellen Teil einer Sache entstehen.

Art. 1145 Feststellung des Zustands der Sache
Der Nießbraucher einer Sache ist berechtigt zu verlangen, dass auf seine Kosten durch Sachverständige, welche vom Gericht bestellt werden, der Zustand der Sache festgestellt wird. Das gleiche Recht hat auch der Eigentümer.

Art. 1146 Verzeichnis bei Sachinbegriff
Ist ein Inbegriff von Sachen Gegenstand des Nießbrauchs, so sind der Nießbraucher und der Eigentümer einander verpflichtet, zur Aufnahme eines Verzeichnisses der Sachen mitzuwirken. Die Kosten trägt derjenige, welcher dies verlangt.

Art. 1147
Der Nießbraucher ist zum Besitz der Sache berechtigt.

Art. 1148 Verpflichtungen des Nießbrauchers
Der Nießbraucher ist bei der Ausübung des Nießbrauchs verpflichtet, die bisherige wirtschaftliche Bestimmung der Sache aufrechtzuerhalten und mit dieser sorgfältig und nach den Regeln einer ordnungsmäßigen Wirtschaft zu verfahren. Er ist nicht berechtigt, wesentliche Veränderungen vorzunehmen.

Art. 1149
Beim Nießbrauch an einem Wald oder Bergwerk oder einer Mine ist der Nießbraucher oder der Eigentümer berechtigt zu verlangen, dass die Ausbeutung durch einen Plan auf Kosten beider bestimmt wird.

Art. 1150 Übermäßige Fruchtziehung
Früchte, welche vom Nießbraucher einer ordnungsmäßigen Wirtschaft zuwider oder infolge außerordentlicher Ereignisse gezogen werden, fallen, soweit sie den ordnungsmäßigen Ertrag übersteigen, dem Eigentümer zu.

Art. 1151 Nießbraucher und Schatz
Das Recht des Nießbrauchers erstreckt sich nicht auch auf den Anteil des Eigentümers an einem Schatz, der in der Sache entdeckt wurde.

Art. 1152 Ausbesserungen der Sache
Der Nießbraucher ist verpflichtet, für die Ausbesserung und Erneuerung der Sache zu sorgen; er hat die Kosten dafür nur insoweit zu tragen, als sie zu der gewöhnlichen Unterhaltung der Sache gehören.

Art. 1153 Verpflichtung zur Anzeige an den Eigentümer
Der Nießbraucher ist verpflichtet, dem Eigentümer unverzüglich über jede Beschädigung oder über die Notwendigkeit einer außerordentlichen Ausbesserung der Sache oder über eine Vorkehrung zum Schutze der Sache gegen eine nicht vorhergesehene Gefahr Anzeige zu machen. Das gleiche gilt, wenn sich ein Dritter ein Recht an der Sache anmaßt.

Vernachlässigt oder verweigert der Eigentümer Maßnahmen zur Abwendung des Schadens oder der Gefahr, so trifft sie der Nießbraucher auf Kosten des Eigentümers.

Art. 1154 Versicherungsverpflichtung
Der Nießbraucher ist verpflichtet, die Sache für die Zeit des Nießbrauchs auf eigene Kosten zugunsten des Eigentümers gegen Brand oder sonstige Gefahren zu versichern, sofern dies nach den Regeln einer ordnungsmäßigen Wirtschaft geboten ist. Hat er die Sache versichert übernommen, so ist er unter denselben Bedingungen zur Prämienzahlung für die Dauer des Nießbrauchs verpflichtet.

Art. 1155 Verpflichtung zur Lastentragung
Der Nießbraucher ist dem Eigentümer gegenüber verpflichtet, für die Dauer des Nießbrauchs die auf der Sache ruhenden öffentlichen Lasten unter Ausschluss der außerordentlichen Lasten zu tragen. Besteht bei der Bestellung des Nießbrauchs eine Hypothek an der Sache, so haftet er während der Dauer des Nießbrauchs dem Eigentümer gegenüber für die Zinsen der Schuld oder für einen Teil der Zinsen im Verhältnis zu den anderen etwa für die Schuld bestehenden Hypotheken.

Art. 1156
Der Nießbraucher eines ganzen Vermögens oder eines Bruchteils desselben ist verpflichtet, die Zinsen oder den entsprechenden Teil der Zinsen für die bei der Bestellung des Nießbrauchs bestehenden Schulden des Eigentümers zu entrichten.

Er ist auch verpflichtet, die wiederkehrenden Unterhaltsleistungen aus einer schon bei der Bestellung des Nießbrauchs begründeten Verpflichtung des Eigentümers zu entrichten.

Art. 1157 Verwendungen, welche nicht dem Nießbraucher zur Last fallen
Verwendungen des Nießbrauchers, zu denen er nicht verpflichtet war, hat derjenige, der Eigentümer der Sache in der Zeit war, in der sie gemacht wurden, nach den Vorschriften über die Geschäftsführung ohne Auftrag zu ersetzen. Der Nießbraucher ist berechtigt, eine Einrichtung, mit der er die Sache versehen hat, wegzunehmen.

Art. 1158 Verschlechterung infolge ordnungsmäßiger Fruchtziehung
Der Nießbraucher haftet nicht für eine Veränderung oder Verschlechterung der Sache, welche durch die ordnungsmäßige Ausübung des Nießbrauchs herbeigeführt wurde.

Art. 1159 Verpflichtung des Nießbrauchers zur Sicherheitsleistung
Der Eigentümer der Sache ist berechtigt, wenn nicht ein anderes bestimmt wurde, von dem Nießbraucher Sicherheitsleistung zu verlangen, wenn die Ausübung des Nießbrauchs in einer Weise erfolgt, welche die Rechte des Eigentümers erheblich bedroht. Von der Sicherheitsleistung ist der Schenker befreit, welcher sich den Nießbrauch vorbehalten hat.

Art. 1160
Leistet der Nießbraucher nicht oder ist er nicht imstande, die angeordnete Sicherheit zu leisten, oder verletzt er in erheblichem Maß die Rechte des Eigentümers, so ordnet das Gericht auf Antrag des Eigentümers die Vermietung der Sache an oder überträgt die Ausübung des Nießbrauchs auf Rechnung des Nießbrauchers einem Verwalter. Zum Verwalter kann auch der Eigentümer bestellt werden. Die Verwaltung wird aufgehoben, wenn Sicherheit geleistet wird oder der Grund weggefallen ist, durch den sie veranlasst wurde.

Art. 1161 Rückgabe der Sache nach Beendigung des Nießbrauchs
Der Nießbraucher ist verpflichtet, die Sache nach der Beendigung des Nießbrauchs dem Eigentümer zurückzugeben. Im Verhältnis zwischen dem Nießbraucher und dem Eigentümer der Sache gilt zugunsten des Nießbrauchers der Besteller des Nießbrauchs als Eigentümer, es sei denn, der Nießbraucher weiß, dass der Besteller nicht Eigentümer ist.

Art. 1162
Der Nießbraucher eines landwirtschaftlichen Grundstücks hat bei der Beendigung des Nießbrauchs kein Recht auf die bei dieser Beendigung noch nicht getrennten Früchte. Er kann aber Ersatz für die Kosten verlangen, die bei ihrer Gewinnung entstanden sind, sofern sie den Wert der Früchte nicht übersteigen.

Art. 1163
Der Nießbraucher eines landwirtschaftlichen Grundstücks ist bei der Beendigung des Nießbrauchs verpflichtet, von den Erzeugnissen des Grundstücks, insbesondere von Samen, Heu und Dünger, so viel zurückzulassen, als zur ordnungsmäßigen Fortführung der Wirtschaft des Grundstücks bis zur neuen Ernte erforderlich ist. Soweit aber der Nießbraucher bei seinem Antritt auf dem Grundstück solche Erzeugnisse nicht übernommen hat, hat er für die zurückgelassenen Erzeugnisse einen Entschädigungsanspruch gegen den Eigentümer.

Art. 1164 Schicksal der Vermietung bei Beendigung des Nießbrauchs
Wird der Nießbrauch an einem Grundstück während der Dauer der vom Nießbraucher vorgenommenen Vermietung des Grundstücks beendigt, so finden in Bezug auf die Fortsetzung des Mietverhältnisses sowie auf den Vorschuss oder die Abtretung oder Pfändung von Mietzinsen die Vorschriften über die Veräußerung des vermieteten Grundstücks während der Miete entsprechende Anwendung.

Art. 1165 Verjährung
Die Ansprüche des Eigentümers gegen den Nießbraucher wegen Veränderung oder Verschlechterung der Sache sowie die Ansprüche des Nießbrauchers auf Ersatz von Verwendungen oder Gestattung der Wegnahme einer Einrichtung verjähren in sechs Monaten vom Zeitpunkt der Rückgabe der Sache an.

Art. 1166 Unübertragbarkeit des Nießbrauchs
Der Nießbrauch ist nicht übertragbar, sofern nichts anderes bestimmt wurde. Die Ausübung des Nießbrauchs kann einem anderen für eine Zeit, welche die Dauer des Nießbrauchs nicht übersteigt, unbeschadet der Vorschrift des Art. 1164 überlassen werden.

Art. 1167 Erlöschen des Nießbrauchs
Der Nießbrauch erlischt, sofern nicht ein anderes bestimmt wurde, mit dem Tode des Nießbrauchers. Der Nießbrauch zugunsten einer juristischen Person erlischt mit deren Auflösung.

Art. 1168
Der Nießbrauch erlischt, wenn er mit dem Eigentum in derselben Person zusammentrifft.

Art. 1169
Der Nießbrauch erlischt durch einseitige Erklärung des Berechtigten dem Eigentümer gegenüber, dass er den Nießbrauch aufgibt. Bei Grundstücken erfolgt die Erklärung durch notarielle Beurkundung, die dem Eigentümer zuzustellen und in das Transkriptionsbuch einzutragen ist.

Art. 1170
Die Erlöschensgründe der Grunddienstbarkeiten wegen Unterganges der dienenden Sache, wegen Unmöglichkeit der Ausübung und wegen Nichtausübung finden auch auf den Nießbrauch an einer Sache entsprechende Anwendung. Die zwanzigjährige Frist bei Nichtausübung läuft vom Zeitpunkt der letzten Ausübung an.

Art. 1171 Untergang oder Zwangsenteignung einer Sache
Der Nießbrauch an einer Sache erstreckt sich auch auf den für sie geschuldeten Ersatz oder auf die Entschädigungssumme, insbesondere wegen Untergangs oder Versicherungsvertrages oder Zwangsenteignung der Sache.

Art. 1172
Im Falle des vorangehenden Artikels ist der Eigentümer oder der Nießbraucher berechtigt zu verlangen, dass die empfangene Summe zur Wiederherstellung oder zur Ersetzung der Sache verwendet wird, sofern eine solche Handlung den Regeln einer ordnungsmäßigen Wirtschaft entspricht.

Art. 1173 Schutz des Nießbrauchers
Bei Verletzung des Rechts des Nießbrauchers finden die Vorschriften über den Schutz des Eigentums entsprechende Anwendung.

Art. 1174 Nießbrauch an verbrauchbaren Sachen
Sind verbrauchbare Sachen Gegenstand des Nießbrauchs, so wird der Nießbraucher, wenn nicht ein anderes bestimmt wurde, Eigentümer der Sachen und ist verpflichtet, nach Beendigung des Nießbrauchs dem Besteller des Nießbrauchs nach dessen Wahl entweder den Wert zu ersetzen, den die Sachen zur Zeit der Bestellung des Nießbrauchs hatten, oder andere Sachen derselben Quantität und Qualität zurückzugeben.

Art. 1175
Beim Nießbrauch an verbrauchbaren Sachen ist der Nießbraucher, wenn nichts anderes bestimmt wurde, zur Sicherheitsleistung vor der Übergabe der Sachen verpflichtet. Von der Sicherheitsleistung wird der Nießbraucher befreit: 1. bei Geld, wenn es bei einer sicheren Bank oder bei einer anderen Kreditanstalt unter Vorbehalt des Nießbrauchsrechts angelegt wird; 2. wenn Nießbraucher der Schenker ist, der sich den Nießbrauch vorbehalten hat.

Art. 1176 Nießbrauch an Inhaberpapieren
Für den Nießbrauch an Inhaberpapieren gelten die Vorschriften über den Nießbrauch an einer Sache. Der Nießbraucher ist, wenn nichts anderes bestimmt wurde, vor der Übergabe zur Sicherheitsleistung verpflichtet. Von dieser ist er befreit: 1. wenn die Papiere bei einer sicheren Bank oder bei einer anderen Kreditanstalt unter Vorbehalt des Nießbrauchsrechts hinterlegt werden; 2. wenn Nießbraucher der Schenker ist, der sich den Nießbrauch vorbehalten hat.

Zum Besitz der dazugehörigen Zins- und Dividendenscheine ist der Nießbraucher ohne Sicherheitsleistung berechtigt.

Art. 1177
Beim Nießbrauch an Aktien einer Gesellschaft ist der Nießbraucher, sofern nichts anderes bestimmt wurde, berechtigt, an den Versammlungen der Aktionäre der Gesellschaft teilzunehmen.

Art. 1178 Nießbrauch an einem Recht
Nießbrauch kann auch an einem Recht bestellt werden. Die Bestellung des Nießbrauchs an einem Recht erfolgt in der Weise, in der auch die Übertragung des Rechts erfolgt. An Rechten, die nicht übertragbar sind, kann ein Nießbrauch nicht bestellt werden.

Art. 1179 Insbesondere Nießbrauch an einer Forderung
Der Nießbraucher einer Forderung ist zu ihrem Fruchtgenuss berechtigt.

Ist die Forderung keine Geldforderung, so ist er auch zu ihrer Einziehung berechtigt; vom Zeitpunkt der Einziehung an gilt er als Nießbraucher einer Sache.

Art. 1180
Ist die Forderung, an der ein Nießbrauch bestellt wurde, eine Geldforderung, so sind zur Einziehung des Kapitals der Gläubiger und der Nießbraucher gemeinschaftlich berechtigt und verpflichtet. Statt der Einziehung oder nach der Einziehung ist jeder berechtigt, die sichere und zinsentragende Anlage des Kapitals unter Vorbehalt des Rechts des Nießbrauchers zu verlangen. Die Art der Anlage bestimmt der Nießbraucher.

Art. 1181
Der Nießbraucher einer Leibrente ist berechtigt, die einzelnen Leistungen einzuziehen, welche dem Recht gebühren, an dem der Nießbrauch bestellt wurde.

Art. 1182
Im Übrigen finden auf den Nießbrauch an einem Recht die Vorschriften über den Nießbrauch an Sachen entsprechende Anwendung, sofern sich aus dem Gesetz oder aus der Natur des Nießbrauchs am Recht nichts anderes ergibt.

Art. 1183 Wohnungsrecht
Die persönliche Dienstbarkeit des Wohnungsrechts besteht in dem dinglichen und ausschließlichen Recht des Berechtigten, ein fremdes Gebäude oder einen Teil desselben als Wohnung zu benutzen.

Art. 1184
Derjenige, welchem das Wohnungsrecht zusteht, ist berechtigt, in dem Gebäude mit seiner Familie und dem seiner sozialen Stellung entsprechenden Dienstpersonal zu wohnen.

Art. 1185
Das Wohnungsrecht ist nicht übertragbar und erlischt mit dem Tode des Berechtigten.

Art. 1186
Bei dem Wohnungsrecht besteht kein Anspruch auf Sicherheitsleistung. Der Berechtigte ist nicht zur Versicherung des Gebäudes verpflichtet.

Art. 1187
Auf das Wohnungsrecht finden im Übrigen die allgemeinen Vorschriften über den Nießbrauch an Grundstücken entsprechende Anwendung, sofern sie sich mit der Natur des Wohnungsrechts vereinbaren lassen.

Art. 1188 Andere persönliche Dienstbarkeiten
An einem Grundstück kann das dingliche Recht einer persönlichen Dienstbarkeit bestellt werden, welches einer bestimmten Person eine Befugnis oder einen Nutzen gewährt (beschränkte persönliche Dienstbarkeiten).

Diese können auch in allem bestehen, was den Inhalt einer Grunddienstbarkeit bildet.

Art. 1189
Der Umfang einer beschränkten persönlichen Dienstbarkeit bestimmt sich im Zweifel nach den persönlichen Bedürfnissen des Berechtigten.

Art. 1190
Die beschränkte persönliche Dienstbarkeit ist, sofern nichts anderes bestimmt wurde, nicht übertragbar und erlischt mit dem Tode des Berechtigten oder mit der Auflösung der juristischen Person, zugunsten deren sie bestellt war.

Art. 1191
Auf die beschränkten persönlichen Dienstbarkeiten finden im Übrigen die Vorschriften über Grunddienstbarkeiten Anwendung, sofern sie sich mit der Natur der persönlichen Dienstbarkeiten vereinbaren lassen.

Kapitel 9: Transkription

Art. 1192 Akte, die in das Transkriptionsbuch einzutragen sind
Im Transkriptionsregister des Bezirks, in dem sich das Grundstück befindet, werden in das Transkriptionsbuch eingetragen: 1. die Rechtsgeschäfte unter Lebenden, inbegriffen auch die Schenkungen von Todes wegen, durch die ein dingliches Recht an Grundstücken begründet, übertragen oder aufgehoben wird (dingliche Rechtsgeschäfte); 2. die gerichtlichen Zuerkennungen sowie die behördlichen Zuweisungen oder Zuschläge des Eigentums an einem Grundstück

oder eines dinglichen Rechts an diesem; 3. die Protokolle über die gerichtliche Teilung eines Grundstücks; 4. die rechtskräftigen Gerichtsentscheidungen, welche eine Verurteilung zur Abgabe einer Willenserklärung über ein dingliches Rechtsgeschäft in Bezug auf ein Grundstück enthalten; 5. die rechtskräftigen Gerichtsentscheidungen, durch die das Eigentum oder ein anderes dingliches Recht an einem Grundstück festgestellt wird, die durch außerordentliche Ersitzung erworben sind.

Art. 1193 Annahme einer Erbschaft oder eines Vermächtnisses
In das Transkriptionsbuch des Transkriptionsregisters des Bezirks, in dem sich das Grundstück befindet, ist auch jede Annahme einer Erbschaft oder eines Vermächtnisses einzutragen, sofern durch sie dem Erben oder dem Vermächtnisnehmer ein Grundstück des Nachlasses oder ein dingliches Recht an demselben oder ein dingliches Recht an einem fremden Grundstück zufällt oder ein solches Recht aufgehoben wird. Für die Transkription ist die Bestätigung des Todes des Erblassers erforderlich.

Art. 1194 Wie die Transkription erfolgt
Die Transkription besteht in der Eintragung eines Auszuges aus dem einzutragenden Akt in das Transkriptionsbuch nach der zeitlichen Reihenfolge der Einreichung. Der Auszug enthält die Hauptmerkmale des Aktes. Die Eintragung wird auch auf der einzutragenden Urkunde bestätigt und diese wird im Transkriptionsregister aufbewahrt.

Die Transkription kann jeder verlangen, der ein berechtigtes Interesse daran glaubhaft macht.

Art. 1195
Die in das Transkriptionsbuch einzutragende Annahme einer Erbschaft oder eines Vermächtnisses muss sich aus einer öffentlichen Urkunde ergeben. Statt der Annahme der Erbschaft kann in das Transkriptionsbuch der Erbschein eingetragen werden.

Art. 1196 Mangel die Identität des Grundstücks betreffend
Die Transkription ist nichtig, wenn sich aus dem Akt, welcher im Transkriptionsbuch eingetragen ist, die Identität des Grundstücks nicht ergibt.

Art. 1197
Ergibt sich aus den Unterlagen über die Annahme der Erbschaft oder des Vermächtnisses nicht die Identität des Grundstücks und das dingliche Recht an ihm, auf das sich die Annahme bezieht, so muss derjenige, der die Transkription

beantragt, dem Transkriptionsregister ein von ihm unterschriebenes Schriftstück einreichen, in dem diese Angaben enthalten sind.

Art. 1198 Unterlassung der Transkription
Ohne Transkription in den Fällen der Artikel 1192 Absätze 1 bis 4 und 1193 erfolgt keine Übertragung des Eigentums an dem Grundstück bzw. keine Begründung, Übertragung oder Aufhebung eines dinglichen Rechts an diesem.

Art. 1199 Eigentum des Erben oder des Vermächtnisnehmers
Durch die Transkription nach Artikel 1193 gilt das Eigentum oder ein anderes dingliches Recht an dem Grundstück als dem Erben oder Vermächtnisnehmer mit dem Zeitpunkt des Todes des Erblassers zugefallen, unbeschadet der Vorschriften über aufschiebende Bedingung oder Zeitbestimmung.

Art. 1200 Publizität der Transkriptionsbücher
Die Transkriptionsbücher sind öffentlich und jedem zugänglich, der sie einsehen will, unter Berücksichtigung der für ihre gute Erhaltung erforderlichen Bedingungen.

Art. 1201
Der Bewahrer der Transkriptionsbücher ist verpflichtet, demjenigen, der es verlangt, Abschriften, Bestätigungen oder Auszüge aus ihrem Inhalt zu erteilen.
Art. 1202 Entscheidung über die Nichtigkeit eines eingetragenen Rechtsgeschäfts
Wurde ein in das Transkriptionsbuch eingetragenes Rechtsgeschäft durch rechtskräftige gerichtliche Entscheidung für nichtig erklärt, so wird dies auf Betreiben der obsiegenden Partei am Rande der betreffenden Seite des Transkriptionsbuches, auf der das Rechtsgeschäft eingetragen ist, vermerkt. Für jeden aus der Unterlassung entstehenden Schaden haftet diese Partei dem Beschädigten.

Art. 1203 Nichtigkeitserklärung eines eingetragenen Vertrags über ein Grundstück
Wurde ein in das Transkriptionsbuch eingetragener Vertrag über ein Grundstück aus Irrtum oder durch arglistige Täuschung oder Drohung abgeschlossen und nach Anfechtung durch rechtskräftige Entscheidung für nichtig erklärt, so treten die in Artikel 184 vorgesehenen Folgen der Nichtigkeitserklärung von dem Zeitpunkt an ein, in dem diese Entscheidung am Rande der betreffenden Seite des Transkriptionsbuches vermerkt wird, auf der der Vertrag eingetragen ist.

Art. 1204
Durch die Nichtigkeitserklärung eines Vertrages über ein Grundstück im Sinne des vorangehenden Artikels, welcher aus Irrtum oder durch arglistige Täuschung oder Drohung abgeschlossen und im Transkriptionsbuch eingetragen

wurde, werden die von Dritten aus ihm erworbenen dinglichen Rechte nicht aufgehoben.

Art. 1205 Zusammentreffen von mehreren Transkriptionen
Treffen mehrere Transkriptionsanträge zusammen und kann der Bewahrer der Transkriptionsbücher an demselben Tage nicht alle in das Transkriptionsbuch eintragen, so errichtet er über die nicht eingetragenen ein Protokoll, in dem sie nach der Reihenfolge der Vorlegung vermerkt werden. Ihre Eintragung in das Transkriptionsbuch erfolgt nach der Reihenfolge, in der sie in das Protokoll eingetragen wurden; der Bewahrer kann keine anderen Transkriptionen vornehmen, bevor er diese eingetragen hat. Solche Transkriptionen gelten vom Tage der Errichtung des Protokolls an als erfolgt.

Art. 1206 Am selben Tag erfolgte Transkription
Unter mehreren am selben Tag erfolgten Transkriptionen über Rechte an demselben Grundstück geht diejenige vor, welche auf dem, wenn auch nur um kurze Zeit, älteren Titel beruht.

Art. 1207 Transkription und Hypothekeneintragung am selben Tag
Werden am selben Tag eine Transkription und die Eintragung einer Hypothek an demselben Grundstück vorgenommen, so geht die um auch noch so kurze Zeit früher eingetragene vor.

Art. 1208 Transkription von Mietverträgen
In das Transkriptionsbuch des Bezirkes, in dem sich das Grundstück befindet, werden die Mietverträge über das Grundstück eingetragen, die neun Jahre übersteigen.

Kapitel 10: Pfandrecht
Art. 1209 Begriff
An einer fremden beweglichen Sache kann ein Pfandrecht als dingliches Recht zur Sicherung einer Forderung durch privilegierte Befriedigung des Gläubigers aus der Sache bestellt werden.

Art. 1210 Bestehen einer Forderung
Das Pfandrecht ist ein akzessorisches Recht; es kann auch für eine künftige oder eine bedingte Forderung bestellt werden.

Art. 1211 Bestellung
Zur Bestellung des Pfandrechts ist es erforderlich, dass der Eigentümer die Sache dem Gläubiger übergibt und beide sich darüber einig sind, dass der Gläubiger an der Sache ein Pfandrecht erwerben soll. Die Einigung hat durch notarielle

Beurkundung oder durch Privaturkunde mit sicherem Datum zu erfolgen und die Forderung zu bestimmen sowie die zum Pfand gegebene Sache zu bezeichnen. Statt der Bezeichnung in der Urkunde genügt die Beifügung einer besonderen Liste zu dieser.

Art. 1212 Durch Übergabe an einen Dritten
Die Übergabe nach Maßgabe des vorangehenden Artikels kann auch an einen Dritten nach gemeinschaftlicher Zustimmung des Gläubigers und des Verpfänders erfolgen.

Art. 1213 Besitzkonstitut
Eine Vereinbarung zwischen dem Gläubiger und dem Verpfänder, nach der dieser die Detention der Sache kraft eines bestimmten Rechtsverhältnisses behalten soll, gilt nicht als Übergabe.

Art. 1214 Bestellung durch Eintragung
Allein durch die Vereinbarung wird das Pfandrecht ohne Übergabe bestellt, wenn diese Vereinbarung in einem zu diesem Zweck durch Gesetz bestimmten öffentlichen Buch eingetragen wird.

Art. 1215 Eigentumsmangel beim Verpfänder
Gehört die Sache nicht dem Verpfänder, so wird das Pfandrecht unter den Bedingungen erworben, unter denen Eigentum an einer beweglichen Sache von einem Nichteigentümer erworben wird. Die Vorschriften darüber finden entsprechende Anwendung.

Art. 1216 Pfandrecht an einem ideellen Teil
Das Pfandrecht kann auch an einem Bruchteil einer beweglichen Sache bestellt werden. Die Sache kann aber nicht im Ganzen oder zu einem ideellen Teil in der Detention des Verpfänders verbleiben.

Art. 1217 Zeitpunkt, von dem an das Pfandrecht besteht
Das Pfandrecht besteht, auch wenn es für eine künftige oder eine bedingte Forderung bestellt wurde, vom Zeitpunkt seiner Bestellung an.

Art. 1218 Gesicherte Schuld
Das Pfandrecht sichert die Forderung in ihrem ganzen Umfang, insbesondere die Zinsen, die Vertragsstrafe, die Ansprüche des Gläubigers wegen Verwendungen auf die Sache, die Gerichtskosten sowie die Pfandverwertungskosten.

Wurde das Pfandrecht für eine fremde Schuld bestellt, so kann ein Rechtsgeschäft, welches zwischen dem Schuldner und dem Gläubiger nach der Verpfändung vorgenommen wurde, die Stellung des Verpfänders nicht verschlechtern.

Art. 1219 Einreden des Verpfänders
Der Verpfänder ist berechtigt, sofern im Gesetz nicht ein anderes bestimmt ist, dem Gläubiger gegenüber die dem Schuldner gegen die Forderung zustehenden Einreden geltend zu machen, auch wenn dieser auf sie verzichtet.

Art. 1220 Früchte der Sache
Das Pfandrecht erstreckt sich nicht auch auf die Früchte, die von dem Pfand getrennt werden, sofern nicht ein anderes vereinbart wurde.

Art. 1221
Es kann vereinbart werden, dass der Gläubiger die Nutzungen aus der verpfändeten Sache zieht. Bei einer von Natur fruchttragenden Sache ist im Zweifel anzunehmen, dass dem Gläubiger dieses Recht zusteht.

Art. 1222
Ist der Gläubiger berechtigt, die Nutzungen zu ziehen, so hat er für die Gewinnung der Nutzungen zu sorgen und Rechenschaft abzulegen. Der Reinertrag der Nutzungen wird, sofern nichts anderes vereinbart wurde, zunächst zur Tilgung der Kosten, dann der Zinsen und endlich des Kapitals der Forderung verwendet.

Art. 1223 Untergang oder Zwangsenteignung des Pfandes
Das Pfandrecht an einer Sache erstreckt sich auch auf den für sie geschuldeten Ersatz oder auf die Entschädigungssumme, insbesondere wegen Untergangs oder Versicherungsvertrags oder Zwangsenteignung.

Art. 1224 Verpflichtungen des Gläubigers
Der Gläubiger ist zur Verwahrung der Sache verpflichtet. Ohne die Zustimmung des Verpfänders ist er nicht zum Gebrauch oder zur Weiterverpfändung des Pfandes berechtigt.

Art. 1225 Verwendungen auf das Pfand
Die vom Gläubiger auf die Sache gemachten Verwendungen werden nach den Vorschriften über Geschäftsführung ohne Auftrag ersetzt. Der Gläubiger ist berechtigt, eine Einrichtung, mit der er das Pfand versehen hat, wegzunehmen.

Art. 1226 Verpflichtungsverletzung durch den Gläubiger
Verletzt der Gläubiger die Rechte des Verpfänders, so kann dieser verlangen, dass die Sache an einen vom Gericht zu bestellenden Sequester herausgegeben oder öffentlich hinterlegt wird, wenn sie sich zur Hinterlegung eignet. Die Kosten hat der Gläubiger zu tragen.

Art. 1227
Statt der Sequestration oder der Hinterlegung der Sache nach dem vorangehenden Artikel ist der Verpfänder berechtigt, die Rückgabe der Sache gegen Befriedigung des Gläubigers zu verlangen. Ist die Forderung unverzinslich und noch nicht fällig, so werden die Zinsen vom Zeitpunkt der Zahlung an bis zur Fälligkeit der Forderung abgezogen.

Art. 1228 Gefährdung der Interessen des Gläubigers
Wird durch den drohenden Untergang der Sache oder durch eine zu besorgende wesentliche Minderung ihres Wertes die Sicherheit des Gläubigers gefährdet, so ist dieser berechtigt, die Sache mit gerichtlicher Erlaubnis im Wege der Versteigerung zu verkaufen, es sei denn, dass der Verpfänder innerhalb der ihm bestimmten angemessenen Frist die Sicherheit ergänzt. Die Versteigerung erfolgt wie bei einer gepfändeten beweglichen Sache. Der Erlös tritt an die Stelle der verpfändeten Sache und wird öffentlich hinterlegt.

Bei Sachen, welche einen Börsenwert haben, erfolgt der Verkauf an der Börse.

Art. 1229
Im Falle des vorangehenden Artikels ist auch der Verpfänder selbst unter denselben Bedingungen berechtigt, eine gerichtliche Erlaubnis zum Verkauf der Sache zu erwirken oder ihre Rückgabe gegen Leistung einer anderen Sicherheit zu verlangen. Die Sicherheitsleistung durch Bürgen ist ausgeschlossen.

Art. 1230 Gelegenheit eines günstigen Verkaufs
Wurde dem Verpfänder die Gelegenheit eines günstigen Verkaufs des Pfandes geboten, so ist er auch vor der Fälligkeit der Schuld berechtigt, vom Gericht die Erlaubnis zum Verkauf des Pfandes zu verlangen. Das Gericht bestimmt die Verkaufsbedingungen und die Hinterlegung des Kaufpreises.

Art. 1231 Unteilbarkeit des Pfandrechts
Das Pfandrecht ist unteilbar. Besteht es an mehreren Sachen, so sichert jede die ganze Forderung.

Art. 1232 Rückgabe des Pfandes nach Beendigung
Der Gläubiger ist verpflichtet, die Sache nach dem Erlöschen des Pfandrechts zurückzugeben.

Art. 1233
Mit Erlaubnis des Gerichts ist der Gläubiger berechtigt, auch nach dem Erlöschen seiner Forderung dem Schuldner die Rückgabe der Sache zu verweigern, wenn er gegen ihn eine andere Forderung hat, welche nach der Bestellung des Pfandrechts entstanden ist und vor der Fälligkeit der Forderung, für die das

Pfandrecht bestellt wurde, fällig wird. Das gleiche Recht steht ihm auch gegen den Dritten zu, der ein Pfand gegeben hat, wenn ihm unter denselben Bedingungen gegen diesen eine Forderung zusteht.

Art. 1234
Der Dritte, der ein Pfand gegeben hat, ist berechtigt, wenn die Schuld fällig wird, sie selbst zu tilgen und die Sache zurückzuverlangen. Durch die Tilgung tritt er in die Rechte des Gläubigers ein.

Art. 1235 Verjährung
In sechs Monaten vom Zeitpunkt des Erlöschens des Pfandrechts an verjähren: 1. die Ansprüche des Verpfänders gegen den Gläubiger wegen Beschädigung oder Minderung des Wertes der Sache; 2. die Ansprüche des Gläubigers wegen Verwendungen auf die Sache oder auf Wegnahme einer Einrichtung, mit der das Pfand versehen wurde.

Art. 1236 Schutz des Pfandrechts
Auf die Beeinträchtigung des Pfandrechts finden die Vorschriften über den Schutz des Eigentums entsprechende Anwendung.

Art. 1237 Recht des Gläubigers zum Verkauf
Der Gläubiger ist berechtigt, von dem Zeitpunkt an, in dem seine Forderung fällig wurde, das Pfand im Wege der Versteigerung zu verkaufen, wenn er einen vollstreckbaren Titel hat, oder eine gerichtliche Entscheidung zum Verkauf des Pfandes durch Versteigerung zu veranlassen. Der Verkauf erfolgt wie bei einer gepfändeten beweglichen Sache.

Bei Sachen, welche einen Börsenwert haben, erfolgt der Verkauf an der Börse.

Art. 1238
Bei mehreren Pfändern ist der Gläubiger nur berechtigt, so viele Pfänder zum Verkauf zu bringen, als zu seiner Befriedigung erforderlich sind.

Art. 1239 Verbotene Vereinbarungen
Eine Vereinbarung, welche vor der Fälligkeit der gesicherten Schuld getroffen wurde, wonach das Eigentum an der Sache dem Gläubiger zufällt oder ihm übertragen werden muss, falls er nicht rechtzeitig befriedigt wird, ist nichtig. Das gleiche gilt auch für die Vereinbarung, durch welche der Gläubiger von den Formalitäten der Veräußerung des Pfandes im Ganzen oder zum Teil befreit wird.

Art. 1240 Rechte des Käufers bei der Versteigerung
Durch die Versteigerung und den Zuschlag nach Maßgabe der Bedingungen des Gesetzes erwirbt der Käufer das Eigentum an der Sache frei von Lasten. Ein

vor der Bestellung des Pfandrechts etwa begründeter Nießbrauch an der Sache erlischt jedoch nicht.

Art. 1241 Das Erlöschen der Schuld aus dem Erlös
Soweit der Erlös dem Gläubiger zur Tilgung der Forderung gebührt, gilt die Forderung als vom Verpfänder getilgt. In Bezug auf den Restbetrag tritt der Erlös an die Stelle des Pfandes.

Art. 1242
Beim Verkauf des Pfandes durch den Gläubiger gilt zu dessen Gunsten der Verpfänder als Eigentümer, es sei denn, der Gläubiger weiß, dass dieser nicht Eigentümer ist.

Art. 1243 Erlöschen des Pfandrechts
Das Pfandrecht erlischt insbesondere: 1. mit dem Erlöschen der Forderung, für die es bestellt wurde; 2. durch die Rückgabe des Pfandes von Seiten des Gläubigers an den Verpfänder oder an den Eigentümer; 3. durch die einseitige Erklärung des Gläubigers an den Verpfänder oder an den Eigentümer, dass er auf das Pfandrecht verzichte; 4. durch die Vereinigung von Eigentum und Pfandrecht in derselben Person.

Art. 1244 Pfandrecht an Inhaberpapieren
Auf das Pfandrecht an Inhaberpapieren finden die Vorschriften über das Pfandrecht an beweglichen Sachen Anwendung. Sofern diese Papiere dem Pfandgläubiger übergeben wurden, erstreckt sich das Pfandrecht an ihnen auch auf die dazugehörigen Zins- und Dividendenscheine.

Art. 1245
Beim Pfandrecht an Aktien einer Gesellschaft ist der Verpfänder, sofern nichts anderes bestimmt wurde, berechtigt, auch während der Dauer des Pfandrechts an den Versammlungen der Aktionäre teilzunehmen.

Art. 1246 Gesetzliches Pfandrecht
Die Vorschriften über das durch Rechtsgeschäft bestellte Pfandrecht finden auch auf das gesetzliche Pfandrecht entsprechende Anwendung.

Art. 1247 Pfandrecht an einem Recht
Das Pfandrecht kann auch an einem Recht bestellt werden, sofern dieses übertragbar ist. Die Bestellung wird in der Weise vorgenommen, in der auch die Übertragung des Rechts stattfindet. Es ist erforderlich, dass der Vertrag über die Bestellung des Pfandrechts durch notarielle Beurkundung oder durch Privaturkunde mit sicherem Datum erfolgt.

Art. 1248 Insbesondere Pfandrecht an einer Forderung
Bei der Verpfändung einer Forderung ist noch dazu erforderlich, dass der Verpfänder dem Schuldner die Verpfändung anzeigt.

Art. 1249
Das Pfandrecht an einer Forderung erstreckt sich auch auf die nach der Bestellung des Pfandrechts fälligen Zinsen der Forderung.

Art. 1250
Bestehen an derselben Forderung mehrere Pfandrechte, so wird der Vorrang nach der Zeit der Bestellung eines jeden Pfandrechts geregelt.

Art. 1251 Pfandrecht an Orderpapieren
Zur Verpfändung eines Orderpapieres genügt sein Indossament an die Order des Gläubigers, ohne dass eine andere schriftliche Vereinbarung erforderlich ist.

Art. 1252 Einziehung einer verpfändeten Forderung
Solange die gesicherte Schuld nicht fällig wurde, ist der Pfandgläubiger berechtigt, allein die verpfändete Forderung einzuziehen, wenn sie nicht eine Geldforderung ist. Vom Zeitpunkt der Einziehung an hat er ein Pfandrecht an einer Sache des Verpfänders.

Art. 1253
Ist im Falle des vorangehenden Artikels die verpfändete Forderung eine Geldforderung, so sind der Pfandgläubiger und der Verpfänder gemeinschaftlich zur Einziehung berechtigt und verpflichtet. Statt der Einziehung oder, wenn diese erfolgt ist, nach ihr ist jeder berechtigt, die sichere und verzinsliche Anlage des Geldes unter Vorbehalt des Pfandrechts zu verlangen. Die Art der Anlage bestimmt der Verpfänder.

Art. 1254
Ist die verpfändete Forderung keine Geldforderung, so kann sie der Pfandgläubiger nach der Fälligkeit der gesicherten Schuld allein einziehen und es treten dieselben Wirkungen wie bei der Verpfändung einer Sache des Verpfänders ein. Ist die verpfändete Forderung eine Geldforderung, so ist auch der Pfandgläubiger berechtigt, sie einzuziehen, aber nur bis zu der Summe, welche zu seiner Befriedigung erforderlich ist. Statt einer solchen Einziehung ist er berechtigt zu verlangen, dass ihm die Geldforderung an Zahlungs Statt abgetreten wird. Zu einer anderen Verfügung über die verpfändete Forderung ist der Pfandgläubiger nicht berechtigt.

Art. 1255 Einziehung bei Orderpapieren
Ist ein Orderpapier Gegenstand des Pfandrechts, so ist der Pfandgläubiger zur Einziehung allein berechtigt, auch wenn die gesicherte Schuld nicht fällig ist.

Das gleiche gilt auch für Zins- und Dividendenscheine, welche zu verpfändeten und dem Gläubiger übergebenen Inhaberpapieren gehören.

Erfolgte die Einziehung vor dem Eintritt der Fälligkeit der gesicherten Schuld, so ist der Pfandgläubiger zur sicheren und verzinslichen Anlage der eingezogenen Gegenstände unter Vorbehalt des Pfandrechts verpflichtet.

Art. 1256
Im Übrigen finden auf die Verpfändung eines Rechts die Vorschriften über Verpfändung einer Sache entsprechende Anwendung.

Kapitel 11: Hypothek
Art. 1257 Begriff
An einem fremden Grundstück kann eine Hypothek als dingliches Recht zur Sicherung einer Forderung durch bevorzugte Befriedigung des Gläubigers aus der Sache bestellt werden.

Art. 1258 Bestehen einer Forderung
Die Hypothek ist ein akzessorisches Recht und kann auch für eine künftige oder eine bedingte Forderung erworben werden.

Art. 1259 Zur Bestellung einer Hypothek geeignete Grundstücke
Die Hypothek kann nur an Grundstücken bestellt werden, die veräußert werden können, wie auch am Nießbrauch an solchen Grundstücken für die Zeit seiner Dauer.

Art. 1260 Bedingungen für den Erwerb einer Hypothek
Zum Erwerb einer Hypothek ist ein Titel, welcher das Hypothekenrecht begründet, und Eintragung in das Hypothekenbuch erforderlich.

Art. 1261 Titel
Titel, welche das Recht zum Hypothekenerwerb begründen, sind das Gesetz, die gerichtliche Entscheidung und der Privatwille.

Art. 1262 Gesetzlicher Titel
Einen Titel kraft Gesetzes zum Erwerb einer Hypothek haben: 1. der Fiskus an den Grundstücken seiner Schuldner für Forderungen aus rückständigen Steuern; 2. der Fiskus, die Städte, die Gemeinden, die religiösen oder gemeinnützigen Anstalten und die öffentlich-rechtlichen juristischen Personen an den Grundstücken ihrer Geschäftsführer oder deren Bürgen für ihre Forderungen aus der Geschäftsführung; 3. die unter elterlicher Sorge oder Vormundschaft Stehenden an den Grundstücken der Eltern oder des Vormundes für das von diesen verwaltete Vermögen sowie für die Forderungen aus dieser

Verwaltung; 4. jeder Ehegatte wegen der Forderung aus dem Zuwachs des Vermögens des anderen Ehegatten gem. Art. 1400; 5. die Vermächtnisnehmer an den Grundstücken der Erbschaft für ihre Forderungen; 6. die Erben an den Grundstücken der Erbschaft für die Leistungen zum Ausgleich ihrer Anteile oder wegen Rechtsmängel der ihnen angefallenen Nachlassgegenstände; 7. der Hypothekengläubiger an dem Hypothekengrundstück für die rückständigen Zinsen der Forderung und für die Kosten der Eintragung der Hypothek oder die Gerichtskosten, solange das Eigentum am Hypothekengrundstück nicht einem anderen übertragen wurde.

Art. 1263 Titel aus gerichtlicher Entscheidung
Einen Titel zur Eintragung einer Hypothek gewähren, sofern sie eine Geldleistung oder eine andere Leistung zuerkennen, die in Geld geschätzt werden kann, die rechtskräftigen Entscheidungen der Zivil-, Straf- und Verwaltungs- oder anderer besonderer Gerichte sowie auch die vollstreckbaren Entscheidungen von Schiedsrichtern oder von ausländischen Gerichten.

Art. 1264 Grundstücke, auf die sich der Titel erstreckt
Das Recht auf Eintragung einer Hypothek kraft eines gesetzlichen Titels oder eines Titels aus einer richterlichen Entscheidung erstreckt sich auf alle Grundstücke des Schuldners, sofern das Gesetz nicht ein anderes bestimmt. Die Eintragung erfolgt aber nur für eine bestimmte Summe und an bestimmten Grundstücken.

Art. 1265 Von wem die Hypothek gewährt wird
Das Recht auf Eintragung einer Hypothek wird vom Schuldner oder von einem Dritten für den Schuldner gewährt. Es ist erforderlich, dass der Gewährende Eigentümer des Grundstücks ist.

Art. 1266
Das im vorstehenden Artikel bezeichnete Recht auf Eintragung einer Hypothek wird durch einseitige Erklärung vor einem Notar gewährt, in der das mit der Hypothek zu belastende Grundstück zu bestimmen ist.

Art. 1267
Wer eine Hypothek an einem Grundstück in Kenntnis gewährt, dass es fremd ist, oder dem Gläubiger die Beschränkungen und Lasten seines Eigentums verschweigt, ist zur sofortigen Tilgung der Schuld verpflichtet, wenn er nicht eine andere entsprechende Hypothek gewähren kann. Eine weitere Haftung seinerseits ist nicht ausgeschlossen.

Art. 1268 Zeitpunkt, von dem an die Hypothek besteht
Die Hypothek entsteht mit der gehörigen Eintragung in das Hypothekenbuch des Bezirkes, in dem das Grundstück liegt.

Art. 1269 Die Hypothek wird nur für eine bestimmte Geldsumme eingetragen
Die Eintragung der Hypothek erfolgt immer nur für eine bestimmte Geldsumme. Ist im Titel kein bestimmter Betrag angegeben, so hat derjenige, welcher die Eintragung beantragt, den Betrag schätzungsweise annähernd zu bestimmen. Der Schuldner aber ist berechtigt, die Minderung des Betrags bis zu einem gehörigen Maße zu verlangen.

Art. 1270 Beschränkung der Eintragung
Die kraft Gesetzes oder richterlicher Entscheidung an mehreren Grundstücken des Schuldners eingetragene Hypothek kann auf dessen Antrag auf diejenige Anzahl von Grundstücken beschränkt werden, deren Wert die Forderung genügend sichert.

Art. 1271 Eigentumsmangel bei dem Gewährenden
Die Eintragung einer Hypothek, die auf Privatwillen beruht, ist nichtig, sofern das Grundstück schon zu der Zeit der Eintragung nicht demjenigen gehört, der die Hypothek gewährt hat. Durch die Genehmigung nach der Eintragung oder den nachträglichen Erwerb wird die Eintragung nicht gültig.

Art. 1272 Rang der Hypotheken
Der Tag der Eintragung regelt den Vorrang der Hypotheken.

Alle Hypotheken, welche am selben Tag eingetragen wurden, haben denselben Rang.

Art. 1273 Die Eintragung unterbricht die Verjährung
Die Eintragung der Hypothek unterbricht die Verjährung der Forderung zugunsten desjenigen, für dessen Rechte sie erfolgte. Wird die Hypothek gelöscht, so gilt die Verjährung als nicht unterbrochen.

Art. 1274 Vormerkung
Die Vormerkung einer Hypothek erfolgt nur kraft einer gerichtlichen Entscheidung.

Art. 1275
(aufgehoben)

Art. 1276
Die Vormerkung wird wie eine Hypothek eingetragen, mit dem Vermerk, dass diese vorgemerkt wird.

Art. 1277 Umwandlung der Vormerkung
Die Vormerkung gewährt nur ein Vorzugsrecht auf Hypothekenerwerb. Mit der rechtskräftigen Zuerkennung der Forderung wird die Vormerkung in eine Hypothek umgewandelt, welche vom Tag der Vormerkung an als eingetragen gilt.

Art. 1278
Die Umwandlung der Vormerkung in eine Hypothek wird nicht dadurch verhindert, dass das Grundstück in das Eigentum eines Dritten übergegangen ist.

Art. 1279
Findet vor der Umwandlung der Vormerkung in eine Hypothek die Zwangsvollstreckung in das Grundstück statt, so kommt bei der Aufstellung des Teilungsplans die Forderung, zugunsten derer die Vormerkung bestand, als eine ungesicherte Forderung zum Ansatz, und das Grundstück geht auf den Käufer unbelastet über.

Art. 1280 Unterbrechung der Verjährung
Die Vormerkung unterbricht die Verjährung der Forderung zugunsten desjenigen, für dessen Rechte sie erfolgte. Wird die Vormerkung gelöscht, so gilt die Verjährung als nicht unterbrochen.

Art. 1281 Unteilbarkeit der Hypothek
Die Hypothek ist ein unteilbares Recht.

Art. 1282 Umfang der Hypothek
Die Hypothek erstreckt sich auf das ganze Hypothekengrundstück sowie auf seine Bestandteile und das Zubehör.

Art. 1283
Wurde eine bewegliche Sache, welche einen Bestandteil oder Zubehör des Hypothekengrundstücks bildet, von dem Grundstück getrennt und das Eigentum an ihr einem Dritten übertragen, so ist der Hypothekengläubiger nicht berechtigt, sie von dem Dritten zu verlangen.

Art. 1284 Verschlechterung des Hypothekengrundstücks
Besteht infolge eines Verschuldens des Schuldners die Gefahr, dass das Hypothekengrundstuck sich verschlechtert oder dessen Wert gemindert wird, so ist der Gläubiger berechtigt, entweder die Unterlassung oder Beseitigung der beeinträchtigenden Handlungen oder die sofortige Tilgung der Schuld oder endlich die Gewährung einer anderen entsprechenden Hypothek zu verlangen. Ein Schadensersatzanspruch nach den Vorschriften über unerlaubte Handlungen ist nicht ausgeschlossen.

Art. 1285 Versicherung des Hypothekengrundstücks
Ist das Hypothekengrundstück ein Gebäude, ist der Gläubiger berechtigt, es gegen Brand oder gegen eine andere Gefahr auf Kosten des Schuldners zu versichern. Bezahlt der Schuldner die Versicherungsprämie nicht, so ist der Gläubiger berechtigt, die sofortige Tilgung der Schuld zu verlangen.

Art. 1286
Die Vorschrift des vorangehenden Artikels findet auch auf die Versicherung jedes Hypothekengrundstücks Anwendung, wenn die Versicherung gegen die Gefahr nach den Regeln seiner ordnungsmäßigen Verwaltung geboten ist.

Art. 1287
Ist das Hypothekengrundstück versichert, so erstreckt sich das Hypothekenrecht auch auf die aufgrund der Versicherung geschuldete Entschädigung. Der Gläubiger ist verpflichtet, den Entschädigungsbetrag öffentlich zu hinterlegen, damit der Teilungsplan aufgestellt werden kann. Bei einem Gebäude aber ist der Schuldner berechtigt, innerhalb von sechs Monaten nach Eintritt der Gefahr zu verlangen, dass der Betrag zur Wiederherstellung des Gebäudes verwendet wird. Wurde dies innerhalb eines Jahres von dem Zeitpunkt an, in dem die Entschädigung gezahlt wurde, nicht verwirklicht, so wird der Betrag öffentlich hinterlegt und der Teilungsplan aufgestellt.

Art. 1288 Zwangsenteignung
Bei Zwangsenteignung des Hypothekengrundstücks wird das Hypothekenrecht am Entschädigungsbetrag ausgeübt. Er wird öffentlich hinterlegt und der Teilungsplan aufgestellt.

Art. 1289 Eintragung des Kapitals als verzinslich
Wurde das Kapital der Forderung, zugunsten deren die Hypothek bestellt ist, als verzinslich eingetragen, so sichert die Hypothek, gleichgültig in wessen Eigentum sich das Grundstück befindet, auf demselben Eintragungsrang auch die rückständigen Zinsen eines Jahres vor der Beschlagnahme ohne Unterschied, von wem diese vorgenommen wurde, sowie die Zinsen nach der Beschlagnahme bis zur Tilgung der Schuld oder bis zur Rechtskraft des Teilungsplans.

Art. 1290 Gewährung einer weiteren Hypothek
Die Eintragung einer Hypothek schließt für den Eigentümer nicht das Recht aus, auch für einen anderen an demselben Grundstück eine Hypothek zu bestellen. Eine entgegenstehende Vereinbarung darüber gilt nur gegen die Erwerber einer Hypothek kraft Privatwillens und nur, wenn die Vereinbarung in das Hypothekenbuch eingetragen wurde.

Art. 1291 Rechte des Hypothekengläubigers
Der Gläubiger ist berechtigt, vom Schuldner die Tilgung der Schuld durch beliebige Geltendmachung entweder des obligatorischen oder des dinglichen Anspruchs zu verlangen. Die Geltendmachung des obligatorischen Anspruchs schließt nicht den dinglichen Anspruch aus.

Art. 1292
Ist die Schuld fällig, so kann der Gläubiger ihre Tilgung im Wege der dinglichen Klage durch Zwangsverkauf des Hypothekengrundstücks betreiben.

Art. 1293
Der Gläubiger, welcher aus dem Hypothekengrundstück im Ganzen oder zum Teil für seine Forderung nicht befriedigt wurde, ist berechtigt, sich mit der obligatorischen Klage gegen jeden zu wenden, der zur Zahlung verpflichtet ist.

Art. 1294 Dritteigentümer oder Besitzer
Der Dritteigentümer, der die Hypothek bestellt hat, sowie jeder Dritte, der das Hypothekengrundstück zu Recht besitzt, unterliegt der dinglichen Klage des Gläubigers durch die Zwangsvollstreckung in das Grundstück, wenn er es nicht vorzieht, alle Hypothekenforderungen in dem Umfang zu tilgen, in dem sie durch die Hypothek gesichert sind.

Art. 1295
Die Vollstreckung gegen den Dritteigentümer oder den Besitzer erfolgt nach den Vorschriften der Zivilprozessordnung, und der Zahlungsbefehl ist auch ihm zuzustellen. Der Restbetrag aus dem Erlös wird diesem Dritten herausgegeben.

Art. 1296 Umfang der Verpflichtung des Dritten
Die Verpflichtung des Dritteigentümers oder -besitzers für die Hypotheken erstreckt sich nicht über den Wert des Hypothekengrundstücks hinaus, sofern er nicht persönlich haftet.

Art. 1297
Wird eine Hypothek zur Sicherung einer Bürgschaft gewährt, so ist der Dritteigentümer oder -besitzer des Hypothekengrundstücks berechtigt zu verlangen, dass der Hauptschuldner zuerst verklagt wird. Ausgenommen ist der Fall, in dem der Bürge auch Hauptschuldner ist.

Art. 1298 Substitution des Dritten
Tilgt der Dritteigentümer oder -besitzer des Hypothekengrundstücks die Hypothekenschuld oder ist er zur Räumung des Grundstücks infolge einer Zwangsversteigerung verpflichtet, so tritt er in die Rechte des Hypothekengläubigers ein.

Art 1299. Verschlechterung aus Verschulden des Dritten
Besteht infolge Verschuldens des Dritteigentümers oder -besitzers des Hypothekengrundstücks die Gefahr einer Verschlechterung oder Verminderung seines Wertes, so ist der Gläubiger berechtigt, entweder die Unterlassung oder Beseitigung der beeinträchtigenden Handlungen oder die sofortige Tilgung der Schuld zu verlangen. Ein Schadensersatzanspruch nach den Vorschriften über unerlaubte Handlungen ist nicht ausgeschlossen.

Art. 1300 Vorrang der Hypothekengläubiger
Der Vorrang unter den Hypothekengläubigern regelt sich nach der Zeitfolge der Eintragung ihrer Hypotheken.

Art. 1301
Die Gläubiger, deren Hypotheken am selben Tag eingetragen wurden, werden verhältnismäßig befriedigt.

Art. 1302 Berechtigung zur Stellung des Antrags auf Eintragung
Ein jeder kann die Eintragung einer Hypothek für sich oder für einen anderen beantragen.

Art. 1303
Zum Antrag auf Eintragung einer Hypothek zugunsten eines anderen sind insbesondere berechtigt: 1. die Gläubiger des Schuldners, wenn dieser versäumt, die Hypothek eintragen zu lassen, für die er einen Titel hat; 2. der Bürge, wenn der Gläubiger die Hypothek eintragen zu lassen versäumt, für die er einen Titel zur Sicherung seiner Forderung gegen den Hauptschuldner hat; 3. der Vormund, der Gegenvormund oder jeder Verwandte für die Eintragung einer Hypothek an den Grundstücken des Vormundes zugunsten des unter Vormundschaft Stehenden.

Art. 1304 Vereinbarung der Ehegatten über Nichteintragung einer Hypothek
Jede Vereinbarung der Ehegatten über Nichteintragung einer Hypothek nach Art. 1262 Nr. 4 ist nichtig.

Art. 1305
Wer die Eintragung einer Hypothek beantragt, hat den einzutragenden Titel und zwei Auszüge vorzulegen, wovon der eine auf die Abschrift des Titels geschrieben werden kann.

Art. 1306
Die Auszüge entsprechend dem vorangehenden Artikel enthalten: 1. den Vornamen, den Nachnamen, den Wohnsitz und den Beruf des Gläubigers und des Schuldners; 2. das Datum und die Art des Titels; 3. den geschuldeten Betrag;

4. die Zeit der Fälligkeit der Schuld; 5. die Beschreibung des Grundstücks nach Art, Ort und Grenzen.

Art. 1307
Wer die Eintragung der Hypothek beantragt, hat den Auszügen die Urkunden oder die Beweise beizufügen, die den Antrag oder die Eintragung rechtfertigen.

Art. 1308 Zustellung des Auszuges
Der Gläubiger hat innerhalb von acht Tagen von der Eintragung an den Schuldner eine Abschrift des bei ihm befindlichen Auszuges zuzustellen, sofern dieser an der Eintragung nicht mitgewirkt hat.

Art. 1309 Eintragung bei Grundstücken eines Verstorbenen
Bei den Grundstücken eines Verstorbenen kann die Eintragung auf dessen Namen ohne Erwähnung der Erben erfolgen.

Art. 1310
(aufgehoben)

Art. 1311 Zusammentreffen mehrerer Eintragungsanträge
Treffen mehrere Anträge auf Eintragung von Hypotheken und Vormerkungen zusammen und kann der Hypothekenbewahrer nicht alle Hypotheken und Vormerkungen am selben Tag in das Hypothekenbuch eintragen, so hat er über die nicht eingetragenen ein Protokoll aufzunehmen, in dem sie nach der Reihenfolge der Vorlegung vermerkt werden. Ihre Eintragung im Buch erfolgt nach der Reihenfolge, in der sie im Protokoll vermerkt sind.

Art. 1312 Abtretung oder Verpfändung einer Hypothekenforderung
Bei Abtretung oder Verpfändung einer Hypothekenforderung erfolgt auf Betreiben des Zessionars oder des Pfandgläubigers die Eintragung eines Vermerks über die Abtretung oder die Verpfändung in der betreffenden Spalte des Hypothekenbuchs. Der Zessionar und der Pfandgläubiger haften für jeden durch die Unterlassung der Eintragung entstehenden Schaden.

Art. 1313 Andere Vermerke im Buch
Auf Antrag der Parteien können im Hypothekenbuch der entsprechenden Eintragung gegenüber verschiedene Vermerke eingetragen werden, welche insbesondere enthalten: 1. Berichtigungen von Auslassungen und Fehlern der Parteien oder des Hypothekenbewahrers bei der Eintragung; 2. Änderung des Wohnsitzes oder des Aufenthalts; 3. Verminderung des Betrags der gesicherten Forderung oder Befreiung eines Teils der Hypothekengrundstücke; 4. Änderung der Bedingungen der Hypothekenforderung.

Die Verminderung des Betrags oder die Befreiung eines Teils der Hypothekengrundstücke sowie die Änderung der Bedingungen der Schuld werden nur auf Grund einer gerichtlichen Entscheidung oder der Zustimmung der Parteien, die durch notarielle Beurkundung zu erfolgen hat, vermerkt.

Art. 1314 Berichtigungen von Fehlern und Auslassungen
Fehler oder Auslassungen bei der Eintragung, welche auf Verschulden der Parteien beruhen, werden nur aufgrund von solchen Urkunden berichtigt, welche für die erste Eintragung erforderlich sind.

Die Berichtigungen gelten von dem Tag an, an dem sie vorgenommen wurden.

Art. 1315 Datum der Eintragungen usw.
Jede Eintragung einer Hypothek, jede Vormerkung oder jeder Vermerk im Hypothekenbuch und jede Abschrift oder jeder Auszug aus dem Buch müssen das Datum tragen, an dem sie vorgenommen bzw. erteilt wurden.

Art. 1316 Wem die Kosten zur Last fallen
Die Kosten der Eintragung der Hypothek fallen, wenn nicht das Gegenteil vereinbart wurde, dem Schuldner zur Last; sie werden aber von demjenigen, der die Eintragung beantragt, vorgestreckt. Das Gleiche gilt auch für die Kosten der Vormerkung, wenn sie in eine Hypothek umgewandelt wurde.

Art. 1317 Erlöschen der Hypothek
Das Erlöschen der Forderung auf beliebige Weise bringt das Erlöschen der Hypothek mit sich.

Art. 1318
Die Hypothek erlischt auch: 1. durch den völligen Untergang des Hypothekengrundstücks; 2. durch den Verzicht des Gläubigers; 3. durch Versteigerung des Hypothekengrundstücks und Entrichtung des Erlöses; 4. durch den Ablauf der Frist, für welche die Hypothek bestellt wurde.

Art. 1319 Verzicht auf die Hypothek
Der Verzicht auf das Hypothekenrecht erfolgt durch einseitige Erklärung vor einem Notar.

Dieser Verzicht hebt nicht den schuldrechtlichen Anspruch gegen jeden Verpflichteten auf.

Art. 1320 Verjährung des Anspruchs
Die Hypothek erlischt durch die Verjährung des Anspruchs.

Art. 1321 Konsolidation
Die Hypothek erlischt durch Vereinigung des Eigentums und des Hypothekenrechts in derselben Person.

Art. 1322 Veränderung des Hypothekengrundstücks
Die Veränderung des Hypothekengrundstücks oder die Änderung seiner Form oder seiner Art beeinträchtigt das Hypothekenrecht nicht.

Art. 1323 Erlöschen der Vormerkung
Die Vormerkung erlischt aus denselben Gründen wie die Hypothek und außerdem: 1. durch den Widerruf der Entscheidung, mit der die Vormerkung angeordnet wurde; 2. wenn sie nicht innerhalb von neunzig Tagen ab der rechtskräftigen Entscheidung, die die Forderung zuerkannt hat, in eine Hypothek umgewandelt worden ist.

Art. 1324 Löschung der Hypothek
Die eingetragenen Hypotheken werden im Hypothekenbuch entweder mit Zustimmung des Gläubigers oder aufgrund rechtskräftiger Entscheidung gelöscht.

Art. 1325
Die Zustimmung des Gläubigers zur Löschung erfolgt einseitig vor einem Notar.

Art. 1326
(aufgehoben)

Art. 1327 Entscheidung über die Löschung
Stimmt der Gläubiger der Löschung nicht zu, so ordnet sie das Gericht auf Klage desjenigen an, der daran ein Interesse hat.

Art. 1328
Das Gericht ordnet die Löschung an, wenn die Hypothek erloschen oder ihre Eintragung nichtig ist.

Art. 1329 Nichtigkeit der Eintragung
Die Eintragung der Hypothek ist nichtig: 1. wenn sich aus ihr Unsicherheit über die Person des Gläubigers oder des Schuldners oder über das Hypothekengrundstück oder über den Betrag der gesicherten Forderung ergibt; 2. wenn sie kein Datum trägt; 3. wenn sie aufgrund eines nichtigen Titels erfolgte.

Art. 1330 Löschung der Vormerkung
Die Vormerkung wird gelöscht: 1. durch Zustimmung des Gläubigers, welche wie bei der Löschung einer Hypothek zu erteilen ist; 2. wenn eine Entscheidung,

welche die Entscheidung widerruft, die die Eintragung angeordnet hat, oder eine Entscheidung, die die Löschung anordnet, vorgelegt wird; 3. wenn von der rechtskräftigen Zuerkennung der Forderung an neunzig Tage verstrichen sind, ohne dass sie in eine Hypothek umgewandelt worden ist.

Art. 1331 Folgen der Löschung
Ist eine Hypothek gelöscht, so tritt an ihre Stelle die zur Zeit der Eintragung unmittelbar folgende Hypothek.

Art. 1332 Die Hypothek lebt ohne Eintragung nicht auf
Die gelöschte Hypothek lebt nicht wieder auf, sondern gilt, wenn sie von neuem eingetragen wird, von dem Zeitpunkt der neuen Eintragung an.

Art. 1333 Hypothekenregister
In den Hypothekenregistern werden die Eintragungen und Vormerkungen von Hypotheken und ihre Löschung vorgenommen. Die Errichtung, Tätigkeit und Leitung der Hypothekenregister wird durch Gesetz bestimmt.

Art. 1334
Der Hypothekenbewahrer ist verpflichtet, das Hypothekenbuch zu bewahren, in ihm genau und nach der Zeitfolge die Eintragungen, Vormerkungen und Vermerke einzutragen, welche dem Gesetz nach zulässig und einzutragen sind, und die ihm nach dem Gesetz übergebenen Urkunden sorgfältig aufzubewahren.

Art. 1335 Kraft der Akte des Hypothekenregisters
Die Akte des Hypothekenregisters, welche innerhalb der Gesetzesbestimmungen entstanden sind, sowie die Abschriften aus dem Hypothekenbuch haben die Kraft öffentlicher Urkunden.

Art. 1336 Zählung und Signierung der Seiten
Die Hypothekenbücher sind vor Beginn der jeweils ersten Eintragung nach Seiten zu zählen und vom Präsidenten des Gerichts erster Instanz mit seinem Handzeichen zu versehen; am Schluss ist von ihm die Seitenzahl zu bestätigen. In jedem Hypothekenregister ist auch ein alphabetisches Register des Hypothekenbuchs zu führen.

Art. 1337 Andere Formalitäten
Alle Beträge, die im Buch eingetragen werden, sind in Zahlen und in Worten einzutragen. Der Bewahrer hat alle Eintragungen, Vormerkungen und Durchstreichungen eigenhändig zu unterschreiben und die Auszüge sowie die anderen Urkunden, welche für die Eintragung erforderlich sind, in besonderen Bänden zusammenzubinden.

Art. 1338 Streichungen, Radierungen usw.
Im Hypothekenbuch werden die Streichungen den betreffenden Eintragungen gegenüber auf der rechten Seite vorgenommen. Im Text der Eintragung sind Radierungen, Anmerkungen zwischen den Zeilen und Einschaltungen verboten. Verboten sind auch das Hinzufügen und die Wegnahme von Blättern des Buches.

Art. 1339 Öffentlichkeit der Bücher
Die Hypothekenbücher sind öffentlich und jedem zugänglich, der sie einsehen will, unter Berücksichtigung der für ihre gute Erhaltung erforderlichen Bedingungen.

Art. 1340 Erteilung von Abschriften, Zeugnissen usw.
Der Hypothekenbewahrer hat dem Antragsteller genaue Abschriften oder Auszüge aus dem Hypothekenbuch zu erteilen.

Die Abschriften der Eintragungen und der Vormerkungen müssen auch alle im Buch enthaltenen Vermerke angeben, die sich auf diese beziehen.

Art. 1341
Die Hypothekeneintragungen und die Vormerkungen, die gelöscht worden sind, werden in den zu erteilenden Abschriften oder in den Auszügen nicht erwähnt, es sei denn, dass der Antragsteller dies verlangt.

Art. 1342
Ist an bestimmten Grundstücken keine Hypothek oder keine Vormerkung eingetragen, so hat der Bewahrer dem Antragsteller hierüber ein Zeugnis zu erteilen.

Art. 1343
Alle Abschriften, Auszüge und Zeugnisse des Hypothekenbewahrers haben seine Unterschrift und den Stempel des Hypothekenregisters zu tragen.

Art. 1344 Haftung des Hypothekenbewahrers
Der Hypothekenbewahrer haftet dem Beschädigten für Schadensersatz hinsichtlich jeder Handlung oder Unterlassung, welche die Erfüllung der ihm auferlegten Verpflichtungen betrifft.

Art. 1345 Nichthaftung des Fiskus
Den Fiskus trifft keinerlei Haftung aus irgendwelcher Handlung oder Unterlassung des Hypothekenbewahrers bei der Ausführung seiner Pflichten.

Viertes Buch
Familienrecht (auszugsweise)

Beziehungen zwischen den Ehegatten aus der Ehe

Art. 1400 Anspruch auf den Beitrag zur Vermögensmehrung
Wird die Ehe aufgehoben oder für nichtig erklärt und hat sich das Vermögen eines der Ehegatten nach der Eheschließung vermehrt, so ist der andere Ehegatte berechtigt, wenn er zur dieser Vermögensmehrung auf irgendeine Weise beigetragen hat, die Herausgabe des Teils der Vermögensmehrung zu verlangen, der aus seinem Beitrag entstanden ist. Es wird vermutet, dass dieser Beitrag das Drittel der Vermögensmehrung beträgt, es sei denn, dass ein großer oder ein niedriger oder kein Beitrag nachgewiesen werden kann.

Der vorangehende Absatz findet auch im Falle von länger als drei Jahre getrennt lebenden Ehegatten entsprechende Anwendung.

Auf die Vermögensmehrung der Ehegatten wird nicht angerechnet, was sie kraft Schenkung, Erbschaft oder Vermächtnisses oder durch Verfügung des Erworbenen aus diesen Rechtsgründen erworben haben.

Art. 1403 Wahl der Gütergemeinschaft
Die Ehegatten können vor oder während der Ehe durch Vertrag über die Regelung der Wirkung der Ehe auf ihren Güterstand statt des Systems, das in den Artikeln 1397 und 1400 bis 1402 vorgesehen ist, das System der Gütergemeinschaft nach gleichen Teilen über Vermögensgegenstände ohne Verfügungsrecht des ideellen Anteils von jedem von ihnen (System der Gütergemeinschaft) unter Einhaltung der Vorschriften des folgenden Artikels wählen.

Die Verträge des vorangehenden Absatzes werden notariell beurkundet und werden in das einheitliche besondere öffentliche Buch eingetragen, das zu diesem Zweck geführt wird. Vor der Eintragung haben sie keine Wirkung Dritten gegenüber.

Art. 1405
Wird im Vertrag nichts über den Umfang der Gütergemeinschaft vorgesehen, erfasst sie die Vermögensgegenstände, die jeder der Ehegatten aus einem nicht unentgeltlichen Rechtsgrund während der Ehe mit Ausnahme der Erträge des Vermögens, das er vor der Ehe hatte, erwirbt. Das Gesamtgut erfasst nicht unbedingt, auch wenn sie aus einem nicht unentgeltlichen Rechtsgrund erworben sind: 1. die Vermögensgegenstände jedes der Ehegatten, die streng für seine persönliche Nutzung oder für die Ausübung seines Berufs und ihr Zubehör bestimmt sind; 2. die Ansprüche aus den Artikeln 464 und 465; 3. die Urheberrechte.

Wird im Vertrag nichts anderes über den Gebrauch und die Ziehung von Früchten, die Verwaltung und die Verfügung der gemeinsamen Gegenstände vorgesehen, finden die Vorschriften der Artikel 785 bis 792, des zweiten Absatzes des Artikels 793 und des Artikels 794 entsprechende Anwendung.

Beziehungen zwischen Eltern und Kindern

Art. 1509 Elterliche Zuwendungen an die Kinder
Die Verfügung von Vermögen an das Kind von einem der Eltern entweder zur Schaffung oder zur Aufrechterhaltung der finanziellen oder familiären Unabhängigkeit oder zum Beginn oder zur Fortsetzung des Berufs ist eine Schenkung nur ab dem Betrag, der das Maß übersteigt, das von den Umständen geboten ist. Die Haftung des Verfügenden für Sach- oder Rechtsmängel dem Kind gegenüber wird jedoch immer nach den Vorschriften über die Haftung des Schenkers beurteilt.

Fünftes Buch
Erbrecht (auszugsweise)

Erbfolge im Allgemeinen

Art. 1710 Begriff
Mit dem Tode einer Person geht deren Vermögen als Ganzes (Erbschaft) kraft Gesetzes oder kraft Testaments auf eine oder mehrere Personen (Erben) über.

Die gesetzliche Erbfolge tritt ein, wenn kein Testament vorhanden ist oder wenn die testamentarische Erbfolge ganz oder zum Teil wegfällt.

Art. 1712 Inhalt des Testaments
Der Erblasser kann durch einseitige Verfügung von Todes wegen (Testament, letztwillige Verfügung) einen Erben einsetzen.

Errichtung, Widerruf und Eröffnung des Testaments
Art. 1717 Gemeinschaftliches Testament
Mehrere Personen können nicht durch dieselbe Urkunde ein Testament errichten.

Art. 1724 Öffentliches Testament
Das öffentliche Testament wird errichtet, indem der Erblasser seinen letzten Willen vor einem Notar in Anwesenheit von drei Zeugen oder eines zweiten Notars und eines Zeugen und nach den Vorschriften der Art. 1725 bis 1737 erklärt.

Gesetzliche Erbfolge
Art. 1813 Erste Ordnung
Als Erben in der ersten Ordnung sind die Abkömmlinge des Erblassers berufen. Der nächste von diesen schließt die entfernteren desselben Stammes aus.

An die Stelle eines zur Zeit des Anfalls der Erbschaft nicht mehr lebenden Abkömmlings treten die durch ihn mit dem Erblasser verwandten Abkömmlinge (Erbfolge nach Stämmen).

Kinder erben zu gleichen Teilen.
Art. 1824 Sechste Ordnung
Ist zur Zeit des Anfalls der Erbschaft weder ein durch Gesetz berufener Verwandter noch der Ehegatte des Erblassers vorhanden, so ist als gesetzlicher Erbe der Fiskus berufen.

Annahme und Ausschlagung der Erbschaft
Art. 1846 Erwerb ohne weiteres
Der Erbe erwirbt die Erbschaft mit dem Anfall ohne weiteres, unbeschadet der Vorschrift der Artikels 1198.

Art. 1847 Ausschlagung
Der Erbe kann die Erbschaft innerhalb einer Frist von vier Monaten ausschlagen, welche ab dem Zeitpunkt beginnt, in dem er von dem Anfall und dem Grund der Berufung Kenntnis erlangte. Beim Anfall aus einem Testament beginnt die Frist nicht vor der Eröffnung des Testaments. Hatte der Erblasser seinen letzten Wohnsitz im Ausland oder erhielt der Erbe von dem Anfall Kenntnis, während er sich im Ausland aufhielt, so beträgt die Frist ein Jahr.

Die Frist wird aus denselben Gründen gehemmt, aus denen auch die Verjährung gehemmt wird.

Art. 1856 Folgen der Ausschlagung
Schlägt der Erbe die Erbschaft aus, so gilt der Anfall an den Ausschlagenden als nicht erfolgt. Die Erbschaft fällt demjenigen an, welcher berufen wäre, wenn der Ausschlagende zur Zeit des Todes des Erblassers nicht gelebt hätte. Der Anfall gilt als mit dem Tode des Erblassers erfolgt.

Art. 1868 Nichtermittlung des Erben
Wird der Erbe nicht innerhalb einer den Umständen entsprechenden Frist ermittelt, so stellt das Nachlassgericht fest, dass ein anderer Erbe als der Fiskus nicht vorhanden ist. Die Feststellung begründet die Vermutung, dass der Fiskus gesetzlicher Erbe ist.

Erbschaftsklage
Art. 1871 Beklagter
Der Erbe ist berechtigt, von demjenigen, der als Erbe Gegenstände der Erbschaft vorenthält (Erbschaftsbesitzer), die Anerkennung des Erbrechts und die Herausgabe der Erbschaft oder eines Gegenstandes aus ihr zu verlangen.

Art. 1872 Gegenstand

Als Gegenstände der Erbschaft im Sinne des vorangehenden Artikels gelten auch: 1. diejenigen, an denen der Erblasser zur Zeit seines Todes ein Besitz- oder Detentionsrecht hatte, auch wenn er zu seinen Lebzeiten aus dem Besitz oder der Detention verdrängt war; 2. alles, was der Erbschaftsbesitzer durch Rechtsgeschäft durch Mittel der Erbschaft erwirbt. Empfängt der Erbe das durch ein solches Rechtsgeschäft Erworbene, so wird das Rechtsgeschäft wirksam, wenn es unwirksam war.

Rechtsverhältnisse der Erben untereinander

Art. 1884 Gemeinschaft

Sind mehrere Erben vorhanden, so wird die Erbschaft nach dem Verhältnis des Erbteils eines jeden gemeinschaftlich. Sofern das Gesetz nichts anderes bestimmt, finden auf die Miterbengemeinschaft die allgemeinen Vorschriften über die Gemeinschaft Anwendung.

Inventarerbe

Art. 1901 Haftung des gewöhnlichen Erben

Der Erbe haftet auch mit seinem eigenen Vermögen für die Nachlassverbindlichkeiten. Die Erfüllung von Vermächtnissen und die Vollziehung von Auflagen erfolgt nach der Erfüllung der übrigen Verbindlichkeiten.

Art. 1904 Haftung des Inventarerben

Der Inventarerbe haftet für die Nachlassverbindlichkeiten bis zu den Nachlassaktiva. Dem Nachlass gegenüber tritt keine Konfusion seiner Rechte und Verpflichtungen ein.

Gerichtliche Liquidation der Erbschaft

Art. 1913 Wann sie angeordnet wird

Das Nachlassgericht kann auf Antrag jedes Nachlassgläubigers die Liquidation des Nachlasses anordnen.

Die Liquidation kann angeordnet werden, auch wenn die Erbschaft ruht oder der Erbe sie mit der Rechtswohltat des Inventars angenommen hat.

Das Gericht kann den Antrag zurückweisen, wenn der Erbe zugunsten des beantragenden Gläubigers Sicherheit leistet.

Art. 1914 Der Nachlass: Sondervermögen

Mit der Verkündung der Entscheidung, welche die Liquidation anordnet, werden die Rechte und Verbindlichkeiten des Nachlasses kraft Gesetzes vom Vermögen des Erben getrennt und bilden ein Sondervermögen unter der Verwaltung eines Liquidators; jede Hypotheken- oder Vormerkungseintragung an den Nachlassgrundstücken nach dem Tode des Erblassers gewährt, ohne Unterschied, auf welchem Titel sie beruht, den Gläubigern des Nachlasses gegenüber kein Vorzugsrecht.

Vor- und Nacherbe
Art. 1923 Begriff
Der Erblasser kann den Erben verpflichten, dass er bei Eintritt eines bestimmten Ereignisses oder Zeitpunktes die von ihm erworbene Erbschaft oder einen Bruchteil derselben einem anderen (Nacherben) herausgebe.

Eine solche Verpflichtung kann einem Nacherben nicht auferlegt werden.

Art. 1937 Rechte des Beschwerten
Bis zum Anfall der Erbschaft an den Nacherben erhebt der Vorerbe die Erbschaftsklagen und verwaltet die Erbschaft; er hat dem Nacherben gegenüber für diejenige Sorgfalt einzustehen, welche er in eigenen Angelegenheiten anzuwenden pflegt.

Eine Verfügung über Nachlassgegenstände ist, sofern der Erblasser nicht etwas anderes bestimmt hat, zur zulässig, wenn es nach den Regeln ordnungsmäßiger Verwaltung geboten erscheint oder der Nacherbe seine Zustimmung dazu gegeben hat, oder im Falle des Artikels 1939. Jede andere Verfügung wird mit dem Anfall an den Nacherben nichtig.

Art. 1939 Herausgabe des Überrestes
Wurde der Nacherbe auf dasjenige eingesetzt, was von der Erbschaft zur Zeit des Anfalls an ihn übrigbleibt, oder hat der Erblasser dem Erben freie Verfügung erlaubt, so ist dieser zu jeder Verfügung über die Gegenstände der Erbschaft berechtigt.

Erbschein
Art. 1956 Begriff
Der Richter beim Amtsgericht erteilt dem Erben auf dessen Antrag ein Zeugnis über sein Erbrecht und über den ihm anfallenden Erbteil (Erbschein).

Art. 1962 Vermutung der Erbeneigenschaft
Es wird vermutet, dass demjenigen, welcher in dem Erbschein als Erbe bezeichnet ist, das im Erbschein angegebene Erbrecht zusteht und dass er nicht durch andere als die im Erbschein angegebenen Anordnungen beschränkt ist.

Art. 1963 Gültigkeit der Rechtsgeschäfte
Jedes Rechtsgeschäft des im Erbschein als Erben Bezeichneten mit einem Dritten oder des Dritten einem solchen Erben gegenüber ist zugunsten des Dritten

gültig, soweit sich die Vermutung des vorangehenden Artikels erstreckt, es sein denn, dass der Dritte die Unrichtigkeit des Erbscheins oder seinen gerichtlichen Widerruf kannte.

Vermächtnis

Art. 1995 Das Recht aus dem Vermächtnis

Der Vermächtnisnehmer erwirbt durch das Vermächtnis das obligatorische Recht, von dem Beschwerten die Leistung des vermachten Gegenstands zu fordern.

Testamentsvollstrecker

Art. 2017 Ernennung

Der Erblasser kann im Testament eine oder mehrere natürliche oder juristische Personen als Testamentsvollstrecker ernennen. Der Erblasser kann den Testamentsvollstrecker ermächtigen, andere als Mitvollstrecker oder Nachfolger zu ernennen.

Art. 2020 Befugnis des Testamentsvollstreckers

Aufgabe des Testamentsvollstreckers ist die Ausführung der Bestimmungen des Testaments.

Der Testamentsvollstrecker ist zu jeder Handlung berechtigt, die entweder vom Erblasser ausdrücklich gestattet wurde oder zur Ausführung seiner Bestimmungen erforderlich ist. Unter denselben Bedingungen ist er zur Verwaltung des Nachlasses im Ganzen oder zum Teil berechtigt.

Art. 2025 Erbschaftsklagen

Die Ansprüche der Erbschaft werden von dem Erben geltend gemacht.

Der Testamentsvollstrecker kann die Erbschaftsansprüche geltend machen, sofern ihm die Verwaltung der Erbschaft oder das Recht zur Geltendmachung dieser Ansprüche zusteht.

Schenkung von Todes wegen

Art. 2032 Begriff

Wurde eine Schenkung unter der aufschiebenden Bedingung vereinbart, dass der Schenker vor dem Beschenkten stirbt oder dass beide Vertragsschließenden gleichzeitig sterben, ohne dass der Beschenkte inzwischen im Genuss der geschenkten Gegenstände ist (Schenkung von Todes wegen), so finden die Vorschriften über Schenkungen Anwendung, sofern das Gesetz nichts anderes bestimmt.

4. Einführungsgesetz zur griechischen Zivilprozessordnung (EGgr.ZPO) (auszugsweise)

Art. 29

1. Wird kein Widerspruch gegen den Mahnbescheid über eine Geldforderung fristgemäß erhoben oder wird der erhobene Widerspruch rechtskräftig abgewiesen, ist der Mahnbescheid ein Titel über die Eintragung einer Hypothek.

2. Ist eine Hypothekenvormerkung zur Sicherung der Forderung eingetragen, über die der Mahnbescheid erlassen ist, wandelt sich die Vormerkung unter den Voraussetzungen des Absatzes 1 in eine Hypothek um.

5. Griechische Zivilprozessordnung (gr.ZPO) (auszugsweise)

Streitparteien

Art. 70 Feststellungsklage

Wer ein rechtliches Interesse auf Feststellung des Bestehens oder Nichtbestehens eines Rechtsverhältnisses hat, kann eine diesbezügliche Klage erheben.

Art. 72 Klage aus dem Recht eines Dritten

Die Gläubiger sind auf Rechtsschutz berechtigt, indem sie die Rechte ihres Schuldners geltend machen, wenn er sie nicht geltend macht, es sei denn, dass diese Rechte eng mit seiner Person verbunden sind.

Streitgenossenschaft

Art. 74 Voraussetzungen der einfachen Streitgenossenschaft

Mehrere Personen können als Streitgenossen gemeinschaftlich klagen oder verklagt werden mit Ausnahme der Fälle, die andere Vorschriften vorsehen: 1) wenn sie hinsichtlich des Streitgegenstands ein gemeinschaftliches Recht oder eine gemeinschaftliche Verpflichtung haben oder wenn ihre Rechte oder Verpflichtungen auf demselben tatsächlichen und rechtlichen Grund beruhen; oder 2) wenn der Streitgegenstand gleichartige Ansprüche oder Verpflichtungen sind, die auf einem im Wesentlichen gleichen tatsächlichen und rechtlichen Grund beruhen, und zugleich das Gericht zuständig für jeden der Beklagten ist.

Klageschriften

Art. 120 Zustellung an die angegebene Anschrift

Die Zustellung einer Niederschrift über einen anhängigen Rechtsstreit wie auch die Zustellung des abschließenden Urteils, die an die Anschrift des Wohnsitzes oder des Büros oder des Geschäftes, die nach Artikel 119 angegeben war, bewirkt wird, ist gültig, auch wenn der Empfänger seinen Wohnsitz oder sein Büro oder sein Geschäft da nicht hatte oder nicht mehr hat.

Klageerhebung

Art. 215 Wie die Klage erhoben wird

Abs. 1 S. 1: Die Klage wird durch Einreichung einer Klageschrift bei der Geschäftsstelle des Gerichts, an das sie gerichtet ist, und durch Zustellung derselben an den Beklagten erhoben.

Art. 216 Angaben und Inhalt

1. Die Klageschrift muss außer den Angaben, die in den Artikeln 118 oder 117 vorgeschrieben sind, beinhalten:
   a) eine klare Unterbreitung der Tatsachen, die die Klage nach dem Gesetz begründen und ihre Erhebung durch den Kläger gegen den Beklagten rechtfertigen; b) eine bestimmte Angabe des Streitgegenstands; c) einen bestimmten Antrag.
2. In der Klageschrift wird angegeben:
   a) bei Rechtsstreiten über Vermögensrechtsverhältnisse der Wert des Streitgegenstands in Geld und b) die Angaben, die die Zuständigkeit des Gerichts begründen.

Art. 219 Eventuelle Klagehäufung

1. Eine Klage unter einer Bedingung ist unzulässig, der Kläger kann aber für den Fall, dass der erste Grund oder Antrag der Klage abgewiesen wird, diese auf einen anderen Grund stützen oder einen anderen Antrag stellen, der sich auf den gleichen oder einen anderen Grund stützt.
2. Die nach Absatz 1 eventuelle Klageerhebung kann durch dieselbe oder eine andere Klageschrift bewirkt werden.
3. Die Vorschrift des Absatzes 1 findet auch bei der Widerklage Anwendung.

Art. 220 Vindikationenbücher

Abs. 1: Klagen, zu denen auch die Feststellungsklagen oder dingliche Widersprüche, gemischte Klagen oder Klagen über den Besitz mit Ausnahme von Einstweiligen Verfügungen über den Besitz, wie auch Klagen über die Anfechtung von Rechtsgeschäften wegen Gläubigerbenachteiligung, wenn sie sich auf Grundstücke beziehen, zählen, werden aufgrund des Antrags des Klägers oder des den Widerspruch Erhebenden innerhalb von dreißig Tagen nach der Erhebung in die Vindikationenbücher des Transkriptionsregisters, in dessen Bezirk das Grundstück liegt, eingetragen, sonst werden sie auch von Amts wegen als unzulässig abgewiesen.

Rechtsfolgen aus der Klageerhebung
Art. 223 Unzulässigkeit der Änderung des Klageantrags
Wenn die Rechtshängigkeit eintritt, ist die Änderung des Antrags der Klage unzulässig. Ausnahmsweise kann der Kläger durch die Schriftsätze oder durch Erklärung im Protokoll den Klageantrag bis zum Prozessende in der ersten Instanz beschränken oder beantragen: 1) die Nebengegenstände des Hauptgegenstands der Klage und 2) statt des anfänglich Beantragten einen anderen Gegenstand oder das Interesse aus einer Zustandsänderung.

Verhandlung im Gericht
Art. 268 Widerklage
Abs. 1: Nach Eintritt der Rechtshängigkeit kann der Beklagte Widerklage erheben.

Rechtskräftigkeit
Art. 325 Subjektive Rechtskraftwirkung
Das rechtskräftige Urteil wirkt für und gegen

1) die Parteien,
2) die Personen, die während der Rechtshängigkeit oder nach ihrer Beendigung Rechtsnachfolger der Parteien geworden sind,
3) die Personen, die den Besitz oder die Detention der in Streit befangenen Sache im Namen einer Streitpartei oder ihres Rechtsnachfolgers unabhängig davon, ob es sich um dingliche oder schuldrechtliche Verhältnisse handelt, haben. Das rechtskräftige Urteil wirkt nicht gegen denjenigen, der Rechte nach den Vorschriften des materiellen Rechts über die Übertragung vom Nichtberechtigten erlangt hat.

Beweis
Art. 338 Beweislast

1. Jede Partei soll die Tatsachen beweisen, die zur Unterstützung ihres eigenständigen Antrags bzw. Gegenantrags notwendig sind.
2. Stellt das Gesetz für das Vorhandensein einer Tatsache eine Vermutung auf, so ist der Beweis des Gegenteils zulässig, sofern nicht etwas anderes vorgeschrieben ist.

Sondervorschriften über die Teilung

Art. 478 Passivlegitimation

Bei einer Gemeinschaft muss die Klage auf Teilung gegen alle Teilhaber erhoben werden, sonst wird sie als unzulässig abgewiesen.

Art. 479 Urteil

Bei der Klage auf Teilung bestimmt das Gericht den Anteil jedes Teilhabers, die Gegenstände, die geteilt werden müssen, und die Ansprüche jedes Teilhabers aus der Gemeinschaft wie auch aus dem Beitrag.

Art. 480 Tatsächliche Teilung

1. Das Gericht ordnet die tatsächliche Teilung an, wenn die Teilung in Teile möglich ist, die den Anteilen der Teilnehmer entsprechen, ohne dass der Wert des Ganzen gemindert wird.
2. Sind die zu teilenden Gegenstände mehr als einer und ist die tatsächliche Teilung aller oder einiger unmöglich oder unrentabel, ist aber ihre Teilung in Teile, die den Anteilen der Teilnehmer entsprechen, möglich, kann das Gericht die tatsächliche Teilung auf diese Weise anordnen.
3. Beantragen einige der Teilhaber einen gemeinsamen Teil, gilt dieser Teil als einheitlich. An diesem Teil wird eine Gemeinschaft nach dem Verhältnis ihrer Anteile begründet.

Art. 480A Teilung durch Begründung eines horizontalen oder vertikalen Eigentums

1. Jeder Miteigentümer einer Parzelle, auf der ein Gebäude oder separate Gebäude gebaut sind, hat das Recht, die tatsächliche Teilung der Parzelle durch Begründung eines Stockwerkseigentums oder eines gesonderten Eigentums an den separaten Teilen der einheitlichen Parzelle, auf denen die separaten Gebäude errichtet sind, vorbehaltlich der baurechtlichen Vorschriften zu beantragen. Das Gericht ordnet die Teilung auf diese Weise an, wenn sie möglich ist und dem Interesse der anderen Miteigentümer nicht zuwiderläuft. Das Urteil bestimmt die Sonderteile des Gebäudes, die den Anteilen der Miteigentümer entsprechen, und weist sie ihnen zu. Fallen einem Miteigentümer mehrere gesonderte Stockwerkseinheiten durch die Teilung zu, bestimmt das Urteil den Miteigentumsanteil, der zu jeder einzelnen Einheit gehört.
2. Handelt es sich um eine freie bebaubare Parzelle und ist die tatsächliche Teilung unmöglich oder unrentabel, kann das Gericht die tatsächliche Teilung durch Begründung von Sondereigentum an gesonderten Teilen der einheitlichen Parzelle, auf denen die Errichtung von separaten Gebäuden möglich

ist, vorbehaltlich der baurechtlichen Vorschriften anordnen. Die Vorschriften des vorangehenden Absatzes finden analoge Anwendung.
3. Absatz 3 des vorangehenden Artikels findet auch im Falle der Teilung durch Begründung von gesondertem Eigentum Anwendung.

Art. 481 Befugnisse des Gerichts
Das Gericht ist in den Fällen der Artikel 480 und 480A 1) nicht verpflichtet, Beweisführung anzuordnen, wenn es die tatsächliche Teilung für offensichtlich möglich, unmöglich oder unrentabel hält, und kann 2) für den Ausgleich ungleicher Anteile entscheiden, dass die Teilhaber, die bestimmte Teile erhalten, an andere Teilhaber einen bestimmten Betrag in Geld bezahlen müssen oder eine Dienstbarkeit an bestimmten Teilen zugunsten anderer Teilhaber begründen.

Art. 489 Rechts- und Eigentumserwerb

1. Durch die Teilung erhält jeder Teilhaber den ihm anfallenden Teil.
2. Zur Übertragung des Eigentums an den geteilten Grundstücken an die Teilhaber, zur Begründung eines Sondereigentums gem. Artikel 480A, wie auch zur Begründung zugunsten des Teilhabers, zur Übertragung an ihn oder zur Aufhebung eines dinglichen Rechts ist die Eintragung des rechtskräftigen gerichtlichen Urteils, das die tatsächliche Teilung anordnet, in das Transkriptionsbuch, und im Falle der Losziehung die Eintragung auch des betreffenden Protokolls erforderlich.

Art. 492 Beschränkung von Hypotheken und Pfändern
Abs. 1: Ab Eintritt der Rechtskräftigkeit des Urteils, das die Teilung nach Artikeln 480, 480A und 486 anordnet, beschränken sich die Hypothek und das Pfand auf die Teile, die dem Schuldner zugewiesen sind. Die Beschränkung der Hypothek wird im Hypothekenbuch vermerkt. Die Beschränkung des Pfands wird vermerkt, wenn öffentliche Bücher für seine Begründung geführt sind.

Mahnbescheid

Art. 632 Widerspruch
Abs. 1 S. 1: Der Schuldner, gegen den der Mahnbescheid gerichtet ist, hat das Recht, Widerspruch zu erheben, der an das sachlich zuständige Gericht des Orts des Erlasses des Mahnbescheids gerichtet ist.

Abs. 2 S. 1: Die Frist für die Erhebung des Widerspruchs beträgt fünfzehn Arbeitstage, wenn der Mahnbescheid gegen eine Person, die in Griechenland wohnt oder ihren Sitz hat, und dreißig Arbeitstage gegen eine Person, die im Ausland wohnt oder ihren Sitz hat oder deren Anschrift unbekannt ist.

Art. 633 Zweiter Widerspruch
Abs. 1: Ist der Widerspruch fristgemäß und gesetzmäßig erhoben und sind seine Gründe gesetzmäßig und schlüssig, erklärt das Gericht den Mahnbescheid für unwirksam; andernfalls weist es den Widerspruch ab und erklärt den Mahnbescheid für wirksam.

Abs. 2: Ist der Widerspruch nicht fristgemäß erhoben, kann derjenige, zugunsten dessen der Mahnbescheid ergangen ist, den Mahnbescheid wieder dem Schuldner zustellen, der das Recht hat, den Widerspruch innerhalb einer Frist von fünfzehn Arbeitstagen ab der neuen Zustellung zu erheben. … Verstreicht auch diese Frist, wird der Mahnbescheid rechtskräftig und kann nur durch Wiederaufnahme des Verfahrens angefochten werden.

Einstweilige Verfügung
Art. 682 Voraussetzungen

1. Nach dem Sonderverfahren der Artikel 683 bis 703 können die Gerichte in Notfällen, oder damit eine drohende Gefahr abgewendet wird, einstweilige Verfügungen zur Sicherung oder Aufrechterhaltung eines Rechts oder die Regelung eines Zustandes anordnen und die einstweiligen Verfügungen ändern oder zurücknehmen. Es ist möglich, dass das Recht unter einer Bedingung oder Zeitbestimmung steht.
2. Einstweilige Verfügungen können auch im Laufe der Rechtshängigkeit des Hauptprozesses angeordnet werden.

Art. 683 Gerichtsbarkeit und Zuständigkeit

1. Einstweilige Verfügungen werden von den Einzelgerichten erster Instanz angeordnet.
2. Fällt der Hauptprozess in die sachliche Zuständigkeit der Amtsgerichte, werden die einstweiligen Verfügungen von ihnen angeordnet.
3. Die Amtsgerichte sind für die einvernehmliche Eintragung oder Aufhebung einer Hypothekenvormerkung ausschließlich zuständig.
4. Einstweilige Verfügungen werden auch von dem sachlich zuständigen Gericht angeordnet, das sich am nächsten zum Ort der Vollstreckung befindet.

Art. 687 Auslassung des Vorverfahrens
Abs. 2: Erscheinen der Antragsteller und diejenigen, gegen die der Antrag gerichtet ist, freiwillig vor dem Richter des Einzelgerichts erster Instanz oder des Amtsgerichts, wird über den Antrag gleich verhandelt.

Art. 690 Verfahren
Abs. 1: In Fällen über einstweilige Verfügungen reicht die Glaubhaftmachung der Behauptungen aus.

Art. 691A Provisorische Anordnung
Abs. 1: Besteht nach Ermessen des Gerichts ein Notfall, hat es das Recht, mit der Antragstellung und bis seine Entscheidung verkündet wird, auch von Amts wegen eine provisorische Anordnung über die bis zur Verkündung der Entscheidung zu treffenden Maßnahmen über die Sicherstellung oder Wahrung des Rechts oder die Regelung des Zustands zu erlassen, die unterhalb des Antrags oder im Protokoll vermerkt wird.

Abs. 3: Der Antrag auf einstweilige Verfügung, aufgrund dessen die provisorische Anordnung über das Verbot der Änderung des tatsächlichen oder rechtlichen Zustands einer Immobilie oder eines Schiffs oder eines Flugzeugs erlassen worden ist, wird der zuständigen öffentlichen Stelle zugestellt und wird in das entsprechende Register gem. Art. 713 und 714 eingetragen, die analog anzuwenden sind.

Art. 693 Klageerhebung über die Hauptsache

1. Ist die einstweilige Verfügung vor der Erhebung der Klage über die Hauptsache angeordnet, kann der anordnende Richter für die Erhebung eine Frist nach seinem Ermessen, nicht aber kürzer als dreißig Tage, festsetzen.
2. Verstreicht die Frist von Absatz 1, wird die einstweilige Verfügung ohne weiteres aufgehoben, es sei denn, dass der Antragsteller innerhalb dieser Frist einen Mahnbescheid zugestellt hat.

Art. 696 Widerruf – Änderung durch das Gericht

1. Ist eine Partei an der Verhandlung nicht beteiligt oder wurde sie in der Verhandlung nicht geladen, in der die Entscheidung über die einstweilige Verfügung erlassen oder abgeändert oder widerrufen wurde, und hat sie ein berechtigtes Interesse, ist sie dazu berechtigt, den Widerruf oder die Änderung der Entscheidung zu beantragen.
2. (aufgehoben)
3. Das Gericht, das die einstweilige Verfügung angeordnet hat, hat bis zur Verhandlung über die Hauptklage das Recht, auf Antrag dessen, der ein berechtigtes Interesse hat, die Entscheidung ganz oder teilweise abzuändern oder zu widerrufen, wenn eine Änderung der Umstände eingetreten ist, die den Widerruf oder die Änderung rechtfertigt.

Art. 698 Widerruf nach dem Hauptprozess

1. Die Entscheidung, die die einstweilige Verfügung angeordnet hat, ist ganz oder teilweise zu widerrufen,
   a) wenn ein Endurteil im Prozess über die Hauptsache gegen denjenigen erlassen wird, der die einstweilige Verfügung beantragt hat, und dieses rechtskräftig wird;
   b) wenn ein ihn begünstigendes Endurteil erlassen und vollzogen wird;
   c) wenn in der Hauptsache ein Vergleich geschlossen wird;
   d) wenn dreißig Tage ab der Aufhebung oder der Beendigung des Prozesses auf eine andere Weise vergangen sind.
2. Der in Absatz 1 erwähnte Widerruf erfolgt auf Antrag desjenigen, der ein berechtigtes Interesse hat, wenn das Hauptverfahren rechtshängig ist, durch das Gericht, vor dem das Hauptverfahren rechtshängig ist, und in jedem anderen Fall durch das Gericht, das die einstweilige Verfügung angeordnet hat.

Eintragung einer Hypothekenvormerkung

Art. 706 Entscheidung

1. Das Gericht kann als einstweilige Verfügung die Eintragung einer Hypothekenvormerkung anordnen.
2. Die Entscheidung, die die Eintragung einer Hypothekenvormerkung anordnet, muss auch den zu sichernden Betrag bestimmen.

Arrestpfändung/Arrestbeschlagnahme

Art. 707 Gegenstand

Das Gericht kann als einstweilige Verfügung die Arrestpfändung von Mobilien, die Arrestbeschlagnahme von Immobilien, von dinglichen Rechten daran, von Forderungen und im Allgemeinen von allen Vermögensgegenständen des Schuldners, die sich in seinen Händen oder in den Händen eines Dritten befinden, anordnen.

Art. 714 Immobilien

Abs. 3 S. 1: Die für das Beschlagnahmebuch zuständige Stelle trägt die Arrestbeschlagnahme unverzüglich in das Beschlagnahmebuch ein.

Art. 715 Rechtsfolgen

Abs. 1 S. 1: Die Veräußerung der beschlagnahmten Sachen von demjenigen, zu dessen Lasten die Beschlagnahme vorgenommen worden ist, ist nicht gestattet und ist unwirksam gegenüber demjenigen, der die Beschlagnahme bewirkt hat.

Abs. 3: Bei der Beschlagnahme einer Immobilie, eines Schiffs, eines Flugzeugs oder eines dinglichen Rechts daran gilt die in Absatz 1 erwähnte Unwirksamkeit Dritten gegenüber nur, wenn im Zeitpunkt der Veräußerung die Beschlagnahme im Beschlagnahmebuch, im Schiffsregister oder im Flugzeugregister eingetragen wurde.

Art. 724 Der Mahnbescheid als Titel für Vormerkung und Arrestpfändung/Arrestbeschlagnahme

1. Der Gläubiger kann aufgrund eines Endurteils wie auch eines Mahnbescheids über Ansprüche in Geld die Eintragung einer Hypothekenvormerkung beantragen wie auch eine Arrestpfändung/Arrestbeschlagnahme in den Händen des Schuldners oder eines Dritten über den Betrag bewirken, der durch das Urteil zugesprochen wird oder kraft des Mahnbescheids auszuzahlen ist.
2. Das Gericht, das das Endurteil oder den Mahnbescheid erlassen hat, kann auf Antrag dessen, gegen den die Maßnahmen vorläufigen Rechtsschutzes nach dem Verfahren von Artikel 702 Abs. 1 gerichtet sind, den Vollzug der Maßnahmen, die in Absatz 1 erwähnt sind, gänzlich oder zum Teil aussetzen, wenn die Tilgung oder das Nichtvorhandensein des Anspruchs gänzlich oder zum Teil glaubhaft gemacht wird, über den das Endurteil oder der Mahnbescheid erlassen worden ist, oder den Vollzug auf bestimmte Vermögensgegenstände beschränken, wenn glaubhaft gemacht wird, dass diese Gegenstände für die Sicherung des Anspruchs genug sind.

Vorläufige Zustandsregelung

Art. 731 Inhalt

Das Gericht ist berechtigt, als einstweilige Verfügung die Vornahme, die Unterlassung oder die Duldung einer bestimmten Handlung durch denjenigen anzuordnen, gegen den der Antrag gerichtet ist.

Art. 732 Befugnisse des Gerichts

Das Gericht ist berechtigt, als einstweilige Verfügung auch jede Maßnahme anzuordnen, die nach den Umständen und nach seinem Ermessen für die Sicherung oder die Aufrechterhaltung des Rechts oder die Regelung des Zustands geeignet ist.

Art. 733 Zuständigkeit bei Fällen von Besitz – Detention

Einstweilige Verfügungen in Fällen von Besitz oder Detention jeglicher Art werden vom Amtsgericht angeordnet.

Art. 734 Besondere Regelungen bei Fällen von Besitz – Detention
Abs. 2: Das Amtsgericht zur vorläufigen Regelung des Besitzes oder der Detention kann jede einstweilige Maßnahme anordnen, die es für geeignet hält, besonders Besitz- bzw. Detetentionshandlungen erlauben oder verbieten oder den Besitz bzw. die Detention einer der Streitparteien zusprechen entweder mit oder ohne die Gewährleistung von Sicherheit.

Freiwillige Gerichtsbarkeit
Art. 739 Fälle der freiwilligen Gerichtsbarkeit
Alle Fälle, die in den Artikeln 782 bis 866 erwähnt sind, unterliegen dem Sonderverfahren der Artikel 741 bis 781, wie auch jeder Fall, der nach dem Gesetz diesem Verfahren unterliegt.

Art. 779 Schutz des gutgläubigen Verpflichteten oder Dritten
Wird die Gültigkeit einer Entscheidung zurückgenommen oder abgeändert oder aufgehoben oder ausgesetzt, sind die Leistungen wirksam, die gutgläubig vom Verpflichteten oder einem Dritten bewirkt sind, und die Rechte, die Dritte erworben haben, wie auch die Rechtsgeschäfte, die Dritte gutgläubig aufgrund der Entscheidung vorgenommen haben, werden nicht berührt, bis die Rücknahme-, Änderungs-, Aufhebungs- oder Aussetzungsentscheidung ihre Geltung entfaltet.

Art. 791 Eintragungen in öffentliche Bücher

1. Jeder, der öffentliche Bücher aufbewahrt, in denen Rechtsakte oder Entscheidungen über die Begründung, die Übertragung oder die Aufhebung von privatrechtlichen Rechten eingetragen werden oder Beschlagnahmen eingetragen oder gelöscht werden oder Klagen oder Widersprüche eingetragen werden oder Vermerke darüber vorgenommen werden, wenn er sich weigert, auf Antrag zu handeln, muss spätestens innerhalb des darauffolgenden Tages nach der Antragstellung seine Verweigerung und ihre Begründung zusammenfassend in dem betreffenden Buch vermerken.
2. Der Schwebezustand, der durch seine Verweigerung entsteht, wird auf Antrag jedes, der ein berechtigtes Interesse hat, durch Entscheidung des Gerichts aufgehoben, in dessen Bezirk der Bewahrer der Bücher seinen Sitz hat.
3. Die Entscheidung wird dem Bewahrer der Bücher vor der Geschäftsstelle des Gerichts bekanntgegeben, der verpflichtet ist, nach dem Tenor zu handeln und im Fall der Abweisung des Antrags einen Vermerk im betreffenden Buch vorzunehmen.

4. Über die Eintragung, den Vermerk oder die Löschung, die infolge der Entscheidung vorgenommen wird, wird angenommen, dass sie ab dem Zeitpunkt der Antragstellung vor dem Bewahrer der öffentlichen Bücher vorgenommen worden ist.
5. Weigert sich der in Absatz 1 erwähnte Beamte, eine Abschrift, einen Auszug oder eine Bescheinigung zu erteilen, entscheidet darüber das in Absatz 2 erwähnte Gericht.

Art. 820 Inhalt der Entscheidung über den Erbschein

1. Der Beschluss des Amtsrichters und die Entscheidung des Nachlassgerichts, das sich befasst, muss beinhalten: a) den Vor- und Nachnamen des Erblassers, b) die Vor- und Nachnamen der Erben oder der Nacherben oder der Vermächtnisnehmer, an die der Erbschein erteilt wird, c) die Erbteile jedes einzelnen oder die Gegenstände, die jeder bekommt, d) die Auflagen oder die Beschränkungen, unter denen die Erbschaft, die Nacherbschaft oder das Vermächtnis an jeden einzelnen anfällt, und besonders bei einem Erben die Nacherbschaft und die Vermächtnisse, die auf der Erbschaft lasten, und e) die Vor- und Nachnamen der Testamentsvollstrecker und die Befugnisse, die ihnen das Testament erteilt.
2. Wird der Erbschein einem Testamentsvollstrecker erteilt, muss der Beschluss des Amtsrichters oder die Entscheidung des Gerichts nur beinhalten: a) den Vor- und Nachnamen des Erblassers und b) den Vor- und Nachnamen des Testamentsvollstreckers und die Befugnisse, die ihm das Testament erteilt.

Art. 821 Vermutung über die Erbeneigenschaft
Über denjenigen, der im Erbschein als Erbe oder als Nacherbe oder als Vermächtnisnehmer oder Testamentsvollstrecker bezeichnet wird, wird vermutet, dass er die im Erbschein erwähnten Rechte hat und dass er keinen anderen Beschränkungen unterliegt als denjenigen, die im Erbschein angegeben sind.

Art. 822 Gültigkeit von Rechtsgeschäften
Jedes Rechtsgeschäft oder jede gerichtliche Handlung desjenigen, der im Erbschein als Erbe oder als Nacherbe oder als Vermächtnisnehmer oder Testamentsvollstrecker bezeichnet wird, mit einem Dritten oder gegenüber einem Dritten oder des Dritten ihm gegenüber ist gültig zugunsten des Dritten, insoweit die Vermutung des Artikels 821 gilt, es sei denn, dass der Dritte die Unrichtigkeit des Erbscheins oder die Stellung eines Antrags auf Einziehung oder auf Erklärung des Erbscheins als unwirksam oder die Rücknahme oder seine Änderung gekannt hat.

Zwangsvollstreckung
Allgemeine Vorschriften
Art. 904 Vollstreckbarer Titel

1. Eine Vollstreckung kann nur aufgrund eines vollstreckbaren Titels erfolgen.
2. Vollstreckbare Titel sind: a) die rechtskräftigen Urteile wie auch die Urteile jedes griechischen Gerichts, die als vorläufig vollstreckbar erklärt sind, b) die Schiedsurteile, c) die Protokolle von griechischen Gerichten über einen Vergleich oder die Bestimmung von Gerichtskosten, d) die notariellen Urkunden, e) die Mahnbescheide und die Beschlüsse über die Herausgabe einer vermieteten Immobilie, die von griechischen Richtern erlassen sind, f) die ausländischen Titel, die als vollstreckbar erklärt worden sind, g) die Beschlüsse und Akte, die vom Gesetz als vollstreckbar anerkannt sind.

Art. 919 Subjektive Wirkung der Vollstreckbarkeit
Es wird vollstreckt,

1) wenn es sich um gerichtliche und schiedsrichterliche Urteile handelt für und gegen die Personen, gegenüber denen die Rechtskräftigkeit gilt, und gegen die Personen, die während der Rechtshängigkeit oder nach ihrer Beendigung den Besitz oder die Detention der in Streit befangenen Sache erlangt haben,
2) wenn es sich um andere vollstreckbare Titel handelt für die Berechtigten und gegen die Verpflichteten, die darin erwähnt sind, für und gegen die Personen, die in den Artikeln 325 bis 327 erwähnt werden, wie auch gegen die Personen, die den Besitz oder die Detention der Sache nach der Verfassung der Niederschrift oder der Ausstellung des Titels erlangt haben.

Art. 936 Drittwiderspruchsklage
Abs. 1: Ein Dritter hat das Recht, eine Widerspruchsklage gegen die Zwangsvollstreckung geltend zu machen, wenn sein Recht an dem Gegenstand der Zwangsvollstreckung beeinträchtigt wird, das er demjenigen entgegenhalten kann, gegen den die Zwangsvollstreckung gerichtet ist, insbesondere:

a) ein dingliches Recht, das das Recht desjenigen, gegen den die Zwangsvollstreckung gerichtet ist, ausschließt oder beschränkt,
b) ein Veräußerungsverbot, das ihm zugunsten begründet ist und die Unwirksamkeit der Veräußerung nach dem Gesetz mit sich bringt. Ein Recht auf Drittwiderspruchsklage hat auch der Besitzer, es sei denn, dass der Gläubiger nachweisen kann, dass der Schuldner ein dingliches Recht an dem beschlagnahmten Gegenstand hat, das dem Besitz überlegen ist. …

Mittel der Vollstreckung

Art. 949 Verurteilung zur Willenserklärung

Wird jemand zur Willenserklärung verurteilt, gilt diese Erklärung als erteilt, sobald das Urteil rechtskräftig wird. Hängt die Verurteilung zur Willenserklärung von einer Gegenleistung ab, gilt die Willenserklärung als erteilt ab dem Moment, in dem die Gegenleistung erbracht wurde oder der Empfänger in Verzug gekommen ist.

Pfändung des beweglichen Vermögens des Schuldners

Art. 958

Abs. 1: Nach der Zustellung der Abschrift oder des Auszugs des Zuschlagsprotokolls nach Artikel 955 Absatz 1 ist die Veräußerung der beschlagnahmten Sache von demjenigen, zu dessen Lasten die Beschlagnahme vorgenommen worden ist, nicht gestattet und unwirksam gegenüber demjenigen, der die Beschlagnahme bewirkt hat, und den Gläubigern, die sich angemeldet haben.

Art. 974 Teilungsplan

Reicht der Versteigerungserlös zur Befriedigung desjenigen, zugunsten dessen vollstreckt wurde, und der angemeldeten Gläubiger nicht aus, hat er wie auch derjenige, gegen den die Vollstreckung gerichtet wird, wie auch jeder angemeldete Gläubiger das Recht, innerhalb einer Frist von fünf Tagen, nachdem die Frist zur Anmeldung verstrichen ist, Bemerkungen vor dem Vollstreckungsbeamten einzulegen, der einen Akt darüber verfasst. Innerhalb von weiteren zehn Tagen, nachdem diese Frist verstrichen ist, stellt der Vollstreckungsbeamte unter Berücksichtigung der eingelegten Bemerkungen den Teilungsplan auf. Die Verzögerung der Aufstellung des Teilungsplans über zwei Monate hinaus nach Verstreichen dieser Fristen konstituiert ein Disziplinarvergehen für den Vollstreckungsbeamten.

Art. 976 Spezielle Vorzugsrechte

Die Forderungen, die ein Vorzugsrecht auf einer bestimmten beweglichen Sache oder auf einem Geldbetrag haben, bekommen bei der Verteilung des Erlöses aus der Sache oder des Geldbetrags den folgenden Rang: 1) die Forderungen aus Erhaltungskosten der Sache, 2) die mit Pfand gesicherten Forderungen, 3) die Forderungen aus Kosten für die Erzeugung und Ziehung von Früchten.

Art. 978 Aufnahme ohne Vorrang

Abs. 1: Ansprüche, die bedingt oder zweifelhaft sind, werden ohne Vorrang aufgenommen. Durch Vorlage eines gleich zu bezahlenden Bürgschaftsbriefs in Höhe des Betrags von einer Bank, die gesetzmäßig in Griechenland niedergelassen ist, ist der Vollstreckungsbeamte verpflichtet, den Gläubiger zu befriedigen, dessen Forderung ohne Vorrang aufgenommen wurde. In dem Fall, dass die Bedingung, unter der die vorranglose Aufnahme steht, nicht eintritt, muss der Gläubiger den entrichteten Betrag mit Zinsen zurückzahlen. Forderungen unter Zeitbestimmung werden nach Abzug der Zinsen bis zur ihrer Fälligkeit aufgenommen.

Pfändung in den Händen eines Dritten

Art. 984 Rechtsfolgen der Pfändung

Abs. 1: Die Veräußerung der gepfändeten Sache durch denjenigen, zu Lasten dessen die Pfändung stattgefunden hat, ist verboten und unwirksam zugunsten des Pfändungsgläubigers, nachdem ihm die Niederschrift nach Artikel 983 zugestellt wird, auch wenn diese Niederschrift dem Dritten noch nicht zugestellt worden ist; die Haftung des Dritten richtet sich nach Absatz 3.

Beschlagnahme von Immobilien, Schiffen oder Flugzeugen des Schuldners

Art. 992 Gegenstand

Abs. 1 S. 1: Es kann die Beschlagnahme eines Grundstücks, das der Schuldner in seinem Eigentum hat, oder eines dinglichen Rechts des Schuldners an einem Grundstück bewirkt werden.

Abs. 2: Die Beschlagnahme des Grundstücks erstreckt sich auf seine Bestandteile wie auch auf sein Zubehör, wenn es in ihr beinhaltet ist. Ist das Zubehör in der Beschlagnahme des Grundstücks nicht beinhaltet, kann es nach dem Verfahren der Pfändung von beweglichen Sachen gepfändet werden.

Art. 995 Bekanntmachung der Beschlagnahme

Abs. 4: Der Gerichtsvollzieher muss innerhalb von zehn Tagen ab der Beschlagnahme den vollstreckbaren Titel, den Ladungsauszug über die Vollstreckung, das Beschlagnahmeprotokoll und seine Ladungsauszüge an den Schuldner, den Dritteigentümer oder -besitzer und den Bewahrer der Transkriptionsbücher oder denjenigen, der das Schiffs- bzw. Flugzeugregister führt, wie auch die Lastenbescheinigung dem Vollstreckungsbeamten vorlegen, der ein Protokoll darüber aufnimmt. …

Ein Auszug (des Beschlagnahmeprotokolls) wird innerhalb der gleichen Frist dem Dritteigentümer oder -besitzer und den Hypothekengläubigern zugestellt. …

Art. 996 Sequestration

Abs. 1: Sequester der Immobilie wird derjenige, der sie in seiner Detention hat, wenn die Beschlagnahme betrieben wird. …

Abs. 3: Ab der Eintragung der Beschlagnahme in das Beschlagnahmebuch zieht der Sequester ein und hinterlegt öffentlich die Erträge der beschlagnahmten

Sache, die kraft des Rechtsverhältnisses gezogen werden. Der Schuldner aus dem Rechtsverhältnis bewirkt Zahlungen wirksam an denjenigen, gegen den die Vollstreckung gerichtet ist, bevor derjenige, der die Beschlagnahme betrieben hat, ihn über ihre Betreibung schriftlich benachrichtigt hat.

Art. 997 Rechtsfolgen der Beschlagnahme

Abs. 1: Die Veräußerung des Beschlagnahmten durch den Schuldner ist zugunsten des Pfändungsgläubigers und der angemeldeten Gläubiger verboten und unwirksam; handelt es sich um eine mit Hypothek belastete Immobilie, ist seine Veräußerung auch durch den Dritten, Eigentümer oder Besitzer, unwirksam. …

Abs. 2: Die Rechtsfolgen von Absatz 1 fangen rückwirkend an,

a) für den Schuldner, nachdem ihm eine Abschrift des Beschlagnahmeprotokolls nach Artikel 995 zugestellt wird oder der Aufsatz verfasst wird, der seine Verweigerung zur Entgegennahme der Abschrift nach dem ersten Satz von Absatz 1 des Artikels 995 bestätigt, unter der Voraussetzung, dass die Zustellung der Abschrift des Beschlagnahmeprotokolls innerhalb von fünf (5) Tagen erfolgen wird.

b) für den Dritten, Eigentümer oder Besitzer, nachdem ihm eine Abschrift des Beschlagnahmeprotokolls nach Artikel 995 zugestellt wird oder der Aufsatz verfasst wird, der seine Verweigerung zur Entgegennahme der Abschrift nach Artikel 995 Absätze 1 und 4 bestätigt, unter der Voraussetzung, dass die Zustellung der Abschrift des Beschlagnahmeprotokolls innerhalb von fünf (5) Tagen erfolgen wird.

c) für Dritte, nur wenn die Beschlagnahme in das Beschlagnahmebuch nach Artikel 995 eingetragen wird und unter der Voraussetzung, dass die Zustellungen an den Schuldner und den Dritten, Eigentümer oder Besitzer, in den Fällen a und b dieses Absatzes vollzogen sind.

Abs. 3: Die Eintragung eines Aktes in die Transkriptionsbücher oder die Eintragung einer Hypothek, gleichgültig auf welchem Titel die Hypothek beruht, die nach der Eintragung der Beschlagnahme in das Beschlagnahmebuch vorgenommen worden ist, kann dem Pfändungsgläubiger oder den angemeldeten Gläubigern nicht entgegengehalten werden. Die Umwandlung der Vormerkung in eine Hypothek, die nach der Eintragung der Beschlagnahme vorgenommen worden ist, ist wirksam sowohl gegenüber dem Gläubiger, der die Beschlagnahme bewirkt hat, als auch gegenüber den Gläubigern, die angemeldet sind.

Abs. 4: Fallen am selben Tag die Eintragung einer Beschlagnahme und die Transkription oder die Eintragung einer Hypothek zusammen, so geht die um auch noch so kurze Zeit früher eingetragene vor.

Art. 999
(aufgehoben)

Art. 1005 Zuschlagsprotokoll
Abs. 1 S. 2: Durch den Zuschlag, und nachdem das Zuschlagsprotokoll eingetragen wird, erwirbt der Ersteher das Recht, das derjenige hatte, gegen den die Vollstreckung betrieben worden ist.

Abs. 3: Die Entrichtung des Erlöses durch den Ersteher führt zum Erlöschen der Hypothek oder der Vormerkung an dem Grundstück. Der Ersteher ist nach der Entrichtung des Erlöses dazu berechtigt, die Löschung der Hypotheken, der Vormerkungen und der Beschlagnahmen zu beantragen, die auf dem Grundstück lasten. Wird die Zwangsversteigerung für nichtig erklärt, werden die gelöschten Hypotheken und Vormerkungen ohne weiteres ins Leben gerufen; der Bewahrer der Transkriptionsbücher ist verpflichtet, den entsprechenden Vermerk in die gehörigen Bücher vorzunehmen, wenn ihm eine Abschrift der Entscheidung über die Nichtigkeit vorgelegt wird.

Art. 1007 Anhäufung von Vorzugsrechten
Abs. 1: Bei der Rangbestimmung der Gläubiger finden die Artikel 975 bis 978 mit Ausnahme von Artikel 976 Nr. 3 Anwendung. An die Stelle der Forderungen von Artikel 976 Nr. 2 und von Artikel 977A Absatz 1 treten die mit Hypothek gesicherten Forderungen. Die Forderung, zugunsten deren eine Vormerkung eingetragen ist, bekommt den Rang einer ungesicherten Forderung.

Art. 1008 Übernahme eines mit Hypothek gesicherten Anspruchs durch den Ersteher
Stimmt der Hypothekengläubiger zu, kann der Ersteher den mit der Hypothek gesicherten Anspruch übernehmen, mit der Folge, dass die Hypothek am Grundstück weiterlastet. Die Erklärung des Erstehers und die Zustimmung des Hypothekengläubigers werden in das Zuschlagsprotokoll aufgenommen. Der Ersteher kann in diesem Fall den entsprechenden Teil des Erlöses nicht entrichten; in diesem Fall findet Artikel 1004 Absatz 2 Anwendung.

Gemeinsame Vorschriften über die Zwangsversteigerung von beweglichen und unbeweglichen Sachen

Art. 1020 Frist für Vindikationsklage
Eine Vindikationsklage für die ersteigerte Sache muss innerhalb einer Ausschlussfrist von einem Jahr über bewegliche Sachen ab ihrer Übergabe an den Ersteher und von fünf Jahren über Grundstücke ab der Eintragung des Auszugs des Zuschlagsprotokolls erhoben werden.

Art. 1021 Freiwillige Versteigerung
Wenn eine freiwillige Versteigerung kraft Gesetzes oder gerichtlicher Entscheidung oder Vereinbarung der Parteien vor einem Notar stattfindet, beginnt das Verfahren mit dem Beschreibungsprotokoll, das vom Gerichtsvollzieher verfasst wird, und beinhaltet die in Artikel 955 Absatz 1 Bestimmten, wenn es sich um eine bewegliche Sache, oder in Artikel 995, wenn es sich um eine unbewegliche Sache handelt. …

Zwangsverwaltung
Art. 1034 Entscheidung
Abs. 1: Zur Befriedigung einer Geldforderung des Gläubigers kann die Zwangsverwaltung einer Immobilie oder eines Unternehmens des Schuldners angeordnet werden.

6. Griechisches Strafgesetzbuch (gr.StGB) (auszugsweise)

Art. 372 Diebstahl
Abs. 1: Wer eine fremde bewegliche Sache (gänzlich oder zum Teil) einem anderen in der Absicht wegnimmt, sie sich rechtswidrig zuzueignen, wird mit Freiheitsstrafe von mindestens drei Monaten bestraft; ist der Gegenstand des Diebstahls von besonders großem Wert, mit Freiheitsstrafe von mindestens zwei Jahren.

Abs. 2: Als bewegliche Sache gilt nach dem Gesetzbuch auch die elektrische Energie, die Dampfenergie wie auch jede andere Energie. …

Art. 399 Verhinderung der Rechtsausübung
Abs. 1: Wer mit Absicht eine Sache, die er in seinem Eigentum hat, entzieht oder gänzlich oder zum Teil vernichtet, damit die Ausübung des Rechts des Nießbrauchs, des Gebrauchs, des Wohnungsrechts, der dinglichen Sicherheit oder der Vorenthaltung durch den Berechtigten an der Sache unmöglich wird, wird mit Freiheitsstrafe bis zu zwei Jahren oder mit Geldstrafe bestraft.

Abs. 2: Auf die gleiche Weise wird bestraft, wer eine dieser Taten im Namen des Eigentümers begeht. …

7. Griechische Strafprozessordnung (gr.StPO) (auszugsweise)

Art. 242 Auf frischer Tat betroffener Täter
Abs. 1: Auf frischer Tat betroffen ist der Täter zur Zeit der Begehung der Straftat oder wenn er die Straftat vor Kurzem begangen hat. Die Straftat wird besonders dann als vor Kurzem begangene betrachtet, wenn der Täter gleich nach der

Tat von der öffentlichen Gewalt oder von dem Opfer oder infolge öffentlichen Geschrei verfolgt wird wie auch, wenn er irgendwo verhaftet wird und Gegenstände oder Spuren bei sich hat, aus denen gefolgert wird, dass er die Straftat vor sehr kurzer Zeit begangen hat.

Abs. 2: Die oben genannten Fälle treffen nicht zu, wenn der ganze nächste Tag ab Straftatausführung vergangen ist.

Anhang II – Abbildungen

1. Der Katastererrichtungsprozess

2. Die Erweiterung des griechischen Territoriums

3. Die endgültigen Forstkarten

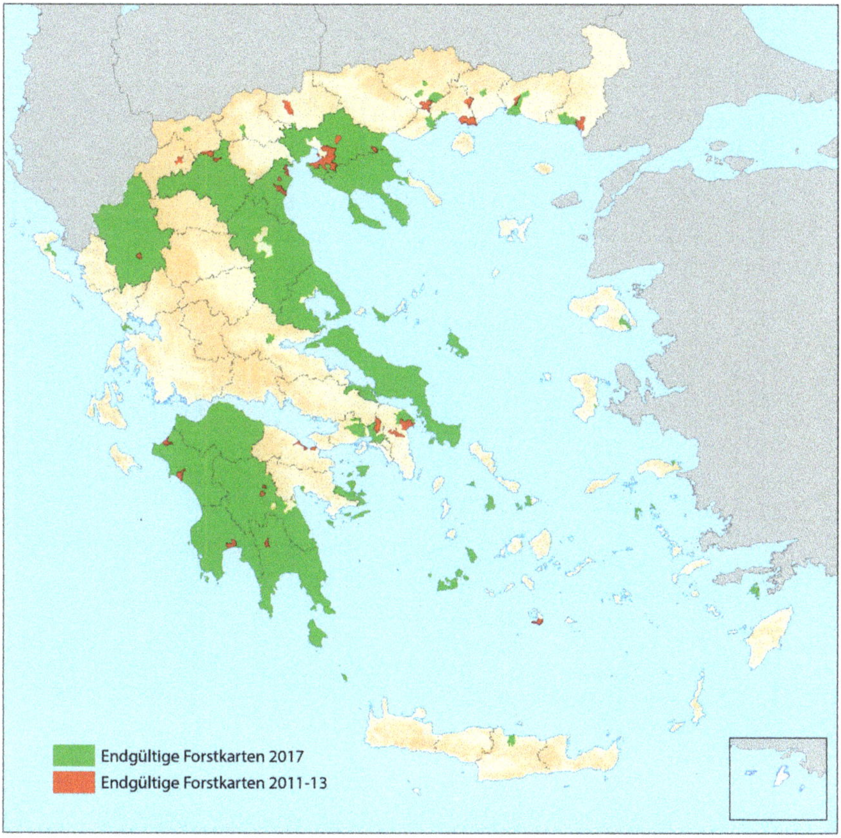

4. Auszug aus einem Personenverzeichnis im Transkriptionsregister

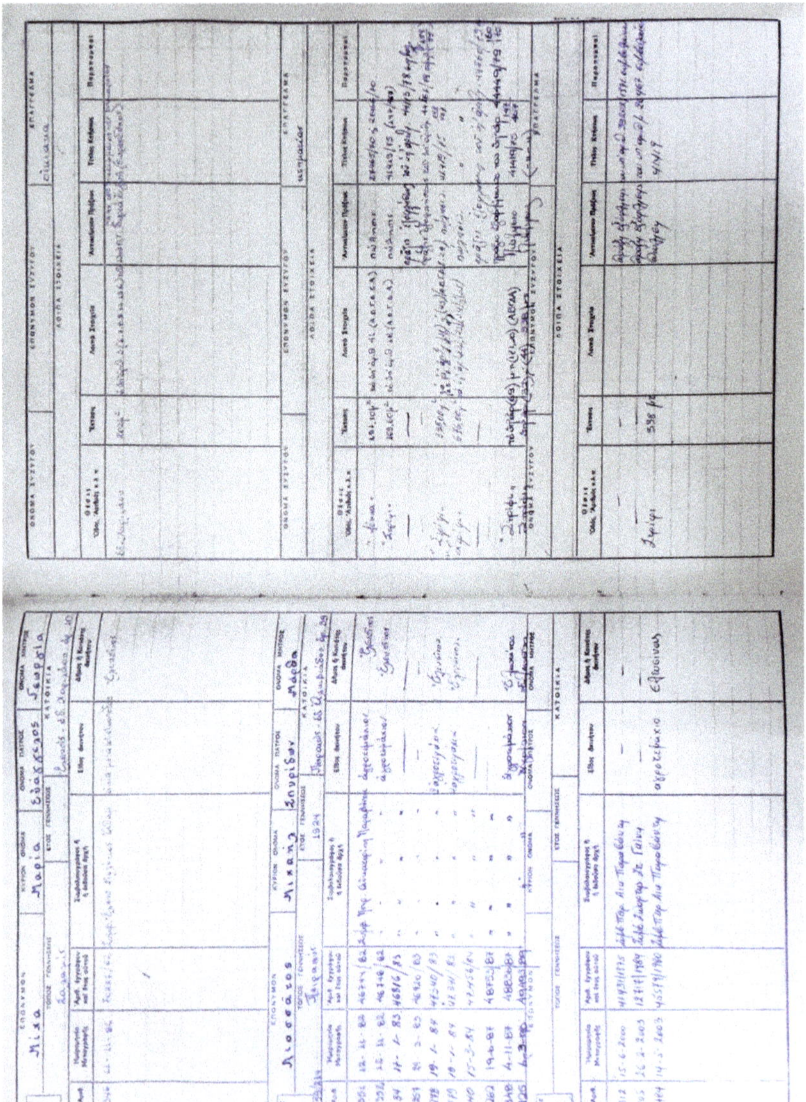

Auszug aus einem Personenverzeichnis im Transkriptionsregister:

Überschrift: Personalien des Berechtigten

Erste Spalte: laufende Nummer

Zweite Spalte (drei Teile): Bandnummer und laufende Nummer der eingetragenen Urkunde in den Transkriptionsbüchern und Eintragungsdatum

Dritte Spalte: Urkunde nach Nummer/Datum und erstellende öffentliche Stelle

Vierte Spalte (fünf Teile): Beschreibung der Immobilie (Immobilienart, Stadt/Gemeinde, Lage/Straße, Fläche, sonstige Informationen)

Fünfte Spalte: Art und Rechtsgrund des Akts

Sechste Spalte (zwei Teile): Eigentumstitel und Verweise

5. Muster eines Grundbuchblatts

Griechische Republik
Ministerium für Umwelt und Energie
Griechisches Grundbuch
Grundbuchamt von Elefsina

Chiffrenummer
05049 XX XX XXX/0/0

FLURSTÜCK

Fläche nach dem Titel:				Fläche:	393 qm
Anschrift	Lage	PLZ	Stadt/Gemeinde		
Beschreibung:					

Berichtigungen/Änderungen

Erste Eintragung

Fläche nach dem Titel:	Fläche:	388 qm

Nachträgliche Änderungen

Fläche nach dem Titel:	Fläche:	393 qm

Nummer und Datum der Eintragung	ENDGÜLTIGE EINTRAGUNG BESCHLUSS DES LEITERS DES GRUNDBUCHAMTS NR. DATUM DER LEITER DES GRUNDBUCHAMTS
	Akt/e: BESCHLUSS DES LEITERS DES GRUNDBUCHAMTS

ERSTE EINTRAGUNGEN

Die ersten Eintragungen, deren Richtigkeit innerhalb der gesetzlichen Ausschlussfrist, die in den Vorschriften des Artikels 6 G.2664/1998 geregelt ist, nicht angefochten wird, werden endgültig und erzeugen die unwiderlegbare Vermutung zugunsten derer, die als Inhaber der Rechte erscheinen, auf die diese sich beziehen. Die Vorschriften der Artikel 255 bis 263 und 270 ZGB finden auch bei dieser Frist analoge Anwendung (Artikel 6 & 7 G. 2664/1998). Die Ausschlussfrist beginnt mit der Veröffentlichung des Beschlusses, der von der zuständigen Stelle nach dem Gesetz erlassen wird, im Amtsblatt der Regierung über den Beginn der Geltung des Grundbuchs in jedem Gebiet, wo das Kataster errichtet worden ist. Grundstücke, die in den Grundbüchern als Grundstücke „UNBEKANNTEN EIGENTÜMERS" eingetragen worden sind, gelten kraft unwiderlegbarer Vermutung als dem Griechischen Fiskus gehörende, sobald die erste Eintragung nach dem Verstreichen der gesetzlichen Berichtigungsfrist endgültig wird und unter der Voraussetzung, dass die Eintragung nicht zugunsten einer bestimmten Person berichtigt wurde.
DATUM DER VERÖFFENTLICHUNG:
BERICHTIGUNGSFRIST:

EIGENTUM

VOLLEIGENTUM

EIGENTÜMER (ANTEIL: 100/100)

Name und Familienname der natürlichen Person:
Name und Familienname des Vaters:
Name und Familienname der Mutter:
Geburtsdatum & -ort: Steuernummer:
Anschrift:
Ausweisnummer:

ANGABEN DES/DER TITEL

NOTARIELLE URKUNDE
Nummer & Datum: Notar:
Transkriptionsregister: Band: Nummer: Transkriptionsdatum:
Erwerbsgrund/gründe:

Seite 1/3 Ausdrucksdatum:

Griechische Republik
Ministerium für Umwelt und Energie
Griechisches Grundbuch
Grundbuchamt von Elefsina

Chiffrenummer
05049 XX XX XXX/0/0

NACHTRÄGLICHE EINTRAGUNGEN
REALSICHERHEITEN

	HYPOTHEKENVORMERKUNG Gesicherte Forderungen	60.000 EUR PLUS ZINSEN UND KOSTEN	Fälligkeit:
Nummer & Datum der Eintragung	ENDGÜLTIGE EINTRAGUNG		
	Akt/e: EINTRAGUNG Urkunde: MAHNBESCHEID, Nummer/Datum GERICHT DER ERSTEN INSTANZ, ATHEN		
	SCHULDNER Name und Familienname der natürlichen Person: Name und Familienname des Vaters: Name und Familienname der Mutter: Geburtsdatum & -ort: Anschrift: Ausweisnummer:		Steuernummer:
	GLÄUBIGER Firma der juristischen Person: Art der juristischen Person: Sitz: Satzung & Datum der Veröffentlichung:	XXXX BANK AKTIENGESELLSCHAFT ATHEN	Steuernummer:
ÄNDERUNG: **HYPOTHEKENVORMERKUNG 1**			
	HYPOTHEKENVORMERKUNG Gesicherte Forderungen	60.000 EUR PLUS ZINSEN UND KOSTEN	Fälligkeit:
Nummer & Datum der Eintragung	ENDGÜLTIGE EINTRAGUNG		
	Akt/e: UMWANDLUNG Urkunde: MAHNBESCHEID, Nummer/Datum GERICHT DER ERSTEN INSTANZ, ATHEN		
	ANMERKUNG: ES HANDELT SICH UM GÄNZLICHE UMWANDLUNG ZUR HYPOTHEK		

BESCHLAGNAHMEN

	ZWANGSBESCHLAGNAHME	200.000,00 EUR
Nummer & Datum der Eintragung	ENDGÜLTIGE EINTRAGUNG	
	Akt/e: EINTRAGUNG Urkunde: BESCHLAGNAHMEPROTOKOLL, Nummer/Datum GERICHTSVOLLZIEHER	

Seite 2/3

Ausdrucksdatum:

Griechische Republik
Ministerium für Umwelt und Energie
Griechisches Grundbuch
Grundbuchamt von Elefsina

Chiffrenummer
05049 XX XX XXX/0/0

GEGEN

Name und Familienname der natürlichen Person:
Name und Familienname des Vaters:
Name und Familienname der Mutter:
Geburtsdatum & -ort: Steuernummer:
Anschrift:
Ausweisnummer:

DER DIE BESCHLAGNAHME BETREIBENDE/GLÄUBIGER

Firma der juristischen Person: XXXX BANK

Art der juristischen Person: AKTIENGESELLSCHAFT
Sitz: ATHEN Steuernummer:
Satzung & Datum der Veröffentlichung:

EINZUTRAGENDE VERFAHRENSAKTE

ANTRAG BEZIEHT SICH AUF: ERSTE EINTRAGUNGEN

Nummer & Datum der Eintragung	ENDGÜLTIGE EINTRAGUNG

Akt/e: ANTRAG DES ARTIKELS 19 ABS. 2
Urkunde: ANTRAG - Datum
ANTRAGSTELLER

KLÄGER/ANTRAGSTELLER/EINSPRUCHSKLÄGER/BESCHWERDEFÜHRER

Name und Familienname der natürlichen Person:
Name und Familienname des Vaters:
Name und Familienname der Mutter:
Geburtsdatum & -ort: Steuernummer:
Anschrift:
Ausweisnummer:

BESCHLUSS – WIRD VOLLSTÄNDIG STATTGEGEBEN: **ANTRAG 1**

Nummer & Datum der Eintragung	ENDGÜLTIGE EINTRAGUNG

Akt/e: BESCHLUSS DES LEITERS DES GRUNDBUCHAMTS
Urkunde: BESCHLUSS DES LEITERS DES GRUNDBUCHAMTS, Nr. – Datum
DER LEITER DES GRUNDBUCHAMTS
Ergebnis: WIRD VOLLSTÄNDIG STATTGEGEBEN

Seite 3/3 Ausdrucksdatum:

Bibliographie

Allgemeine Bibliographie

Griechischsprachig

-Apalagaki, Charoula, Zivilprozessordnung, Auslegung nach Artikel, 5. Aufl., Athen, 2017.

-Balis, Georgios, Sachenrecht, 4. Aufl., Athen, 1961.

-Balis, Georgios, Allgemeiner Teil des ZGB, 8. Aufl., Athen, 1961.

-Balis, Georgios, Erbrecht, 5. Aufl., Athen, 1965.

-Dagtoglou, Prodromos, Allgemeines Verwaltungsrecht, 6. Aufl., Athen, Thessaloniki, 2012.

-Deligiannis, Ioannis, Familienrecht, Athen, 1980.

-Deligiannis, Ioannis/Kornilakis, Panos, Schuldrecht, Besonderer Teil, Thessaloniki, 1998.

-Favis, Joannis, Lexikon der Rechts- und Wirtschaftsterminologie, Band I Griechisch-Deutsch, Band II Deutsch-Griechisch, Athen, 1960.

-Filios, Pavlos, Schuldrecht, Besonderer Teil, 6. Aufl., Athen, Komotini, 2009.

-Filios, Pavlos, Sachenrecht, 4. Aufl., Athen, Komotini, 2011.

-Georgiades, Apostolos, Sachenrecht, 2. Aufl., Athen, Thessaloniki, 2010.

-Georgiades, Apostolos, Allgemeiner Teil des ZGB, 4. Aufl., Athen, Thessaloniki, 2012.

-Georgiades, Apostolos, Schuldrecht, Besonderer Teil, Athen, 2007.

-Georgiades, Apostolos (Hrsg.), Kurze Auslegung des ZGB, Athen, Band I 2010, Band II 2013.

-Georgiades, Apostolos, Erbrecht, 2. Aufl., Athen, 2013.

-Georgiades, Apostolos/Stathopoulos, Michael (Hrsg.), Zivilgesetzbuch, Athen, 1996.

-Gogos, Demetrius, Das Griechische Zivilgesetzbuch, München, 1951.

-Ikonomides, Wasilios, Στοιχεία Αστικού Δικαίου, Εμπράγματο Δίκαιο (Grundsätze des Zivilrechts, Sachenrecht), Athen, 1931.

-Kaissis, Athanassios, Deutsch-Griechisches Rechtswörterbuch, Thessaloniki, Band I 1997, Band II 2002.

-Koumantos, Georgios, Παραδόσεις οικογενειακού δικαίου (Familienrechtsvorlesungen), Athen, 1977.

-Papantoniou, Nikolaos, Allgemeiner Teil des ZGB, 3. Aufl., Athen, 1983.

-Papantoniou, Nikolaos, Erbrecht, 5. Aufl., Athen, 1989.

-Papasteriou, Demetrius, Sachenrecht, Athen, Thessaloniki, 2008.

-Spiridakis, Ioannis, Sachenrecht, Athen, Komotini, 2001.

-Spiridakis, Ioannis, Zivilgesetzbuch, Band I (Allgemeiner Teil), Athen, 1976.

-Spiridakis, Ioannis/Perakis, Evangelos, Zivilgesetzbuch, Athen, 1977.

-Stathopoulos, Michael, Schuldrecht, Allgemeiner Teil, Athen, Thessaloniki, 2004.

-Tachos, Anastasios, Griechisches Verwaltungsrecht, 9. Aufl., Athen, Thessaloniki, 2008.

-Tousis, Andreas, Sachenrecht, Athen, 1988.

-Tsoumas, Wasilis (Hrsg.), Το Δίκαιο των Ακινήτων (Das Recht der Immobilien), Athen, Band I–VI 2009–2012.

-Wathrakokilis, Wasilis, Ερμηνεία-Νομολογία Αστικού Κώδικα (Auslegung-Rechtsprechung des ZGB), Athen, 2008.

-Wathrakokilis, Wasilis, Zivilprozessordnung, Athen, 2001.

-Wathrakokilis, Wasilis, Das neue Familienrecht, Athen, 2000.

-Wawouskos, Konstantinos, Sachenrecht, Thessaloniki, 1979.

-Διάγραμμα επί του Σχεδίου Αστικού Κώδικα, Συντακτική Επιτροπή Αστικού Κώδικος, Υπουργείο Δικαιοσύνης (Umriss des Entwurfs des Zivilgesetzbuches, Redaktionskommission des ZGB, Justizministerium), Athen, 1930.

-Ερμηνεία Αστικού Κώδικος (Auslegung des ZGB), Sammelwerk, Athen, 1949–1978.

-Σχέδιο Αστικού Κώδικος, Εμπράγματον Δίκαιον, Υπουργείο Δικαιοσύνης (Entwurf des Zivilgesetzbuches, Sachenrecht, Justizministerium), Athen, 1936.

Deutschsprachig

-Baur, Jürgen/Stürner, Rolf, Sachenrecht, 18. Aufl., München, 2009.

-Bork, Reinhard, Allgemeiner Teil des Bürgerlichen Gesetzbuchs, 4. Aufl., Tübingen, 2016.

-Detterbeck, Steffen, Allgemeines Verwaltungsrecht, 15. Aufl., München, 2017.

-Entwurf eines bürgerlichen Gesetzbuches für das Deutsche Reich, Erste Lesung, Berlin, 1888.

-Erbguth, Wilfried, Allgemeines Verwaltungsrecht, 8. Aufl., Baden-Baden, 2016.

-Gierke, Otto, Deutsches Privatrecht, 2. Band, Sachenrecht, Leipzig, 1905.

-Hirsch, Christoph, Der allgemeine Teil des BGB, 2. Aufl., Köln u.a., 1992.

-Jauernig, Othmar (Hrsg.), Bürgerliches Gesetzbuch: BGB, Kommentar, 17. Aufl., München, 2018.

-Köhler, Helmut, BGB Allgemeiner Teil, 36. Aufl., München, 2012.

-Lange, Heinrich/Kuchinke, Kurt, Erbrecht, 5. Aufl., München, 2001.

-Medicus, Dieter, Allgemeiner Teil des BGB, 11. Aufl., Heidelberg u.a., 2016.

-Münchener Kommentar zum Bürgerlichen Gesetzbuch, 7. Aufl., München, 2017.

-Palandt (Bearbeiter: Brudermüller, Gerd/Ellenberger, Jürgen u.a.), Bürgerliches Gesetzbuch, 77. Aufl., München, 2018.

-Paulus, Christoph, Zivilprozessrecht, Berlin, Heidelberg, 2013.

-Prütting, Hanns, Sachenrecht, 36. Aufl., München, 2017.

-Rüthers, Bernd/Stadler, Astrid, Allgemeiner Teil des BGB, 17. Aufl., München, 2011.

-Schellhammer, Kurt, Sachenrecht nach Anspruchsgrundlagen, 5. Aufl., Heidelberg, 2017.

-Schlüter, Wilfried, Erbrecht, München, 1986.

-Schmidt, Rolf, Bürgerliches Gesetzbuch, Allgemeiner Teil, 17. Aufl., Hannover, 2018.

-Soergel, Bürgerliches Gesetzbuch mit Einführungsgesetz und Nebengesetzen, 13. Aufl., Stuttgart, 2002.

-Staudinger, Kommentar zum Bürgerlichen Gesetzbuch mit Einführungsgesetz und Nebengesetzen:

Buch 2: Recht der Schuldverhältnisse §§ 812-822 (Ungerechtfertigte Bereicherung), Neubearbeitung 2007. Zitiert als: Staudinger/Lorenz (2007).

Buch 3: Sachenrecht, Einleitung zum Sachenrecht §§ 854-882 (Allgemeines Liegenschaftsrecht 1), Neubearbeitung 2012. Zitiert als: Staudinger/Gutzeit (2012).

Buch 3: Sachenrecht §§ 883-902 (Allgemeines Liegenschaftsrecht 2), Neubearbeitung 2013. Zitiert als: Staudinger/Gursky (2013).

Buch 3: Sachenrecht §§ 985-1011 (Eigentum 3), Neubearbeitung 2013. Zitiert als: Staudinger/Gursky (2013).

Buch 3: Sachenrecht, ErbbauRG; §§ 1018-1112 (ErbbaurechtsG, Dienstbarkeiten, Vorkaufsrecht, Reallasten), Neubearbeitung 2017. Zitiert als: Staudinger/Heinze (2017).

-Westermann, Harry/Westermann, Harm Peter/Gursky, Karl-Heinz/Eickmann, Dieter, Sachenrecht, 8. Aufl., Heidelberg, München u.a., 2011.

-Wieling, Hans Josef, Sachenrecht, 2. Aufl., Band I, Berlin, Heidelberg, 2006.

-Wieling, Hans Josef, Sachenrecht, 5. Aufl., Berlin, Heidelberg, 2007.

-Wilhelm, Jan, Sachenrecht, 5. Aufl., Berlin, Boston, 2016.

-Wolf, Manfred/Wellenhofer, Marina, Sachenrecht, 32. Aufl., München, 2017.

-Wolff, Hans/Bachof, Otto/Stober, Rolf/Kluth, Winfried, Verwaltungsrecht II, 7. Aufl., München, 2010.

-Zippelius, Reinhold/Würtenberger, Thomas, Deutsches Staatsrecht, 31. Aufl., München, 2005.

Spezielle Bibliographie

Griechischsprachig

-Adam, Sophia (Hrsg.), Συμβολές στην έρευνα του αρχαίου Ελληνικού και ελληνιστικού δικαίου (Beiträge zu der Forschung des altgriechischen und des hellenistischen Rechts), Band I, Athen, 1992.

-Adamopoulos, Ioannis, Υποθηκοφυλακεία – Ακίνητα (Transkriptionsregister - Immobilien), Athen, 2010.

-Apalagaki, Chariklia, Προσημείωση υποθήκης (Hypothekenvormerkung), Athen, Thessaloniki, 2005.

-Argyriou, Demetrius, Grundbuchrecht, Athen, 2008.

-Balis, Georgios, Τινά επί του περί μεταγραφής νόμου (Einiges über das Transkriptionsgesetz), EEN, 31 (1935), 817.

-Balis, Georgios, Μελέται επί του ισχύοντος αστικού δικαίου (Studien über das geltende bürgerliche Recht), Athen, 1938.

-Biscardi, Arnaldo, Αρχαίο Ελληνικό Δίκαιο (Altgriechisches Recht), Athen, 1991.

-Bosdas, Demetrius, Στοιχεία αρχαίου ελληνικού δικαίου επί πραγμάτων (Grundzüge des altgriechischen Sachenrechts), ElDik 9 (1968), 97.

-Bosdas, Demetrius, Οιονεί νομή και νομή δικαιώματος (Quasi-Besitz und Rechtsbesitz), NoV 14 (1966), 705.

-Bosdas, Demetrius, Περί της καθολικής εν τη νομή διαδοχής (Über die Gesamtrechtsnachfolge im Besitz), EEN 1962, 657.

-Bosdas, Demetrius, Η αντιπροσώπευσις εν τη νομή (Die Stellvertretung im Besitz), NoV 9 (1961), 817.

-Bosdas, Demetrius, Περί αντιποιήσεως της νομής υπό του κατόχου (Über die Besitzverletzung durch den Detentor), ArchN 14 (1963), 241.

-Bosdas, Demetrius, Περί επιληψίμου νομής (Über den fehlerhaften Besitz), ElDik 11 (1970), 257.

-Bosdas, Demetrius, Περί της νομικής φύσεως της νομής (Über die Rechtsnatur des Besitzes), ElDik 20 (1979), 721.

-Bosdas, Demetrius, Περί του δικαιώματος της υποθήκης (Über das Hypothekenrecht), ElDik 1965, 545.

-Bournias, Apostolos, Σύστασις οριζοντίου ιδιοκτησίας δια χρησικτησίας (Begründung von horizontalem Eigentum durch Ersitzung), NoV 20 (1972), 1232.

-Brakatsoulas, Wasilios, Der Besitz und sein Schutz, Athen, Komotini, 2003.

-Christakakou-Fotiadi, Kalliopi, Ερμηνευτικά ζητήματα από την εφαρμογή του άρθρου 1010 ΑΚ (Auslegungsfragen aus der Anwendung des Artikels 1010 ZGB), ChrID 2012, 170.

-Christophyllopoulos, Demetrius, Τροποποίηση ρυμοτομικών σχεδίων (Änderung von Bebauungsplänen), Athen, 2011.

-Dagtoglou, Prodromos, Ατομικά δικαιώματα (Menschenrechte), 4. Aufl., Athen, Thessaloniki, 2012.

-Dakanalakis, Nikolaos, Το κυκλαδικόν έθιμον περί του δικαιώματος „αέρος“ και το νέον σύστημα οριζοντίου ιδιοκτησίας (Das kykladische Gewohnheitsrecht über das Recht auf die „Luft“ und das neue System des horizontalen Eigentums), NoV 20 (1972), 1368.

-Danilatou, Ageliki, Κοινόχρηστοι χώροι και πράγματα (Gemeingebräuchliche Räume und Sachen), Athen, 2014.

-Das Grundbuch (Giannakakis, Emmanuel, Hrsg.) 3. Griechenlandweiter Kongress des Zivilrechtlervereins, Athen, Komotini, 2001.

-Deligiannis, Ioannis, Σκέψεις για τη μορφή και την αποδεικτική δύναμη του „κτηματολογίου“ που σχεδιάζεται να εισαχθεί στην Ελλάδα (Gedanken über die Form und die Beweiskraft des „Grundbuchs“, dessen Einführung in Griechenland beabsichtigt wird), NoV 41 (1993), 1.

-Diamantopoulos, Georgios (Hrsg.), Δάση, Δασικοί Χάρτες, Δασολόγιο και Κτηματολόγιο (Wälder, Forstkarten, Forstregister und Grundbuch), Athen, Thessaloniki, 2017.

-Diatsides, Michael, Η μεταγραφή των συμβολαίων και η άρνηση των Υποθηκοφυλάκων για μεταγραφή (Die Eintragung der Urkunden und die Verweigerung der Transkriptionsbewahrer zur Eintragung), Arm 1993, 1182.

-Dimakis, Panagiotis, Συμβολές στην έρευνα του αρχαίου ελληνικού και ελληνιστικού δικαίου (Beiträge zu der Erforschung des altgriechischen und des hellenistischen Rechts), Band I, Athen, 1992.

-Doris, Philip, Αναδασμός και εμπράγματες σχέσεις (Flurbereinigung und sachenrechtliche Verhältnisse), NoV 25 (1977), 442.

-Doris, Philip, Anmerkung zu AP 528/1986, NoV 35 (1987), 195.

-Doris, Philip, Ο κατά το άρθρο 1051 ΑΚ συνυπολογισμός του χρόνου νομής χρησικτησίας του δικαιοπαρόχου επί κληρονομικής διαδοχής (Die Zeitanrechnung von Ersitzungsbesitz des Rechtsvorgängers im Erbfall nach Artikel 1051 ZGB), NoV 53 (2005), 23.

-Doris, Philip, Εθνικό κτηματολόγιο – νομικά ζητήματα (Nationalgrundbuch – juristische Fragen), Arm 1995, 1564.

-Doris, Philip, Εμπράγματη ασφάλεια (Realsicherheit), Athen, Komotini, 1986.

-Drakakis, Andreas, Η οριζόντιος ιδιοκτησία εις τας Κυκλάδας (Das horizontale Eigentum auf den Kykladeninseln), EEN26 (1959), 246.

-Ersitzung und Nationalgrundbuch, 3. Griechenlandweiter Kongress des Zentrums für grundbuchrechtliche Studien, Athen, Thessaloniki, 2017.

-Evangelidou-Tsikrika, Fouli, Εγγραφή προσημειώσεως υποθήκης ηρτημένης της αιρέσεως (Eintragung der Hypothekenvormerkung während der Schwebezeit der Bedingung), Athen, Komotini, 2005.

-Gasis, Andreas, Το κτηματολόγιο και τα κτηματικά βιβλία (Das Katasteramt und die Grundbücher), NoV 40 (1992), 1170.

-Gasis, Andreas, Σύμβαση κατασκευής οικοδομής με αντιπαροχή (Bauträgervertrag), NoV 30 (1982), 1409.

-Georgiades, Apostolos, Η εξασφάλιση των πιστώσεων (Die Kreditsicherung), 2. Aufl., Athen, 2008.

-Georgiades, Apostolos, Σύσταση και κατάργηση οριζόντιας ιδιοκτησίας σε μέλλον να ανεγερθεί οικοδόμημα (Begründung und Aufhebung von Stockeigentum im künftigen Gebäude), NoV 32 (1984), 465.

-Georgiades, Apostolos, Η σύμβαση ανέγερσης πολυώροφης οικοδομής με αντιπαροχή (Bauträgervertrag über mehrstöckige Gebäude), KrEp 2000, 13.

-Georgiades, Apostolos, Η συμβολή του αστικού κώδικα στην ανανέωση του δικαίου (Der Beitrag des Zivilgesetzbuchs zur Modernisierung des Rechts), KrEp 1996, 123.

-Georgiades, Apostolos, Η „συρροή αξιώσεων" επί συνδρομής συμβατικής και αδικοπρακτικής ευθύνης (Die „Anspruchskonkurrenz" bei Eingreifen von vertraglicher und deliktischer Haftung), D 6 (1975), 43.

-Georgiades, Apostolos, Οι πηγές του ιδιωτικού δικαίου κατά την επανάσταση του 1821 (Die Quellen des Privatrechts während der Revolution von 1821), ElDik 48 (2007), 647.

-Georgiadou, Maria, Αγωγές εμπραγμάτου δικαίου (Klagen des Sachenrechts), Athen, 2015.

-Giouni, Maria, Νόμος πόλεως: Δικαιοσύνη και νομοθεσία στην αρχαία ελληνική πόλιν (Gesetz der Polis: Justiz und Gesetzgebung in der altgriechischen Polis), Thessaloniki, 2006.

-Gutachten des Staatsanwalts von AP Athanasios Kontaxis, 7/2007, EfAD 2008, 538.

-Hamilothoris, Ioannis, Ασφαλιστικά Μέτρα (Einstweilige Verfügungen), Athen, 2016.

-Kabolis, Panagiotis, Η εξασφάλιση των μερών στη σύμβαση αγοραπωλησίας ακινήτου στα πλαίσια της προληπτικής δικαιοσύνης κατά το γερμανικό δίκαιο (Die Absicherung der Parteien bei dem Kaufvertrag über Immobilien im Rahmen der vorsorgenden Rechtspflege), SE 2011, 1447.

-Kalligas, Paul, Σύστημα ρωμαϊκού δικαίου καθ'α εν Ελλάδι πολιτεύεται (System des römischen Rechts nach seiner Anwendung in Griechenland), Athen, 1868.

-Karimpali-Tsiptsiou, Gianna, Νομικό καθεστώς μνημείων (Denkmalrecht), Athen, 2009.

-Karimpali-Tsiptsiou, Gianna, Τεκμήριο ακριβείας των κτηματολογικών εγγραφών και δημόσια πίστη, άρθρο 13 ν. 2664/1998 (Richtigkeitsvermutung der Grundbucheintragungen und öffentlicher Glaube, Artikel 13 G. 2664/1998), ElDik 1999, 1480.

-Kitsaras, Lambros, Οι πρώτες εγγραφές στο Εθνικό Κτηματολόγιο (Die ersten Eintragungen in das Nationalgrundbuch), Athen, 2001.

-Kitsaras, Lambros, Ενοχικές δεσμεύσεις της εξουσίας διάθεσης κατά το άρθρο 177 ΑΚ (Schuldrechtliche Beschränkungen der Veräußerungsverfügung nach Artikel 177 ZGB), Athen, 1999.

-Konstantopoulos, Panagiotis, Η οροφοκτησία εν Ελλάδι (Das Stockwerkseigentum in Griechenland), Athen, 1974.

-Kotsiris, Lambros, Πτωχευτικό Δίκαιο (Insolvenzrecht), Athen, Thessaloniki, 2017.

-Kourtis, Marinos, Αστικό δίκαιο μεταμοσχεύσεων (Zivilrecht der Transplantationen), Athen, 2002.

-Kousoula, Ekaterini, Η δημόσια πίστη του Κτηματολογίου (Der öffentliche Glaube des Grundbuchs), Athen, Thessaloniki, 2001.

-Kousoulas, Christos, Grundbuchrecht, Athen, Thessaloniki, 2001.

-Litzeropoulos, Alexander, Τα δέκα πρώτα έτη του Αστικού Κώδικος (Die ersten zehn Jahre des Zivilgesetzbuches), NoV 4 (1956), 230.

-Litzeropoulos, Alexander, Κριτικαί παρατηρήσεις επί του δευτέρου βιβλίου του Αστικού Κώδικα του 1940 (Beurteilungen über das zweite Buch des Zivilgesetzbuches von 1940), EEN 13 (1946), 321.

-Livanis, Nikolaos, Διάθεση μελλοντικού δικαιώματος (Verfügung über ein künftiges Recht), Athen, 1990.

-Livanis, Nikolaos, Ιδιοκτησία κατ΄όροφον (Stockwerkseigentum), Athen, 1973.

-Magoulas, Christos, Κτηματολογικές εγγραφές (Grundbucheintragungen), Athen, Thessaloniki, 2015.

-Makris-Staikos, Peter, H justa causa traditionis κατά το προϊσχύσαν παρ΄ημίν δίκαιον (Die justa causa traditionis nach dem früher bei uns geltenden Recht), EEN 41 (1974), 609.

-Manti, Panagiota, Ο έλεγχος της νομιμότητας των υποκειμένων σε δημοσιότητα πράξεων από τα Υποθηκοφυλακεία και τα Κτηματολογικά Γραφεία (Die Legalitätsüberprüfung der der Publizität unterliegenden Rechtsakte von den Transkriptionsregistern und den Grundbuchämtern), Athen, Komotini, 2006.

-Masis, Panagiotis, Η εμπράγματη ασφάλεια στην θεωρία και στην πράξη (Die dingliche Sicherheit in der Theorie und in der Praxis), Athen, 2014.

-Mattheou, Panagiotis, Das Nationalgrundbuch, Athen, Komotini, 2000.

-Nikolopoulos, Georgios, Η έννοια και η λειτουργία της ενστάσεως στο αστικό δικονομικό δίκαιο (Sinn und Funktion der Einwendung im Zivilprozessrecht), Athen, Komotini, 1987.

-Pantazopoulos, Nikolaos, Ρωμαϊκόν Δίκαιον εν διαλεκτική συναρτήσει προς το Ελληνικόν (Römisches Recht in dialektischem Zusammenhang mit dem griechischen), Thessaloniki, 1974.

-Pantazopoulos, Nikolaos, Από της „λογίας" παραδόσεως εις τον Αστικόν Κώδικα (Von der „gelehrten" Tradition zum Zivilgesetzbuch), Athen, 1947.

-Pantazopoulos, Nikolaos, Αστικός Κώδικας και „εθνικόν" δίκαιον (Zivilgesetzbuch und „nationales" Recht), Athen, 1945.

-Pantazopoulos, Stephen, Η μετάβαση από το σύστημα των βιβλίων μεταγραφών στο σύστημα του κτηματολογίου (Der Übergang vom System der Transkriptionen zum System des Grundbuchs), ElDIk 1998, 1234.

-Papasteriou, Demetrius, Η εμπράγματη σύμβαση του ΑΚ 1033 εδ. 1 (Der dingliche Vertrag von Art. 1033 S. 1 ZGB), Thessaloniki, 1987.

-Papasteriou, Demetrius, Grundbuchrecht, Athen, Thessaloniki, 2013.

-Papasteriou, Demetrius, Η αρχή της νομιμότητας στο Εθνικό Κτηματολόγιο (Das Legalitätsprinzip im Nationalgrundbuch), ElDik 1999, 1469.

-Petropoulos, Georgios, Ιστορία και Εισηγήσεις του Ρωμαϊκού Δικαίου (Geschichte und Vorlesungen des römischen Rechts), Athen, Thessaloniki, 1955.

-Rammos, Georgios/Tsirintanis, Alexander, Gutachten, NoV 17 (1969), 144.

-Simonetos, Georgios, Η νόμιμος αιτία κατά την μεταβίβασιν της κυριότητος (Der Rechtsgrund bei der Eigentumsübertragung), Athen, 1947.

-Skendros, Nikolaos, Υποθήκη επί πλειόνων κτημάτων του οφειλέτου. Περιορισμός ταύτης, άρθρον 1270 Α.Κ. (Hypothek an mehreren Grundstücken des Schuldners. Ihre Beschränkung, Artikel 1270 ZGB), ElDik 1960, 507.

-Sontis, Ioannis, Σχέδιον του περί πραγμάτων κεφαλαίου του Αστικού Κώδικος (Entwurf für das Kapitel über die Sachen des Zivilgesetzbuches), EEN 13 (1946), 81.

-Sontis, Ioannis, Αι περιωρισμέναι προσωπικαί δουλείαι (Die beschränkten persönlichen Dienstbarkeiten), Athen, 1957.

-Sontis, Ioannis, Αι αναγκαστικαί δουλείαι (Notdienstbarkeiten), Athen, Komotini, 1981.

-Sontis, Ioannis, Συμβολή εις την ερμηνείαν του άρθρου 1010 ΑΚ (Beitrag zu der Auslegung von Artikel 1010 ZGB), NoV 2 (1954), 1025.

-Sontis, Ioannis, Η προστασία του τρίτου κατά το εν Δωδεκανήσω ισχύον σύστημα του κτηματικού βιβλίου (Der Schutz des Dritten nach dem in Dodekanes geltenden System des Grundbuchs), NoV 18 (1970), 263.

-Sontis, Ioannis, Η οροφοκτησία εν Δωδεκανήσω κατά το ιταλικόν δίκαιον (Das Stockwerkseigentum in Dodekanes nach dem italienischen Recht), NDik 1967, 369.

-Sourlas, Kimon, Απόλυτα δικαιώματα (Absolute Rechte), NoV 7 (1959), 305.

-Spiridakis, Ioannis, Anmerkung zu PrAth 385/1972, NoV 20 (1972), 947.

-Spiridakis, Ioannis, Anmerkung zu PrAth 6904/1977, NoV 26 (1978), 404.

-Spiridakis, Ioannis, Die Ersitzung, Athen, Komotini, 1998.

-Spiridakis, Ioannis, Ακύρωση εμπράγματης δικαιοπραξίας και εμπράγματα δικαιώματα τρίτων (Nichtigkeitserklärung des Verfügungsgeschäfts und dingliche Rechte Dritter), Athen, Komotini, 1981.

-Spiridakis, Ioannis, Recht des horizontalen und vertikalen Eigentums, Athen, Komotini, 1996.

-Spiridakis, Ioannis, Gesetzbuch des horizontalen und vertikalen Eigentums, Athen, Komotini, 2011.

-Spiridakis, Ioannis, Το δίκαιον της εμπραγμάτου ασφαλείας (Das Recht der dinglichen Sicherheit), Athen, 1976.

-Spiridakis, Ioannis, Περί εναλλαγής υποθηκικών τάξεων (Über die Rangänderung von Hypotheken), Athen, 1969.

-Spiridakis, Ioannis, Πτωχευτικό Δίκαιο (Insolvenzrecht), Athen, Komotini, 2008.

-Stathopoulos, Michael, Νόμιμη αιτία της ΑΚ 1033 και τριμερείς σχέσεις (Rechtsgrund und dreiseitige Rechtsverhältnisse), Festschrift für Lambros Kotsiris, Thessaloniki, 2004.

-Stathopoulos, Michael, Αξίωσις αδικαιολογήτου πλουτισμού (Anspruch aus ungerechtfertigter Bereicherung), Athen, 1972.

-Stathopoulos, Michael, Η εφαρμογή του ΑΚ κατά τα πρώτα πενήντα χρόνια ισχύος του (Die Anwendung des ZGB in den ersten fünfzig Jahren seit seinem Inkrafttreten), KrEP 1996, 133.

-Stavrakis, Argyrios, Εξαγορά εμπραγμάτων δικαιωμάτων εμφυτεύσεως, επιφανείας ή χωριστής κυριότητας σε δένδρα κ.λ.π. (Abkauf von dinglichen Rechten der emphiteusis, der epifaneia oder von Sondereigentum an Bäumen usw.), ElDik 29 (1988), 881.

-Thiveos, Christos, Το δίκαιον της νομής (Besitzrecht), Athen, 1950.

-Triantaphyllopoulos, Ioannis, Αρχαία ελληνικά δίκαια (Altgriechisches Recht), Athen, 1968.

-Triantaphyllopoulos, Konstantinos, Η ιστορία των σχεδίων του Ελληνικού Αστικού Κώδικος (Die Geschichte der Entwürfe des griechischen Zivilgesetzbuches), AID D΄(1937), 433.

-Triantaphyllopoulos, Konstantinos, Το ζήτημα των δύο Αστικών Κωδίκων (Die Frage der zwei Zivilgesetzbücher), NDik 2 (1946), 159.

-Triantaphyllou, Dimitrios, Παραμεθόριες περιοχές και Κοινοτικό Δίκαιο (Grenzgebiete und Recht der Europäischen Gemeinschaft), NoV 38 (1990), 364.

-Troianos, Spiros, Παραδόσεις εκκλησιαστικού δικαίου (Vorlesungen des Kirchenrechts), Athen, Komotini, 1984.

-Tsitsopoulos, Alexander, Η νομική έννοια της περιουσίας (Der Rechtssinn des Vermögens), EEN 53 (1986), 907.

-Tsitsopoulos, Alexander, Η αιτία (causa) στις δικαιοπραξίες (Der Rechtsgrund (causa) bei den Rechtsgeschäften), NoV 29 (1981), 1462.

-Tsolakides, Safirios, Η αναδρομικότητα της κτήσης κληρονομιαίου ακινήτου και τα δικαιώματα τρίτων (Die Rückwirkung des Erwerbs einer Erbschaftsimmobilie und die Rechte Dritter), ChrID 2004, 782.

-Tsolakides, Safirios, Ακύρωση δικαιοπραξίας με αντικείμενο ακίνητο και προστασία τρίτων κατά το σύστημα των μεταγραφών και κατά το Εθνικό Κτηματολόγιο (Nichtigerklärung eines Rechtsgeschäfts über eine Immobilie und Schutz der Dritten nach dem Transkriptionssystem und nach dem Nationalgrundbuch), Athen, Komotini, 2003.

-Tsolakides, Safirios, Η δημοσιότητα των πράξεων και των διακιωμάτων στο Εθνικό Κτηματολόγιο (Die Publizität der Akte und der Rechte im Nationalgrundbuch), Athen, 2013.

-Wasiliadis, Demetrius/Divani, Christina/Kouskouna, Metaxia/Papapetropoulos, Andreas, Περιβάλλον (Umwelt), Athen, 2016.
-Wasiliou, Konstantinos, Οριζόντια ιδιοκτησία και κάθετη συνιδιοκτησία (Stockwerkseigentum und vertikales Miteigentum), Athen, 2010.
-Wathrakokilis, Wasilis, Besitz, Athen, Thessaloniki, 2015.
-Wousikas, Emmanuel, Anmerkung zu EfAth 2256/1953 NoV 2 (1954), 175.
-Zepos, Panagiotis, Η νεωτέρα ελληνική επιστήμη του αστικού δικαίου (Die neue griechische Wissenschaft des Zivilrechts), Athen, 1945.

Deutschsprachig

-Alexander, Christian, Gemeinsame Strukturen von Bürgschaft, Pfandrecht und Hypothek, JuS 2012, 481.
-Bar, Christian von, Vertragliche Schadensersatzpflichten ohne Vertrag?, JuS 1982, 637.
-Bärmann, Bearbeiter: Armbrüster, Christian / Becker, Matthias u.a., Wohnungseigentumsgesetz, Kommentar, 13. Aufl., München, 2015.
-Bauer, Hans-Joachim/von Oefele, Helmut (Hrsg.), Grundbuchordnung, 3. Aufl., München, 2013.
-Braun, Sebastian/Schultheiß, Tilman, Grundfälle zu Hypothek und Grundschuld, JuS 2013, 871.
-Eickmann, Dieter/Böttcher, Roland, Grundbuchverfahrensrecht, 4. Aufl., Bielefeld, 2011.
-Fenge, Hilmar/Papantoniou, Nikos (Hrsg.), Griechisches Recht im Wandel: Neuere Entwicklungen des Familienrechts und des Zivilprozessrechts, Baden-Baden, 1991.
-Ferid, Murad/Sonnenberger, Hans Jürgen, Das französische Zivilrecht, 2. Aufl., Heidelberg, 1986–1994.
-Frank, Susanne/Wachter, Thomas (Hrsg.), Handbuch Immobilienrecht in Europa, 2. Aufl., München, 2015.
-Georgiades, Apostolos, Der Einfluss des deutschen BGB auf das griechische Zivilrecht, AcP 200 (2000), 493.
-Georgiades, Apostolos, Die Anspruchskonkurrenz im Zivilrecht und Zivilprozessrecht, München, 1968.
-Grigoleit, Hans Christoph, Abstraktion und Willensmängel – Die Anfechtbarkeit des Verfügungsgeschäfts, AcP 199 (1999), 379.
-Gröschler, Peter, Zur Wirkungsweise und zur Frage der Geltendmachung von Einrede und Einwendung im materiellen Zivilrecht, AcP 201 (2001), 48.

-Hager, Johannes, Verkehrsschutz durch redlichen Erwerb, München, 1990.

-Jauernig, Othmar, Trennungsprinzip und Abstraktionsprinzip, JuS 1994, 721.

-Jennißen, Georg (Hrsg.), Wohnungseigentumsgesetz: WEG, Kommentar, 5. Aufl., Köln, 2017.

-Kaser, Max, Das römische Privatrecht, 2. Aufl., München, 1971.

-Kaser, Max/Knütel, Rolf, Römisches Privatrecht, 20. Aufl., München, 2014.

-Kisker, Meer und Meeresküste, Zentralblatt der Bauverwaltung, Berlin, 1918, 357.

-Klinck, Fabian, Stellvertretung im Besitzerwerb, AcP 205 (2005), 487.

-Kriegsmann, Nikolaus Hermann, Der Rechtsgrund (causa) der Eigentumsübertagung, Berlin, 1905.

-Lesky, Albin, Die tragische Dichtung der Hellenen, 3. Aufl., Göttingen, 1972.

-Lutter, Markus, Die Grenzen des sogenannten Gutglaubensschutzes im Grundbuch, AcP 164 (1964), 122, 125.

-Lwowski, Hans-Jürgen/Fischer, Gero/Gehrlein, Markus, Das Recht der Kreditsicherung, 10. Aufl., Berlin, 2018.

-Maurer, Georg Ludwig von, Das griechische Volk, Heidelberg, 1835.

-Müller, Horst (Hrsg.), Beck´sches Formularbuch Wohnungseigentumsrecht, 3. Aufl., München, 2016.

-Nolte, Hermann, Zur Reform der Eigentumsübertragung, Stuttgart, Berlin, 1941.

-Papier, Hans.Jürgen, Recht der öffentlichen Sachen, 3. Aufl., Berlin, 1998.

-Petersen, Sönke, Deutsches Küstenrecht, Baden-Baden, 1989.

-Peukert, Alexander, Güterzuordnung als Rechtsprinzip, Tübingen, 2008.

-Redeker, Helmut, Wer ist Eigentümer von Goethes Werther?, NJW 1992, 1739.

-Rimmelspacher, Bruno/Stürner, Michael, Kreditsicherungsrecht, 3. Aufl., München, 2017.

-Schöner, Hartmut/Stöber, Kurt, Grundbuchrecht, 15. Aufl., München, 2012.

-Schreiber, Klaus, Der Hypothekenhaftungsverband, Jura 2006, 257.

-Stadler, Astrid, Gestaltungsfreiheit und Verkehrsschutz durch Abstraktion, Tübingen, 1996.

-Steinbach, Udo/Robert, Rüdiger (Hrsg.), Der Nahe und Mittlere Osten: Politik, Gesellschaft, Wirtschaft, Geschichte, Kultur, Wiesbaden, 1988.

-Stürner, Rolf, Dienstbarkeit heute, AcP 194 (1994), 265.

-Taupitz, Jochen, Der deliktsrechtliche Schutz des menschlichen Körpers und seiner Teile, NJW 1995, 745.

-Tobias, H., Eigentumserwerb durch Verbindung, AcP 94 (1903), 371.

-Weiß, Johannes, Grundpfandrechte, Jura 2017, 121.
-Weitnauer, Hermann (Hrsg.), Wohnungseigentumsgesetz, Kommentar, 9. Aufl., München, 2005.
-Weller, Marc-Philippe, Die Sicherungsgrundschuld, JuS 2009, 969.
-Wieling, Hans Josef, Vom untergegangenen, schlafenden und aufgewachten Eigentum bei Sachverbindungen, JZ 1985, 511.
-Wolfsteiner, Hans, Bewilligungsprinzip, Beweislast und Beweisführung im Grundbuchverfahren, DnotZ 1987, 67.

Englischsprachig

-Gagarin, Michael/Cohen, David (Hrsg.), The Cambridge Companion to Ancient Greek Law, New York, 2005.
-Todd, Stephen Charles, The Shape of Athenian Law, Oxford, 1995.
-Cartledge, Paul/Millet, Paul/Todd, Stephen Charles (Hrsg.), Essays in Athenian Law, Politics and Society, Cambridge, 2002.

STUDIEN ZUM VERGLEICHENDEN UND INTERNATIONALEN RECHT

Herausgeber: Bernd von Hoffmann (†), Erik Jayme, Heinz-Peter Mansel, Christine Budzikiewicz, Michael Stürner, Karsten Thorn und Marc-Philippe Weller

Band 1 Ferdinand Henke: Die Datenschutzkonvention des Europarates. 1986.

Band 2 Peter Czermak: Der express trust im internationalen Privatrecht. 1986.

Band 3 Peter Kindler: Der Ausgleichsanspruch des Handelsvertreters im deutsch-italienischen Warenverkehr. Eine rechtsvergleichende und kollisionsrechtliche Untersuchung. 1987.

Band 4 Wilhelm Denzer: Stellung und Bedeutung des Engineers in den FIDIC-Bauvertragsbedingungen. 1988.

Band 5 Marijan-Maximilian Lederer: Die internationale Enteignung von Mitgliedschaftsrechten unter besonderer Berücksichtigung der französischen Enteignungen 1982. 1989.

Band 6 Rainer Esser: Klagen gegen ausländische Staaten. 1990.

Band 7 Chang Jae-Ok: Auf dem Weg zu einer Materialisierung des Immateriellen? Personen-, Persönlichkeitsschutz und Geldersatz des immateriellen Schadens in rechtsvergleichender Hinsicht am Beispiel des koreanischen und japanischen Zivilrechts unter besonderer Berücksichtigung des deutschen Rechts. 1990.

Band 8 Paul-Frank Weise: Lex mercatoria. Materielles Recht vor der internationalen Handelsschiedsgerichtbarkeit.1990.

Band 9 Werner Born: Der Auftrittsvertrag für Musikgruppen im Bereich der Rock- und Popmusik. 1990.

Band 10 Ralf Erich Jürgens: IPR und Verfassung in Italien und in der Bundesrepublik Deutschland. 1990.

Band 11 Rainer Gildeggen: Internationale Schieds- und Schiedsverfahrensvereinbarungen in Allgemeinen Geschäftsbedingungen vor deutschen Gerichten. 1991.

Band 12 Klaus Grabinski: Die kollisionsrechtliche Behandlung des Durchgriffs bei rechtlich verselbständigten Unternehmen in privater oder öffentlicher Hand. 1991.

Band 13 Dieter Stummel: Konkurs und Integration. Konventionsrechtliche Wege zur Bewältigung grenzüberschreitender Insolvenzverfahren. 1991.

Band 14 Joachim Güntzer: Die Rechtsstellung des Geschäftsführers im spanischen Aktienrecht. Die Neuregelung des spanischen Aktienrechts nach dem Beitritt Spaniens zur EG. 1991.

Band 15 Sabine Isenburg-Epple: Die Berücksichtigung ausländischer Rechtshängigkeit nach dem Europäischen Gerichtsstands- und Vollstreckungsübereinkommen vom 27.9.1968. Untersuchungen zum Anwendungsbereich von Art. 21 EuGVÜ unter schwerpunktmäßiger Behandlung der Frage nach der Bestimmung eines europäischen Streitgegenstandsbegriffs. 1992.

Band 16 Ulrich Nickl: Die Qualifikation der culpa in contrahendo im Internationalen Privatrecht. 1992.

Band 17 Theo Rauh: Leistungserschwerungen im Schuldvertrag. Eine rechtsvergleichende Untersuchung des englischen, US-amerikanischen, französischen und deutschen Rechts unter besonderer Berücksichtigung der gerichtlichen Praxis. 1992.

Band 18 Bernadette Chaussade-Klein: Vorvertragliche "obligation de renseignements" im französischen Recht. 1992.

Band 19 Josef Sievers: Verbraucherschutz gegen unlautere Vertragsbedingungen im französischen Recht. Vom Code civil zum "Code de la consommation" – die Entstehung eines Sonderprivatrechts für Verbraucher. 1993.

Band 20 Achim Schäfer: Grenzüberschreitende Kreditsicherung an Grundstücken, unter besonderer Berücksichtigung des deutschen und italienischen Rechts. 1993.

Band 21 Eugenio Hernández-Breton: Internationale Gerichtsstandsklauseln in Allgemeinen Geschäftsbedingungen. Unter besonderer Berücksichtigung des deutsch-südamerikanischen Rechtsverkehrs (dargestellt am Beispiel Argentinien, Brasilien und Venezuela). 1993.

Band 22 Ingo Reng: Unterhaltsansprüche aufgrund nichtehelicher Lebensgemeinschaft – Internationales Privatrecht und ausländisches materielles Recht. 1994.

Band 23 Stefanie Roloff: Die Geltendmachung ausländischer öffentlicher Ansprüche im Inland. 1994.

Band 24 Katharina Ludwig: Der Vertragsschluß nach UN-Kaufrecht im Spannungsverhältnis von Common Law und Civil Law. Dargestellt auf der Grundlage der Rechtsordnungen Englands und Deutschlands. 1994.

Band 25 Malte Diesselhorst: Mehrparteienschiedsverfahren. Internationale Schiedsverfahren unter Beteiligung von mehr als zwei Parteien. 1994.

Band 26 Manfred Kost: Konsensprobleme im internationalen Schuldvertragsrecht. 1995.

Band 27 Wolff-Heinrich Fleischer: Das italienische Wettbewerbsrecht und die Probleme des selektiven Parfümvertriebs unter Berücksichtigung der Rechtslage in Frankreich und Deutschland. 1995.

Band 28 Angelika Fuchs: Lateinamerikanische Devisenkontrollen in der internationalen Schuldenkrise und Art. VIII Abschn. 2 b) IWF-Abkommen. 1995.

Band 29 Jacques Matthias Aull: Der Geltungsanspruch des EuGVÜ: "Binnensachverhalte" und Internationales Zivilverfahrensrecht in der Europäischen Union. Zur Auslegung von Art. 17 Abs. 1 S. 1 EuGVÜ. 1996.

Band 30 Hartmut Ost: EVÜ und fact doctrine. Konflikte zwischen europäischer IPR-Vereinheitlichung und der Stellung ausländischen Rechts im angelsächsischen Zivilprozeß. 1996.

Band 31 Stefan Wagner: Die Testierfähigkeit im Internationalen Privatrecht. 1996.

Band 32 Wolfgang Jakob Hau: Positive Kompetenzkonflikte im Internationalen Zivilprozeßrecht. Überlegungen zur Bewältigung von *multi-fora disputes*. 1996.

Band 33 Markus Schütz: UN-Kaufrecht und *Culpa in contrahendo*. 1996.

Band 34 Volker Geyrhalter: Das Lösungsrecht des gutgläubigen Erwerbers. Ein "vergessener" Kompromiß und die Auswirkungen auf das heutige deutsche Recht unter besonderer Berücksichtigung des internationalen Sachenrechts. 1996.

Band 35 Andreas Kramer: Abwicklungsstörungen bei Kaufverträgen. Die Lieferung vertragswidriger Sachen im deutschen und italienischen Recht. 1996.

Band 36 Petra Krings: Erfüllungsmodalitäten im internationalen Schuldvertragsrecht. 1997.

Band 37 Tonja Gaibler: Der rechtsgeschäftliche Irrtum im französischen Recht. 1997.

Band 38 Dirk Otto: Rechtsspaltung im indischen Erbrecht. Bedeutung und Auswirkungen auf deutsch-indische Nachlaßfälle. 1997.

Band 39 Gregor W. Decku: Zwischen Vertrag und Delikt. Grenzfälle vertraglicher und deliktischer Haftung dargestellt am Beispiel der Berufs- und Expertenhaftung zum Schutze des Vermögens Dritter im deutschen und englischen Recht. 1997.

Band 40 Gregor W. Decku: Zwischen Vertrag und Delikt. Grenzfälle vertraglicher und deliktischer Haftung dargestellt am Beispiel der Berufs- und Expertenhaftung zum Schutze des Vermögens Dritter im deutschen und englischen Recht. 1997.

Band 41 Ulrike Höpping: Auswirkungen der Warenverkehrsfreiheit auf das IPR unter besonderer Berücksichtigung des Internationalen Produkthaftungsrechts und des Internationalen Vertragsrechts. 1997.

Band 42 Helene Boriths Müller: Die Umsetzung der europäischen Übereinkommen von Rom und Brüssel in das Recht der Mitgliedstaaten. Dargestellt am Beispiel Deutschlands und Dänemarks. 1997.

Band 43 Bernd von Hoffmann / Myong-Chang Hwang (eds.): The Public Concept of Land Ownership. Reports and Discussions of a German-Korean Symposium held in Seoul on October 7-9, 1996. 1997.

Band 44 Oliver Heeder: Fraus legis. Eine rechtsvergleichende Untersuchung über den Vorbehalt der Gesetzesumgehung in Deutschland, Österreich, der Schweiz, Frankreich und Belgien unter besonderer Berücksichtigung des Internationalen Privatrechts. 1998.

Band 45 Heinrich Schütt: Deliktstyp und Internationales Privatrecht. Dargestellt an grenzüberschreitenden Problemen der Arzthaftung. 1998.

Band 46 Axel Steiner: Die stillschweigende Rechtswahl im Prozeß im System der subjektiven Anknüpfungen im deutschen Internationalen Privatrecht. 1998.

Band 47 Martina Schulz: Der Eigentumsvorbehalt in europäischen Rechtsordnungen. Rechtsvergleichende Untersuchung des deutschen, englischen und französischen Rechts unter besonderer Berücksichtigung von Erweiterungen und Verlängerungen. 1998.

Band 48 Karin Dreher: Die Rechtswahl im internationalen Erbrecht. Unter besonderer Berücksichtigung des italienischen IPR-Reformgesetzes N. 218 vom 31. Mai 1995. 1999.

Band 49 Giuliano Gabrielli: Das Verhältnis zwischen der Anfechtung wegen Eigenschaftsirrtums und den Gewährleistungsansprüchen im deutschen, österreichischen und italienischen Recht. 1999.

Band 50 Bernd von Hoffmann / Myong-Chan Hwang (eds.): Developments in Land Law. Reports and Discussions of a German-Korean Symposium held in Berlin and Trier on July 21-24, 1997. 1999.

Band 51 Volker Heidbüchel: Das UNCITRAL-Übereinkommen über unabhängige Garantien und Standby Letters of Credit. Vergleiche mit den Richtlinien der Internationalen Handelskammer, dem deutschen, englischen und US-amerikanischen Recht. 1999.

Band 52 Jan Christoph Nordmeyer: Pflichtteilsansprüche und Wiedervereinigung. Eine systematische Analyse der Ausgleichsansprüche nach BGB-Pflichtteilsrecht unter besonderer Berücksichtigung der durch den Wiedervereinigungsprozeß eingetretenen Wertveränderungen. 1999.

Band 53 Bettina Linder: Vertragsabschluß beim grenzüberschreitenden Verbraucherleasing. 1999.

Band 54 Almontasser Fetih: Die zivilrechtliche Haftung bei Vertragsverhandlungen. Eine rechtsvergleichende Studie zum deutschen, französischen, ägyptischen und islamischen Recht. 2000.

Band 55 Sona Rajani: Die Geltung und Anwendung des Gemeinschaftsrechts im Vereinigten Königreich von Großbritannien und Nordirland. Der Grundsatz der Parlamentssouveränität im Wandel. 2000.

Band 56 Joachim Kayser: Gegenmaßnahmen im Außenwirtschaftsrecht und das System des europäischen Kollisionsrechts. Eine Analyse der EU-Abwehrverordnung gegen die Auswirkungen extraterritorialer Rechtserstreckung eines Drittlandes. 2001.

Band 57 Albrecht Conrad: Qualifikationsfragen des Trust im Europäischen Zivilprozeßrecht. 2001.

Band 58 Bernd Borgmann: Die Entsendung von Arbeitnehmern in der Europäischen Gemeinschaft. Wechselwirkungen zwischen Kollisionsrecht, Grundfreiheiten und Spezialgesetzen. 2001.

Band 59 Aleksandar Jaksic: Arbitration and Human Rights. 2002.

Band 60 Islamisches und arabisches Recht als Problem der Rechtsanwendung. Symposium zu Ehren von Professor Emeritus Dr. iur. Omaia Elwan. Veranstaltet vom Institut für ausländisches und internationales Privat- und Wirtschaftsrecht der Universität Heidelberg und der Gesellschaft für Arabisches und Islamisches Recht e.V. Herausgegeben von Herbert Kronke, Gert Reinhart und Nika Witteborg. 2001.

Band 61 Patrick Fiedler: Stabilisierungsklauseln und materielle Verweisung im internationalen Vertragsrecht. 2001.

Band 62 Werner Mangold: Die Abtretung im Europäischen Kollisionsrecht. Unter besonderer Berücksichtigung des spanischen Rechts. 2001.

Band 63 Eike Dirk Eschenfelder: Beweiserhebung im Ausland und ihre Verwertung im inländischen Zivilprozess. Zur Bedeutung des US-amerikanischen discovery-Verfahrens für das deutsche Erkenntnisverfahren. 2002.

Band 64 Bernd Ehle: Wege zu einer Kohärenz der Rechtsquellen im Europäischen Kollisionsrecht der Verbraucherverträge. 2002.

Band 65 Heiko Lehmkuhl: Das Nacherfüllungsrecht des Verkäufers im UN-Kaufrecht. 2002.

Band 66 Jochen Nikolaus Schlotter: Erbrechtliche Probleme in der Société Privée Européenne. IPR-Harmonisierung im einheitlichen Europäischen Rechtsraum. 2002.

Band 67 Konrad Ost: Doppelrelevante Tatsachen im Internationalen Zivilverfahrensrecht. Zur Prüfung der internationalen Zuständigkeit bei den Gerichtsständen des Erfüllungsortes und der unerlaubten Handlung. 2002.

Band 68 Tobias Bosch: Die Durchbrechungen des Gesamtstatuts im internationalen Ehegüterrecht. Unter besonderer Berücksichtigung deutsch-französischer Rechtsfälle. 2002.

Band 69 Ursula Philipp: Form im amerikanischen Erbrecht. Zwischen Formalismus und harmless error. 2002.

Band 70 Christian Stefan Wolf: Der Begriff der wesentlich engeren Verbindung im Internationalen Sachenrecht. 2002.

Band 71 André Fomferek: Der Schutz des Vermögens Minderjähriger. Ein Vergleich des deutschen und des englischen Rechts unter Berücksichtigung des schottischen und irischen Rechts. 2002.

Band 72 nicht erschienen

Band 73 Markus Dreißigacker: Sprachenfreiheit im Verbrauchervertragsrecht. Der Verbraucher im Spannungsfeld zwischen kultureller Identität und Privatautonomie. 2002.

Band 74 Vassiliki Myller-Igknay: Auskunftsansprüche im griechischen Zivilrecht. Auswirkungen im deutsch-griechischen Rechtsverkehr sowie im deutschen internationalen Privat- und Verfahrensrecht. 2003.

Band 75 Stefan Bruinier: Der Einfluss der Grundfreiheiten auf das Internationale Privatrecht. 2003.

Band 76 Nika Witteborg: Das gemeinsame Sorgerecht nichtverheirateter Eltern. Eine Untersuchung im soziologischen, rechtsgeschichtlichen, verfassungsrechtlichen, rechtsvergleichenden und internationalen Kontext. 2003.

Band 77 Peter Stankewitsch: Entscheidungsnormen im IPR als Wirksamkeitsvoraussetzungen der Rechtswahl. 2003.

Band 78 Jan Wilhelm Ritter: Euro-Einführung und IPR unter besonderer Berücksichtigung nachehelicher Unterhaltsverträge. Eine Untersuchung mit Blick auf das deutsche, französische und schweizerische Recht. 2003.

Band 79 Wolf Richard Herkner: Die Grenzen der Rechtswahl im internationalen Deliktsrecht. 2003.

Band 80 Ira Ditandy: Internationale Zuständigkeit. Neuregelung durch die LOPJ 1985. Vergleich mit dem europäischen Vorbild und Auswirkungen auf das spanische internationale Zivilverfahrensrecht. 2003.

Band 81 Andrea Verena Schefold: Werbung im Internet und das deutsche Internationale Privatrecht. 2004.

Band 82 Klaus Herkenrath: Die Umsetzung der Richtlinie 93/13/EWG über missbräuliche Klauseln in Verbraucherverträgen in Deutschland, dem Vereinigten Königreich, Frankreich und Italien. Auswirkungen nationaler Umsetzungstechniken auf dem Harmonisierungserfolg. 2003.

Band 83 Alexander Thünken: Das kollisionsrechtliche Herkunftslandprinzip. 2003.

Band 84 Barbara v. Daumiller: Die Rechtswahl im italienischen internationalen Erbrecht: und ihre Auswirkungen im deutsch-italienischen Rechtsverkehr. 2003.

Band 85 Robert Mödl: Macht, Verantwortlichkeit und Zurechnung im Konzern. Eine rechtsvergleichende Untersuchung auf der Grundlage des deutschen, spanischen und US-amerikanischen Rechts. 2003.

Band 86 Ursula Kerpen: Das Internationale Privatrecht der Persönlichkeitsrechtsverletzungen. Eine Untersuchung auf rechtsvergleichender Grundlage. 2003.

Band 87 Barbara Ploeckl: Umgangsrechtsstreitigkeiten im deutsch-französischen Rechtsverkehr. Bestehende internationale und nationale Regelungen und der geplante *europäische Besuchstitel*. 2003.

Band 88 Katrin Wannemacher: Die Außenkompetenzen der EG im Bereich des Internationalen Zivilverfahrensrechts. Der räumliche Anwendungsbereich des Art. 65 EGV am Beispiel der EuGVO und der EheVO. 2003.

Band 89 Maren B. Eilinghoff: Das Kollisionsrecht der ungerechtfertigten Bereicherung nach dem IPR-Reformgesetz von 1999. 2004.

Band 90 Patrick Niehr: Die zivilprozessuale Dokumentenvorlegung im deutsch-englischen Rechtshilfeverkehr nach der deutschen und der englischen Prozessrechtsreform. 2004.

Band 91 Anna Christina Gördes: Internationale Zuständigkeit, Anerkennung und Vollstreckung von Entscheidungen über die elterliche Verantwortung. Die VO(EG) Nr. 1347/2000, ihre geplanten Änderungen und das Verhältnis beider zum Minderjährigen- und Kinderschutzabkommen. 2004.

Band 92 Martin Rädler: Rechtsbehelfe des Käufers eines Unternehmens oder einer unternehmerischen Beteiligung gegen den Verkäufer im deutschen und französischen Recht. 2004.

Band 93 Marc-Yngve Dietrich: Rechtsstellung und Beteiligung der Gläubiger im französischen Insolvenzverfahren. 2004.

Band 94 Katia Niemann: Die rechtsgeschäftliche und organschaftliche Stellvertretung und deren kollisionsrechtliche Einordnung. Deutschland und England im Vergleich. 2004.

Band 95 Daniel Ludwig: Neuregelungen des deutschen Internationalen Insolvenzverfahrensrechts. Eine Untersuchung unter vergleichender Heranziehung der Europäischen Insolvenzver-ordnung. 2004.

Band 96 Cordelia Faulenbach: Der gemeinschaftsrechtliche Vorbehalt im europäischen Wettbewerbsrecht. Die Herkunftslandanknüpfung der E-Commerce-Richtlinie unter dem Einfluss der Grundfreiheiten. 2004.

Band 97 Ulf Dörner: Der Vertragsgerichtsstand nach dem Protokoll von Buenos Aires. 2004.

Band 98 Martin Schmidhuber: Verhaltenskodizes im nationalen und grenzüberschreitenden elektronischen Geschäftsverkehr. Zur Frage der Integration der Selbstregulierung durch Private in die staatliche Rechtsordnung. 2004.

Band 99 Florian Kienle: Die fehlerhafte Banküberweisung im internationalen Rechtsverkehr. Unter besonderer Berücksichtigung des Artikels 4A US Uniform Commercial Code. 2004.

Band 100 Thomas Alexander Brandt: Die Adoption durch eingetragene Lebenspartner im internationalen Privat- und Verfahrensrecht. 2004.

Band 101 Florian Pulkowski: Subunternehmer und Internationales Privatrecht. Der Subunternehmer als Quasi-Verbraucher im Europäischen Kollisionsrecht. 2004.

Band 102 Ulrich Becker: Grundrechtsschutz bei der Anerkennung und Vollstreckbarerklärung im europäischen Zivilverfahrensrecht. Bestimmung der Grenzen für die Einführung eines europäischen Vollstreckungstitels. 2004.

Band 103 Thomas Badelt: Aufrechnung und internationale Zuständigkeit unter besonderer Berücksichtigung des deutsch-spanischen Rechtsverkehrs. 2005.

Band 104 Florian D. Wagner: Vorvertragliche Aufklärungspflichten im internationalen Franchising. Zur Harmonisierung von Delikts- und Vertragsstatut im internationalen Privatrecht unter besonderer Berücksichtigung der Franchise-Gesetzgebung des US-Bundesstaates Kalifornien. 2005.

Band 105 Vera Heine: Die Umsetzung der *EG-Richtlinie über missbräuchliche Klauseln in Verbraucherverträgen* im englischen und deutschen Recht. 2005.

Band 106 Alexander Franz: Überregionale Effektentransaktionen und anwendbares Recht. Eine kollisionsrechtliche Untersuchung unter besonderer Berücksichtigung der Vorschrift des § 17 a DepotG. 2005.

Band 107 Hanna-Maria Uhlenbrock: Gesetzliche Regelungen für nichteheliche Lebensgemeinschaften in Deutschland und Frankreich. Ein Vergleich des Unterhaltsrechts bei der eingetragenen Lebenspartnerschaft und beim Pacte civil de Solidarité. 2005.

Band 108 Katrin Stieß: Anknüpfungen im internationalen Urheberrecht unter Berücksichtigung der neuen Informationstechnologien. 2005.

Band 109 Hendrik Otto: Der gesetzliche Abschlussprüfer im italienischen Recht. Eine rechtsvergleichende Untersuchung unter besonderer Berücksichtigung der zivilrechtlichen Haftung. 2005.

Band 110 Frauke Stuphorn: Bankhaftung für Kreditauskünfte im deutschen und französischen Recht. 2005.

Band 111 Nina Fürer: Die zivilrechtliche Haftung für Raucherschäden. 2005.

Band 112 Giovanni B. Barillà: *Contratto autonomo di garanzia* e *Garantievertrag*. Categorie civilistiche e prassi del commercio. 2005.

Band 113 Timo Torz: Gerichtsstände im Internationalen Insolvenzrecht zur Eröffnung von Partikularinsolvenzverfahren. 2005.

Band 114 Martina Schmid: Die Grenzen der Auslegungskompetenz des EuGH im Vorabentscheidungsverfahren nach Art. 234 EG. Dargestellt am Beispiel der überschießenden Richtlinienumsetzung. 2005.

Band 115 Stephan Lesage-Mathieu: Dispositives Kollisionsrecht im prozessualen Kontext. 2005.

Band 116 Jürgen Görtz: Die subjektiven Grenzen der Rechtskraft US-amerikanischer Urteile. 2005.

Band 117 Vera Hoppe: Die Einbeziehung ausländischer Beteiligter in US-amerikanische class actions. Unter Berücksichtigung des Class Action Fairness Act 2005. 2005.

Band 118 Silke Pütz: Parteiautonomie im internationalen Urhebervertragsrecht – Eine rechtsdogmatische und rechtspolitische Betrachtung der Grenzen freier Rechtswahl im internationalen Urhebervertragsrecht unter besonderer Berücksichtigung des neuen deutschen Urhebervertragsrechts. 2005.

Band 119 Alice Nieroba: Die europäische Rechtshängigkeit nach der EuGVVO (Verordnung (EG) Nr. 44/2001) an der Schnittstelle zum nationalen Zivilprozessrecht. 2006.

Band 120 Jan Kayser: Alternative Formen gerichtlicher und außergerichtlicher Streitbeilegung im deutschen und französischen Zivilprozess. Les modes alternatifs judiciaires et extrajudiciaires de résolution des conflits en procédure civile allemande et française. 2006.

Band 121 Mirko Ehrich: Der internationale Anwendungsbereich des deutschen und französischen Rechts gegen irreführende Werbung. Freie Wahl von Form und Mittel, Rom II und Herkunftslandprinzip. 2006.

Band 122 Daniel Thelen: Die Haftung des Sekundärschädigers für Gewalttaten anderer im US-amerikanischen Deliktsrecht ausgehend von dem Problem rechtsextremistisch motivierter Gewalttaten. 2006.

Band 123 Anne Winterling: Die Entscheidungszuständigkeit in Arbeitssachen im europäischen Zivilverfahrensrecht. 2006.

Band 124 Sarah Gerling: Die Gleichstellung ausländischer mit inländischen Vollstreckungstiteln durch die Verordnung zur Einführung eines Europäischen Vollstreckungstitels für unbestrittene Forderungen. Im Vergleich zum bisherigen Recht und zur Rechtslage in den USA. 2006.

Band 125 Christian Bank: Präventivmaßnahmen börsennotierter Gesellschaften zur Abwehr feindlicher Übernahmeversuche in Deutschland und Großbritannien. Eine rechtsvergleichende Untersuchung des deutschen und britischen Rechts unter Berücksichtigung der Europäischen Übernahmerichtlinie. 2006.

Band 126 Christian Weis: Kaufrechtliche Gewährleistung und Garantievergabe in Deutschland und Spanien. Unter besonderer Berücksichtigung des Unternehmenskaufs. 2006.

Band 127 Emilio Maus Ratz: Der Nacherfüllungsanspruch nach UN-Kaufrecht. Im Lichte der deutschen, spanisch-mexikanischen und US-amerikanischen Rechtswissenschaft. 2006.

Band 128 Constanze Jacobs: Die Sachmängelgewähr im deutschen und belgischen Kaufrecht nach Umsetzung der Verbrauchsgüterkauf-Richtlinie. 2006.

Band 129 Ulrike Teichert: Lückenfüllung im CISG mittels UNIDROIT-Prinzipien – Zugleich ein Beitrag zur Wählbarkeit nichtstaatlichen Rechts. 2007.

Band 130 Sascha Reichardt: Internationale Zuständigkeit im Gerichtsstand der unerlaubten Handlung bei Verletzung europäischer Patente. 2006.

Band 131 Bilgehan Cetiner: Die Sachmängelhaftung des Verkäufers im UN-Kaufrecht und im neuen deutschen Schuldrecht. Eine rechtsvergleichende Studie. 2006.

Band 132 Jan Streer: Die Umsetzung der Verbrauchsgüterkaufrichtlinie im englischen Recht durch die Sale and Supply of Goods to Consumer Regulations 2002. 2007.

Band 133 Kathrin Wannenmacher: Einstweilige Maßnahmen im Anwendungsbereich von Art. 31 EuGVVO in Frankreich und Deutschland: Eine Betrachtung ausgesuchter Verfahren des einstweiligen Rechtsschutzes im internationalen Zivilverfahrensrecht – gerichtliche Zuständigkeit, Anerkennung und Vollstreckung. 2007.

Band 134 Wim Kreytenberg: Die individuelle Schwerpunktbestimmung internationaler Schuldverträge nach der Ausweichklausel des Artikel 4 Absatz 5 Satz 2 EVÜ. Ein Beitrag zur Förderung von Rechtssicherheit und Einzelfallgerechtigkeit im europäischen Kollisionsrecht der Schuldverträge. 2007.

Band 135 Nikolaus Geiben: Der Vorvertrag im Internationalen Privatrecht. Unter besonderer Berücksichtigung des Immobilienerwerbs im portugiesischen und brasilianischen Recht. 2007.

Band 136 Predrag Maksimovic: Der Kapitalschutz im europäischen, serbischen und deutschen Recht der Gesellschaft mit beschränkter Haftung. 2007.

Band 137 Alexander Rathenau: Die Anwendung des EuGVÜ durch portugiesische Gerichte unter Berücksichtigung des autonomen internationalen Zivilverfahrensrechts. 2007.

Band 138 Matthias Creydt: Die Besicherung von Weltraumvermögenswerten. Ein neues einheitliches internationales Sicherungsrecht und dessen Vergleich zum US-amerikanischen Mobiliarsicherungsrecht. 2007.

Band 139 Oliver Borkhardt: Registerpublizität und Kollisionsrecht besitzloser Mobiliarsicherheiten nach dem neuen Art. 9 UCC. 2007.

Band 140 Jens Engelmann-Pilger: Deliktische Haftung für das Fehlverhalten Dritter im Common Law. 2007.

Band 141 Bastian Rotmann: Der Schutz des Dritten in der europäischen Mobiliarzwangsvollstreckung. Eine rechtsvergleichende Untersuchung vor dem Hintergrund der Verordnung (EG) Nr. 805/2004 zur Einführung eines Europäischen Vollstreckungstitels für unbestrittene Forderungen. 2007.

Band 142 Oliver Ratzel: Die Präklusion isolierter Unterhaltsverfahren durch den ausländischen Scheidungsverbund. Zugleich ein Beitrag zur internationalen Verbundszuständigkeit im Lichte der Quellenveränderung. 2007.

Band 143 Bettina Maria Stade: Die Konstitutionalisierung des Zivilprozessrechts in Spanien und Deutschland vor dem Hintergrund der Europäisierung des Zivilprozessrechts. 2007.

Band 144 Julia El-Bitar: Der deutsche und der französische Kulturgüterschutz nach der Umsetzung der Kulturgüterrückgaberichtlinie. Eine materiellrechtliche und kollisionsrechtliche Untersuchung. 2007.

Band 145 Aris Kaschefi: Sachmängelhaftung im französischen Kaufrecht vor und nach Umsetzung der Verbrauchsgüterkaufrichtlinie. Mit rechtsvergleichenden Hinweisen zum deutschen Recht unter besonderer Berücksichtigung von Weiterfressersachverhalten. 2007.

Band 146 Isabel Roth: Die internationale Zuständigkeit deutscher Gerichte bei Persönlichkeitsrechtsverletzungen im Internet. 2007.

Band 147 Theresa Wilhelmi: Das Weltrechtsprinzip im internationalen Privat- und Strafrecht. Zugleich eine Untersuchung zu Parallelitäten, Divergenzen und Interdependenzen von internationalem Privatrecht und internationalem Strafrecht. 2007.

Band 148 Alice Halsdorfer: Privat- und kollisionsrechtliche Folgen der Verletzung von Kulturgüterschutznormen auf der Grundlage des UNESCO-Kulturgutübereinkommens 1970. 2008.

Band 149 Thomas Müller-Froelich: Der Gerichtsstand der Niederlassung im deutsch-amerikanischen Rechtsverkehr. Eine Untersuchung zu Fragen der Entscheidungs- und Anerkennungszuständigkeit. 2008.

Band 150 Christopher Luhn: Privatautonomie und Inhaltskontrolle von Eheverträgen. Ein kritischer Vergleich des deutschen und des australischen Rechts mit Bezügen zum Internationalen Privatrecht. 2008.

Band 151 Kristin Kohler: Die grenzüberschreitende Verbraucherverbandsklage nach dem Unterlassungsklagengesetz im Binnenmarkt. 2008.

Band 152 Dorothee Maria Kaulen: Die Anerkennung von Gesellschaften unter Artikel XXV Abs. 5 S. 2 des deutsch-US-amerikanischen Freundschafts-, Handels- und Schifffahrtsvertrags von 1954. 2008.

Band 153 Birka Vanessa Stroschein: Parteizustellung im Ausland. Eine systemvergleichende Untersuchung des Gemeinschafts- und Staatsvertragsrechts unter Einbeziehung des deutschen, französischen, englischen und US-amerikanischen Zustellungsrechts. 2008.

Band 154 Nancy Gruschinkse: Das europäische Kollisionsrecht der Aufrechnung unter besonderer Beachtung des Insolvenzfalles. 2008.

Band 155 Hans-Christian Frick: Sprachrisiko im Zeitalter des Ethnomarketings. US-amerikanische Erfahrungen und europäische Rechtsentwicklung. 2009.

Band 156 Stephan Mangold: Verbraucherschutz und Kunstkauf im deutschen und europäischen Recht. 2009.

Band 157 Robert Beier: Die gesetzlichen Rechte des überlebenden Ehegatten nach dem deutschen und spanischen Kollisionsrecht. Unter besonderer Berücksichtigung der *viudedad aragonesa*. 2009.

Band 158 Julia-Marie Oppermann: Internationale Handelsschiedsgerichtsbarkeit und Verjährung. 2009.

Band 159 Stephan Boese: Strukturprinzipien im Gläubigerschutz. Eine rechtsvergleichende Untersuchung zur GmbH und zur englischen Limited Company. 2009.

Band 160 Thomas Rosa: Das Kaufrecht nach dem Zivilgesetzbuch der Tschechischen und Slowakischen Republik. Eine rechtsvergleichende Darstellung im Lichte des deutschen Bürgerlichen Gesetzbuches. 2009.

Band 161 Roland Weis: Rechnungslegungspflichten von EU-Scheinauslandsgesellschaften im Land ihrer tatsächlichen wirtschaftlichen Betätigung. Insbesondere im Hinblick auf in Deutschland tätige englische Limiteds. 2009.

Band 162 Henning Frase: "Leoninische Vereinbarungen" und Ergebnisbeteiligungspflicht im deutschen und italienischen Gesellschaftsrecht. Zum *patto leonino* des italienischen Rechts und möglichen Entsprechungen im deutschen Recht. 2010.

Band 163 Christiane Tödter: Europäisches Kindschaftsrecht. Nach der Verordnung (EG) Nr. 2201/2003. 2010.

Band 164 Edda Gampp: *Perpetuatio fori internationalis* im Zivilprozeß und im Verfahren der freiwilligen Gerichtsbarkeit. 2010.

Band 165 Mei Wu: Die Reform des chinesischen Beweisrechts vor dem Hintergrund deutscher und US-amerikanischer Regelungsmodelle. 2010.

Band 166 Corina Leimert: Stand und Entwicklung des italienischen Rechts der Unternehmenszusammenschlüsse (gruppi di società / gruppi di imprese). 2010.

Band 167 Kasim Özen: Die Scheidungsgründe im türkischen Zivilgesetzbuch. 2010.

Band 168 Helena Isabel Maier: Marktortanknüpfung im internationalen Kartelldeliktsrecht. Eine internationalzuständigkeits- und kollisionsrechtliche Untersuchung unter Einbeziehung rechts-vergleichender Überlegungen zum englischen Recht. 2011.

Band 169 Thomas Spernat: Die gleichgeschlechtliche Ehe im Internationalen Privatrecht. Unter besonderer Berücksichtigung des Einflusses des EG-Vertrags. 2011.

Band 170 Max Johann Lipsky: Statutenwechsel im italienischen Sachenrecht – Auswirkungen auf den Im- und Export von Mobiliarsicherheiten. Eine Untersuchung der rechtlichen Beständigkeit dinglicher Kreditsicherheiten im deutsch-italienischen Rechtsverkehr. 2011.

Band 171 Silvia Karolina Seilstorfer: Die Umsetzung der Verbrauchsgüterkaufrichtlinie in Portugal mit rechtsvergleichenden Hinweisen zum deutschen Recht. 2011.

Band 172 Stephan Georg Knöchel: Anerkennung französischer Urteile mit Drittbeteiligung. Eine Untersuchung der Anerkennung von Drittbindungswirkungen nach der EuGVVO und autonomem deutschem Recht. 2011.

Band 173 Kristina Menzel: Vollstreckungsschutz zugunsten privater Altersvorsorge. Eine rechtsvergleichende Untersuchung zum deutschen und schweizerischen Recht. 2011.

Band 174 Manuela Krach: Scheidung auf Mexikanisch. Das materielle Recht der Scheidung im Mehrrechtsstaat Mexiko unter Berücksichtigung von Eheschließung und Ehewirkungen. 2011.

Band 175 Vanessa Sofia Wagner: Verkehrsschutz beim redlichen Erwerb von GmbH-Geschäftsanteilen. Ein Vergleich des Rechts für Gesellschaften mit beschränkter Haftung in Deutschland, England und Italien. 2011.

Band 176 Alexander Swienty: Der Statutenwechsel im deutschen und englischen internationalen Sachenrecht unter besonderer Betrachtung der Kreditsicherungsrechte. 2011.

Band 177 Kathrin Süß: Streitbeilegungsmechanismen im Verbraucherrecht. Unter besonderer Berücksichtigung der australischen Rechtsordnung. 2011.

Band 178 Efe Direnisa: Die materielle Rechtskraft im deutschen und türkischen Zivilverfahrensrecht. 2012.

Band 179 Julia Faenger: Leistungsunabhängige Nebenpflichten zum Schutz des Integritätsinteresses im deutschen und französischen Recht. Eine rechtsvergleichende Betrachtung ausgehend von den Rücksichtspflichten des § 241 Abs. 2 BGB. 2012.

Band 180 Dorothea Heine: Das Kollisionsrecht der Forderungsabtretung. UNCITRAL-Abtretungs-konvention und Rom I-Verordnung. 2012.

Band 181 Lisa B. Möll: Kollidierende Rechtswahlklauseln in Allgemeinen Geschäftsbedingungen im internationalen Vertragsrecht. 2012.

Band 182 Jutta Jasmin Uusitalo: Einbeziehung von AGB im unternehmerischen Geschäftsverkehr zwischen Deutschland und Finnland. 2012.

Band 183 Darya Alikhani Chamgardani: Der Allgemeine Teil des iranischen Schuldvertragsrechts. Im Spannungsverhältnis zwischen rezipiertem französischen und traditionellem islamischen Recht. 2013.

Band 184 Volker Anton: Aktuelle Entwicklungen des Bankgeheimnisses im Rechtsvergleich unter besonderer Berücksichtigung seiner exterritorialen Wirkungen. Deutschland, Luxemburg, Österreich, Schweiz und Liechtenstein. 2013.

Band 185 Charlotte Wilhelm: Die Regelung der Geld- und Warenkreditsicherheiten nach dem deutschen Recht im Vergleich zum Draft Common Frame of Reference (DCFR). 2013.

Band 186 Michael Nehmer: Erbunwürdigkeit und Elternunterhalt im Internationalen Privatrecht. Eine historisch-rechtspolitische Betrachtung. 2013.

Band 187 Pınar Şamiloğlu-Riegermann: Türkisches und deutsches Vertragshändlerrecht im Rechtsvergleich. 2014.

Band 188 Elvan Er: Realsicherheiten des türkischen Mobiliarsachenrechts. Eine Darstellung des geltenden türkischen Rechts unter vergleichender Berücksichtigung des deutschen und schweizerischen Kreditsicherungsrechts. 2014.

Band 189 Maya Mandery: Party Autonomy in Contractual and Non-Contractual Obligations. A European and Anglo-Common Law perspective on the freedom of choice of law in the Rome I Regulation on the law applicable to contractual obligations and the Rome II Regulation on the law applicable to non-contractual obligations. 2014.

Band 190 Gregor Nikolas Rutow: Rechtsvergleich über die Zulässigkeit von Haftungsausschlüssen, Haftungsbeschränkungen und pauschaliertem Schadensersatz in einzelnen arabischen Rechtsordnungen. 2014.

Band 191 Christoph Rödter: Das Gesellschaftskollisionsrecht im Spannungsverhältnis zur Rom I- und II-VO. Eine Untersuchung zur Reichweite des Gesellschaftsstatuts in Abgrenzung zu den Kolligionsregeln der Rom I- und II-VO. 2014.

Band 192 Melanie Kaspers: Die gemischten und verbundenen Verträge im Internationalen Privatrecht. 2015.

Band 193 Tong Xue: Parteiautonomie im chinesischen Internationalen Privatrecht. Am Beispiel der Rechtswahl im Internationalen Vertrags-, Delikts-, und Sachenrecht. 2016.

Band 194 Martin Metz: US-Menschenrechtsklagen und Neoterritorialismus. 2017.

Band 195 Matthias A. Sauter: Mitveräußerungspflichten im deutschen und italienischen Recht. 2018.

Band 196 Daniel Brauner: Die Anwendungsbereiche von CISG und PR CESL im Vergleich. 2018.

Band 197 Christina Bohländer. MAC-Klauseln in Unternehmenskaufverträgen nach US-amerikanischem und deutschem Recht. 2018.

Band 198 Steven Leunert. Die Verteidigungsmechanismen des Haftenden im Internationalen Produkthaftungsrecht der Rom II-Verordnung. 2018.

Band 199 Niki Nozari: Applicable Law in International Arbitration – The Experience of ICSID and Iran-United States Claims Tribunal. 2019.

Band 200 Bahar Tuna Kurtoglu: Die unbezifferte Forderungsklage. Analyse, Problemstellungen und Lösungsansätze, bezogen auf das türkische, schweizerische und deutsche Recht. 2019.

Band 201 Valesca Tabea Profehsner: Disposition im Internationalen Erbrecht. Rechtswahl und parteiautonome Zuständigkeitsbestimmung nach der Europäischen Erbrechtsverordnung unter besonderer Berücksichtigung der beteiligten Interessen. 2019.

Band 202 Panagiotis Kabolis: Das griechische Immobilienrecht. Eine rechtsvergleichende Darstellung in Bezug auf das deutsche Recht. 2019

www.peterlang.com

www.ingramcontent.com/pod-product-compliance
Ingram Content Group UK Ltd.
Pitfield, Milton Keynes, MK11 3LW, UK
UKHW021420091026
15624UKWH00010B/258

9 783631 794708